AF855310

HORS INVENTAIRE

Famille

Connaître et défendre vos droits

Sous la direction de
Pierre Pruvost

par
Sylvie Dibos-Lacroux
Emmanuelle Vallas-Lenerz
anciennes avocates

Sylvie Peylaboud-Seigneur

Nouvelle édition
2011

prat éditions

Tous les codes et guides sont disponibles sur :
www.prat.fr

Prat Éditions, Service Lecteurs - Forum 52 - 52, rue Camille-Desmoulins, 92 448 Issy-les-Moulineaux Cedex

ISBN 978-2-8095-0245-9
ISSN 1272-4955
© Prat Éditions, division de Reed Business Information.
SAS au capital de 4.099.168 euros, Issy-les-Moulineaux 2011

Président : Antoine Duarte
Directeur de publication : Antoine Duarte
Actionnaire principal : Reed Elsevier France

Tous droits de reproduction, même partielle, réservés pour tous pays.

Rédigé sous forme de questions-réponses, **cet ouvrage aborde tous les grands thèmes qui touchent la vie de votre famille** : état civil, couple, filiation, successions, immobilier, banque, assurance, consommation…

Vous désirez vous marier, vous allez être prochainement parents, vos enfants grandissent… Pour vous aider à protéger votre famille au quotidien, ce guide pratique répond à toutes les questions que vous vous posez sur vos droits :
- Quelles sont les démarches à faire pour se marier, se pacser ?
- Quelles sont les nouvelles règles en matière de donation et de succession ?
- En quoi consistent les aides à l'enfance et comment les obtenir ?

Vous êtes locataire, propriétaire ou vous cherchez un nouveau logement… Pour faciliter vos choix et vos démarches, cet ouvrage vous explique les règles en matière d'immobilier :
- Quels sont les points incontournables d'un contrat de location ?
- Comment acheter un logement ?
- Comment gérer les relations de voisinage ?

Enfin, dans la vie courante, vous pouvez être confronté à des litiges ou tout simplement vous interroger sur vos droits en matière de consommation, banque, assurances… :
- Comment fonctionnent les services bancaires ?
- Comment choisir une assurance ?
- Abonnement, achat en ligne… comment se prémunir des arnaques ?

Richement illustré de cas pratiques et de toutes les aides destinées à la famille, **ce guide vous permettra d'organiser au mieux votre vie familiale et de réagir à toutes les situations**.

Anne-Laure Marie
Directrice éditoriale

Sommaire général

L’état civil

Le nom

Choix du nom de famille

Les lois du 4 mars 2002 et du 18 juin 2003 ont modifié les règles d'attribution du nom de famille.
Avant ces lois, les parents ne pouvaient pas choisir le nom de leur enfant. L'enfant né de parents mariés prenait automatiquement le nom de son père, l'enfant né de parents non mariés, celui du parent qui l'avait reconnu le premier ou le nom du père en cas de reconnaissance simultanée, et enfin, l'enfant adopté, celui de l'adoptant ou celui de son père adoptif en cas d'adoption par deux époux.
L'ordonnance n° 2005-759 du 4 juillet 2005 qui a réformé la filiation a également modifié certains dispositifs d'attribution du nom.

Les règles générales

Désormais, depuis le 1er janvier 2005, les parents, d'un commun accord, peuvent choisir le nom de leur enfant sous les réserves suivantes :
– un enfant ne peut porter que deux noms au maximum. Si un parent porte lui-même un double nom de famille, il ne peut transmettre qu'un seul de ce double nom ;
– par ailleurs, le nom choisi pour le premier enfant est celui qui sera attribué obligatoirement aux autres enfants du couple ;
– enfin, les parents ne peuvent pas changer d'avis et ne peuvent effectuer ce choix qu'une seule fois.
Ces règles s'appliquent aux enfants nés depuis le 1er janvier 2005.
Une rétroactivité est possible pour les enfants encore mineurs à la date de la ratification de l'ordonnance n° 2005-759 du 4 juillet 2005 (ordonnance ratifiée par la loi n° 2009-61 du 16 janvier 2009).

› Les enfants nés à compter du 1er janvier 2005

L'enfant né de parents mariés

Les parents mariés d'un enfant peuvent donner à leur enfant :
– soit le nom du père ;
– soit le nom de la mère ;
– ou encore leurs deux noms accolés dans l'ordre choisi par eux dans la limite d'un nom de famille pour chacun d'eux.
(Code civil, art. 311-21).
Si les parents ne font pas cette déclaration de choix de nom, l'enfant portera le nom du père.

L'enfant né de parents non mariés

Si les deux parents reconnaissent en même temps l'enfant (avant la naissance, le jour de la déclaration de naissance, ou par la suite mais simultanément), les règles

sont les mêmes : ils peuvent attribuer à l'enfant le nom du père, le nom de la mère, ou les deux noms accolés dans l'ordre qu'ils choisissent. Si les parents n'usent pas de cette possibilité, l'enfant portera le nom de son père.
(Code civil, art. 311-21).
Si l'enfant n'a pas été reconnu simultanément par ses deux parents, il porte le nom du parent qui l'a reconnu en premier. Mais les parents ont la possibilité, pendant toute sa minorité, de changer son nom par déclaration conjointe et de lui donner :
– soit le nom de son autre parent ;
– soit leurs deux noms accolés.
Si l'enfant a plus de 13 ans, son consentement personnel est nécessaire. La mention du changement de nom figurera en marge de l'acte de naissance.
Si les parents ne font pas cette déclaration conjointe, l'enfant conservera le nom de celui de ses parents à l'égard duquel sa filiation est établie en premier.
(Code civil, art. 311-21).

L'enfant adopté de façon plénière

En cas d'adoption par deux époux, les règles sont les mêmes que celles applicables à l'enfant né de parents mariés : les parents peuvent choisir de l'appeler du nom du père, du nom de la mère ou de leurs deux noms accolés.
(Code civil, art. 357).
Si les parents ne font pas ce choix, l'enfant porte le nom de son père adoptif.
S'il n'y a qu'un seul adoptant et que cet adoptant est un homme ou une femme marié(e), il peut demander que l'enfant porte le nom de son conjoint ou bien leurs deux noms accolés. Cette demande doit être acceptée par le tribunal lors du jugement d'adoption. Le conjoint doit donner expressément son accord.
Si le mari ou la femme de l'adoptant est décédé(e) ou dans l'impossibilité de manifester sa volonté, le tribunal apprécie souverainement après avoir consulté les héritiers du défunt ou ses successibles les plus proches.
Si cette demande d'attribution de nom n'est pas déposée, l'enfant porte le nom de l'adoptant.
Si l'adoption a lieu à l'étranger, la demande de choix de nom peut être faite au moment de la transcription du jugement d'adoption en France.
(Code civil, art. 357-1).
La demande est faite par déclaration adressée au procureur de la République du lieu où cette transcription doit être opérée. La mention du nom choisi est inscrite dans l'acte de naissance de l'enfant.

L'enfant adopté de façon simple

Avant la réforme, la personne adoptée de façon simple portait un double nom : le sien suivi du nom de l'adoptant.
Si l'adoptant était une femme mariée, le tribunal pouvait ajouter au nom de l'adopté le nom du mari (à la place du nom de l'adoptante).
Le tribunal pouvait aussi décider que l'adopté ne porterait que le nom de l'adoptant.
Depuis le 1er janvier 2005, les règles sont les suivantes :
– le nom de l'adoptant reste ajouté au nom de l'adopté. Si l'un des deux a déjà un double nom, l'adoptant choisit le nom qui sera attribué à l'adopté. Si ce dernier a plus de 13 ans, il doit donner son accord. En cas de désaccord, l'adopté porte son propre premier nom suivi du premier nom de l'adoptant ;

– en cas d'adoption par deux époux, le nom ajouté au nom de l'adopté est, à la demande des adoptants, soit celui du mari, soit celui de la femme, dans la limite d'un nom pour chacun d'eux. S'ils ne sont pas d'accord, le nom ajouté est celui du mari. Si l'adopté porte un double nom de famille, le choix du nom conservé appartient aux adoptants, sous réserve du consentement de l'adopté s'il est âgé de plus de 13 ans. En cas de désaccord, sera retenu le premier nom de l'adopté.
(Code civil, art. 363).
Le tribunal conserve la possibilité de décider, à la demande du ou des adoptant(s), que l'adopté ne portera que le nom de l'adoptant. Dans ce cas :
– s'il n'y a qu'un seul adoptant et que cet adoptant est un homme ou une femme marié(e), le nom substitué à celui de l'adopté peut être également le nom de son conjoint ou bien leurs deux noms accolés. Le conjoint doit donner expressément son accord ;
– en cas d'adoption par deux époux, le nom de famille substitué peut, au choix des adoptants, être soit celui du mari, soit celui de la femme, ou encore les noms accolés des époux dans l'ordre choisi par eux et dans la limite d'un seul nom pour chacun d'eux.

● L'enfant français né à l'étranger

En cas de naissance à l'étranger d'un enfant dont l'un au moins des parents est français, les parents qui n'ont pas usé de cette faculté de choix du nom au moment de la naissance peuvent encore le faire lors de la demande de transcription de l'acte de naissance, et au plus tard dans les 3 ans de la naissance de l'enfant.

● L'enfant étranger qui devient français

Les parents d'un enfant qui devient français parce que son père ou sa mère a acquis la nationalité française, peuvent également bénéficier des règles de choix de nom.
(Code civil, art. 311-22).
La demande s'effectue en même temps que la demande d'acquisition de la nationalité française.
En cas d'acquisition de plein droit de la nationalité française, la déclaration conjointe de choix du nom de l'enfant doit être transmise dans le délai d'1 an suivant cette acquisition.
(Décret n° 2004-1159 du 29 octobre 2004).

› Les enfants nés avant le 1er janvier 2005

En principe, la loi n'est applicable qu'aux enfants nés depuis le 1er janvier 2005.
Toutefois, lors de l'établissement du second lien de filiation et pendant sa minorité les parents non mariés d'un enfant né avant le 1er janvier 2005 peuvent, par déclaration conjointe devant l'officier de l'état civil, choisir soit de lui substituer le nom de famille du parent à l'égard duquel la filiation a été établie en second lieu, soit d'accoler leurs deux noms, dans l'ordre choisi par eux, dans la limite d'un nom de famille pour chacun d'eux. Le changement de nom est mentionné en marge de l'acte de naissance.
Si l'enfant est âgé de plus de 13 ans, son consentement personnel au changement de nom est demandé.
Si un couple marié a déjà un enfant qui s'est vu attribuer le nom de son père (loi ancienne) et si un autre enfant nait après le 1er janvier 2005, les parents peuvent

donner un double nom au plus jeune et attribuer à l'aîné ce même double nom, même si, en principe, il n'était pas concerné par les nouvelles règles d'attribution du nom. C'est l'application du principe qui veut que tous les enfants communs d'un couple portent le même nom.
(Code civil, art. 311-21 et 311-23).

› La déclaration conjointe

Le choix du nom de l'enfant se fait par déclaration conjointe des parents.
Elle comporte les prénom(s), nom, date et lieu de naissance, domicile des père et mère, l'indication du nom de famille choisi ainsi que, si l'enfant est né, ses prénom(s), date et lieu de naissance.
Elle est datée et signée par les parents.
Par cette déclaration, les parents attestent sur l'honneur que le choix de nom concerne leur premier enfant commun.
La déclaration conjointe des parents est remise :
- soit au moment de la déclaration de naissance ;
- soit au moment de la transcription à l'état civil de l'acte de naissance de l'enfant né à l'étranger ;
- ou au moment de la reconnaissance de l'enfant ;
- ou encore lors du dépôt, par le parent, de sa demande d'acquisition de la nationalité française.

En principe, la déclaration conjointe des deux parents peut être déposée par l'un d'entre eux. Mais si cette déclaration concerne le changement de nom d'un enfant né de parents non mariés qui n'a pas été reconnu simultanément par ses deux parents, le père et la mère doivent comparaître personnellement devant l'officier d'état civil pour la remise de la déclaration.
S'il s'agit d'une déclaration d'adjonction de noms pour les enfants nés avant le 1er janvier 2005, il faut également indiquer les prénom(s), nom, date et lieu de naissance de l'aîné des enfants communs ainsi que les prénom(s), nom, date et lieu de naissance des autres enfants communs.
Par cette déclaration, les parents attestent sur l'honneur ne pas avoir d'autres enfants communs et exercer l'autorité parentale.

Usage du nom de famille

› Est-on propriétaire de son nom ?

Bien qu'aucun texte de loi ne le précise et que la question soit contestée par la doctrine, aux termes d'une jurisprudence devenue constante, le nom patronymique est considéré comme la propriété de la famille qui le porte.
En conséquence, le porteur d'un nom patronymique est habilité à le défendre lorsque ce nom est usurpé, avili, ou ridiculisé par un tiers ou par une société commerciale.
Le problème de la protection du nom patronymique se pose notamment lorsqu'un commerçant dépose son nom patronymique à titre de marque, et qu'un tiers homonyme profite de cette homonymie pour concurrencer cette marque.
La défense du nom patronymique, utilisé comme marque, ne s'avère pas facile en raison de la propriété que chacun conserve sur son nom patronymique.

C'est ainsi que dans une affaire célèbre (Baron Rothschild c/Rothschild, TGI Paris, 4 juillet 1984) il a été jugé que le dépôt d'un nom patronymique, à titre de marque, n'interdisait pas à un homonyme de faire usage de son nom.
Bien que les agissements parasitaires de cet homonyme aient été clairement établis, le tribunal a refusé néanmoins d'interdire l'usage du nom au responsable de ces agissements.

› Peut-on changer de nom ?

● Le changement de nom

Tout citoyen peut changer de nom s'il a une raison valable pour le faire, par exemple s'il est porteur d'un nom ridicule, déshonoré ou à consonance étrangère difficile à prononcer.
La demande de changement de nom doit être présentée sous forme de requête au procureur de la République du domicile du demandeur.
Si la demande est acceptée, elle fait l'objet d'un décret publié au *Journal officiel.*
Depuis le 1er février 1994, tout intéressé peut faire opposition devant le Conseil d'État au décret, dans un délai de 2 mois à compter de sa publication au *Journal officiel.*
Le décret prend effet et le changement de nom peut être exécuté à l'issue de ce délai de 2 mois (au lieu d'1 an auparavant), s'il n'y a pas eu opposition.
S'il y a eu opposition et que celle-ci est irrecevable, le changement de nom devient effectif après le rejet de l'opposition.
Le changement de nom s'étend de plein droit aux enfants de moins de 13 ans.
S'ils ont plus de 13 ans, leur consentement est demandé.
(Code civil, art. 61 et s.).

● La francisation du nom ou des prénoms

Un étranger qui acquiert ou recouvre la nationalité française peut demander la francisation de son nom et de ses prénoms ou simplement de l'un des deux, si leur consonance, leur apparence ou leur caractère étranger est un obstacle à son intégration.
La francisation du nom peut consister en une traduction ou une modification de ce nom étranger.
La francisation du prénom est une substitution de prénom ou une adjonction d'un prénom français devant le prénom étranger.
(Loi n° 72-964 du 25 octobre 1972).
La francisation peut être demandée lors de la procédure de naturalisation ou d'acquisition de la nationalité française.
Elle peut aussi être présentée dans le délai d'1 an après cette acquisition.
Quand un prénom est francisé dans les documents administratifs par les autorités françaises et que l'intéressé prouve qu'il porte ce prénom depuis qu'il a acquis la nationalité française, il peut demander la francisation officielle à tout moment, sans avoir à respecter le délai d'1 an.

À noter : un nom ou un prénom francisé peut également faire l'objet d'un changement.

● Le double nom (nom d'usage)

La loi n° 85-1372 du 23 décembre 1985, dans son article 43, autorise toute personne majeure à ajouter, si elle le souhaite, le nom de celui de ses parents qui ne

lui a pas transmis son nom. Pour les enfants mineurs, la demande de double nom peut être faite par le père ou la mère de l'enfant.
En cas de divorce, la demande est faite par le parent qui a l'autorité parentale ou par l'un ou l'autre, en cas d'autorité parentale conjointe. Mais cette faculté d'adjonction du nom de l'un de ses parents ne peut se faire qu'à titre d'usage, c'est-à-dire sans modification de l'état civil de l'intéressé.
À noter : cet usage va disparaître progressivement puisque, depuis le 1er janvier 2005, les parents peuvent décider que leur enfant portera, pour l'état civil, leurs deux noms accolés (voir plus haut : *Choix du nom de famille*).

● Le nom d'emprunt

On peut utiliser un nom d'emprunt dans le cadre d'une carrière artistique ou littéraire. En revanche, c'est un délit d'utiliser un nom d'emprunt dans un but malhonnête, notamment dans un acte public ou authentique ou dans un document administratif destiné à l'autorité publique.
(Code pénal, art. 433-19).

› Quelle est l'incidence du mariage sur le nom de la femme ?

Le mariage n'entraîne aucune obligation, pour la femme, de faire changer son nom sur ses carte d'identité, passeport, permis de conduire, etc.
Le mariage est sans effet sur le nom des époux qui continuent d'avoir pour seul patronyme officiel celui qui résulte de leur acte de naissance. Toutefois, chacun des époux peut utiliser dans la vie courante le nom de son conjoint en l'ajoutant à son propre nom ou même pour la femme en le substituant au sien.
La femme mariée ou veuve peut donc ajouter à son nom patronymique celui de son mari, comme l'homme marié ou veuf peut ajouter celui de son épouse.

› Quelle est l'incidence du divorce sur le nom de la femme ?

À la suite d'un divorce (quelle que soit la procédure suivie), chacun des époux perd l'usage du nom de son conjoint. L'un des époux peut néanmoins conserver l'usage du nom de l'autre s'il obtient l'accord de ce dernier.
L'usage du nom de l'ex-conjoint peut aussi être accordé par le juge s'il est justifié d'un intérêt particulier pour celui qui le demande ou pour les enfants.
(Code civil, art. 264).
(Voir Ⓘ : *Divorce*).

› Quelle est l'incidence de la signature du PACS sur l'état civil des intéressés ?

Les PACS sont désormais inscrits en marge de l'acte de naissance des personnes pacsées avec indication du nom du partenaire.
En ce qui concerne la possibilité de porter le nom de son partenaire, en principe, seule la femme mariée peut porter le nom de son mari et les personnes liées par un PACS comme les concubins n'ont pas ce droit (même si, dans la vie courante et pour des raisons pratiques souvent liées aux enfants communs, certaines concubines utilisent le nom de leur concubin).

Le prénom

› Peut-on choisir n'importe quel prénom pour un enfant ?

La loi du 11 germinal an XI (11 avril 1803) a été abrogée par la loi n° 93-22 du 8 janvier 1993.
Désormais, les parents sont libres de choisir le prénom de leur enfant, même si ce prénom ne figure pas dans un calendrier, ni n'est en rapport avec le nom d'un personnage célèbre. Le prénom est inscrit à l'état civil.
(Code civil, art. 57).
La seule limite à cette liberté est le droit pour l'officier d'état civil de considérer que le prénom est contraire à l'intérêt de l'enfant ou méconnaît le droit des tiers à protéger leur patronyme.
Dans cette hypothèse, l'officier d'état civil en avise le procureur de la République qui peut saisir le juge.
Si le juge estime que le prénom est contraire à l'intérêt de l'enfant ou nuisible au tiers, il ordonne la suppression du prénom inscrit à l'état civil.
Les parents sont invités à choisir un autre prénom.
À défaut, le prénom est choisi par le juge.

● L'enfant né de parents inconnus

Le ou les prénoms de cet enfant peuvent être choisis par la mère, même si elle désire conserver l'anonymat lors de son accouchement.
À défaut, trois prénoms sont choisis par l'officier d'état civil qui inscrit la naissance, le dernier de ces prénoms devenant le nom patronymique de cet enfant.

› Est-il possible de changer de prénom ?

Il est possible de changer de prénom si le demandeur peut prouver que son ou ses prénoms constituent une gêne dans l'exercice de son activité professionnelle et font obstacle à son intégration réelle dans la communauté française. La preuve de cet intérêt légitime peut être établie à l'aide d'attestations et est appréciée par la chambre du conseil du tribunal de grande instance. Depuis le 1er février 1994, la demande de changement de prénom est de la compétence du juge aux affaires familiales.
Tout intéressé (ou son représentant légal) doit déposer une requête par l'intermédiaire d'un avocat auprès du juge aux affaires familiales dans le ressort duquel son acte de naissance a été dressé ou dont dépend son domicile.
(Art. 1055-1 du Code de procédure civile).
Cet intérêt légitime s'entend restrictivement ; les tribunaux rejettent souvent en effet de telles requêtes pour défaut de justification valable.
Au contraire, la demande de modification d'un prénom à consonance ridicule est généralement accueillie par les tribunaux.
Le dispositif du jugement portant changement de prénom est transmis par le procureur de la République à l'officier de l'état civil du lieu où se trouve l'acte réformé.

La francisation du prénom est prévue pour les étrangers qui acquièrent, par naturalisation ou déclaration, la nationalité française.
(Loi n° 72-964 du 25 octobre 1972, art. 1er et s.).
(Voir aussi plus haut : *La francisation du nom ou des prénoms*).

La nationalité française

Nationalité française d'origine

› Filiation et naissance en France

La nationalité française est attribuée dès leur naissance à :

– l'enfant dont l'un des parents au moins est français,
– l'enfant né en France de parents inconnus,
– l'enfant né en France de parents apatrides ou qui ne s'est vu attribuer aucune nationalité par ses parents,
– l'enfant né en France lorsqu'un de ses parents au moins y est lui-même né.

● Enfants nés en France d'un parent né dans les anciennes colonies ou territoires d'outre-mer français

Enfants nés avant le 1er janvier 1994

Est assimilé à un parent né en France le parent né sur le territoire qui avait à cette époque le statut de colonie ou territoire d'outre-mer.

En conséquence, les enfants nés en France avant le 1er janvier 1994 d'un parent originaire des anciennes colonies sont français. Ils peuvent également répudier la nationalité française dans les 6 mois précédant leur majorité ou dans les 12 mois la suivant (si bien sûr leur autre parent est étranger et n'est pas né en France).

Enfants nés après le 1er janvier 1994

Ces enfants ne sont pas français d'origine, la naissance de leur parent dans une ancienne colonie française n'étant plus assimilée, après cette date, à une naissance en France. Ils peuvent, comme les autres enfants nés de parents étrangers, acquérir la nationalité française à 18 ans s'ils sont nés en France.

● Enfants nés en France de parents nés en Algérie

L'enfant né d'un parent lui-même né en Algérie avant le 3 juillet 1962 est français. Il dispose également de la faculté de renoncer à la nationalité française entre 17 ans et demi et 19 ans.
(Code civil, art. 18 et s.).

Acquisition de la nationalité française

La nationalité française s'acquiert par :

– l'adoption de parents français,
– la naissance et la résidence en France,
– le mariage,
– l'accomplissement du service militaire,
– la déclaration de nationalité,
– la naturalisation,
– ou par décret d'acquisition.

Dès l'âge de 16 ans, toute personne peut, sans autorisation parentale, déposer une demande en vue d'acquérir, de perdre la nationalité française ou d'être réintégrée dans cette nationalité. Le mineur d'au moins 16 ans peut également faire seul une déclaration de nationalité. Le mineur de moins de 16 ans doit être représenté par ses père, mère ou tuteur.

Une cérémonie d'accueil à la préfecture ou à la mairie est organisée pour les personnes qui acquièrent la nationalité française de plein droit ou par déclaration (acquisition par mariage, enfant mineur, militaire), qui sont réintégrées dans cette nationalité ou encore naturalisées.

(Code civil, art. 21-28).

› Adoption

L'enfant adopté par un ou deux parents français acquiert la nationalité française au même titre que l'enfant né de parents mariés, sous réserve qu'il ait été adopté plénièrement.

L'adoption simple n'exerce par elle-même aucun effet sur la nationalité de l'adopté puisque ce dernier ne perd pas les liens avec sa famille d'origine.

Toutefois s'il a été adopté par un Français vivant en France, il pourra, jusqu'à sa majorité, et à condition de résider également en France, réclamer la nationalité française par déclaration ou, après sa majorité, être naturalisé.

(Voir plus loin : *Naturalisation*).

Si l'adoptant français n'a pas sa résidence habituelle en France, l'enfant adopté peut acquérir la nationalité française sans condition de résidence.

(Code civil, art. 21-12).

› Naissance et résidence en France

Acquisition de la nationalité à 18 ans

Un enfant né en France de parents étrangers et qui vit sur le territoire français acquiert de plein droit la nationalité française au jour de sa majorité à condition d'avoir, auparavant, résidé en France pendant une période de 5 ans. La condition de résidence en France est double puisque l'intéressé doit y résider au moment de sa majorité et le temps de résidence doit avoir duré 5 ans.

Cette durée de 5 ans n'est plus obligatoirement celle précédant immédiatement la majorité. Elle peut se situer entre 11 et 18 ans et peut ne pas être continue.

L'abaissement de l'âge pour apprécier la condition de résidence a été prévu pour faciliter la preuve de cette résidence.

Elle recouvre en effet la période de scolarité obligatoire (jusqu'à 16 ans), la preuve de la résidence en France pouvant être apportée par la production d'un certificat d'inscription dans un établissement scolaire.

(Code civil, art. 21-7).

Les personnes qui, le 1er septembre 1998, sont âgées de plus de 18 ans et moins de 21 ans et qui ont eu leur résidence en France pendant une période de 5 ans acquièrent la nationalité française à compter de cette date.

À noter : un enfant mineur qui acquiert la nationalité française en raison de sa naissance et résidence en France ne peut se voir refuser cette nationalité en raison d'une condamnation pénale.

(Code civil, art. 21-27).

Condition de résidence non remplie à 18 ans

Les jeunes âgés de plus de 16 ans et moins de 21 ans pourront réclamer la nationalité française par déclaration si la condition de résidence (période de 5 ans) est remplie avant leurs 21 ans.

● Acquisition de la nationalité à 16 ans

Le jeune étranger né en France peut également, dès l'âge de 16 ans et sans l'intervention de ses parents, réclamer la nationalité française s'il a résidé en France, de façon continue ou discontinue, pendant au moins 5 ans depuis l'âge de 11 ans. S'il est âgé de 13 à moins de 16 ans, la demande doit émaner de ses parents ou son représentant légal. Dans ce cas, la condition de résidence en France doit être remplie à partir de l'âge de 8 ans.
La réclamation de la nationalité française se fait par déclaration.
(Voir plus loin : *Déclaration de nationalité*).
(Code civil, art. 21-11).
Sur présentation du livret de famille, il est délivré à tout mineur né en France de parents étrangers titulaires d'un titre de séjour, un « titre d'identité républicain ».
(Art. L. 321-3 du Code de l'entrée et du séjour des étrangers et du droit d'asile).

› Mariage

Le mariage n'exerce par lui-même aucun effet sur la nationalité. Toutefois, l'étranger ou apatride qui contracte mariage avec un Français peut acquérir la nationalité française par déclaration, après un délai de 4 ans, à compter du mariage à condition :
- que la communauté de vie tant affective que matérielle entre les époux n'ait pas cessé depuis le mariage jusqu'à la date de cette déclaration ;
- qu'il justifie d'une connaissance suffisante, selon sa condition, de la langue française ;
- qu'il ait résidé de manière ininterrompue au moins pendant 3 ans en France à compter du mariage ou, s'ils ont vécu à l'étranger, que le conjoint français ait été inscrit pendant la durée de leur communauté de vie à l'étranger au registre des Français établis hors de France ;
- que le conjoint français ait conservé sa nationalité.

Si l'étranger ne peut pas justifier d'une résidence ininterrompue en France pendant 3 ans, le délai de communauté de vie est porté à 5 ans.
L'acquisition de la nationalité française se fait par déclaration. Dès la souscription de la déclaration, le préfet procède à une enquête afin de vérifier la communauté de vie tant affective que matérielle entre les époux et d'évaluer, lors d'un entretien individuel, le degré de connaissance de la langue française du déclarant. Cette enquête est transmise, dans les 6 mois, directement au ministre chargé des Naturalisations qui peut faire procéder à une enquête complémentaire. Si le gouvernement entend s'opposer à la demande de nationalité, notamment pour défaut d'assimilation autre que linguistique, il notifie à l'intéressé les motifs de droit et de fait justifiant son opposition. Le décret ne peut intervenir avant l'expiration d'un délai minimum de 15 jours accordé au requérant pour présenter un mémoire en défense.
Le défaut d'assimilation est toujours retenu quand le demandeur étranger vit en polygamie ou lorsqu'il s'est rendu coupable de violence ou mutilation sur un mineur de moins de 15 ans.
(Art. 32 du décret n° 93-1362 du 30 décembre 1993).
(Voir plus loin : *Déclaration de nationalité*).

Les auteurs de mariages frauduleux destinés uniquement à obtenir une carte de séjour ou à acquérir la nationalité française peuvent être punis de 5 ans de prison et de 15 000 € d'amende.
(Code civil, art. 21-2).
À noter : la signature d'un PACS ne donne pas le droit d'acquérir la nationalité française.

› Service national

Avant la réforme de la nationalité (loi n° 98-170 du 16 mars 1998), les jeunes nés en France de parents étrangers pouvaient acquérir la nationalité française s'ils se faisaient incorporer dans l'armée française avant 21 ans.
Désormais, ces personnes acquièrent la nationalité française si elles justifient d'une résidence en France d'au moins 5 ans.
(Voir plus haut : *Naissance et résidence en France*).
Est assimilée à une résidence en France la présence hors de France, en temps de paix comme en temps de guerre, dans une formation régulière de l'armée française ou le séjour hors de France en qualité d'engagé volontaire du service national.
Par ailleurs, le jeune âgé de moins de 18 ans qui contracte un engagement dans l'armée française et qui est régulièrement incorporé acquiert la nationalité française à la date de son incorporation.
Cette incorporation équivaut à la déclaration anticipée d'acquisition de la nationalité française (voir plus haut : *Acquisition de la nationalité à 16 ans*) et remplace la condition de résidence en France de 5 ans.
À noter : les jeunes qui acquièrent la nationalité française entre 18 et 25 ans sans exercer la faculté d'y renoncer doivent se faire recenser comme les jeunes Français d'origine.
S'ils contractent un engagement dans les armées françaises, ils perdent la faculté de renoncer à la nationalité française.
(Code civil, art. 20-4 et 21-9).

› Déclaration de nationalité

La déclaration de nationalité est prévue pour les personnes qui n'acquièrent pas de plein droit la nationalité française.
En France, les déclarations de nationalité sont reçues :
– soit par le préfet lorsqu'elle intervient en raison du mariage avec un conjoint français ;
– soit par le greffier en chef du tribunal d'instance pour les autres déclarations.
À l'étranger, les déclarations sont reçues par le consul.
Ces compétences s'appliquent depuis le 1er janvier 2010.
Peuvent acquérir la nationalité française par déclaration :
– les jeunes âgés de moins de 18 ans qui désirent devenir français sans attendre leur majorité :
• jeunes âgés de 16 ans qui ont résidé en France pendant au moins 5 ans depuis qu'ils ont atteint l'âge de 11 ans,
• jeunes âgés de 13 ans qui ont résidé en France pendant au moins 5 ans depuis qu'ils ont atteint l'âge de 8 ans (dans ce cas, la déclaration de nationalité doit être faite par leurs représentants légaux : parents, tuteur).
(Code civil, art. 22-11) ;

– les enfants nés en France des agents diplomatiques et des consuls de carrière de nationalité étrangère.
(Code civil, art. 21-10) ;
– les personnes qui ne peuvent à leur majorité justifier des 5 ans minimum de résidence en France : jeunes nés en France de parents étrangers qui, au 1er septembre 1998, sont âgés de plus de 16 ans et moins de 21 ans, à condition qu'ils puissent justifier des 5 ans de résidence avant leurs 21 ans ;
– les enfants adoptés de façon simple par un Français. La déclaration de nationalité doit intervenir avant leur majorité. Ils doivent résider en France si l'adoptant réside lui-même en France ;
– les enfants qui, depuis au moins 5 années, sont recueillis en France et élevés par une personne de nationalité française ou qui, depuis au moins 3 années, sont confiés au service de l'aide sociale à l'enfance.
(Code civil, art. 22-12) ;
– l'étranger marié avec un Français depuis au moins 4 ou 5 ans et qui justifie d'une résidence régulière et ininterrompue en France pendant au moins 3 ans à compter du mariage ou d'un certificat d'inscription du conjoint français au registre des Français établis hors de France pendant la durée de leur communauté de vie à l'étranger.
(Code civil, art. 21-2).
La liste des pièces à fournir dépend de la demande. Il convient en conséquence de s'adresser préalablement au greffe du tribunal d'instance dont dépend la résidence du demandeur à qui sera remise par écrit la liste des pièces requises.
Si le dossier est complet, il est délivré au demandeur un récépissé précisant la date de cette remise. Dans les 6 mois de cette date, la déclaration peut être :
– soit enregistrée (dans ce cas, la déclaration prend effet à compter de la date à laquelle elle a été souscrite) ;
– soit refusée.
En cas de refus de la demande, l'intéressé a un délai de 6 mois pour contester ce refus devant le tribunal de grande instance (1 an pour les déclarations souscrites par le conjoint d'un Français).
La mention de l'acquisition de la nationalité française par déclaration est portée en marge de l'acte de naissance de l'intéressé et sur le livret de famille (le sien s'il devient français par mariage ou celui de ses parents).
(Décret n° 93-1362 du 30 décembre 1993 modifié par le décret n° 2007-610 du 25 avril 2007).
À noter : à l'occasion de la déclaration souscrite en vue d'acquérir la nationalité française, le déclarant peut demander la francisation de son nom et (ou) de ses prénoms ainsi que ceux de ses enfants mineurs. Il peut aussi remettre, le cas échéant, la déclaration conjointe de choix de nom.
(Voir Ⓘ : *Nom, choix, francisation*).

● Effets de l'acquisition de la nationalité sur les enfants mineurs

Le parent qui acquiert la nationalité française par déclaration ne transmet pas automatiquement sa nationalité à ses enfants mineurs (à l'inverse du parent qui acquiert de plein droit la nationalité française). Pour que les enfants puissent en bénéficier, il faut que leurs noms figurent dans la déclaration.
Il faut également que l'enfant demeure avec le parent qui lui transmet sa nationalité. Cette condition de résidence n'est toutefois pas exigée en cas de divorce ou de sépa-

ration des parents. Dans ce cas, il suffit que l'enfant réside alternativement avec le parent devenu français et l'autre parent étranger.
(Code civil, art. 22-1).

› Naturalisation

La nationalité française peut également être acquise par décision de l'autorité publique, c'est-à-dire par naturalisation accordée par décret à la demande d'un étranger.
L'étranger qui demande sa naturalisation doit justifier de son assimilation à la communauté française notamment par la connaissance de la langue française, des droits et devoirs civiques (la connaissance de la langue française n'est pas obligatoire pour les réfugiés politiques et apatrides résidant en France depuis au moins 15 ans et âgés de plus de 70 ans).
L'étranger doit aussi justifier d'une résidence en France depuis plus de 5 ans. Ce délai est porté à 2 ans :
- pour les étrangers qui ont accompli, avec succès, deux années d'études supérieures en vue d'acquérir un diplôme délivré par une université ou un établissement d'enseignement supérieur français ;
- pour ceux qui sont susceptibles par leur capacité ou leur talent de rendre des services importants à la France.

Aucune condition de résidence n'est demandée à l'étranger qui a :
- servi dans l'armée française ;
- rendu des services exceptionnels à la France ;
- obtenu le statut de réfugié.

(Code civil, art. 21-19).
Seules les personnes majeures peuvent être naturalisées à l'exception des enfants mineurs dont les parents ont, eux-mêmes, acquis la nationalité française par naturalisation.
En effet, les personnes naturalisées françaises transmettent cette nationalité de plein droit à leurs enfants mineurs à condition que ces enfants ne soient pas mariés.

Attention : pour que l'enfant mineur bénéficie de la nationalité de son parent naturalisé, il faut que son nom figure dans la demande de naturalisation et demeure avec lui, sauf si ce parent est divorcé ou séparé de son conjoint.
Dans ce cas, l'enfant peut résider alternativement chez chacun de ses parents.

Si l'enfant n'a pas acquis la nationalité française au moment de la naturalisation de son parent, il peut être à son tour naturalisé s'il justifie avoir résidé en France avec ce parent durant les 5 années précédant le dépôt de la demande. Le parent qui demande la naturalisation de son enfant doit, par ailleurs, signaler tout changement de résidence et toute modification intervenue dans sa situation familiale sur le document joint à la demande d'acquisition de la nationalité française.
(Code civil, art. 21-22 et 22-1).
Lorsque le dossier de naturalisation est déposé, l'Administration doit répondre dans un délai de 18 mois à compter du reçu délivré à l'intéressé. Ce délai ne peut être prolongé qu'une seule fois de 3 mois et doit être motivé. Il est réduit à 12 mois lorsque l'étranger en instance de naturalisation justifie avoir en France sa résidence habituelle depuis une période d'au moins 10 ans au jour de la remise de son dossier.
(Code civil, art. 21-22 et 21-25-1).

À noter : à l'occasion de sa demande de naturalisation, l'étranger peut également demander la francisation de son nom et (ou) prénoms ainsi que ceux de ses enfants mineurs et remettre sa déclaration de choix de nom pour ses enfants.
(Voir Ⓘ : *Nom, choix, francisation*).

› Acquisition par décret (militaire)

Tout étranger engagé dans les armées françaises qui a été blessé en mission au cours ou à l'occasion d'un engagement opérationnel peut également obtenir la nationalité française par décret, sur proposition du ministre de la Défense.
En cas de décès de l'intéressé pendant la mission, ses enfants mineurs peuvent également obtenir la nationalité française par décret s'ils avaient la même résidence que le défunt au jour du décès.
(Code civil, art. 21-14-1 et art. 22-1).

Perte de la nationalité française

› Refus de la nationalité française

La possibilité de refuser la nationalité française est ouverte :
– aux personnes majeures, vivant à l'étranger, qui acquièrent volontairement une nationalité étrangère. Elles ont un délai d'1 an à compter de l'acquisition de la nouvelle nationalité pour déclarer abandonner la nationalité française.
Par ailleurs, cette faculté n'est pas ouverte aux hommes âgés de moins de 35 ans qui ne seraient pas en règle avec les obligations du service national ;
(Code civil, art. 23 et s.).
– aux enfants dont un seul des parents est français ou qui sont nés en France d'un parent étranger lui-même né en France.
Ils doivent pour cela, entre 17 ans et demi et 19 ans, déclarer renoncer à la nationalité française. Cette demande est recevable si le parent étranger n'est pas lui-même devenu français pendant la minorité de l'enfant. Les enfants dont les deux parents sont français ne peuvent pas refuser la nationalité française.
(Code civil, art. 18-1 et 19-4) ;
– aux enfants, nés hors de France, devenus français par naturalisation d'un parent. Ils peuvent refuser la nationalité française pendant les 6 mois qui précèdent leur majorité et les 12 mois qui la suivent.
(Code civil, art. 22-3) ;
– aux personnes devenues françaises à 18 ans en vertu de la loi du 16 mars 1998. La déclaration de refus de la nationalité française doit être effectuée dans les 6 mois qui précèdent la majorité ou les 12 mois qui la suivent. La faculté de répudier la nationalité française leur est accordée à condition de prouver qu'ils ont une autre nationalité (afin d'éviter les cas d'apatrides).
(Code civil, art. 21-8).
La manifestation de volonté doit être expresse et personnelle. Elle peut être déposée au tribunal d'instance ou peut résulter d'une démarche administrative (par exemple, à l'occasion du recensement).
La liste des pièces à fournir pour refuser la nationalité française ou pour la répudier est prévue par le décret n° 93-1362 du 30 décembre 1993 modifié par le décret n° 2005-25 du 14 janvier 2005. Les personnes concernées doivent s'adresser au tribunal d'instance.

En revanche, comme les demandes de naturalisations, les demandes tendant à obtenir l'autorisation de perdre la nationalité française sont adressées au ministre chargé des Naturalisations. L'autorisation est accordée par décret.
(Code civil, art. 23-4).

› Déchéance de la nationalité française

Celui qui a acquis la nationalité française peut en être déchu par décret, après avis conforme du Conseil d'État, dans les cas suivants :
– s'il est condamné pour un acte qualifié de crime ou délit constituant une atteinte aux intérêts fondamentaux de la Nation ;
– s'il est condamné pour un acte qualifié de crime ou délit prévu et puni par le chapitre II du titre III du livre IV du Code pénal ;
– s'il est condamné pour s'être soustrait aux obligations résultant pour lui du Code du service national ;
– s'il s'est livré au profit d'un état étranger à des actes incompatibles avec la qualité de français et préjudiciables aux intérêts de la France.
La déchéance n'est encourue que si les faits reprochés à l'intéressé se sont produits antérieurement à l'acquisition de la nationalité française ou dans le délai de 10 ans à compter de la date de cette acquisition. Ce délai est porté à 15 ans pour les auteurs d'actes de terrorisme ou d'atteintes aux intérêts de la Nation.
(Code civil, art. 25 et 25-1).
La déchéance ne peut pas être prononcée si elle a pour effet de rendre l'intéressé apatride (la France s'est en effet engagée sur un plan international à limiter le nombre de personnes sans nationalité pouvant réclamer le statut d'apatride).

Double nationalité

› Qui peut bénéficier de la double nationalité ?

Un enfant dont l'un des parents au moins est français, même si cet enfant est né à l'étranger, est français.
Or il est possible que cet enfant ait également la nationalité, soit du pays où il est né, soit de son autre parent, en vertu de l'application de la loi étrangère.
Dans ce cas, l'enfant aura deux nationalités (nationalité française et nationalité de l'autre pays).
De même, une personne française vivant à l'étranger peut, en application de cette loi étrangère, acquérir la nationalité de ce pays (par exemple en se mariant).
Dans ce cas, ce Français aura la double nationalité.
La possibilité d'avoir la double nationalité dépend donc non seulement de la loi française, mais également de la loi étrangère qui doit prévoir cette possibilité.
Si une personne a la double nationalité, elle devra en principe respecter les lois nationales de chaque pays tout en bénéficiant également des protections accordées respectivement par ces lois aux nationaux.
Service national : le Français qui a la double nationalité et qui réside habituellement sur le territoire français doit en principe remplir ses obligations relatives au service national universel en France.
(Art. R. 111-3 du Code du service national).
(Voir ① : *Service national*).
À noter : en vertu de la convention franco-algérienne de 1988, le jeune qui a cette double nationalité peut choisir le pays où il préfère effectuer ses obligations militaires.

Le couple, les enfants

Le mariage

Règles du mariage

Qui peut se marier ?

En matière de mariage, la règle générale est que deux personnes, de sexe différent, en âge de se marier, non apparentées et en état de donner leur libre consentement, sont libres de se marier.

› À quel âge peut-on se marier ?

L'âge du mariage est fixé à 18 ans révolus pour les hommes et les femmes.
Le procureur de la République du lieu de la célébration du mariage peut accorder des dispenses d'âge pour des motifs graves, comme par exemple, la survenance d'enfant, sous réserve de l'autorisation des parents.
(Code civil, art. 144 et 145).

› Le consentement des parents est-il nécessaire ?

La question de l'autorisation des parents ne se pose maintenant qu'exceptionnellement dans le cas où un jeune mineur se marie sur dispense du procureur de la République (voir ci-dessus).
Si l'un des parents est décédé ou dans l'impossibilité de manifester sa volonté, le consentement de l'autre suffit.
En cas de dissentiment entre le père et la mère, « ce partage vaut consentement », c'est-à-dire que le consentement de l'un des deux parents suffit. Si le père et la mère sont décédés ou dans l'impossibilité de manifester leur volonté, le consentement doit être donné par les grands-parents.
À défaut de parents ou de grands-parents, le conseil de famille doit donner son consentement.
(Code civil, art. 148 et 159).

› Avec qui peut-on se marier ?

On peut se marier avec toute personne en âge de se marier, de nationalité française ou étrangère et en état de donner son libre consentement.
Il existe quelques restrictions de caractère très limité :
– le mariage n'est pas possible entre personnes de même sexe ;
– le mariage est également interdit entre certaines personnes apparentées. Le mariage est tout d'abord interdit entre tous les ascendants et descendants, les alliés dans la même ligne, le frère ou la sœur, l'oncle et la nièce, la tante et le neveu.
Le président de la République, en cas de motifs graves, peut toutefois permettre le mariage entre alliés en ligne directe lorsque la personne qui a créé l'alliance est décédée, ainsi que le mariage entre l'oncle et la nièce, la tante et le neveu.

Le motif grave est généralement la grossesse.
(Code civil, art. 161 et s.) ;
– le mariage posthume, c'est-à-dire avec une personne décédée, est théoriquement interdit mais peut toutefois être autorisé pour motif grave par le président de la République si le défunt est décédé après l'accomplissement de formalités officielles marquant sans équivoque son consentement. À différentes reprises, ce type de mariage posthume a été autorisé à la suite du décès du futur mari en service commandé, alors que sa fiancée était enceinte.
(Code civil, art. 171).

Formalités du mariage

› Quelles sont les formalités pour se marier ?

Le lieu du mariage

En principe, le mariage doit avoir lieu à la mairie du domicile de l'un ou de l'autre des futurs mariés ou des parents des fiancés, si ceux-ci sont mineurs.
Il est toutefois souvent possible de se marier dans la commune de la nouvelle résidence ou de la résidence secondaire des futurs époux.
(Code civil, art. 165).

La publication des bans

Avant la célébration du mariage, l'officier de l'État civil doit faire une publication annonçant le mariage par voie d'affiche apposée à la porte de la mairie.
Cette publication doit énoncer les prénoms, nom, profession, domicile et résidence des futurs époux ainsi que le lieu où le mariage devra être célébré.
Elle a notamment pour objet de permettre à ceux qui connaissent des cas d'empêchement de former opposition à ce mariage.
Le mariage ne peut être célébré moins de 10 jours après la publication de cette affiche à la porte de la mairie.
Une dispense de publication peut être accordée pour raisons graves aux futurs époux (exemple : danger de mort…).
L'officier de l'État civil ne peut procéder à la publication des bans ou au mariage lui-même (en cas de dispense de publication) qu'après avoir reçu la justification de leur identité au moyen d'une pièce officielle, la copie intégrale de leur acte de naissance (qui ne doit pas dater de plus de 3 mois, si elle a été délivrée en France, et de plus de 6 mois si elle a été délivrée dans un consulat) ou la présentation d'un acte de notoriété en l'absence de copie intégrale.
Les futurs époux doivent également donner les prénoms, nom, date et lieu de naissance, profession et domicile des témoins (sauf si le mariage doit être célébré par une autorité étrangère).
Enfin, une audition préalable avec les futurs époux (ensemble ou séparément) a lieu.
Cette audition (non obligatoire) a pour but de vérifier la réalité du consentement des futurs époux (mariage de complaisance ou mariage forcé). Elle est effectuée par l'officier d'État civil, un fonctionnaire de l'État civil ou encore un agent diplomatique ou consulaire si le futur époux réside à l'étranger.
(Code civil, art. 63, 70, 71, 169 et 170).

Le contrat de mariage

Si les futurs époux décident de faire un contrat de mariage, ils doivent le signer par devant notaire avant la célébration du mariage.

Les frais à exposer pour se marier

Toutes les formalités du mariage sont gratuites, en dehors éventuellement, des frais d'honoraires d'intervention du notaire si les époux choisissent de faire un contrat de mariage.

Le nom de la personne mariée

(Voir ① : *Nom, femme mariée*).

› Comment se marier avec un étranger ?

Mariage en France

Il faut tout d'abord savoir que chaque époux doit, à l'occasion du mariage, respecter sa propre loi nationale.
L'âge de la majorité, par exemple, peut différer selon les pays et l'étranger devra prouver à l'officier d'état civil français qu'il est majeur au regard de la loi nationale.
Cette preuve est apportée par la remise d'un certificat de capacité matrimoniale ou d'un certificat de coutume. Ces pièces sont délivrées par les autorités étrangères. Un certificat de non-opposition au mariage et un titre de séjour sont également demandés à l'étranger (en plus, bien entendu, de toutes les pièces obligatoires pour un mariage entre Français, telles que extraits de naissance, liste des témoins, etc.).

Mariage à l'étranger

Le mariage contracté à l'étranger entre Français ou entre un Français et un étranger est valable sous réserve que les époux respectent un certain nombre de conditions.
La célébration du mariage doit être précédée de la délivrance d'un certificat de capacité à mariage. Cette délivrance est, elle-même, subordonnée à l'accomplissement, auprès de l'autorité consulaire ou diplomatique, des formalités d'audition et de publication des bans.
Le mariage doit ensuite être célébré selon les formes en vigueur dans le pays de célébration et l'époux français doit s'être conformé aux conditions de fond auxquelles la validité du mariage est subordonnée en droit français.
Si l'officier de l'État civil, consulaire ou diplomatique, estime que le mariage envisagé encourt la nullité, il peut saisir le Procureur de la République qui pourra ainsi s'opposer à la célébration du mariage.
Les futurs époux peuvent demander au tribunal de grande instance la mainlevée de cette opposition.
La transcription sur les registres de l'État civil français rend le mariage opposable en France vis-à-vis des tiers (bailleurs, créanciers...).
Il faut s'adresser à l'autorité consulaire ou diplomatique du lieu de célébration du mariage qui procède à cette transcription sauf s'il y a eu opposition du Parquet (et que les époux n'ont pas obtenu de mainlevée) ou si le certificat de capacité à mariage n'a pas été fourni et que l'autorité diplomatique ou consulaire suspecte un cas de nullité.
(Code civil, art. 171-1 et s.).

› Quels sont les effets du mariage sur la nationalité ?

Le mariage en principe n'a aucun effet sur la nationalité respective des époux, chaque époux gardant sa propre nationalité.
Mais l'étranger qui a contracté un mariage en France avec un Français a néanmoins la possibilité d'acquérir la nationalité française sous certaines conditions.
(Voir Ⓘ : *Nationalité française*).
L'acquisition de la nationalité se fait par déclaration reçue par le juge d'instance ou le consul et enregistrée par le ministre chargé des Naturalisations.
(Code civil, art. 21-1 et s.).
(Voir Ⓘ : *Déclaration de nationalité française*).
Si le Français qui épouse une personne étrangère, bénéficie de la double nationalité, la situation est identique.
L'étranger a la même possibilité d'acquérir la nationalité française, il peut également préférer acquérir la seconde nationalité de son conjoint si la législation correspondant à la seconde nationalité le permet.
(Code civil, art. 23-5 et s.).

› La rupture d'une promesse de mariage permet-elle une demande de dommages et intérêts ?

L'inexécution d'une promesse de mariage ne peut, par elle-même, motiver une condamnation à des dommages-intérêts. Le principe est en effet la liberté de se marier (ou non).
Cependant la victime de la rupture peut obtenir la réparation du préjudice matériel subi, notamment le remboursement des dépenses faites en vue du mariage non réalisé.
La victime de la rupture peut également invoquer le préjudice moral, injustement causé par la rupture et obtenir de ce chef un supplément de dommages-intérêts dans des limites cependant assez étroites.
Il faut dans ce cas établir la faute de celui qui a rompu, en produisant, par exemple, un échange de correspondance ou des attestations écrites prouvant que la promesse de mariage n'a été faite que dans la perspective d'obtenir certains avantages et que la rupture est intervenue très peu de temps avant la date de célébration du mariage.
(Code civil, art. 1382).

Les cas de nullité et d'opposition à mariage

La règle générale est que l'on peut faire opposition au mariage ou en demander la nullité lorsqu'il est projeté ou a été célébré en violation de la loi.

› Dans quels cas peut-on faire opposition à un mariage ?

Les cas légaux d'empêchement à mariage sont ceux qui interdiraient la célébration du mariage s'ils étaient connus de l'officier de l'état civil, à savoir notamment que l'un ou les deux époux sont :
- apparentés,
- déjà mariés,
- en état de démence, etc.

› Qui peut faire opposition ?

● Le principe

Le droit de former opposition à la célébration du mariage appartient tout d'abord à la personne engagée par mariage avec l'une des personnes voulant se marier.
Les père et mère et le cas échéant, les grands-parents, peuvent, également former opposition au mariage de leurs enfants et descendants même majeurs.
Lorsque les parents et grands-parents sont empêchés, les frères, sœurs, tantes, oncles, cousins ou cousines peuvent former opposition notamment lorsque l'opposition est fondée sur l'état de démence du futur époux.
Le ministère public peut également former opposition dans tous les cas où la nullité d'un mariage déjà célébré est possible.
(Voir plus loin : *Quels sont les cas de demande de nullité ?*).
Par ailleurs, l'officier d'état civil, chargé de la célébration, qui estime qu'il n'y a pas de réel consentement de la part des futurs époux, peut différer la célébration et saisir le procureur de la République. Ce dernier dispose de 15 jours pour s'opposer au mariage ou décider qu'il sera sursis à sa célébration (ce sursis ne peut excéder 1 mois).
L'un ou l'autre des futurs époux, peut contester la décision de sursis devant le président du tribunal de grande instance et, le cas échéant, devant la cour d'appel.
(Code civil, art. 172 à 175-2).

› Comment se déroule la procédure d'opposition ?

L'acte d'opposition doit être déposé à la mairie du lieu de mariage.
Il doit énoncer la qualité qui donne à l'opposant le droit de la former et contenir élection de domicile dans le lieu où le mariage devra être célébré.
Il doit également contenir les motifs de l'opposition et reproduire le texte de loi sur lequel est fondée l'opposition, le tout à peine de nullité.
Cet acte d'opposition suspend la célébration du mariage.
C'est aux futurs époux de demander la mainlevée de cette opposition devant le tribunal de grande instance qui doit se prononcer dans les 10 jours.
Après une année révolue, l'opposition cesse de produire effet. L'opposition faite par le parquet cesse sur décision du tribunal. L'opposition peut être renouvelée (sauf dans l'hypothèse de mainlevée judiciaire d'une précédente opposition formée par un ascendant).
Si l'opposition est rejetée, les opposants, autres que les ascendants, peuvent être condamnés à des dommages et intérêts.
(Code civil, art. 176 à 179).

› Quels sont les cas de demande de nullité ?

Comme pour l'opposition à mariage, la nullité peut être demandée chaque fois qu'un mariage a été célébré en violation de la loi, notamment :
– si le mariage a été contracté sans le consentement libre de l'un des deux époux (pression familiale...) ;
– s'il y a eu erreur sur la personne ou sur les qualités essentielles de la personne, l'autre époux peut demander la nullité du mariage ;
– en cas d'altération des facultés mentales de l'un des époux.
(Voir ① : *Mariage, majeur protégé*).

› Qui peut demander la nullité ?

• Si le consentement des époux pour se marier n'a pas été donné librement, le mariage peut être attaqué par les époux, par celui dont le consentement n'a pas été libre ou par le ministère public pendant 30 ans à compter du mariage.
Une pression sur les époux ou l'un d'eux (exercée notamment par un ascendant), constitue notamment un cas de nullité du mariage.
S'il y a eu erreur sur la personne (identité...) ou sur ses qualités essentielles (honorabilité, santé mentale ...), seul l'autre époux peut demander la nullité du mariage.
Dans ces différents cas, la demande en nullité n'est plus possible à l'issue d'un délai de 5 ans à compter du mariage.
• Le mariage contracté sans le consentement des parents (dans les cas où ce consentement est nécessaire, voir ci-dessus), ne peut être attaqué que par ceux dont le consentement était requis ou par celui des deux époux qui avait besoin de ce consentement.
L'action en nullité ne peut plus être engagée ni par les époux ni par les parents dont le consentement était requis, toutes les fois que le mariage a été approuvé expressément ou tacitement par ceux dont le consentement était nécessaire ou lorsqu'il s'est écoulé 5 années sans réclamation de leur part, depuis qu'ils ont eu connaissance du mariage. Elle ne peut pas être demandée non plus par l'époux, lorsqu'il s'est écoulé 5 années sans réclamation de sa part, depuis qu'il a atteint l'âge compétent pour consentir par lui-même au mariage.
• Le mariage sans avoir l'âge requis, sans le consentement des époux, entre des personnes déjà mariées ou apparentées ou célébré hors de la présence d'un époux peut être attaqué par les époux eux-mêmes, par tous ceux qui y ont intérêt, ou par le ministère public.
• Le mariage qui n'a pas été contracté publiquement et qui n'a pas été célébré devant l'officier public compétent peut être attaqué, dans un délai de 30 ans à compter de sa célébration, par les époux eux-mêmes, par les père et mère, par les ascendants et par tous ceux qui y ont un intérêt né et actuel, ainsi que par le ministère public.
(Code civil, art. 180 et s.).

› Quels sont les effets de la nullité ?

Le mariage déclaré nul produit cependant ses effets à l'égard de celui des époux qui l'a contracté de bonne foi ou à l'égard des deux époux, s'ils étaient tous les deux de bonne foi.
Même si aucun des époux n'a été de bonne foi, le mariage produit ses effets à l'égard des enfants, comme en matière de divorce (il est décidé de l'autorité parentale).
(Code civil, art. 201 et 202).

› Dans quel cas est-il possible de faire annuler le mariage de l'Église catholique par les autorités ecclésiastiques ?

Le divorce ne rompt le mariage civil qu'au niveau civil pour l'Église catholique. Elle n'accepte, parfois, de rompre, « d'annuler », un mariage religieux ou purement civil, que s'il n'y a pas eu consommation du mariage, ou si les époux n'étaient pas tous les deux baptisés dans l'une ou l'autre des Églises chrétiennes. C'est alors le pape qui le fait.
Mais si le consentement au mariage de l'un des époux a été vicié, ou si l'échange des consentements est intervenu à un moment où l'un des époux était hors d'état

de s'engager en mariage, elle peut étudier et éventuellement déclarer la nullité du mariage de deux baptisés, c'est-à-dire établir qu'il n'y a eu que l'apparence d'un véritable consentement. Pour être éclairé sur un cas particulier, il y a lieu de s'adresser à un évêché, où l'officialité donnera les renseignements voulus ou indiquera les avocats ecclésiastiques agréés. Ordinairement, une déclaration de nullité ne demande pas, comme on le croit souvent, l'intervention de Rome ; la Rote romaine n'est qu'une juridiction d'appel.

Le contrat de mariage

Le mariage est toujours précédé ou accompagné d'un contrat de mariage, soit choisi par les époux et rédigé par un notaire avant le mariage, soit imposé par la loi si les époux, avant de se marier, n'ont pas fait le choix d'un contrat particulier.

› Faut-il faire un contrat de mariage ?

La plupart des époux ne font pas de contrat de mariage pour ne pas mélanger considérations affectives et financières et parce que très souvent, au départ dans la vie, ils bénéficient d'une situation modeste et ne possèdent aucun patrimoine.
Il est cependant toujours préférable de prévoir un contrat de mariage qui préserve l'avenir.
Le choix du contrat de mariage doit plutôt avoir pour perspective de protéger le couple vis-à-vis des tiers et du fisc plutôt que l'un vis-à-vis de l'autre.
Dans cette perspective, le contrat de séparation de biens est intéressant dans la mesure où il permet de fractionner les risques susceptibles de menacer le patrimoine commun, notamment si les futurs époux ou l'un d'entre eux envisagent une activité commerciale ou industrielle.
En cas d'hésitation, il peut être utile de demander le conseil d'un juriste spécialisé dans les questions fiscales qui pourra donner un avis motivé en fonction des projets d'avenir du couple.
Pour faire un contrat de mariage, il faut s'adresser obligatoirement à un notaire qui doit rédiger et faire signer le contrat avant la célébration du mariage.
En ce qui concerne le montant des frais et honoraires d'intervention du notaire, ceux-ci dépendent du type de contrat choisi et de l'importance du patrimoine des époux. Le coût peut varier suivant qu'il s'agit d'un contrat de séparation de biens, très simple à rédiger, ou d'un contrat de communauté de meubles et d'acquêts ou de participation aux acquêts.
Le plus simple est de demander une estimation préalable des frais et honoraires qu'un notaire sérieux acceptera toujours de donner.
(Code civil, art. 1387 à 1399).

› Quelle est la situation de ceux qui n'ont pas fait de contrat de mariage ?

Ceux qui n'ont pas fait précéder leur mariage d'un contrat de mariage, c'est-à-dire la majorité des époux, adoptent le régime de la communauté légale qui est un régime de communauté sensiblement différent suivant que les époux se sont mariés avant ou après le 1er février 1966.

● La communauté légale des époux mariés avant le 1er février 1966

L'actif de la communauté légale des époux mariés sans contrat avant le 1er février 1966 se compose de tout le mobilier que possédaient les époux avant ou

après le mariage ainsi que tous les immeubles acquis pendant le mariage (communauté de meubles et acquêts).
Le passif de la communauté se compose des dettes mobilières des époux au jour de la célébration du mariage ou du passif des successions qui leur échoient durant le mariage, sauf récompense pour celles relatives aux immeubles propres à l'un ou l'autre des deux époux.
Ce passif se compose également des dettes contractées par le mari ou par la femme avec le consentement du mari, pendant le mariage, sauf récompense lorsque la dette a été contractée dans l'intérêt de l'un des époux.

● La communauté légale des époux mariés après le 1er février 1966

L'actif de la communauté légale des époux mariés après le 1er février 1966, sans contrat, se compose des acquisitions faites par les époux ensemble ou séparément durant le mariage.
(Voir ① : *Régime de la communauté légale*).

› Quels sont les différents contrats de mariage ?

En dehors de la communauté d'acquêts qui est le régime légal de ceux qui n'ont pas fait de contrat de mariage, les principaux contrats sont les suivants :

● La communauté réduite aux acquêts (avant le 1er février 1966)

Il s'agit d'un contrat qui est pratiquement le même que la communauté légale qui s'applique aux époux qui se sont mariés sans contrat postérieurement au 1er février 1966.
Par ce contrat, les époux limitent la communauté aux biens qu'ils acquerront.
Ce contrat exclut par ailleurs de la communauté les dettes actuelles et futures de chaque époux ainsi que leur mobilier présent et futur.

● La communauté de meubles et d'acquêts

Dans ce type de contrat, l'actif commun comprend en sus des biens répartis sous le régime de la communauté légale, les biens meubles dont les époux ont la propriété ou la possession au jour du mariage, ou qui leur sont échus depuis, à moins que le donateur ou le testateur n'ait stipulé le contraire.
(Code civil, art. 1498).

● La participation aux acquêts

Ce contrat, pendant la durée du mariage, a les mêmes conséquences que si les époux étaient mariés sous le régime de la séparation de biens.
Chaque époux conserve l'administration, la libre disposition et la jouissance de ses biens personnels sans faire de distinction entre ceux qui lui appartenaient au jour du mariage, qu'il a acquis par la suite ou qui lui sont advenus par succession ou libéralité.
Lors de la dissolution, chaque époux peut participer pour moitié en valeur aux acquêts nets constatés dans le patrimoine de l'autre et calculés d'après la double estimation du patrimoine originaire ou du patrimoine final.
(Code civil, art. 1569 à 1581).

● Le régime dotal

Ce type de contrat de mariage, aujourd'hui tombé en désuétude, permettait aux époux, avant la loi du 13 juillet 1965, de frapper d'inaliénabilité les biens constituant la dot de la femme.

● La séparation de biens

Aux termes de ce contrat, chaque époux conserve la propriété, l'administration, la jouissance et la libre administration de ses biens personnels et reste seul tenu des dettes qu'il a contractées avant et pendant le mariage (sauf en ce qui concerne les dettes contractées pour l'entretien du ménage ou l'éducation des enfants).
Il n'y a donc pas de biens communs. Lorsqu'il n'est pas possible de prouver la propriété d'un bien acquis pendant le mariage ou non répertorié dans le contrat de mariage, ce bien est présumé appartenir à chacun des époux pour moitié. S'il s'agit d'un compte joint, chacun est considéré comme propriétaire de la moitié du solde figurant le jour de la clôture du compte.
L'intérêt de ce régime matrimonial est de protéger le patrimoine d'un époux (en particulier les biens que cet époux a pu acquérir pendant le mariage) en cas de dettes personnelles ou professionnelles de son conjoint.
L'inconvénient est l'absence de biens communs lorsqu'un seul des époux travaille et conserve à son nom les acquisitions faites pendant le mariage.
Par ailleurs, les opérations de dissolution et de liquidation du régime de la séparation de biens peuvent se révéler très complexes, puisqu'il faut évaluer le patrimoine possédé par chacun des époux à l'époque du mariage et le comparer au patrimoine final, afin de déterminer les déficits ou les accroissements apparaissant au moment de la dissolution.
(Code civil, art. 1536 à 1543).

● La communauté universelle

Par ce contrat de mariage, les époux établissent une communauté universelle de leurs biens tant en ce qui concerne l'actif (meubles et immeubles présents et à venir) qu'en ce qui concerne le passif (dettes présentes et futures des époux).
Ce régime présente des risques en cas de mésentente pour celui des époux qui dispose, au mariage, de biens propres qui entrent par l'effet du contrat dans la communauté et dont la propriété se trouve immédiatement partagée entre les deux époux.
En revanche, ce régime présente des avantages fiscaux importants, notamment dans une perspective successorale puisque, en présence d'une clause attributive de communauté et lors du décès d'un conjoint, le survivant est supposé être propriétaire de l'ensemble de la communauté. Il ne paie pas de droits de succession au décès de son époux.
(Voir ① : *Succession, conjoint survivant*).
C'est la raison pour laquelle on voit de plus en plus de ménages âgés, unis et sans postérité, changer de contrat de mariage et adopter le régime de la communauté universelle pour faciliter le passage, au meilleur compte, du patrimoine commun dans le patrimoine du conjoint survivant.

› Est-il possible de changer de contrat de mariage en cours du mariage ?

Avant 1965, par application du vieux principe de l'immutabilité des conventions matrimoniales, il n'était pratiquement pas possible de changer de régime matrimonial en cours de mariage, sauf cas exceptionnel.
Depuis la réforme de 1965, après 2 années d'application du régime matrimonial conventionnel ou légal, les époux peuvent modifier ou changer entièrement leur

contrat de mariage par un acte notarié qui doit être soumis, le cas échéant, à l'homologation du juge aux affaires familiales du domicile conjugal.
La loi n° 2006-728 du 23 juin 2006 sur les successions modifie le régime du changement de contrat de mariage en ne rendant l'homologation judiciaire obligatoire qu'en cas :
– de contestation des enfants majeurs et des créanciers. Ces derniers sont en effet informés personnellement de la modification envisagée. Ils disposent d'un délai de 3 mois pour s'opposer à la modification ;
– et en présence d'enfants mineurs.
Le tribunal, pour homologuer le nouveau contrat, doit vérifier que ce changement a été convenu dans l'intérêt de la famille.
La notion d'intérêt de la famille est appréciée par les tribunaux en fonction, bien sûr, de chaque cas particulier.
Prendre en compte l'intérêt de la famille ne consiste pas à protéger les intérêts de tous les membres de la famille (souvent inconciliables) mais revient à apprécier la situation familiale dans son ensemble et à vérifier les véritables motifs qui poussent les époux à modifier leur contrat de mariage.
Très souvent, le changement porte sur l'adoption du régime de la communauté universelle (avec clause d'attribution de la communauté au survivant). L'intérêt de la famille est reconnu (et donc le changement autorisé) s'il s'agit pour les époux d'assurer l'avenir du conjoint survivant après le décès du premier époux ou de mettre en commun un patrimoine constitué uniquement par le travail d'un seul d'entre eux. Cette motivation est suffisante même si un membre de la famille est lésé.
En revanche, les juges refusent d'homologuer le changement de régime matrimonial s'il apparaît que les époux ont uniquement cherché à nuire à leurs héritiers, à les empêcher de bénéficier de leur réserve successorale ou encore ont voulu contourner l'obligation de payer des droits de succession.
Cette procédure nécessite l'intervention d'un notaire pour rédiger le nouveau contrat (et d'un avocat s'il y a lieu à homologation devant le tribunal).
Les frais sont relativement élevés compte tenu des honoraires de l'avocat et des frais, émoluments et honoraires du notaire.
(Code civil, art. 1396).

Obligations des époux l'un envers l'autre

Les règles communes

Quel que soit leur régime matrimonial, les époux contractent, de par leur mariage, des obligations et des droits.

› Qu'est-ce que le devoir de secours ?

Selon l'article 212 du Code civil, les époux se doivent mutuellement respect, fidélité, secours et assistance. Le devoir de secours constitue l'obligation alimentaire entre époux (de la même façon qu'il existe une obligation alimentaire entre parents et enfants). Il est fondé en principe sur l'état de besoin de celui qui le réclame : chaque époux doit porter un secours (matériel) à l'autre époux si celui-ci est dans le besoin.

C'est surtout pendant l'instance en divorce, qu'est utilisé cette notion de devoir de secours entre époux. C'est au titre du devoir de secours qu'est versée la pension alimentaire pendant l'instance en divorce.
Pendant le mariage, hors procédure de divorce, on utilise plutôt la notion de contribution aux charges du ménage, juridiquement distincte du devoir de secours (voir plus loin).

› Comment chaque époux doit-il contribuer aux charges du mariage ?

● Le principe

L'article 214 du Code civil précise que les époux doivent contribuer aux charges du mariage à proportion de leurs facultés respectives.
Si par exemple, les époux perçoivent un salaire approximativement identique, ils doivent chacun contribuer pour moitié aux dépenses du ménage qu'il s'agisse du logement, de la nourriture, des vacances, de l'éducation des enfants…
Si l'un des époux est seul à travailler, c'est évidemment à lui de supporter l'ensemble des dépenses à moins que l'autre conjoint bénéficie de revenus personnels.
(Code civil, art. 214).

● Que faire si son conjoint refuse sa contribution aux charges du mariage ?

Le fait pour un des époux de refuser de contribuer aux dépenses du ménage peut tout d'abord constituer un motif de divorce. Si le conjoint, victime de ce procédé, ne veut pas demander le divorce, il peut obliger son époux à faire face à ses obligations en engageant une procédure de contribution aux charges du mariage devant le juge aux affaires familiales.
(Voir Ⓘ : *Pension alimentaire*).

› Quels sont les droits et obligations des époux en matière de logement ?

● Le choix de la résidence du ménage

Dans le cours du mariage, les époux s'obligent mutuellement à une communauté de vie.
L'article 215 du Code civil, qui le rappelle, précise « que la résidence de la famille est au lieu choisi par les époux d'un commun accord ».
L'accord des deux époux est donc nécessaire pour choisir et disposer du logement et de ses meubles.
Les deux époux peuvent également décider d'avoir un domicile distinct.
(Code civil, art. 108 et 215).

● La location du logement (cotitularité du bail)

Le paiement des loyers

Quel que soit le régime matrimonial, le bail des locaux servant à l'habitation des époux est réputé leur appartenir à chacun, et même si le bail a été conclu par un seul des conjoints avant le mariage. Cette cotitularité du bail entraîne l'obligation pour chacun d'entre eux de payer les loyers jusqu'à la fin du bail ou jusqu'au jour où cette cotitularité cesse (par exemple, en cas de divorce, le jour de la publication du jugement).

Cette obligation s'applique même à celui qui n'a pas signé le contrat de location, ou à celui qui a quitté le logement, ou encore à celui qui a envoyé séparément son congé au bailleur.
(Code civil, art. 1751).

Le congé délivré par le bailleur

Le droit au bail est censé appartenir à chaque époux. En conséquence, le bailleur qui entend mettre fin au bail doit adresser un congé à chacun des époux. À défaut, le congé délivré à l'un d'entre eux serait inefficace à l'encontre de l'autre (qui pourrait ainsi rester dans les lieux).
À noter : pour les locations soumises à la loi du 6 juillet 1989, le bailleur non informé du mariage de son locataire n'est pas tenu de délivrer les deux congés.
(Voir Ⓘ : *Congés (location), époux*).

Le congé délivré par un époux locataire

Une autre conséquence de la cotitularité est qu'un époux peut donner seul congé mais ce congé n'aura pas d'effet :
– vis-à-vis de son conjoint qui pourra rester dans les lieux ;
– vis-à-vis du bailleur qui pourra continuer à réclamer les loyer aux deux époux, et notamment à l'époux ayant donné congé (Cour de cassation, 3e chambre civile, 19 juin 2002).
L'accord des deux époux est requis pour mettre fin au bail.
(Voir Ⓘ : *Congés (locations), loi du 6.7.1989*).

● La vente du logement

Les époux ne peuvent l'un sans l'autre disposer des droits par lesquels est assuré le logement de la famille, ni des meubles dont il est garni. Cela signifie qu'un des époux ne peut pas vendre, donner, céder l'usufruit, donner à bail le logement de la famille sans l'accord de l'autre.
Celui des époux qui n'a pas donné son consentement à l'acte de disposition peut en demander l'annulation dans l'année, à partir du jour où il a eu connaissance de cet acte. Ceci est vrai pour une vente du logement, même si le logement est un bien propre d'un des époux.
C'est la raison pour laquelle, dans le cas de vente d'un immeuble propre, les notaires exigent pratiquement toujours les signatures des deux époux.
(Code civil, art. 215).

› Doit-on payer les dettes de son conjoint ?

● L'entretien du ménage ou des enfants

Lorsque la dette concerne l'entretien du ménage ou l'éducation des enfants, chaque époux est tenu de payer les dettes de son conjoint (obligation solidaire).
Cela signifie par exemple, qu'un établissement ayant donné des soins à l'enfant du couple pourra se retourner contre le père, la mère ou les deux parents.
Si les dépenses sont manifestement excessives (en comparaison avec le train de vie du ménage) ou inutiles, ou encore, si le créancier était de mauvaise foi, il n'y a pas de solidarité. Par exemple, tel est le cas de l'achat par l'un des conjoints d'un billet d'avion pour son seul usage.

Les emprunts ou achats à crédit

Pour les emprunts et les crédits, un époux n'est pas engagé, s'il n'a pas signé l'acte. Seule exception à cette règle : le cas d'actes portant sur des sommes modestes et nécessaires aux besoins de la vie courante du ménage.
C'est ainsi, par exemple, que l'amélioration du logement principal d'une famille a été considérée comme « nécessaire » alors que l'achat d'une voiture par le mari, séparé de corps de sa femme, n'a pas engagé solidairement son épouse envers les créanciers.
Les juges statuent donc en fonction de l'objet du crédit et du niveau de ressources du ménage (la notion de « sommes modestes » est, en effet, variable selon les familles).
Lorsqu'il n'y a pas « solidarité » entre les époux, celui qui contracte un emprunt ou un crédit n'engage que ses biens propres et ses revenus.
(Code civil, art. 220).

› Que faire si un époux met en péril les intérêts de la famille ?

Si un époux manque à ses devoirs et met en péril les intérêts de la famille, son conjoint peut s'adresser au juge aux affaires familiales pour que soient prises, par ordonnance, des mesures urgentes.
Ces mesures peuvent consister à interdire à l'époux concerné de vendre ses propres biens ou ceux de la communauté sans le consentement de son conjoint, ou encore de déménager les meubles ou d'utiliser le véhicule.
Des mesures urgentes permettant l'éviction du logement du conjoint violent peuvent également être demandées avant la requête en divorce.
Si des actes sont accomplis en violation de ces mesures, le conjoint a un délai de 2 ans pour en demander l'annulation, à partir du jour où il en a eu connaissance.
(Code civil, art. 220-1 et s.).
Si un époux est hors d'état de manifester sa volonté, son conjoint peut s'adresser au juge des tutelles pour être autorisé à passer seul un acte pour lequel le concours ou le consentement de cet époux serait nécessaire ou pour être habilité à le représenter.
(Art. L. 221-9 du Code de l'organisation judiciaire).

› Peut-il y avoir vol entre époux ?

Pendant toute la durée du mariage, il ne peut pas y avoir vol entre époux (qu'il s'agisse de biens communs ou de biens propres).
En revanche, le vol est punissable lorsque :
– les époux sont séparés de corps ou autorisés à résider séparément (dans le cadre d'un divorce, cette autorisation résulte de l'ordonnance de non-conciliation) ;
– il porte sur des objets ou documents indispensables à la vie quotidienne de la victime, tels que des documents d'identité, relatifs au titre de séjour ou de résidence d'un étranger, ou des moyens de paiement.
(Code pénal, art. 311-12).

Le régime de la communauté légale

› Les biens communs

Le principe

La communauté est composée des acquêts, c'est-à-dire des biens acquis par les époux, ensemble ou séparément, pendant le mariage et provenant de leur travail (salaires) ou de leurs économies.
Tout bien meuble ou immeuble possédé par les époux est réputé commun, à moins de prouver qu'il est propre à l'un d'entre eux. Cette preuve peut se faire par acte écrit et, à défaut, par tous documents, papiers de famille, registres domestiques, document de banque et factures.
Les revenus de ces biens communs sont également communs.
Les fruits des biens propres non utilisés sont également des biens communs.

› Les indemnités reçues par un époux

Dans un régime de communauté, il faut distinguer les indemnités versées pour compenser une perte de salaire (indemnités de chômage, indemnités versées à l'occasion d'un licenciement...) et les indemnités destinées à réparer un préjudice personnel subi par un époux (dommages-intérêts versés à la suite d'un accident...).
Les indemnités destinées à compenser une perte de salaire sont des biens communs. En revanche, les sommes versées à titre de dommages-intérêts restent des biens propres.

› La gestion des biens communs

Chacun des époux a le pouvoir de gérer seul les biens communs et d'en disposer, tout en étant responsable de ses éventuelles fautes de gestion.
En revanche, la vente, les nantissements sur fonds de commerce, les hypothèques sur les immeubles ou la signature d'un bail rural ou commercial portant sur un immeuble commun, doivent être consentis par les deux époux. De même, les époux ne peuvent, l'un sans l'autre, donner un bien commun.
En fait, un époux ne peut engager la communauté que pour des actes accomplis dans l'intérêt de cette communauté. Si l'un des époux est empêché, l'autre peut agir à sa place, sous réserve qu'il respecte l'intérêt de la communauté.
Dans cette hypothèse, l'époux peut également se faire habiliter en justice à remplacer et représenter l'époux empêché.
(Code civil, art. 1401 et s.).

› Les biens propres

On appelle biens propres le patrimoine personnel de chaque époux qui, sous le régime le plus fréquent de la communauté légale, est constitué par les biens dont chaque époux avait la propriété ou la possession au jour du mariage ou qu'il a reçus pendant le mariage, par succession ou donation. De même, forment des propres, les vêtements et linges à l'usage personnel de l'un des époux, les actions en réparation d'un dommage corporel ou moral, les créances et pensions incessibles, et, plus généralement, tous les biens qui ont un caractère personnel et tous les droits exclusivement attachés à la personne. Sont aussi des propres (mais sauf récompense s'il y a lieu – voir ci-dessous), les instruments de travail nécessaires à la profession de l'un des époux, à moins qu'ils ne soient l'accessoire d'un fonds de commerce ou d'une exploitation faisant partie de la communauté.

Pendant toute la durée du mariage, chaque époux a la jouissance et l'administration de ses biens propres et peut en disposer librement.
En ce qui concerne les fruits ou revenus provenant d'un bien propre, ils sont attribués à la communauté, sauf s'ils sont consommés sans fraude.
(Code civil, art. 1406 et s.).

› Les récompenses

Lors de la dissolution du régime matrimonial (divorce notamment), la communauté doit récompense à l'époux propriétaire de biens propres, toutes les fois qu'elle a tiré profit de ces biens. Il s'agit des cas, notamment, où la communauté a encaissé de l'argent appartenant en propre à l'un des époux (par exemple, une somme léguée ou héritée) ou encore a encaissé l'argent provenant de la vente d'un bien propre, sans que cet argent soit remployé pour une autre acquisition.
De même, et inversement, la communauté peut avoir droit à récompense quand elle a acquitté la dette personnelle d'un époux. Tel est le cas, par exemple, quand les instruments de travail nécessaires à la profession d'un époux (biens propres) ont été acquis grâce à des fonds communs.

› Les dettes

Le paiement des dettes dont chaque époux est tenu, pour quelque cause que ce soit, pendant la communauté, peut toujours être poursuivi sur les biens communs (sauf en cas de fraude du conjoint et du créancier).
Les biens propres du conjoint non débiteur ainsi que ses gains et salaires personnels ne peuvent être saisis par les créanciers que lorsque la dette contractée avait pour objet l'entretien du ménage ou l'éducation des enfants. Dans ce cas, les époux sont débiteurs solidaires.
La communauté a droit à récompense (voir ci-avant) lorsque la dette était contractée dans l'intérêt personnel d'un des époux.
(Code civil, art. 1413, 1414, 1417).
À noter : les charges afférentes à un bien propre (par exemple la taxe professionnelle due pour l'activité d'un des époux) sont des dettes de la communauté.

● Les crédits et les cautions

Lorsqu'un époux contracte un emprunt ou signe un acte de cautionnement, il n'engage que ses biens propres et ses revenus. Pour pouvoir saisir les biens communs, les créanciers doivent avoir obtenu l'accord exprès de son conjoint qui, dans ce cas, n'engage pas ses biens propres.
(Code civil, art. 1415).

Le concubinage

Statut du concubinage

› Qu'est-ce que le concubinage ?

Le concubinage a été défini par la loi n° 99-944 du 15 novembre 1999 instituant le pacte civil de solidarité (PACS).
Le concubinage est une union de fait, caractérisée par une vie commune présentant un caractère de stabilité et de continuité, entre deux personnes, de sexe différent ou de même sexe, qui vivent en couple.
Cette définition légale apporte une grande nouveauté par rapport à la définition jurisprudentielle antérieure puisqu'elle reconnaît officiellement le concubinage entre deux personnes du même sexe.
(Code civil, art. 515-8).
Le concubinage est désormais défini par le Code civil mais reste une situation de fait sans statut spécifique (même si certains droits liés à la vie maritale sont reconnus aux concubins), à la différence du mariage dont les conditions et les effets sont organisés de façon précise par le Code civil et, dans une moindre mesure, du PACS qui entraîne pour les signataires certains droits et obligations.
(Voir Ⓘ : *Pacte civil de solidarité (PACS)*).
Il faut distinguer :
- **le concubinage simple :** le couple est formé de deux personnes célibataires.
- **le concubinage adultérin :** l'un des concubins est marié avec une autre personne.

L'adultère n'est plus un délit pénal, ni une cause péremptoire de divorce. Mais la preuve de l'adultère peut servir de fondement à une demande de divorce pour faute.

› Qu'est-ce que le certificat de concubinage ?

À quoi sert-il ?

Le certificat de concubinage peut être utile pour les organismes de sécurité sociale ou les administrations comme la SNCF, La Poste (carte famille...).
Il peut également servir en matière de location (maintien dans les lieux) pour prouver le caractère notoire du concubinage. (Voir plus loin : *Le logement*).

Comment l'obtenir ?

Un certificat de concubinage peut être obtenu à la mairie du domicile des concubins en la présence de deux témoins.
Ces deux témoins doivent être majeurs, non parents entre eux et non apparentés avec les intéressés.

Il faut fournir, d'autre part, une pièce d'identité et un justificatif de domicile (bail ou facture EDF/GDF ou téléphone).

● La déclaration sur l'honneur

Pour certains organismes, il n'est demandé aux concubins qu'une simple déclaration sur l'honneur.
Cette déclaration remplace le certificat de concubinage et suppose la bonne foi des déclarants.
À noter : dans certaines mairies (à Paris notamment), le certificat de concubinage peut être délivré sans la présence de témoins.
Une simple pièce d'identité peut également suffire.

Il est donc préférable de téléphoner à la mairie dont on dépend avant de se déplacer.

Droits des concubins

L'argent

› Les concubins peuvent-ils ouvrir un compte joint ?

Le compte joint peut être ouvert par deux personnes non mariées. Les deux noms figurent sur l'intitulé du compte.
Au décès de l'un deux, l'autre titulaire est réputé propriétaire de la moitié du solde figurant sur le compte au jour du décès même si l'approvisionnement du compte n'a pas été équivalent de part et d'autre.
Les comptes joints peuvent être ouverts sous les formules « X… et Y… » ou « X… ou Y… ».
Si figure la formule « X… ou Y… », chacun des titulaires du compte peut, sous sa seule signature, effectuer les opérations de dépôt, retrait, etc.
À l'inverse, s'il est indiqué « X… et Y… », chaque opération nécessite les deux signatures conjointes.

› Les concubins sont-ils tenus de contribuer aux charges du ménage ?

À la différence des couples mariés, les concubins ne sont pas tenus d'affecter leurs salaires aux dépenses du ménage par priorité aux autres dépenses.
Puisque le couple de concubins n'a pas de statut légal, la notion de « dépenses du ménage » n'est pas reconnue. Chacun est donc en principe libre de contribuer ou non à ces dépenses. La contribution aux dépenses communes est donc laissée à la libre appréciation de chacun des concubins.
À noter : ces règles ne s'appliquent pas lorsqu'il s'agit de dépenses pour l'entretien ou l'éducation des enfants.

Chaque parent, qu'il soit marié ou pas, doit contribuer à ces dépenses.

› Les concubins peuvent-ils être tenus de leurs dettes réciproques ?

En principe, les dettes de l'un ne peuvent être réclamées à l'autre (à la différence des époux qui s'engagent réciproquement s'il s'agit d'une dette contractée dans l'intérêt du ménage, et des partenaires du PACS qui sont tenus solidairement des dépenses de la vie courante).
Mais il en est différemment si le créancier a pu croire avoir affaire à une personne ou à un couple marié.
Dans ce cas, celui qui n'a pas signé l'engagement peut néanmoins être poursuivi pour le paiement de la dette (il s'agit de la théorie de « l'apparence »).
De même, si l'un des concubins s'est porté caution de l'autre, il sera tenu de l'intégralité de la dette en cas de défaillance du débiteur principal.
(Voir Ⓘ : *Caution*).

› Peut-on être indemnisé à la suite d'un accident survenu à son concubin ?

Comme l'époux(se) ou les personnes de la famille, le (ou la) concubin(e) peut obtenir réparation du préjudice subi par le décès accidentel de son ami(e).
Mais il est nécessaire que leur liaison soit reconnue « stable et continue » et qu'elle ne présente pas de caractère délictueux, c'est-à-dire qu'elle ne soit ni adultérine, ni incestueuse.
Dans un arrêt du 8 janvier 1985, la Cour de cassation a établi une distinction entre « concubine » et « maîtresse ».
Une concubine est une personne avec qui l'on vit maritalement sans être mariés, alors qu'une liaison avec une maîtresse ne présente pas de garantie de stabilité.
En l'espèce, les deux maîtresses d'un homme tué accidentellement s'étaient constituées parties civiles, pour obtenir des dommages-intérêts.
Puisque la victime partageait sa vie entre ses deux maîtresses, aucune d'elles ne pouvait justifier d'une vie maritale stable.
La seule qualité de maîtresse ne justifie pas l'octroi de dommages-intérêts. Le préjudice n'est pas reconnu.
Dans la pratique, en raison du caractère théoriquement moins stable du concubinage, l'indemnisation des concubins est sensiblement moins forte que celle des conjoints.
(Pour le maintien de la prestation compensatoire ou de la pension alimentaire d'un divorcé qui vit en concubinage, voir Ⓘ : *Pension alimentaire, conjoint* et *Prestation compensatoire*).

Le logement

› Quels sont les droits respectifs des concubins propriétaires ?

● Si le logement appartient ou est acquis par un seul d'entre eux

Si le logement est au nom d'un seul des concubins, l'autre n'a aucun droit sur cet immeuble. Le premier peut le vendre, le louer ou le donner à sa guise même si ce logement constitue le domicile du ménage.
À la différence de l'époux(se), le (la) concubin(e) ne bénéficie pas de la protection relative au logement de la famille.

Si le logement est acquis en commun

L'acquisition en commun d'un appartement ou d'une maison fait naître l'indivision entre les acquéreurs.
Cette indivision peut comporter des parts équivalentes (50 %) ou non identiques (30 % et 70 %, par exemple).
Ce bien ne peut, en principe, être vendu sans l'accord de chaque indivisaire.
Les règles générales de l'indivision prévues au Code civil s'appliquent à cette situation.
Remarque : le juge aux affaires familiales est compétent pour les demandes relatives au fonctionnement des indivisions entre concubins.
(Code civil, art. 815 à 815-18).

À noter : afin d'éviter le paiement des droits de successions en cas de décès d'un des concubins, on peut prévoir lors de l'achat de logement une clause de tontine.
(Voir Ⓘ : *Tontine*).

› En cas de location, quels sont les droits de celui qui n'a pas signé le contrat ?

Loyers

Le concubin qui n'a pas signé le bail n'est pas tenu de payer les loyers ni les charges (sauf s'il s'est porté caution du locataire en titre).
Mais corrélativement, il ne peut bénéficier des clauses du bail et ne dispose d'aucun recours s'il est évincé par le titulaire du bail.

Maintien dans les lieux en cas de décès ou d'abandon du locataire

En cas de décès ou d'abandon de domicile du loca-taire en titre, la situation de son concubin varie selon qu'il s'agit d'un logement soumis à la loi de 1948 ou à la loi du 6 juillet 1989.

Logements soumis à la loi de 1948

Le concubin n'est pas compris dans les personnes pouvant bénéficier (en tant que personne à charge) du droit au maintien dans les lieux, en cas de décès ou d'abandon du domicile du locataire. Ce droit est réservé au conjoint, aux enfants jusqu'à leur majorité, aux ascendants ou aux personnes handicapées qui vivaient avec le locataire.
(Voir Ⓘ : *Maintien dans les lieux (location)*).

Logements soumis à la loi du 6 juillet 1989

En cas de décès ou d'abandon de domicile du locataire, son concubin peut demeurer dans les lieux et bénéficier des clauses et conditions du bail jusqu'à son expiration.
Le concubinage doit être notoire, depuis au moins 1 an à la date du décès, et prouvé par le certificat de concubinage.

› Quels sont les droits et obligations des concubins cosignataires du bail ?

Lorsque les deux concubins signent le bail, ils sont l'un comme l'autre responsables du paiement des loyers, des charges, des réparations locatives…
Le propriétaire est en droit de réclamer l'intégralité de ces sommes indifféremment à l'un ou à l'autre.

En contrepartie, ils ont tous deux un droit personnel sur le logement et peuvent bénéficier du bail, même s'ils sont seuls à demeurer dans les lieux.
En effet, si l'un décède ou quitte les lieux, le cosignataire reste seul titulaire du bail (sauf clause contraire insérée dans le contrat).

La vie professionnelle

› Y a-t-il une différence entre les salariés mariés et les salariés vivant en union libre ?

● Embauche

En principe, le Code du travail réglementant le droit applicable aux salariés n'établit aucune différence entre deux salariés de statut différent.
L'employeur qui refuserait d'embaucher une personne, sous prétexte qu'elle vit en concubinage, commettrait un délit.
(Code du travail, art. L. 123-1).

● Mutation

Dans l'Administration, il est prévu pour les fonctionnaires mariés, la possibilité de demander leur mutation dans la même ville ou dans une ville proche.
Cette règle ne s'applique pas, en principe, aux couples vivant en union libre.
À noter : cependant, actuellement la situation de concubinage est prise en considération dans certaines administrations, même si la loi ne le prévoit pas.

● Congés payés

Congés payés annuels

Il n'existe aucune différence pour le calcul ou l'attribution des congés payés annuels entre concubins et époux.

Congés familiaux

Les congés liés à la naissance d'un enfant sont attribués de façon équivalente, quel que soit le statut des parents.
Les autres congés familiaux dépendent principalement des conventions collectives. Il y a lieu en conséquence de s'y reporter.

› Quel est le statut des concubins qui travaillent ensemble ?

● Si l'un est le salarié de l'autre

Le concubin salarié a le même statut que tout autre salarié de l'entreprise.
Le lien qui unit l'employeur et son salarié n'est pas pris en considération : l'employeur peut, sans limitation de montant, déduire de ses déclarations fiscales l'intégralité du salaire versé (à la différence des couples mariés sous un régime de communauté, dans la même situation qui doivent respecter un certain plafond fiscal pour les déductions de salaires).

● Si l'un collabore bénévolement à l'entreprise de l'autre

Le concubin qui travaille bénévolement dans l'entreprise de son compagnon n'est protégé ni par la législation du travail (puisqu'il n'est pas salarié), ni par les règles concernant les régimes matrimoniaux.
Lors de la rupture du concubinage, le concubin a qui n'appartient pas l'entreprise n'est pas automatiquement indemnisé pour le travail bénévole fourni (à l'inverse

des couples mariés où l'on tient compte, à la dissolution de la communauté, de la valeur apportée par le travail du conjoint).
Le concubin qui n'a perçu ni salaire, ni bénéfice pour le travail fourni, peut engager une action devant le tribunal (d'instance ou de grande instance selon le montant de la demande), fondée sur l'enrichissement sans cause en vue d'obtenir un dédommagement.
Il peut également faire état d'une société de fait ayant existé entre eux, à condition qu'il y ait eu :
– des apports réciproques (apports en espèces, en matériel ou en travail),
– la volonté commune de travailler ensemble sans lien de subordination (« *affectio societatis* »),
– la participation aux bénéfices et aux pertes.
Si cette société de fait est reconnue, les bénéfices pourront être partagés équitablement entre concubins lors de leur séparation.

● S'ils sont tous deux associés de la même société (SARL...)

Leurs relations sont les mêmes que celles de tout autre associé.
Il n'y pas cumul des parts qu'ils détiennent ensemble puisqu'ils ne composent pas une « famille » au sens légal. Ce cloisonnement des parts de la société peut être intéressant notamment dans l'hypothèse ou l'un d'entre eux est le gérant salarié de l'entreprise : pour bénéficier du statut de salarié, le gérant ne doit pas être associé majoritaire.
Or, pour déterminer ce caractère majoritaire, les services fiscaux tiennent compte des parts détenues non seulement par l'intéressé mais aussi par le conjoint (lorsque le gérant est marié).
En revanche, les parts éventuellement détenues par la ou le concubin(e) ne sont pas prises en compte par le fisc.

› Les concubins commerçants peuvent-ils être tenus solidairement des dettes incombant à l'un d'entre eux ?

En effet, même si un seul est propriétaire du fonds, son concubin est tenu solidairement des dettes s'il a participé effectivement à l'exploitation.
L'exploitation en commun signifie :
– la participation matérielle à l'exploitation,
– l'absence de subordination juridique,
– la confusion des intérêts.
Cette solution de condamnation solidaire est une solution retenue par la jurisprudence.
Elle est assurément très défavorable au concubin non propriétaire du fonds de commerce qui est tenu aux dettes sans avoir droit automatiquement aux bénéfices.

La sécurité sociale

C'est un des domaines où le concubinage est le plus assimilé au mariage.
Les critères d'attribution des allocations reposent sur la notion de couple (marital ou conjugal), sur les ressources de ce couple, sur le nombre d'enfants à charge etc. et non sur l'état civil.
En vertu du décret n° 2000-97 du 3 février 2000 et concernant les prestations familiales et assimilées, les dispositions relatives aux personnes vivant en concubinage

s'appliquent aux partenaires d'un pacte civil de solidarité (Art. R. 553-2 du Code de la Sécurité sociale).
(Voir ① : *Pacte civil de solidarité (PACS), protection sociale*).

Les impôts

Les services fiscaux ignorent le concubinage.
Il n'y a pas de différence entre une personne vivant seule et une personne vivant en concubinage (sauf en matière d'impôt de solidarité sur la fortune pour lequel les concubins forment un seul et même foyer fiscal).

› Comment les concubins doivent-ils déclarer leurs revenus ?

Un couple de concubins ne constitue pas un foyer fiscal mais deux foyers distincts. Cela signifie que chacun d'eux doit remplir sa propre déclaration de revenus. Si l'un ne travaille pas, il ne pourra pas être compté comme étant à charge de son concubin.
Il fera une déclaration personnelle de non-revenu.

› Comment s'effectue le rattachement fiscal des enfants ?

● Les enfants mineurs

Les enfants mineurs peuvent être rattachés à l'un ou à l'autre de leurs parents si ces derniers les ont reconnus.
L'enfant ne peut être compté à charge que d'un seul des parents et, en cas de litige, il est rattaché au foyer fiscal du concubin dont les revenus sont les plus élevés.
Si un seul des parents a reconnu l'enfant, ce dernier doit être compté à la charge de ce parent.
Toutefois, si ce parent ne dispose d'aucun revenu à déclarer, l'enfant peut être rattaché à la déclaration de l'autre concubin au titre « d'enfant recueilli ».

● Les enfants majeurs

Les enfants majeurs, qui ne disposent pas ou peu de revenus, peuvent être rattachés à celui des parents qui les déclarait pendant leur minorité.
Ce rattachement est obligatoire pendant la première année de la majorité.
Par la suite, l'enfant majeur peut être rattaché indifféremment à son père ou à sa mère.
Cette situation est la même que celle applicable aux enfants de parents divorcés.
Le parent, qui ne bénéficie pas du rattachement, peut déduire une pension alimentaire versée pour l'enfant (sans limitation pour les enfants mineurs, mais limitée pour les enfants majeurs).

› Comment se calculent les parts fiscales ?

Les parts fiscales sont attribuées au foyer fiscal en fonction du nombre de personnes à charge (« quotient familial »).
Lorsqu'il s'agit d'un couple non marié, chaque concubin doit faire sa propre déclaration de revenu et dispose :
- pour lui-même : 1 part
- pour le premier enfant à charge : 1/2 part
- pour le 2e enfant : 1/2 part
- pour le 3e enfant et les suivants : 1 part.

La loi de finances pour 1996 a supprimé la demi-part supplémentaire dont pouvait bénéficier chaque concubin pour un premier enfant à charge.
(Art. 194 du Code général des impôts).

Rupture du concubinage

La séparation volontaire

› Est-on libre de rompre le concubinage ?

Le principe est que chacun est libre de rompre le concubinage.
Celui des concubins qui prend l'initiative de la rupture peut cependant être condamné à des dommages et intérêts, si les conséquences de cette rupture sont dommageables pour le concubin abandonné et que celui-ci rapporte la preuve d'une faute à la charge du concubin, auteur de la rupture.

Exemple : la faute peut consister en une promesse de mariage non tenue ou dans le fait d'inciter son concubin à quitter son emploi pour le suivre et à l'abandonner par la suite.

Par ailleurs, les tribunaux peuvent être amenés à accorder des dommages-intérêts au concubin qui a vécu entièrement à la charge de son ami et qui se retrouve sans ressources à la suite de la rupture.

Mais à la différence du divorce, le concubin abandonné ne pourra obtenir une pension alimentaire ou une prestation compensatoire pour lui-même.

› Comment sont partagés les biens à la suite d'une rupture ?

Puisqu'il n'existe pas de communauté entre concubins, chaque bien doit revenir à son propriétaire.
En cas de contestation, il est nécessaire de prouver l'appartenance de tel ou tel objet.
Il est donc indispensable de conserver les preuves d'origine des biens (attestation notariée, factures…).
Il est même recommandé d'établir, au début de la vie commune, une sorte de « contrat de concubinage » dans lequel pourraient être répertoriés tous les biens existants, leur nature et leur origine.
Si les concubins ont travaillé ensemble et qu'il est admis l'existence d'une société de fait entre eux (voir : *La vie professionnelle*), leurs biens « communs » ou « sociaux » seront partagés selon les règles des sociétés, au prorata des apports de chacun, ainsi que l'actif ou le passif de cette société.
À défaut de preuve d'origine de propriété ou de société de fait entre concubins, leurs biens seront réputés indivis et le partage s'effectuera selon les règles de l'indivision (partage amiable ou judiciaire).
Remarque : la loi n° 2009-526 du 12 mai 2009 de simplification du droit, confie au juge aux affaires familiales les demandes relatives à la liquidation et au partage des intérêts patrimoniaux des concubins, à compter du 1er janvier 2010.

Le décès

› Le concubin peut-il intervenir dans les formalités ou démarches consécutives au décès ?

Le concubin n'a en principe aucune possibilité de régler les formalités (choix des funérailles, lieu de sépulture) ni d'effectuer les démarches d'ouverture de succession.
Ces obligations sont réservées à la famille du défunt et à ses héritiers.
Le concubin, en tant qu'étranger à la succession, ne peut prendre aucune initiative et ne pourra recueillir les éventuels legs faits en sa faveur que des mains des héritiers.

› Le concubin bénéficie-t-il de la pension de réversion ?

Pour le régime général de la Sécurité sociale, les pensions de réversion sont réservées exclusivement au conjoint marié du salarié décédé.
Le (ou la) concubin(e) ne peut y prétendre.
À noter : cependant, certains régimes de retraites complémentaires n'appliquent pas cette règle d'exclusion et peuvent attribuer dans certains cas et sous certaines conditions, la pension de réversion à la concubine. Il convient de se reporter à chaque contrat.

› Le concubin peut-il toucher le capital-décès ?

Le capital-décès est un secours versé, après le décès d'un assuré, à sa famille. Puisqu'il s'agit d'un secours, ce capital-décès est versé par priorité aux personnes qui vivaient avec l'assuré et qui étaient entièrement à sa charge (bénéficiaires prioritaires).
Si aucune priorité n'est invoquée dans un délai déterminé, le capital-décès est attribué :
– au conjoint survivant non séparé de droit ou de fait,
– au partenaire auquel le défunt était lié par un pacte civil de solidarité,
– ou à défaut aux descendants et, dans le cas où le défunt ne laisse ni conjoint survivant ni partenaire d'un pacte civil de solidarité ni descendants, aux ascendants.
(Art. L. 361-4 du Code de la Sécurité sociale).
Le concubin est assimilé au conjoint si le concubinage était notoire, si le concubin vivait sous le même toit que le défunt et était entièrement à sa charge.

La succession

› Le concubin survivant est-il héritier ?

Le (ou la) concubin(e) n'est jamais appelé(e) de plein droit à la succession de son compagnon décédé (même si l'union a duré plusieurs dizaines d'années ou présentait un caractère de stabilité et de continuité).
Le survivant reste un étranger à la succession et, à ce titre, est défavorisé par rapport à la famille légitime.
Il est indispensable qu'un testament ou une donation ait été établi en sa faveur. Ces dons et legs peuvent éventuellement être annulés.
La part qu'il peut recevoir est limitée.
Les droits de succession sont importants (voir questions suivantes).

› Dans quelle mesure peut-on léguer ou donner ses biens à son concubin ?

Autrefois les legs ou donations faits en faveur d'un concubin étaient presque systématiquement annulés par la Cour de cassation, comme étant contraires à la morale et à l'ordre public.
Ils sont aujourd'hui reconnus valables même si le défunt était marié par ailleurs. La jurisprudence faisait la distinction entre les donations qui avaient pour but d'assurer l'avenir de la concubine (donations validées) et celles qui n'étaient faites que pour entretenir la relation adultère (donations annulées). Cette distinction est aujourd'hui abandonnée.
La Cour de cassation considère désormais que le fait de vouloir maintenir une relation adultère n'est pas contraire aux bonnes mœurs et ne peut donc pas justifier l'annulation de la donation.
(Code civil, art. 900).

› Quelle est la part maximale que peut recevoir le concubin ?

Les donations ou legs, établis en faveur d'un concubin, ne doivent pas dépasser le montant de la quotité disponible.
Ce montant varie en fonction des héritiers présents à la succession.
(Voir Ⓘ : *Successions, quotité disponible*).

› Quel est le tarif des droits de succession applicable au concubin ?

Le concubin est considéré comme un étranger par rapport au défunt et à ce titre doit régler 60 % de droits de succession.
Le calcul de ce pourcentage s'applique après l'abattement général de 1 520 € admis pour tout héritier ou légataire.

› Comment peut-on améliorer la situation du concubin survivant ?

● L'assurance-vie

Il est possible d'améliorer la situation du concubin survivant en souscrivant une assurance-vie à son profit.
Sous certaines conditions, le capital versé au bénéficiaire d'une assurance-vie est exonéré d'impôt.
À noter : depuis quelques années, les concubins peuvent souscrire une assurance réciproque, possibilité auparavant exclusivement réservée aux époux mariés.
Les sommes perçues par le bénéficiaire ne sont pas prises en compte lors de l'évaluation de l'actif successoral.
Il n'y a donc en principe pas lieu à réduction, à l'inverse des autres legs et donations, qui peuvent se trouver diminués si la part des héritiers réservataires (enfants et parents) est insuffisante.
L'assurance-vie est donc un moyen de favoriser son concubin qui pourra ainsi bénéficier d'une rente ou d'un capital lors du décès de son compagnon.
Attention : les autres héritiers sont néanmoins autorisés à contester la souscription de l'assurance et à faire réduire le versement du capital s'il apparaît que les primes versées par le défunt étaient manifestement exagérées par rapport à ses ressources.

Il y aurait alors fraude aux droits des héritiers réservataires. L'évaluation du caractère exagéré des primes par rapport aux revenus du souscripteur dépend bien sûr de chaque cas. Les juges saisis statuent en comparant les deux montants mais également les circonstances diverses qui ont incité le défunt à souscrire une telle assurance.
(Code des assurances, art. L. 132-13).

● Tontine

Elle permet d'exonérer le concubin des droits de succession sur le logement commun.
(Voir Ⓘ : *Tontine*).

Le pacte civil de solidarité (PACS)

La formation du PACS

La loi n° 99-944 du 15 novembre 1999 a créé le pacte civil de solidarité (PACS).
Sans établir un véritable statut du concubinage, le PACS tend cependant à organiser une vie commune entre les partenaires et leur accorde certains avantages que n'ont pas les concubins vivant en union libre (et notamment des intérêts fiscaux et successoraux).
Le PACS se situe entre la situation de fait que constitue le concubinage et l'institution que représente le mariage. La loi crée un cadre juridique « intermédiaire » de la vie en commun.
La loi n° 2006-728 du 23 juin 2006 portant réforme des successions a également modifié le PACS. Désormais, le PACS devient un « quasi mariage » puisqu'il figure à l'État civil, ajoute des obligations réciproques entre partenaires, institue une sorte de régime de séparations de biens en remplacement du régime de l'indivision. Après décès, il accorde au partenaire le droit de demeurer dans le logement pendant 1 an et généralise en sa faveur l'attribution préférentielle des biens de la succession.
Cette réforme est en application depuis le 1er janvier 2007.

› Qu'est-ce que le PACS ?

Le PACS est un contrat qui permet à deux personnes d'organiser leur vie commune sans être obligées de se marier. La grande nouveauté est que ces personnes peuvent être du même sexe.
(Code civil, art. 515-1).
Les signataires d'un PACS s'obligent en premier lieu à partager leur vie.
Le terme « vie commune » signifie non seulement une résidence commune des intéressés, mais aussi une réelle vie de couple supposant une entraide réciproque (les signataires ont en effet l'obligation de s'apporter mutuellement une aide matérielle et une assistance réciproques) et un statut pour les biens qu'ils peuvent acquérir pendant la durée de validité du contrat.

› Qui peut signer un PACS ?

Les personnes désirant signer un PACS doivent être :
– majeures (les mineurs même émancipés en sont exclus),
– capables. Les personnes en curatelle peuvent signer un PACS mais avec l'assistance de leur curateur. Les majeurs en tutelle sont interdits de PACS jusqu'au 1er janvier 2009. À compter de cette date ils pourront se pacser avec l'autorisation du juge des tutelles ou du conseil de famille s'il est constitué, après avis des parents et de l'entourage.
Ces personnes peuvent être du même sexe ou de sexes différents.

Le PACS est par ailleurs interdit :
– entre ascendant et descendant en ligne directe (grands-parents, parents, enfants et petits-enfants),
– entre alliés en ligne directe (beaux-parents et gendre ou belle-fille),
– entre collatéraux jusqu'au troisième degré inclus (les frères et sœurs, demi-frères ou demi-sœurs sont au 2e degré, les tantes ou oncles et neveux et nièces sont au 3e degré). Les cousins peuvent signer un PACS entre eux,
– entre deux personnes dont l'une au moins est mariée,
– et entre deux personnes dont l'une au moins est déjà liée par un pacte civil de solidarité.
(Code civil, art. 515-2).

› Comment rédiger et enregistrer le contrat ?

Pour se pacser, il faut établir une convention.
La loi pose un cadre général en précisant simplement que les partenaires doivent s'apporter une aide matérielle et une assistance réciproques et que les modalités de cette aide et cette assistance peuvent être fixées dans leur convention.
Cela signifie que les partenaires peuvent se contenter d'indiquer dans leur convention : « Nous – noms et prénoms des deux partenaires – concluons un PACS régi par le Code civil », ou prévoir plus en détail les modalités de la participation de chacun à cette vie commune (engagements financiers réciproques, partage des dépenses, répartition de leurs biens communs en cas de séparation…).
Ils peuvent rédiger eux-mêmes le contrat ou bien s'adresser à un professionnel (un notaire ou un avocat) qui pourra les conseiller.
Pour enregistrer leur convention, les partenaires doivent se présenter ensemble au greffe du tribunal d'instance du ressort géographique où est fixée leur résidence commune, et produire leur convention qui peut être établie par acte sous seing privé ou par acte notarié.
Le greffier du tribunal d'instance reste compétent pour enregistrer la convention ; il est également chargé de procéder aux formalités de publicité. Le PACS est en effet, désormais, inscrit en marge de l'acte de naissance de chaque partenaire, avec indication de l'identité de l'autre partenaire. Si une personne est de nationalité étrangère, l'existence du PACS est portée sur un registre tenu par le greffe du tribunal de grande instance de Paris.
Le PACS prend effet entre les parties à compter de son enregistrement. Il est opposable aux tiers à compter du jour où les formalités de publicité sont accomplies.
Les partenaires doivent également être munis d'une pièce d'identité, d'une copie de leur acte de naissance, d'une attestation sur l'honneur de l'absence de lien de parenté entre eux et d'une attestation sur l'honneur du lieu de leur résidence commune.
(Code civil, art. 515-3 et 515-3-1).
Les contestations portant sur l'enregistrement ou le refus d'enregistrement d'un PACS, sont soumises au président du tribunal de grande instance statuant en référé. Si le PACS est signé à l'étranger, les contestations relatives aux décisions d'irrecevabilité prises par l'autorité diplomatique ou consulaire sont portées devant le président du tribunal de grande instance de Paris. (Décret n° 2006-1806 du 23 décembre 2006).

› Peut-on modifier les termes du PACS d'origine ?

Les partenaires peuvent à tout moment modifier les termes de leur pacte d'origine.
La procédure est la même que celle de l'enregistrement : toute modification du pacte doit, comme le pacte lui-même, être déclarée par les deux partenaires au greffe du tribunal d'instance qui a reçu l'acte initial. La déclaration doit être écrite, conjointe, datée et signée par chacun des partenaires et comporter la date d'enregistrement de la déclaration initiale.
La convention peut être remise ou adressée par lettre recommandée avec avis de réception à ce greffe qui l'enregistre comme la déclaration initiale et procède aux formalités de publicité.
Le président du tribunal de grande instance, statuant en référé, est compétent pour les contestations soulevées à l'occasion d'une demande de modification du PACS.

› La publicité du PACS

Depuis le 1er janvier 2007, le PACS, comme le mariage, est inscrit à l'État civil. Souscrire un PACS modifie donc désormais l'état des personnes signataires.
La déclaration de PACS reste de la compétence du greffier du tribunal d'instance. Ce dernier reçoit la convention de pacte, vérifie que les conditions de validité sont respectées, date l'acte et inscrit la déclaration de pacte dans un registre chronologique. La convention est rendue aux signataires et n'est pas conservée par le greffe.
Puis le greffier adresse un avis de PACS à l'officier d'État civil du lieu de naissance de chaque partenaire. L'existence du PACS, ainsi que l'identité du partenaire, sont inscrits sur l'acte de naissance de chaque intéressé. Toute modification fait l'objet de la même publicité auprès des officiers d'état civil détenteurs des actes de naissance des partenaires.
La preuve de l'absence de PACS peut désormais être apportée par une copie ou un extrait d'acte de naissance en remplacement de l'ancien certificat de non-PACS qui était délivré par le greffier du tribunal d'instance.

Les droits et obligations des partenaires

La signature d'un PACS a pour principal but d'organiser la vie commune des partenaires.
Elle crée en conséquence certaines obligations pour les intéressés, leur ouvre des droits et règle le sort des biens acquis en commun.

› La vie quotidienne

• Les partenaires se doivent une aide matérielle et une assistance réciproques

Les partenaires s'engagent à une vie commune. Ils doivent s'aider matériellement et s'apporter une assistance morale réciproque.
(Code civil, art. 515-4).
Les partenaires peuvent inscrire dans leur convention les modalités de cette aide (la mise en commun de leurs ressources, la répartition entre eux des dépenses, l'aide de l'un apportée au travail de l'autre…) ou ne rien indiquer.
Si rien n'est prévu de façon précise dans le pacte, l'aide matérielle est proportionnelle aux facultés respectives de chaque partenaire. S'ils ne parviennent pas à se mettre d'accord sur la façon dont peut s'exécuter cette obligation, l'un ou l'autre peut saisir le tribunal pour en définir les modalités en fonction de leur situation financière respective.

De même, si l'un d'entre eux refuse de participer aux dépenses ou ne respecte pas ses engagements contractuels, son partenaire peut obtenir du tribunal sa condamnation à lui verser une participation financière.
Les partenaires ne disposent pas, comme les époux, de la procédure spécifique de « contribution aux charges du ménage ». La demande de participation aux dépenses relève donc de l'exécution du contrat de PACS. Le tribunal compétent peut donc être le juge de proximité, le tribunal d'instance ou le tribunal de grande instance selon le montant de la demande.
En revanche, le juge aux affaires familiales (tribunal de grande instance) est compétent pour régler les litiges concernant le paiement des pensions alimentaires pour les enfants.

Les partenaires sont solidaires pour les dettes de la vie courante

Les partenaires sont tenus solidairement à l'égard des tiers des dettes contractées par l'un d'eux pour les besoins de la vie courante.
Cela signifie que chaque partenaire peut engager une dépense pour le couple sans être obligé d'avoir le consentement écrit ou l'accord exprès de l'autre. Cela signifie aussi que le créancier de l'un pourra réclamer le paiement de sa créance à l'autre.
Les dettes de la vie courante sont celles nécessaires à l'entretien du couple, de son logement, de ses loisirs, etc. Cette solidarité n'est pas retenue s'il s'agit de dépenses manifestement excessives c'est-à-dire des dettes correspondant à un achat exceptionnel, d'un montant trop élevé par rapport aux besoins du ménage, d'une utilité discutable…
Les dettes de la vie courante comprennent également les dépenses relatives à l'entretien et à l'éducation des enfants (frais de scolarité, dépenses de vacances, inscriptions aux activités extrascolaires, factures d'hospitalisation…).
En cas de litiges (entre le créancier et le couple de partenaires ou, entre les partenaires eux-mêmes), les juges prennent notamment en considération le train de vie des partenaires, leurs habitudes de vie, le montant de la dette par rapport à leurs revenus, l'utilité ou l'inutilité de la dépense...
S'il apparaît que la dette ne fait pas partie des besoins de la vie courante, seul le débiteur est tenu de payer et le créancier ne pourra pas faire jouer la solidarité entre les partenaires.
La solidarité est également écartée pour les achats à tempérament ou les emprunts qui n'ont été signés que par un seul des partenaires, sauf si les achats portent sur des sommes modestes nécessaires aux besoins de la vie courante.

› Les enfants

Statut de l'enfant commun

La loi instituant le PACS n'a pas modifié les règles relatives au statut de l'enfant.
Les parents exercent l'autorité parentale sur l'enfant dans les mêmes conditions que les autres parents.
S'ils se séparent et en cas de litige relatif à l'autorité parentale, ils doivent s'adresser, comme tous les parents, au juge aux affaires familiales (tribunal de grande instance).

L'adoption

Le PACS ne confère pas le droit pour les signataires d'adopter ensemble un enfant, droit réservé aux couples mariés.
Chaque partenaire peut néanmoins déposer une demande individuelle d'adoption.

Par ailleurs, le partenaire ne peut pas non plus adopter l'enfant de son partenaire alors que cette possibilité est offerte dans le cadre du mariage.

● La procréation médicalement assistée

L'assistance médicale à la procréation a pour objet de remédier à l'infertilité ou d'éviter la transmission à l'enfant d'une maladie d'une particulière gravité. Elle est destinée à répondre à la demande parentale d'un couple.
Mais ce couple ne peut être composé que d'un homme et d'une femme. Lorsque les partenaires sont de même sexe, il leur est, en conséquence, interdit de recourir à une procréation médicalement assistée.
(Art. L. 2141-2 du Code de la santé publique).

● Dettes relatives à l'entretien des enfants

La loi prévoit que les partenaires sont tenus solidairement des dépenses de la vie courante, hors dépenses manifestement excessives.. S'ils ont des enfants, les dettes communes liées à l'éducation ou à l'entretien des enfants font partie des dépenses de la vie courante.

› Le logement commun

● Quels sont les droits et les obligations des partenaires propriétaires ?

Si le logement appartient à un seul des partenaires, le propriétaire peut disposer comme il l'entend du logement, c'est-à-dire le vendre ou l'hypothéquer, sans que son partenaire ne puisse s'y opposer.
Si le logement appartient en indivision aux deux partenaires, le droit de vendre le logement ou d'autoriser l'inscription d'une hypothèque conventionnelle sur le bien indivis nécessite le consentement des deux indivisaires.
S'ils ne sont pas d'accord pour vendre le logement, chaque indivisaire peut provoquer le partage. Le partenaire qui désire rester dans les lieux doit racheter la part de l'autre.
À défaut, le bien est vendu et le prix partagé entre les indivisaires.

● Quels sont les droits et les obligations des partenaires locataires ?

Si un seul partenaire est locataire en titre, il peut donner congé au bailleur sans le consentement de son partenaire et, en cas de séparation, le partenaire ne peut en principe pas (comme le conjoint divorcé) bénéficier de l'attribution du droit au bail. Et inversement, le bailleur peut adresser un congé au seul locataire sans être obligé de viser également le partenaire de ce locataire. Le congé peut être adressé au seul locataire et est valable pour tous les occupants des lieux qui doivent quitter les lieux à l'expiration du préavis donné par le locataire en titre.

● Les partenaires sont solidaires pour les dettes relatives au logement commun

Les partenaires sont tenus solidairement à l'égard des tiers des dettes contractées par l'un d'eux pour les dépenses relatives au logement commun et notamment du paiement du loyer, des charges de copropriété, des charges locatives, des dépenses de consommation (EDF, GDF, téléphone, impôts…).
Comme les dettes de la vie courante, toutes les dépenses nécessaires à la conservation ou à l'entretien du logement où est établie la résidence commune peuvent être

engagées par l'un des partenaires sans l'intervention de l'autre et peuvent être réclamées à chacun d'entre eux, même à celui qui ne les a pas contractées.
(Code civil, art. 515-4).

Transfert de bail

En cas d'abandon du domicile ou de décès du titulaire du bail, son partenaire peut se voir transférer le droit au bail.
Le législateur a étendu au profit de la personne liée au locataire par un pacte civil de solidarité le bénéfice de la continuation du contrat de location en cas d'abandon du domicile par le locataire et celui du transfert du contrat en cas de décès pour la durée prévue dans le bail.
Il faut noter qu'aucune condition de durée du PACS ni aucune durée de cohabitation préalable ne sont exigées.

› Les biens appartenant aux partenaires

Comme les époux, les partenaires qui n'ont pas opté pour un régime spécifique concernant leurs biens sont soumis à un régime légal. Ce régime était, avant la loi n° 2006-728 du 23 juin 2006, le régime de l'indivision. Depuis le 1er janvier 2007, s'applique le régime de la séparation de biens (sur le modèle du même régime pouvant être choisi par les couples mariés).

La séparation de biens

Ce régime est applicable à défaut de précisions contraires insérées dans la convention de PACS. Comme dans le régime de la séparation de biens concernant les époux mariés, chaque partenaire conserve l'administration, la jouissance et la libre disposition de ses biens personnels.
(Code civil, art. 515-5).
Les biens personnels d'un partenaire sont ceux qu'il possédait avant le PACS (immeubles ou meubles) et ceux qu'il a acquis ou reçus après la conclusion de la convention.
Il doit également régler ses dettes personnelles (par exemple le remboursement d'un prêt contracté pour la rénovation d'un bien propre) sauf s'il s'agit de dettes de la vie courante. Dans ce cas, les partenaires sont solidaires pour le remboursement ce qui signifie que le créancier peut en réclamer le paiement même à celui n'a pas contracté la dette.
Le bien détenu par un partenaire est censé lui appartenir.
En cas de contestation, il est autorisé à prouver sa propriété. À défaut d'apporter cette preuve, le bien est alors considéré comme indivis.
D'une façon générale, tous les biens sur lesquels aucun des partenaires ne peut justifier d'une propriété exclusive sont réputés indivis, chacun en possédant la moitié.
Certains biens restent des biens personnels, quelles que soient les circonstances :
- l'argent reçu et non utilisé pour l'achat d'un bien,
- les créations et leurs accessoires,
- les biens à caractère personnel,
- les biens acquis avec de l'argent personnel ou provenant d'une succession ou d'une donation. Dans ce dernier cas, il est nécessaire que l'origine des fonds figure dans l'acte d'acquisition. À défaut, le bien est indivis et le propriétaire lésé ne dispose que d'un droit de créance sur son partenaire, sans pouvoir revendiquer la propriété du bien.

Les PACS conclus avant le 1er janvier 2007 peuvent être soumis aux règles de la séparation de biens par une convention modificative signée des partenaires.

L'exception : l'indivision

Les partenaires peuvent opter pour un régime d'indivision. Cette option peut être prise dans la convention initiale ou dans une convention postérieure modificative.

Choisir l'indivision signifie que les biens acquis pendant le PACS sont réputés indivis pour moitié même s'ils n'ont été acquis que par un seul partenaire. Cela entraîne aussi l'impossibilité de contester une éventuelle contribution inégale de l'un ou de l'autre.

Chaque partenaire est gérant de l'indivision (sauf précision contraire dans la convention) et peut ainsi représenter l'indivision vis-à-vis des tiers et gérer les biens seul.

La vente d'un bien, en revanche, nécessite l'accord des deux partenaires (sauf s'il s'agit d'un bien périssable ou si la vente rentre dans la gestion normale de l'indivision).

Les partenaires peuvent écarter la règle de l'unanimité pour certaines catégories de décisions.

À noter : le juge aux affaires familiales est compétent pour les demandes relatives au fonctionnement des indivisions entre partenaires ainsi que celles relatives à la liquidation et au partage.

› Les impôts

L'impôt sur le revenu

Depuis le 1er janvier 2005, les partenaires pacsés effectuent une déclaration commune dès la première année du PACS.

La déclaration, signée par chacun d'entre eux, est à adresser ou à déposer à la recette des impôts dont dépend leur résidence commune.

L'imposition est établie à leurs deux noms, séparés par le mot : « ou ».

L'imposition commune revêt un caractère obligatoire. Les partenaires n'ont pas le droit d'opter pour des déclarations séparées.

Lorsqu'ils effectuent une déclaration commune, ils bénéficient, comme les couples mariés, du quotient familial de 2 parts majoré de demi-parts par enfant à charge.

Attention : si les partenaires rompent volontairement leur PACS l'année de sa conclusion ou l'année suivante, la déclaration commune est remise en cause et chaque partenaire doit être imposé individuellement. Cela signifie qu'ils doivent, chacun, souscrire une déclaration rectificative pour les revenus dont ils ont disposés personnellement l'année de la conclusion du PACS et qu'ils ont déclarés en commun. (Art. 6 du Code général des impôts).

L'impôt de solidarité sur la fortune

Les partenaires ayant signé un PACS font l'objet d'une imposition commune dès l'inscription du PACS. (Art. 885 A du Code général des impôts).

Si, au 1er janvier, ils sont liés par un PACS, ils doivent souscrire au plus tard le 15 juin de la même année une déclaration unique de leurs patrimoines respectifs.

La déclaration est à déposer à la recette des impôts de leur domicile, accompagnée du paiement de l'impôt.

Les impôts directs locaux

La taxe d'habitation

La taxe d'habitation est établie au nom des personnes qui ont la disposition ou la jouissance de locaux imposables en tant que propriétaires, locataires ou occupants. Les partenaires font l'objet d'une imposition commune pour le paiement de la taxe d'habitation applicable à leur habitation principale dès la première année du PACS (comme la déclaration de revenus).
L'imposition est établie à leurs deux noms. Ils sont tenus solidairement au paiement de cette taxe.

La taxe foncière

En ce qui concerne la taxe foncière, cet impôt est à la charge du ou des propriétaire(s). La souscription du PACS n'a pas de conséquences sur les modalités d'application de cet impôt.
Si le bien immobilier appartient à un partenaire, il sera seul imposable. Si le bien appartient aux deux partenaires, ils seront tous deux redevables de la taxe foncière.

La solidarité des partenaires pour le paiement des impôts

La loi a expressément prévu la solidarité des partenaires liés par un PACS pour le paiement de l'impôt sur la fortune en modifiant l'article 1723 ter-00 B du Code général des impôts applicable auparavant uniquement aux couples mariés.
Cette solidarité est également prévue pour le paiement de l'impôt sur le revenu ainsi que pour le paiement de la taxe d'habitation (comme le conjoint qui est solidairement responsable des impositions assises au nom de son époux(se), au titre de la taxe d'habitation, lorsqu'ils vivent sous le même toit).
(Art. 1685 du Code général des impôts).
Cette solidarité s'applique même en cas de dissolution du PACS ou de séparation du couple. Dans cette hypothèse, si les impôts réclamés à l'un d'entre eux sont disproportionnés par rapport à sa situation financière et patrimoniale, il peut demander à être déchargé de cette solidarité (Code général des impôts, Art. 1691 bis).
Si cette décharge est accordée, le partenaire est alors dispensé de payer la totalité des impôts dus et n'est tenu qu'à hauteur de :
- ses propres revenus et des revenus de la moitié des biens communs,
- la moitié de la taxe d'habitation,
- son patrimoine propre et de la moitié du patrimoine commun pour l'ISF.

› La vie professionnelle

Les partenaires peuvent demander à prendre leurs congés ensemble et bénéficier de congés exceptionnels en cas de décès de l'un d'eux.
Par ailleurs, des dispositions favorisent le rapprochement géographique de deux personnes ayant conclu un pacte civil de solidarité.

Les congés payés des salariés

Les salariés mariés bénéficient de priorité dans le choix des dates de leurs vacances.
Ces règles ont été déclarées applicables au partenaire lié au salarié par un pacte civil de solidarité.
Par ailleurs, les conjoints travaillant dans une même entreprise ont droit à un congé simultané.

Ici encore, ce droit a été accordé aux partenaires liés par un PACS travaillant dans la même entreprise.
(Voir Ⓘ : *Congés payés, PACS*).

Les congés pour événements familiaux

Le partenaire a droit à 2 jours de congés en cas de décès de son partenaire. En revanche, le fait de signer un PACS ne donne pas droit aux 4 jours de congés qui sont accordés pour le mariage.

Les dispositions relatives au partenaire salarié du chef d'entreprise

Le partenaire d'un artisan ou d'un commerçant travaillant dans l'entreprise familiale bénéficie de l'ensemble des dispositions du Code du travail (salaire, congés payés, protection du travail…) à condition que ce partenaire travaille sous l'autorité du chef d'entreprise, participe effectivement à l'entreprise ou à l'activité de son partenaire à titre professionnel et habituel et perçoive une rémunération horaire minimale égale au salaire minimum de croissance (SMIC).
Fiscalement, le salaire de l'exploitant peut être déduit du résultat fiscal de l'entreprise sous certaines limites et après paiement des charges sociales correspondant à son salaire.

Le partenaire participant à l'exploitation agricole

Depuis le 1er janvier 2006, le partenaire du chef d'exploitation ou d'entreprise agricole exerçant sur l'exploitation ou au sein de l'entreprise une activité professionnelle régulière (comme le conjoint ou le simple concubin de l'exploitant) peut opter pour l'un des statuts suivants :
– collaborateur du chef d'exploitation ou d'entreprise agricole ;
– salarié de l'exploitation ou de l'entreprise agricole ;
– chef d'exploitation ou d'entreprise agricole.
(Art. L. 321-5 du Code rural).
Par ailleurs, dans le cadre d'un bail rural, le partenaire du bailleur ou du preneur, participant à l'exploitation, a désormais les mêmes droits que le conjoint marié, notamment en ce qui concerne :
– la poursuite ou l'attribution du droit au bail en cas de décès du preneur,
– la cession du bail autorisée en sa faveur,
– la reconnaissance du partenaire en tant que co-preneur du bail,
– le droit de reprise autorisé en faveur du partenaire (du propriétaire ou du bénéficiaire de la reprise) ou en faveur des enfants du partenaire du bailleur,
– le droit de reprise du bail en cas de retraite du preneur,
– le droit de préemption en cas de vente des biens ruraux.
(Loi n° 2006-11 du 5 janvier 2006).

La fonction publique

Les partenaires d'un PACS font partie de la liste de personnes dont les demandes de mutation pour rapprochement géographique en cas d'éloignement professionnel sont étudiées prioritairement (fonctions publiques de l'État, territoriale et hospitalière).
Une priorité d'affectation leur est reconnue s'ils sont séparés pour des raisons professionnelles de la personne avec laquelle ils ont signé un pacte civil de solidarité.

Si les possibilités de mutation (ou de changement d'établissement) sont insuffisantes dans leurs corps, ces fonctionnaires séparés de leur partenaire peuvent également bénéficier, en priorité, du détachement et, le cas échéant, de la mise à disposition.

› La protection sociale

● La Sécurité sociale

Le partenaire qui n'est pas couvert à titre personnel par une assurance maladie et maternité et qui est à la charge effective, totale et permanente de son partenaire peut bénéficier sans délai de la qualité d'ayant droit de ce dernier.
(Art. L. 161-14 du Code de la Sécurité sociale).
Le partenaire doit annuellement attester être à la charge de l'assuré et ne pas relever d'un régime d'assurance obligatoire par une déclaration sur l'honneur, cosignée de l'assuré.

● Les prestations sociales

Concernant les prestations familiales et assimilées, en vertu du décret n° 2000-97 du 3 février 2000, les dispositions relatives aux personnes vivant en concubinage s'appliquent aux partenaires d'un pacte civil de solidarité.
(Art. R. 553-2 du Code de la Sécurité sociale).

Prestation d'accueil du jeune enfant

Cette allocation est attribuée automatiquement à partir du moment où la déclaration de grossesse est annoncée et où la femme passe les examens médicaux obligatoires. Composée de différentes allocations, cette prestation est accordée, en partie, en fonction des ressources.

Allocation de logement social

L'allocation de logement social est accordée en fonction de certains critères dont le niveau des ressources. Les ressources actuellement prises en compte sont celles du bénéficiaire, de son conjoint ou concubin, du partenaire lié par un PACS, de ses enfants et autres personnes ayant résidé plus de 6 mois avec le bénéficiaire au cours de l'année de référence et s'y trouvant encore au moment de la date d'ouverture du droit à l'aide.

Allocation de soutien familial

Cette allocation est versée au père, à la mère ou à la personne physique qui assume la charge effective et permanente de l'enfant orphelin ou de l'enfant assimilé à un orphelin.
(Art. L. 523-1 du Code de la Sécurité sociale).
Lorsque le père ou la mère titulaire du droit à l'allocation de soutien familial se marie, conclut un pacte civil de solidarité ou vit en concubinage, cette prestation cesse d'être due.

Allocation veuvage

L'assurance veuvage garantit au conjoint survivant d'un assuré qui a été affilié, à titre obligatoire ou volontaire, à l'assurance vieillesse du régime général, une allocation de veuvage sous certaines conditions d'âge, de ressources et de nombre d'enfants. Depuis la réforme des retraites ayant modifié les modalités d'attribution de la pension de réversion, cette allocation est supprimée progressivement. (Voir Ⓘ : *Pension de réversion*).

Capital décès

L'assurance décès garantit aux ayants droit de l'assuré le paiement d'un capital lorsque l'assuré, moins de 3 mois avant son décès, exerçait une activité salariée, percevait des allocations chômage, était titulaire d'une pension d'invalidité ou d'une rente allouée en vertu de la législation sur les accidents du travail et maladies professionnelles ou lorsqu'il bénéficiait, au moment de son décès, du maintien de ses droits à l'assurance décès.

À noter : les allocations chômage perçues par le défunt et ouvrant droit au capital décès peuvent être les allocations du régime général et les allocations du régime de solidarité (allocations temporaires d'attente, de solidarité spécifique, équivalent retraite).

Le versement du capital décès est effectué par priorité aux personnes qui étaient, au jour du décès, à la charge effective, totale et permanente de l'assuré.

S'il y a plusieurs personnes pouvant se prévaloir du droit de priorité, le capital est versé par ordre de préférence au conjoint ou au partenaire d'un pacte civil de solidarité, aux enfants, aux ascendants.

Si aucune priorité n'est invoquée dans le délai d'1 mois suivant le décès, le capital est attribué :

– au conjoint survivant non séparé de droit ou de fait ou au partenaire auquel le défunt était lié par un pacte civil de solidarité,

– à défaut aux descendants,

– et aux ascendants dans le cas où le défunt ne laisse ni conjoint survivant, ni partenaire d'un pacte civil de solidarité, ni descendants.

(Art. L. 361-1 et suivants du Code de la Sécurité sociale).

Accidents du travail

Le partenaire d'une personne décédée à la suite d'un accident de travail a droit à une rente viagère égale à une fraction du salaire annuel de la victime, à condition que le pacte civil de solidarité ait été conclu antérieurement à l'accident ou, à défaut, qu'il l'ait été depuis une durée déterminée à la date du décès. Toutefois, ces conditions ne sont pas exigées si les partenaires du pacte civil de solidarité ont eu un ou plusieurs enfants.

À noter : ces droits sont également ouverts aux conjoints et aux concubins.

(Art. L. 434-8 du Code de la Sécurité sociale).

La rupture du PACS

Le PACS prend fin :

– soit d'un commun accord,

– soit par la volonté de l'un des partenaires,

– ou par le mariage de l'un d'entre eux,

– ou par le décès de l'un des partenaires,

– ou encore par la mise sous tutelle de l'un des partenaires.

(Code civil, art. 515-7).

La rupture d'un commun accord

Si les partenaires souhaitent mettre fin au PACS, ils doivent remettre une déclaration conjointe écrite au greffe du tribunal d'instance du lieu d'enregistrement du pacte d'origine. Le greffier enregistre la dissolution et fait procéder aux formalités de publicité à l'État civil.

La dissolution prend effet pour les partenaires à la date de son enregistrement et pour les tiers à compter de l'accomplissement des formalités.

● La rupture unilatérale

Celui qui veut mettre fin au PACS doit informer son partenaire de sa décision par signification délivrée par un huissier de justice. L'huissier adresse, par lettre recommandée avec demande d'avis de réception, une copie de la signification au greffe du tribunal d'instance qui a enregistré la déclaration initiale de PACS.
Le PACS prend fin à la date de l'enregistrement de la dissolution.
La dissolution est portée en marge des actes de naissance des personnes concernées.
En ce qui concerne les PACS signés avant le 1er janvier 2007, la publicité à l'État civil est effective depuis le 1er juillet 2008.

● La rupture par le mariage de l'un des partenaires

En cas de mariage d'un des partenaires avec un tiers, l'officier d'État civil en informe le greffier du tribunal d'instance qui a enregistré le PACS d'origine. La dissolution est enregistrée et publiée. Elle prend effet à compter de la date du mariage.
En ce qui concerne les PACS signés avant le 1er janvier 2007, cette même procédure s'applique. Le greffier est avisé du mariage par l'État civil. La différence porte sur la mention de la dissolution en marge des actes de naissance. Ces formalités de publicité ne seront effectives pour l'ensemble des PACS qu'après le 1er janvier 2008 et, au plus tard, le 1er juillet 2008.

● La rupture par la mise en tutelle d'un des partenaires

Depuis le 1er janvier 2009, les personnes en tutelle peuvent se pacser et la mise en tutelle d'un des partenaires n'est plus une cause de résiliation du PACS.
(Voir Ⓘ : *Pacte civil de solidarité (PACS), formation du pacte*).
Le partenaire, comme le conjoint marié ou le concubin, peut être désigné tuteur.
(Code civil, art. 449).
La personne en tutelle peut, sans représentation ni assistance de son tuteur, effectuer avec son partenaire une déclaration conjointe de rupture du PACS au greffe.
De même, le majeur en curatelle est libre de rompre son PACS par déclaration conjointe.
La personne placée en curatelle peut aussi rompre unilatéralement le PACS. En revanche, c'est le tuteur qui peut, au nom de la personne en tutelle, signifier la rupture au partenaire.

● La rupture par le décès d'un des partenaires

Lorsque le PACS est dissous par le décès d'un partenaire, il n'est plus nécessaire d'avertir du décès le greffier du tribunal d'instance qui a enregistré le PACS.
Ce dernier en est informé par l'officier d'État civil qui a enregistré le décès. Il enregistre la dissolution et fait procéder aux formalités de publicité (indication de la dissolution du PACS).
Le PACS prend fin à la date du décès.
Si le PACS a été signé avant le 1er janvier 2007, le greffier est également averti du décès par l'officier de l'État civil mais la mention de dissolution du PACS par le décès ne sera portée à l'État civil qu'à compter du 1er janvier 2008.
(Sur les règles successorales et le tarif des droits de mutations, voir Ⓘ : *Succession, partenaire (PACS)*).

● Les comptes entre partenaires à la dissolution du PACS

Si les partenaires n'ont pas opté pour un régime d'indivision, chacun reprend ses biens personnels.

Si un bien a été acquis en indivision, chacun est réputé en être propriétaire à hauteur de la moitié sauf si une répartition différente a été inscrite dans l'acte (par exemple dans l'acte d'acquisition d'un bien immobilier).

Si un bien se retrouve dans le patrimoine d'un des partenaires alors qu'il a été acquis, conservé ou amélioré avec l'argent de l'autre partenaire, ce dernier a droit à une récompense c'est-à-dire une compensation financière (comme les époux à la dissolution de leur communauté).

Il n'y a toutefois pas récompense si cette créance est compensée par l'absence de participation aux dépenses de la vie courante.

Le divorce

Les différents divorces

Le divorce par consentement mutuel

› En quoi consiste ce cas de divorce ?

Le divorce par consentement mutuel correspond à l'ancien divorce sur demande conjointe. Il peut être demandé conjointement par les époux lorsqu'ils s'entendent sur la rupture du mariage et ses effets en soumettant à l'approbation du juge une convention réglant les conséquences du divorce. C'est le seul cas de divorce où la liquidation du régime matrimonial est intégrée obligatoirement dans la procédure de divorce et ou un seul avocat peut être pris par les deux époux.

À noter : la loi prévoit la possibilité de divorcer par consentement mutuel même lorsque l'on a démarré une autre procédure de divorce. En effet les époux peuvent, à tout moment d'une procédure de divorce, demander au juge de convertir la procédure en divorce engagée en procédure de divorce par consentement mutuel. (Code civil, art. 247).

› Quels sont les avantages et les inconvénients de cette forme de divorce ?

La procédure est rapide, surtout depuis la réforme qui prévoit, en principe, une seule comparution devant le juge (au lieu de deux audiences obligatoires auparavant).

Cela peut être, par ailleurs, le divorce le moins onéreux si les deux époux prennent le même avocat et dans la mesure où ce divorce n'entraîne pas de frais d'huissier (pas d'assignation en divorce à faire délivrer ni de signification de jugement).

C'est le divorce où les époux ont les plus grandes libertés (sous le contrôle du juge) puisqu'ils peuvent organiser la liquidation de leur régime matrimonial et le versement d'une éventuelle prestation compensatoire (par exemple, en prévoyant une rente temporaire, ce qui n'est pas possible sans accord des époux), au mieux de leurs intérêts.

L'inconvénient est la relative rigidité de la jurisprudence qui estime qu'il n'est pas possible aux époux de revenir sur la convention homologuée par le juge (hors le cas des dispositions concernant les enfants). Ainsi, si par exemple un conjoint estime que son conjoint a dissimulé un bien en ne le déclarant pas dans la convention (pour éviter qu'il soit partagé), il aura les plus grandes difficultés à revenir sur les termes de celle-ci.

Le contrôle du juge, les conseils des intervenants (avocats, notaires…) sont donc indispensables.

Le divorce par acceptation du principe de la rupture du mariage

› En quoi consiste ce cas de divorce ?

Ce divorce remplace l'ancien divorce sur demande acceptée (ou divorce sur « double aveu »). Comme son prédécesseur, et contrairement au divorce par consentement mutuel, il implique que les époux soient d'accord sur le principe du divorce mais pas nécessairement sur ses conséquences. L'accord sur la liquidation du régime matrimonial n'est pas, comme pour le consentement mutuel, une condition sine qua non au prononcé du divorce.
(Code civil, art. 233).
Il n'est pas besoin d'invoquer des faits rendant le maintien de la vie commune intolérable. Et l'époux défendeur n'aura pas à reconnaître ces faits. Il suffit juste pour le couple de dresser le constat objectif de la rupture de leur mariage.

À noter : la loi prévoit la possibilité de choisir ce divorce même si l'on a démarré une procédure pour faute ou pour altération définitive du lien conjugal.
(Code civil, art. 247-1).

› Quels sont les avantages et les inconvénients de cette forme de divorce ?

Ce divorce constitue une alternative au divorce par consentement mutuel : ces deux cas de divorce reposent sur un accord des époux mais ici cet accord ne concerne que le principe du divorce, l'accord des époux n'allant pas jusqu'à envisager le règlement de toutes les conséquences de la rupture. Contrairement au divorce par consentement mutuel, il n'est pas possible pour le couple de ne prendre qu'un avocat.
Cette formule a l'avantage, par rapport aux autres cas de divorce, d'une double reconnaissance par les membres du couple de la rupture de leur union, sans reconnaissance de culpabilité dans cette rupture ni de condition de durée de séparation de fait.
L'inconvénient essentiel – pour les indécis – consiste dans le fait qu'il n'est plus possible de changer d'avis après l'audience de conciliation. (Voir ci-après : *Les différentes procédures de divorce*).

Le divorce pour faute

Un divorce pour faute sous-entend la preuve de faits constituant une violation « grave ou renouvelée » des devoirs et obligations du mariage imputables à un conjoint et rendant la vie commune intolérable.
(Code civil, art. 242).

À noter : la loi prévoit la possibilité, même si l'on a démarré une procédure pour faute, de convertir ce divorce en divorce par consentement mutuel ou en divorce pour acceptation du principe de la rupture du mariage.
(Code civil, art. 247 et 247-1).

› La preuve des griefs

Pour obtenir le divorce, chaque époux doit rapporter la preuve des griefs qu'il invoque contre son conjoint.

Les descendants (enfants, petits-enfants…) ne peuvent jamais être entendus sur les griefs invoqués par les époux.
Un époux ne peut pas verser aux débats un élément de preuve qu'il a obtenu par violence ou fraude.
(Code civil, art. 259 et 259-1).
Cette preuve peut résulter :
– de lettres échangées par l'un des conjoints avec des tiers, voire des attestations de tiers accompagnées de la photocopie d'une pièce d'identité,
– de constats d'huissier établissant, par exemple, l'adultère,
– de certificats médicaux confirmant les mauvais traitements,
– de photographies,
– de témoignages recueillis au cours d'une mesure d'instruction,
– et tous autres éléments prouvant la réalité des faits invoqués.
Il faut rappeler que tous les documents versés aux débats doivent être au préalable communiqués entre les époux (leurs avocats).
Il peut être utile d'effectuer une déclaration au commissariat de police (déposer une main-courante) pour indiquer, par exemple, que l'on est obligé de quitter le domicile conjugal suite aux brutalités du conjoint. À cet égard, la loi prévoit différentes mesures permettant en urgence une protection contre un conjoint violent, tant sur le plan civil (référé-protection, créé en dernier lieu par la loi n° 2010-769 du 9 juillet 2010 sur les violences familiales) que pénal.
La police enregistre la déclaration sous un numéro qu'il convient de noter pour pouvoir ensuite le communiquer à son avocat. Cette main-courante pourra ainsi être invoquée dans le cadre du divorce.
(Code civil, art. 259-3).

Le constat d'adultère

Si l'adultère est un motif sérieux de divorce, il n'entraîne pas automatiquement le divorce au profit du conjoint trompé, notamment si le conjoint fautif établit que l'adultère a été commis avec l'accord exprès ou tacite du conjoint trompé ou s'il ne s'agissait que d'une réponse aux agissements fautifs de l'époux trompé. L'adultère se prouve par écrit, témoignage ou constat d'huissier.
Pour obtenir un constat d'huissier, il faut que l'avocat du demandeur régularise une requête au président du tribunal qui désigne un huissier pour établir le constat d'adultère avec l'assistance d'un commissaire de police.
Le constat d'adultère suppose que le couple illégitime vit maritalement ou a l'habitude de se rencontrer à des dates et dans les lieux connus de l'époux trompé.

Les attestations et témoignages

L'attestation est un document écrit émanant d'un témoin des faits reprochés par l'un des époux.
Pour pouvoir être produite en justice, l'attestation doit préciser l'état civil de son auteur, préciser qu'elle est établie en vue de sa production en justice et que son auteur a connaissance qu'une fausse attestation de sa part l'expose à des sanctions pénales. L'attestation doit être écrite, datée et signée et relater des faits auxquels son auteur a assisté ou qu'il a personnellement constatés.
L'attestation doit comporter, en annexe, photocopie d'une pièce d'identité de son auteur.
Les faux témoins ou ceux qui fournissent ou utilisent des attestations mensongères risquent les peines prévues par l'article 434-13 du Code pénal.

La production d'entretiens téléphoniques ou autres secrètement enregistrés, est non seulement interdite mais est susceptible d'entraîner des poursuites pénales. (Code pénal, art. 226-1).

› Les conséquences des torts exclusifs

Les conséquences du prononcé d'un divorce aux torts exclusifs sont les suivantes :

– le juge peut refuser d'accorder la prestation compensatoire demandée par un époux « si l'équité le commande », lorsque le divorce est prononcé aux torts exclusifs de l'époux qui demande le bénéfice de cette prestation, « au regard des circonstances particulières de la rupture ».
(Code civil, art. 270) ;

– le conjoint « victime » peut bénéficier d'une indemnisation de la part de l'autre époux en réparation « des conséquences d'une particulière gravité » qu'il subit du fait de la dissolution du mariage lorsque le divorce est prononcé aux torts exclusifs de son conjoint.
(Code civil, art. 266).

› Le jugement sans énonciation de motifs

À la suite d'une demande en divorce pour faute, les deux époux peuvent, d'un commun accord, demander au juge de se dispenser d'énoncer dans les motifs de sa décision les torts et griefs des époux. Dans ce cas, le juge se borne à constater qu'il existe des faits constitutifs d'une cause de divorce sans rappeler ces faits.
(Art. 1128 du Code de procédure civile).
(Code civil, art. 245-1).

Le divorce pour altération définitive du lien conjugal

Le divorce pour altération définitive du lien conjugal se substitue au divorce pour rupture de la vie commune.

› Dans quels cas ?

Ce divorce est prononcé dans deux hypothèses.

● La cessation de vie commune

Selon la loi, le divorce peut être demandé par l'un des époux « lorsque le lien conjugal est définitivement altéré ». Cela signifie que le juge doit constater la cessation de la communauté de vie des époux pendant les 2 années qui ont précédé l'assignation en divorce.
(Code civil, art. 237).
Celui qui invoque ce délai doit évidemment en faire la preuve par tous moyens (nouvelle adresse postale, preuve du concubinage avec une autre personne…).

À noter : ce n'est pas parce que les conjoints se réunissent pour régler leurs affaires communes ou pour leurs enfants qu'il n'y a plus cessation de vie commune. L'important est qu'il n'y ait pas de reprise réelle d'une vie commune comportant une cohabitation et une intimité d'existence.

Par ailleurs, si une demande pour altération définitive du lien conjugal et une demande pour faute sont présentées en même temps, le juge examine d'abord la demande pour faute. Ce n'est qu'en cas de rejet de celle-ci qu'il statue sur la demande en divorce pour altération définitive du lien conjugal.

La réponse à une demande en divorce pour faute

Le divorce est prononcé pour altération définitive du lien conjugal, sans considération de délai, dès lors que la demande présentée sur ce fondement est formée à titre reconventionnel (en réponse) à une demande en divorce pour faute qui, elle, est rejetée.
(Code civil, art. 238).
À noter : la loi prévoit la possibilité, même si on a démarré une procédure de divorce pour altération définitive du lien conjugal, de convertir ce divorce en consentement mutuel ou en divorce par acceptation du principe de la rupture du mariage.
(Code civil, art. 247, 247-1).

› La condamnation à des dommages et intérêts

L'article 266 du Code civil permet de prendre en compte « les conséquences d'une particulière gravité » que l'époux défendeur à un tel divorce subit du fait de la dissolution du mariage, et n'a pas lui-même formé de demande en divorce.
Il appartient au juge d'évaluer ces conséquences d'une particulière gravité. Elles pourront être liées, par exemple, à l'âge de l'époux défendeur (ne lui permettant pas de trouver d'activité professionnelle), ou à la durée du mariage dont la rupture a entraîné un grave préjudice moral.

› Quels sont les avantages et les inconvénients de cette forme de divorce ?

Ce divorce donne la possibilité de divorcer au conjoint qui ne peut prouver la faute de l'autre ni obtenir son consentement pour divorcer.
La réforme privilégie nettement celui qui veut divorcer plutôt que celui qui s'y refuse. Ce dernier, en effet, bénéficiait avant la réforme de plusieurs possibilités de s'opposer au divorce ou d'obtenir des avantages de son conjoint (notamment pension alimentaire révisable à la hausse) supprimées par la réforme.
Cependant, le prononcé de ce divorce peut entraîner, sous certaines conditions, la condamnation du demandeur au divorce à régler des dommages et intérêts à son conjoint (voir ci-avant) ainsi que, si les conditions sont réunies, une prestation compensatoire.

La séparation de corps

› Procédure

La différence entre la séparation de corps et le divorce est que pour les époux séparés de corps, le mariage n'est pas dissous, que les époux ne peuvent donc pas se remarier et qu'ils restent tenus du devoir de fidélité et d'obligation de secours. Le jugement de séparation de corps entraîne automatiquement la transformation du régime matrimonial des époux en régime de la séparation de biens. La procédure de séparation de corps obéit aux règles prévues pour la procédure de divorce.

› La conversion de la séparation de corps en divorce

Deux ans après le jugement de séparation de corps, chaque époux peut demander la conversion de la séparation de corps en divorce.
Cette conversion est automatiquement accordée, mais doit cependant être demandée en justice et fait l'objet d'un jugement de divorce. Lors de cette procédure, l'époux défendeur ne peut faire aucune demande reconventionnelle sauf sur les

conséquences du divorce concernant la prestation compensatoire, l'autorité parentale sur les enfants, les pensions alimentaires, etc.
(Code civil, art. 296 à 308).

Les règles générales

› À qui et où s'adresser ?

À quel tribunal s'adresser ?

L'avocat choisi par le (ou les) époux va déposer la requête en divorce auprès du juge aux affaires familiales (juge du tribunal de grande instance).
Le juge territorialement compétent est :
– le juge du lieu où se trouve la résidence de la famille ;
– si les parents vivent séparément, le juge du lieu de résidence du parent avec lequel résident habituellement les enfants mineurs en cas d'exercice en commun de l'autorité parentale, ou du lieu de résidence du parent qui exerce seul cette autorité ;
– dans les autres cas, le juge du lieu où réside celui qui n'a pas pris l'initiative de la procédure.
En cas de demande conjointe, le juge compétent est, selon le choix des parties, celui du lieu où réside l'une ou l'autre.
Toutefois, lorsque le litige porte seulement sur la pension alimentaire, la contribution à l'entretien et l'éducation de l'enfant, la contribution aux charges du mariage ou la prestation compensatoire, le juge compétent peut être celui du lieu où réside l'époux créancier ou le parent qui assume à titre principal la charge des enfants, même majeurs.
La compétence territoriale est déterminée par la résidence au jour de la demande ou, en matière de divorce, au jour où la requête initiale est présentée.
(Art. 1070 du Code de procédure civile).

À qui s'adresser pour divorcer ?

Avocat du demandeur : l'avocat est obligatoire quand on engage une procédure de divorce. Dans le cadre du divorce par consentement mutuel, un seul avocat peut être choisi par le couple.
Avocat du défendeur : celui contre lequel la procédure est engagée (le défendeur) n'a, lui, l'obligation de prendre un avocat qu'après la délivrance de l'assignation, c'est-à-dire dans la seconde partie de la procédure, après l'audience de conciliation (voir ci-dessous : *Les différentes procédures de divorce*). Sur un plan pratique cependant, le conjoint qui reçoit une requête en divorce a tout intérêt à saisir immédiatement un avocat qui le représentera dès l'audience de conciliation.
À noter : dans le divorce prononcé pour acceptation du principe de la rupture du mariage, les époux ne peuvent accepter le principe de la rupture du mariage et le prononcé du divorce lors de l'audience de conciliation que s'ils sont assistés chacun d'un avocat.
(Code civil, art. 250 et 253).

› À quelle date le divorce produit-il ses effets ?

Date de la dissolution du mariage

Le mariage est juridiquement dissous lorsque le jugement de divorce est devenu définitif, c'est-à-dire 1 mois après la signification du jugement de divorce ou 2 mois après la signification de l'arrêt de la cour d'appel si le jugement de divorce a été frappé d'appel.
(Code civil, art. 260).

Date d'effet sur les biens

En ce qui concerne les biens des époux, le jugement de divorce est opposable aux tiers à partir de la transcription du divorce, c'est-à-dire à partir du moment où le divorce a été transcrit sur les registres de l'état civil de la mairie où le mariage a été célébré.
Si le mariage a été célébré à l'étranger et n'a pas été transcrit en France, le divorce est porté en marge de l'acte de naissance de chacun des époux nés en France ou, à défaut, sur le registre détenu par le service central du ministère des Affaires étrangères.
(Art. 1082 du Code de procédure civile).
Pour les époux, le jugement de divorce prend effet en ce qui concerne leurs biens dès la date de l'ordonnance de non-conciliation, ou dès la date d'homologation de la convention réglant les conséquences du divorce dans le cas d'un divorce par consentement mutuel (sauf dans ce dernier cas si la convention prévoit une autre date).
Cette date est importante puisqu'elle va servir à fixer la composition du patrimoine du couple (c'est-à-dire son contenu) en vue de sa liquidation et de son partage.
Les époux peuvent demander, lors du divorce, le report de cet effet à la date de leur séparation de fait ou plus exactement à la date « à laquelle ils ont cessé de cohabiter et de collaborer ». L'intérêt de cette disposition est que ne sont pas intégrés dans la masse commune à partager entre eux, les revenus et biens acquis alors que les époux n'avaient plus d'intérêts pécuniaires ensemble à une époque où toute communauté de vie avait cessé.
(Code civil, art. 262, 262-1).

› Quel est le prix et la durée d'un divorce ?

Durée

La durée d'un divorce est évidemment différente suivant qu'il s'agit ou non d'un divorce à l'amiable.
Le divorce le plus rapide est le divorce par consentement mutuel dans la mesure où une seule comparution des époux est ordonnée.
Le divorce le plus long peut être le divorce pour faute quand les époux argumentent sur leurs torts réciproques et la preuve de ceux-ci (demande d'expertise, enquêtes sociales pour les enfants…).
Le délai peut être approximativement doublé en cas d'appel, même triplé en cas de pourvoi en cassation qui, à lui seul, peut entraîner un délai supplémentaire d'1 à 2 ans.

Prix

En ce qui concerne le coût d'un divorce, il est également fonction de l'importance et de la complexité des intérêts en jeu, de la pugnacité des parties et de la notoriété des avocats choisis.

Pour un divorce par consentement mutuel, sans difficulté particulière, le coût global, pour les deux époux, peut se situer dans une fourchette de 1 600 à 3 000 €. Pour un divorce pour faute, avec litige relatif à la garde des enfants, au partage du patrimoine, au montant de la prestation compensatoire…, la fourchette moyenne peut passer de 1 900 à 4 500 €, par conjoint.

À noter : un avocat sérieux ne refuse jamais de donner, au départ, une fourchette au moins approximative en ce qui concerne aussi bien la durée que le coût de la procédure.

Les différentes procédures de divorce

La procédure de divorce hors consentement mutuel

La loi prend désormais beaucoup moins en considération les causes du divorce. La procédure est essentiellement orientée sur le règlement par les époux des conséquences de la rupture. Elle est également simpli-fiée : une seule procédure quel que soit le « type » de divorce. La cause du divorce n'apparaît que dans l'assignation après l'audience de conciliation où sont ordonnées les mesures provisoires.

› La requête et l'audience de conciliation

La procédure de divorce démarre par le dépôt d'une requête en divorce (par l'avocat) au greffe du tribunal. Cette requête n'indique pas les motifs du divorce. (Code civil, art. 251).

Le dépôt de la requête entraîne la convocation des époux (et des avocats) à une audience de conciliation. Dans le cadre de cette audience, le juge incite les époux à régler les conséquences du divorce à l'amiable (projet de règlement des intérêts pécuniaires). Il examine et prend, à cette occasion, les mesures provisoires qui vont s'appliquer pendant la procédure dans le cadre d'une ordonnance de non-conciliation. (Code civil, art. 252-3).

• Les mesures provisoires

Le juge prend dans son ordonnance, en tenant compte des accords éventuels des époux, les mesures provisoires pour assurer l'existence des époux et des enfants pendant la procédure de divorce. Il peut, notamment :

– proposer aux époux une mesure de médiation et, après avoir recueilli leur accord, désigner un médiateur familial pour y procéder ;

– enjoindre aux époux de rencontrer un médiateur familial qui les informera sur l'objet et le déroulement de la médiation ;

– statuer sur les modalités de la résidence séparée des époux ;

– attribuer à l'un d'eux la jouissance du logement et du mobilier du ménage ou partager entre eux cette jouissance, en précisant son caractère gratuit ou non et, le cas échéant, en constatant l'accord des époux sur le montant d'une indemnité d'occupation ;

– ordonner la remise des vêtements et objets personnels ;

– fixer la pension alimentaire et la provision pour frais d'instance que l'un des époux devra verser à son conjoint, désigner celui ou ceux des époux qui devront assurer le règlement provisoire de tout ou partie des dettes. Dans ce cas, il est nécessaire de faire préciser au juge si ce règlement est effectué au titre du devoir de secours exis-

tant entre les époux ou si celui-ci donnera lieu à récompense dans le cadre des opérations de liquidation de la communauté ou à créance dans le cas d'un régime de séparation ;
– accorder à l'un des époux des provisions à valoir sur ses droits dans la liquidation du régime matrimonial si la situation le rend nécessaire ;
– statuer sur l'attribution de la jouissance ou de la gestion des biens communs ou indivis autres que le logement familial et de son mobilier, sous réserve des droits de chacun des époux dans la liquidation du régime matrimonial ;
– désigner un professionnel qualifié en vue de dresser un inventaire estimatif ou de faire des propositions quant au règlement des intérêts pécuniaires des époux ;
– désigner un notaire en vue d'élaborer un projet de liquidation du régime matrimonial et de formation des lots à partager. Un accord du couple sur les biens à partager (les lots) peut ainsi permettre au juge, par la connaissance de ces lots, de fixer de manière plus précise et plus pertinente le montant et les modalités de la prestation compensatoire.
(Code civil, art. 255).

● Les mesures urgentes et le conjoint violent

Le juge peut, pour garantir les droits d'un époux, faire apposer les scellés sur les biens communs, interdire à un époux de déplacer des meubles, de disposer de ses biens propres et communs sans l'accord de l'autre…
Il peut, également, autoriser l'époux demandeur à résider séparément, s'il y a lieu avec ses enfants mineurs, quand le conjoint présente un danger (violence, alcoolisme…).
(Code civil, art. 257).
Mais il faut savoir que l'époux victime de violences peut saisir le juge aux affaires familiales, en amont de la procédure de divorce, pour demander l'organisation de la résidence séparée d'avec son conjoint, en bénéficiant d'une priorité au maintien dans le domicile conjugal. En effet, quand les violences exercées par un conjoint mettent en danger sa famille (conjoint et enfants), le juge peut statuer sur la résidence séparée des époux en précisant lequel des deux continuera à résider dans le logement conjugal. Sauf circonstances particulières, la jouissance du logement conjugal est attribuée au conjoint qui n'est pas l'auteur des violences. Le juge statue également sur l'autorité parentale et la contribution aux charges du mariage. La personne intéressée doit cependant savoir que les mesures prises sont caduques (aucune pension alimentaire n'est plus due, par exemple) si, 4 mois après cette décision, aucune requête en divorce ou en séparation de corps n'a été déposée. La durée des autres mesures prises doit être déterminée par le juge et ne peut dépasser 3 ans.
(Code civil, art. 220-1).
Les dispositions concernant l'impossibilité d'expulser pendant la période d'hiver ne sont pas applicables à l'expulsion du conjoint violent ordonnée par le juge aux affaires familiales.
(Art. L. 613-1 à L. 613-5 du Code de la construction et de l'habitation).

● Le cas du divorce pour acceptation du principe de la rupture du mariage

Dans ce type de divorce, le juge va contrôler l'accord des époux sur le principe de cette rupture. S'il acquiert la conviction que chacun des époux a donné librement son accord, il prononce directement le divorce et statue sur ses conséquences.

Mais cela n'est possible que si chacun des époux est assisté de son avocat. En effet, l'accord sur le principe de la rupture ne peut intervenir qu'en présence des deux avocats, compte tenu de son caractère irrévocable (il n'est pas possible pour un des conjoints de changer d'avis).
(Code civil, art. 233, 234).

› L'assignation, la requête conjointe et le jugement

Une fois l'ordonnance de non-conciliation rendue, elle est notifiée au conjoint contre lequel la procédure est engagée en même temps, en principe, que l'assignation et ce, dans le délai impératif de 30 mois (sous peine de caducité des mesures provisoires). L'époux doit préciser dans son assignation le fondement de ce divorce : faute, séparation de fait de plus de 2 ans…
À noter : les époux qui ont déclaré lors de l'audience de conciliation qu'ils acceptent le principe de la rupture du mariage et le prononcé du divorce ne peuvent assigner que sur ce même fondement. En clair, l'assignation ne pourra viser que ce type de divorce.

L'assignation en divorce doit comporter une proposition de règlement des intérêts pécuniaires et patrimoniaux des époux : prestation compensatoire, pensions pour les enfants, fixation de l'indemnité d'occupation pour le logement de la famille, répartition des biens…
(Code civil, art. 257-1, 257-2).
(Art. 113 du Code de procédure civile).
À la suite de la signification de l'assignation, les avocats s'échangent conclusions et pièces et plaident le dossier. La procédure peut être émaillée d'incidents divers : demande d'expertises, demande de communications de pièces non versées spontanément…
À noter : l'instance en divorce peut également être introduite, à la place d'une assignation, par une requête conjointe (notamment pour les divorces pour acceptation du principe de la rupture du mariage).

› Les accords entre époux

La loi favorise les accords entre les époux pendant la procédure de divorce contrôlés par le juge et notamment la conclusion de conventions portant sur la liquidation « anticipée » du régime matrimonial. Les époux peuvent également, pendant l'instance, soumettre à l'homologation du juge, des conventions fixant les modalités de la prestation compensatoire.
(Code civil, art. 252-3, 265-2, 268).

La procédure de divorce par consentement mutuel

La demande en divorce est présentée par requête unique par les avocats respectifs des parties ou par un avocat choisi d'un commun accord.
(Code civil, art. 250 à 250-3).
(Art. 1088 à 1105 du Code de procédure civile).
Le juge examine cette demande lors d'une audience où sont convoqués époux et avocat(s).

› La requête

Ce document contient un certain nombre d'informations obligatoires sur les époux (identité, nom des avocats…) ainsi qu'une convention, réglant les conséquences du divorce, qui va être homologuée par le juge. Elle est obligatoirement datée et signée par les époux et leur avocat.

› La convention

• Les époux proposent, en premier lieu, au juge un certain nombre de mesures valables jusqu'à la décision de divorce. Cela peut paraître étonnant puisque le divorce est prononcé dès la première audience.
Mais en fait, la loi prévoit que ces mesures vont être prises par le juge en cas de refus d'homologation de la convention et de non-prononcé immédiat du divorce (voir ci-dessous).
(Code civil, art. 250-2).
Ces mesures pourront être la jouissance du logement de la famille et de ses meubles, l'autorité parentale sur les enfants, l'organisation du droit de visite et d'hébergement et le paiement des pensions alimentaires, le versement éventuel d'une provision pour frais de procès, le règlement provisoire des dettes…
• La convention règle, en un second lieu, les effets du divorce et comprend un état liquidatif du régime matrimonial ou une déclaration selon laquelle il n'y a pas lieu à liquidation. L'état liquidatif doit être notarié si la liquidation porte sur des biens soumis à publicité foncière (immeubles…). Elle contient également les dispositions suivantes selon les cas :
– la demande d'usage du nom du conjoint ;
– l'attribution du logement à titre définitif ;
– le versement d'une prestation compensatoire et ses modalités ;
– la non-révocation des avantages et donations de biens à venir, comme la donation au dernier vivant ;
– le partage du coût du divorce ;
– une clause relative aux enfants (autorité parentale, lieu de résidence et pension alimentaire)…

› La décision du juge

Le divorce est prononcé

Le juge homologue la convention réglant les conséquences du divorce et, par la même décision, prononce celui-ci « s'il a acquis la conviction que la volonté de chacun des époux est réelle et que leur consentement est libre et éclairé ».
La procédure ne comporte qu'une seule audience devant le juge (au lieu de deux auparavant). Le divorce est alors immédiatement prononcé.
(Code civil, art. 232, 250-1).

Le divorce est ajourné

Mais si le juge estime que cette convention préserve insuffisamment les intérêts d'un des époux ou des enfants, il peut refuser de l'homologuer. Dans ce cas, le divorce n'est pas prononcé immédiatement.
Les époux peuvent alors présenter une nouvelle convention dans un délai maximum de 6 mois à compter de leur comparution.
Mais si, dans ce délai, une nouvelle convention n'est pas proposée au juge ou si ce dernier refuse à nouveau de l'homologuer (car elle ne se révèle pas équitable, par exemple), la demande en divorce est considérée comme caduque.
Pendant ce délai, le juge peut ordonner les mesures provisoires proposées par les époux jusqu'à la décision sur le divorce (résidence des enfants, pension alimentaire), sous réserve qu'elles soient conformes à l'intérêt des enfants.
(Code civil, art. 232, 250-2 et 250-3).
À noter : ces mesures provisoires deviennent en revanche caduques si le divorce n'est pas prononcé (la pension alimentaire pour les enfants n'aura plus à être versée…).

Divorce et enfants

Autorité parentale

› À qui est attribuée l'autorité parentale en cas de divorce ?

Lors d'un divorce, de par la loi, l'autorité parentale conjointe est la règle. L'exercice par un seul des parents de l'autorité parentale est l'exception puisqu'elle n'est ordonnée que si « l'intérêt de l'enfant » le commande.
(Code civil, art. 373-2, 373-2-1).
Les règles sur l'autorité parentale, c'est-à-dire l'ensemble des droits et devoirs des parents sur leur enfant, ont été profondément modifiées par la loi du 5 mars 2002, dans le but d'unifier ces règles quel que soit le statut des parents (mariés, divorcés, non mariés...).
(Voir Ⓘ : *Autorité parentale, règles générales*).

Pension alimentaire entre conjoints et prestation compensatoire

La pension alimentaire entre conjoints n'est due que pendant la procédure de divorce. Après le jugement de divorce, c'est la prestation compensatoire qui se substitue à la pension alimentaire lorsque la disparité des ressources entre les conjoints en justifie le versement.
Les recours en cas de non-paiement sont presque les mêmes que ceux prévus pour le non-paiement de la pension alimentaire pour les enfants et sont étudiés sous cette rubrique. Une spécificité existe cependant pour la prestation compensatoire : le paiement direct et le recouvrement public ne sont possibles qu'en cas de versements sous forme de rente.

Pension alimentaire pendant le divorce

En cas de divorce par consentement mutuel, le principe et le montant de la pension alimentaire sont fixés par la convention passée entre les époux et soumise à l'homologation du juge.
Dans les autres cas, le principe et le montant de la pension alimentaire sont fixés par le juge dès l'audience de conciliation (première audience) en fonction des besoins et des possibilités des deux époux et des habitudes de vie du ménage avant la procédure de divorce. Mais rien n'empêche les époux de se mettre d'accord sur le principe et la fixation de cette pension et de soumettre cet accord au juge lors de cette audience.
Cette pension est toujours indexée sur un indice représentatif de l'évolution du coût de la vie et peut faire l'objet d'une demande de révision, en hausse ou en baisse, suivant l'évolution des besoins et des possibilités des deux parties.
(Art. 1084 et 1091 du Code de procédure civile).

La prestation compensatoire

› En quoi consiste la prestation compensatoire ?

La prestation compensatoire est destinée à compenser le déséquilibre économique résultant du prononcé du divorce pour un des époux.
L'octroi d'une prestation compensatoire est possible quel que soit le cas de divorce et ne dépend pas de la répartition des torts : l'époux aux torts exclusifs duquel le divorce est prononcé peut demander une prestation compensatoire (contrairement à ce qui existait avant la réforme).
Ceci s'explique par le fait que le but de la prestation compensatoire est seulement d'aider le plus démuni à refaire sa vie après le divorce et non pas de sanctionner tel ou tel époux.
Le juge peut cependant refuser de l'accorder même en présence d'une disparité si « l'équité le commande », notamment lorsque le divorce est prononcé aux torts exclusifs de l'époux qui demande le bénéfice de cette prestation, « au regard des circonstances particulières de la rupture ».
(Code civil, art. 270).

› Fixation

La prestation compensatoire est fixée par le juge, en fonction du dossier présenté par les époux.
Pour en fixer le montant, le juge doit tenir compte des besoins de l'époux à qui elle est versée et des ressources de l'autre, mais aussi de la situation des deux époux au moment du divorce et de l'évolution de celle-ci dans un avenir prévisible.
• Pour la détermination des besoins et des ressources, le juge doit notamment prendre en considération :
– la durée du mariage ;
– l'âge et l'état de santé des époux ;
– leurs qualification et situation professionnelles ;
– les conséquences des choix professionnels faits par l'un des époux pendant la vie commune pour l'éducation des enfants et du temps qu'il faudra encore y consacrer, ou pour favoriser la carrière de son conjoint au détriment de la sienne ;
– le patrimoine estimé ou prévisible des époux, tant en capital qu'en revenus après liquidation du régime matrimonial ;
– leurs droits existants et prévisibles ;
– la situation respective de chacun des époux en matière de pension de retraite.
(Code civil, art. 271).
• Elle peut également résulter d'un accord des époux soumis au juge. Cette disposition est très importante car elle leur permet, notamment dans le divorce par consentement mutuel, de prévoir une prestation compensatoire selon leur souhait (voir ci-dessous : *La prestation compensatoire versée dans le cadre d'un accord*).
(Code civil, art. 268 et 279-1).

À noter : lors de la demande de prestation compensatoire ou la demande de révision, une attestation sur l'honneur doit être remise par les époux concernant l'exactitude de leurs ressources, revenus, patrimoine et conditions de vie.

› Versement en capital ou rente

Quand le juge est saisi d'une demande de prestation compensatoire et que les époux n'arrivent pas à se mettre d'accord sur son principe et ses modalités, des critères légaux doivent être respectés.

● Le principe est un versement en capital

Le débiteur de la prestation compensatoire peut verser ce capital immédiatement ou avec un délai. Le versement immédiat se traduit par le versement d'une somme d'argent ou l'abandon d'un bien, en propriété, en usufruit ou à titre d'usage et d'habitation, à titre viager ou temporaire. L'accord de l'époux débiteur est exigé pour l'attribution de biens qu'il a reçus par succession ou donation.
Mais lorsque le débiteur n'est pas en mesure de verser le capital, il peut le régler sous forme de règlements périodiques, indexés comme en matière de pension alimentaire, sur une durée qui ne peut excéder 8 ans.
Ces différentes modalités peuvent être combinées : par exemple, la prestation compensatoire peut être fixée sous forme d'un versement en capital sur 8 ans et de l'usufruit du domicile conjugal (ce qui offre l'avantage pour l'ex-conjoint de pouvoir conserver son domicile après le divorce).
(Code civil, art. 274, 275, 275-1).
À noter : le débiteur peut se libérer à tout moment du solde du capital indexé. Après la liquidation du régime matrimonial, le créancier de la prestation compensatoire, de son côté, peut saisir le juge d'une demande en paiement du solde du capital indexé.

● À titre exceptionnel, le juge peut ordonner le versement d'une rente viagère

Le juge doit motiver spécialement sa décision quand il décide de ne pas attribuer un capital mais une rente viagère (uniquement lorsque l'âge ou l'état de santé du créancier l'empêchent de subvenir à ses besoins).
Le montant de la rente peut être minoré, lorsque les circonstances l'imposent, par l'attribution d'une fraction en capital.
(Code civil, art. 276).
Le juge n'a pas la possibilité d'ordonner le versement d'une rente pendant une durée déterminée. Les époux peuvent, cependant, lors d'un divorce par consentement mutuel ou en cas d'accord des époux dans le cadre d'un autre divorce, prévoir le versement d'une rente temporaire (Voir ci-dessous : *La prestation compensatoire versée dans le cadre d'un accord*).
(Code civil, art. 268, 278).

● Cette rente viagère peut à tout moment être transformée en capital

C'est le débiteur, ou ses héritiers, qui peuvent formuler cette demande au juge. Le créancier de la prestation compensatoire peut également demander la transformation s'il établit qu'une modification de la situation du débiteur permet cette substitution, notamment lors de la liquidation du régime matrimonial.
Cette substitution du capital à la rente viagère peut présenter certains risques pour des femmes âgées, dont les droits à la retraite sont faibles, ne disposant pas d'autres ressources, et qui auront du mal à vivre des dividendes du capital placé.
C'est pourquoi le décret n° 2004-1157 du 29 octobre 2004 précise le mode de calcul de la capitalisation.

Il est possible de procéder à une substitution uniquement partielle du capital à la rente, ce qui est particulièrement utile si le débiteur ne dispose pas de la totalité du capital équivalent.
Le refus du juge de substituer un capital à tout ou partie de la rente viagère doit être spécialement motivé.
(Code civil, art. 276-4).

› Que se passe-t-il en cas de décès ?

Il est possible qu'à la mort de l'époux débiteur, une prestation compensatoire soit toujours due (cas d'une rente viagère mais aussi d'un capital versé de façon échelonnée en l'absence d'arrivée du terme).
Dans ce cas, le paiement de la prestation compensatoire, quelle que soit sa forme, est prélevé sur la succession. Le paiement est supporté par tous les héritiers, qui n'y sont pas tenus personnellement, dans la limite de l'actif successoral.
Si la prestation était versée sous forme d'un capital, le solde du capital indexé devient immédiatement exigible à la mort de l'époux débiteur.
Si elle était versée sous forme de rente, il est substitué à la rente un capital immédiatement exigible. La substitution s'effectue selon des modalités fixées par décret (Décret n° 2004-1157 du 29 octobre 2004).
Mais la loi prévoit que les héritiers peuvent maintenir la prestation compensatoire telle qu'elle était réglée par le défunt (continuation du paiement de la rente viagère tous les mois par exemple). L'accord signé par tous les héritiers doit être passé devant un notaire et est opposable aux tiers à compter de sa notification à l'époux bénéficiaire de la prestation (si celui-ci n'est pas intervenu à l'acte). Dans ce cas, les héritiers bénéficient des mêmes possibilités de révision que le défunt (Voir ci-dessous). De même, comme le défunt, les héritiers peuvent, à tout moment, se libérer du solde du capital indexé, si la prestation était versée sous forme de versements périodiques.
(Code civil, art. 280 et 280-1).

● Déduction de la pension de réversion

La prestation compensatoire, versée sous forme de rente, est diminuée de la pension de réversion que percevra éventuellement l'ex-conjoint.
Si les héritiers usent de la possibilité que leur donne la loi de maintenir la prestation compensatoire telle qu'elle était réglée par le défunt et sauf décision contraire du juge saisi par le créancier, une déduction du même montant continue à être faite si le créancier perd son droit à pension de réversion (ou subit une variation de celui-ci).
(Code civil, art. 280-2).
(Voir ① : *Pension de réversion*).

› Possibilité de révision

La prestation compensatoire peut être révisée dans des cas très précis.

● Le capital versé de façon échelonné

Lorsque le capital est versé sur 8 ans parce que le débiteur n'est pas en mesure de le verser immédiatement, ce dernier peut demander la révision de ces modalités de paiement en cas de changement important dans ses ressources. À titre exceptionnel, et s'il apporte cette preuve, le juge peut, par décision spéciale et motivée, autoriser le versement du capital sur une durée totale supérieure à 8 ans.

La rente viagère

La rente viagère peut être révisée en cas de changement important dans les ressources ou les besoins de l'un ou l'autre des ex-époux :
– à la demande du débiteur : une révision à la baisse, une suspension ou suppression peut être demandée par le débiteur (et ses héritiers dans certains cas : voir ci-dessus : *Que se passe-t-il en cas de décès ?*) ;
– à la demande du créancier : en cas d'amélioration ultérieure de la situation du débiteur ayant obtenu une diminution de la rente, le créancier peut, lui aussi, demander une révision de la rente, le montant de celle-ci ne pouvant alors dépasser le montant fixé initialement par le juge.

› La prestation compensatoire versée dans le cadre d'un accord

Le divorce par consentement mutuel

Les époux bénéficient d'une grande liberté dans le cadre de ce divorce puisqu'ils peuvent organiser les mesures qui les concernent pour l'après-divorce, sous le contrôle du juge. Ainsi, ils peuvent fixer d'un commun accord le montant, la durée et le point de départ de la prestation compensatoire.
Par exemple, ils peuvent prévoir le versement d'une rente à durée limitée ou panacher rente et capital. Ils peuvent également insérer des clauses de révision de la prestation compensatoire dans leur convention définitive. Ces clauses doivent prévoir une possibilité de révision en cas de changement important dans les ressources ou besoins de l'un ou l'autre des ex-époux. À défaut de clause, les époux peuvent revenir devant le juge, d'un commun accord, pour demander la modification de la prestation compensatoire.
En cas de désaccord entre eux, un époux peut saisir le juge d'une demande de révision ou de substitution d'un capital à une rente viagère (voir ci-dessus).
(Code civil, art. 278, 279).

L'accord entre les époux

Les époux peuvent, pendant l'instance, soumettre au juge des conventions (accords) réglant tout ou partie des conséquences du divorce, et notamment la détermination de la prestation compensatoire. Le juge, après avoir vérifié que les intérêts de chacun des époux et des enfants sont préservés, homologue les conventions en prononçant le divorce.
Les époux peuvent ainsi prévoir que le versement de la prestation cessera à compter de la réalisation d'un événement déterminé (par exemple, le remariage du créancier, le départ à la retraite du débiteur, le décès du débiteur pour éviter dans ce dernier cas une transmission de la prestation…). La prestation peut donc prendre la forme d'une rente attribuée pour une durée limitée, dérogeant ainsi à l'interdiction des rentes temporaires. Les époux peuvent avoir tout intérêt à s'accorder, dans le cadre d'une procédure contentieuse, une liberté comparable à celle dont bénéficient les époux qui divorcent par consentement mutuel.
(Code civil, art. 268, 278, 279, 279-1).

› Qui peut bénéficier de la nouvelle loi sur le divorce ?

La loi du 26 mai 2004 s'applique aux prestations compensatoires fixées à compter de son entrée en vigueur, soit à compter du 1er janvier 2005. Des dispositions transitoires sont prévues et s'appliquent à la révision et capitalisation des rentes (viagères et temporaires) fixées avant cette date, ainsi qu'à la transmission (de ces rentes) après décès.

En dehors de ces cas limitativement définis, les anciennes prestations compensatoires restent régies par les articles du Code civil existant avant ces modifications.

Le contenu des dispositions transitoires

• Pour les rentes viagères en cours de versement au 1er janvier 2005, la réforme distingue selon que la prestation a été fixée avant ou après l'entrée en vigueur de la précédente réforme du 30 juin 2000 :

– les rentes fixées avant le 1er juillet 2000 peuvent être révisées, suspendues ou supprimées à la demande du débiteur (ou de ses héritiers), s'il prouve que leur maintien en l'état procure « un avantage manifestement excessif » à son bénéficiaire au regard des critères de versement de la prestation (c'est-à-dire l'âge et l'état de santé du bénéficiaire).

Ces rentes peuvent également être révisées, suspendues ou supprimées en cas de changement important dans les ressources ou les besoins de l'un ou l'autre des époux ;

– les rentes fixées entre le 1er juillet 2000 et le 1er janvier 2005 peuvent également être révisées, suspendues ou supprimées en cas de changement important dans les ressources ou les besoins de l'un ou l'autre des époux.

La substitution d'un capital aux rentes viagères fixées avant le 1er janvier 2005 peut être demandée en saisissant le juge à tout moment. Le refus du juge doit être spécialement motivé.

• Les rentes temporaires en cours de versement au 1er janvier 2005 peuvent être révisées, suspendues ou supprimées en cas de changement important dans les ressources ou les besoins de l'une ou l'autre des parties.

La révision ne peut pas conduire à proroger leur durée initiale, sauf accord entre les époux, ni à porter la rente à un montant supérieur à celui fixé initialement par le juge.

La substitution d'un capital (quelles qu'en soient ses modalités : somme d'argent, abandon de bien...) à ces rentes temporaires peut également être demandée au juge par le débiteur ou le créancier s'il établit qu'une modification de la situation du débiteur permet cette situation.

En ce qui concerne le versement en capital sous forme échelonnée, fixé avant le 1er janvier 2005, le débiteur peut en demander la révision en cas de changement important de sa situation (et non plus notable comme sous l'ancien texte).

• En cas de décès du débiteur, les dispositions présentées dans la question *Que se passe-t-il en cas de décès ?* sont applicables aux prestations compensatoires versées avant le 1er janvier 2005 si la succession n'a pas donné lieu à un partage définitif avant cette date.

Si la succession a été entièrement liquidée, les héritiers du débiteur peuvent se prévaloir des dispositions transitoires prévues ci-dessus en matière de révision.

En outre, contrairement aux rentes fixées après l'entrée en vigueur de la loi nouvelle, c'est le juge, saisi par les héritiers du débiteur, qui doit déterminer si la pension de réversion versée du chef du débiteur décédé est déduite du montant des rentes en cours.

Quand peut-on invoquer les dispositions transitoires ?

Elles s'appliquent aux « procédures en cours qui n'ont pas donné lieu à une décision passée en force de chose jugée », et cela jusque devant la Cour de cassation (à condition que le pourvoi porte à la fois sur la question du divorce et sur celle de la prestation compensatoire).

Conséquences du divorce

› Les dommages et intérêts

Indépendamment de la prestation compensatoire et des dommages et intérêts pouvant être versés sur le plan plus général de la responsabilité civile de l'article 1382 du Code civil, il est possible, à l'occasion de l'action en divorce, d'accorder des dommages et intérêts à un époux en réparation « des conséquences d'une particulière gravité » qu'il subit du fait de la dissolution du mariage. Cette disposition s'applique lorsque le divorce est prononcé aux torts exclusifs de son conjoint ou lorsqu'il était défendeur à un divorce prononcé pour altération définitive du lien conjugal et qu'il n'avait fait aucune demande en divorce.
Un époux peut ainsi être condamné à des dommages et intérêts pour réparer le préjudice entraîné par l'abandon matériel et moral prolongé de son conjoint et de ses enfants.
(Code civil, art. 266).

À noter : la demande ne peut être formée qu'à l'occasion de l'action en divorce. Elle n'est donc plus possible lorsque la décision de divorce est devenue définitive, mais peut, en revanche, être présentée à l'occasion d'un appel.

› Le sort des donations et avantages matrimoniaux entre les époux

Le divorce n'a pas d'effet sur les avantages matrimoniaux prenant effet en cours de mariage et sur les donations de biens présents (qui portent sur des biens qui sont dans le patrimoine au moment de la donation) qui deviennent irrévocables (on ne peut plus les modifier). Comme pour les autres donations, les seules causes de révocation des donations entre époux sont l'ingratitude et l'inexécution des conditions éventuellement insérées dans la donation.
(Voir Ⓘ : *Donation*).
En revanche, le divorce entraîne la révocation de plein droit des avantages matrimoniaux qui prennent effet à la dissolution du régime matrimonial, au décès de l'un des époux, mais aussi des dispositions « à cause de mort » (comme la donation au dernier vivant), accordées par un époux à son conjoint pendant l'union ou par contrat de mariage. Mais les époux peuvent, au moment du prononcé du divorce, décider de maintenir ces avantages et donations : le juge leur confère alors un caractère irrévocable.
Remarque : si le contrat de mariage le prévoit, les époux pourront toujours reprendre les biens qu'ils auront apportés à la communauté.

› Le sort des cadeaux et dons manuels

En ce qui concerne les présents d'usage, tels que bague de fiançailles, cadeaux faits à l'occasion d'événements comme le baptême, les anniversaires, etc., la restitution ne peut en être demandée à la suite du divorce, sauf s'il s'agit d'un bijou de famille. En effet, lorsque cesse la vie commune entre les époux, les bijoux de famille retournent en principe à la famille d'où ils proviennent.

› Le sort des pensions de réversion versées au conjoint survivant

Sur les pensions de réversion, (voir Ⓘ : *Pension de réversion*).

› Le logement familial

La jouissance du logement est attribuée, pendant la procédure de divorce, par l'ordonnance de non-conciliation à l'un des époux.
Pour l'après-divorce, c'est le jugement du divorce qui décide. Quand le logement est en location, le droit au bail peut être attribué, en considération des intérêts sociaux et familiaux en cause, à l'un des époux après le divorce.
(Code civil, art. 1751).
• Si le logement est en location, vis-à-vis du bailleur, les époux cotitulaires du bail du local servant à leur habitation sont tenus solidairement du règlement du loyer et des charges, jusqu'au jour où le jugement de divorce devient opposable au propriétaire, c'est-à-dire au jour où les formalités de publicité sont accomplies.
Jusqu'à cette date et même en cas de résidence séparée, le bailleur peut demander à l'un comme à l'autre des époux le paiement des loyers, charges et réparations locatives.
• Si les deux époux sont propriétaires et que l'un d'eux souhaite continuer à habiter le logement familial après le divorce, il peut alors demander l'attribution préférentielle de ce bien, à charge de rembourser sa part à son ex-conjoint.
• Si un seul des époux est propriétaire, le juge peut l'obliger à louer cet appartement à l'autre conjoint (bail forcé) uniquement si trois conditions sont réunies :
– cet époux exerce seul ou en commun l'autorité parentale ;
– un ou plusieurs enfants résident habituellement dans ce logement ;
– l'intérêt des enfants commande cette solution.
(Code civil, art. 285-1, 1476).
À noter : en cas de report des effets du divorce, la jouissance du logement par un époux est gratuite jusqu'à l'ordonnance de non-conciliation, sauf décision contraire du juge.
Quand il attribue à l'un d'eux la jouissance du logement, le juge doit préciser si cette attribution a lieu à titre gratuit ou non, et, le cas échéant, constater l'accord des époux sur le montant d'une « indemnité d'occupation ».
(Code civil, art. 255, 262-1).

› La dissolution de la communauté

● La recherche d'accords tout au long de la procédure

Une proposition dès l'audience de conciliation

Le juge, au titre des mesures provisoires, peut désigner un professionnel (expert-comptable, notaire…) afin de dresser un inventaire estimatif ou de faire des propositions quant au règlement des intérêts pécuniaires des époux.
Il peut aussi désigner un notaire chargé d'élaborer un projet de liquidation du régime matrimonial et de formation des lots à partager.
Un accord du couple sur les biens à partager (les lots) peut permettre au juge, par la connaissance de ces lots, de fixer de manière plus précise et plus pertinente le montant et les modalités de la prestation compensatoire.
(Code civil, art. 255).

Une proposition de règlement dès l'assignation

L'assignation doit comporter une proposition de règlement des intérêts pécuniaires et patrimoniaux des époux.
(Code civil, art. 257-2).

Pendant l'instance

Les époux peuvent, pendant l'instance, soumettre à l'homologation du juge leur accord sur la prestation compensatoire.

La liquidation anticipée

L'article 265-2 du Code civil permet la conclusion de conventions portant sur la liquidation du régime matrimonial (ce que l'on appelle la liquidation anticipée).

● Le règlement lors du prononcé du divorce

Le juge peut ordonner la liquidation et le partage en prononçant le divorce lorsque les époux n'ont pas pu trouver d'accord. Il peut, également, statuer sur l'attribution préférentielle du logement et l'indivision et accorder à l'un des époux ou aux deux une avance sur sa part de communauté ou de biens indivis.
Si le projet de liquidation du régime matrimonial établi par le notaire, désigné au titre des mesures provisoires prises lors de l'audience de conciliation, contient des informations suffisantes, les époux (ou l'un d'eux) peuvent demander au juge de régler leurs désaccords.
Ces difficultés pourront, par exemple, concerner le montant de l'indemnité d'occupation pour le logement, la date de dissolution de la communauté…
(Code civil, art. 267).

● Les opérations de liquidation et de partage

Pour les époux mariés sous le régime de la communauté légale, la liquidation doit déterminer et évaluer quels sont les biens propres à chaque époux, les biens communs et les « récompenses » (sommes dues entre les époux et la communauté).
Il n'existe plus, en l'état actuel des textes, de délais spécifiques pour procéder à la liquidation en matière de partage après divorce. Les règles sont celles prévues en matière de partage en général.
(Voir ① : *Partage*) .
En cas de difficulté, le notaire rédige un procès-verbal de difficulté. Il appartient alors à l'un des époux de s'adresser au juge aux affaires familiales, juge compétent pour la liquidation et le partage des intérêts patrimoniaux des époux. L'avocat est obligatoire dans le cadre de cette procédure.
(Art. 1136-1 du Code de procédure civile).

● Dispense des dettes professionnelles

Lorsque le divorce est prononcé, si des dettes ou sûretés ont été consenties par les époux, solidairement ou séparément, dans le cadre de la gestion d'une entreprise, le juge aux affaires familiales peut, dans le cadre des opérations de liquidation, décider d'en faire supporter la charge exclusive au conjoint qui conserve le patrimoine professionnel ou, à défaut, la qualification professionnelle ayant servi de fondement à l'entreprise.
(Code civil, art. 1387-1).

› Les incidences fiscales

● Régime fiscal des pensions alimentaires pour les enfants et entre époux

Le principe est que les pensions versées en exécution d'une obligation alimentaire sont déductibles du revenu de celui qui les verse et imposables entre les mains du bénéficiaire, sous les conditions expliquées ci-dessous, et ce, quand elles corres-

pondent aux pensions ordonnées en justice en cas de divorce ou de séparation de corps (ou d'instance en divorce ou séparation de corps) et en cas de révision amiable de ces pensions.
(Art. 156 II 2 ° du CGI).
Les parents divorcés peuvent ainsi déduire une pension alimentaire prévue par la décision de divorce ou celle ayant fait l'objet d'une révision par accord amiable, sans avoir, dans ce dernier cas, à saisir à nouveau le juge.
L'enfant ne doit pas être « rattaché » fiscalement au débiteur de la pension.
Ce régime s'applique également aux pensions alimentaires versées entre époux pendant la procédure de divorce et en cas de séparation de corps.

Régime fiscal des prestations compensatoires

• Les versements effectués, sous la forme d'un capital, ouvrent droit à un avantage fiscal dont les modalités d'application diffèrent selon que le capital est versé sur une période au plus égale à 12 mois ou sur une période supérieure à cette durée :
– quand le capital est versé immédiatement ou dans un délai maximal de 12 mois à compter du jugement qui ne peut plus faire l'objet d'une voie de recours, le débiteur bénéficie d'une réduction d'impôt égale à 25 % du montant des versements effectués conformément à la convention de divorce (divorce par consentement mutuel) ou au jugement de divorce. Un plafond est cependant fixé à 30 500 € (la réduction ne peut donc pas dépasser 7 625 €).
Cette réduction peut s'appliquer sur 1 an ou s'étaler sur 2 ans suivant la date des paiements.
Cette réduction d'impôt s'applique, sous certaines conditions, lorsque la prestation compensatoire est versée sous forme d'attribution d'un bien ou d'un droit immobilier ou en cas de conversion de la rente en capital du vivant des parties.
– quand les paiements s'étalent sur plus de 12 mois, ils sont déduits des revenus du débiteur et sont en contrepartie déclarés par celui qui les reçoit.
(Art. 80 quater et 199 octodecies du Code général des impôts).
• Les prestations compensatoires sous forme de rente viagère bénéficient du même régime fiscal que les pensions alimentaires (voir ci-dessus).

Droits d'enregistrement

Les pensions alimentaires, les prestations compensatoires versées sous forme de rente viagère et sous forme de capital sur plus de 12 mois ne font pas l'objet d'un droit d'enregistrement. La loi soumet en revanche, quand ils proviennent de biens propres, les versements en capital de prestation compensatoire sur moins de 12 mois à un droit fixe de 125 € quand il s'agit de sommes d'argent ou à la taxe de publicité foncière au taux de 0,60 % (0,715 % avec les taxes additionnelles) en cas de remise d'un bien ou droit immobilier. Quand ils proviennent de biens indivis ou de biens communs (immeuble, argent...), les versements sont soumis aux droits de partage de 1,1 %.
(Art. 748, 757 A, 1020 et 1133 ter du Code général des impôts).
(Voir Ⓘ : *Donation, droits de mutation*).

Les incidences fiscales de l'autorité parentale

En cas de divorce, chacun des parents est considéré comme un célibataire ayant à sa charge les enfants dont il assume à titre principal l'entretien. Dans cette situation, l'enfant est considéré, jusqu'à preuve du contraire, comme étant à la charge du parent chez lequel il réside à titre principal.

En cas de résidence alternée des enfants, les parents doivent se mettre d'accord pour désigner celui d'entre eux qui bénéficie du supplément de part. À défaut d'accord entre eux, et en cas de répartition égale de la charge de l'enfant, le supplément de part doit être partagé entre eux.
(Art. 194 du Code général des impôts).
(Voir ① : *Autorité parentale*).

● À partir de quand faut-il faire une déclaration séparée ?

À partir du moment où le jugement de divorce est définitif, les ex-conjoints doivent faire une déclaration de revenus séparée. Pendant l'instance en divorce ou séparation de corps, les époux peuvent bénéficier d'une imposition séparée dès l'ordonnance de non-conciliation entraînant la résidence séparée.
En amont, une imposition séparée est possible :
– si les époux sont séparés de biens et ne vivent pas sous le même toit,
– si l'un ou l'autre a abandonné le domicile conjugal et s'ils perçoivent des revenus distincts.
(Art. 6-4° du Code général des impôts).
L'année de la séparation, les deux époux doivent déclarer ensemble leurs revenus du 1er janvier au jour de la séparation. À compter de la séparation jusqu'au 31 décembre, chacun des époux doit déclarer séparément ses revenus personnels.

› Les assurances sociales

Le conjoint divorcé qui ne travaille pas et qui donc ne bénéficie pas de couverture sociale personnelle perd, après le divorce, sa qualité d'ayant droit de son ex-conjoint.
Il peut cependant continuer à bénéficier des prestations en nature de l'assurance maladie-maternité pendant 1 an à compter de la transcription du jugement de divorce. Ce droit est prolongé éventuellement jusqu'au 3e anniversaire du dernier enfant à charge.
Au terme de cette année, si le conjoint divorcé n'a toujours pas d'activité professionnelle – ou s'il n'est pas ayant droit d'un autre assuré –, il pourra bénéficier de la couverture maladie universelle (CMU).
À noter : les personnes qui ont eu au moins trois enfants à charge sont affiliées obligatoirement et à titre personnel au régime général, en contrepartie d'une cotisation prise en charge par le régime des prestations familiales. Elles n'ont donc pas à payer de cotisations.
(Art. L. 161-15 et R. 161-5 du Code de la Sécurité sociale ; Décret du 4 février 2007).

Les enfants

Établissement et recherche de la filiation

L'établissement

› Quelles sont les règles ?

La filiation est le lien juridique existant entre l'enfant et ses père et mère. De ce lien découlent des droits et des obligations réciproques.
(Voir Ⓘ : *Autorité parentale*).
L'ordonnance portant réforme de la filiation n° 2005-759 du 4 juillet 2005 a harmonisé le droit des enfants légitimes (nés de parents mariés) et naturels (nés de parents non mariés). Partant du principe que ces enfants ont les mêmes droits et obligations, ces deux notions sont supprimées des textes.
Cette ordonnance est applicable aux enfants nés à compter du 1er juillet 2006. Elle s'applique également aux enfants nés avant cette date sauf :
– si une procédure est en cours (c'est la loi ancienne qui s'applique, même en appel ou cassation),
– dans le cas de successions déjà liquidées.
La filiation est établie par :
– la loi (désignation de la mère dans l'acte de naissance ou présomption de paternité pour le père marié) ;
– la reconnaissance ;
– la possession d'état (constatée dans un acte de notoriété).
La filiation peut aussi être établie par un jugement dans le cadre notamment d'une recherche ou d'une contestation de paternité.
Mais s'il existe entre les père et mère de l'enfant un des empêchements à mariage prévus par les articles 161 et 162 du Code civil pour cause de parenté (entre ascendants et descendants et entre oncle et nièce et tante et neveu), la filiation étant déjà établie à l'égard de l'un, il est interdit d'établir la filiation à l'égard de l'autre par quelque moyen que ce soit.
(Code civil, art. 310-1 et 310-2).
(Voir Ⓘ : *Mariage*).

› La déclaration de naissance

La déclaration de naissance d'un enfant est obligatoire et doit être faite à la mairie du lieu de naissance dans les 3 jours (non compris le jour de l'accouchement) qui suivent le jour de la naissance (si l'enfant naît un mercredi, un jeudi ou un vendredi, ce délai est repoussé au lundi suivant). La plupart du temps, c'est le père qui déclare l'enfant, la mère étant en maternité. Mais toute personne ayant assisté à l'accouchement peut faire cette déclaration.

L'acte de naissance établi suite à cette déclaration par l'officier d'état civil indique le jour, l'heure et le lieu de la naissance, le sexe, le(s) prénom(s) de l'enfant et son nom de famille (avec la mention éventuelle de la déclaration conjointe des parents quant au choix effectué), les prénoms, les noms, âges, professions et domiciles des père et mère.
(Code civil, art. 55 et 57).
(Voir ① : *Nom, enfant*).

● La filiation maternelle

La désignation de la mère dans l'acte de naissance de l'enfant suffit pour établir la filiation maternelle de l'enfant, qu'elle soit mariée ou non.
(Code civil, art. 311-25).

● La filiation paternelle

Ici il faut distinguer selon que le père est marié ou non.

Le père marié

La filiation paternelle de l'enfant d'un homme marié est la conséquence de sa déclaration de l'enfant à l'état civil.
Cependant, même si le père marié n'apparaît pas sur l'acte de naissance (enfant né de père inconnu), la loi prévoit l'existence d'une présomption de paternité qui permet de rattacher l'enfant à son père.
Il résulte de cette présomption que : « L'enfant conçu ou né pendant le mariage a pour père le mari.»
Quand l'enfant est couvert par cette présomption, il est présumé être le fils de son père marié (dans la mesure où celui-ci l'élève – voir ci-dessous les cas où la présomption est écartée). C'est à celui qui conteste la paternité (la mère, un autre homme, les héritiers du mari…) d'apporter les preuves contraires.
Pour connaître le moment où l'enfant a été conçu, la loi présume que l'enfant est conçu pendant la période qui s'étend du 300e jour (un peu plus de 9 mois) au 180e jour (6 mois) avant la date de la naissance. Il s'agit là d'une simple présomption et la preuve contraire peut être rapportée.
(Code civil, art. 311, 312).
La loi écarte la présomption de paternité dans deux cas :
– lorsque l'acte de naissance de l'enfant ne désigne pas le mari en qualité de père (enfant né de père inconnu) ;
– lorsqu'il y a demande en divorce (ou séparation de corps), et que l'enfant est né plus de 300 jours après la date soit de l'homologation de la convention réglant l'ensemble des conséquences du divorce ou des mesures provisoires, soit de l'ordonnance de non-conciliation, et moins de 180 jours depuis le rejet définitif de la demande ou la réconciliation.
La présomption de paternité est automatiquement rétablie si l'enfant a la possession d'état à l'égard du mari (il est élevé par lui) et s'il n'a pas une filiation paternelle déjà établie à l'égard d'un tiers.
Les effets d'une présomption écartée peuvent être rétablis en justice dans le cadre d'une action en rétablissement de présomption de paternité (voir ci-après : *La recherche de filiation*). Par ailleurs, le père peut toujours reconnaître son enfant (voir ci-dessous).
(Code civil, art. 313 à 316).

Le père non marié

En ce qui concerne le père non marié, il doit reconnaître son enfant. La seule déclaration à l'état civil ne suffit pas.

› La reconnaissance de paternité ou de maternité

La reconnaissance d'un enfant peut intervenir lorsque :
- la mère n'est pas indiquée dans l'acte de naissance ;
- le père marié ne bénéficie pas de la présomption de paternité (voir ci-dessus).

Enfin, la reconnaissance est obligatoire pour établir la paternité d'un père non marié.

Il peut s'agir d'une reconnaissance prénatale, d'une reconnaissance effectuée au moment de la naissance ou encore d'une reconnaissance postnatale.

Elle peut être faite dans l'acte de naissance (au moment de la naissance), par acte reçu par l'officier de l'état civil ou par tout autre acte authentique (acte notarié comme par exemple, un testament).
(Code civil, art. 316).

À noter : deux mesures visent spécialement les parents ne vivant pas ensemble. Lorsque l'officier de l'état civil du lieu de naissance d'un enfant inscrit la reconnaissance d'un enfant en marge de son acte de naissance, il doit en aviser l'autre parent par lettre recommandée avec demande d'avis de réception. Si ce parent ne peut pas être avisé, le procureur de la République en est informé.

Par ailleurs, si la mère a accouché sous X et que la transcription de la reconnaissance est impossible, le père peut en informer le procureur de la République qui recherche alors les date et lieu d'établissement de l'acte de naissance de l'enfant.
(Code civil, art. 57-1, 62-1).

› Qu'est-ce que la possession d'état ?

À défaut de titre de naissance (acte d'état civil ou reconnaissance), les parents ou l'enfant peuvent demander au juge d'établir un acte de notoriété attestant de la possession d'état de l'enfant jusqu'à preuve contraire. La filiation, établie par la possession d'état et constatée dans cet acte, est mentionnée en marge de l'acte de naissance de l'enfant.

La possession d'état est la prise en compte de la réalité affective et sociale révélant la filiation (en dehors de toute notion biologique).

Elle consiste à vivre comme l'enfant du père (de la mère) et à être traité comme tel par la société (voisin, école…).

Elle est établie, selon la loi, par « une réunion suffisante de faits qui révèlent le lien de filiation et de parenté entre une personne et la famille à laquelle elle est dite appartenir », et plus particulièrement :
- l'enfant est traité par celui ou ceux dont on le dit issu comme leur enfant et lui-même les traite comme son ou ses parents ;
- les parents ont, en cette qualité, pourvu à son éducation, à son entretien ou à son installation ;
- l'enfant est reconnu comme le leur dans la société, par la famille et par l'autorité publique ;
- il porte le nom de celui ou ceux dont on le dit issu.

La possession d'état doit être continue, paisible, publique et non équivoque.

Elle est établie par le juge d'instance sur la foi de trois témoignages attestant de ce que le père (la mère) prétendu (e) s'est comporté (e) comme tel. Elle est demandée par les parents (ou après sa majorité par l'enfant).
L'acte de notoriété ne peut être demandé que dans un délai de 5 ans à compter de la cessation de la possession d'état (séparation des parents, etc.) ou à compter du décès du parent prétendu. À défaut d'avoir pu obtenir un acte de notoriété, le père (ou la mère) peut engager une action en justice en constatation de la possession d'état (voir ci-après *La recherche de paternité*).
(Code civil, art. 311-1 et s.).

› Quelles sont les règles en cas de filiation après insémination artificielle ?

En cas de procréation médicalement assistée (PMA) avec tiers donneur, aucun lien de filiation ne peut être établi entre l'auteur du don et l'enfant issu de la procréation. Aucune action en responsabilité ne peut être exercée à l'encontre du donneur.
Les époux (ou concubins) qui, pour procréer, recourent à une assistance médicale (avec intervention d'un tiers donneur), doivent préalablement donner, dans des conditions garantissant le secret, leur consentement au juge ou au notaire, qui les informe des conséquences de leur acte au regard de la filiation.
Ce consentement interdit toute action en recherche ou contestation de la filiation (à moins, cas rare, qu'il ne soit soutenu que l'enfant n'est pas issu de la procréation médicalement assistée ou que le consentement a été privé d'effet).
Le consentement est privé d'effet en cas de décès, de dépôt d'une requête en divorce ou en séparation de corps ou de cessation de la communauté de vie, survenant avant la réalisation de l'insémination artificielle. Il en est de même lorsque l'homme ou la femme le révoque auprès du médecin chargé de mettre en œuvre cette assistance, par écrit et avant la réalisation de l'insémination.
À noter : l'homme qui, après avoir consenti à l'assistance médicale à la procréation, ne reconnaît pas l'enfant qui en est issu engage sa responsabilité envers la mère et envers l'enfant. En outre, sa paternité est judiciairement déclarée.
(Code civil, art. 311-19, 311-20).

La recherche de filiation

› La recherche de maternité

Cette action, rare, est réservée à l'enfant (à son représentant légal s'il est mineur), à défaut de titre (acte de naissance ou reconnaissance) ou de possession d'état. L'enfant doit prouver qu'il est celui dont la mère prétendue a accouché.
(Code civil, art. 325, 326).

› La recherche de paternité

La recherche de paternité est une action statistiquement beaucoup plus fréquente (notamment quand il s'agit pour la mère d'obtenir une pension alimentaire pour l'enfant). Il faut distinguer entre :
– la paternité hors mariage réservée à l'enfant. Pendant la minorité, la recherche est engagée par son représentant légal (en principe, mère). Il peut également l'exercer dans les 10 ans de sa majorité ;

– la paternité dans le cadre du mariage (action en rétablissement de la présomption de paternité). La recherche est réservée aux époux et à l'enfant (sur la présomption de paternité, voir ci-dessus). Ces derniers peuvent l'exercer pendant la minorité de l'enfant. L'enfant peut l'exercer dans les 10 ans après sa majorité.
(Code civil, art. 328, 329).
Cette recherche doit se fonder sur des éléments de preuve de la paternité (analyse de sang, d'ADN, le plus souvent).
À côté de ces actions, existe l'action en constatation de la possession d'état, ouverte à tout intéressé. Cette action suppose qu'un acte de notoriété (voir ci-dessus) n'a pas pu être obtenu. Elle peut être exercée dans les 10 ans de la cessation de la possession d'état ou du décès du parent prétendu.
(Code civil, art. 311-2, 330).

La contestation de la filiation

La maternité peut être contestée en rapportant la preuve que la mère n'a pas accouché de l'enfant. Cette action est rarement engagée.
(Code civil, art. 332).
En revanche, statistiquement, la procédure la plus courante est la contestation de paternité.

Les cas de contestation

› Qui peut contester sa paternité ?

Un homme peut vouloir contester sa paternité parce qu'il a des doutes sur celle-ci (du fait de son absence lors de la conception, de sa stérilité…), ou encore car il sait ne pas être le père : par exemple, il a effectué une reconnaissance de « complaisance » de l'enfant du précédent compagnon de sa concubine et, après sa séparation, ne souhaite plus ce rattachement.
De même, une personne peut vouloir contester la paternité d'un homme parce qu'elle estime être le véritable père de l'enfant.
Mais la contestation peut émaner également d'un tiers (héritiers du père, amant de la mère…), de l'enfant lui-même ou de la mère. Tel est souvent le cas quand cette dernière souhaite rompre tout lien entre l'enfant et son ex-concubin (ou ex-mari) pour le rattacher à son nouveau foyer.
Un grand principe existe en matière de filiation pour éviter que l'enfant se retrouve sans père : tant qu'elle n'a pas été contestée en justice, la filiation légalement établie fait obstacle à l'établissement d'une autre filiation qui la contredirait.
(Code civil, art. 320).
Pour engager l'action en contestation tout va dépendre si le « père » qui conteste a élevé l'enfant comme le sien ou non.

› Dans quels cas peut-on contester sa paternité ?

La paternité est plus difficilement contestable quand elle est confirmée par la possession d'état (sur cette notion, voir ci-dessus). La loi privilégie en effet la relation affective sur la relation biologique.

• En l'absence de possession d'état mais en présence d'un titre : acte de naissance, reconnaissance (cas de l'enfant qui n'a jamais été élevé par son père qui l'a pourtant reconnu ou déclaré à l'état civil sous son nom) ou jugement, toute personne qui y a intérêt, y compris l'enfant, peut agir pendant 10 ans à compter de la naissance ou de la date de reconnaissance. L'enfant, à sa majorité, peut contester seul pendant 10 ans.
(Code civil, art. 334, 321).
• S'il y a une possession d'état constatée par un acte de notoriété mais en l'absence de titre, la paternité peut être contestée dans le délai de 10 ans à compter de la délivrance de l'acte par toute personne qui y a intérêt en rapportant la preuve contraire (Code civil, art. 335).
• Si la possession d'état est conforme au titre, les possibilités d'agir en contestation dépendent de la durée de la possession d'état. Lorsque celle-ci a duré :
– au moins 5 ans depuis la naissance (ou la reconnaissance, si elle a été faite ultérieurement), la paternité est inattaquable (sauf pour le ministère public). Ainsi, si un père a considéré un enfant comme le sien pendant 5 ans, il ne peut plus contester ensuite sa paternité ;
– moins de 5 ans depuis la naissance (ou la reconnaissance, si elle a été faite ultérieurement), l'enfant, ses parents ou celui qui se prétend le vrai père peuvent agir pendant 5 ans suivant la fin de la possession d'état ou le décès du parent dont le lien de filiation est contesté.
(Code civil, art. 333).
À noter : le ministère public peut contester la filiation légalement établie si des indices tirés des actes eux-mêmes la rendent invraisemblable ou s'il y a fraude à la loi. Tel est le cas notamment lorsque l'officier de l'état civil constate que la mention du père de l'enfant n'est pas la même sur la reconnaissance paternelle prénatale et la déclaration effectuée lors de la naissance de l'enfant. Il doit établir l'acte de naissance au vu des informations communiquées et en aviser sans délai le procureur de la République.
(Code civil, art. 336 et 336-1).

Les preuves

› Comment prouver que l'on n'est pas le père ?

La paternité peut être contestée en rapportant la preuve que le mari ou l'auteur de la reconnaissance n'est pas le père.
(Code civil, art. 332).
Cette preuve peut être faite par tous moyens (expertise de sang ou ADN, témoignages…). Le père doit entamer son action devant le tribunal de grande instance, avec l'assistance obligatoire d'un avocat (un test de paternité hors procédure n'aurait aucune valeur juridique). Le tribunal ordonne alors une expertise, qui consiste le plus souvent en des prises de sang ou des recherches d'empreintes génétiques à partir de la salive ou des cheveux (analyse ADN) de l'enfant et de l'homme qui conteste. Ces analyses peuvent ainsi permettent de prouver qu'il n'est pas le père biologique.
Mais si c'est la possession d'état -ou sa durée- qui est contestée, la demande d'analyse peut être rejetée par le tribunal (voir ci-après).
(Code civil, art. 310-3).

Les conséquences d'une procédure

La prescription générale de 10 ans, prévue en matière de filiation, remplace celle de 30 ans. Ces actions sont ouvertes à l'enfant pendant les 10 ans suivant sa majorité.
Il est possible, par exemple, de faire établir en justice la maternité ou la paternité au cours de la minorité de l'enfant et celui-ci peut intenter une action pendant les 10 ans qui suivent sa majorité (soit jusqu'à 28 ans). Il s'agit de la prescription générale car la loi établit des délais plus courts en matière de contestation de paternité (voir ci-après).
Le tribunal compétent en matière de filiation est le tribunal de grande instance. Le recours à un avocat est donc obligatoire. Son rôle sera d'ailleurs précieux compte tenu de la complexité de la matière.
(Code civil, art. 318-1, 321).
Les conséquences pour l'enfant et ses parents d'une procédure vont dépendre de savoir si la paternité est établie par jugement (la recherche de paternité a abouti) ou au contraire supprimée.

› L'action en recherche de paternité

Si la paternité est établie, le juge peut statuer :
- sur l'attribution du nom de l'enfant ;
- sur l'autorité parentale ;
- et fixer une pension alimentaire.

(Code civil, art. 331).
Si la paternité n'est pas établie mais que des relations intimes avec la mère sont prouvées le juge peut statuer sur des subsides.
(Voir Ⓘ : *Subsides*).

› L'action en contestation de paternité

Si l'action réussit, le père peut, selon les tribunaux, obtenir le remboursement des sommes versées pour l'entretien d'un enfant qui n'est pas le sien. En effet l'effet attaché à un jugement décidant qu'un homme n'est pas le père d'un enfant fait disparaître rétroactivement son obligation d'entretien.
Le cas est cependant différent s'il s'agit d'une reconnaissance de « complaisance » : le père a reconnu l'enfant tout en sachant qu'il n'était pas le père. Les tribunaux peuvent alors lui refuser tout droit à remboursement en estimant que la reconnaissance mensongère l'empêche de réclamer les sommes versées.
L'enfant n'étant plus rattaché au père, un autre nom peut lui être accordé (nom de la mère, nom du vrai père...). S'il est majeur, le changement de nom ne peut pas lui être imposé.
Par ailleurs, le père dont on a contesté la paternité peut demander à conserver un droit de visite avec l'enfant.
Celui-ci peut être accordé pour éviter une rupture brutale et totale des liens affectifs qui ont pu se créer entre lui et l'enfant. Cependant, un tel droit de visite n'est accordé que si l'intérêt de l'enfant le commande.
(Code civil, art. 61-3, 337).

L'adoption

› Quelles sont les formes d'adoption ?

Il existe deux sortes d'adoption :
– l'adoption plénière,
– l'adoption simple.

L'adoption plénière est la forme la plus complète de l'adoption.

L'enfant adopté plénièrement perd tout lien avec sa famille d'origine et est considéré comme l'enfant « biologique » de (des) adoptant(s).

L'adoption plénière est irrévocable et définitive. L'acte de naissance d'origine de l'enfant est annulé sur les registres de l'état civil où ne figurent plus que sa date et son lieu de naissance auxquels sont ajoutés ses nouveaux nom et prénoms.

L'adoption simple, à la différence de l'adoption plénière, laisse subsister les rapports de l'enfant avec sa famille d'origine et crée parallèlement un nouveau lien de filiation entre l'adoptant et l'adopté. Les deux liens de filiation (famille d'origine et famille adoptive) se superposent. L'enfant portera en principe ses deux noms et pourra hériter de sa famille d'origine comme de ses parents adoptifs.

L'adoption plénière n'est prévue que pour des enfants. Les parents adoptifs choisiront cette forme d'adoption s'il convient de prendre en charge totalement l'éducation et l'entretien de l'enfant.

L'adoption simple est choisie s'il s'agit d'adopter un adulte ou si l'on désire que l'enfant reste attaché à sa famille d'origine.

À noter : quelle que soit la forme de l'adoption et même si les parents d'origine sont connus, le nom de l'enfant adopté est inscrit dans le livret de famille.

De même, lorsqu'un enfant est adopté par une personne seule, un livret de famille peut être établi à la demande de cette dernière.

(Décret n° 97-853 du 16 septembre 1997).

Adoption plénière

› Qui peut adopter un enfant de façon plénière ?

L'adoption peut être demandée soit par une personne seule, soit par deux époux.

• S'il s'agit d'une personne seule (veuve, divorcée ou célibataire), elle doit être âgée de plus de 28 ans et avoir 15 ans de plus que l'enfant qu'elle se propose d'adopter.
(Code civil, art. 343-1).

Si cette personne est mariée, elle doit obtenir, préalablement à l'adoption, le consentement de son conjoint.

• S'il s'agit de deux époux, ils doivent être mariés depuis 2 ans et non séparés de corps, ou bien être âgés chacun de plus de 28 ans.
(Code civil, art. 343).

Ces époux peuvent adopter même s'ils ont déjà des enfants, mais ils doivent être mariés et les couples de concubins ne peuvent adopter conjointement un enfant.

Un enfant ne peut pas être adopté par plusieurs personnes si ce n'est deux époux mariés.

Ce n'est que si le concubin adoptant décède que l'enfant pourrait éventuellement être adopté par l'autre concubin.

• L'adoption d'un enfant de son conjoint est possible :
– lorsque l'enfant n'a de filiation légalement établie qu'à l'égard de ce conjoint, notamment lorsqu'il n'a pas été reconnu par son autre parent ;
– lorsque l'autre parent s'est vu retirer totalement l'autorité parentale. Ce retrait total peut être déclaré lorsque le parent est condamné pénalement ou encore lorsqu'il met en danger l'enfant ;
– lorsque l'autre parent que le conjoint est décédé, que ses propres parents sont eux-mêmes décédés ou qu'ils se sont désintéressés de cet enfant.
La différence d'âge minimum entre l'adoptant et l'enfant doit être de 10 ans, quel que soit l'âge de l'adoptant.
(Code civil, art. 344 et 345-1).

› Qui peut être adopté ?

Peuvent être adoptés :
– les enfants pour lesquels les père et mère, ou le conseil de famille, ont consenti à l'adoption ;
– les pupilles de l'État (voir plus loin) ;
– les enfants déclarés abandonnés par jugement du tribunal.
(Code civil, art. 347).
Ces enfants, par ailleurs, doivent être âgés de moins de 15 ans. Ils doivent avoir été recueillis au foyer de l'adoptant depuis au moins 6 mois (placement).
À noter : si l'enfant a plus de 13 ans, il doit consentir personnellement à son adoption.

● Les enfants pour lesquels les père et mère ou le conseil de famille ont consenti à l'adoption

Par qui est donné le consentement ?
• Si les deux parents sont vivants et la filiation est établie à l'égard de chacun d'eux, le consentement doit être donné par les deux parents.
Si l'un des deux est inconnu, mort ou dans l'impossibilité de manifester sa volonté ou encore, s'il a perdu ses droits d'autorité parentale, le consentement de l'autre suffit.
• Si les deux parents sont morts ou s'ils se sont vus retirer totalement l'autorité parentale, le consentement à l'adoption est alors donné par le conseil de famille après avis de la personne qui pratiquement prend soin de l'enfant.
(Code civil, art. 348).
(Voir ① : *Tutelle des mineurs*).
À noter : si l'enfant est âgé de moins de 2 ans, le consentement des parents ou du conseil de famille n'est valable que si cet enfant a été remis au service de l'Aide sociale à l'enfance ou à un organisme autorisé pour l'adoption.
(Code civil, art. 348-5).

Sous quelle forme est donné le consentement ?
Le consentement à l'adoption est donné devant le greffier en chef du tribunal d'instance, ou devant un notaire, ou encore devant les agents diplomatiques ou consulaires français. Le tribunal compétent est le tribunal d'instance du domicile ou de la résidence de la personne qui donne son consentement. Si l'enfant est confié à l'Aide sociale à l'enfance, ce service peut valablement recevoir aussi le consentement.

Le consentement est-il définitif ?

Pendant 2 mois, le consentement peut être rétracté par lettre recommandée avec AR adressée au service ou à la personne qui a reçu ce consentement.
(Code civil, art. 348-3).
Pendant ce même délai de 2 mois, le ou les parents peuvent toujours demander à reprendre leur enfant. Cette simple demande équivaut à une rétractation du consentement donné. Lorsque le délai de 2 mois est expiré, les parents d'origine peuvent encore demander la restitution de l'enfant si ce dernier n'a pas été déjà placé dans une famille d'accueil en vue de son adoption.

● Les pupilles de l'État

Les pupilles de l'État sont :
– les enfants dont la filiation n'est pas établie ou est inconnue qui ont été recueillis par le service de l'Aide sociale à l'enfance depuis plus de 2 mois ;
– les enfants dont la filiation est établie et connue qui ont expressément été remis depuis plus de 2 mois au service de l'Aide sociale à l'enfance, en vue de leur admission comme pupilles de l'État par les personnes qui ont qualité pour consentir à leur adoption ;
– les enfants qui ont été remis au service de l'Aide sociale à l'enfance par un seul de leurs parents en vue de leur adoption depuis plus de 6 mois (l'autre parent n'ayant pas fait connaître à ce service ses intentions pendant ce délai de 6 mois) ;
– les enfants orphelins de père et mère qui ont été recueillis par le service de l'Aide sociale à l'enfance depuis plus de 2 mois ;
– les enfants dont les parents ont fait l'objet d'un retrait total de l'autorité parentale et qui ont été recueillis par le service de l'Aide sociale à l'enfance ;
– les enfants recueillis par le service de l'Aide sociale à l'enfance et dont les parents se sont manifestement désintéressés d'eux pendant au moins 1 an.
(Art. L. 224-4 du Code de l'action sociale et des familles).
Pour les pupilles de l'État dont les parents n'ont pas consenti à l'adoption, le consentement est donné par le conseil de famille de ces pupilles.
(Code civil, art. 349).

Le projet d'adoption

Un enfant, admis en tant que pupille de l'État, doit faire l'objet d'un projet d'adoption dans les 6 mois de cette admission. Le tuteur de l'enfant, avec l'accord du conseil de famille, doit choisir la forme de l'adoption envisagée (simple ou plénière) et les adoptants éventuels. Il peut aussi considérer que l'adoption n'est pas adaptée à la situation de l'enfant. Dans ce cas, sa décision doit être motivée et soumise au conseil de famille.
Le pupille doit être associé aux décisions le concernant. S'il est capable de discernement, il peut prendre connaissance des décisions prises par le conseil de famille (choix de la personne à qui la garde sera confiée, conditions d'accueil…), il peut donner son avis sur les mesures prises par le tuteur ou demander au conseil de famille de réexaminer sa situation. (Décret du 11 septembre 1998).
(Art. L. 225-1 du Code de l'action sociale et des familles).

Le secret des origines de l'enfant

Toute femme peut demander, lors de son accouchement, la préservation du secret de son admission et de son identité (accouchement sous X). Mais elle est également invitée à laisser, si elle l'accepte, des renseignements sur sa santé et celle du père, les origines de l'enfant et les circonstances de la naissance ainsi que, sous pli

fermé, son identité. À tout moment, les renseignements donnés au moment de la naissance peuvent être complétés. Aucune pièce d'identité n'est exigée et il n'est procédé à aucune enquête.
(Art. L. 225-6 du Code de l'action sociale et des familles).
Ces renseignements ainsi que l'identité de la mère sont transmis au Conseil national pour l'accès aux origines personnelles. Il est également demandé à la mère si elle accepte de lever le secret de son identité dans l'hypothèse où l'enfant, plus tard, chercherait à se renseigner sur ses origines personnelles. Les mêmes règles sont applicables au père de l'enfant. L'enfant, majeur, peut en effet avoir accès à ses origines et prendre connaissance des renseignements fournis par la mère ainsi que son identité si cette dernière a accepté la levée du secret. La demande doit être écrite et adressée au Conseil national pour l'accès aux origines personnelles ou au président du conseil général.
(Art. L. 147-3 du Code de l'action sociale et des familles).
Si l'enfant est mineur et qu'il a atteint l'âge de discernement, il peut faire sa demande avec l'accord de ses représentants légaux. S'il est majeur et placé sous tutelle, la demande est faite par son tuteur. S'il est décédé, ses descendants en ligne directe majeurs peuvent effectuer cette demande.
(Art. L.147-2 du Code de l'action sociale et des familles).
Le demandeur doit justifier de son identité, de sa qualité et doit adresser toutes pièces justificatives. Il lui est accusé réception de son dossier dans le délai d'1 mois. Il doit, par ailleurs, être informé à intervalles réguliers du résultat des investigations.
(Décret n° 2002-781 du 3 mai 2002).
La levée du secret de la naissance de l'enfant n'est accordée qu'après vérification qu'il n'existe pas de refus exprès des parents d'y consentir. Le refus peut être constaté par une déclaration ou, après la mort de l'intéressé, par témoignages. Les parents de l'enfant peuvent également conserver secrète leur identité lorsqu'ils remettent l'enfant, âgé de moins d'1 an, au service de l'Aide sociale à l'enfance. Il leur est aussi suggéré de donner des renseignements les concernant, renseignements dont l'enfant pourra prendre connaissance plus tard s'il le désire.
(Art. L. 224-4 du Code de l'action sociale et des familles).
Si le secret n'a pas été levé par la mère ou le père de l'enfant, le Conseil peut mandater un correspondant départemental ou une personne particulièrement qualifiée pour recueillir ce consentement ou vérifier l'absence de volonté de secret de l'identité de la mère ou du père de naissance. Le mandataire peut aussi proposer un accompagnement psychologique et social aux personnes concernées par les demandes ou encore organiser une rencontre entre les intéressés.
(Décret n° 2002-781 du 3 mai 2002).

Les enfants déclarés abandonnés par jugement

Lorsque la filiation d'un enfant est établie et que son ou ses parents refusent de consentir à son adoption, l'enfant doit être déclaré abandonné par jugement. La déclaration d'abandon est prononcée par le tribunal de grande instance et intervient lorsque les parents se sont volontairement et manifestement désintéressés de leur enfant pendant l'année qui précède l'introduction de la demande en déclaration d'abandon. Cette demande est obligatoirement transmise à l'issue de ce délai d'1 an par le particulier, l'organisme d'adoption ou le service de l'Aide sociale à l'enfance. Il y a désintérêt de la part des parents lorsqu'ils n'ont pas entretenu avec leur enfant les relations nécessaires au maintien d'un quelconque lien affectif.

La simple demande de nouvelles, les visites rares ou exceptionnelles, ou encore l'intention exprimée mais non suivie d'effet de reprendre l'enfant ne sont pas considérées comme une marque d'intérêt suffisant de la part des parents. Ces démarches n'interrompent pas le délai d'1 an.
(Code civil, art. 350).
Si pendant ce même délai d'1 an, un membre de la famille de cet enfant demande à s'en occuper et à le prendre en charge, et si cette demande est jugée conforme à l'intérêt de l'enfant, ce dernier ne pourra pas être déclaré abandonné.
La procédure débute par une requête aux fins de déclaration d'abandon présentée devant le tribunal de grande instance de la résidence de l'enfant par la personne ou l'œuvre qui en a la charge.
Le tribunal examine l'affaire en chambre du conseil, c'est-à-dire hors de la présence du public, en présence du représentant de l'établissement ou de l'administration qui a la charge de l'enfant et entend les parents ou le tuteur, le cas échéant. Si les parents ont disparu, le tribunal peut surseoir à statuer pour faire effectuer une recherche (recherche dans l'intérêt des familles).
Ce sursis à statuer ne peut excéder 6 mois. Lorsqu'il déclare l'enfant abandonné, le tribunal délègue, par la même décision, les droits d'autorité parentale sur l'enfant au service de l'Aide sociale à l'enfance, à l'établissement, à la personne qui a recueilli l'enfant ou à qui ce dernier a été confié. L'appel de la déclaration d'abandon peut être interjeté dans le délai d'1 mois.

Après le jugement de déclaration d'abandon, les parents peuvent-ils encore reprendre l'enfant ?

Puisqu'un jugement a été rendu et que ce jugement est définitif, les parents qui voudraient reprendre leur enfant doivent déposer une requête au tribunal de grande instance en motivant leur décision. Cette requête sera toujours repoussée si l'enfant a déjà été placé, en vue de son adoption, dans un nouveau foyer. Si l'enfant n'a pas été placé, le tribunal pourra éventuellement ordonner la restitution de l'enfant à ses parents d'origine si toutefois cette restitution est conforme à l'intérêt de l'enfant.

À noter : les sentiments exprimés par l'enfant lui-même peuvent, par ailleurs, être pris en considération.

Les enfants étrangers

Pour pouvoir adopter un enfant étranger, il convient de s'adresser tout d'abord au service de l'Aide sociale de son département pour obtenir l'agrément, puis à un organisme français autorisé pour l'adoption (OFAA) ou à l'Agence française de l'adoption qui pourra se charger des formalités nécessaires à l'entrée en France de l'enfant.
L'Agence française de l'adoption, créée par la loi n° 2005-744 du 4 juillet 2005, a pour mission d'informer, de conseiller et de servir d'intermédiaire pour l'adoption des enfants étrangers âgés de moins de 15 ans. Elle est compétente sur l'ensemble des départements. Les organismes français autorisés ou l'Agence interviennent tout au long de la procédure d'adoption (aide des candidats à l'adoption, choix de l'enfant et accompagnement de ce dernier après le prononcé de l'adoption).
La loi du 6 février 2001 a mis fin aux interrogations concernant la loi applicable (loi du pays de l'enfant ou loi du pays d'adoptants) :
– les conditions de l'adoption sont soumises à la loi nationale de l'adoptant ou, en cas d'adoption par deux époux, par la loi qui régit leur mariage ;

– l'adoption ne sera pas possible si la loi nationale de l'un et l'autre époux ou la loi personnelle de l'enfant interdisent le principe même de l'adoption (sauf si l'enfant mineur est né et vit en France) ;
– quelle que soit la loi applicable, il est nécessaire d'obtenir le consentement du représentant légal de l'enfant, consentement qui doit être donné après la naissance de l'enfant et sans contrepartie.
(Code civil, art. 370-3 et s.).

› Comment se déroule la procédure d'adoption ?

L'agrément

L'agrément est accordé, pour 5 ans, dans un délai de 9 mois à compter de la confirmation, par les futurs adoptants, de la demande d'agrément dans des conditions fixées ultérieurement.
L'agrément est délivré pour l'accueil d'un ou de plusieurs enfants simultanément. Il devient caduc à compter de l'arrivée au foyer d'au moins un enfant français ou étranger, ou de plusieurs simultanément.
Les personnes qui demandent l'agrément peuvent se faire assister dans les démarches par une personne de leur choix. L'agrément intervient après une enquête destinée à apprécier les conditions d'accueil des parents adoptifs, les garanties offertes sur un plan familial, affectif, psychologique et éducatif…
Pendant l'instruction de leur dossier, les intéressés peuvent obtenir la communication des pièces ou des rapports déposés. Ils peuvent aussi demander que l'enquête soit effectuée une seconde fois par des personnes différentes. Les modalités d'obtention de l'agrément et d'accompagnement des candidats à l'adoption d'un pupille de l'État ou d'un enfant à l'étranger ont été fixées par décret. (Décret n° 2006-981 du 1er août 2006).
En cas de refus ou de retrait d'agrément, cette décision doit être motivée. Le dossier peut être consulté. Une nouvelle demande d'agrément ne peut être déposée avant un délai de 30 mois. L'agrément obtenu dans un département est valable sur l'ensemble du territoire. Il n'est donc plus nécessaire, en cas de déménagement, de constituer un nouveau dossier. Il suffit d'adresser une déclaration préalable au président du conseil général du nouveau département. Mais il est, en revanche, nécessaire de confirmer tous les ans le projet d'adoption.
(Art. L. 224-4 du Code de l'action sociale et des familles).

À noter : peuvent être dispensées de l'agrément les personnes qui ont obtenu la garde d'un enfant, pupille de l'État, et qui, ayant établi des liens affectifs avec cet enfant, désirent l'adopter. Par ailleurs, même si l'agrément a été refusé, le tribunal peut prononcer l'adoption s'il estime que les requérants sont aptes à accueillir l'enfant et que l'adoption est conforme à l'intérêt de l'enfant.

(Code civil, art. 353-1).

Le placement

Le placement est la remise de l'enfant au foyer du futur adoptant. Ce placement est obligatoire avant le jugement d'adoption et doit durer au moins 6 mois. Ce placement intervient après l'agrément. Le placement empêche toute restitution de l'enfant à sa famille d'origine. Aucune reconnaissance ni déclaration de filiation ne peut avoir lieu.
(Code civil, art. 351 et s.).

Pendant cette période, l'enfant bénéficie d'un accompagnement par le service de l'Aide sociale à l'enfance ou, s'il s'agit d'un enfant étranger, par l'Agence française de l'adoption.

Le jugement d'adoption

Le jugement intervient après les 6 mois de placement.

La procédure débute par une requête adressée au tribunal de grande instance de son domicile en s'adressant soit au secrétariat-greffe de ce tribunal, soit au procureur de la République. Il n'est pas nécessaire d'avoir un avocat pour adresser la requête au procureur de la République.

Le tribunal saisi a un délai de 6 mois à compter du dépôt ou de la transmission de la requête, pour vérifier si les conditions légales de l'adoption sont bien remplies.

(Art. 1171 du Code de procédure civile).

Le jugement est susceptible d'appel pendant un délai de 15 jours à compter de sa notification. Peuvent faire appel du jugement les personnes à qui ce jugement a été notifié. La liste de ces personnes est fixée par le tribunal.

S'il n'est pas possible de faire appel, la tierce opposition est une autre voie de recours contre un jugement d'adoption.

La tierce opposition est ouverte à toute personne mais n'est possible que s'il est prouvé qu'il y a eu dol ou fraude de la part des adoptants.

(Code civil, art. 353-1).

La transcription du jugement d'adoption

La transcription du jugement est nécessaire pour conférer à l'enfant sa nouvelle filiation. Elle est effectuée sur les registres de l'état civil et a pour effet d'annuler l'acte de naissance originaire de l'enfant et de créer le nouvel acte de naissance où figurent les nouveaux prénoms de l'enfant et les nom, prénoms, date et lieu de naissance, profession et domicile du ou des adoptants. L'acte de naissance originaire annulé est conservé par un officier de l'état civil français.

(Code civil, art. 354).

Cette transcription doit intervenir dans les 15 jours qui suivent l'expiration du délai d'appel du jugement. Elle est faite à la diligence du procureur de la République.

› Quel est le statut de l'enfant adopté ?

Le lien de filiation créé par l'adoption plénière se substitue totalement au lien de filiation d'origine.

L'adoption ouvre droit au versement des allocations de naissance et aux congés d'adoption.

(Voir ① : *Congés d'adoption*).

Les nom, prénoms et nationalité de l'enfant adopté

Le tribunal qui prononce le jugement d'adoption doit également statuer sur le nom de l'enfant et ses prénoms. L'enfant acquiert le nom de l'adoptant et, s'il s'agit d'un couple marié, le nom du mari. Si l'adoptant est une femme mariée, l'enfant pourra néanmoins porter le nom du mari de l'adoptante, à condition toutefois que ce dernier y consente. Les prénoms de l'enfant peuvent être choisis librement par le ou les adoptants. Il convient de les indiquer lors de la requête préalable au jugement d'adoption. Par ailleurs, l'enfant adopté prend la nationalité du ou des adoptants.

L'autorité parentale

S'il s'agit d'un enfant adopté par un couple, les parents adoptifs exerceront conjointement l'autorité parentale sur cet enfant.
Si l'enfant n'est adopté que par une seule personne, l'autorité parentale est dévolue en entier à cette dernière.
(Voir Ⓘ : *Autorité parentale*).

Héritages et successions

L'enfant adopté plénièrement est héritier réservataire de ses parents et grands-parents adoptifs et héritier des autres membres de la famille adoptive. Les enfants adoptés plénièrement ne peuvent, en aucune façon, hériter de leur famille d'origine.
(Voir Ⓘ : *Successions, héritiers*).

Adoption simple

L'adoption simple, à la différence de l'adoption plénière, vient en quelque sorte se superposer à la filiation d'origine et l'adopté simple appartient à ses deux familles :
– famille d'origine,
– famille adoptive.

› Qui peut adopter un enfant de façon simple ?

Comme l'adoption plénière, l'adoption simple peut être demandée soit par une personne seule, soit par un couple marié. L'adoptant doit être âgé de plus de 28 ans et avoir 15 ans de plus que l'enfant qu'il se propose d'adopter.
S'il s'agit d'un couple, les époux doivent être mariés depuis 2 ans ou bien être âgés chacun de plus de 28 ans.
(Code civil, art. 343).

› Qui peut être adopté ?

Il n'existe aucune limite d'âge pour l'adopté. Celui-ci peut être mineur ou majeur. S'il s'agit d'un enfant âgé de plus de 13 ans, il doit consentir personnellement à son adoption.
(Code civil, art. 360).
En ce qui concerne les catégories d'enfants adoptables, celles-ci sont les mêmes que pour l'adoption plénière, à savoir :
– les enfants pour lesquels les père et mère ou le conseil de famille ont valablement consenti à l'adoption,
– les pupilles de l'État (voir plus haut),
– les enfants déclarés abandonnés.
(Code civil, art. 347 et 361).
À noter : si l'adopté est majeur, son consentement suffit.

› Comment se déroule la procédure d'adoption simple ?

Là encore, l'adoption doit obligatoirement être prononcée par jugement, mais les démarches préalables à ce jugement (l'agrément, le placement préalable de l'enfant) ne sont pas obligatoires comme elles le sont pour l'adoption plénière. Il suffit d'adresser au greffe du tribunal de grande instance ou au procureur de la République une requête aux fins d'adoption simple, en demandant éventuellement le changement de nom pour l'enfant adopté.

Le consentement de l'enfant, s'il est âgé de plus de 13 ans, doit être joint à cette requête.

La transcription du jugement

Puisque l'enfant adopté de façon simple conserve sa filiation d'origine, le jugement d'adoption n'entraîne pas l'annulation de son acte de naissance. Le jugement est transcrit en marge de cet acte.
Cette transcription doit intervenir dans un délai de 15 jours à compter de l'expiration du délai d'appel.
(Code civil, art. 362).

› L'adoption simple est-elle définitive ?

À la différence de l'adoption plénière, l'adoption simple peut être révoquée. Cette révocation n'est cependant admise que pour des cas graves.

Exemple : manquements graves des parents à leurs devoirs de soins, d'éducation ou d'entretien de l'enfant, ingratitude de l'adopté vis-à-vis des parents adoptifs (attentat à la vie de l'adoptant, sévices, refus d'aliments...).
La révocation ne peut être demandée que par l'adoptant, l'adopté ou le ministère public si l'adopté est mineur.
L'adoptant ne peut demander la révocation, par ailleurs, que si l'enfant est âgé de plus de 15 ans.
L'adopté ne peut demander la révocation que s'il est majeur ou émancipé. S'il est mineur, son père ou sa mère par le sang ou, à leur défaut, un membre de la famille d'origine jusqu'au degré de cousin germain inclus peut également demander la révocation.
(Code civil, art. 370).
Le jugement de révocation est prononcé par le tribunal de grande instance et doit être motivé. Le dispositif de ce jugement est mentionné en marge de l'acte de naissance ou de la transcription du jugement d'adoption et fait cesser, pour l'avenir, tous les effets de l'adoption.
(Code civil, art. 370 à 370-2).

› Quel est le statut de l'enfant adopté ?

L'enfant conserve son lien de filiation d'origine tout en bénéficiant du nouveau lien de filiation adoptive.

Le nom

L'adopté portera le nom de l'adoptant en l'ajoutant à son nom d'origine ou encore le seul nom de l'adoptant (à la demande de l'adoptant et avec le consentement de l'adopté, si celui-ci a plus de 13 ans).
(Code civil, art. 363).

Obligation alimentaire

L'adopté doit verser une pension alimentaire à l'adoptant s'il est dans le besoin et réciproquement l'adoptant doit des aliments à l'adopté.
L'adopté ne peut demander une pension alimentaire à ses parents d'origine que s'il ne peut les obtenir de la personne qui l'a adopté. De son côté, il peut être amené à verser une pension alimentaire à ses parents d'origine sauf s'il est pupille de l'État ou s'il a été retiré par le tribunal de son milieu familial durant une période d'au moins 36 mois au cours des 12 premières années.
(Code civil, art. 367).

● Autorité parentale

L'adoptant (et non les parents par le sang) est seul investi à l'égard de l'adopté de tous les droits d'autorité parentale.
(Code civil, art. 365).

● Héritage et succession

Sur les règles successorales, voir Ⓘ : *Adoption, succession.*

Les relations entre l'enfant et ses parents

Les règles de l'autorité parentale

› Qu'est-ce que l'autorité parentale ?

L'autorité parentale est définie par la loi comme un ensemble de droits et de devoirs ayant pour finalité l'intérêt de l'enfant. Elle appartient aux parents pour protéger l'enfant dans sa sécurité, sa santé et sa moralité, « pour assurer son éducation et permettre son développement, dans le respect dû à sa personne ».
(Code civil, art. 371-1).

● Des droits et des devoirs

Pour atteindre cet objectif, les parents bénéficient d'un ensemble de droits et de devoirs : éducation et surveillance, contribution à son entretien. En cas de carence de leur part, un certain nombre de mesures sont prévues pour protéger l'enfant.

● Les aides et les contrôles de l'État pour les familles en difficulté

Le maire préside le conseil pour les droits et devoirs des familles, organe compétent pour aider les familles en difficulté.
Le président du conseil général peut apporter une aide aux parents dans l'exercice de leur autorité parentale, soit dans le cadre d'un « contrat de responsabilité parentale » (d'une durée initiale de 6 mois portée à 1 an en cas de renouvellement), soit en prenant une mesure d'aide sociale à l'enfance. Cette aide est mise en œuvre en cas d'absentéisme scolaire, de trouble porté au fonctionnement d'un établissement scolaire ou de toute autre difficulté liée à une carence de l'autorité parentale. Elle peut s'accompagner d'une sanction, lorsque le contrat n'est pas respecté : la suspension provisoire de tout ou partie des allocations familiales. Avant d'appliquer cette sanction, le président du conseil général doit informer les parents de son projet et de ses motifs.
(Art. L. 222-4-1 du Code de l'action sociale et des familles, Art. L 552-3 du Code de la Sécurité sociale).
Le département peut également proposer à la famille la mise en place d'un accompagnement en économie sociale et familiale puis, en cas d'échec, d'une mesure judiciaire d'aide à la gestion du budget familial. Dans le cadre de cette dernière mesure, les prestations familiales - et, à compter du 1er juin 2009, le revenu de solidarité active - qui ne sont pas employées par la famille pour les besoins liés au logement, à l'entretien, à la santé et à l'éducation des enfants, peuvent être versées, par décision du juge des enfants, à un délégué aux prestations familiales figurant sur une

liste dressée et actualisée par le Préfet. La décision fixe la durée de la mesure qui ne peut excéder 2 ans. Elle peut être renouvelée par décision motivée.
(Code civil, art. 375-9-1).
(Art. 1200-2 et suivants du Code de procédure civile).

› Qui exerce l'autorité parentale sur un enfant issu du mariage de ses parents ?

Pendant le mariage, ce sont les père et mère qui exercent en commun l'autorité sur l'enfant.
(Code civil, art. 372).

› Qui exerce l'autorité parentale sur l'enfant issu d'un couple non marié ?

● L'autorité parentale est conjointe

L'autorité parentale est exercée en commun dès lors que la filiation de l'enfant est établie à l'égard de ses deux parents.
Ainsi, la reconnaissance conjointe effectuée avant la naissance d'un enfant emporte des conséquences voisines de celles du mariage en termes d'établissement de la filiation et d'exercice de l'autorité parentale.
Dès que le lien de filiation est juridiquement établi par la reconnaissance, les père et mère, sauf exceptions mentionnées ci-dessous, exercent en commun l'autorité parentale.
Le père peut encore reconnaître son enfant dans l'année de la naissance pour bénéficier de l'autorité parentale en commun.
Seule une décision du juge peut remettre en cause cet exercice conjoint.

● L'autorité parentale n'est pas conjointe

Il existe toutefois deux exceptions à ce principe lorsque le parent concerné montre un certain désintérêt pour l'enfant :
– lorsque le second lien de filiation est établi plus d'1 an après la naissance. L'idée de cette mesure est qu'un exercice automatique de l'autorité parentale par un père qui aurait reconnu l'enfant plusieurs années après la naissance, parfois même sans que la mère en soit avertie, risque de bouleverser l'équilibre familial ;
– lorsque le lien de filiation résulte d'une décision judiciaire. Quand la filiation est établie contre la volonté du père de l'enfant (dans le cadre d'une action en recherche de paternité), l'exercice de l'autorité parentale ne lui est pas attribué automatiquement.

● Une demande en justice

L'autorité parentale peut néanmoins faire l'objet d'un exercice conjoint si les deux parents font la déclaration en ce sens devant le greffier en chef du tribunal de grande instance ou s'ils saisissent le juge aux affaires familiales d'une demande en ce sens.
Les parents peuvent toujours demander au juge une modification de l'attribution de l'autorité parentale en fonction d'éléments nouveaux.

› Quels sont les droits et obligations des parents ?

• L'éducation consiste dans la possibilité, pour les parents, d'accomplir un ensemble d'actes par lesquels ils exercent un contrôle suivi de leur enfant. Ils sont en effet res-

ponsables, sur le plan du quotidien, de sa formation intellectuelle et morale. Ils ont le choix du mode d'éducation : enseignement public ou privé, choix d'un établissement scolaire, d'une pratique politique, artistique ou sportive.
• La surveillance s'applique notamment dans le choix de la religion, les parents pouvant choisir la religion dans laquelle va être élevé l'enfant.
L'autorité parentale confère aussi, à ceux qui en sont investis, le droit de contrôler les relations de l'enfant avec les tiers. Ils sont également responsables de la santé de leur enfant. Une autre prérogative de l'autorité parentale (dérivée de l'obligation de surveillance) est de pouvoir exiger que l'enfant demeure au domicile de ses parents. Sans l'autorisation parentale, il ne peut pas quitter la maison familiale. L'enfant doit pouvoir suivre sa scolarité jusqu'à 16 ans et même au-delà s'il le désire, les parents ne pouvant s'y opposer (ils prennent, dans ce cas, le risque de voir prononcer une mesure d'assistance éducative).
(Code civil, art. 371-3).
(Art. L. 122-2 du Code de l'éducation).
• L'entretien prévu par l'article 203 du Code civil prévoit que les époux contractent ensemble, par le seul fait du mariage, l'obligation de nourrir, entretenir et élever leurs enfants. En fait, malgré les termes de la loi, cette obligation résulte du seul lien de filiation. Elle n'est donc pas liée au fait que les parents soient mariés ou non mais au fait qu'ils soient bien les parents de l'enfant qui réclame une pension alimentaire. Quand cette obligation d'entretien n'est pas exécutée, il est possible de demander une pension alimentaire au parent défaillant soit dans le cadre d'une contribution aux charges du mariage, soit dans le cadre de l'instance en divorce, ou encore dans le cadre d'une action en paiement d'une pension alimentaire.
(Voir ① : *Pension alimentaire, enfant*).

› Les enfants sont-ils tenus légalement d'aider leurs parents dans le besoin ?

Effectivement, les parents peuvent, à défaut d'accord de leurs enfants, s'adresser en justice pour leur demander une pension alimentaire s'ils sont dans le besoin.
(Code civil, art. 205).
Sont tenus à cette obligation alimentaire les enfants et petits-enfants et également les gendres et belles-filles.
La demande en paiement est portée devant le juge aux affaires familiales.
Les services de l'aide sociale peuvent, en cas de carence du créancier d'aliments, agir en ses lieu et place et demander au juge aux affaires familiales de fixer une pension alimentaire.
(Art. L. 132-7 du Code de l'action sociale et des familles).
Les hôpitaux et hospices disposent d'une action directe contre les débiteurs d'aliments. L'action en paiement relève de la compétence du juge aux affaires familiales.
(Art. L. 6145-10 du Code de la santé publique).
À noter : les enfants peuvent être déchargés de ce devoir de secours s'il s'avère que les parents ont gravement manqué à leurs propres devoirs pendant la minorité de l'enfant. Sous réserve d'une décision contraire du juge aux affaires familiales, les enfants qui ont fait l'objet d'un retrait judiciaire de leur milieu familial durant une période de 36 mois cumulés au cours des 12 premières années de leur vie sont automatiquement dispensés de fournir cette aide. Cette dispense s'étend aux descendants.
(Code civil, art. 207).
(Art. L. 132-6 du Code de l'action sociale et des familles).

› Dans l'hypothèse où l'enfant a des biens, qui les administre ?

Si l'autorité parentale est exercée en commun par les deux parents, ceux-ci sont administrateurs légaux. Dans les autres cas, l'administration légale appartient à celui des parents qui exerce l'autorité parentale.

● L'administration légale pure et simple

C'est le cas lorsque les deux parents exercent en commun l'autorité parentale. Dans cette hypothèse, la loi différencie trois types d'actes.

Actes que chaque parent peut faire seul

Dans ce cas, l'accord de l'autre est présumé. Il s'agit des actes « pour lesquels un tuteur n'aurait besoin d'aucune autorisation », c'est-à-dire comme pour les majeurs protégés :
- des actes conservatoires établis en vue de conserver le patrimoine du mineur ;
- des actions en justice pour faire valoir ses droits patrimoniaux (relatifs à ses biens) ;
- des actes d'administration nécessaires à la gestion de son patrimoine définis par le décret n° 2008-1484 du 22 décembre 2008 (actes d'exploitation ou de mise en valeur du patrimoine de la personne protégée dénués de risque anormal).

Actes que les parents doivent faire ensemble

Ce sont les actes qu'un tuteur ne pourrait faire qu'avec l'autorisation du conseil de famille, à savoir les actes les plus dénommés actes de disposition. Ils sont définis par le décret n° 2008-1484 du 22 décembre 2008.
Ces actes engagent le patrimoine du mineur, pour le présent ou l'avenir, par une modification importante de son contenu, une dépréciation significative de sa valeur en capital ou une altération durable des prérogatives de son titulaire.

Actes nécessitant l'autorisation du juge aux affaires familiales

Il s'agit :
- d'une vente ;
- d'un apport en société d'un immeuble ou d'un fonds de commerce appartenant au mineur ;
- du fait de contracter un emprunt au nom de l'enfant ;
- de renoncer pour lui à un droit (renonciation à une succession, par exemple).

La même autorisation est requise pour le partage amiable, et l'état liquidatif doit être approuvé par le juge.
(Code civil, art. 389-4, 389-5).
(Voir Ⓘ : *Tutelle des majeurs*).

● L'administration sous contrôle judiciaire

L'administration des biens de l'enfant est placée sous le contrôle du juge lorsque l'un ou l'autre des deux parents est décédé ou se trouve privé de l'exercice de l'autorité parentale ; elle l'est, également, en cas d'exercice unilatéral de l'autorité parentale.
Le parent administrateur doit demander l'autorisation du juge pour les actes nécessitant l'autorisation du conseil de famille ou du juge. Il peut faire seul les autres actes.
À noter : un mineur peut être autorisé, par ses deux parents qui exercent en commun l'autorité parentale, à accomplir seul les actes d'administration nécessaires pour la création et la gestion d'une entreprise individuelle à responsabilité limitée

ou d'une société unipersonnelle. Les actes de disposition ne peuvent, en revanche, être effectués que par ses deux parents ou, à défaut, par son administrateur légal sous contrôle judiciaire avec l'autorisation du juge.

(Code civil, art. 389 et s. et 505).

› Les parents peuvent-ils percevoir les revenus des biens de l'enfant ?

Les titulaires de l'autorité parentale peuvent effectivement, dans le cadre de leur administration, percevoir les revenus des biens de l'enfant à l'exception des biens que l'enfant aura acquis par son travail ou ceux qui lui auront été donnés ou légués sous condition expresse que les parents n'en jouiront pas.

En tout état de cause, le droit cesse dès que l'enfant a 16 ans accomplis ou même plus tôt quand il se marie ou pour toute autre raison mettant fin à l'autorité parentale ou à l'administration légale.

(Code civil, art. 382 et s.).

› Que se passe-t-il en cas de décès d'un titulaire de l'autorité parentale ?

L'autorité parentale est, en principe, exercée par le parent survivant sous l'autorité du juge.

(Voir Ⓘ : *Tutelle des mineurs*).

L'autorité parentale en cas de séparation

› À qui est attribuée l'autorité parentale sur l'enfant ?

L'attribution de l'autorité parentale est guidée par l'intérêt de l'enfant, la prise en compte de ses besoins fondamentaux, physiques, intellectuels, sociaux et affectifs ainsi que le respect de ses droits. Ce sont les critères que doivent prendre en considération le juge quand il y a conflit entre les parents. Les textes privilégient les accords entre parents, que ce soit pour l'attribution de l'autorité parentale, la résidence des enfants, l'organisation du droit de visite, le montant de la pension alimentaire... L'idée de ce texte est que les droits de chacun seront mieux respectés si les parents les ont eux-mêmes organisés.

(Art. L. 112-4 du Code de l'action sociale et des familles).

Les parents peuvent d'ailleurs toujours demander au juge aux affaires familiales de faire homologuer cette convention par laquelle ils organisent les modalités d'exercice de l'autorité parentale. Le juge « homologue » la convention (c'est-à-dire qu'il lui donne la force d'un jugement), sauf s'il constate qu'elle ne préserve pas suffisamment l'intérêt de l'enfant ou que le consentement des parents n'a pas été donné librement (par exemple, pression d'un parent sur l'autre).

(Code civil, art. 373-2-7).

Lors d'un divorce, la loi prévoit que l'autorité parentale conjointe est la règle et que l'exercice par un seul des parents de l'autorité parentale est l'exception.

(Voir Ⓘ : *Autorité parentale, divorce*).

Pour les parents non mariés, c'est la loi qui prévoit si l'autorité parentale est conjointe ou non en fonction de la situation des parents.

(Voir Ⓘ : *Autorité parentale*).

Quelle que soit la décision, les règles concernant l'autorité parentale peuvent toujours être modifiées par le juge sur la justification d'un élément nouveau par les parents.

› Qu'est-ce que l'autorité parentale conjointe ?

L'autorité parentale conjointe implique que chacun des parents a le droit d'intervenir dans les décisions concernant les enfants et dans leurs relations avec les tiers (même si, en pratique, c'est le parent chez qui l'enfant réside qui décide des actes usuels le concernant).
De même, chacun doit contribuer à l'entretien de l'enfant. En pratique, une pension est versée au parent chez qui va vivre l'enfant.

› Quels sont les droits des parents ?

Que l'autorité parentale soit conjointe ou non, les parents séparés bénéficient d'un certain nombre de droits.
• Les parents doivent pouvoir maintenir des relations personnelles avec leur enfant, malgré une séparation.
Le juge peut ainsi prendre des mesures permettant de garantir la continuité et l'effectivité du maintien des liens de l'enfant avec chacun de ses parents. Il peut notamment ordonner l'interdiction de sortie de l'enfant du territoire français sans l'autorisation des deux parents. Cette interdiction est inscrite au Fichier des personnes recherchées par le procureur de la République.
Le parent qui n'arriverait pas, par exemple, à avoir accès aux informations concernant son enfant, pourrait, le cas échéant, demander en référé (procédure d'urgence) à ce que l'autre parent lui communique certaines informations essentielles pour l'enfant (relatives, par exemple, à sa scolarité ou à sa santé).
(Code civil, art. 373-2-6, 373-2).
• Celui qui n'a pas l'exercice de l'autorité parentale peut (et il s'agit d'un droit mais aussi d'un devoir) surveiller l'entretien et l'éducation de l'enfant. Il doit également être informé des « choix importants » relatifs à la vie de l'enfant.
(Code civil, art. 393-2-1 et s.).
Par exemple, les parents séparés, même ceux qui n'ont pas l'autorité parentale, ont le droit de connaître les résultats scolaires de leurs enfants et de surveiller leur éducation (comme ils ont le droit d'avoir accès au dossier médical de leur enfant).
(Voir ① : *Dossier médical*).
Si le parent qui n'exerce pas l'autorité parentale conteste une décision prise par l'autre parent (ou son absence de décision), il peut saisir le juge en apportant la preuve que ces agissements sont contraires à l'intérêt de l'enfant. Le juge peut interdire la décision et imposer le choix du parent bénéficiaire du droit de surveillance.
Le parent peut également, le cas échéant, demander un transfert à son bénéfice de l'autorité parentale, s'il prouve les carences de l'autre parent.
• Le parent participe à l'entretien et à l'éducation de son enfant par le versement d'une pension alimentaire.
• Il bénéficie également d'un droit de visite et d'hébergement (voir ci-après).

› Quelle est la résidence de l'enfant ?

● La fixation de la résidence

La notion d'intérêt de l'enfant doit, comme en matière d'attribution de l'autorité parentale, et suivant les mêmes modalités, guider le juge dans son choix.
La résidence de l'enfant peut être fixée en alternance au domicile de chacun des parents ou au domicile de l'un d'eux.
(Code civil, art. 373-2-9).

À noter : à titre exceptionnel et si l'intérêt de l'enfant l'exige – notamment quand un des parents est privé de l'autorité parentale –, le juge peut décider de confier l'enfant à un tiers, choisi de préférence dans sa parenté.
(Code civil, art. 373-3).
(Voir Ⓘ : *Grands-parents*).

● La résidence alternée

La résidence alternée peut faire l'objet :
– d'un accord entre les parents, homologué par le juge ;
– ou être ordonnée par le juge (sauf si l'intérêt de l'enfant s'y oppose) à titre provisoire à la demande de l'un des parents ou en cas de désaccord entre eux sur le mode de résidence de l'enfant.
(Code civil, art. 373-2-9).
L'enfant peut être amené ainsi à résider une semaine chez l'un des parents, puis une semaine chez l'autre (ou encore le début de la semaine chez l'un, la fin chez l'autre, 15 jours chez l'un, 15 jours chez l'autre…), avec partage des vacances scolaires, au gré d'un calendrier prévu à l'avance. L'alternance peut, en pratique, prendre différentes formes, de la parité la plus stricte à des formules plus souples, privilégiant davantage l'un des parents.
Le problème le plus important soulevé par la résidence alternée est celui de sa compatibilité avec le versement d'une pension alimentaire.
Dans l'absolu, rien n'empêche le versement d'une pension d'un parent au profit de l'autre si l'écart entre leurs revenus justifie cette aide pour l'enfant.

● Les règles à respecter en cas de déménagement

Les parents doivent s'informer mutuellement et en temps utile d'un changement de résidence, avant le déménagement, dès lors que ce déménagement modifie les conditions d'exercice de l'autorité parentale. En cas de désaccord des parents, le parent le plus diligent saisit le juge qui statue selon ce qu'exige l'intérêt de l'enfant.
(Code civil, art. 373-2).
Sur un plan pénal, le fait, pour le parent qui a l'autorité parentale sur les enfants, de déménager sans notifier à l'autre parent son changement de domicile dans le délai d'1 mois à compter de ce changement, est un délit pouvant être puni de 6 mois de prison et d'une amende.
(Code pénal, art. 227-5).

› Comment le juge se décide-t-il en cas de conflit sur l'autorité parentale ?

• Quand le juge doit trancher entre deux demandes de parents en conflit, il peut tenir compte, pour prendre sa décision :
– de la pratique que les parents avaient précédemment suivie ou les accords qu'ils avaient pu antérieurement conclure ;
– des sentiments exprimés par l'enfant ;
– de l'aptitude de chacun des parents à assumer ses devoirs et respecter les droits de l'autre ;
– du résultat des expertises éventuellement effectuées, tenant compte notamment de l'âge de l'enfant ;
– des renseignements qui ont été recueillis dans l'enquête et la contre-enquête sociale ;
– les pressions ou violences, à caractère physique ou psychologique, exercées par l'un des parents sur la personne de l'autre.
(Code civil, art. 373-2-11).

• C'est souvent une enquête sociale qui est ordonnée par le juge. Elle a pour but de recueillir des renseignements sur la situation de la famille et sur les conditions dans lesquelles vivent et sont élevés les enfants. Le rapport de cette enquête peut être contesté par l'un des parents (ou les deux). Il est possible de demander une contre-enquête.

À noter : les éléments et conclusions de l'enquête sociale ne peuvent pas être utilisés à l'occasion de la procédure de divorce.

• De même, une autre façon pour le juge d'avoir un éclairage intéressant lui permettant de prendre sa décision est d'entendre l'enfant concerné, dans la mesure où il en est capable, selon son âge et son degré de maturité. L'audition est obligatoire quand l'enfant la demande. Le refus d'audition par le juge ne peut être fondé que sur son absence de discernement. Il ne s'agit, en revanche, que d'un avis que l'enfant exprime et qui ne lie pas le juge.

• Autre outil permettant une bonne prise de décision : la médiation familiale. La loi prévoit que le juge, dans le but de concilier les parents en désaccord, peut leur proposer une mesure de médiation et, après avoir recueilli leur accord, désigner un médiateur familial pour y procéder.

Le juge peut en outre enjoindre aux parents de rencontrer un médiateur qui les informera sur l'objet et le déroulement de cette mesure. La vocation de la médiation familiale est en effet de faciliter la résolution des conflits familiaux et, notamment, d'aider les parents qui se séparent (notamment dans le cadre des divorces) à négocier les modalités de leur séparation, à organiser leur nouvelle vie et celle de leurs enfants.

(Code civil, art. 373-2-10, 388-1).

Le droit de visite et d'hébergement

› Comment est organisé le droit de visite et d'hébergement ?

Lorsque la résidence de l'enfant est fixée au domicile de l'un des parents, le juge aux affaires familiales statue sur les modalités du droit de visite de l'autre parent.

Quand l'autorité parentale est unilatérale, le parent qui n'a pas l'autorité parentale bénéficie de ce droit qui ne peut lui être retiré que pour motif grave.

(Code civil, art. 373-2-1 et 373-2-9).

La meilleure formule, pour l'organisation du droit de visite et d'hébergement, est un accord amiable entre les parents qui tient compte de l'intérêt de l'enfant et des impératifs professionnels et autres qui peuvent s'imposer aux parents. Cet accord peut être soumis au juge pour qu'il l'homologue. Si les parents ne parviennent pas à s'entendre, c'est le juge qui organise les droits de chacun.

• La réglementation usuelle

L'usage est un droit de visite un jour par semaine et un droit d'hébergement un week-end sur deux et durant la moitié des grandes et petites vacances scolaires. Les horaires sont fixés en tenant compte des observations des parties et des circonstances de fait en alternant selon les années paires et impaires.

Même en cas d'accord amiable des parents sur l'organisation du droit de visite, pour éviter toute complication ultérieure, le juge du divorce ou le juge saisi en cas de litige précise généralement qu'à défaut du maintien de l'accord amiable entre les parties, le droit de visite et d'hébergement sera organisé dans les conditions ci-dessus indiquées.

Le libre droit de visite

La formule la plus appropriée aux intérêts de l'enfant est le libre droit de visite sous réserve qu'il soit appliqué intelligemment par les deux parties et que le bénéficiaire n'en abuse pas pour perturber l'enfant et l'autre parent. Une variante du libre droit de visite et d'hébergement consiste à imposer à celui qui bénéficie de ce droit de prévenir l'autre parent de l'exercice de son droit de visite avec un préavis de 24 heures pour éviter les visites inopinées qui peuvent entraîner des conflits. Le juge du divorce ou le juge saisi en cas de litige n'accorde de libre droit de visite qu'avec l'accord des deux parents.

Les cas particuliers

Dans un certain nombre de circonstances atypiques (parent ne connaissant pas son enfant, parent sans domicile ou parent violent par exemple), et lorsque l'intérêt de l'enfant le commande, le juge aux affaires familiales peut proposer au parent bénéficiaire du droit de visite de voir son enfant dans un espace de rencontre qu'il désigne ou avec l'assistance d'un tiers de confiance ou encore du représentant d'une personne morale qualifiée.
(Code civil, art. 373-2-1, 373-2-9).

› En quoi consiste le droit de correspondance ?

Le droit de correspondre avec son parent (par lettre, téléphone, messagerie électronique…) n'est pas prévu par les textes. Mais les tribunaux estiment, quand les parents sont en désaccord sur ces questions, qu'un droit de correspondance peut être mis en place judiciairement. Il arrive qu'effectivement un parent ne puisse avoir aussi souvent qu'il le souhaiterait son enfant au téléphone, l'autre parent se plaignant d'une ingérence ou atteinte à sa vie privée. Ces questions peuvent être soumises au juge pour que soient fixées les modalités pratiques des échanges.

› Un parent peut-il se voir refuser le droit de visite ou d'hébergement ?

Seul un motif grave permet de refuser ou de limiter un droit de visite et d'hébergement.
(Code civil, art. 373-2-1).
Le motif grave peut être tiré des mœurs ou du comportement du parent à qui va être confié l'enfant (violence, alcoolisme…). Il est systématiquement établi en cas d'attouchements sexuels ou de sévices – avérés – sur l'enfant. Le motif grave peut être tiré du désintérêt, de l'absence de relation avec l'enfant, du risque d'enlèvement encouru par l'enfant… Il est apprécié au cas par cas par le juge.
Attention : le non-paiement de la pension alimentaire ou l'irrégularité des versements n'entraîne pas la suppression automatique du droit de visite et d'hébergement. Le parent créancier d'une pension alimentaire impayée peut, en revanche, demander judiciairement la condamnation du débiteur pour abandon de famille.
(Voir Ⓘ : *Abandon, famille*).

› Comment se répartissent les frais occasionnés par le droit de visite et d'hébergement ?

Frais de voyage

Selon l'usage, c'est au parent qui exerce son droit de visite et d'hébergement de prendre en charge les frais de déplacement. Mais lorsque l'exercice du droit de visite entraîne des déplacements importants en raison de l'éloignement des résiden-

ces des parents, l'usage est que chaque époux assure tour à tour le déplacement de l'enfant ou que les frais de voyage soient partagés par moitié. En cas de désaccord entre les parents sur les frais de déplacement d'un domicile à l'autre, ils peuvent saisir le juge aux affaires familiales. Ce dernier répartit les frais de déplacement et peut ajuster en conséquence le montant de la pension alimentaire versée pour l'enfant.
(Code civil, art. 373-2).

● Paiement de la pension alimentaire

À moins qu'il en soit décidé autrement par le juge du divorce ou le juge saisi en cas de litige, la pension alimentaire reste due pendant l'exercice, même prolongé, du droit d'hébergement, par exemple durant les vacances scolaires.

› Qu'est-ce que la non-représentation d'enfant ?

C'est le fait d'empêcher volontairement une personne d'exercer ses droits de parents. Ces faits sont sanctionnés quand :
– le parent qui a l'autorité parentale ne permet pas l'exercice du droit de visite et d'hébergement de l'autre parent ;
– inversement, le parent qui n'a pas l'autorité parentale ne remet pas l'enfant à l'autre parent, par exemple à l'issue des périodes d'hébergement.
Ces règles sont valables également quand il y a autorité parentale conjointe (l'autorité est partagée mais l'enfant a sa résidence chez l'un des parents et l'autre exerce en fait un droit de visite et d'hébergement).
La loi punit le fait de refuser indûment de représenter un enfant mineur à la personne qui a le droit de le réclamer (par décision de justice) d'une peine d'1 an de prison et de 15 000 € d'amende. La sanction est plus sévère quand l'enfant est retenu plus de 5 jours en laissant l'autre parent dans l'ignorance de l'endroit où il se trouve ou s'il est retenu hors de France (cas de l'enlèvement international d'enfant).
(Code pénal, art. 227-5 et 227-9).
La loi réprime en outre la « soustraction d'enfant » : c'est le fait pour un ascendant de soustraire un enfant mineur des mains de ceux qui exercent l'autorité parentale ou auxquels il a été confié ou chez qui il réside. Ce délit est puni des mêmes peines que la non-représentation d'enfant.
(Code pénal, art. 227-7).

La pension alimentaire pour les enfants

› Le principe d'un versement

Chacun des parents contribue à l'entretien et à l'éducation des enfants à proportion de ses ressources, de celles de l'autre parent, ainsi que des besoins de l'enfant.
(Code civil, art. 371-2).
Cette obligation existe que les parents soient mariés, divorcés ou non mariés. Cependant, quand les parents ne sont pas mariés, une pension ne peut être demandée que lorsque le lien de filiation avec l'enfant est établi. À défaut, seule, le cas échéant, une action à fins de subsides peut être engagée.
(Voir ① : *Subsides*).
Ce sont les parents qui proposent ou qui demandent un certain montant pour la pension alimentaire en fonction des besoins des enfants, de leurs possibilités financières et de ce qu'ils connaissent de la situation de l'autre.
À défaut d'accord entre eux, c'est le juge qui détermine le montant de la contribution due en fonction des éléments qui lui sont apportés.

Une grille de référence indicative permettant de calculer sa pension alimentaire est accessible sur le site Internet : www.justice.gouv.fr

› La forme de la pension alimentaire

La pension alimentaire prend, dans la très grande majorité des cas, la forme d'une somme d'argent (rente) versée tous les mois au parent chez qui l'enfant habite, à son domicile ou à sa résidence, suivant les modalités convenues entre les parents ou prévues par jugement.

• La pension alimentaire peut également prendre, en tout ou partie, la forme d'une prise en charge directe des frais exposés pour l'enfant. Concrètement, un père peut, par exemple, proposer de prendre en charge les frais d'internat de son fils à la place du versement d'une pension ou verser une pension réduite du fait de ce paiement. (Code civil, art. 373-2-2).

• De même, elle peut être réalisée sous la forme d'un abandon d'un bien en usufruit ou à titre de simple usage et de jouissance (par exemple, abandon du domicile conjugal en usufruit).

• Quand la consistance des biens du débiteur s'y prête, la pension peut être versée sous la forme d'une somme d'argent entre les mains d'un organisme accrédité chargé d'accorder en contrepartie à l'enfant une rente indexée (par exemple, versement d'un capital, à une compagnie d'assurances, destiné à produire une rente mensuelle pour l'enfant).

• Enfin, elle peut prendre la forme de l'affectation de biens productifs de revenus. C'est ce que l'on appelle la constitution d'une « maintenance » au profit des enfants (par exemple, sous la forme d'un portefeuille de valeurs mobilières dont les revenus sont directement versés par la banque, l'agent de change ou un notaire au créancier).

(Code civil, art. 373-2-3).

› La révision de la pension alimentaire

La pension alimentaire est automatiquement indexée sur un indice représentatif de l'évolution du coût de la vie et est au surplus susceptible d'être révisée à l'amiable entre les parties en fonction de l'évolution des besoins de l'enfant et des possibilités des parents, notamment lorsque l'enfant prend de l'âge.

Si les parents ne parviennent pas à se mettre d'accord sur cette révision, la question est tranchée par le juge des affaires matrimoniales qui peut être saisi, par requête, par celle des parties qui souhaite voir modifier le montant de la pension alimentaire. (Art. 1084 du Code de procédure civile).

› À qui payer la pension alimentaire ?

La pension alimentaire doit être versée au parent chez lequel l'enfant réside ou au parent qui a l'exercice de l'autorité parentale ou éventuellement à la personne à qui l'enfant a été confié.

Lorsque l'enfant est majeur et que la pension alimentaire continue à être versée, cette pension doit être versée entre les mains de l'enfant majeur ou entre les mains de la personne qui en assure la charge à titre principal.

› Un enfant majeur peut-il demander une pension alimentaire ?

La loi précise que l'obligation parentale d'entretien ne cesse pas « de plein droit lorsque l'enfant est majeur ».

(Code civil, art. 371-2).

C'est pourquoi, quand une pension est prévue dans un jugement – notamment lors d'un divorce –, elle se poursuit de plein droit après la majorité de l'enfant, sauf au parent débiteur à apporter la preuve que cette pension n'est plus due.
Selon les tribunaux, l'obligation d'entretien des enfants mineurs doit être prolongée après la majorité, principalement en cas de poursuite d'études et jusqu'à ce que l'enfant ait trouvé un emploi rémunéré non occasionnel.
(Cour de cassation, 2e chambre civile, 5 novembre 1986).
À côté de cette obligation, la loi prévoit :
– une obligation entre parents quand l'un des deux assume à titre principal la charge du jeune majeur qui ne peut subvenir à ses besoins.
Le parent « en charge » peut demander à l'autre de lui verser une contribution à l'entretien et à l'éducation du jeune. Le juge peut décider, ou les parents convenir, que cette contribution sera versée en tout ou partie entre les mains de l'enfant.
(Code civil, art. 373-2-5) ;
– une obligation alimentaire réciproque entre ascendants et descendants (et donc entre père et mère et enfants majeurs) fondée sur la notion de besoin.
En effet, un enfant considéré comme étant dans le besoin (cas du jeune chômeur par exemple) pourrait demander à ses parents une pension alimentaire (de la même façon qu'un parent dans le besoin peut demander une pension à ses enfants).
(Code civil, art. 205).

Les subsides

› Qu'est-ce que l'action à fin de subsides ?

L'action à fins de subsides est ouverte aux enfants dont la filiation n'a pu être établie mais qui est possible.
(Code civil, art. 342 et s.).
Peuvent être tenus de fournir des subsides (pension alimentaire), celui ou ceux qui, au moment de la conception, ont eu des relations intimes avec la mère de l'enfant (« risque de paternité »).
La preuve de ces relations peut se faire par tous moyens : écrits, témoins, etc.
Cette action est exclusivement réservée à l'enfant ou à sa mère. Elle est recevable pendant la minorité de l'enfant et pendant les 10 ans qui suivent la majorité. L'homme poursuivi peut écarter la demande de subsides en prouvant qu'il ne peut pas être le père de l'enfant. Tous les moyens de preuve sont admis (absence ou éloignement au moment de la conception, impossibilité biologique, etc.).
Si l'action est reçue par le tribunal, le défendeur (celui dont la paternité est possible) est condamné au versement de subsides (pension alimentaire) pour l'entretien de l'enfant pendant sa minorité et même sa majorité s'il est encore dans le besoin.
À noter : les conflits de filiation sont de la compétence du tribunal de grande instance.

Les recours en cas de non-paiement

Les recours contre celui qui ne paie pas une pension alimentaire sont à la fois nombreux, variés et efficaces. Mais ces procédures auront d'autant plus de chance d'aboutir qu'elles seront mises en œuvre rapidement, dès les premiers incidents de paiement.
Il est par ailleurs nécessaire que le créancier soit en possession d'un titre exécutoire (jugement de divorce, ordonnance de non-conciliation, décision du juge augmentant la pension...). Un simple accord entre les intéressés ne peut donner lieu à une procédure de recouvrement forcé.

› Le paiement direct

La procédure de paiement direct des pensions alimentaires est une procédure qui permet rapidement et sans frais, de contraindre le débiteur d'une pension alimentaire à régler celle-ci grâce à l'intervention d'un huissier.
Cette procédure de recouvrement direct est possible dès qu'une échéance n'a pas été payée.
Elle ne concerne, en revanche, que le recouvrement des termes de pension à échoir ou non payés pendant les 6 derniers mois.
Elle permet à tout créancier d'une pension alimentaire de se faire payer directement le montant de cette pension par les tiers débiteurs de sommes liquides et exigibles envers le débiteur de la pension qu'il s'agisse de salaire ou de toute autre créance. À titre d'exemple, le parent créancier d'une pension alimentaire peut se faire payer directement par l'employeur de son conjoint.
Dans cette hypothèse, le paiement direct de la pension alimentaire peut être poursuivi sur l'intégralité de la rémunération. Une somme égale au montant forfaitaire du revenu de solidarité active (RSA) doit cependant être laissé à la disposition du débiteur.
(Voir Ⓘ : *Saisies*).
Pour bénéficier de cette procédure, il suffit donc de disposer d'un jugement fixant le montant de la pension alimentaire et de s'adresser à un huissier de justice du lieu de sa résidence afin qu'il notifie au tiers saisi la demande de paiement direct. Aucune avance ne peut être demandée par l'huissier au créancier. Si le paiement direct ne peut pas être obtenu, les frais de procédure sont réglés par le Trésor public. Il faut toutefois observer que le créancier qui fait de mauvaise foi usage de cette procédure de paiement direct risque une amende civile.
(Loi n° 73-5 du 2 janvier 1973 et Décret n° 73-216 du 1er mars 1973).

› Les saisies

Le créancier peut poursuivre son débiteur comme n'importe quel autre débiteur (notamment en cas d'arriéré de plus de 6 mois ne permettant pas l'utilisation de la procédure de paiement direct) en utilisant les différentes procédures de saisies à sa disposition (saisie-attribution, saisie des rémunérations, saisie immobilière).
(Voir Ⓘ : *Saisies*).

› Le recouvrement par le Trésor public

Cette procédure est destinée à pallier les insuffisances éventuelles des procédures de saisies ou de paiement direct. En effet, ce n'est que lorsque la saisie ou le paiement direct n'ont pas abouti que le créancier d'aliments peut recourir à la procédure de recouvrement public. L'avantage de cette procédure est que le recouvrement des pensions est effectué par les comptables du Trésor selon les mêmes procédures applicables en matière d'impôts.
Le Trésor a la possibilité de réclamer tous les renseignements nécessaires à l'exercice de sa mission auprès des organismes de sécurité sociale ou de toutes administrations. Pour engager cette procédure, il suffit d'écrire au procureur de la République du tribunal de grande instance du domicile du créancier de la pension et de justifier que les poursuites par voie de saisies ou de paiement direct n'ont pas abouti.
Cette procédure est applicable pour tous les termes à venir et également pour les 6 derniers termes dus.

› L'aide des organismes d'allocations familiales

● L'allocation de soutien familial (ASF)

L'allocation familiale est versée au parent ayant la charge effective et permanente d'un enfant quand l'autre parent :
– est hors d'état de faire face à ses obligations d'entretien ou au versement de la pension alimentaire depuis au moins 2 mois (chômage, incarcération) ;
– se soustrait à ses obligations de paiement depuis au moins 2 mois. L'allocation est versée pendant 4 mois et les mensualités suivantes ne sont versées qu'en cas d'engagement d'une procédure de recouvrement.
Par ailleurs, en cas de condamnation judiciaire, quand le parent condamné se soustrait au versement de la pension fixée par le jugement depuis plus de 2 mois, la Caisse d'allocations familiales (CAF) peut être chargée par le bénéficiaire de recouvrer la pension alimentaire et, parallèlement, peut lui verser une avance sur pension. En pratique, la plupart des caisses exigent le dépôt d'une plainte en abandon de famille.
Le parent concerné doit s'adresser à la Caisse d'allocations familiales dont il dépend. Cette allocation n'est plus due quand le parent se remarie, signe un PACS ou vit maritalement.
Si le parent ne remplit pas les conditions pour bénéficier de l'ASF, il peut bénéficier de l'aide de sa CAF pour recouvrer les termes échus, dans la limite de 2 ans, et des termes à échoir si une voie d'exécution engagée par ses soins n'a pas abouti.
(Voir ① : *Abandon, famille*).
(Art. L. 523-1 et suivants, L. 581-1, L. 581-6, et R. 523-3 du Code de la Sécurité sociale).

› L'abandon de famille

Il y a abandon de famille en cas de non-paiement en totalité d'une pension alimentaire, d'une contribution, de subsides ou d'une prestation compensatoire en faveur d'un enfant ou d'un conjoint lorsqu'un jugement ou une convention homologuée a imposé au débiteur ce paiement.
Le délit est constitué quand le débiteur s'abstient de verser ces sommes pendant plus de 2 mois.
L'abandon de famille est un délit puni des peines prévues à l'article 227-17 du Code pénal.
À noter : il y a également abandon de famille en cas de non-paiement d'une pension en faveur d'un ascendant.
(Code pénal, art. 227-3 et 227-4).
Est assimilé, par ailleurs, à un abandon de famille le fait pour un père ou une mère de se soustraire à ses obligations légales au point de compromettre la santé ou l'avenir de son enfant. C'est ce que l'on appelle le délit de mise en péril des mineurs.
(Code pénal, art. 227-17).
Le délinquant encourt des peines d'amende et de prison qui ne sont généralement prononcées qu'en cas de non- paiement volontaire et répété.
Le fait de ne pas payer à temps n'entraîne cependant pas automatiquement de condamnation pénale (par exemple, si le prévenu apporte la preuve qu'il est dans l'impossibilité de payer).
Le coupable peut, en outre, se voir appliquer des peines complémentaires pour une durée de 5 ans :
– l'interdiction des droits civiques, civils et de famille,

– la suspension ou l'annulation du permis de conduire,
– l'interdiction de quitter la France.
(Code pénal, art. 227-29).
Celui qui aura organisé son insolvabilité, en vue de se soustraire à son obligation de paiement de pension alimentaire, encourt des peines encore plus graves.
C'est le cas par exemple du débiteur d'une pension alimentaire qui quitte volontairement son emploi pour devenir insolvable.
(Code pénal, art. 314-7 à 314-9).

Modifications de l'autorité parentale

La loi prévoit un certain nombre de mesures visant à protéger l'enfant quand ses parents ne peuvent ou ne veulent pas assumer les droits et obligations dont ils sont investis à son égard.

› L'enfant peut-il être confié à un tiers ?

Le juge aux affaires familiales peut, à titre exceptionnel, et si l'intérêt de l'enfant l'exige, notamment quand un des parents est privé de l'autorité parentale ou est décédé, décider de confier l'enfant à un tiers, choisi de préférence dans sa parenté.
(Code civil, art. 373-3).
(Voir Ⓘ : *Grands-parents*).

› La délégation de l'autorité parentale

La délégation d'autorité parentale permet aux proches de la famille (beaux-parents, grands-parents) d'effectuer plus facilement les actes quotidiens.
(Voir Ⓘ : *Grands-parents*).

› L'assistance éducative

Si la santé, la sécurité ou la moralité d'un mineur non émancipé sont en danger ou si les conditions de son éducation ou de son développement physique, affectif, intellectuel et social sont gravement compromises, des mesures d'assistance éducative peuvent être ordonnées par le juge des enfants, à la requête des parents ou de l'un d'entre eux, de la personne ou du service à qui l'enfant a été confié, du tuteur, du mineur lui-même ou du ministère public.
Dans les cas où le ministère public a été avisé par le président du conseil général, il vérifie la situation dans laquelle se trouve l'enfant (existence d'un danger...). Le juge des enfants peut également se saisir d'office, à titre exceptionnel.
Il peut désigner, en maintenant l'enfant dans sa famille, une personne qualifiée (éducateur, service d'observation...) en lui donnant mission d'apporter des conseils à la famille afin de surmonter les difficultés matérielles ou morales qu'elle rencontre.
Le juge peut également autoriser ce service, s'il y est habilité, à assurer un hébergement exceptionnel ou périodique de l'enfant, par exemple, pendant une crise familiale sans pour autant placer l'enfant en dehors de sa famille. La personne (ou le service) doit faire un rapport au magistrat régulièrement mais elle peut aussi subordonner le maintien de l'enfant dans son milieu à des obligations particulières (fréquenter régulièrement l'école, le cas échéant sous le régime de l'internat, un hôpital ou exercer une activité professionnelle...).
Le juge des enfants peut également décider de confier l'enfant, dans le but de le protéger, à l'autre parent, à un autre membre de la famille ou à un tiers digne de confiance, à un service départemental de l'Aide sociale à l'enfance, à un service ou

établissement habilité pour l'accueil des enfants à la journée ou suivant toute autre modalité de prise en charge (accueil de jour) ou encore à un service ou établissement sanitaire ou d'éducation, ordinaire ou spécialisé (par exemple, si l'enfant présente un handicap).
Il peut charger également une personne qualifiée ou un service spécialisé d'apporter des conseils à la famille ou au service à qui l'enfant a été confié (sauf hypothèse où l'enfant est pris en charge par l'Aide sociale à l'enfance).
Un accueil provisoire effectué en urgence (par exemple lors d'une fugue de l'enfant le mettant en danger) peut être autorisé par le juge des enfants ou le ministère public.
Toutes les décisions prises en matière d'assistance éducative peuvent être modifiées par le juge qui les a rendues soit d'office, soit à la demande des parents ou de l'un d'eux ou des autres intéressés.
(Code civil, art. 375 à 375-9).

La durée de la mesure éducative

Le juge fixe la durée de la mesure sans qu'elle puisse excéder 2 ans, lorsqu'il s'agit d'une mesure éducative exercée par un service ou une institution. Il peut la renouveler par décision motivée.
Ce délai peut être dépassé si les parents présentent des difficultés relationnelles et éducatives graves, sévères et chroniques affectant durablement leurs compétences dans l'exercice de leur responsabilité parentale. Dans cette hypothèse, une mesure d'accueil exercée par un service ou une institution peut être ordonnée pour une durée supérieure afin de permettre à l'enfant de bénéficier d'une continuité relationnelle, affective et géographique dans son lieu de vie si celui-ci est adapté à ses besoins immédiats et à venir.
(Art. 1199-1, 1200-1 du Code de procédure civile).

Les droits conservés par les parents

Les parents conservent sur l'enfant leur autorité parentale dans la mesure où l'exercice de cette autorité parentale n'est pas inconciliable avec l'application de la mesure d'assistance éducative. Le juge des enfants peut cependant autoriser l'établissement à qui est confié l'enfant à accomplir un acte non usuel de l'autorité parentale (par exemple, intervention chirurgicale sur l'enfant) en cas de refus abusif ou injustifié des parents ou encore de négligences le mettant en danger. L'intérêt de l'enfant seul doit justifier cet acte et la preuve de son caractère nécessaire doit être apportée.
Quand l'enfant est confié à un tiers, les parents conservent un droit de correspondance et un droit de visite et d'hébergement fixé par le juge des enfants en fonction du dossier. Le lieu d'accueil de l'enfant est déterminé dans l'intérêt de celui-ci mais aussi afin de faciliter l'exercice du droit de visite et d'hébergement par ses parents et le maintien de ses liens avec ses frères et sœurs. En présence de situations particulières, le juge peut encadrer ces droits, décider que le droit de visite sera exercé en présence d'un tiers désigné par l'établissement ou le service à qui l'enfant est confié. En revanche, en cas de danger pour l'enfant (parent violent...), le juge peut décider de l'anonymat du lieu d'accueil. Le juge peut également, sous certaines conditions, ordonner l'interdiction de sortie du territoire de l'enfant pour une durée maximale de 2 ans. Cette interdiction est inscrite au fichier des personnes recherchées par le procureur de la République.
Les parents ne peuvent émanciper l'enfant sans autorisation du juge des enfants.

Enfin, les frais d'entretien et d'éducation de l'enfant qui fait l'objet d'une mesure d'assistance éducative continuent d'incomber aux parents sauf décharge du juge des enfants.
Les parents et les enfants peuvent accéder au dossier d'assistance éducative au greffe du tribunal, dès l'avis d'ouverture de la procédure.
D'autres dispositions sont prévues visant à renforcer l'information des parents et des mineurs et concernant notamment leurs droits à être assistés d'un avocat.
(Art. 1187 du Code de procédure civile).

› Le retrait partiel ou total de l'autorité parentale

Peuvent se voir retirer totalement l'autorité parentale, les parents condamnés soit comme auteurs, coauteurs ou complices d'un crime ou délit commis sur leur enfant, soit comme coauteurs ou complices d'un crime ou délit commis par leur enfant soit comme auteurs, coauteurs ou complices d'un crime sur la personne de l'autre parent, dans la mesure où une disposition expresse du jugement pénal statue en ce sens.
Autre cas de retrait : lorsque l'un des parents d'un enfant commet un viol ou une agression sexuelle contre lui, la juridiction de jugement doit se prononcer sur le retrait total ou partiel de cette autorité en ce qui concerne l'enfant victime ainsi que ses frères et sœurs.
Des textes particuliers peuvent par ailleurs prévoir le retrait d'autorité parentale comme peine complémentaire. Tel est le cas, par exemple, de l'article L. 3353-4 du Code de la santé publique qui sanctionne le fait de pousser un mineur à l'ivresse.
De même, en dehors de toute condamnation pénale, les parents peuvent se voir retirer totalement l'autorité parentale quand ils mettent manifestement en danger la santé, la sécurité ou la moralité de l'enfant par :
- soit des mauvais traitements,
- soit une consommation habituelle et excessive de boissons alcooliques ou un usage de stupéfiants,
- ou une inconduite notoire ou des comportements délictueux,
- ou encore par un défaut de soins ou un manque de direction.

Il en est de même des parents qui se sont volontairement abstenus de s'occuper de leur enfant faisant l'objet d'une mesure d'assistance éducative.
Le retrait résulte toujours d'un jugement (jugement pénal ou civil).
Ce retrait est également applicable aux ascendants de l'enfant autres que les parents.
(Code civil, art. 378 et 378-1, Code pénal, art. 222-31-1).

• Conséquences

Le ou les parents condamnés perdent leurs droits sur l'enfant. De même, l'enfant est dispensé de son obligation alimentaire vis-à-vis de ses parents.
Cela dit, le jugement, au lieu du retrait total, peut se borner à prononcer un retrait partiel de droits limité aux attributs qu'il spécifie (retrait du droit de garde, mais droit de visite conservé…). En principe, en cas de retrait total, c'est l'autre parent qui est investi de l'entière autorité parentale.
Si cet autre parent est décédé ou s'il a lui-même perdu l'autorité parentale, le tribunal devra désigner un tiers auquel l'enfant sera provisoirement confié, à charge pour ce tiers de requérir l'organisation de la tutelle (voir plus loin) ou encore confier l'enfant au service départemental de l'Aide sociale à l'enfance.
Ces mêmes mesures pourront d'ailleurs être également prises quand c'est l'autre parent qui est investi de l'autorité parentale. Le retrait total de l'autorité parentale

s'applique, à défaut de précision contraire dans le jugement, vis-à-vis de tous les enfants mineurs déjà nés au moment du jugement.

Annulation du retrait de l'autorité parentale

Les parents peuvent, sur requête, demander au tribunal, en justifiant de circonstances nouvelles, que leur soient restitués, en tout ou partie, les droits dont ils ont été privés. Mais cette demande ne peut être formée qu'1 an après que le jugement, prononçant le retrait, soit devenu irrévocable.

En cas de rejet, elle ne pourra être renouvelée qu'après une nouvelle période d'1 an.

Enfin, aucune demande n'est recevable lorsqu'avant le dépôt de la requête, l'enfant a été placé en vue de l'adoption.

En cas de restitution de l'autorité parentale, le juge peut prescrire des mesures d'assistance éducative.

(Code civil, art. 381).

› La perte de l'autorité parentale

Perd l'exercice de l'autorité parentale ou en est provisoirement privé, celui des père et mère qui se trouve hors d'état de manifester sa volonté, en raison de son incapacité, de son absence, ou de toute autre cause.

(Code civil, art. 373).

La tutelle

› Qu'est-ce que la tutelle ?

Considérée comme un « devoir des familles et de la collectivité publique », la tutelle des mineurs est une mesure de protection de l'enfant intervenant quand les parents ne sont plus en mesure d'assurer la protection de ses intérêts. Cette protection concerne tant la personne de l'enfant que ses biens.

Les règles concernant la tutelle, qu'il s'agisse des mineurs ou des majeurs, ont fait l'objet d'une réforme qui concerne surtout les modalités de fonctionnement et d'organisation de la tutelle.

(Code civil, art. 390 et s.).

› Quand y a-t-il lieu à l'ouverture de la tutelle ?

La tutelle s'ouvre quand les parents sont tous deux décédés ou ont tous deux perdu l'exercice de l'autorité parentale. Elle s'ouvre, aussi, à l'égard d'un enfant dont la filiation n'est pas légalement établie.

Le juge aux affaires familiales peut en outre décider d'ouvrir la tutelle dans le cas de l'administration légale sous contrôle judiciaire. Il peut le faire soit d'office, soit à la requête de parents ou alliés ou du ministère public, après avoir entendu ou appelé, sauf urgence, l'administrateur légal.

Il peut de même décider, mais seulement pour cause grave, d'ouvrir la tutelle dans le cas d'administration légale pure et simple.

(Voir Ⓘ : *Administration légale*).

› Quand prend fin la tutelle ?

La tutelle prend fin :

- à l'émancipation du mineur,
- à sa majorité,
- en cas de jugement de mainlevée passé en force de chose jugée,
- ou en cas de décès de l'intéressé.

En outre, si l'un de ses deux parents reconnaît l'enfant après l'ouverture de la tutelle, le juge aux affaires familiales peut, à la requête de ce parent, décider de remplacer la tutelle par l'administration légale sous contrôle judiciaire.
(Code civil, art. 393).

› Qui peut être tuteur ?

Le tuteur (qu'il soit ou non parent du mineur) est désigné par testament ou par déclaration spécifique notariée par le dernier vivant des père et mère s'il a conservé, au jour de son décès, l'exercice de l'autorité parentale. Cette désignation s'impose au conseil de famille à moins que l'intérêt du mineur commande de l'écarter.
Si aucun tuteur n'est désigné dans ces conditions ou s'il cesse ses fonctions, il revient au conseil de famille de le désigner.
Le conseil de famille peut nommer plusieurs tuteurs pour exercer en commun la mesure de protection, en considération de la situation du mineur, des aptitudes des intéressés et de la consistance du patrimoine à administrer.
Le conseil de famille peut aussi diviser la tutelle entre un tuteur chargé de la personne du mineur, et un autre chargé de la gestion de ses biens. Il peut également décider que la gestion de certains biens particuliers sera confiée à un tuteur adjoint.
Il peut exister des cas où la tutelle reste vacante. Le juge défère alors la tutelle à la collectivité publique compétente en matière d'aide sociale à l'enfance (ASE). Dans ce cas, il n'y a ni conseil de famille ni subrogé tuteur. La personne désignée pour exercer cette tutelle a, sur les biens du mineur, les pouvoirs d'un administrateur légal sous contrôle judiciaire.
(Code civil, art. 404, 405, 411).
À noter : le Code civil prévoit qu'une tutelle peut être retirée notamment en cas de négligence du tuteur, d'inaptitude ou d'éloignement ou en cas d'incapacité d'exercer cette charge (personnes bénéficiant d'une mesure de protection juridique ou dont l'autorité parentale a été retirée...).

› Quel est le rôle du tuteur ?

Le tuteur est désigné pour la durée de la tutelle. Il prend soin de la personne du mineur et le représente dans tous les actes de la vie civile, sauf lorsque la loi ou l'usage autorise le mineur à agir lui-même.
Il représente le mineur en justice. Il peut faire valoir ses droits extrapatrimoniaux - droit à l'image par exemple- uniquement après autorisation ou injonction du conseil de famille. Le tuteur gère également les biens du mineur et rend compte de sa gestion dans les mêmes conditions que pour un majeur.
(Code civil, art. 408).
(Voir ① : *Majeur protégé*).

› La désignation d'un subrogé tuteur est-elle obligatoire ?

Dans toute tutelle, un subrogé tuteur nommé par le conseil de famille, parmi ses membres, doit obligatoirement être désigné.
Si le tuteur est parent ou allié du mineur dans une branche, le subrogé tuteur est choisi, dans la mesure du possible, dans l'autre branche.
Il doit surveiller le tuteur, en prévenant le juge des tutelles s'il constate des anomalies, et représenter le mineur lorsque ses intérêts sont en opposition avec ceux du tuteur.
Il doit être informé et consulté avant tout acte important accompli par le tuteur.
(Code civil, art. 409 et 410).

› Qu'est-ce que le conseil de famille ?

La tutelle est toujours organisée avec un conseil de famille, sauf le cas de vacance de tutelle. Ses membres sont désignés pour la durée de la mesure par le juge des tutelles.

Le conseil de famille est composé d'au moins quatre membres, y compris le tuteur et le subrogé tuteur, mais non le juge. Ce dernier doit éviter, dans la mesure du possible, de laisser l'une des deux branches, paternelle ou maternelle, sans représentation.

Les personnes composant le conseil de famille (parents, alliés ou tiers) sont choisies en considération de l'intérêt de l'enfant et en fonction de leurs aptitudes, des relations habituelles qu'ils entretenaient avec ses parents, des liens affectifs qu'ils ont avec l'enfant ainsi que de leur disponibilité.

(Code civil, art. 398).

› Quel est le rôle du conseil de famille ?

Le conseil de famille est présidé par le juge aux affaires familiales.

Il est chargé de régler les conditions générales de l'entretien et de l'éducation de l'enfant. Il doit tenir compte des volontés exprimées par les parents. Il fixe les éventuelles indemnités dues au tuteur et lui donne les autorisations nécessaires pour effectuer les actes de gestion les plus importants dans les mêmes conditions que pour un majeur.

(Voir Ⓘ : *Majeur protégé*).

Les règles de convocation et de validité des votes du conseil de famille sont fixées par décret.

(Code civil, art. 401).

La responsabilité des parents du fait de leurs enfants

› Les parents sont-ils responsables des dommages causés par leur enfant mineur ?

L'article 1384 du Code civil prévoit que le père et la mère, en tant qu'ils exercent l'autorité parentale, sont solidairement responsables du dommage causé par leur enfant mineur habitant avec eux.

(Code civil, art. 1384).

Si auparavant les parents pouvaient s'exonérer de cette responsabilité en prouvant qu'ils n'avaient pas commis de faute de surveillance, désormais leur responsabilité est retenue de façon objective, à savoir abstraction faite des éléments de faits.

Les parents sont donc responsables de plein droit des dommages causés par leur enfant mineur.

Ils ne peuvent s'exonérer, en tout ou en partie, de cette responsabilité qu'en prouvant l'existence d'une force majeure ou la faute de la victime de l'enfant. Par exemple, l'enfant jouait avec un de ses camarades qui s'est précipité sur lui et a été blessé par l'objet tenu par son ami. On peut estimer qu'il y a fait de l'enfant à l'origine du dommage mais également faute de la victime qui s'est précipitée au-devant du danger.

(Code civil, art. 1384).

● Qui est responsable de l'enfant lorsqu'il est confié à un tiers ?

L'article 1384 alinéa 4 du Code civil prévoit que le père et la mère sont responsables du dommage causé par leurs enfants mineurs habitant avec eux.

La notion de cohabitation prévue par cet article est aujourd'hui interprétée de façon large, puisque les juges ont pu considérer que la cohabitation ne cesse pas lorsque

l'enfant est provisoirement confié à un tiers. C'est un arrêt de principe de la Cour de cassation qui a fixé cette règle. L'affaire soumise aux juges concernait un mineur de 16 ans qui avait endommagé une voiture qu'il avait volée. Le propriétaire s'était retourné contre la mère qui avait la garde de l'enfant après son divorce (on dirait maintenant l'autorité parentale) et la mère s'était elle-même retournée contre le père qui hébergeait l'enfant au moment du vol. La Cour de cassation a retenu la responsabilité du père (qui avait commis une faute de surveillance en ne vérifiant pas les horaires de cours de son fils), mais aussi celle de la mère qui, en tant que titulaire du droit de garde, est responsable de plein droit des dommages causés par son fils. L'exercice du droit de visite du père ne fait pas cesser la cohabitation du mineur avec sa mère.
(Cour de cassation, 2e chambre civile, 19 février 1997).
Cette solution peut être transposée lorsque l'enfant est confié occasionnellement à un tiers (grand-mère, baby-sitter, école) de façon provisoire.
(Voir Ⓘ : *Grands-parents*).
Le ou les parents sont donc responsables de plein droit de leurs enfants qui habitent avec eux ou qui restent sous leur autorité. Cette responsabilité peut, le cas échéant, être partagée si la personne qui garde l'enfant a commis une faute.
Cette solution a le mérite de simplifier le régime de la responsabilité des parents du fait de leurs enfants.
La victime n'est plus obligée de prouver la faute des parents ou de la personne à qui l'enfant est confié. La personne qui garde l'enfant (qui peut être dépourvue d'une assurance responsabilité civile) n'a plus à subir les éventuelles conséquences d'un accident causé par ce dernier.
Si, en revanche, les dommages se produisent alors que l'enfant est placé dans un foyer, à la suite notamment d'une décision du juge des enfants, la responsabilité du directeur de l'établissement peut être retenue.
Là encore, il s'agit d'une responsabilité de plein droit qui est retenue même si le personnel de l'établissement n'a commis aucune faute de surveillance.
C'est ainsi que la responsabilité d'un centre recevant des enfants mineurs délinquants a été retenue pour un vol commis par trois des pensionnaires.
(Cour de cassation, 2e chambre civile, 26 mars 1997).

› Les parents sont-ils responsables des dommages causés par leur enfant majeur ?

Les parents ne sont jamais responsables de leur enfant majeur (sauf s'il s'agit d'un incapable majeur).

L'émancipation

› Qu'est-ce que l'émancipation ?

L'objet de l'émancipation pour un mineur est de le soustraire à l'autorité de ses parents (ou de son tuteur). Ces derniers ne sont plus responsables de plein droit en leur seule qualité de père et mère de leur enfant émancipé, en raison des dommages qu'il pourrait causer à autrui, postérieurement à son émancipation. Le mineur émancipé peut accomplir, de la même façon qu'un majeur, tous les actes de la vie civile (par exemple, vendre ses biens, intenter une action en justice, habiter où il le désire). Il peut être commerçant, sous réserve de l'autorisation du tribunal, depuis la loi n° 2010-658 du 15 juin 2010.

Le mineur émancipé ne peut pas être adopté ou se marier sans l'autorisation de ses parents.
Il peut être intéressant pour un mineur d'obtenir son émancipation, s'il a une vie autonome, s'il exerce une profession ou n'habite plus chez ses parents.

› Dans quel cas peut-on être émancipé ?

Il existe un cas d'émancipation automatique : le mariage du mineur qui entraîne de plein droit son émancipation (cas dans lesquels le mineur obtient une dispense du Procureur).
(Voir ① : *Mariage*).
Le mineur même non marié pourra être émancipé lorsqu'il aura atteint l'âge de 16 ans révolus.
C'est le juge aux affaires familiales du domicile de l'enfant qui va prononcer l'émancipation à la demande de ses deux parents, ou de l'un d'eux.
Si le mineur est orphelin de père et mère, c'est le conseil de famille qui pourra demander l'émancipation.
Le juge appréciera, cas par cas, les motivations des demandeurs pour éviter tout abus, en recherchant avant tout l'intérêt de l'enfant (l'émancipation ne doit pas être un moyen pour les parents de se décharger de leur responsabilité vis-à-vis de leurs enfants).
À noter : les parents restent tenus d'aider financièrement leurs enfants qui ne peuvent encore subvenir seuls à leur besoins.
(Code civil, art. 413-1 et s.).

L'enfant victime

› Quelle protection la loi accorde-t-elle aux enfants maltraités ?

La protection des enfants maltraités est organisée spécifiquement dans le Code pénal, d'une part par l'aggravation des peines infligées à l'auteur d'un crime ou délit dès lors que la victime est un enfant, d'autre part en créant ou en aménageant la répression d'infractions spécifiques commises à l'encontre des mineurs.
Enfin, les infractions sexuelles contre les enfants font l'objet d'une répression spécifique (voir plus loin : *Comment sont sanctionnées les infractions sexuelles commises sur des enfants ?*).

● Le meurtre

Celui d'un mineur de moins de 15 ans est puni de la réclusion criminelle à perpétuité. Cette peine pouvant par ailleurs être « incompressible », c'est-à-dire que son auteur ne pourra bénéficier, à l'issue de la période de sûreté qui peut être fixée à 30 ans, de mesures telles que la suspension ou le fractionnement de la peine, le placement à l'extérieur, les permissions de sortie, la semi-liberté ou la libération conditionnelle, sans expertise médicale préalable.
La sévérité de ce régime s'explique par la fréquence des récidives dans ce domaine et l'absence, en cours de réclusion, de traitements adaptés.
L'expertise médicale psychiatrique devra statuer sur l'état de dangerosité de l'intéressé. La décision sera prise par une commission spéciale au vu de l'avis rendu préalablement par un collège de trois médecins.
(Code pénal, art. 221-3 et 221-4).
(Art. 720-4 du Code de procédure pénale).

Les tortures ou actes de barbarie

Ils sont punis de 20 ans de réclusion criminelle. Cette peine passe à 30 ans de réclusion criminelle lorsque ces faits sont commis de manière habituelle.

Les violences

Les coups et blessures volontaires sont réprimés en fonction de leur gravité. Est également pris en considération le fait que l'auteur des violences soit un parent, le fait que ces violences soient infligées de manière habituelle, ou encore le fait que les faits reprochés soient commis à l'intérieur d'un établissement scolaire ou éducatif ou à proximité :

• Si l'enfant est décédé, l'auteur est puni de 20 ans de réclusion criminelle. Les violences habituelles ayant entraîné la mort de l'enfant sont punies de 30 ans de réclusion criminelle.

• Si les violences ont entraîné une mutilation ou une infirmité permanente, la peine est de 15 ans de réclusion criminelle et de 20 ans si l'auteur est un ascendant ou une personne ayant autorité sur le mineur ou si ces violences étaient habituelles.

• Si les violences ont entraîné une incapacité pendant plus de 8 jours, la peine est de 5 ans d'emprisonnement et 75 000 € d'amende (portée à 10 ans et 150 000 € d'amende si l'auteur est un ascendant ou une personne ayant autorité sur l'enfant ou encore si ces violences étaient habituelles).

• Les violences qui ont entraîné une incapacité de moins de 8 jours sont punies de 3 ans d'emprisonnement et de 45 000 € d'amende. Si ces violences étaient habituelles ou si l'auteur est un ascendant ou une personne ayant autorité sur l'enfant, l'emprisonnement est de 5 ans (plus 75 000 € d'amende).

(Code pénal, art. 221-1 et s. et art. 222-1 à 222-14).

L'abandon d'enfant

Les peines varient en fonction des conséquences de l'abandon sur l'enfant et sur son état de santé. Si l'enfant est abandonné pour être recueilli, aucune poursuite n'est entamée. En revanche, l'abandon est puni de 7 ans de prison si la santé et la sécurité de l'enfant n'étaient pas assurées, de 20 ans de réclusion criminelle s'il en est résulté une mutilation ou une infirmité pour le mineur, ou de 30 ans de réclusion criminelle en cas de décès.

(Code pénal, art. 227-1 à 227-2).

À noter : la loi du 15 juin 2000 renforçant la présomption d'innocence et les droits des victimes a interdit la diffusion d'informations permettant d'établir l'identité d'un enfant ayant fait l'objet d'un abandon.

(Art. 39 bis de la loi du 29 juillet 1881).

Provocation à l'abandon

Le fait de provoquer les parents ou l'un d'entre eux à abandonner un enfant né ou à naître est puni de 6 mois de prison et de 7 500 € d'amende.

Cette incrimination vise à lutter plus spécialement contre la pratique des « mères porteuses ».

Toute personne qui, dans un but lucratif, s'entremet entre une personne désireuse d'adopter un enfant et une personne désireuse de l'abandonner, encourt 1 an de prison et de 15 000 € d'amende.

(Code pénal, art. 227-12).

La mise en péril des mineurs

Cette notion regroupe tous les agissements commis sur un mineur qui ont pour effet de compromettre sa santé physique ou morale ou même sa vie.

Tous les mineurs sont concernés ; mais s'il s'agit d'un mineur de moins de 15 ans ou si les faits sont commis à l'intérieur d'un établissement scolaire ou éducatif ou, à l'occasion des entrées ou sorties des élèves, aux abords de cet établissement, les peines sont aggravées.
(Code pénal, art. 227-15 à 227-28).
Parmi les infractions figurent notamment :
– les privations de soins ou d'aliments (les peines peuvent atteindre 30 ans de réclusion criminelle si l'enfant est décédé). Constitue également une privation de soins le fait de maintenir un enfant de moins de 6 ans sur la voie publique ou dans un espace affecté au transport collectif de voyageurs pour mendier ;
– le fait pour le père ou la mère de ne pas respecter ou remplir ses obligations vis-à-vis de son enfant ;
(Voir Ⓘ : *Abandon, famille*).
– le fait de ne pas assurer de façon satisfaisante la scolarité d'un enfant mineur. Cette infraction concerne également les parents décidant d'assurer seuls l'instruction de leur enfant sans l'inscrire à l'école et qui ne remplissent pas les conditions nécessaires pour le faire (mauvaises conditions de vie de la famille, insuffisance de l'enseignement donné…). Les parents, ou les personnes responsables de l'enfant, peuvent être punis pénalement s'ils refusent, après mise en demeure, d'inscrire leur enfant dans une école publique ou privée et d'en informer l'inspecteur d'académie. Le directeur d'un établissement privé (hors contrat) peut également être poursuivi pour le même délit s'il ne dispense pas un enseignement conforme à l'objet de l'instruction obligatoire. Sont visées principalement les écoles organisées à l'intérieur des sectes ou autres groupements. Les parents encourent une contravention de 4e classe en cas d'absentéisme répété et non justifié de leur enfant à l'école.
(Code pénal, art. 227-15, 227-17-1, 227-17-2 et R. 624-7) ;
– la provocation à l'usage de stupéfiants ou à la consommation d'alcool ;
– la provocation à commettre un crime ou délit ;
– les atteintes sexuelles (voir plus loin) ;
– la provocation au transport, à la détention, à l'offre ou à la vente de stupéfiants.
Par ailleurs, des mesures sont prévues au niveau de la procédure, afin de protéger les enfants.
Un fichier judiciaire national automatisé des auteurs d'infractions sexuelles ou violentes est tenu à la disposition notamment des officiers de police judiciaire afin de prévenir la récidive et de faciliter l'identification de leurs auteurs.
(Art. 706-47 du Code de procédure pénale).

À noter : les parents peuvent être condamnés à effectuer, à titre de peine complémentaire, un stage de responsabilité parentale.

› Que faire si on a connaissance de sévices ou privations infligés à un mineur ?

Il faut impérativement avertir les autorités administratives ou judiciaires. En effet, le fait d'avoir connaissance de privations, de mauvais traitements ou d'atteintes sexuelles infligés à un mineur de moins de 15 ans, et de ne pas en informer les autorités constitue un délit punissable des peines prévues par l'article 434-3 du Code pénal. La non-dénonciation de mauvais traitements infligés aux mineurs est un délit spécifique. Cette incrimination a pour but également de protéger les per-

sonnes qui ne sont pas en état de se protéger elles-mêmes, telles que les personnes âgées, malades, infirmes ou encore les femmes enceintes.
(Code pénal, art. 434-3).
Dans certains cas, par ailleurs, le témoin de ces faits peut également être puni pour le délit de non-assistance à personne en danger.
(Code pénal, art. 223-5 et s.).

La prévention et la détection des situations de danger

La loi n° 2007-293 du 5 mars 2007 sur la protection de l'enfance a pour finalité de renforcer la prévention et le dispositif d'alerte et d'évaluation des risques de danger pour l'enfant mais également de diversifier les modes d'intervention pour faire face aux différentes situations dans lesquelles l'enfant peut se trouver. L'enfant en danger est le critère retenu pour justifier la mise en œuvre, en fonction des besoins, d'une protection administrative des services de l'Aide sociale à l'enfance ou d'une protection judiciaire.
Le service de l'Aide sociale à l'enfance (ASE), service du département placé sous l'autorité du président du conseil général, et le président du conseil général lui-même ont un rôle important, à côté des instances judiciaires (juge des enfants) pour intervenir auprès des enfants dont la santé, la sécurité ou la moralité sont en danger (ou risquent de l'être) ou les conditions de leur éducation ou de leur développement physique, affectif, intellectuel ou social sont compromises.
Toute information préoccupante sur un mineur en danger ou susceptible de l'être doit être transmise sans délai au président du conseil général par les organismes qui interviennent dans ce secteur : établissements scolaires, services sociaux, services de protection maternelle et infantile (PMI)...
Une cellule de traitement de ces informations, au sein du département, est chargée de centraliser et de croiser les informations pour évaluer les actions de protection et d'aide indispensables au mineur et à sa famille. Les informations individuelles sont signalées à la justice si nécessaire.
Le président du conseil général avise « sans délai » le ministère public lorsqu'un enfant est en danger et :
– qu'il est déjà connu et suivi par les services de l'Aide sociale à l'enfance (ASE) mais que les mesures mises en œuvre s'avèrent insuffisantes ;
– qu'il n'a fait l'objet d'aucune de ces mesures car elles ne peuvent pas être mises en place en raison du refus de la famille d'accepter l'intervention du service de l'ASE ou de l'impossibilité dans laquelle elle se trouve de collaborer avec ce service.
À noter : il doit également signaler au ministère public le cas d'un enfant présumé être en situation de danger sans qu'il soit possible d'évaluer cette situation.
Le président du conseil général dirige un observatoire départemental de la protection de l'enfance dont les missions sont notamment l'observation, l'analyse et la prévention des situations d'enfance en danger. Ces observatoires travaillent en liaison avec l'Observatoire national de l'enfance en danger.
(Art. L. 226-1 à 226-13 du Code de l'action sociale et des familles).
Un service d'accueil téléphonique gratuit (le 119), répond aux demandes d'information ou de conseil concernant l'enfance en danger. Pour tout renseignement, on peut se connecter au site Internet : www.allo119.org.
Une formation particulière est donnée aux médecins, travailleurs sociaux, enseignants, policiers, à toute personne intervenant dans le domaine de la protection de l'enfance en danger.

Enfin, le rôle de l'école dans la prévention et la détection des mauvais traitements à enfants a été renforcé. Les visites médicales scolaires doivent notamment prévenir et détecter les cas de maltraitance. Par ailleurs, les chefs d'établissements doivent prévoir dans les emplois du temps des collèges et lycées une séance par an d'information et de sensibilisation sur l'enfance maltraitée et notamment sur les violences intrafamiliales à caractère sexuel.
(Voir Ⓘ : *Assistance, éducative*).
(Voir Ⓘ : *Inceste*).

La levée du secret

La maltraitance sur les enfants est un des cas de levée du secret médical.

À noter : le « secret partagé » est une nouvelle notion qui permet aux professionnels de la protection de l'enfance, soumis au secret professionnel, de communiquer entre eux sur les cas des enfants qui leur sont soumis.
(Voir Ⓘ : *Secret médical*).

› Comment sont sanctionnées les infractions sexuelles commises sur les enfants ?

Les agressions sexuelles

Les agressions sexuelles sont des atteintes sexuelles commises avec violence, contrainte, menace ou surprise. La contrainte peut être physique ou morale. La contrainte morale peut résulter de la différence d'âge entre une victime mineure et l'auteur des faits ainsi que de l'autorité de droit ou de fait que celui-ci exerce sur cette victime (voir ci-après *L'inceste sur mineur*).

• Le viol commis sur un mineur de moins de 15 ans est puni de 20 ans de réclusion criminelle. Si le viol a entraîné la mort de la victime, ou s'il a été précédé ou accompagné d'actes de barbarie ou de tortures, la peine est la réclusion criminelle à perpétuité. La cour d'assises peut également décider que la période de sûreté sera d'une durée de 30 ans (en général, le maximum de cette période est de 22 ans) et que le coupable ne pourra, à l'issue de cette période, bénéficier de mesures telles que la semi-liberté ou la libération conditionnelle sans, au préalable, subir une expertise psychiatrique déterminant son état de dangerosité.
(Art. 720-4 du Code de procédure pénale).

• Les autres agressions sexuelles (autres que le viol) imposées à un mineur de 15 ans sont punies des peines prévues par les articles 222-29 et 222-30 du Code pénal.
Les peines sont aggravées lorsque l'auteur est un ascendant ou une personne ayant une autorité de droit ou de fait sur la victime ou encore quand le mineur a été mis en contact avec l'auteur des faits grâce à l'utilisation, pour la diffusion de messages à destination d'un public non déterminé, d'un réseau de communications électroniques (Minitel, Internet).
(Code pénal, art. 222-23 à 222-31).

Les atteintes sexuelles

Les atteintes sexuelles se définissent par l'absence de violence, contrainte, menace ou surprise : attentat à la pudeur, détournement de mineur. Lorsqu'elles sont commises sur un mineur de moins de 15 ans, l'auteur est puni des peines prévues à l'article 227-25 du Code pénal.
Les peines sont aggravées notamment :
– s'il s'agit d'un ascendant ou d'une personne ayant une autorité de droit ou de fait ;

– quand le mineur a été mis en contact avec l'auteur des faits grâce à l'utilisation, pour la diffusion de messages à destination d'un public non déterminé, d'un réseau de communications électroniques (Minitel, Internet) ;
– lorsque l'atteinte est commise par plusieurs personnes (qu'elles soient auteur ou complice) ;
– lorsque l'atteinte est accompagnée d'un paiement ;
– lorsque l'atteinte est commise par une personne agissant en état d'ivresse manifeste ou sous l'emprise manifeste de produits stupéfiants.
Si le mineur est âgé de plus de 15 ans, il n'y a pas de délit sauf si l'auteur est un ascendant ou une personne ayant une autorité de droit ou de fait sur l'adolescent.
(Code pénal, art. 227-25 à 227-28-3).

L'inceste sur mineur

La loi du 26 janvier 2010 inscrit l'inceste commis sur un mineur par un membre de sa famille dans le Code pénal à côté d'autres infractions à caractère sexuel. Auparavant, l'infraction sexuelle commise par un ascendant ou une personne ayant autorité sur le mineur était une cause aggravant la peine.
Ainsi, sont qualifiés d'incestueux les viols, agressions ou atteintes sexuelles commis sur un mineur par un ascendant, un frère, une sœur ou par toute autre personne, y compris s'il s'agit d'un concubin d'un membre de la famille, ayant sur la victime une autorité de droit ou de fait. Afin que les intérêts du mineur soient mieux pris en compte, le procureur de la République ou le juge d'instruction saisi de cas d'inceste doit désigner automatiquement un administrateur ad hoc pour le mineur.
Enfin, la juridiction doit se prononcer sur le retrait total ou partiel de l'autorité parentale tant en ce qui concerne cet enfant que ses frères et sœurs mineurs.
(Code pénal, art. 222-31-1 et suivants, 227-27-2 et suivants).
(Voir Ⓘ : *Autorité parentale, retrait*).

L'enregistrement et la diffusion de cassettes pédophiles

Le fait, en vue de sa diffusion, d'enregistrer, de diffuser, d'importer, de transmettre ou d'exporter l'image d'un mineur présentant un caractère pornographique est sanctionné pénalement. Les peines sont aggravées quand il a été utilisé, pour la diffusion de l'image ou de la représentation du mineur à destination d'un public non déterminé, un réseau de communications électroniques (Minitel, Internet).
La détention et la consultation habituelle d'images pornographiques représentant des mineurs est également punie.
(Code pénal, art. 227-23).

La corruption de mineurs

Sont poursuivis notamment au titre de la corruption de mineurs (nouvelle appellation d'excitation de mineurs à la débauche) le fait de diffuser parmi les jeunes, des revues, films ou autres supports à caractère violent ou pornographique ou encore le fait de faire participer ou assister un mineur à des réunions comportant des exhibitions ou relations sexuelles. Les peines sont aggravées notamment :
– quand le mineur a moins de 15 ans ou que les faits sont commis à l'intérieur d'un établissement scolaire ou éducatif ou, à l'occasion des entrées ou des sorties des élèves, aux abords d'un tel établissement ;
– quand le mineur a été mis en contact avec l'auteur des faits grâce à l'utilisation, pour la diffusion de messages à destination d'un public non déterminé, d'un réseau de communications électroniques (Minitel, Internet) ;
– ou si les faits ont été commis en bande organisée.

Le fait, pour un majeur, de faire des propositions sexuelles à un mineur de moins de 15 ans (ou à une personne se présentant comme telle) en utilisant un moyen de communication électronique est puni de 2 ans de prison et de 30 000 € d'amende (peine aggravée quand la proposition a été suivie d'une rencontre).
(Code pénal, art. 227-22 à 227-24).

● Le recours à la prostitution de mineurs

Solliciter, accepter ou obtenir, contre paiement, des relations sexuelles avec un mineur ou une personne vulnérable (maladie, déficience physique ou psychique, état de grossesse) qui se livre à la prostitution est un délit, même si les faits se sont produits à l'étranger. Les peines peuvent aller jusqu'à 7 ans de prison et 100 000 € d'amende si le mineur a 15 ans ou moins.
(Code pénal, art. 225-12-2).

› Quelle est la réglementation en matière de prévention de la délinquance sexuelle et de protection des mineurs ?

Les textes relatifs aux infractions sexuelles vont dans le sens :
– d'un renforcement de la répression des infractions sexuelles (aggravations des sanctions encourues, créations de nouvelles infractions, modification des conditions de la récidive, des délais de prescription…) (voir ci-dessus),
– d'une prévention accrue pour éviter la récidive de ce type d'infractions,
– d'une plus grande attention et protection apportée aux victimes mineures.
(Voir Ⓘ : *Récidive ; Prescriptions pénales, action publique*).

● La prévention de la délinquance sexuelle

Les personnes poursuivies pour infractions sexuelles (meurtre ou assassinat d'un mineur accompagné de viol, d'actes de torture ou de barbarie, agressions et atteintes sexuelles…) doivent être soumises avant tout jugement sur le fond à une expertise médicale et ce, dès le stade de l'enquête. L'expert est interrogé sur l'opportunité d'une injonction de soins dans le cadre d'un suivi socio-judiciaire.
(Art. 706-47 du Code de procédure pénale).
La loi instaure la mesure de suivi socio-judiciaire qui s'effectue à la sortie de prison en cas de condamnation ferme et pendant la détention pour le suivi thérapeutique, quand le suivi est accompagné d'une injonction de soins.
Un fichier national des empreintes génétiques est prévu pour les délinquants sexuels. (Voir Ⓘ : *Empreintes génétiques*).
De plus, en cas de condamnation, les mesures d'aménagement des peines, comme la libération conditionnelle (sous certaines réserves comme les autorisations de sortie sous escortes) ne peuvent pas être accordées sans une expertise psychiatrique préalable. Cette expertise est réalisée par deux experts lorsque la personne a été condamnée pour le meurtre, l'assassinat ou le viol d'un mineur de 15 ans.
(Art. 712-21 du Code de procédure pénale).

● La protection des mineurs

Les mineurs victimes d'infractions sexuelles peuvent faire l'objet, dès le stade de l'enquête, d'une expertise médico-psychologique destinée à apprécier la nature et l'importance du préjudice subi et à établir si celui-ci rend nécessaires des traitements ou des soins appropriés.
Un administrateur *ad hoc* doit être désigné par le procureur de la République ou le juge d'instruction au mineur victime d'infractions sexuelles lorsque la protection de

ses intérêts n'est pas complètement assurée par ses représentants légaux (parents, tuteurs). Cette disposition s'applique si les faits ont été commis par ces derniers, mais pas uniquement. Par ailleurs, lors des auditions du mineur pendant l'enquête ou l'instruction, l'enfant peut être assisté par un médecin, un membre de sa famille, l'administrateur *ad hoc* ou une personne désignée par le juge des enfants.
Depuis le 1er juillet 2007, les jeunes concernés peuvent être assistés d'un avocat lorsqu'ils sont entendus au cours de l'instruction. À défaut de désignation d'un avocat par les représentants légaux du mineur (parents…) ou par l'administrateur *ad hoc*, le juge avise immédiatement le bâtonnier afin qu'il commette un avocat d'office.
L'audition du mineur au cours de l'enquête et de l'information est enregistrée, ce qui évite la répétition d'auditions pouvant s'avérer traumatisantes pour lui.
(Art. 706-48 à 706-53 du Code de procédure pénale).
Enfin, l'anonymat du mineur doit être assuré, sauf si la diffusion de son identité est demandée par ses parents, son tuteur, le juge ou la police.
(Art. 39 bis de la loi du 29 juillet 1881).

› Quel est le rôle du Défenseur des enfants ?

Le Défenseur des enfants est chargé de défendre et de promouvoir les droits de l'enfant consacrés par une loi ou un accord international. Il s'agit d'une autorité indépendante nommée pour 6 ans.
Il peut s'agir d'un conflit concernant :
– sa scolarité (refus de scolarisation, non-respect de la réglementation, difficultés d'intégration d'un enfant handicapé...) ;
– sa santé ;
– sa situation familiale (lieu de résidence, organisation des visites et de l'hébergement dans une situation de parents séparés, contestation d'un placement ou des conditions de sa mise en œuvre…).
Les réclamations et les dossiers correspondants doivent être envoyés à l'adresse suivante :
Défenseur des enfants
104, boulevard Blanqui
75013 Paris
Concrètement, on peut saisir un des correspondants territoriaux du Défenseur des enfants le plus proche de son domicile, dont l'adresse peut être donnée en mairie (ou sur le site Internet : www. defenseurdesenfants.com).

Il est saisi par les réclamations :
– des enfants mineurs. Dans ce cas, il peut informer le représentant légal, mais n'en a pas l'obligation ;
– de leurs représentants légaux ;
– des membres de la famille des mineurs ;
– des services médicaux et sociaux ;
– des associations reconnues d'utilité publique qui défendent les droits des enfants ;
lorsqu'ils estiment qu'une personne publique ou privée n'a pas respecté les droits des enfants.
En outre, le Défenseur des enfants peut se saisir lui-même des cas lui paraissant mettre en cause l'intérêt de l'enfant lorsqu'ils lui sont signalés par des personnes ou des associations n'entrant pas dans ces catégories. Enfin, les parlementaires peuvent le saisir d'une question de sa compétence qui leur paraît mériter son intervention.

Il émet des recommandations et transmet la réclamation au Médiateur de la République quand elle met en cause, de manière sérieuse, une administration, une collectivité publique territoriale ou un organisme investi d'une mission de service public. *Il fait également des propositions*, notamment en vue de proposer des réformes dans les textes et porte à la connaissance de l'autorité judiciaire les affaires qui peuvent donner lieu à une mesure d'assistance éducative et les informations qu'il a recueillies quand un mineur impliqué dans une procédure en cours lui a demandé d'intervenir.

Attention : le recours au Défenseur des enfants n'interrompt pas la prescription. (Loi n° 2000-196 du 6 mars 2000).

L'enfant délinquant

Les mesures prises contre un mineur délinquant sont différentes selon l'âge du mineur. Elles peuvent s'appuyer sur une enquête demandée par la juridiction concernant la connaissance de la personnalité du mineur ainsi que des moyens appropriés à sa rééducation et la consultation, dans certain cas obligatoire, du rapport du service compétent de la protection judiciaire de la jeunesse comportant une proposition éducative.

› Quelles sont les peines et mesures applicables aux mineurs de moins de 13 ans ?

Les mineurs âgés de 10 à 13 ans peuvent être déclarés responsables pénalement des infractions qu'ils commettent s'ils sont capables de discernement. Des mesures de protection, de surveillance ou d'éducation doivent être mises en œuvre mais aucune sanction pénale ne peut être prise à leur encontre. Ils peuvent faire l'objet de sanctions éducatives.
(Code pénal, art. 122-8).

● Retenue au commissariat

Les mineurs âgés de moins de 13 ans ne peuvent jamais être placés en garde à vue. Ils peuvent toutefois, s'ils sont soupçonnés d'avoir commis un crime ou délit grave (puni d'au moins 5 ans de prison) être retenus au commissariat pendant une durée de 12 heures maximum. Cette retenue doit être nécessitée par les besoins de l'enquête et être acceptée par un magistrat (juge d'instruction, juge des enfants...). Ce magistrat fixe la durée de la retenue, contrôle son déroulement et exceptionnellement peut la prolonger de 12 heures maximum. Dès le début de cette période, les parents ou représentants de l'enfant doivent être prévenus. Un médecin doit examiner le mineur et un avocat peut être désigné d'office à défaut de choix d'un défenseur.
(Art. 4 de l'ordonnance n° 45-174 du 2 février 1945).

● Sanctions éducatives

Les sanctions éducatives sont prononcées par le tribunal pour enfants et s'appliquent aux mineurs de plus de 10 ans. Ces sanctions peuvent être notamment :
– la confiscation d'un objet détenu ou appartenant au mineur et ayant servi à l'infraction,

– l'interdiction de paraître, pour une durée d'1 an maximum, dans le ou les lieux dans lesquels l'infraction a été commise, à l'exception des lieux dans lesquels le mineur réside habituellement ;
– l'interdiction, pour une durée d'1 an maximum, de rencontrer la ou les victimes ainsi que les coauteurs ou complices, ou d'entrer en relation avec ces personnes ;
– des mesures d'aide ou de réparation à l'égard de la victime ou de la collectivité ;
– l'obligation de suivre un stage de formation civique, d'une durée d'1 mois maximum ;
– des mesures de placement dans un établissement scolaire éloigné du domicile permettant un suivi psychologique, éducatif et social du jeune ;
– l'exécution de travaux scolaires ;
– un avertissement solennel ;
– un placement dans un établissement scolaire avec internat.

En cas de non-respect par le mineur des sanctions éducatives, le tribunal pour enfants pourra prononcer à son égard une mesure de placement dans une institution d'éducation, dans un établissement médical ou dans un internat approprié aux mineurs scolaires délinquants.

Les sanctions éducatives sont exécutées dans un délai ne pouvant excéder 3 mois à compter du jugement.

(Art. 8, 11, 15-1 de l'ordonnance n° 45-174 du 2 février 1945).

› Quelles sont les peines et les mesures applicables aux mineurs de plus de 13 ans ?

Comme les plus jeunes, les mineurs âgés de 13 ans à 18 ans peuvent se voir infliger une sanction éducative. Ils peuvent également être condamnés à une sa nction pénale (voir plus loin : *Les centres fermés et les peines de prison)*.

(Code pénal , art. 122-8).

En amont, le procureur de la République peut décider, avec l'accord des parents, d'une composition pénale avec l'accomplissement de certaines mesures telles la consultation d'un psychiatre ou d'un psychologue, le suivi d'une scolarité ou d'une formation professionnelle ou encore l'accomplissement d'un stage de formation civique.

(Art. 7-2 de l'ordonnance n° 45-174 du 2 février 1945).

(Voir ① : *Composition pénale*).

● La garde à vue

Les mineurs de plus de 13 ans peuvent être placés en garde à vue mais, en raison de leur âge, des mesures spécifiques doivent être respectées :
– dès le début de la garde à vue, l'officier de police judiciaire doit avertir les parents du mineur, son tuteur, ou la personne ou service auquel il est confié. Cette information peut être retardée au maximum de 24 heures sur décision du procureur de la République ou du juge chargé de l'instruction ;
– tous les mineurs peuvent demander à s'entretenir avec un avocat dès le début de la garde à vue. À défaut, la demande peut être faite par les parents ou tuteur du mineur. Le mineur ou ses représentants doivent de toutes façons être informés de ce droit ;
– s'il s'agit d'un mineur de moins de 16 ans, il doit, dès le début de la garde à vue, être examiné par un médecin désigné par le procureur ou le juge ;
– la prolongation de la garde à vue d'un mineur âgé de 13 à 16 ans :

• est interdite si le délit commis est passible d'une peine inférieure à 5 ans d'emprisonnement ;
• est possible s'il a commis un délit plus grave ou un crime. Elle est également possible pour les mineurs de plus de 16 ans. Dans ce cas, elle ne peut être décidée qu'après présentation préalable de ce mineur au procureur de la République ou au juge d'instruction ;
– la garde à vue d'un mineur de plus de 16 ans peut, à titre exceptionnel, faire l'objet de deux prolongations supplémentaires de 24 heures chacune lorsqu'il existe une ou plusieurs raisons plausibles de soupçonner qu'une ou plusieurs personnes majeures ont participé, comme auteurs ou complices, à la commission de l'infraction.
(Sur les règles concernant la garde à vue des majeurs, voir ① : *Garde à vue*) ;
– les interrogatoires des mineurs placés en garde à vue font l'objet d'un enregistrement audiovisuel sauf en cas d'impossibilité technique (mentionnée et précisée dans les procès-verbaux d'interrogatoire).
(Art. 4 de l'ordonnance n° 45-174 du 2 février 1945).

Le contrôle judiciaire

Les mineurs âgés de 13 à 18 ans peuvent être placés sous contrôle judiciaire par le juge des enfants, le juge d'instruction ou le juge des libertés et de la détention. Cette mesure ne doit être prononcée que si elle est justifiée par la gravité de l'infraction, par les circonstances ou la personnalité du mineur.
Le contrôle judiciaire peut consister en un placement dans un centre éducatif de la protection judiciaire de la jeunesse (notamment les centres fermés) ou dans un établissement permettant la mise en oeuvre de programmes à caractère éducatif et civique pour une durée de 6 mois pouvant être renouvelée une fois. Il peut également comprendre l'obligation d'accomplir un stage de formation civique ou de suivre une scolarité ou formation professionnelle jusqu'à sa majorité.
Le mineur peut aussi être laissé en liberté. Il doit alors respecter les interdictions ou les obligations de présentation décidées par le juge. Il doit se soumettre aux mesures de protection, d'assistance, de surveillance et d'éducation confiées à un service de la protection judiciaire de la jeunesse ou à un service habilité.
En matière correctionnelle, les mineurs âgés de moins de 16 ans ne peuvent être placés sous contrôle judiciaire que si :
– la peine d'emprisonnement encourue est supérieure ou égale à 5 ans et le mineur a déjà fait l'objet d'une mesure éducative ou d'une condamnation à sanction éducative ou à une peine ;
– la peine d'emprisonnement encourue est supérieure ou égale à 7 ans.
Le mineur qui ne respecte pas les conditions d'un placement dans un centre éducatif fermé peut être placé en détention provisoire (voir ci-après). De façon générale, le mineur est informé qu'en cas de non-respect des obligations qui lui sont imposées, le contrôle judiciaire peut être modifié pour prévoir son placement dans un centre éducatif fermé (placement dont le non-respect pourra entraîner sa mise en détention provisoire).
(Art. 10-2 de l'ordonnance n° 45-174 du 2 février 1945).

La détention provisoire

La détention provisoire est décidée par le juge d'instruction ou le juge des enfants après la mise en examen du mineur. Elle ne doit être ordonnée que si elle est indispensable ou s'il est impossible de prendre toute autre disposition et à la condition que les obligations du contrôle judiciaire soient insuffisantes.

La détention provisoire est effectuée soit dans un quartier spécial de la maison d'arrêt, soit dans un établissement pénitentiaire spécialisé pour mineurs ; les mineurs détenus sont, autant qu'il est possible, soumis à l'isolement de nuit.
Lorsque les mineurs ayant fait l'objet d'un placement en détention provisoire sont remis en liberté au cours de la procédure, ils font l'objet, dès leur libération, des mesures éducatives ou de liberté surveillée.
(Art. 11 de l'ordonnance n° 45-174 du 2 février 1945).

Mineurs âgés de moins de 16 ans

Les mineurs âgés de 13 ans révolus et de moins de 16 ans ne peuvent être placés en détention provisoire que dans l'un des cas suivants :
– s'ils encourent une peine criminelle : dans ce cas, la durée de la détention provisoire ne peut excéder 6 mois renouvelable une seule fois ;
– en matière correctionnelle, s'ils n'ont pas respecté les obligations d'un contrôle judiciaire ou celles d'une assignation à résidence avec surveillance électronique.
Dans ce cas, la durée de la détention provisoire est de 15 jours renouvelable une fois en cas de non-respect du contrôle judiciaire ou d'1 mois renouvelable une fois s'il s'agit d'un délit puni d'au moins 10 ans d'emprisonnement.
Les mineurs âgés de 13 à 16 ans ne peuvent être placés en détention que dans les seuls établissements garantissant un isolement complet d'avec les détenus majeurs ainsi que la présence en détention d'éducateurs.
(Art. 11-2 de l'ordonnance n° 45-174 du 2 février 1945).

Mineurs âgés de plus de 16 ans

Les mineurs âgés de 16 ans révolus ne peuvent être placés en détention provisoire que dans l'un des cas suivants :
– s'ils encourent une peine criminelle ;
– s'ils encourent une peine correctionnelle d'une durée égale ou supérieure à 3 ans ;
– s'ils se sont volontairement soustraits aux obligations d'un contrôle judiciaire ou celles d'une assignation à résidence avec surveillance électronique.
En matière correctionnelle, lorsque la peine encourue n'est pas supérieure à 7 ans d'emprisonnement, la détention provisoire ne peut excéder 1 mois. Toutefois, à l'expiration de ce délai, la détention peut être prolongée à titre exceptionnel par une ordonnance motivée pour une durée n'excédant pas 1 mois. La prolongation ne peut être ordonnée qu'une seule fois. Dans les autres cas (peines supérieures à 7 ans de prison), la détention provisoire ne peut être prolongée au-delà d'1 an. En matière criminelle, les dispositions prévues pour les majeurs sont applicables aux mineurs de plus de 16 ans. Toutefois, la détention provisoire ne peut être prolongée au-delà de 2 ans.
(Art. 137-1 et suivants du Code de procédure pénale).
(Art. 11 de l'ordonnance n° 45-174 du 2 février 1945).

Les centres fermés et les peines de prison

Les centres éducatifs fermés

Les centres éducatifs fermés sont des établissements publics ou privés, dans lesquels les mineurs sont placés en application d'un contrôle judiciaire, d'un sursis avec mise à l'épreuve, d'un placement extérieur ou d'une libération conditionnelle. Au sein de ces centres, les mineurs font l'objet des mesures de surveillance et de contrôle permettant d'assurer un suivi éducatif et pédagogique renforcé et adapté à leur personnalité. La violation des obligations auxquelles le mineur est astreint (en cas de fugue, par exemple) peut entraîner son placement en détention provisoire ou

son emprisonnement. Le placement dans un centre fermé est limité à une durée de 6 mois (renouvelable une fois) s'il s'agit d'un contrôle judiciaire. La durée est égale à la peine de prison prononcée en cas de sursis avec mise à l'épreuve. À l'issue du placement en centre éducatif fermé ou, en cas de révocation soit du contrôle judiciaire, soit du sursis avec mise à l'épreuve ou, à la fin de la mise en détention, le juge des enfants prend toute mesure permettant d'assurer la continuité de la prise en charge éducative du mineur en vue de sa réinsertion durable dans la société.
(Art. 33 de l'ordonnance n° 45-174 du 2 février 1945).
Ces centres pilotes doivent établir une « charte pédagogique » pour que ces jeunes puissent se remettre à niveau scolairement et recevoir une formation professionnelle.

Les peines de prison

Le principe est la diminution de moitié de la peine privative de liberté encourue pour les mineurs âgés de plus de 13 ans coupables de crimes ou délits (ce que l'on appelle l'excuse de minorité) :
– si le mineur a moins de 16 ans, la peine de prison prononcée ne peut pas être supérieure à la moitié de la peine prévue pour les majeurs. Si la peine encourue est la réclusion criminelle à perpétuité, les juges ne peuvent prononcer une peine supérieure à 20 ans de réclusion criminelle ;
– si le mineur a plus de 16 ans, le principe de la diminution de la peine n'est pas obligatoire.
Pour ces mineurs de plus de 16 ans, l'excuse de minorité peut être écartée par la juridiction lorsque :
– les circonstances de l'espèce et la personnalité du mineur le justifient ;
– il s'agit d'un mineur récidiviste ayant commis le crime d'atteinte volontaire à la vie ou à l'intégrité physique ou psychique d'une personne, le délit de violences volontaires ou d'agression sexuelle ou encore si le délit a été commis avec la circonstance aggravante de violences.
En cas de multirécidive de ces infractions, l'excuse de minorité est automatiquement écartée, sauf décision contraire de la juridiction.
L'emprisonnement des mineurs est organisé de façon spécifique par décret.
Les périodes de sûreté ne sont pas applicables aux mineurs.
À noter : la diminution de la peine s'applique également aux peines planchers prévues en cas de récidive.
(Voir ① : *Récidive*).
(Art. 20-2 de l'ordonnance n° 45-174 du 2 février 1945).

Les peines de substitution

L'ordonnance du 2 février 1945 prévoit la possibilité d'ordonner de façon prioritaire à l'encontre de l'enfant délinquant des mesures d'éducation, de surveillance et de sauvegarde (par exemple : remise de l'enfant éventuellement sous liberté surveillée à ses parents, placement de l'enfant dans des centres d'éducation, dans des foyers…).
Par ailleurs, les travaux d'intérêt général ainsi que le sursis assorti de l'obligation d'accomplir un travail d'intérêt général sont applicables aux mineurs de 16 à 18 ans.
Le juge de l'application des peines doit veiller à ce que ces travaux d'intérêt général soient adaptés aux mineurs et présentent un caractère formateur de nature à favoriser l'insertion sociale des jeunes condamnés.
(Art. 20-5 de l'ordonnance du 2 février 1945).
(Voir ① : *Travail d'intérêt général*).

Les mineurs de 13 à 18 ans peuvent également être condamnés à effectuer un stage de citoyenneté. Le contenu du stage (rappel des valeurs républicaines de tolérance et de respect de la dignité humaine sur lesquelles est fondée la société) est adapté à l'âge du condamné et, à l'inverse des règles applicables aux majeurs, les frais du stage ne peuvent pas être mis à sa charge.
(Art. 20-4-1 de l'ordonnance n° 45-174 du 2 février 1945).
Le tribunal pour enfants a également la possibilité de proposer au mineur une mesure ou une activité d'aide ou de réparation à l'égard de la victime ou dans l'intérêt de la collectivité (par exemple : remise en état des biens dégradés). Lorsqu'il s'agit d'une mesure prévue à l'égard de la victime, celle-ci doit donner son accord. La mise en œuvre de cette mesure peut être confiée au secteur public, à un particulier ou à un établissement habilité à cet effet.
À noter : l'activité ou la mesure peut être proposée à tout moment de la procédure par le procureur de la République, par le juge des enfants ou par le tribunal. Si elle est proposée avant le renvoi au tribunal, le mineur doit donner son accord. Si elle est prononcée par jugement, seules ses observations préalables ainsi que celles de ses représentants sont recueillies.
(Art. 12-1 de l'ordonnance n° 45-174 du 2 février 1945).

Les peines d'amende

Le principe pour les peines d'amende est le même. Le mineur (de plus de 13 ans) ne peut être condamné à une peine d'amende supérieure à la moitié de l'amende encourue, ni supérieure à 7 500 € (les juges peuvent toutefois, dans certains cas, ne pas appliquer cette limite si le mineur a plus de 16 ans). Les mineurs de moins de 13 ans ne peuvent jamais être condamnés à une amende.
(Art. 20-2 de l'ordonnance n° 45-174 du 2 février 1945).

Les peines complémentaires

Ne peuvent, en aucun cas, être prononcées à l'encontre d'un mineur, les peines suivantes :
- l'interdiction du territoire français,
- le jour-amende,
- l'interdiction des droits civiques, civils et de famille,
- l'interdiction d'exercer certaines professions ou fonctions publiques,
- l'interdiction de séjour dans certains lieux déterminés,
- l'exclusion des marchés publics,
- l'affichage de la décision de condamnation.

(Art. 20-4 et suivants de l'ordonnance n° 45-174 du 2 février 1945).

› Comment se déroule la procédure et quelles sont les juridictions compétentes ?

Les poursuites - la mise en examen

Dès qu'un mineur est poursuivi pour un crime ou un délit, il doit obligatoirement être assisté d'un avocat lors de la première comparution. À défaut de choix de sa part ou de ses représentants légaux, le procureur de la République, le juge des enfants ou le juge d'instruction fait désigner par le bâtonnier un avocat d'office.
Le juge des enfants est saisi par requête du procureur. Lorsqu'il existe des charges jugées suffisantes contre le mineur, sur instructions du procureur de la République, le mineur peut également recevoir une convocation pour comparaître devant le juge

des enfants et délivrée en vue de sa mise en examen. Cette convocation est notifiée aux parents, tuteur ou service d'accueil du mineur. La victime est également avisée de la date de l'audience. Le juge des enfants procède à l'instruction de l'affaire. Si les faits ne nécessitent aucune investigation supplémentaire, le juge des enfants peut statuer immédiatement. Il peut, selon les cas, valider la composition pénale proposée par le procureur, relaxer le mineur, l'admonester, le remettre à ses parents, ordonner une enquête ou encore lui proposer une mesure d'aide ou de réparation à l'égard de la victime ou dans l'intérêt de la collectivité. Une activité de jour peut être imposée au jeune, à savoir le faire participer à des activités d'insertion professionnelle ou scolaire.

Cependant, si le mineur est récidiviste (il a commis une infraction identique - ou assimilée - moins d'1 an avant la nouvelle infraction), les pouvoirs du juge sont limités puisque l'admonestation et la remise aux parents ne peuvent pas être ordonnées seules. Il peut aussi, avant de prendre une nouvelle mesure (examen médical ou psychologique, prescription du contrôle judiciaire...) ou pour recueillir des renseignements sur la personnalité du mineur et sur la situation matérielle de sa famille, renvoyer l'affaire à une prochaine audience qui devra avoir lieu au plus tard dans les 6 mois. Dans ce cas, le mineur peut être placé dans un établissement spécialisé ou mis en liberté surveillée. Si les faits ne sont pas suffisamment établis, le juge des enfants procède alors à toute investigation nécessaire pour parvenir à la manifestation de la vérité, à la connaissance la plus complète du mineur et au choix des moyens les plus appropriés à sa rééducation (enquête, auditions, mandats, examen médical...). La décision de renvoi devant le tribunal pour enfants est ordonnée par le juge des enfants. En matière correctionnelle, ce renvoi peut être ordonné sur réquisitions du procureur de la République.

(Art. 5 à 12 de l'ordonnance n° 45-174 du 2 février 1945).

Les juridictions de jugement

Le tribunal de police

Si le mineur est l'auteur d'une contravention de simple police (en dehors des contraventions de la 5e classe), il comparaîtra devant le tribunal de police comme les délinquants majeurs. Le juge de proximité (qui exerce les attributions du tribunal de police pour juger de certaines contraventions) pourra être compétent.

(Art. 706-72 du Code de procédure pénale).

Le tribunal pour enfants

Il est compétent pour juger les mineurs ayant commis un délit ou une contravention de la 5e classe. De même, le tribunal pour enfants est compétent à l'égard d'un mineur de moins de 16 ans auquel est imputé un crime (une condamnation pénale pourra être encourue si le mineur a plus de 13 ans).

La procédure de présentation immédiate

Les mineurs qui ont été déférés devant le procureur de la République peuvent être poursuivis devant la juridiction des mineurs selon la procédure de présentation immédiate.

Cette procédure ne peut être engagée que si des investigations sur les faits ne sont pas nécessaires et si des investigations sur la personnalité du mineur ont été accomplies, le cas échéant, à l'occasion d'une procédure antérieure de moins d'1 an. La décision est prise en présence de l'avocat du mineur (choisi ou désigné) qui peut consulter le dossier et communiquer librement avec le mineur.

(Art. 14-2 de l'ordonnance n° 45-174 du 2 février 1945).

• Mineurs âgés de 13 à 16 ans

La procédure de présentation immédiate n'est possible que si la peine encourue est égale au moins à 5 ans d'emprisonnement et inférieure à 7 ans. Le procureur de la République ne peut alors requérir que le placement sous contrôle judiciaire du mineur jusqu'à sa comparution, devant le tribunal pour enfants, à une audience qui doit se tenir dans un délai de 10 jours à 3 mois.

• Mineurs âgés de plus de 16 ans

La procédure de présentation immédiate est applicable si la peine encourue est une peine d'emprisonnement supérieure ou égale à 1 an en cas de flagrance, ou supérieure ou égale à 3 ans dans les autres cas. L'audience devant le tribunal doit avoir lieu dans un délai qui ne peut être inférieur à 10 jours ni supérieur à 1 mois. Jusqu'à l'audience, le juge des enfants peut décider d'un placement sous contrôle judiciaire, ou d'un placement en détention provisoire. Toutefois le mineur peut être jugé dès la première audience s'il y consent expressément (ainsi que son avocat) et ce, sauf opposition de ses représentants légaux.

La cour d'assises des mineurs

Elle est compétente en cas de crimes commis par des mineurs de 16 à 18 ans.

Les droits et obligations des grands-parents

Les règles de l'autorité parentale

› Les parents peuvent-ils faire obstacle aux relations de leur enfant avec ses grands-parents ?

Les difficultés rencontrées par certains grands-parents pour exercer leur droit de visite auprès de leurs petits-enfants sont de plus en plus fréquentes. Elles peuvent être liées au divorce de leurs enfants ou à un remariage ; il arrive également qu'elles soient la conséquence de difficultés relationnelles avec leurs enfants. Statistiquement, les difficultés de contact petits-enfants/grands-parents se posent néanmoins le plus souvent à l'occasion d'une séparation ou d'un divorce des parents.
C'est donc l'intérêt de l'enfant qui est exclusivement pris en compte et non plus l'intérêt des seuls grands-parents, et c'est lui que le juge devra retenir pour orienter sa décision.
(Code civil, art. 371-4).

● Un droit de visite, d'hébergement ou de correspondance

Le texte précise que « l'enfant a le droit d'entretenir des relations personnelles avec ses ascendants. Seul « l'intérêt de l'enfant peut faire obstacle à ce droit ». Sur la base de cet article, un droit de visite et/ou d'hébergement, et/ou de correspondance (lettre, téléphone, e-mail…) peut être accordé aux grands-parents en cas de problèmes familiaux suffisamment graves pour interrompre les relations avec les petits-enfants. À défaut de l'obtenir à l'amiable ou dans le cadre d'une médiation familiale, il faudra avoir recours au juge (voir ci-après).
Les décisions varient suivant notamment l'âge des enfants et l'éloignement géographique parents/grands-parents.

● Droit de visite

Ce droit peut être fixé à un, voire deux week-end par mois. Il peut être plus limité dans le temps si le conflit est particulièrement grave entre les parents e que ce rétablissement des relations ne présente aucun danger pour l'enfant et que le conflit ne concerne que les relations entre les parents et les grands-parents, et non l'enfant.
« Leurs dissensions même profondes ne sont pas de nature à mettre en doute la sincérité des sentiments qui motivent la demande des grands-parents, fondée sur un droit légal qui va dans le sens de l'intérêt bien compris des petits-enfants. »
(Cour d'appel de Lyon, 1re chambre, 13 juillet 1988).
La visite peut se dérouler au domicile de l'enfant, en présence d'un tiers si la situation est conflictuelle (membre de la famille, ami…), ou dans un lieu neutre (point de rencontre au tribunal, par exemple).

Droit d'hébergement

Les grands-parents peuvent également demander à recevoir leurs petits-enfants dans le cadre d'un droit d'hébergement, par exemple un week-end par mois ou une partie des vacances. Ce droit est souvent largement accordé dans le cas où l'enfant a été élevé par ses grands-parents pendant plusieurs années avant d'être repris, par la suite, par son père ou sa mère.

Il peut, à l'inverse, être limité dans le temps si le conflit est particulièrement grave entre les parents et les grands-parents, et s'il risque de nuire à l'équilibre psychologique des enfants.

Ce droit peut être accordé de façon progressive quand le conflit entre les parents et les grands-parents est important (par exemple, l'enfant se rend une fois par mois pendant une première période de 6 mois chez ses grands-parents puis, si tout se passe bien, une fois par semaine).

À noter : les grands-parents doivent prendre en charge les frais de transport de leur petit-enfant, lorsqu'ils se rendent à leur domicile dans le cadre du droit d'hébergement.

Comme pour le droit de visite, le droit d'hébergement peut se dérouler en présence d'un tiers, par exemple, un autre membre de la famille, ou dans un lieu neutre, en cas de situation conflictuelle.

Droit de correspondre

Un droit de s'entretenir régulièrement par téléphone, par lettre ou e-mail peut également être accordé aux grands-parents.

La séparation ou divorce des parents

L'exercice du droit de visite et d'hébergement des grands-parents est indépendant de celui des parents. Quand les parents se séparent, il n'est en effet pas rare que les « ponts soient coupés » entre la mère (ou le père) et ses beaux-parents. Les relations s'enveniment et le parent qui détient l'autorité parentale ne fait rien pour faciliter les contacts réguliers de l'enfant avec la famille de l'autre parent. La séparation peut fragiliser la position des grands-parents, notamment paternels, qui calquent souvent les visites à leurs petits-enfants sur le droit de visite exercée par leur fils.

Par ailleurs, dans certains cas de séparation des parents, les grands-parents peuvent être utilisés comme les tiers « médiateurs » pour permettre l'exercice du droit de visite d'un des deux parents. Cela leur permettra de voir leurs petits-enfants.

(Voir Ⓘ : *Divorce*).

Mais ce n'est pas parce qu'un droit de visite et d'hébergement du père s'exerce, par exemple au domicile de la grand-mère, que celle-ci n'a pas le droit de demander pour elle un droit de visite spécifique. En pratique, cependant, le juge va devoir concilier les droits de visite des parents et des grands-parents, ce qui n'est pas toujours un exercice aisé quand il s'agit de préserver la stabilité de l'enfant. Les grands-parents doivent parfois savoir modérer leurs exigences.

Sur le plan de la procédure, les grands-parents n'ont aucun droit d'intervenir dans la procédure de divorce qui ne concerne que les seuls époux. Ils peuvent, le cas échéant, apporter leur témoignage, mais ils ne peuvent pas intervenir dans la procédure. Ils ne peuvent pas, par exemple, être entendus par le juge ou demander un droit de visite sur le petit-enfant en se joignant à la procédure de divorce. Cette demande doit être faite séparément.

Quand ce droit est-il refusé ?

Seul « l'intérêt de l'enfant » peut faire obstacle aux relations enfants/grands-parents. Le juge aux affaires familiales, comme pour tout ce qui concerne l'enfant, doit prendre en compte notamment ses besoins fondamentaux, physiques, intellectuels, sociaux et affectifs ainsi que le respect de ses droits.
En dehors de situations extrêmes entraînant une mise en danger de l'enfant (violence, alcoolisme, grave instabilité psy chologique des grands-parents...), les juges peuvent retenir un tel motif pour faire obstacle à la relation en présence de situations très passionnelles ou conflictuelles existant entre les parents et les grands-parents.
Par exemple, un arrêt a décidé que ces relations pouvaient être refusées en raison du conflit aigu opposant les grands-parents et la mère de l'enfant. (Cour de cassation, 1re chambre civile, 13 décembre 1989).
D'autres décisions peuvent, au contraire, en fonction des éléments du dossier, estimer que les relations enfants/grands-parents ne présentent aucun danger pour l'enfant et que le conflit ne concerne que les relations entre les parents et grands-parents et en aucun cas l'enfant.
Des circonstances particulières peuvent être prises en compte : par exemple, des parents peuvent invoquer le fait que l'enfant doit recevoir des soins que ses grands-parents ne peuvent pas lui donner ou encore que l'enfant ne connaît pas ses grands-parents. L'éloignement géographique peut également être retenu comme motif (grands-parents habitant à l'étranger, par exemple). Enfin, le dénigrement systématique des parents de l'enfant par les grands-parents, et en général une attitude hostile à leur égard, peut être considéré comme un motif autorisant le juge à refuser tout droit de visite et d'hébergement ou, du moins à le modifier.
En revanche, la simple mésentente entre les parents et les grands-parents, ou la divergence d'idées sur l'éducation tenant à la différence de génération, ne constitue pas en soi un motif tiré de l'intérêt de l'enfant autorisant les parents à refuser les relations entre leurs enfants et les grands-parents.
C'est donc l'intérêt de l'enfant qui guide le juge et notamment ses souhaits de voir ou non ses grands-parents, l'existence d'une relation avec eux antérieurement au conflit... Cet intérêt doit surpasser les antagonismes des intéressés.
À noter : ce n'est pas parce qu'un motif tiré de l'intérêt de l'enfant est retenu contre le grand-père que la grand-mère ne peut pas voir son petit-enfant (ou inversement). Le motif doit être apprécié de manière indépendante pour chacun des grands-parents.

Privilégier la recherche d'accord

S'adresser au juge ne doit être considéré que comme un ultime recours. En effet, quand il y a un conflit important entre les grands-parents et les parents, une procédure judiciaire pour obtenir un droit de visite pour un petit-enfant peut s'avérer longue, coûteuse et surtout traumatisante et douloureuse pour l'ensemble de la famille.
Dans ce domaine délicat, le dialogue et la discussion doivent être recherchés – ce qui nécessite du temps – sous l'égide d'une personnalité indépendante. Sur un plan pratique, les grands-parents peuvent s'adresser à un médiateur familial ou à un conciliateur de justice pour tenter de trouver un terrain d'entente avec les parents.
L'adresse d'un médiateur ou d'un conciliateur peut être obtenue par l'intermédiaire de sa mairie.
Le Défenseur des enfants n'est, en revanche, pas compétent et ne peut donc pas être saisi par les grands-parents.
(Voir Ⓘ : *Conciliation ; Médiation, familiale ; Défenseur des enfants*).

Comment saisir la justice ?

Si aucun accord n'est envisageable ou n'a été trouvé, les modalités des relations peuvent être réglées par le juge aux affaires familiales compétent. Il s'agit du juge aux affaires familiales :
– du lieu où se trouve la résidence de la famille ;
– du lieu de résidence du parent avec lequel réside habituellement le petit-enfant en cas d'exercice en commun de l'autorité parentale, ou du lieu de résidence du parent qui exerce seul cette autorité, si les parents vivent séparément ;
– du lieu où réside celui qui n'a pas pris l'initiative de la procédure (domicile du ou des parents) dans les autres cas.
Pour ce faire, ils doivent s'adresser à un avocat qui peut seul introduire l'instance et représenter les grands-parents (et les parents) à l'audience.
(Art. 1070, 1180 du Code de procédure civile).

Que peut faire le juge ?

Dans ce domaine, comme pour tout ce qui touche aux enfants, le juge examine d'abord l'intérêt de l'enfant (et non celui des parents ou des grands-parents). Il peut tenter de concilier les intéressés. Il peut proposer une mesure de médiation familiale (voir ci-dessus) et, après avoir recueilli l'accord des parties, désigner un médiateur familial pour y procéder.
Il peut également ordonner une enquête sociale ou médico-psychologique de l'enfant afin de comprendre l'origine du conflit et les façons d'y remédier. Dans ce cadre, l'enquêteur se rend au domicile des parents et des grands-parents, les écoute et rend un rapport susceptible d'éclairer le juge dans sa décision. Le juge donne communication du rapport aux intéressés en leur fixant un délai dans lequel ils ont la faculté de demander un complément d'enquête ou une nouvelle enquête.
Le juge peut également entendre l'enfant, si celui-ci est « capable de discernement », et doit le faire si ce dernier en fait la demande (sauf à motiver expressément son refus).
(Art. 338-1 à 338-9 du Code de procédure civile).
(Code civil, art. 388-1).
la violation de la décision judiciaire accordant un droit de visite et d'hébergement à un grand-parent peut être sanctionnée pénalement. Ainsi, le fait de refuser de représenter un enfant mineur à la personne qui a le droit de le réclamer en vertu d'une décision de justice est un délit puni d'1 an d'emprisonnement et de 15 000 € d'amende (Rép. Min. n° 69443 JOAN).
(Code pénal, art.227-5).
(Voir Ⓘ : *Non-représentation d'enfant*).

› L'enfant confié à ses grands-parents en cas de séparation ou de décès des parents

L'ouverture d'une procédure d'assistance éducative ou de délégation d'autorité parentale peut entraîner le fait que l'enfant vive chez ses grands-parents. Mais il existe une procédure moins connue prévue par l'article 373-3 du Code civil qui a également cet objectif.

Les cas visés

L'article 373-3 du Code civil, qui traite du sort de l'autorité parentale en cas de séparation des parents, précise dans son 2e alinéa : « Le juge peut, à titre exceptionnel et si l'intérêt de l'enfant l'exige, notamment lorsqu'un des parents est privé de l'exercice de l'autorité parentale, décider de confier l'enfant à un tiers, choisi de préférence dans sa parenté. »

La résidence de l'enfant après une séparation est en principe l'affaire des parents. Cependant, la rupture entre eux peut se présenter dans des conditions si défavorables (par exemple, instabilité, état psychologique fragile, etc.) qu'il faut faire appel à un tiers auquel l'enfant sera confié.
Dans ces circonstances particulières, le juge aux affaires familiales peut, si l'intérêt de l'enfant l'exige, décider de confier l'enfant à ses grands-parents.
Cet article permettant aux grands-parents de prendre leur petit-enfant chez eux s'applique aussi en cas de décès d'un parent. Il prévoit que le juge aux affaires familiales, qui statue sur les modalités de l'exercice de l'autorité parentale après séparation des parents, peut décider dans des circonstances exceptionnelles, du vivant même des parents, qu'en cas de décès de celui d'entre eux qui exerce cette autorité, l'enfant ne sera pas confié au survivant. Il peut, dans ce cas, désigner la personne à laquelle l'enfant sera provisoirement confié. Il peut s'agir notamment des grands-parents.
Cette règle est une exception au principe de la dévolution automatique au conjoint survivant de l'autorité parentale, qui existe même en cas de séparation des parents
Cette demande peut intervenir, par exemple, si l'enfant a toujours vécu chez ses grands-parents avec un de ses parents, l'autre étant décédé.
(Voir Ⓘ : *Tutelle ; Autorité parentale*).

● Les conséquences

Dans ces hypothèses, l'enfant va résider chez ses grands-parents mais l'autorité parentale continue d'être exercée par le parent ou les parents.
(Code civil, art. 373-2-8 et 373-3).
En revanche, le grand-parent peut accomplir tous les actes usuels concernant sa surveillance et son éducation (aller chercher son petit-enfant à l'école…).
Pour les actes plus importants, il doit obtenir l'accord de l'autre parent.
En cas de conflit ou de difficulté de communication avec le parent, il peut saisir le juge aux affaires familiales qui tranchera en fonction de l'intérêt de l'enfant.
Le juge aux affaires familiales qui confie l'enfant à un tiers peut également demander l'ouverture d'une tutelle. Un grand-parent peut être désigné tuteur de l'enfant.
(Code civil, art. 373-4).

● La procédure

Le juge ne peut être saisi de cette demande que par l'un des parents de l'enfant ou le ministère public (procureur de la République). Les grands-parents qui veulent prendre l'initiative doivent donc écrire au procureur de la République pour faire cette demande. Le procureur transmet au juge aux affaires familiales.
La décision du juge peut être basée notamment sur l'avis de l'enfant ou sur les renseignements recueillis lors de l'enquête sociale.
(Code civil, art. 373-3, art. 373-2-8 et 373-2-11).

› Le décès des deux parents

Les parents peuvent désigner la personne qui sera le tuteur de leur enfant dans l'hypothèse de leur double décès. Cette nomination peut être faite par testament ou devant notaire. Ils peuvent ainsi choisir toute personne issue du cercle familial ou non (parrains, amis proches… ou grands-parents).
À noter : depuis le 1er janvier 2009, il n'y a plus de tutelle légale des ascendants (tutelle automatiquement dévolue aux grands-parents en l'absence de choix des parents).
(Voir Ⓘ : *Tutelle des mineurs*).
(Code civil, art. 403).

› Les grands-parents peuvent-ils adopter leur petit-enfant ?

En cas de décès du ou des parents (mais également dans d'autres situations), les grands-parents peuvent s'interroger sur la possibilité d'adopter leur petit-enfant. Les textes ne l'interdisent pas. Cette adoption est donc possible dans les conditions de droit commun. On constate à la lecture des décisions des tribunaux, que l'adoption a le plus de chance d'aboutir si le grand-parent :

– est encore jeune et suffisamment disponible pour accomplir ses fonctions auprès de l'enfant ;

– a recueilli l'enfant, ou, en tout cas, a un lien affectif fort avec lui.

(Voir Ⓘ : *Adoption*).

Mais si l'adoption d'un petit-enfant n'est pas interdite par les textes, elle est regardée avec suspicion par les tribunaux qui hésitent à « brouiller les repères familiaux » et à faire des petits-enfants adoptés les frères et sœurs de leurs propres parents.

Du vivant des parents, l'adoption, même simple, est souvent refusée, comme constituant une forme de détournement de cette procédure.

Par exemple, a été refusée à une grand-mère de 91 ans la possibilité d'adopter six de ses sept petits-enfants à la suite du décès de leurs parents, l'opération ayant essentiellement un but successoral, étranger à l'esprit de la loi sur l'adoption. Cette opération aurait engendré une confusion des générations, sans être conforme à l'intérêt des personnes concernées en dehors de leur intérêt financier (Cour de cassation, 1re chambre civile, 16 octobre 2001).

› La délégation d'autorité parentale

Un grand-parent peut se voir attribuer des droits sur un petit-enfant dans le cadre de la « délégation d'autorité parentale ». Lorsque qu'une délégation est accordée, cela signifie que les grands-parents exercent, en tout ou partie, les droits et obligations liés à l'autorité parentale dont les parents bénéficient normalement sur leur enfant (éducation, surveillance, soins médicaux de l'enfant…). C'est cette autorité qui permet aux parents de prendre les décisions concernant l'enfant (santé, choix concernant la scolarité, loisirs…). Dans l'hypothèse d'une délégation, cette autorité va être transmise, en tout ou en partie, dans le cadre d'un jugement, aux grands-parents.

Il s'agit d'une mesure intéressante pour les grands-parents qui se distingue de celle prévue par l'article 373-3 du Code civil (voir ci-dessus) organisant le transfert de résidence de l'enfant chez ses grands-parents où les droits des grands-parents sont réduits. Elle ne suppose, d'ailleurs, pas forcément la remise de l'enfant au grand-parent (les parents peuvent, tout en bénéficiant de l'aide du grand-parent, continuer à élever leurs enfants).

● Dans quelles situations la demander ?

La délégation peut, par exemple, concerner une jeune mère célibataire avec de faibles ressources, n'arrivant pas à conjuguer vie professionnelle et maternité et qui souhaite confier son enfant à ses parents pour une période transitoire. Elle peut aussi concerner des parents partant à l'étranger qui souhaitent que leur enfant reste en France et désirent, avec l'accord des grands-parents, le leur confier pour l'année scolaire.

Mais elle peut aussi viser des situations plus graves, comme dans le cas, par exemple, d'un grand-parent estimant son fils incapable de s'occuper de l'éducation de son enfant et souhaitant prendre en charge l'enfant, avec son accord de préférence, ou en justice, si cela s'avère indispensable…

La procédure

Quel que soit le type de délégation (totale ou partielle, forcée ou non), elle résulte d'un jugement rendu par le juge aux affaires familiales du lieu de résidence de l'enfant qui peut être saisi par requête. Les grands-parents peuvent également saisir le procureur de la République qui saisira le juge. Il n'est pas obligatoire dans le cadre de cette procédure d'être assisté d'un avocat (bien que fortement conseillé).
Si l'enfant fait l'objet d'une mesure d'assistance éducative, la délégation ne peut intervenir qu'avec l'avis du juge des enfants et des parents.
Le juge contrôle les conditions de la délégation de l'autorité parentale. Il peut la refuser s'il l'estime contraire à l'intérêt de l'enfant. Que la délégation soit volontaire ou forcée, les deux parents doivent être appelés à l'instance.
(Art. 1202, al. 2 et art. 1203 du Code de procédure civile).
(Code civil, art. 377 al. 3).

Les formes de la délégation

Délégation partielle ou totale

Cette délégation peut prendre la forme d'un partage de l'autorité parentale entre le délégant (le ou les parents bénéficiant de l'autorité parentale) et les grands-parents pour les besoins de l'éducation de l'enfant.
Dans cette hypothèse, le père ou la mère ne renonce donc pas à ses droits. Ce partage de l'autorité parentale ne peut être décidé par le juge qu'avec l'accord des deux parents, s'ils exercent en commun l'autorité parentale.
(Code civil, art. 377-1).
Dans le cadre de ce partage de l'exercice de l'autorité parentale, les actes usuels accomplis par les parents et le grand-parent sont présumés être accomplis avec l'accord de chaque partie, conformément à l'article 372-2 du Code civil.
Les tribunaux considèrent comme des actes usuels ceux qui se conforment à une pratique antérieure (comme la réinscription dans un établissement scolaire) ou qui n'engagent pas l'avenir de l'enfant.
Tel est le cas d'une demande administrative comme l'établissement d'une pièce d'identité, l'inscription dans un organisme de voyages, à un club sportif, une colonie de vacances, le fait de conduire l'enfant chez le dentiste ou le médecin pour une visite habituelle… Cette présomption a pour but de faciliter la vie quotidienne de la famille.
Les autres actes exigent l'accord des parents et des grands-parents.
(Code civil, art. 372-1, 372-2).
Mais le juge peut également décider, en fonction des circonstances du dossier, une délégation totale de l'autorité parentale.
Dans ce cas, les grands-parents ont les mêmes pouvoirs que les parents auxquels ils se substituent.
Dans tous ces cas, la décision du juge peut être modifiée s'il y a des éléments nouveaux.

Délégation volontaire ou forcée

Le texte prévoit que « les père et mère, ensemble ou séparément, peuvent, lorsque les circonstances l'exigent, saisir le juge en vue de voir déléguer tout ou partie de l'exercice de leur autorité parentale à un tiers, membre de la famille, proche digne de confiance, établissement agréé pour le recueil des enfants ou service départemental de l'Aide sociale à l'enfance… ». C'est ce que l'on appelle la délégation volontaire.
Différent est le cas du désintérêt manifeste de l'enfant par ses parents ou de parents dans l'impossibilité d'exercer tout ou partie de l'autorité parentale (maladie grave,

éloignement, détention...). Dans ce cas, le grand-parent qui a recueilli l'enfant peut également saisir le juge aux fins de se faire déléguer totalement ou partiellement l'exercice de l'autorité parentale. C'est la délégation forcée. L'objectif de la délégation forcée est de permettre à la personne qui a déjà la responsabilité de l'enfant de disposer des moyens juridiques nécessaires, sans pour autant recourir à des solutions telles que l'assistance éducative ou le retrait de l'autorité parentale pour défaut de soins. Par exemple, une délégation peut être accordée à une grand-mère maternelle qui élève sa petite-fille, la mère de l'enfant étant décédée et le père n'ayant entretenu aucune relation avec son enfant depuis plusieurs années.
(Code civil, art. 377).
(Voir Ⓘ : *Assistance, éducative*).

● Durée de la délégation et modifications

La décision sur la délégation peut toujours faire l'objet de modification en cas de circonstances nouvelles ou prendre fin par un nouveau jugement (par exemple, si les grands-parents ne peuvent plus supporter cette charge). La délégation est, en effet, toujours temporaire.
Les parents peuvent à tout moment saisir le juge aux affaires familiales afin de se voir restituer leurs droits s'ils justifient de circonstances nouvelles (par exemple, fin de la période de perturbation affective ou des difficultés financières). De même, les grands-parents peuvent dans les mêmes conditions demander la fin de la délégation.

› La responsabilité civile des grands-parents

Si les petits-enfants causent des dommages pendant qu'ils sont en vacances chez leurs grands-parents, ces derniers en sont-ils responsables ?

● Le principe

En vertu de l'article 1384 du Code civil, les parents sont solidairement responsables du dommage causé par leurs enfants mineurs sur lesquels ils ont l'autorité parentale et habitant avec eux.
(Code civil, art. 1384).
(Voir Ⓘ : *Responsabilité, parents*).
Le ou les parents sont donc responsables de plein droit de leurs enfants qui habitent avec eux ou qui restent sous leur autorité, même s'ils sont matériellement confiés aux grands-parents. Deux conditions pour engager la responsabilité des parents doivent être réunies : le parent responsable en vertu de l'article 1384 est celui qui possède l'autorité parentale et, en cas de séparation des parents, celui chez qui habite l'enfant.
Une des conséquences de l'autorité parentale est en effet que les parents, en leur qualité d'éducateurs, sont présumés responsables, vis-à-vis des tiers, des fautes commises par leurs enfants mineurs habitant avec eux. Il s'agit d'une responsabilité automatique. La victime des agissements des enfants est dispensée de prouver une faute commise par les parents dans l'éducation ou la surveillance de l'enfant.
(Voir Ⓘ : *Autorité parentale*).
Les grands-parents qui gardent l'enfant (ils ne sont pas tenus d'avoir une assurance responsabilité civile) n'ont donc pas à subir les éventuelles conséquences d'un accident causé par leur petit-enfant quand ils n'ont rien à se reprocher ; les parents résidents (chez qui habite l'enfant) sont présumés responsables du fait de leur autorité parentale, ce sont eux les éducateurs de l'enfant. Les grands-parents n'ont pas l'autorité parentale et n'ont pas d'obligation d'éduquer l'enfant.

● La faute de surveillance des grands-parents

Mais une faute peut leur être reprochée (faute de surveillance la plupart du temps). Les grands-parents peuvent alors voir leur responsabilité engagée en tout ou en partie. Ils doivent donc être vigilants quand ils reçoivent leurs petits-enfants.
Le devoir de surveillance sur l'enfant consiste pour les grands-parents dans le fait d'empêcher toute attitude dangereuse de celui-ci et la réalisation d'un dommage pour l'enfant lui-même ou d'autres personnes. Les grands-parents doivent maîtriser les activités et le comportement de cet enfant. Leur vigilance doit être accrue si l'enfant est très jeune.
Cette responsabilité des grands-parents peut être engagée par la victime de l'enfant ou les parents de leur petit-enfant, si c'est l'enfant qui est victime de ses propres agissements (par exemple, s'il s'est blessé).
(Code civil, art. 1382).
Cette faute est difficilement admise en justice comme en témoignent plusieurs arrêts de la Cour de cassation et notamment ceux du 5 février 2004 et 18 mars 2004. Ces décisions de la Cour de cassation, intervenues à quelques jours d'intervalles, sont riches d'enseignements pour les grands-parents.
Ainsi, dans la première décision citée, alors qu'il séjournait en vacances chez son grand-père, un enfant en visite avec son grand-père dans une ferme voisine, y provoquait, en enflammant accidentellement de la paille avec un briquet qu'il y avait trouvé, un incendie endommageant la ferme et une propriété voisine.
Les propriétaires et leur assureur assignent donc en réparation les père et mère de l'enfant, l'enfant (devenu majeur) et leur assureur, ainsi que le grand-père et son assureur.
La demande contre le grand-père a été rejetée. Le grand-père aurait pu, selon cet arrêt, être personnellement tenu responsable d'une faute pour avoir laissé sans surveillance son petit-fils, mais il était noté dans cet arrêt :
– que le jeune âgé de 11 ans avait une certaine autonomie ;
– qu'il évoluait dans une propriété privée dont il n'est pas établi qu'elle a pu présenter par elle-même des dangers particuliers ;
– que le grand-père (qui ignorait que son petit-fils avait trouvé un briquet) se trouvait avec lui dans l'exploitation agricole sans être à la vue l'un de l'autre, mais à portée de voix. La Cour rejette donc l'existence d'un défaut de surveillance du grand-père, mais retient la responsabilité de plein droit des parents dès lors que l'enfant résidait habituellement avec eux et que la responsabilité du grand-père ne pouvait être recherchée, ni sur le fondement de l'article 1384 alinéa 1er du Code civil, ni sur le fondement de l'article 1382 du même Code.
(Cour de cassation, 2e chambre civile, 5 février 2004).
Dans une autre décision d'une cour d'appel, la responsabilité de la grand-mère pour faute de surveillance a été en partie retenue. Deux enfants jouaient à une balançoire au domicile de la grand-mère du plus jeune d'entre eux. Le plus âgé des deux (7 ans) blessait le petit-fils (2 ans) qui chutait de la balançoire. La mère a demandé réparation au père de l'enfant. Le père et son assureur ont assigné la grand-mère. Il a été établi que la grand-mère « n'avait pas mis fin à une situation dangereuse qu'elle avait pu constater ». Elle a été déclarée responsable avec le père (40 % pour la grand-mère ; 60 % pour le père), (Cour d'appel de Nancy, 26 avril 2004).

La prise d'une assurance

Quand l'enfant est souvent confié aux grands-parents (week-end, vacances, droit d'hébergement), les parents ont intérêt à vérifier qu'ils sont couverts pour les dégâts causés aux tiers (et aux grands-parents) par leurs enfants dans le cadre d'une assurance responsabilité civile familiale.
L'assurance responsabilité civile, non obligatoire, est la plupart du temps incluse dans la police multirisques habitation. Elle couvre les dommages causés par les enfants mineurs.
Quant aux grands-parents, compte tenu de l'actuelle jurisprudence, ils n'ont en principe pas besoin de s'assurer pour leurs petits-enfants quand ceux-ci leur sont confiés ponctuellement mais ils ne doivent pas hésiter à faire le point avec leur assureur. Et cela d'autant plus si, par exemple, les grands-parents ont obtenu la résidence de l'enfant à leur domicile ou une délégation d'autorité parentale. Leur responsabilité peut, de ce fait, être plus facilement retenue.

› Le droit d'alerte des grands-parents

Dans certains cas critiques, les grands-parents peuvent alerter les instances judiciaires s'ils estiment le petit-enfant en danger. En matière d'assistance éducative, lorsqu'il est nécessaire de retirer l'enfant de son milieu actuel, le juge des enfants peut le confier, notamment, à ses grands-parents.
Ils peuvent également depuis la loi n° 2007-293 du 5 mars 2007 alerter le Défenseur des enfants.
En effet, l'autorité parentale a pour finalité l'intérêt de l'enfant. Les droits et obligations des parents sur leur enfant ne sont donc pas sans limite. En tant que grands-parents, ils ont leur mot à dire sur l'éducation donnée à leurs petits-enfants.
(Voir Ⓘ : *Défenseur des enfants*).

La modification de l'autorité parentale

Les grands-parents peuvent demander, en premier lieu, une modification dans l'exercice par les parents de l'autorité parentale.
C'est au titre de cette autorité que les parents peuvent exiger que l'enfant habite avec eux, qu'ils exercent un droit de surveillance et d'éducation sur cet enfant, et qu'ils ont l'obligation de pourvoir à ses besoins. Il ne faut pas oublier que la finalité de l'autorité parentale est l'intérêt de l'enfant.
Si les grands-parents estiment que les mesures prises par les parents ne vont pas dans ce sens, ils ne peuvent pas directement saisir le juge aux affaires familiales d'une demande de modification (comme pourraient le faire un parent vis-à-vis de l'autre). Cependant, ils peuvent saisir le ministère public (Parquet) en tant que « tiers » par rapport aux parents de l'enfant.
(Code civil, art. 373-2-8 et 373-2-13).
Pour cela, ils doivent s'adresser au service du Parquet auprès du tribunal de grande instance du lieu où réside l'enfant.

De l'assistance éducative au retrait d'autorité parentale

Les mesures de l'assistance éducative et du retrait de l'autorité parentale sont appelées à intervenir dans des situations très similaires, en présence d'un danger pour l'enfant, du fait de ses parents. Ce danger peut être d'ordre :
– physique, résultant notamment du défaut de soins ou d'alimentation, de corrections exagérées… ;
– psychologique ou affectif, lorsque l'enfant vit, par exemple, dans un environnement déséquilibré, entre des parents qui se déchirent, et/ou est délaissé ;

– éducatif, par exemple, lorsque la famille adopte un mode de vie l'isolant des autres, ou quand les parents ont des conceptions éducatives aberrantes, ou en cas de carence éducative (parents majeurs incapables, détenus…).
Dans ces cas extrêmes, il est possible, en tant que grands-parents et au même titre que d'autres membres de la famille, de déclencher une procédure d'assistance éducative ou de retrait de l'autorité parentale.
(Code civil, art. 375, 378-1).

● L'assistance éducative

Il faut faire un signalement au Parquet (procureur de la République) en lui adressant un courrier. Il n'est en effet pas possible de saisir directement le juge pour enfants, juge compétent en présence d'un danger pour l'enfant.
Le bureau du procureur va faire une enquête et peut saisir le juge des enfants pour la mise en place d'une mesure d'assistance éducative. Cette procédure est possible lorsque « la santé, la sécurité ou la moralité d'un mineur sont en danger ou lorsque les conditions de son éducation sont gravement compromises ».
Au titre de ces mesures, l'enfant peut être maintenu dans son milieu actuel : ses parents bénéficient d'aide et de conseils, afin de surmonter leurs difficultés matérielles ou morales.
(Code civil, art. 375, 375-2).
Cependant, le juge pour enfants peut également, en cas de nécessité, retirer l'enfant de son milieu actuel, pour le placer chez un tiers. À ce titre, le petit-enfant peut être confié à ses grands-parents. Les parents conservent cependant l'autorité parentale et en exercent tous les attributs qui ne sont pas inconciliables avec la décision prise.

● Le retrait de l'autorité parentale

Il s'agit d'une mesure particulièrement grave pour le parent concerné. Bien souvent, en pratique, le fait de confier l'enfant à un tiers, comme ses grands-parents, permet d'éviter cette mesure grave qu'est le retrait de l'autorité parentale. Cette mesure n'est d'ailleurs décidée qu'en dernier recours.
La procédure de retrait de l'autorité parentale concerne précisément les cas graves de parents qui « mettent manifestement en danger la sécurité, la santé ou la moralité de l'enfant » (alcoolisme, mauvais traitements, usage de stupéfiants…) ou qui s'en désintéressent (isolément du jeune, défaut de soins, absentéisme scolaire…).
L'action en retrait de l'autorité parentale peut être engagée par les grands-parents devant le tribunal de grande instance du lieu où demeure le parent contre laquelle elle est exercée.
L'assistance d'un avocat est obligatoire.
(Voir ① : *Autorité parentale*).

■ Pensions alimentaires et allocations

L'obligation alimentaire est une aide matérielle, due par un membre de la famille à un de ses proches sans ressources suffisantes. Son montant varie en fonction des ressources de celui qui la verse et des besoins du demandeur.
(Code civil, art. 208).
Elle est traditionnellement fondée sur la solidarité devant exister entre membres de la famille, l'intervention de l'État prenant dans certains cas la suite de cette entraide familiale en cas de carence de la famille (aide sociale pour les personnes âgées, par exemple).

Cette obligation de fournir des « aliments » peut être exécutée en nature par l'attribution au débiteur de moyens de subsistance (un logement par exemple, des soins, de la nourriture, du chauffage...) ou en réglant directement les factures de ces « aliments » (par exemple, paiement des mensualités d'une maison de retraite).
Mais l'obligation alimentaire prend, dans la très grande majorité des cas, la forme d'une pension alimentaire, c'est-à-dire d'une somme d'argent versée tous les mois à l'intéressé, à son domicile ou à sa résidence.
Le Code civil prévoit que les ascendants et les descendants, sans limitation, sont tenus de s'entraider : une pension alimentaire peut être versée par des grands-parents à leurs petits-enfants. Inversement, des grands-parents dans le besoin peuvent demander une aide financière à leurs petits-enfants.
(Code civil, art. 205).

› Quand les grands-parents peuvent-ils être amenés à verser une pension à leurs petits-enfants ?

Lors d'une séparation (mais pas seulement), il est fréquemment demandé aux grands-parents de pallier les carences des parents dans la prise en charge financière de leurs propres enfants en leur versant une pension alimentaire.
Cette demande va, par exemple, émaner d'une belle-fille qui se trouve confrontée à un père sans ressources. Mais quand l'enfant est mineur, ce sont les parents de l'enfant qui doivent contribuer à son entretien.
Comment se combine cette obligation des père et mère et celle des autres ascendants (grands-parents, arrière-grands-parents...) ?

Priorité de l'obligation des parents par rapport aux grands-parents

Selon les tribunaux, les parents de l'enfant doivent verser une pension alimentaire pour leur enfant, par priorité aux grands-parents ou autres aïeuls.
(Cour de cassation, 1re chambre civile, 6 mars 1990).
La conséquence de ce principe est qu'une action directement adressée contre les grands-parents pourrait être déclarée irrecevable.
Le parent, à qui est demandée une pension alimentaire, doit, en effet, tout mettre en œuvre pour s'en acquitter. Cette obligation d'éduquer et d'entretenir son enfant prime sur d'autres charges qu'il peut avoir (comme par exemple, des crédits à la consommation).

Les grands-parents sont tenus subsidiairement

Mais les grands-parents peuvent être tenus, comme dans l'exemple suivant, de verser une pension à leurs petits-enfants si les parents ne peuvent, en tout ou en partie, faire face à leurs propres obligations.
Dans une affaire jugée dans le cadre d'un après-divorce, la mère avait obtenu que les enfants habitent chez elle et que le père verse une pension.
À la suite du défaut de paiement de la pension, ce dernier était condamné pour abandon de famille. La mère s'est retournée vers ses anciens beaux-parents (les grands-parents des enfants) et les a assignés pour obtenir une contribution pour leurs petits-enfants.
Elle ne disposait d'aucun revenu professionnel, ses ressources étant limitées aux allocations familiales.
Les grands-parents ont été condamnés car selon la cour d'appel, « ... l'obligation que l'article 203 du Code civil met à la charge des époux de nourrir, entretenir et

élever les enfants n'exclut celle que les articles 205 et 207 du même code imposent en leur faveur aux autres ascendants que dans la mesure où les parents peuvent y faire face ... ».
(Cour d'appel de Versailles, 29 septembre 1989).
Cette obligation peut prendre la forme d'une pension alimentaire ou être accordée en nature, par exemple, en laissant aux petits-enfants l'usufruit ou la jouissance d'un appartement dont on est copropriétaire.
(Cour de cassation, 1re chambre civile, 13 juin 1993).
(Code civil, art. 373-2-2 et 373-2-3).

● La fiscalité

Les grands-parents ne peuvent pas, en présence de parents, directement déduire la pension qu'ils sont amenés à verser à leurs petits-enfants mineurs. Pour le fisc, en effet, l'aide apportée à un petit-enfant doit être appréciée après la réalisation de l'obligation alimentaire des parents.
Si les ressources des parents sont insuffisantes, les grands-parents peuvent déduire la pension alimentaire qu'ils versent à leurs propres enfants majeurs dans les limites légales.
Si l'enfant majeur dans le besoin est célibataire, veuf, séparé ou divorcé et chargé de famille, il est admis que la limite de déduction soit doublée pour tenir compte de la charge supportée par l'entretien des petits-enfants.
En revanche, une pension versée par des grands-parents à leurs petits-enfants orphelins est déductible (Réponse ministérielle n° 39 268, JOAN, 1er juillet 1991 ; Art. 156-11, 2e du Code général des impôts).
Les grands-parents concernés doivent donc de se renseigner avant d'effectuer leur déclaration de revenus.

› Les grands-parents peuvent-ils demander une pension alimentaire à leurs petits-enfants ?

Il est possible de faire appel à sa famille quand on est dans le besoin. S'il résulte de l'article 205 que les grands-parents doivent aider leurs petits-enfants, à l'inverse, les petits-enfants peuvent être tenus d'aider leurs grands-parents dans le besoin. Ici, contrairement à la situation précédente, il n'y a pas de priorité pour les grands-parents de s'adresser d'abord à leurs enfants plutôt qu'à leurs petits-enfants.
D'après la Cour de cassation, dans un arrêt déjà ancien, aucune disposition n'impose en effet à un parent une action commune contre tous les débiteurs ou des actions successives selon un ordre déterminé contre chacun des débiteurs. (Cour de cassation, chambre civile, 2 janvier 1929).
Ainsi, une personne âgée dans le besoin pourra s'adresser indifféremment à ses enfants ou à l'un de ses petits-enfants, son choix étant dicté, a priori, par les possibilités contributives de l'intéressé.
Cela n'empêche pas qu'un recours puisse être exercé par celui qui s'est acquitté de sa dette alimentaire contre les autres membres de la famille tenus également à l'obligation alimentaire.
Cela signifie, par exemple – et cette situation n'est pas rare – qu'une personne peut être amenée à devoir aider un de ses grands-parents sans ressources qui n'arrive pas à payer les mensualités de sa maison de retraite.
De même, les services de l'aide sociale peuvent s'adresser aux petits-enfants plutôt qu'aux enfants au titre de leur obligation alimentaire.

Les différents recours

Les hôpitaux

Quand une personne est hospitalisée dans un hôpital public, et qu'elle ne peut pas payer ses factures, l'hôpital dispose d'un recours direct contre les membres de sa famille tenus à une obligation alimentaire à son égard – et notamment ses petits-enfants.

Les recours effectués sur ce fondement par les hôpitaux sont relativement fréquents. (Art. L. 6145-10 du Code de la santé publique).

Mais le débiteur est tenu de la seule obligation alimentaire et non de régler les dettes de la personne hospitalisée. La distinction est importante car sa participation doit être fixée en tenant compte notamment de ses ressources. (Cour de cassation, 1re chambre civile, 1er décembre 1987).

Le juge pourra ainsi ne faire supporter qu'une partie de la facture en fonction des possibilités contributives du proche.

À défaut d'accord de la famille sur le montant des aliments éventuellement dus, l'hôpital ne peut que saisir le juge aux affaires familiales, juge compétent en matière de pension alimentaire, pour qu'il se prononce sur l'existence de cette obligation, tant en ce qui concerne son principe que son étendue.

Par ailleurs, la demande ne peut porter que sur les factures postérieures à la demande en justice de l'hôpital. Il s'agit d'une application de la règle « Aliments ne s'arréragent pas ».

Cette règle nous vient de l'ancien droit. Elle est appliquée par les tribunaux bien que ne figurant pas dans le Code civil. Elle signifie qu'on ne peut pas demander pour le passé de pension alimentaire.

Cette règle est fondée sur l'absence de besoin du créancier ou sur sa renonciation présumée à réclamer cette pension : il n'est pas possible de demander pour le passé une pension alimentaire car, si l'on n'a pas demandé de pension, c'est parce que l'on était à l'abri du besoin.

Cette règle fait l'objet de nombreuses critiques – pour certains, elle est désuète et anachronique. Pourtant elle est encore couramment invoquée et appliquée par les tribunaux.

Selon un arrêt : « Si les hôpitaux et les hospices disposent, par voie d'action directe, d'un recours contre les débiteurs des personnes hospitalisées, et spécialement contre leurs débiteurs d'aliments, ce recours est à la mesure de ce dont ces débiteurs sont redevables… or il est de principe que les aliments ne s'arréragent pas… » (Cour de cassation, 1re chambre civile, 5 février 1991).

Il n'est donc permis de réclamer de pension alimentaire que pour l'avenir, à compter de la demande en justice.

La demande de l'hôpital effectuée après le décès de la personne hospitalisée est par ailleurs irrecevable. Cette règle est commune aux obligations alimentaires.

Le décès éteint la créance alimentaire. Les hôpitaux ne peuvent donc agir contre la famille après le décès de la personne hospitalisée. (Cour de cassation, 1re chambre civile, 19 décembre 1995).

L'aide sociale

Certaines des dépenses concernant les personnes âgées peuvent être prises en charge par l'aide sociale si la personne remplit les conditions requises.

En cas de prise en charge par l'aide sociale, la famille peut également être amenée à contribuer aux dépenses engagées dans ce cadre (frais de placement en établissement…).

Lors de la constitution du dossier d'aide sociale par une personne âgée dans le besoin, un certain nombre d'éléments vont lui être demandés et notamment la liste des personnes tenues à l'obligation alimentaire (enfants, petits-enfants...).
L'Administration ne peut réclamer aux membres de la famille, tenus à l'obligation alimentaire, que les sommes dues à compter de sa demande en justice devant le juge civil tendant à fixer leurs dettes, et non à compter de la prise en charge de l'intéressé au titre de l'aide sociale.
Les services de l'aide sociale peuvent en effet se voir opposer par la famille la maxime « Aliments ne s'arréragent pas » qui interdit de demander pour le passé une pension alimentaire.
Par ailleurs, les services de l'aide sociale ne peuvent plus réclamer une participation aux membres de la famille après le décès du bénéficiaire de l'aide sociale.

› Les grands-parents peuvent-ils percevoir les allocations familiales pour leurs petits-enfants ?

Comme on vient de le voir, de nombreux grands-parents ont à leur charge leurs petits-enfants, soit en versant une pension pour leur entretien, soit en prenant à leur charge les frais, ou encore en les recueillant sous leur toit.
Les dispositions législatives lient le droit aux prestations familiales à la condition de prise en charge effective et permanente d'enfants. Le droit aux prestations ne peut être attribué qu'à une seule personne au titre d'un même enfant.
(Art. L. 513-1, L. 521-2 du Code de la Sécurité sociale).
La loi ne fait donc pas état de l'autorité parentale comme critère d'attribution des allocations familiales. Elle n'envisage que la situation concrète de savoir qui a la charge de l'enfant et, dans l'hypothèse où les deux parents ont cette charge, chez qui il réside.
Quand les grands-parents remplissent les critères, ils peuvent toucher, à la place des parents, des allocations familiales. Selon une réponse ministérielle, « la condition générale de charge d'enfant est considérée remplie dans les faits par les tiers, notamment les grands-parents, qui hébergent et subviennent seuls, sans aucune aide financière à l'ensemble des dépenses d'entretien de l'enfant. Ils peuvent donc solliciter dans ce cas le bénéficie des prestations familiales ».
(Réponse ministérielle du Sénat, JO, 10 mai 2001, p. 1602).

Les majeurs protégés

La protection générale des personnes vulnérables

Lorsqu'une personne atteint l'âge de la majorité (18 ans), elle est en principe capable de tous les actes de la vie civile.
Certaines personnes devenues majeures sont cependant dans l'impossibilité totale ou partielle de gérer leur propre vie (tant sur le plan personnel que patrimonial ou financier) en raison d'un handicap, d'un trouble mental ou physique.
Différents systèmes de protection sont prévus par les textes réformés par une loi n° 2007-308 du 5 mars 2007 :
– les mesures de protection judiciaire : tutelle, curatelle et sauvegarde de justice,
– les mesures d'accompagnement social : mesure d'assistance judiciaire - MAJ - remplaçant la tutelle aux prestations sociales et mesure d'accompagnement social personnalisé - MASP - proposée par le département.
La plupart des dispositions entrent en vigueur le 1er janvier 2009, après publication de décrets d'application.

› Le mandat de protection future

Le mandat de protection future est un contrat dans lequel une personne majeure ou mineure émancipée ne faisant pas l'objet d'une tutelle charge, en cas d'altération de ses facultés mentales ou corporelles liée à l'âge ou à un accident, la personne de son choix de la représenter et de s'occuper de ses intérêts (une personne sous curatelle peut conclure ce mandat avec l'assistance de son curateur).
Les parents d'un enfant qui exercent l'autorité parentale sur leur enfant mineur ou qui assument la charge matérielle et affective de leur enfant majeur (enfant handicapé notamment) peuvent aussi désigner un mandataire chargé de prendre en charge matériellement et affectivement cet enfant. Le mandat, dans ce cas, prend effet au moment du décès du dernier des parents ou lorsqu'ils ne sont plus capables d'assurer cette prise en charge. Les parents faisant l'objet d'une mesure de curatelle ou de tutelle ne peuvent prévoir ce mandat.
L'intérêt du mandat de protection future est d'éviter d'avoir à ouvrir une procédure judiciaire de désignation d'un tuteur ou un curateur.
Le mandat est conclu par acte notarié ou par acte sous seing privé. Toutefois, le mandat prévu pour son enfant ne peut être conclu que par acte notarié.
(Code civil, art. 477).
À noter : le mandat de protection future sous seing privé, quand il n'est pas contresigné par un avocat, est établi conformément à un modèle figurant en annexe du décret n° 2009-1628 du 23 décembre 2009.

Concrètement, le mandataire (celui qui est désigné) doit se présenter au greffe du tribunal d'instance dans le ressort duquel réside le mandant (le majeur ou mineur émancipé) accompagné de ce dernier (sauf incompatibilité avec son état de santé). Il doit fournir un certain nombre de documents dont l'original du mandat, un certificat médical de 2 mois au plus émanant d'un médecin inscrit sur une liste établie par le procureur de la République. Ce certificat doit établir l'impossibilité de la personne de pourvoir seule à ses intérêts en raison d'une altération de ses capacités.
Si toutes les conditions sont remplies, le mandat prend effet à compter de la date de sa présentation au greffe.
À l'inverse, le rétablissement des facultés personnelles de la personne protégée est constaté par un certificat médical datant de 2 mois au plus émanant d'un médecin choisi sur la liste.
(Art. 1258 et suivants du Code de procédure civile).

› Annulation des actes passés sous l'empire d'un trouble mental

Si un acte (quel qu'il soit : achat, vente, emprunt, prêt, promesse, testament, contrat de travail, etc.) est passé sous l'empire d'un trouble mental, il peut être annulé.
Le trouble mental doit exister au moment de l'acte et empêcher l'intéressé de vouloir ou de comprendre l'acte qu'il a signé.
La preuve de ce trouble est souvent difficile à rapporter, surtout si le malade a des instants de lucidité et de raison.
Seul l'intéressé lui-même (ou par la suite, son tuteur ou curateur) est autorisé à demander cette nullité (protection personnelle).
À sa mort, ses héritiers peuvent demander l'annulation d'un testament ou d'une donation.
(Voir Ⓘ : *Testament, aliénation mentale*).
Pour les autres actes, ils ne peuvent en principe demander la nullité, sauf :
– si l'acte lui-même porte la preuve d'un trouble mental (exemple : vente rapide et inconsciente d'un bien indispensable au vendeur et moyennant un prix dérisoire) ;
– si l'acte a été fait lorsque l'intéressé était placé sous sauvegarde de justice (voir plus loin) ;
– si une action afin de faire ouvrir une curatelle ou une tutelle a été introduite avant son décès ou si un mandat de protection future a pris effet.
(Code civil, art. 414-1 et 901).

› La responsabilité du majeur protégé en cas de dommages causés à un tiers

● La responsabilité civile

Celui qui a causé un dommage à autrui alors qu'il était sous l'empire d'un trouble mental n'en est pas moins obligé à réparation.
(Code civil, art. 414-3).
La notion de protection s'applique ici à la victime du dommage.
Même si le majeur protégé n'avait pas sa raison du fait du trouble mental, il doit néanmoins indemniser la victime.
Cette règle s'applique en cas :
– de responsabilité pour un fait personnel. Exemple : violences causés à un tiers. (Code civil, art. 1382) ;

– de responsabilité du fait des choses. Exemple : accident causé par un véhicule qu'il conduisait.
(Code civil, art. 1384) ;
– de responsabilité du fait des animaux. Exemple : blessures occasionnées par un chien lui appartenant.
(Code civil, art. 1385) ;
– de responsabilité du fait des bâtiments. Exemple : incendie se propageant à un immeuble voisin.
(Code civil, art. 1384).
À noter : la responsabilité personnelle du majeur protégé est souvent remplacée ou suppléée par celle des tiers (service hospitalier, par exemple) qui n'ont pas rempli correctement le devoir de surveillance mis à leur charge.

La responsabilité pénale

La responsabilité pénale peut être écartée ou atténuée lorsque l'auteur d'un crime ou d'un délit était atteint, au moment des faits, d'un trouble psychique ou neuropsychique ayant aboli son discernement ou le contrôle de ses actes (irresponsabilité totale) ou altéré son discernement et entravé le contrôle de ses actes (atténuation de responsabilité).
(Code pénal, art. 122-1).

Les différentes mesures existantes

Une personne, en raison de son âge ou de son état général, peut avoir besoin d'être protégée dans les actes de la vie quotidienne. Différents régimes sont susceptibles d'être mis en place en fonction du degré de protection qui lui est nécessaire. Quelle que soit la mesure, elle doit respecter ses droits fondamentaux et a pour finalité son seul intérêt. Elle doit également favoriser, dans la mesure du possible, son autonomie.
Les mesures s'exercent sous la surveillance du procureur de la République et du juge des tutelles. Ce dernier détient, à ce titre, différentes prérogatives : pouvoir d'injonction contre les personnes chargées de la protection, possibilité de les dessaisir ou de demander leur radiation…
(Code civil, art. 415 et s.).
(Art. 1211 et suivants du Code de procédure civile).
Il faut distinguer entre l'accompagnement social de la personne et sa protection judiciaire.

Les mesures d'accompagnement social

Les deux mesures prévues constituent une assistance pour des personnes connaissant des difficultés dans la gestion de leurs ressources, difficultés qui ne sont pas liées à leur état mental ou physique (hypothèse où une mesure de protection judiciaire devrait être mise en place).

› L'accompagnement social personnalisé

La mesure d'accompagnement social personnalisé (MASP) est une assistance proposée par le département.

Elle concerne toute personne majeure percevant des prestations sociales et dont la santé ou la sécurité est menacée par les difficultés qu'elle éprouve à gérer ses ressources. Elle comporte une aide à la gestion des prestations sociales et un accompagnement social individualisé, sous la forme d'un contrat conclu entre l'intéressé et le président du conseil général, au nom du département, pour d'une durée de 6 mois à 1 an.
Le bénéficiaire peut autoriser le département à percevoir et à gérer pour son compte tout ou partie des prestations sociales qu'il perçoit en les affectant en priorité au paiement du loyer et des charges locatives en cours. l'intéressé refuse la mesure ou ne la respecte pas, le président du conseil général peut demander au juge d'instance le versement direct de tout ou partie des prestations sociales au bailleur à hauteur de la dette.
La MASP peut également être ouverte à l'issue d'une mesure d'accompagnement judiciaire.
(Art. L 271-1 et suivants, R. 271-1 et suivants du Code de l'action sociale et des familles).

› L'accompagnement judiciaire

La mesure d'accompagnement judiciaire (MAJ) est ordonnée par le juge des tutelles, à la demande du procureur de la République. Concrètement, le point de départ de la mesure est la transmission par le président du conseil général au procureur d'un rapport comportant une évaluation de la situation sociale et pécuniaire de l'intéressé ainsi qu'un bilan des actions menées auprès de lui.
La MAJ porte sur la gestion des prestations sociales choisies par le juge, lors du prononcé de la décision. Elle peut être ordonnée si :
– les mesures mises en œuvre dans le cadre d'une MASP n'ont pas permis une gestion satisfaisante des prestations sociales ;
– la santé ou la sécurité de la personne en est compromise ;
– les prestations sociales de l'intéressé ne peuvent pas être gérées par son conjoint.
Elle est destinée à rétablir l'autonomie de l'intéressé dans la gestion de ses ressources et n'entraîne pas d'incapacité.
Elle prend fin quand une mesure judiciaire (tutelle…) est décidée par le juge. En effet, seule la perception et la gestion de tout ou partie des prestations sociales, dont la liste est fixée par décret, lui sont retirées : elles sont gérées par un mandataire judiciaire à la protection des majeurs, désigné par le juge pour exercer la mesure.
(Code civil, art. 495 et s.).
(Art. R. 272-2 et suivants du Code de l'action sociale et des familles).
(Art. 1211 et suivants du Code de procédure civile).

Les points communs aux mesures de protection judiciaire

Les mesures de protection judiciaire sont la tutelle, la curatelle et la sauvegarde de justice.
La tutelle est le régime le plus protecteur et la sauvegarde de justice le plus léger.
Ces régimes présentent des points communs. Ils sont ordonnés par le juge des tutelles, juge du tribunal d'instance et concernent toute personne dans l'impossibilité de pourvoir seule à ses intérêts en raison d'une altération, médicalement constatée, de ses facultés mentales ou de ses facultés corporelles pouvant l'empêcher d'exprimer sa volonté.

› Une mesure adaptée

La mesure est destinée, sauf précision du jugement, à la protection tant de la personne que de ses intérêts patrimoniaux.
Elle doit être proportionnée et individualisée en fonction du degré d'altération des facultés de l'intéressé. Le juge des tutelles va, en fonction de chaque dossier, procéder à une appréciation de la situation et choisir la mesure la plus adaptée au cas concerné.
Elle est toujours temporaire et peut faire l'objet d'un nouvel examen par le juge. En outre, quel que soit le degré de protection, le majeur dispose de certains droits qu'il peut exercer seul.

› Le logement et meubles de la personne protégée

Le logement (résidence principale ou secondaire) et les meubles qui le garnissent doit être conservé à la disposition de l'intéressé aussi longtemps que possible, et ce, dans un but essentiellement thérapeutique.
Celui qui possède le droit d'administrer ces biens (tuteur, curateur ou le cas échéant, le mandataire spécial) ne peut les louer : il peut seulement établir une convention de jouissance précaire, c'est-à-dire pour une très courte durée et sans constituer de droits au locataire. Il doit les rendre disponibles dès le retour de la personne protégée dans son logement.
S'il se révèle nécessaire ou s'il est de l'intérêt de la personne de vendre son logement ou de le louer, l'acte doit obligatoirement être autorisé par le juge des tutelles ou par le conseil de famille s'il a été constitué. L'avis du médecin choisi sur une liste établie par le Procureur de la République (liste établie par décret) est nécessaire si la personne doit être placée dans un établissement.
(Code civil, art. 426).

› Les comptes et livrets de la personne protégée

La personne chargée de la mesure de protection ne peut procéder ni à la modification des comptes ou livrets ouverts au nom de la personne protégée, ni à l'ouverture d'un autre compte ou livret (sauf autorisation du juge des tutelles ou du conseil de famille constitué).
Si cela s'avère nécessaire, un compte lui est ouvert à la Caisse des dépôts et consignation.
Les opérations bancaires d'encaissement, de paiement et de gestion patrimoniale effectuées au nom et pour le compte de la personne protégée sont réalisées exclusivement au moyen des comptes ouverts à son nom (sous réserve de dispositions spécifiques concernant les services préposés des établissements sociaux ou médico-sociaux soumis aux règles de la comptabilité publique).
(Code civil, art. 427).

› Le choix de la mesure

Chaque mesure de protection correspond à un degré d'altération des facultés mentales ou physique de la personne. Le juge des tutelles, saisi du dossier d'ouverture, doit avant de choisir entre l'une des trois mesures, vérifier si la personne est suffisamment protégée par :
– les règles prévues dans le Code civil concernant la représentation entre époux. Le Code civil prévoit en effet un système de représentation entre époux dans les situations de crise de celles qui peuvent nécessiter une tutelle, une curatelle ou une sauvegarde de justice ;
– un mandat de protection future dans l'hypothèse où la personne aurait prévu cette solution.

Par ailleurs, le juge doit choisir la mesure judiciaire la moins lourde possible pour l'intéressé (par exemple, la curatelle plutôt que la tutelle).
(Voir ① : *Mandat de protection future*).
(Code civil, art. 217, 219, 425 et s., 1426, 1429).
Son choix doit se porter en premier lieu au sein du groupe familial ou des proches de l'intéressé. À défaut, le juge des tutelles doit désigner un tiers professionnel (personne physique ou association), appelé mandataire judiciaire à la protection de majeurs (MJPM).
Ce dernier doit satisfaire à des conditions de moralité, d'âge, de formation certifiée par l'État, d'expérience professionnelle et être inscrit sur une liste établie par le représentant de l'État dans le département.
(Art. L. 471-1 et suivants, L. 472-1 et suivants et R. 472-1 et suivants du Code de l'action sociale et des familles).

À noter : la mesure d'accompagnement judiciaire est également effectuée exclusivement par ce mandataire.

Le juge des tutelles est saisi uniquement par les personnes suivantes :
- l'intéressé lui-même ;
- son conjoint, le partenaire avec qui il a conclu un pacte civil de solidarité ou son concubin, à moins que la vie commune ait cessé entre eux ;
- un parent ou un allié, une personne entretenant avec le majeur des liens étroits et stables ;
- la personne qui exerce à son égard une mesure de protection juridique (curateur notamment) ;
- le procureur de la République soit d'office, soit à la demande d'un tiers (par exemple, services sociaux ou médicaux).

(Code civil, art. 428 et s.).

› Requête et certificat médical

La demande auprès du juge des tutelles est effectuée par une requête. Il faut obligatoirement joindre un certificat circonstancié rédigé par un médecin choisi sur une liste établie par le Procureur de la République (liste fixée par décret).
Le certificat médical doit décrire avec précision l'altération des facultés du majeur à protéger, donner toute information sur l'évolution prévisible de cette altération et préciser ses conséquences sur la nécessité d'une assistance ou d'une représentation dans les actes de la vie civile ainsi que sur son droit de vote. Ce document indique si l'audition du majeur peut porter atteinte à sa santé ou si celui-ci est hors d'état d'exprimer sa volonté.
Le juge doit, en principe, entendre la personne concernée avant de prendre une décision. Elle peut être accompagnée par un avocat. Le juge peut entendre dans le cadre de cette audition le médecin traitant ou toute autre personne (proche...). Cependant, il peut, sur avis du médecin, écarter l'audition si celle-ci est de nature à porter atteinte à sa santé ou si elle est hors d'état d'exprimer sa volonté.
Le dossier de mise sous protection est consultable jusqu'au jugement par celui qui a demandé la mise en place de la mesure, par l'intéressé (sauf si la consultation peut lui causer un « préjudice psychique grave »). Les personnes justifiant d'un intérêt légitime - qui sont celles pouvant mettre en place la mesure (conjoint, concubin...) - ainsi que leurs avocats peuvent également, sur autorisation du juge, y avoir accès.
(Art. 1220 et suivants du Code de procédure civile).

La tutelle et la curatelle

› En quoi consistent ces mesures ?

La curatelle concerne une personne qui, sans être hors d'état d'agir elle-même, a besoin d'être assistée ou contrôlée d'une manière continue dans les actes importants de la vie civile.
La tutelle, mesure de protection la plus étendue, concerne une personne qui doit être représentée d'une manière continue dans les actes de la vie civile.
(Code civil, art. 440).
(Sur les conditions de mise en place d'une tutelle ou d'une curatelle : nécessité d'une altération des facultés de l'intéressé, liste des personnes pouvant saisir le juge des tutelles…, voir ci-avant : *Les points communs aux mesures de protection judiciaire*).

› Quelle est la durée d'une tutelle ou d'une curatelle ?

Qu'il s'agisse d'une curatelle ou d'une tutelle, la mesure est établie pour une durée limitée qui ne peut excéder 5 ans. Elle peut être renouvelée par le juge des tutelles pour la même durée ou pour une durée plus longue lorsque l'altération des facultés personnelles de l'intéressé, d'après avis médical, ne semble pas susceptible de connaître une amélioration.
En l'absence de renouvellement, la mesure prend fin :
– à l'expiration du délai fixé par le juge des tutelles ;
– en cas de jugement de mainlevée passé en force de chose jugée. Les personnes ayant demandé la mise en place de la mesure peuvent en demander la cessation, en invoquant, par exemple, une amélioration de l'état de la personne protégée ou sa guérison ;
– en cas de décès de l'intéressé.
Le juge des tutelles peut, à tout moment, mettre fin à la mesure, la modifier ou lui substituer une autre mesure. Il peut également y mettre fin quand la personne protégée réside hors du territoire national si cet éloignement empêche le suivi et le contrôle de la mesure.
À noter : la procédure de mainlevée, c'est-à-dire la demande adressée au juge des tutelles d'arrêter la tutelle ou curatelle, est la même que celle prévue pour l'ouverture de la mesure.
(Code civil, art. 441 à 443).

› Quels sont les différents intervenants ?

La réforme du 5 mars 2007 a profondément modifié les règles concernant la tutelle en supprimant les formes de tutelle existantes : administration légale, tutelle d'État, gérance de tutelle…
Elle leur substitue une tutelle unifiée, avec ou sans conseil de famille (voir ci-après).
La tutelle aux prestations familiales est remplacée par la mesure d'accompagnement judiciaire (voir ci-avant).

● Le curateur ou tuteur

Le rôle du tuteur et du curateur est de prendre soin de la personne et de protéger son patrimoine.
Le curateur est désigné par le juge des tutelles. Il en est de même du tuteur. Ce dernier peut également être nommé par le conseil de famille s'il en a été constitué un.

Le juge peut désigner plusieurs curateurs ou plusieurs tuteurs pour exercer en commun la mesure de protection si la situation de la personne protégée, les aptitudes des intéressés et l'importance du patrimoine à administrer l'exigent.
Si l'intéressé a fait le choix d'un curateur ou d'un tuteur dans le cadre d'un mandat de protection future, ce choix s'impose au juge des tutelles, sauf :
– si la personne désignée refuse la mission ;
– si elle est dans l'impossibilité de l'exercer ;
– ou si l'intérêt de la personne protégée commande de l'écarter.
(Voir Ⓘ : *Mandat de protection future*).
Si les parents d'un enfant ont désigné à l'avance son tuteur (cas d'une tutelle testamentaire prévue pour un enfant handicapé notamment) au cas où, devenu majeur, l'enfant devrait être placé en tutelle, ce choix s'impose également au juge des tutelles.
À défaut de telles désignations, le juge nomme comme tuteur ou curateur le conjoint de la personne protégée, le partenaire avec qui elle a conclu un PACS ou son concubin, à moins que la vie commune ait cessé entre eux ou qu'une autre cause empêche de lui confier la mesure.
En dernier ressort, il désigne un parent, un allié ou une personne résidant avec le majeur protégé et entretenant avec lui des liens étroits et stables. Il doit prendre en considération les sentiments exprimés par celui-ci, ses relations habituelles, l'intérêt porté à son égard et les recommandations éventuelles de ses parents et alliés ainsi que de son entourage.
Lorsqu'aucun membre de la famille ou proche ne peut assumer la mesure de protection, le juge des tutelles désigne un mandataire judiciaire à la protection des majeurs (MJPM) inscrit sur une liste établie par le procureur de la République (sur ce professionnel, voir ci-avant : *Les points communs aux mesures de protection judiciaire*).

À noter : si la personne est hébergée ou soignée dans un établissement de santé ou dans un établissement social ou médico-social, le juge peut désigner une personne ou un service préposé de l'établissement inscrit sur la liste des mandataires judiciaires à la protection des majeurs.

La loi prévoit que nul n'est tenu de conserver la tutelle (ou curatelle) d'une personne au-delà de 5 ans, à l'exception du conjoint, du partenaire du pacte civil de solidarité et des enfants de l'intéressé ainsi que des mandataires judiciaires à la protection des majeurs.
(Code civil, art. 446 et s.).

Le subrogé curateur ou tuteur

Le juge des tutelles (ou le conseil de famille en cas de tutelle) peut également désigner, parmi les membres de la famille ou les proches du majeur, un subrogé curateur ou un subrogé tuteur.
Ainsi, si le curateur ou le tuteur est parent ou allié de la personne protégée dans une branche, le subrogé curateur ou tuteur est choisi, dans la mesure du possible, dans l'autre branche.
À défaut, le juge peut désigner pour cette mission un mandataire judiciaire à la protection des majeurs.
Son rôle est de surveiller les actes accomplis par le tuteur ou curateur, de prévenir le juge des tutelles s'il constate des fautes et d'intervenir à la place du tuteur ou curateur en présence d'un conflit d'intérêt avec la personne protégée à l'occasion d'un acte particulier.

Le curateur ou le tuteur l'informe et le consulte avant tout acte grave accompli par la personne protégée. En outre, il vérifie chaque année le compte de gestion établi par le tuteur et le transmet au greffier en chef du tribunal d'instance avec ses observations.
Il doit provoquer le remplacement du curateur ou tuteur lorsque celui-ci cesse ses fonctions.
(Code civil, art. 454 et 511).

Le curateur ou tuteur ad hoc

En l'absence de subrogé curateur ou tuteur, le curateur ou tuteur peut faire nommer un curateur ou tuteur ad hoc par le juge des tutelles. C'est le cas notamment lorsque ses intérêts sont, à l'occasion d'un acte ou d'une série d'actes, en opposition avec ceux de la personne protégée ; ou encore lorsqu'il ne peut lui apporter son assistance ou agir pour son compte en raison des limitations de sa mission.
Cette nomination peut également être demandée par le procureur de la République, tout intéressé ou d'office.
(Code civil, art. 455).

Le conseil de famille des majeurs en tutelle

Le juge des tutelles peut organiser la tutelle avec un conseil de famille « si les nécessités de la protection de la personne ou la consistance de son patrimoine le justifient et si la composition de sa famille et de son entourage le permet ».
Le juge doit éviter de laisser la branche paternelle ou maternelle sans représentation.
Ce conseil va, notamment, autoriser certains actes concernant la personne protégée.
Les membres du conseil de famille sont choisis « en considération des sentiments exprimés par la personne protégée, de ses relations habituelles, de l'intérêt porté à son égard et des recommandations éventuelles de ses parents et alliés ainsi que de son entourage ». Il est composé d'au moins quatre membres désignés par le juge pour la durée de la tutelle, y compris le tuteur et le subrogé tuteur (mais non le juge).
Le juge des tutelles préside le conseil des familles. Cependant, il peut l'autoriser à délibérer hors de sa présence lorsque le tuteur ou subrogé tuteur est un mandataire judiciaire à la protection des majeurs.
(Code civil, art. 399 et 456 et s.).

› Quels sont les droits du majeur concernant sa personne ?

Le majeur sous curatelle ou sous tutelle peut agir seul pour un certain nombre d'actes qui impliquent un consentement strictement personnel. Tel est le cas, notamment, pour :
– la déclaration de naissance d'un enfant ;
– une reconnaissance ;
– les actes de l'autorité parentale relatifs à la personne d'un enfant ;
– la déclaration du choix ou du changement du nom d'un enfant ;
– le consentement donné à sa propre adoption ou à celle de son enfant.

En dehors même de ces cas énumérés par la loi, la personne protégée prend seule les décisions relatives à sa personne dans la mesure où son état le permet (choix de sa résidence, relation avec les tiers…). Mais si son état ne le lui permet pas, le juge des tutelles ou le conseil de famille, peut décider qu'elle bénéficiera de l'assistance ou de la représentation de la personne chargée de sa protection.
(Code civil, art. 458).

● Le mariage et pacte civil de solidarité

Le mariage d'une personne sous curatelle n'est permis qu'avec l'autorisation du curateur ou, à défaut, celle du juge des tutelles. Celui d'une personne sous tutelle est permis avec l'autorisation du juge des tutelles ou du conseil de famille et après audition des futurs conjoints. L'avis des parents et de l'entourage peut être recueilli, le cas échéant.

(En ce qui concerne la possibilité pour une personne sous curatelle ou tutelle de conclure un PACS, voir Ⓘ : *Pacte civil de solidarité*).

(Code civil, art. 460 à 463).

● Le divorce

La demande en divorce de la personne sous tutelle doit être faite à son nom par le tuteur avec l'autorisation du juge des tutelles ou du conseil de famille, après avis du médecin. Dans la mesure du possible le conseil de famille ou le juge doit entendre, préalablement, l'intéressé.

Si l'époux - contre lequel la demande est formée - est sous tutelle, l'action est exercée contre le tuteur.

Le majeur sous curatelle exerce l'action lui-même avec l'assistance du curateur, qu'il demande le divorce ou y réponde.

Aucune demande par consentement mutuel ou par acceptation du principe de la rupture du mariage ne peut être présentée par ou contre une personne sous protection juridique.

Un tuteur ou un curateur ad hoc est nommé lorsque la tutelle ou la curatelle avait été confiée au conjoint de la personne protégée.

(Code civil, art. 249 et s.).

● Les actions en justice

La personne sous curatelle est assistée par son curateur pour introduire une action en justice ou se défendre.

La personne sous tutelle est représentée en justice par son tuteur. Une autorisation (ou injonction) du juge des tutelles ou du conseil de familles lui est nécessaire pour faire valoir les droits extra-patrimoniaux de la personne. Il s'agit des droits ne concernant pas les biens mais par exemple la famille comme une action en contestation de paternité.

› La gestion des biens d'une personne sous curatelle

L'assistance du curateur est obligatoire pour tous les actes nécessitant, dans le cadre d'une tutelle, une autorisation du juge des tutelles ou du conseil de famille (actes de disposition). Cette assistance s'impose également dans un certain nombre de cas : en matière d'emploi de capitaux, d'engagement d'un procès, de donation...

L'assistance du curateur se matérialise par l'apposition de sa signature à côté de celle de la personne protégée.

Si le curateur refuse son assistance, la personne peut demander au juge l'autorisation de l'accomplir seule.

À tout moment, le juge peut énumérer certains actes que la personne peut faire seule ou, à l'inverse, ajouter d'autres actes à ceux pour lesquels l'assistance du curateur est exigée.

Le curateur peut également voir son rôle élargi dans le cadre d'une curatelle renforcée. Il peut notamment être chargé par le juge de percevoir les revenus de la personne sous curatelle sur un compte ouvert au nom de cette dernière. Il peut régler

des dépenses auprès des tiers en déposant l'excédent sur un compte laissé à la disposition de l'intéressé ou le verser entre ses mains.
En revanche, le curateur ne peut pas se substituer à la personne pour agir en son nom. Il doit se faire autoriser par le juge ou provoquer l'ouverture d'une tutelle.

● Les capitaux

Les capitaux revenant à la personne sous curatelle sont versés directement sur un compte ouvert à son seul nom auprès d'un établissement bancaire ou postal. Le compte indique son régime de protection. La personne sous curatelle ne peut, sans l'assistance du curateur, utiliser ses capitaux.

● Les donations et testaments

(Pour tous renseignements sur ces points, voir Ⓘ : *Donation*, *Succession*).

› La gestion des biens d'une personne sous tutelle

La mission du tuteur est de représenter l'intéressé dans tous les actes de la vie civile. En dehors des cas où la personne peut agir pour elle-même, le juge des tutelles peut énumérer dans son jugement certains actes qu'elle peut faire seule ou avec l'assistance du tuteur.

● Les donations et testaments

(Pour tous renseignements sur ces points, voir Ⓘ : *Donation*, *Succession*).

● La gestion de son patrimoine

Le patrimoine d'une personne sous tutelle est géré au nom de la personne par son tuteur. Pour les actes les plus importants, le tuteur doit, en outre, obtenir une autorisation du juge des tutelles et du conseil de famille. Les obligations du tuteur sont nombreuses (inventaire des biens, reddition de compte…).

Les actes conservatoires ou d'administration

Le tuteur peut agir seul au nom de la personne protégée pour les actes courants de gestion de son patrimoine :
– actes conservatoires établis en vue de conserver son patrimoine ;
– actions en justice pour faire valoir ses droits patrimoniaux (relatifs à ses biens) ;
– actes d'administration nécessaires à la gestion de son patrimoine définis par le décret n° 2008-1484 du 22 décembre 2008.
Il s'agit des actes d'exploitation ou de mise en valeur du patrimoine de la personne protégée dénués de risque anormal.
Le décret donne :
– une liste des actes regardés comme des actes d'administration. Tel est le cas, notamment, des travaux d'amélioration utiles ou des aménagements, des réparations d'entretien portant sur un immeuble, de la résiliation d'un bail d'habitation en tant que bailleur, de l'ouverture d'un premier compte ou livret, de la perception des revenus, de l'acceptation d'une succession à concurrence de l'actif net ou encore de la conclusion ou renouvellement d'un contrat d'assurance de biens ou de responsabilité civile ;
– une liste non exhaustive d'actes regardés comme des actes d'administration, à moins que les circonstances ne permettent pas au tuteur de considérer qu'ils répondent aux critères ci-dessus, en raison « de leurs conséquences importantes sur le contenu ou la valeur du patrimoine de la personne protégée, sur les prérogatives de celle-ci ou sur son mode de vie ».

Il s'agit notamment : du paiement de dettes y compris par prélèvement sur le capital ; des actes de gestion d'un portefeuille (y compris les cessions de titres à condition qu'elles soient suivies de leur remplacement) ; de la conclusion et de la rupture d'un contrat de travail ou encore de l'acceptation de la clause bénéficiaire d'un contrat d'assurance vie sans charge.
Le tuteur est tenu d'apporter, dans sa gestion, des soins « prudents, diligents et avisés » dans le seul intérêt de la personne protégée et cela, sous le contrôle du subrogé tuteur s'il en a été désigné un.
(Code civil, art. 496, 504).

Les actes de disposition

Le tuteur doit réclamer une autorisation au juge des tutelles ou au conseil de famille (s'il en existe un), pour les actes les plus graves à savoir les actes de disposition définis par le décret n° 2008-1484 du 22 décembre 2008.
Il s'agit des actes qui engagent le patrimoine de la personne protégée, pour le présent ou l'avenir, par une modification importante de son contenu, une dépréciation significative de sa valeur en capital ou une altération durable des prérogatives de son titulaire.
Le décret donne :
– une liste des actes regardés comme des actes de disposition : la vente ou apport en société d'un immeuble ; l'acceptation par l'acquéreur d'une promesse de vente ; la conclusion et le renouvellement du bail - pour les baux ruraux, commerciaux, industriels, artisanaux, professionnels et mixtes - ; les grosses réparations sur un immeuble ; la donation consentie par une personne protégée majeure…
– une liste non exhaustive d'actes considérés comme des actes de disposition, à moins que les circonstances d'espèce ne permettent pas au tuteur de considérer qu'ils répondent aux critères ci-dessus en raison de leurs faibles conséquences sur le contenu ou la valeur du patrimoine de la personne protégée, sur les prérogatives de celle-ci ou sur son mode de vie. Tel est le cas notamment : d'un emprunt de sommes d'argent, d'un prêt consenti par la personne protégée, des actes relatifs à la vie professionnelle, d'un versement de nouvelles primes sur un contrat d'assurance vie...
(Code civil, art. 496, 502, 505).
À noter : un certain nombre d'actes sont exclus de la gestion tutélaire et ne peuvent pas être accomplis par le tuteur, même avec autorisation : remise de dette, exercice d'un commerce au nom de la personne protégée...
(Code civil, art. 509).

L'inventaire

Le tuteur doit effectuer un inventaire dans les 3 mois de l'ouverture de la tutelle, en présence du subrogé tuteur s'il a été désigné. Cet inventaire, transmis au juge des tutelles, fait l'objet d'actualisation. Pour ce faire, le tuteur peut obtenir communication de toute information auprès de tiers sans que puisse lui être opposé le secret professionnel ou le secret bancaire.
Si l'inventaire n'a pas été établi ou se révèle incomplet ou inexact, la personne protégée et, après son décès, ses héritiers peuvent faire la preuve de la valeur et de la consistance de ses biens par tous moyens.

La vérification du compte de gestion

Le tuteur soumet chaque année le compte de gestion et les pièces justificatives au greffier en chef du tribunal d'instance pour vérification et approbation.

Le subrogé tuteur vérifie de son côté le compte avant de le transmettre, avec ses observations, à ce greffier. Celui-ci doit approuver le compte ou transmettre au juge des tutelles un rapport des difficultés rencontrées. Il appartient alors au juge de statuer sur la conformité du compte.
La vérification et l'approbation des comptes peuvent être faites par le subrogé tuteur, à la place du greffier, à la demande du juge.
En présence d'un important patrimoine, le juge peut décider que la mission de vérification et d'approbation du compte sera exercée par un technicien (expert comptable, commissaire aux comptes...).
À l'inverse, en présence de revenus modestes, et si la tutelle n'a pas été confiée à un mandataire judiciaire à la protection des majeurs, le juge peut dispenser le tuteur d'établir le compte de gestion et de le soumettre à l'approbation du greffier en chef.
Il peut également décider que le conseil de famille vérifiera et approuvera les comptes à la place du greffier en chef dans l'hypothèse où le tuteur ou subrogé tuteur est un mandataire judiciaire à la protection des majeurs et où le juge autorise le conseil de famille à délibérer hors de sa présence.

L'information sur les comptes

Chaque année le tuteur remet une copie du compte et des pièces justificatives à la personne protégée, âgée d'au moins 16 ans, et à d'autres personnes (autres personnes chargées de la protection de l'intéressé, famille…).
(Code civil, art. 510).

Les obligations comptables du tuteur à la fin de la tutelle

L'article 514 du Code civil précise les obligations comptables du tuteur à la fin de la tutelle.
(Code civil, art. 514).

› La contestation des actes faits dans la tutelle et la curatelle

Les actes irrégulièrement accomplis par ou au nom de la personne protégée peuvent être contestés en justice.
Il en est de même, depuis la réforme, des actes accomplis moins de 2 ans avant la publicité du jugement d'ouverture.
(Code civil, art. 464 à 466).

La sauvegarde de justice

› En quoi consiste cette mesure ?

Il s'agit de la mesure de protection la plus légère. Elle concerne toute personne ayant besoin en raison d'une altération de ses facultés :
- d'une protection juridique temporaire ;
- d'être représentée pour l'accomplissement de certains actes déterminés.

Sur les conditions de mise en place d'une protection judiciaire, voir ci-avant : *Les points communs aux mesures de protection judiciaire.*
Cette mesure peut concerner une personne ayant subi un traumatisme l'obligeant à suivre un traitement risquant d'altérer ses facultés mentales. Elle est, de ce fait, incapable, pendant une certaine période, de gérer ses affaires.
(Code civil, art. 433 et s.).

› Quand peut-elle être ordonnée ?

Le juge des tutelles peut être saisi directement d'une demande de mise en place de cette mesure. Il peut aussi l'ordonner, et c'est le cas le plus fréquent, lorsqu'il est saisi d'une demande de curatelle ou de tutelle, et ce pour la durée de l'instance.

Contrairement à la règle selon laquelle l'audition de la personne avant la prise de décision est obligatoire, le juge peut, en cas d'urgence, statuer directement mais il doit alors la convoquer dans les meilleurs délais (sauf si, sur avis médical, cette audition se révèle de nature à porter préjudice à sa santé ou si elle est hors d'état d'exprimer sa volonté).

La sauvegarde de justice peut enfin résulter d'une déclaration faite au procureur de la République par un médecin.

(Art. L. 3211-6 du Code de la santé publique).

› Quels sont les droits de la personne ?

La personne placée sous sauvegarde de justice conserve, en principe, l'exercice de ses droits. Le juge des tutelles peut cependant lui désigner un mandataire spécial pour accomplir un ou plusieurs actes concernant ses biens. Ce mandataire est choisi suivant les mêmes critères que pour une tutelle ou une curatelle (priorité à la famille…).

Par ailleurs, la sauvegarde lui permet de contester les actes ou engagements qu'elle a contractés pendant la durée de la mesure : achat à crédit trop lourd par rapport à ses moyens financiers, dépenses excessives ou inutiles …. Les tribunaux vont prendre en considération l'utilité ou l'inutilité de l'opération, l'importance ou la consistance du patrimoine de l'intéressé et la bonne ou mauvaise foi de ceux avec qui elle a contracté.

À noter : la demande en divorce contre une personne placée sous sauvegarde de justice ne peut être examinée qu'après organisation de la tutelle ou de la curatelle. (Code civil, art. 249-3).

› Quelle est la durée de la mesure ?

La sauvegarde de justice ne peut excéder 1 an, renouvelable une fois. Les conditions de renouvellement de la mesure sont les mêmes que pour une tutelle ou curatelle. Le juge des tutelles peut, à tout moment, en ordonner la mainlevée si le besoin de protection temporaire cesse.

Lorsque la sauvegarde de justice a été ouverte à la suite de la déclaration faite par un médecin au procureur de la République, elle peut prendre fin par :

– une nouvelle déclaration du médecin indiquant la cessation du besoin de protection ;

– la radiation d'office par le procureur de la déclaration médicale.

Dans tous les cas, à défaut de mainlevée, de déclaration, de cessation ou de radiation de la déclaration médicale, la sauvegarde de justice s'achève à la fin du délai ou après l'accomplissement des actes pour lesquels elle a été ordonnée. Elle prend également fin si une mesure de curatelle ou de tutelle est décidée.

(Code civil, art. 439).

L'hospitalisation en raison de troubles mentaux

Les procédures d'hospitalisation

La loi n° 90-527 du 27 juin 1990 a organisé la protection des personnes hospitalisées en raison de troubles mentaux en réglementant leurs conditions d'hospitalisation, le respect de leurs droits et le contrôle des personnes ou organismes intervenant dans cette hospitalisation.

Il existe trois sortes d'hospitalisation psychiatrique : l'hospitalisation libre, l'hospitalisation à la demande d'un tiers et l'hospitalisation d'office.

Une personne ne peut sans son consentement ou, le cas échéant, sans celui de son représentant légal, être hospitalisée ou maintenue en hospitalisation dans un établissement accueillant des malades atteints de troubles mentaux, hormis les cas prévus par la loi.

› L'hospitalisation libre

L'hospitalisation libre est celle requise par le malade lui-même ou organisée avec son consentement.

Le malade est considéré comme toute autre personne hospitalisée quelle que soit la cause et dispose des mêmes libertés individuelles.

(Art. L. 3211-2 du Code de la santé publique).

› L'hospitalisation à la demande d'un tiers

Une personne ne peut être hospitalisée sans son consentement et à la demande d'un tiers que si :

– ses troubles rendent impossible son consentement,

– son état impose des soins immédiats assortis d'une surveillance constante en milieu hospitalier.

La demande d'admission (écrite et signée) peut être présentée soit par un membre de la famille, soit par toute personne agissant dans l'intérêt du malade à l'exclusion des personnels soignants dès lors qu'ils exercent dans l'établissement d'accueil.

Elle contient les nom, prénoms, profession, âge et domicile du demandeur et du malade et doit être accompagnée de deux certificats médicaux datant de moins de 15 jours (à titre exceptionnel, un seul certificat sera suffisant en cas de péril imminent pour la santé du malade, certificat pouvant être établi par le médecin de l'établissement d'accueil).

Le malade doit être examiné 24 heures après son admission par un psychiatre de l'établissement puis de nouveau dans les 3 jours précédant l'expiration des 15 premiers jours.

Au vu de ce certificat, l'hospitalisation peut être maintenue pour une durée maximale d'1 mois. Au-delà, les périodes d'hospitalisation maximales d'1 mois sont renouvelables selon les mêmes modalités.

(Art. L. 3212-2 et suivants du Code de la santé publique).

La levée de l'hospitalisation peut être demandée :

– soit par le psychiatre de l'établissement qui constate l'évolution ou la disparition des troubles mentaux ;

– soit par le curateur nommé lors de l'hospitalisation pour veiller sur la personne du malade ;

– ou par le conjoint ou concubin ;
– ou par les ascendants (s'il n'y a pas de conjoint) ;
– ou par les descendants majeurs (s'il n'y a pas d'ascendants) ;
– ou par la personne qui a demandé l'admission ;
– ou par toute personne autorisée par le conseil de famille ;
– ou encore par la commission des hospitalisations psychiatriques.

La demande de levée d'hospitalisation entraîne, en principe, la sortie du malade mais le psychiatre de l'établissement peut demander au préfet de surseoir à cette autorisation de sortie pendant 15 jours maximum.

Ce sursis provisoire cesse de plein droit à l'expiration de ces 15 jours si le préfet n'a pas, dans ce délai, prononcé une hospitalisation d'office.

(Art. L. 3312-8 et L. 3212-9 du Code de la santé publique).

› L'hospitalisation d'office

L'hospitalisation d'office est requise par le préfet (ou le préfet de police à Paris) lorsque, au vu d'un certificat médical, circonstancié, les troubles mentaux d'une personne nécessitent des soins et compromettent la sûreté des personnes ou portent atteinte, de façon grave, à l'ordre public.

Lorsque le comportement d'un malade présente un danger imminent, le maire ou les commissariats de police peuvent être alertés soit par un médecin, soit, à défaut, par la notoriété publique et prendre toutes les mesures provisoires nécessaires, à charge d'en référer dans les 24 heures au préfet qui décide, le cas échéant, de l'hospitalisation d'office. Faute de décision préfectorale, ces mesures provisoires sont caduques après 48 heures.

(Art. L. 3213-1 et L. 3213-2 du Code de la santé publique).

Lorsque le malade est hospitalisé d'office, il doit être examiné par un psychiatre dans les 15 jours puis 1 mois après son entrée et ensuite au moins tous les mois.

Les certificats médicaux sont transmis au préfet et à la commission des hospitalisations psychiatriques citée ci-après.

Après 1 mois d'hospitalisation, le préfet peut prononcer, après avis motivé du psychiatre, le maintien de l'hospitalisation d'office pour une nouvelle durée de 3 mois puis pour des périodes de 6 mois maximum, renouvelables selon les mêmes modalités.

À défaut de décision préfectorale, la mainlevée de l'hospitalisation est acquise.

Mis à part ce cas, l'hospitalisation d'office prend fin sur décisions conformes de deux psychiatres n'appartenant pas à l'établissement et choisis par le préfet.

Ces certificats doivent établir que le malade n'est plus dangereux ni pour lui ni pour autrui.

(Art. L. 3213-3 et suivants du Code de la santé publique).

La protection des malades mentaux hospitalisés

› Le contrôle des établissements psychiatriques

Lorsqu'un malade est hospitalisé sans son consentement ou d'office, il ne peut l'être que dans un établissement habilité par le préfet à soigner les malades mentaux.

Le préfet contrôle le règlement intérieur de chaque établissement.

Par ailleurs, les établissements psychiatriques sont visités (sans publicité préalable) une fois par semestre par le préfet ou son représentant, le juge du tribunal d'instance et le président du tribunal de grande instance, le maire ou son représentant.

Le procureur de la République effectue ces mêmes visites de contrôle une fois par trimestre. Les malades ou leurs conseils peuvent adresser à ces personnes leurs réclamations ou remarques qui sont suivies éventuellement de toutes vérifications utiles.
(Art. L. 3222-1 et suivants du Code de la santé publique).
Les établissements sont également visités par les membres de la commission départementale des hospitalisations psychiatriques.
(Art. L. 3223-1 du Code de la santé publique).

› La commission des hospitalisations psychiatriques

Une commission est créée pour chaque département. Elle est composée de psychiatres, d'un magistrat et de représentants d'associations agréées respectivement de personnes malades et de familles de personnes atteintes de troubles mentaux, désignés par le préfet et d'un médecin généraliste désigné par le préfet.
Elle contrôle tant le respect des procédures d'hospitalisation que les conditions dans lesquelles cette hospitalisation se déroule.
Elle est informée de toute hospitalisation, de tout renouvellement ou levée d'hospitalisation (communication des certificats médicaux d'entrée, de renouvellement ou de sortie).
Elle examine la situation personnelle de tout malade hospitalisé depuis plus de 3 mois et, le cas échéant, peut saisir à ce sujet le préfet ou le procureur de la République.
Elle visite les établissements afin de contrôler les conditions d'hospitalisation des malades et l'organisation générale de l'établissement (écoute des réclamations des malades, demande d'information au personnel de l'hôpital...).
Elle établit un bilan annuel de l'utilisation des procédures d'hospitalisation urgentes, établit chaque année un rapport de son activité.
(Art. L. 3223-1 du Code de la santé publique).

› Le respect de la personne hospitalisée sans son consentement

Ces mesures ne concernent que les malades hospitalisés d'office ou à la demande d'un tiers.
En règle générale, les restrictions à l'exercice des libertés individuelles doivent être limitées à celles nécessitées par l'état de santé du malade et la mise en œuvre de son traitement.
Le malade doit être informé de sa situation et de ses droits. Il peut toujours prendre conseil auprès d'un médecin ou d'un avocat de son choix, envoyer et recevoir du courrier, communiquer avec le juge, le maire de sa commune ou le préfet du département, saisir la commission (voir plus haut), exercer son droit de vote, se livrer aux activités religieuses ou philosophiques de son choix.
Il conserve son domicile.
En l'absence de la mise en place d'une tutelle ou curatelle, un curateur à la personne du malade peut être nommé par le tribunal à la demande de l'intéressé lui-même ou d'une personne de sa famille ou même d'un tiers.
Le curateur veille à ce que les revenus du malade soient employés à adoucir son sort, à accélérer sa guérison et à favoriser sa réinsertion.
(Art. L. 3211-3 à L. 3211-10 du Code de la santé publique).
Sont organisées dans le cadre du traitement, des sorties d'essai du malade qui ne peuvent excéder 3 mois mais qui sont renouvelables.

Il peut également, sous certaines conditions, bénéficier d'autorisations de sorties de l'établissement de courte durée n'excédant pas 12 heures. Il doit être accompagné par un membre du personnel de l'établissement pendant toute la durée de la sortie.
À tout moment, l'intéressé lui-même ou son tuteur ou curateur, son conjoint, son concubin, tout parent ou personne agissant dans son intérêt, peuvent demander, par requête au président du tribunal de grande instance, la sortie immédiate du malade.
À sa sortie, le malade conserve la totalité de ses droits et devoirs de citoyen.
En aucun cas ne pourront lui être opposés ses antécédents psychiatriques.
À noter : une personne en prison qui présente des troubles mentaux nécessitant des soins immédiats ainsi qu'une surveillance constante doit être hospitalisée dans une unité spécialement aménagée d'un établissement de santé ou, si ces unités ne sont pas mises en place, dans un service médico-psychologique régional ou un établissement de santé habilité. Ces personnes bénéficient des mêmes droits que les autres malades (sous réserve des restrictions rendues nécessaires par leur qualité de détenu) : droit d'information et de conseil, droit au respect de sa dignité, nomination d'un curateur ou d'un tuteur, possibilité de demander la fin de l'hospitalisation par simple requête devant le juge des libertés et de la détention du tribunal de grande instance.
(Art. L. 3214-1 et suivants du Code de la santé publique ; Loi n° 2002-1138 du 9 septembre 2002).

Des cas pratiques

Le concubinage

Concubinage et contribution aux charges

Je viens de me séparer de mon concubin. Nous sommes en litige car j'estime avoir subvenu à la plupart des dépenses de la vie commune. J'ai l'intention de m'adresser aux tribunaux pour demander l'établissement d'un compte de concubinage. Croyez-vous que j'ai des chances de gagner ?

La jurisprudence ne vous est malheureusement pas favorable. Les concubins n'ont pas à « contribuer aux charges du mariage » comme les époux. Chacun d'entre eux doit donc assurer les dépenses qu'il a engagées sans pouvoir en réclamer une contribution à son compagnon. Dans une décision, la Cour de cassation a estimé que, même si un concubin a pratiquement entretenu seul le ménage, il ne peut pas réclamer à l'autre sa quote-part respective. La seule possibilité serait de prouver un enrichissement sans cause d'un des concubins à la suite des activités de l'autre ou l'existence d'une société de fait entre eux (*Cour de cassation, 1re chambre civile, 19/3/1991*).

Concubinage et pension alimentaire pour les enfants

Mon concubin verse une pension alimentaire pour ses trois enfants d'un précédent mariage. Son ex-femme a-t-elle le droit de lui demander une augmentation de pension sous prétexte qu'il vit avec moi (nous avons eu de notre côté deux enfants) ? Peut-elle se baser sur nos deux salaires pour demander une révision de la pension et, dans ce cas, si mon concubin ne peut pas payer, serai-je tenue de continuer à lui payer cette pension ?

Il est effectivement possible que sa situation soit prise en compte, et notamment le fait qu'il vive en concubinage avec vous. Ainsi, à propos d'une pension alimentaire due, après divorce, pour l'entretien des enfants, a été pris en considération le fait que l'ex-mari débiteur de la pension alimentaire vive en concubinage avec une femme salariée et bénéficie des ressources de celle-ci (*Cour de cassation, 2e chambre civile, 8/11/1989*).

Ceci dit, il faut que la mère des trois enfants prouve que ce concubinage entraîne une augmentation des revenus du couple ou un allégement des charges courantes. Il n'est donc pas certain qu'elle obtienne gain de cause, surtout si vous avez eu des enfants de votre côté avec votre concubin.

J'ai eu des jumeaux reconnus par leur père. Depuis, mon concubin m'a quittée, sans m'aider financièrement à les élever. J'ai dû l'assigner en justice pour qu'il paie une pension et, au cas où il ne pourrait pas s'en acquitter, j'ai eu l'idée d'assigner également ses parents. Quelles sont mes chances de succès ?

Selon la jurisprudence, quand l'obligation alimentaire concerne les enfants, ce sont les parents de l'enfant qui doivent payer la pension alimentaire pour celui-ci (*Cour de cassation,*

1re chambre civile, 6/3/1990). Mais les grands-parents peuvent être tenus de payer une pension alimentaire si les parents sont défaillants en tout ou en partie. Cette règle est valable que les parents soient mariés ou non. Dans une affaire où les ressources des parents (concubins) étaient insuffisantes pour couvrir les besoins de leurs enfants, un complément financier a été mis à la charge des ascendants (grands-parents) au titre de leur obligation alimentaire à l'égard de leurs petits-enfants dans le besoin, compte tenu de leur situation de fortune (*cour d'appel, Versailles, 2e chambre, 3/10/1996*).

C'est donc au juge qu'il appartient de décider au cas par cas.

Le mariage

Contribution aux charges du mariage

Existe-t-il une procédure spécifique contre un conjoint qui ne s'acquitte pas des dépenses du ménage (enfants, loyers...) ? Je n'arrive pas à faire face seule et mon conjoint qui m'a quittée ne m'aide plus. Je précise que je ne veux pas pour l'instant divorcer.

Oui, il s'agit de la contribution aux charges du mariage. La loi oblige les époux à contribuer aux charges du mariage selon leurs moyens financiers. Si votre conjoint ne remplit pas ses obligations, vous pouvez l'y contraindre tout en restant mariés. Vous pouvez engager l'action devant le juge aux affaires familiales près du tribunal de grande instance dans le ressort duquel vous habitez. Vous n'avez pas pour cette procédure à prendre un avocat. La demande se fait par requête (il convient de s'adresser au greffe). Vous motiverez votre demande et préciserez vos revenus et charges ainsi que ceux de votre conjoint. Un certain nombre de documents peuvent être joints à ce courrier, justifiant votre demande. Vous évaluerez le montant de la pension mensuelle réclamée qui vous paraît nécessaire pour faire face aux frais quotidiens. Vous allez être convoquée avec votre mari à une prochaine audience où vous serez entendue par le juge.

Mon mari ne contribue plus depuis un certain temps aux dépenses du ménage. Je compte engager contre lui une procédure de divorce. Ces faits peuvent-ils être retenus contre lui ?

Oui, le refus d'un époux de contribuer financièrement aux charges du mariage peut constituer une faute entraînant le divorce à ses torts. C'est même un grief fréquemment invoqué (avec l'abandon du domicile conjugal).

Récompense

Des travaux ont été faits pendant le mariage sur une maison que ma femme a acheté avant notre mariage grâce à un héritage. Ces travaux ont été financés par les revenus du couple.
Comment vont s'établir les comptes lors du divorce ?

L'article 1412 du Code civil précise que la communauté a droit à récompense quand elle a acquitté la dette personnelle d'un époux. Or, la maison dont vous parlez est un bien propre puisqu'elle a été acquise avant le mariage avec les sommes versées dans le cadre d'un héritage de votre femme. Les travaux ont, eux, été financés grâce aux revenus du couple qui sont des biens communs. Lors du divorce, cette maison deviendra un bien personnel à votre femme mais elle devra à la communauté une récompense en échange du financement des travaux. Pour cela, on prend (schématiquement) la valeur de la maison avant travaux et sa valeur après travaux. La différence représente la somme que votre femme devra à la communauté, somme qui sera ensuite divisée par deux (puisque votre femme a aussi participé aux travaux).

Des travaux ont été effectués sur un appartement de mes parents. Ils ont été financés par mon mari. Mes parents m'ont fait donation par la suite de cet appartement.
Mon mari et moi allons divorcer. Mon mari peut-il réclamer une récompense pour les travaux qu'il a réglés ?

Non, votre mari ne peut pas demander de récompense pour ces travaux car au moment où ils ont été payés par votre mari, l'appartement appartenait à ses beaux-parents. Il ne constituait pas encore un bien propre vous appartenant (*Cour de cassation, 1re chambre civile, 5/3/2002*). Le cas aurait été différent si les travaux avaient été effectués après la donation... Mais il est possible qu'il obtienne un dédommagement, par exemple dans le cadre d'une demande au titre de l'« enrichissement sans cause ».

Le divorce

Avocat

J'entame une procédure de divorce. Quels documents risque de me demander l'avocat lors de notre premier rendez-vous ?

Au cours du premier rendez-vous, un certain nombre de pièces et renseignements devront lui être fourni et notamment :
• le livret de famille ;
• le contrat de mariage ;
• le numéro de Sécurité sociale ;
• les documents relatifs aux crédits en cours ;
• les derniers avis d'imposition ;
• les bulletins de salaire ou autres sources de revenus ;
• l'adresse et le numéro des caisses de retraite ;
• la liste et numéros des différents comptes (bancaires, CEL, Livret A, PEL...) ainsi que le montant et l'origine des sommes ;
• les comptes domestiques avec des postes détaillés (enfants, maison...) et les justificatifs ;
• le contrat de bail ou le titre d'occupation du logement ;
• les procurations éventuelles ;
• les donations que les époux se sont consenties ;

- les contrats d'assurance-vie ;
- les pièces relatives aux biens immobiliers, etc.

Dès ce premier rendez-vous, s'il s'agit d'une demande de divorce pour fautes notamment, la question des preuves va être posée. Ce premier rendez-vous doit être soigneusement préparé. N'hésitez pas à faire une liste de vos principales questions. La question des honoraires devra bien entendu également être abordée.

Droit de visite et d'hébergement

En quoi consistent les motifs graves permettant un refus de droit de visite et d'hébergement ?

Seul un motif grave permet de refuser un droit de visite et d'hébergement au parent chez lequel l'enfant n'habite pas (ou non titulaire de l'autorité parentale). Le motif grave peut être tiré des mœurs du parent à qui va être confié l'enfant. Il est systématiquement établi en cas d'attouchements sexuels ou de sévices sur l'enfant. Il peut également être tiré de la religion du parent, si elle s'accompagne d'excès. Il peut aussi découler du désintérêt du parent pour l'enfant.

Ce cas peut être retenu, par exemple, si le parent n'a jamais contribué à la charge financière concernant l'enfant et ne s'est jamais préoccupé de lui rendre visite.

L'obligation alimentaire

Pension alimentaire pour un enfant - grands-parents

Je viens de divorcer. Les enfants restent avec moi. Je n'ai rien demandé pour eux à mon ex-mari car il n'en a pas les moyens. Nous avons tous les deux de faibles revenus. Puis-je demander à mes beaux-parents de m'aider pour les enfants ?

Vous pouvez en effet demander une participation à vos beaux-parents s'ils en ont les moyens. C'est le juge aux affaires familiales qui est compétent. Attention : les grands-parents n'interviennent que si les parents sont dans l'impossibilité totale ou partielle d'assumer leurs obligations à l'égard des enfants, ce que vous devrez établir. Par ailleurs, le juge va étudier les ressources de chacun de vos beaux-parents pour statuer. Si votre belle-mère, par exemple, n'a pas de ressources propres, elle ne sera pas condamnée. Il n'y a en effet, selon les tribunaux, pas de solidarité entre débiteurs d'aliments.

Pension alimentaire pour un enfant - mariage de l'enfant

Ma fille a 23 ans. Elle a arrêté ses études et vient de se marier. Dois-je continuer à lui verser une pension alimentaire fixée dans la décision de justice ?

Le fait que votre fille soit mariée ne signifie pas qu'elle peut subvenir seule à ses propres besoins. Par exemple, si le mari est étudiant ou chômeur, ou encore s'il ne dispose que de peu de ressources, les parents peuvent être amenés à continuer le versement de la pension.

Ces points étant posés, si votre fille ne poursuit plus ses études, vous pouvez effectivement demander la cessation de la pension alimentaire (fixée dans le jugement de divorce) en vous adressant au juge aux affaires familiales. Sachez cependant que votre fille pourra alors invoquer un « état de besoin » (ce dont elle doit faire la preuve) pour obtenir une pension fondée sur les articles 205 et 207 du Code civil.

Sur ce point, il faut savoir que le devoir de secours entre époux prime sur le devoir des parents.

Le statut de l'enfant

Séparation des parents et intérêt de l'enfant

Que recouvre la notion d'« intérêt de l'enfant » ?

Seul l'intérêt de l'enfant doit guider le juge dans sa prise de décision sur l'autorité parentale. Certains éléments sont donc en principe, indifférents : tel est le cas par exemple des torts d'un époux lors d'un divorce pour faute. Le « mauvais époux » n'est pas présumé être un mauvais parent et inversement, l'innocence du conjoint ne lui confère pas plus *a priori* un brevet de bon éducateur. Pourtant, en pratique, on note que l'existence des torts peut influer sur la décision. Si par exemple, il est relevé dans un divorce que la mère ne s'est jamais occupée de son foyer, cette attitude risque d'avoir une influence sur l'attribution de l'autorité parentale…

Le temps de disponibilité des parents pour s'occuper de leurs enfants est un paramètre essentiel pour les magistrats. Sont pris en compte également les mœurs des parents, l'existence de relations apaisées ou au contraire conflictuelles de l'enfant avec eux, de l'enfant avec les beaux-parents ou concubins des parents, ou toutes autres raisons qui vont apparaître notamment dans le cadre d'une enquête sociale.

Délégation d'autorité parentale aux grands-parents

Ma fille se désintéresse totalement de son enfant. Je précise qu'elle a eu une grossesse non désirée et que l'enfant est né de père inconnu. Je me suis attachée à cet enfant que je garde souvent. Je voudrais le prendre totalement en charge avec ma fille. Celle-ci est d'accord. Existe-t-il une procédure permettant cette possibilité ?

La délégation d'autorité parentale est une procédure qui pourrait convenir à votre cas. Elle a été redéfinie et simplifiée par la loi du 4/3/2002 qui prévoit une délégation totale ou seulement partielle de l'autorité parentale. Dans ce dernier cas, il s'agit d'un partage de l'autorité parentale entre le délégant (le parent) et le délégataire (grand-parent comme vous mais aussi beau-parent, membre de la famille ou tiers) pour les besoins de l'éducation de l'enfant. En cas de délégation partielle, la mère ne renonce pas à ses droits mais les partage avec vous. Dans tous les cas, la délégation de l'autorité parentale doit être décidée par le juge. Votre fille sera appelée à l'instance (*Code civil, Art. 377-1*).

Les donations, le décès, la succession

Les testaments

La rédaction du testament

› Faut-il faire un testament ?

Il est toujours utile de rédiger un testament quelle que soit l'importance du patrimoine dont on dispose.

Si l'on n'a ni enfant, ni parent et que l'on veut avantager son conjoint, la rédaction d'un testament en sa faveur lui permettra d'obtenir plus que ce qui est prévu par la loi pour lui et de conserver tout ou partie des biens qui ont appartenu au défunt.

Si l'on a des enfants, on peut par un testament, là encore, augmenter la part réservée à son conjoint et (ou) répartir comme on l'entend divers biens ou objets entre les enfants. Que l'on ait ou non une famille, on peut par un testament léguer un bien ou une somme d'argent à une personne non héritière de par la loi (ami, relation...).

Il n'est pas nécessaire d'attendre d'être âgé pour rédiger son testament. On peut tout à fait au cours de sa vie rédiger plusieurs testaments successifs, le nouveau révoquant le précédent. (Voir plus loin : *La révocation ou l'annulation d'un testament*).

› Qui peut rédiger un testament ?

Pour pouvoir rédiger un testament, il faut que celui qui le rédige ait la capacité de disposer de ses biens (c'est-à-dire pouvoir les vendre, les donner, les louer...) au sens juridique du terme (capacité juridique).

Mais, de plus, le Code civil prévoit que pour faire un testament, il faut être sain d'esprit (capacité de fait).

(Code civil, art. 901).

• Capacité juridique

Pour être capable au sens de la loi, il faut être majeur et avoir donc 18 ans accomplis.

Cependant, l'article 904 du Code civil permet de disposer par voie de testament à compter de l'âge de 16 ans ; mais le mineur de 16 ans ne peut disposer que de la moitié de ce que la loi lui permettrait de disposer s'il était majeur. Avant 16 ans, l'incapacité de faire un testament est absolue.

(Code civil, art. 903).

À noter : le mineur émancipé peut faire un testament comme un majeur car il a la même capacité que le majeur.

Le majeur en tutelle ne peut faire seul son testament après l'ouverture de la tutelle qu'avec l'autorisation du juge ou, éventuellement, du conseil de famille. À défaut de cette autorisation, le testament est nul.

Le tuteur ne peut ni l'assister ni le représenter à cette occasion (l'assistance du tuteur, auparavant autorisée, est, à compter du 1er janvier 2009, interdite sous peine de nullité). Le majeur incapable peut toutefois révoquer seul son testament, même si l'acte a été rédigé après l'ouverture de la tutelle.

Le majeur en curatelle peut rédiger seul son testament.
(Voir Ⓘ : *Tutelle des majeurs*).

Capacité de fait

C'est le juge qui apprécie souverainement si le testament est le fait d'une volonté saine et libre.
Les héritiers peuvent invoquer l'insanité du testateur, au moment de la rédaction de l'acte, mais le juge est libre de refuser cette nullité si les éléments de preuve concernant l'absence de discernement ou de volonté lui paraissent insuffisants (voir plus loin : *La révocation ou l'annulation d'un testament*).

› Un testament peut-il être établi par deux personnes ?

Aux termes de l'article 968 du Code civil, un testament ne peut pas être rédigé par deux personnes à la fois : c'est ce qu'on appelle l'interdiction formelle des testaments « conjonctifs ».
Pour être considéré comme conjonctif, le testament doit réunir les deux éléments suivants :
– d'une part, il faut l'apposition des signatures des deux testateurs sur un seul écrit ;
– d'autre part, il faut également qu'existent des dispositions testamentaires communes aux deux testateurs.
À l'inverse, la jurisprudence a reconnu valables des testaments qui, même s'ils contenaient des dispositions testamentaires libellées au nom des deux époux qui répartissaient les biens constituant leurs successions, n'étaient signés que par le mari et non par la femme.
(Code civil, art. 968).

› Comment rédiger son testament ?

Il existe trois façons de faire son testament.

Le testament olographe

La forme olographe est la forme la plus simple.
Il s'agit d'un testament rédigé sur papier libre, daté et signé de la main du testateur.
Le testament olographe n'est pas valable s'il est tapé à la machine, mais dès lors qu'il est entièrement manuscrit, il n'est assujetti à aucune autre formalité et peut même être rédigé au crayon.
L'avantage de ce testament est qu'il est simple, aisément révocable et qu'il ne donne lieu à aucun frais.
Ses inconvénients essentiels résident dans le fait, d'une part, qu'il est exposé à des risques de destruction, notamment après la mort du testateur et d'autre part, que sa validité peut fréqucmment être mise en cause (par exemple : s'il manque la date, si la signature ne permet pas d'établir avec certitude l'identité de l'auteur...).
(Code civil, art. 970).

Le testament authentique

Le testament authentique (ou par acte public) est reçu par deux notaires ou par un notaire assisté de deux témoins. Le testateur dicte son testament au notaire qui l'écrit lui-même ou le fait écrire à la main ou mécaniquement.
Le testament est ensuite lu au testateur puis il est signé par ce dernier en présence des témoins et du notaire.
Si le testateur déclare qu'il ne peut ou ne sait signer, il est fait dans l'acte mention expresse de sa déclaration ainsi que de la cause qui l'empêche de signer. Le testament est également signé par les témoins et le notaire.

Les avantages de ce testament sont importants car c'est le seul testament auquel puissent recourir les personnes qui ne peuvent ou ne savent pas écrire. Il protège parfaitement la volonté du testateur et offre toute sécurité quant à sa conservation.
Il est néanmoins peu utilisé car il n'est pas secret et entraîne des frais d'honoraires de notaire.
(Code civil, art. 971).

Le testament mystique

Le testament mystique est tombé en désuétude en raison de ses formalités excessivement nombreuses et compliquées. Il est écrit par le testateur ou par une autre personne ou dactylographié, doit être signé de la main du testateur et est présenté clos et scellé devant témoins à un notaire qui dresse un procès-verbal de la remise (acte de souscription).
Il présente l'avantage de pouvoir être fait par une personne ne sachant pas écrire et de conserver le secret de son contenu, sauf dans le cas où une autre personne l'a rédigé à la place du testateur.
(Code civil, art. 976 et 977).

› Qu'est-ce qu'un exécuteur testamentaire ?

L'exécuteur testamentaire est une personne désignée par le défunt, dont la mission est de veiller, après sa mort, au respect de ses dernières volontés et à l'exécution de son testament.
Il est généralement nommé par le testament lui-même, mais peut également être investi de cette fonction par simple lettre, dès lors que cette lettre est entièrement écrite, datée et signée de la main du défunt.
(Code civil, art. 1025).
L'acte de nomination peut faire, ou non, mention d'un éventuel legs attribué à cet exécuteur testamentaire.
Sa mission varie en fonction des termes de la nomination. Il peut être chargé de surveiller simplement la bonne exécution des dispositions testamentaires, mais peut aussi avoir pour rôle de répartir directement les différents biens meubles de la succession aux différents légataires ou encore de les vendre. Il peut aussi être chargé de recevoir et de placer les capitaux, de payer les dettes et les charges et de procéder à l'attribution ou partage des biens subsistants entre les héritiers et les légataires.
(Code civil, art. 1026).
La mission de l'exécuteur testamentaire prend fin au plus tard 2 ans après l'ouverture du testament sauf prolongation. Il a alors 6 mois pour rendre compte de sa mission.
Il peut être responsable des fautes commises dans sa gestion.
Ses frais sont à la charge de la succession.

› Qu'est-ce qu'un mandataire successoral ?

Le mandataire doit gérer tout ou partie de la succession pour le compte d'un ou plusieurs héritiers désignés. Sa mission est donc plus large que celle d'un exécuteur testamentaire qui n'est chargé que d'exécuter les dispositions du testament.
La nomination d'un mandataire successoral peut être utile s'il existe, par exemple, des enfants mineurs parmi les héritiers ou des incapables, ou encore si les héritiers ne possèdent pas les compétences nécessaires pour administrer certains biens de la succession (une entreprise notamment).
Ce mandataire peut être désigné par testament (mandataire à titre posthume) par toute personne qui craint des difficultés lors du règlement de sa succession, ou, après le décès, par les héritiers, ou encore par le tribunal.

Les différents legs

Un legs est une disposition contenue dans un testament, par laquelle une personne destine à une autre personne, tout ou partie de ses biens.

› Peut-on donner tous ses biens par testament ?

Il est possible de donner tous ses biens par testament à la personne de son choix s'il n'y a pas d'héritiers réservataires. Les héritiers réservataires sont en premier lieu les descendants (enfants, petits ou arrière-petits-enfants) et le conjoint survivant (les parents ne sont plus héritiers réservataires depuis le 1er janvier 2007).
En présence d'héritiers réservataires, sont seuls autorisés les legs ne dépassant pas une certaine quote-part de la valeur de la succession.
(Sur ces points, voir Ⓘ : *Succession* et *Réserve-quotité disponible*).

› Quelles sont les différentes formes de legs ?

Le legs particulier

Le testateur effectue un legs particulier lorsqu'il dispose dans son testament qu'un ou plusieurs objets déterminés, par exemple, tel immeuble, telle somme d'argent, seront attribués à telle personne désignée.
C'est donc le caractère particulier de l'objet attribué qui lui donne son caractère de legs particulier.
Celui qui reçoit par testament un objet ou un bien particulier est un légataire à titre particulier.

Le legs à titre universel

Le legs à titre universel est la disposition testamentaire par laquelle une personne lègue une quote-part ou une fraction de ses biens à un légataire (exemple : « le quart de mes biens », « mes biens situés en France », « l'ensemble de mes meubles »...).
(Code civil, art. 1010).
Les biens ainsi légués ne sont pas décrits ni distingués objet par objet. Celui qui reçoit un legs à titre universel est un légataire à titre universel.

Le legs universel

Le testateur lègue à une ou plusieurs personnes l'intégralité des biens qu'il laissera à son décès.
(Code civil, art. 1003).
Le legs universel est donc celui qui donne vocation à l'universalité de la succession.

› Quel peut être le contenu des legs ?

Le legs avec charges

Un legs avec charge est un legs assorti d'une obligation pour le légataire. Le legs est accordé à condition que le légataire exécute cette obligation (exemple : « je lègue ma collection de tableaux à la ville, à condition qu'une rue porte mon nom » – « je lègue ma propriété à ma commune, à charge pour elle de créer un orphelinat »...).
Attention : la charge imposée ne doit pas être impossible ou contraire aux lois ou aux mœurs.
Dans cette hypothèse, le légataire peut recevoir son legs sans être tenu à aucune obligation.
Le caractère impossible ou illégal relève de l'appréciation souveraine des tribunaux.

Le legs sous condition

Un legs est dit sous condition quand son exécution dépend de la survenance ou de la non-survenance d'un événement incertain (exemple : « je lègue tel ou tel bien à telle personne, à condition qu'elle ait des enfants » – « je lègue la maison à X... à condition qu'il ne quitte pas la France »).
(Code civil, art. 1040).
Ces legs sont valables et le légataire ne recevra son bien que lorsque la condition se réalisera (s'il s'agit d'une condition négative, le légataire perdra son bien si la condition se réalise).
La condition peut être déclarée illicite si elle est contraire aux lois ou aux mœurs (exemple : legs d'un immeuble avec interdiction de le revendre). Cette clause d'inaliénabilité est en principe nulle si cette interdiction n'est pas limitée dans le temps.

Attention : le legs fait à son conjoint avec interdiction de se remarier est déclaré illicite si cette condition procède de mobiles répréhensibles tels que la jalousie posthume, la malveillance, etc.

Si une telle condition est jugée illicite, elle est annulée et le légataire peut recevoir ses biens.

Le legs résiduel

Le legs de residuo ou « legs résiduel » consiste à léguer un bien à une personne à condition qu'elle-même le lègue à un second bénéficiaire si le bien est toujours dans son patrimoine.
Depuis le 1er janvier 2007, il est possible aussi de faire une « donation résiduelle » dont les règles sont les mêmes que celles du legs de residuo.
(Voir ① : *Donation, résiduelle*).
(Code civil, art. 1048 et s.).

Le legs graduel

Un legs graduel consiste à léguer un bien déterminé à un légataire (le grevé) avec l'obligation pour ce dernier de conserver le bien et de le transmettre, à son décès, à un tiers désigné dans l'acte (le second bénéficiaire).
Cette forme de libéralité peut être utilisée par exemple si le donateur veut conserver un bien dans la famille, ou encore pour empêcher un héritier direct de dilapider le patrimoine reçu et protéger ainsi la génération suivante.
(Voir ① : *Donation, graduelle*).
Fiscalement, le second bénéficiaire paie les droits de mutation selon le degré de parenté qui l'unit au testateur. Les droits de mutation payés par le premier légataire s'imputent sur les droits dus par le second. Ces règles s'appliquent également aux legs résiduels (Art. 791 bis du Code général des impôts).
(Code civil, art. 1048 et s.).

› Peut-on faire un legs à une association, une personne morale ou une fondation ?

Legs à une association ou à un établissement de santé

En principe, seules les associations reconnues d'utilité publique sont habilitées à recevoir des legs. Mais des aménagements à ce principe ont été prévus puisque sont également capables de recevoir des legs, les associations simplement déclarées mais qui ont pour but exclusif l'assistance ou la bienfaisance privée, les œuvres de guerre, les associations culturelles, les centres de lutte contre le cancer, etc.

Depuis le 1er janvier 2006, l'autorisation administrative n'est plus nécessaire et l'acceptation de la libéralité par l'association est libre, sauf opposition formulée par le préfet. (Ordonnance n° 2005-856 du 28 juillet 2005). En revanche, les dons ou legs en faveur des établissements de santé, des établissements sociaux et médico-sociaux ou d'établissements d'utilité publique doivent être autorisés par le préfet.

● Legs à une commune

Lorsqu'un legs est fait au profit d'une commune, le conseil municipal peut accepter seul cette libéralité ; l'autorisation préfectorale n'est plus nécessaire.
Lorsque la libéralité est consentie aux pauvres ou aux hospices d'une commune, c'est le bureau d'aide sociale de cette commune qui accepte ces dons ou ces legs.

● Legs destiné à créer ou à fonder un établissement (« fondation par testament »)

En principe, il n'est pas possible de léguer ses biens à une personne qui n'existe pas au moment du décès du testateur. Ainsi un legs, qui a pour but la création d'un établissement, ne peut pas être exécuté.
Toutefois, les tribunaux valident les libéralités faites à des établissements dépourvus d'existence en considérant que l'intention du rédacteur du testament était de gratifier une certaine catégorie de personnes aptes à recevoir ces legs et non l'établissement à créer lui-même (exemple : un legs, destiné à créer un hôpital pour enfants dans une commune, est considéré comme un legs, fait à la commune – de même un legs, destiné à la création d'une fondation pour les veuves et orphelins d'employés de la Banque de France, a été considéré comme étant fait en faveur de ces derniers).

● Legs à une fondation d'utilité publique

La loi n° 90-559 du 4 juillet 1990 a autorisé le legs fait au profit d'une fondation qui n'existe pas au jour de l'ouverture de la succession sous la condition qu'elle obtienne, après les formalités de constitution, la reconnaissance d'utilité publique.
La demande d'utilité publique doit, à peine de nullité du legs, être déposée auprès du préfet dans l'année suivant l'ouverture de la succession.
La fondation qui est reconnue d'utilité publique est censée exister depuis le jour de l'ouverture de la succession. Si le testateur n'a pas désigné les personnes chargées de constituer une telle fondation, le préfet désigne une autre fondation d'utilité publique pour procéder à cette constitution.
(Loi n° 87-571 du 23 juillet 1987 modifiée par la loi du 4 juillet 1990).

› Peut-on léguer son corps ou donner ses organes ?

Si l'on désire léguer son corps ou ses organes à la science, il convient de s'adresser à la faculté de médecine dont on dépend, ou encore à la Fédération française des donneurs d'organes (BP 35 - 75462 Paris Cedex 10) qui feront rédiger une déclaration de don, entièrement écrite, datée et signée de la main du donateur.
Une carte de donneur est ensuite remise à l'intéressé qui la conservera avec lui sa vie durant.
L'âge limite des prélèvements en vue d'une greffe est en principe de 55 ans (pour les dons des yeux, il n'y a pas de limite d'âge).

› À qui est-il interdit de léguer ses biens ?

Le principe est que toute personne peut recevoir par testament et les exceptions à ce principe sont les suivantes :

Le bénéficiaire non existant

L'enfant non conçu à l'époque du décès du testateur ne peut recevoir par testament.
L'enfant conçu peut recevoir mais il faut qu'il soit né viable pour valider le testament.
(Code civil, art. 906).
Cette règle s'applique également aux personnes morales. Le legs fait à une fondation non existante ou dissoute avant le décès du testateur est nul comme celui fait à une personne qui n'est pas encore née.

Les bénéficiaires particuliers déclarés incapables de recevoir par testament

Le tuteur d'un mineur même âgé de 16 ans ne pourra, par testament, accepter les libéralités réalisées par ce dernier en sa faveur.
Le tuteur d'un mineur devenu majeur ou émancipé ne pourra recevoir entre vifs (par donation) ou par testament que si le compte définitif de la tutelle a été préalablement rendu et apuré, exception faite du cas où les ascendants sont ou ont été tuteurs.
(Code civil, art. 907).
Les médecins, chirurgiens, officiers de santé, pharmaciens ayant soigné une personne de la maladie dont elle meurt, ne pourront profiter des dispositions entre vifs ou testamentaires qu'elle aurait faites à leur profit au cours de la maladie (sauf s'il s'agit de dispositions rémunératoires).
Les mandataires judiciaires à la protection des majeurs et les personnes morales au nom desquelles ils exercent leurs fonctions ne peuvent, non plus, recevoir une donation ni bénéficier d'un legs de la part des personnes dont ils assurent la protection.
Cette interdiction est générale, quelle que soit la date de la libéralité.
Les libéralités faites aux prêtres ou autres ministres du culte suivent les mêmes conditions (ceci pour éviter tout abus d'influence).
(Code civil, art. 909).
Il faut noter que sont assimilées aux médecins, les professions paramédicales telles que celle de magnétiseur, si ce dernier a donné des soins à la personne décédée pendant sa dernière maladie.
De même, les établissements de santé, les établissements sociaux et médicosociaux, les pauvres d'une commune, ou les établissements d'utilité publique, ne peuvent recevoir des biens par testament ou donations que si un décret les y autorise.

Le bénéficiaire décédé avant le testateur

En principe, le legs est caduc si le légataire décède avant le testateur même en laissant des enfants, le legs étant considéré comme exclusivement personnel.
Mais ce principe tombe et le legs est valable à l'égard des descendants du légataire si le testateur a eu l'intention de favoriser les descendants de ce légataire. Cette intention peut se déduire des termes de la disposition ou de l'ensemble du testament.
(Code civil, art. 1039).

La révocation ou l'annulation d'un testament

› Comment l'auteur d'un testament peut-il le révoquer ?

À la différence des donations qui, en principe, sont irrévocables, les testaments peuvent être à tout moment révoqués par leur auteur jusqu'à sa mort.

Cette révocation peut être expresse ou tacite.

Elle est expresse si elle résulte de la rédaction d'un nouveau testament indiquant la révocation du précédent ou seulement de certaines dispositions du précédent (révocation partielle).

(Code civil, art. 1035).

Elle est tacite :

– soit lorsqu'il existe un testament postérieur incompatible avec le précédent (exemple : lorsqu'un même bien est légué successivement à deux personnes différentes).

(Code civil, art. 1036) ;

– soit lorsque le testateur a vendu le bien légué.

(Code civil, art. 1038) ;

– ou encore lorsqu'il y a eu destruction du testament par son auteur avec volonté de révocation.

À noter : la lacération d'un testament n'est pas un mode de révocation prévu par l'article 1035 du Code civil mais un procédé de destruction.

Les effets sont les mêmes sous réserve que la lacération ait bien été faite par l'auteur lui-même.

Attention : si l'on désire modifier en partie un testament déjà rédigé, il est préférable de le réécrire entièrement et de révoquer l'ancien pour éviter les risques de confusion ou de mauvaise interprétation des deux actes. Mais il est également possible de rédiger un codicille, c'est-à-dire une disposition nouvelle qui s'ajoute à l'ancien testament ou qui le modifie partiellement. Le codicille doit, comme le testament lui-même, être entièrement écrit, daté et signé de la main du testateur.

› Qui d'autre peut faire révoquer un testament ?

L'article 1046 du Code civil permet à tout intéressé de demander à la justice la révocation du testament pour deux motifs :

– si le légataire n'exécute pas les charges imposées par le testateur,

– s'il y a ingratitude du légataire (exemple : attentats à la vie du testateur, délits, sévices, injures graves envers celui-ci ou envers sa mémoire).

Ces deux causes de révocation judiciaire sont les mêmes que celles de la révocation des donations prévues aux articles 954 et 955 du Code civil.

En ce qui concerne la révocation pour cause d'ingratitude, les juges apprécient les faits et leurs gravités.

Un délit contre les biens du testateur peut être considéré comme une « ingratitude » au même titre qu'un délit contre sa personne (exemple : vol).

L'action en révocation pour cause d'ingratitude doit être intentée dans le délai d'1 an à compter du jour du délit ou, s'il s'agit d'un délit pénal, à compter du jour de la condamnation.

Elle est portée devant le tribunal de grande instance dont dépend le lieu d'ouverture de la succession.

(Code civil, art. 1046).

› Quand peut-on faire annuler un testament ?

Il est possible de faire annuler un testament en assignant en nullité du testament tous les héritiers de la succession ainsi que le liquidateur de la succession et ce, devant le tribunal de grande instance du lieu de la succession.
(Art. 45 du Code de procédure civile).
(Pour connaître les héritiers d'une succession, il faut demander au notaire chargé de la succession d'établir un acte de notoriété).
La nullité du testament peut intervenir pour deux raisons :
– il peut s'agir de nullité tenant à la qualité des personnes visées,
– ou de nullité tenant aux qualités du testament lui-même.

● Nullités tenant aux qualités du testament lui-même

Il convient de se reporter aux questions plus haut traitant des règles de forme des différents testaments.
La solennité (respect des formes) étant un élément constitutif du testament, l'absence des formes entraîne la nullité absolue du testament, c'est-à-dire que cette nullité peut être réclamée par toute personne qui y a intérêt (en présence, par exemple, d'un testament olographe tapé à la machine).
De même, s'il y a révocation d'un testament, ce dernier est annulé.
À noter : faire un faux testament est un délit.
(Code pénal, art. 441-1).

● Nullités tenant aux personnes

Il convient de distinguer la personne du testateur et celle du bénéficiaire.

La personne du testateur

Il est possible d'invoquer la nullité du testament si le testateur :
– n'était pas sain d'esprit,
(Code civil, art. 901) ;
– ou pas « capable »,
(Code civil, art. 902 et 903).
L'insanité d'esprit comprend toutes les variétés d'affections mentales diminuant l'intelligence du disposant ou sa faculté de discernement.
La preuve de l'insanité d'esprit peut être faite par tous moyens (lettres, témoignages, certificats médicaux...).
De même, la nullité pourra être invoquée s'il existe un élément qui a vicié le consentement du testateur (violences, manœuvres dolosives), ou encore la simple influence exercée à l'encontre du testateur affaibli par la maladie.
(Code civil, art. 1109).
Enfin le consentement du testateur peut être vicié par l'erreur sur la personne du bénéficiaire ou sur les mobiles qui ont motivé les libéralités.
L'action en nullité pour insanité d'esprit d'un testament est soumise à la prescription abrégée de 5 ans de l'article 1304 du Code civil.

La personne du bénéficiaire

Un testament doit être annulé lorsque le bénéficiaire n'est pas autorisé à recevoir le legs.
(Voir plus haut : *À qui est-il interdit de léguer ses biens ?*).

Les donations

Principes généraux

› Qu'est-ce qu'une donation ?

Une donation est un contrat par lequel une personne (le donateur) transmet gratuitement un droit réel ou un bien de son patrimoine à une autre personne (le donataire).

Comme tout contrat, la donation suppose la volonté des deux parties, c'est-à-dire la volonté de donner du donateur et l'acceptation du donataire.

C'est un acte entre vifs qui prend effet au moment de l'acte, dès l'échange de volontés des deux parties, c'est-à-dire que le donataire devient propriétaire au moment de son acceptation. Ne seront donc pas valables les donations à cause de mort, c'est-à-dire les donations ne prenant effet qu'au décès du donateur.

› Qui peut faire une donation ?

Toute personne peut faire une donation.

(Code civil, art. 902).

Cependant, certaines personnes sont déclarées « incapables » par la loi de disposer de leurs biens et ce, dans un souci de protection du disposant lui-même ou de ses biens. Il s'agit, comme pour les testaments :

– des mineurs non émancipés,

– des majeurs en curatelle qui peuvent faire une donation mais avec l'assistance du curateur,

– des majeurs en tutelle qui peuvent donner leurs biens mais avec l'autorisation du conseil de famille et l'assistance du tuteur,

– et d'une façon générale, des personnes qui ne sont pas saines d'esprit.

(Code civil, art. 470, 476 et 901).

(Voir Ⓘ : *Majeur protégé*).

› Sous quelle forme peut-on faire une donation ?

Une donation doit être passée devant un notaire pour être valable.

(Code civil, art. 931).

Une donation qui serait effectuée par une simple lettre serait donc nulle. Par ailleurs, le donataire (le bénéficiaire de la donation) doit expressément intervenir dans l'acte notarié.

(Code civil, art. 932).

● La donation d'un immeuble

L'acte notarié constatant la donation d'un immeuble ainsi que l'acceptation de cette donation sont soumis aux formalités de publicité (ou transcription) au bureau des hypothèques de l'arrondissement dans lequel est situé l'immeuble donné.

(Code civil, art. 939).

Les formalités de publication sont en principe effectuées par le notaire qui a reçu l'acte de donation. La donation d'un bien immobilier non publié n'est pas nulle mais ne peut être opposée aux tiers, c'est-à-dire qu'elle est censée ne pas avoir eu lieu (exemple : les créanciers du donateur pourront effectuer une saisie de l'immeuble entre les mains de celui qui a reçu la donation, comme si ce bien appartenait encore au donateur, leur débiteur).

● Le don manuel

Un don manuel est la remise matérielle d'un objet de la main à la main entre le donateur et le donataire (le bénéficiaire). Ces dons manuels sont valables et constituent une exception au principe de l'article 931 du Code civil qui prévoit que les actes de donations doivent être passés devant un notaire. Mais pour être valable, il faut qu'il y ait passage matériel du bien d'une main à l'autre (ou « tradition ») et dépossession immédiate du donateur. La promesse d'un don manuel serait donc nulle.

De même, un don manuel serait inexistant si l'objet n'avait été remis au donataire qu'après la mort du donateur.

En revanche, un don manuel sera valable même s'il est fait par l'intermédiaire d'un tiers. Ce qui est le cas, par exemple, lorsqu'il est fait donation d'une somme d'argent par chèque (l'intermédiaire étant le banquier).

Puisqu'aucune formalité n'est exigée, il est fréquent que s'élèvent des contestations sur la réalité d'un éventuel don manuel. Celui qui possède l'objet est censé en être propriétaire mais les héritiers du donateur, par exemple, peuvent vouloir prouver qu'il y a eu un vol ou détournement du meuble de la part du possesseur ou encore, en cas de cohabitation entre le donateur et le donataire, que ce dernier n'était pas le véritable possesseur.

Les juges statueront cas par cas, en fonction des éléments de chaque dossier. Pour éviter ce risque de contestation, il est recommandé de faire constater par écrit la réalité du don et de le déclarer aux services fiscaux. Cette déclaration n'est pas obligatoire au moment du don mais le devient lors de la déclaration de succession du donateur. La déclaration concomitante au don permet, par ailleurs, de bénéficier de divers avantages fiscaux (abattement spécifique, application de la règle des 6 ans…). (Voir ① : *Droits de succession* et *Donation*).

● La donation indirecte

Une donation indirecte est le fait d'avantager ou de gratifier indirectement une personne par un acte qui apparemment ne se présente pas comme un acte à titre gratuit et qui est différent d'un acte de donation pure et simple. La souscription d'une assurance-vie au bénéfice d'une personne constitue ainsi, pour ce bénéficiaire, une donation indirecte de la part du souscripteur. Le fait également de payer à un créancier la dette d'une personne constitue une donation indirecte à l'égard de cette dernière. De même, la remise d'une dette ou l'abandon de certains droits sont considérés comme des donations indirectes. Ces donations indirectes sont valables sans exigence d'aucune formalité et constituent, comme les dons manuels, une exception aux règles de forme de l'article 931 du Code civil.

› Qu'est-ce qu'une donation déguisée ?

Les donations déguisées sont des actes qui, sous l'apparence de contrat à titre onéreux, c'est-à-dire avec contrepartie, dissimulent en réalité une donation (sans contrepartie). Ainsi, il y a donation déguisée lorsqu'aux termes d'un contrat de

vente, le prix figurant dans l'acte n'est en réalité pas payé par le prétendu acquéreur. De même, la signature d'une reconnaissance de dettes dont le signataire n'est pas réellement tenu constitue une donation déguisée. Bien qu'aucun article du Code civil n'en fasse clairement état, ces donations déguisées sont dans leur principe déclarées valables par la jurisprudence.
On considère, en effet, que la volonté du donateur de gratifier une personne doit être respectée.

À noter : les donations déguisées ne sont pas soumises aux règles de forme édictées par l'article 931 du Code civil concernant les donations mais doivent, en revanche, respecter celles des contrats dont elles empruntent l'apparence (contrat de vente, par exemple).

Dans les rapports entre héritiers, la donation déguisée ne doit pas excéder la quotité disponible. Si tel est le cas, les héritiers réservataires (par exemple, les enfants) sont en droit de demander la réduction de cette donation, mais ils ne peuvent pas demander son annulation totale puisque l'intention libérale (volonté de gratifier une personne) du donateur doit être respectée. Vis-à-vis de l'administration fiscale, l'acte présentant le caractère d'un acte à titre onéreux (par exemple, une vente fictive) pourra être requalifié, et les droits applicables à une donation pourront être réclamés au bénéficiaire.
(Voir Ⓘ : *Droits de succession* et *Donation*).

› Qu'est-ce qu'une donation résiduelle ?

La donation résiduelle bénéficie à deux bénéficiaires. La donation est consentie au premier, le second ne recevant que ce dont le premier n'a pas disposé. En principe le premier gratifié peut vendre les biens, les transformer mais il ne peut pas les transmettre gratuitement (par testament ou une donation).
Toutefois cette liberté du premier de disposer des biens donnés peut être limitée (clause d'interdiction de vendre notamment).
(Code civil, art 1057).
Cette forme de libéralité peut être faite en faveur, par exemple, d'un majeur incapable qui ne pourrait lui-même transmettre ses biens.
Une telle libéralité peut également être faite par legs, le principe étant le même : un premier légataire doit transmettre à un second les biens légués dont il n'a pas disposés.
Sur les aspects fiscaux, voir plus loin *Qu'est-ce qu'une donation graduelle.*

› Qu'est-ce qu'une donation graduelle ?

Une donation graduelle consiste à donner un bien déterminé à un donataire (le grevé) avec l'obligation pour ce dernier de conserver le bien et de le transmettre, à son décès, à un tiers désigné dans l'acte (le second bénéficiaire).
Le grevé ne peut pas s'opposer à cette obligation qui équivaut pour lui à une interdiction de vendre.
Avant la réforme, cette forme de transmission (clause de substitution) n'était autorisée que pour les enfants (en faveur des petits-enfants) ou pour les frères et sœurs (en faveur des neveux et nièces). Cette limitation a été supprimée.
La donation graduelle peut être utilisée pour protéger un enfant handicapé mais aussi, dans le cadre des familles recomposées. Le donateur peut instituer son second conjoint premier bénéficiaire et, en second bénéficiaire, un enfant qu'il a eu de son premier mariage.

Fiscalement, les mêmes règles s'appliquent aux donations graduelles et résiduelles. Le premier bénéficiaire paie les droits de mutation calculés sur la valeur des biens reçus. À son décès, les biens transmis au second donataire sont taxés d'après le degré de parenté existant entre le donateur d'origine et ce dernier.
Les droits de mutation payés par le premier donataire s'imputent sur les droits dus par le second (Art. 791 bis du Code général des impôts).
(Code civil, art. 1048 et s.).

› Quels biens peut-on donner ?

Aux termes de l'article 943 du Code civil, seuls les biens présents et appartenant au donateur peuvent faire l'objet d'une donation. Il est d'ailleurs exigé pour la donation de biens mobiliers, à peine de nullité, qu'un état estimatif contenant description et évaluation de ces biens soit annexé à l'acte de donation.
(Code civil, art. 948).
Les biens à venir ou futurs ne peuvent donc faire l'objet d'une donation et le donateur ne pourra, par exemple, donner un bien qu'il se propose d'acheter ou les biens qui lui appartiendront au moment de son décès.
À noter : cette règle selon laquelle seuls les biens présents peuvent faire l'objet d'une donation ne s'applique pas aux donations faites par contrat de mariage aux époux et aux enfants à naître du mariage, ni aux donations faites entre époux au cours du mariage.
(Code civil, art. 947).
(Voir plus loin : *Les donations aux époux et entre époux*).
Mais tout bien, que ce soit un objet mobilier, un immeuble ou une somme d'argent, peut être donné et ce, quelle que soit sa valeur. Le donateur peut également donner un bien tout en s'en réservant la jouissance ou l'usufruit (exemple : « je fais donation de la nue-propriété de ma maison et je conserve le droit d'y vivre »).
Attention : il n'est pas possible de donner l'intégralité de ses biens à un tiers si l'on a des enfants ou un conjoint. En effet, le conjoint depuis le 1er juillet 2002 et les enfants au moment de la donation sont des héritiers réservataires, ce qui signifie qu'on ne peut les déshériter au profit d'un tiers.
De même, il n'est pas possible de donner tout son patrimoine à un seul de ses enfants, toujours en raison de la réserve des autres enfants (sur ces points, voir plus loin : *Les héritiers – Les enfants*). Si le donateur désire avantager néanmoins l'un de ses enfants par rapport aux autres et souhaite que celui-ci reçoive la donation en plus de sa part successorale, il est nécessaire de préciser dans l'acte que la donation est faite hors part successorale.
Ainsi, lors du partage de la succession, la part légale de cet héritier sera évaluée sans tenir compte de la valeur du bien donné.

› Peut-on révoquer une donation ?

À la différence du testament qui peut être révoqué à tout moment, une donation est irrévocable.
(Code civil, art. 894).
Le donateur se dépouille définitivement du bien et ne peut pas, par sa seule volonté, reprendre ce qu'il a donné.
(Code civil, art. 944).
Les articles 953 et suivants du Code civil prévoient cependant trois cas de révocabilité des donations :

– inexécution des conditions sous lesquelles cette donation aura été faite,
(Code civil, art. 954) ;
– ingratitude du donataire,
(Code civil, art. 955) ;
– survenance d'enfants,
(Code civil, art. 960).

L'action en révocation pour inexécution des conditions peut être intentée contre le donataire ou ses héritiers. La révocation de plein droit pour inexécution des charges peut être prévue dans le contrat de donation, ce qui rend alors inutile l'intervention du juge pour prononcer cette révocation. L'ingratitude du donataire est reconnue lorsque ce dernier a attenté à la vie du donateur, lorsqu'il s'est rendu coupable envers lui de sévices, délits ou injures graves ou lorsqu'il lui a refusé des aliments.

Cette action ne pourra être menée ni par les héritiers du donateur (sauf si ce dernier est décédé dans l'année du délit), ni contre les héritiers du donataire. C'est une action personnelle, c'est-à-dire ne pouvant mettre en présence que l'auteur des sévices ou délits et la victime.

Enfin, la troisième cause « survenance d'enfants » concerne les donations consenties par des personnes qui n'avaient pas d'enfants ou de descendants vivants. Cette cause de révocation d'une donation a été assouplie par la loi du 23 juin 2006. Auparavant, les donations, de quelque valeur qu'elles soient, faites par une personne qui n'avait pas d'enfant au moment de l'acte étaient révoquées de plein droit si naissait par la suite un enfant du donateur.

Depuis le 1er janvier 2007, la révocation pour survenance d'enfant n'est plus une cause de révocation de plein droit et le donateur est libre de décider s'il veut que la donation soit définitive ou non. En effet, la révocation pour survenance d'enfant n'est possible que si l'acte de donation le prévoit. Uniquement dans cette hypothèse, le donateur peut demander la révocation de la donation lorsqu'il a un enfant ou s'il en adopte un (de façon plénière) après la donation. Par ailleurs, même si la donation prévoit cette restriction, le donateur peut toujours renoncer à demander la révocation.

À noter : les donations entre époux suivent un régime spécifique (voir plus loin : *Les donations aux époux et entre époux*).

› Qu'est-ce que le droit de retour ?

Le droit de retour est une exception au principe de l'irrévocabilité des donations.

Le donateur peut prévoir, en effectuant la donation, que les biens donnés pourront lui revenir (droit de retour) si le donataire ou ses descendants décèdent avant lui.
(Code civil, art. 951).

Comme il s'agit d'une exception, ce droit ne peut être stipulé qu'au profit du donateur lui-même (et non au profit de ses enfants, par exemple) et que sur les biens qu'il a lui-même donnés (les biens donnés par deux époux ne peuvent être soumis au droit de retour au profit d'un seul des époux). Le bien donné avec droit de retour est censé ne pas avoir quitté le patrimoine du donateur.
(Code civil, art. 952).

Il existe aussi un droit de retour légal prévu au profit des frères et sœurs et, depuis le 1er janvier 2007, au profit des parents du défunt.
(Voir ① : *Droit, de retour*).
(Code civil, art. 738-2, 757-3).

La donation-partage

› Qu'est-ce qu'une donation-partage ?

Une donation-partage consiste, pour le ou les parents, à effectuer, de son ou de leur vivant, la distribution et le partage de leurs biens entre leurs enfants. C'est en quelque sorte un règlement anticipé d'une succession.

Cet acte est en effet conçu pour éviter un éventuel partage judiciaire après décès, les frais qu'il entraîne ou encore le tirage au sort des lots qui répartit de façon aveugle les biens entre les descendants.

Depuis le 1er janvier 2007, la donation-partage est également possible en faveur d'autres héritiers comme les frères et sœurs ou les neveux et nièces (voir plus loin).

Le ou les donateurs déterminent et fixent eux-mêmes le sort de leurs biens. Ils répartissent ces biens en fonction de leur critère personnel et des qualités ou aptitudes respectives des bénéficiaires à gérer ces biens. Ils évitent également les éventuelles querelles qui surviennent à l'occasion d'une succession.

Par ailleurs, à condition que tous les bénéficiaires aient participé à l'acte, les biens donnés par donation-partage sont dispensés de rapport à la succession et sont évalués d'après leur valeur au jour de la donation. Les éventuelles plus-values ou moins-values des biens donnés entre la donation et le décès n'ont pas, dans cette hypothèse, à être évaluées.

Ce partage est en principe irrévocable.

(Code civil, art. 1076 et s.).

Les donataires acquièrent immédiatement et irrévocablement la propriété des biens donnés. Mais la donation-partage n'entraîne cependant pas l'ouverture de la succession. En conséquence, les éventuelles contestations entre eux, portant notamment sur la valeur de leur part respective, ne peuvent être ouvertes qu'après le décès du donateur. Une donation-partage ne peut porter que sur les biens possédés au moment de la donation par le donateur. En revanche, le donateur a la possibilité d'inclure dans la donation-partage des biens qu'il aurait déjà donnés dans le passé à ses enfants ou ses héritiers. Il peut ainsi réaliser un partage égalitaire de ses biens entre ces derniers, en regroupant les éventuelles donations antérieures avec une nouvelle ou plusieurs donations, soit en les regroupant entre elles sans en ajouter de nouvelles.

(Code civil, art. 1078-1 et s.).

Enfin, le donateur n'est pas tenu de donner ou de partager tous les biens qu'il possède. Il peut en effet effectuer une donation-partage seulement sur une partie de ses biens et faire par la suite une seconde donation-partage distincte de la première pour les biens restant à partager.

S'il décède sans avoir donné et partagé tous ses biens, les biens non compris seront répartis entre les héritiers, selon les règles normales de dévolution successorale. Une donation-partage doit toujours se faire devant un notaire. Par ailleurs, une donation-partage doit être acceptée par les donataires. Comme pour une succession, une donation-partage donne lieu au paiement de droits.

(Voir ① : *Droits de succession*).

Si le donateur ne veut pas se dépouiller totalement de ses biens, la donation-partage peut se faire avec réserve d'usufruit. Par exemple, il donne à ses enfants des terres. Ceux-ci n'en sont que nus-propriétaires ; le donateur en devient l'usufruitier et peut continuer à en percevoir les fermages. À ce moment-là, les droits ne sont calculés que sur une partie de leur valeur qui dépend de l'âge du donateur.

(Voir plus loin : *Valeur de l'usufruit* dans la rubrique : *Les héritiers – Le conjoint survivant*).

› Qui peut bénéficier d'une donation-partage ?

● Les enfants

Les enfants sont les premiers bénéficiaires. Si les enfants sont eux-mêmes décédés la donation-partage peut aussi être réalisée au profit des petits-enfants par les grands-parents. Dans ce cas, les petits-enfants viennent en représentation de leur parent décédé dont ils se partagent la part.

La donation-partage est également possible si le donateur n'a qu'un enfant unique, celui-ci pouvant soit partager avec ses propres descendants soit accepter de ne pas en bénéficier pour leur en faire profiter.

Mais la donation-partage n'est plus, depuis le 1er janvier 2007, réservée aux enfants.

● D'autres descendants et héritiers

Elle peut concerner tous les héritiers présomptifs du donateur. Si une personne n'a pas d'enfants, la donation-partage peut être faite en faveur d'autres héritiers comme ses frères et sœurs, ses neveux et nièces ou encore ses cousins.

Une même donation-partage peut également bénéficier à plusieurs générations de descendants et des lots peuvent être attribués aux enfants comme aux petits-enfants, même si ces derniers ne sont pas héritiers directs du donateur.

La loi autorise aussi un enfant à renoncer à sa propre part au bénéfice de ses propres enfants. La donation-partage peut donc bénéficier aux seuls petits-enfants (voire aux arrière-petits-enfants) même si leurs parents sont encore vivants. Ce saut transgénérationnel suppose l'accord des enfants, héritiers réservataires protégés. En effet, ils doivent accepter de renoncer à leur réserve et à l'action en réduction même si les biens donnés excèdent le montant de la quotité disponible.

À noter : cette possibilité de renoncer par avance à sa part de réserve (auparavant strictement interdit) constitue une nouveauté importante dans le droit des successions. Elle suppose, bien sûr, une bonne entente familiale…

Fiscalement, en cas de donation-partage faite à des descendants de degrés différents, les droits sont liquidés en fonction du lien de parenté entre le donateur (le grand-père ou la grand-mère) et les petits-enfants bénéficiaires de la donation (Art. 784 B quater du Code général des impôts).

● Les enfants du conjoint

D'autre part, dans les familles recomposées, une seule donation-partage peut réunir les enfants du couple et les enfants respectifs de chaque époux (nés d'une précédente union). Il s'agit d'une donation partage conjointe (faite en commun par les deux époux) qui attribue un lot à chaque enfant même s'il ne s'agit pas d'un enfant commun.

L'enfant qui n'est pas commun aux deux époux peut recevoir des biens propres de son parent et des biens communs. S'il s'agit d'un bien commun, le conjoint doit donner son accord pour que ce bien fasse partie du lot attribué à son beau-fils ou sa belle-fille.

Fiscalement, le bien donné est imposé selon les tarifs en ligne directe sur l'intégralité de sa valeur (Art. 778 bis du Code général des impôts).

Des personnes étrangères à la famille

Enfin, la donation-partage peut réunir un ou plusieurs héritiers et d'autres personnes étrangères à la famille si parmi les biens donnés figure une entreprise (quelque que soit sa forme d'exploitation, individuelle ou société). Dans ce cas, les personnes ne faisant pas partie de la famille ne peuvent recevoir dans leur lot que les biens liés à l'exploitation de l'entreprise (et non des biens personnels du donateur) (Voir plus loin).
(Code civil, art. 1075-2).
À noter : le testament-partage bénéficie des mêmes dispositions. Il n'est plus réservé aux parents en faveur de leurs enfants mais peut être fait pour d'autres héritiers si le testateur n'a pas d'enfants ; il peut aussi être fait en faveur des petits-enfants ou prévoir la transmission de l'entreprise.

› Quels sont les avantages fiscaux d'une donation-partage ?

D'un point de vue fiscal, les droits sont fixés d'après la valeur des biens donnés au jour de leur transmission.
Ce qui a pour conséquence :
– *dans certains cas :* cette valeur peut être inférieure à celle existant lors du décès du donateur, et donc de réduire les droits de mutation ;
– *en cas de réserve d'usufruit :* la valeur de la nue-propriété est réduite puisque l'usufruitier est plus jeune ;
– *les donations-partages* bénéficient, comme les autres donations, des réductions de droits de mutation dépendant de l'âge du donateur ou de la consistance des biens donnés.
(Voir Ⓘ : *Droits de succession* et *Donation*).

› La répartition des biens entre les enfants doit-elle être égalitaire ?

La répartition des biens entre les enfants n'est pas forcément égalitaire. Mais, les enfants étant héritiers réservataires, ils ne peuvent recevoir une part inférieure à leur part de réserve. Par exemple, s'il y a deux enfants, chacun doit recevoir au moins un tiers du patrimoine du donateur. Si un enfant est né postérieurement à l'acte de donation-partage ou si un enfant a refusé de participer à l'acte ou encore a reçu un lot inférieur à sa part de réserve, ce partage n'est pas nul, mais l'intéressé peut demander à ses frères et sœurs, après le décès de leur parent, de réduire leur propre part afin de constituer son propre lot d'une égale valeur à celle de ceux qui ont bénéficié de la donation-partage (il s'agit de l'action en réduction).

L'action en réduction

L'action en réduction doit être introduite devant le tribunal de grande instance dans le délai de 5 ans à compter du décès du donateur. Pour constituer la part de réserve de l'enfant qui n'a pas participé à l'acte, les biens sont évalués d'après leur état à l'époque de la donation et leur valeur au jour de l'ouverture de la succession. Si l'un des enfants à reçu une part inférieure à sa réserve dans la donation-partage, la réduction se calcule en tenant compte de la valeur des biens au jour de la donation-partage.
À noter : il est possible de prévoir dans l'acte des règles et des dates différentes pour l'évaluation des biens.

Les bénéficiaires de la donation-partage n'ont pas à réduire leur lot si, au moment du décès du donateur, il existe suffisamment de biens dans la succession (biens qui ne sont pas compris dans la donation-partage) pour que l'égalité entre tous les enfants soit respectée et que leurs lots soient d'égale valeur.

À noter : les conditions pour pouvoir faire annuler une donation-partage sont les mêmes que celles requises pour l'annulation des donations simples (inexécution des charges, ingratitude) (voir plus haut).
(Code civil, art. 1076 et s.).

› Peut-on transmettre une entreprise par donation ou donation-partage ?

Depuis 1988, il est possible de faire la donation-partage de son entreprise en faveur non seulement de ses enfants et descendants mais également en faveur de parents éloignés ou de personnes étrangères à la famille (par exemple : les salariés de cette entreprise).
(Code civil, art. 1075-2).
La loi n° 2006-728 du 23 juin 2006 a autorisé les donations-partages réunissant un seul héritier (un enfant unique par exemple) et une ou plusieurs autres personnes. Inversement, la donation-partage peut réunir une seule personne étrangère et plusieurs héritiers ou descendants.
Les héritiers intervenant à la donation-partage ne sont plus exclusivement les enfants. La loi autorise le disposant à préférer un petit-enfant, ou même un arrière-petit-enfant si ces derniers se révèlent plus aptes à gérer l'entreprise que les enfants. De plus il n'y a plus l'obstacle de la réserve des enfants. Ces derniers peuvent désormais renoncer par avance à réclamer, au moment du décès du parent, la réduction des libéralités qui dépasseraient la quotité disponible de la succession.
Cette renonciation est encadrée et ne peut exister qu'en cas d'entente familiale…
Si le donateur n'a pas d'enfants ni d'autres descendants, il peut transmettre ses biens à d'autres héritiers comme ses frères et sœurs ou ses neveux et nièces et, bien sûr, à d'autres personnes hors du cercle familial.
Dans l'hypothèse où le donateur donne et partage l'ensemble de ses biens (personnels et professionnels) les personnes autres que les héritiers ne peuvent recevoir d'autres biens que ceux affectés à l'exploitation de l'entreprise.

À noter : les donations-partages d'une entreprise individuelle bénéficient également de la réduction des droits de mutation prévus pour les donations-partages. Elles bénéficient aussi de la possibilité de différer pendant 5 ans, moyennant intérêts, le paiement de droits de mutation et, à l'issue de ces 5 ans, de fractionner ce montant sur 10 ans.

Le personnel de l'entreprise, bénéficiaire de la donation, bénéficie d'un abattement de 300 000 € sur les valeurs reçues sous certaines conditions :
– l'entreprise ou la société exerce une activité industrielle, commerciale, artisanale, agricole ou libérale ;
– les bénéficiaires doivent être des personnes titulaires d'un contrat de travail à durée indéterminée depuis au moins 2 ans et à temps plein, ou être titulaires d'un contrat d'apprentissage ;
– lorsqu'ils ont été acquis à titre onéreux, le fonds ou la clientèle, ou encore les parts et actions doivent avoir été détenus depuis plus de 2 ans par le donateur ;
– les donataires doivent poursuivre l'exploitation du fonds ou de la clientèle transmis ou l'activité de la société pendant les 5 années qui suivent la date de la transmis-

sion, et l'un d'eux doit assurer, pendant la même période, la direction effective de l'entreprise.
L'abattement ne peut s'appliquer qu'une seule fois entre un même donateur et un même donataire.
Cette exonération est accordée sur option des intéressés.
À défaut, ils peuvent bénéficier d'exonérations de droits à concurrence de 75 % de la valeur des biens transmis. Cette exonération partielle s'applique aux transmissions par décès et aux transmissions d'entreprises par donation (donation en pleine propriété).
Les parts transmises doivent être conservées pendant 4 ans et l'un des héritiers, donataires ou légataires, doit poursuivre l'exploitation pendant 3 ans.
(Art. 787 B et 790 A du Code général des impôts).

Les donations aux époux et entre époux

› Qu'est-ce qu'une donation par contrat de mariage ?

C'est une donation qui est effectuée à l'occasion du contrat de mariage et insérée dans l'acte. Ces donations peuvent être faites par des tiers (il s'agit alors de la constitution de dot) ou bien par le futur époux à son futur conjoint.

● Les constitutions de dot

Elles peuvent être effectuées soit par les parents, soit par des étrangers au profit des futurs époux ou de l'un d'eux, ou encore au profit des enfants et descendants à naître du mariage.

● Les donations faites entre futurs époux par contrat de mariage

Elles peuvent porter, à la différence du régime général des donations, sur les biens présents et à venir. Elles ne sont pas révocables pour survenance d'enfants. Le divorce entre les époux peut entraîner la révocation des donations qu'ils s'étaient consenties.
(Sur ce point, voir ① : *Divorce* et *Donation entre époux*).
Le problème qui se pose à propos de ces donations entre futurs époux par contrat de mariage est de savoir ce qu'adviennent ces libéralités lorsqu'il y a changement de régime matrimonial (donc changement de contrat de mariage). La jurisprudence est divisée mais la position qui domine est celle qui conserve la validité des donations même en cas de nouveau contrat de mariage, s'il n'y a pas rétractation expresse. À l'occasion d'un changement de régime matrimonial, les époux ont la possibilité de rétracter réciproquement d'un consentement mutuel leur acceptation des donations qu'ils s'étaient faites par le contrat de mariage ordinaire. Mais à défaut de cette rétractation, il y a lieu de maintenir la validité des donations contenues dans le premier contrat, cette validité ne pouvant être affectée par le changement de régime. Ces donations par contrat de mariage (constitution de dot ou entre futurs époux) ne sont soumises à aucune forme particulière (notamment l'acceptation expresse n'est pas nécessaire) mais sont caduques si le mariage ne s'ensuit pas. (Code civil, art. 1081).
La loi n° 2004-439 du 26 mai 2004 relative au divorce (applicable depuis le 1er janvier 2005) a conservé le caractère irrévocable des donations et avantages matrimoniaux insérés dans le contrat de mariage sauf volonté commune des époux de changer leur contrat.
Mais en cas de divorce, la loi du 26 mai 2004 distingue :

– les avantages matrimoniaux et les donations qui ont pris effet en cours de mariage, qui restent irrévocables même en cas de divorce ;
– et les avantages matrimoniaux qui ne prennent effet qu'à la dissolution du régime matrimonial ou au décès de l'un des époux et des dispositions à cause de mort, accordés par un époux envers son conjoint (la donation au dernier vivant notamment), qui sont révoqués de plein droit par le divorce (sauf volonté contraire express de l'époux qui les a consentis).

› Quel est le régime des donations entre époux au cours du mariage ?

La loi n° 2004-439 du 26 mai 2004 modifiant les règles du divorce a également modifié le régime des donations entre époux depuis le 1er janvier 2005.
Ce régime tend à s'aligner sur le droit commun des donations puisque la loi supprime la possibilité de révoquer à tout moment les donations de biens présents faites entre époux.
La loi supprime également la nullité de plein droit des donations déguisées.

● Les donations de biens présents

Les donations de biens présents (c'est-à-dire les donations prenant effet immédiatement) deviennent irrévocables.
Le donateur ne peut plus révoquer unilatéralement la donation qu'il a consentie.
Les seules causes de révocation des donations entre époux, comme pour les autres donations, sont l'ingratitude et le non-respect des conditions éventuellement insérées dans la donation (causes de révocation de droit commun).
Par ailleurs, le divorce des époux ne modifie pas le caractère irrévocable de ces donations.
(Voir ① : *Divorce*).
À noter : la loi de 2004 ne s'applique pas aux donations intervenues avant sa date d'application. En conséquence, les donations entre époux intervenues avant le 1er janvier 2005 restent révocables à tout moment, indépendamment d'une éventuelle procédure de divorce.

● La donation au dernier vivant

Il s'agit d'une donation consentie réciproquement par chaque époux au profit du conjoint.
Elle porte sur des biens à venir qui ne sont pas déterminés au moment de la signature de l'acte mais lorsque cette donation prend effet, c'est-à-dire au décès du premier des époux.
Les donations de biens à venir (c'est-à-dire prenant effet au décès d'un conjoint ou lors de la dissolution de leur régime matrimonial) restent révocables.
Pendant le cours du mariage, chaque époux peut révoquer les donations de biens à venir, comme la donation au dernier vivant.
Si les époux divorcent, la révocation est automatique, sauf si le donateur déclare expressément les maintenir.
(Voir plus loin dans : *Les héritiers, Le conjoint survivant*).

● Les donations déguisées

Les donations entre époux suivent les mêmes règles que les autres donations.
La donation déguisée peut être valable si l'acte qui lui sert de support est lui-même valable (par exemple, un acte d'achat immobilier indiquant les apports respectifs

des époux, apports non réels pour l'un d'entre eux et constituant la donation déguisée).
Toutefois, la donation déguisée ne doit pas excéder la quotité disponible et reste valable jusqu'à concurrence de cette quotité. Si elle porte atteinte à la réserve des héritiers, ces derniers ne peuvent pas demander la nullité de la donation mais seulement sa réduction.
(Voir ① : *Réserve – quotité disponible*).

Le décès

Les formalités de décès

› La déclaration du décès

La déclaration de décès peut être faite par toute personne. Elle doit être faite dans un délai de 24 heures suivant le décès.

Il faut se rendre à la mairie du lieu de décès et présenter :

– une pièce d'identité,

– le livret de famille du défunt ou sa carte d'identité ou encore un extrait ou une copie de son acte de naissance ou de son acte de mariage,

– le certificat de décès délivré par le médecin (médecin de famille, médecin de l'hôpital ou médecin de l'état civil envoyé par le commissariat de police ou la gendarmerie en cas de mort violente ou sur la voie publique).

La déclaration de décès peut aussi être faite par l'entreprise de pompes funèbres contactée ou par l'administration de l'hôpital si le décès est survenu dans cet établissement.

La mairie délivre le permis d'inhumer. L'inhumation ne peut être faite que 24 heures après le décès. En cas de mort violente, le permis d'inhumer ne peut être donné que sur autorisation du juge, au vu du rapport du médecin légiste et enquête de la police.

Au vu du certificat de décès et du permis d'inhumer, l'autorisation de fermeture du cercueil est accordée par l'officier de l'état civil.

À noter : si un doute existe sur les causes du décès, il est possible de demander le transport du corps vers un établissement de santé afin que des prélèvements soient effectués. Cette demande est faite auprès du maire de la commune du lieu du décès qui doit autoriser le transport du corps.

Acte d'un enfant sans vie

Si un enfant est mort né, l'officier de l'état civil établit un acte d'enfant sans vie. Cet acte peut être fait quels que soient la durée de la grossesse et le poids du fœtus.

L'acte est inscrit sur les registres de décès. Il indique le jour, l'heure et le lieu de l'accouchement, le nom, la profession et le domicile des parents.

(Code civil, art. 79-1).

L'enfant sans vie peut recevoir un prénom, figurer dans le livret de famille et être inhumé mais il n'a ni nom ni personnalité juridique.

› Le transport du corps

Le transport d'un corps est soumis à différentes conditions qui tiennent essentiellement à la conservation du corps et aux risques de contagion.

(Art. R. 2213-7 du Code des collectivités territoriales).

Le corps peut être transporté avant ou après la mise en bière.

Le transport du corps avant la mise en bière

Le transport du corps du défunt peut être effectué vers son domicile, vers la résidence d'un membre de sa famille ou vers une chambre funéraire. Le transport vers un établissement de soins peut également être demandé pour rechercher les causes du décès ou lorsque le défunt avait, de son vivant, fait don de son corps ou de ses organes (voir plus loin). Le transport du corps ne peut s'effectuer que dans un véhicule spécialement aménagé et exclusivement réservé aux transports mortuaires.

Il doit être autorisé par le maire de la commune où a eu lieu le décès. Pour obtenir cette autorisation, plusieurs conditions doivent être remplies :

– le transport peut être demandé par toute personne qui a qualité pour pourvoir aux funérailles (c'est-à-dire le conjoint et à défaut une personne de la famille ou un ami) et qui justifie de son état civil et de son domicile. Cette personne doit aussi avoir reconnu le corps. La déclaration de décès et les formalités d'état civil doivent avoir été effectuées (acte de décès établi et signé).

Il est nécessaire aussi d'avoir l'accord écrit du chef d'établissement où la personne est décédée (maison de retraite, hôpital) et du médecin traitant ou du médecin chef de service. Si le décès est survenu hors d'un établissement de santé, l'accord est donné par le médecin qui a constaté le décès ;

– il doit avoir lieu dans un délai maximum de 24 heures à compter du décès. Ce délai est porté à 48 heures si le corps a subi des soins de conservation ;

– il ne peut être effectué que par les hôpitaux ou les entreprises agréées à cet effet.

À noter : le transport peut être refusé en cas de problème médico-légal, de maladie contagieuse ou encore si l'état du corps l'interdit. Dans ce cas, le transport du corps ne peut se faire qu'après la mise en bière.

Le transport du corps après la mise en bière

Le cercueil du défunt peut être déposé temporairement à son domicile, chez un membre de sa famille, dans un édifice cultuel, dans un dépositoire (lieu où est déposé temporairement le corps), ou dans un caveau provisoire.

L'autorisation de transport est également donnée par le maire de la commune du lieu de la fermeture du cercueil, ou par le préfet si le cercueil doit être transporté en dehors du territoire métropolitain ou d'un département d'outre-mer.

Le maire doit s'assurer que la déclaration de décès a été faite et que les formalités de fermeture du cercueil ont bien été respectées (la fermeture du cercueil doit être autorisée par l'officier de l'état civil après vérification du certificat du médecin chargé de s'assurer du décès).

L'autorisation précise la durée maximale du dépôt. À l'expiration de cette durée, le corps doit être inhumé ou incinéré.

Les obsèques

› Ordonnancement des funérailles et choix de la sépulture

Chacun dispose du droit d'organiser de son vivant ses funérailles. Le non-respect de ce droit est sanctionné par le Code pénal puisque toute personne qui donne aux funérailles un caractère contraire à la volonté du défunt, volonté dont elle a eu connaissance, peut être punie d'un emprisonnement de 6 mois et de 7 500 € d'amende.

(Code pénal, art. 433-21-1).

Si le défunt n'a pas organisé de son vivant l'ordonnancement de ses funérailles, ni choisi le lieu de sa sépulture, c'est au conjoint survivant que revient ce choix.
À défaut de conjoint, le choix appartient au père ou à la mère du défunt, à ses enfants ou aux plus proches parents, ou encore aux amis (à défaut de famille) ou au maire de la commune. En cas de contestation, le tribunal d'instance du lieu du décès peut être saisi et doit statuer le jour même. Le permis d'inhumer est délivré par l'officier d'état civil de la commune où le décès s'est produit. L'enterrement n'est autorisé par l'officier de l'état civil qu'au vu du certificat établi par le médecin.
En principe, la sépulture dans le cimetière d'une commune est due aux personnes décédées sur le territoire de la commune, quel que soit leur domicile, aux habitants de la commune (même s'il s'agit d'une résidence secondaire) même s'ils sont décédés ailleurs, enfin aux personnes non domiciliées dans la commune, mais ayant droit à une sépulture de famille (voir plus loin : *Inhumation dans une concession*).
(Art. R. 2223-9 du Code des collectivités territoriales).
Toute sépulture dans un autre endroit doit être autorisée par le maire de la commune où est envisagée l'inhumation ou par le maire de l'arrondissement et par le préfet de police, s'il s'agit d'un cimetière parisien.
Tout particulier peut, sans autorisation, faire placer sur la fosse d'un parent ou d'un ami une pierre sépulcrale ou autre signe indicatif de sépulture.

› Les pompes funèbres

Le service des pompes funèbres est une mission de service public pouvant être assurée soit par la commune (services municipaux), ou une entreprise délégataire (régie), soit par toute autre entreprise ou association privée habilitée à cet effet par le préfet.
Le service des pompes funèbres est gratuit pour les personnes dépourvues de ressources suffisantes. Les frais sont alors pris en charge par la commune ou par l'entreprise délégataire (régie).
(Art. L. 2223-27 du Code général des collectivités territoriales).
Les entreprises de pompes funèbres ont l'interdiction d'offrir leurs services en prévision d'obsèques ou pendant un délai de 2 mois à compter du décès (sauf s'il s'agit d'une formule de financement d'obsèques) ou de démarcher les familles à domicile, sur la voie publique ou dans un lieu ouvert au public.

● Le préfinancement de ses obsèques

Toute personne peut souscrire, à l'avance, un contrat de financement de ses obsèques. Il peut s'agir d'un contrat de forme individuelle ou d'adhésion à un contrat de groupe souscrit auprès d'une compagnie d'assurance.
Il peut être proposé :
– par l'entreprise funéraire : le contrat de prestations d'obsèques est alors lié à un contrat d'assurance,
– ou être prévu dans le cadre d'une assurance vie : dans ce cas, une somme est versée au bénéficiaire de l'assurance pour régler les obsèques mais aucune précision n'est donnée sur le choix même des obsèques.
Lorsque le contrat est souscrit auprès d'une entreprise de pompes funèbres, son intérêt est de permettre à la famille, lors du décès, de ne pas avoir à organiser les funérailles ni à débourser des sommes importantes et surtout d'être certaine de se conformer aux souhaits du défunt.
Le contrat doit préciser de façon détaillée (sous peine de nullité) les prestations prévues : nature des obsèques, mode de sépulture, contenu des prestations et des

fournitures funéraires. Le souscripteur peut aussi indiquer ses souhaits personnels (cérémonie religieuse, musique…).
Tout au long de sa vie, le souscripteur peut modifier les prestations retenues ainsi que l'opérateur désigné pour exécuter les obsèques. Cette possibilité de changer d'avis doit expressément être inscrite dans le contrat.
Par ailleurs, depuis la loi n° 2008-1350 du 19 décembre 2008 relative à la législation funéraire, le capital versé par le souscripteur produit intérêt à un taux au moins égal au taux légal.
(Art. L. 2223-34-1 et R. 2223-33 du Code général des collectivités territoriales).

● Les prestations

Les pompes funèbres doivent assurer la totalité du service extérieur.
D'une façon générale, le service extérieur comprend le transport du corps avant et après la mise en bière, l'organisation des obsèques, les soins de conservation, la fourniture des cercueils (ainsi que des accessoires intérieurs et extérieurs de ces cercueils) et des urnes cinéraires, sans oublier la gestion et l'utilisation des chambres funéraires.
Sont également fournis les corbillards et voitures de deuil, le personnel et les objets et prestations nécessaires aux obsèques, aux inhumations, aux incinérations ou aux exhumations.
Certaines prestations, dites minimales, sont obligatoires. Elles comportent dans tous les cas le cercueil, ses poignées et sa cuvette étanche, à l'exclusion de ses accessoires intérieurs et extérieurs, ainsi que les opérations d'inhumation ou d'incinération et l'urne cinéraire ou cendrier.
(Art. L. 2223-19 et suivants du Code général des collectivités territoriales).
Pour les autres prestations dites « annexes » (fleurs, faire-part, marbrerie...), il faut s'adresser directement aux personnes concernées (fleuriste, imprimeur, marbrier...) si les pompes funèbres ne proposent pas ces services.
Le service religieux est organisé par les établissements de culte. Aucune surtaxe ne peut être demandée par les pompes funèbres pour les présentations (apport du cercueil) et stations dans un lieu de culte.

● Le devis et le bon de commande

Les entreprises de pompes funèbres doivent fournir à la clientèle une documentation faisant apparaître les prix, tarifs et conditions de vente, ainsi que la distinction entre les prestations obligatoires ou facultatives.
Avant toute commande de prestations, un devis doit être proposé à la famille. Ce devis doit être écrit, daté, gratuit et global. Il doit mentionner la commune du lieu du décès, de la mise en bière, du service funéraire, de l'inhumation ou de la crémation. Il doit contenir, en plus des tarifs des prestations fournies par l'entreprise, le prix des prestations des entreprises extérieures intervenantes ainsi que le montant des honoraires de représentation demandés par l'entreprise de pompes funèbres.
La durée de validité du devis doit être précisée.
Lorsque le devis est accepté, un des membres de la famille signe le bon de commande reprenant toutes les prestations et fournitures figurant au devis.
(Art. R. 2223-24 du Code général des collectivités territoriales).

› L'inhumation

Si le décès s'est produit en France, l'inhumation ou le dépôt dans un caveau provisoire doit avoir lieu 24 heures au moins et 6 jours au plus après le décès.

Si le décès a eu lieu à l'étranger ou dans un territoire d'outre-mer, le délai d'inhumation est de 6 jours au plus après l'entrée du corps en France métropolitaine.
Les dimanches et jours fériés ne sont pas compris dans le calcul de ces délais.
Des dérogations peuvent être accordées dans des circonstances particulières par le préfet du département du lieu de l'inhumation.
L'inhumation a lieu soit dans le cimetière ou le terrain communal, soit dans une concession. Des règles particulières sont prévues pour les autres lieux.

Inhumation dans le terrain communal

Toute personne a droit à un emplacement individuel et gratuit pour 5 ans (sans renouvellement possible) dans le terrain communal du cimetière si elle y est décédée, quel que soit son domicile, ou si elle y est domiciliée, même si elle est décédée dans une autre commune.
La sépulture dans le cimetière de la commune est due aussi aux personnes non domiciliées dans la commune mais qui y ont une sépulture de famille et aux Français vivant à l'étranger n'ayant pas une sépulture de famille dans la commune mais inscrits sur la liste électorale de celle-ci.
(Art. L. 2223-3 du Code général des collectivités territoriales).
La famille peut installer sur cet emplacement une pierre sépulcrale.
L'autorisation d'inhumer est donnée par le maire de la commune où doit avoir lieu l'inhumation.

Inhumation dans une concession

Une concession de terrain dans un cimetière communal est le droit accordé à un particulier, moyennant redevance, pour occuper une parcelle de terrain dans le cimetière et y fonder sa sépulture, pour lui-même et ses enfants ou successeurs. La sépulture peut être prévue pour l'inhumation des cercueils ou des urnes cinéraires.
Il existe trois sortes de concessions :
- la concession individuelle pour le titulaire seul,
- la concession collective pour le titulaire et les personnes de son choix (même étrangères à sa famille),
- la concession familiale pour le titulaire, ses ascendants, ses descendants, son conjoint...).

Cette concession peut être temporaire (entre 5 ans et 15 ans), limitée à 30 ou 50 ans, ou perpétuelle. Pour obtenir une concession, il convient de s'adresser à la commune. Les prix de ces concessions sont très variables et fixés par le conseil municipal.
Les bénéficiaires de la concession peuvent construire sur ces terrains des caveaux, monuments et tombeaux.
Les concessions perpétuelles peuvent être conservées indéfiniment par la famille à condition d'entretenir la sépulture et de faire la preuve de sa parenté avec le premier acquéreur, toutes les trois générations (environ 75 ans).
Les concessions temporaires, les concessions trentenaires et les concessions cinquantenaires sont renouvelables au prix du tarif en vigueur au moment du renouvellement. Il est possible aussi de modifier le temps de la concession et d'opter pour une concession de plus longue durée. La demande de renouvellement doit être faite dans les 2 ans de la date d'échéance.
La commune est en droit de reprendre la concession si le titulaire ne paie pas la redevance de renouvellement ou encore s'il laisse la concession à l'abandon.

Reprise de la concession pour non-renouvellement ou non-paiement de la redevance de renouvellement

En cas d'absence de demande de renouvellement ou à défaut du paiement de la redevance due lors du renouvellement de la concession, le terrain concédé revient à la commune. Mais la reprise n'est pas immédiate. Un délai de 2 ans révolus doit s'écouler après l'expiration de la période pour laquelle le terrain a été concédé, délai pendant lequel les concessionnaires ou leurs ayants cause peuvent user de leur droit de renouvellement.
(Art. L. 2223-13 et suivants du Code général des collectivités territoriales).

Reprise de la concession pour défaut d'entretien

La procédure de constatation d'abandon d'une concession peut être ouverte si le défaut d'entretien a duré 30 ans.
(Art. L. 2223-17 du Code général des collectivités territoriales).
Dans cette hypothèse, le maire se rend sur place et constate l'état d'abandon par procès-verbal. Les concessionnaires ou leurs descendants, s'ils sont connus des services de la commune, doivent être avisés 1 mois à l'avance, par lettre recommandée avec demande d'avis de réception, du jour et de l'heure auxquels a lieu la constatation. Si les coordonnées des titulaires de la concession sont inconnues, le procès-verbal est affiché en mairie et à la porte du cimetière.
Le constat d'abandon est notifié par lettre recommandée avec AR aux concessionnaires qui sont également mis en demeure d'effectuer les travaux d'entretien.
Puis, si la concession est toujours abandonnée après 3 nouvelles années, le conseil municipal peut décider de la reprendre. Un nouveau procès-verbal est notifié aux intéressés avec indication de la mesure qui doit être prise.
Un mois après cette notification, le maire a la faculté de saisir le conseil municipal pour décider ou non de la reprise.
Un arrêté de reprise est alors signé par le maire et 30 jours après la notification cet arrêté, le maire peut faire enlever les matériaux des monuments et emblèmes funéraires restés sur la concession.
Les restes des corps inhumés sont exhumés et réunis dans un cercueil pour être à nouveau inhumés dans l'ossuaire de la commune. Le maire peut également faire procéder à la crémation des restes exhumés à condition toutefois que la dernière inhumation ait eu lieu depuis plus de 10 ans.

● Inhumation dans une propriété privée

Il est possible de se faire enterrer dans une propriété privée à condition que cette propriété soit hors de l'enceinte des villes et des bourgs et à une certaine distance de l'agglomération.
Il faut s'adresser au préfet du département où est située cette propriété ou à Paris au préfet de police. L'autorisation ne peut être donnée qu'après les formalités de déclaration de décès et à condition que les conditions de conservation et de transport du corps aient été respectées. Par ailleurs, il est nécessaire de faire appel à un hydrogéologue agréé (pour exclure les risques de pollution).
(Art. R. 2213-32 du Code des collectivités territoriales).

● Inhumation dans une église, un temple, une synagogue, un hôpital

Aucune inhumation ne peut avoir lieu dans les églises, temples, synagogues, hôpitaux, chapelles publiques, et généralement dans aucun des édifices cultuels, ni à l'intérieur d'une ville ou d'un bourg.

Toutefois, le maire peut, à titre d'hommage public, autoriser, dans l'enceinte de l'hôpital, et après avis de son conseil d'administration, la construction de monuments pour les fondateurs et bienfaiteurs de l'établissement, lorsqu'ils en ont exprimé le désir dans leurs actes de donation, de fondation ou de dernière volonté. (Art. R. 2223-10 du Code général des collectivités territoriales).

› La crémation

Avant son inhumation ou sa crémation, le corps d'une personne décédée est mis en bière.
Il est possible d'incinérer le corps d'une personne à condition d'obtenir l'autorisation du maire de la commune du lieu du décès ou, s'il y a eu transport du corps, du lieu de la mise en bière (à Paris, l'autorisation est donnée par le maire de l'arrondissement). Lorsque la crémation est faite dans une commune autre que celle où a été effectuée la fermeture du cercueil, l'autorisation de transport du corps est donnée par le maire du lieu de fermeture. Elle est ensuite transmise au maire de la commune du lieu de la crémation.
Si le décès a eu lieu à l'étranger, l'autorisation est donnée par le maire de la commune où doit avoir lieu la crémation.
L'autorisation est accordée sur les justifications suivantes :
- l'expression écrite des dernières volontés du défunt ou à défaut la demande de toute personne ayant qualité pour organiser les funérailles et justifiant de son état civil et de son domicile,
- un certificat du médecin chargé par l'officier de l'état civil de s'assurer du décès et affirmant que celui-ci ne pose pas de problème médico-légal.

Lorsque le décès pose un problème médico-légal, c'est-à-dire lorsqu'il est intervenu dans les conditions suspectes, la crémation ne peut avoir lieu qu'après l'autorisation du Parquet qui pourra subordonner celle-ci à une autopsie préalable, effectuée par un médecin légiste choisi sur la liste des experts et aux frais de la famille.
(Art. R. 2213-34 du Code général des collectivités territoriales).
La crémation doit avoir lieu 24 heures au moins et 6 jours au plus après le décès si celui-ci s'est produit en France. Lorsque le décès a eu lieu à l'étranger ou dans un territoire d'outre-mer, la crémation doit avoir lieu 6 jours au plus après l'entrée du corps en France métropolitaine. Les dimanches et jours fériés ne sont pas compris dans le calcul de ces délais.
Des dérogations aux délais peuvent être accordées en raison de circonstances particulières par le préfet du département du lieu de la crémation.
Après la crémation du corps, l'urne sur laquelle figure une plaque portant l'identité du défunt, est remise à toute personne qui a qualité pour pourvoir aux funérailles. Ces personnes peuvent être le conjoint, les enfants ou la famille mais aussi, à défaut, un ami ou encore le maire de la commune.
L'urne peut être inhumée dans une sépulture, déposée dans une case de columbarium ou scellée sur un monument funéraire à l'intérieur d'un cimetière ou d'un site cinéraire. Les cendres peuvent aussi être dispersées dans le lieu spécialement affecté à cet effet (emplacement du cimetière délimité par le maire).
Les cendres peuvent aussi être dispersées en pleine nature (hors voies publiques). Dans ce cas, il faut en faire la déclaration à la mairie de la commune du lieu de naissance du défunt. L'identité du défunt ainsi que la date et le lieu de dispersion de ses cendres sont inscrits sur un registre créé à cet effet.

Depuis la loi n° 2008-1350 du 19 décembre 2008 relative à la législation funéraire, il n'est plus possible de conserver les cendres d'un proche à son domicile, ni de les partager entre plusieurs dépositaires.
Si, après la crémation, aucune décision n'est prise quant à la destination des cendres, l'urne peut être conservée pendant 1 an au crématorium ou dans un lieu de culte. Passé ce délai et sauf décision contraire de la famille, les cendres sont dispersées dans l'espace, aménagé à cet effet, du cimetière de la commune du lieu du décès ou dans l'espace le plus proche aménagé à cet effet.

À noter : en 2013 les communes de 2 000 habitants et plus devront disposer d'au moins un site cinéraire destiné à l'accueil des cendres des personnes décédées dont le corps a donné lieu à crémation.
Le site cinéraire comprend un espace aménagé pour leur dispersion et doté d'un équipement mentionnant l'identité des défunts, ainsi qu'un columbarium ou des espaces concédés pour l'inhumation des urnes.
(Art. L. 2223-18-1 et R. 2213-39 du Code général des collectivités territoriales).

› L'exhumation

Toute demande d'exhumation est faite par le plus proche parent de la personne défunte. Celui-ci justifie de son état civil, de son domicile et de la qualité en vertu de laquelle il formule sa demande.
L'exhumation peut être administrative ou imposée dans un but médical ou scientifique.

● L'exhumation administrative

L'exhumation administrative peut être destinée au transfert du cercueil d'un cimetière vers un autre, ou encore après l'abandon d'une concession funéraire (voir plus haut).
L'autorisation d'exhumer un corps est délivrée par le maire de la commune où doit avoir lieu l'exhumation.
L'exhumation est faite en présence d'un parent ou d'un mandataire de la famille.
Si le parent ou le mandataire dûment avisé n'est pas présent à l'heure indiquée, l'opération n'a pas lieu.
L'exhumation du corps d'une personne atteinte, au moment du décès, de l'une des maladies contagieuses répertoriée, ne peut être autorisée qu'après l'expiration d'un délai d'1 an à compter de la date du décès.
Lorsque le cercueil est trouvé en bon état de conservation au moment de l'exhumation, il ne peut être ouvert que s'il s'est écoulé 5 ans depuis le décès.
Lorsque le cercueil est trouvé détérioré, le corps est placé dans un autre cercueil ou dans une boîte à ossements.
Lorsque le corps est destiné à être réinhumé dans le même cimetière ou dans un autre cimetière de la même commune, la réinhumation est faite immédiatement.
La crémation des restes des corps exhumés est autorisée, à la demande du plus proche parent, par le maire de la commune du lieu d'exhumation.

● L'exhumation judiciaire

L'exhumation peut être aussi imposée par décision judiciaire, dans le cadre d'une procédure pénale ou civile, pour rechercher les causes de la mort ou encore pour procéder à des analyses d'empreintes génétiques.
Enfin, l'exhumation peut aussi être demandée par la sécurité sociale en cas d'accident du travail ayant entraîné la mort de l'assuré. L'exhumation est justifiée par la

nécessité de pratiquer une autopsie, afin de déterminer la cause du décès et le lien de causalité entre l'accident et le décès.
(Art. L. 442-4 du Code de la Sécurité sociale).

Prélèvement, autopsie et don du corps

› Les prélèvements d'organes

Les prélèvements d'organes effectués sur une personne décédée sont réglementés. Ils ne peuvent avoir lieu que si le but poursuivi est thérapeutique (en vue d'une greffe) ou scientifique.
Les prélèvements à des fins scientifiques peuvent désormais être pratiqués en l'absence de refus du défunt, refus exprimé de son vivant.
Mais ces prélèvements restent néanmoins strictement encadrés. Ils ne peuvent être pratiqués que dans le cadre de protocoles transmis, préalablement à leur mise en œuvre, à l'Agence de la biomédecine. Le ministre chargé de la Recherche peut suspendre ou interdire la mise en œuvre de tels protocoles, lorsque la nécessité du prélèvement ou la pertinence de la recherche n'est pas établie.
(Code pénal, art. 511-5-1).

Accord présumé du défunt

Le corps médical est autorisé, en principe, à prélever des organes sur des cadavres dès lors que la personne n'a pas fait connaître, de son vivant, son refus d'un tel prélèvement. Si donc aucun refus n'a été exprimé, le défunt est censé avoir, de son vivant, accepté tacitement l'éventualité d'un prélèvement.
Ce refus peut être exprimé par tout moyen (testament, lettre, témoignage). Il peut aussi être inscrit sur un registre national automatisé prévu à cet effet (voir plus loin).

Enfant mineur ou majeur sous tutelle

Cette règle d'acceptation tacite n'est pas applicable lorsque la personne décédée est un enfant mineur ou un majeur sous tutelle. Dans ces hypothèses, le prélèvement ne peut avoir lieu que si les deux parents de l'enfant ou son tuteur y consentent par écrit.
Toutefois, en cas d'impossibilité de consulter l'un des titulaires de l'autorité parentale, le prélèvement peut avoir lieu à condition que l'autre titulaire y consente par écrit.
(Code de la santé publique, art. L. 1232-1 et s.).

Le registre des refus de prélèvement

Le registre est tenu par les établissements hospitaliers autorisés à effectuer des prélèvements après décès. Les membres de la famille peuvent également consigner eux-mêmes par écrit le refus de la personne hospitalisée. Le refus peut également être envoyé à l'Agence de la biomédecine (Registre national des refus de prélèvements TYSA 900001, 93572 Saint Denis La Plaine Cedex) qui gère le registre national automatisé des refus de prélèvement d'organes.
Toute personne, âgée d'au moins 13 ans, peut demander son inscription sur ce registre en envoyant un courrier daté, signé et accompagné de la copie d'une pièce d'identité (carte d'identité, titre de séjour, passeport, permis de conduire...). Cette inscription peut être révoquée à tout moment.
Le refus peut ne viser que certains prélèvements (thérapeutiques, recherche des causes du décès ou scientifiques).

Mais, quel qu'il soit, le refus ne peut faire obstacle aux expertises, constatations et examens techniques ou scientifiques éventuellement diligentés dans le cadre d'une enquête judiciaire ou d'une mesure d'instruction.

À noter : le refus de prélèvement d'organes après décès vaut également refus de prélèvement de tissus et de cellules et de collecte de produits du corps humain après décès.
(Art. R. 1241-2 du Code de la santé publique).

● La procédure des prélèvements

Si le médecin n'a pas directement connaissance de la volonté du défunt, il doit s'efforcer de recueillir auprès des proches l'opposition au don d'organes éventuellement exprimée de son vivant par le défunt.

Puis il doit interroger le registre des refus. La demande est obligatoire et doit être faite par écrit. De même, le résultat de la recherche d'un éventuel refus doit également être formulé par écrit.

À défaut de refus, un avis de prélèvement doit être adressé à l'Agence de la biomédecine et les proches du défunt doivent être informés du but des prélèvements envisagés puis des prélèvements réellement effectués.

Les prélèvements doivent être réalisés dans des établissements de santé prévus à cet effet. La mort doit être constatée selon des critères précis.
(Art. R. 1232 du Code de la santé publique).

Les médecins qui établissent le constat du décès, d'une part, et ceux qui effectuent le prélèvement ou la greffe, d'autre part, doivent faire partie d'unités fonctionnelles ou de services distincts.

Les médecins ayant procédé à un prélèvement ou à une autopsie médicale sur une personne décédée sont tenus de s'assurer de la meilleure restauration possible du corps.

À noter : dans les hôpitaux autorisés à pratiquer des prélèvements, il est créé un « lieu de mémoire » où les personnes qui ont bénéficié d'une greffe peuvent exprimer leur reconnaissance envers les donneurs.

› Les autopsies

Les autopsies peuvent être judiciaires ou médicales.

Les autopsies judiciaires sont pratiquées dans le cadre de mesures d'enquête ou d'instruction diligentées lors d'une procédure judiciaire, dans le but d'obtenir un diagnostic sur les causes du décès ou pour effectuer des recherches biomédicales.

Une autopsie judiciaire peut aussi être demandée par la Sécurité sociale, à la suite d'un accident du travail ayant entraîné la mort de l'assuré. La demande doit être portée devant le tribunal d'instance du lieu de l'accident. La caisse dont dépendait la victime peut faire cette demande pour connaître les causes du décès, établir le lien de causalité entre l'accident et ce décès. Elle peut également agir sur demande des ayants droit du défunt.

Les autopsies médicales sont celles qui sont organisées en dehors de ce cadre judiciaire, dans un but scientifique ou de recherche médicale.

Une autopsie médicale ne peut être pratiquée sans le consentement de l'intéressé. Les médecins doivent donc s'assurer auprès de la famille que le défunt n'avait pas, de son vivant, formuler son opposition.

Toutefois l'autopsie médicale peut, à titre exceptionnel, être pratiquée malgré l'opposition de la personne décédée, en cas de nécessité impérieuse pour la santé publique et en l'absence d'autres procédés permettant d'obtenir une certitude sur les causes de la mort.

› Le don du corps à la science

Lorsqu'une personne a fait don de son corps à la science, l'exemplaire de la déclaration qui était détenu par le défunt est remis à l'officier de l'état civil lors de la déclaration de décès.
(Art. R. 2213-13 du Code général des collectivités territoriales).
Après le décès, le transport du corps vers l'établissement receveur est autorisé par le maire de la commune du lieu de décès. Cette autorisation est accordée si le décès ne pose pas de problème médico-légal et s'il n'est pas causé par une des maladies contagieuses répertoriées par arrêté ministériel.
Les opérations de transport doivent être achevées dans un délai maximum de 24 heures à compter du décès. Ce délai est porté à 48 heures si le corps a fait l'objet de soins de conservation.
Les frais d'inhumation ou de crémation sont à la charge de l'établissement qui a reçu le corps.

La succession

L'ouverture de la succession

Le lieu d'ouverture de la succession est déterminé par le domicile du défunt. Le domicile du défunt est déterminé par le lieu de son principal établissement. En cas de pluralité de résidences, il est tenu compte de la volonté et de l'intention manifestée par le défunt de fixer son principal établissement dans tel ou tel lieu.
(Code civil, art. 720).

Premières formalités

› Quand et comment déclarer une succession ?

Dans un délai de 6 mois à compter du jour du décès, les héritiers sont en principe tenus de souscrire une déclaration sur une formule qui est fournie par l'Administration.
(Art. 641 et 800 du Code général des impôts).
Ce délai de 6 mois est porté à 1 an si le décès a eu lieu hors de France métropolitaine. Cette déclaration doit être déposée au service des impôts du domicile du défunt.
La déclaration n'est pas exigée lorsque la succession ne comporte aucun bien ou lorsque cette succession en ligne directe de parent à enfant et entre époux comporte un actif brut inférieur à 50 000 € (à condition que ces personnes n'aient pas bénéficié antérieurement, de la part du défunt, d'une donation ou d'un don manuel non enregistré ou non déclaré). Cette même dispense de déclaration s'applique aux autres héritiers si l'actif successoral est inférieur à 3 000 €.
Les personnes dispensées de déclaration de succession sont également exonérées de droits de succession.
(Art. 796-0 du Code général des impôts).
La déclaration de succession peut en principe être faite par les héritiers eux-mêmes, sans s'adresser à un notaire, mais cette possibilité d'agir seul cesse dès qu'une succession comprend des immeubles, s'il existe un testament, ou si le défunt a fait des donations. Dans ce cas, l'intervention du notaire est obligatoire. La déclaration de succession doit contenir tous les renseignements relatifs à l'identité du défunt, celle de ses héritiers, de ses légataires. Elle doit indiquer les dispositions testamentaires et les donations faites par le défunt. Elle doit contenir l'énumération de tous les biens dépendant de la succession, désignés individuellement. Ces biens doivent également faire l'objet d'une estimation au jour du décès.
Doivent être déclarés tous les biens situés en France, ainsi que les valeurs mobilières françaises et étrangères qui faisaient partie du patrimoine du défunt.

Sont présumées avoir appartenu au défunt, sauf à apporter la preuve contraire, les valeurs mobilières dont celui-ci a reçu les revenus moins d'1 an avant le décès.

À noter : en principe, toutes les déclarations de succession doivent être faites en double exemplaire. Toutefois, l'Administration admet un seul exemplaire si l'actif brut successoral (imposable ou non) est inférieur à 15 000 €.

Déclaration des revenus du défunt

Dans les 6 mois du décès, l'époux survivant ou les héritiers doivent également déclarer les revenus du défunt et des autres membres du foyer fiscal, perçus entre le 1er janvier et la date du décès. Le décès rend exigible l'impôt sur le revenu.
(Art. 204 du Code général des impôts).

› Quel est le rôle du notaire ?

En général, le concours du notaire est toujours nécessaire. C'est lui en effet qui rédige :

– l'acte de notoriété qui permet de justifier de la qualité d'héritier vis-à-vis des tiers ou de l'Administration ;
(Voir Ⓘ : *Notoriété (acte)*).

– l'intitulé d'inventaire qui expose les droits et qualités des parties au début de l'inventaire des biens d'une succession ;

– l'attestation notariale qui permet la transmission du certificat d'immatriculation (carte grise) du véhicule du défunt au nom d'un héritier ;

– l'attestation notariale immobilière qui établit la transmission des immeubles et qui doit être publiée au bureau des hypothèques.

Il procède à l'ouverture et à la lecture du testament en présence des héritiers et légataires (il peut aussi leur en adresser directement une copie).

Il rédige la déclaration de succession destinée à l'administration fiscale et peut procéder à l'estimation des biens.

Il notifie également le décès aux banques, organismes sociaux... dont dépendait le défunt. Enfin il peut organiser l'indivision ou les opérations de partage.

› Comment savoir si le défunt a fait un testament ?

Le fichier central des dernières volontés regroupe l'ensemble des testaments déposés chez les notaires (testaments authentiques et testaments olographes déposés chez le notaire). Le fichier regroupe également les donations intervenues entre époux.

À l'occasion d'un décès, le notaire, chargé de la succession, peut ainsi savoir si le défunt avait ou non rédigé un testament qui a pu être déposé chez un autre notaire. Les particuliers peuvent également avoir accès à ce fichier en adressant un acte de décès (original ou copie certifiée conforme) à l'adresse suivante : Association pour le développement du service notarial (ADSN) - Les Logissons, route nationale 96, 13770 Venelles. N° vert : 0 800 585 105. Moyennant une participation financière, le demandeur est informé de l'identité et des coordonnées du notaire détenteur du testament ou de la donation.

› Quelles sont les formalités à accomplir en présence d'un testament olographe ?

Un testament olographe est un testament rédigé de la main du testateur et conservé par ce dernier ou déposé chez un notaire. Lors du décès, il est nécessaire soit de le déposer chez un notaire (chargé des formalités d'ouverture de la succes-

sion) qui devra le faire enregistrer, soit de l'adresser directement aux services des impôts aux fins d'enregistrement. Le notaire chargé de l'enregistrement doit le faire dans un délai de 3 mois, à compter du décès.
Le délai est de 6 mois s'il s'agit d'un testament partage.
Si l'on se charge soi-même de le faire enregistrer, il est nécessaire de le faire avant la déclaration de succession.
(Art. 636 du Code général des impôts).
Toutefois, sont dispensés de la formalité d'enregistrement :
– les testaments qui ne font pas état d'un actif successoral ou qui ne modifient pas la dévolution successorale légale ;
– les testaments et codicilles, à condition qu'une copie certifiée de ces actes (complétée, si besoin par l'état civil, l'indication du domicile du défunt, ainsi que la date du décès) soit déposée aux services fiscaux.
(Art. 254 de l'annexe III et art. 60 de l'annexe IV du Code général des impôts).

› En quoi consiste l'apposition des scellés ?

Quiconque y a intérêt, qu'il soit héritier ou créancier de la succession, peut faire apposer les scellés sur les biens du défunt par le greffier du tribunal d'instance compétent.
(Art. 1305 du Code de procédure civile).
(Code civil, art. 820).
Ces scellés constituent une mesure conservatoire qu'il est souvent prudent de régulariser, pour éviter toute discussion ou détournement ultérieur. L'administration des Domaines qui prétend avoir droit à la succession est tenue de faire apposer les scellés.
(Code civil, art. 769).
Le greffier en chef du tribunal d'instance se rend sur place et appose les scellés au moyen d'un sceau particulier qui reste entre ses mains et dont l'empreinte est déposée au greffe. Si les locaux sont fermés, il peut y pénétrer par tous moyens ou apposer les scellés sur la porte si le requérant n'en demande pas l'ouverture.
Il désigne un gardien des scellés, ce gardien pouvant être une personne demeurant dans les lieux.
S'il découvre un testament, cet acte doit être déposé entre les mains d'un notaire.
En cas de difficultés concernant l'apposition des scellés, il y a lieu de s'adresser au juge d'instance, sur simple requête.
(Art. 1327 du Code de procédure civile).

● La levée des scellés

Tous ceux qui ont le droit de faire apposer les scellés, peuvent en requérir la levée.
(Art. 1316 du Code de procédure civile).
Il n'y a pas de délai minimum ou maximum pour la levée des scellés.
La demande de levée de scellés est adressée au greffier en chef du tribunal d'instance. Elle peut être simplement verbale. Doivent être appelés à la levée des scellés :
– les personnes qui ont demandé l'apposition,
– les héritiers,
– les légataires universels ou à titre universel,
– éventuellement, l'exécuteur testamentaire.
Généralement, la levée des scellés est suivie de l'établissement d'un inventaire.

L'acceptation et la renonciation à une succession

Il est un principe que « nul ne peut être tenu d'accepter une succession qui lui est échue ».
La loi n° 2006-728 du 23 juin 2006 (applicable depuis le 1er janvier 2007) a rénové les règles de l'option de l'héritier, en simplifiant les formalités et en diminuant les délais.
Les trois options sont conservées. L'héritier peut :
– accepter purement et simplement la succession,
– l'accepter à concurrence de l'actif net (ancienne acceptation sous bénéfice d'inventaire),
– ou encore y renoncer.

› Les délais pour opter

Les délais d'option sont réduits afin d'éviter les blocages et de préserver les droits des créanciers.
Il est possible d'envoyer à l'héritier, 4 mois après l'ouverture de la succession, une sommation d'avoir à opter. S'il ne réagit pas à cette sommation dans les 2 mois (pouvant être prolongé sur demande auprès du juge), il sera censé avoir accepté purement et simplement la succession.
(Code civil, art. 771, 772).
Si l'héritier ne reçoit pas de sommation d'avoir à opter, il peut le faire pendant 10 ans (auparavant ce délai était de 30 ans). S'il laisse passer ce délai de 10 ans, il est réputé avoir renoncé.
(Code civil, art. 780).

› L'acceptation pure et simple

Pour accepter purement et simplement une succession, il convient de s'adresser au notaire chargé de régler cette succession et de signer un acte d'acceptation.
Il est possible également d'accepter purement et simplement une succession de façon tacite, c'est-à-dire en faisant un acte que seul un héritier peut faire (exemple : le fait d'enlever, de conserver des objets appartenant au défunt, ou encore le fait de demander le partage de la succession...).

● Les actes conservatoires

Depuis le 1er janvier 2007, un héritier peut faire certains actes, sans pour autant être considéré comme ayant accepté la succession. Il s'agit des actes conservatoires, de surveillance ou d'administration provisoire des biens de la succession, tels que :
– le paiement des frais funéraires et de dernière maladie, des impôts ou des loyers du défunt, des dettes urgentes,
– le recouvrement des fruits ou revenus des biens de la succession,
– la vente des biens périssables,
– tout acte destiné à empêcher l'aggravation du passif successoral,
– le renouvellement d'un bail pour empêcher le paiement d'une indemnité.
Pour effectuer ces actes, l'héritier n'est plus obligé de demander préalablement l'autorisation du tribunal.

● Les conséquences de l'acceptation pure et simple

Lorsque l'héritier a accepté la succession il ne peut plus y renoncer n'y l'accepter à concurrence de l'actif net. D'autre part, il est tenu de toutes les dettes de la succession.

Une exception toutefois est prévue pour les dettes dont il n'a eu connaissance qu'après l'acceptation. À condition qu'il s'agisse d'une dette importante qu'il n'a pas les moyens de payer, il peut demander à être déchargé de ce paiement. Cette demande doit être faite devant le tribunal de grande instance dans les 5 mois de la découverte de cette dette.

Une autre exception est prévue pour les legs de sommes d'argent. L'héritier qui accepte la succession n'est tenu de payer ces legs qu'à hauteur de l'actif successoral net des dettes et non sur ses biens personnels.

› L'acceptation à concurrence de l'actif net

Cette option remplace l'acceptation sous bénéfice d'inventaire.

Un héritier peut avoir intérêt à opter pour cette solution quand il ignore la composition de la succession et ne sait pas si elle est excédentaire ou déficitaire. Cette option présente l'avantage, par rapport à l'acceptation pure et simple, qu'en aucun cas l'héritier ne pourra être personnellement tenu responsable sur son propre patrimoine des dettes de la succession. Elle permet, en quelque sorte, à l'héritier d'accepter une succession sans prendre de risques. La loi n° 2006-728 du 23 juin 2006 (applicable le 1er janvier 2007) a simplifié les formalités et les délais de cette option.

(Code civil, art. 787).

● Les formalités

La déclaration d'acceptation à concurrence de l'actif net doit être effectuée au greffe du tribunal de grande instance du lieu d'ouverture de la succession. La déclaration est enregistrée et publiée au niveau national dans le Bulletin officiel des annonces civiles et commerciales (BODAC) ainsi que dans un journal d'annonces légales diffusé dans le ressort du tribunal compétent. Cette publicité doit être faite dans les 15 jours qui suivent la déclaration (cette publicité peut être faite par voie électronique).

L'héritier doit faire établir un inventaire des biens de la succession par un commissaire priseur, un huissier ou un notaire. L'inventaire doit être déposé dans les 2 mois de la déclaration (ce délai peut être allongé par le juge). Si ce délai n'est pas respecté, l'héritier est réputé acceptant pur et simple.

Pendant un délai de 15 mois à compter de la publicité, les créanciers chirographaires (c'est-à-dire les créanciers qui ne possèdent pas de titre ou de sûretés) doivent déclarer leurs créances à l'adresse indiquée dans la déclaration (domicile élu). Si des poursuites sont en cours, elles sont suspendues pendant cette même période.

L'héritier doit aussi administrer la succession. Il peut vendre les biens ou bien décider d'en conserver certains en nature. Dans ce cas, il doit consigner la valeur des biens conservés (valeur indiquée dans l'inventaire).

À l'issue du délai de 15 mois, un compte définitif de gestion doit être déposé au greffe du tribunal (après le désintéressement de tous les créanciers déclarés ou l'épuisement de l'actif) et publié selon les mêmes modalités que la déclaration. (Art. 1334 et s. du Code de procédure civile).

Les conséquences

L'héritier qui a opté pour l'acceptation à concurrence de l'actif net ne peut plus renoncer à la succession. En revanche, il peut à tout moment accepter purement et simplement.
Lorsque la succession a été acceptée par un ou plusieurs héritiers purement et simplement et par un ou plusieurs autres à concurrence de l'actif net, les règles applicables à cette dernière option s'imposent à tous les héritiers jusqu'au jour du partage.

› La renonciation

À l'inverse de l'acceptation qui peut être tacite, la renonciation à une succession ne se présume pas et doit être formulée au greffe du tribunal de grande instance du lieu d'ouverture de la succession.
La renonciation peut être déposée ou adressée au tribunal dans le ressort duquel la succession s'est ouverte. Les héritiers ne sont plus tenus de se déplacer ni de nommer un mandataire pour pouvoir renoncer à une succession.
(Code civil, art. 804).
La déclaration de renonciation doit indiquer les nom, prénoms, profession et domicile de l'héritier, ainsi que la qualité en vertu de laquelle il est appelé à la succession.
Le greffe inscrit la déclaration dans un registre et envoie ou remet un récépissé au déclarant.
(Art. 1339 du Code de procédure civile).
Cette formalité est effectuée gratuitement. Un avocat peut valablement représenter un héritier.
Mais il ne faut pas avoir pris la qualité d'héritier si l'on veut ensuite invoquer la renonciation à une succession.
Prendre la qualité d'héritier signifie que l'on fait un « acte d'héritier » (c'est-à-dire que l'on s'est comporté en propriétaire des biens de la succession) et que l'on a manifesté sa volonté de se conduire en héritier (exemple : la vente des biens mobiliers d'une succession est un acte d'héritier, de même que le fait d'encaisser des loyers d'un immeuble dépendant de la succession ou de donner congé au locataire).

Conséquences de la renonciation pour le renonçant

L'héritier est censé n'avoir jamais hérité. Il n'a plus aucun droit sur la succession et n'est tenu à aucune dette. Il peut conserver les dons ou legs qu'a pu lui consentir le défunt comme le ferait une personne étrangère à la succession, dans la mesure où ces dons ou legs n'excèdent pas la quotité autorisée (quotité disponible).
Si la quotité disponible est dépassée (et donc la part des héritiers réservataires non constituée), les dons et libéralités sont réduits mais ne sont pas nuls.
(Code civil, art. 845).
L'héritier renonçant conserve ses droits personnels sur le défunt ou sur la succession, droits qui ne sont pas concernés par la renonciation (par exemple, une créance contractée à l'encontre du défunt). L'héritier renonçant reste tenu du devoir de secours à l'égard du défunt. Il doit payer ou participer au paiement des frais de sépulture. Il est également redevable des dettes alimentaires échues avant le décès.
Enfin, il peut être poursuivi par les hôpitaux ou organismes sociaux pour le remboursement des frais d'hospitalisation ou des prestations versées au défunt.
L'héritier peut revenir sur sa décision et sa renonciation mais dans cette hypothèse, il ne peut qu'accepter purement et simplement la succession.

● Conséquences de la renonciation pour les autres héritiers

Si celui qui renonce est représenté (il a lui-même des enfants), sa renonciation ne lèse plus ses propres enfants puisque sa part peut leur être attribuée (les petits-enfants représentent l'enfant dans la succession du grand-père et les neveux et nièces représentent leur père ou mère dans la succession de leur oncle).

Exemple : Si le renonçant n'a pas de représentants, sa part est attribuée à ses cohéritiers.
(Code civil, art. 754).

S'il n'y pas de cohéritier, la succession revient à l'héritier qui se trouve au degré suivant. Fiscalement, l'héritier qui renonce ne doit pas payer de droits de succession.

Les biens composant la succession

Actif successoral

› Qu'appelle-t-on l'actif successoral ?

Les biens, composant la succession qui détermineront les lots de chaque héritier ou légataire et dont la valeur servira à déterminer le montant des droits de succession, constituent l'actif successoral.
L'actif se compose de tous les biens appartenant en propre au défunt et, s'il était marié, les biens issus de la liquidation du régime matrimonial (la moitié des biens communs en cas de régime de communauté).
Les biens composant une succession comprennent les meubles, les immeubles, mais également les créances, les comptes bancaires, etc.

Les comptes bancaires

› Que faut-il faire ?

Lorsque le titulaire d'un compte bancaire, postal ou autre décède, le notaire ou les membres de sa famille sont tenus de prévenir les organismes détenant ces comptes.
S'il s'agit d'un compte ouvert au seul nom du défunt, les mandats ou procurations qui ont pu être donnés de son vivant cessent à compter du jour du décès.
(Code civil, art. 2003).
En principe, ces comptes personnels sont bloqués jusqu'au partage.
S'il s'agit de compte joint entre époux, le conjoint survivant peut toujours utiliser et faire fonctionner ce compte après le décès de son cotitulaire, mais pour déterminer le montant de l'actif successoral, le solde figurant sur ce compte, au jour du décès, devra être communiqué par la banque au notaire.

À noter : les services fiscaux étudient également les mouvements qui sont apparus sur le compte dans l'année qui précède le décès, afin de contrôler les fraudes ou omissions des déclarations de successions.

Mais les sommes ainsi retirées du compte du défunt ne sont plus systématiquement réintégrées dans l'actif successoral et donc soumis à l'impôt. En effet, l'administration fiscale (réponse ministérielle du 11 juin 1990), adoptant la jurisprudence de la

Cour de cassation, a décidé de ne plus faire jouer la présomption de propriété sur des retraits, c'est-à-dire de ne plus les considérer automatiquement comme des créances de la succession. Cela signifie que les héritiers n'ont plus à apporter la preuve (par des factures notamment) que les sommes prélevées avaient réellement été utilisées par le défunt pour des dépenses personnelles. C'est désormais l'administration fiscale qui doit prouver la fraude.

› Certificat d'hérédité et de propriété

Les sommes figurant sur le compte du défunt peuvent être débloquées en faveur des héritiers sur présentation d'un certificat de propriété délivré par les notaires, les juges d'instance ou les greffiers du tribunal d'instance.
Le certificat de propriété est nécessaire lorsque les sommes dépassent 5 335 €.
Pour les sommes inférieures à 5 335 €, un simple certificat d'hérédité délivré par le maire est suffisant. Ces certificats d'hérédité (dressés rapidement et sans frais) résultent d'une pratique administrative. Bien que réservés en principe aux sommes dues par l'État ou les collectivités publiques (ex : Banque Postale, Caisse nationale d'épargne...), ces documents peuvent être utilisés également, par exemple, pour l'immatriculation des véhicules tombés dans une succession ou pour la transmission aux héritiers des sommes ou valeurs inscrites dans les autres banques ou organismes bancaires (dès lors que ces sommes sont inférieures à 5 335 €).
Attention : les maires ne sont pas tenus de délivrer les certificats d'hérédité qui leur sont demandés. Dans ce cas, les intéressés doivent fournir un certificat de propriété ou un certificat de notoriété attestant de leur qualité d'héritiers.

› Acte de notoriété

L'acte de notoriété est un moyen de prouver sa qualité d'héritier. (La loi n° 2001-1135 du 3 décembre 2001 réformant les droits du conjoint survivant a officialisé la pratique de cet acte).
Cet acte peut être établi à la demande d'un ou de plusieurs héritiers par un notaire exclusivement. Il est mentionné en marge de l'acte de décès.
Il doit mentionner l'acte de décès et indiquer les pièces qui ont été produites pour justifier de la qualité d'héritier (pièces d'état civil) ou de légataire (existence d'un testament). Il indique les parts respectives des héritiers ou légataires dans la succession et est signé des intéressés. Les héritiers désignés dans l'acte peuvent prendre possession des biens de la succession qui seraient détenus par des tiers (de l'argent en banque, par exemple).
(Code civil, art. 730-1 et s.).

La répartition des biens - réserve - quotité disponible

› En quoi consistent la réserve et la quotité disponible ?

Dans l'hypothèse où le défunt a, de son vivant, rédigé un testament ou effectué des donations, il y a lieu de diviser les biens d'une succession en deux parties :
– la réserve,
– la quotité disponible.
Cette division n'a lieu que si sont présents des héritiers réservataires ; les héritiers réservataires étant exclusivement les enfants, à défaut d'enfants, les descendants (petits-enfants, arrière-petits-enfants) et, à défaut d'enfants ou de descendants, le conjoint survivant depuis la loi n° 2001-1135 du 3 décembre 2001. La réserve des

ascendants a été supprimée par la loi n° 2006-728 du 23 juin 2006, applicable aux successions ouvertes à compter du 1er janvier 2007.
La réserve est la partie de la succession devant obligatoirement revenir aux héritiers réservataires (sauf renonciation de leur part) et la quotité disponible représente la quote-part de la succession dont le défunt peut disposer librement en faveur des personnes de son choix. S'il n'existe ni donation, ni testament, et que le défunt n'a pas de conjoint survivant, il n'y a pas lieu de calculer les valeurs respectives de la réserve et de la quotité disponible ; la succession est dévolue en totalité aux héritiers les plus proches du défunt (tout d'abord, les enfants, puis les parents, les frères et sœurs...).

› Comment se calculent la réserve et la quotité disponible ?

La réserve et la quotité disponible ne sont pas forcément d'égale valeur. Elles varient selon le nombre et la qualité des héritiers réservataires.

● La réserve des enfants

La réserve pour un enfant est égale à la moitié de la succession ; pour deux enfants, aux deux tiers de la succession ; pour trois enfants ou plus, aux trois quarts de la succession.
Le défunt de son vivant peut donc disposer de la quotité disponible en faveur des personnes de son choix, quotité disponible égale soit à la moitié, soit au tiers, ou encore au quart de ses biens, en fonction du nombre de ses enfants.

● S'il n'y a pas d'enfants

S'il n'y a pas d'enfants ni de descendants du défunt, il faut prendre en compte la réserve du conjoint survivant. Seul le mariage confère le droit à une réserve ; ni le concubin ni le pacsé ne sont héritiers.
La réserve des ascendants étant supprimée (depuis le 1er janvier 2007) le conjoint peut donc recueillir la totalité de la succession si le défunt l'a prévu (par testament ou donation).

● La réserve du conjoint

Le conjoint survivant est également devenu héritier réservataire depuis le 1er juillet 2002. Le conjoint survivant n'est héritier réservataire que si le défunt ne laisse ni enfants, ni descendants (petits-enfants).
Dans cette hypothèse, le conjoint doit recevoir au moins un quart de la succession (le défunt peut donc donner ou léguer librement les trois quarts de ses biens).
(Code civil, art. 914-1).
(Voir Ⓘ : *Conjoint survivant*).

› Qu'appelle-t-on réduction des libéralités excessives ?

L'évaluation de la valeur des biens d'une succession ne se fait qu'à l'ouverture de cette succession.
On réunit fictivement tous les biens existants au décès et tous ceux qui ont été donnés antérieurement par le défunt. Puis, sur tous ces biens, on calcule la quotité disponible dont a pu disposer le défunt en fonction des héritiers en présence. Or il se peut que de son vivant, le défunt ait effectué des libéralités (des donations ou des legs) qui excèdent par leur valeur le montant de la quotité disponible autorisée. Dans ce cas, les libéralités ne sont pas annulées mais doivent être réduites.
(Code civil, art. 920, 922).

S'il s'agit de legs qui excèdent la quotité disponible, ils sont tous réduits proportionnellement à l'excédent déterminé. Si le défunt a effectué des donations et des legs, on commence par réduire les legs et si la réserve n'est pas encore reconstituée, on réduit alors les donations en commençant par la plus récente.
(Code civil, art. 923).
La réduction des donations se fait en valeur ce qui signifie que le bénéficiaire de la donation doit indemniser les héritiers de la valeur réduite mais peut conserver le bien. Il peut choisir de rendre le bien qui excède la quotité disponible.

L'action en réduction

L'action en réduction est ouverte aux héritiers réservataires pendant un délai de 5 ans à compter de l'ouverture de la succession, ou de 2 ans à compter du jour où les héritiers ont eu connaissance de l'atteinte portée à leur réserve, sans jamais pouvoir excéder 10 ans à compter du décès.
En principe, la règle est la réduction en valeur. Le donataire ou légataire conserve le bien mais doit, en contrepartie, verser une indemnité aux héritiers.
Mais il peut aussi choisir la réduction en nature et restituer le bien aux héritiers si le bien lui appartient encore, et s'il est libre de toute charge ou occupation. Cette faculté s'éteint s'il n'exprime pas son choix pour cette modalité de réduction dans un délai de 3 mois à compter de la date à laquelle un héritier réservataire l'a mis en demeure de prendre parti.
En cas de réduction en valeur, le montant de l'indemnité de réduction se calcule d'après la valeur des biens donnés ou légués à l'époque du partage ou, s'ils ont été vendus, d'après leur valeur au moment de leur aliénation et en fonction de leur état au moment de la libéralité.
S'il y a eu subrogation c'est-à-dire si le bien donné a été vendu et remplacé par un autre, le calcul de l'indemnité de réduction tient compte de la valeur du nouveau bien à l'époque du partage, d'après son état à l'époque de l'acquisition. Toutefois, si la dépréciation du ou des nouveaux biens était, en raison de leur nature, inéluctable au jour de leur acquisition, il n'est pas tenu compte de la subrogation pour évaluer le montant de l'indemnité.
Si le bien donné a été vendu et que le donataire est insolvable et ne peut payer l'indemnité de réduction, les héritiers peuvent exercer l'action en réduction à l'encontre du tiers devenu propriétaire du bien.
(Code civil, art. 921 et s.).

La renonciation à l'action en réduction

Lorsqu'une donation ou un testament dépasse la quotité disponible, la libéralité doit être réduite sauf si l'héritier, à l'ouverture de la succession, renonce à cette réduction.
Depuis le 1er janvier 2007, cette renonciation peut également avoir lieu au moment de la libéralité, avant l'ouverture de la succession. Il s'agit d'un « Pacte successoral » ou « Pacte de famille ».
Grâce à cette renonciation, le donateur peut disposer plus librement de ses biens en faveur des personnes de son choix, puisqu'il peut donner sans craindre une remise en cause des donations par les héritiers réservataires. Il peut ainsi donner un bien important de son patrimoine à une personne de sa famille qui n'est pas héritière (un petit-enfant ou un neveu par exemple) même si ce bien dépasse largement la valeur de la quotité disponible. La renonciation de ou des héritiers réservataires dégagera

le bénéficiaire de la donation de tout risque d'avoir à indemniser les héritiers après le décès du donateur.
(Code civil, art. 929 et s.).
Fiscalement, la renonciation à l'action en réduction n'est pas considérée comme une donation de la part du renonçant et n'est donc pas soumise aux droits de mutation (Art. 756 bis du Code général des impôts).

Conditions du pacte de famille

Le fait pour les héritiers d'accepter de renoncer à leur part de réserve est une décision grave. Les conditions de cette renonciation sont donc très encadrées et sa révocation reste possible dans certains cas.
La renonciation doit être établie par acte authentique (notarié) reçu par deux notaires. Le renonçant doit être averti des conséquences de sa décision.
La renonciation d'un héritier ne peut pas être globale mais doit être faite au profit d'un bénéficiaire déterminé. En revanche, elle peut porter sur une partie de la réserve de cet héritier ou sur sa totalité. Elle peut aussi ne concerner qu'un seul bien donné.

Remise en cause du pacte de famille

Après le décès du donateur l'héritier qui a renoncé peut revenir sur sa décision et en demander la révocation pour une des causes suivantes :
– le donateur ne remplit pas ses obligations alimentaires à son égard ;
– l'héritier est, lors de l'ouverture de la succession dans un état de besoin qui n'existerait pas s'il n'avait pas renoncé à sa réserve ;
– le bénéficiaire de la renonciation s'est rendu coupable d'un crime ou d'un délit contre sa personne.
Les délais pour demander la révocation de la renonciation sont assez brefs puisqu'en cas de besoin, l'héritier doit agir dans l'année qui suit le décès et, dans les autres cas, dans l'année qui suit le fait reproché ou la connaissance de ce fait.
(Code civil, art. 930-3).

Les dettes de la succession

Le montant à déclarer pour la détermination des droits de succession est l'actif net de la succession. Cet actif net est obtenu en déduisant, de l'actif global (actif brut), les dettes de la succession. Ces dettes sont constituées principalement par les dettes personnelles du défunt (exemple : loyer, impôts, remboursement d'un prêt...) mais également par des dettes survenues à la suite ou à l'occasion du décès (telles que les frais d'hospitalisation, les frais funéraires dans la limite de 1 500 € ou encore la pension alimentaire due par la succession au conjoint survivant qui serait dans le besoin).
Les héritiers peuvent aussi déduire de l'actif les sommes (loyers ou indemnités d'occupation) remboursées au conjoint survivant ou au partenaire pacsé, au titre du droit au logement qui lui est accordé pendant l'année qui suit le décès. (Art. 775 quater du Code général des impôts).
Sont aussi déductibles les indemnités ou rentes versées ou dues au défunt en réparation de dommages corporels liés à un accident ou à une maladie.
(Art. 775 bis du Code général des impôts).
Par ailleurs, la rémunération du mandataire successoral est déductible de l'actif de la succession si elle est déterminée de manière définitive dans les 6 mois suivant le

décès. La déduction est autorisée dans la limite de 0,5 % de l'actif successoral géré. Elle ne peut excéder 10 000 €. (Art. 775 quinquies du Code des impôts).
(Voir Ⓘ : *Mandataire successoral*).
Le fisc peut demander des justifications concernant les dettes déduites de l'actif successoral et notamment des attestations émanant des créanciers certifiant l'existence de la dette à l'époque de l'ouverture de la succession. Le créancier ne peut pas refuser cette attestation sous peine d'être condamné à des dommages-intérêts. En cas de fausse attestation, le créancier peut être condamné solidairement avec le débiteur à payer les pénalités. (Art. L. 20 du Livre des procédures fiscales).

› Comment se répartissent les dettes de la succession ?

Les héritiers qui ont accepté la succession, les légataires universels et les légataires à titre universel doivent contribuer entre eux au paiement des dettes, chacun dans la proportion de ce qu'il reçoit.
(Code civil, art. 870 et 871).
Les créanciers ne peuvent donc pas réclamer la totalité de leur créance à un seul héritier ou légataire ; mais s'il s'agit d'une créance hypothécaire (c'est-à-dire une créance garantie par l'inscription d'une hypothèque), chacun des héritiers ou légataires doit régler la totalité de cette créance.
Dans cette hypothèse, s'il est amené à régler la totalité, il pourra par la suite se retourner contre ses cohéritiers pour leur demander de payer leur quote-part.
(Code civil, art. 873).
Le légataire particulier, c'est-à-dire celui qui reçoit un objet déterminé, n'est pas tenu de payer les dettes de la succession ; ce n'est que si un immeuble hypothéqué lui est légué qu'il doit se charger du paiement de la dette au créancier hypothécaire, quitte à se retourner par la suite contre les héritiers pour obtenir le remboursement des sommes payées. L'héritier qui accepte une succession à concurrence de l'actif net a l'avantage de n'être tenu du paiement des dettes de la succession que jusqu'à concurrence de la valeur des biens successoraux. Il n'a pas à payer ces dettes sur ses biens personnels, son patrimoine étant bien distinct de celui de la succession (séparation des patrimoines).
(Voir plus haut : *L'acceptation et la renonciation à une succession – L'acceptation à concurrence de l'actif net*).

› Comment s'effectue le remboursement des organismes sociaux ?

● Les allocations aux personnes âgées

Les allocations aux personnes âgées comprennent l'allocation de solidarité et l'allocation supplémentaire d'invalidité. Ces allocations, mises en place par l'ordonnance n° 2004-605 du 24 juin 2004, remplacent l'allocation supplémentaire du fonds de solidarité vieillesse (décret d'application n° 2007-56 du 12 janvier 2007). Comme l'ancienne allocation, les sommes versées aux allocataires sont récupérables sur leur succession, dans la limite d'un montant fixé part décret. Le recouvrement de ces arrérages ne peut s'exercer que sur la partie de l'actif net successoral qui excède ce montant.
Par ailleurs, le recouvrement ne peut avoir pour effet d'abaisser l'actif de la succession au-dessous de ce montant.
À noter : si l'héritier est exploitant agricole et si la succession consiste en terres et cheptels, on ne tient compte que de 30 % de la valeur de cet héritage.

Chaque héritier est tenu de participer au remboursement en proportion de ce qu'il reçoit dans la succession.
Les légataires universels ou à titre universel sont également tenus de rembourser les allocations versées au défunt (mais non le légataire particulier qui n'est pas tenu des dettes de la succession).
Les sommes recouvrables sont garanties par une hypothèque légale prenant rang à la date de son inscription.
L'action en recouvrement se prescrit par 5 ans à compter de l'enregistrement d'un écrit ou d'une déclaration mentionnant la date et le lieu du décès du défunt ainsi que le nom et l'adresse de l'un au moins des ayants droit.
Lorsque le montant de l'allocation de solidarité aux personnes âgées est versé à des conjoints, concubins ou partenaires liés par un pacte civil de solidarité, tous deux bénéficiaires, l'allocation est réputée avoir été perçue pour moitié par chacun des membres du couple.
(Art. L. 815-13 du Code de la Sécurité sociale).
Les arrérages servis au titre de l'allocation supplémentaire d'invalidité sont recouvrés en tout ou partie sur la succession de l'allocataire dans les mêmes conditions.
(Art. L. 815-28 du Code de la Sécurité sociale).

● L'aide sociale

Sont également récupérables sur la succession du bénéficiaire les prestations d'aide sociale à domicile et la prise en charge du forfait journalier.
Ces sommes sont récupérables si elles dépassent 750 € et si l'actif successoral net excède 46 000 €.
(Art. L. 132-8 du Code de l'action sociale et des familles ; Décret n° 61-495 du 15 mai 1961).

● Les frais d'hospitalisation

Les hôpitaux ou hospices sont en droit de réclamer aux héritiers le remboursement des frais d'hospitalisation. Les héritiers sont tenus à ce remboursement en tant que débiteurs d'aliments, au titre de leur devoir de secours qui subsiste même s'ils renoncent à la succession. Ces recours sont de la compétence du juge aux affaires familiales.
(Art. L. 6145-11 du Code de la santé publique).

● Les prestations non récupérables sur la succession

Ne sont pas récupérables sur la succession du bénéficiaire :
- l'allocation personnalisée d'autonomie ;
- la prestation de compensation pour les handicapés créée par la loi n° 2005-102 du 11 février 2005 et l'allocation compensatrice pour tierce personne ;
- les sommes représentant les allocations du revenu minimum d'insertion, du revenu de solidarité active (RSA) et la prime de retour à l'emploi.

(Art. L. 245-7 du Code de l'action sociale et des familles).

Les héritiers

En l'absence de conjoint survivant (appelé depuis la loi n° 2001-1135 du 3 décembre 2001 « conjoint successible »), l'ordre des héritiers est le suivant :
1° Les enfants et leurs descendants ;
2° Les père et mère ; les frères et sœurs et les descendants de ces derniers ;
3° Les grands-parents, arrière-grands-parents ;
4° Les collatéraux autres que les frères et sœurs et les descendants de ces derniers (cousins, oncles, tantes...).
Chacune de ces quatre catégories constitue un ordre d'héritiers. Chaque ordre prime et exclut le suivant.
(Code civil, art. 734).
Le conjoint survivant n'est pas classé dans les ordres d'héritiers puisqu'il n'est pas exclu par un autre héritier qui le primerait et hérite du défunt même s'il y a des enfants. Sa part successorale, en revanche, varie selon les héritiers en présence.
(Code civil, art. 756).
Lorsqu'il n'y a ni conjoint ni autres héritiers, et en l'absence de testament, la succession est dévolue à l'État.

Les enfants

Les enfants sont les premiers héritiers. Ils doivent recevoir toute la succession de leur parent décédé (diminuée de la part d'un éventuel conjoint), si le défunt n'a pas organisé sa succession par testament ni réparti ses biens de son vivant en faisant des donations. Ils reçoivent une partie de cette succession (appelée réserve) dans le cas contraire (voir plus haut : *La répartition des biens - réserve - quotité disponible*).
Les enfants adoptés reçoivent également la succession de leurs parents adoptifs. Fiscalement, la situation des enfants adoptés simples est cependant différente.

› Quels sont les droits successoraux des enfants ?

Les enfants viennent à égalité dans la succession de leur père ou de leur mère, qu'ils soient nés de mariages différents ou qu'ils soient nés de parents non mariés.
Les enfants excluent tous les autres héritiers, ce qui signifie que si le défunt n'a fait aucune libéralité (donation ou testament), tous ses biens sont attribués à ses enfants (sauf la part attribuée au conjoint – voir plus loin).

› Quels sont les droits successoraux des enfants adoptifs ?

L'enfant qui a fait l'objet d'une adoption plénière n'a plus, de ce fait, aucun droit dans sa famille d'origine.
Il est par conséquent appelé à succéder à l'adoptant comme héritier réservataire.
(Code civil, art. 358).
Dans le cas d'une adoption simple, l'enfant qui conserve les liens avec sa famille d'origine est assimilé à l'enfant né du mariage de ses parents tant vis-à-vis de sa famille d'origine que vis-à-vis de la famille de l'adoptant.
(Code civil, art. 364).
Cependant, il ne bénéficie pas de la qualité d'héritier réservataire à l'égard des ascendants de l'adoptant (ses grands-parents adoptifs).
(Code civil, art. 368).

Il viendra donc à la succession de ces ascendants s'ils ne l'ont pas déshérité.
Si cet enfant adopté meurt sans descendants et sans conjoint survivant, les biens reçus par donation ou succession de l'adoptant retournent à ce dernier ou à ses descendants et les biens reçus par ses parents par le sang retournent également à ces derniers ou à leurs descendants.
(Code civil, art. 368-1).

Les petits-enfants

Les petits-enfants ou arrière-petits-enfants sont également des descendants, donc des héritiers réservataires (héritiers prioritaires sur une partie de la succession). Mais ils ne peuvent hériter de leurs grands-parents que si leur parent lui-même est décédé ou renonce à la succession. Ils sont appelés à la succession par la représentation.
Ils peuvent recevoir un bien dans la succession de leur grand-parent si ce dernier leur a consenti une donation ou rédigé un testament en leur faveur. Les donations faites par un grand-parent à son petit-enfant bénéficient d'un abattement spécial.
(Voir ① : *Droits de succession*).

› Qu'entend-on par « représentation d'une personne décédée » ?

C'est une fiction de la loi qui a pour effet d'appeler à la succession les représentants aux droits du représenté qui aurait dû hériter du défunt, mais qui est lui-même décédé.
(Code civil, art. 751).
Soit, par exemple, une personne qui laisse à son décès deux fils et deux petits-enfants issus de son troisième fils prédécédé ; les deux petits-enfants viendront en représentation de leur père et la succession sera partagée en trois ; un tiers pour chaque fils et le dernier tiers pour les deux petits-enfants, soit un sixième chacun.
La représentation n'est admise qu'en faveur des descendants du défunt et des descendants de ses frères et sœurs.
Au contraire, elle est exclue à l'égard des ascendants et des autres collatéraux.
(Code civil, art. 752-1).
Le mécanisme de la représentation joue à l'infini dans la ligne directe descendante (père – fils – petits-fils, etc.).
(Code civil, art. 752).
Fiscalement, la représentation est admise pour l'application de l'abattement dont peuvent bénéficier les arrière-petits-enfants en cas de décès des petits-enfants.
(Art. 790 B du Code général des impôts).
Depuis la loi n° 2006-728 du 23 juin 2006, applicable le 1er janvier 2007, l'héritier qui a renoncé peut être représenté par ses propres descendants. La part du renonçant est donc attribuée à ses représentants et non aux autres héritiers.
De la même façon, la représentation est admise en faveur des enfants et descendants de l'héritier déclaré indigne, même si ce dernier est encore vivant à l'ouverture de la succession.
(Code civil, art. 726 et s. et 754 et s.).

Les ascendants

Les ascendants sont les père et mère du défunt, mais également ses grands-parents, arrière-grands-parents...
Ils héritent du défunt lorsqu'il n'y a ni enfants ni descendants.

› Quels sont les droits successoraux des ascendants ?

Les ascendants sont, d'une part, le père et la mère et, d'autre part, les grands-parents et arrière-grands-parents du défunt. Leurs droits ne sont pas les mêmes.

● Les parents (père et mère)

Le père et la mère du défunt ne sont appelés à la succession que s'il n'y a pas d'enfants.

Ils recueillent toute la succession si le défunt n'a ni conjoint, ni frères ni sœurs, ni neveux, ni nièces (la moitié de la succession est attribuée à la mère, l'autre moitié au père). Si un des parents est décédé, l'autre parent recueille la totalité de la succession.

Quand il y a un conjoint successible, la moitié de la succession est attribuée au conjoint et l'autre moitié aux parents (1/4 pour chacun).

(Code civil, art. 757-1).

Quand il y a des frères et sœurs, la moitié de la succession est attribuée aux frères et sœurs et l'autre moitié aux parents (soit 1/4 pour le père et 1/4 pour la mère).

Si seul le père (ou seule la mère) est vivant, il (ou elle) recueille 1/4 de la succession et les frères et sœurs du défunt se partagent les 3/4 de la succession.

Si le défunt n'a ni descendants, ni frères, ni sœurs, ni neveux et s'il laisse un de ses parents (son père ou sa mère) ainsi qu'un de ses grands-parents dans l'autre ligne (son père et sa grand-mère maternelle, ou sa mère et son grand-père paternel) la succession est partagée entre le parent et l'ascendant de l'autre branche (pour moitié au parent et pour moitié à l'ascendant).

(Code civil, art. 736 et 738).

● Les autres ascendants

Les grands-parents et arrière-grands-parents ne sont appelés à la succession que dans l'hypothèse où le défunt ne laisse ni enfants, ni son père, ni sa mère, ni frères et sœurs, ni conjoint.

(Code civil, art. 739).

La succession se divise entre la ligne paternelle et la ligne maternelle. Dans chaque ligne, l'ascendant qui a le degré le plus proche du défunt hérite de la part attribuée à sa ligne, à l'exclusion de tous les autres de sa ligne.

Si, dans une ligne, plusieurs ascendants sont au même degré (exemple : grand-père et grand-mère paternels), ils se partagent la part attribuée à leur ligne.

À noter : la représentation n'a pas lieu en faveur des ascendants. Le plus proche exclut toujours le plus éloigné.

Un grand-père ne peut pas représenter son fils dans la succession de son petit-fils.

(Code civil, art. 752-1).

› Qu'est-ce que le droit de retour des parents ?

La réserve des ascendants a été supprimée par la loi n° 2006-728 du 23 juin 2006, applicable le 1er janvier 2007.

Ils peuvent donc être entièrement exclus de la succession de leur enfant si celui-ci a disposé de ses biens par donations ou testaments.

Est institué, pour compenser cette suppression, un droit de retour en leur faveur. À condition que le défunt n'ait ni enfants ni descendants, chaque parent peut se voir restituer les biens qu'il avait donnés à son enfant décédé avant lui, à concurrence du quart de la succession. La valeur de la portion des biens soumise au droit de retour s'impute, le cas échéant, en priorité sur ses droits successoraux. Le parent ne peut

donc pas cumuler sa part d'héritage éventuelle et les biens qui lui sont restitués. Le droit de retour s'exerce en principe en nature. Mais en cas d'impossibilité (le bien a été vendu ou n'est pas partageable), il peut s'exécuter en valeur, dans la limite de l'actif successoral.
(Code civil, art. 738-2).
Le droit de retour n'est pas considéré comme une mutation et n'est donc pas imposable (Art. 763 du Code général des impôts).

Les frères et sœurs et autres collatéraux

Parmi les collatéraux, il faut distinguer les frères et sœurs du défunt et leurs descendants (neveux, petits-neveux, etc.) et tous les collatéraux autres que les frères et sœurs du défunt et leurs descendants (cousins, oncles, etc.).

› Quels sont les droits successoraux des collatéraux privilégiés ?

Les frères, sœurs, neveux ou nièces viennent en concours avec les ascendants mais ne seront pas appelés à la succession si le défunt laisse des enfants, descendants ou encore son conjoint survivant.
Dans l'hypothèse de l'absence de descendants et de conjoint successible, en présence du père et de la mère du défunt, les frères et sœurs (quel que soit leur nombre) recevront la moitié de la succession, le père et la mère recevant chacun 1/4. Si le père ou la mère est décédé(e), le parent survivant recevra 1/4 de la succession et les frères et sœurs se partageront les 3/4 restant.
(Code civil, art. 738).
Si le défunt ne laisse pas de descendants, ni père et mère, ni de conjoint, toute la succession est dévolue aux frères et sœurs, ceux-ci excluant les autres parents.
(Code civil, art. 737).

• Le droit de retour des frères et sœurs

En l'absence d'enfants ou de descendants du défunt et de ses père et mère, le conjoint survivant recueille toute la succession. Les frères et sœurs sont donc exclus de la succession.
Pour compenser cette exclusion, ils bénéficient d'un droit de retour des biens que le défunt avait reçus de ses parents ou ses grands-parents par donation ou par succession. Il faut que ceux qui revendiquent le droit de retour soient eux-mêmes descendants des parents à l'origine de la transmission. Un bien de famille peut donc être conservé par les frères et sœurs du défunt et non pas transmis à son conjoint et à sa famille.
Ces biens doivent exister en nature. S'ils ont été vendus par le défunt, le droit de retour s'éteint. Le droit de retour s'exerce sur la moitié de ces biens.
(Code civil, art. 757-3).

• La représentation

Comme les descendants du défunt, les enfants et descendants des frères ou sœurs de ce dernier peuvent venir à la succession de leur oncle ou tante en représentation de leur parent prédécédé.
Ils partagent la succession avec leurs oncles ou tantes ou entre eux si tous les frères et sœurs du défunt sont morts avant ce dernier.
(Code civil, art. 752-2).

› Quels sont les droits successoraux des autres collatéraux ?

Les collatéraux (cousins, oncles, tantes...) ne peuvent venir à la succession que si le défunt ne laisse :
– ni descendants, ni père et mère, ni frères et sœurs, ni autres ascendants, (Code civil, art. 740) ;
– ni conjoint survivant, (Code civil, art. 757-2).

Dans cette hypothèse, la succession sera divisée en deux moitiés, l'une pour les collatéraux de la ligne paternelle, l'autre pour les collatéraux de la ligne maternelle (principe de la fente).

Dans chaque branche succède, à l'exclusion de tout autre, le collatéral qui se trouve au degré le plus proche. Les collatéraux au même degré succèdent par tête.

À défaut de collatéral dans une branche, les collatéraux de l'autre branche recueillent toute la succession. Les collatéraux ne peuvent succéder que jusqu'au 6e degré.

(Code civil, art. 745, 749, 750).

En l'absence de collatéraux, la succession est dévolue à l'État (en l'absence bien entendu de testament).

Le conjoint survivant

La situation du conjoint survivant est réglée soit par les dispositions générales du Code civil, soit par les dispositions plus favorables pour lui prises par le conjoint décédé.

Le conjoint divorcé n'est plus héritier du défunt. En revanche, le conjoint séparé de corps conserve les droits que la loi accorde au conjoint survivant, sauf renonciation inscrite dans la convention d'une séparation de corps par consentement mutuel. (Code civil, art. 301).

› Les droits successoraux du conjoint successible (conjoint survivant)

La situation du conjoint survivant a été grandement améliorée par la loi n° 2001-1135 du 3 décembre 2001 :
– la part qu'il reçoit quand le défunt n'a pas organisé sa succession (par donation ou testament) est augmentée ;
– une réserve lui est attribuée quand le défunt n'a pas d'enfant, ni de descendant.

● La part du conjoint en l'absence de libéralités du défunt

Lorsque le défunt n'a pas organisé sa succession de son vivant, la part attribuée au conjoint dépend des héritiers en présence.

– En présence d'enfants du défunt :

Si tous les enfants présents lors de l'ouverture de la succession sont issus des deux époux, le conjoint survivant recueille, à son choix, l'usufruit de la totalité des biens existants ou la propriété du quart des biens de la succession. S'il existe un ou plusieurs enfants qui ne sont pas issus des deux époux (enfants nés d'une autre union ou d'un précédent mariage du défunt), le conjoint ne dispose pas de ce choix et recueille la propriété du quart des biens.

(Code civil, art. 757).

– En présence de parents (père et mère) du défunt :

Si, à défaut d'enfants ou de descendants, le défunt laisse ses père et mère, le conjoint survivant recueille la 1/2 des biens. L'autre moitié est dévolue pour 1/4 au père et pour un 1/4 à la mère. Quand le père ou la mère est décédé avant l'époux défunt, le conjoint recueille les 3/4 de la succession.
(Code civil, art. 757-1).
– En présence d'autres héritiers :
En l'absence d'enfants ou de descendants du défunt et de ses père et mère, le conjoint survivant recueille toute la succession.
(Code civil, art. 757-2).

● Tableau récapitulatif des droits du conjoint survivant

Héritiers présents lors du décès	Part du conjoint survivant (depuis le 1er juillet 2002)
Enfants ou petits-enfants (si leurs parents sont décédés)	La totalité des biens en usufruit ou 1/4 en pleine propriété
Enfants issus d'une autre union	1/4 en pleine propriété
Père et mère	1/2 en pleine propriété
Un seul parent (père ou mère)	3/4 en pleine propriété
Frère(s), sœur(s) ou neveu(x)	Totalité de la succession
Autres personnes de la famille	Totalité de la succession

● La réserve du conjoint

Le conjoint est héritier réservataire. Cette grande nouveauté de la loi n° 2001-1135 du 3 décembre 2001 permet ainsi de donner au conjoint survivant une place à part entière dans la succession de l'époux prédécédé.
Le conjoint est donc protégé par la réserve constituée à son profit contre les donations ou legs qui auraient pu être consentis par le défunt de son vivant, mais cette protection n'est pas assurée lorsqu'il y a des enfants. (En effet, s'il y a des héritiers réservataires, c'est leur réserve qui est retenue et le défunt peut donner et léguer dans ces limites).
À condition que le défunt ne laisse pas de descendants et qu'il ne soit pas divorcé, la réserve de son conjoint est égale à 1/4 des biens de la succession. Les libéralités (quotité disponible) peuvent donc avoir une valeur équivalente aux 3/4 de la succession.
(Code civil, art. 914-1).

› Quelle est la part maximale que l'on peut attribuer à son conjoint (par testament, donation ou donation au dernier vivant) ?

La part qu'il est possible d'attribuer à son conjoint dépend de la présence ou non d'héritiers réservataires.
Depuis la loi n° 2006-728 du 23 juin 2006, applicable le 1er janvier 2007, la réserve des parents est supprimée et seuls les enfants et descendants du défunt sont héritiers réservataires. Pour compenser l'abrogation de leur réserve, les parents se sont vus accorder un droit de retour sur les biens qu'ils ont pu donner à leur enfant défunt.
(Voir Ⓘ : *Droit, de retour*).

En conséquence, s'il n'y a pas d'enfants, toute la succession peut être attribuée par donation ou testament au conjoint survivant.
S'il y a des enfants ou des descendants, le conjoint peut recevoir au maximum :
– soit la quotité disponible ordinaire (1/4, 1/3 ou 1/2 selon le nombre d'enfants),
– soit la totalité des biens de la succession en usufruit,
– soit 1/4 des biens en pleine propriété et 3/4 en usufruit.

À noter : le conjoint peut renoncer à une part de son héritage au profit de ses enfants ou ses beaux-enfants, sans que cela constitue une donation. Mais le défunt peut, par testament, l'empêcher de réduire sa part.
(Code civil, art. 1094, 1094-1).
Pour avantager son conjoint, on peut rédiger un testament en sa faveur, lui faire donation d'un bien précis…
Mais si l'on veut lui accorder le maximum autorisé et pour éviter que la valeur du bien légué ou donné excède le montant autorisé par la loi en présence d'héritiers réservataires, il est préférable de lui consentir une donation au dernier vivant.

La donation au dernier vivant

Une donation au dernier vivant permet aux deux époux de se consentir une donation réciproque de leurs biens à venir, sans avoir à prévoir l'ordre de leur décès et sans avoir besoin de connaître les limites à ne pas dépasser.
Il s'agit d'une donation qui ne prend effet qu'au décès du premier de l'un d'entre eux en faveur de l'autre.
La donation porte sur des biens que le donateur ne possède pas encore forcément au moment de l'acte (donation de biens à venir), mais qui seront dans son patrimoine lors de son décès.
Chacun des époux peut donner à l'avance tous les biens qu'il possédera au moment de son décès à l'autre.
La donation au dernier vivant peut donc être réalisée au début du mariage même si les époux n'ont pas encore de patrimoine ou lorsque le couple n'a pas d'enfant.
La part reçue par le conjoint sera fixée au décès de son époux, en fonction des héritiers.
Comme toute donation, la donation au dernier vivant doit être rédigée par un notaire.
En cas de mésentente ou de divorce, chaque époux peut révoquer la donation qu'il a consentie à son conjoint. Même si la donation est rédigée par un notaire, la révocation peut avoir lieu par un simple acte sous seing privé.
Généralement, les actes notariés prévoient que le conjoint pourra choisir entre ces différentes quotités disponibles qui lui sont réservées et opter pour une part en usufruit ou une part en usufruit et propriété ou encore une part en pleine propriété.
Mais il est tout à fait possible de vouloir que la part du conjoint soit composée d'une part en pleine propriété et d'une part en usufruit, ou encore qu'elle soit composée uniquement d'usufruit. Dans ce cas, la donation doit le prévoir.

À noter : le conjoint qui recueille une grande partie de la succession du défunt peut limiter sa part à certains biens seulement et abandonner les autres aux héritiers. Dans ce cas, les biens laissés par le conjoint sont, fiscalement, censés avoir été transmis aux héritiers par le défunt (et non pas par le conjoint). (Art. 788 bis du Code général des impôts).

› Quel est l'intérêt du régime de communauté universelle avec clause d'attribution au conjoint survivant ?

Le régime de la communauté universelle est un contrat de mariage qui décide que tous les biens que possèdent les époux (biens propres ou biens acquis au cours du mariage, biens meubles et immeubles) font partie de la communauté (à l'exception des biens qui ont un caractère personnel).
Il n'y a pas de distinction à opérer selon l'origine des biens.
C'est le régime matrimonial le plus protecteur pour le conjoint survivant.
Au décès de l'un d'eux, son conjoint restera propriétaire de la moitié de l'ensemble de ces biens même s'il n'a pas lui-même contribué à constituer ce patrimoine.
Le contrat de communauté universelle contient très souvent une clause d'attribution intégrale de la communauté au survivant.
Cette clause permet au conjoint survivant de devenir propriétaire de l'intégralité des biens communs (et non plus la moitié), sans avoir à payer de droits de succession.
Les enfants du couple dans ce cas n'héritent de leurs parents qu'au décès du second d'entre eux. L'inconvénient pour eux réside dans le fait qu'ils n'auront droit qu'à un seul abattement puisqu'il n'y aura qu'une seule succession au lieu de deux. La clause ne peut cependant pas jouer s'il y a des enfants nés d'un précédent mariage du défunt ou d'une précédente union.
Ces enfants ont le droit de récupérer leur part successorale lors de ce décès en exerçant « l'action en retranchement ».
Dans ce cas, le conjoint survivant ne reçoit que la quotité disponible entre époux.
(Voir Ⓘ : *Conjoint survivant*).
Les enfants du défunt peuvent aussi renoncer à exercer l'action en retranchement avant le décès de l'époux survivant. Cette renonciation doit être établie par acte authentique reçu par deux notaires. En garantie, ils bénéficient de plein droit du privilège sur les meubles et peuvent demander un inventaire des biens ainsi qu'un état des immeubles.
(Code civil, art. 1527).
À noter : le changement de régime matrimonial en vue de l'adoption d'un régime communautaire ne donne lieu à aucune perception au profit du Trésor public.
(Art. 1133 bis du Code général des impôts).
Pour changer de régime matrimonial, il faut s'adresser au juge aux affaires familiales à compter du 1er janvier 2010.
(Art. L. 213-3 du Code de l'organisation judiciaire).
(Sur le changement de régime matrimonial, voir Ⓘ : *Régimes matrimoniaux*).

› Qu'est-ce que l'usufruit ?

L'usufruit est le droit de jouir d'un bien (mobilier ou immobilier) et d'en percevoir les revenus (exemple : loyers)...
Les droits et les obligations des usufruitiers sont réglementés par le Code civil.
(Code civil, art. 578 et s.).
Cet usufruit peut être fixé pour un temps déterminé (10, 20 ans...) ou plus généralement pour la totalité de la vie de l'usufruitier. Dans ce cas, ce droit s'éteint à la mort de son titulaire.

Conversion de l'usufruit

Lorsque le conjoint recueille un droit d'usufruit, cet usufruit peut être converti en rente viagère.

Cela signifie que les droits du conjoint ne s'exercent pas sur un bien mais sont remplacés par le versement régulier d'une somme équivalente à cet usufruit.
Cette conversion est de droit pour les héritiers nus-propriétaires. Le conjoint peut aussi demander cette conversion.
Le montant de la rente peut être fixé amiablement ou par le tribunal de grande instance. La rente peut être indexée et garantie par des sûretés (par exemple, par l'inscription d'une hypothèque au bénéfice du conjoint).
(Code civil, art. 759).
Le conjoint peut s'opposer à la conversion en rente viagère de l'usufruit portant sur le logement qu'il occupe à titre de résidence principale, ainsi que sur le mobilier le garnissant.
(Code civil, art. 760).
En revanche, l'usufruit du conjoint ne peut être converti en capital que si le conjoint et les héritiers en sont d'accord. La conversion ne peut être forcée.
(Code civil, art. 761).

● Valeur de l'usufruit

L'usufruit correspond à un pourcentage de la valeur totale du bien.
Le barème, modifié en 2005, tient compte de l'allongement de la durée de vie.

Âge de l'usufruitier	Valeur de l'usufruit	Valeur de la nue-propriété
Moins de 21 ans révolus	90 %	10 %
Moins de 31 ans révolus	80 %	20 %
Moins de 41 ans révolus	70 %	30 %
Moins de 51 ans révolus	60 %	40 %
Moins de 61 ans révolus	50 %	50 %
Moins de 71 ans révolus	40 %	60 %
Moins de 81 ans révolus	30 %	70 %
Moins de 91 ans révolus	20 %	80 %
Plus de 91 ans révolus	10 %	90 %

(Art. 669 du Code général des impôts).

› Quels sont les droits du conjoint sur le logement familial ?

Quelles que soient les dispositions prises par le défunt, le domicile du conjoint survivant est protégé.

● Droit de jouissance gratuite du logement pendant 1 an

Si le logement appartenait aux deux époux ou au défunt seul, le conjoint successible a droit, pendant une année à compter du décès, à la jouissance gratuite de ce logement (droit portant également sur le mobilier).
Le conjoint doit, au moment du décès, occuper effectivement, à titre d'habitation principale, ce logement. Si le logement était loué ou s'il appartenait au défunt en indivision, les loyers ou l'indemnité d'occupation doivent être remboursés par la succession, pendant cette même durée d'1 an, au fur et à mesure de leur paiement.
(Code civil, art. 763).

Le droit au logement temporaire est d'ordre public. Ce droit est considéré comme un effet du mariage et ne fait pas partie des droits successoraux.
Cela signifie que le défunt ne peut pas supprimer ce droit pour son conjoint. Cela signifie aussi que le conjoint n'a pas à payer les droits de mutation.
Par ailleurs, dans l'hypothèse où le logement est loué, les héritiers peuvent déduire de l'actif successoral les sommes remboursées au conjoint (Art. 775 quater du Code général des impôts).

● Droit d'habitation et d'usage du logement à vie

De la même façon, le conjoint peut obtenir, jusqu'à son décès, un droit d'habitation sur le logement qu'il occupe et un droit d'usage sur son mobilier. Le logement doit être occupé à titre de résidence principale au moment du décès et doit appartenir soit aux deux époux, soit au défunt. Le conjoint dispose d'1 an à partir du décès pour manifester sa volonté de bénéficier de ce droit.
Si le logement est loué, le droit d'usage accordé au conjoint s'exerce sur le mobilier faisant partie de la succession. Il peut, par ailleurs, demeurer dans les lieux en raison du transfert de bail à son profit. Sauf accord entre le conjoint et les héritiers, le droit d'habitation ne peut pas être converti en une rente viagère ou en capital.
Le conjoint peut, par ailleurs, louer le logement (usage autre que commercial ou agricole), si celui-ci n'est plus adapté à ses besoins (par exemple, s'il doit être hébergé dans une maison de retraite ou pris en charge dans une maison de soins) et si les loyers perçus lui permettent de financer son nouvel hébergement.

Attention : à la différence du droit temporaire d'habitation qui est d'ordre public, le défunt peut, de son vivant, décider de priver son conjoint de ce droit d'habitation à vie.
La privation du droit viager au logement pour le conjoint doit être constatée par testament notarié.
La privation de ces droits d'habitation et d'usage est sans incidence sur les droits d'usufruit que le conjoint recueille en vertu de la loi ou d'une libéralité.
(Code civil, art. 764 et s.).

› Qu'est-ce que la pension de réversion ?

Les articles L. 351 et suivants du Code de la Sécurité sociale établissent et réglementent le droit pour le conjoint survivant de recevoir une partie de la retraite de son époux prédécédé (pension de réversion).
La pension de réversion est égale à un pourcentage fixé par décret de la pension principale ou rente dont bénéficiait ou eût bénéficié l'assuré décédé.
La demande doit être déposée à la caisse dont dépendait l'assuré décédé.
Si la demande est faite dans l'année qui suit le décès, la pension est versée à compter du premier jour du mois suivant celui au cours duquel l'assuré est décédé.
Si la demande est faite après ce délai d'1 an, la pension est versée à compter du premier jour du mois suivant la date de réception de la demande.
La pension de réversion peut également être versée en cas de disparition de l'assuré.

● Conditions d'attribution

Pour percevoir la pension de réversion (régime général de la sécurité sociale), il faut remplir une condition d'âge et de ressources. La condition de non remariage pour le conjoint divorcé et la condition de durée minimale du mariage entre le bénéficiaire de la pension de réversion et l'assuré décédé sont supprimées depuis le 1er juillet 2004.

En revanche, la condition d'âge a été rétablie par la loi de financement de la sécurité sociale n° 2008-1330 du 17 décembre 2008.
Désormais, depuis le 1er janvier 2009, le veuf ou la veuve d'un assuré doit avoir 55 ans pour percevoir la pension de réversion du régime général de la sécurité sociale.
Si l'intéressé n'a pas atteint cet âge au décès de son conjoint, il a droit à l'allocation veuvage (voir plus loin).
Les ressources du veuf ou de la veuve ne doivent pas dépasser 2 080 fois le montant du SMIC horaire au 1er janvier. S'il (ou elle) vit en couple, leurs ressources ne doivent pas dépasser 1,6 fois le plafond applicable à une personne seule.
À noter : l'âge minimum de 51 ans pour percevoir la pension de réversion, applicable avant le 1er janvier 2009, est conservé pour les personnes devenues veuves avant cette date.
Le conjoint divorcé est assimilé à un conjoint survivant.
Lorsque l'assuré est remarié, la pension de réversion, à laquelle il est susceptible d'ouvrir droit à son décès, est partagée entre son conjoint survivant et le ou les précédents conjoints divorcés au prorata de la durée respective de chaque mariage. Ce partage est opéré lors de la liquidation des droits du premier d'entre eux qui en fait la demande. Au décès de l'un des bénéficiaires, sa part accroîtra la part de l'autre ou, s'il y a lieu, des autres.
À noter : les conjoints de commerçants ou d'artisans décédés doivent remplir les mêmes conditions que les conjoints d'assurés de la sécurité sociale.

● Cumul des ressources et de la pension de réversion

La pension de réversion prend la forme d'une allocation différentielle et révisable par rapport aux plafonds de ressources fixés par décret (ressources d'une personne seule ou d'un couple).
Cela signifie que si les ressources du bénéficiaire ou de son couple dépassent le plafond, la pension doit être réduite du montant de ce dépassement.
À noter : les revenus d'activité du conjoint survivant font l'objet d'un abattement de 30 % s'il est âgé de 55 ans ou plus.

● Revalorisation

Les pensions de réversion sont revalorisées chaque année en fonction d'un coefficient de revalorisation fixé par la loi de financement de la Sécurité sociale.

● Majoration

La pension de réversion est majorée lorsque le bénéficiaire a eu au moins trois enfants. Le conjoint survivant qui n'est pas titulaire d'un avantage personnel de vieillesse d'un régime de base obligatoire et qui satisfait à une condition d'âge, a droit également à une majoration forfaitaire de sa pension de réversion pour chaque enfant à charge.
À compter du 1er janvier 2010, une majoration peut être accordée aux personnes âgées d'au moins 65 ans et disposant de ressources inférieures au plafond réglementaire.
(Art. R. 353-1 et suivants du Code de la sécurité sociale).

L'allocation veuvage

L'allocation veuvage est destinée à garantir, au conjoint survivant âgé de moins de 55 ans, une allocation jusqu'à l'ouverture du droit à la pension de réversion (c'est-à-dire à partir de 55 ans).
L'allocation veuvage peut être versée aux veufs ou veuves d'un assuré social, résidant en France et vivant seuls. Ils ne doivent être ni remariés, ni en concubinage, ni pacsés.

› Quel est l'avantage réservé au conjoint d'un commerçant, artisan ou agriculteur décédé ?

La loi n° 89-1008 du 31 décembre 1989 a organisé, pour le conjoint survivant du chef d'une entreprise artisanale, commerciale ou libérale, le versement d'un « salaire différé », comme il existe déjà pour les descendants d'un agriculteur.
Si pendant 10 ans, le conjoint survivant d'un entrepreneur a participé directement à l'activité de l'entreprise sans recevoir de salaire ni être associé aux bénéfices et aux pertes, il bénéficie d'un droit de créance sur la succession d'un montant égal à trois fois le SMIC annuel en vigueur au jour du décès. Cette créance ne doit pas dépasser 25 % de l'actif successoral. Cette créance est prise en compte pour l'évaluation de la part successorale éventuelle de ce conjoint, ainsi que pour la liquidation des droits de succession.
Il convient d'adresser la demande de salaire différé au notaire chargé de la succession. En cas de contestation, il faut assigner la succession en paiement devant le tribunal de grande instance.
Le conjoint survivant du chef d'une exploitation agricole ou de l'associé exploitant une société dont l'objet est l'exploitation agricole bénéficie de la même créance de salaire différé aux mêmes conditions.
(Loi n° 99-574 du 9 juillet 1999 ; Art. L. 321-21-1 du Code rural).
À noter : la pension de réversion est attribuée au survivant dans les mêmes conditions que celles accordées aux salariés.

Le concubin et le partenaire lié par un PACS

Le concubin n'est jamais appelé de plein droit à la succession de son concubin décédé.
Le partenaire survivant qui était lié au défunt par un pacte civil de solidarité n'est pas non plus héritier de son partenaire décédé et n'est donc pas appelé de plein droit à la succession. Pour qu'il puisse recueillir une partie des biens du défunt, il est nécessaire que ce dernier lui ait consenti de son vivant une donation ou qu'il ait rédigé en sa faveur un testament. Concernant les droits de mutation applicables, il bénéficie d'un tarif spécifique.
(Sur le statut général des partenaires liés par un PACS, voir ① : *Pacte civil de solidarité (PACS)*).
(Sur les tarifs des droits de mutation applicables aux partenaires liés par un PACS, voir ① : *Droits de succession*).

› La protection du survivant

Le droit au logement

Depuis le 1er janvier 2007, le partenaire pacsé survivant (comme le conjoint marié) peut bénéficier du droit d'usage et d'habitation du logement commun pen-

dant 1 an à compter du décès. Ce droit est reconnu même si le logement appartenait au défunt. Il faut toutefois que ce logement ait été la résidence principale du couple et que le survivant y demeure au moment du décès. Ce droit n'est pas accordé au concubin non pacsé.
Si le logement commun était loué, la succession doit également assurer le droit au logement du partenaire survivant en lui remboursant le montant des loyers. Cette même obligation s'applique également pour le paiement d'indemnités d'occupation dans l'hypothèse où le logement était en indivision ou appartenait à une SCI.
En cas de remboursement des loyers ou indemnités d'occupation, ces sommes peuvent être déduites de l'actif successoral (Art. 775 quater du Code général des impôts).
(Code civil, art. 515-6).

L'attribution préférentielle

L'attribution préférentielle permet de se faire attribuer un bien à l'issue d'un partage de préférence aux autres copartageants. L'attribution préférentielle de droit donne une priorité sur les autres en cas de pluralité de demandes.
Depuis le 1er janvier 2007, l'attribution préférentielle de droit sur le logement du couple ou sur le local professionnel est ouverte également au partenaire pacsé, à condition toutefois que le défunt l'ait expressément prévue par testament.
Par ailleurs le partenaire survivant qui a participé à l'exploitation d'une entreprise commerciale, artisanale, industrielle, libérale ou, depuis le 1er janvier 2007, agricole, peut également en demander l'attribution préférentielle.
À noter : le concubin non pacsé n'est pas compris dans les bénéficiaires de l'attribution préférentielle.
(Voir Ⓘ : *Attribution préférentielle*).

L'État

› La succession en déshérence

Lorsque le défunt ne laisse aucun héritier ou que tous ses héritiers renoncent à la succession et qu'il n'a institué par testament aucun légataire, les biens du défunt appartiennent à l'État, représenté par l'Administration chargée du domaine. Si celle-ci accepte la succession, elle doit faire apposer les scellés et faire dresser un inventaire, puis demander l'envoi en possession au tribunal de grande instance au lieu où est ouverte la succession.
(Code civil, art. 811 et s.).
On ne peut pas faire échec à ce droit de succession de l'État et si dans un testament figure une clause déshéritant (clause d'exhérédation) tout héritier éventuel du testateur, l'État ne peut pas être compris parmi ces « déshérités ».
La déshérence de la succession prend fin en cas d'acceptation de la succession par un héritier.

› La succession vacante

La succession est vacante lorsque :
– il ne se présente personne pour réclamer la succession et qu'il n'y a pas d'héritier connu ;
– tous les héritiers connus ont renoncé à la succession ;

– après l'expiration d'un délai de 6 mois depuis l'ouverture de la succession, les héritiers connus n'ont pas opté, de manière tacite ou expresse.
Il s'agit souvent d'une succession déficitaire.
Elle doit être distinguée de la succession en déshérence qui n'est réclamée par aucun héritier appelé à succéder mais acceptée par l'État. En cas de succession vacante, le tribunal de grande instance, à la requête de toute personne intéressée, ouvre une curatelle qu'il confie à l'Administration chargée du domaine.
Le curateur fait établir un inventaire qui est publié. Il reçoit les déclarations de créance des créanciers et des légataires de sommes d'argent.
Pendant les 6 premiers mois de sa mission, le curateur ne peut procéder qu'aux actes purement conservatoires ou de surveillance, aux actes d'administration provisoire et à la vente des biens périssables. Après cette période il peut procéder à la vente des biens et payer les dettes et les legs.
(Code civil, art. 809 et s.).

L'indivision

La loi n° 2006-728 du 23 juin 2006, applicable le 1er janvier 2007 facilite le règlement d'une succession en organisant sa gestion et en simplifiant les règles de l'indivision.
Dès qu'il y a plusieurs héritiers pour une même succession, il y a indivision. L'indivision successorale est la situation, existant après un décès, dans laquelle toute la succession appartient à tous les cohéritiers indistinctement et sans qu'aucune part ne soit déterminée en nature. Seules les quotes-parts de chacun sont fixées (exemple : 1/8, 1/4... de la totalité). Ce sont les opérations de partage qui délimitent la part de chacun. En principe nul ne peut être contraint de demeurer dans l'indivision.
(Code civil, art. 815).
Mais ce principe subit des exceptions et l'indivision peut être maintenue soit par convention entre les coïndivisaires, soit par décision du tribunal.

Les règles générales

Les règles d'administration de l'indivision ont été assouplies par la loi n° 2006-728 du 23 juin 2006. Cette loi s'applique à partir du 1er janvier 2007 à toutes les indivisions existantes et aux successions non encore partagées, sauf si une instance en partage est d'ores et déjà engagée.

› Les décisions

La loi distingue les actes ou les décisions qui peuvent être pris par un seul indivisaire, ceux ne demandant que la majorité des deux tiers et enfin, ceux requérant l'unanimité.
• Un indivisaire peut agir seul s'il s'agit de la conservation du bien indivis (par exemple entreprendre des travaux de réparation, assurer l'entretien, payer les impôts, recouvrer les dettes) même s'il n'y a pas urgence.
• La majorité des 2/3 des parts d'indivision est suffisante pour confier la gestion de l'indivision à un mandataire (voir plus loin), pour effectuer un acte d'administra-

tion, pour signer un bail d'habitation ou encore pour vendre des biens afin de payer les dettes. Cette majorité des 2/3 qui a remplacé l'unanimité pour certains actes, permet d'alléger la gestion des indivisions (cette majorité peut d'ailleurs n'être détenue que par un seul indivisaire). Les indivisaires qui ont effectué des actes d'administration ou de gestion à cette majorité doivent en avertir les autres indivisaires. À défaut les actes ne leur sont pas opposables.
• La majorité des 2/3 est également suffisante pour vendre un bien indivis, indépendamment du paiement de dettes, mais en respectant une procédure particulière. Les indivisaires demandeurs doivent s'adresser à un notaire qui prévient de l'intention de vendre les autres indivisaires. Ceux-ci ont 3 mois pour répondre. En cas d'opposition ou de non réponse de leur part, la vente ne sera possible qu'avec l'autorisation du tribunal de grande instance.
• L'unanimité reste obligatoire pour les actes les plus graves tels que la conclusion ou le renouvellement des baux ruraux, commerciaux, artisanaux ou industriels.
(Code civil, art. 815 et s.).

› Les comptes de l'indivision

Si un indivisaire a amélioré à ses frais l'état d'un bien indivis, il a le droit de se faire rembourser par ses coïndivisaires. Mais l'indemnisation ou le remboursement ne peut intervenir qu'au moment du partage et non pendant l'indivision (sauf accord contraire entre les indivisaires).
Pour évaluer l'indemnisation, on tient compte de l'augmentation de la valeur du bien au moment du partage, des factures des travaux ou encore de la valeur nominale revalorisée des remboursements effectués.
Inversement, il sera tenu compte, au moment du partage, des dégradations ou détériorations effectuées par un indivisaire si ces dégradations ou détériorations ont diminué la valeur des biens indivis.
(Code civil, art. 815-13).
Si un indivisaire a utilisé privativement un bien indivis ou perçu des revenus des biens indivis, il doit une indemnité à l'indivision.
Les profits de l'indivision, comme les pertes sont partagées entre les indivisaires proportionnellement à leurs droits dans l'indivision.

› L'intervention du tribunal

L'intervention du juge est nécessaire pour trancher les différends opposant les indivisaires dans un but de protection des biens indivis, afin de faire respecter les droits de chaque indivisaire sur l'indivision.
C'est ainsi qu'il peut intervenir pour :
– autoriser l'un des indivisaires à déplacer ou à utiliser des meubles de l'indivision pour son usage personnel. À cette occasion, le président du tribunal peut l'obliger à verser une caution en échange de cet usage personnel.
(Code civil, art. 815-7) ;
– autoriser un ou plusieurs indivisaires à passer seul un acte pour lequel le consentement d'un autre indivisaire opposant est nécessaire, si le refus de celui-ci met en péril l'intérêt commun (exemple : le juge peut autoriser les indivisaires à vendre un bien indivis pour payer les droits de succession. De même, un indivisaire peut être autorisé à utiliser l'argent commun déposé dans un compte, pour faire face à des dépenses urgentes et nécessaires).
(Code civil, art. 815-5).

Attention : le juge ne peut, à la demande d'un ou des nus-propriétaires, ordonner la vente de la pleine propriété d'un bien grevé d'usufruit, si cet usufruitier s'y oppose.
Si l'usufruit est lui-même en indivision, il est nécessaire que tous les usufruitiers s'opposent à cette vente pour qu'elle soit rendue impossible. Il s'agit là d'un moyen efficace pour le conjoint survivant d'empêcher la vente des biens en indivision si, bien sûr, ce conjoint est titulaire de la totalité de l'usufruit.
(Code civil, art. 815-5) ;
– autoriser des indivisaires, titulaires d'au moins les 2/3 des parts d'indivision, à vendre un bien indivis malgré l'opposition d'autres co-indivisaires. L'autorisation n'est donnée que si cette vente ne porte pas une atteinte excessive aux droits des opposants.
(Code civil, art. 815-5-1) ;
– répartir entre indivisaires l'usage et la jouissance des biens (exemple : répartir dans l'année les temps d'occupation de chaque indivisaire sur une maison en indivision).

À noter : l'indivisaire qui use ou jouit privativement d'un bien en indivision est en principe redevable d'une indemnité envers l'indivision, sauf convention contraire.
(Code civil, art. 815-9).

Le mandataire successoral

La loi n° 2006-728 du 23 juin 2006 (applicable le 1er janvier 2007) a mis en place la nouvelle fonction de mandataire successoral, personne chargée d'administrer et de gérer la succession. Il ne peut cependant pas vendre les biens.
(Code civil, art. 812 et s.).

● Le mandataire successoral nommé par le défunt (mandat à effet posthume)

Toute personne de son vivant peut nommer un mandataire chargé de gérer et d'administrer les biens de sa succession dans l'intérêt et pour le compte d'un ou de plusieurs héritiers.
La nomination d'un mandataire doit être justifiée par un intérêt sérieux et légitime. Cet intérêt peut être justifié par l'âge ou l'incapacité des héritiers (enfants mineurs), par la nécessité de posséder des compétences spécifiques (pour la gestion d'une entreprise par exemple) ou par l'importance de la succession.
Le mandataire est nommé par acte authentique, pour une durée de 2 ou 5 ans, prorogeable une ou plusieurs fois par décision du juge en fonction de la situation des héritiers (enfant mineur, inaptitude) et des biens concernés (nécessité de posséder des compétences).
Il peut être une personne physique ou morale, choisi ou non parmi les héritiers. En principe les fonctions du mandataire sont gratuites sauf si le mandat prévoit expressément une rémunération (prélevée sur les revenus de la succession ou constituée par un capital). Chaque année, le mandataire doit rendre compte aux héritiers de sa gestion et des actes qu'il a accomplis.

● Le mandataire nommé par les héritiers (mandataire conventionnel)

Par convention, les héritiers, d'un commun accord, peuvent désigner l'un d'entre eux ou un tiers afin de gérer et d'administrer la succession.

Le mandat, dans ce cas, peut être donné par acte authentique ou acte sous seing privé. Il est, en principe, gratuit. La mission du mandataire est librement fixée dans l'acte.
Si un héritier a accepté la succession à concurrence de l'actif net, seul le juge peut désigner le mandataire commun.
(Code civil, art. 813).

Le mandataire désigné en justice (mandataire judiciaire)

Toute personne intéressée (créancier, héritier...) peut, en cas de blocage dans l'administration de la succession, demander la nomination au juge d'un mandataire successoral chargé de gérer et d'administrer provisoirement la succession.
Cette possibilité est ouverte en cas de mésentente entre les héritiers, d'inertie, de carence ou de faute de certains d'entre eux, en cas d'opposition d'intérêts ou encore, en cas de succession trop complexe.
Le mandataire doit aussi être nommé par le juge si l'un des héritiers accepte la succession à concurrence de l'actif net.
Les pouvoirs, la durée de la mission du mandataire et sa rémunération sont fixés par le jugement.
Le juge contrôle l'exécution de la mission. Le mandataire adresse tous les ans les comptes de gestion au juge et aux héritiers.
À noter : l'héritier acceptant la succession à concurrence de l'actif net peut demander, à tout moment, au juge de désigner une personne qualifiée comme mandataire successoral qui le remplacera pour administrer et liquider la succession.
(Code civil, art. 813-1 et s.).

La convention d'indivision

La convention d'indivision est la décision des coïndivisaires de demeurer dans l'indivision et de retarder ainsi le partage (par exemple, pour conserver, dans la famille, une maison qui ne peut être partagée et que chaque héritier veut occuper à temps partiel).
(Code civil, art. 1873-2).
Cette convention doit être établie par un écrit comportant la désignation des biens indivis et l'indication des quotes-parts appartenant à chaque indivisaire.
Si les biens indivis comprennent des immeubles, la convention doit être publiée aux hypothèques (par un notaire).
La convention peut être prévue pour une durée déterminée qui ne saurait être supérieure à 5 ans (renouvelables).
En principe, le partage ne peut intervenir avant le terme convenu, sauf juste motif.
La convention peut également être conclue pour une durée indéterminée. Dans ce cas, le partage peut être provoqué à tout moment, sauf si la demande est de mauvaise foi ou prématurée.
(Code civil, art. 1873-3).

› Le gérant de l'indivision

Pour gérer l'indivision, les coïndivisaires peuvent nommer un gérant, choisi ou non parmi eux.
Les modalités de désignation ou de révocation du gérant peuvent être déterminées par décision unanime des coïndivisaires.
(Code civil, art. 1873-5).

Le gérant a pour mission de représenter l'indivision, soit pour les actes de la vie civile, soit en justice. Il dispose des mêmes pouvoirs que la loi attribue à chaque époux sur les biens communs. Les décisions qui excèdent les pouvoirs du gérant doivent être prises à l'unanimité, sauf convention contraire (l'unanimité est toujours de rigueur si, parmi les indivisaires, il y a des mineurs ou des incapables majeurs).
Le gérant a droit, sauf accord contraire, à la rémunération de son travail. Il répond, comme un mandataire, des fautes qu'il commet dans sa gestion.
(Code civil, art. 1873-10).

L'indivision forcée

Maintien dans l'indivision pendant 2 ans

Tout indivisaire peut demander le maintien dans l'indivision pendant 2 ans s'il s'avère qu'un partage immédiat risquerait de porter atteinte à la valeur des biens indivis. Le maintien dans l'indivision pendant cette durée est aussi justifié si l'un des indivisaires ne peut reprendre l'entreprise dépendant de la succession qu'à l'expiration de ce délai. L'entreprise peut être agricole, commerciale, industrielle, artisanale ou libérale, quelle que soit sa forme d'exploitation (entreprise individuelle ou société).
(Code civil, art. 820).

Maintien dans l'indivision pendant 5 ans ou plus

Pour protéger le conjoint et les enfants du défunt et leur assurer des moyens d'existence, le tribunal peut prononcer le maintien dans l'indivision d'une entreprise, du local d'habitation ou du local professionnel pendant 5 ans. Cette période peut être renouvelée s'il y a des enfants mineurs jusqu'à la majorité du plus jeune, ou jusqu'au décès du conjoint survivant.
Si le défunt laisse un ou plusieurs descendants mineurs, le maintien de l'indivision peut être demandé par le conjoint survivant, par tout héritier ou par le représentant légal des mineurs.
À défaut de descendants mineurs, seul le conjoint survivant peut demander ce maintien à la condition qu'il ait été, avant le décès, ou soit devenu du fait du décès, copropriétaire de l'entreprise ou des locaux d'habitation ou à usage professionnel.
S'il s'agit d'un local d'habitation, le conjoint doit avoir résidé dans les lieux à l'époque du décès.
S'il s'agit d'une entreprise, l'exploitation devait être assurée par le défunt ou par son conjoint.
S'il s'agit d'un local professionnel, il devait être effectivement utilisé à cet usage par le défunt ou son conjoint à l'époque du décès.
(Code civil, art. 821-1 et s).

La sortie de l'indivision

Généralement l'indivision cesse lorsque le partage est provoqué. Dans ce cas, l'indivision cesse pour tous les indivisaires, mais il existe cependant la possibilité pour un seul indivisaire de sortir de l'indivision en la laissant subsister pour les autres.

› Sortie d'un seul indivisaire

Si un indivisaire demande le partage alors que les autres préfèrent rester en indivision, le tribunal de grande instance peut lui attribuer sa part individuelle. Le tribunal statue en fonction des intérêts en présence et cette attribution n'est pas automatique.
Sa part lui est attribuée, soit en nature, si elle est aisément détachable du reste des biens indivis, soit en argent, si l'attribution en nature n'est pas ou difficilement réalisable ou encore si l'intéressé le demande.
S'il n'existe pas dans l'indivision une somme suffisante pour la constitution de ses droits, le complément est versé par les indivisaires qui ont préféré rester dans l'indivision.
(Code civil, art. 824).
Une autre possibilité de sortir seul d'une indivision est de faire donation de sa part d'indivision ou de la vendre.
En cas de donation, les autres indivisaires ne disposent pas du droit de préemption sur cette part puisqu'il s'agit d'un contrat à titre gratuit. En revanche, si l'indivisaire entend vendre sa part à une personne étrangère à l'indivision, il est tenu de notifier, par acte extrajudiciaire (exploit d'huissier) aux autres indivisaires, le prix et les conditions de la vente envisagée ainsi que les nom, domicile et profession de la personne qui se propose d'acquérir.
Dans un délai d'1 mois à compter de cette notification, les autres indivisaires, toujours par acte extrajudiciaire, peuvent faire connaître leur désir d'exercer leur droit de préemption, aux prix et conditions qui leur ont été notifiés.
Si le droit de préemption est exercé, l'indivisaire dispose d'un délai de 2 mois pour réaliser l'acte de vente.
À défaut, sa déclaration de préemption serait nulle.
Si plusieurs indivisaires exercent leur droit de préemption, ils sont réputés acquérir ensemble la portion mise en vente, en proportion de leur part respective dans l'indivision.
(Code civil, art. 815-14).

● En cas de décès d'un des indivisaires

En principe, la quote-part du défunt indivisaire échoit à ses héritiers, mais les indivisaires peuvent convenir qu'au décès de l'un d'eux, chacun des survivants pourra acquérir la quote-part du défunt ou que cette quote-part pourra être attribuée, soit au conjoint survivant, soit à tout autre héritier désigné.
(Code civil, art. 1873-13).
Cette faculté d'acquisition ou d'attribution est caduque si son bénéficiaire ne l'a pas exercée (par une notification faite aux autres indivisaires survivants et aux héritiers du décédé) dans le délai d'1 mois à compter du jour où il aura été mis en demeure de prendre parti.

› Sortie de tous les indivisaires

Le partage met fin à l'indivision pour tous les indivisaires.

Le partage

Le partage a pour effet de répartir, entre les indivisaires, tous les biens de l'indivision ou les sommes provenant de leur vente.
Le partage peut être amiable ou judiciaire.
La loi n° 2006-728 du 23 juin 2006, applicable le 1er janvier 2007, a limité le recours au partage judiciaire en favorisant les possibilités de partage amiable. La loi a également affirmé que l'égalité dans le partage doit être une égalité en valeur et non plus en nature. Chaque copartageant reçoit des biens pour une valeur égale à celle de ses droits dans l'indivision. L'égalité en nature est abandonnée.

› La masse partageable

La masse partageable comprend les biens existants à l'ouverture de la succession et dont le défunt n'a pas disposé par testament. Les biens légués ne sont pas compris dans cette masse.
Les biens donnés rapportables ou soumis à réduction ou encore les dettes des copartageants sont inclus pour leur valeur dans la masse.
L'héritier qui est débiteur reçoit dans son lot sa propre dette et le paiement se fait par compensation.
Les biens sont estimés à leur valeur à la date de l'acte de partage.
Les lots sont constitués librement, en évitant dans la mesure du possible les divisions d'unités économiques qui entraîneraient la dépréciation de ces biens. L'attribution des lots à chacun peut être faite d'un commun accord ou par tirage au sort.
Les lots doivent être égaux en valeur. Si les lots sont inégaux, la différence est réglée par une soulte. Si la valeur de son lot a varié de plus du ¼, la soulte varie dans les mêmes proportions sauf si les copartageants décident que la soulte ne variera pas.
En principe les soultes éventuellement dues sont payables comptant, sauf accord entre les copartageants.
Toutefois des délais de paiement sont prévus dans deux cas particuliers :
– en cas d'attribution préférentielle en propriété du local d'habitation au conjoint survivant ;
– en cas d'attribution de droit au conjoint ou à un héritier copropriétaire de l'entreprise agricole qui ne dépasse pas les surfaces minimales d'exploitation.
Dans ces hypothèses, la soulte éventuellement due aux autres copartageants peut être payée, pour moitié comptant et pour l'autre moitié en étalant les paiements sur 10 ans maximum. Les sommes payables sur cette période portent intérêt au taux légal. Si les biens attribués sont vendus, la soulte encore due devient immédiatement exigible.

› Le partage amiable

La loi n° 2006-728 du 23 juin 2006, applicable le 1er janvier 2007, a simplifié les règles du partage amiable.
Si avant la loi, le partage amiable n'était possible qu'avec le consentement unanime des indivisaires, il est désormais possible même en cas d'absence d'un indivisaire (personne disparue), en cas d'incapacité de l'un d'eux, ou encore en cas de défaillance d'un copartageant.
Si un héritier appelé à un partage est absent ou hors d'état de manifester sa volonté, le juge des tutelles peut autoriser néanmoins le partage amiable en présence du

représentant de l'intéressé. De la même façon, le partage amiable est autorisé même si un héritier est mineur ou incapable majeur.
Un copartageant défaillant est un copartageant qui refuse, par négligence ou hostilité, de prendre part aux opérations de partage, qui refuse toute réunion ou convocation, toute discussion avec ses coindivisaires. La loi du 23 juin 2006 a organisé une procédure destinée à contrer cette défaillance. Les autres indivisaires peuvent lui adresser une mise en demeure, par acte d'huissier, de se faire représenter au partage amiable. Il a alors 3 mois pour désigner son représentant. S'il ne le fait pas, un copartageant peut demander au juge de désigner toute personne qualifiée qui représentera le défaillant jusqu'à la réalisation complète du partage. Cette personne ne peut consentir au partage qu'avec l'autorisation du juge.
(Code civil, art. 835 et s.).
Le partage amiable peut être réalisé par un simple acte soumis à aucune forme.
Il est néanmoins nécessaire de faire rédiger un acte notarié si dans l'indivision figurent des immeubles ou fonds de commerce, en raison des nécessités de la publicité foncière.

› Le partage judiciaire

Le partage est fait en justice lorsque l'un des indivisaires refuse de consentir au partage amiable ou s'il s'élève des contestations sur la manière d'y procéder ou de le terminer ou encore lorsque le partage amiable n'a pas été autorisé ou approuvé.
L'action en partage doit être portée devant le tribunal de grande instance du lieu d'ouverture de la succession.
Le tribunal peut ordonner le partage des biens entre les indivisaires ou la vente par adjudication. Si les opérations de partage sont trop complexes, le tribunal désigne un notaire (qui peut être choisi par les indivisaires) et un juge pour surveiller ces opérations. Le notaire doit établir un état liquidatif récapitulant les comptes entre copartageants, la masse partageable, les droits des parties et la composition des lots à répartir par tirage au sort. (Art. 1359 et s du Code de procédure civile).
Comme dans les partages amiables, le notaire commis pour établir l'état liquidatif peut envoyer une mise en demeure à un indivisaire qui refuse de prendre part aux opérations. L'indivisaire a 3 mois pour désigner un mandataire.
S'il ne le fait pas, le notaire peut demander au juge de lui attribuer un représentant d'office jusqu'à la fin des opérations.
Le partage doit se faire en valeur (le principe du partage en nature est abandonné), ce qui signifie que les lots doivent être d'égale valeur et non pas obligatoirement constitués de biens équivalents. S'il est impossible de constituer des lots, les biens sont vendus par adjudication.
(Code civil, art. 840 et s.).

› L'attribution préférentielle

L'attribution préférentielle a été instituée pour éviter de vendre ou de diviser un bien et de permettre de l'attribuer en totalité à un seul indivisaire, à charge pour lui d'indemniser ses copartageants, par le paiement d'une soulte.
(Code civil, art. 832).

Les personnes prioritaires

Le local d'habitation

L'attribution préférentielle d'un logement est attribuée de droit au conjoint survivant qui y avait sa résidence au moment du décès.
Depuis le 1er janvier 2007, cette attribution de droit est également accordée au partenaire pacsé du défunt qui y habitait au moment du décès mais à condition qu'un testament du défunt le prévoit.
Le logement peut aussi être attribué à un héritier copropriétaire qui y avait sa résidence principale au moment du décès.
(Code civil, art. 831-2).

Le local professionnel

L'attribution peut être demandée également pour un local professionnel (attribution de la propriété des locaux ou du droit au bail) au profit du conjoint, d'un héritier copropriétaire, ou, depuis le 1er janvier 2007, du partenaire pacsé du défunt. Le bénéficiaire doit y exercer effectivement sa profession au moment du décès.
Lorsque l'attribution préférentielle est accordée elle porte également sur le mobilier à usage professionnel garnissant le local .
(Code civil, art. 831-2).

L'entreprise

Toute entreprise (commerciale, industrielle, agricole ou libérale), quelle que soit sa forme d'exploitation (entreprise individuelle, en société) et qu'il s'agisse ou non d'une entreprise familiale, peut faire l'objet d'une attribution préférentielle (éléments corporels ou incorporels, droits sociaux).
La loi n° 2006-728 du 23 juin 2006, applicable le 1er janvier 2007 élargit le domaine de l'attribution préférentielle puisqu'elle supprime la nécessité pour l'entreprise de présenter un caractère familial. .
Le conjoint, le partenaire pacsé ou l'héritier copropriétaire (en pleine propriété ou en nue propriété) peut demander cette attribution préférentielle par partage à charge de soulte éventuellement à condition d'avoir participé ou de participer de façon effective à son exploitation. S'il s'agit d'un héritier la condition de participation peut être remplie par son conjoint ou ses enfants. Il doit être apte à gérer l'exploitation.
Des règles spécifiques sont prévues par ailleurs pour les entreprises agricoles en vue de protéger leurs exploitations (attribution de droit des petites exploitations, possibilité de constituer un groupement foncier agricole, souscription de baux à long terme en faveur du conjoint ou d'un héritier…).
À noter : depuis le 1er janvier 2007, le partenaire pacsé du défunt peut également demander l'attribution préférentielle d'une entreprise agricole, attribution qui lui était, auparavant, spécifiquement interdite.
(Code civil, art. 515-6 et 831-2 et s.).

Les autres héritiers

Si ni le conjoint survivant ni aucun héritier copropriétaire ne demande l'attribution préférentielle, celle-ci peut être accordée à tout autre partageant. Ces autres copartageants doivent remplir les mêmes conditions. En cas de pluralité de demandes, le tribunal de grande instance statue en fonction des intérêts en présence.

L'attribution préférentielle peut également être demandée conjointement par plusieurs successibles afin de conserver ensemble le bien indivis. À défaut d'accord amiable ou en cas de demandes concurrentes, le tribunal tient compte de l'aptitude des différents postulants à gérer les biens en cause et à s'y maintenir. Pour l'entreprise, le tribunal tient compte en particulier de la durée de la participation personnelle à l'activité. Depuis le 1er janvier 2007, le partenaire pacsé peut aussi se joindre à d'autres héritiers et demander l'attribution préférentielle conjointe.
(Code civil, art. 832-3).

Le paiement de la soulte

Lorsqu'il y a attribution préférentielle d'un bien en indivision, le bénéficiaire doit dédommager les autres indivisaires. Ce dédommagement a lieu par le paiement d'une soulte fixée en fonction de la valeur des biens, au jour du partage, sauf accord amiable entre les copartageants.
En principe, la soulte est payable comptant. Le conjoint survivant ou le partenaire pacsé (depuis le 1er janvier 2007), s'il est attributaire, peut toutefois exiger des délais de paiement pour étaler sur 10 ans maximum le paiement de la moitié de la somme due. Sauf convention contraire, les sommes restant dues portent intérêt au taux légal. Les mêmes délais sont accordés à l'attributaire d'une exploitation agricole.
(Code civil, art. 832-4).

› Quels sont les effets du partage ?

Chaque cohéritier est censé avoir bénéficié seul et immédiatement des biens mis dans son lot. Il est également censé n'avoir jamais été propriétaire des autres biens de la succession (c'est l'effet déclaratif du partage).
(Code civil, art. 883).
Cela signifie que tous les droits, constitués par un cohéritier sur les biens indivis pendant l'indivision, se trouvent annulés si ces biens tombent dans le lot d'un autre copartageant.
Exemple : si un indivisaire a légué un bien indivis, ce bien pourra être transmis en nature au légataire uniquement dans l'hypothèse où, lors du partage, le lot de cet indivisaire comprendra le bien légué.
De même, le congé donné par un indivisaire, sans l'accord des autres, est sans effet si cet indivisaire n'est pas devenu propriétaire du logement (par le partage) avant la fin du bail.
Ou encore, l'hypothèque inscrite sur une part indivise ne pourra être validée après le partage que si cette part tombe dans le lot du débiteur.

› Peut-on faire annuler un partage ?

• Un partage peut être annulé pour violence, dol ou erreur. L'erreur est admise si elle porte sur l'existence ou la quotité des droits des copartageants ou sur la propriété des biens compris dans la masse partageable. Dans la mesure du possible, les héritiers peuvent demander au juge, non pas d'annuler le partage, mais d'ordonner un partage complémentaire ou rectificatif.
• Un partage peut aussi être annulé si un cohéritier a été omis. Cet héritier peut demander à recevoir sa part en nature ou en valeur et renoncer à demander l'annulation du partage dans sa totalité.
En revanche, si un bien a été omis le partage n'est pas annulé. Il est simplement procédé à un partage complémentaire portant sur ce bien.
(Code civil, art. 887 et s.).

• Par ailleurs, si un héritier a été désavantagé et s'il apporte la preuve qu'il a subi une lésion de plus d'un quart c'est-à-dire si la valeur de son lot est inférieure de plus d'un quart de la valeur des autres lots, il peut exercer l'action en complément de part (la loi n° 2006-728 du 23 juin 2006, applicable le 1er janvier 2007, a supprimé l'action en rescision pour lésion).
Dans cette hypothèse, il peut demander le complément de sa part soit en nature, soit en numéraire.
Pour une éventuelle lésion, les biens sont évalués d'après leur valeur à l'époque du partage. Il faut comparer la valeur du lot attribué à celui qui s'estime lésé et la valeur de la part qui aurait du lui revenir.
L'héritier lésé n'a que 2 ans à compter du partage pour agir en complément de part. (Code civil, art. 889 et s.).

Les droits de succession

› Sur quelle somme sont calculés les droits de succession ?

Les droits de succession sont calculés sur le montant de l'actif net de la succession qui est obtenu en déduisant certaines sommes.

Les frais liés au décès

Sont déductibles :
– les frais de dernière maladie,
– les frais funéraires dans la limite d'un maximum de 1 500 € depuis le 1er janvier 2003 (la loi de finances pour 2003 supprime également l'obligation pour les héritiers de fournir les justifications des dépenses correspondantes).
(Art. 775 du Code général des impôts),
– la rémunération du mandataire à titre posthume,
– les honoraires du notaire pour l'ouverture du testament ou de la donation entre époux.

Les dettes personnelles du défunt

Les dettes dont la déduction est demandée doivent être détaillées article par article, dans un inventaire certifié par le déposant et annexé à la déclaration de succession.
L'Administration peut vérifier la réalité de ces dettes et demander une attestation de créancier certifiant l'existence de la dette à l'époque de l'ouverture de la succession.
Si les dettes ne sont pas suffisamment justifiées, l'Administration rectifie la déclaration de succession et procède à une rectification contradictoire.
(Art. L. 20 et L. 21 du Livre des procédures fiscales). L'administration fiscale refuse la déduction :
– des dettes échues depuis plus de 3 mois avant l'ouverture de la succession,
– des dettes consenties (par exemple : une reconnaissance de dette) par le défunt au profit de ses héritiers ou de personnes interposées (en raison des doutes sur la sincérité de ces dettes), sauf si la dette a été reconnue et constatée par un acte (sous seing privé ou authentique) lui donnant date certaine avant la date du décès. Dans cette hypothèse, les héritiers sont admis à prouver la réalité de la dette contractée par le défunt,

– des dettes reconnues par testament,
– des dettes hypothécaires garanties par une inscription périmée depuis plus de 3 mois,
– ou des dettes prescrites.
(Art. 773 du Code général des impôts).

À noter : les biens reçus par succession ne sont pas imposables au titre de l'impôt sur le revenu.

Les indemnités reçues par le défunt

Les sommes versées ou encore dues au défunt en réparation de dommages corporels liés à un accident ou une maladie sont déductibles de l'actif successoral. Cette déduction est admise quelles que soient les modalités de versement de ces indemnités (rente ou capital) et quelque soit l'origine du dommage corporel. (Art. 775 bis du Code général des impôts).

Auparavant cette déductibilité n'était admise que pour les sommes versées aux victimes de transfusions de sang contaminé par le VIH, aux victimes de l'amiante ou aux victimes de la maladie de Creutzfeldt-Jakob.

Les loyers payés au conjoint ou au partenaire pacsé

Les loyers ou les indemnités d'occupation remboursés au conjoint ou au partenaire du défunt au titre de son droit au logement pendant l'année qui suit le décès sont également déductibles de l'actif de succession.

À noter : ce droit temporaire au logement accordé au conjoint survivant ou au partenaire pacsé n'est pas considéré comme une libéralité et n'est donc pas imposable (Art. 775 ter du Code général des impôts).

› Quels sont les montants des droits de succession ?

Ces montants varient en fonction de la qualité des héritiers redevables de l'impôt.

Les limites des tranches des tarifs prévus aux tableaux ci-dessous sont actualisées au 1er janvier de chaque année dans la même proportion que la limite supérieure de la première tranche du barème de l'impôt sur le revenu et arrondies à l'euro le plus proche.

● Les droits de succession en ligne directe

En cas de transmission en ligne directe, c'est-à-dire aux enfants, petits-enfants ou au père et mère ou aux ascendants, le tarif est le suivant :

Fraction de part nette taxable	Tarif applicable
Jusqu'à 7 953 €	5 %
De 7 953 à 11 930 €	10 %
De 11 930 à 15 697 €	15 %
De 15 697 à 544 173 €	20 %
De 544 173 à 889 514 €	30 %
de 889 514 à 1 779 029 €	35 %
au-delà de 1 779 029 €	40 %

(Art. 777 du Code général des impôts).

Les enfants et les ascendants bénéficient d'un abattement de 156 974 € pour l'année 2010. Cet abattement se cumule avec l'abattement réservé aux personnes handicapées.

Les droits de succession entre époux

En cas de transmission par décès

Les conjoints survivants sont exonérés de tous droits de succession, depuis le 22 août 2007 (Loi n° 2007-1223 du 21 août 2007).

En cas de transmission par donation

Le conjoint bénéficie d'un abattement de 79 533 pour l'année 2010.
Cet abattement est déduit de la part recueillie et se calcule sur la valeur du bien donné avant l'application des droits de mutation. Cet abattement peut être cumulé avec l'abattement applicable aux personnes handicapées.
(Art. 779 du Code général des impôts).

Fraction de part taxable	Tarif
– jusqu'à 7 953 €	5 %
– de 7 953 à 15 697 €	10 %
– de 15 697 à 31 395 €	15 %
– de 31 395 à 544 173 €	20 %
– de 544 173 à 889 514 €	30 %
– de 889 514 à 1 779 029 €	35 %
– au-delà de 1 779 029 €	40 %

Les droits de succession en ligne collatérale

Fraction de part nette taxable	Tarif applicable
– entre frère et sœur	
– n'excédant pas 24 069 €	35 %
– supérieur à 24 069 €	45 %
– entre parent jusqu'au 4e degré inclusivement	55 %
– entre parent au-delà du 4e degré	60 %

(les degrés se calculent par génération en passant par l'auteur commun).

Les droits de succession entre frères et sœurs

Un frère ou une sœur peut être totalement exonéré de droits de succession (depuis le 22 août 2007) s'il remplit les conditions suivantes :
– être âgé, au moment de la succession, de plus de 50 ans ou atteint d'une infirmité ne lui permettant pas de travailler,
– avoir été constamment domicilié avec le défunt pendant les 5 années ayant précédé le décès,

– être célibataire, veuf, divorcé ou séparé de corps. (Art. 788 du Code général des impôts).
Si ces conditions ne sont pas remplies, le frère ou la sœur bénéficie d'un abattement de 15 697 € (en 2010). Les deux abattements ne sont pas cumulables.
En cas de donation, l'abattement est le même (15 697 € en 2010).

● Les droits de succession entre neveux et nièces

En cas de transmission par décès comme en cas de donations, les neveux et nièces peuvent appliquer un abattement de 7 849 € (en 2010) sur la valeur des biens transmis.
Ils peuvent aussi bénéficier d'un abattement de 31 395 € (en 2010) en cas de don d'une somme d'argent (voir plus loin).

● Les droits de succession entre partenaires liés par un PACS

En cas de transmission par testaments

En cas de décès de l'un des partenaires, le survivant, bénéficiaire d'un legs de son partenaire est totalement exonéré de droits de succession (depuis le 22 août 2007).

En cas de transmission par donations

En cas de donation entre partenaires, l'abattement applicable est de 79 533 € (en 2010).
Les tranches imposables au-delà de cette somme sont, d'autre part, alignées sur celles applicables aux donations entre conjoints mariés. (Voir ci-dessus).
Toutefois, si les partenaires rompent volontairement le PACS l'année de sa conclusion ou l'année suivante, ils ne peuvent plus bénéficier de l'abattement et du barème spécifique. Le fait de rompre volontairement le PACS exclut l'hypothèse de la rupture due au décès de l'un d'entre eux ou du mariage des partenaires entre eux.

● Les droits de succession entre non-parents

Le taux est de 60 %.
À noter : toute personne, si elle ne bénéficie pas d'un abattement plus important, peut appliquer l'abattement général de 1 570 € (en 2010).
Cet abattement ne s'applique pas aux donations.
(Art. 788 du Code général des impôts).

› Quel est l'abattement accordé en cas de don à une association ?

Tout héritier donataire ou légataire qui, dans les 6 mois du décès, ferait don de biens provenant de la succession à une fondation reconnue d'utilité publique ou don de sommes en faveur d'une association reconnue d'utilité publique, de l'État, d'une commune, d'un département, d'un établissement public hospitalier, d'un organisme de Sécurité sociale, bénéficie d'un abattement égal à la valeur des biens ou des sommes donnés. (Art. 788 III du Code général des impôts).
Cet abattement est cumulable avec les abattements personnels ainsi qu'avec l'abattement réservé aux personnes handicapées. En revanche, il n'est pas cumulable avec la réduction d'impôt sur le revenu.

› Quel est l'abattement réservé aux personnes handicapées ?

Les personnes handicapées physiques ou mentales bénéficient d'un abattement spécifique de 156 974 € (en 2010) applicable quel que soit leur lien de parenté avec le défunt.

Cet abattement peut se cumuler avec un éventuel autre abattement auquel aurait droit la personne handicapée (par exemple, l'enfant handicapé bénéficie d'un abattement global de 313 948 puisqu'il cumule l'abattement applicable aux enfants (156 974 €) et l'abattement lié à sa condition de personne handicapée).

Le terme handicapé signifie : être incapable de travailler dans des conditions normales de rentabilité en raison d'une infirmité physique ou mentale, congénitale ou acquise.

(Art. 779 du Code général des impôts).

› À quelle réduction a-t-on droit pour charges de famille ?

Lorsqu'un héritier, donataire ou légataire a trois enfants ou plus, vivants ou représentés au jour de la donation ou au moment du décès, il bénéficie d'une réduction (diminution) de ses droits de succession.

Cette réduction est égale, au plus, à :

- 305 € par enfant en plus du deuxième, s'il s'agit d'une succession (ou donation) en ligne collatérale (frère, sœur, oncle, neveu, cousin...) ou entre non-parents.
- 610 € par enfant en plus du deuxième, s'il s'agit d'une succession ou donation en ligne directe (parents, grands-parents, enfants, petits-enfants) ou d'une donation entre époux ou entre partenaires pacsés.

(Art. 780 du Code général des impôts).

À noter : sont comptés parmi les enfants de l'héritier, donataire ou légataire :

- l'enfant décédé après 16 ans révolus,
- l'enfant décédé avant 16 ans par suite de faits de guerre.

(Art. 781 du Code général des impôts).

› Quels sont les tarifs applicables aux successions recueillies par les adoptés simples ?

Bien que pour le Code civil l'adoption simple confère à l'enfant adopté le même statut que l'enfant légitime, l'administration fiscale, pour la perception des droits de mutation, ne tient pas compte du lien de parenté.

(Art. 786 du Code général des impôts).

Cela signifie qu'une personne ayant fait l'objet d'une adoption simple peut se voir appliquer le tarif de 60 % sur les biens reçus (par succession ou donation) de l'adoptant.

Cette disposition a pour but d'éviter les adoptions faites uniquement pour diminuer le montant des droits à payer.

En effet, elle ne s'applique pas lorsque l'adoption simple a eu lieu en faveur, notamment :

- d'enfants issus d'un premier mariage du conjoint de l'adoptant,
- de pupilles de l'État ou de la nation,
- des orphelins d'un père mort pour la France,
- d'adoptés qui ont été à la charge totale de l'adoptant pendant au moins 5 ans durant leur minorité ou pendant au moins 10 ans pendant leur minorité et leur majorité,
- d'adoptés dont l'adoptant a perdu tous ses descendants morts pour la France.

Ces adoptés bénéficient des tarifs applicables aux successions dévolues en ligne directe.

› Les héritiers sont-ils solidaires du paiement des droits de succession ?

Les héritiers (mais non les légataires) sont solidaires pour le paiement des droits de succession et des pénalités exigibles.
(Art. 1709 du Code général des impôts).
Le receveur des impôts peut, par conséquent, réclamer à l'un des héritiers le total des droits dus ou simplement la part de celui qui n'a pas payé les siens.
Si l'un des cohéritiers décède, la solidarité subsiste et ses propres héritiers peuvent se voir réclamer par les services fiscaux la totalité des impôts dus. Les héritiers de ce cohéritier deviennent débiteurs de la dette qui aurait pu être réclamée à leur auteur. Ils ne sont, cependant, débiteurs que des sommes dues au prorata de leurs parts respectives dans la succession qu'ils recueillent.

› Quelles sont les règles fiscales en matière de donation ?

Les règles fiscales concernant les donations sont les mêmes que celles applicables aux transmissions par décès (succession) en ce qui concerne :
– le tarif des droits,
– les abattements sur l'actif dans les donations en ligne directe ainsi que pour l'abattement spécial prévu pour les handicapés physiques ou mentaux,
– les réductions qui tiennent compte des charges de famille.
Les différences sont les suivantes :
1° – Il n'existe pas de possibilité d'évaluer le mobilier forfaitairement à 5 % de l'ensemble des autres biens, de telle sorte que les biens mobiliers en matière de donation doivent être tous évalués.
2° – Il n'est pas possible de fractionner le paiement des droits comme c'est le cas pour les successions, sauf si la donation porte sur une entreprise.
3° – L'abattement de 20 % déduit de la valeur d'un immeuble occupé par le défunt à titre de résidence principale n'est pas applicable aux droits applicables à une donation.
4° – Des abattements sont spécifiquement réservés aux donations et non aux transmissions par décès.

● Donations consenties depuis plus de 6 ans

L'abattement, avant le calcul des droits de succession, peut être appliqué à chaque transmission de biens à condition qu'un délai de 6 ans minimum se soit écoulé entre la première donation et la seconde donation, ou entre la donation et la succession.
Auparavant, un même bénéficiaire ne pouvait calculer l'abattement qu'une seule fois sur l'ensemble des biens provenant de la même personne et recueillis soit par donation, soit par succession.
(Art. 784 du Code général des impôts).

● Abattement pour les petits-enfants

Les petits-enfants bénéficient d'un abattement de 31 395 € (en 2010) sur la valeur de la donation reçue de leurs grands-parents.

Abattement pour les arrière-petits-enfants et les neveux ou nièces du donateur

Les arrière-petits-enfants bénéficient d'un abattement de 5 232 € (en 2010) pour les donations reçues de leurs arrière-grands-parents.
Les neveux et nièces du donateur peuvent également recevoir un don de 7 849 € (en 2010) sans payer de droits de mutation.

Abattement pour les frères et sœurs du donateur

Les donations reçues d'un frère ou d'une sœur bénéficient, sans conditions, d'un abattement de 15 697 € (en 2010).

Abattement pour les dons de sommes d'argent

Les enfants, les petits-enfants, les arrière-petits-enfants ou encore les neveux et nièces, en cas d'absence de descendants, peuvent recevoir une somme de 31 395 € (en 2010) de leurs parents, grands-parents ou oncles et tantes en franchise de droits de mutation, sous réserve du respect des conditions suivantes (Art. 790 G du Code général des impôts) :
– le donateur doit être âgé de moins de 65 ans si la donation a lieu en faveur des enfants ou des neveux et nièces et de moins de 80 ans dans les autres cas ;
– le donataire doit avoir atteint 18 ans ou être émancipé ;
– le don doit être enregistré ou déclaré par le donataire au service des impôts du lieu de son domicile dans le délai d'un mois.
Cet abattement est cumulable avec les autres abattements personnels des bénéficiaires du don mais ne peut être utilisé qu'une seule fois par un même donateur en faveur d'un même donataire.

Abattement sur les dons familiaux de biens nécessaires à l'activité d'une petite ou moyenne entreprise

La loi n° 2005-882 du 2 août 2005 en faveur des petites et moyennes entreprises exonère de droits de mutation jusqu'à 30 000 € les donations d'argent en faveur d'un enfant, un petit-enfant, un arrière-petit-enfant, ou à défaut d'une telle descendance, un neveu ou une nièce, si les conditions suivantes sont réunies :
– les sommes doivent être affectées dans les 2 ans suivant la date du transfert soit à la souscription au capital initial d'une petite ou moyenne entreprise, soit à l'acquisition de biens meubles ou immeubles affectés à l'exploitation d'une entreprise individuelle répondant à cette définition ;
– le donataire doit exercer son activité professionnelle principale dans la société ou l'entreprise pendant une période de 5 ans à compter de l'affectation des sommes données ;
– pendant cette période, l'entreprise doit avoir une activité industrielle, commerciale, artisanale, agricole ou libérale.
Les dons doivent être déclarés dans le mois qui suit le transfert d'argent. Si le don est constaté par acte notarié, l'acte doit être enregistré dans le même délai. Pour un même donateur, le donataire ne peut bénéficier de ce dispositif qu'une seule fois.
Ces dispositions sont applicables aux sommes versées entre le 1er janvier 2006 et le 31 décembre 2010.
(Art. 790 A bis du Code général des impôts).

Réduction des droits de mutation

Les réductions dépendent de l'âge du donateur et des biens donnés.

Donations de biens en pleine propriété et donations d'usufruit
– réduction de 50 % si le donateur est âgé de moins de 70 ans ;
– réduction de 30 % si le donateur est âgé de 70 à 80 ans.

Donations portant sur la seule nue-propriété des biens avec réserve d'usufruit ou donations avec réserve du droit d'usage et d'habitation
– réduction de 35 % si le donateur est âgé de moins de 70 ans ;
– réduction de 10 % si le donateur est âgé de plus de 70 ans et moins de 80 ans.
Ces réductions s'appliquent en dernier lieu sur les droits de mutation dus par le donataire après application des éventuelles autres réductions ou abattements.
Ces avantages fiscaux concernent les donations notariées, les donations par acte sous seing privé ou les dons manuels déclarés.
(Art. 790 du Code général des impôts).

Déduction du passif de la donation

Depuis le 1er janvier 2005, il est possible de déduire de la valeur de la donation les charges affectées au bien et prises en charge par le donataire.
Il s'agit des dettes contractées par le donateur pour l'acquisition ou dans l'intérêt des biens objets de la donation (un crédit pour l'acquisition ou pour rénover le bien, par exemple). Les dettes doivent être mises à la charge du donataire dans l'acte de donation. Cette prise en charge par le donataire doit être notifiée au créancier.
Les dettes doivent avoir été contractées auprès d'un organisme bancaire ou financier.
Enfin, le bénéfice de la déduction est subordonné à la condition que le donataire puisse démontrer qu'il a supporté le paiement effectif des dettes mises à sa charge. Le fisc peut demander cette preuve dans les 3 ans qui suivent l'année de l'échéance des dettes telle qu'elle est mentionnée dans l'acte de donation. (Art. 776 bis du Code général des impôts).

› Quels sont les dons et legs exonérés de droits de mutation ?

Sont exonérés de droits de mutation :
– les dons et legs fait à l'État, aux régions, aux départements, aux hôpitaux et bureaux d'aide sociale,
– les dons et legs d'œuvres d'art, de monuments ou d'objets historiques, faits à une personne morale si ces œuvres ou objets sont destinés à figurer dans une collection publique,
– les dons et legs aux établissements publics d'utilité publique dont les ressources sont exclusivement affectées à des œuvres scientifiques, culturelles ou artistiques à caractère désintéressé,
– les dons et legs faits aux établissements publics charitables ou reconnus d'utilité publique dont les ressources sont affectées à des œuvres d'assistance, à la défense de l'environnement naturel ou à la protection des animaux,
– les dons et legs faits aux associations d'enseignement supérieur reconnues d'utilité publique et aux fondations universitaires,
– les dons et legs de sommes d'argent ou d'immeubles destinés à l'achat d'œuvres d'art, de monuments ou d'objets ayant un caractère historique, de livres, d'imprimés ou de manuscrits, destinés à figurer dans une collection publique, ou à l'entretien d'une collection publique,
– les dons et legs faits aux organismes d'HLM,

– les dons et legs faits à l'office national des anciens combattants et victimes de guerre,
– les dons et legs faits aux associations cultuelles, aux unions d'associations cultuelles et aux congrégations autorisées,
– les dons et legs faits aux établissements publics pour l'érection de monuments aux morts de la guerre ou à la gloire de nos armes et des armées alliées,
– les dons et legs d'immeubles situés dans les cœurs des parcs nationaux, faits au profit de l'établissement public du parc national concerné,
– les dons et legs consentis aux fonds de dotation,
– les dons et legs faits au profit du Conservatoire de l'espace littoral et des rivages lacustres.
(Art. 200 et 795 du Code général des impôts).

› Quels sont les biens exonérés de droits de succession ?

Il existe des possibilités d'exemption totale ou partielle de droits de succession.

● Exonération pour certains héritiers ou légataires

Depuis le 22 août 2007, les conjoints survivants ainsi que les partenaires pacsés sont totalement exonérés de droits de mutation pour les biens qui leur sont transmis par le décès de leur époux(se) ou partenaire (par succession, par testament…). Ils restent imposables pour les biens transmis par donations.
Les frères et sœurs du défunt peuvent également être exonérés de droits s'ils remplissent certaines conditions (Voir ci-dessus *Les droits de succession en ligne collatérale*).

● Exonération des rentes viagères

L'article 793 du Code général des impôts prévoit que la réversion des rentes viagères entre parents en ligne directe est totalement exonérée de droits de succession.

● Exonération partielle pour les logements neufs acquis entre le 1er juin 1993 et le 31 décembre 1994

Les immeubles acquis neufs ou en l'état futur d'achèvement bénéficient, lors de leur transmission (par donation, testament ou succession) d'un abattement spécial de 46 000 €, à déduire de leur valeur lors de l'évaluation des droits.
(Loi de finances rectificative pour 1993 du 22 juin 1993).
Cette exonération s'applique sous les conditions suivantes :
– si l'immeuble a été acquis en l'état futur d'achèvement, la déclaration d'achèvement des travaux doit avoir été déposée avant le 1er juillet 1994 ;
– l'exonération est subordonnée à la condition que les immeubles aient été exclusivement affectés de manière continue à l'habitation principale pendant une durée minimale de 5 ans à compter de l'acquisition ou de l'achèvement s'il est postérieur.
La condition de 5 ans n'est pas opposable en cas de décès de l'acquéreur durant ce délai. En cas de donation, le délai s'impose au donataire si la durée de 5 ans depuis l'acquisition ou l'achèvement n'est pas expirée.
Attention : l'exonération est plafonnée à 46 000 € par part reçue par chacun des donataires, héritiers ou légataires.
On calcule cette part en tenant compte de l'ensemble des transmissions consenties par la même personne.
Cet abattement spécial se cumule avec l'abattement successoral prévu pour chaque catégorie d'héritier ou légataire.

Si le bien fait partie de la communauté et que la donation est consentie par le père et la mère, l'abattement de chaque enfant est doublé.
(Art. 793 et 793 ter du Code général des impôts).

● Exonération pour les immeubles acquis neufs entre le 1er août 1995 et le 31 décembre 1995

L'exonération, lors de la première transmission à titre gratuit, est subordonnée aux conditions suivantes :
– le logement a dû être affecté à l'habitation principale pendant au moins 2 ans à compter de l'acquisition,
– l'héritier ou le donataire doit conserver cet usage pendant au moins 3 ans à compter de la transmission.
L'exonération est plafonnée à 46 000 € par part reçue par chacun des donataires, héritiers ou légataires.
(Art. 733 du Code général des impôts).

● Exonération pour les immeubles locatifs acquis entre le 1er août 1995 et le 31 décembre 1996

La première transmission à titre gratuit de ces immeubles est exonérée de droits de succession à concurrence des 3/4 de leur valeur. Les immeubles doivent avoir été consacrés à l'habitation principale d'un locataire. La location doit avoir pris effet dans les 6 mois de l'acquisition de l'immeuble et doit être conclue pour une durée minimale de 9 ans. L'exonération est plafonnée à 46 000 €.
(Art. 793-2-6° du Code général des impôts).

● Exonération des biens ruraux

Certains biens ruraux sont exonérés de droits de succession à concurrence des 3/4 de leur valeur à certaines conditions. Il s'agit notamment :
– des biens ruraux qui ont fait l'objet d'un bail à long terme ou bail cessible,
– des parts d'intérêt détenues dans un groupement foncier agricole,
– des parts de groupements forestiers,
– des bois et forêts,
– des terrains non bâtis qui ne sont pas en nature de bois et forêts, classés NATURA 2000,
– de la transmission du bénéfice du contrat de travail à salaire différé.
(Art. 793 et 793 bis du Code général des impôts).

● Exonération sur les contrats d'assurance-vie

En principe, le capital versé au titre d'un contrat d'assurance-vie n'est pas assujetti au paiement des droits de succession, sous réserve de la taxation des primes versées après 70 ans et du prélèvement fiscal applicable lorsque le capital versé excède 152 500 € (voir plus loin).
De même, sont exonérées les sommes versées en vertu d'un régime de prévoyance obligatoire ou celles qui ne seraient pas recueillies à titre gratuit (c'est le cas du bénéficiaire ayant personnellement payé les primes).
La seule exigence est que l'assurance doit être due en raison du décès de l'assuré et que le bénéficiaire soit déterminé ou déterminable. L'assurance n'étant, de plus, soumise ni à la règle du rapport ni à celle de la réduction, c'est donc un moyen de favoriser un enfant ou un tiers (exemple : un concubin).

Si les primes versées sont manifestement exagérées par rapport aux facultés financières du défunt, ses héritiers peuvent demander au bénéficiaire du contrat la réduction (si le bénéficiaire est un tiers) ou le rapport à succession (si le bénéficiaire est un héritier).
Les primes versées sont considérées comme des donations. Si le bénéficiaire du contrat d'assurance est un héritier, il doit rapporter à la succession l'intégralité des primes et non pas uniquement la partie de ces primes constituant l'abus.
(Code des assurances, art. L. 132-13).

Primes versées après 70 ans

L'article 757 B du Code général des impôts limite la portée de cette exonération générale en soumettant aux droits de succession les sommes versées au décès de l'assuré par les assureurs, à concurrence de la fraction des primes versées après l'âge de 70 ans qui excède 30 500 €.
Lorsque plusieurs contrats sont conclus sur la tête d'un même assuré, il est tenu compte de l'ensemble des primes versées après le 70e anniversaire de l'assuré pour l'appréciation de la limite de 30 500 €.
Tous les contrats d'assurance-vie ou en cas de décès souscrits à compter du 20 novembre 1991 et conclus sur la tête du même assuré, en vertu desquels des primes ont été versées après son 70e anniversaire, doivent être déclarés par les bénéficiaires, au décès de l'assuré, dans les conditions fixées pour les déclarations de succession. La déclaration doit préciser, pour chaque contrat, la date de souscription et le montant des primes versées après les 70 ans de l'assuré. Les assureurs ne peuvent verser le capital aux bénéficiaires qu'après avoir reçu un certificat du comptable des impôts attestant le dépôt de la déclaration des bénéficiaires.
(Art. 292 A et 292 B du Code général des impôts).

Prélèvement fiscal pour les contrats souscrits après le 13 octobre 1998

Pour les contrats souscrits après le 13 octobre 1998 ou, s'il s'agit d'un contrat antérieur, pour les primes versées après cette date, les sommes versées au bénéficiaire par les assurances au décès du souscripteur sont soumises à un prélèvement fiscal de 20 %. Ce prélèvement n'est calculé que sur les sommes supérieures à 152 500 €.
Les assurances ne peuvent remettre les sommes imposables au(x) bénéficiaire(s) qu'après avoir adressé à la direction des services fiscaux du domicile de l'assuré (le défunt) une déclaration contenant les références du contrat, l'identification de l'assuré, le montant des sommes dues, le montant des primes versées...
Cette déclaration, faite sur formulaire fourni par l'Administration, doit être envoyée dans les 60 jours qui suivent le jour où ils ont eu connaissance du décès de l'assuré.
(Art. 990 I et art. 306-0 F Annexe II du Code général des impôts).
Le prélèvement est versé directement par les assurances au comptable du Trésor dans les 15 jours qui suivent la fin du mois au cours duquel les sommes ont été remises au bénéficiaire.
Elle est applicable à toutes sommes versées (capital, rente) à l'occasion du décès du souscripteur à l'exception :
– du capital correspondant aux primes versées après 70 ans, déjà soumises aux droits de mutation,
– des sommes versées par un contrat d'assurance de groupe souscrit dans le cadre d'une activité professionnelle.

À noter : le conjoint survivant et le partenaire pacsé sont exonérés du prélèvement de 20 % pour les sommes dépassant 152 500 € et des droits de mutation calculés après l'abattement de 30 500 €.
(Art. 990-I du Code général des impôts).

Exonération pour certaines successions

Certaines successions sont exonérées de droits de succession. Il s'agit essentiellement des successions de militaires ou civils décédés à la suite de faits de guerre ou de terrorisme, des successions des policiers ou gendarmes, des agents des douanes décédés dans l'accomplissement de leur mission et cités à l'ordre de la Nation, et les successions de pompiers décédés en opération de secours.
L'exonération ne profite, toutefois, qu'aux parts nettes recueillies par les ascendants, les descendants, le conjoint du défunt, ainsi que par ses frères et sœurs ou leurs descendants.
(Art. 796 du Code général des impôts).

Exonération partielle pour les transmissions d'entreprises

Sont exonérés de droits de mutation à concurrence des trois quarts de leur valeur, les parts ou actions de sociétés ayant une activité commerciale, artisanale, agricole ou libérale ainsi que les biens meubles ou immeubles, corporels ou incorporels affectés à l'exploitation d'une entreprise individuelle, lorsque ces parts ou biens sont transmis par succession ou par donations.
Les donations peuvent porter sur la pleine propriété ou être consenties avec réserve d'usufruit. Toutefois, s'il s'agit d'une donation avec réserve d'usufruit, l'abattement est applicable à condition que les droits de vote de l'usufruitier soient statutairement limités aux décisions concernant l'affectation des bénéfices. Par ailleurs, l'exonération dans cette hypothèse n'est pas cumulable avec les réductions générales de droits de mutation applicables à toutes donations.
Cette exonération partielle est admise sous certaines conditions :

S'il s'agit d'une société

Les parts ou les actions doivent faire l'objet d'un engagement collectif de conservation conclu entre le défunt ou le donateur et les autres associés. Ce pacte est d'une durée minimale de 2 ans. Il peut être en cours lors de la transmission (le décès ou la donation) ou être conclu après le décès du détenteur des titres par ses héritiers entre eux ou avec d'autres associés, dans les 6 mois du décès (cet engagement peut donc être pris lors de la déclaration de succession, en même temps que l'engagement individuel).
L'engagement collectif de conservation est également réputé acquis quand le défunt seul, ou le défunt et son conjoint, ou encore le défunt et son partenaire pacsé détiennent depuis 2 ans le seuil de titres exigé pour la conclusion de l'accord collectif de conservation. L'engagement collectif de conservation doit porter sur un certain pourcentage des parts ou actions de l'entreprise (au moins 20 % si la société est cotée et 34 % dans le cas contraire).
Chacun des héritiers, donataires ou légataires prend l'engagement dans la déclaration de succession ou l'acte de donation, pour lui et ses ayants cause (héritiers, donataires ou légataires), de conserver les parts ou les actions transmises pendant une durée de 4 ans (depuis le 26 septembre 2007) à compter de la date d'expiration du pacte de conservation. L'un des associés ou l'un des héritiers, donataires ou léga-

taires doit exercer effectivement une activité de dirigeant dans la société pendant les 3 ans (depuis le 26 septembre 2007) qui suivent la date de la transmission.
(Art. 787 B du Code général des impôts).

S'il s'agit d'une entreprise individuelle

L'entreprise individuelle doit être détenue depuis plus de 2 ans par le défunt ou le donateur lorsqu'elle a été acquise à titre onéreux.
Chacun des héritiers, donataires ou légataires prend l'engagement dans la déclaration de succession ou l'acte de donation, pour lui et ses ayants cause à titre gratuit, de conserver l'ensemble des biens affectés à l'exploitation de l'entreprise pendant une durée de 4 ans (depuis le 26 septembre 2007) à compter de la date de la transmission.
L'un des héritiers, donataires ou légataires doit poursuivre effectivement, pendant les 3 ans (depuis le 26 septembre 2007) qui suivent la date de la transmission, l'exploitation de l'entreprise.
(Art. 787 C du Code général des impôts).
(Sur les exonérations applicables aux donations effectuées en faveur des salariés de l'entreprise, voir Ⓘ : *Donation-partage, entreprise*).

● Le pacte tontinier

Lorsque deux personnes ont acquis, avec une clause de tontine depuis le 5 septembre 1979, leur résidence principale dont la valeur globale est inférieure à 76 000 €, au moment du premier décès, le survivant sera seul propriétaire du bien. Il ne paiera pas les droits de succession et ne paiera que les droits de mutation à titre onéreux (environ 10 % au lieu de 60 %, tarif fixé pour les transmissions de biens entre personnes non parentes).
Si le bien a une valeur supérieure à cette somme, la transmission est imposée au tarif des droits de succession.
Depuis le 1er janvier 2010, tout bénéficiaire d'un pacte tontinier sur l'achat d'un immeuble, quelle que soit la valeur de cet immeuble, peut choisir le paiement des droits de succession au lieu des droits de mutation à titre onéreux, si cette disposition lui est plus favorable. C'est notamment le cas pour les époux, partenaires pacsés, frères et sœurs ou encore les personnes ayant doit à un abattement.
À noter : un acquéreur ne peut revendre seul sa part, ni l'hypothéquer. L'immeuble formant un tout ne pouvant être fractionné, seule la vente d'un commun accord entre les acquéreurs ou le décès de l'un d'entre eux peut mettre fin à cette « communauté ».
(Art. 754-A du Code général des impôts).

› Quels contrôles l'administration fiscale peut-elle effectuer ?

Afin d'éviter tous risques de fraude, certaines règles sont appliquées par les services fiscaux, lors de l'évaluation du montant des droits de succession :
– si le défunt détenait l'usufruit sur un bien meuble ou immeuble et que la nue-propriété appartenait à un de ses héritiers ou descendant de ses héritiers, la valeur totale du bien est prise en compte dans l'actif soumis aux droits de succession.
En effet, le fisc estime qu'une vente intervenue entre un père et son fils, par exemple, constitue en réalité une donation déguisée.
À ce titre, ils sont donc amenés à réclamer les droits de mutation à titre gratuit, droits plus élevés que ceux réclamés pour une mutation à titre onéreux (vente).

À noter : les droits de mutation qui seraient déjà payés viennent en déduction des droits de succession réclamés. En revanche, le fisc admet un abattement de 20 % sur la valeur d'un immeuble (maison, appartement) lorsque cet immeuble constituait la résidence principale du défunt et qu'il continue à être occupé, après le décès, par le conjoint survivant, par le partenaire pacsé (depuis le 1er janvier 2005), ou par un descendant.

S'il s'agit d'un immeuble à usage mixte (à usage professionnel et d'habitation), l'abattement ne s'applique que sur la partie affectée à l'habitation.
(Art. 761 et 764 bis du Code général des impôts) ;
– sont présumées jusqu'à preuve contraire, faire partie de la succession, pour la fixation des droits de succession, les actions, obligations, parts de fondateur ou bénéficiaire, parts sociales ou toutes autres créances dont le défunt a eu la propriété ou a perçu les revenus ou à raison desquelles il a effectué une opération quelconque, moins d'1 an avant son décès.
Cette présomption englobe tous les mouvements intervenus sur les comptes bancaires ;
– les sommes, titres ou objets trouvés dans un coffre-fort, ou les titres, sommes, valeurs existant chez un dépositaire sont censés appartenir conjointement aux propriétaires désignés.
Exemple : les sommes d'argent déposées dans un coffre loué conjointement par deux époux sont réputées appartenir à ces deux époux, de façon indivise.

› Qu'est-ce que le contrôle sur demande ?

Le contrôle sur demande est un dispositif mis en place à titre expérimental pour 3 ans (successions ouvertes ou donations consenties entre le 1er janvier 2009 et le 31 décembre 2011).
Les bénéficiaires d'une donation ou d'une succession peuvent demander à l'Administration de contrôler la donation ou la déclaration de succession. La demande doit être faite au plus tard dans le délai de 3 mois qui suivent l'enregistrement de l'acte.
Ce contrôle doit être fait dans l'année qui suit la demande. À l'issue du délai d'1 an et à défaut de contrôle engagé par l'Administration, les éléments et les montants figurant dans l'acte ou la déclaration ne pourront plus être remis en cause. (Art. L. 21 B du Livre des procédures fiscales).

› Peut-on obtenir des délais pour le paiement des droits de succession ?

Les droits de succession peuvent faire l'objet d'un paiement fractionné ou différé. Il s'agit d'un crédit soumis à taux d'intérêt (le taux de l'intérêt légal) pour lequel l'administration fiscale demande des garanties de paiement.
La demande de crédit (paiement fractionné ou différé) est, la plupart du temps, formulée par le notaire en bas de la déclaration de succession. Elle peut aussi être jointe à ce document.

Paiement fractionné des droits de succession

Le fractionnement consiste à payer les sommes dues en plusieurs versements égaux sur 5 ans.
Le nombre et la fréquence des versements dépendent des droits dus.
L'intervalle entre deux versements ne peut excéder, au maximum, 6 mois et le nombre des versements ne peut pas être supérieur à 10.

Les droits peuvent être payés en 20 versements sur une période de 10 ans si les biens de la succession se composent à concurrence de 50 % au moins de biens « non liquides » : immeubles, actions non cotées, droits d'auteur, brevets d'invention, créances non exigibles au décès, fonds de commerce y compris le matériel et les marchandises qui en dépendent ; offices ministériels, clientèles, parts d'intérêts dans des sociétés dont le capital n'est pas divisé en actions ; matériels agricoles ; bestiaux et récoltes.

Le taux d'intérêt sur les sommes dues est égal au taux de l'intérêt légal. Les intérêts sont acquittés lors du versement de chaque fraction, à laquelle ils s'ajoutent.

(Voir Ⓘ : *Intérêt, légal (moratoire)*).

Paiement différé des droits de succession

Le paiement des droits de succession peut être différé dans des cas précis :

– lorsque le bien est recueilli en nue-propriété. Le différé de paiement est possible pour les droits relatifs à la valeur de la nue-propriété ;

– en cas d'attribution préférentielle pour les droits correspondant à la soulte due par le bénéficiaire quand ce dernier a obtenu des délais de paiement de la part de ses cohéritiers ;

– en cas de legs ou donation soumis à réduction pour les droits correspondant à l'indemnité due par le légataire ou le donataire lorsque cette indemnité est payable à terme.

Le différé de paiement est de 6 mois à compter :

– soit de la réunion de l'usufruit et de la nue-propriété (en cas de décès de l'usufruitier notamment) ou de la cession de la nue-propriété,

– soit du terme du délai accordé à l'attributaire, au légataire ou au donataire pour le paiement des sommes dont il est débiteur envers ses cohéritiers,

– ou de la date du décès du conjoint survivant,

– ou encore de la date de la donation ou cession, partielle ou totale, des biens transmis par succession.

Les intérêts sont acquittés annuellement. Le premier terme vient à échéance 1 an après l'expiration du délai imparti pour souscrire la déclaration de succession. (Art. 401 et 404 B, Annexe III du Code général des impôts).

(Voir Ⓘ : *Intérêt, légal (moratoire)*).

Garanties

La demande de différé ou de fractionnement doit contenir une offre de garanties suffisantes que le débiteur de l'impôt s'engage à constituer à ses frais et dans le délai de 3 mois. La garantie peut consister en une sûreté comme l'inscription d'une hypothèque, d'un gage, d'un nantissement, ou en une caution personnelle comme une caution bancaire, par exemple. Depuis le décret du 6 mai 2005, il est expressément prévu que les biens qui servent à la liquidation des droits de mutation à titre gratuit soient admis en garantie. Le débiteur doit fournir alors, au comptable des impôts, en même temps que sa demande de crédit, tous les éléments nécessaires pour permettre la mise à jour de l'évaluation des biens. Il doit aussi tous les ans, dans le mois de la date anniversaire de la demande de crédit, renouveler cette mise à jour pour que le fisc puisse apprécier régulièrement la consistance des biens apportés en garantie.

(Art. 400, Annexe III du Code général des impôts).

Déchéance du crédit

Le redevable est déchu du bénéfice du crédit et les sommes encore dues deviennent immédiatement exigibles en cas de retard de paiement ou en cas de défaut de constitution de garanties. Le contribuable doit également payer des pénalités.

Paiement des droits en cas de transmission d'entreprise

En cas de transmission d'entreprise par donation ou par décès, le paiement des droits de mutation à titre gratuit peut être différé puis fractionné.
Le paiement est différé pendant 5 ans à compter de la date d'exigibilité des droits. À l'expiration de ce délai, le paiement peut être fractionné pendant 10 ans lorsque les mutations portent :
– sur l'ensemble des biens meubles et immeubles, corporels ou incorporels affectés à l'exploitation d'une entreprise individuelle ayant une activité industrielle, commerciale, artisanale, agricole ou libérale et exploitée par le donateur ou le défunt ;
– sur les parts sociales ou les actions d'une société ayant une activité industrielle, commerciale, artisanale, agricole ou libérale, non cotée en bourse, à condition que le bénéficiaire reçoive au moins 5 % du capital social.
(Art 397 A, Annexe III du Code général des impôts).
Les droits dont le paiement est fractionné sont exigibles par parts égales à intervalle de 6 mois. Le premier versement est effectué à l'expiration du délai de paiement différé. Le paiement des autres fractions intervient dans le mois suivant chaque échéance.

› Comment se calculent les honoraires du notaire ?

Lorsqu'un notaire est saisi de l'ouverture d'une succession, il est nécessaire qu'il établisse tout d'abord un acte de notoriété qui récapitule la liste de tous les héritiers connus.
Cet acte de notoriété est rétribué par un honoraire fixe. S'il existe des biens immobiliers, le notaire rédige une attestation immobilière pour laquelle il reçoit des honoraires proportionnels à la valeur de ces biens immobiliers.
De même, l'établissement de la déclaration de succession est honoré par des émoluments proportionnels. Enfin, s'il existe un testament, les frais notariés sont différents suivant la forme du testament.

Les émoluments

Les émoluments fixes concernent d'une manière générale les actes dans lesquels il n'est pas fait mention de capitaux. Ils sont égaux au montant de « l'unité de valeur » (UV) fixée par décret et affectée d'un multiple selon la nature de l'acte.
L'unité de valeur est actuellement fixée à 3,65 € (décret n° 2006-558 du 16 mai 2006). Voici quelques exemples :
– acte de notoriété : 15 x 3,65 €,
– procès-verbal d'ouverture de testament : 7 x 3,65 €,
– inventaire : 20 x 3,65 €.
Les émoluments proportionnels sont calculés sur le capital indiqué dans l'acte.
Chaque acte est lui-même classé dans une série de base (S1 ou S2 ou S3) déterminant le taux applicable et affecté d'un certain coefficient.
(Voir ① : *Notaire, tarif*).

Des cas pratiques

Recevoir un patrimoine

Acceptation tacite d'une succession

Quand peut-on parler « d'acceptation tacite d'une succession » ? Mon père est décédé. Sa banque a saisi le tribunal en me demandant, ainsi qu'à mon frère, le paiement d'arriérés. J'ai répliqué devant le tribunal mais je voudrais maintenant renoncer à la succession. Est-ce encore possible ?

Pour trancher, les juges se penchent sur les circonstances de chaque cas et notamment sur l'intention véritable de l'héritier. En général, il n'y a pas d'acceptation tacite d'une succession si cela n'est pas la véritable intention de l'héritier. Si vous vous êtes contenté de vous défendre lors de la procédure engagée par la banque, on ne peut pas en déduire que vous avez accepté tacitement la succession de votre père. À l'inverse, dans une affaire jugée par la Cour de cassation, des héritiers avaient formé une demande reconventionnelle par laquelle ils mettaient en cause la responsabilité de la banque, demandaient réparation de leur préjudice et la compensation entre la créance de la banque et leur indemnité. Par la suite, un des héritiers avait décidé de renoncer à la succession. Les juges ont estimé qu'il n'avait plus la possibilité de renoncer : la demande reconventionnelle qu'il avait formée équivalait à une acceptation de la succession puisqu'il s'était comporté comme un héritier pur et simple (*Cour de cassation, 1re chambre civile, 3/12/2002*).

Notaire

Dans quelle mesure un notaire doit-il informer ses clients face à une succession ?

Le notaire chargé de la succession doit informer ses clients des possibilités de renoncer à une succession et des dangers de l'acceptation pure et simple en cas de dettes importantes dans la succession. Mais pour que le notaire remplisse son devoir d'information, il faut bien sûr que les héritiers l'aient informé suffisamment du passif et de l'actif de la succession. C'est ce qui a été décidé dans l'affaire suivante : une veuve, qui avait accepté la succession de son mari en son nom et au nom de ses enfants, s'était vue réclamer une dette de plus de 60 000 € correspondant à un engagement de caution souscrit par son défunt mari. Elle reprochait au notaire de ne pas l'avoir mise en garde des dangers d'une acceptation pure et simple et voulait mettre en cause sa responsabilité professionnelle. Les juges ont mis hors de cause le notaire. Il avait fait tout ce qui était en son pouvoir pour déterminer exactement la valeur de cette succession. En revanche, sa cliente avait omis de lui révéler l'existence de la dette litigieuse, ce qui avait empêché le notaire de lui donner des conseils appropriés (*Cour de cassation, 1re chambre civile, 4/2/2003*).

Acte de notoriété

À l'occasion du décès de mon père, il m'est demandé un acte de notoriété. De quoi s'agit-il ?

L'acte de notoriété est un acte établi par le notaire à la demande d'un ou plusieurs ayants droit. Il est presque toujours nécessaire puisqu'il sert à prouver la qualité d'héritier ou la qualité de légataire dans une succession. Il permet donc de prendre possession des biens de la succession. L'acte de notoriété va contenir l'affirmation, signée par vous, que vous avez vocation à recueillir tout ou partie de la succession du défunt. Il fait foi jusqu'à preuve du contraire. Celui qui s'en prévaut est présumé avoir des droits héréditaires dans la proportion indiquée. Il faut savoir également que les héritiers désignés dans l'acte de notoriété (ou leur mandataire commun) sont réputés, à l'égard des tiers détenant les biens de la succession, avoir la libre disposition de ces biens et, s'il s'agit de fonds, la libre disposition de ceux-ci dans la proportion indiquée à l'acte.

Généalogiste

Un généalogiste a pris contact avec moi pour la succession d'une lointaine cousine. Quel est son rôle et comment est-il payé ?

Le généalogiste est celui qui révèle à un héritier l'existence d'une succession dont il ignorait l'existence et dans laquelle il a des droits. Le généalogiste peut agir de sa propre initiative ou à la demande des autres héritiers. En ce qui concerne ses honoraires, il faut vérifier qui l'a mandaté :

• lorsqu'il a agi de sa propre initiative, il propose à l'héritier retrouvé un « contrat de révélation » de succession. Pour pouvoir prétendre à une rémunération, il doit prouver que son intervention a permis à l'héritier de recueillir les biens de la succession inconnue par lui. Dans ce cas, le généalogiste a droit, en contrepartie de sa révélation, à un pourcentage sur les biens recueillis (généralement 1/3 ou 1/4 suivant l'importance de la succession). Mais s'il est établi que cet héritier aurait, sans l'intervention du généalogiste, été de toute façon prévenu de l'existence de cette succession, le contrat qu'il a signé avec le généalogiste n'est pas valable. De même, si la succession se révèle déficitaire ou si l'héritier s'en trouve exclu, les frais engagés par le généalogiste restent en principe à sa charge ;

• s'il est mandaté par les autres héritiers, ses frais et honoraires sont payés soit sur la part recueillie par l'héritier retrouvé, soit (lorsque la succession est déficitaire) par les héritiers qui lui ont demandé la recherche.

Partage

Ayant quatre enfants, je m'inquiète pour le règlement de ma succession. Si, au moment de l'ouverture de ma succession, certains d'entre eux ne donnent pas de réponse au notaire ou contestent le montant de leurs parts, les autres enfants pourront-ils toucher leurs parts ou tout sera-t-il bloqué ?

Lors de l'ouverture de votre succession, les biens seront en indivision entre vos enfants.

Pour que chaque enfant puisse obtenir sa part, il faut qu'un partage intervienne. Le partage peut être amiable si tous les héritiers sont d'accord pour établir les lots, ou judiciaire dans le cas contraire. Le partage sera alors prononcé par le tribunal de grande instance après une procédure suivie par un avocat. Pour éviter une telle procédure longue et coûteuse et si vous pressentez des difficultés entre vos enfants, il serait très utile, dans la mesure du possible, d'effectuer de votre vivant la répartition de vos biens entre eux. L'avantage d'une donation-partage ou d'un testament partage permet de constituer les parts de chaque enfant sans que cette attribution ne puisse être remise en cause au moment de l'ouverture de la succession. Il faut pour cela vous adresser à un notaire.

Transmettre son patrimoine

Conjoint divorcé

Mon mari et moi sommes divorcés mais nous avons toujours gardé de bonnes relations. Il n'a aucune famille et envisage de me léguer tous ses biens. Il me dit que cette opération est valable. Pourtant je croyais qu'un conjoint divorcé n'avait aucun droit sur la succession de son ex-conjoint. Qu'en est-il réellement ?

Effectivement un conjoint divorcé n'a plus, à aucun titre, la qualité d'héritier par rapport à son ex-époux (se). Mais rien n'empêche qu'il rédige un testament en sa faveur. Seulement, le bénéficiaire sera taxé à 60 % sur la valeur transmise, ce qui correspond au taux maximum.

Testament olographe - enregistrement

Je viens de faire mon testament. Dois-je le faire enregistrer pour qu'il soit valable ?

Non, il n'est pas nécessaire de faire enregistrer un testament olographe. Il n'y a aucune formalité administrative obligatoire. Si vous décidez néanmoins de l'enregistrer, il vous sera demandé un droit fixe.

À noter : depuis le 1er janvier 2005, le timbre de dimension est supprimé et cette suppression est compensée par une augmentation du droit fixe d'enregistrement (Loi de finances rectificative pour 2004).

Testament olographe - signature

Puis-je me servir d'un modèle de testament pour établir le mien ?

Bien sûr, vous pouvez vous procurer un modèle de testament mais attention aux erreurs !

Dans une affaire jugée par la Cour de cassation, une personne avait établi son testament d'après le modèle procuré par son notaire. Mais elle avait oublié de porter à la fin du document sa signature (le modèle ne le précisait peut-être pas...). Après son décès, la validité de ce testament a été contestée pour absence de signature. La Cour d'appel a validé le testament dans un premier temps en relevant que la personne s'était servie d'un modèle et que son nom figurait au début de l'acte, ce qui suffisait à l'identifier. Mais la Cour de cassation a refusé cette interprétation. Le testament olographe n'est pas valable s'il n'est pas signé de la main du testateur et la simple mention de ses nom et prénoms dans le contexte des dispositions testamentaires ne peut être assimilée à une signature. La signature doit apparaître à la fin du document. Il ne s'agit pas d'un simple formalisme mais d'une preuve que le testateur valide l'ensemble des dispositions prises. Le testament a donc été annulé (*Cour de cassation, 1re chambre civile, 14/1/2003*).

Enfants à naître

Ma fille vient de se marier. Puis-je établir un testament en faveur des enfants qui vont peut-être naître de cette union ?

Quand on rédige son testament, on peut effectivement prévoir que le ou les bénéficiaires des dispositions prises sera ou seront un ou des enfants à naître. La seule condition exigée par l'article 906 du Code civil est que seuls pourront bénéficier des dispositions du testament les enfants qui seront conçus à l'époque du décès du testateur c'est-à-dire au moment ou le testament sera exécuté. Par la suite, l'enfant doit être né viable pour qu'il puisse recevoir effectivement dans son patrimoine les biens de la personne qui a rédigé le testament.

Donation - don manuel

Ma tante maintenant décédée m'avait fait plusieurs dons sur 6 ans. Mon frère a demandé au notaire d'entamer une recherche auprès des banques sur cette période de 6 ans afin de vérifier si des sommes d'argent m'ont bien été versées. Qu'est-ce que je risque ?

Il s'agit sans doute de dons manuels qui n'ont pas été déclarés à l'administration fiscale. Les dons manuels peuvent ne pas être déclarés au moment où ils sont réalisés mais doivent l'être (au plus tard) au moment de l'ouverture de la succession du donateur (votre tante).

Nous supposons que vous et votre frère êtes héritiers de votre tante.

Votre frère veut rétablir l'équilibre entre vous et veut demander le rapport à la succession de ces dons. Cela signifie que votre part, dans la succession de votre tante, prendra en compte la valeur des dons qui vous ont été faits préalablement.

Ces dons pourraient s'ajouter à votre part si vous parveniez à prouver que votre tante voulait vous avantager en vous consentant des dons hors part successorale.

Dans le cas contraire, lorsque la valeur de ces dons sera déterminée, cette somme fera partie de la succession et les parts de chacun seront composées en fonction de cet actif global. Vous serez censé avoir déjà reçu une partie de votre part qui sera donc diminuée du montant des sommes données.

Fiscalement, vous devrez payer des droits sur la totalité de la part reçue de votre tante (part composée des dons reçus dans les 6 dernières années et des biens partagés après le décès de votre tante).

Assurance-vie

Puis-je utiliser l'assurance-vie pour avantager telle ou telle personne de mon entourage ?

L'assurance vie est une sorte de donation puisqu'il s'agit d'un avantage sans contrepartie accordé au bénéficiaire. Elle est assimilable également à un testament puisqu'elle prend effet au décès du souscripteur. Cependant, les sommes perçues par le bénéficiaire ne sont pas prises en considération lors de l'évaluation de l'actif de la succession. L'héritier qui en est bénéficiaire ne doit pas rapporter les sommes perçues à la succession. Ces sommes viennent s'ajouter à sa part de succession. Si le bénéficiaire est un tiers, non-héritier, il peut conserver les sommes reçues sans qu'elles puissent être réduites comme les donations ou testaments. L'assurance vie est donc un moyen de favoriser un héritier, son conjoint ou un tiers sans que les autres héritiers ne puissent venir le contester. Elle permet aussi à un héritier de toucher un capital tout en renonçant à une succession déficitaire. En revanche, si les primes versées sont « manifestement exagérées » par rapport aux facultés financières du défunt, ses héritiers peuvent demander au bénéficiaire du contrat la réduction (si le bénéficiaire est un tiers) ou le rapport à succession (si le bénéficiaire est un héritier). Les primes versées sont alors considérées comme des donations. Si le bénéficiaire du contrat d'assurance vie est un héritier, il doit rapporter à la succession l'intégralité des primes et non pas uniquement la partie de ces primes constituant l'abus.

La santé

Les relations patient/médecin

Le patient est un citoyen bénéficiant de l'ensemble des droits reconnus à tout être humain. Il a ainsi droit au respect de sa vie privée, à l'information sur son état de santé, au respect du secret médical, au consentement aux soins qui lui sont prodigués, ou aux expérimentations médicales effectuées.
L'amélioration des soins passe par une coordination de ces soins (instauration du carnet médical, de l'informatisation du système de soins par les cartes électroniques, du « contrat de confiance » entre patient et médecin généraliste).
Enfin, les patients s'estimant victimes du non-respect de leurs droits peuvent essayer de trouver une réponse appropriée à leur question en utilisant la procédure de conciliation ou mettre en jeu la responsabilité des médecins.

Les informations médicales

Les patients peuvent, depuis la loi du 4 mars 2002, accéder aux informations qui concernent leur santé sans passer obligatoirement par un médecin.

› Les informations consultables

Le droit d'accès porte sur l'ensemble des informations « qui ont contribué à l'élaboration et au suivi du diagnostic et du traitement ou d'une action de prévention, ou ont fait l'objet d'échanges écrits entre professionnels de santé notamment des résultats d'examen, comptes rendus de consultation, d'intervention, d'exploration ou d'hospitalisation, des protocoles et prescriptions thérapeutiques mis en œuvre, feuilles de surveillance, correspondances entre professionnels de santé, à l'exception des informations mentionnant qu'elles ont été recueillies auprès de tiers n'intervenant pas dans la prise en charge thérapeutique ou concernant un tel tiers ».
Les informations doivent être communiquées au plus tard dans les 8 jours suivant la réception de la demande et après un délai de réflexion de 48 heures.
Le délai est porté à 2 mois lorsque les informations médicales datent de plus de 5 ans ou lorsque la commission départementale des hospitalisations psychiatriques est saisie (voir ci-dessous).
La consultation sur place est gratuite, avec, le cas échéant, remise de copies de documents.
Quand le demandeur souhaite la délivrance de copies, les frais de reproduction et le cas échéant de l'envoi des documents sont à sa charge.
Afin de protéger le malade contre les effets de la découverte brutale de certaines informations, il peut être accompagné par une personne de son choix.
(Art. L. 1111-7 du code de la santé publique).

› Les demandeurs

La demande est faite par le patient ou par le médecin choisi comme intermédiaire.

Lorsque le patient est un enfant mineur, c'est la personne qui a l'autorité parentale sur cet enfant qui fait la demande. Mais le jeune peut choisir de garder le secret sur son état de santé et donc se passer de l'accord de ses parents quand le traitement ou l'intervention s'impose pour la sauvegarde de sa santé. Il peut donc s'opposer à ce que le médecin, qui a pratiqué ce traitement ou cette intervention, communique à ses parents ces informations.
Par ailleurs, le mineur peut demander que l'accès de ses parents aux informations concernant son état de santé ait lieu par l'intermédiaire d'un médecin.
(Voir Ⓘ : *Autorité parentale*).
Si le patient est décédé, son ayant droit (héritier) peut accéder aux informations médicales le concernant à condition de préciser, lors de sa demande, le motif pour lequel il a besoin d'avoir connaissance de ces informations.
Il peut également demander à un médecin l'autorisation de les consulter.
Le refus du médecin doit être motivé. Ce refus ne fait pas obstacle, le cas échéant, à la délivrance d'un certificat médical, si ce certificat ne comporte pas d'informations couvertes par le secret médical.
À titre exceptionnel, dans le cadre d'une hospitalisation sur demande d'un tiers ou d'une hospitalisation d'office (personnes internées sans leur consentement), la consultation peut être subordonnée à la présence d'un médecin désigné par le demandeur en cas de risques d'une gravité particulière.
En cas de refus du demandeur, la commission départementale des hospitalisations psychiatriques doit être saisie. Son avis s'impose au détenteur des informations comme au demandeur.
La demande d'informations est adressée au professionnel de santé ou à l'hébergeur (s'il s'agit d'un dossier accessible par Internet).
Dans le cas d'un établissement de santé, il faut l'envoyer au responsable de cet établissement ou à la personne qu'il a désignée à cet effet et dont le nom est porté à la connaissance du public par tous moyens appropriés.

› Le dossier médical personnel

Chaque bénéficiaire de l'assurance maladie devra disposer d'un dossier médical personnel informatisé. Le but de cette mesure est « de favoriser la coordination, la qualité et la continuité des soins, gages d'un bon niveau de santé ».
Le dossier devra contenir l'ensemble des données de santé à caractère personnel, recueillies à l'occasion des activités de prévention, de diagnostic ou de soins et notamment des informations qui permettent le suivi des traitements. Il comportera également un volet spécialement destiné à la prévention.
(Art. L. 161-36-1 du Code de la Sécurité sociale).
Les données sont intégrées par le médecin ou l'établissement de soins dans le dossier informatique créé auprès d'un hébergeur. L'hébergement du fichier ne peut être assuré que par une personne (physique ou morale) agréée et avec le consentement exprès de la personne concernée.

● Accès aux informations

Les données seront accessibles exclusivement à la personne concernée et aux médecins qui suivent l'intéressé ou aux établissements de soins qui l'hébergent.
À chaque fois qu'un patient verra un médecin, celui-ci intégrera son diagnostic et les soins prescrits dans le dossier personnel. Si la personne est hospitalisée, la clinique ou l'hôpital reportera également sur le dossier les principaux éléments résumés relatifs à ce séjour.

En aucun cas, les compagnies d'assurance ou les mutuelles ne pourront subordonner la conclusion ou la poursuite d'un contrat à cet accès. De même, le dossier médical personnel ne sera pas accessible dans le cadre de la médecine du travail. Les sanctions en cas de non-respect de cette règle sont pénales.
(Voir : *Code pénal, art. 226-13*).

À noter : le patient pourra refuser que le médecin qu'il consulte ou l'hôpital où il est admis ait accès à son dossier personnel. Mais, dans cette hypothèse et à compter du 1er juillet 2007, le remboursement des soins par l'assurance maladie pourra lui être refusé.

● Le dossier hospitalier

Un dossier médical est constitué pour chaque patient hospitalisé. Il comporte un certain nombre d'éléments précisés par la loi (recherche d'antécédents et de facteurs de risques, dossier d'anesthésie, compte rendu opératoire, identification du patient…), ainsi qu'éventuellement le nom d'une personne de confiance ou celle de la personne à prévenir le cas échéant.

La loi du 4 mars 2002 prévoit, en effet, (pour éviter toute difficulté en relation avec les soins) que tout malade majeur puisse désigner une « personne de confiance » (parent, proche, médecin traitant…) qui sera consultée au cas où lui-même ne pourrait pas exprimer sa volonté.
(Art. L. 1111-6 du Code de la santé publique).

Cette désignation écrite est systématiquement demandée lors d'une hospitalisation. Elle est révocable à tout moment. Si le malade le souhaite, cette personne l'accompagne dans ses démarches et peut assister aux entretiens.

Les informations sont communiquées au patient par le médecin responsable de la structure ou par le membre du corps médical désigné.

Dans les cliniques privées, cette communication est assurée par le médecin responsable de la prise en charge du patient.

À la fin de chaque séjour hospitalier, une copie des informations concernant « les éléments utiles à la continuité des soins » est remise directement au patient au moment de sa sortie ou, s'il en fait la demande, au praticien que lui-même ou la personne ayant l'autorité parentale aura désigné, dans un délai de 8 jours maximum.

› La commission des relations avec les usagers

Dans tout établissement de santé, public ou privé, il est possible de saisir la commission des relations avec les usagers (CRU) et de la qualité de la prise en charge.

Sa mission est de veiller au respect des droits des usagers et de contribuer à l'amélioration de la qualité de l'accueil des personnes malades et de leurs proches et de la prise en charge. En fait, elle facilite les démarches des personnes et veille à ce qu'elles puissent, si elles le désirent, exprimer leurs griefs, entendre les explications des responsables de l'établissement et savoir quelles suites sont données à leurs demandes.

La commission est informée de toutes les plaintes et des suites données. Elle peut avoir accès aux données médicales relatives à ces plaintes ou réclamations, si la personne concernée donne son accord par écrit.

Cette commission est composée notamment d'un médiateur médecin et d'un médiateur non médecin.

Le médiateur médecin intervient lorsque les plaintes ou réclamations mettent exclusivement en cause l'organisation des soins et le fonctionnement médical du service, tandis que le médiateur non médecin est compétent dans les autres cas.
Le médiateur, saisi par le représentant légal de l'établissement ou par l'auteur de la plainte ou de la réclamation, rencontre ce dernier dans les 8 jours et, si le patient est hospitalisé, dans la mesure du possible avant sa sortie de l'établissement. Le médiateur peut rencontrer les proches du patient s'il l'estime utile ou à la demande de ces derniers.
Dans les 8 jours suivant la réclamation ou la rencontre avec l'auteur de la plainte, le médiateur adresse le compte-rendu au président de la commission qui le transmet sans délai, accompagné de la plainte ou de la réclamation, aux membres de la commission ainsi qu'au plaignant.
Au vu de ce compte rendu et après avoir rencontré l'auteur de la plainte ou de la réclamation (si elle le juge utile), la commission formule des recommandations pour apporter une solution au litige ou pour informer le demandeur des voies de conciliation ou de recours dont il dispose. Elle peut également émettre un avis motivé en faveur du classement du dossier.
Les articles R. 1112-79 et suivants du Code de la santé publique organisent la procédure à suivre par l'usager auprès de cette commission pour y déposer ses plaintes et réclamations.

Le parcours de soins

› Le choix du médecin traitant

Toute personne assurée ou ayant droit, âgée de 16 ans ou plus, doit désormais indiquer le nom de son médecin traitant, avec l'accord de ce dernier, à son organisme gestionnaire de régime de base d'assurance maladie.
Pour les enfants mineurs, le choix du médecin traitant suppose l'accord de l'un au moins des deux parents ou du titulaire de l'autorité parentale.
(Art. L. 162-5-3 du Code de la Sécurité sociale).
Le médecin choisi, nominativement désigné, peut être un généraliste ou un spécialiste, un médecin hospitalier, ou encore un médecin salarié d'un centre de santé. Il est possible de désigner, conjointement, médecins traitants les médecins exerçant la même spécialité au sein d'un cabinet médical situé dans les mêmes locaux ou dans un centre de soins.
Toutefois, le médecin est libre d'accepter ou non d'être le médecin traitant (notamment pour des raisons de quotas de patients).
Le médecin traitant a pour rôle de coordonner les soins, de mettre en place le dossier personnel et de le gérer.
Il est obligatoire de désigner son médecin traitant et il est interdit de consulter un autre médecin sans prescription du médecin traitant (sauf urgence, mise en place d'un protocole de soins ou en cas de déplacement), sous peine d'être moins remboursé ou de subir une majoration de sa participation.

À noter : il est possible de consulter sans passer par le médecin traitant et sans être pénalisé financièrement pour les visites auprès d'un pédiatre, dentiste, gynécologue, ophtalmologue, stomatologiste, neurologue, psychiatre et neuropsychiatre (dans ces trois derniers cas pour les moins de 26 ans).

› La carte Vitale

Il s'agit d'une carte à puce confidentielle, détenue par le patient, qui contient les informations administratives concernant l'assuré social.
Les nouvelles cartes délivrées intègrent la photographie de leur titulaire et comportent un volet d'urgence destiné à recevoir les informations nécessaires aux interventions urgentes.
Ces informations peuvent être rentrées dans la carte par le médecin si le patient y consent expressément.
Ces modifications se font progressivement, à l'occasion du renouvellement de la carte.
Elle doit être présentée lors des visites au praticien.
Ce dernier peut remplir, grâce à cette carte, une feuille de soins électronique qui est envoyée directement à la caisse d'assurance maladie.
(Art. L. 161-31 et R. 161-33-1 s. du Code de la sécurité sociale).
Le professionnel peut à l'aide d'une autre carte (dite carte du professionnel de santé) signer les feuilles de soins électroniques des assurés et les transmettre aux organismes d'assurance maladie.

Le secret médical

Le secret s'impose aux professionnels de la santé (médecin, pharmacien...), aux établissements de santé, ainsi qu'à ceux intervenant dans les soins et porte sur ce qui est connu du professionnel de santé, de tout membre du personnel des établissements ou organismes de santé (infirmiers, personnels administratifs...), ou de toute personne en relation, de par ses activités, avec ces établissements ou organismes.
Le secret concerne l'ensemble des informations relatives à la personne malade, venues à la connaissance des personnes ci-dessus.
(Art. L. 1110-4 du Code de la santé publique).
Ces obligations légales sont reprises et précisées dans les règles déontologiques de chaque profession.
En procédure civile, le secret médical constitue un « empêchement légitime », c'est-à-dire le droit de refuser de communiquer à un juge au cours d'un procès, une pièce ou un document qui contiendrait des renseignements concernant la santé ou la vie privée de son patient.
(Art. 10 et 11 du Code de procédure civile).
Ceux qui révéleraient des secrets recueillis dans l'exercice de leur profession sont passibles d'un emprisonnement d'1 an et d'une amende de 15 000 €.
(Code pénal, art. 226-13).

› Les atténuations au secret médical

La loi prévoit plusieurs atténuations à ce principe :
– lorsque le « secret est partagé ». En effet, sauf opposition de l'intéressé, les professionnels de la santé peuvent se communiquer entre eux des informations le concernant pour assurer la continuité des soins ou déterminer sa meilleure prise en charge.
Quand la personne est prise en charge par une équipe, les informations la concernant sont confiées à l'ensemble de cette équipe ;
– le secret peut être aussi partagé entre les personnes chargées de mettre en œuvre une politique de protection d'un mineur ou de sa famille. En principe, le père, la mère, toute autre personne exerçant l'autorité parentale, le tuteur, l'enfant en fonc-

tion de son âge et de sa maturité en sont préalablement informés, sauf si cette information est contraire à l'intérêt de l'enfant.
(Art. L. 226-2-2 du Code de l'action sociale et des familles) ;
– dans les cas de diagnostics ou pronostics graves. Dans cette hypothèse, sauf opposition du malade, le secret n'interdit pas que la famille, les proches du malade ou une personne de confiance, qu'il aura désignée, puisse obtenir les informations nécessaires pour leur permettre d'apporter un soutien direct au malade ;
– lors d'un décès. Sauf opposition de l'intéressé, exprimée avant son décès, les informations le concernant peuvent être données aux ayants droit (héritiers), dans la mesure où elles leur sont nécessaires pour leur permettre de connaître les causes de la mort, de défendre sa mémoire ou de faire valoir leurs droits.
Seul un médecin est habilité à délivrer, ou à faire délivrer sous sa responsabilité, ces informations.
(Art. L. 161-36-1 A du Code de la Sécurité sociale).

› La levée du secret médical

Le secret médical peut être levé quand la loi autorise sa révélation. Ainsi en cas de connaissance de privations ou sévices, y compris lorsqu'il s'agit d'atteintes ou de mutilations sexuelles commis sur un mineur ou sur une personne qui n'est pas en mesure de se protéger en raison de son âge ou de son incapacité physique ou psychique, il n'y a pas violation du secret médical si le médecin avertit les autorités.
(Voir Ⓘ : *Non-dénonciation*).
Le médecin peut également, sous réserves d'obtenir préalablement l'accord de la victime si celle-ci est majeure, révéler les sévices ou privations constatées dans l'exercice de sa profession et qui lui permettent de présumer que des violences physiques, sexuelles ou psychiques de toute nature ont été commises.
Enfin, le médecin peut signaler à la police les personnes qui détiennent une arme ou qui ont l'intention d'en acquérir une sans être poursuivi pour violation du secret médical.
Par ailleurs, aucune sanction disciplinaire (par exemple, une interdiction d'exercice) ne peut être prononcée contre ces médecins qui signalent ces faits aux autorités administratives ou judiciaires.
(Code pénal, art. 226-14 et 434-3).
(Voir Ⓘ : *Protection des mineurs*).
Les médecins ou les laboratoires d'analyses médicales ont également l'obligation de signaler, sous pli confidentiel, au médecin inspecteur de santé publique de la DDASS ou au médecin désigné par le préfet du département, l'existence de certaines maladies transmissibles (ainsi que l'identité et l'adresse du patient), nécessitant l'intervention urgente des autorités sanitaires (par exemple, listériose, rage, tuberculose ou encore saturnisme chez les enfants mineurs).
Ce signalement a pour but de permettre la mise en place d'urgence de mesures de prévention individuelle et collective et, le cas échéant, de déclencher des investigations pour identifier l'origine de la contamination ou de l'exposition.
(Art. R. 3113-1 et suivants et D. 3113-6 et suivants du Code de la santé publique).

● Le secret médical peut-il être opposé aux assureurs ?

L'information médicale peut en effet s'avérer nécessaire à un assureur :
– pour évaluer des risques avant d'établir un contrat ;
– pour estimer un dommage survenu à l'assuré (ou l'événement donnant droit à garantie : un décès, par exemple, lors de la réalisation d'un contrat.

Or, le médecin de la compagnie, tout comme le médecin traitant de l'assuré, est tenu au secret professionnel. Par ailleurs, la fourniture de renseignements par le médecin traitant risque de se retourner contre son patient.
Le problème du secret médical confronte alors le médecin traitant et le médecin de sociétés d'assurances.
Plusieurs règles ont été dégagées par la jurisprudence de la Cour de cassation.
Afin de préserver le respect du secret médical et l'intérêt légitime pour une compagnie d'assurance de déjouer une éventuelle fraude, les juges doivent examiner les motifs qui conduisent l'assuré ou ses ayants droit à refuser la levée du secret médical.
• Celui qui s'oppose à la levée du secret médical doit justifier d'un intérêt moral légitime et non faire écarter un élément de preuve contraire à ses prétentions.
Le contrat d'assurance doit être exécuté de bonne foi, tant par l'assureur que par l'assuré qui doit informer son assureur de manière complète et loyale lors de la souscription ou à l'occasion de modification du contrat.
Si l'assureur a des doutes sur la véracité des informations transmises par l'assuré, il doit pouvoir prouver ses prétentions.
Si l'opposition de l'assuré ou de ses ayants droit n'a pour but que d'empêcher l'assureur de faire la preuve des fausses déclarations ou omissions volontaires de son assuré, l'opposition ne sera pas déclarée légitime.
(Cour de cassation, 1re chambre civile, 3 janvier 1991).
• Le médecin de l'assureur ne peut pas transmettre à l'assureur des informations qu'il détient lui-même du médecin traitant, sans l'accord de l'assuré ou de ses ayants droit. Les deux médecins sont tous deux tenus au secret médical.
En conséquence, pour exécuter sa mission, le médecin de la compagnie d'assurance ne peut que transmettre à l'assureur un simple avis sur la question qui lui est posée (liée à la souscription du contrat ou à la réalisation du sinistre) et non une réponse définitive.
Si cet avis n'est pas probant ou est insuffisant, la compagnie peut alors demander la nomination d'un médecin expert au tribunal.
Le médecin expert peut avoir pour mission de se faire communiquer toutes informations médicales détenues par le médecin traitant.
Le médecin traitant peut lui transmettre les documents demandés si l'assuré ou ses ayants droit acceptent cette communication. Mais si ces derniers refusent, il ne peut pas être contraint de le faire.
Dans ce cas, le tribunal saisi examine les raisons de ce refus afin de dire s'il est justifié d'un intérêt moral légitime ou au contraire, si ce refus n'a que pour but d'écarter une preuve qui serait contraire à leurs prétentions.
(Cour de cassation, 1re chambre civile, 15 juin 2004).

Les obligations des médecins

La loi sur les droits des malades affirme que toute personne a, compte tenu de son état de santé et de l'urgence des interventions que celui-ci requiert, le droit de recevoir les soins les plus appropriés et de bénéficier des thérapeutiques à l'efficacité reconnue et qui garantissent la meilleure sécurité sanitaire au regard des connaissances médicales du moment. Les actes de prévention, d'investigation ou de soins ne doivent pas, en l'état des connaissances médicales, lui faire courir de risques disproportionnés par rapport au bénéfice escompté.
(Art. L. 1110-5 du Code de la santé publique).

› Le diagnostic

Le diagnostic doit être élaboré avec le plus grand soin par le médecin. Pour ce faire, il doit se faire communiquer tous les éléments du dossier du patient et utiliser des méthodes scientifiques les plus appropriées (radio, scanner, analyse...).

› L'information

Le médecin (ou l'établissement de santé) a une double obligation d'informations qui doit se dérouler dans le cadre d'un entretien individuel.

● Sur les soins

Avant les soins

Le professionnel doit fournir des informations sur les différentes investigations, traitements ou actions de prévention qui sont proposés, leur utilité, leur urgence éventuelle, leurs conséquences, les risques fréquents ou graves normalement prévisibles en cas de refus.

Après les soins

L'intéressé doit être prévenu quand, après les soins, des risques nouveaux sont identifiés (sous réserve de pouvoir matériellement joindre la personne).
En cas de litige, le professionnel doit prouver qu'il a bien donné l'information (sous la forme, par exemple, d'une notice d'informations préalable signée par le client).

La dispense d'information

Le médecin peut cependant être dispensé d'informer lorsqu'il est face :
– à l'urgence ou l'impossibilité d'informer,
– au refus du malade d'être informé d'un diagnostic. Dans ce dernier cas, le médecin doit, quand même, informer son patient quand d'autres personnes sont exposées à un risque de transmission (par exemple, infectieuse ou génétique). En effet, il faut que le malade puisse exercer sa responsabilité vis-à-vis d'autrui.

● Sur les coûts

Tout patient hospitalisé doit être informé des frais auxquels il pourrait être exposé « à l'occasion d'activités de prévention, de diagnostic et de soins » et des conditions de leur prise en charge. Les médecins libéraux doivent, avant l'exécution d'un acte, informer le patient de son coût et des conditions de son remboursement.
L'acte ou la prestation peut inclure la fourniture d'un dispositif médical : instrument, appareil, équipement, matière, produit ou encore dispositif implantable.
Dans ce cas, le patient doit être informé gratuitement du prix d'achat de chaque élément de l'appareillage proposé et du prix de toutes les prestations associées.
(Art. L. 1111-3 du Code de la santé publique).

› Le respect du consentement du malade

Le consentement du malade est requis et doit être respecté en toutes circonstances. La personne malade a le droit de refuser les thérapeutiques proposées ou les investigations souhaitées par les médecins.
Mais quand il s'agit d'un enfant, le médecin peut intervenir quand le refus du parent risque d'entraîner des conséquences graves pour la santé de l'enfant. Par ailleurs, si le malade est inconscient, aucune intervention ne peut être réalisée, sauf urgence ou impossibilité, sans qu'une personne de confiance, la famille ou des proches, ait été consultée.
(Art. L. 1111-4 du Code de la santé publique).

› L'interruption de grossesse

Dans quel cas l'interruption de grossesse est-elle autorisée ?

Les règles générales

La femme enceinte, que son état place dans une situation de détresse, peut demander l'interruption de sa grossesse (IVG) par un médecin dans un établissement de santé ou par voie médicamenteuse.

Cette interruption ne peut être pratiquée qu'avant la fin de la douzième semaine de grossesse (sauf motif médical ou la fin de la cinquième semaine de grossesse quand l'IVG est réalisée hors établissement de santé).

Après une première consultation, la femme peut se rendre dans un centre d'informations dont l'adresse lui a été communiquée par le médecin.

Si elle persiste dans sa décision, elle doit renouveler sa demande d'IVG par écrit (un délai de réflexion obligatoire de 8 jours minimum est imposé entre la première consultation et la confirmation de sa demande sauf si le délai risque d'être dépassé).

(Art. L. 2212-2, L. 2222-4, R. 2212-10 du Code de la santé publique).

Les mineures

Des règles particulières concernent la femme mineure lors de la demande d'IVG :

– le médecin doit obtenir son consentement. Ce consentement doit être donné en dehors de la présence des parents ou, le cas échéant, du représentant légal (tuteur en cas de décès) ;

– le consentement de l'un des titulaires de l'autorité parentale (le père ou la mère) ou, le cas échéant, du représentant légal est en principe recueilli par le médecin.

(Art. L. 2212-7 du Code de la santé publique).

Si la mineure refuse que ses parents soient informés ou si le consentement des parents n'est pas obtenu, l'IVG, ainsi que les actes médicaux et les soins qui lui sont liés, peuvent quand même être pratiqués.

Mais la mineure doit alors se faire accompagner dans sa démarche par une personne majeure de son choix. Il pourra s'agir d'un membre de la famille, d'un médecin, d'un travailleur social…

Elle peut être conseillée dans son choix à l'occasion de la consultation préalable dans un centre d'information (obligatoire pour une mineure).

Aucune demande de paiement ne peut lui être réclamée pour les dépenses relatives aux consultations, aux frais de soins ou d'hospitalisation.

Après l'intervention, une deuxième consultation, ayant notamment pour but une nouvelle information sur la contraception, est obligatoirement proposée aux mineures.

(Art. L. 2212-4 du Code de la santé publique).

Un médecin peut-il refuser de pratiquer une interruption de grossesse ?

Un médecin n'est jamais tenu de donner suite à une demande d'interruption de grossesse, ni de la pratiquer, mais il doit, sans délai, informer l'intéressée de son refus. Il doit par ailleurs lui communiquer le nom des praticiens susceptibles de réaliser cette intervention.

(Art. L. 2212-8 du Code de la santé publique).

› Les soins palliatifs

La loi n° 99-477 du 9 juin 1999 a expressément reconnu aux malades le droit de bénéficier de soins palliatifs, c'est-à-dire de soins destinés « à soulager la douleur, à apaiser la souffrance psychique, à sauvegarder la dignité de la personne malade et à soutenir son entourage ». Ces soins palliatifs doivent être organisés dans les hôpitaux et cliniques ainsi qu'au domicile de l'intéressé lorsqu'est mise en place une structure de soins alternative à l'hospitalisation (hospitalisation à domicile).
Les établissements médico-sociaux d'hébergement de personnes âgées et de personnes handicapées ont, depuis le décret n° 2006-122 du 6 février 2006, la même obligation que les établissements de santé de mettre en place un projet de soins palliatifs (Art. D. 311-38 du Code de l'action sociale et des familles).
La loi a également reconnu l'utilité de l'accompagnement de la fin de la vie pouvant être exercé par des bénévoles ou des personnes de la famille du malade. Lorsqu'il s'agit de bénévoles, ceux-ci doivent être membres d'associations ayant signé avec l'établissement hospitalier une convention organisant leur intervention. Cette convention est signée pour 1 an. L'hôpital s'engage à assurer l'accueil des bénévoles et l'association à nommer un coordinateur chargé d'organiser, au sein de l'hôpital, l'action de ces bénévoles. (Décret n° 2000-1004 du 16 octobre 2000).
Les bénévoles, sélectionnés par leur association, peuvent intervenir au sein des établissements de santé ou au domicile du malade. S'il s'agit d'une personne de la famille du malade, elle peut bénéficier d'un congé d'accompagnement ou de la possibilité de travailler à temps partiel.
(Code du travail, art. L. 3142-16 et s.).

› Le droit au laisser mourir

Sur la possibilité ou non de légaliser l'euthanasie, la solution finalement retenue est de confirmer l'interdiction de l'euthanasie mais d'accepter dans une certaine mesure le « droit au laisser mourir ».
(Loi n° 2005 - 370 du 22 avril 2005).

● Euthanasie active ou passive

Étymologiquement, « euthanos » signifie la « bonne mort ». Au sens moderne du terme, l'euthanasie signifie provoquer ou hâter la mort pour abréger les souffrances. L'euthanasie, c'est l'accès à une mort douce, c'est-à-dire sans souffrance. On a parlé aussi de suicide assisté. En France, le mot « euthanasie » fait peur et avive de grandes polémiques. C'est dans ce contexte qu'ont eu lieu les débats ayant conduit à l'adoption de la loi sur la fin de vie.
Le médecin doit, selon l'article 38 du Code de déontologie médicale (repris par l'article article R. 4127-38 du Code de la santé publique), accompagner le mourant jusqu'à ses derniers moments, assurer par des soins et mesures appropriés la qualité d'une vie qui prend fin, sauvegarder la dignité du malade et réconforter son entourage. Il n'a pas le droit de provoquer délibérément la mort.
On distingue traditionnellement :
– l'euthanasie active qui suppose le geste d'un tiers qui donne la mort : par exemple, l'injection d'une piqûre mortelle ;
– l'euthanasie passive qui consiste dans l'arrêt des traitements (sauf soins palliatifs contre la douleur) et abrège la vie lorsque le cas est désespéré : par exemple, l'interruption de l'alimentation par sonde d'un malade en fin de vie.

L'euthanasie active est interdite en France. Les dispositions pénales la répriment au même titre que le meurtre ou l'assassinat, l'empoisonnement, la provocation au suicide, la non-assistance à personne en danger ou l'omission de porter secours selon les cas. En effet, si le médecin aide le malade, même indirectement à réaliser son dessein, il commet une non-assistance à personne en péril. En outre, si le suicide, en France, n'est pas punissable (sur le plan civil ou pénal), le fait de donner la mort à un tiers sur sa demande peut constituer le délit de provocation au suicide.
(Voir : *Code pénal, art. 221-3, 221-5, 223-6*).
(Voir Ⓘ : *Suicide*).
Il y a donc infraction pénale même si l'acte est demandé et sollicité par la victime, le consentement ne pouvant pas faire disparaître l'infraction.
Le médecin risque également des mesures disciplinaires allant jusqu'à l'interdiction d'exercer.
En ce qui concerne l'euthanasie passive, la question de l'acharnement thérapeutique n'était pas fixée dans un texte de loi. Seul le Code de déontologie médicale traitait de la possibilité pour le médecin de ne pas aller au-delà d'une « obstination déraisonnable », terme repris dans la nouvelle loi de préférence à celui d'« acharnement thérapeutique ».
La loi du 22 avril 2005 ne dépénalise pas l'euthanasie mais tient compte du refus par le malade ou son entourage de toute obstination déraisonnable en encourageant les soins palliatifs. Elle institue également la possibilité pour toute personne d'indiquer ce qu'elle souhaite pour sa fin de vie.

● L'arrêt du traitement en cas de conscience

Lorsqu'une personne, en phase avancée ou terminale d'une affection grave et incurable décide de limiter ou d'arrêter tout traitement, le médecin doit respecter sa volonté après l'avoir informée des conséquences de son choix. La décision du malade est inscrite dans son dossier médical.
(Art. L. 1111-10 du Code de la santé publique).
La loi reconnaît également cette possibilité au malade atteint de pathologies lourdes mais sans risque vital actuel (myopathie, Sida… avant le stade final). Le médecin doit respecter la volonté du malade après l'avoir informé des conséquences de ses choix. Quand la décision met la vie du malade en danger, le médecin doit tout mettre en œuvre pour le convaincre d'accepter les soins indispensables. Il peut faire appel à un autre membre du corps médical. De son côté, le malade doit réitérer sa décision de limiter ou d'arrêter tout traitement après un délai raisonnable. Sa décision est inscrite dans son dossier médical.
(Art. L. 1111-4, art. L. 1111-10 du Code de la santé publique).
Le médecin doit, par ailleurs, sauvegarder la dignité du mourant et assurer la qualité de sa vie en dispensant les soins palliatifs.
(Art. L. 1111-13 du Code de la santé publique).

● La fin de l'obstination déraisonnable

Les professionnels de santé doivent mettre en œuvre tous les moyens pour assurer à chacun une vie digne jusqu'à la mort et procurer au malade le traitement le plus efficace. Faut-il pour autant utiliser un traitement lourd quand il n'y a pas d'espoir d'obtenir une amélioration de l'état d'un patient et que le but est uniquement de prolonger la vie au prix souvent d'importantes souffrances pour la personne ? Cette attitude est considérée par beaucoup comme attentatoire à la

dignité de la personne et à ses droits les plus fondamentaux. La loi incite donc les médecins à réfléchir avant de s'obstiner à faire vivre un patient.
C'est pourquoi la loi prévoit que les actes médicaux ne doivent pas être poursuivis « par une obstination déraisonnable ». Lorsqu'ils apparaissent inutiles, disproportionnés ou n'ayant d'autre effet que le seul maintien artificiel de la vie, ils peuvent être suspendus ou ne pas être entrepris.
La décision d'arrêter le traitement doit être prise collégialement. La décision est prise par le médecin en charge du patient après consultation de l'équipe de soins et avis d'un médecin extérieur consultant. La décision prend aussi en compte les éventuelles directives du patient, l'avis de la personne de confiance ou des proches. Ces avis et la décision sont inscrits dans le dossier médical du patient.
En outre, des traitements antidouleur efficaces peuvent être administrés en fin de vie, même s'il en résulte une mort plus rapide, sous réserve d'en informer le malade, la personne de confiance qu'il a désignée, sa famille ou, à défaut, un de ses proches et de le mentionner dans le dossier médical.
Soulager les douleurs d'un malade et l'assister moralement sont inscrits en tant que devoirs du médecin.
(Art. L. 1110-5 et R. 4127-37 du Code de la santé publique).

Les directives anticipées ou le testament de vie

Ce type d'écrit est considéré comme légal dans certains États (notamment dans la plupart des États des États-Unis). Il s'agit d'un document qui prévoit, par avance, le refus par une personne du maintien en vie par des moyens artificiels, si la mort est proche et inévitable et en présence de souffrances intolérables. Auparavant, en France, il n'avait pas de valeur juridique.
Dorénavant, toute personne majeure peut rédiger des directives anticipées pour le cas où elle serait un jour hors d'état d'exprimer sa volonté. Elle indique ses souhaits relatifs à sa fin de vie et notamment les conditions de la limitation ou l'arrêt de traitement. Elles sont révocables à tout moment.
Le décret n° 2006-119 du 6 février 2006 a précisé les modalités d'établissement des directives anticipées.
Si l'intéressé est apte à exprimer sa volonté, il écrit ses directives sur papier libre en indiquant la date, ses nom, prénom, date et lieu de naissance et signe le document. S'il ne peut écrire ou signer, il peut demander à deux témoins (dont la personne de confiance, si elle est désignée) d'attester que le document est l'expression de sa volonté.
Ces directives sont valables 3 ans et peuvent être modifiées à tout moment, sans formalités. Une nouvelle rédaction fait courir un nouveau délai de 3 ans. À l'issue du délai de 3 ans, il est possible de confirmer ses directives soit en signant et datant le document initial, soit en demandant une nouvelle attestation de deux témoins.
Les directives ainsi que l'attestation le cas échéant peuvent être confiées à un médecin traitant ou insérées dans le dossier médical du patient en cas d'hospitalisation.
À condition qu'elles aient été établies moins de 3 ans avant l'état d'inconscience de la personne ou avant le jour où elle s'est avérée hors d'état de les renouveler, le médecin en tient compte pour toute décision d'investigation, d'intervention ou de traitement la concernant.
(Art. L. 1111-11 et R. 1111-17 et suivants du Code de la santé publique).

● L'arrêt du traitement en cas d'inconscience

Le médecin peut, désormais, arrêter le traitement d'une personne inconsciente en consultant l'ensemble de l'équipe soignante, en prévenant l'entourage et en tenant compte des directives anticipées du patient : lorsque la personne est hors d'état d'exprimer sa volonté, la limitation ou l'arrêt de traitement susceptible de mettre sa vie en danger ne peut être réalisé sans avoir respecté une procédure collégiale et sans que la personne de confiance qu'elle a désignée ou la famille ou, à défaut, un de ses proches et, le cas échéant, les directives anticipées de la personne, aient été consultés. La décision motivée de limitation ou d'arrêt de traitement est inscrite dans le dossier médical du malade.
(Art. L. 1111-4 du Code de la santé publique).
La procédure collégiale est prévue lorsque la personne malade est « en phase avancée ou terminale d'une affection grave et incurable » hors d'état d'exprimer sa volonté, et que le médecin décide de limiter ou d'arrêter un traitement inutile, disproportionné ou n'ayant d'autre objet que la seule prolongation artificielle de la vie de cette personne.
Dans ce cas, l'avis de la personne de confiance, sauf urgence ou impossibilité, prévaut sur tout autre avis non médical (à l'exclusion des directives anticipées) dans les décisions d'investigation, d'intervention ou de traitement prises par le médecin.
À la suite d'une décision d'arrêt ou de limitation de traitements vitaux, le médecin a l'obligation de prodiguer à la personne mourante des soins palliatifs et ce, même si la souffrance du malade ne peut pas être évaluée du fait de son état cérébral, en raison de son inconscience.
(Art. L. 1111-12 et R. 4127-37 du Code de la santé publique).

La responsabilité des médecins et des établissements de santé

› Les règles générales

Le patient qui s'estime victime d'un dommage imputable à une activité de prévention, de diagnostic ou de soins – ou ses ayants droit s'il est décédé – doit être informé par le professionnel ou l'organisme concerné sur les circonstances et les causes du dommage. Cette information lui est donnée au plus tard dans les 15 jours de la découverte du dommage ou de sa demande expresse, dans un entretien au cours duquel il peut se faire assister notamment par un médecin.
Le principe en matière de responsabilité médicale est le suivant : les professionnels et établissements de santé ne sont responsables des conséquences dommageables d'actes de prévention, de diagnostic ou de soins qu'en cas de faute prouvée. Dans ce cas, les dommages doivent être indemnisés par l'assureur du responsable.
Ce principe est écarté dans deux cas :
– en cas d'utilisation d'un produit de santé défectueux (médicaments), les professionnels (laboratoires) sont responsables, même sans recherche de faute ;
– en présence d'infections nosocomiales (dommages apparaissant au cours ou à la suite d'une hospitalisation), les établissements de santé sont de plein droit responsables sauf s'ils rapportent la preuve d'une cause étrangère.
Quand aucune responsabilité ne peut être engagée (absence de faute d'un médecin, absence de défaut dans l'organisation du service hospitalier, absence d'utilisation d'un produit défectueux), il est possible de se faire indemniser. C'est ce que l'on appelle la réalisation d'un « risque sanitaire » ou aléa thérapeutique qui doit être

prise en charge par l'État (sous certaines conditions), au titre de la solidarité nationale, par l'intermédiaire de l'Office national d'indemnisation des accidents médicaux (ONIAM) (voir ci-dessous).
L'ONIAM est également compétent pour assurer l'indemnisation des victimes de dommages résultant des mesures d'urgence prises en cas de menace sanitaire grave, des victimes de préjudices imputables à une vaccination obligatoire et des victimes contaminées.
(Art. L. 3131-4 et suivants, R. 3131-1 et suivants, R. 3111-22 et suivants, R. 3122-1 et suivants du Code de la santé publique).

› La saisine des tribunaux

La victime d'un accident médical ou d'une infection (ou ses ayants droit en cas de décès) peut saisir les tribunaux dans le cadre d'une demande d'indemnisation classique. Cette action doit être engagée dans les 10 ans suivant la consolidation du dommage devant les tribunaux judiciaires si la responsabilité d'un médecin libéral ou d'une clinique est engagée ou devant le tribunal administratif, si c'est un hôpital ou un médecin hospitalier qui est en cause.
(Voir : *Code civil, art. 2226*).
La victime peut aussi saisir la commission régionale ou interrégionale de conciliation et d'indemnisation. En fonction de la gravité de ses dommages, elle sera indemnisée directement dans le cadre de cette saisine ou parviendra à une conciliation.

› La procédure de règlement amiable et de conciliation

Les commissions régionales ou interrégionales de conciliation et d'indemnisation

La commission régionale ou interrégionale de conciliation et d'indemnisation (CRCI) est chargée de faciliter le règlement amiable des litiges relatifs aux accidents médicaux, aux affections iatrogènes (dommage subi par un patient lié au traitement) et aux infections nosocomiales ainsi qu'aux autres litiges entre usagers et professionnels, établissement de santé ou producteurs de produits de santé (laboratoires).
Elle peut être saisie par la victime (ou ses ayants droit en cas de décès) dans le cadre :
– d'un règlement amiable en vue d'une indemnisation : la saisine de la commission aux fins de règlement amiable suspend les délais de prescription et de recours contentieux pendant toute la durée de la procédure amiable. Cela permet de préserver les droits des victimes en cas d'échec de la procédure amiable. La commission peut ordonner une expertise, obtenir communication de documents de toute nature. Elle doit émettre un avis dans les 6 mois de sa saisine ;
– d'une conciliation : la commission entend les personnes intéressées au litige et s'efforce de les concilier. En cas de conciliation, totale ou partielle, elle constate la conciliation dont les termes font l'objet d'un document. Ce document fait également apparaître les points de désaccord qui subsistent lorsque la conciliation est partielle. Il est signé par les intéressés et par le président de la commission ou son représentant.
Les recours contre les avis rendus par les commissions régionales de conciliation et d'indemnisation (CRCI) sont de la compétence du tribunal administratif. La décision de la commission est une décision administrative prise pour le compte de

l'ONIAM, établissement public à caractère administratif. (Tribunal administratif de Bastia, 12 septembre 2005).

L'indemnisation

La commission est compétente pour les demandes d'indemnisation émanant de personnes atteintes d'un taux d'atteinte permanente à l'intégrité physique ou psychique de 24 % ou plus (elle peut cependant, quand le dommage entraîne une incapacité moindre, procéder à une tentative de conciliation entre les intéressés [voir ci-dessus]).

L'indemnisation est assurée soit par l'assureur du responsable soit, en l'absence de responsables, par l'ONIAM au titre de la solidarité nationale. La solidarité nationale peut intervenir pour l'indemnisation des accidents médicaux, des affections iatrogènes et des infections nosocomiales.

(Art. L. 1142-1 du Code de la santé publique).

• Dans cette mesure (incapacité de 24 % ou plus), si la commission conclut à l'existence d'une responsabilité, l'assureur du responsable doit proposer une indemnisation dans les 4 mois. Si la victime accepte l'offre, l'acceptation vaut transaction et l'assureur verse l'indemnité dans le délai d'1 mois. En cas de carence de l'assureur, l'Office national d'indemnisation des accidents médicaux, des affections iatrogènes et des infections nosocomiales se substitue à lui.

Concernant les infections nosocomiales, l'indemnisation est assurée :

– soit par l'établissement déclaré responsable (en l'absence de preuve d'une cause étrangère) et son assureur si le dommage subi par la victime est faible (taux d'atteinte permanente à l'intégrité physique ou psychique inférieur à 25 %) ;

– soit par l'ONIAM en présence d'un taux d'atteinte permanente à l'intégrité physique ou psychique égal ou supérieur à 25 % ou en cas de décès de la victime. L'Office dispose toutefois d'un recours contre l'assureur de l'établissement qui a commis une faute certaine (par exemple, en cas de violation caractérisée des obligations d'hygiène et d'asepsie prévues pour lutter contre ces infections).

(Art. L. 1142-1-1 du Code de la santé publique).

• Si l'avis conclut à une absence de responsabilité (existence d'un aléa thérapeutique), l'offre doit être faite dans les mêmes conditions directement par l'Office dans les conditions suivantes :

– seuls peuvent être indemnisés dans le cadre de cette procédure un accident médical, une affection iatrogène ou une infection nosocomiale ;

– ils doivent être « directement imputables à des actes de prévention, de diagnostic et de soins » ;

– ils doivent avoir entraîné « des conséquences anormales pour le patient au regard de son état de santé comme de l'évolution prévisible de celui-ci » ;

– ne sont couverts que les dommages d'une certaine gravité. Il ne sera ouvert qu'aux personnes présentant un taux d'atteinte permanente à l'intégrité physique ou psychique égal ou supérieur à 24 %.

Ce degré de gravité devra être apprécié au regard de la perte de capacités fonctionnelles et des conséquences sur la vie privée et professionnelle, mesurées en tenant compte du taux d'atteinte permanente à l'intégrité physique ou psychique, de la durée de l'arrêt temporaire des activités professionnelles ou de celle du déficit fonctionnel temporaire. En cas de partage entre responsabilité médicale et aléa thérapeutique, la commission doit évaluer la part de responsabilité de chacun.

Ce taux a été fixé par le décret n° 2003-314 du 4 avril 2003 qui a également donné un barème d'évaluation des taux d'atteinte permanente à l'intégrité physique ou

psychique permettant d'introduire une certaine homogénéité dans les conclusions des experts saisis.
Par ailleurs, le décret a prévu l'indemnisation au titre de la solidarité nationale de certaines victimes même si leur taux d'atteinte permanente à l'intégrité physique ou psychique n'atteint pas ce seuil de gravité de 24 % :
– lorsque la durée de l'arrêt temporaire des activités professionnelles ou de celle du déficit fonctionnel temporaire résultant de l'accident médical, de l'affection iatrogène ou de l'infection nosocomiale est au moins égale à 6 mois consécutifs ou à 6 mois non consécutifs sur une période de 12 mois ;
– à titre exceptionnel, le caractère suffisant de gravité est reconnu lorsque la victime est définitivement inapte à exercer l'activité professionnelle qu'elle exerçait avant ;
– à titre exceptionnel également lorsque l'accident médical, l'affection iatrogène ou l'infection nosocomiale occasionne des troubles particulièrement graves, y compris d'ordre économique, dans les conditions d'existence de la victime.
Quand la victime ne remplit pas ces conditions, elle doit saisir les tribunaux dans le cadre d'une demande d'indemnisation classique (selon les cas, tribunaux judiciaires ou administratifs – voir ci-dessus).

Le logement

La propriété

Le contrat de vente

La promesse de vente

La promesse de vente est un contrat au terme duquel le vendeur d'un immeuble promet au futur acquéreur de lui vendre son bien moyennant un prix déterminé.
Il existe deux formules de promesse de vente :
– la promesse unilatérale de vente,
– le compromis de vente appelé aussi « promesse de vente synallagmatique ».

Attention : en cas de vente d'un lot de copropriété, le vendeur doit obligatoirement préciser dans la promesse de vente la superficie réelle des parties privatives de ce lot. À défaut, l'acquéreur pourrait faire annuler la vente ou obtenir une diminution de prix si la superficie réelle se révélait inférieure à celle indiquée dans l'acte.
(Sur ce point, voir ① : *Vente immobilière, garantie de l'acheteur*).

› La promesse unilatérale

La promesse de vente unilatérale n'engage que le vendeur ; il lui est interdit de vendre à un tiers l'immeuble promis au bénéficiaire.

Exemple : « M. X… prend l'engagement de vendre l'appartement ci-après désigné, à M. Y… »
« M. Y… se réserve le droit d'accepter ou de refuser la vente pendant un délai d'1 mois ».
Cet engagement reste obligatoire pendant le délai imparti à l'acquéreur pour lever l'option.
Si le vendeur (M. X…) ne respecte pas son engagement, et qu'il vend l'immeuble à un tiers, le bénéficiaire de la promesse (M. Y…) peut :
– soit demander des dommages et intérêts au vendeur,
– soit faire annuler la vente consentie au tiers à condition toutefois de prouver que ce tiers était de mauvaise foi. La mauvaise foi est établie si l'on peut prouver qu'il connaissait l'existence de la promesse de vente.

À noter : la promesse unilatérale de vente peut être rédigée par simple acte sous seing privé ou par acte notarié.
Mais s'il s'agit d'un acte sous seing privé, celui-ci doit obligatoirement être enregistré dans les 10 jours de la date de son acceptation par le bénéficiaire.
Les frais d'actes et d'enregistrement sont à la charge du bénéficiaire de la promesse.

L'indemnité d'immobilisation

Bien que non obligatoire, l'indemnité d'immobilisation est généralement prévue dans la promesse unilatérale. Il s'agit d'une somme versée par le bénéficiaire de la promesse, en contrepartie de l'engagement du vendeur.
Si l'acquéreur ne lève pas l'option, il perd cette indemnité d'immobilisation.

Exemple : « Cette somme restera acquise à M. X... si M. Y. ne demande pas la réalisation de la vente. »

S'il accepte la vente, cette indemnité peut s'imputer sur le prix de vente.

La levée de l'option

La levée de l'option est la décision de l'acquéreur d'accepter la vente qui lui est promise.
Cette levée d'option doit être effectuée avant l'expiration du délai indiqué dans la promesse et suivant les formes stipulées (par exemple, par lettre recommandée avec AR).
Lorsque l'option est levée, la promesse de vente devient « synallagmatique ».

› La promesse synallagmatique

Une promesse synallagmatique de vente signifie un engagement réciproque de chaque partie.
Ces engagements résultent soit de la levée de l'option après une promesse de vente unilatérale, soit de la signature conjointe des parties sur un seul acte appelé compromis :
- le vendeur promet de vendre,
- l'acheteur promet d'acheter.

Cet acte peut être établi par acte sous seing privé ou par acte authentique.
Mais à la différence de la promesse unilatérale, il n'a pas à être enregistré. En revanche, il est soumis aux règles de la publicité foncière (transcription au bureau des hypothèques du lieu dont dépend l'immeuble). Les frais d'acte et de publication sont à la charge de l'acquéreur.
Par principe : la promesse de vente « vaut vente ».
(Code civil, art. 1589).
Dès qu'il y a accord des parties sur le bien vendu et sur le prix, la vente est, en principe, réalisée.
L'acte de vente définitif (acte notarié) n'intervient que pour constater cet accord et pour fixer les modalités diverses de la vente (remise des clés, libération des locaux...).
En conséquence, les parties ne peuvent renoncer à la transaction. Si l'une d'elles se refuse à signer l'acte définitif, elle peut être assignée en exécution forcée devant le tribunal de grande instance. Cette règle est cependant atténuée par la possibilité pour l'acquéreur d'exercer son droit de rétractation, par la présence dans le contrat de conditions suspensives, par la possibilité de verser une certaine somme d'argent en contrepartie d'un désistement (voir plus loin).

› La promesse de vente à long terme

En principe, les promesses de vente peuvent être rédigées soit par acte notarié soit par acte sous seing privé (seul l'acte définitif doit être notarié).
Mais depuis le 1er juillet 2009, certaines promesses de vente à long terme doivent obligatoirement être rédigées par acte authentique (acte notarié) : il s'agit des pro-

messes de vente dont la validité est supérieure à 18 mois ou encore les promesses de vente qui ont été prorogées jusqu'à atteindre 18 mois ou plus.
Par ailleurs, une indemnité d'immobilisation au moins égale à 5 % du prix de vente doit être prévue en faveur du vendeur.
(Art. L. 290-1 s. du Code de la construction et de l'habitation).

› Contenu de la promesse de vente

● Délai de rétractation

Depuis le 1er juin 2001, tout acquéreur non professionnel d'un bien immobilier qui signe un acte l'engageant à acheter (promesse de vente, contrat de réservation, acte de souscription, contrat préliminaire, contrat de cession de parts...) peut se rétracter dans un délai de 7 jours.
L'acte doit lui être notifié par lettre recommandée avec AR et le délai court à compter du lendemain de la première présentation de la lettre recommandée.
Si l'acte doit être signé devant un notaire (acte authentique), le projet de cet acte doit lui être notifié par lettre recommandée avec AR. En aucun cas, l'acte authentique lui-même ne peut être signé avant l'expiration de ce délai de 7 jours.

À noter : lorsque la notification a été effectuée à deux époux par une seule lettre et non deux lettres distinctes, elle ne peut produire effet à l'égard des deux que si l'avis de réception a été signé par les deux époux ou si l'époux signataire était muni d'un pouvoir pour représenter son conjoint. (Cour de cassation, 3e chambre civile, 9 juin 2010).

Si l'acte sous seing privé ou la copie du projet est établi par un professionnel (notaire ou agent immobilier), il peut être remis directement à l'acquéreur. Dans ce cas :
– le délai de rétractation court à compter du lendemain de la remise de l'acte,
– l'acte doit reproduire les dispositions de l'article L. 271-2 du Code de la construction et de l'habitation,
– le bénéficiaire doit inscrire à la main : « remis par (nom du professionnel)... à (lieu)... le (date)... » et : « Je déclare avoir connaissance qu'un délai de rétractation de sept jours m'est accordé par l'article L. 271-1 du code de la construction et de l'habitation, et qu'il court à compter du lendemain de la date de remise inscrite de ma main sur le présent acte, soit à compter du... ».
Si l'acquéreur signe, dans un premier temps, un acte sous seing privé (promesse de vente) puis l'acte authentique, il ne bénéficie pas deux fois du délai de 7 jours mais du seul délai suivant la notification de la promesse de vente. La rétractation de l'acquéreur doit également être envoyée par lettre recommandée avec AR. La date retenue de la rétractation est celle de l'expédition de la lettre recommandée et non la date de sa réception. (Cour de cassation, 3e chambre civile, 5 décembre 2007).
Pendant le délai de rétractation, aucune somme ne peut être demandée à l'acquéreur sauf si la loi l'autorise (par exemple, dans le domaine de la construction neuve) ou si la somme est versée entre les mains d'un professionnel disposant d'une garantie financière (par exemple, un agent immobilier). Si l'acquéreur exerce sa faculté de rétractation, le professionnel dépositaire des fonds doit les lui restituer dans un délai de 21 jours à compter du lendemain de la date de cette rétractation. Pendant le délai de réflexion, aucun versement n'est autorisé.
(Art. L. 271-1 et D. 271-6 s. du Code de la construction et de l'habitation).

Conditions suspensives

Une condition suspensive entraîne la suspension des obligations de chacun à la réalisation d'un événement futur incertain. La vente, dans ce cas, ne se réalise que si cet événement se produit (par exemple : « je n'achète cette maison que si j'obtiens ma mutation professionnelle »).

Condition relative à l'octroi d'un prêt : lorsque l'acquéreur entend recourir à un prêt, la promesse de vente doit obligatoirement être conclue sous la condition suspensive de l'octroi de ce crédit.

(Voir Ⓘ : *Crédit immobilier*).

Arrhes et clause pénale

Très souvent est prévue dans le contrat la possibilité de ne pas donner suite à la promesse de vente en versant au cocontractant une somme déterminée. Si l'acheteur change d'avis, le vendeur, dans ce cas, est en droit de conserver les arrhes ou toutes sommes déjà versées par son acheteur.

De même, si le vendeur désire renoncer à la vente, il devra rendre à l'acheteur le double des sommes qu'il a déjà reçues.

(Code civil, art. 1590).

Peut également être prévue une clause pénale, c'est-à-dire le versement d'une somme d'argent à titre de sanction pour non-réalisation de la vente (dommages et intérêts).

À noter : cette clause pénale peut être réduite par les tribunaux si elle est jugée excessive, ou augmentée si elle est jugée dérisoire.

(Code civil, art. 1152).

Salubrité et sécurité de l'immeuble (documents annexés à la promesse de vente ou à l'acte de vente)

Le vendeur d'un immeuble bâti (maison, appartement) doit joindre à la promesse de vente ou, à défaut de promesse, à l'acte authentique, un dossier de diagnostic technique.

(Art. L. 271-4 du Code de la construction et de l'habitation).

En cas de vente publique sur adjudication, le dossier de diagnostic technique est annexé au cahier des charges.

Pour établir ce dossier, le vendeur doit s'adresser à une personne (physique ou morale) dont les compétences ont été certifiées par un organisme officiel et qui a souscrit une assurance professionnelle. À défaut le vendeur peut être puni d'une amende de 1 500 € (contravention de la 5e classe). (Art. R. 271-1 s. du Code de la construction et de l'habitation).

Le dossier comprend :

- le constat de risque d'exposition au plomb,
- l'état mentionnant la présence ou l'absence d'amiante,
- l'état relatif à la présence de termites,
- l'état de l'installation intérieure de gaz et d'électricité,
- l'état des risques naturels et technologiques, si le logement se situe dans une zone concernée,
- le diagnostic de performance énergétique,
- le contrôle des installations d'assainissement non collectif.

Accessibilité au plomb (lutte contre le saturnisme)

Si l'immeuble se situe dans une zone à risques et a été construit avant le 1er janvier 1949, le vendeur doit obligatoirement annexer à la promesse de vente (ou à l'acte de vente définitif) un état des risques établi depuis moins d'1 an.
À chaque mutation, le vendeur doit faire établir un nouveau constat sauf si le premier établit l'absence de revêtements contenant du plomb ou la présence de revêtements contenant du plomb à des concentrations inférieures aux seuils autorisés. Dans ce cas, ce constat initial doit être joint à chaque mutation.
Si le bien vendu fait partie d'une copropriété, l'obligation du vendeur de joindre le constat ne concerne que les parties privatives du lot vendu affectées au logement.
(Art. L. 1334-5 et suivants du Code de la santé publique).
(Sur cette notion de zone à risques et sur la législation en matière de saturnisme, voir Ⓘ : *Copropriété, saturnisme*).

Amiante

Un état mentionnant la présence ou, le cas échéant, l'absence de matériaux ou produits de la construction contenant de l'amiante doit être annexé à toute promesse unilatérale de vente, compromis de vente, promesse d'achat ou contrat de vente d'immeubles bâtis.
La recherche d'amiante doit porter :
– dans les immeubles construits avant le 1er janvier 1980, sur les flocages ;
– dans les immeubles construits avant le 29 juillet 1996, sur les calorifugeages ;
– dans les immeubles construits avant le 1er juillet 1997 sur les faux plafonds.
(Art. L. 1334-7 du Code de la santé publique).
S'il s'agit d'un immeuble en copropriété, le vendeur doit fournir un constat de présence ou d'absence d'amiante portant sur les parties privatives et les parties communes.
(Voir Ⓘ : *Copropriété, amiante*).
Le repérage dans les parties communes est à la charge du syndicat des copropriétaires qui a mis en place le « dossier technique amiante ».
Si ce dossier n'est pas encore établi au moment de la vente, le copropriétaire vendeur est donc seulement tenu de faire réaliser un constat portant sur les parties privatives et de fournir, pour les parties communes, les résultats des recherches de flocages, calorifugeages et faux plafonds réalisés entre 1996 et 1999 (obligations résultant du décret n° 96-97 du 7 février 1996).
(Réponse ministérielle 3223, JOAN, 9 décembre 2002, p. 4810).
(Sur les opérations de contrôle et les règles applicables dans les copropriétés, voir Ⓘ : *Copropriété, amiante*).

Termites

Lorsque l'immeuble vendu se situe dans une zone déclarée par le préfet contaminée par les termites ou autres insectes attaquant le bois, le vendeur doit faire établir un état parasitaire du bâtiment moins de 6 mois avant l'acte authentique de vente et l'annexer à cet acte.
(Art. L. 133-1 et suivants du Code de la construction et de l'habitation).
À noter : tous les arrondissements de Paris sont désormais classés dans les zones déclarées infestées par les termites. (Arrêté du 21 mars 2003).
L'état parasitaire doit identifier l'immeuble, indiquer les parties visitées et préciser les éléments infestés et ceux qui ne le sont pas.
(Décret n° 2000-613 du 3 juillet 2000).

Si le logement est en copropriété, l'état parasitaire porte exclusivement sur la partie privative du lot.
(Sur la législation applicable en matière de lutte contre les termites, voir Ⓘ : *Copropriété, termites*).

Installation intérieure de gaz et d'électricité

En cas de vente d'un bien immobilier à usage d'habitation comportant une installation intérieure de gaz, réalisée depuis plus de 15 ans, le vendeur doit faire établir un diagnostic de cette installation et joindre le certificat de contrôle en annexe de l'acte authentique de vente.
Ce certificat doit respecter les prescriptions de l'arrêté du 24 août 2010 et avoir été établi depuis moins de 3 ans à la date de l'acte authentique.
Si le logement est en copropriété, l'état porte exclusivement sur la partie privative du lot (Art. L. 134-6 du Code de la construction et de l'habitation).
Cette obligation entre en vigueur le 1er novembre 2007. L'état est valable 3 ans (Décrets n° 2006-1147 du 14 novembre 2006 et n° 2006-1653 du 21 décembre 2006).
(Sur les conséquences en matière de vices cachés, voir Ⓘ : *Vices cachés*).
L'installation intérieure d'électricité doit également faire l'objet d'un état des risques si cette installation a été réalisée depuis plus de 15 ans. Le constat reste valable 3 ans.
(Art. L. 134-7 du Code de la construction et de l'habitation).

État des risques technologiques et naturels

Si le logement se situe dans une commune elle-même située dans une zone couverte par un plan de prévention des risques technologiques ou par un plan de prévention des risques naturels prévisibles ou encore dans une zone de sismicité, le vendeur doit annexer à la promesse de vente un état de ces risques technologiques et naturels.
Cet état doit être établi moins de 6 mois avant la date de la promesse de vente ou de l'acte de vente notarié auquel il est annexé, d'après un modèle disponible dans les préfectures.
Si l'immeuble a subi un sinistre qui a été indemnisé pendant la période où le vendeur était propriétaire de l'immeuble ou si ce vendeur a été lui-même informé de l'existence d'un sinistre par son propre vendeur, il doit également en informer son acquéreur par écrit.
Cette information est mentionnée dans l'acte authentique constatant la réalisation de la vente.
En cas de non-respect de ces obligations, l'acquéreur peut demander la résolution du contrat ou demander au juge une diminution du prix.
(Art. L. 125-5 du Code de l'environnement ; Décret n° 2005-134 du 15 février 2005).
À noter : les plans de prévention des risques technologiques doivent être élaborés et approuvés dans un délai de 5 ans qui suit la publication de la loi n° 2003-699 du 30 juillet 2003 relative à la prévention des risques technologiques et naturels.

Diagnostic de performance énergétique

Le diagnostic de performance énergétique est destiné à évaluer la consommation d'énergie. Il doit indiquer la consommation effective ou estimée pour une utilisation standardisée du bâtiment et une classification en fonction de valeurs de

référence pour pouvoir comparer et évaluer la performance énergétique. Il doit être accompagné de recommandations destinées à améliorer cette performance.
Depuis le 1er novembre 2006, tout vendeur d'un logement doit tenir le diagnostic de performance énergétique à la disposition de tout candidat acquéreur qui en fait la demande. Le diagnostic a une durée de validité de 10 ans.
(Art. R. 271-5 du Code de la construction et de l'habitation).
Pour tous les bâtiments, le diagnostic est obligatoire si le permis de construire est déposé après le 30 juin 2007.
(Art. L. 134-1 et R. 134-1 et suivants du Code de la construction et de l'habitation).
Le diagnostic de performance énergétique ne doit être communiqué que pour l'information de l'acquéreur. Il ne peut pas remettre en cause la vente si ce diagnostic n'est pas présenté.
À noter : Le diagnostic de performance énergétique ne concerne pas les monuments historiques, les lieux de culte, les constructions provisoires, les bâtiments à usage autre que l'habitation et les résidences occupées moins de 4 mois par an.
(Art. R. 134-1 du code de la construction et de l'habitation).

Installations d'assainissement non collectif

Lorsque l'immeuble est raccordé à un réseau d'assainissement non collectif, son propriétaire doit assurer l'entretien régulier et le faire vidanger périodiquement par une entreprise agréée. La commune doit contrôler ces installations. À l'issue du contrôle, un document est remis au propriétaire indiquant éventuellement les travaux à effectuer pour éliminer les dangers pour la santé des personnes et les risques avérés de pollution de l'environnement.
Les communes déterminent la date à laquelle elles procèdent à ce contrôle, sachant qu'il doit intervenir au plus tard le 31 décembre 2012. Le contrôle doit, ensuite, être renouvelé tous les 10 ans maximum.
Quant il reçoit le document de la mairie, le propriétaire a 4 ans pour réaliser les travaux prescrits.
(Art. L. 2224-8 du Code général des collectivités territoriales ; Art. L. 1331-1 s. du Code de la santé publique).
Si l'installation d'assainissement n'est pas conforme le jour de la signature de l'acte authentique, l'acquéreur doit procéder aux travaux de mise en conformité dans un délai d'1 an après l'acte de vente.
(Art. L. 1331-1 du Code de la construction et de l'habitation).

Bornage

Si la promesse de vente porte sur un terrain et qu'il est indiqué que l'acquéreur entend y construire une maison d'habitation, la promesse de vente doit préciser si le descriptif résulte ou non d'un bornage.
La réalisation d'un bornage est, par ailleurs, obligatoire si le terrain fait partie d'un lotissement, est issu d'une division effectuée dans une zone d'aménagement concertée (ZAC), ou est issu d'un remembrement réalisé par une association foncière urbaine.
Si la mention relative au bornage ne figure ni dans la promesse de vente ni dans l'acte de vente notarié, l'acquéreur peut demander la nullité de la vente dans le délai d'1 mois à compter de la signature de l'acte notarié.
(Art. L. 111-5-3 du Code de l'urbanisme).

› La promesse d'achat

Les promesses ou offres d'achat sont des engagements unilatéraux signés par l'éventuel acquéreur, qui n'engagent pas le vendeur.
Depuis la loi n° 2000-1208 du 13 décembre 2000, il est interdit de lier la signature de cet engagement au versement d'une quelconque somme d'argent.
(Code civil, art. 1589-1).

Les intermédiaires : l'agent immobilier

› Quel est le statut de l'agent immobilier ?

La loi du 2 janvier 1970, appelée « loi Hoguet », organise la garantie financière et les conditions d'exercice des professions immobilières.
Les principales caractéristiques de cette loi sont les suivantes :
– interdiction des règlements en espèces entre les mains des intermédiaires,
– réglementation de l'accès à la profession,
– organisation de la carte professionnelle et centralisation des obligations comptables,
– souscription de la garantie financière : elle est obligatoire uniquement si l'agent immobilier est amené à recevoir ou à détenir des fonds, effets ou valeurs de la part ou pour ses clients (décret à paraître),
– organisation d'un contrôle périodique par l'autorité administrative et par les organismes de caution bancaire,
– obligation d'assurance professionnelle.
Les professions immobilières qui sont visées par cette loi sont celles exercées par les intermédiaires qui effectuent des opérations portant sur les biens d'autrui (agents immobiliers).
Ainsi le marchand qui achète des immeubles pour son propre compte ou le promoteur qui construit pour revendre est soumis à des statuts différents.
Il existe, pour les agents immobiliers, 3 cartes professionnelles portant les mentions suivantes :
– transactions sur immeubles et fonds de commerce ;
– gestion immobilière ;
– marchands de listes (cette spécialité est exclusive des autres).
Lorsque l'agent immobilier effectue des prestations liées, la vente de voyages, de titres de transport ou de forfaits touristiques, à la réservation d'hôtel ou à la location saisonnière, la carte porte la mention « Prestations touristiques ».
La durée de validité de la carte professionnelle est de 10 ans. (Décret n° 2005-1315 du 21 octobre 2005).
À noter : les modèles des cartes professionnelles, de la déclaration préalable d'activité et de l'attestation par laquelle une personne habilitée par un titulaire de la carte professionnelle à négocier, s'entremettre ou s'engager pour le compte de ce dernier, justifie de la qualité et de l'étendue de tels pouvoirs sont fixés par l'arrêté du 23 décembre 2009, JO du 31 décembre 2009.

› Quelles sont les caractéristiques du mandat de l'agent immobilier ?

Le mandat (ou procuration) est un acte par lequel une personne (exemple : un vendeur) donne à une autre (l'agent immobilier) le pouvoir de faire quelque chose (trouver un acquéreur) en son nom.
(Code civil, art. 1984).

Le mandat peut être ordinaire ou comporter une clause d'exclusivité en faveur de l'agent.
(Loi du 2 janvier 1970, art. 7).
Cette clause d'exclusivité doit être obligatoirement limitée dans le temps et ne peut avoir une durée supérieure à 3 mois (durée pouvant être renouvelée par tacite reconduction). À défaut, elle serait nulle.
Cette clause interdit au mandant (le client) de confier le dossier à un autre agent immobilier.
L'exclusivité est généralement demandée par l'agent immobilier lorsque l'opération consiste à vendre un bien immobilier.
Quelle que soit la forme du mandat, celui-ci doit obligatoirement (à peine de nullité) :
– être établi pour une durée déterminée,
– prévoir les conditions de rémunération de l'agent ainsi que l'indication de la partie qui en aura la charge,
– indiquer les conditions dans lesquelles l'intermédiaire est autorisé à recevoir, verser ou remettre des sommes d'argent,
– indiquer les modalités de la reddition des comptes.
Ces modalités concernent la manière et le délai que devra respecter l'agent pour informer son client de la conclusion de l'affaire, pour indiquer, le cas échéant, les sommes perçues ou avancées en son nom, etc.
(Loi du 2 janvier 1970, art. 6).
À noter : si l'agent est chargé d'un mandat de gérer, la reddition des comptes doit avoir lieu chaque année.

› Quand doit-on payer la commission ?

La commission est la rémunération de l'agent immobilier, pour l'exécution de sa mission.
Cette commission n'est en principe due que lorsqu'un écrit est établi et signé par les deux parties (le vendeur et l'acheteur) constatant la conclusion de l'opération (la vente).
Cet écrit doit être définitif, c'est-à-dire :
– soit réalisé sans condition suspensive,
– soit lorsque les conditions suspensives sont réalisées (exemple : lorsque l'acquéreur a obtenu son prêt).
Avant cet écrit, l'agent ne peut recevoir ni bien, effet, valeur ou somme d'argent à titre de frais de recherche, démarche, publicité, commission, etc.
(Loi du 2 janvier 1970, art. 6).
Si deux agences immobilières sont chargées de trouver un acquéreur, seul celle qui a conclu l'affaire peut demander le paiement de sa commission et de ses frais.
(La première agence pourrait, le cas échéant, demander des dommages et intérêts à son mandant (le vendeur) en cas de manœuvres ou fraude de sa part).
L'écrit constatant l'accord des parties peut être un simple acte sous seing privé, mais il doit être l'aboutissement du travail effectué par l'agent immobilier.
Lorsque l'affaire est conclue, la commission est due même si, par la suite, l'une des parties se refuse à régulariser l'acte définitif (acte notarié).
De même, si l'agent immobilier a fait visiter un appartement et que finalement, le client conclut la vente directement avec le vendeur, la commission est due à l'agent.

À noter : il est possible de prévoir, dans le mandat, le versement de la commission même en cas d'échec de la négociation. Cette clause est valable.

› Qui doit payer la commission ?

Il est d'usage que la commission soit payée par le vendeur dont l'intermédiaire est généralement le mandataire. Il est cependant possible de prévoir dans la convention de mandat que le paiement sera à la charge de l'acheteur.
Dans cette hypothèse, l'acquéreur doit ratifier cette disposition dans le compromis de vente. À défaut, il ne serait pas tenu à ce versement.

À noter : en matière de location, la commission des agents immobiliers est partagée par moitié entre bailleur et locataire.

● Les droits de mutation

Depuis un arrêt de la Cour de cassation du 12 décembre 1995 (suivi d'une réponse ministérielle en date du 5 mai 1997), la commission (lorsqu'il est prévu qu'elle doit être payée par l'acquéreur) n'est plus considérée comme un supplément de prix et n'a donc pas à être ajoutée au prix de vente déclaré dans l'acte pour la détermination des droits de mutation.

› Quel est le montant de la commission ?

Le taux de la commission des agents immobiliers est libre depuis le 1er janvier 1987.
D'une façon générale, le taux usuel de la commission varie de 5 à 10 % en fonction de l'importance des biens vendus, le taux de commission étant évidemment plus faible pour des biens d'une grande valeur et pouvant même descendre au-dessous de 5 %.

À noter : les tribunaux sont compétents pour réduire le montant de la commission demandée si elle s'avère excessive par rapport au service rendu.

De même, une commission partielle peut être fixée si le mandat n'a été que partiellement exécuté.

● Publicité des prix pratiqués

Depuis l'arrêté du 29 juin 1990, les agents immobiliers sont tenus d'afficher à l'entrée de leur établissement, de façon visible et lisible de la clientèle, les prix des prestations qu'ils assurent, et notamment celles liées à la vente ou à la location de biens et à la rédaction de bail, en indiquant pour chacune de ces prestations à qui incombe le paiement de cette rémunération.
Lorsque ces prix sont fixés proportionnellement à la valeur du bien vendu ou au montant du loyer, l'affichage extérieur et intérieur doit indiquer le ou les pourcentages prélevés, en précisant, le cas échéant, les tranches de prix correspondantes, et faire apparaître tous les éléments auxquels se rapportent ces pourcentages.

› Comment le mandat prend-il fin ?

Le mandat exclusif d'un agent immobilier prend fin lorsque l'affaire est réalisée ou, à défaut, à l'expiration du délai fixé dans le contrat.

Attention : la durée du contrat avec clause d'exclusivité ne peut être supérieure à 3 mois.

À l'arrivée du terme, le contrat prend fin ou bien va se renouveler en application d'une clause de tacite reconduction.
La clause de tacite reconduction, pour être valable, doit être limitée dans le temps ou prévoir un nombre précis maximum de périodes de renouvellement. Un mandat serait nul s'il pouvait être renouvelé indéfiniment.
Lorsque le mandat est renouvelé par tacite reconduction, chacune des parties a la possibilité de le dénoncer à tout moment, par lettre recommandée avec AR moyennant un préavis de 15 jours.
Ces règles s'appliquent également lorsque le mandat n'est pas assorti d'une clause d'exclusivité mais contient une clause pénale ou une clause par laquelle une commission est due même si l'opération est conclue sans l'intermédiaire.
Le mandat simple, sans exclusivité ni clause pénale, peut être conclu pour une durée supérieure à 3 mois.
Il prend fin à l'arrivée du terme ou, après tacite reconduction, par l'envoi d'une résiliation.
(Art. 78 et suivants du décret n° 72-678 du 20 juillet 1972).

› Quelle est la responsabilité de l'agent immobilier ?

Si l'agent immobilier ne remplit pas ses obligations ou s'il ne les remplit qu'imparfaitement, il peut être condamné envers son mandant au paiement de dommages et intérêts.
Ses obligations consistent à exécuter au mieux la mission qui lui a été confiée et non pas de réussir la mission. Il est tenu à une obligation de moyens et non à une obligation de résultat.
Sa responsabilité peut être engagée s'il a manqué à son devoir de conseil, comme par exemple :
- négliger d'expliquer à son client les conséquences d'un engagement pris par ce dernier,
- oublier d'indiquer les défauts de l'immeuble (s'il est mandataire de l'acquéreur),
- procurer des renseignements inexacts ou incomplets,
- omettre de vérifier la solvabilité de l'acquéreur ou sa capacité à signer l'acte…

● Devoir d'information de l'agent immobilier

Quand l'état annexé à la vente révèle une accessibilité au plomb, l'agent immobilier doit en informer le préfet.
(Art. L. 1334-5 du Code de la santé publique).
(Sur la législation applicable en matière de lutte contre l'intoxication au plomb, voir ① : *Saturnisme ; Copropriété, saturnisme*).
Par ailleurs, lorsqu'ils participent à des opérations entraînant le transfert de capitaux, les agents immobiliers sont associés à la lutte contre le blanchiment des capitaux provenant du trafic de stupéfiants ou d'autres activités criminelles.
Ils doivent, en effet, non seulement déclarer à la préfecture toutes opérations qui portent sur des sommes qu'ils savent provenir de ces opérations criminelles mais aussi déclarer ces opérations même s'ils n'ont qu'un simple soupçon sur l'origine des fonds.
À défaut d'effectuer ces déclarations, leur responsabilité civile et professionnelle peut être mise en jeu.

Cette obligation de vigilance a été étendue aux agents immobiliers par la loi n° 98-546 du 2 juillet 1998 modifiant la loi n° 90-614 du 12 juillet 1990.
Elle n'était, avant cette loi, applicable qu'aux organismes financiers.

Les intermédiaires : le notaire

› Quel est le rôle du notaire ?

La vente d'un bien immobilier doit être établie par acte authentique en raison de l'importance et de la gravité d'un tel acte. Seul le notaire a qualité pour rédiger cet acte authentique.
Les actes peuvent être établis sur support papier ou sur support électronique (Décret n° 2005-973 du 10 août 2005).
Par ailleurs, les opérations portant sur des immeubles (les ventes mais aussi les donations, les échanges ou les règlements de copropriété) doivent être obligatoirement publiées au bureau des hypothèques.
(Art. 28 du décret du 4 janvier 1955).
Cette publication ne peut intervenir qu'après l'établissement de l'acte authentique. Elle a pour effet de rendre l'acte opposable au tiers (exemple : lorsque la publication d'une vente est effectuée, les créanciers du vendeur ne peuvent plus inscrire une hypothèque sur ce bien).
À noter : le notaire peut également se charger de la négociation de la vente. Comme un agent immobilier, il doit alors être titulaire d'un mandat et mener à bien l'opération pour prétendre au paiement des honoraires de négociation.

● Comptabilité du notaire

Si les fonds provenant de la vente passent par la comptabilité du notaire, celui-ci ne peut les remettre directement au vendeur. Il doit préalablement payer les éventuels créanciers hypothécaires ou privilégiés (banque, copropriété…). S'il conserve les fonds plus de 3 mois, il doit les déposer à la Caisse des dépôts et consignations qui verse alors trimestriellement un intérêt au taux nominal trimestriel de 0,25 %. (Arrêté du 30 décembre 1997).

› Comment les honoraires du notaire sont-ils fixés ?

Les honoraires comprennent d'une manière générale :
– les émoluments qui sont fixés par décret,
– les honoraires libres qui interviennent pour la rémunération des actes non prévus par le tarif des émoluments.

● Les émoluments

Il existe :
• *Les émoluments fixes* qui concernent d'une manière générale les actes dans lesquels il n'est pas fait mention de capitaux (exemple : acte de notoriété, procuration, contrat de mariage simple…). Chaque acte est rémunéré forfaitairement (par un taux fixe ou par unités de valeur fixées par décret).
• *Les émoluments proportionnels* qui sont calculés sur le capital indiqué dans l'acte. Chaque acte est lui-même classé dans une série de base (S1 ou S2 ou S3) déterminant le taux applicable à chaque tranche (taux dégressif). L'acte est en outre affecté d'un coefficient.

Les séries de base sont les suivantes (décret n° 78-262 du 8 mars 1978 modifié par le décret n° 2007-387 du 21 mars 2007) :

	Taux applicable à chaque tranche
Première série (S1)	
de 0 jusqu'à 6 500 € :	4 %
au-delà de 6 500 € jusqu'à 17 000 € :	1,65 %
au-delà de 17 000 € jusqu'à 30 000 € :	1,10 %
au-delà de 30 000 € :	0,825 %
Deuxième série (S2)	
de 0 jusqu'à 6 500 € :	2 %
au-delà de 6 500 € jusqu'à 17 000 € :	1,10 %
au-delà de 17 000 € jusqu'à 30 000 € :	0,75 %
au-delà de 30 000 € :	0,55 %
Troisième série (S3)	
de 0 jusqu'à 3 050 € :	2,50 %
au-delà de 3 050 € jusqu'à 6 100 € :	1,65 %
au-delà de 6 100 € jusqu'à 16 770 € :	1,10 %
au-delà de 16 770 € jusqu'à 121 960 € :	0,55 %
au-delà de 121 960 € :	0,30 %

Exemple : l'attestation de propriété est classée en deuxième série (S2) et affectée d'un coefficient 1, soit pour un immeuble d'une valeur de 8 090 € :
1re tranche (6 500 € x 2 %) x 1 = 130 €
2e tranche (1 590 € x 1,10 %) x 1 = 17,49 €
Les émoluments proportionnels seront de 147,49 €.

• *Les émoluments de formalité* qui sont prévus pour les formalités obligatoires du notaire (par ex. : demande de documents cadastraux). Comme les émoluments fixes, les émoluments de formalité sont fixés d'après les unités de valeur.

Les honoraires libres

Les honoraires libres sont fixés d'un commun accord entre le notaire et son client pour les actes non tarifiés (exemple : actes concernant les sociétés ou les fonds de commerce).

À noter : les honoraires de rédaction de l'acte de vente sont partagés entre le notaire rédacteur et le notaire conseil de l'autre partie.

La mission de rédiger l'acte de vente peut incomber soit au notaire du vendeur, soit au notaire de l'acheteur selon les régions. C'est en principe l'acquéreur qui supporte les frais d'actes.

TVA : aux honoraires et émoluments, il convient d'ajouter la TVA à laquelle sont assujettis les notaires au taux de 19,60 %.

› La responsabilité du notaire peut-elle être engagée ?

La responsabilité du notaire peut être engagée s'il a commis une faute dans l'exercice de ses fonctions et que cette faute a causé un préjudice à son client.
Cette faute peut être :
– un manquement à son devoir de conseil. En tant que professionnel, il se doit d'informer son client des conséquences de l'acte qu'il signe, des risques éventuels pour lui, des incidences fiscales, etc.
Il ne peut se décharger entièrement de cette obligation même si les parties déclarent l'en décharger ;
– une erreur dans la rédaction de l'acte concernant par exemple, la description du bien vendu, le nom des parties, etc. ;
– une erreur de droit (vente d'un bien n'appartenant pas au prétendu vendeur...).

● La responsabilité pénale

Certaines fautes commises par le notaire peuvent être pénales :
– le faux en écritures publiques,
(Code pénal, art. 441-2 et art. 441-4),
– le fait de ne pas publier aux hypothèques dans le délai prescrit,
– les détournements de pièces qui lui sont confiées,
(Code pénal, art. 432-15),
– la violation du secret professionnel,
(Code pénal, art. 226-13 et 226-14).

› Comment mettre en jeu la responsabilité du notaire ?

À défaut d'accord amiable, il convient de saisir dans un premier temps la chambre départementale des notaires qui pourra, le cas échéant, arbitrer le litige.
À défaut de solution trouvée, il faut alors s'adresser à un avocat qui déterminera tout d'abord la nature de la faute (pénale ou civile), estimera la gravité et éventuellement délivrera une assignation devant le tribunal compétent.

À noter : chaque notaire doit obligatoirement souscrire une assurance « responsabilité civile professionnelle ».

Il est également assuré auprès des caisses de garanties collectives. Ces caisses sont établies par région et sont alimentées par les cotisations versées par les notaires.

Les garanties

Lorsque le contrat de vente est définitivement conclu, le vendeur comme l'acquéreur disposent de diverses garanties.

› Quelles sont les garanties accordées au vendeur ?

● Garanties relatives au paiement du prix

Si l'acheteur ne paie pas le prix, le vendeur peut demander :

La résolution de la vente

Dans ce cas, la vente est annulée et le vendeur récupère le bien vendu. La résolution de la vente doit être prononcée par le tribunal (d'instance ou de grande instance).
Préalablement à la résolution, le débiteur peut se voir accorder un délai de règlement qui varie selon les circonstances propres à l'espèce.
(Code civil, art. 1654 et 1655).

Le paiement forcé du prix

Le vendeur d'un immeuble bénéficie du « privilège du vendeur » qui est la garantie d'être assuré du paiement du prix.
(Code civil, art. 2374).
Ce privilège doit être inscrit à la Conservation des hypothèques par le notaire chargé de la rédaction de l'acte de vente, dans le délai de 2 mois à compter de la signature du contrat.
Le « privilège du vendeur » prend rang aux hypothèques au jour de la vente et non au jour de l'inscription elle-même, ce qui permet de primer les hypothèques qui pourraient être inscrites après la vente (c'est-à-dire qu'en cas de saisie immobilière de l'immeuble vendu, le vendeur encore créancier du prix de vente serait payé avant les autres créanciers éventuels). L'évaluation de la créance garantie doit être mentionnée dans l'inscription du privilège.
Si le prix a été payé à l'aide d'un prêt, le privilège est accordé au prêteur. Le vendeur doit avoir été payé par l'organisme prêteur et l'argent emprunté doit avoir servi à l'acquisition (ces conditions doivent être constatées dans l'acte authentique – acte notarié).

● Garantie relative au montant du prix : l'action en rescision pour lésion

En principe, le prix de vente d'un immeuble est fixé librement entre les parties, selon la loi de l'offre et de la demande. Le Code civil intervient néanmoins dans ce domaine et sanctionne une vente qui léserait de façon excessive le vendeur. Si le vendeur a été lésé de plus de 7/12e dans le prix d'un immeuble, il a le droit de demander la rescision (nullité) de la vente.
(Code civil, art. 1674).
Les clauses de renonciation à l'action en rescision sont nulles (il s'agit d'une protection du patrimoine d'ordre public). Si le vendeur est décédé, ses héritiers peuvent exercer cette action. De même, si l'acquéreur est décédé, l'action peut être exercée contre ses héritiers.

Comment s'apprécie la lésion ?

La lésion est établie en comparant la valeur réelle de l'immeuble et le prix auquel il a été vendu.
Si la différence est supérieure aux 7/12e de la valeur réelle, l'action en rescision peut être intentée.
Par exemple, si un immeuble a une valeur réelle de 15 000 €, les 7/12e de cette valeur réelle représentent la somme de 8 750 €, c'est-à-dire que pour qu'il y ait lésion, il faut que l'immeuble soit vendu moins de 6 250 €.
La lésion s'apprécie au jour de la vente, c'est-à-dire au jour de la signature de l'acte constatant l'accord des parties (compromis ou acte notarié).

Quel est le délai pour agir ?

La demande doit être effectuée dans un délai de 2 ans, à compter du jour de la vente.
(Code civil, art. 1676).
Par « jour de la vente », il faut entendre le jour où l'accord des parties a été constaté par écrit. Ce jour peut être le jour du compromis (promesse de vente) ou le jour de la signature de l'acte notarié, si des éléments du contrat ont été modifiés entre ces deux actes. Par ailleurs, si la vente a été assortie d'une condition suspensive, le délai

court à compter de la réalisation de cette condition (exemple : condition suspensive relative à l'obtention d'un prêt).

À quel tribunal s'adresser ?

La rescision pour lésion ayant pour but de remettre l'immeuble vendu dans le patrimoine du vendeur est de la compétence du tribunal de grande instance dont dépend le domicile de l'acquéreur.
(Art. 46 du Code de procédure civile).
Le ministère d'un avocat est obligatoire.

L'acquéreur peut-il empêcher la nullité de la vente ?

L'acquéreur peut éviter la rescision en payant la différence entre le prix de vente et le juste prix, avec la possibilité néanmoins de déduire un dixième du prix total.
(Code civil, art. 1681).
La jurisprudence évalue ce prix total en tenant compte de la valeur de l'immeuble au jour de la vente et celle au moment du paiement du complément de prix.

› Quelles sont les garanties accordées à l'acquéreur ?

● La délivrance de l'immeuble

Le vendeur est tenu de « délivrer » l'immeuble (par la remise des clés ou des titres de propriété s'il s'agit d'un terrain nu, par exemple) à la date prévue dans l'acte.
(Code civil, art. 1605).
À défaut, la vente pourrait être résolue.
Il est également tenu de « délivrer » la contenance (la superficie) indiquée dans l'acte. Si cette contenance réelle est inférieure à celle indiquée, l'acquéreur peut demander une diminution proportionnelle du prix.
Inversement, le vendeur peut demander une augmentation du prix si la superficie réelle est supérieure de plus du vingtième du chiffre indiqué. L'acquéreur peut refuser et se désister, ou payer le supplément.
(Code civil, art. 1617 à 1624).
À noter : l'acte prévoit souvent une clause de non-garantie en raison de la difficulté fréquente de prévoir la contenance précise d'une maison ou d'un appartement. Cette clause est valable, sauf s'il s'agit d'un lot de copropriété.

● La vente d'un lot de copropriété

Superficie du lot vendu

S'il s'agit d'un lot ou fraction de lot de copropriété, le vendeur est tenu, depuis le 19 juin 1997 (loi n° 96-1107 du 18 décembre 1996), d'indiquer dans tout acte ou contrat préalable à l'acte authentique (promesse unilatérale ou synallagmatique de vente ou d'achat) la superficie de la partie privative de ce lot (hormis les caves, garages ou parkings).
La superficie à prendre en compte est la superficie des planchers après déduction des surfaces occupées par les murs et cloisons, escaliers, gaines et embrasures des portes et fenêtres. Seule est prise en compte la superficie des pièces dont la hauteur dépasse 1,80 m.
– Si la superficie n'est pas indiquée, le bénéficiaire de la promesse ou l'acquéreur pourra demander la nullité de l'acte jusqu'à l'expiration du mois qui suit la signature de l'acte authentique (à condition que cette superficie ne soit pas non plus indiquée

dans l'acte définitif notarié ; dans cette hypothèse, l'acquéreur perd le droit de demander la nullité de la promesse de vente) ;
– Si la superficie réelle est supérieure à celle indiquée dans la promesse, le vendeur ne peut exiger aucun supplément de prix ;
– Si la superficie réelle est inférieure de plus d'un vingtième à celle indiquée, l'acquéreur peut demander (pendant l'année qui suit l'acte authentique) une diminution proportionnelle du prix. Le vendeur ne peut pas s'exonérer de cette obligation en insérant une clause de non-garantie dans la promesse ou l'acte de vente.
Si la demande de diminution de prix est acceptée, l'acquéreur peut parallèlement demander une diminution dans les mêmes proportions des droits de mutation (réponse ministérielle, JOAN 14 mars 2006).
Le jour de la signature de l'acte authentique, le notaire doit remettre à l'acquéreur la copie de l'acte indiquant la superficie et la copie de l'article 46 de la loi du 10 juillet 1965.
(Loi n° 65-557 du 10 juillet 1965, art. 43 et 46 ; Décret n° 67-223 du 17 mars 1967, art. 4-1 et s.).

Information concernant l'immeuble

Sur demande du futur acquéreur, le propriétaire cédant est tenu de lui communiquer le carnet d'entretien de l'immeuble ainsi que le diagnostic technique.
(Voir Ⓘ : *Copropriété, carnet d'entretien, diagnostic technique*).
Le diagnostic doit être porté à la connaissance de l'acquéreur lors de la première vente suivant la mise en copropriété et de toute nouvelle vente intervenant dans les 3 ans suivant le diagnostic. Le diagnostic technique et le carnet d'entretien sont consultables, sur demande, par tout futur ou nouvel acquéreur.
(Décret n° 67-223 du 17 mars 1967, art. 4-4).

État financier du lot vendu

Par ailleurs, le syndic doit fournir au notaire chargé de la vente, à sa demande, ou à celle du propriétaire vendeur un état financier daté comportant trois parties. Ces indications peuvent être approximatives jusqu'à l'apurement des comptes. Il indique :
– les sommes pouvant rester dues, pour le lot considéré (provisions exigibles, charges impayées, avances exigibles, quote-part des travaux) ;
– les sommes dont le syndicat pourrait être débiteur, pour le lot considéré, à l'égard du copropriétaire cédant (avances, provisions du budget provisionnel) ;
– les sommes qui devraient incomber au nouveau copropriétaire, pour le lot considéré, telles que les avances à reconstituer, les provisions non encore exigibles…
Enfin, en annexe, le syndic doit indiquer la somme correspondant, pour les deux exercices précédents, à la quote-part afférente au lot vendu dans le budget prévisionnel et dans le total des dépenses hors budget prévisionnel. Le cas échéant, il indique aussi l'objet et l'état des procédures en cours.
À noter : les honoraires du syndic afférents aux prestations qu'il doit effectuer pour l'établissement de cet état financier ne sont pas considérés comme des charges générales mais sont imputables au seul copropriétaire concerné.
(Décret n° 67-223 du 17 mars 1967, art. 5).

La possession paisible de l'immeuble

Le vendeur doit assurer à son acquéreur la jouissance paisible du bien et en conséquence doit le garantir financièrement s'il est victime d'une éviction (exemple : si l'immeuble vendu appartenait à un tiers qui le revendique).
(Code civil, art. 1626).
Dans ce cas, le vendeur est tenu de restituer le prix de vente ainsi que les frais accessoires. Il peut être redevable également de dommages et intérêts et des frais de procédure.
(Code civil, art. 1630).
Cette garantie d'éviction peut être écartée dans l'acte de vente sauf si l'éviction est causée par le fait personnel du vendeur (exemple : vente de mauvaise foi du bien d'autrui).
(Code civil, art. 1627 et art. 1628).
À noter : en cas d'expropriation par l'administration, le vendeur n'est pas tenu de garantir l'acquéreur, sauf bien sûr si l'expropriation était en cours au moment de la vente.

Les vices cachés

Le vendeur doit garantir l'acheteur des défauts cachés de l'immeuble vendu.
(Code civil, art. 1641).
Ces défauts doivent être importants. Ils doivent rendre l'immeuble impropre à l'usage auquel il est destiné ou diminuer tellement cet usage que l'acquéreur ne l'aurait pas acquis s'il les avait connus (exemple : défauts affectant les fondations d'une maison). En présence de vices cachés (même inconnus par le vendeur), l'acheteur peut se faire restituer le prix de vente et les frais accessoires (et rendre l'immeuble) ou bien demander la diminution de ce prix. Si le vendeur connaissait les vices cachés, il doit, outre la restitution du prix qu'il a encaissé, le paiement de dommages et intérêts.
(Code civil, art. 1645).

Clause de non-garantie

Si le vendeur est un non-professionnel et qu'il ignorait l'existence du vice, il peut s'exonérer de la garantie des vices cachés par une clause insérée au contrat de vente.
En revanche, le vendeur professionnel (exemple : marchand de biens) est toujours réputé connaître les vices de la chose ; par ailleurs, il ne peut, même en présence d'une clause de non-garantie, se soustraire à son obligation de garantir l'acheteur des vices cachés.

Exclusion de la clause de non-garantie

Dans certains cas, le vendeur même non professionnel et même en présence d'une clause de non-garantie ne peut pas s'exonérer de son obligation de garantir l'acheteur contre les vices cachés (Art. L. 271-4 du Code de la construction et de l'habitation) :
– en cas de présence de termites ou autres insectes attaquant le bois si le vendeur n'a pas fait établir un état parasitaire du bâtiment,
(Sur cet état parasitaire et la législation applicable en matière de lutte contre les termites, voir Ⓘ : *Promesse de vente, termites* et voir aussi Ⓘ : *Copropriété, termites*).
– en cas de risque d'accessibilité au plomb (saturnisme) si le vendeur n'a pas fait expertiser le logement avant la vente,

(Sur l'établissement de cette zone à risques et sur la législation applicable en matière de lutte contre le saturnisme, voir ① : *Copropriété, saturnisme*).
– en cas de présence d'amiante et en l'absence de diagnostic annexé à l'acte,
– en cas de défectuosité de l'installation de gaz ou (et) électrique et si ces installations n'ont pas été contrôlées,
– en cas de défectuosités des installations d'assainissement non collectif et si le vendeur n'a pas fait procéder à leur entretien et vidange.

Délai de l'action en garantie

Le délai pour intenter l'action en garantie des vices cachés est de 2 ans à compter de la découverte du vice.
S'il s'agit de la vente d'un immeuble à construire, l'action doit être introduite, à peine de forclusion, dans l'année qui suit la date à laquelle le vendeur peut être déchargé des vices apparents.
(Code civil, art. 1648).

La multipropriété

› La vente en multipropriété

La vente en multipropriété consiste à céder la jouissance d'un bien immobilier à usage d'habitation pour une ou plusieurs périodes déterminées (par exemple : « les quinze premiers jours de janvier ») ou déterminables (par exemple, « les vacances de Pâques »).
Cette cession peut porter directement sur la jouissance du logement ou sur des parts ou actions d'une société d'attribution d'immeubles en jouissance.
La loi n° 98-566 du 8 juillet 1998 (transposition de la directive européenne du 26 octobre 1994) a réglementé la protection des consommateurs dans ce domaine.
Auparavant, les litiges concernant la multipropriété pouvaient être rattachés soit aux ventes d'immeuble (cession de la jouissance d'un immeuble), soit aux ventes mobilières (vente de parts de sociétés), ou encore au crédit… sans que le droit en la matière ne soit réellement fixé.
L'acquéreur d'un bien en multipropriété est protégé contre certaines pratiques dénoncées dans ce domaine (invitation à une soirée, remise d'un cadeau et incitation pressante à signer sur place l'acquisition d'une période de vacances) ou contre les acquisitions sur catalogue sans rapport avec la réalité. Il bénéficie d'une information obligatoire et de la possibilité de revenir sur sa signature.

● L'offre de vente

L'offre doit être écrite et comporter plusieurs mentions obligatoires visant toutes à assurer l'information de l'acquéreur (références et identité du professionnel, descriptif du bien, nature et durée du droit de jouissance sur le bien, date d'occupation, équipements et services communs, prix initial et montant des charges périodiques…).
Cette offre, en deux exemplaires, doit être envoyée ou remise au consommateur.
Un coupon détachable doit lui permettre d'exercer la faculté de rétractation.
En cas de contrats étrangers (si les biens sont situés hors de France), un exemplaire de l'offre doit obligatoirement être rédigé en français.

L'acceptation de l'offre

À compter de la réception de l'offre, le consommateur a un délai minimum de 7 jours pour accepter (au-delà de ce délai, le vendeur peut modifier les termes de l'offre).
Pour accepter l'offre, il doit signer, dater et indiquer le lieu de la signature de façon manuscrite sur un des exemplaires et l'envoyer par lettre recommandée avec AR ou par tout autre moyen permettant de s'assurer de la date exacte de cet envoi. Cette formalité assure au consommateur un temps de réflexion avant de s'engager et évite que le vendeur ne fasse signer à son acquéreur, en même temps que la remise de l'offre, une acceptation postdatée.
Dans l'hypothèse où l'acquéreur a demandé un crédit, le contrat même accepté est toujours formé sous la condition suspensive de l'obtention de ce crédit (même si la clause ne figure pas dans le contrat).

Le délai de rétractation

Après avoir accepté l'offre, il peut encore se rétracter pendant un délai de 10 jours.
La rétractation doit être faite de la même façon et pour les mêmes raisons que l'acceptation (lettre recommandée avec AR, signature et mention manuscrite de la date d'envoi).
Aucune somme ne peut être à cette occasion réclamée au consommateur si ce n'est les frais d'envoi. Si le délai de rétractation expire un samedi, un dimanche ou un jour férié ou chômé, il est reporté au 1er jour ouvrable suivant.
Avant l'expiration du délai de rétractation, aucun engagement de versement, aucun acompte sur le prix ni autre somme (par exemple versée pour la réservation ou les frais de dossier) ne peut être réclamé à l'acquéreur.
Si l'acquéreur a sollicité un crédit, la rétractation entraîne la résiliation du contrat de crédit.
(Code de la consommation, art. L. 121-60 et s.).

› La sortie de la multipropriété

La loi n° 2009-888 du 22 juillet 2009 a élargi pour les titulaires de parts ou d'actions de société d'attribution d'immeuble en jouissance à temps partagé les possibilités de sortir de la société. Avant cette loi, la seule issue était de tenter de revendre ses parts à un tiers.
Désormais, un associé peut se retirer totalement ou partiellement de la société, après autorisation donnée par une décision unanime des associés ou encore sur autorisation judiciaire s'il justifie de « justes motifs ».
Le retrait pour justes motifs est de droit dans deux hypothèses :
– lorsque les parts de société ont été transmises par succession. L'héritier ou le légataire qui a reçu ces parts ou actions dispose d'un délai de 2 ans pour demander son retrait,
– lorsque le titulaire ne peut plus jouir de son bien du fait de la fermeture ou de l'inaccessibilité de la station ou de l'ensemble immobilier concerné.
Ces causes de retrait sont admises même si le contrat d'adhésion ou le contrat de vente stipule le contraire. (Loi n° 86-18 du 6 janvier 1986).

Le crédit immobilier

Réglementation

Quand l'acquéreur d'un bien immobilier entend recourir à un prêt, il bénéficie de la protection du Code de la consommation sous les précisions suivantes.

› Quelles sont les opérations concernées par la réglementation ?

Les dispositions de protection s'appliquent aux prêts consentis pour financer les opérations portant sur les immeubles à usage d'habitation ou à usage mixte (professionnel et habitation).

En sont donc exclus les prêts destinés à acquérir un local commercial, artisanal ou à usage de bureau.

Ces opérations peuvent être :

– l'acquisition en propriété ou en jouissance,

– l'achat de parts ou actions de société donnant vocation à leur attribution en propriété ou en jouissance,

– les dépenses relatives à la construction, la réparation, l'amélioration ou à l'entretien de ces immeubles lorsque le montant des dépenses est supérieur à 21 500 €. (Art. D. 311-1 du Code de la consommation).

Si l'emprunt est inférieur à ce seuil, il y a lieu d'appliquer les dispositions relatives au crédit mobilier.

(Sur ce point, voir Ⓘ : *Crédit, mobilier*).

– l'achat de terrains destinés à la construction des immeubles d'habitation ou à usage mixte.

(Code de la consommation, art. L. 312-2 et L. 312-3).

› Quels sont les emprunteurs concernés par la réglementation ?

Sont concernés tous les emprunteurs (personnes physiques ou morales).

Mais en sont exclus :

– les emprunteurs personnes morales de droit public (État, collectivités locales, établissements publics),

– les emprunteurs professionnels de l'immobilier (marchands de biens, promoteurs...).

À noter : un particulier peut être considéré comme « professionnel » s'il achète plusieurs biens immobiliers.

Le but de la loi est d'empêcher les décisions trop hâtives de la part de l'emprunteur et de lui permettre de connaître parfaitement les conséquences de son emprunt. Elle réglemente les conditions de validité du contrat de prêt lui-même et ses conséquences sur l'acte de vente.

(Code de la consommation, art. L. 312-3).

Le contrat de prêt

› Quelles sont les conditions de validité du contrat de prêt ?

L'offre de prêt

Le prêteur est tenu d'envoyer par La Poste au candidat emprunteur (ainsi qu'aux cautions déclarées par l'emprunteur s'il s'agit de personnes physiques) une offre de prêt écrite.

Cette offre est gratuite.

Elle doit indiquer :

– les identités des personnes et éventuellement des cautions,
– les modalités du prêt (date de remise des fonds…),
– le montant du coût total du crédit,
– la description des assurances ou sûretés exigées (assurance de groupe proposée par le prêteur ou assurance choisie par l'emprunteur),
– la possibilité pour l'emprunteur de souscrire une assurance auprès de l'assureur de son choix,
– les conditions requises en cas de transfert du prêt à une tierce personne (dans l'hypothèse de la revente du logement par exemple),
– pour les prêts à taux fixe, le tableau des amortissements détaillant pour chaque échéance la répartition du remboursement entre le capital et les intérêts,
– pour les prêts à taux variable, l'offre doit être accompagnée d'une notice présentant les conditions et modalités de variation du taux d'intérêt et d'un document d'information contenant une simulation de l'impact d'une variation de ce taux sur les mensualités, la durée du prêt et le coût total du crédit. Tous les ans, le prêteur doit indiquer le montant du capital restant à rembourser,
– la durée de l'offre et les modalités de l'acceptation par l'emprunteur.

Cette offre reste valable pendant 30 jours à compter de la réception par l'emprunteur.

(Code de la consommation, art. L. 312-7, L. 312-8 et L. 312-10).

Le prêteur ne peut en modifier les modalités, notamment le montant et le taux du crédit.

Il ne peut pas, non plus, subordonner son offre à l'acceptation par l'emprunteur du contrat d'assurance de groupe qu'il propose. Dès lors que le contrat d'assurance choisi par l'emprunteur présente des garanties suffisantes, le prêteur ne peut pas le refuser.

En cas de modification des conditions d'obtention du prêt, le prêteur doit envoyer à l'emprunteur une nouvelle offre préalable.

Cette obligation n'est cependant pas applicable aux prêts dont le taux d'intérêt est variable.

Elle n'est également pas applicable en cas de modification concernant la seule durée du prêt (Cour de cassation, 1re chambre civile, 8 octobre 1996).

(Code de la consommation, art. L. 312-8).

Ce délai de validité de 30 jours doit être également indiqué dans l'offre elle-même.

Avant l'acceptation de l'offre par l'emprunteur, le prêteur ne peut effectuer aucun versement et l'emprunteur ne peut signer aucun chèque ni faire aucun dépôt.

Néanmoins, l'emprunteur peut signer une autorisation de prélèvement sur son compte bancaire, mais cette autorisation ne prendra effet que si le contrat est accepté.

(Code de la consommation, art. L. 312-11).

En cas de non-respect de ces obligations, le prêteur peut être condamné à une amende de 3 750 €.
(Code de la consommation, art. L. 312-33).
Sur un plan civil, l'inobservation des règles de forme n'entraîne pas la nullité de l'acte de prêt mais la perte pour le prêteur de tout ou partie du droit aux intérêts dans la proportion fixée par le juge.

● L'acceptation de l'offre

L'emprunteur dispose d'un délai de 30 jours pour accepter ou renoncer à l'offre.
L'acceptation de l'offre, tant par l'emprunteur que par les cautions doit être donnée par lettre, le cachet de La Poste faisant foi pour le respect des délais.
Il peut éventuellement accepter l'offre sans attendre la fin de ces 30 jours, mais un délai de réflexion minimum de 10 jours, à compter de la remise de l'offre, lui est imposé.
Ce délai de 10 jours est impératif et dans l'hypothèse où l'emprunteur accepterait prématurément l'offre de prêt, cette acceptation serait nulle.
Par ailleurs, en cas d'absence de date sur l'offre ou en cas de fausse date, le prêteur peut être puni d'une amende de 30 000 €.
Lorsque l'acceptation est donnée, le contrat de prêt est formé.
(Code de la consommation, art. L. 312-11, art. L. 312-33).

› Lorsque l'acceptation est donnée, le contrat de prêt est-il définitif ?

Lorsqu'il a donné son acceptation (après un délai de 10 jours), l'emprunteur ne peut plus se rétracter.
Mais le contrat de prêt est conclu sous la condition résolutoire de la réalisation de l'acte de vente lui-même.
(Code de la consommation, art. L. 312-12).
En effet, la vente doit être réalisée dans les 4 mois de l'acceptation de l'offre (ce délai peut être allongé par convention entre les parties).
À défaut de cette réalisation, le contrat de prêt est révoqué (annulé). Si des sommes ont été versées, elles doivent être restituées (Cour de cassation, 1re chambre civile, 1er décembre 1993).
Le prêteur peut demander le paiement de frais d'études fixés à 0,75 % du montant du prêt et plafonnés à 150 €.
(Art. R. 312-1 du Code de la consommation).
(Sur la réglementation concernant la caution, voir ① : *Caution*).

› Quelles sont les règles applicables en cas de renégociation du prêt ?

Si l'emprunteur, en cours du prêt initial, demande une renégociation du prêt (pour obtenir notamment une baisse du taux des intérêts, ou une diminution de la durée du prêt restant à courir), l'organisme de crédit doit établir un avenant sur lequel sont portées les modifications du contrat initial.
Doivent y figurer :
– l'échéancier des amortissements détaillant pour chaque échéance le montant du capital restant dû en cas de remboursement anticipé ;
– le taux effectif global ;
– le coût du crédit calculé sur la base des échéances et des frais à venir ;

– ainsi que les conditions et les modalités de la révision du taux s'il s'agit d'un prêt à taux variable.
L'emprunteur dispose d'un délai de réflexion de 10 jours à compter de la réception de ces informations.

À noter : ces dispositions sont issues de la loi n° 99-532 du 25 juin 1999 publiée le 29 juin. En ce qui concerne les renégociations de prêt qui auraient eu lieu avant cette date de publication et qui n'auraient pas respecté l'obligation de remettre une offre préalable à l'emprunteur, la loi distingue celles qui sont favorables au consommateur de celles qui ne le sont pas. Les premières sont considérées comme régulières et les secondes peuvent être annulées. Sont réputées être favorables au consommateur les renégociations qui ont eu pour effet de baisser le taux d'intérêt, de diminuer le montant des échéances ou d'écourter la durée du prêt.

Incidence du prêt sur les contrats de vente

› La promesse de vente doit-elle mentionner la demande de prêt ?

La promesse de vente, comme l'acte de vente lui-même, doivent indiquer si le prix sera payé à l'aide d'un ou de plusieurs prêts, directement ou indirectement.
Si rien n'est indiqué dans l'acte et si l'emprunteur recourt néanmoins à un prêt, le contrat sera considéré comme conclu sous la condition suspensive de l'obtention de ce prêt et annulé si ce prêt n'est pas accordé.
Mais si l'acte indique que le prix sera payé sans l'aide d'un prêt, et que l'emprunteur a reconnu de façon manuscrite la non-application des dispositions de la loi, il ne pourra bénéficier de la protection légale même si par la suite, il recourt néanmoins à un prêt.
(Code de la consommation, art. L. 312-17).

À noter : les cours et tribunaux écartent rarement la protection accordée à l'emprunteur et acceptent souvent d'annuler la promesse de vente en ordonnant le remboursement des sommes versées d'avance en cas de non-obtention du prêt, et ce, même si l'acquéreur avait déclaré ne pas avoir recours à un prêt.

› Que se passe-t-il si le prêt n'est pas accordé ?

Dès lors qu'un prêt est demandé, la promesse de vente ou la vente sont réputées conclues sous la condition suspensive de l'obtention de ce prêt.
(Code de la consommation, art. L. 312-16).
Si cette condition suspensive ne se réalise pas, c'est-à-dire si l'emprunteur n'obtient pas son prêt, la promesse de vente ou la vente seront annulées et toute somme versée d'avance par l'acquéreur devra être intégralement et immédiatement remboursée. À compter du 15e jour suivant la demande de remboursement, cette somme est productive d'intérêt au taux légal majoré de moitié.
Le vendeur (ou l'intermédiaire) ne peut retenir aucune indemnité à quelque titre que ce soit, tel que le dédit notamment.
La durée de la condition suspensive ne peut être inférieure à 1 mois.

Cessation du prêt

› Que se passe-t-il en cas de défaillance de l'emprunteur ?

● Les sanctions encourues

Si l'emprunteur cesse de payer ses échéances, l'organisme prêteur peut :
– soit majorer le taux des intérêts jusqu'à la reprise normale des paiements. Cette majoration ne peut excéder 3 points d'intérêt ;
– soit demander la résolution du contrat de prêt.
Cette sanction est grave pour l'emprunteur qui doit rembourser le capital versé ainsi que les intérêts échus et des intérêts de retard (calculés à un taux égal à celui du prêt). Il peut également être tenu à verser une indemnité si cette clause est prévue dans le contrat.
L'indemnité prévue en cas de résolution du contrat de prêt ne peut dépasser 7 % des sommes dues au titre du capital et des intérêts restant dus. Elle peut être réduite par le juge s'il la juge manifestement excessive.
(Art. R. 312-3 du Code de la consommation).
(Code civil, art. 1152).
(Voir ① : *Clause pénale*).
Lorsque le prêt a été remboursé en partie, le juge peut également diminuer l'indemnité prévue au contrat, à proportion de l'intérêt que l'exécution partielle a procuré au créancier.
(Code civil, art. 1231 et Code de la consommation, art. L. 312-22).
À noter : en cas de surendettement du débiteur défaillant et de vente forcée de son logement principal, le montant de la fraction des prêts restant dus après la vente peut être réduit et échelonné pour être compatible avec les ressources et les charges du débiteur.
(Code de la consommation, art. L. 331-7).

● L'octroi du délai de grâce

Pour éviter la résolution du contrat (qui conduit souvent à la saisie de l'immeuble), l'emprunteur doit demander au tribunal d'instance compétent exclusivement en la matière des délais de grâce qui ne peuvent excéder 2 ans.
(Code civil, art. 1244-1 à 1244-3 et Code de la consommation, art. L. 313-12).
Ces délais de grâce peuvent être accordés si l'arrêt des remboursements est dû à la détérioration de la situation économique de l'emprunteur (exemple : chômage, accident entraînant une invalidité, etc.).
À noter : une assurance peut être prévue en cas de chômage, maladie, décès, etc.
Pendant les délais de grâce, le contrat de prêt est suspendu et les échéances sont reportées.
Le tribunal peut décider que, durant le délai de grâce, les échéances reportées ne produiront pas intérêt.
En outre, le juge peut déterminer dans sa décision les modalités de paiement des sommes qui seront exigibles au terme du délai, sans que le dernier versement puisse excéder, de plus de 2 ans, le terme initialement prévu pour le remboursement du prêt. Il peut cependant ordonner un sursis à statuer sur ces modalités jusqu'au terme du délai de suspension.
À noter : le tribunal de grande instance reste seul compétent pour juger de la validité, de la nullité des actes ou du montant des sommes dues.

› L'emprunteur peut-il rembourser la totalité de son prêt par anticipation ?

La possibilité de remboursement anticipé du capital restant dû est un droit qui ne peut être refusé à l'emprunteur. Le remboursement anticipé peut porter soit sur la totalité du prêt, soit sur une partie.

Si l'emprunteur veut rembourser simplement une partie du capital restant dû, il faut que ce remboursement porte sur plus de 10 % du montant initial du prêt (sauf si un pourcentage inférieur représente le solde de la totalité).

Le prêteur, en contrepartie de ce droit, peut demander une indemnité pour la perte des intérêts non encore échus. Mais cette indemnité est limitée et dépend de la durée restant à courir du contrat : elle ne peut excéder la valeur d'un semestre d'intérêt sur le capital remboursé au taux moyen du prêt, sans pouvoir dépasser 3 % du capital restant dû avant le remboursement.

Si les taux d'intérêt sont variables selon les périodes de remboursement, l'indemnité calculée sur la durée courue depuis l'origine peut être majorée pour correspondre au taux d'intérêt moyen prévu lors de l'octroi du prêt.

Attention : pour les contrats conclus à compter du 28 juin 1999 (date d'entrée en vigueur de la loi n° 99-532 du 25 juin 1999), aucune indemnité n'est due par l'emprunteur en cas de remboursement par anticipation lorsque le remboursement est motivé par la vente du bien immobilier faisant suite à un changement du lieu d'activité professionnelle de l'emprunteur ou de son conjoint, par le décès ou par la cessation forcée de l'activité professionnelle de ces derniers.

(Code de la consommation, art. L. 312-21).

Le prêt viager hypothécaire

Le contrat de prêt

› Les modalités du prêt

Le prêt viager hypothécaire est une forme de crédit institué par l'ordonnance n° 2006-346 du 23 mars 2006. Il consiste à accorder un prêt à une personne physique sous forme d'un capital ou de versements périodiques, garanti par une hypothèque inscrite sur un immeuble d'habitation appartenant à l'emprunteur.

Son originalité réside dans le fait que le remboursement n'intervient qu'au décès de l'emprunteur, à la charge de sa succession.

Il est plus spécialement destiné aux personnes âgées qui peuvent ainsi obtenir un crédit pour organiser différemment leur vie ou encore assumer leur dépendance, payer une maison de retraite ou une hospitalisation, sans avoir à assurer le remboursement des échéances. Le prêt ne peut en aucune façon être utilisé pour financer une activité professionnelle.

Le prêt peut être accordé à plusieurs emprunteurs (un couple notamment) et le remboursement est alors fixé au décès du survivant.

(Code de la consommation, art. L. 314-1 s.).

› Les formalités du prêt

Comme les autres crédits, ce prêt doit faire l'objet d'une offre préalable dont les conditions doivent être maintenues pendant 30 jours. Les mentions obligatoires sont énumérées à l'article L. 314-5 du Code de la consommation.
L'emprunteur doit accepter cette offre préalable mais son acceptation ne peut intervenir avant l'expiration d'un délai minimum de 10 jours à compter de sa réception (délai obligatoire de réflexion).
Le contrat de prêt doit être notarié.

Le remboursement

› Le remboursement au décès de l'emprunteur

À la différence des contrats de prêt classiques, le remboursement du prêt viager hypothécaire n'intervient, en principe, qu'au décès de l'emprunteur. Le capital et les intérêts ne sont pas exigibles avant cette date et le remboursement est à la charge de sa succession.
Le montant du remboursement est plafonné. En aucun cas, il ne peut dépasser la valeur de l'immeuble, établie au moment du remboursement.
L'estimation de l'immeuble peut résulter d'un accord amiable entre le créancier et les héritiers, d'une expertise ou encore du prix de vente final en cas d'adjudication.

› Le remboursement anticipé

L'emprunteur garde la possibilité de rembourser par anticipation son prêt (comme les autres crédits) ou de faire des remboursements partiels (le prêteur peut toutefois refuser les remboursements partiels inférieurs à 10 % du capital versé).
En cas de remboursement anticipé (partiel ou total), l'emprunteur doit payer une indemnité qui dépend des modalités du prêt (versement du capital en une seule fois ou périodiquement) et du moment où la demande de remboursement est faite (année du prêt).
Il peut aussi décider de vendre le bien immobilier hypothéqué ou le donner. Dans ces cas, le prêt devient alors exigible sans attendre le décès.
En cas de remboursement anticipé, les sommes remboursées ne sont pas plafonnées à la valeur de l'immeuble.
En revanche, si l'immeuble est vendu ou donné en cours de prêt, la dette est plafonnée au prix de vente ou à la valeur indiquée dans la déclaration fiscale.

La vente en viager

Le contrat de vente en viager

La vente en viager est un contrat par lequel une personne, « le crédirentier », cède à une autre personne, « le débirentier », un bien moyennant le versement échelonné d'une somme forfaitaire appelée rente et qui sera versée en principe durant toute la vie du crédirentier.
La vente en viager est tout d'abord une vente dont le mode de paiement est particulier puisqu'il se réalise sous la forme du versement d'une rente.

C'est la raison pour laquelle le Code civil, qui considère que la vente en viager est d'abord une vente, renvoie aux dispositions sur la vente et ne règle que les modalités de paiement, c'est-à-dire la rente sous le titre du contrat de rente.
(Code civil, art. 1968 à 1983).
L'avantage de cette modalité de vente est qu'elle permet d'assurer à celui qui vend, une source de revenu garantie, soit pendant toute sa vie, ce qui est le cas général, soit pendant une partie de sa vie, tout en ayant la possibilité s'il s'agit d'un bien immobilier, d'en conserver la jouissance sa vie durant.
Cette forme de vente n'est cependant recommandée que lorsque le vendeur n'a pas d'héritier, car elle peut avoir pour conséquence de déshériter légalement les héritiers réservataires.
Pour l'acquéreur, l'intérêt de la formule est la possibilité de devenir propriétaire sans avoir à disposer, au moment de l'acte, d'un capital important et sans avoir à demander un prêt.

› Quelles sont les modalités du contrat ?

Comme toute vente, la vente en viager d'un immeuble doit être rédigée par un notaire et être publiée au bureau des hypothèques.
L'acte doit être conclu par des personnes ayant la capacité de disposer (majeur n'étant pas sous un régime de tutelle, ni de curatelle, ni de liquidation judiciaire).

● Le viager peut être libre ou occupé

S'il est libre, le vendeur se contente de recevoir le prix de vente sous forme de rente viagère. L'acquéreur peut, dans cette hypothèse, occuper immédiatement l'immeuble.
S'il est occupé, le vendeur conserve l'usufruit, c'est-à-dire la jouissance de l'immeuble ou le droit d'usage et d'habitation. L'acquéreur n'est que « nu-propriétaire » (le montant de la rente varie bien sûr en fonction des droits de chacun sur l'immeuble).

● Le viager peut être constitué sur « 2 têtes »

Dans ce cas, la rente doit être payée jusqu'au décès du dernier des vendeurs (crédirentiers). Il s'agit généralement de deux époux.
Le montant de cette rente, au décès du premier crédirentier, peut être :
– soit diminué (rente réductible),
– soit payé en totalité au profit du survivant (rente réversible en totalité).

› Dans quel cas peut-on faire annuler le contrat de vente ?

● Le décès prématuré du crédirentier

Pour être valable, le contrat doit être aléatoire, c'est-à-dire comporter un risque (le risque étant le temps de vie du crédirentier (le vendeur).
C'est pourquoi, à peine de nullité, le crédirentier doit être vivant au moment de la signature de l'acte de vente et ne pas être atteint d'une maladie entraînant le décès moins de 20 jours après cette signature.
(Code civil, art. 1974 et 1975).
(S'il décède dans ce délai de 20 jours d'une autre cause que sa maladie, le contrat sera néanmoins valable.
En revanche, s'il est décédé plus de 20 jours après la signature mais d'une maladie qui était connue au moment de la signature, le tribunal pourra annuler l'acte).

● La vente en viager du logement de la famille

Chaque époux dispose d'un droit sur le logement de la famille, même s'il n'en est pas propriétaire.
L'époux, propriétaire du logement familial, ne peut donc le vendre sans obtenir préalablement l'accord de son conjoint.
(Code civil, art. 215).
À défaut, celui qui n'a pas donné son consentement peut demander l'annulation de l'acte dans un délai d'1 an à compter du jour où il en a eu connaissance.
S'il ne s'agit pas du logement de la famille, et que la vente porte sur un bien propre (non commun), le consentement du conjoint n'est pas nécessaire.

● La vente en viager à l'un de ses enfants

On considère que le parent qui vend en viager un immeuble à l'un de ses enfants a entendu l'avantager par rapport aux autres.
Cette vente est donc toujours considérée comme une donation (même si l'enfant a réellement payé la rente). La valeur de l'immeuble rentre dans la succession et est prise en compte pour fixer les parts de chacun.
(Code civil, art. 918).
L'enfant pourra conserver l'immeuble mais devra rapporter aux autres héritiers, tout ou partie de sa valeur, si celle-ci excède la quotité disponible (la quotité disponible étant la part de la succession dont le défunt a pu disposer librement de son vivant en faveur d'une personne de son choix. La quotité disponible dépend du nombre des héritiers en présence).
Pour éviter que l'enfant doive « rapporter » la valeur du bien, il est nécessaire que les autres enfants ou descendants donnent leur accord à cette vente.

● La vente à l'un de ses proches

Si une personne vend en viager l'un de ses biens à un membre de sa famille, autre que les enfants et descendants, la rente n'est pas systématiquement assimilée à une donation.
Mais les héritiers pourraient considérer qu'il s'agit en réalité d'une donation déguisée et demander à l'acquéreur de prouver les versements de la rente.
À défaut, l'acquéreur devrait « rapporter » à la succession du vendeur, la valeur de l'immeuble pour la partie excédant la quotité disponible.
(Voir ① : *Succession, réserve, quotité disponible*).
L'administration fiscale peut, elle aussi, considérer qu'il y a eu « donation déguisée » et réclamer le paiement des droits de succession à l'acquéreur.
À noter : si la vente est consentie à une personne totalement étrangère au vendeur, les héritiers ne peuvent faire annuler la vente.

› Quelle est la procédure à suivre pour faire annuler la vente ?

En cas de contestation d'un contrat de vente en viager, le tribunal de grande instance du lieu dont dépend l'immeuble est compétent.
Si le tribunal prononce l'annulation, le contrat est censé n'avoir jamais existé ; l'immeuble retourne dans le patrimoine du vendeur et l'acquéreur est remboursé des sommes versées.
S'il prononce la réduction (en cas de vente aux héritiers ou en cas de donation déguisée), l'acquéreur peut conserver l'immeuble mais doit rapporter tout ou partie de sa valeur à la succession.

À noter : la loi Scrivener du 13 juillet 1979 (intégrée dans le Code de la consommation, art. L. 312-1 et suivants) concernant la protection des emprunteurs dans le domaine immobilier, ne s'applique pas aux contrats de vente en viager.
(Voir Ⓘ : *Crédit immobilier*).

› Qui doit payer les travaux et les réparations d'un immeuble en viager ?

En cas de viager avec réserve d'usufruit, il est important de prévoir à qui incomberont les réparations de l'immeuble, étant entendu qu'en l'absence de précisions, le Code civil impute la majorité des charges à l'usufruitier, le nu-propriétaire n'étant tenu que des grosses réparations et de la contribution foncière.
(Code civil, art. 605).
Les grosses réparations sont celles qui concernent l'intégralité du toit, les murs de soutènement, les voûtes et les poutres.
Toutes les autres réparations sont dites « d'entretien » et donc à la charge de l'usufruitier (le vendeur).

Exemple : les lézardes compromettant l'aplomb d'un mur porteur sont de grosses réparations ; le ravalement est une réparation d'entretien ; le renouvellement intégral des zingueries d'une toiture est une grosse réparation d'entretien.

Il est également utile de prévoir l'obligation pour l'acheteur de souscrire une assurance incendie car en cas de destruction de l'immeuble, le vendeur perdrait son privilège inscrit et ne pourrait donc pratiquer une saisie immobilière le cas échéant.
(Voir Ⓘ : *Saisie, immobilière*).

La rente viagère

› Qu'est-ce que la rente viagère ?

Une rente viagère est un revenu annuel qui est perçu par une personne durant toute la durée de sa vie en contrepartie de l'aliénation par celle-ci d'un capital constitué, soit par des fonds, soit par un bien meuble ou immeuble.
Le crédirentier est la personne qui percevra la rente et le débirentier est celle qui devra payer la rente.
Il existe de nombreux exemples de rentes viagères telles que :
– celles constituées au bénéfice du souscripteur d'un contrat par les assureurs contre le versement de capitaux à leur profit ;
– celles établies à titre direct ou par les sociétés mutualistes auprès de la Caisse nationale de prévoyance.
Cependant, l'exemple le plus typique du contrat de constitution d'une rente viagère est celui de la vente en viager d'un immeuble. C'est le prix de la vente qui constituera le capital converti en rente viagère.

À noter : afin de limiter le montant de la rente, il est d'usage de verser un certain capital au moment de la vente en viager (appelé « bouquet »).

› Comment est calculé le montant d'une rente viagère ?

Le calcul du montant de la rente tient compte de nombreux paramètres :
– valeur du bien vendu en capital,
– âge du crédirentier,
– espérance de vie du crédirentier,
– l'importance du « bouquet » s'il en existe un...

Il faut également prendre en considération les éventuelles réserves que le crédirentier pourra avoir maintenues sur le bien : un viager libre est plus cher qu'un viager occupé. Il peut même exister des viagers occupés mais libérables 15 jours ou 1 mois et plus dans l'année.
Les barèmes sont en principe libres entre les parties, mais en réalité on se fonde presque toujours sur les barèmes établis, soit par la Caisse nationale de prévoyance, soit par les compagnies d'assurances, ou encore par les notaires.
En effet, les organismes financiers, les compagnies d'assurances ou la Caisse nationale de prévoyance ont établi des tables financières qui leur permettent d'évaluer le coût d'une rente à partir du prix de l'euro de rente.
Le prix de l'euro de rente est un indice qui permet de calculer le coût d'une rente à partir d'un capital donné et suivant l'âge du crédirentier. Ils peuvent ainsi, à partir du capital et de l'âge du crédirentier, donner rapidement les montants de rente envisageables.
Toutefois, notamment en cas de libre fixation de la rente (sans référence auxdits barèmes), son montant peut être contesté et la vente annulée, soit sur la base de l'article 1591 du Code civil (absence du prix sérieux et déterminé), soit sur la base de l'article 1674 (lorsque le prix est inférieur de plus des 7/12e de la valeur de l'immeuble). Il en est ainsi, par exemple, dans le cas où les montants sont inférieurs ou même simplement égaux au revenu de la chose vendue.
Pour pallier cet inconvénient, les notaires ont pris l'habitude d'écrire que la vente est consentie moyennant une rente annuelle viagère de « X » euros (et non pas un prix en capital aussitôt converti en rente viagère).

› La rente viagère peut-elle être révisée ou indexée ?

Indexation prévue dans le contrat

Il est tout à fait possible (et recommandé) d'insérer une clause d'indexation de la rente dans le contrat de vente.
L'indice d'indexation est libre puisque les rentes viagères sont considérées comme des « dettes alimentaires ».
Généralement, l'indice choisi est celui des prix à la consommation (indice mensuel publié par l'INSEE).

Attention : il est utile de prévoir dans l'acte un indice de substitution, au cas où le premier indice choisi viendrait à disparaître. À défaut, et dans l'hypothèse de la disparition du premier indice, les parties doivent en choisir un autre, soit à l'amiable, soit en s'adressant au tribunal.

Indexation légale

Pour éviter que le crédirentier ne subisse l'érosion monétaire, la loi du 25 mars 1949 a prévu la révision automatique des rentes viagères constituées entre particuliers.
Cette loi est mise à jour tous les ans par la loi de finances qui prévoit un pourcentage de majoration variant suivant la date de création de la rente.
Pour être appliqué, le taux de révision légal doit concerner :
– les rentes constituées entre particuliers,
– les rentes fixes (les rentes variables suivant une clause d'échelle mobile ne peuvent prétendre à cette révision légale),
– les rentes prévues et versées en argent (les rentes en nature, concernant par exemple la fourniture de blé ou de viande, ne sont pas concernées par cette loi).

À noter : le crédirentier peut obtenir du tribunal, à défaut d'accord amiable, une majoration supérieure à la majoration forfaitaire automatique de la loi de 1949, s'il prouve que l'immeuble a acquis, depuis le début du contrat, un coefficient de plus-value supérieur à celui de la majoration forfaitaire (en raison de circonstances économiques nouvelles, notamment).

De même, pour des circonstances inverses, le débirentier peut demander une diminution du coefficient de majoration légale.

› Que faire en cas de non-paiement de la rente viagère ?

Le débirentier doit payer la rente jusqu'à la date fixée au contrat ou (plus généralement) jusqu'à la mort du crédirentier.
(Code civil, art. 1980).
Les arrérages peuvent être prévus payables d'avance ou à terme échu.
En cas de non-paiement, le crédirentier (ou ses héritiers après son décès) peut réclamer les arrérages échus sur une période de 5 ans.
(Code civil, art. 2224).

● Résolution du contrat

Il peut également faire annuler la vente, à condition toutefois qu'une clause résolutoire soit insérée au contrat.
À défaut de clause résolutoire, il pourra se faire payer sur les biens du débirentier (saisies) mais ne pourra reprendre l'immeuble, qu'il pourra cependant faire vendre.
(Code civil, art. 1978).

● Privilège du vendeur

En tant que vendeur, le crédirentier dispose d'un privilège sur l'immeuble vendu.
(Code civil, art. 2374).
Il peut ainsi primer les autres créanciers sur le prix de l'immeuble.

Attention : pour être valable, le privilège du vendeur doit être inscrit dans les 2 mois de la signature de l'acte de vente. Cette inscription est effectuée par le notaire rédacteur de l'acte de vente.
(Code civil, art. 2386).

› Le débirentier peut-il racheter la rente ?

En aucune façon, le débirentier ne peut, de lui-même, cesser de payer les arrérages même en offrant de rembourser le capital et en abandonnant les arrérages déjà versés.
Il doit servir la rente pendant toute la vie de la personne ou des personnes sur la tête desquelles la rente a été constituée, quelle que soit la durée de la vie de ces personnes et même si la rente se révèle beaucoup plus onéreuse que ce qui était prévu.
(Code civil, art. 1979).

À noter : cependant une clause du contrat peut prévoir l'éventualité du rachat (notamment par l'intermédiaire d'une compagnie d'assurances sur la vie qui, moyennant le paiement du capital par le débirentier, verse au crédirentier la rente prévue initialement).

Construction

Le permis de construire et la déclaration de travaux

› Pour quels travaux doit-on obtenir un permis de construire ?

L'ordonnance n° 2005-1527 du 8 décembre 2005 (applicable le 1er octobre 2007) relative au permis de construire et aux autorisations d'urbanisme a simplifié l'ensemble de la réglementation. Elle a, également, regroupé les différentes autorisations d'urbanisme (11 autorisations différentes antérieures) en 3 sortes de permis (le permis de construire, le permis d'aménager et le permis de démolir) et a remplacé les 4 anciens régimes de déclarations en une seule déclaration préalable.

Le décret d'application n° 2007-18 du 5 janvier 2007 ne donne pas la liste des constructions soumises au permis de construire mais énumère, de façon exhaustive, celles qui en sont dispensées. En cas de dispense, les constructions peuvent être soumises à la déclaration préalable, voire à aucune formalité.

Pour savoir si un projet de construction ou d'aménagement nécessite ou non un permis de construire, il faut donc se reporter à la liste des travaux qui en sont dispensés.

En principe le permis de construire est nécessaire pour toutes nouvelles constructions même sans fondations (sauf dérogations).

Les travaux sur des constructions existantes doivent être précédés d'un permis de construire lorsqu'ils ont pour effet :

– de créer une nouvelle surface supérieure à 20 m² et de changer la destination des lieux (par exemple l'aménagement d'un garage en chambre, la construction d'une cave en sous-sol...) ;

– de modifier les structures porteuses ou la façade du bâtiment et lorsqu'ils s'accompagnent d'un changement de destination (par exemple la création d'un étage habitable) ;

– de modifier le volume du bâtiment et de percer ou d'agrandir une ouverture sur un mur extérieur (par exemple la création d'une véranda).

Les travaux de reconstruction, même à l'identique, doivent également être précédés d'un permis de construire.

Lorsqu'un bâtiment se trouve dans un secteur sauvegardé, les travaux qui ont pour effet de modifier la structure du bâtiment ou la répartition des volumes ou les travaux de tout ordre portant sur un immeuble ou une partie d'immeuble inscrit au titre des monuments historiques sont également soumis au permis de construire. (Art. R. 421-15 du Code de l'urbanisme).

› Comment se fait la demande de permis ?

C'est en principe le propriétaire du terrain ou de la construction, ou son mandataire, qui demande le permis. La demande doit être présentée à la mairie de la commune où sont prévus les travaux. Elle est établie en quatre exemplaires minimum, avec tous les documents relatifs au projet de construction.

Parmi ces documents doivent figurer notamment le plan de situation du terrain, le plan de masse des constructions, les plans de façades et des documents photographiques ou graphiques permettant de situer la construction dans le paysage proche ou lointain (il existe des dossiers types en mairie).

(Code de l'urbanisme, art. R. 421-2).

La demande est adressée par lettre recommandée avec avis de réception au maire de la commune ou déposée contre décharge à la mairie.

À noter : le formulaire de demande de permis de construire est accessible sur le site Internet : www.equipement.gouv.fr
(Code de l'urbanisme, art. R. 421-9).

À la réception du dossier, il est délivré à l'intéressé un récépissé lui indiquant le numéro d'enregistrement et la date à partir de laquelle le permis tacite est considéré comme acquis.
Mais cette date n'est pas définitive. Les services de la mairie peuvent encore la modifier (en indiquant les raisons de cette modification) ou réclamer un renseignement ou une pièce supplémentaire si le dossier est incomplet.
Si tel est le cas, la mairie adresse alors au demandeur une lettre recommandée avec AR lui réclamant les pièces manquantes. Cette demande peut aussi être faite par courrier électronique si l'intéressé a accepté ce mode de transmission.
(Code de l'urbanisme, art. R. 423-38 s.).
La demande de la mairie doit intervenir dans le délai d'1 mois du dépôt.
Le demandeur a alors 3 mois pour les envoyer. À défaut, sa demande de permis est rejetée (rejet tacite).
Si la mairie n'a pas adressé une demande de pièces complémentaires dans le délai d'1 mois, le dossier est considéré comme complet et le délai d'instruction est ouvert.

› Comment est accordé le permis ?

Le permis est accordé après l'instruction du dossier.
L'instruction des dossiers et la prise de décisions peuvent être suivies par le maire, le président de l'établissement public de coopération intercommunale, ainsi que par des agents communaux qui ont reçu une délégation de signature.
Cette délégation est possible depuis la loi de simplification du droit n° 2007-1787 du 20 décembre 2007. La loi valide aussi, a posteriori, les décisions prises par ces agents entre le 1er octobre 2007 et le 20 décembre 2007.
Lorsque le dossier est complet (avec ou sans demande de pièces manquantes), le délai d'instruction est normalement de :
– 2 mois pour les demandes de permis de construire portant sur une maison individuelle,
– 3 mois pour les autres demandes de permis de construire.
Ces délais sont des minima. Le délai d'instruction peut être allongé notamment lorsque les travaux envisagés se situent dans un parc national, concernent un monument historique ou se situent dans le champ de visibilité d'un immeuble classé.
Après l'instruction, le permis de construire peut être accordé de façon expresse ou tacite.
Le permis de construire exprès prend la forme d'un arrêté municipal ou préfectoral d'acceptation de la demande. La décision est notifiée directement au déclarant, par lettre recommandée avec avis de réception. Le permis est accordé de façon expresse si des prescriptions spécifiques sont prévues (servitudes ou règles locales d'urbanisme notamment).
Le permis tacite est accordé si, à l'issue du délai d'instruction, le demandeur n'a reçu aucun courrier.

Dans cette hypothèse et avant d'entamer les travaux, le déclarant a toutefois intérêt à demander à sa mairie une attestation certifiant qu'aucune décision négative n'est intervenue.
(Code de l'urbanisme, art. R. 424-13).

› Peut-on transférer à un acquéreur le permis ?

Le permis de construire est attaché au projet immobilier et non à la personne qui en est titulaire. En conséquence, le transfert du permis de construire par son titulaire à un tiers est possible (bien que non expressément prévu par le Code de l'urbanisme, mais admis par la jurisprudence) sous certaines conditions. Il faut :
– que le permis soit toujours en cours de validité,
– qu'il y ait un accord écrit entre l'ancien et le nouveau titulaire,
– que la demande soit adressée à l'administration compétente dont la réponse devra être expresse (le silence ne vaut pas acceptation du transfert),
– qu'il y ait également transfert de la responsabilité de la construction.
En cas de refus injustifié, il est possible d'exercer un recours pour excès de pouvoir.

› En quoi consistent les différentes mesures de publicité en matière de permis ?

Le permis de construire doit faire l'objet d'une double publicité.
Le bénéficiaire doit afficher un avis sur son terrain, visible de l'extérieur au moyen d'un panneau rectangulaire, indiquant notamment l'identité du déclarant et la nature des travaux.
Le contenu et les formes de l'affichage (notamment la taille du panneau) sont définis par arrêté ministériel.
Cette formalité est obligatoire (son inobservation est punie d'une amende). Elle fait courir le délai de recours des tiers pour contester le permis. Ainsi, dès l'affichage, tout intéressé (en général les voisins) peut consulter à la mairie les pièces relatives à la construction et en prendre copie. Les tiers peuvent en effet avoir intérêt à contester la validité du permis qui a été accordé (par exemple, s'ils constatent un empiétement sur leur terrain…).
Cet avis doit rester en place pendant toute la durée des travaux.
(Code de l'urbanisme, art. R. 424-15 s.).
Un extrait du permis est également affiché à la mairie pendant 2 mois (délai de recours contentieux). Ce délai débute dans les 8 jours de la délivrance expresse ou tacite du permis.

› Quels sont les recours en matière de permis ?

La décision accordant ou refusant le permis de construire peut faire l'objet d'un recours émanant soit du déclarant, soit des tiers (voisins…).

● Recours en cas de refus de permis

La notification de l'arrêté du refus fait courir un délai de 2 mois pendant lequel le déposant peut déposer un recours. Il peut, soit demander à l'Administration de revenir sur sa décision (recours gracieux adressé au maire ou au préfet selon que la commune a un plan local d'urbanisme ou non), soit exercer directement un recours hiérarchique auprès du préfet si c'est le maire qui a pris la décision, ou du ministre, si c'est le préfet qui a refusé le permis de construire. S'il n'obtient pas gain de cause, il pourra saisir le tribunal administratif en lui demandant l'annulation du

refus dans le cadre d'un recours pour excès de pouvoir (par exemple, pour erreur d'appréciation dans le classement d'un terrain).
Le recours administratif (gracieux ou hiérarchique) interrompt le délai de recours contentieux. En cas de non-réponse dans le délai de 2 mois, la décision est réputée être négative. L'intéressé peut introduire son recours contentieux contre la décision de refus d'origine ou contre la deuxième décision négative de l'administration.

Les recours des tiers

Les tiers (en général, les voisins), s'ils y ont intérêt, peuvent exercer un recours pour attaquer, devant le tribunal administratif, la validité du permis dans les 2 mois à compter du premier jour d'une période continue de 2 mois d'affichage sur le terrain. Ils peuvent d'ailleurs, dans l'attente d'une décision, bloquer les travaux en saisissant par voie de référé, vu l'urgence, le tribunal administratif, pour obtenir une décision de sursis à exécution des travaux.
Les tiers peuvent aussi dans le même délai de 2 mois exercer, soit un recours gracieux auprès du maire de la commune concernée, soit un recours hiérarchique auprès du préfet, par lettre recommandée avec AR.
Quelle que soit sa forme (gracieux, hiérarchique ou contentieux), le recours doit être notifié au titulaire du permis de construire par lettre recommandée avec AR ou par exploit d'huissier dans les 15 jours du dépôt du recours. À défaut de faire cette notification ou en cas de dépassement du délai de 15 jours, tous les recours sont déclarés irrecevables.
À noter : le recours pour excès de pouvoir contre le permis de construire ne nécessite pas l'intervention d'un avocat.
L'assistance d'un avocat est très utile en ce domaine compte tenu de la complexité de la matière et du fait que les recours doivent être motivés de la façon la plus précise possible.

› Quand les travaux doivent-ils être entrepris ?

Le bénéficiaire du permis de construire doit entreprendre ses travaux dans un délai de 2 ans à compter de la notification du permis ou de la date du permis tacite.
En outre, si les travaux sont commencés mais interrompus pendant plus d'1 an, le permis est périmé. Les tribunaux considèrent d'ailleurs pour le commencement des travaux à faire avant 2 ans, qu'il faut un réel début de chantier (début des fondations notamment).
Le permis peut être prorogé pour une durée d'1 an, suite à la demande du bénéficiaire à la mairie (dans la mesure bien entendu où les règles d'urbanisme n'ont pas changé entre-temps).
En outre, la durée de validité du permis peut être suspendue notamment en cas de décision du tribunal administratif prononçant le sursis à l'exécution des travaux ou en cas de recours contre le permis.
(Code de l'urbanisme, art. R. 424-17).
À noter : à titre dérogatoire et jusqu'au 31 décembre 2010, les permis ont une validité de 3 ans.
Cette prolongation est applicable aussi aux permis de démolir, permis d'aménager ou aux décisions de non-opposition à une déclaration de travaux.
Sont concernés tous les permis en cours de validité au 20 décembre 2008.
Les permis qui ont été prolongés à la demande de leur bénéficiaire bénéficient aussi d'une durée supplémentaire d'1 an. (Décret n° 2008-1353 du 19 décembre 2008).

En tout état de cause, le bénéficiaire de l'autorisation de permis de construire doit, lors de l'ouverture de chantier, notifier au maire de la commune une déclaration d'ouverture de chantier sur un imprimé spécial établi en trois exemplaires.
(Code de l'urbanisme, art. R. 424-16).

› Quelles sont les sanctions encourues en cas de construction effectuée sans permis de construire ?

Toute personne qui effectue des travaux sans avoir obtenu au préalable la délivrance d'un permis de construire, ou si les travaux ne sont pas conformes au permis délivré s'expose à une peine d'amende forfaitaire ou proportionnelle aux mètres carrés de construction réalisée en infraction. En cas de récidive, une peine de prison de 6 mois peut également être encourue. En outre, la démolition des travaux effectués sans permis peut être ordonnée.
(Art. L. 480-4 du Code de l'urbanisme).

› Quels travaux doivent faire l'objet d'une déclaration préalable ?

Un certain nombre de travaux de moindre importance sont exemptés de demande de permis de construire, mais doivent néanmoins faire l'objet d'une déclaration préalable.
Les travaux concernés sont nombreux puisqu'il s'agit des rénovations ou améliorations apportées à un immeuble ou un bâtiment qui se situent par leur importance (notamment en cas de création de nouvelles surfaces ou si l'aspect extérieur est modifié) entre le régime du permis de construire et les travaux exemptés de toute autorisation.
Les travaux soumis à la déclaration préalable peuvent être des constructions nouvelles ou des travaux sur immeubles existants.

Les constructions nouvelles exemptées de permis de construire mais soumises néanmoins à la déclaration préalable sont notamment :
– les constructions qui créent plus de 2 m² et jusqu'à 20 m² de surface hors œuvre brute (SHOB) ;
– les habitations légères de loisirs implantées sur des terrains autorisés et dont la surface (SHOB) est supérieure à 35 m² ;
– les constructions dont la hauteur est supérieure à 12 m et qui créent une surface (SHOB) inférieure ou égale à 2 m² ;
– les murs dont la hauteur est supérieure ou égale à 2 m ;
– les piscines dont le bassin a une superficie maximale de 100 m² et qui ne sont pas couvertes ou dont la couverture, fixe ou mobile, a une hauteur au-dessus du sol inférieure à 1,80 m ;
– les châssis et serres dont la hauteur au-dessus du sol est comprise entre 1,80 m et 4 m, et dont la surface au sol n'excède pas 2000 m² sur une même unité foncière ;
– les clôtures situées dans un secteur sauvegardé, dans un site classé ou dans une commune où le conseil municipal a décidé de soumettre les clôtures à déclaration ;
– les petites constructions ou les murs quelle que soit leur hauteur situés dans un secteur sauvegardé, un site classé ou dans un parc national.

Sont également soumis à déclaration préalable, les travaux sur existants, c'est-à-dire les travaux de rénovation ou d'aménagement :
– les travaux de ravalement, et les travaux modifiant l'aspect extérieur d'un bâtiment existant ;

– les travaux changeant la destination des lieux (transformation des combles par exemple) ;
– les travaux effectués à l'intérieur des immeubles dans les secteurs sauvegardés ;
– les travaux exécutés sur des constructions existantes modifiant ou supprimant un élément présentant un intérêt patrimonial ou paysager ;
– les travaux transformant plus de 10 m² de surface hors œuvre brute en surface hors œuvre nette ;
– tous les travaux modifiant un élément considéré comme « présentant un intérêt patrimonial ou paysager » ;
– dans les secteurs sauvegardés, les travaux ayant pour effet de modifier l'aménagement des abords d'un bâtiment existant ;
– les travaux créant une SHOB supérieure à 2 m² et inférieure ou égale à 20 m².
(Art. R. 421-9 du Code de l'urbanisme).

› Comment faire une déclaration de travaux ?

La déclaration de travaux est établie sur un formulaire disponible en mairie ou sur le site Internet : logement.gouv.fr. Elle doit être accompagnée d'un certain nombre de documents variant en fonction des travaux prévus. Le dossier doit être envoyé par lettre recommandée avec AR ou déposé contre décharge à la mairie, en deux exemplaires.

Le maire affecte un numéro d'enregistrement au dossier et délivre un récépissé indiquant la date à partir de laquelle les travaux peuvent être entrepris (autorisation tacite).

Pendant le mois qui suit le dépôt de la demande, les services de la mairie peuvent modifier la date indiquée ou encore réclamer un document manquant dans le dossier.

Après ce délai d'1 mois, la mairie ne peut plus modifier les dates indiquées, même s'il manque une pièce au dossier. La pièce peut être demandée mais le délai d'instruction ne peut pas être retardé.

Si des pièces nouvelles sont réclamées, le déclarant a 3 mois pour les faire parvenir à la mairie. S'il ne le fait pas, sa déclaration est considérée comme rejetée (opposition tacite).

Le délai d'instruction est d'1 mois (pouvant être prolongé d'1 mois supplémentaire). Il débute lors de la réception des pièces manquantes et lorsque le dossier est complet.

La réponse à la déclaration préalable est le plus souvent tacite. Cela signifie que le déclarant ne reçoit aucune confirmation écrite de l'absence d'opposition (il est toujours possible de demander un certificat de non-opposition).

Si rien ne lui est envoyé, il peut débuter les travaux, en principe, après l'expiration du délai d'instruction.

La déclaration d'ouverture du chantier n'est pas obligatoire mais le bénéficiaire de l'autorisation doit afficher un avis sur son terrain, visible de l'extérieur (Art. R. 424-15 et suivants et A. 424-1 et suivants du Code de l'urbanisme). L'avis de non-opposition doit rester en place pendant toute la durée des travaux. L'affichage ouvre les délais de recours contre la décision de la mairie.

Les travaux doivent débuter dans les 2 ans qui suivent l'autorisation et ne doivent pas être interrompus pendant plus d'1 an. À défaut de respecter ces délais, la décision est caduque.
(Code de l'urbanisme, art. R. 423-1 s.).

› Quels sont les travaux dispensés de toutes formalités ?

Sauf s'ils sont réalisés dans des secteurs sauvegardés ou dans un site classé, certains travaux, tels les aménagements intérieurs, les petites constructions ou installations sont dispensés de toute formalité en raison de leur très faible importance ou de leur caractère temporaire.
(Art. R. 421-2 du Code de l'urbanisme).
Il s'agit notamment :
– des aménagements intérieurs qui ne modifient ni la destination des lieux ni l'aspect extérieur du bâtiment ;
– des constructions implantées pour une durée n'excédant pas 3 mois ;
– des constructions nouvelles dont la hauteur au-dessus du sol est inférieure à 12 m et qui ne créent pas de surface ou qui créent une surface hors œuvre brute inférieure ou égale à 2 m² ;
– des habitations légères de loisirs implantées dans un terrain de camping ou un parc résidentiel de loisirs autorisé et dont la surface hors œuvre nette est inférieure ou égale à 35 m² ;
– des éoliennes dont la hauteur du mât et de la nacelle au-dessus du sol est inférieure à 12 m ;
– des piscines dont le bassin a une superficie maximale de 10 m² ;
– des châssis et serres dont la hauteur au-dessus du sol est de 1,80 m maximum ;
– des murs dont la hauteur au-dessus du sol est inférieure à 2 m, sauf s'ils constituent des clôtures entre les bâtiments ;
– des clôtures nécessaires à l'activité agricole ou forestière ;
– des murs de soutènement (sauf dans les secteurs sauvegardés) ;
– des canalisations, lignes ou câbles, lorsqu'ils sont souterrains.
En cas de doute sur la catégorie des travaux envisagés (par exemple en cas de création d'une pièce supplémentaire), il est toujours utile de se renseigner auprès de sa mairie ou auprès d'un architecte.
(Art. R. 421-2 du Code de l'urbanisme).
Enfin, le propriétaire d'un bâtiment détruit ou démoli depuis moins de 10 ans peut le reconstruire à l'identique, sans autorisation, à condition toutefois qu'il ait été régulièrement édifié. Une autorisation est nécessaire en cas de dispositions contraires de la carte communale ou du plan local d'urbanisme.
(Art. L. 111-3 du Code de l'urbanisme).

› Peut-on installer une caravane ou un mobile home sur son terrain ?

La réglementation n'est pas la même selon qu'il s'agit de mobile home ou de caravanes mobiles ou fixes.
Une caravane est considérée comme « ayant conservé ses moyens de mobilité » lorsqu'elle est encore régulièrement immatriculée et que son propriétaire est toujours en possession des roues. Elle relève alors du droit au stationnement.
En revanche, s'il y a perte des moyens de mobilité, les caravanes ou mobil homes peuvent être assujettis aux règles applicables aux constructions.

● Stationnement

Les caravanes peuvent être installées dans les terrains autorisés par arrêté du maire. L'arrêté peut fixer des durées de stationnement variables selon les périodes de l'année. Il convient donc de se renseigner auprès de la mairie.

Les caravanes peuvent être entreposées, en vue de leur prochaine utilisation, sur les terrains affectés au garage collectif des caravanes et résidences mobiles de loisirs, sur les aires de stationnement ouvertes au public et les dépôts de véhicules.
L'utilisateur de la caravane peut toujours l'entreposer sur le terrain où est implantée sa résidence principale.
(Art. R. 111-38 et suivants du Code de l'urbanisme).

Implantation

Une caravane dépourvue de mobilité, posée sur cales et devant être installée de façon permanente sur un terrain ou encore les mobil homes posés sur le sol ou sur des cales sont assimilés à des habitations légères de loisirs.
L'implantation d'une habitation légère de loisirs (HLL) de moins de 35 m^2 de surface hors œuvre nette n'est soumise à aucune formalité.
Au-delà de cette surface, leurs propriétaires doivent déposer une déclaration préalable de travaux.
(Voir Ⓘ : *Permis de construire*).
Les habitations légères de loisirs ne peuvent être implantées que dans un terrain affecté et aménagé à cet usage (terrain de camping ou village de vacances agréés).

Le contrat de construction

› Quelles mentions doivent figurer dans le contrat de construction ?

Le constructeur doit obligatoirement proposer un contrat de construction.
Ce contrat doit énoncer :
– La désignation du terrain et la mention du titre de propriété du maître de l'ouvrage.
– L'affirmation de la conformité du projet aux règles de construction.
– La consistance et les caractéristiques techniques du bâtiment à construire.
– Le coût du bâtiment à construire comprenant :
• d'une part, le prix convenu qui est forfaitaire et définitif (sous réserve, s'il y a lieu, de sa révision prévue en fonction de la variation de l'indice national du bâtiment) et qui comporte la rémunération de tout ce qui est à la charge du constructeur, y compris le coût de la garantie de livraison ;
(Voir Ⓘ : *Garantie, de livraison*).
• d'autre part, le coût des travaux dont le maître de l'ouvrage se réserve l'exécution, ceux-ci étant décrits et chiffrés par le constructeur et faisant l'objet, de la part du maître de l'ouvrage, d'une clause manuscrite spécifique et paraphée par laquelle il en accepte le coût et la charge.
– Les modalités de règlement en fonction de l'état d'avancement des travaux.
– L'indication que le maître de l'ouvrage pourra se faire assister par un professionnel.
– L'indication de l'obtention du permis de construire et des autres autorisations administratives, dont une copie est annexée au contrat.
– L'indication des modalités de financement, la nature et le montant des prêts obtenus et acceptés par le maître de l'ouvrage.
– La date d'ouverture du chantier, le délai d'exécution des travaux et les pénalités prévues en cas de retard de livraison.

– La référence de l'assurance de dommages souscrite par le maître de l'ouvrage, en application de l'article L. 242-1 du Code des assurances.
(Voir Ⓘ : *Assurance, construction*).
– Les justifications des garanties de remboursement et de livraison apportées par le constructeur, les attestations de ces garanties étant établies par le garant et annexées au contrat.
(Art. L. 231-2 du Code de la construction et de l'habitation).
Aucun versement, aucun dépôt ne peut être demandé avant la signature de ce contrat.
Le contrat peut contenir diverses conditions suspensives, telles que l'obtention des prêts pour le financement ou l'obtention des assurances ou garanties...
Si les conditions ne se réalisent pas, toutes les sommes que le maître de l'ouvrage aurait déjà versées (dépôt de garantie notamment) doivent lui être intégralement restituées.
(Art. L. 231-4 du Code de la construction et de l'habitation).

Attention : le contrat sous seing privé (non notarié) ne devient définitif qu'après l'expiration d'un délai de 7 jours pendant lequel l'acquéreur (non professionnel) a le droit de se rétracter.

Le contrat (adressé à l'acquéreur) ainsi que la rétractation (éventuellement adressée au constructeur) doivent être envoyés en lettre recommandée avec AR.
Toute personne qui entreprend des travaux de construction, sans avoir conclu un contrat écrit, est passible d'un emprisonnement de 2 ans et d'une amende de 37 500 €.
(Art. L. 241-8 du Code de la construction et de l'habitation).

Le déroulement des travaux

› Quelles sont les sommes que doit payer le propriétaire au fur et à mesure de l'avancement des travaux ?

Le décret n° 91-1201 du 27 novembre 1991 a modifié l'étalement des sommes payables par le propriétaire (maître de l'ouvrage) au fur et à mesure de l'avancement des travaux de construction d'une maison individuelle.
Les pourcentages (du prix total) indiqués sont les maximum exigibles aux différents stades de la construction :
– 15 % à l'ouverture du chantier (pourcentage incluant éventuellement celui du dépôt de garantie),
– 25 % à l'achèvement des fondations,
– 40 % à l'achèvement des murs,
– 60 % à la mise hors d'eau,
– 75 % à l'achèvement des cloisons et à la mise hors d'air,
– 95 % à l'achèvement des travaux d'équipement, de plomberie, de menuiserie et de chauffage.
Le solde est payable à la réception des travaux si le maître de l'ouvrage s'est fait assister lors de la réception par un professionnel, ou, 8 jours après la réception, dans le cas contraire.
Toutefois, lorsque le maître de l'ouvrage a fait des réserves lors de la réception, une somme égale à 5 % du prix convenu est consignée jusqu'à la levée de ces réserves.

À noter : les paiements intervenant aux différents stades de la construction peuvent être effectués directement par le prêteur sous réserve de l'accord écrit du maître de l'ouvrage à chaque échéance.
À défaut de cet accord écrit, le prêteur est responsable des conséquences d'un paiement non justifié.
Par ailleurs, même si le maître de l'ouvrage a donné son accord, le prêteur est responsable des conséquences préjudiciables d'un versement qui excéderait les pourcentages maximum indiqués.
(Art. R. 231-7 du Code de la construction et de l'habitation).

› En quoi consistent la garantie de remboursement et la garantie de livraison ?

Le constructeur doit justifier dès la signature du contrat d'une garantie de remboursement et d'une garantie de livraison du prix convenu.
Si le constructeur entreprend les travaux sans avoir obtenu la garantie de livraison, il est passible d'un emprisonnement de 2 ans et d'une amende de 37 500 €.
(Art. L. 241-8 du Code de la construction et de l'habitation).

● Garantie de remboursement

La garantie de remboursement est prévue pour le cas où, soit les autorisations administratives (permis de construire notamment), soit les prêts, ne seraient pas obtenus ou encore si le chantier n'est pas ouvert à la date convenue.
Dans ces hypothèses, le propriétaire est en droit de récupérer toutes les sommes qu'il aurait versées avant la date où il a eu connaissance du refus (du permis de construire ou des prêts) et 1 mois après cette date.
Cette garantie est constituée soit par une caution donnée au constructeur par un établissement de crédit ou une assurance, soit par la consignation des sommes réellement versées par le propriétaire.
La garantie de remboursement prend fin à la date d'ouverture du chantier.

● Garantie de livraison

La garantie de livraison consiste à protéger le propriétaire (maître de l'ouvrage) contre l'inexécution ou la mauvaise exécution des travaux.
Elle court à compter de la date d'ouverture du chantier.
Là encore, le constructeur doit souscrire une convention de cautionnement (caution solidaire) avec un organisme de crédit ou d'assurance qui s'engage à achever l'exécution de la construction telle que prévue au contrat d'origine.
Le garant prend à sa charge le coût des dépassements du prix convenu s'ils sont nécessaires à l'achèvement de la construction, ainsi que les pénalités forfaitaires prévues en cas de retard de livraison excédant 30 jours.
Le garant doit également mettre en demeure le constructeur défaillant (cette mise en demeure doit être faite par acte d'huissier). Le garant doit lui-même remplir ses propres obligations 15 jours après cette mise en demeure infructueuse.
La garantie de livraison prend fin à la réception définitive de l'ouvrage, après la levée des réserves le cas échéant.
(Art. L. 231-6 et suivants du Code de la construction et de l'habitation).
À noter : à défaut d'attestation de garantie de livraison, l'organisme de crédit ne peut débloquer les fonds restant dus au constructeur.
(Art. L. 231-10 du Code de la construction et de l'habitation).

Garanties après achèvement des travaux

› Qu'est-ce que la responsabilité du constructeur ?

Le constructeur d'un ouvrage est responsable dans le cadre d'un certain nombre de garanties envers le maître de l'ouvrage (c'est-à-dire celui pour qui les travaux sont faits) ou l'acquéreur de cet ouvrage (voir ci-dessous).

Le constructeur est celui qui a participé à l'acte de construire : architecte, entrepreneur, technicien, promoteur, bureau d'études.

Le fabricant d'un ouvrage, d'une partie de l'ouvrage ou d'un élément d'équipement est assimilé, quant à ses responsabilités, au constructeur qui a mis en œuvre ou installé sans modification et conformément aux règles édictées par lui, l'ouvrage ou l'élément d'équipement (par exemple l'installation d'une pompe à chaleur défectueuse met en cause la responsabilité solidaire du fabricant et de l'installateur).

(Code civil, art. 1792-4).

C'est la loi Spinetta du 4 janvier 1978 qui est étudiée ici. Elle s'applique pour toute construction dont la déclaration d'ouverture de chantier est postérieure au 1er janvier 1979. C'est à compter de la date de réception des travaux que vont courir les différentes garanties dont bénéficie le maître de l'ouvrage.

À noter : les éléments d'équipement professionnels ne font pas l'objet d'une obligation d'assurance et échappent à la garantie des constructeurs.

› En quoi consiste la réception des travaux ?

La réception intervient lors de l'achèvement des travaux. C'est un acte écrit établi contradictoirement, à la demande de l'une ou des deux parties, à l'amiable ou, à défaut, en justice.

(Code civil, art. 1792-6).

Elle marque le moment où l'ouvrage est remis à celui qui l'a commandé. La réception peut être assortie de réserves de la part du maître de l'ouvrage. Il va pouvoir constater en effet à ce stade si l'ouvrage commandé comporte des vices apparents (fissures apparentes dans les murs, par exemple) ou n'a pas été établi conformément à ce qui était envisagé (dans les devis notamment).

À noter : le vendeur d'un immeuble à construire ne peut être déchargé de sa garantie des vices apparents, ni avant la réception des travaux, ni avant l'expiration d'un délai d'1 mois après la prise de possession par l'acquéreur.

• La garantie de parfait achèvement

Si le maître de l'ouvrage appose des réserves dans l'acte de réception des travaux, l'entrepreneur est tenu à une garantie dite de parfait achèvement pendant un délai d'1 an, à compter de la réception, pour réparer tous les désordres signalés par le maître de l'ouvrage éventuellement après mise en demeure par ce dernier adressée au constructeur d'avoir à les effectuer.

(Code civil, art. 1792-6).

Mais le maître de l'ouvrage, même s'il n'a pas fait de réserves lors de la réception des travaux, peut encore, par lettre recommandée avec AR dans les 8 jours qui suivent la remise des clés, dénoncer les vices apparents qu'il n'avait pas signalés, afin qu'il y soit remédié.

Cette possibilité n'est pas applicable lorsque le maître de l'ouvrage se fait assister par un architecte ou un professionnel lors de la réception des travaux. Dans cette hypo-

thèse, le maître de l'ouvrage est censé accepter les travaux s'il les réceptionne sans réserves.
(Art. L. 231-8 du Code de la construction et de l'habitation).
La garantie de parfait achèvement peut être demandée par le maître de l'ouvrage s'il constate des désordres, même après la réception si les désordres n'étaient pas visibles à ce moment-là, mais dans l'année qui suit cette date.
La garantie de parfait achèvement comprend également l'isolation phonique défectueuse.

› En quoi consiste la garantie biennale de bon fonctionnement ?

Cette garantie, d'une durée de 2 ans, oblige le constructeur à garantir le bon fonctionnement des équipements non couverts par la garantie décennale (par exemple : cloison mobile, ferrures de fenêtre...).
(Code civil, art. 1792-3).

› Qu'est-ce que la garantie décennale ?

La garantie décennale s'applique de plein droit pour tout dommage, même résultant d'un vice du sol qui compromette la solidité de l'ouvrage ou qui l'affecte dans l'un de ses éléments constitutifs ou l'un de ses éléments d'équipement, le rendant impropre à sa destination (désordre affectant l'étanchéité de toiture-terrasse par exemple).
De même, seront couverts les dommages qui affectent la solidité des éléments d'équipement d'un ouvrage mais lorsque ceux-ci font indissociablement corps avec les ouvrages de viabilité, de fondation, d'ossature, de clos ou de couvert (gros murs, toits). Tel sera le cas quand la dépose, le démontage ou le remplacement de cet élément d'équipement ne pourra s'effectuer sans détérioration ou enlèvement de matière de cet ouvrage (par exemple : canalisations à l'intérieur des murs).
(Code civil, art. 1792 et 1792-2).

› Comment mettre en jeu la responsabilité des constructeurs ?

La responsabilité de 2 ou 10 ans est une responsabilité présumée ; cela signifie qu'il suffit pour le maître de l'ouvrage de constater l'existence d'un vice, tel qu'ils viennent d'être définis, pour entraîner la garantie des constructeurs. Ces derniers ne pourront s'exonérer qu'en invoquant une force majeure (par exemple : catastrophe naturelle) ou encore, dans certains cas, le fait du maître de l'ouvrage et notamment son immixtion, s'il s'agit d'un professionnel, dans les travaux (par exemple, le maître de l'ouvrage avec l'aide de techniciens, a dirigé les travaux, a commandé et choisi des solutions techniques...). Néanmoins, passés ces délais impératifs, le constructeur est exonéré de toute responsabilité. Depuis la loi n° 2008-561 du 17 juin 2008, toutes les autres actions de droit commun pouvant être dirigées contre les constructeurs ou leurs sous-traitants : action en responsabilité contractuelle, en responsabilité délictuelle, en responsabilité pour troubles de voisinage se prescrivent par 10 ans à compter de la réception des travaux.
(Code civil, art. 1792 et 1792-4-3).
Pour interrompre les délais impératifs de garantie, le maître de l'ouvrage doit assigner en justice les constructeurs en demandant la désignation d'un expert judiciaire aux fins de constater des troubles dans un premier temps.
C'est le tribunal qui décidera des responsabilités encourues.

Attention : une simple lettre recommandée avec avis de réception n'interromprait aucunement les délais impératifs prévus par les textes.

À noter : tous les délais légaux de garanties sont des minima. Rien n'interdit bien entendu à une entreprise d'inclure dans le contrat des délais plus longs.
Le maître de l'ouvrage doit également faire une déclaration de sinistre auprès de sa compagnie.

› Quelles sont les garanties devant être souscrites ?

● Assurance de responsabilité décennale obligatoire à la charge du constructeur

Toute personne physique ou morale (par exemple, architecte, entrepreneur...) dont la responsabilité décennale peut être engagée doit être couverte par une assurance. À l'ouverture d'un chantier, elle doit être en mesure de justifier avoir souscrit un contrat d'assurance la couvrant pour cette responsabilité.
Le contrat d'assurance est réputé comporter une clause assurant le maintien de la garantie pour la durée de la responsabilité décennale pesant sur cette personne (et notamment le constructeur), sauf mention contraire.
(Art. L. 241-1 du Code des assurances).
Celui qui fait réaliser pour le compte d'autrui des travaux de construction (promoteur) doit être couvert par une assurance de responsabilité garantissant les dommages visés aux articles 1792 et 1792-2 du Code civil et résultant de son fait.
Il en est de même lorsque les travaux de construction sont réalisés en vue de la vente.
Le défaut de souscription est sanctionné pénalement.
Il n'est pas nécessaire d'avoir cette assurance pour un certain nombre d'ouvrages (voirie, canalisation...), sauf s'il s'agit d'un accessoire de l'ouvrage assuré. En outre, l'obligation d'assurance n'est pas applicable aux ouvrages existant avant l'ouverture du chantier, à l'exception de ceux qui, totalement incorporés dans l'ouvrage neuf, en deviennent techniquement indivisibles.
(Art. L. 243-1-1 du Code des assurances).

● Assurance de dommages obligatoire (DO) à la charge du propriétaire

En vertu de l'article L. 242-1 du Code des assurances, toute personne qui fait réaliser des travaux de construction (le propriétaire, son mandataire, le vendeur...) doit souscrire, avant l'ouverture du chantier, une assurance garantissant le paiement de la totalité des travaux de réparation des dommages. Le défaut de souscription est punissable pénalement.
Ne sont pas soumis à cette obligation d'assurance un certain nombre d'ouvrages (voirie, canalisation...), sauf s'il s'agit d'un accessoire de l'ouvrage assuré. En outre, l'obligation d'assurance n'est pas applicable aux ouvrages existant avant l'ouverture du chantier, à l'exception de ceux qui, totalement incorporés dans l'ouvrage neuf, en deviennent techniquement indivisibles.
(Art. L. 243-1-1 du Code des assurances).
Les sanctions pénales ne sont toutefois pas applicables au propriétaire qui a construit un logement ou une maison pour l'habiter lui-même ou le faire habiter par son conjoint, ses ascendants, ses descendants ou ceux de son conjoint. Ce propriétaire

reste tenu de souscrire l'assurance dont il devra justifier l'existence au moment de la vente de ce logement.
(Art. L. 243-3 du Code des assurances).
Les dommages couverts sont ceux qui compromettent la solidité de l'ouvrage ou le rendent impropre à sa destination. L'intérêt de cette assurance est de permettre au propriétaire de percevoir dans des délais rapides les indemnités nécessaires pour entreprendre les réparations après sinistre. Cette assurance prend effet après l'expiration du délai de garantie de parfait achèvement (garantie d'1 an – voir plus haut).
Toutefois, elle garantit le paiement des réparations nécessaires quand :
– avant la réception, après mise en demeure restée infructueuse, le contrat conclu avec l'entreprise est résilié pour inexécution par lui de ses obligations,
– après réception, après mise en demeure restée infructueuse, l'entreprise n'a pas exécuté ses obligations.
Pour mettre en jeu cette garantie, l'assuré doit adresser à l'assureur une déclaration de sinistre.
À compter de la réception de cette déclaration, l'assureur a 60 jours pour notifier à l'assuré sa décision de mettre ou non en jeu les garanties du contrat.
Attention : la déclaration de sinistre ne fait courir le délai de 60 jours que si elle est « réputée constituée », c'est-à-dire si elle comporte les renseignements suivants :
– le numéro du contrat d'assurance et le cas échéant de l'avenant,
– le nom du propriétaire de la construction,
– l'adresse,
– la date de réception ou, à défaut, la date de la première occupation des locaux,
– la date de la première apparition des dommages ainsi que leur description et localisation.
(Art. L. 243-1 du Code des assurances).
Lorsqu'il accepte de couvrir le sinistre, l'assureur doit effectuer une offre d'indemnité dans un délai maximal de 90 jours à compter de la déclaration de sinistre.
Si l'assuré accepte, l'indemnité doit être réglée dans les 15 jours. Si l'assureur ne respecte pas ces délais, ou si l'offre qu'il fait est manifestement insuffisante, l'assuré peut engager les dépenses nécessaires à la réparation après en avoir averti l'assureur. L'indemnité versée est alors majorée d'un intérêt égal au double du taux de l'intérêt légal.
(Voir Ⓘ : *Intérêt, légal (moratoire)*).
(Code des assurances, art. L. 242-1).

● Intervention du Fonds de garantie

Le Fonds de garantie des assurances obligatoires (FGAO), mis en place par la loi sécurité financière n° 2003-709 du 1er août 2003, peut se substituer à l'assurance auprès de laquelle a été souscrit le contrat dommages-ouvrages lorsque cette assurance ne peut prendre en charge le sinistre (la société d'assurances en liquidation doit être agréée en France).
Le Fonds intervient pour les sinistres postérieurs au retrait d'agrément et pendant 5 ans après ce retrait.
La prise en charge s'effectue dans les conditions et limites de garantie prévues par les contrats d'assurance souscrits auprès de l'entreprise.
(Code des assurances, art. L. 421-9).
La prise en charge est limitée à 90 % de l'indemnité qui aurait été attribuée à l'assuré ou à ses ayants droit par l'assureur défaillant.
(Art. R. 421-24-1 du Code des assurances).

Ce Fonds de garantie est le même que celui qui prend en charge les indemnités dues aux victimes d'accident de la circulation lorsque le conducteur n'est pas assuré ou inconnu.

● Garantie de paiement des sommes dues à l'entrepreneur des travaux

Lorsque le marché de travaux privé dépasse un seuil fixé par décret (12 000 € quand le marché est conclu pour les besoins d'une activité professionnelle – Décret n° 99-658 du 30 juillet 1999), le maître de l'ouvrage doit garantir le paiement de ces sommes :
– soit (en cas de crédit spécifique demandé pour ces travaux) en donnant ordre à l'établissement de crédit de verser le montant du prêt à l'entrepreneur tant que celui-ci n'est pas intégralement payé de sa créance,
– soit en obtenant d'un établissement de crédit, d'une entreprise d'assurance ou d'un organisme de garantie collective, leur cautionnement solidaire,
– ou encore par tout autre moyen spécialement prévu au contrat.
(Code civil, art. 1799-1).

Expropriation

L'expropriation est une cession, imposée par l'Administration au propriétaire d'un bien immobilier, nécessaire à l'accomplissement de travaux d'utilité publique (par exemple : l'expropriation d'un immeuble dont la démolition est la conséquence d'un nouveau tracé d'autoroute). L'Administration peut exproprier les immeubles (bâtiments, terrains) en tout ou partie ainsi que les droits liés à ces immeubles (les servitudes et droit d'usufruitier notamment). Les maires peuvent également exproprier des biens abandonnés (bâtiments ou terrains) situés sur leur commune. Les biens meubles ne peuvent pas faire l'objet d'une expropriation. L'expropriation ne concerne pas uniquement le propriétaire du bien mais également :
– l'usufruitier,
– les personnes bénéficiant d'une servitude sur l'immeuble,
– les locataires (habitant l'appartement, exploitant le terrain ou un fonds de commerce…).
Toutes ces personnes pourront faire valoir leurs droits et demander le règlement d'une indemnité d'expropriation. Les expropriants (c'est-à-dire les bénéficiaires de l'expropriation) peuvent être l'État et ses concessionnaires, les collectivités publiques locales (département, commune…), les chambres de commerce, les établissements publics en général notamment.

L'enquête préalable

› Comment se déroule l'enquête préalable ?

L'expropriant adresse au préfet, pour être soumis à l'enquête, un dossier comprenant notamment : le plan général des travaux, le plan de situation des lieux et l'appréciation sommaire des dépenses.
(Art. R. 11-3 du Code de l'expropriation).

Un avis au public, faisant connaître l'ouverture de l'enquête, est publié 8 jours au moins avant le début de cette enquête dans les journaux locaux ou régionaux et diffusé dans le département intéressé, et affiché en mairie.
Ces différentes publicités font état de la durée de l'enquête qui ne peut être inférieure à 15 jours. Durant l'enquête, tout intéressé peut consulter le dossier à la mairie et consigner ses remarques sur le registre d'enquête. À ce stade, par exemple, pourra être contesté le caractère d'utilité publique du projet.
(Art. R. 11-14 du Code de l'expropriation).
Remarque : l'enquête préalable est indispensable à la régularité de la procédure, la seule dérogation concerne les opérations secrètes intéressant la Défense nationale qui peuvent être déclarées d'utilité publique, par décret, sans enquête mais sur avis conforme d'une commission spéciale.
(Art. L. 11-3 du Code de l'expropriation).
L'enquête préalable à la déclaration d'utilité publique est menée par un commissaire-enquêteur ou une commission d'enquête qui doivent rendre leurs conclusions 6 mois maximum après l'ouverture de l'enquête publique.
Le commissaire-enquêteur ou la commission d'enquête établit un rapport qui relate le déroulement de l'enquête et rédige des conclusions motivées, en précisant si elles sont favorables ou non à la déclaration d'utilité publique de l'opération.
(Art. L. 11-1 du Code de l'expropriation).

› Que se passe-t-il une fois que l'enquête a eu lieu ?

Une copie du rapport d'enquête est adressée au président du tribunal administratif et à l'expropriant ainsi qu'à la mairie de chaque commune où s'est déroulée l'enquête. En outre, les personnes intéressées peuvent obtenir communication de ce rapport.
(Art. R. 11-14-15 du Code de l'expropriation).
Le projet donne ensuite lieu à d'autres consultations dans certains cas (par exemple : avis du ministre de la Culture, si le projet affecte un monument classé).

● La déclaration de projet

Lorsque des aménagements, des ouvrages ou des travaux entraînant des expropriations sont susceptibles d'affecter l'environnement, leur réalisation doit être précédée d'une déclaration de projet établie par le responsable (collectivité territoriale ou établissement public) indiquant les motifs qui justifient son caractère d'intérêt général.
La déclaration de projet doit être publiée et doit intervenir dans les 6 mois suivant la clôture de l'enquête publique.
Si l'expropriation est poursuivie par l'État, la déclaration d'utilité publique tient lieu de déclaration de projet.
Lors de l'acceptation ou du refus du projet, le public doit être informé :
– de la teneur et des motifs de la décision ;
– des lieux où peuvent être consultées l'étude d'impact et les mesures destinées à éviter ou compenser les effets négatifs de ce projet.
(Art. L. 123-1 et L. 126-1 du Code de l'environnement ; Art. L. 11-1-1 du Code de l'expropriation).

La déclaration d'utilité publique

› Qu'est-ce que la déclaration d'utilité publique ?

La déclaration d'utilité publique est prononcée dans un délai d'1 an ou de 18 mois à compter de la clôture de l'enquête publique.
Elle est publiée et affichée en mairie.
La déclaration d'utilité publique fixée par décret ou arrêté précise le délai pendant lequel l'expropriation doit être réalisée. Ce délai ne peut, si la déclaration d'utilité est prononcée par arrêté, être supérieur à 5 ans. Toutefois le délai peut être reporté à 10 ans dans un certain nombre de cas (opération prévue au plan d'urbanisme approuvé notamment).
Quand le délai accordé pour réaliser l'expropriation n'est pas supérieur à 5 ans, un acte pris dans la même forme que la déclaration d'utilité publique, peut sans nouvelle enquête, proroger une fois les effets de la déclaration d'utilité pour la même durée.
(Art. L. 11-5 du Code de l'expropriation).

› Quels sont les différents effets de la déclaration d'utilité publique ?

La déclaration d'utilité publique permet à l'expropriant de réaliser son projet dans le délai prévu par l'acte d'utilité publique.
De même, quand un délai d'1 an s'est écoulé à compter de la publication de cet acte, les propriétaires des terrains à exproprier peuvent mettre en demeure la collectivité ou le service public au bénéfice duquel la déclaration d'utilité publique est intervenue de procéder à l'acquisition de leur terrain dans un délai de 2 ans à compter du jour de la demande, et ce par mise en demeure adressée au préfet qui en saisit l'expropriant.
Ce délai peut en principe être prorogé une fois pour une durée d'1 an.
À défaut d'accord amiable, à l'expiration de ce délai, le juge de l'expropriation, saisi par le propriétaire, prononce le transfert de propriété et fixe le prix du terrain.
(Art. L. 11-7 du Code de l'expropriation).
La déclaration d'utilité publique ne prive pas le propriétaire de la disposition de son bien (il peut le vendre, le prêter ou le louer).
La déclaration d'utilité publique peut faire l'objet de recours amiable auprès de l'administration pour lui demander de rapporter sa décision (recours gracieux auprès du préfet ou hiérarchique auprès de l'autorité supérieure) ou d'un recours contentieux pour excès de pouvoir devant le tribunal administratif, dans les 2 mois de la publication de l'acte de déclaration d'utilité publique (par exemple, en invoquant le caractère purement privé du projet, c'est-à-dire un détournement de pouvoir ou bien le non-respect de la procédure).
Attention : les recours hiérarchiques et contentieux ne sont pas suspensifs ; cela signifie que jusqu'à l'éventuelle annulation de la déclaration d'utilité publique, la procédure d'expropriation se poursuit.

L'enquête parcellaire et l'arrêté de cessibilité

› Comment se déroule l'enquête parcellaire ?

Suite à la procédure tendant à constater le caractère d'utilité publique du projet, a lieu une enquête parcellaire prescrite par le préfet qui a pour objet de déterminer, de façon précise, les immeubles à exproprier ainsi qu'à connaître les propriétaires concernés et de façon plus générale, toutes les personnes intéressées par l'expropriation (locataires notamment).

À noter : quand l'expropriant est en mesure, avant la déclaration d'utilité publique, de déterminer les parcelles à exproprier et de dresser le plan parcellaire et la liste des propriétaires, l'enquête parcellaire peut être faite en même temps que l'enquête préalable à la déclaration d'utilité publique.
(Art. R. 11-21 du Code de l'expropriation).

Pour ce faire, l'expropriant adresse au préfet, pour être soumis à enquête, un plan parcellaire régulier des terrains et bâtiments et la liste des propriétaires établie à l'aide d'extraits des documents cadastraux délivrés par le service du cadastre ou à l'aide de renseignements délivrés par le conservateur des hypothèques.
(Art. R. 11-19 du Code de l'expropriation).

Un commissaire-enquêteur est désigné par arrêté préfectoral, cet arrêté précisant la date et durée de l'enquête qui ne peut être inférieure à 15 jours, ainsi que le lieu où siégera le commissaire-enquêteur et les heures où les dossiers pourront être consultés dans les mairies et les observations recueillies sur des registres ouverts à cet effet ; enfin le délai dans lequel le commissaire enquêteur devra donner son avis, ce délai ne pouvant excéder 30 jours.
(Art. R. 11-20 et R. 11-24 du Code de l'expropriation).

L'arrêté est publié par voie d'affiches ou tout autre procédé dans chacune des communes concernées et publié en caractères apparents dans des journaux locaux.

Cet arrêté n'est pas susceptible de recours.

L'expropriant doit notifier à chaque propriétaire dont le nom figure sur l'état parcellaire et le cas échéant, aux locataires, ou à leurs mandataires gérants, administrateurs d'immeubles ou syndics, par lettre recommandée avec avis de réception, l'avis du dépôt du dossier à la mairie.

Les propriétaires sont tenus de fournir toutes indications relatives à leur identité et tous renseignements sur les personnes qui ont des droits sur l'immeuble exproprié (locataires, usufruitiers, bénéficiaires d'un droit d'usage et d'habitation…) et ce dans les 8 jours de la notification
(Art. L. 13-2 et R. 11-22 du Code de l'expropriation).

› Qu'est-ce que l'arrêté de cessibilité ?

Après la clôture de l'enquête, le préfet rend un arrêté de cessibilité, c'est-à-dire que sont susceptibles d'être cédées à partir de ce moment, les propriétés ou parties de propriétés nécessaires à la réalisation de l'opération d'utilité publique.

L'arrêté est publié et transmis au greffe du tribunal dans les 6 mois de sa date sous peine de caducité.
(Art. R. 11-28 du Code de l'expropriation).

L'arrêté de cessibilité, comme l'acte de déclaration d'utilité publique, est susceptible de recours gracieux, hiérarchique ou contentieux devant le tribunal administratif.

Attention : l'arrêté de cessibilité (comme l'acte de déclaration d'utilité publique) ne vaut pas expropriation. Seul le juge d'expropriation du tribunal de grande instance peut rendre une ordonnance et fixer les indemnités revenant à l'exproprié.

L'ordonnance d'expropriation

› Comment l'ordonnance d'expropriation est-elle prononcée ?

Après transmission par le préfet au greffe de la juridiction du ressort dans lequel sont situés les biens expropriés d'un dossier comprenant obligatoirement l'acte de déclaration d'utilité publique, le plan parcellaire et notamment l'arrêté de cessibilité, le juge de l'expropriation saisi prononce, par ordonnance, l'expropriation des immeubles ou des droits réels (servitudes, par exemple) déclarés cessibles.
L'ordonnance intervient dans un délai de 15 jours.
(Art. R. 12-1 et R. 12-2 du Code de l'expropriation).
Le juge peut refuser, par ordonnance motivée, de prononcer l'expropriation, si le dossier n'est pas conforme ou si la déclaration d'utilité publique ou les arrêtés de cessibilité sont caduques.
(Art. R. 12-3 du Code de l'expropriation).
L'ordonnance d'expropriation désigne chaque immeuble ou fraction d'immeuble exproprié ainsi que le bénéficiaire de l'expropriation, en tenant compte, le cas échéant, des modifications survenues depuis l'arrêté de cessibilité.
Elle est notifiée par l'expropriant aux intéressés individuellement, par lettre recommandée et publiée à la conservation des hypothèques.
L'ordonnance d'expropriation ne peut être attaquée que par un pourvoi en cassation et seulement pour incompétence, excès de pouvoir ou vice de forme. La notification de l'ordonnance doit reproduire l'article L. 12-5 du Code de l'expropriation (prévoyant le recours en cassation) et les articles 612 (délai du pourvoi de 2 mois) et 973 (nécessité de constituer un avocat à la Cour de cassation) du Code de procédure civile.
Ces dispositions sont applicables aux recours dirigés contre les décisions rendues à compter du 1er janvier 2005.
En cas d'annulation, par une décision définitive du juge administratif, de la déclaration d'utilité publique ou de l'arrêté de cessibilité, tout exproprié peut faire constater par le juge de l'expropriation que l'ordonnance est dépourvue de base légale.
Pour cela, il doit transmettre au greffe de la juridiction qui a prononcé l'expropriation, dans un délai de 2 mois à compter de la notification de la décision du juge administratif annulant la déclaration d'utilité publique ou l'arrêté de cessibilité, un dossier qui comprend les copies :
– de la décision d'annulation de la déclaration d'utilité publique ou de l'arrêté de cessibilité ;
– de l'ordonnance d'expropriation.
Si les indemnités d'expropriation sont déjà fixées, il doit aussi joindre la copie de la convention ou de la décision qui les a déterminées et un certificat de non-recours contre cette décision.
(Art L. 12-5 et R. 12-5 s. du Code de l'expropriation).

› Que se passe-t-il après l'ordonnance d'expropriation ?

À partir de l'ordonnance, l'expropriant devient propriétaire des biens expropriés. Il en supporte donc les risques (par exemple : incendie) et les charges.

Cela dit, les contributions afférentes aux immeubles que le propriétaire a cédés ou dont il a été exproprié pour cause d'utilité publique, restent à la charge de ce propriétaire jusqu'au 1er janvier suivant la date de l'acte de cession ou de l'ordonnance d'expropriation.
(Art. L. 16-7 du Code de l'expropriation).
L'ordonnance emporte également extinction des droits affectant l'immeuble :
- réalisation des baux,
- fin de l'usufruit,
- extinction des servitudes...

Enfin, c'est à partir de l'ordonnance d'expropriation qu'a lieu, en principe, la fixation judiciaire des indemnités pour les personnes expropriées.

Les différentes indemnités

Les indemnités allouées doivent couvrir l'intégralité du préjudice direct, matériel et certain causé par l'expropriation.
(Art. L. 13-13 du Code de l'expropriation).
Il faut distinguer l'ordonnance principale (correspondant à la valeur du bien exproprié) et les indemnités accessoires visant à réparer les préjudices autres que la seule dépossession du bien (déménagement, perte de clientèle...).

› Comment est évaluée l'indemnité principale ?

Le montant des indemnités dues est fixé d'après la consistance des biens à la date de l'ordonnance entraînant transfert de propriété (ordonnance d'expropriation).
Toutefois, les améliorations de toutes natures, telles que constructions, plantations, installations diverses, même antérieures à l'ordonnance d'expropriation, ne donnent lieu à aucune indemnité s'il apparaît qu'elles ont été faites dans le but d'obtenir une indemnité plus élevée (tel est le cas notamment des améliorations postérieures à l'enquête d'utilité publique).
De la même façon, si les locaux sont impropres à l'habitation, l'indemnité d'expropriation correspondra à la valeur du terrain nu, diminuée éventuellement du coût de démolition.
(Cour de cassation, 3e chambre civile, 20 octobre 2004).
(Art. L. 13-14 du Code de l'expropriation).
Il est tenu compte de l'usage effectif (habitation, bureau, terrain agricole...) du bien 1 an avant l'ouverture de l'enquête d'utilité publique. Cependant, le juge ne tient pas compte des changements de valeur du bien subis depuis cette date de référence, s'ils ont été provoqués par l'annonce du projet d'utilité publique notamment.
(Art. L. 13-15 du Code de l'expropriation).

À noter : le montant de l'indemnité principale ne peut excéder l'estimation faite par le service des Domaines ou résultant de celle émis par la commission des opérations immobilières, si une mutation à titre gratuit ou onéreux antérieure de moins de 5 ans à la date de la décision portant transfert de propriété, a donné lieu à une déclaration ou une évaluation administrative rendue définitive d'un montant inférieur à l'estimation.
(Art. L. 13-17 du Code de l'expropriation).
De même, le juge de l'expropriation peut tenir compte des accords amiables intervenus entre les parties sur le montant des indemnités. En tout état de cause, le juge ne peut pas accorder une indemnité supérieure à celle demandée par l'exproprié,

inférieure à celle offerte par l'expropriant, ou indiquée dans les conclusions du commissaire du Gouvernement.
(Art. R. 13-35 du Code de l'expropriation).

À noter : le montant de l'indemnité allouée sera de toute manière inférieur à la valeur marchande du bien. Les méthodes d'évaluation de l'indemnité principale diffèrent selon la nature du bien exproprié : terrain nu, immeuble d'habitation, local vide ou loué… Ainsi en cas de local occupé (exemple : locataire dans les lieux), le montant de l'indemnité principale due au propriétaire exproprié est inférieur à la valeur du bien évalué libre d'occupation.

Remarque : l'expropriant peut offrir à un propriétaire exproprié habitant dans les murs, un local de relogement.
Mais dans cette hypothèse, l'exproprié doit accepter l'offre avant la fixation des indemnités afin de tenir compte du relogement lors de la fixation des indemnités.
(Art. R. 14-10 du Code de l'expropriation).
Le propriétaire acceptant le relogement subira un abattement important de son indemnité principale, qui sera fixé par le juge.

À noter : la loi institue un droit de priorité et de préférence au profit des propriétaires occupants pour leur relogement, l'acquisition de terrains ou locaux ou pour l'octroi de prêt.
(Art. L. 14-1 à L. 14-3 et art. R. 14-1 du Code de l'expropriation).
En sus de l'indemnité principale correspondant à la valeur proprement dite du bien, l'exproprié peut demander, le cas échéant, le règlement d'indemnités dites accessoires.

› En quoi consistent les indemnités accessoires ?

Les indemnités accessoires consistent dans l'indemnisation de préjudice autres que ceux résultant de la simple dépossession du bien.

● Les indemnités dues au propriétaire exproprié

L'indemnité de remploi

Pour pouvoir racheter un bien équivalent à celui qui a été exproprié, il est nécessaire non seulement de recevoir une indemnité qui correspond à la valeur du bien mais également une somme qui permet de régler tous les frais nécessaires pour acheter le bien de remplacement : notamment les frais correspondant aux droits de mutation, honoraires de notaire, commission des intermédiaires, etc.
C'est l'ensemble de ces frais qui correspondent à l'indemnité de remploi.
Toutefois il ne peut être prévu de remploi si le bien était notoirement destiné à la vente ou mis en vente par le propriétaire exproprié dans les 6 mois précédant la déclaration d'utilité publique.
(Art. R. 13-46 du Code de l'expropriation).
L'indemnité de remploi se calcule de façon forfaitaire en appliquant un pourcentage à la valeur de l'indemnité principale (par exemple : 15 % pour les immeubles d'habitation, 25 % pour les immeubles commerciaux, industriels ou artisanaux…).

Autres indemnités

La réparation de nombreux autres préjudices peut être réclamée dans le cadre d'une demande d'indemnité accessoire.
On peut citer ici :
– l'indemnité de déménagement,

– l'indemnité couvrant la dépréciation, en cas d'expropriation partielle, de la partie non expropriée,
– la remise en état des clôtures…
(Voir Ⓘ : *Demande d'emprise totale*).

L'indemnisation des locataires de locaux d'habitation ou professionnels

En principe, les locataires n'ont pas droit au relogement, sauf s'ils sont soumis aux dispositions de la loi du 1er septembre 1948. Dans ce cas, en effet, l'Administration doit reloger les intéressés.
(Art. 10 de la loi du 1er septembre 1948).
Dans les autres cas, le locataire a droit à une indemnité en espèces. Les locataires ont droit en outre à une indemnité de déménagement.
Des indemnités peuvent également être demandées et fixées par le tribunal, pour frais de réinstallation et privation de jouissance.
La situation locative de l'immeuble s'apprécie en principe à la date de l'ordonnance de l'expropriation.

L'indemnisation des commerçants et agriculteurs

Un commerçant exploitant un fonds de commerce, dans les murs, doit être indemnisé de son fonds dans une indemnité d'éviction égale en principe à la valeur du fonds estimée selon les usages de la profession. Cette indemnité peut être calculée soit en fonction du chiffre d'affaires ou des bénéfices, soit par le calcul de la valeur du droit au bail, de la valeur de la clientèle, etc.
Cependant, dans la mesure où le commerçant transférant son exploitation dans d'autres locaux conserve certains éléments du fonds de commerce, comme le nom commercial, une partie de sa clientèle, du stock, l'indemnité d'expropriation à laquelle il a droit peut ne pas être égale à la valeur vénale du fonds de commerce.
L'expropriant peut d'ailleurs se soustraire au paiement de l'indemnité en offrant au commerçant, à l'artisan ou à l'industriel évincé, un local équivalent situé dans la même agglomération.
Dans ce cas, le commerçant a droit à une indemnité de déménagement et une indemnité de privation de jouissance.
(Art. L. 13-20 du Code de l'expropriation).

À noter : aucune indemnité pour perte d'exploitation n'est accordée aux propriétaires d'hôtels meublés dégradés si l'immeuble a été déclaré insalubre à titre irrémédiable. Hors de cette hypothèse, l'indemnité peut être diminuée du coût des travaux nécessaires pour assurer la salubrité et la sécurité des locaux ainsi que des frais de relogement des occupants.
(Art. L. 13-15 du Code de l'expropriation).

L'exploitant agricole a droit à une indemnité d'éviction pour la perte de son droit au bail et à différentes indemnités accessoires : perte d'exploitation (notamment perte de fumure, vente forcée de cheptel, perte de récoltes), ces indemnités étant établies en fonction de barèmes fixés par la chambre d'agriculture compétente.

Fixation des indemnités

La fixation des indemnités peut se faire à l'amiable entre l'expropriant et l'exproprié à tout moment de la procédure (dès l'ouverture de l'enquête préalable). Si un accord intervient avant l'ordonnance d'expropriation, un acte de cession est établi et publié à la Conservation des hypothèques.
Après l'ordonnance d'expropriation, le juge peut donner acte de l'accord intervenu entre les parties concernant le montant et le règlement des indemnités.
À défaut d'accord amiable, les indemnités sont fixées par le juge de l'expropriation (magistrat appartenant au tribunal de grande instance du lieu de l'expropriation).
(Art. L. 13-1 du Code de l'expropriation).

› Comment saisir le juge de l'expropriation ?

Le juge est saisi soit par l'expropriant, à tout moment après l'ouverture de l'enquête administrative, soit par l'exproprié à partir de l'ordonnance d'expropriation.
(Art. L. 13-4 du Code de l'expropriation).
L'assistance d'un avocat n'est pas obligatoire devant le juge de l'expropriation, mais dans les faits, il est fortement conseillé d'en prendre un.

Les offres d'indemnités

Dans tous les cas l'expropriant, avant de saisir le juge, doit faire une offre d'indemnité. L'exproprié peut de son côté, après l'arrêté de cessibilité, mettre en demeure l'expropriant de faire son offre.
(Art. L. 13-3 et R. 13-20 du Code de l'expropriation).
L'offre doit être faite par lettre recommandée avec AR ou par acte d'huissier et est adressée à chaque personne susceptible de recevoir une indemnité.
L'offre doit distinguer l'indemnité principale et les indemnités accessoires et inviter le destinataire à répondre dans le délai d'1 mois en faisant savoir son acceptation, son refus ou sa contre-proposition (sur la demande d'emprise totale, voir plus loin).
(Art. R. 13-17 du Code de l'expropriation).

Les mémoires

À défaut d'accord, dans le délai d'1 mois à compter de la notification des offres, ou de la mise en demeure de l'exproprié, le juge de l'expropriation peut être saisi par la partie la plus diligente, par lettre recommandée avec avis de réception adressée au greffe de la juridiction du ressort dans lequel sont situés les biens expropriés. Une copie en deux exemplaires du mémoire du demandeur est jointe à cette demande notifiée à la partie adverse.
En effet, le demandeur est tenu de notifier son mémoire au défendeur au plus tard à la date de la saisine du juge.
Le défendeur (en principe l'exproprié) doit adresser à l'autre partie un mémoire en réponse dans le délai de 6 semaines à compter de la notification du mémoire du demandeur.
(Art. R. 13-21 et suivants du Code de l'expropriation).

› Comment se déroule la procédure ?

Le juge fixe la date de son transport sur les lieux et de l'audition des parties.
(Art. R. 13-26 du Code de l'expropriation).
Il rend pour ce faire une ordonnance transmise à l'expropriant qui la notifie à l'exproprié et au commissaire du Gouvernement. La visite des lieux par le juge doit

intervenir au plus tard dans les 2 mois de l'ordonnance, mais au plus tôt après le délai de 6 semaines accordé au défendeur pour répondre au mémoire du demandeur. Le juge, en présence de toutes les parties, examine les lieux et consigne ses observations.
C'est à ce moment que le juge fixe la date d'audience au cours de laquelle devront se présenter l'expropriant, l'exproprié et le commissaire du Gouvernement.
(Art. R. 13-26 et R. 13-30 du Code de l'expropriation).

Le jugement

Si dans les 8 jours de l'audience, aucun accord n'est intervenu entre les parties, le juge rend un jugement motivé dans la limite des conclusions des parties (il est lié par l'estimation du bien à exproprier donnée par les parties dans leurs mémoires).
Le jugement doit distinguer entre l'indemnité principale, et les différentes indemnités accessoires.
(Art. L. 13-6 du Code de l'expropriation).
De même, doivent être distinguées les indemnités revenant au propriétaire ou celles revenant aux autres titulaires de droit sur l'immeuble (locataires notamment).
(Art. L. 13-20 du Code de l'expropriation).
C'est l'expropriant qui supporte seul les frais de procédure de première instance.
(Art. L. 13-5 du Code de l'expropriation).
Le jugement doit ensuite être notifié par la partie la plus diligente à l'autre partie et au commissaire du Gouvernement. La notification se fait par signification d'huissier.
(Art. R. 13-36 et R. 13-42 du Code de l'expropriation).

Les voies de recours

Les parties ne peuvent pas faire opposition contre le jugement mais peuvent faire appel. Il est possible (mais non obligatoire) de se faire représenter par un avocat, un avoué de la cour d'appel ou par un parent ou allié muni d'un pouvoir régulier.
L'appel doit être formé dans le délai d'1 mois à compter de la notification du jugement, par acte extrajudiciaire ou par déclaration faite ou adressée par pli recommandé, au greffe de la cour d'appel. L'acte d'appel doit être accompagné d'une copie de la décision.
L'appelant a alors un délai de 2 mois, sous peine d'être déchu de son appel, pour déposer ou adresser son mémoire et éventuellement ses documents annexes au greffe de la chambre.
Lorsque le mémoire de l'appelant lui est notifié, l'intimé (c'est-à-dire celui contre qui l'appel est formé) doit à son tour, dans le délai d'1 mois à peine d'irrecevabilité, déposer ou adresser son mémoire en réponse et les documents qu'il entend produire au greffe de la chambre.
Les mémoires et les documents doivent être produits en autant d'exemplaires qu'il y a de parties plus un.
Le greffe notifie à chaque intéressé et au commissaire du Gouvernement, dès leur réception, une copie des pièces transmises au greffe.
(Art. R. 13-49 du Code de l'expropriation).
L'arrêt d'appel peut lui-même faire l'objet d'un pourvoi en cassation dans les 2 mois de sa signification.

Le règlement des indemnités

› Quand doivent être réglées les indemnités ?

Les expropriés, autres que le propriétaire ou le titulaire d'un droit réel (exemple : servitude), c'est-à-dire notamment les locataires, doivent pour obtenir paiement d'indemnité, justifier à l'expropriant de leurs droits à cette indemnité : bail, attestations…

Le propriétaire, ou le titulaire d'un droit réel, n'a aucun document à fournir dans la mesure où il a été identifié comme tel, par l'ordonnance d'expropriation et que son bien ne fait pas l'objet d'une inscription hypothécaire ou d'un nantissement, s'il est commerçant.

(Art. R. 13-62 et R. 13-63 du Code de l'expropriation).

Si dans un délai de 3 mois, à partir de la signification de la décision définitive fixant le montant de l'indemnité, celle-ci n'a pas été intégralement payée ou consignée, l'exproprié a droit au règlement des intérêts fixés au taux légal.

(Voir Ⓘ : *Intérêt, légal moratoire*).

Attention : il faut écrire par lettre recommandée à l'expropriant en réclamant les sommes dues ; les intérêts ne courent en effet qu'à compter de la demande.

(Art. R. 13-78 du Code de l'expropriation).

En outre, si dans le délai d'1 an à compter de la décision définitive, l'indemnité n'a été ni payée, ni consignée, l'exproprié peut demander qu'il soit à nouveau statué sur son montant.

(Art. L. 13-9 du Code de l'expropriation).

› Comment doivent être réglées les indemnités ?

Le principe est le règlement par chèque des indemnités. Toutefois, l'expropriant peut se soustraire en partie au paiement des indemnités en offrant au commerçant, artisan ou industriel, un local équivalent situé dans la même agglomération (voir plus loin).

(Art. L. 13-20 du Code de l'expropriation).

› Peut-on demander un acompte avant la fixation des indemnités ?

Effectivement, sous réserve que l'ordonnance d'expropriation soit intervenue, les propriétaires expropriés occupant des locaux d'habitation ou à usage professionnel, ainsi que les locataires commerçants, artisans, industriels ou agricoles, peuvent, s'il n'y a pas d'obstacle au paiement et sauf dans l'hypothèse où leur relogement ou installation est assuré par l'expropriant, obtenir le paiement d'un acompte représentant 50 % du montant des offres de l'expropriant (ou de l'estimation des services des Domaines, si ces offres sont supérieures).

(Art. L. 13-28 du Code de l'expropriation).

› Dans quel cas y a-t-il lieu à consignation ?

Pour tous les cas d'obstacle au paiement, l'expropriant consigne à la Caisse des dépôts et consignations, le montant de l'indemnité. Il en est ainsi notamment quand le droit de l'exproprié est contesté par des tiers ou par l'expropriant, ou quand le juge a fixé les indemnités de manière alternative (par exemple : quand la qualité de locataire est contestée, le juge peut fixer alternativement une indemnité du local « libre » et une indemnité du local « occupé »).

(Art. R. 13-65 du Code de l'expropriation).

› Quand a lieu la prise de possession des biens par l'expropriant ?

Dans le délai d'1 mois, soit du paiement ou de la consignation de l'indemnité, soit de l'acceptation ou de la validation de l'offre d'un local de remplacement, les détenteurs sont tenus d'abandonner les lieux.
Passé ce délai impératif, il peut être procédé à l'expulsion des occupants.
L'expropriant peut prendre possession des biens, après avoir versé une indemnité au moins égale à ses propositions et consigner le surplus de l'indemnité fixée par le juge.
(Art. L. 15-1 et L. 15-2 du Code de l'expropriation).

Demande d'emprise totale

› Qu'est-ce que la demande d'emprise totale ?

Quand l'expropriation ne porte que sur une portion d'immeuble bâti si la partie restante n'est pas utilisable dans des conditions normales, l'exproprié peut, dans dans le délai d'1 mois de la notification de l'offre de l'expropriant, demander au juge l'emprise totale.
La demande d'emprise totale est également possible :
– pour toute parcelle de terrain nu qui, par suite du morcellement, se trouve réduit au quart de la contenance totale, si toutefois le propriétaire ne possède aucun terrain immédiatement contigu et si la parcelle ainsi réduite est inférieure à 10 ares ;
– lorsque l'emprise partielle d'une parcelle empêche l'exploitation agricole dans des conditions normales des parties restantes de cette parcelle en raison soit de leur dimension, soit de leur configuration, ou encore de leurs conditions d'accès ;
– lorsqu'une emprise partielle résultant de l'expropriation compromet la structure d'une exploitation agricole en lui occasionnant un grave déséquilibre.
Si la demande est admise, le juge fixe, d'une part, le montant de l'indemnité d'expropriation, d'autre part, le prix d'acquisition de la portion acquise en sus de la partie expropriée, majoré éventuellement d'une indemnité de remploi.
L'exploitant qui n'est pas lui-même propriétaire peut dans le délai d'1 mois suivant la notification des offres par l'expropriant, s'il entend ne pas poursuivre l'exploitation, demander à l'expropriant des indemnités couvrant son préjudice comme dans le cas où la totalité de l'exploitation aurait été expropriée.
Le versement des indemnités par l'expropriant à l'exploitant entraîne de plein droit, si elle n'est pas intervenue, la résiliation du bail.
(Art. L. 13-10, L. 13-11 et R. 13-40-1 du Code de l'expropriation).

Droit de rétrocession

› En quoi consiste le droit de rétrocession des propriétaires expropriés ?

Si les immeubles expropriés n'ont pas reçu, dans le délai de 5 ans, la destination prévue ou ont cessé de recevoir cette destination, les anciens propriétaires ou leurs héritiers peuvent en demander la rétrocession pendant 30 ans à compter de l'ordonnance d'expropriation, à moins que ne soit requise une nouvelle déclaration d'utilité publique.

Dans ce cas, le propriétaire doit s'adresser au tribunal de grande instance qui fixera le droit de rétrocession et fixera le prix de rachat par le propriétaire.
(Art. L. 12-6 et R. 12-6 du Code de l'expropriation).

Procédures d'urgence et d'extrême urgence

› Que se passe-t-il en cas d'urgence ?

Quand l'expropriation présente un caractère d'urgence et dans la mesure où cette urgence est constatée dans l'acte de déclaration d'utilité publique, la procédure est accélérée (la procédure d'urgence pourra être utilisée, par exemple, compte tenu de l'ampleur d'un projet).
Le juge de l'expropriation peut être saisi 15 jours (au lieu d'1 mois) après la notification des offres, par lettre recommandée AR ; cette lettre doit viser l'acte ayant déclaré l'urgence de l'opération. Il doit être joint à cette demande une copie certifiée conforme de l'offre et la réponse faite par l'exproprié à cette offre. La notification qui en est faite à l'exproprié doit préciser que l'affaire sera instruite et jugée conformément aux règles de la procédure d'urgence.
(Art. R. 15-3 du Code de l'expropriation).
La visite sur les lieux se fait 1 mois (au lieu de 2 mois) après l'ordonnance de l'expropriation.
À l'issue du transport a lieu l'audience au cours de laquelle les parties ou leurs représentants peuvent, par dérogation aux règles habituelles, développer leurs moyens et conclusions.
Si le juge s'estime suffisamment éclairé, il peut fixer le montant des indemnités définitives dans la limite des moyens et conclusions développés des parties ; si à l'inverse, il s'estime insuffisamment éclairé, il fixe des indemnités provisionnelles dont le montant correspond au préjudice causé aux intéressés, tel qu'il ressort des débats, les indemnités définitives seront ensuite fixées dans un délai d'1 mois, le juge convoquant les parties à une audience.
La décision fixant les indemnités provisionnelles ne peut être attaquée que par la voie des recours en cassation.
(Art. L. 15-5, R. 15-6 et suivants du Code de l'expropriation).

• Procédure d'extrême urgence

La procédure d'extrême urgence ne peut être utilisée que dans des cas bien limités :
– défense nationale,
– construction de certaines routes et oléoducs et de voies de chemin de fer,
– terrains exposés à un risque naturel majeur immédiat,
– terrains ou bâtiments exposés à des risques technologiques lorsque la gravité des risques potentiels rend nécessaire la prise de possession immédiate.
(Art. L. 515-15 s. du Code de l'environnement).
Pour les travaux intéressant la Défense nationale, l'autorisation de prendre possession des propriétés privées peut être donnée à l'Administration par un décret en Conseil d'État, sans enquête préalable, sur avis conforme d'une commission spéciale.
(Art. L. 11-3 et L. 15-6 à L. 15-9 du Code de l'expropriation).

Si la demande est faite par les propriétaires ou tous autres intéressés, l'Administration paie une indemnité ou, en cas d'obstacle, consigne une indemnité provisionnelle égale à l'évaluation des services fiscaux.
À défaut de paiement ou de consignation, l'autorisation d'occuper les terrains n'est plus valable.
(Art. L. 15-7 du Code de l'expropriation).
Dans les 24 heures de la réception du décret, le préfet prend des arrêtés d'occupation nécessaires permettant aux agents de l'Administration expropriante de pénétrer dans les propriétés privées. L'administration est tenue, dans le mois qui suit la prise de possession, de poursuivre la procédure d'expropriation ; le juge attribue, le cas échéant, une indemnité spéciale aux intéressés qui justifient d'un préjudice causé par la rapidité de la procédure.
(Art. L. 15-8 du Code de l'expropriation).
De la même façon, quand l'exécution des travaux de voies rapides, routes nationales, oléoducs, voies de chemin de fer, voies de tramways ou de transport en commun en site propre risque d'être retardée par des difficultés tenant à la prise de possession d'un ou plusieurs terrains non bâtis, situés dans les emprises de l'ouvrage, un décret pris sur avis conforme du Conseil d'État peut, à titre exceptionnel, autoriser la prise de possession de ces terrains. La prise de possession a lieu dans les mêmes conditions qu'en cas de travaux intéressant la Défense nationale mais elle ne peut cependant avoir lieu qu'après paiement provisionnel d'une somme égale à l'évaluation du service des domaines ou à l'offre de l'expropriant, si celle-ci est supérieure.
En cas d'obstacle à paiement, les sommes sont consignées.
(Art. L. 15-9 du Code de l'expropriation).

Les terrains à risques ou abandonnés

› L'expropriation de terrains exposés à un risque naturel majeur

Les risques naturels majeurs peuvent être les risques de mouvements de terrains, d'avalanches, de crues torrentielles ou de submersion marine. Les biens exposés à ces risques peuvent être expropriés par l'État pour cause d'utilité publique dès lors que les indemnités d'expropriation à verser aux propriétaires sont moins coûteuses que la mise en place de moyens nécessaires à la protection et à la sauvegarde de ces propriétaires et de leurs biens. L'indemnité d'expropriation doit être fixée sans tenir compte de l'existence du risque auquel est exposé le terrain ou l'immeuble exproprié. Le cas échéant, la procédure d'expropriation d'extrême urgence peut être décidée si les mesures de sauvegarde doivent être exécutées immédiatement sans attendre la fin de la procédure de droit commun.
(Art. L. 15-6 à L. 15-8 du Code de l'expropriation).
Le dossier soumis à enquête publique doit analyser les risques, apprécier la menace pour les vies humaines, prévoir le temps et le lieu dans lesquels le phénomène risque de se produire, évaluer les délais pour alerter et évacuer la population. Les conseils municipaux concernés sont consultés et peuvent émettre un avis défavorable au projet d'expropriation. L'utilité publique est déclarée lorsque les conclusions de la commission d'enquête sont favorables. À défaut, l'utilité publique doit être déclarée par décret en Conseil d'État. Lorsque l'arrêté d'ouverture de l'enquête publique préalable est publié, plus aucun permis de construire ne peut être délivré pour les terrains visés.

Cette interdiction reste valable jusqu'à la conclusion de la procédure d'expropriation dans un délai maximal de 5 ans. Elle a pour but notamment d'éviter la spéculation sur les terrains puisque le montant des indemnités versées dépend de l'usage effectif ou prévisible du terrain.
De même, les acquisitions de terrains ou de biens immobiliers postérieures à l'ouverture de l'enquête publique sont présumées spéculatives et peuvent entraîner une diminution, voire une suppression totale des indemnités d'expropriation. Si un permis de construire a été délivré avant l'expropriation et a eu pour effet d'augmenter la valeur des terrains à exproprier, le maire qui a délivré ce permis peut être tenu de rembourser une partie du coût de l'expropriation. Les indemnités d'expropriation sont versées par le Fonds de prévention des risques naturels majeurs.
(Art. L. 561-1 et suivants du Code de l'environnement).

› L'expropriation des biens abandonnés

Le maire peut exproprier des immeubles (bâtiments, terrains) laissés à l'abandon et situés dans l'agglomération de la commune si cette expropriation a pour but la construction de logements ou un intérêt collectif.
Il constate par un procès-verbal provisoire l'abandon de l'immeuble et recherche les propriétaires. Le procès-verbal reste affiché en mairie pendant 3 mois et est notifié aux propriétaires. Après un nouveau délai de 6 mois courant à compter de la publicité et des notifications, le maire peut constater par un procès-verbal définitif l'état d'abandon manifeste de la parcelle et convoquer le conseil municipal pour décider s'il y a lieu ou non d'en poursuivre l'expropriation au profit de la commune.
(Art. L. 2243-1 et suivants du Code général des collectivités territoriales).

› L'expropriation des immeubles insalubres

Une procédure spécifique et rapide d'expropriation est prévue pour les immeubles déclarés insalubres à titre irrémédiable ou dangereux. L'expropriation peut porter non seulement sur les bâtiments concernés mais aussi sur les terrains où ils sont implantés (même s'il y a d'autres immeubles non visés) et sur d'autres immeubles même non insalubres si leur expropriation est indispensable à la démolition de l'immeuble insalubre voisin.
Dès que l'insalubrité de l'immeuble visé est constatée, le préfet peut, par arrêté, déclarer d'utilité publique l'expropriation et fixer également les offres de relogement (obligatoires pour les occupants y compris les propriétaires), le montant des indemnités et la date de prise de possession. Un délai minimum d'1 mois doit être prévu entre l'arrêté déclaratif d'utilité publique et la date de prise de possession (2 mois minimum s'il s'agit d'un immeuble non insalubre mais dont l'expropriation est indispensable).
L'arrêté est affiché en mairie et notifié aux propriétaires ou exploitants.
Dans le mois qui suit la prise de possession, le préfet est tenu de poursuivre la procédure habituelle d'expropriation.
En raison du caractère impropre à l'habitation des locaux expropriés, l'indemnité d'expropriation est fixée à la valeur du terrain nu, après déduction des frais entraînés par la démolition des bâtiments. (Loi n° 70-612 du 10 juillet 1970 modifiée par l'ordonnance n° 2005-1566 du 15 décembre 2005).

Droit de préemption urbain

Bien que ne constituant pas une expropriation directe, le droit de préemption urbain peut apporter de sérieuses restrictions au droit de propriété. En effet, le propriétaire ne pourra pas toujours vendre librement son bien.

› En quoi consiste le droit de préemption urbain ?

C'est la faculté qu'a une commune d'acquérir un bien immobilier de préférence à tout autre acheteur au moment de sa vente. Ce droit ne peut s'exercer que dans les communes dotées d'un Plan local d'urbanisme (PLU) (anciennement dénommé Plan d'occupation des sols [POS]) ou les communes couvertes par une carte communale. Il peut ne concerner que certaines parties de la commune, là où l'administration a décidé de mettre en place une opération d'intérêt général (équipements collectifs, lutte contre l'insalubrité, extension d'activités économiques…). C'est notamment le cas dans les zones d'aménagement différé (ZAD). Pour savoir si un immeuble est concerné, il faut se renseigner à la mairie. Là où s'exerce ce droit, la mairie doit donc être prévenue de toute mise en vente volontaire ou par adjudication (Art. L. 213-1 du Code de l'urbanisme). En principe, c'est le notaire qui se charge de cette formalité. La commune a alors 2 mois pour faire connaître sa décision : soit elle décide d'acheter le bien, soit elle renonce à son droit de préemption. Dans ce cas, le propriétaire est libre de vendre à qui il veut. Si le propriétaire décide de vendre une parcelle qui n'est soumise que partiellement au droit de préemption de la commune, il peut demander l'acquisition de la totalité de son bien mis en vente ou obtenir une indemnité pour la perte de valeur de la partie non soumise au droit de préemption.
Le silence de la commune pendant 2 mois à compter de la réception de la déclaration de l'intention de vendre vaut renonciation à l'exercice du droit de préemption.
La commune peut acquérir le bien à un prix inférieur à celui demandé par le propriétaire. Dans ce cas, le vendeur peut :
– soit renoncer à la vente,
– soit saisir le juge de l'expropriation qui peut éventuellement réévaluer le prix. La procédure est identique à celle de l'expropriation (voir plus haut).
En cas de fixation judiciaire du prix, et pendant un délai de 2 mois après la décision définitive, le propriétaire peut accepter le prix fixé par la juridiction ou renoncer à la vente. Le silence des parties dans ce délai vaut acceptation du prix fixé par le juge.
Lorsque la commune a exercé son droit de préemption, elle doit pendant 5 ans respecter le projet justifiant la préemption. Après ce délai, elle peut le céder ou l'utiliser pour d'autres réalisations.
Le prix du bien devra être réglé par la commune dans les 6 mois qui suivent l'accord sur la vente ou la décision du juge. Si le prix n'est pas payé dans ce délai, la commune est tenue, sur demande de l'ancien propriétaire, de lui rétrocéder le bien acquis par voie de préemption.
(Art. L. 213-11 du Code de l'urbanisme).

À noter : certains immeubles ne peuvent pas être préemptés par la commune (immeubles HLM, lots de copropriété, immeubles achevés depuis moins de 10 ans....).
(Art. L. 211-4 et L. 213-1 du Code de l'urbanisme).

› Peut-on forcer une commune à exercer un droit de préemption ?

Tout propriétaire d'un bien soumis au droit de préemption peut proposer à la commune l'acquisition de ce bien, en indiquant le prix qu'il en demande. Il s'agit

du droit de délaissement. Cette proposition se fait sur formulaire (modèle de demande d'acquisition d'un bien soumis à préemption), et doit être adressée en quatre exemplaires par pli recommandé avec demande d'avis de réception ou déposée contre décharge à la mairie de la commune où se trouve le bien.
La commune doit se prononcer dans un délai de 2 mois à compter de cette proposition. À défaut de réponse, le propriétaire peut vendre son bien au prix fixé.
En cas d'acquisition, le prix doit être réglé au plus tard 6 mois après sa décision d'acquérir le bien au prix demandé.
En cas de désaccord, le prix est fixé par le juge de l'expropriation et doit être versé dans le même délai de 6 mois après la décision.
Si le juge n'est pas saisi dans le délai de 15 jours, on considère que la commune a renoncé à l'acquisition du bien.
(Art. L. 211-5 et R. 211-7 du Code de l'urbanisme).

Copropriété

Le statut de la copropriété s'applique à tout immeuble bâti ou groupe d'immeubles bâtis dont la propriété est répartie entre plusieurs personnes par lot comprenant chacun une partie privative et une quote-part des parties communes.

Le règlement de copropriété

› Quel est le rôle du règlement de copropriété ?

Le règlement de copropriété régit l'immeuble ou le groupe d'immeubles en copropriété dans le respect des textes législatifs et réglementaires.
L'établissement d'un règlement est obligatoire. C'est un acte écrit, conventionnel auquel doivent adhérer obligatoirement tous les copropriétaires concernés. Ces derniers peuvent en avoir un exemplaire en le demandant au syndic ou en s'adressant à la Conservation des hypothèques de leur commune où il est publié.
Il contient en général un état descriptif de division qui permet d'identifier les lots par numéros d'ordre suivis des informations relatives à chacun d'eux (leur situation dans l'immeuble, consistance, destination…). Le règlement définit les parties communes, les parties privatives et les conditions de leur jouissance ainsi que la quote-part des charges afférentes à chaque lot, dans chacune des catégories des charges.
Deux dispositions importantes ont été intégrées dans la loi sur la copropriété par la loi du 13 décembre 2000 sur la solidarité et le renouvellement urbains :
– tous les nouveaux règlements de copropriété publiés à compter du 31 décembre 2002 doivent préciser la façon dont les quotes-parts des parties communes ou les quotes-parts de charges seront calculées ;
– afin de faciliter l'harmonisation des règlements de copropriété anciens avec les différentes lois sur la copropriété, ces adaptations sont prises aux règles de la majorité simple de l'article 24.
(Loi n° 65-557 du 10 juillet 1965, art. 10 et 49).
Il précise également les droits et obligations des copropriétaires, les règles de fonctionnement et les pouvoirs des assemblées générales.
(Loi n° 65-557 du 10 juillet 1965, art. 8 et 22).

› Qui assure le respect du règlement de copropriété ?

Le syndic est chargé de faire respecter le règlement et d'assurer l'exécution de ses dispositions.
Cela est particulièrement vrai en ce qui concerne les modalités d'usage des parties privatives et les parties communes.
(Loi n° 65-557 du 10 juillet 1965, art. 18).
C'est dans le cadre de ses pouvoirs qu'il pourra, par exemple, mettre en demeure un copropriétaire de ne pas encombrer les parties communes ou de cesser ses nuisances.

Attention : le règlement ne s'impose pas qu'aux seuls copropriétaires ou leurs ayants droit mais à toute personne détentrice d'un droit sur un lot (locataire, usufruitier...).

› Peut-on modifier le règlement de copropriété ?

La modification d'un règlement doit faire l'objet d'un vote à l'assemblée générale, aux règles de majorité de l'article 26 de la loi du 10 juillet 1965, (majorité du syndicat des copropriétaires représentant au moins les 2/3 des voix) et ce seulement dans la mesure où la modification concerne la jouissance, l'usage et l'administration des parties communes. L'unanimité des voix est en revanche requise dès lors qu'il s'agit d'imposer à un copropriétaire une modification à la destination ou à la jouissance de ses parties privatives telles qu'elles résultent du règlement.
Le règlement de copropriété peut également être modifié à la suite d'une modification de la répartition des charges.
(Voir Ⓘ : *Charges de copropriété, répartition*).
Enfin, la mise en conformité s'effectue aux règles de majorité de l'article 24.
(Voir : *Quel est le rôle du règlement de copropriété* ?).

› Dans quels cas peut-on contester les clauses d'un règlement de copropriété ?

Chaque copropriétaire a la possibilité de s'adresser au tribunal de grande instance du lieu de la situation de l'immeuble pour demander l'annulation :
– des clauses imposant des restrictions aux droits des copropriétaires non justifiées par la destination de l'immeuble (par exemple, interdiction d'exercer une profession libérale déterminée dans un immeuble qui n'est pas exclusivement réservé à l'habitation bourgeoise et n'apportant aucune gêne à la copropriété). De façon plus générale, les clauses abusives peuvent être annulées par les tribunaux (exemple, interdiction d'avoir des animaux domestiques).
(Loi n° 65-557 du 10 juillet 1965, art. 8) ;
– des clauses non conformes aux règles impératives de la loi du 10 juillet 1965 (et plus précisément à ses articles 6 à 37 et 42 et aux décrets postérieurs) : par exemple, paiement des charges d'ascenseur pour les copropriétaires du rez-de-chaussée.

Le conseil syndical

› Qu'est-ce que le conseil syndical ?

La loi du 31 décembre 1985 a rendu obligatoire la constitution d'un conseil syndical dont le rôle consiste principalement à assister le syndic et à contrôler sa gestion.

Les membres du conseil sont désignés en assemblée générale parmi les copropriétaires, leurs conjoints, leurs partenaires pacsés, leurs représentants légaux ou leurs usufruitiers, aux règles de majorité de l'article 25 de la loi du 10 juillet 1965.
Le président du conseil syndical est élu parmi les membres du conseil.
Quand l'assemblée générale ne parvient pas à désigner un conseil syndical, faute de candidature ou faute pour les candidats d'obtenir la majorité requise à cette désignation, un procès-verbal de carence est notifié aux copropriétaires. Dans ce cas, l'assemblée générale selon les règles de majorité de l'article 26 de la loi, peut décider de ne pas constituer de conseil.
Le mandat des membres du conseil syndical ne peut excéder 3 années renouvelables. Les conseillers syndicaux doivent rendre compte de leur mandat chaque année à l'assemblée.
Les fonctions de président et de membre du conseil syndical ne donnent pas lieu à rémunération.
Le conseil peut cependant obtenir paiement ou remboursement des dépenses nécessitées par l'exécution de ses missions (par exemple, la rémunération d'un professionnel ou conseiller à qui le conseil syndical s'adresse pour obtenir un avis technique). Ces dépenses constituent des dépenses courantes d'administration réglées par le syndic.
(Décret n° 67-223 du 17 mars 1967, art. 22, 26 et 27).

Attention : le syndic, son conjoint, son partenaire pacsé, ses ascendants ou descendants, ses préposés, même s'ils sont copropriétaires, ne peuvent pas être membres du conseil syndical.

› Dans quel cas l'avis du conseil syndical est-il obligatoire ?

Le conseil syndical peut donner son avis au syndic ou à l'assemblée générale sur toutes les questions concernant le syndicat pour lesquelles il est consulté ou dont il se saisit lui-même. En outre, la consultation du conseil syndical est obligatoire quand le syndic envisage d'exécuter, de sa propre initiative, des travaux urgents.
(Voir Ⓘ : *Syndic de copropriété*).
(Décret n° 67-223 du 17 mars 1967, art. 37).
D'autre part, l'assemblée générale des copropriétaires, statuant à la majorité de l'article 25 de la loi, arrête un montant des marchés et des contrats à partir duquel la consultation du conseil syndical est obligatoire.
(Loi n° 65-557 du 10 juillet 1965, art. 21).
Ainsi dans ce domaine, les copropriétaires, lorsqu'ils recevront la notification de l'ordre du jour en vue de la réunion de l'assemblée générale, prendront connaissance de l'avis du conseil.
(Décret n° 67-223 du 17 mars 1967, art. 8).
Enfin l'avis du conseil syndical doit intervenir lorsque le syndic d'une copropriété en difficulté dépose une requête devant le tribunal de grande instance pour que soit nommé un administrateur provisoire (voir plus loin).
Quand le conseil syndical est le destinataire de documents, le décret prévoit que la communication est valablement faite à la personne du président du conseil syndical, ou, à défaut de président, à chacun de ses membres. Lorsque la communication est demandée par le conseil syndical, elle est faite à chacun de ses membres.

› La responsabilité du conseil syndical peut-elle être engagée ?

Oui, si le conseil syndical a notamment été négligent dans son rôle de contrôle de la gestion de la copropriété. Compte tenu du fait que les membres exercent leur action de façon bénévole, leur responsabilité sera appréciée avec moins de rigueur.

Le syndicat des copropriétaires

› Quel est le rôle du syndicat des copropriétaires ?

La collectivité des copropriétaires est constituée de plein droit dès lors qu'un immeuble est divisé et soumis au régime de la copropriété en un syndicat qui a la personnalité civile. C'est le syndicat, représenté par le syndic, qui pourvoit à la conservation de l'immeuble et à l'administration des parties communes. Il a qualité pour agir en justice, soit en demande, soit en défense à la suite d'un procès dirigé contre lui et a capacité pour acquérir des biens ou en vendre.
(Loi n° 65-557 du 10 juillet 1965, art. 14, 15 et 16).

› Dans quel cas la responsabilité du syndicat peut-elle être engagée ?

Compte tenu de sa mission, le syndicat est responsable des dommages causés aux copropriétaires ou aux tiers par les vices de construction ou le défaut d'entretien des parties communes. Il suffit pour celui qui invoque un préjudice de rapporter la preuve d'un défaut d'entretien ou d'un vice de construction des parties communes.
Le syndicat ne peut s'exonérer de sa responsabilité qu'en rapportant la preuve d'une force majeure (par exemple : catastrophe naturelle) ou de la faute de la victime.
La responsabilité peut être engagée, par exemple, en cas de défaut d'étanchéité de la toiture, de l'effondrement d'un plancher ou d'un balcon, d'un accident causé par un ascenseur.
Le syndicat peut bien entendu se retourner contre les entrepreneurs concernés.
En effet, le syndicat a la garde des parties communes ; il est donc responsable des accidents survenus à l'occasion de celles-ci.

› Quelles sont les dispositions légales concernant les copropriétés en difficulté ?

Être une copropriété en difficulté signifie ne pas disposer de suffisamment de ressources pour assurer l'entretien de l'immeuble et les travaux indispensables.
Différentes mesures sont prévues par les textes pour aider ces copropriétés :
- une procédure d'alerte préventive ;
- la désignation d'un administrateur provisoire susceptible de redresser les comptes ;
- l'établissement d'un constat de carence pouvant entraîner des injonctions du maire d'avoir à effectuer des travaux indispensables ou une expropriation ;
- l'établissement d'un plan de sauvegarde.

La procédure d'alerte

Une procédure d'alerte préventive peut être déclenchée si, à la clôture des comptes, les impayés atteignent 25 % du budget prévisionnel et des dépenses hors budget. Les sommes devenues exigibles dans le mois précédant la date de clôture de l'exercice ne sont pas considérées comme impayées. Le syndic en informe sans délai le conseil syndical en adressant à chacun de ses membres l'état des impayés

avant répartition à la date de la clôture de l'exercice comptable. Il saisit sur requête le président du tribunal de grande instance d'une demande de désignation d'un mandataire ad hoc.
Si le syndic néglige d'agir dans le mois de la clôture des comptes, des copropriétaires représentant au moins 15 % des voix peuvent agir à sa place. Un créancier en présence de factures impayées depuis 6 mois - qu'il s'agisse d'abonnement, de fourniture d'eau, d'énergie ou encore de travaux votés par l'assemblée générale et exécutés - peut agir de même. Le créancier doit avoir adressé au syndic un commandement de payer resté infructueux. Le tribunal est, dans ces deux hypothèses, saisi par le biais d'une assignation en référé dirigée contre le syndicat des copropriétaires.
Les autorités publiques (maire, préfet..) sont informées du déclenchement de la procédure dans ces cas.
Le mandataire analyse les difficultés de la copropriété, puis émet des recommandations pour rétablir son équilibre financier et assurer la sécurité de ses occupants. Il peut entreprendre des médiations ou des négociations. Il rend son rapport dans un délai de 3 mois, renouvelable une fois sur décision du président du tribunal, à ce magistrat. Le syndic, conseil syndical et autorités publiques (maire, Préfet...) en sont informés par le tribunal. Le syndic inscrit l'examen de ce rapport et de ses résolutions à l'ordre du jour de la prochaine assemblée générale.
(Loi n° 65-557 du 10 juillet 1965, art. 29-1A et 29-1B).
(Décret n° 67-223 du 17 mars 1967, art. 61-2 et suivants).

L'administrateur provisoire

En cas de déséquilibre financier grave ou en cas d'impossibilité pour le syndicat de pourvoir à la conservation de l'immeuble, le président du tribunal de grande instance du lieu de la situation de l'immeuble peut désigner un administrateur provisoire, en remplacement du syndic, s'il est saisi (sur requête ou en référé) par les copropriétaires représentant ensemble 15 % au moins des voix du syndicat, par le syndic ou par le procureur de la République.
En cas de désignation de l'administrateur, le mandat du syndic cesse de plein droit ou sans indemnité dès cette décision.
L'administrateur va tenter de rétablir l'équilibre de la copropriété. Pour ce faire, il dispose des pouvoirs qui lui sont précisés par l'ordonnance du président du tribunal.
En fin de procédure, le syndic informe chaque copropriétaire qu'il peut prendre connaissance du rapport de l'administrateur. Une copie du rapport peut être envoyée aux copropriétaires qui le demandent, à leurs frais. La mission de l'administrateur ne peut être inférieure à 12 mois.
Le tribunal de grande instance peut modifier, prolonger ou mettre fin à la mission de l'administrateur, d'office ou suite à la demande de l'administrateur, d'un ou de plusieurs copropriétaires ou du procureur de la République. Si aucun rapport n'a été établi au cours de l'année précédente, l'administrateur rend, au plus tard à l'issue des 6 premiers mois de sa mission, un rapport intermédiaire présentant les mesures à adopter pour redresser la situation financière.
Lorsqu'un administrateur provisoire est désigné ou en présence d'un plan de sauvegarde (voir ci-après), le syndicat des copropriétaires peut bénéficier de l'aide juridictionnelle pour le recouvrement des créances.

L'administrateur peut demander au président du tribunal la suspension ou l'interdiction, pour une période d'au plus 6 mois, renouvelable une fois, de toute action en justice de la part des créanciers et tendant :
– à la condamnation du syndicat débiteur au paiement d'une somme d'argent,
– à la résolution d'un contrat de fourniture d'eau, gaz, électricité ou de chaleur pour défaut de paiement d'une somme d'argent.
Cette décision arrête toute procédure d'exécution (saisie…) à l'encontre du syndicat.
En outre, le président du tribunal de grande instance, statuant en référé, peut, sur le rapport de l'administrateur provisoire consignant l'avis des copropriétaires, décider du retrait d'un ou de plusieurs immeubles de la copropriété initiale, pour constituer une copropriété ou une propriété séparée, si aucune autre solution ne permet de rétablir le fonctionnement normal de la copropriété.
Les copropriétaires et le procureur de la République sont informés de l'ordonnance désignant l'administrateur et du rapport de ce dernier. En sont également informés le maire et le préfet.

Injonctions du maire

Le maire peut être amené à adresser des injonctions aux syndicats de copropriétaires d'effectuer des travaux ou de procéder à la remise en état d'équipements communs d'un immeuble présentant un fonctionnement défectueux ou un défaut d'entretien de nature à créer des risques sérieux pour la sécurité des occupants ou à compromettre gravement leurs conditions d'habitation.
En cas de contestation, un expert peut être désigné pour procéder à la constatation de l'état des équipements et établir un rapport.
Le tribunal administratif peut être saisi en cas de litige et décider des mesures à réaliser et du délai pour les exécuter. Il peut autoriser le maire à y faire procéder d'office et aux frais des propriétaires si cette exécution n'a pas eu lieu au terme prescrit.
En cas d'urgence ou de menace grave et imminente, le maire, après en avoir informé le syndicat, demande au juge d'instance de désigner un expert chargé d'examiner l'état des équipements communs dans un délai de 24 heures suivant sa désignation.
Si le rapport de l'expert constate l'urgence ou la menace grave et imminente, le maire ordonne les mesures provisoires permettant de garantir la sécurité des occupants et, si nécessaire, l'évacuation de l'immeuble.
Dans le cas où ces mesures provisoires ne sont pas exécutées dans le délai imparti par l'arrêté, le maire peut les faire exécuter d'office et aux frais des copropriétaires.
(Art. L. 129-1 à L. 129-7 du Code de la construction et de l'habitation).

Carence et expropriation

Un syndicat de copropriété peut être dans l'incapacité d'exercer sa mission de gestion et de conservation de l'immeuble en raison de graves difficultés financières et de l'importance des travaux à réaliser. Cette situation peut entraîner un risque pour la sécurité des habitants de l'immeuble.
C'est pourquoi l'état de carence du syndicat peut être décidé, après expertise judiciaire, à la demande du maire, du président de l'établissement public de coopération intercommunale compétent, du préfet du département, du syndic, des copropriétaires représentant au moins 15% des voix ou encore de l'administrateur de la copropriété en difficulté.

Cet état peut entraîner l'expropriation de l'immeuble, suivant une procédure simplifiée par rapport à la procédure de droit commun.
(Loi n° 65-557 du 10 juillet 1965, art. 29-1 et suivants).
(Art. L. 615-6 et L. 615-7 du Code de la construction et de l'habitation).

Plan de sauvegarde

Un « plan de sauvegarde », visant à restaurer le cadre de vie des occupants et usagers d'un immeuble, peut être établi par une commission constituée par le préfet.
Ce dernier peut être saisi à cette fin notamment par le maire, une association de riverains ou de copropriétaires.
Ce plan fixe les mesures nécessaires pour, dans un délai de 5 ans, sur la base des engagements souscrits par les collectivités publiques, les organismes publics ou les personnes privées concernées :
- clarifier et simplifier les règles de structure et d'administration du groupe d'immeubles bâtis ou de l'ensemble immobilier ;
- clarifier et adapter le statut de biens et équipements collectifs à usage public ;
- réaliser des travaux de conservation de l'immeuble ou tendant à la réduction des charges de fonctionnement ;
- assurer l'information et la formation des occupants de l'immeuble pour restaurer les relations sociales ;
- organiser la mise en place de mesures d'accompagnement.

(Art. L. 615-1 à L. 615-5 du Code de la construction et de l'habitation).
(Pour plus de renseignements sur tous ces points, Loi n° 65-557 du 10 juillet 1965, art. 29-1 à 29-6 et Décret n° 67-223 du 17 mars 1967, art. 62-1 à 62-14).

La désignation du syndic

La désignation d'un syndic est obligatoire même dans le cas de petite copropriété. Le syndic est désigné par l'assemblée générale statuant à la majorité absolue des voix de tous les copropriétaires.
(Loi n° 65-557 du 10 juillet 1965, art. 25).
En cas de carence du syndic, les copropriétaires peuvent s'adresser à la justice (voir plus loin : *La responsabilité du syndic*).

› Qui peut être syndic ?

Les fonctions de syndic peuvent être assumées par toute personne physique ou morale (société, gérance…).
C'est la loi du 2 janvier 1970, dite « loi Hoguet », qui régit la profession des syndics professionnels.
Le syndic professionnel doit en effet être titulaire d'une carte professionnelle portant la mention « gestion immobilière » qui lui sera délivrée à la suite de l'obtention de diplômes. Le syndic professionnel doit également justifier d'une garantie financière et d'une assurance.
Des syndics non professionnels peuvent également être désignés, parmi les copropriétaires par exemple. Ils ne sont pas soumis aux conditions de diplômes, garanties et assurance de la loi Hoguet.
S'il peut être intéressant dans les petites copropriétés de faire appel à un syndic bénévole, il est recommandé dans les copropriétés d'une certaine importance de prendre un syndic professionnel. En effet, les attributions du syndic (voir plus loin) sont nombreuses et variées et sa responsabilité peut être engagée en cas de faute de gestion.

› Comment est rémunéré le syndic ?

Le contrat de syndic doit préciser notamment les éléments de détermination de la rémunération du syndic. Le projet de contrat doit être communiqué en même temps que la convocation à l'assemblée générale. Le contrat est voté aux règles de majorité de l'article 25.
Les honoraires du syndic sont libres (il n'existe pas de barème légal) et peuvent être négociés entre la copropriété et ce professionnel.
La plupart des contrats prévoient deux types de rémunérations :
– des honoraires pour gestion courante : ils font l'objet d'une rémunération sur la base d'honoraires forfaitaires annuels et correspondent à l'exécution de tâches entrant dans le cadre de l'administration normale d'une copropriété : tenue des assemblées, engagement du personnel, conservation et gestion des archives… ;
– des honoraires correspondant à des prestations particulières : par exemple, frais correspondant à la tenue d'une assemblée générale extraordinaire.
Des abus ont été constatés dans la seconde catégorie. Le Conseil National de la Consommation a rendu des avis prévoyant ce qui relève de la gestion courante. Le dernier date du 27 septembre 2007 (voir sur le site Internet du Conseil).
Un arrêté du 29 mars 2010 et son tableau annexe fixe la liste minimale des prestations de gestion courante incluses dans le forfait annuel. Toute prestation particulière doit figurer explicitement en tant que telle dans le contrat de syndic. Leur contenu doit être défini avec précision dans les rubriques correspondantes figurant dans le contrat de syndic.
Cet arrêté s'applique aux contrats de syndic signés depuis le 1er juillet 2010.
La loi encadre les honoraires spécifiques pour travaux. Le syndic peut les réclamer uniquement à une double condition :
– les honoraires spécifiques concernent les dépenses visées à l'article 14-2 de la loi du 10 juillet 1965 (dépenses pour gros travaux listés à l'article 44 du décret du 17 mars 1967) votées par l'assemblée générale dans le cadre des articles 24, 25,26, 26-3 et 30 de la loi ;
– le vote de ces honoraires doit intervenir lors de la même assemblée générale que les travaux concernés, en respectant les mêmes règles de majorité.
(Loi n° 65-557 du 10 juillet 1965, art. 18 IA).

À noter : depuis le décret du 27 mai 2004, l'état détaillé des sommes perçues par le syndic au titre de sa rémunération doit être adressé aux copropriétaires (ce pour information), en même temps que la convocation à l'assemblée.
(Décret n° 67-223 du 17 mars 1967).

À noter : un syndic non professionnel peut percevoir une rémunération en sus du remboursement des frais qu'il a exposés.

› Quelle est la durée du mandat du syndic ?

Le contrat de syndic doit fixer la durée du contrat de syndic et précise ses dates calendaires de prise d'effet et d'échéance (date du calendrier comme par exemple du 1er janvier 2010 au 1er janvier 2011).
La durée de fonction du syndic ne peut excéder 3 années. Cependant, l'assemblée peut renouveler ses fonctions aux règles de majorité de l'article 25 de la loi pour la même durée. Des exceptions sont prévues par les textes à cette durée de 3 ans (cas du syndic constructeur par exemple).
(Décret n° 67-223 du 17 mars 1967, art. 28, 29).

Les attributions du syndic

› Quel est le rôle du syndic ?

Les missions dévolues par la loi au syndic sont très diverses. En premier lieu, c'est à lui qu'incombe de faire assurer le respect du règlement de copropriété.

● Administration courante de l'immeuble

Le syndic souscrit les polices d'assurance pour l'immeuble et conclut les contrats d'entretien concernant les éléments d'équipement (ascenseur...). Il peut de sa propre autorité faire effectuer les menues réparations d'entretien courant (remplacement de la minuterie, de vitres cassées...) et faire exécuter les travaux urgents nécessaires à la sauvegarde de l'immeuble.

Les copropriétés doivent disposer d'un carnet d'entretien de l'immeuble établi et mis à jour par le syndic. Ce carnet peut être consulté par les copropriétaires et est communiqué à sa demande à tout candidat à l'acquisition d'un lot ou tout bénéficiaire d'une promesse de vente.

(Loi n° 65-557 du 10 juillet 1965, art. 18, 45-1).

Le syndic doit aussi détenir, le cas échéant, le diagnostic technique de l'immeuble. Ce diagnostic est obligatoire lors de la première mise en copropriété d'un immeuble datant de plus de 15 ans (cette obligation ne s'applique pas aux immeubles déjà en copropriété). Il s'agit d'établir un état des lieux portant sur la solidité de la toiture, des façades et des murs porteurs, sur l'état des conduites et canalisations collectives, sur l'état des équipements communs (chaufferie, ascenseur, ventilation, vide-ordures...) et sur la sécurité (protection incendie, garde-corps...). Ce diagnostic permet de définir un programme de travaux ou d'entretien.

(Art. L. 111-6-2 du Code de la construction et de l'habitation).

Si l'immeuble est équipé d'une installation collective de chauffage ou de refroidissement, le syndic doit faire établir un diagnostic de performance énergétique dans un délai de 5 ans à compter du 1er janvier 2012 (soit avant le 1er janvier 2017).

Si l'immeuble comporte plus de 50 lots, un audit énergétique doit être réalisé.

Le diagnostic ou l'audit doivent être suivis d'un plan de travaux d'économies d'énergie ou d'un contrat de performance énergétique que le syndic doit inscrire à l'ordre du jour et soumettre au vote de l'assemblée des copropriétaires.

Si l'immeuble possède des parkings, le syndic doit faire inscrire à l'ordre du jour de l'assemblée la question des travaux permettant la recharge des véhicules électriques ou hybrides et des conditions de gestion ultérieure du nouveau réseau électrique, ainsi que la présentation des devis élaborés à cet effet.

(Loi n° 65-557 du 10 juillet 1965, art. 24-4).

Le syndic détient les archives du syndicat, notamment les registres contenant les procès-verbaux des assemblées générales et les pièces annexes, les documents comptables du syndicat, le carnet d'entretien de l'immeuble et, le cas échéant, les diagnostics techniques.

Il certifie et délivre aux copropriétaires des copies ou extraits des procès-verbaux des assemblées générales, ainsi que des copies des annexes de ces procès-verbaux.

Il remet au copropriétaire qui en fait la demande, aux frais de ce dernier, une copie du carnet d'entretien de l'immeuble et, le cas échéant, des diagnostics techniques.

Il tient la liste des copropriétaires, personnes physiques ou morales (sociétés...).

(Loi n° 65-557 du 10 juillet 1965, art. 18-2 ; Décret n° 67-223 du 17 mars 1967, art. 32 et 33).

C'est également lui qui engage et congédie le personnel du syndicat (concierge, société de nettoyage…) et en fixe les conditions de travail.
Il joue un rôle de premier plan dans l'organisation de l'assemblée (convocation, rédaction dans l'ordre du jour, rédaction de procès-verbal, notification…) et dans la récupération des charges.

Budget et provisions

Le syndic, représentant légal du syndicat, est tenu d'acquitter en son nom les dépenses nécessaires à l'administration de l'immeuble.
Le syndic établit le budget prévisionnel (sur 12 mois), les comptes du syndicat et leurs annexes et les soumet au vote de l'assemblée.
Selon la loi, ce budget doit être soumis chaque année au vote de l'assemblée par le syndic dans un délai de 6 mois à compter du dernier jour de l'exercice comptable précédent. Mais le décret précise que le budget prévisionnel est voté avant le début de l'exercice qu'il concerne. Toutefois, si le budget prévisionnel ne peut être voté qu'au cours de l'exercice comptable, le syndic, préalablement autorisé par l'assemblée générale des copropriétaires, peut réclamer successivement deux provisions trimestrielles, chacune égale au quart du budget prévisionnel précédemment voté. La procédure prévue à l'article 19-2 de la loi du 10 juillet 1965 ne s'applique pas à cette situation.
Ce budget est destiné à faire face aux frais courants de maintenance, de fonctionnement, d'administration courante des parties communes et d'équipements communs de la copropriété. En sont en revanche exclues les dépenses pour travaux dont la liste est fixée par décret.
(Loi n° 65-557 du 10 juillet 1965, art. 35 ; Décret n° 67-223 du 17 mars 1967, art. 42, 43 à 45-1).
Les provisions doivent obligatoirement être égales au 1/4 du budget prévisionnel voté (sauf modalités différentes fixées par l'assemblée).
Elles sont exigibles le premier jour de chaque trimestre ou le premier jour de la période fixée par l'assemblée (périodicité mensuelle, par exemple).
Les comptes des syndicats de copropriétaires (budget prévisionnel, recettes et dépenses…) sont établis suivant des règles comptables spécifiques (comptabilité en partie double, inscription dans les comptes des sommes engagées et pas seulement encaissées…).
Toutefois, un syndicat comportant moins de 10 lots à usage de logements, de bureaux ou de commerces, dont le budget prévisionnel moyen sur une période de trois exercices consécutifs est inférieur à 15 000 €, n'est pas tenu à une comptabilité en partie double, ses engagements pouvant être constatés en fin d'exercice.
(Décret n° 2005-240 du 14 mars 2005).
De même, les comptes sont présentés avec le comparatif des comptes de l'exercice précédent approuvé.
(Loi n° 65-557 du 10 juillet 1965, art. 14-1 à 14-3).
(Sur les travaux urgents, voir *Dans quels cas le syndic a-t-il l'initiative de faire procéder à des travaux ?*).

Provisions spéciales pour travaux

Le syndic doit soumettre, lors de sa première désignation et au moins tous les 3 ans, au vote de l'assemblée générale, la décision de constituer des provisions spéciales en vue de faire face aux travaux d'entretien ou de conservation des parties communes et des éléments d'équipement communs, susceptibles d'être nécessaires dans les 3 années à échoir et non encore décidés par l'assemblée. La décision est prise à la majorité de l'article 25.

Compte bancaire séparé

Le syndic tient la comptabilité du syndicat. Il a l'obligation d'ouvrir un compte bancaire ou postal séparé au nom du syndicat – et non un sous-compte bancaire – dans les 3 mois de sa désignation. Cependant les actes passés avec les tiers restent valables. Toutefois l'assemblée, à la majorité de l'article 25 de la loi de 1965, peut dispenser le syndic d'ouvrir ce compte séparé. Dans cette hypothèse la dispense doit être limitée dans le temps. Elle est renouvelable.
Le non-respect de cette obligation (quand il n'y a pas dispense) entraîne la nullité de plein droit du mandat du syndic à l'expiration d'un délai de 3 mois suivant sa désignation.
(Loi n° 65-557 du 10 juillet 1965, art. 14-1 et s., art. 18 et Décret n° 67-223 du 17 mars 1967, art. 29 et s.).

› Quelles sont les sommes que le syndic peut réclamer ?

Le syndic peut réclamer :
- l'avance constituant la réserve prévue au règlement de copropriété, laquelle ne peut excéder 1/6 du montant du budget prévisionnel (2 mois) ;
- les provisions du budget prévisionnel égales au 1/4 du budget voté (sauf modalités différentes votées par l'assemblée) et exigibles le premier jour de chaque trimestre ou le premier jour de la période fixée par l'assemblée générale ;
- les provisions pour les dépenses non comprises dans le budget prévisionnel (travaux de conservation ou d'amélioration, autres que les travaux de maintenance) ;
- les avances correspondant à l'échéancier prévu dans le plan pluriannuel de travaux adopté par l'assemblée générale ;
- les avances constituées par les provisions spéciales destinées à faire face aux travaux d'entretien ou de conservation des parties communes et des éléments d'équipement commun, susceptibles d'être nécessaires dans les 3 années à venir et non encore décidés par l'assemblée générale.

Le syndic doit adresser à chaque copropriétaire, par lettre simple, préalablement à chaque date d'exigibilité, un avis indiquant le montant de la provision exigible (pour le budget provisionnel) ou le montant de la somme exigible et l'objet de la dépense (pour les dépenses non comprises dans le budget prévisionnel).
À noter : l'assemblée peut décider de placer les fonds recueillis et choisit l'affectation des intérêts produits par ce placement (notamment sur un livret A ouvert au nom du syndicat des copropriétaires).
(Loi n° 65-557 du 10 juillet 1965, art. 14-1 et s. et Décret n° 67-223 du 17 mars 1967, art. 35).
(Art. L. 223-1 du Code monétaire et financier).

› Dans quels cas le syndic a-t-il l'initiative de faire procéder à des travaux (travaux urgents) ?

En principe, les travaux concernant les parties communes de l'immeuble doivent être autorisés par l'assemblée générale. Cela dit, le syndic peut faire procéder de sa propre initiative à tous les travaux urgents nécessaires à la sauvegarde de l'immeuble. Il doit informer les copropriétaires et convoquer une assemblée générale immédiatement.

Avant que l'assemblée n'ait statué, le syndic peut demander, en vue de l'ouverture du chantier et de son premier approvisionnement, le versement d'une provision qui ne peut excéder le 1/3 du montant du devis estimatif des travaux. Il doit cependant avoir pris l'avis du conseil syndical. Il ne peut, en revanche, demander de nouvelles provisions pour le paiement des travaux qu'en vertu d'une décision de l'assemblée générale qu'il doit convoquer immédiatement.
(Voir Ⓘ : *Conseil syndical*).
Sont reconnus comme étant urgents, les travaux relatifs par exemple à l'étanchéité d'une toiture ou à des remplacements de solives menaçant de ruine… et en général tous les travaux indispensables tant pour la sécurité des copropriétaires que pour la sauvegarde de l'immeuble.
Le syndicat engagerait d'ailleurs sa responsabilité s'il ne les effectuait pas.
(Loi n° 65-557 du 10 juillet 1965, art. 18 et Décret n° 67-223 du 17 mars 1967, art. 37).

› Quelles sont les obligations de la copropriété concernant l'amiante, le saturnisme et la lutte contre les termites ?

La loi s'est préoccupée de la salubrité de certains bâtiments susceptibles d'entraîner des maladies graves à leurs occupants.
Des obligations ont ainsi été mises à la charge des propriétaires d'immeubles en copropriété (et en pratique de leur syndic) en matière de lutte contre l'amiante, contre le plomb et contre les termites. Par ailleurs, des obligations ont été mises à la charge des vendeurs d'immeuble concernés par ces problèmes de salubrité.
(Sur ces points, voir Ⓘ : *Promesse de vente, amiante, termites*).

● Mesures contre l'amiante

La réglementation de l'amiante dans les bâtiments

Les propriétaires d'immeubles en copropriété sont soumis aux obligations du décret n° 96-97 du 7 février 1996 relatif à la protection contre l'amiante, tant en ce qui concerne les parties privatives que les parties communes.
L'amiante est un produit qui a été très utilisé dans la construction des immeubles des années 1950 à 1980. Ses effets cancérigènes sont désormais connus.
Le décret a donc pour objectif d'assurer la protection des personnes qui résident, circulent ou travaillent dans des immeubles comprenant des flocages (projections de fibres avec un liant qui constituent des revêtements à aspect fibreux, velouté et duveteux) et des calorifugeages (qui sont utilisés comme isolant thermique d'équipements de chauffage, canalisations et gaines).
Il s'agit de matériaux susceptibles de se désagréger au bout d'un certain temps, les particules dans l'air pouvant être inhalées.
L'obligation de recherche d'amiante a été étendue aux matériaux durs de construction par le décret n° 2001- 840 du 13 septembre 2001.

Les obligations du syndic et des propriétaires

Les propriétaires (personnes privées ou personnes publiques) de tous les immeubles bâtis doivent :
– dans les immeubles construits avant le 1er janvier 1980, rechercher la présence de flocages contenant de l'amiante ;
– dans les immeubles construits avant le 29 juillet 1996, rechercher la présence de calorifugeages contenant de l'amiante ;

– dans les immeubles construits avant le 1er juillet 1997 rechercher la présence de faux plafonds contenant de l'amiante.
Le seuil de déclenchement des travaux de désamiantage est de 5 fibres par litre d'air (et non plus 25).
Si les recherches révèlent un résultat inférieur à ce seuil, les propriétaires doivent procéder à des contrôles périodiques dans un délai maximal de 3 ans à compter de la date de remise au propriétaire des résultats du contrôle.
Si le seuil légal est atteint ou dépassé, les propriétaires sont tenus de procéder aux travaux de confinement ou de retrait de l'amiante dans le délai de 36 mois à compter des résultats du contrôle (délai pouvant être prorogé sur demande). Après les travaux, les propriétaires doivent faire procéder à un examen visuel et à une mesure du niveau d'empoussièrement.
Les propriétaires doivent faire appel à un contrôleur technique ou à un technicien de la construction ayant contracté une assurance professionnelle pour ce type de mission.
(Art. R. 1334-14 et suivants du Code de la santé publique).
À noter : tous les logements sont concernés par cette réglementation. La recherche d'amiante n'est plus limitée aux immeubles comportant plus d'un logement.

Le dossier technique « Amiante »

Les syndics de copropriété des immeubles d'habitation construits avant le 1er juillet 1997 doivent constituer un dossier technique « Amiante » (ainsi qu'une fiche récapitulative de ce dossier) qui doit comporter :
– la localisation précise des matériaux et produits contenant de l'amiante ainsi que, le cas échéant, leur signalisation ;
– l'enregistrement de l'état de conservation de ces matériaux et produits ;
– l'enregistrement des travaux de retrait ou de confinement de ces matériaux et produits et des mesures conservatoires mises en œuvre ;
– les consignes générales de sécurité à l'égard de ces matériaux et produits, notamment les procédures d'intervention, y compris les procédures de gestion et d'élimination des déchets.
La fiche récapitulative du dossier technique « Amiante » doit être communiquée aux occupants de l'immeuble concerné dans un délai d'1 mois à compter de sa date de constitution ou de mise à jour. Le dossier technique « Amiante » doit être tenu à leur disposition.
À noter : les propriétaires de logements individuels ou de parties privatives d'un immeuble collectif ne sont pas tenus d'établir ce dossier technique.
(Voir ① : *Amiante, vente d'immeuble*).

Repérage obligatoire en cas de démolition

Depuis le 1er janvier 2002, tous les propriétaires d'immeubles bâtis avant le 1er juillet 1997 (collectifs et individuels, parties communes et privatives) sont tenus, préalablement à la démolition de ces immeubles, d'effectuer un repérage des matériaux et produits contenant de l'amiante et de transmettre les résultats de ce repérage à toute personne physique ou morale appelée à concevoir ou à réaliser les travaux.
Un arrêté fixe les catégories de matériaux et produits devant faire l'objet de ce repérage ainsi que les modalités d'intervention.
Le non-respect de ces dispositions est puni de peines d'amende des 3e et 5e classes des contraventions.

Mesures contre le saturnisme (ou intoxication due au plomb)

La mise en place de l'information et de la prévention

Quand un cas de saturnisme est constaté sur un mineur par un médecin, ce dernier doit en informer le préfet.
Le préfet fait établir un diagnostic, qui, s'il se révèle positif, lui permet de demander l'exécution, sur l'immeuble habité ou fréquenté régulièrement par le mineur, des travaux nécessaires.
Parallèlement, à la suite de ce diagnostic, il lui appartient d'arrêter un plan des zones à risques d'exposition au plomb. Ce plan fait l'objet d'une large publicité (il est adressé aux mairies où se situent les immeubles concernés, aux chambres des notaires, aux barreaux des avocats...).

Les obligations du syndic et des copropriétaires

Le préfet, à qui est signalé un cas de saturnisme, écrit aux copropriétaires (ou au syndic selon que le produit contenant le plomb se trouve dans une partie commune ou une partie privative) son intention de faire exécuter, sur l'immeuble en question, les travaux nécessaires, dont il précise la nature et qui peuvent :
– soit consister dans la mise en place de matériaux de recouvrement sur les surfaces comportant du plomb ;
– soit, éventuellement, consister dans le remplacement de certains éléments.
Les copropriétaires (ou le syndic) peuvent contester la nature des travaux à réaliser (dans ce cas, le président du tribunal de grande instance en sa formation des référés doit être saisi), ou les réaliser eux-mêmes.
Dans ce cas, des contrôles sont prévus par les textes. À défaut, soit de contestation, soit de réalisation des travaux dans un délai imparti par le préfet, les travaux peuvent être réalisés d'office aux frais du ou des copropriétaires concernés (ou de la copropriété si les travaux concernent des parties communes).
(Art. L. 1334-1 et R. 1334-1 et suivants du Code de la santé publique).

Mesures contre les termites

La loi n° 99-471 du 8 juin 1999 définit les conditions dans lesquelles la prévention et la lutte contre les termites et autres insectes xylophages (capricornes, vrillettes, lyctus) sont organisées par les pouvoirs publics pour préserver les immeubles et les jardins.
Cette loi concerne les occupants d'immeuble mais aussi les vendeurs.
(Sur ce dernier point, voir Ⓘ : *Promesse de vente, termites*.)

Les obligations du syndic et des copropriétaires

L'occupant d'un immeuble (et notamment les copropriétaires) doit faire une déclaration en mairie, dès qu'il a connaissance de la présence de termites dans celui-ci. Cette déclaration doit être faite par lettre recommandée avec AR ou déposée contre décharge en mairie.
C'est le syndic de copropriété qui doit faire cette déclaration si le foyer de contamination se trouve dans les parties communes.
(Art. L. 133-4 du Code de la construction et de l'habitation).
À défaut de cette déclaration rendue obligatoire, des sanctions peuvent être prises (contravention de la 3e classe). Le maire peut ensuite prendre un arrêté de délimitation de la zone contaminée.

À l'intérieur de ce périmètre, le maire peut demander aux propriétaires concernés (et au syndic de copropriété) de procéder à la recherche des termites, ainsi qu'aux travaux préventifs et d'éradication nécessaires.
Si les intéressés n'exécutent pas ces travaux, le maire peut les faire exécuter aux frais des copropriétaires (ou de la copropriété selon le cas) après autorisation judiciaire.
Le maire doit demander en effet l'autorisation du président du tribunal de grande instance, qu'il peut saisir en référé.
En cas de démolition d'un bâtiment, les bois ou matériaux contaminés par les termites doivent être incinérés sur place ou traités avant transport.
Le propriétaire doit en faire la déclaration à la mairie. La non-déclaration est punie d'une contravention de la 4e classe et la non-incinération d'une contravention de la 5e classe.
(Décret n° 2000-613 du 3 juillet 2000).
Fiscalement, les dépenses de travaux de prévention et de lutte contre les insectes xylophages sont assimilées à des dépenses de grosses réparations et peuvent bénéficier d'une réduction d'impôt.
(Loi n° 99-471 du 8 juin 1999 ; Art. L. 133-1 et suivants du Code de la construction et de l'habitation).

› Le syndic doit-il demander l'autorisation d'exercer une action en justice ?

Le syndic ne peut en principe pas agir en justice, au nom du syndicat qu'il représente, sans y avoir été autorisé par une décision de l'assemblée générale.
Ceci dit, il n'a pas besoin d'autorisation pour exercer une action en recouvrement de créances (charges impayées notamment), ainsi que pour la mise en œuvre des voies d'exécution forcée (saisie attribution, saisie des rémunérations…) à l'exception de la saisie en vue de la vente d'un lot.
De même, le syndic n'a pas besoin d'autorisation quand il engage une procédure de référé (c'est-à-dire urgente), prend des mesures conservatoires (prise d'hypothèque, par exemple) et dans tous les cas où il défend les actions intentées contre le syndicat.
Dans tous ces cas, le syndic doit rendre compte, à la prochaine assemblée générale, des actions introduites.
(Décret n° 67-223 du 17 mars 1967, art. 55).

› Le syndic doit-il rendre compte de sa gestion ?

En sa qualité de mandataire du syndicat des copropriétaires, le syndic doit rendre compte de sa gestion au moins une fois par an. Le contrôle du syndicat portera autant sur sa gestion financière que sur l'ensemble de sa mission pour l'exercice écoulé.
Devront être notifiés aux copropriétaires, au plus tard en même temps que l'ordre du jour lorsque l'assemblée est appelée à approuver les comptes :
- le compte des dépenses de l'exercice écoulé,
- un état des dettes et créances,
- la situation de la trésorerie,
- le montant du solde du compte séparé s'il en existe un,
- ainsi que le budget prévisionnel quand l'assemblée est appelée à voter des crédits pour le prochain exercice.

(Décret n° 67-223 du 17 mars 1967, art. 11).
L'assemblée générale doit approuver les comptes à la majorité de l'article 24 de la loi du 10 juillet 1965 (majorité des voix des copropriétaires présents ou représentés).

Attention : l'approbation des comptes ne vaut pas approbation de la répartition entre les copropriétaires.
(Voir : *Décret n° 67-223 du 17 mars 1967, art. 45-1*).
À l'occasion de l'approbation des comptes, le syndic demandera quitus de sa gestion. Le quitus pourra porter sur la gestion financière ou la gestion en général de la copropriété par le syndic. Le vote du quitus est important puisqu'il entraîne l'approbation par les copropriétaires des actes passés par le syndic pendant l'exercice écoulé et la décharge de sa responsabilité.

› Comment prend fin la mission du syndic ?

Le syndic peut être révoqué par l'assemblée à la majorité de l'article 25 de la loi, à tout moment et en principe sans motivation. Cela dit, il faut en principe qu'existe une raison sérieuse de révocation (par exemple : la copropriété se plaint de la gestion du syndic, ce dernier n'assurant pas un bon entretien de l'immeuble). À défaut de motif légitime, le syndic pourrait en effet demander des dommages et intérêts au syndicat. Inversement, le syndic peut démissionner avant l'expiration du terme prévu de sa mission. Cette démission peut cependant entraîner sa condamnation à des dommages et intérêts si elle cause un préjudice au syndicat et n'est pas fondée sur un motif sérieux. Le syndic donc doit, avant sa démission, provoquer la réunion d'une assemblée générale pour qu'un nouveau syndic soit élu à sa place.

› Quelles sont les obligations du syndic quittant son poste ?

En cas de changement de syndic, l'ancien syndic est tenu de remettre au nouveau syndic, dans le délai d'1 mois à compter de la cessation de ses fonctions :
– la situation de trésorerie de la copropriété,
– la totalité des fonds immédiatement disponibles,
– la comptabilité et l'ensemble des documents et archives du syndicat.
Lorsque l'ancien syndic a confié les archives à un prestataire extérieur, il doit, dans ce délai, informer le prestataire de ce changement en lui communiquant les coordonnées du nouveau syndic. Cette obligation ne l'empêche pas bien entendu de satisfaire à son obligation de transmettre lui-même à son successeur les archives.
L'ancien syndic a l'obligation de remettre un bordereau, avec les archives, adressé en copie au conseil syndical.
En outre, l'ancien syndic est tenu de verser au nouveau syndic, dans les 3 mois de la date du changement de syndic, le solde des fonds disponibles après apurement des comptes ainsi que l'état des comptes des copropriétaires et du syndicat.
À défaut, une ordonnance du tribunal de grande instance du lieu de l'immeuble pourrait enjoindre à l'ancien syndic, éventuellement sous astreinte, de remettre les pièces et les fonds ainsi que le condamner au versement des intérêts à compter du jour de la mise en demeure (outre des dommages et intérêts).
(Loi n° 65-557 du 10 juillet 1965, art. 18-2, Décret n° 67-223 du 17 mars 1967, art. 33-1, 33-2, 34).

La responsabilité du syndic

› Quand peut être engagée la responsabilité du syndic ?

La responsabilité du syndic peut être engagée s'il a commis une faute dans sa gestion entraînant un préjudice pour la copropriété. Il en est ainsi notamment s'il n'a pas procédé à l'exécution des travaux votés en assemblée générale ou bien avec retard ou encore s'il n'a pas intenté d'action en justice à l'encontre de l'architecte de l'immeuble dans la limite de la garantie décennale, s'il n'a pas assuré l'immeuble, s'il n'a pas procédé, en temps voulu, au recouvrement des charges de copropriété... La responsabilité peut être engagée à l'encontre d'un syndic professionnel ou bénévole (dans ce second cas, elle sera cependant appréciée de façon moins sévère en application de l'article 1992 du Code civil), par le syndicat des copropriétaires ou même par un copropriétaire isolément, dans l'hypothèse où ce dernier rapporte la preuve d'une faute du syndic qui lui a causé un préjudice direct et personnel (exemple : erreurs commises par le syndic dans l'établissement d'un compte individuel d'un copropriétaire – Cour de cassation, 3e chambre civile, 6 septembre 1994). La responsabilité du syndic pourrait également être engagée sur le plan pénal, soit pour des délits de droit commun (vol, escroquerie...), soit par exemple pour le délit de blessures par imprudence en cas d'accident dû au mauvais entretien de l'immeuble (exemple : accident d'ascenseur) ou encore d'infractions aux règlements administratifs en matière d'hygiène et de sécurité.

› Que peut faire le syndicat en cas de carence du syndic ?

En cas d'empêchement du syndic, pour quelque cause que ce soit, ou en cas de carence de sa part à exercer ses fonctions (décès, maladie, révocation, redressement judiciaire...), un administrateur provisoire peut être désigné par décision de justice selon la loi et à défaut de « remplaçant » prévu dans le règlement de copropriété (exemple : président du conseil syndical). Le syndic en fonction peut en effet être assigné par tout intéressé (copropriétaire, créancier de la copropriété...) devant le président du tribunal de grande instance statuant en référé, en vue de la désignation d'un administrateur provisoire de la copropriété.
C'est dans l'ordonnance rendue que sera fixée la durée de la mission de l'administrateur qui aura tous les pouvoirs d'un syndic.
(Loi n° 65-557 du 10 juillet 1965, art. 18).
Dans le cas d'un syndicat dépourvu de syndic (aucun syndic n'a pu être désigné), le président du tribunal de grande instance peut être saisi à la demande de tout intéressé sur requête aux fins d'en désigner un.
En outre, tout copropriétaire peut se faire autoriser, par le tribunal de grande instance statuant en référé sous certaines conditions, à convoquer l'assemblée générale.
(Décret n° 67-223 du 17 mars 1967, art. 46, 47, 49 et 50).
(Voir question suivante).
À noter : des règles particulières sont prévues concernant les copropriétés en difficulté.
(Voir Ⓘ : *Copropriété, en difficulté*).

La convocation des copropriétaires

L'assemblée générale des copropriétaires se réunit au moins une fois par an pour délibérer sur toutes questions relatives à la gestion courante de l'immeuble et également sur des questions plus exceptionnelles, comme la modification du règlement de copropriété ou l'installation d'éléments d'équipement commun.

› Comment est-on convoqué ?

C'est le syndic en fonction qui convoque l'assemblée (ou l'administrateur provisoire en cas de carence du syndic).

La convocation de l'assemblée est en effet de droit quand elle est demandée au syndic, soit par le conseil syndical, soit encore par un ou plusieurs copropriétaires représentant au moins un quart des voix de tous les copropriétaires.
(Décret n° 67-223 du 17 mars 1967, art. 7 et 8).
La procédure à suivre est la suivante : après une mise en demeure obligatoire (distincte de la demande de convocation) adressée au syndic et restée infructueuse plus de 8 jours, le président du conseil syndical convoque l'assemblée.
En cas de carence du conseil syndical (ou s'il n'en n'existe pas), tout copropriétaire peut se faire autoriser par le président du tribunal de grande instance en référé à convoquer l'assemblée générale après avoir adressé une mise en demeure au syndic et, le cas échéant, au conseil syndical (mise en demeure distincte de la convocation).
Si cette mise en demeure reste infructueuse pendant plus de 8 jours, le copropriétaire assigne le syndic devant le tribunal de grande instance en référé.
(Décret n° 67-223 du 17 mars 1967, art. 8 et 50).
Tous les copropriétaires doivent être convoqués.
La convocation doit être écrite et notifiée à chacun des copropriétaires par lettre recommandée avec AR ou par remise contre récépissé ou émargement, ou par télécopie avec récepissé, 21 jours au moins avant la date de la réunion.
Le point de départ de ce délai est le lendemain du jour de la première présentation de la lettre recommandée au domicile du destinataire (et non pas la date de remise effective de cette lettre) ou le lendemain du jour de la réception de la télécopie par le destinataire.
(Décret n° 67-223 du 17 mars 1967, art. 9 et 64).
La convocation doit également rappeler les modalités de consultation des pièces justificatives des charges.
(Loi n° 65-557 du 10 juillet 1965, art. 18-1).
Toutefois, en cas d'urgence, le délai de convocation peut être réduit (par exemple, pour voter le remplacement d'un élément d'équipement dangereux).
La convocation doit contenir des indications des lieux, date et heure de la réunion, ainsi que l'ordre du jour précisant chacune des questions soumises à la délibération de l'assemblée.
De même, quand une nouvelle assemblée générale doit être réunie en vue de statuer dans les conditions de majorité de l'article 24 de la loi du 10 juillet 1965 (car la majorité de l'article 25 n'a pas été obtenue au premier vote) et quand l'ordre du jour est le même que celui de la précédente assemblée, le délai de convocation peut être réduit à 8 jours.
(Décret n° 67-223 du 17 mars 1967, art. 9 et 19).

› Quelles sont les dispositions concernant l'ordre du jour ?

L'ordre du jour doit être précis et détaillé. En effet, seules les questions figurant à l'ordre du jour pourront être votées. Un certain nombre de documents devront obligatoirement être notifiés d'ailleurs en même temps que l'ordre du jour, afin de permettre une meilleure information des copropriétaires (projet d'état individuel de répartition des comptes en cas de vote sur l'approbation des comptes, compte-rendu de gestion du conseil syndical, documents relatifs aux comptes, devis ou marchés en cas de vote concernant des travaux et même projet de résolution dans certains cas…).
L'ordre du jour de l'assemblée générale doit être établi en concertation avec le conseil syndical.

À noter : le compte rendu de gestion du conseil syndical doit être notifié au plus tard en même temps que l'ordre du jour. Il peut, en effet, être important qu'il soit porté à la connaissance des copropriétaires avant leur prise de décisions, notamment s'il est critique vis-à-vis de la gestion du syndic.

(Décret n° 67-223 du 17 mars 1967, art. 11, 22, 26).

Toutes ces dispositions, si elles sont méconnues, peuvent entraîner la nullité de la décision (voir plus loin : *Quand et comment contester une décision de l'assemblée générale ?*).

› Les copropriétaires peuvent-ils modifier l'ordre du jour ?

À tout moment, un ou plusieurs copropriétaires, ou le conseil syndical, peuvent notifier au syndic la ou les questions qu'ils veulent voir inscrites à l'ordre du jour d'une assemblée générale.

Le copropriétaire ou le conseil syndical qui demande l'inscription d'une question à l'ordre du jour notifie au syndic, avec cette demande, le projet de résolution si cette notification est requise. Lorsque le projet concerne des travaux, il est accompagné d'un document précisant l'implantation et la consistance des travaux.

Le syndic inscrit les questions à l'ordre du jour de la prochaine assemblée. S'il les reçoit après l'envoi de l'ordre du jour, ces questions sont portées à l'ordre du jour de l'assemblée suivante. Les délais que devaient respecter les copropriétaires pour que leur question soit ajoutée à l'ordre du jour établi par le syndic sont supprimés.

(Décret n° 67-223 du 17 mars 1967, art. 10).

À noter : l'installation de lignes de communications électroniques à très haut débit en fibre optique est inscrite automatiquement à l'ordre du jour de la prochaine assemblée générale quand un opérateur propose cette installation à ses frais.

La réunion des copropriétaires

› Comment se déroule la réunion ?

L'assemblée générale est réunie dans la commune de la situation de l'immeuble, sauf prescription contraire du règlement de copropriété.

(Décret n° 67-223 du 17 mars 1967, art. 9).

Les copropriétaires peuvent, s'ils ne sont pas en mesure de se déplacer, déléguer leur droit de vote à un mandataire qu'ils choisissent librement (autre copropriétaire, ou toute autre personne même étrangère à la copropriété).

Cependant, ce mandataire ne peut jamais être le syndic, son conjoint, son partenaire pacsé ou son préposé (gardien de l'immeuble…).

La jurisprudence précise cependant que sont valables les pouvoirs en blanc adressés au syndic dès lors que celui-ci ne les utilise pas personnellement, ne les distribue pas lui-même à des mandataires de son choix, ou de façon générale ne les distribue pas de manière à nuire aux intérêts d'un copropriétaire ou de l'ensemble de la copropriété.

(Cour de cassation, 3e chambre civile, 28 mars 1990).

Attention : chaque mandataire ne peut pas recevoir, à quelque titre que ce soit, plus de 3 délégations de vote, sauf si le total des voix dont il dispose lui-même et celles de ses mandats n'excède pas 5 % des voix du syndicat.

(Loi n° 65-557 du 10 juillet 1965, art. 22).

La réunion débute par l'émargement d'une feuille de présence obligatoire, établie en principe avant la réunion et signée par les copropriétaires présents ou par les mandataires. Elle doit comporter le nom et le domicile de chaque propriétaire ainsi que le nombre de voix dont il dispose.
(Décret n° 67-223 du 17 mars 1967, art. 14).
(La feuille de présence peut aussi être établie sur fichier électronique, sous réserve que le procédé respecte les conditions de fiabilité nécessaires).
(Code civil, art. 1316-1 et s.)
Au début de chaque réunion, l'assemblée générale désigne son président, et s'il y a lieu un ou plusieurs scrutateurs, choisi parmi les copropriétaires, qui vérifiera la bonne tenue de l'assemblée. Le syndic, son conjoint ou partenaire pacsé ainsi que ses préposés ne peuvent pas présider l'assemblée. Il soumet à celle-ci chacune des questions portées à l'ordre du jour.
(Décret n° 67-223 du 17 mars 1967, art. 15).
À l'issue des débats, on procède au vote par question. Aucune forme de vote n'est imposée par la loi, la seule condition de vote étant que le nombre de voix puisse être exactement décompté et consigné au procès-verbal.

› Comment sont réparties les voix des copropriétaires ?

Chaque copropriétaire dispose d'un nombre de voix correspondant à sa quote-part dans les parties communes, c'est-à-dire aux millièmes de copropriété des parties communes dont il bénéficie.
(Loi n° 65-557 du 10 juillet 1965, art. 22).
Néanmoins, quand un copropriétaire détient une quote-part des parties communes supérieure à la moitié, le nombre des voix dont il dispose est impérativement réduit à la somme des voix des autres copropriétaires.

› Quelles sont les différentes majorités prévues par les textes ?

● Majorité simple

En dehors des cas particuliers prévus par la loi, les décisions de l'assemblée générale sont prises à la majorité simple, c'est-à-dire à la majorité des voix (millièmes) des copropriétaires présents ou représentés.
Sont décomptées les voix exprimées des copropriétaires (ce qui exclut les abstentions). Ainsi, il suffit que la totalité des voix « pour » soit supérieure aux voix « contre » pour que la décision soit adoptée à cette majorité.
C'est dans le cadre de cette majorité que sont votés l'approbation des comptes, l'autorisation donnée au syndic pour introduire une action en justice, les travaux d'entretien courants, les travaux d'accessibilité aux personnes handicapées ou l'autorisation donnée à certains copropriétaires d'effectuer, à leurs frais, ces travaux d'accessibilité, l'installation, aux frais de l'opérateur, de lignes de communications électroniques à très haut débit en fibre optique…
Depuis la loi n° 2003-699 du 30 juillet 2003, lorsque les parties communes d'un immeuble ont été endommagées par la survenance d'une catastrophe technologique (comme l'explosion de l'usine AZF), le syndic peut convoquer rapidement l'assemblée des copropriétaires (dans les 15 jours) afin d'être autorisé à effectuer les travaux de réparations.

Cette réunion doit se tenir dans les 2 mois suivant la catastrophe. Les décisions visant à autoriser le syndic à engager des travaux de remise en état rendus nécessaires par l'urgence sont prises à la majorité des copropriétaires présents ou représentés.
(Loi n° 65-557 du 10 juillet 1965, art. 38-1).

Majorité absolue

Les décisions sortant de l'administration courante de l'immeuble ne peuvent être adoptées qu'à la majorité absolue de l'article 25 de la loi du 10 juillet 1965, c'est-à-dire à la majorité des voix de tous les copropriétaires qu'ils soient présents, représentés ou absents. Seront votés à cette majorité, notamment, l'autorisation donnée à certains copropriétaires d'effectuer à leurs frais des travaux affectant les parties communes, la pose de compteurs divisionnaires d'eau froide, la désignation ou révocation du syndic, les travaux d'économie d'énergie, les ravalements obligatoires, l'installation d'antenne collective ou d'un réseau interne à l'immeuble, l'autorisation permanente accordée à la police ou à la gendarmerie nationale de pénétrer dans les parties communes, la mise en place dans les garages ou parkings de bornes d'alimentation en énergie électrique destinées à recharger les accumulateurs des véhicules électriques, l'installation de compteurs d'énergie thermique ou de répartiteurs de frais de chauffage, ou encore, la suppression des vide-ordures pour des impératifs d'hygiène.
(Loi n° 65-557 du 10 juillet 1965, art. 25).
De même, afin de renforcer la transparence des marchés de travaux décidés au sein des copropriétés, l'assemblée générale doit fixer, depuis la loi n° 2000-1208 du 13 décembre 2000, par un vote à la majorité de l'article 25, un montant des marchés et contrats à partir duquel une mise en concurrence des entreprises est obligatoire.
La loi du 13 décembre 2000 a modifié la question du défaut de majorité recueilli.
Quand une décision n'a pas recueilli la majorité de l'article 25 mais a recueilli au moins 1/3 des voix des copropriétaires, un second vote peut avoir lieu immédiatement (sans nouvelle convocation) aux règles de majorité de l'article 24 (sauf si l'assemblée décide de reporter le vote à une assemblée ultérieure).
À noter : si l'assemblée doit approuver un contrat, un devis ou marché mettant en concurrence plusieurs candidats, elle ne peut faire un second vote à la majorité de l'article 24 qu'après avoir voté sur chacune des candidatures à la majorité de l'article 25.
Si le projet n'a pas recueilli ce seuil du tiers des voix, une nouvelle assemblée convoquée dans les 3 mois peut décider à la majorité de l'article 24.
Dans cette hypothèse, le délai de convocation à l'assemblée peut être réduit à 8 jours et le syndic n'a pas à envoyer à nouveau les documents préalables aux copropriétaires.

Double majorité

Certaines décisions importantes doivent être prises à la majorité des membres du syndicat représentant les 2/3 des voix, qu'ils soient présents, représentés ou absents.
(Loi n° 65-577 du 10 juillet 1965, art. 26).
Seront prises à cette majorité certaines décisions concernant la modification du règlement de copropriété, les actes d'acquisition immobilière de la copropriété, les travaux d'amélioration comme la transformation ou l'installation d'éléments

d'équipement (ascenseurs, chauffage...), l'aménagement ou la création de locaux affectés à l'usage commun, l'installation de dispositifs de fermeture de l'immeuble ou encore la suppression du poste de concierge.
En ce qui concerne les seuls travaux d'amélioration, la loi prévoit que les travaux qui ont recueilli l'approbation de la majorité des membres du syndicat représentant au moins 2/3 des voix des copropriétaires présents ou représentés peuvent être décidés par une nouvelle assemblée générale convoquée à cet effet et qui statue à cette majorité.
(Loi n° 65-557 du 10 juillet 1965, art. 26 et Décret n° 67-223 du 17 mars 1967, art. 19-1).
Remarque : la loi sanctionne d'une amende civile allant jusqu'à 3 000 € le copropriétaire exerçant une action sur le fondement de l'article 42 contestant la décision votant des travaux d'amélioration si cette décision est reconnue abusive et dilatoire.
(Loi n° 65-557 du 10 juillet 1965, art. 42).

● Unanimité

L'unanimité des voix des copropriétaires est requise pour les décisions les plus graves, comme celle destinée à modifier la destination des parties privatives ou les modalités de leur jouissance, ou celle modifiant la répartition des charges (sauf si cette disposition est due à un changement d'usage)...
(Loi n° 65-557 du 10 juillet 1965, art. 26 et s. et 35).

La notification des assemblées générales et les litiges

› Le procès-verbal

À la fin de la séance, le procès-verbal est signé par le président, le secrétaire et le ou les scrutateurs.
Sont indiqués, sous l'intitulé de chaque question inscrite à l'ordre du jour, le résultat du vote, les noms des copropriétaires opposants et ceux qui se sont abstenus ainsi que les nombres respectifs de leurs voix.
Le procès-verbal indique également les réserves qui ont pu être formulées par les copropriétaires opposants sur la régularité des décisions.
Tous les procès-verbaux des séances sont inscrits, à la suite les uns des autres, sur un registre (électronique ou non) spécialement ouvert à cet effet.
(Décret n° 67-223 du 17 mars 1967).
Le procès-verbal doit être notifié, par lettre recommandée avec demande d'avis de réception, aux copropriétaires opposants ou défaillants (copropriétaires ni présents ni représentés) et rappeler le texte de l'article 42 alinéa 2 de la loi prévoyant le délai de recours de contestation de 2 mois, et ce à peine de nullité.
La notification peut aussi se faire par télécopie avec récépissé.
(Décret n° 67-223 du 17 mars 1967, art. 64).
Pour les autres copropriétaires, la notification (non obligatoire) se fait en général par simple lettre. Les décisions relatives à l'entretien de l'immeuble et aux travaux font l'objet d'un procès-verbal abrégé affiché dans les parties communes de l'immeuble.
(Art. 193 de la loi n° 2000-1208 du 13 décembre 2000).

› Quand et comment contester une décision de l'assemblée générale ?

Les contestations des décisions des assemblées générales doivent, à peine de déchéance, être introduites par les copropriétaires opposants ou défaillants dans un délai de 2 mois à compter de la notification qui leur en est faite à la diligence du syndic. Ce délai est un délai impératif. Il court à compter du lendemain de la première présentation de la lettre recommandée au domicile du destinataire.
Les copropriétaires doivent prouver une violation des règles de forme ou de fond édictées par les textes (non-respect du délai de quinzaine pour convoquer, violation des règles de majorité, fraude, abus de majorité…).
C'est le tribunal de grande instance du lieu de l'immeuble qui est exclusivement compétent pour connaître des actions en contestation. L'assistance d'un avocat est obligatoire devant ce tribunal.
Une résolution qui n'a pas été contestée dans ce délai devient, en principe, inattaquable.
(Loi n° 65-557 du 10 juillet 1965, art. 42).

Les parties communes et les parties privatives

L'immeuble en copropriété appartient aux copropriétaires titulaires de lots comprenant chacun une partie privative (appartement, cave, grenier, par exemple...) et une quote-part des parties communes exprimée en général en millièmes (par exemple, escalier, ascenseur, toiture, façade...).
Le lot est un tout indivisible ; ainsi les parties privatives ne pourraient être vendues sans les quotes-parts des parties communes afférentes et réciproquement.

› Comment se définissent les parties privatives ?

Les parties privatives sont réservées à l'usage exclusif d'un copropriétaire.
(Loi n° 65-557 du 10 juillet 1965, art. 2).
C'est le règlement de copropriété (et notamment l'état descriptif de division) qui énumère précisément quelles sont les parties privatives et les parties communes dans l'immeuble concerné. En cas d'ambiguïté de clauses ou en l'absence de telles clauses, les tribunaux pourront être saisis afin de déterminer si telle partie est privative ou non. Les parties généralement reconnues comme privatives sont les cloisons à l'intérieur d'un appartement non comprises dans le gros œuvre, les fenêtres, les portes, les volets, les caves, greniers, garages, etc., attribués à chaque appartement. En ce qui concerne les balcons, et dans le silence du règlement de copropriété, seules l'ossature et la maçonnerie sont parties communes. Le revêtement du balcon (exemple, carrelage du sol) est une partie privative.

› En quoi consistent les parties communes ?

Les parties communes se définissent comme celles affectées à l'usage ou l'utilité de tous les copropriétaires ou de plusieurs d'entre eux et non d'un seul.
Là encore, c'est le règlement de copropriété qui va énumérer les parties communes de l'immeuble concerné.
À défaut, la loi donne une énumération non limitative des parties réputées communes : le sol, les cours, les parcs, les éléments d'équipement communs (ascenseur, vide-ordures…), les canalisations, les corridors…
(Loi n° 65-557 du 10 juillet 1965, art. 3).

› Quels sont les droits des copropriétaires sur leurs parties privatives et sur les parties communes de l'immeuble ?

Les parties privatives

Le copropriétaire use et jouit librement des parties privatives sous la seule condition de ne pas porter atteinte aux droits des autres copropriétaires (troubles de voisinage, par exemple), ni à la destination de l'immeuble.
En effet, le règlement de copropriété prévoit la destination de principe qui est donnée à l'immeuble : par exemple, immeuble à usage exclusivement bourgeois. Dans cette hypothèse, les copropriétaires doivent respecter cette destination ; ils pourraient cependant demander en assemblée générale (l'unanimité est en principe requise) l'autorisation, par exemple, d'exercer un commerce dans les lieux loués ou d'y exercer une profession libérale.
Les copropriétaires peuvent domicilier leur entreprise dans les locaux sous réserve que le règlement de copropriété ne s'y oppose pas et en respectant les conditions prévues par les textes.
(Art. L. 631-7 et s. du Code de la construction et de l'habitation).
Par ailleurs, le copropriétaire est libre d'effectuer tous travaux à l'intérieur de ses parties privatives dans la mesure où il ne touche pas au gros œuvre. Si tel était le cas en effet, il devrait obligatoirement demander l'autorisation de l'assemblée générale des copropriétaires.
En présence de travaux concernant les parties communes, il est tenu, si les circonstances l'exigent, de supporter certains travaux chez lui ou de permettre l'accès à ses parties privatives.
(Loi n° 65-557 du 10 juillet 1965, art. 9).
Le copropriétaire peut également sous certaines conditions vouloir diviser son lot, ou au contraire l'agrandir (par exemple, il veut récupérer des combles, une partie du couloir ou aménager une véranda). Après avoir obtenu les autorisations nécessaires (service de l'urbanisme de sa mairie, architecte, géomètre expert...), il doit vérifier si la partie qu'il désire ajouter est une partie commune ou partie privative (pièce contiguë à son appartement par exemple).
S'il s'agit d'une partie privative, celui qui veut s'agrandir doit réaliser l'acte de vente avec l'autre copropriétaire (sous réserve, pour certaines opérations, que ce dernier puisse effectivement subdiviser son lot). L'assemblée devra approuver la nouvelle répartition des charges.
S'il s'agit d'une partie commune (portion de couloir par exemple), il doit obtenir l'autorisation d'acquérir cette partie commune par un vote de l'assemblée générale. Puis ensuite il doit s'adresser au syndicat des copropriétaires.
Le copropriétaire peut d'ailleurs se contenter d'acquérir le droit de jouissance exclusive de cette partie commune (par exemple, pour une terrasse). L'autorisation de l'assemblée reste cependant nécessaire.

Les parties communes

Le règlement de copropriété apporte en général des précisions sur les modalités d'utilisation des parties communes et éventuellement des restrictions à cet usage, compte tenu de la destination de l'immeuble (par exemple : interdiction de se garer dans une cour).
Le copropriétaire doit donc respecter les clauses du règlement et de façon plus générale, ne pas apporter de gêne aux autres copropriétaires en ce qui concerne l'utilisa-

tion des parties communes (par exemple, en entreposant des objets dans les couloirs).
(Loi n° 65-557 du 10 juillet 1965, art. 8 et 9).
La loi, pour respecter les intérêts respectifs des copropriétaires et du syndicat, prévoit qu'un copropriétaire peut réaliser à ses frais certains travaux affectant les parties communes ou l'aspect extérieur de l'immeuble s'il en demande au préalable l'autorisation à l'assemblée générale (par exemple : pose de volets, ouverture d'une loggia, construction d'un bâtiment privatif dans une cour commune).
(Loi n° 65-557 du 10 juillet 1965, art. 25 b).
À défaut de cette autorisation, s'il s'agit de travaux d'amélioration, comme par exemple la transformation d'un élément d'équipement ou l'aménagement de locaux destinés à la collectivité (bien que les tribunaux soient souples sur la notion de travaux d'amélioration), il peut saisir le tribunal de grande instance.

› Quelles sont les règles applicables à la vente d'un lot ?

Le vendeur doit indiquer dans tout acte précédant la signature de l'acte authentique la superficie réelle du lot vendu.
Il doit également fournir à l'acquéreur divers documents concernant le lot concerné et l'ensemble de la copropriété.
(Voir Ⓘ : *Vente immobilière, garantie de l'acheteur*).

● La répartition des charges entre vendeur et acheteur

Les provisions exigibles du budget provisionnel voté en assemblée incombent au vendeur.
Le paiement des provisions des dépenses non comprises dans le budget prévisionnel incombe à celui, vendeur ou acquéreur, qui est copropriétaire au moment de l'exigibilité.
Le trop ou moins-perçu sur provisions, révélé par l'approbation des comptes, est porté au crédit ou au débit du compte de celui qui est copropriétaire lors de l'approbation des comptes.

● Peut-on sortir d'une copropriété ?

Quand la division du sol est possible, un copropriétaire peut demander le retrait de son lot du syndicat d'origine pour constituer une propriété séparée. L'assemblée générale se prononce aux règles de majorité des voix de tous les copropriétaires.
Quand plusieurs copropriétaires demandent le retrait de leurs lots, la demande de retrait est formulée par une assemblée spéciale réunissant les copropriétaires intéressés.
(Loi n° 65-557 du 10 juillet 1965, art. 24 et 28).

Décision des travaux

› À quelle majorité les travaux doivent-ils être votés ?

Les travaux portant sur les parties communes ou sur les éléments d'équipement communs doivent toujours être votés en assemblée générale, suivant des majorités différentes compte tenu de leur catégorie.

Majorité simple

Sont votés aux règles de la majorité de l'article 24 de la loi du 10 juillet 1965, les travaux d'entretien, c'est-à-dire tous les travaux nécessaires pour maintenir l'immeuble en bon état (réfection de la cage d'escalier, de la toiture, ravalement non obligatoire de la façade...).
De même, le remplacement à l'identique d'un élément d'équipement est inclus dans les travaux d'entretien (par exemple : remplacement à l'identique d'un système de chauffage collectif).
(Loi n° 65-557 du 10 juillet 1965, art. 24).

Majorité absolue

Sont votés à la majorité de l'article 25, les travaux rendus obligatoires par des lois ou règlements (par exemple : mise aux normes d'un ascenseur, arrêté municipal rendant obligatoire le ravalement des immeubles, raccordement de l'égout...), les travaux de réduction de gaz à effet de serre ou d'économie d'énergie portant notamment sur l'isolation thermique du bâtiment, les travaux relatifs à l'installation d'antenne de radio ou télévision, les travaux d'amélioration de l'habitat, l'autorisation donnée à certains copropriétaires d'effectuer à leurs frais des travaux sur les parties communes, notamment.
Les travaux d'économie d'énergie peuvent comprendre des travaux d'intérêt collectif réalisés sur les parties privatives et aux frais du propriétaire du lot concerné. Ce dernier peut s'y opposer s'il prouve qu'il a réalisé des travaux équivalents depuis moins de 10 ans.
Peut également être votée à la majorité absolue l'installation dans les garages ou sur les emplacements de parkings de bornes d'alimentation en énergie électrique destinées à recharger les accumulateurs des véhicules électriques ou hybrides ainsi que l'installation des compteurs individuels.
(Loi n° 65-557 du 10 juillet 1965, art. 25).
(Sur la sécurité des ascenseurs, voir Ⓘ : *Ascenseurs, sécurité*).

Double majorité

La majorité de l'article 26 est requise pour tous travaux d'amélioration.
(Loi n° 65-557 du 10 juillet 1965, art. 26 c).
Les travaux d'amélioration consistent dans une transformation d'un ou de plusieurs éléments d'équipement existants, une adjonction d'élément nouveau, un aménagement de locaux affectés à l'usage commun ou une création de tels locaux (par exemple : installation d'un ascenseur dans une copropriété qui n'en disposait pas, de boîtes aux lettres permettant une amélioration de la distribution du courrier, d'un vide-ordures, transformation d'un système collectif en chauffage individuel, installation d'une moquette dans l'escalier...).
La demande d'individualisation des contrats de fourniture d'eau et la réalisation des études et travaux nécessaires à cette individualisation ressortent de cette majorité.
Doivent également être votées à cette majorité les modalités d'ouverture des portes d'accès aux immeubles. En cas de fermeture totale de l'immeuble, celle-ci doit être compatible avec l'exercice d'une activité autorisée par le règlement de copropriété. La décision d'ouverture est valable jusqu'à la tenue de l'assemblée générale suivante.
Pour les seuls travaux d'amélioration prévus à l'article 26 c de la loi, quand le projet de résolution n'a pu recueillir que le vote favorable de la majorité des membres du syndicat représentant au moins les 2/3 des voix des copropriétaires présents ou

représentés, une deuxième assemblée générale peut être réunie, qui vote les travaux à cette majorité, dans les conditions précisées par les textes.
(Loi n° 65-557 du 10 juillet 1965, art. 26 et Décret n° 67-223 du 17 mars 1967, art. 19-1).

● Unanimité

De façon générale, toute décision portant atteinte à la destination des parties privatives et aux modalités de leur jouissance, ou entraînant la suppression d'un élément d'équipement commun, nécessite l'unanimité (tel peut être le cas, par exemple, de la suppression d'espace vert, d'aires de jeux, de la conciergerie...). En outre, la décision de surélever un immeuble ou de construire de nouveaux locaux privatifs requiert l'unanimité.
(Loi n° 65-557 du 10 juillet 1965, art. 35).

› En quoi consiste l'information des copropriétaires sur les travaux projetés ?

En même temps que l'ordre du jour doivent être notifiés aux copropriétaires :
– le projet de résolution qui va être soumis au vote quand l'assemblée est appelée à voter la réalisation de travaux d'amélioration, de surélévation, d'autorisation de travaux au profit de certains copropriétaires notamment ;
– les conditions essentielles du contrat proposé que l'assemblée est appelée à approuver ou à autoriser, une transaction, un devis ou un marché pour la réalisation des autres travaux.
(Décret n° 67-223 du 17 mars 1967, art. 11).
Quand l'avis du conseil syndical est obligatoire concernant les travaux, cet avis doit être communiqué en même temps que l'ordre du jour aux copropriétaires.
(Voir Ⓘ : *Copropriété, conseil syndical*).
La sanction à toutes ces dispositions est la nullité de la décision de l'assemblée générale.

Paiement des travaux

› Comment sont réparties les dépenses relatives aux travaux ?

En principe, les dépenses relatives aux travaux concernant les parties communes sont réparties entre les copropriétaires en fonction des millièmes de copropriété attachées à chaque lot, au titre des charges générales. Cette répartition s'applique pour les travaux d'entretien et de réparation du gros œuvre et éléments assimilés, les travaux d'économie d'énergie, de l'amélioration de l'habitat, d'accessibilité aux handicapés et d'installation ou d'adaptation d'antenne de télévision.
(Loi n° 65-557 du 10 juillet 1965, art. 25).
Le coût des travaux d'amélioration (votés à la majorité de l'article 26), en revanche, doit être réparti en proportion des avantages qui résultent de ces travaux pour chacun des copropriétaires et ce, sauf le cas bien particulier d'une amélioration qui présenterait un intérêt équivalent pour tous les copropriétaires (par exemple : création d'une loge de concierge). Ainsi, pour un ascenseur, est prise en compte la situation en élévation (premier ou sixième étage) notamment. Les dépenses relatives au fonctionnement et à l'entretien consécutifs à la création d'un élément d'équipement doivent être réparties en vertu du même critère.
(Loi n° 65-557 du 10 juillet 1965, art. 30).

› Les copropriétaires peuvent-ils contester la répartition du coût des travaux ?

S'il s'agit de travaux de simple entretien ou de travaux rendus obligatoires par les textes, les copropriétaires ne peuvent s'opposer à la répartition des travaux votés en assemblée générale. Cependant, s'ils sont opposants ou défaillants, ils peuvent éventuellement s'opposer au principe des travaux en vertu des règles générales.
(Voir ① : *Assemblée de copropriétaires*).
Les règles sont différentes en matière de travaux d'amélioration. Les copropriétaires opposants disposent d'un recours particulier puisqu'ils peuvent, dans les 2 mois de la notification de la décision, saisir le tribunal de grande instance en vue de faire reconnaître que l'amélioration décidée présente un caractère somptuaire eu égard à l'état, aux caractéristiques et à la destination de l'immeuble.
(Loi n° 65-557 du 10 juillet 1965, art. 34).

› Les copropriétaires peuvent-ils obtenir des délais pour payer les travaux ?

La part du coût des travaux d'amélioration des copropriétaires opposants ou non présents ni représentés à l'assemblée générale, peut n'être payée que par annuités égales au 10e de cette part. Dans ce cas, ils doivent payer en plus les intérêts contractuels.
Si le syndicat n'a pas contracté d'emprunt en vue de la réalisation de ces travaux, les intérêts dus par ces copropriétaires sont égaux au taux d'intérêt légal.
(Loi n° 65-557 du 10 juillet 1965, art. 33).
Attention : cette possibilité n'existe pas s'il s'agit de travaux imposés par le respect d'obligations légales ou réglementaires. De même, ces sommes deviennent immédiatement exigibles lors de la première vente du lot de l'intéressé.

› Qui doit payer les dépenses relatives aux travaux en cas de vente du lot ?

Le paiement des provisions des dépenses hors budget prévisionnel incombe à celui qui est copropriétaire au moment de l'exigibilité, vendeur ou acquéreur. Il ne s'agit pas ici des dépenses de simple maintenance (travaux d'entretien courant…) mais par exemple des travaux d'amélioration, tels l'installation d'un ascenseur dans une copropriété qui n'en possède pas.
Le paiement des provisions du budget prévisionnel exigibles lors de la vente incombe au vendeur.
(Loi n° 65-557 du 10 juillet 1965, art. 20 ; Décret n° 67-223 du 17 mars 1967, art. 6-2).

Les charges

› Comment sont réparties les charges de copropriété ?

C'est le règlement de copropriété qui fixe la quote-part de charges afférente à chaque lot en distinguant les charges générales des charges spéciales.

● Les charges générales

Les charges générales sont celles relatives à la conservation, à l'entretien et à l'administration des parties communes. Elles sont proportionnelles aux valeurs des parties privatives comprises dans les lots de chaque copropriétaire, ces valeurs résultant lors de l'établissement de la copropriété de la consistance, superficie, situation du lot sans égard à leur utilisation (par exemple : ravalement de façade, réfection de la toiture, de la cage d'escalier, salaire du concierge...).

● Les charges spéciales

Les charges spéciales sont celles afférentes aux services collectifs et aux éléments d'équipement communs (vide-ordures, ascenseur, chauffage collectif...). Ces charges sont réparties entre les copropriétaires en fonction de l'utilité qu'ils retirent de ces éléments d'équipement ou services.
(Loi n° 65-557 du 10 juillet 1965, art. 10).
Ainsi un copropriétaire demeurant au rez-de-chaussée n'aura pas à régler celles relatives à la réfection de l'ascenseur qui n'a pas d'utilité pour lui.

Attention : c'est l'utilité objective de l'élément d'équipement qui doit être prise en compte et non son utilisation réelle par le copropriétaire.

Ainsi, en cas de chauffage collectif, même s'il ne chauffe pas son appartement, par exemple parce qu'il est absent, ou s'il décide de se chauffer avec un chauffage individuel, un copropriétaire devra participer à ces charges.

À noter : la pose obligatoire de compteurs individuels de chauffage n'est prévue que sous certaines conditions (date de construction de l'immeuble, puissance de chauffe...)
(Art. L. 131-1 et R. 131-2 et suivants du Code de la construction et de l'habitation).

En revanche, dès que le propriétaire en fait la demande, les prestataires de fourniture d'eau doivent procéder à l'individualisation des contrats d'abonnement.
(Art. 93 de la loi n° 2000-1208 du 13 décembre 2000).
Le décret n° 2003-408 du 28 avril 2003 précise les conditions d'application de cette mesure. L'adaptation à laquelle le distributeur doit procéder porte notamment sur les prescriptions techniques que doivent respecter les installations de distribution d'eau des immeubles et qui sont nécessaires pour procéder à l'individualisation des contrats de fourniture d'eau. Ces prescriptions ne peuvent ni imposer la pose d'un seul compteur par logement, ni exiger que les compteurs soient placés à l'extérieur des logements. Cette adaptation doit intervenir dans un délai de 9 mois, depuis le 7 mai 2003. Le distributeur dispose d'un délai de 4 mois (8 en cas de demande supplémentaire d'information) pour étudier le dossier technique adressé par la copropriété intéressée. Une fois la demande d'individualisation confirmée, le service distributeur doit procéder à l'installation dans les 2 mois. La pose de compteur d'eau froide doit être votée en assemblée générale à la majorité de l'article 25 de la loi.
(Voir ① : *Assemblée de copropriétaires*).

› Les copropriétaires ont-ils accès aux pièces justificatives concernant les charges qu'ils ont à régler ?

Les pièces justificatives des charges de copropriété doivent être tenues à la disposition de tous les copropriétaires par le syndic, pendant le délai s'écoulant entre la convocation de l'assemblée générale appelée à connaître des comptes et la tenue de celle-ci.

› Un copropriétaire peut-il demander la modification des charges relatives à son lot ?

En principe, la répartition des charges résultant du règlement de copropriété ne peut être modifiée qu'à l'unanimité des copropriétaires. Les exceptions à ce principe sont les cas des répartitions de charges votées à la suite de travaux ou de ventes séparées d'une ou plusieurs fractions d'un lot. Si l'assemblée générale ne modifie pas les bases de répartition des charges, tout copropriétaire peut saisir le tribunal de grande instance aux fins de répartition.
(Loi n° 65-557 du 10 juillet 1965, art. 11).
Un copropriétaire peut également, dans les 5 ans de la publication du règlement de copropriété au fichier immobilier, poursuivre en justice la révision de la répartition des charges si la part correspondant à son lot est supérieure de plus d'un quart ou si la part correspondant à celle d'un autre copropriétaire est inférieure de plus d'un quart dans chaque catégorie de charges à celle qui résulterait d'une répartition conforme aux textes.
(Loi n° 65-557 du 10 juillet 1965, art. 10 et 12).
Cette action peut également être exercée par le propriétaire d'un lot avant l'expiration d'un délai de 2 ans à compter de la première vente intervenue depuis la publication du règlement au fichier immobilier. Enfin, tout copropriétaire dispose d'une action en nullité de la répartition des charges qui ne serait pas conforme aux règles de l'article 10 de la loi du 10 juillet 1965 (répartition en fonction des millièmes ou de l'utilité).
Toute clause du règlement contraire aux dispositions impératives de l'article 10 de la loi serait en effet réputée non écrite et pourrait être annulée en justice en principe, à tout moment. En effet, la Cour de cassation, dans ses arrêts récents, partant du principe qu'une clause « réputée non écrite » est censée n'avoir jamais existé, en déduit que l'action tendant à constater sa non-conformité est imprescriptible (notamment Cour de cassation, 3e chambre civile, 9 mars 1988).
C'est le tribunal de grande instance qui procédera à une nouvelle répartition des charges.
(Loi n° 65-557 du 10 juillet 1965, art. 43).

› Quelles sont les procédures dont dispose le syndic pour recouvrer les charges de copropriété impayées ?

Il faut tout d'abord préciser que le syndic n'a pas besoin d'être habilité par l'assemblée générale pour procéder au recouvrement d'impayés (contrairement, par exemple, à l'engagement d'une action en garantie contre un entrepreneur de la copropriété). Il peut ainsi réclamer au copropriétaire condamné l'ensemble des frais nécessaires engagés par le syndicat pour le recouvrement des sommes dues à savoir : les frais de mise en demeure, de relance et de prise d'hypothèque à compter de la mise en demeure ainsi que les droits et émoluments des actes des huissiers de justice et le droit de recouvrement ou d'encaissement à la charge du débiteur (sans ce texte, seuls pourraient être réclamés au débiteur les frais dus en vertu d'une décision de justice).
Par ailleurs, dès le défaut du versement d'une provision du budget prévisionnel voté et après une mise en demeure infructueuse pendant plus de 30 jours, le débiteur peut être contraint par le président du tribunal de grande instance à payer toutes les autres échéances de l'année non encore échues.
(Loi n° 65-557 du 10 juillet 1965, art. 14-1, 19-2).

Outre les procédures d'exécution de droit commun (saisie des rémunérations), le syndic peut inscrire pour les créances du syndicat, à l'encontre de chaque propriétaire, une hypothèque sur le lot d'un copropriétaire débiteur, soit après mise en demeure restée infructueuse d'avoir à payer la dette demeurée exigible, soit dès que le copropriétaire invoque la possibilité de payer les travaux d'amélioration par 10 annuités, en vertu de l'article 33 de la loi. Cette inscription permettra au syndic, en cas de non-paiement, de poursuivre la réalisation de la vente suivant la procédure de saisie immobilière. L'inscription ne peut cependant être requise pour les créances exigibles depuis plus de 5 ans.
(Loi n° 65-557 du 10 juillet 1965, art. 19 ; Décret n° 67-223 du 17 mars 1967, art. 64).
De même, le syndic peut faire saisir les meubles garnissant l'appartement de son copropriétaire ou les loyers qui sont dus à ce dernier si les lieux sont loués.
Il bénéficiera du privilège prévu par l'article 2332, 1°, du Code civil, c'est-à-dire qu'il primera les autres créanciers.
(Code civil, art. 2332 et Loi n° 65-557 du 10 juillet 1965, art. 19).
L'obligation de participer aux charges prévues par l'article 10 et aux travaux d'amélioration prévus par l'article 30 de la loi est garantie par le privilège immobilier spécial de l'article 2374 du Code civil.
(Code civil, art. 2374 et Loi n° 65-557 du 10 juillet 1965, art. 19-1).

● Vente du lot

En cas de vente du lot, si le vendeur copropriétaire n'a pas présenté au notaire un certificat du syndic datant de moins d'1 mois, attestant qu'il est libre de toute obligation à l'égard du syndicat, le notaire doit aviser le syndic de la vente par lettre recommandée avec avis de réception dans un délai de 15 jours à compter du transfert de propriété. Dans les 15 jours de cet avis, le syndic peut s'opposer par acte d'huissier à la remise du prix de vente au vendeur pour obtenir le paiement des sommes restant dues par ce dernier à la copropriété.
L'opposition régulière auprès du notaire vaut mise en œuvre du privilège au profit de la copropriété.
Remarque : il n'est tenu compte que des créances du syndicat effectivement liquides et exigibles à la date de la vente.
L'opposition du créancier doit énoncer un certain nombre de mentions précisées par l'article 5-1 du décret du 17 mars 1967.
(Loi n° 65-557 du 10 juillet 1965, art. 20 et décret n° 67-223 du 17 mars 1967, art. 5-1).
(Sur les documents à fournir au futur acquéreur, voir ⓘ : *Vente immobilière, garantie de l'acheteur*).

● Privilège au profit de la copropriété sur le prix de la vente d'un lot

Sur le prix de vente, le syndicat dispose d'un privilège pour le paiement des charges et travaux de l'année courante et des quatre dernières années échues (il s'agit ici de l'année comptable).
Ce privilège prime celui du vendeur et du prêteur de deniers pour les impayés de l'année courante et des deux dernières années et vient en concurrence avec ce privilège pour les deux autres années antérieures. Si les impayés remontent à plus de 4 ans, le syndicat peut inscrire son hypothèque légale, laquelle vient en rang utile, c'est-à-dire à la date de son inscription. À défaut d'inscription d'hypothèque, le syn-

dicat est un simple créancier chirographaire, c'est-à-dire ne bénéficiant d'aucune garantie particulière.
(Code civil, art. 2374 et Loi n° 65-557 du 10 juillet 1965, art. 20 ; Décret n° 95-162 du 15 février 1995, art. 5-2 et 6).

Intervention de l'État en cas d'insalubrité de l'immeuble

Lorsque des travaux ont été prescrits par le préfet pour remédier à l'insalubrité de l'immeuble (par exemple pour supprimer le risque d'intoxication au plomb) et que ces travaux ne peuvent pas être réalisés du fait de la défaillance de certains copropriétaires, le syndic peut faire intervenir l'État qui avance les sommes pour le compte de ces derniers.
L'État est alors substitué au syndicat pour le recouvrement des sommes versées. Il peut notamment inscrire une hypothèque sur les lots des copropriétaires défaillants.
(Art. L. 1331-29 du Code de la santé publique).

› Quelle est la prescription en matière de charges ?

En vertu du principe général tiré de l'article 42 de la loi du 10 juillet 1965, l'action en recouvrement des charges se prescrit par 10 ans.
(Loi n° 65-557 du 10 juillet 1965, art. 42).

Les litiges

› Quel est le tribunal compétent ?

Dans tous les cas, c'est le tribunal du lieu de la situation de l'immeuble qui est compétent à l'exclusion de tous autres.

Tribunal de grande instance

C'est le tribunal de grande instance qui doit être saisi dès lors que la contestation porte :
– sur la validité d'une décision de l'assemblée générale.
(Loi n° 65-557 du 10 juillet 1965, art. 42) ;
– sur la modification et la répartition des charges communes.
(Loi n° 65-557 du 10 juillet 1965, art. 11 et 42) ;
– sur des travaux d'amélioration.
(Loi n° 65-557 du 10 juillet 1965, art. 30, 34 et 36) ;
– sur l'interprétation du règlement de copropriété et les difficultés relatives à la détermination des parties communes et privatives ainsi qu'à leurs conditions de jouissance.

Tribunal d'instance

Le tribunal d'instance ou le juge de proximité est compétent pour toutes les contestations ne relevant pas des domaines réservés au tribunal de grande instance (exemple : action en recouvrement de charges, action en responsabilité d'un syndic…) dès lors que la demande est inférieure à 10 000 €.
(Décret n° 67-223 du 17 mars 1967, art. 62) ;
(Voir Ⓘ : *Tribunal d'instance*).

Locations loi de 1948

La loi de 1948 s'applique encore à certains logements construits avant 1948 et dotés de peu de confort.
Pour savoir si un local est encore soumis à la loi de 1948, il faut se renseigner auprès de sa mairie.

› Comment est fixé le loyer ?

Le loyer peut être fixé d'après la surface corrigée des lieux, c'est-à-dire la surface réelle affectée de correctifs (d'augmentation ou de diminution) en fonction des avantages ou des inconvénients du logement considéré. (Décret du 22 novembre 1948).
La surface corrigée ainsi obtenue est multipliée par le prix de base du mètre carré fixé annuellement par décret.
En cas de modification totale ou partielle des éléments ayant servi de base à la détermination du loyer, le propriétaire doit notifier au locataire le nouveau décompte par lettre recommandée avec AR.
Cette notification peut avoir lieu à tout moment. Le locataire, s'il désire la contester, doit le faire dans un délai de 2 mois.
Les désaccords sont portés devant le tribunal d'instance.

› Comment sont réparties les charges ?

Les charges et les réparations pouvant être réclamées au locataire sont les mêmes que celles prévues pour les locations d'habitation soumises à la loi de 1989.
De même, la régularisation annuelle est obligatoire lorsque le propriétaire demande, en cours d'année, des provisions sur charges.
(Voir Ⓘ : *Locations (loi du 6 juillet 1989), charges, réparations locatives*).

› Qu'est-ce que le maintien dans les lieux ?

Lorsque le bailleur met fin à un bail dépendant de la loi de 1948, le locataire n'a pas à libérer les lieux. Il devient un occupant de bonne foi (s'il exécute ses obligations) et a droit au maintien dans les lieux.
Lorsque l'occupant décède (ou abandonne le logement), le droit au maintien dans les lieux est transmis exclusivement :
– au conjoint marié,
– au partenaire pacsé (le simple concubin ne bénéficie pas de ce maintient dans les lieux),
– et, à condition d'avoir vécu dans les lieux avec le défunt depuis plus d'1 an :
• aux enfants mineurs (qui doivent libérer les lieux à leur majorité),

• aux ascendants,
• aux personnes handicapées (à au moins 80 %).

En principe, seules les personnes physiques ont droit au maintien dans les lieux. Cependant, les syndicats et associations professionnelles (exclusivement) qui bénéficiaient des dispositions de la loi de 1948 avant le 23 décembre 1986 ont également droit au maintien dans les lieux.

Dans l'hypothèse où le bailleur n'a pas mis fin au bail, celui-ci est résilié de plein droit par le décès ou l'abandon de domicile du locataire. Le bénéfice du maintien dans les lieux est cependant attribué aux mêmes personnes qu'en cas de décès ou d'abandon de domicile de l'occupant de bonne foi. (Art. 5 de la loi du 1er septembre 1948).

› Dans quels cas le propriétaire peut-il donner congé à son locataire ?

Dans certains cas et sous certaines conditions, le propriétaire peut néanmoins récupérer son logement et délivrer à cette fin un congé à son locataire.

● Les congés fondés sur l'attitude ou la situation du locataire ou de l'occupant

L'occupation insuffisante des lieux loués

L'occupation doit durer au moins 8 mois par an, à moins que la profession, la fonction de l'occupant, ou tout autre motif légitime ne justifie une occupation d'une durée moindre.
(Art. 10-2 de la loi de 1948).

Le nombre de pièces habitables ne doit pas être supérieur à plus de deux au nombre de personnes qui y habitent (3 pièces pour 1 personne, 4 pièces pour 2, etc.).

Par ailleurs, perdent le droit au maintien dans les lieux, les occupants ou locataires qui ne respectent pas leurs obligations (telles que le paiement du loyer).

La pluralité d'habitation

Les locataires ou occupants qui disposent de plusieurs habitations ne peuvent bénéficier du maintien dans les lieux que pour leur principal établissement.
(Art. 10-3 de la loi de 1948).

Les locaux expropriés à la suite d'une déclaration d'utilité publique

Les locaux menaçant ruine

Les logements de fonction

Les locations saisonnières

La possibilité de disposer d'un autre local

Les personnes qui peuvent disposer d'un autre local correspondant à leurs besoins et à ceux de leur famille, n'ont pas droit au maintien dans les lieux loués.

● Les congés fondés sur la reprise par le propriétaire pour y habiter

Les possibilités de reprendre, pour y habiter, un logement loué sous l'emprise de la loi de 1948 sont prévues aux articles 18, 19 et 20 de cette loi.

Reprise pour habiter – article 18

Le propriétaire, de nationalité française, a le droit de reprendre un logement loué pour l'habiter lui-même ou le faire habiter par son conjoint, ses ascendants ou ses descendants ou par ceux de son conjoint, à condition :

– de mettre à la disposition du locataire ou de l'occupant évincé, un local de remplacement, en bon état d'habitation, remplissant les conditions d'hygiène normales ou au moins équivalentes à celles du local, objet de la reprise, correspondant à ses besoins personnels, familiaux et, le cas échéant, professionnels et à ses possibilités,
– que le local, objet de la reprise, corresponde lui-même aux besoins du bénéficiaire de la reprise.
Le congé doit être délivré par acte extrajudiciaire (par huissier) et indiquer :
– le nom et l'adresse du propriétaire du local offert,
– l'emplacement et la description de celui-ci (nombre de pièces, confort, loyer),
– le délai pour libérer le logement repris (délai qui ne peut être inférieur à 3 mois),
– l'identité, la situation de famille et la profession du bénéficiaire de la reprise.
À défaut d'accord du locataire sur les termes du congé, le propriétaire doit demander en justice la nomination d'un expert.
(Art. 18 de la loi de 1948).

Reprise pour habiter – article 19

À la différence de la reprise pour habiter (article 18), la reprise (article 19) n'oblige pas le propriétaire à offrir au locataire évincé un local de remplacement, mais par contre impose un délai pour pouvoir exercer cette reprise.
Les bénéficiaires de la reprise sont les mêmes que ceux énumérés à l'article 18, mais les conditions d'exercice de ce droit sont plus strictes :
– le propriétaire doit avoir acquis le logement plus de 10 ans avant l'exercice du droit de reprise. Néanmoins, en cas d'acquisition depuis 4 ans, le propriétaire peut se faire autoriser à exercer son droit de reprise s'il établit que son acquisition n'a été faite que pour se loger ou pour satisfaire un intérêt familial légitime, à l'exclusion de toute idée de spéculation,
– le congé doit être délivré par acte d'huissier au moins 6 mois à l'avance au locataire ou à l'occupant,
– le bénéficiaire de la reprise doit notifier l'action qu'il exerce par acte d'huissier dans le même délai de 6 mois à son propre propriétaire, lequel ne peut s'opposer, sauf motifs sérieux et légitimes, à l'arrivée du nouveau locataire (le locataire évincé),
– le congé doit, sous peine de nullité, justifier que toutes ces conditions sont bien remplies.
(Art. 19 de la loi de 1948 qui énumère toutes les mentions que doit contenir cet acte extrajudiciaire).

Reprise pour habiter – article 20

Il s'agit d'un droit de reprise accordé spécifiquement à certaines catégories de propriétaires qui veulent reprendre leur logement, l'habiter eux-mêmes lorsqu'ils sont eux-mêmes :
– locataires ou occupants évincés à la suite d'une reprise (article 19 ou article 20) ;
– locataires ou occupants de locaux insalubres devant être démolis ou expropriés, quelle que soit l'offre de relogement faite par l'Administration ;
– fonctionnaires, agents ouvriers ou employés logés auparavant dans un logement de fonction et ayant cessé leurs fonctions pour une cause indépendante de leur volonté (retraite, chômage, etc.).
Ce droit de reprise est strictement personnel et attaché à la personne du bénéficiaire. Il ne peut profiter ni au conjoint, ni aux enfants du bénéficiaire lors de son décès.

Le logement, objet de la reprise, doit avoir été acquis depuis plus de 5 ans par le propriétaire bénéficiaire de cette reprise.
Le congé doit reproduire les mentions énumérées à l'article 20 et être délivré au moins 6 mois à l'avance au locataire ou occupant évincé.

Dispositions communes
Les reprises prévues par les articles 19 et 20 de la loi du 1er septembre 1948 ne peuvent cependant pas être exercées contre un locataire âgé de plus de 70 ans et disposant de ressources inférieures à une fois et demie le montant annuel du SMIC. L'âge du locataire s'apprécie à l'époque du congé. Cette restriction au droit de reprise ne s'applique cependant pas au bénéficiaire de la reprise âgé de plus de 65 ans.
(Art. 20 de la loi de 1948).
Pour calculer les ressources de l'occupant, on ajoute à ses ressources celles des personnes vivant avec lui de manière effective et permanente.
(Art. 22 bis de la loi de 1948).

Les congés fondés sur la reprise pour travaux

Dans le but de rénovation des immeubles, et après autorisation administrative, les propriétaires de logements soumis à la loi de 1948 sont autorisés à récupérer les locaux loués afin de pouvoir les reconstruire après démolition ou les surélever pour augmenter la surface habitable, le nombre de logements ou le confort de l'immeuble.
(La reprise pour travaux concerne aussi les cours, jardins ou terrains sur lesquels le propriétaire entend édifier une construction nouvelle).
Pour ces locaux, le locataire ou occupant perd le bénéfice du maintien dans les lieux (Art. 11 à 17 de la loi de 1948),
mais doit être :
– soit relogé dans un logement similaire, respectant les normes de décence, et correspondant à ses besoins.
(Art. 13 bis et 18 de la loi de 1948),
– soit réintégré dans l'immeuble qu'il avait dû quitter.
(Art. 13 de la loi de 1948).
Le locataire ne peut refuser le local de relogement offert si celui-ci correspond à ses besoins, sous peine de perdre son droit à réintégration.
Le congé doit, sous peine de nullité, indiquer les motifs pour lesquels il est donné et reproduire les dispositions des articles 13 et 13 bis de la loi de 1948.
Le préavis pour libérer les lieux est de 6 mois lorsqu'est prévue la démolition pour la reconstruction, la surélévation ou l'addition de construction, ou la construction de bâtiments sur cours, jardins ou terrains.
Le propriétaire est dans l'obligation de commencer les travaux dans les 3 mois du départ du dernier occupant.

› Peut-on signer un bail loi de 1948 avec un nouveau locataire ?

Pour parvenir à l'extinction progressive de la loi de 1948, les nouvelles locations portant sur des locaux vacants (c'est-à-dire inoccupés) sont exclues de la loi de 1948 et sont soumises au régime général de la loi du 6 juillet 1989.
Si les locaux ne satisfont pas aux normes de confort et d'habitabilité prévues au décret n° 2002-120 du 30 janvier 2002 (surface habitable minimum, aération et étanchéité des ouvertures, installation d'une évacuation des eaux usées, de l'eau

chaude et froide, étanchéité de la salle d'eau, cabinet d'aisance intérieur, alimentation électrique, ventilation des pièces en cas d'alimentation en gaz...) le locataire, dans le délai d'1 an à compter de la prise d'effet du bail, peut demander au propriétaire d'effectuer les travaux de mise en conformité. En cas de désaccord, le juge du tribunal d'instance est compétent.
Le propriétaire est obligé d'effectuer les travaux de mise en conformité avant de signer le bail. Ce bail (conclu en vertu de l'article 3 octies de la loi de 1948) est d'une durée de 6 ans minimum et ne peut être résilié en cours de bail que par le locataire. À l'issue de ce bail, les dispositions de la loi de 1989 sont totalement applicables.

› Qu'appelle-t-on « baux de sortie de la loi de 1948 » ?

Les baux de sortie de la loi de 1948 ou baux dérogatoires sont des contrats de location qui peuvent être proposés aux locataires occupant un logement « loi de 1948 » et qui ont pour effet de sortir progressivement le local du champ d'application de cette loi.

● Les contrats de 6 ans

Ces contrats de location, signés avec l'accord du locataire et conclus en vertu des articles 3, 3 bis, 3 quater de la loi du 1er septembre 1948, sont régis par des dispositions particulières : durée minimum de 6 ans, faculté de résiliation annuelle réservée au locataire, possibilité pour le locataire de demander au propriétaire d'effectuer les travaux de mise en conformité des locaux...
Pendant le cours du bail, en cas de désaccord entre propriétaire et locataire sur les travaux à effectuer ou le montant du loyer, il faut s'adresser au juge d'instance dont dépendent les locaux. À l'issue du bail, les locaux ayant fait l'objet d'un bail dérogatoire ne sont plus soumis à la loi de 1948.

● Les contrats de 8 ans

Pour les locaux classés en catégories 2 B et 2 C, le propriétaire, de sa seule initiative, peut proposer au locataire un contrat de sortie de la loi de 1948, d'une durée de 8 ans, en vertu de l'article 28 de la loi Méhaignerie. La proposition de nouveau bail doit être faite par lettre recommandée avec AR ou par acte d'huissier. Elle doit indiquer le montant du nouveau loyer et reproduire les termes des articles 25 et 28 à 33 de la loi Méhaignerie.
Le contrat est d'une durée de 8 ans.
Le loyer proposé par le bailleur doit être fixé par référence aux loyers du voisinage (le bailleur doit justifier des références choisies). La différence entre l'ancien loyer (avant le bail de 8 ans) et le nouveau doit être répercutée chaque année régulièrement au cours du bail. Le locataire a un délai de 2 mois pour répondre. Si le locataire ne répond pas à cette proposition ou s'il manifeste son désaccord, le bailleur doit obligatoirement saisir la commission de conciliation puis le tribunal d'instance dans les 6 mois de la proposition. Pendant le cours du bail, le locataire peut exiger du propriétaire que le local soit mis en conformité avec les normes de décence prévues par le décret du 30 janvier 2002 (voir plus loin). À défaut d'accord, il peut saisir le juge du tribunal d'instance qui déterminera la nature et les délais d'exécution de ces travaux.
À noter : les locataires dont les ressources sont inférieures aux seuils fixés par décret ne sont pas tenus d'accepter ce nouveau contrat de location. Leur logement reste soumis à la loi de 1948. Ces seuils de ressources sont révisés chaque année en fonction de la variation de l'indice de référence des loyers publié par l'INSEE.

Les revenus pris en compte sont les revenus nets imposables retenus par l'administration fiscale après abattements, déductions..., revenus de l'année civile précédant celle au cours de laquelle est formulée la proposition de contrat.

Loi du 6 juillet 1989

› À quels locaux s'applique la loi du 6 juillet 1989 ?

La loi n° 89-462 du 6 juillet 1989 a remplacé la loi Méhaignerie et est destinée à régir tous les contrats de location portant sur des locaux d'habitation ou sur des locaux mixtes (usage d'habitation et professionnel). Elle ne s'applique pas aux locations à caractère saisonnier ni aux locaux meublés, aux logements-foyers, aux logements attribués ou loués en raison de l'exercice d'une fonction ou de l'occupation d'un emploi, aux locations consenties aux travailleurs saisonniers.

À noter :

– la loi de 1948, modifiée par la loi Méhaignerie et la loi de 1989, reste en vigueur pour les locaux occupés encore soumis à cette loi ;

– les locaux vacants (nouvelle location), ainsi que les locaux précédemment soumis à la loi Quilliot, à la loi Méhaignerie (période transitoire) ou encore à la loi Méhaignerie (dispositions permanentes), sont régis par la loi n° 89-462 du 6 juillet 1989.

● Le permis de louer

Dans les communes de plus de 50 000 habitants les conseils municipaux peuvent, sur certains secteurs de la commune, instaurer pour les bailleurs l'obligation d'obtenir un permis de louer. Ce permis de louer ne peut concerner que les propriétaires de locaux situés dans des immeubles datant de plus de 30 ans. Avant toute location, ils devront obtenir de la mairie ce permis de louer destiné à vérifier la décence du logement après un contrôle technique d'habitabilité.

Cette mesure doit s'appliquer à titre expérimental pendant 5 ans. Elle pourra être reconduite par la suite définitivement et concerner toutes les locations. Actuellement, seules les communes qui se sont portées candidates pour instaurer cette obligation peuvent la mettre en pratique. (Loi n° 2006-872 du 13 juillet 2006 portant engagement national pour le logement).

L'entrée dans les lieux

› Le contrat de location

Le contrat doit être établi par écrit. Le contenu du contrat doit obligatoirement préciser :

– le nom ou la dénomination du bailleur et son domicile (ou siège social). Le nom du mandataire (agence par exemple) doit également être indiqué,

– la date de prise d'effet,

– la durée du bail,

– la consistance et la destination de la chose louée,

– la désignation des locaux et équipements d'usage privatif,

– le cas échéant, l'énumération des parties et équipements communs d'un immeuble en copropriété,

– le montant du loyer, son échéance, les modalités de révision éventuelle,
– le montant du dépôt de garantie s'il est prévu ;
– la surface habitable du logement.
(Loi n° 89-462 du 6 juillet 1989, art. 3).
Au contrat de location (initial ou renouvelé) doit, par ailleurs, être annexé le dossier de diagnostic technique (voir plus loin) et une information sur les services de télévision dont dispose le logement.
Le bailleur doit informer le locataire sur la possibilité ou non de recevoir les services de télévision par voie hertzienne, par la TNT, ou, le cas échéant, les coordonnées du distributeur de services auquel le locataire doit s'adresser pour bénéficier du service antenne numérique.
Le défaut de communication de ces informations n'est toutefois pas sanctionné.
(Loi n° 89-462 du 6 juillet 1989, art. 3-2).

Clauses interdites

La loi de 1989 énumère précisément les clauses qu'il est interdit de prévoir ou d'insérer dans le bail.
(Loi n° 89-462 du 6 juillet 1989, art. 4).
Si une de ces clauses figure dans le bail, le locataire est en droit de la considérer comme non écrite. Une telle clause n'entraîne cependant pas la nullité totale du contrat.

Durée du contrat

Le contrat doit être au moins d'une durée de 3 ans pour les bailleurs personnes physiques et de 6 ans minimum pour les bailleurs personnes morales.
(Loi n° 89-462 du 6 juillet 1989, art. 10).

Exceptions

Un contrat d'1 an (minimum) peut être signé si un événement précis et prévisible justifie que le bailleur, personne physique, ait à reprendre le local pour des raisons professionnelles ou familiales.
Cet événement précis pourrait être :
– le mariage prévu d'un enfant du bailleur qui voudrait reprendre le logement pour l'y loger,
– le départ à l'étranger du bailleur pour un temps limité,
– la prévision d'une mise à la retraite du bailleur, etc.
Cet événement et ces raisons doivent être précisés dans le bail. Dans ce cas, le bailleur doit dénoncer le contrat 2 mois avant le terme ; le locataire est alors déchu de plein droit de tout titre d'occupation à l'expiration du bail. Si l'événement ne se produit pas, le contrat de location est réputé être de 3 ans, à compter de l'entrée dans les lieux. Si l'événement est différé, le terme du contrat peut être reporté. Ce report ne peut avoir lieu qu'une fois. Si l'événement et les raisons ne sont pas précisés dans le bail, le contrat est réputé être d'une durée de 3 ans.
(Loi n° 89-462 du 6 juillet 1989, art. 11).
Attention : seuls les bailleurs personnes physiques (les particuliers) peuvent conclure un bail de 3 ans (les sociétés civiles constituées entre parents et les bailleurs en indivision sont assimilés aux bailleurs « personnes physiques »). Une autre exception concerne les bailleurs institutionnels (assurances, établissements de crédit, personnes morales autres que les organismes d'HLM…) qui adressent des congés pour vendre par lots de plus de dix logements dans le même immeuble. Lorsque le congé

est adressé 4 mois avant l'expiration du bail en cours, ils peuvent reconduire les contrats de location pour une durée inférieure à 6 ans. L'offre de vente au locataire est dissociée du congé.
(Loi n° 89-462 du 6 juillet 1989, art. 11-1 et 15).

Dossier de diagnostic technique

Lors de la signature du contrat de location, ou lors de son renouvellement, le propriétaire doit annexer le dossier de diagnostic technique.
Ce dossier doit comprendre :
– l'état des risques naturels et technologiques ;
– le constat de risque d'exposition au plomb ;
– le diagnostic de performance énergétique.

État des risques naturels et technologiques

Si le logement se situe dans une commune elle-même située dans une zone couverte par un plan de prévention des risques technologiques ou par un plan de prévention des risques naturels prévisibles ou encore dans une zone de sismicité, le bailleur doit annexer au bail un état de ces risques.
L'état des risques est établi en fonction de l'arrêté préfectoral qui fixe :
– la liste de risques naturels prévisibles et technologiques ;
– la liste des documents auxquels le vendeur ou le bailleur peut se référer (documents graphiques, documents d'information…) ;
– un dossier permettant de délimiter les zones de la commune exposées aux risques identifiés, de préciser la nature et l'intensité des risques.
Le bailleur a un délai de 4 mois à compter de la publication de l'arrêté préfectoral pour faire établir cet état des risques pour ses locataires.
Pour les nouveaux contrats de location, cet état doit être établi moins de 6 mois avant la date de conclusion du contrat de location écrit.
L'état, établi selon un modèle défini par arrêté, mentionne les risques auxquels l'immeuble est exposé. Il est accompagné des extraits de ces documents et dossier permettant de localiser cet immeuble au regard des risques encourus. (Art. L. 125-5 du Code de l'environnement).
Lorsqu'un immeuble bâti a subi un sinistre ayant donné lieu au versement par les assurances d'une indemnité, le bailleur doit aussi en informer par écrit le locataire. En cas de non-respect de cette obligation, le locataire peut demander la résolution du contrat ou demander au juge une diminution du prix.
(Art. L. 125-5 du Code de l'environnement).
À noter : les plans de prévention des risques technologiques doivent être élaborés et approuvés dans un délai de 5 ans qui suit la publication de la loi n° 2003-699 du 30 juillet 2003 relative à la prévention des risques technologiques et naturels.

État des risques d'accessibilité au plomb

Les bailleurs qui louent un logement dans un immeuble construit avant le 1er janvier 1949 doivent faire établir un état des risques d'accessibilité au plomb (risque de saturnisme) et joindre ce constat (datant de moins de 6 ans) au contrat de location. Il ne concerne que les parties privatives si le logement se situe dans une copropriété. Si le constat indique l'absence de revêtements contenant du plomb ou des revêtements contenant du plomb à des concentrations inférieures aux seuils autorisés, il n'est pas obligatoire d'établir un nouveau constat à chaque nouvelle

location, mais le constat initial devra toujours être annexé au bail. Les frais sont à la charge du bailleur. Ces règles sont applicables depuis le 12 août 2008.
(Art. L. 1334-7 du Code de la santé publique).

Diagnostic de performance énergétique

À compter du 1er juillet 2007, le propriétaire-bailleur, lors du renouvellement du bail ou pour tout nouveau contrat, doit tenir à la disposition du locataire le diagnostic de performance énergétique qui doit évaluer la consommation d'énergie. Ce document décrit la quantité d'énergie effectivement consommée ou estimée pour une utilisation standardisée du bâtiment ou de la partie de bâtiment et compare la performance énergétique avec d'autres systèmes.
Il est accompagné de recommandations destinées à améliorer cette performance.
Par ailleurs, à compter du 1er janvier 2011, en cas de vente ou de location d'un bien immobilier, le classement du bien au regard de sa performance énergétique doit être mentionné dans les annonces immobilières (décret à paraître).
Mais le diagnostic n'a qu'une valeur informative pour le locataire. Il ne peut pas s'appuyer sur les informations contenues dans le diagnostic pour agir contre le propriétaire.
(Art. L. 134-1 du Code de la construction et de l'habitation).
Le diagnostic doit être refait à l'occasion du renouvellement du bail si ce renouvellement intervient après les 10 ans de validité du diagnostic.
(Décret n° 2008-461 du 15 mai 2008).
À noter : le diagnostic de performance énergétique n'a pas être établi dans les locaux annexes non chauffés, dans les locaux non destinés à l'habitation ou dans les bâtiments résidentiels utilisés moins de 4 mois par an.
Par ailleurs, s'il s'agit d'une location saisonnière, le propriétaire peut ne remettre au locataire avec le contrat de location qu'une partie de ces informations. Il doit néanmoins tenir le diagnostic de performance énergétique à la disposition du locataire.
(Art. R. 134-4-3 du Code de la construction et de l'habitation).

› L'état des lieux

● Le logement doit être en bon état d'usage et de réparations

Lors de l'entrée dans les lieux du preneur, un état des lieux est établi, soit à l'amiable, soit par huissier (dans ce cas, les frais sont partagés par moitié).
Si les éléments d'équipement ne sont pas en bon état de fonctionnement ou si les murs et les sols sont abîmés ou usés, le locataire peut, soit demander à son bailleur d'effectuer les réparations ou travaux nécessaires, soit demander une indemnité pour troubles de jouissance. Ces actions, à défaut d'accord, sont portées devant le tribunal d'instance.
À noter : pendant le 1er mois de la période de chauffe, le locataire peut demander que l'état des lieux soit complété par l'état des éléments de chauffage. Par ailleurs, si le loyer n'est pas libre (voir plus loin : *Le loyer*), le bailleur doit joindre au contrat les éléments de référence aux loyers du voisinage et reproduire les termes de l'article 19 de la loi du 6 juillet 1989.
(Loi n° 89-462 du 6 juillet 1989, art. 3).
Si aucun état des lieux n'est établi, le locataire est censé avoir reçu les locaux en bon état de réparations locatives et doit les rendre tels, sauf preuve contraire.
(Code civil, art. 1731).

Mais cette présomption ne joue pas au profit de celui qui s'est opposé à l'établissement d'un état des lieux :
– si le propriétaire s'est opposé à ce constat, il devra prouver, en cas de contestation, que le local était en bon état lors de la signature,
– si le locataire s'est opposé à ce constat, il devra prouver que le local n'était pas en bon état. Dans un cas comme dans l'autre, la preuve sera difficile à apporter et il est recommandé aux parties d'établir cet état des lieux.

Le logement doit être décent

Si le bailleur est tenu de fournir à son locataire un local en bon état d'usage et de réparation, il doit également lui délivrer un logement décent, c'est-à-dire un logement qui assure :
– la protection contre les infiltrations d'eau ;
– la sécurité des garde-corps des fenêtres, escaliers, loggias et balcons ;
– le respect des normes de sécurité et bon état d'usage des branchements d'électricité et de gaz et des équipements de chauffage et de production d'eau chaude ;
– la ventilation, l'aération et un éclairement naturel suffisants.
Par ailleurs, le logement doit être équipé :
– d'un chauffage ;
– de l'eau potable avec pression et un débit suffisants ;
– d'un système d'évacuation des eaux ménagères ;
– d'une cuisine ou coin cuisine ;
– d'une installation sanitaire intérieure ;
– d'un réseau électrique pour l'éclairage et les appareils ménagers.
Enfin, le logement doit disposer au moins d'une pièce principale ayant soit une surface habitable au moins égale à 9 m^2 et une hauteur sous plafond au moins égale à 2,20 m, soit un volume habitable au moins égal à 20 m^3.
(Décret n° 2002-120 du 30 janvier 2002).
Si le logement ne répond pas à ces critères, le locataire peut demander à tout moment sa mise en conformité et s'adresser au juge d'instance en cas de désaccord avec le bailleur (la saisine préalable de la commission de conciliation n'est plus obligatoire).
La jurisprudence a par ailleurs apporté les précisions suivantes : la loi étant d'ordre public, le locataire peut toujours exiger que son logement remplisse les conditions de décence, même s'il était averti, lors de la signature du bail, que toutes ces conditions n'étaient pas remplies. Sa renonciation à demander l'application de la loi n'est pas valable (Cour de cassation, 3e ch. civ. 15 décembre 2004).
(Loi n° 89-462 du 6 juillet 1989, art. 6 et 20-1).
Des locataires, ayant le même bailleur, peuvent se grouper et demander à une association de locataires d'agir en leur nom.
(Loi n° 89-462 du 6 juillet 1989, art. 24-1).
À noter : des dérogations concernant la surface ou le volume peuvent cependant être autorisées en cas de location par l'intermédiaire d'une association agréée pour l'insertion par le logement ou par l'intermédiaire d'un centre régional des œuvres universitaires et scolaires.

Ces règles ne s'appliquent pas non plus aux logements- foyers et aux logements destinés aux travailleurs agricoles qui sont soumis à des règlements spécifiques.
(Loi n° 89-462 du 6 juillet 1989, art. 6).

› L'assurance

La loi du 6 juillet 1989 a prévu l'obligation pour le locataire de souscrire une assurance « des risques locatifs » (assurance multirisques habitation).
(Loi n° 89-462 du 6 juillet 1989, art. 7).
Le locataire doit justifier, par la remise d'une attestation d'assurance, de cette souscription lors de la remise des clés et par la suite, chaque année. À défaut, le bailleur pourrait résilier le bail. (Sur ce point, voir Ⓘ : *Location, litiges*).

› Le dépôt de garantie

Pour les contrats conclus depuis le 9 février 2008, le dépôt de garantie ne peut être supérieur à 1 mois de loyer (2 mois pour les contrats antérieurs à cette date). Il doit être versé au moment de la signature du bail. En revanche, il n'est pas exigible si le loyer est stipulé payable d'avance pour une période supérieure à 2 mois. Pendant la durée du bail, ce dépôt de garantie ne porte pas intérêt au profit du locataire et ne peut être révisé. Si un dépôt de garantie est versé, il doit être restitué dans un délai maximum de 2 mois à compter de la restitution des clés par le locataire, déduction faite des sommes éventuellement restant dues. Le dépôt de garantie ne porte pas intérêt au profit du locataire sauf s'il n'est pas restitué dans les délais prévus.
En cas de changement de bailleur (à la suite d'une vente ou d'un décès), le locataire peut toujours réclamer la restitution du dépôt de garantie au nouveau bailleur, quels que soient les accords conclus entre les bailleurs successifs.
(Loi n° 89-462 du 6 juillet 1989, art. 22).
Depuis l'ordonnance n° 2006-346 du 23 mars 2006, le locataire peut aussi proposer au bailleur une « garantie autonome » pour éviter d'avoir à verser les sommes représentant le dépôt de garantie et de les bloquer pendant la durée du bail. Il s'agit de l'engagement, pris par un garant, de verser l'équivalent du dépôt de garantie au bailleur dès que celui-ci le lui réclame. Le versement doit intervenir soit à première demande du bailleur, soit selon des modalités fixées par les parties. À l'inverse du cautionnement qui garantit l'exécution d'une obligation (le paiement du loyer), la garantie autonome prévoit le versement d'une somme d'argent prédéterminée (le montant du dépôt de garantie). Cette garantie est autorisée pour le versement du dépôt de garantie mais non pour le paiement du loyer. Elle ne peut pas porter sur plus de 2 mois de loyer initial.
(Loi n° 89-462 du 6 juillet 1989, art. 22-1-1).
Le dépôt de garantie peut aussi être versé par un tiers. Les organismes gérant le 1% logement peuvent, pour les baux signés depuis le 9 février 2008, financer le dépôt de garantie sous forme d'un prêt remboursable en 36 mensualités maximum. Auparavant réservée à certaines catégories de locataires, cette aide est désormais ouverte à tout locataire, quelle que soit sa situation financière.

› Immeuble en copropriété

Si le local se situe dans un immeuble en copropriété, le bailleur, lors de la signature du bail, doit communiquer à son locataire le règlement de copropriété et notamment la quote-part afférente au lot loué dans chacune des catégories de charges.
(Loi n° 89-462 du 6 juillet 1989, art. 3).

› Frais d'agence

Les frais d'agence ou d'intermédiaires sont partagés par moitié entre le bailleur et le locataire.
(Loi n° 89-462 du 6 juillet 1989, art. 5).

› Caution du locataire

Sauf si le logement est loué à un étudiant ou à un apprenti, le bailleur qui a souscrit une assurance garantissant les obligations locatives du locataire (assurance perte de loyers) ne peut pas demander une caution supplémentaire à son locataire.
Si le bailleur est une personne morale autre qu'une société civile familiale :
– le cautionnement ne peut être demandé que s'il est apporté par un des organismes autorisés (organismes collecteurs du 1 % logement, fonds de solidarité pour le logement, associations d'aide au logement) ;
– le cautionnement ne peut pas être demandé si le locataire est un étudiant bénéficiant d'une bourse de l'enseignement supérieur.
En dehors de ces cas, le propriétaire peut exiger la signature d'une caution. Lors de l'établissement du bail, certaines formalités doivent être respectées. La personne qui se porte caution doit :
– indiquer, de façon manuscrite, avant sa signature, le montant du loyer et les conditions de sa révision tels qu'ils figurent au contrat ;
– indiquer aussi de façon manuscrite qu'elle a pris connaissance de l'étendue de ses obligations ;
– recopier (toujours de façon manuscrite) l'avant-dernier alinéa de l'article 22-1 de la loi du 6 juillet 1989.
(Loi n° 89-462 du 6 juillet 1989, art. 22-1).
À défaut du respect de ces formalités, le cautionnement pourrait être annulé. Par ailleurs, si le cautionnement n'est pas limité dans le temps ou si sa durée est indéterminée, la personne qui s'est portée caution peut la résilier unilatéralement en le notifiant au bailleur. Cette résiliation, dans ce cas, prend effet à la fin du contrat de location en cours (qu'il s'agisse du contrat initial, du contrat renouvelé ou du contrat reconduit tacitement).
À noter : en cas de vente d'un logement loué, le cautionnement accordé pour garantir le paiement des loyers se transmet au nouveau propriétaire, sauf clause contraire expresse. (Cour de cassation, Assemblée plénière, 6 décembre 2004).

› La garantie des risques locatifs

La garantie universelle des risques locatifs est un contrat d'assurance (appelé «contrat socle») conclu entre un bailleur privé et une compagnie d'assurance ayant adhéré au dispositif de cette garantie.
Moyennant une prime fixée en fonction de chaque dossier (contrat individuel ou contrat groupe), le bailleur dispose de trois garanties minimales : loyers impayés, dégradations locatives et frais de contentieux (frais de procédures et frais d'expulsion du locataire).
L'assurance prend en charge les loyers restés impayés pendant 2 mois consécutifs ou, en cas d'impayé partiel, atteignant l'équivalent d'un mois de loyer.
Les travaux de remise en état sont également pris en charge après déduction du montant de garantie (franchise).

Le bailleur peut souscrire une assurance pour un nouveau locataire comme un locataire en place. Des conditions relatives au logement, au montant du loyer et aux ressources du locataire doivent être respectées.
(Art. L. 313-20 et R. 313-19-1 du Code de la construction et de l'habitation ; Art. R. 426-1 s. du Code des assurances ; Décret n° 2009-1620 et 2009-1623 du 23 décembre 2009).

Les charges

› Qu'appelle-t-on charges ?

Les charges sont relatives aux dépenses occasionnées par les éléments d'équipement à usage commun (par exemple, le chauffage central), aux services rendus liés à l'usage des différents éléments du logement, au droit de bail et impositions. Si ces dépenses concernent les menues réparations ou l'entretien, ce sont des charges locatives devant être supportées par le locataire.

À noter : le remplacement d'éléments d'équipement n'est considéré comme assimilable aux menues réparations que si son coût est au plus égal au coût de celles-ci.

• Les justificatifs

Les charges locatives sont exigibles sur justificatifs. Elles peuvent néanmoins donner lieu au versement d'une provision mais à condition de faire l'objet annuellement d'une régularisation sur pièces. Un mois avant la régularisation, le bailleur doit communiquer le décompte des charges. Le propriétaire est dans l'obligation de tenir à la disposition du locataire toutes les pièces justificatives pendant 1 mois après l'envoi du décompte.
Les pièces justificatives sont notamment les factures, les contrats de fourniture ou d'exploitation, les quantités consommées, les prix unitaires… Le locataire, dans ce même délai d'1 mois, doit régulariser son compte.

À noter : le locataire n'est pas fondé à exiger, même à ses frais, la délivrance de photocopies des pièces justificatives. Le bailleur n'est obligé que de les tenir à sa disposition. Le locataire ne peut non plus exiger de pouvoir vérifier le contenu des engagements souscrits et d'avoir connaissance des contrats conclus (Cour d'appel de Paris, 27 septembre 1996).

• La répartition entre locataires

Le propriétaire doit aussi indiquer au locataire le mode de répartition des charges entre plusieurs locataires. Si l'immeuble est en copropriété, cette répartition figure dans les comptes et le règlement de la copropriété. Cette obligation doit donc être respectée quand l'immeuble appartient à un seul bailleur.
Si le bailleur se contente de communiquer le décompte et les justificatifs sans préciser la répartition entre locataires, ceux-ci peuvent refuser de payer les charges. (Cour de cassation, 3e chambre civile, 4 mars 2008).
Lorsqu'il y a plusieurs locataires dans l'immeuble, le bailleur doit répartir les charges communes en fonction de la consistance des lieux loués au moyen de coefficients ou de tantièmes. Il ne peut pas individualiser les prestations ou consommations respectives de chacun. Par exemple, un propriétaire ne peut pas augmenter les charges d'entretien de l'immeuble pour une certaine catégorie de locataires et notamment pour les possesseurs de chiens. (Réponse ministérielle n° 120383 : JOAN Q 8 mai 2007).
(Loi n° 89-462 du 6 juillet 1989, art. 23).

La liste des charges récupérables

Le décret n° 87-713 du 26 août 1987 pris en application de l'article 18 de la loi Méhaignerie fixe la liste des charges récupérables par le propriétaire sur le locataire.
En principe cette liste est exhaustive et limitative et le bailleur ne peut, par assimilation, ajouter un poste de dépenses non prévu par le décret.
La loi portant engagement pour le logement n° 2006-842 du 13 juillet 2006 autorise des dérogations et permet désormais d'ajouter à cette liste les charges relatives à l'amélioration de la sécurité (par exemple l'installation d'un interphone) ou la prise en compte du développement durable. Pour être récupérables sur le locataire, ces charges devront faire l'objet préalablement d'un accord collectif local (accord signé entre associations ou groupements de locataires et de propriétaires).
(Loi n° 89-462 du 6 juillet 1989, art. 23).

Les dépenses de personnel

Lorsque l'entretien des parties communes et l'évacuation des ordures sont assurés par un gardien ou un concierge, les dépenses correspondant à sa rémunération sont exigibles au titre des charges récupérables à concurrence des trois quarts de leur montant.
Lorsque l'entretien des parties communes et l'évacuation des ordures sont assurés par un employé d'immeuble, les dépenses correspondant à sa rémunération sont exigibles, en totalité, au titre des charges récupérables.
Lorsque les services sont assurés dans le cadre d'un contrat d'entreprise, leur coût correspond à la dépense, toutes taxes comprises, acquittée par le bailleur.
En principe les charges sont récupérables si le gardien ou l'employé d'immeuble exécute cumulativement l'entretien des parties communes et l'élimination des déchets. Mais cette règle a été assouplie par le décret n° 2008-1411 du 19 décembre 2008 qui a prévu le partage de ces tâches.
Depuis le 1er janvier 2009 (charges payées en 2009) :
– la rémunération de l'employé d'immeuble reste récupérable à hauteur de 100 %, même s'il n'exerce pas cumulativement les deux tâches ;
– si le gardien est chargé de l'entretien et de l'élimination des déchets, sa rémunération reste récupérable à hauteur de 75 % même si un tiers le remplace pendant ses repos hebdomadaires et ses congés, ou en cas de force majeure, d'arrêt de travail ou si le gardien ou le concierge est dans l'impossibilité matérielle ou physique temporaire d'effectuer seul les deux tâches ;
– la rémunération de ce tiers qui intervient en remplacement du gardien et qui assure les mêmes fonctions que celui-ci est récupérable en fonction des missions effectuées ;
– si le gardien n'est chargé, dans son contrat de travail, que de l'une des deux tâches, sa rémunération est récupérable à hauteur de 40 %.
Sont également récupérables les dépenses à hauteur de 10 % de personnel d'encadrement technique chargé du contrôle direct du gardien ou de l'employé lorsque les services sont assurés en régie.
Qu'il s'agisse d'un gardien, d'un concierge ou d'un employé d'immeuble, le bailleur ne peut pas réclamer à son locataire les dépenses suivantes :
– le salaire en nature ;
– l'intéressement et la participation aux bénéfices de l'entreprise ;
– les indemnités et primes de départ à la retraite ;

– les indemnités de licenciement ;
– la cotisation à une mutuelle prise en charge par l'employeur ou par le comité d'entreprise ;
– la participation de l'employeur au comité d'entreprise ;
– la participation de l'employeur à l'effort de construction ;
– la cotisation à la médecine du travail.

Les travaux d'économie d'énergie

Lorsque des travaux d'économie d'énergie sont réalisés par le bailleur dans les parties privatives d'un logement ou dans les parties communes de l'immeuble, une contribution pour le partage des économies de charges peut être demandée au locataire.

À noter : cette économie doit lui profiter directement.

Cette contribution peut lui être réclamée dès la fin des travaux. Le bailleur doit, bien sûr, justifier de la dépense (un formulaire type de cette justification est prévu par l'arrêté du 23 novembre 2009).
Les travaux éligibles, les niveaux minimaux de performance énergétique ainsi que les modalités d'évaluation des économies d'énergie, de calcul du montant de la participation demandée au locataire et de contrôle de ces évaluations après travaux sont fixés par le décret n° 2009-1439 du 23 novembre 2009.
La participation demandée au locataire ne doit pas dépasser la moitié du montant de l'économie d'énergie estimée et est limitée au maximum à 15 ans. Son montant est fixe et non révisable.
(Loi n° 89-462 du 6 juillet 1989, art. 23-1).

› Quelles sont les charges récupérables par le propriétaire ?

Les dépenses afférentes à l'entretien courant et aux menues réparations d'installations individuelles sont récupérables lorsqu'elles sont effectuées par le bailleur aux lieu et place du locataire.

Liste des charges récupérables

I – Ascenseurs et monte-charge

1. Dépenses d'électricité.
2. Dépenses d'exploitation, d'entretien courant, de menues réparations :

a) Exploitation :
– visite périodique, nettoyage et graissage des organes mécaniques ;
– examen semestriel des câbles et vérification annuelle des parachutes ;
– nettoyage annuel de la cuvette, du dessus de la cabine et de la machinerie ;
– dépannage ne nécessitant pas de réparations ou fournitures de pièces ;
– tenue d'un dossier par l'entreprise d'entretien mentionnant les visites techniques, incidents et faits importants touchant l'appareil.
b) Fournitures relatives à des produits ou à du petit matériel d'entretien (chiffons, graisses et huiles nécessaires) et aux lampes d'éclairage de la cabine.
c) Menues réparations :
– de la cabine (boutons d'envoi, paumelles de portes, contacts de portes, ferme-portes automatiques, coulisseaux de cabine, dispositif de sécurité de seuil et cellule photo-électrique) ;
– des paliers (ferme-portes mécaniques, électriques ou pneumatiques, serrures électromécaniques, contacts de porte et boutons d'appel) ;
– des balais du moteur et fusibles.

D'une façon générale, sont récupérables sur le locataire les dépenses engagées dans le cadre d'un contrat d'entretien courant (vérifications périodiques minimales, réparation et remplacement de petites pièces présentant des signes d'usure excessive), les interventions pour dégager les personnes bloquées en cabine, le dépannage et la remise en fonctionnement normal des appareils.
(Loi n° 89-462 du 6 juillet 1989, art. 23).

II – Eau froide, eau chaude et chauffage collectif des locaux privatifs et des parties communes

1. Dépenses relatives : À l'eau froide et chaude des locataires ou occupants du bâtiment ou de l'ensemble des bâtiments d'habitation concernés ; À l'eau nécessaire à l'entretien courant des parties communes du ou desdits bâtiments, y compris la station d'épuration ; À l'eau nécessaire à l'entretien courant des espaces extérieurs ;
Les dépenses relatives à la consommation d'eau incluent l'ensemble des taxes et redevances ainsi que les sommes dues au titre de la redevance d'assainissement, à l'exclusion de celles auxquelles le propriétaire est astreint en application de l'article L. 35-5 du Code de la santé publique ;
Aux produits nécessaires à l'exploitation, à l'entretien et au traitement de l'eau ; À l'électricité ; Au combustible ou à la fourniture d'énergie, quelle que soit sa nature.
2. Dépenses d'exploitation, d'entretien courant et de menues réparations :
a) Exploitation et entretien courant :
– nettoyage des gicleurs, électrodes, filtres et clapets des brûleurs ;
– entretien courant et graissage des pompes de relais, jauges, contrôleurs de niveau ainsi que des groupes moto-pompes et pompes de puisards ;
– graissage des vannes et robinets et réfection des presse-étoupes ;
– remplacement des ampoules des voyants lumineux et ampoules de chaufferie ;
– entretien et réglage des appareils de régulation automatique et de leurs annexes ;
– vérification et entretien des régulateurs de tirage ;
– réglage des vannes, robinets et tés ne comprenant pas l'équilibrage ;
– purge des points de chauffage ;
– frais de contrôle de combustion ;
– entretien des épurateurs de fumée ;
– opération de mise en repos en fin de saison de chauffage, rinçage des corps de chauffe et tuyauteries, nettoyage de chaufferies, y compris leurs puisards et siphons, ramonage des chaudières, carneaux et cheminées ;
– conduite de chauffage ;
– frais de location d'entretien et de relevé des compteurs généraux et individuels ;
– entretien de l'adoucisseur, du détartreur d'eau, du surpresseur et du détendeur ;
– contrôles périodiques visant à éviter les fuites de fluide frigorigène des pompes à chaleur ;
– vérification, nettoyage et graissage des organes des pompes à chaleurs ;
– nettoyage périodique de la face extérieure des capteurs solaires ;
– vérification, nettoyage et graissage des organes des capteurs solaires.
b) Menues réparations dans les parties communes ou sur des éléments d'usage commun :
– réparation de fuites sur raccords et joints ;
– remplacement des joints, clapets et presse-étoupes ;
– rodage des sièges de clapets ;

– menues réparations visant à remédier aux fuites de fluide frigorigène des pompes à chaleur ;
– recharge en fluide frigorigène des pompes à chaleur.

III – Installations individuelles

Chauffage et production d'eau chaude, distribution d'eau dans les parties privatives :
1. Dépenses d'alimentation commune de combustible.
2. Exploitation et entretien courant, menues réparations :
a) Exploitation et entretien courant :
– réglage de débit et température de l'eau chaude sanitaire ;
– vérification et réglage des appareils de commande, d'asservissement, de sécurité d'aquastat et de pompe ;
– dépannage ;
– contrôle des raccordements et de l'alimentation des chauffe-eau électriques, contrôle de l'intensité absorbée ;
– vérification de l'état des résistances, des thermostats, nettoyage ;
– réglage des thermostats et contrôle de la température d'eau ;
– contrôle et réfection d'étanchéité des raccordements eau froide/eau chaude ;
– contrôle des groupes de sécurité ;
– rodage des sièges de clapets des robinets ;
– réglage des mécanismes de chasse d'eau.
b) Menues réparations :
– remplacement des bilames, pistons, membranes, boîtes à eau, allumage piézo-électrique, clapets et joints des appareils à gaz ;
– rinçage et nettoyage des corps de chauffe et tuyauterie ;
– remplacement des joints, clapets et presse-étoupes des robinets ;
– remplacement des joints, flotteurs et joints cloches des chasses d'eau.

IV – Parties communes intérieures au bâtiment ou à l'ensemble des bâtiments d'habitation

1. Dépenses relatives :
À l'électricité ;
Aux fournitures consommables, notamment produits d'entretien, balais et petit matériel assimilé nécessaires à l'entretien de propreté, sel.
2. Exploitation et entretien courant, menues réparations :
a) Entretien de la minuterie, pose, dépose et entretien des tapis ;
b) Menues réparations des appareils d'entretien de propreté tels qu'aspirateur.
3. Entretien de propreté (frais de personnel).

V – Espaces extérieurs au bâtiment ou à l'ensemble de bâtiments d'habitation (voies de circulation, aires de stationnement, abords et espaces verts, aires et équipements de jeux)

1. Dépenses relatives :
À l'électricité ; À l'essence et huile ;
Aux fournitures consommables utilisées dans l'entretien courant : ampoules ou tubes d'éclairage, engrais, produits bactéricides et insecticides, produits tels que graines, fleurs, plants, plantes de remplacement, à l'exclusion de celles utilisées pour la réfection de massifs, plates-bandes ou haies.
2. Exploitation et entretien courant :
a) Opération de coupe, désherbage, sarclage, ratissage, nettoyage et arrosage concernant :

– les allées, aire s de stationnement et abords ;
– les espaces verts (pelouses, massifs, arbustes, haies vives, plates-bandes) ;
– les aires de jeux ;
– les bassins, fontaines, caniveaux, canalisations d'évacuation des eaux pluviales ;
– entretien du matériel horticole ;
– remplacement du sable des bacs et du petit matériel de jeux.
b) Peinture et menues réparations des bancs de jardins et des équipements de jeux et grillages.

VI – Hygiène
1. Dépenses de fournitures consommables :
Sacs en plastique et en papier nécessaires à l'élimination des rejets ;
Produits relatifs à la désinsectisation et à la désinfection, y compris des colonnes sèches de vide-ordures.
2. Exploitation et entretien courant :
Entretien et vidange des fosses d'aisances ;
Entretien des appareils de conditionnement des ordures.
3. Élimination des rejets (frais de personnel).

VII – Équipements divers du bâtiment ou de l'ensemble de bâtiments d'habitation
1. La fourniture d'énergie nécessaire à la ventilation mécanique.
2. Exploitation et entretien courant :
Ramonage des conduits de ventilation ;
Entretien de la ventilation mécanique ;
Entretien des dispositifs d'ouverture automatique ou codée et des interphones ;
Visites périodiques à l'exception des contrôles réglementaires de sécurité, nettoyage et graissage de l'appareillage fixe de manutention des nacelles de nettoyage des façades vitrées.
3. Divers : Abonnement des postes de téléphone à la disposition des locataires.

VIII – Impositions et redevances
Taxe ou redevance d'enlèvement des ordures ménagères.
Taxe de balayage.
Les frais de gestion (ou frais de rôle) figurant sur l'avis d'imposition ne font toutefois pas partie des charges pouvant être récupérées sur le locataire et restent à la charge des propriétaires.

Les réparations locatives

› Qu'appelle-t-on réparations locatives ?

Les réparations portent sur le logement et sur les éléments d'équipement à l'usage exclusif du locataire.
Pendant la durée du bail, le locataire doit entretenir son local et donc assurer les menues réparations et l'entretien courant. Il s'agit des réparations locatives. Il arrive souvent que des logements donnés en location présentent des défectuosités qu'il convient de réparer. Le problème se pose alors de savoir qui, du locataire ou du bailleur, devra régler les réparations. Le propriétaire est tenu d'effectuer les réparations nécessaires au maintien en état des lieux loués.
Le locataire doit procéder à l'entretien courant du logement. Il doit aussi effectuer les menues réparations et les réparations locatives sauf lorsqu'elles sont occasionnées par vétusté, malfaçons ou vices de construction.

› Quelle est la liste des réparations locatives ?

Le décret n° 87-712 du 26 août 1987, pris en application de l'article 7 de la loi Méhaignerie, définit ces réparations locatives. Ce décret reste valable jusqu'à la parution du nouveau texte qui sera pris en application de la loi du 6 juillet 1989.

● Liste de réparations ayant le caractère de réparations locatives

I – Parties extérieures dont le locataire a l'usage exclusif

a) Jardins privatifs :
Entretien courant, notamment des allées, pelouses, massifs, bassins et piscines ; taille, élagage, échenillage des arbres et arbustes ;
Remplacement des arbustes ; réparation et remplacement des installations mobiles d'arrosage.
b) Auvents, terrasses et marquises :
Enlèvement de la mousse et des autres végétaux.
c) Descentes d'eaux pluviales, chéneaux et gouttières :
Dégorgement des conduits.

II – Ouvertures intérieures et extérieures

a) Sections ouvrantes telles que portes et fenêtres :
Graissage des gonds, paumelles et charnières ;
Menues réparations des boutons et poignées de portes, des gonds, crémones et espagnolettes ; remplacement notamment de boulons, clavettes et targettes.
b) Vitrages :
Réfection des mastics ;
Remplacement des vitres détériorées.
c) Dispositifs d'occultation de la lumière tels que stores et jalousies :
Graissage ;
Remplacement notamment de cordes, poulies ou de quelques lames.
d) Serrures et verrous de sécurité :
Graissage ;
Remplacement de petites pièces ainsi que des clés égarées ou détériorées.
e) Grilles :
Nettoyage et graissage ;
Remplacement notamment de boulons, clavettes, targettes.

III – Parties intérieures

a) Plafonds, murs intérieurs et cloisons :
Maintien en état de propreté ;
Menus raccords de peintures et tapisseries ; remise en place ou remplacement de quelques éléments des matériaux de revêtement tels que faïence, mosaïque, matière plastique ; rebouchage des trous rendu assimilable à une réparation par le nombre, la dimension et l'emplacement de ceux-ci.
b) Parquets, moquettes et autres revêtements de sol :
Encaustiquage et entretien courant de la vitrification ;
Remplacement de quelques lames de parquets de remise en état, pose de raccords de moquettes et autres revêtements de sol, notamment en cas de taches et de trous.
c) Placards et menuiseries telles que plinthes, baguettes et moulures ;
Remplacement des tablettes et tasseaux de placard et réparation de leur dispositif de fermeture ; fixation de raccords et remplacement de pointes de menuiseries.

IV – Installations de plomberie

a) Canalisations d'eau :
Dégorgement ;
Remplacement notamment de joints et de colliers.
b) Canalisations de gaz :
Entretien courant des robinets, siphons et ouvertures d'aération ;
Remplacement périodique des tuyaux souples de raccordement.
c) Fosses septiques, puisards et fosses d'aisance :
Vidange.
d) Chauffage, production d'eau chaude et robinetterie :
Remplacement des bilames, pistons, membranes, boîtes à eau, allumage piézo-électrique, clapets et joints des appareils à gaz ;
Rinçage et nettoyage des corps de chauffe et tuyauteries ;
Remplacement des joints, clapets et presse-étoupes des robinets ;
Remplacement des joints, flotteurs et joints cloches des chasses d'eau.
e) Éviers et appareils sanitaires :
Nettoyage des dépôts de calcaire, remplacement des tuyaux flexibles de douches.

V – Équipement d'installations d'électricité

Remplacement des interrupteurs, prises de courant, coupe-circuits et fusibles, des ampoules, tubes lumineux ; réparation ou remplacement des baguettes ou gaines de protection.

VI – Autres équipements mentionnés au contrat de location

a) Entretien courant et menues réparations des appareils tels que réfrigérateurs, machines à laver le linge et la vaisselle, sèche-linge, hottes aspirantes, adoucisseurs, capteurs solaires, pompes à chaleur, appareils de conditionnement d'air, antennes individuelles de radiodiffusion et de télévision, meubles scellés, cheminées, glaces et miroirs ;
b) Menues réparations nécessitées par la dépose des bourrelets ;
c) Graissage et remplacement des joints des vidoirs ;
d) Ramonage des conduits d'évacuation des fumées et des gaz et conduits de ventilation.
Le locataire doit laisser exécuter les travaux d'entretien et laisser accéder à son logement pour effectuer des travaux d'amélioration des parties communes ou privatives (immeuble en copropriété).
(Loi n° 89-462 du 6 juillet 1989, art. 7).
Mais si les réparations durent plus de 40 jours, le prix du bail doit être diminué en proportion de la gêne causée (voir plus loin : *Le loyer*).
Si les réparations rendent le logement inhabitable, il peut faire résilier son bail.
Le bailleur ne peut demander à son locataire un forfait pour le paiement des réparations locatives.
(Loi n° 89-462 du 6 juillet 1989, art. 4).
S'il les prend en charge, elles ne lui sont remboursées que sur factures.

Le loyer

› Comment est fixé le loyer ?

● La fixation libre du loyer au début du bail

La loi n° 89-462 du 6 juillet 1989 autorise la fixation libre du loyer uniquement pour :
– les logements neufs ;
– les logements vacants ayant fait l'objet de travaux de mise en conformité aux normes prévues par le décret du 6 mars 1987. (Décret n° 87-149 du 6 mars 1987) ;
– les logements conformes à ces normes faisant l'objet d'une première location ;
– les logements conformes à ces normes et vacants, ayant fait l'objet depuis moins de 6 mois de travaux d'amélioration portant sur les parties privatives ou communes d'un montant au moins égal à une année de loyer antérieur ;
– les logements faisant l'objet d'une première location ou d'un changement de locataire (logements non compris dans la liste précédente).
Jusqu'au 31 juillet 1997, le loyer proposé à un nouveau locataire ou le loyer pour les premières locations (en l'absence de travaux effectués par le bailleur) devait être fixé par référence aux loyers du voisinage.
Cette règle n'est à ce jour pas reconduite. Le prix du loyer peut donc désormais être fixé librement pour ces locations depuis le 1er août 1997.
(Loi n° 89-462 du 6 juillet 1989, art. 17).

● La réévaluation lors du renouvellement du bail

En principe, aucune réévaluation n'est autorisée sauf si le loyer est manifestement sous-évalué.
Dans ce cas, 6 mois au moins avant le terme du contrat, le bailleur peut proposer un nouveau loyer à son locataire (comparable au prix des loyers du voisinage) en joignant à sa proposition les éléments de référence (voir plus loin).
Si le bailleur entend réévaluer le loyer, il ne peut parallèlement délivrer congé.
En cas de désaccord ou de non-réponse du locataire, 4 mois avant le terme du contrat, l'une ou l'autre partie saisit la commission départementale de conciliation (siégeant à la préfecture du département) composée de représentants de bailleurs et de locataires.
Cette commission doit rendre un avis dans un délai de 2 mois. Si les parties ne parviennent toujours pas à un accord, après avis de la commission, elles peuvent saisir le juge du tribunal d'instance pour fixer le nouveau loyer.
(Sur ce point, voir ① : *Location, litiges*).
Attention : si le bailleur n'effectue pas cette proposition de nouveau loyer ou si, en cas de désaccord des parties sur le nouveau loyer, le juge n'est pas saisi avant le terme du contrat, le contrat est reconduit de plein droit aux conditions antérieures de loyer (éventuellement révisé si une telle clause figurait dans le bail d'origine).

Lorsqu'un nouveau loyer est fixé (à l'amiable ou judiciairement) :
– le contrat est réputé renouvelé pour 3 ans minimum à compter de la date d'expiration du précédent bail (ou 6 ans si le bailleur est une personne morale) ;
– la hausse de loyer convenue ou fixée par le juge s'applique par tiers ou par sixième selon la durée du contrat.
Si la hausse est supérieure à 10 %, elle s'applique par sixième annuel.
Cet étalement s'applique quelle que soit la durée du nouveau contrat.
(Loi n° 89-462 du 6 juillet 1989, art. 17).

La question de savoir si le tribunal peut être saisi avant que la commission ait rendu son avis reste entière.
La loi dit que le tribunal doit être saisi avant le terme du contrat, sans préciser par ailleurs si la saisine du juge antérieure à l'avis de la commission doit être ou non déclarée irrecevable. C'est pourquoi, il est recommandé de saisir la commission dès que le délai imparti du locataire pour répondre est expiré et au minimum plus de 2 mois avant le terme du contrat (pour lui laisser le temps de rendre son avis), puis le juge avant la date d'échéance du bail (même si la commission n'a pas encore statué).

● L'indexation du loyer en cours de bail

Le contrat doit prévoir l'indexation annuelle du loyer.
Dans ce cas, le loyer doit être révisé conformément à la variation de l'indice de référence des loyers publié par l'INSEE.
La date de l'indice de référence est celle indiquée au contrat.
À défaut d'indication, l'indice applicable sera le dernier publié à la date de signature du contrat de location.
(Loi n° 89-462 du 6 juillet 1989, art. 17).
Cet indice est désormais calculé en fonction de la seule évolution des prix à la consommation hors tabac et hors loyers. Les contrats en cours sont concernés par ce nouvel indice (publié trimestriellement) qui remplace celui prévu au contrat, à la même date de référence (Loi n° 2008-111 du 8 février 2008).
Pour connaître ces chiffres, il faut contacter l'INSEE (sur Minitel : 3615 INSEE, par téléphone : 08 36 68 07 60, ou encore par internet : www.insee.fr).

● L'augmentation du loyer en cours de bail

En principe, le loyer de base ne peut pas être augmenté puisqu'il est fixé pour toute la durée du bail. Mais il est cependant possible de prévoir une augmentation de loyer en cours de bail, dans l'hypothèse où le bailleur fait exécuter des travaux d'amélioration (en ajoutant de nouveaux éléments de confort ou d'équipement) souhaités par le locataire.
Dans ce cas, les parties doivent être d'accord sur la consistance de ces travaux ainsi que sur l'augmentation consécutive du loyer et l'indiquer dans le bail ou dans un avenant.
(Loi n° 89-462 du 6 juillet 1989, art. 17).

● La diminution du loyer en cours de bail

En cours de bail, le bailleur peut être amené à effectuer des travaux nécessaires au maintien en état et à l'entretien normal des lieux loués.
À la différence des travaux d'amélioration, le locataire ne peut s'y opposer, même si ces travaux ne sont pas urgents dès lors qu'ils sont nécessaires.
La loi du 6 juillet 1989 reprend les règles de l'article 1724 du Code civil : lorsque les travaux durent plus de 40 jours, le loyer doit être diminué à proportion du temps des travaux et de leur importance. Le montant de cette diminution peut être fixé à l'amiable entre les parties ou, à défaut, par le juge du tribunal d'instance dont dépend la location.
Si les travaux durent moins de 40 jours, le locataire ne peut réclamer aucune indemnisation ou diminution du loyer.
(Loi n° 89-462 du 6 juillet 1989, art. 7).

Les loyers de Paris et de la région parisienne

La région parisienne comprend l'ensemble des communes des départements des Hauts-de-Seine, de la Seine-Saint-Denis et du Val-de-Marne et les principales communes des départements de Seine-et-Marne, des Yvelines, de l'Essonne et du Val-d'Oise.

La révision du loyer à l'expiration du bail ne doit pas, en principe, excéder la variation de l'indice prévu au contrat.

Une révision plus importante peut être autorisée si le loyer du bail venant à expiration est manifestement sous-évalué. Dans cette hypothèse, le bailleur est en droit de demander un supplément de loyer fixé, de la façon suivante :

– soit selon les loyers du voisinage. Les règles sont les mêmes que celles prévues pour les loyers autres que parisiens (voir plus haut). Seul diffère le montant de la hausse autorisée. Pour Paris, le supplément de loyer doit être égal à la moitié de l'écart apparu entre l'ancien et le loyer de référence du voisinage ;

– soit égal à 15 % du coût réel des travaux TTC dans le cas où le bailleur a réalisé, depuis le dernier renouvellement du contrat ou depuis sa date d'effet (si aucun renouvellement n'est intervenu), des travaux d'amélioration dans l'immeuble ou le logement, d'un montant au moins égal à la dernière année de loyer.

› Qu'est-ce qu'un « loyer de référence » ?

Les loyers de référence doivent être représentatifs de l'ensemble des loyers habituellement constatés au cours des 3 dernières années dans le voisinage, pour des logements comparables.

Le nombre minimal de références à fournir est de trois. Toutefois, il est de six pour les communes faisant partie d'une agglomération de plus d'1 million d'habitants.

Les références utilisées doivent être prises dans le voisinage du logement en cause, c'est-à-dire dans le même groupe d'immeubles, soit dans tout autre groupe d'immeubles comportant des caractéristiques similaires et situé dans la même zone géographique.

La liste des références notifiées par le bailleur doit comporter, au moins pour les deux tiers, des références de locations pour lesquelles il n'y a pas eu de changement de locataire depuis 3 ans.

(Loi n° 89-462 du 6 juillet 1989, art. 19).

› En quoi consistent les références que doit fournir le bailleur ?

Les références que doit fournir le bailleur lors de la réévaluation du loyer (art. 17 et 19) sont déterminées par le décret d'application n° 90-780 du 31 août 1990.

Ces références pour chaque logement loué sont les suivantes :

– le nom de la rue et la dizaine de numéros où se situe l'immeuble ;
– la qualité et l'époque de construction de l'immeuble ;
– l'étage du logement et la présence éventuelle d'un ascenseur ;
– la surface habitable du logement et le nombre de ses pièces principales ;
– l'existence éventuelle d'annexes prises en compte pour le loyer ;
– l'état d'équipement du logement : notamment, w.-c. intérieur, salle d'eau, chauffage central ;
– l'indication selon laquelle le locataire est dans les lieux depuis plus ou moins de 3 ans ;
– le montant du loyer mensuel hors charges effectivement exigé.

› Comment est payé le loyer ?

Le loyer peut être payé mensuellement ou trimestriellement, d'avance ou à terme échu.
Si les parties ne sont pas d'accord sur la périodicité, le paiement mensuel est de droit.
(Loi n° 89-462 du 6 juillet 1989, art. 7).
En revanche, il est strictement interdit au bailleur de prélever le loyer sur le compte bancaire ou sur le salaire de son locataire, ou encore de lui faire signer par avance des traites.
(Loi n° 89-462 du 6 juillet 1989, art. 4).
La délivrance d'une quittance (détaillant les sommes versées par le locataire : loyer, charges) n'est pas obligatoire pour le bailleur. C'est au locataire d'en faire la demande, elle lui est alors transmise gratuitement.
Si le locataire n'effectue qu'un paiement partiel, le bailleur est tenu de lui délivrer un reçu.
(Loi n° 89-462 du 6 juillet 1989, art. 21).

Les travaux

› Qu'est-ce qu'une convention de travaux ?

Puisque la loi du 6 juillet 1989 s'applique à tous les locaux vacants, neufs ou anciens (sauf ceux de catégorie IV), le degré de confort ou l'état général peut varier d'un logement à un autre.
Pour les logements qui ne seraient pas en bon état d'usage et de réparation ou dont les éléments d'équipement ne seraient pas en bon état de fonctionnement, il est prévu la possibilité de signer, lors de l'entrée dans les lieux, une convention de travaux : le locataire prend en charge ces travaux de réparation à la charge du propriétaire et le coût de ces travaux s'impute sur le loyer.
(Loi n° 89-462 du 6 juillet 1989, art. 6).
Le locataire, étant dans les lieux, peut organiser comme il l'entend l'exécution des travaux, choisir les matériaux, les entreprises… ; le bailleur de son côté, n'a pas à s'occuper de la remise en état du logement loué.
Au départ du locataire, il pourra conserver les équipements installés. Cette convention est autorisée à condition que le local respecte les normes minimales de confort et d'habitabilité prévues aux décrets du 6 mars 1987 et du 30 janvier 2002 relatifs aux caractéristiques d'un logement décent.
Les travaux à la charge du locataire ne doivent pas porter sur l'habitabilité même du local (exemple : installation d'un chauffage), mais uniquement sur des réparations ou remises en état.
La convention de travaux doit figurer au contrat de bail. La clause doit préciser tout d'abord les travaux dont va se charger le locataire en entrant dans les lieux. En pratique, les parties peuvent joindre au contrat les devis de ces travaux. Elle doit prévoir également l'imputation de ces travaux sur le loyer et la durée de cette imputation ainsi que l'hypothèse d'un départ anticipé du locataire. Dans ce cas, ce dernier sera dédommagé de ses dépenses.

› Quels sont les travaux à effectuer par le locataire ou le bailleur ?

● Les travaux effectués par le bailleur en cours de bail

Le bailleur doit assumer toutes les réparations nécessaires au maintien en état ou à l'entretien normal du logement loué et qui ne sont pas comprises dans la liste des réparations à la charge du locataire.
(Voir Ⓘ: *Réparations locatives*).
Le locataire est obligé de laisser s'exécuter dans son logement les travaux d'amélioration et notamment, depuis la loi du 12 juillet 2010, les travaux d'amélioration de la performance énergétique.
(Loi n° 89-462 du 6 juillet 1989, art. 7).

● Les travaux effectués par le locataire

Le locataire est en droit d'effectuer dans les lieux loués des travaux d'aménagement.
Il n'a pas la possibilité de procéder à des transformations du local s'il n'a pas préalablement obtenu l'accord du bailleur.
À titre d'exemple, l'installation d'une cloison amovible, l'adjonction d'un double-vitrage, le remplacement de la moquette ou de papier peint sont des travaux d'aménagement.
En revanche, constituent des « transformations », les travaux importants ou irréversibles comme, par exemple, la suppression d'un mur ou d'un escalier, le percement d'une fenêtre, le remplacement intégral du système de chauffage…
Pour ces travaux de transformation, l'accord du bailleur doit être donné par écrit.
(Loi n° 89-462 du 6 juillet 1989, art. 7 f).

À noter : il est possible de prévoir, dans cet écrit, le montant de l'indemnisation due éventuellement au locataire lors de son départ.

À défaut d'autorisation, et si les travaux ont néanmoins été exécutés, le bailleur est en droit :
– soit d'exiger du locataire, à son départ, la remise en état des lieux tels qu'ils étaient avant les transformations,
– soit de conserver à son bénéfice, sans indemnisation, les transformations réalisées,
– ou même d'exiger la remise en état immédiate si la sécurité ou le non-fonctionnement des équipements du local sont en cause.

La fin du bail

À l'expiration du bail, il est possible :
– soit de donner congé,
– soit de renouveler le contrat.
À défaut de congé ou de renouvellement, le bail est reconduit tacitement pour la même durée.

À noter : une exception concerne les logements conventionnés pour lesquels le renouvellement peut intervenir avant la fin du bail.
(Voir Ⓘ : *Renouvellement du bail*).

› Le congé

Lorsque le bail vient à expiration, le bailleur est en droit de donner congé à son locataire :
– pour vendre le logement,

– pour l'habiter lui-même ou le faire habiter par certaines personnes autorisées par la loi (voir plus loin),
– ou encore lorsque ce locataire ne remplit pas ses obligations (non-paiement du loyer notamment), ce qui constitue un motif légitime et sérieux.

Le congé pour vendre

Le congé doit être donné par lettre recommandée avec AR ou par huissier au moins 6 mois avant le terme du contrat. Il doit indiquer le prix et les conditions de la vente projetée et doit reproduire les quatre alinéas de l'article 15 § II de la loi n° 89-462 du 6 juillet 1989. Il n'est pas, en revanche, nécessaire d'y faire figurer la superficie du lot s'il s'agit d'une copropriété (loi Carrez).
(Loi n° 89-462 du 6 juillet 1989, art. 15).
Ce congé vaut offre de vente au locataire.

Si le locataire désire accepter l'offre de vente

Lorsqu'il reçoit le congé valant offre de vente, le locataire dispose d'un délai de 2 mois pour notifier au bailleur son acceptation. À compter de la date d'envoi de sa réponse, il doit réaliser la vente dans :
– un délai de 2 mois s'il a accepté purement et simplement l'offre,
– un délai de 4 mois s'il entend recourir à un prêt (dans ce cas, l'acceptation de l'offre est conditionnelle ; elle dépend de l'obtention ou non du prêt).
Dans ces deux hypothèses, le contrat de location est prorogé jusqu'à l'expiration du délai imparti pour réaliser la vente.

Si le locataire entend refuser l'offre de vente

Le locataire peut avertir son propriétaire qu'il décline l'offre de vente. Il peut également laisser passer le délai de 2 mois, ce qui équivaut à un refus.
Dans ce cas, il est déchu de tout titre d'occupation sur le local et doit libérer les lieux à l'expiration du préavis.
Lorsqu'il quitte les lieux, il lui est recommandé d'indiquer au propriétaire sa nouvelle adresse pour qu'il puisse bénéficier, le cas échéant, de son droit de substitution.

Le droit de substitution

Ce droit de substitution prévoit l'hypothèse où le locataire a, dans un premier temps, refusé la vente du local et où, dans un second temps, le bien a été vendu à un tiers à des conditions ou à un prix plus avantageux que ceux prévus dans l'offre de vente.
Le locataire a la faculté de se substituer à l'acquéreur pendant le délai d'1 mois à compter de la notification du contrat de vente.
Cette notification faite à la diligence du notaire ayant reçu l'acte, doit être envoyée à l'adresse communiquée par le locataire ou à défaut, à l'ancienne adresse de la location. Si celui-ci a omis de communiquer sa nouvelle adresse au bailleur ou s'il ne répond pas à l'offre dans le mois qui suit, il perd le droit de substitution.
Si le locataire accepte l'offre, il dispose de 2 mois pour réaliser la vente ou 4 mois s'il recourt à un prêt.
(Loi n° 89-462 du 6 juillet 1989, art. 15).

À noter : les congés pour vendre délivrés aux locataires dans le cadre d'une vente par lots de plus de dix logements dans le même immeuble par certains bailleurs institutionnels (assurances, banques…) suivent des règles spécifiques.
(Loi n° 89-462 du 6 juillet 1989, art. 11-1).

Le congé pour habiter

Le congé doit être délivré 6 mois au moins avant le terme du contrat, soit par lettre recommandée avec AR, soit par huissier. Il doit indiquer l'intention du bailleur d'habiter ou de faire habiter les lieux, ainsi que les nom, prénoms, adresse et qualité du bénéficiaire.
Les bénéficiaires peuvent être :
– le bailleur,
– le conjoint du bailleur,
– le partenaire du bailleur auquel il est lié par un pacte civil de solidarité enregistré à la date du congé,
– son concubin notoire depuis au moins 1 an à la date du congé,
– ses ascendants, ses descendants ou ceux de son conjoint, de son partenaire ou de son concubin notoire.
(Loi n° 89-462 du 6 juillet 1989, art. 15).

L'envoi du congé

Le bailleur doit adresser un congé à chacun des locataires ayant signé le bail en cas de colocation.
S'il s'agit d'un couple marié, les règles diffèrent selon que le contrat a été signé par le couple ou par un seul des époux avant le mariage.
Si le bail a été signé par le couple, chacun des époux doit recevoir le congé. Mais, il n'est plus nécessaire d'adresser une lettre recommandée à chacun d'entre eux. La Cour de cassation a, en effet, assoupli cette règle et le bailleur peut désormais adresser un seul congé par lettre recommandée avec AR au nom de Monsieur et Madame (Cour de cassation, 3e chambre civile, 2 février 2000). Le congé sera valable si figurent sur l'avis de réception les deux signatures. Dans le cas contraire, il faudra réitérer le congé, éventuellement par acte d'huissier.
Si le bail n'a été signé que par un seul des époux (avant le mariage) et que l'existence du conjoint n'a pas été portée à la connaissance du bailleur, ce dernier n'a pas à adresser le congé au conjoint.
Si le bail a été signé par une personne liée par un PACS, les règles applicables aux époux mariés sont applicables aux partenaires : les notifications ou significations du bailleur doivent être adressées à chacun d'entre eux sauf si l'existence du partenaire n'a pas été porté à la connaissance du bailleur. À la différence des époux mariés, il faut toutefois noter que le partenaire ne bénéficie pas de la cotitularité du bail.
(Loi n° 89-462 du 6 juillet 1989, art. 9-1).

Le point de départ du délai de préavis

Le délai de préavis court à compter de la réception par le locataire du congé et non à compter de l'envoi par le bailleur. En cas de contestation, le bailleur devra prouver que son locataire a bien reçu l'acte 6 mois avant l'expiration du bail. La loi prévoit la possibilité d'envoyer le congé par acte d'huissier ou par lettre recommandée avec avis de réception. Mais la Cour de cassation a considéré qu'une lettre recommandée qui était refusée ou non réclamée à La Poste et par la suite renvoyée à l'expéditeur n'était pas une notification valable et, qu'en conséquence, le congé ne pouvait produire ses effets vis-à-vis du locataire.
De même, lorsque l'avis de réception est signé de façon illisible et qu'il est impossible de prouver que le congé a été remis au bon destinataire, le délai de préavis ne peut commencer à courir.
(Cour de cassation, 3e chambre civile, 14 décembre 1994 et 5 juillet 1995).

En conséquence, il est fortement conseillé de s'adresser directement à un huissier pour que la validité du congé ne puisse, par la suite, être remise en cause.

Les exceptions aux règles concernant les congés

Exception en faveur des locataires âgés

Le congé pour habiter ou pour vendre ne peut pas être délivré aux locataires âgés de plus de 70 ans et dont les ressources annuelles sont inférieures à une fois et demie le montant annuel du SMIC. Les ressources du locataire sont appréciées à la date de la notification du congé. Son âge est pris en compte à la date de l'expiration du bail.

Ce principe subit deux exceptions :

– le congé peut être délivré si un logement correspondant aux besoins et aux possibilités du locataire âgé lui est offert. Le local mis à la disposition des personnes évincées doit être en bon état d'habitation, remplir les conditions d'hygiène normales et correspondre à leurs besoins personnels, familiaux ou même professionnels et à leurs possibilités.

Suivant le cas, le local doit être situé soit dans le même arrondissement ou dans un arrondissement limitrophe, soit dans la même commune ou dans une commune limitrophe, ou encore dans le même canton ou dans un canton limitrophe ;

– le congé peut être délivré sans offre de relogement si le bailleur qui délivre ce congé est lui-même âgé de plus de 60 ans à la date de l'expiration du bail, ou si ses ressources sont inférieures à une fois et demie le montant du SMIC. Ses ressources sont appréciées à la date de notification du congé.

Exception en faveur de la famille du bailleur

Le droit de préemption du locataire n'est pas autorisé lorsque la vente du logement intervient entre parents jusqu'au 3e degré inclus (c'est-à-dire entre parents et enfants ou grands-parents et petits-enfants ou encore entre oncles et neveux). Il faut que l'acquéreur occupe le logement pendant une durée de 2 ans à compter de l'expiration du délai de préavis.

Le droit de préemption n'est pas non plus possible lorsque le logement vendu fait partie d'un immeuble frappé d'une interdiction d'habiter ou d'un arrêté de péril.

Le congé pour motif légitime et sérieux

Les motifs légitimes et sérieux pouvant motiver le congé et qui peuvent être reprochés au locataire sont les suivants :

1 - ne pas payer le loyer et les charges récupérables,

2 - ne pas user paisiblement de la chose louée suivant la destination qui lui a été donnée par le contrat,

3 - avoir causé des dégradations et des pertes dans le local loué sauf cas de force majeure,

4 - ne pas prendre en charge l'entretien du logement et des équipements et l'ensemble des réparations locatives, sauf si elles sont dues à la vétusté, malfaçons ou vice de construction,

5 - transformer sans l'accord exprès et écrit du bailleur les lieux loués et leurs équipements,

6 - ne pas souffrir la réalisation des réparations urgentes devant être effectuées par le bailleur et qui ne peuvent être différées,

7 - ne pas s'assurer contre les risques dont le locataire doit répondre.

(Ces motifs sont applicables à toutes les locations quelle que soit la loi applicable).

(Voir Ⓘ : *Location, litiges*).

Préavis

Pendant la durée du préavis, si le congé est délivré par le bailleur, le loyer et les charges sont dus pour le temps où le locataire a réellement occupé les lieux.
Si le congé est délivré par le locataire, le loyer et les charges sont dus pendant toute la durée du préavis, sauf si le local est occupé par un nouveau locataire avant la fin de ce préavis.

État des lieux

Lors de la restitution des clés, un état des lieux doit être établi contradictoirement entre les parties ou par un huissier.

Restitution du dépôt de garantie

Le bailleur doit restituer le dépôt de garantie dans un délai de 2 mois à compter de la restitution des clés.
Sur cette somme, le bailleur est en droit de retenir le coût de la remise en état des lieux qui n'aurait pas été effectuée par le locataire ou les sommes dont il serait encore redevable au titre du loyer ou des charges.
Ces retenues doivent être justifiées.
À défaut de restitution dans le délai prévu, le solde du dépôt de garantie restant dû au locataire après arrêté des comptes produit intérêt au taux légal au profit du locataire.
(Loi n° 89-462 du 6 juillet 1989, art. 22).

› La reconduction ou le renouvellement du bail

● La tacite reconduction

La tacite reconduction du bail est automatique si le bailleur ne délivre pas congé ou s'il ne propose pas le renouvellement du bail.
S'il délivre un congé sans respecter les règles de forme ou de fond prévues par l'article 15 de la loi, le bail peut être soit reconduit, soit renouvelé.
En cas de reconduction tacite, les clauses du bail venu à expiration sont conservées sauf éventuellement la clause relative à la durée du bail. En effet, un bail tacitement reconduit doit avoir une durée de 3 ans si le bailleur est une personne physique et de 6 ans si le bailleur est une personne morale.
En cas de renouvellement, ces durées minimales doivent également être respectées.
(Loi n° 89-462 du 6 juillet 1989, art. 10).

● La proposition de renouvellement

À défaut de congé ou de tacite reconduction, le bailleur peut présenter une offre de renouvellement à son locataire. Cette offre de renouvellement doit être présentée 6 mois avant l'expiration du bail. Elle doit être notifiée par lettre recommandée avec avis de réception ou signifiée par acte d'huissier.
Le contrat proposé doit être de 3 ou 6 ans, selon que le bailleur est une personne physique ou morale.
Le bail doit être conforme aux dispositions de la loi du 6 juillet 1989, (voir plus haut : *L'entrée dans les lieux*).
Le loyer du contrat ne peut être réévalué que s'il est manifestement sous-évalué (voir plus haut : *Comment est fixé le loyer* ?).
Si ce n'est pas le cas, son montant reste le même et ne peut évoluer qu'en fonction de l'indice de référence des loyers.
(Loi n° 89-462 du 6 juillet 1989, art. 10 et 17).

Les logements conventionnés

Si le bailleur a conclu une convention avec l'Agence nationale de l'habitat il peut renouveler le contrat avant son terme.
La convention que doit respecter le bailleur prévoit le montant du loyer, la durée du bail, les conditions de révision et de résiliation. En contrepartie, il peut obtenir une aide financière pour la réalisation de travaux d'amélioration du logement loué.
(Art. L. 321-4 et s. du Code de la construction et de l'habitation).
Le bailleur doit demander l'accord écrit de son locataire. L'offre de renouvellement du bail doit être formulée dans les 3 mois de cet accord, par lettre recommandée avec AR ou par acte d'huissier.
(Loi n° 89-462 du 6 juillet 1989, art. 10).

› Quand peut-il y avoir résiliation en cours de bail ?

À l'initiative du locataire

En vertu de l'article 12 de la loi du 6 juillet 1989, le locataire a la faculté de résilier le bail à tout moment à condition de respecter les règles de préavis prévues pour le congé à l'article 15.
Ce préavis est en principe, pour le locataire, de 3 mois, mais il peut être ramené à 1 mois en cas d'obtention d'un premier emploi, de mutation ou de perte d'emploi ou en cas de nouvel emploi consécutif à une perte d'emploi. Il est également d'1 mois en faveur des locataires âgés de plus de 60 ans, dont l'état de santé justifie un changement de domicile, et des bénéficiaires du revenu minimum d'insertion (RMI) [ou bénéficiaires d'un contrat d'insertion].

À l'initiative du propriétaire

Il existe deux sortes de résiliation du bail :
- la résiliation de plein droit par le jeu des clauses résolutoires insérées au bail,
- la résiliation prononcée par le tribunal.

Attention : lorsque des locaux loués à usage d'habitation sont impropres à cet usage, le bailleur ne peut se prévaloir de la nullité du bail ou de sa résiliation pour demander l'expulsion de l'occupant.

Les clauses résolutoires

Les clauses résolutoires ne peuvent être prévues que pour :
- le défaut de paiement du loyer et des charges,
- le non-paiement du dépôt de garantie,
- la non-souscription par le locataire d'une assurance,
- le non-respect de l'obligation d'user paisiblement des locaux loués, résultant de troubles de voisinage constatés par une décision de justice passée en force de chose jugée.

(Loi n° 89-462 du 6 juillet 1989, art. 4 et 24).
Les clauses de résiliation de plein droit pour l'un de ces motifs ne produisent effet que 2 mois après le commandement demeuré infructueux délivré par le bailleur par acte d'huissier.
Sous peine de nullité, le commandement doit intégralement reproduire les termes de l'article 24 de la loi du 6 juillet 1989. Cet article informe le locataire du court délai qu'il a pour saisir le tribunal afin d'éviter son expulsion.
Depuis la loi n° 90-449 du 31 mai 1990, le commandement doit également reproduire le 1er alinéa de l'article 6 de cette loi sur le droit au logement, en mentionnant la faculté pour le locataire de saisir le fonds de solidarité pour le logement.

Le 1er alinéa de l'article 6 de la loi est ainsi rédigé :
« Le plan départemental institue un fonds de solidarité pour le logement destiné à accorder des aides financières telles que cautions, prêts, garanties et subventions à des personnes remplissant les conditions de l'article 1er qui entrent dans un logement locatif ou qui, étant locataires, se trouvent dans l'impossibilité d'assumer leurs obligations relatives au paiement du loyer et des charges. »
Si le commandement ne reproduit pas cet article, il est nul et doit être de nouveau signifié.
Lorsqu'il reçoit le commandement, le locataire dispose d'un court délai de 2 mois pour saisir le juge des référés (tribunal d'instance) et obtenir, le cas échéant, des délais de paiement ne pouvant excéder 2 ans.
(Code civil, art. 1244).
Pendant le cours des délais ainsi accordés, les effets de la clause résolutoire sont suspendus.
Si le locataire se libère dans le délai et selon les modalités fixées par le juge, la clause de résiliation est réputée ne pas avoir joué.
Dans le cas contraire, elle reprend son plein effet et le locataire est déchu de tout titre d'occupation.
Attention : la clause résolutoire pour non-souscription d'une assurance prend effet 1 mois à compter du commandement délivré par le bailleur (et non 2 mois).
(Loi n° 89-462 du 6 juillet 1989, art. 7 g).

● La résiliation prononcée par le tribunal

La résiliation, en l'absence de la clause résolutoire, n'étant pas de plein droit, reste soumise à l'appréciation du tribunal saisi (tribunal d'instance).
Le juge est compétent pour évaluer la gravité des faits reprochés, accorder des délais, repousser l'action ou à l'inverse prononcer la résiliation.
(Code civil, art. 1184).

› La vente à la découpe

La vente à la découpe est une opération consistant à vendre un immeuble dans son ensemble à un tiers qui revendra l'immeuble, appartement par appartement (généralement après rénovation).
Les droits des locataires ou occupants sont protégés si l'immeuble comporte plus de 10 logements. Le vendeur doit faire signer un engagement à l'acquéreur de maintenir les contrats de bail pendant au moins 6 ans. À défaut, il doit proposer aux locataires d'acheter leurs appartements.
Cette proposition se fait par lettre RAR et doit, sous peine d'annulation de la vente, indiquer les conditions et les modalités de la vente projetée, le prix global de vente et le prix de l'appartement concerné. Le vendeur doit aussi établir un projet de règlement de copropriété et joindre le diagnostic technique de l'immeuble.
Cet envoi vaut offre de vente au locataire qui a 4 mois pour y répondre. S'il accepte, il doit réaliser la vente dans les 2 mois (ou dans les 4 mois s'il entend recourir à un prêt).
Toutefois, les locataires ne bénéficient pas de ce droit de priorité si la vente intervient entre parents ou alliés jusqu'au quatrième degré. (Loi n° 2006-685 du 13 juin 2006).
D'autre part, le droit de préemption du locataire ne peut porter que sur le logement qu'il occupe et non pas sur l'ensemble de l'immeuble. (Réponse ministérielle n° 24092, JO Sénat Q, 19 avril 2007).

Le changement de locataire

› Sous-location ou cession de bail

La sous-location ou la cession de bail n'est possible que si le bailleur l'autorise par écrit.
Si la sous-location ou la cession est autorisée, le sous-locataire ou cessionnaire ne peut néanmoins se prévaloir d'aucun droit à l'encontre du bailleur, lorsque le contrat principal vient à expiration.
À noter : le contrat conclu entre le locataire et le sous-locataire n'est pas soumis à la loi du 6 juillet 1989 (ni auparavant à la loi Méhaignerie). Il fait partie des « locations libres ».
(Voir Ⓘ : *Locations libres*).

› Abandon de domicile

Quand le locataire abandonne le logement, le contrat se poursuit jusqu'à son terme initialement prévu au bénéfice :
- du conjoint,
- des descendants qui vivaient avec lui depuis au moins 1 an à la date de l'abandon,
- du partenaire lié au locataire par un pacte civil de solidarité,
- des ascendants, concubin notoire ou personnes à charge qui vivaient avec lui depuis au moins 1 an.

(Loi n° 89-462 du 6 juillet 1989).

› Décès du locataire

En cas de décès du locataire, le contrat est transféré jusqu'au terme initialement prévu :
- au conjoint survivant (même s'il ne vit pas avec lui – séparé de fait),
- aux descendants qui vivaient avec lui depuis au moins 1 an à la date du décès,
- au partenaire lié au locataire par un pacte civil de solidarité,
- aux ascendants, au concubin notoire ou personnes à charge qui vivaient avec lui depuis au moins 1 an.

S'il n'existe pas de bénéficiaire, le contrat est résilié de plein droit. Mais le bailleur ne peut pas faire séquestrer les biens du locataire pour obtenir plus rapidement la libération des locaux. Il ne peut, devant le tribunal, que demander à la succession le paiement d'une indemnité normalement équivalente au loyer et charges.
En cas de demandes multiples, le juge se prononce en fonction des intérêts en présence.
(Loi n° 89-462 du 6 juillet 1989, art. 14).

› Deux locataires peuvent-ils échanger leurs appartements ?

La loi du 6 juillet 1989 a introduit la possibilité pour deux locataires occupant deux logements situés dans le même immeuble et appartenant au même propriétaire d'échanger leurs appartements à condition :
- que l'une des deux familles concernées comporte au moins trois enfants,
- que l'échange ait pour conséquence d'accroître la surface du logement occupé par la famille la plus nombreuse,
- que le ou les logements ne soient pas soumis à la loi de 1948.

Chaque locataire reprend le contrat en cours de l'autre échangiste.
(Loi n° 89-462 du 6 juillet 1989, art. 9).

› Le locataire doit-il laisser visiter son appartement avant une relocation ?

Lorsque le locataire a donné congé ou lorsque le bailleur entend vendre l'appartement, il est nécessaire que l'appartement puisse être visité avant le départ du locataire.

Le locataire est obligé de laisser visiter son appartement…

Cette obligation n'est pas inscrite dans la loi mais est reconnue par la jurisprudence. Les juges ont même reconnu au propriétaire le droit de faire visiter l'appartement mis en vente avant d'avoir notifié aux locataires le congé pour vendre. Ces visites ont été considérées comme nécessaires puisqu'elles étaient le préliminaire à la détermination du prix (les juges, en l'espèce, ont nommé un huissier audiencier dont la mission était d'organiser les visites).
(Cour de cassation, 23 janvier 1985).

… mais le bailleur ne doit pas porter atteinte à la libre jouissance des lieux de son locataire (art. 1719 du Code civil et art. 6 de la loi du 6 juillet 1989).

La loi ne fixe pas la fréquence des visites autorisées.
Seule est prévue l'interdiction d'insérer dans le bail une clause qui obligerait le locataire à laisser visiter le logement les jours fériés et plus de 2 heures les jours ouvrables.
(Art. 4 de la loi du 6 juillet 1989).
Les visites ne pourront donc pas être imposées au locataire les jours fériés et ne devront pas dépasser 2 heures par jour ouvrable.
Dans cette limite, les parties devront s'entendre sur la fréquence et la durée des visites, le délai de prévenance du locataire et les modalités de ces visites (nombre maximum de personnes…), sachant que le locataire n'est jamais obligé de laisser ses clés au propriétaire (ou à l'agence) et peut tout à fait refuser les visites lorsqu'il est absent.

Les locations professionnelles

Les locations professionnelles sont celles portant sur des locaux à usage strictement professionnel et non « mixte » (c'est-à-dire à usage d'habitation et professionnel).
La profession exercée dans les locaux ne doit, par ailleurs, pas être commerciale ; il s'agit le plus souvent de l'exercice d'une profession libérale (médecin, dentiste ou avocat) ou artistique.
S'il s'agit d'une profession commerciale, la location est régie par le décret de 1953 sur les baux commerciaux.

Les différents régimes des locations professionnelles

Les locations professionnelles peuvent dépendre actuellement :
– soit de la loi de 1948 si l'immeuble dont dépendent les locaux est lui-même soumis à la loi de 1948 et si le locataire était dans les lieux avant le 23 décembre 1986, date de la loi Méhaignerie ;

– soit d'un régime de sortie de la loi de 1948 ;
– soit pour partie du Code civil et pour partie du nouvel article 57 A inséré dans la loi Méhaignerie par la loi n° 89-462 du 6 juillet 1989.
Ce régime est destiné dans l'avenir à régir toutes les locations professionnelles.

› Quel est le sort des locations professionnelles dépendant de la loi de 1948 ?

● Locaux occupés soumis à la loi de 1948 et de catégories III et IV

Les locaux restent soumis à la loi de 1948.
Les syndicats et associations professionnelles bénéficient du droit au maintien dans les lieux. En effet, cette disposition qui avait été abrogée par la loi du 23 décembre 1986 (loi Méhaignerie) a été rétablie par la loi d'orientation pour la ville du 13 juillet 1991.
Tout congé délivré aux syndicats et associations professionnelles antérieurement au 19 juillet 1991 est nul et sans effet à moins qu'il ait donné lieu à une décision d'expulsion devenue définitive. Cette mesure ne s'applique qu'aux syndicats et associations qui bénéficiaient des dispositions de la loi de 48 au 23 décembre 1986. (Art. 8 de la loi de 1948).

› Quel est le sort des locations dépendant d'un régime de sortie de la loi de 1948 ?

● Contrats art. 3 quarter - Loi de 1948

Les parties peuvent d'un commun accord signer un bail 3 quater d'une durée de 6 ans si le local respecte les normes d'habitabilité définies par le décret de 1987.
Si le local n'est pas conforme aux normes de confort et d'habitabilité, la prise d'effet du bail peut être différée jusqu'à l'exécution des travaux.
La faculté de résiliation appartient au preneur seul, à la fin de chaque année. Sous réserve d'un préavis de 3 mois et pour un motif tiré de raisons familiales ou professionnelles, le preneur peut résilier à tout moment le bail.
Mis à part ces dispositions, le contrat est soumis aux dispositions du Code civil (et notamment la liberté du loyer).
À l'issue du bail, la location est soumise entièrement au Code civil et à l'art. 57 A de la loi Méhaignerie.

● Locaux occupés soumis à la loi de 1948 et de catégories II B et II C

Comme pour les locaux à usage d'habitation ou mixte, le bailleur, en cours de bail, peut proposer à son locataire un nouveau contrat de location régi par les dispositions du Code civil, et les articles 30 à 33 et 57 A de la loi Méhaignerie :
– durée de 8 ans,
– hausse de loyer applicable par huitièmes,
– exception pour les locataires âgés, etc.
À l'issue de ce bail de 8 ans et si le local satisfait aux normes du décret du 6 mars 1987, il est alors exclusivement soumis aux dispositions du Code civil et à l'art. 57 A de la loi Méhaignerie.
Remarque : ces dispositions ne sont pas applicables aux syndicats et associations professionnelles qui bénéficient du droit au maintien dans les lieux en vertu de l'article 8 de la loi de 1948. (Art. 8 de la loi de 1948).

› Quel est le sort des locations professionnelles dépendant du régime général du Code civil et de l'art. 57 A de la loi Méhaignerie ?

Les dispositions du Code civil et l'art. 57 A de la loi Méhaignerie doivent s'appliquer :
– à l'expiration des baux conclus en vertu de l'art. 3 quater de la loi de 1948 et de l'art. 28 de la loi Méhaignerie (baux de 6 et 8 ans).
– aux locations conclues après le 23 décembre 1986 (nouveaux locataires entrés dans les lieux après la loi Méhaignerie).
Les locaux à usage professionnel vacants à compter de la publication de la loi Méhaignerie (loi publiée le 24 décembre 1986) sont désormais régis par les dispositions du Code civil et par l'art. 57 A de la loi Méhaignerie.
Cette règle s'applique à tous les locaux professionnels quelle que soit leur catégorie (I, II ou III - loi de 1948) et le régime antérieur applicable, sauf en ce qui concerne les locaux de catégorie IV.
Pour les locaux de catégorie I, II ou III, un nouveau bail conforme aux règles du Code civil et à l'art. 57 A de la loi Méhaignerie peut valablement être conclu quel que soit l'état du local.
Mais le locataire est en droit de demander au propriétaire, le cas échéant, d'effectuer des travaux de mise en conformité (normes prévues au décret du 6 mars 1987).
Pour des locaux à usage professionnel de catégorie IV, comme les locaux de même catégorie à usage d'habitation, le bailleur doit préalablement à la signature du bail, effectuer les travaux de mise en conformité.

■ Caractéristiques des locations professionnelles

› Par quelles dispositions les locations professionnelles sont-elles réglementées ?

● Article 57 de la loi Méhaignerie

L'article 57 A a été inséré dans la loi Méhaignerie par la loi n° 89-462 du 6 juillet 1989.
Il prévoit :
– la signature d'un bail d'une durée égale au moins à 6 ans,
– la reconduction tacite du contrat à l'expiration du bail,
– la possibilité pour le bailleur de donner congé à l'expiration du bail moyennant un préavis de 6 mois,
– la possibilité pour le locataire de donner congé à tout moment moyennant un préavis de 6 mois,
– l'obligation de notifier les congés par lettre recommandée avec AR ou par acte d'huissier.

● Code civil

Tous les autres domaines sont réglementés par le Code civil :
– le loyer,
– les obligations respectives des parties,
– les charges et réparations.
(Voir plus loin : *Caractéristiques des locations libres*).

› Faut-il une autorisation pour exercer une profession dans un local à usage d'habitation ?

Dans les communes de plus de 200 000 habitants et dans celles des départements des Hauts-de-Seine, de la Seine-Saint-Denis et du Val-de-Marne l'exercice d'une activité professionnelle dans des locaux d'habitation est soumis à la règlementation du Code de la construction et de l'habitation (Art. L. 631-1 s.).

● Usage mixte (habitation et professionnel)

L'usage mixte consiste à exercer une activité professionnelle dans une partie de ses locaux d'habitation. Pour que l'usage d'une activité professionnelle, y compris commerciale, soit possible, plusieurs conditions doivent être respectées :
– ni le bail ni le règlement de copropriété ne doit contenir une clause interdisant cet usage,
– les locaux doivent être la résidence principale de celui qui exerce cette activité professionnelle.
Par ailleurs, si l'activité professionnelle conduit à recevoir de la clientèle ou des marchandises, une autorisation du maire de la commune est nécessaire, sauf si le local se situe au rez-de-chaussée. Dans ce cas, l'usage d'une activité professionnelle est libre, même en présence de clientèle ou de marchandises.
Dans tous les cas, l'activité ne doit engendrer ni nuisance, ni danger pour le voisinage et ni désordre pour le bâti.

À noter : pour les logements HLM, la règlementation est différente : l'exercice d'une activité commerciale est interdit si cette activité conduit à recevoir de la clientèle ou des marchandises. Si le local se situe au rez-de-chaussée, l'activité professionnelle est possible sous réserve de l'autorisation préalable du maire.

● Changement d'usage

Le changement d'usage consiste à transformer un local d'habitation en local professionnel.
Les locataires ou propriétaires désirant changer l'usage de leur habitation doivent obtenir préalablement une autorisation délivrée par le maire de la commune, après avis ; à Paris, Marseille et Lyon, du maire d'arrondissement concerné.
L'autorisation peut être subordonnée à une compensation sous la forme de la transformation concomitante en habitation de locaux ayant un autre usage.
Lorsque le changement d'usage fait l'objet de travaux entrant dans le champ d'application du permis de construire, la demande de permis de construire ou la déclaration préalable vaut demande de changement d'usage.
Les travaux ne peuvent être exécutés qu'après avoir obtenu l'autorisation du maire pour le changement envisagé.

Les locations libres

Les différentes locations libres

Les locations libres sont les locations qui ne dépendent pas de la loi du 1er septembre 1948, ni de la loi Méhaignerie du 23 décembre 1986, ni de la loi du 6 juillet 1989.

Ces locations sont libres en ce sens que les parties peuvent fixer librement la durée du contrat, le préavis, le montant du loyer…
Ces locations doivent cependant respecter les dispositions générales du Code civil concernant le contrat de louage et, éventuellement, les règles qui leur sont spécifiques. Les locaux meublés, les logements-foyers, les logements de fonction, les locations consenties aux travailleurs saisonniers doivent respecter les normes de décence prévues par le décret n° 2002-120 du 30 janvier 2002.
(Voir Ⓘ : *Locations (loi du 6 juillet 1989), décence du logement*).

› Les locations saisonnières

Les locations saisonnières (vides ou meublées) sont les locations consenties pour une courte période, à la semaine, à la quinzaine ou encore pour une saison (une saison pouvant durer 4 ou 5 mois).
S'il s'agit de locaux loués vides à des étudiants, il s'agit là aussi d'une location saisonnière si elle n'est prévue que pour la durée de l'année universitaire. Si, en revanche, le contrat est à l'année et que l'étudiant conserve les clés pendant les vacances d'été, il s'agit alors d'une location soumise aux dispositions générales de la loi du 6 juillet 1989 ou de la loi de 1948.
Les meublés de tourisme font l'objet d'un classement dont les normes et la procédure sont fixées dans l'arrêté du 2 août 2010.
Par ailleurs, toute personne qui veut louer un meublé de tourisme doit en faire la déclaration préalable en mairie. (Art L. 324-1-1 du Code du tourisme).

› Les locations meublées

Les locations meublées peuvent actuellement dépendre :
– soit de la loi de 1948 si l'immeuble dont elles dépendent est soumis lui-même aux dispositions de la loi de 1948 ;
– soit du Code civil, pour toutes les locations meublées postérieures à la loi Méhaignerie du 23 décembre 1986 et pour celles antérieurement régies par la loi Quilliot.
S'il s'agit de la résidence principale du locataire, le contrat de bail doit être écrit et d'une durée d'1 an minimum.
À l'issue du contrat, le bailleur peut :
– soit modifier certaines clauses du contrat. Dans ce cas, il doit en avertir le locataire 3 mois avant l'expiration du contrat. Si le locataire accepte les modifications, le contrat se renouvelle pour 1 an ;
– soit résilier le contrat en respectant le même préavis de 3 mois et en motivant son refus de renouvellement :
• soit par sa décision de reprendre ou de vendre le logement ;
• soit par un motif légitime et sérieux, notamment l'inexécution par le locataire de l'une des obligations lui incombant ;
– ou encore laisser le contrat venir à son terme. Dans ce cas, le bail se renouvelle tacitement pour 1 an.
Lorsque la location est consentie à un étudiant, la durée du bail peut être réduite à 9 mois (sans tacite reconduction).
Lorsque le bailleur est titulaire d'un bail commercial venant à expiration ou lorsqu'il cesse ses activités, la durée de la location meublée peut également être inférieure à 1 an. Le contrat écrit doit préciser les raisons justifiant cette durée écourtée.
Si le bailleur est l'exploitant d'un établissement recevant du public aux fins d'hébergement et qu'il entend résilier le bail constituant la résidence principale de son locataire, l'assignation qu'il délivre à ce dernier doit être également notifiée au préfet.

Un délai d'1 mois entre cette notification et l'audience doit être respecté afin d'informer les services sociaux compétents (organismes chargés du service des aides au logement et le fonds de solidarité pour le logement).
(Art. L. 632-1 du Code de la construction et de l'habitation).
Le locataire peut résilier le contrat à tout moment, même au cours de la 1re année, en respectant un préavis d'1 mois.

› Les logements de fonction

Un logement de fonction est un logement mis par l'employeur à la disposition de ses employés. La loi de 1948, la loi Quilliot, la loi Méhaignerie et la loi du 6 juillet 1989 ont exclu de leur champ d'application les locaux attribués en raison de l'exercice d'une fonction ou de l'exécution d'un contrat de travail et qui est l'accessoire de ce contrat de travail.
Le caractère accessoire du logement par rapport au contrat de travail peut résulter d'une clause spécifique insérée dans ce contrat de travail ou d'une convention postérieure.
Ce caractère accessoire peut également se déduire des termes du contrat de location ou si le contrat de location a été signé à la même date que le contrat de travail. Les clauses du contrat de location d'un logement de fonction sont libres, sa durée est souvent liée à celle du contrat de travail lui-même et le locataire perd tout droit au maintien dans les lieux lors de la rupture de son contrat de travail.

› Les sous-locations

La loi du 6 juillet 1989 (comme auparavant la loi Méhaignerie) exclut de son champ d'application les sous-locations mais ne modifie pas le régime prévu par la loi de 1948.
Les sous-locations peuvent donc être actuellement régies :
– soit par la loi de 1948 (Art. 4 et 78 de la loi du 1er septembre 1948),
– soit par le Code civil.
Quel que soit le texte applicable, les sous-locations doivent obligatoirement être autorisées par le bailleur.
À défaut d'obtenir cette autorisation, le locataire peut perdre son droit au maintien dans les lieux (loi de 1948) ou voir son bail résilié et être expulsé pour non-respect de ses obligations.
(Loi du 6 juillet 1989, art. 8).
Le sous-locataire autorisé (loi de 1948) bénéficie du droit au maintien dans les lieux. En ce qui concerne les autres sous-locations autorisées, mis à part le loyer de la sous-location qui ne peut être supérieur au loyer principal et qui doit également être approuvé par le bailleur, toutes les autres clauses du contrat sont régies par le Code civil.

› Les locations-accessions à la propriété

La location-accession à la propriété est régie par la loi n° 84-595 du 12 juillet 1984.
Est qualifié de location-accession le contrat par lequel un vendeur s'engage envers un accédant à lui transférer, après une période de jouissance d'un temps déterminé, la propriété de ce logement. En contrepartie de cet engagement, l'accédant doit verser une redevance pendant tout le temps de jouissance des lieux jusqu'à la date de levée de l'option ainsi que le prix de vente fractionné ou différé. Les contrats de location-accession à la propriété immobilière ne concernent que les logements neufs ou en cours d'achèvement.

Ce contrat de location-accession ne peut être assimilé à une location que si l'accédant ne lève pas l'option et donc n'acquiert pas le local dont il a la jouissance.
Pour favoriser l'accession à la propriété des ménages disposant de faibles ressources, des prêts conventionnés peuvent être accordés pour financer des logements neufs faisant l'objet d'un contrat de location-accession.
Sous condition de ressources, l'accédant peut, au moment de la levée d'option, bénéficier d'un prêt conventionné ou d'un prêt à 0% dont les échéances de remboursement ne doivent pas dépasser le montant de la redevance payée pendant la période locative.
Le prix de vente du logement est plafonné.
L'accédant bénéficie d'une garantie de relogement sous condition de ressources et de rachat en cas d'accident de la vie.
(Art. R. 333-76-1 du Code de la construction et de l'habitation).

Caractéristiques des locations libres

Le Code civil s'applique aux locations libres.
Ces dispositions générales sont prévues aux articles 1713 et suivants pour le louage des choses en général et 1752 et suivants pour les règles particulières des baux à loyer.

› Le contrat de location

Sauf le cas des locations meublées ou des locations-accessions à la propriété (voir ci-dessus), le contrat peut être écrit ou verbal.
(Code civil, art. 1714).
Mais il est bien évident qu'il est préférable de rédiger un contrat de bail pour fixer à l'avance, non seulement le prix du loyer et la durée de l'engagement mais également les diverses obligations de chacun.

Attention : si le locataire a réservé une location (saisonnière, par exemple) en versant des arrhes et qu'il y renonce par la suite, il perdra les sommes versées.
S'il renonce, après avoir versé un acompte, le propriétaire est en droit de lui réclamer la totalité du prix de la location. Il est donc toujours utile de qualifier d'arrhes, les sommes versées lors de la réservation.

› Le loyer

Au début de l'engagement de location, le prix du loyer peut être fixé librement ; pendant le cours du bail, le bailleur ne peut augmenter le loyer, il ne peut que le réviser en fonction d'un indice qui est en relation directe avec l'objet du contrat ou l'activité de l'une des parties (il s'agit le plus souvent de l'indice national du coût de la construction publié par l'INSEE).
Le loyer est payable aux termes précisés dans le contrat ; la délivrance d'une quittance par le bailleur, lorsque le locataire paie son loyer, n'est pas obligatoire si ce dernier ne la réclame pas. Le dépôt de garantie peut être demandé par le bailleur lors de l'entrée dans les lieux. Le montant de ce dépôt n'est pas réglementé et peut donc être fixé librement (généralement deux mois de loyer). S'il s'agit d'une location saisonnière, il est d'usage de demander un dépôt de garantie qui ne doit pas dépasser 25 % du prix total de la location. À la fin du bail, le bailleur est tenu de rendre le dépôt de garantie au locataire, déduction faite des retenues autorisées (voir plus loin : *Les charges et réparations*).
Le montant du dépôt de garantie ne porte pas intérêt au profit du locataire.

› Les obligations respectives des parties

Indépendamment des clauses du bail, chacune des parties doit respecter certaines obligations.

Obligations du bailleur

Le bailleur doit :
– fournir le dossier de diagnostic technique comprenant le diagnostic de performance énergétique, le constat de risque d'exposition au plomb et l'état des risques naturels et technologique.
(Voir Ⓘ : *Diagnostic technique*) ;
– délivrer au preneur la chose louée. La délivrance s'opère par la remise des clés et s'accompagne de l'obligation de faire disparaître les obstacles à l'entrée dans les lieux. Cette obligation de délivrance sous-entend également que le local est en bon état, mais les parties peuvent convenir, moyennant diminution du loyer, par exemple, que le preneur se chargera d'effectuer les réparations qui normalement incombent au bailleur,
– entretenir le local en état de servir à l'usage pour lequel il a été loué.
(Code civil, art. 1719).
Pendant la durée du bail, le bailleur est obligé d'effectuer les réparations nécessaires autres que les réparations locatives (voir plus loin : *Les charges et réparations*),
– garantir au locataire une jouissance paisible des lieux. Il s'agit de la garantie des vices cachés.
Les vices cachés sont les défauts qui apparaissent sur les éléments d'équipement ou sur le local lui-même, en cours de bail et qui empêchent un usage normal. *Exemples* : fissures d'une cheminée entraînant des émanations ou des infiltrations de fumée, effondrement d'un balcon ou d'un plafond, absence d'isolation entraînant des infiltrations d'eau, mauvais fonctionnement d'une chaudière ayant entraîné une intoxication, etc.
Le bailleur ne sera cependant pas tenu responsable des dommages causés à son locataire s'il prouve que ces vices étaient connus par ce dernier lors de l'entrée dans les lieux ou que le défaut ou le dommage résulte d'un fait ou d'une faute du preneur ou encore qu'ils sont dûs à un cas de force majeure que le bailleur ne pouvait prévoir ni empêcher (tempête, inondation…).
Il s'agit également de la garantie contre les troubles causés personnellement par le bailleur, ou par des tiers. Commet un trouble de jouissance le bailleur qui s'introduit dans les lieux loués sans autorisation ni clause du bail le permettant, qui effectue dans le local des travaux non urgents et non obligatoires, qui ne renouvelle pas l'abonnement au téléphone, qui cesse la fourniture du chauffage prévue par le bail…
Les troubles des tiers peuvent être des troubles causés par des locataires ou encore par le gardien de l'immeuble, le propriétaire étant responsable de la faute commise par un gardien dans l'exercice de ses fonctions,
– assurer la permanence et la qualité des plantations.

Obligations du locataire

Le locataire est tenu à trois obligations principales :
– obligation d'user de la chose louée en bon père de famille, ce qui signifie ne pas faire subir à la chose louée de détériorations autres que celles dues à l'usage normal,

– obligation de respecter la destination de la chose louée ; ainsi le fait de transformer des locaux d'habitation en locaux commerciaux est un changement de la destination des lieux,
– obligation de payer le loyer. Le locataire est tenu de payer le loyer aux termes convenus et jusqu'à expiration du contrat.
(Code civil, art. 1728).
À noter : l'assurance n'est pas obligatoire pour le locataire. Elle est cependant fortement recommandée car le locataire est responsable des dommages dus à sa négligence ou en cas d'incendie.
(Code civil, art. 1732 et 1733).

› Les charges et réparations

● Les charges

Les charges sont :
– l'impôt foncier,
– la taxe d'habitation,
– les taxes municipales (balayage, enlèvement des ordures ménagères, assainissement),
– les prestations ou fournitures portant sur les parties communes d'un immeuble.
La répartition de ces dépenses entre locataire et propriétaire est totalement libre. Il est donc nécessaire de prévoir cette répartition dans les clauses du bail. À défaut, il convient de se référer aux usages.
C'est ainsi que l'usage prévoit normalement que le locataire doit payer les taxes municipales ainsi que le coût de sa consommation personnelle d'eau, d'électricité, de gaz ou de téléphone.

● Les réparations

Le locataire est tenu pendant le cours de bail d'effectuer les réparations locatives ou de menu entretien.
(Code civil, art. 1754).
De son côté, le bailleur est tenu de faire toutes les réparations qui peuvent devenir nécessaires autres que les locatives.
(Code civil, art. 1720).
L'article 1754 du Code civil donne une liste non exhaustive des réparations qui sont des réparations locatives. Il s'agit d'une façon générale des réparations d'entretien ou des petites réparations.
En revanche, sont à la charge du bailleur, les réparations qui consistent à remplacer un élément d'équipement ou qui portent sur le gros œuvre du bâtiment (exemple : réparation de la toiture, ravalement, remplacement de la chaudière…).
À noter : le locataire n'est pas tenu d'effectuer les réparations locatives s'il prouve qu'elles sont causées par la vétusté (vieillissement) ou la force majeure.
À l'inverse, si des grosses réparations (en principe à la charge du propriétaire) sont causées par le non-entretien du locataire, ce dernier doit prendre en charge ces réparations.
Bien que non obligatoire, il est vivement recommandé d'établir, au début du bail, un état des lieux puisqu'en l'absence d'un état des lieux, le locataire est présumé les avoir reçus en bon état de réparations locatives et doit les rendre tels à l'expiration du bail.
(Code civil, art. 1731).

› La fin du contrat

S'il s'agit d'un contrat à durée déterminée, c'est-à-dire dont le terme est fixé dans le bail, les parties ne peuvent en principe y mettre fin avant cette date.
Dans cette hypothèse, le congé n'est pas utile, puisque le contrat cesse de plein droit à cette échéance.
S'il s'agit d'un contrat à durée indéterminée, ou si une clause du bail prévoit la résiliation anticipée du contrat, l'une ou l'autre des parties peut y mettre fin par un congé, en respectant les formes, conditions et délais prévus au bail ou à défaut, par l'usage des lieux.
(Code civil, art. 1736).
Le congé n'est soumis à aucune obligation de forme. Il peut être adressé soit par lettre simple, soit par lettre recommandée ou encore par exploit d'huissier. Il est toutefois conseillé de l'adresser par huissier afin que la preuve de la réception de l'acte par le locataire et ainsi la validité du congé ne puissent être remises en cause.
Il est nécessaire, lorsqu'il émane du bailleur, que le congé soit adressé à chacun des locataires occupant les lieux ; s'il s'agit d'un couple, chacun des époux doit recevoir congé.
(Voir Ⓘ : *Locations (loi du 6.7.1989), congé*).
Si l'un des locataires est décédé, le congé devra être adressé à ses héritiers. Si le bail est venu à expiration et qu'aucun congé n'a été délivré, il y a reconduction tacite qui fait naître un nouveau bail à durée indéterminée. Les clauses du bail expiré sont toujours applicables, sauf la clause relative à la durée du contrat.

Les locations HLM

Les logements HLM appartiennent aux organismes habilités à construire des logements locatifs. Ces organismes sont : les offices publics d'HLM, les offices publics d'aménagement et de construction (OPAC), les sociétés d'HLM, les fondations d'HLM.
Les logements locatifs se répartissent en cinq catégories, selon leurs caractéristiques techniques et les modalités de leur financement : les PSR (programmes sociaux de relogement), les PLR (programmes à loyer réduit), les HLMO (habitations à loyer modéré ordinaires), les ILM (immeubles à loyer moyen), les ILN (immeubles à loyer normal).
Ils bénéficient tous de la législation sur les HLM.
Les logements mis en location dépendent du Code de la construction et de l'habitation (articles L. 442-1 à L. 442-9) et des règlements des organismes d'HLM. Les demandes de logement doivent être adressées soit à l'organisme, soit à la mairie.
Les logements peuvent aussi appartenir à des bailleurs privés ayant signé une convention avec l'État.

› L'attribution des logements

En principe, les logements sont attribués aux personnes dont les ressources ne dépassent pas les plafonds fixés par décret ministériel. Des dérogations à ces plafonds de ressources peuvent cependant être accordées par arrêté préfectoral s'il y a

trop de logements vacants dans le secteur concerné ou encore dans le but de développer la vie sociale et économique d'un ensemble ou d'un quartier.
Par ailleurs, les logements sont attribués en tenant compte de la composition du ménage et des conditions actuelles de logement.
Certaines personnes sont prioritaires. Il s'agit notamment des personnes :
– privées de logement ou logées de façon précaire ou insalubre,
– cumulant des difficultés économiques et sociales,
– logées temporairement dans des établissements et logements de transition,
– handicapées ou ayant à leur charge une personne handicapée,
– âgées,
– mal logées reprenant une activité après une période de chômage de longue durée,
– mariées, pacsées ou vivant en union libre et victimes de violences au sein de leur couple.
(Art. R. 441-3 et R. 441-4 du Code de la construction et de l'habitation).
Chaque demande fait l'objet d'un enregistrement départemental unique. Ce système d'enregistrement a pour objet de garantir les droits des demandeurs et d'assurer l'examen prioritaire des dossiers qui n'ont pu être traités dans les délais d'attente dits « normaux », délais fixés dans chaque département en fonction des circonstances locales.
La demande de logement social est valable 1 an et doit être renouvelée tous les ans. Un mois au moins avant la date d'expiration de validité, le demandeur reçoit une lettre recommandée avec AR l'informant que le défaut de renouvellement dans le délai imparti entraînera la radiation de sa demande. Le renouvellement s'effectue comme la demande initiale, sur un formulaire envoyé par La Poste ou par voie électronique.
(Art. L. 441-2-1 et R. 441-2-1 s. du Code de la construction et de l'habitation).

› Le contrat de location

Le contrat de location est à durée indéterminée (reconduit de 3 mois en 3 mois, par exemple).
Comme les locations de la loi de 1948, les locataires HLM bénéficient du droit au maintien dans les lieux.

● Déchéance du droit au maintien dans les lieux

Pour assurer une plus grande mobilité des locataires au sein du parc HLM, la loi n° 2009-323 du 25 mars 2009 a prévu plusieurs situations où le locataire en titre perd son droit au maintien dans les lieux.
(Art. L. 442-3-1 et s. du Code de la construction et de l'habitation).

Sous-occupation du logement

Les logements sont attribués en tenant compte de la composition du ménage. Si un logement devient sous-occupé, l'organisme propriétaire peut proposer au locataire un nouveau logement correspondant à ses besoins. Le loyer principal du nouveau logement doit être inférieur à celui du logement d'origine et le nouveau logement doit se situer à proximité de l'ancien.
Le locataire ne peut refuser que 2 offres de relogement. À l'expiration d'un délai de 6 mois suivant la notification de la 3ᵉ offre, il est déchu de tout titre d'occupation des locaux loués.
Cette règle ne s'applique pas aux personnes âgées de plus de 65 ans, handicapées ou habitant en zone urbaine sensible.

Logement adapté au handicap

Si le locataire occupe un logement adapté au handicap et que la personne handicapée quitte ce logement, le bailleur doit proposer au locataire une offre de relogement. Le locataire est déchu de son droit au maintien dans les lieux s'il refuse les 3 propositions successives. Cette règle ne s'applique pas aux personnes âgées de plus de 65 ans.

Dépassement des ressources

Le locataire dont les ressources sont 2 fois supérieures aux plafonds fixés pour l'attribution de logements HLM pendant 2 années consécutives perd son droit au maintien dans les lieux. Cette déchéance intervient à l'issue d'un délai de 3 ans après la seconde constatation de ce dépassement.
Toutefois, cette règle ne s'applique pas aux personnes âgées de plus de 65 ans, handicapées ou hébergeant une personne handicapée, ou encore habitant en zone urbaine sensible.

Démolition du logement

En cas de démolition des logements sociaux, les locataires peuvent perdre leur droit au maintien dans les lieux s'ils refusent les 3 offres de relogement qui leur sont proposées, à condition que ces offres correspondent à leurs besoins.

● Décès du locataire

Au décès du locataire, le bail ne peut être transféré qu'aux personnes prévues à l'article 14 de la loi du 6 juillet 1989 (le conjoint ou le partenaire pacsé et, lorsqu'ils vivaient effectivement avec le locataire depuis plus d'1 an, le concubin notoire, les descendants, les ascendants, et les personnes à charge).
Si le bénéficiaire du transfert est un descendant ou une personne à charge, il doit remplir les conditions d'attributions des logements HLM et le logement doit être adapté à la taille de son ménage.
En revanche, s'il est âgé de plus de 65 ans ou est handicapé, le transfert lui est acquis sans conditions.
(Loi du 6 juillet 1989, art. 40).

› Le loyer

● Loyers réglementés

Le loyer de base est fixé par décret et arrêté. Il tient compte de la catégorie de l'immeuble et de la surface habitable. Cette surface habitable est convertie en « surface corrigée ». Le loyer de base est ensuite multiplié par des coefficients fixés par arrêtés. Le résultat permet de connaître le prix minimal et le prix maximal du loyer qui devra se situer dans cette fourchette.

Révision du loyer

Le loyer maximal est révisable chaque année en fonction des variations de l'indice de référence des loyers. Cet indice remplace désormais l'indice du coût de la construction. (Arrêté du 22 octobre 2007).

À noter : en cas de location ou de sous-location meublée, le loyer peut être majoré du prix de location des meubles. Le prix de location des meubles doit être fixé par arrêté ministériel. Il ne peut pas dépasser le montant du loyer.
(Art. L. 442-8-3-1 du Code de la construction et de l'habitation ; Arrêté du 7 décembre 2009, *Journal officiel* du 19 décembre 2009).

Supplément de loyer de solidarité

Le supplément, payable en plus du loyer principal et des charges, devient obligatoire dès lors qu'au cours du bail les ressources de l'ensemble des personnes vivant au foyer excèdent d'au moins 20 % les plafonds de ressources en vigueur pour l'attribution de ces logements.

Les organismes d'HLM qui ont conclu avec l'État une convention globale de patrimoine, peuvent appliquer leur propre barème de supplément de loyer dans les conditions prévues par cette convention.

Le supplément est plafonné en fonction des mètres carrés de surface habitable.

(Art. L. 441-4 et R. 441-20-1 du Code de la construction et de l'habitation).

Le montant du supplément est également plafonné lorsque, cumulé avec le montant du loyer principal, il dépasse 25 % des ressources de l'ensemble des personnes vivant au foyer. Ce pourcentage peut être porté à 35 % par adoption d'un programme local de l'habitat.

Ces dispositions sont applicables le 1er janvier 2009. Le décret n° 2008-825 du 21 août 2008 fixe le barème national en fonction duquel le supplément de loyer solidarité est calculé. Le barème varie en fonction du supplément de loyer de référence fixé selon les zones géographiques et du coefficient de dépassement du plafond de ressources.

À compter du 1er janvier 2010, les montants de suppléments de loyer sont révisés chaque année en fonction de l'indice de référence des loyers.

Évaluation des ressources

Pour savoir si le locataire est redevable du supplément de loyer, l'organisme d'HLM lui demande annuellement communication des avis d'imposition ou de non-imposition à l'impôt sur le revenu et les renseignements concernant l'ensemble des personnes vivant au foyer. Le locataire est tenu de répondre à cette demande dans un délai d'1 mois. À défaut de réponse, une mise en demeure lui est adressée. Si cette mise en demeure reste infructueuse pendant 15 jours, le supplément de loyer est fixé provisoirement d'après le coefficient de dépassement du plafond de ressources égal au coefficient maximal fixé par décret. L'organisme d'HLM peut en outre réclamer une indemnité pour frais de dossier.

Lorsque le locataire adresse les renseignements demandés avec retard, le trop-perçu de supplément de loyer est reversé au locataire dans les 2 mois.

À noter : la demande de communication de l'avis d'imposition n'est pas obligatoire pour les locataires bénéficiant de l'aide personnalisée au logement ou de l'allocation logement.

(Art. L. 441-3 et suivants du Code de la construction et de l'habitation).

Loyers conventionnés

Le loyer maximal ne doit pas excéder celui figurant dans la convention applicable, calculée par mètre carré de surface corrigée. Les loyers des logements conventionnés peuvent être révisés le 1er juillet de chaque année, en fonction des variations de la moyenne sur 4 trimestres de l'indice du coût de la construction (indice de référence du 4e trimestre de l'année précédente.

(Art. R. 353-1 et suivants du Code de la construction et de l'habitation).

En cas de sous-location meublée, le loyer peut être majoré du prix de location des meubles.

(Art. L. 353-20 du Code de la construction et de l'habitation).

Si le bailleur de logements conventionnés entend ne pas renouveler la convention qui le lie à l'État, il doit en informer ses locataires, par lettre recommandée avec AR, au plus tard 2 ans avant son expiration et organiser une réunion d'information. Les locataires doivent être avertis des prévisions d'augmentation des loyers.
(Art. R. 411-2 du Code de la construction et de l'habitation).

● Loyers des nouvelles locations

Depuis la loi du 23 décembre 1986, les organismes d'HLM peuvent fixer librement les loyers applicables aux nouvelles locations sous réserve de ne pas dépasser les maxima établis par l'administration, ou, pour les logements conventionnés, la limite des loyers maximaux des conventions, ou encore, la limite des loyers plafonds pour les logements financés à l'aide de prime, ou de prêts du Crédit Foncier de France.
(Art. L. 442-1-1 du Code de la construction et de l'habitation).

› Les charges locatives

Le régime des charges locatives en HLM est le même que celui prévu pour les locations d'habitation.
La liste de ces charges locatives est prévue au décret n° 87-713 du 26 août 1987.
(Voir Ⓘ : *Locations (loi du 6 juillet 1989), charges*).

› Les travaux effectués par le locataire

Le locataire est en droit d'aménager son local mais non de le transformer. (Sur ce point, voir Ⓘ : *Locations libres*).

› Les réparations locatives

La liste des réparations mises à la charge du locataire est prévue au décret n° 87-712 du 26 août 1987.
(Voir Ⓘ : *Locations (loi du 6 juillet 1989), réparations locatives*).

› Le congé donné par le locataire

Lorsque le locataire donne congé, il bénéficie des dispositions de l'article 15 de la loi du 6 juillet 1989 applicable aux locations HLM.
Le préavis qu'il doit respecter est donc de 3 mois (1 mois dans certains cas).
Son préavis est également d'1 mois en cas d'attribution d'un autre logement appartenant au même bailleur.
(Art. L. 422-6-3 du Code de la construction et de l'habitation).

› L'acquisition des logements HLM

La loi Méhaignerie a réaménagé les possibilités, pour les locataires d'acquérir le logement qu'ils occupent.
Ces règles sont les suivantes :
– en principe, peuvent être vendus aux locataires, les logements acquis ou construits depuis au moins 10 ans. Mais ce délai peut être diminué, en raison de circonstances particulières,
– le prix de vente est fixé par les organismes d'HLM, après avis du maire de la commune d'implantation du logement vendu,
– en principe seul le locataire peut acheter le logement qu'il occupe. Toutefois, sur sa demande, le logement peut être vendu à son conjoint ou encore, sous certaines conditions, à ses ascendants et descendants.
(Art. L. 443-11 du Code de la construction et de l'habitation).

À noter : tout locataire peut adresser à l'organisme propriétaire une demande d'acquisition de son logement.
La réponse de l'organisme doit être motivée et adressée à l'intéressé dans les 2 mois qui suivent la demande.
(Art. L. 443-11 du Code de la construction et de l'habitation).

Les organismes HLM peuvent acquérir ou améliorer certains logements en vue de leur revente à des personnes physiques, ces dernières pouvant destiner le logement soit à leur occupation personnelle, soit à la location.
Un arrêté détermine le montant maximum des ressources des acquéreurs occupants et le prix de vente maximum des logements qui varie en fonction de la zone géographique et selon qu'il s'agit d'un logement neuf ou ancien.
(Art. R. 443-34 du Code de la construction et de l'habitation).

La sécurité des occupants

› Quelles sont les mesures prises pour assurer la sécurité dans les halls d'immeuble et les parties communes ?

Certains propriétaires d'immeubles à usage d'habitation sont tenus d'organiser le gardiennage et la surveillance de ces immeubles et de prendre des mesures permettant d'éviter les risques manifestes pour la sécurité et la tranquillité des locaux.
Les bailleurs ou propriétaires concernés par cette obligation sont ceux qui gèrent 100 logements locatifs ou plus dans un immeuble ou groupe d'immeubles collectifs formant un ensemble situé soit dans une zone urbaine sensible, soit dans une commune dont la population dépasse 25 000 habitants ou qui est comprise dans une aire urbaine d'un seul tenant regroupant au moins 50 000 habitants et dont une ou plusieurs communes comptent plus de 15 000 habitants. Cette obligation concerne les immeubles à usage d'habitation et les locaux administratifs, professionnels ou commerciaux.
(Art. L. 127-1 du Code de la construction et de l'habitation).
Les mesures doivent être prises après consultation des conseils de concertation locative.
En cas de non-respect de ces obligations, le bailleur ou le gérant (personne physique ou morale) est passible de sanctions pénales (amendes des contraventions de la 5e classe).

Gardiennage et surveillance

Les fonctions de gardiennage ou de surveillance doivent être assurées sur l'ensemble de l'année par au moins une personne à temps plein (ou équivalent) par tranche de cent logements.
Les personnes affectées à ces fonctions sont employées par le bailleur en qualité de concierges, de gardiens ou d'employés d'immeuble à usage d'habitation. Le bailleur peut, à titre de complément, recourir à des agents de prévention et de médiation ou à des correspondants de nuit. Le bailleur peut également faire assurer le gardiennage ou la surveillance par un prestataire de services.
(Art. R. 127-1 et suivants du Code de la construction et de l'habitation ; Décret n° 2001-1361 du 28 décembre 2001).

Sécurité et tranquillité des locaux

Pour éviter les risques manifestes pour la sécurité et la tranquillité des locaux, le bailleur doit installer et entretenir :
– un éclairage assurant une bonne visibilité de l'entrée des immeubles et de leurs parties communes, notamment des parcs de stationnement, quand ils sont situés à l'intérieur des locaux ;
– les systèmes permettant de limiter l'accès aux parties communes des immeubles aux résidents et aux personnes autorisées par les résidents ou habilitées et l'accès aux caves et parcs de stationnement intérieurs aux résidents qui en bénéficient et aux personnes habilitées. Il peut également prendre des mesures ayant le même effet.
Le bailleur peut solliciter l'avis des services de police et de gendarmerie sur toute mesure complémentaire.
(Art. R. 127-5 et suivants du Code de la construction et de l'habitation).

Intervention de la police et de la gendarmerie

Les propriétaires ou exploitants peuvent accorder à la police et à la gendarmerie nationales ainsi, le cas échéant, qu'à la police municipale, une autorisation permanente de pénétrer dans les parties communes de ces immeubles. Par ailleurs, s'ils ont respecté leurs obligations de gardiennage et de sécurité mises à leur charge, ils peuvent également faire appel à la police ou à la gendarmerie pour rétablir la jouissance paisible de ces lieux en cas d'occupation des parties communes par des personnes qui entravent l'accès et la libre circulation des locataires, qui empêchent le bon fonctionnement des dispositifs de sécurité et de sûreté ou nuisent à la tranquillité des lieux.
(Art. L. 126-1 et suivants du Code de la construction et de l'habitation).
Des sanctions pénales spécifiques ont été prévues par la loi du 18 mars 2003 et la loi n° 2010-201 du 2 mars 2010 (renforçant la lutte contre les violences de groupes pour la sécurité intérieure) à l'encontre des auteurs de troubles ou de violences commises dans les immeubles.

› Quelles sont les mesures prises pour assurer la sécurité des ascenseurs ?

Les ascenseurs ont fait l'objet de plusieurs réglementations successives tendant à améliorer leur sécurité en imposant en premier lieu l'installation de portes de cabines et en rendant obligatoires par la suite l'entretien et les contrôles périodiques de l'installation.
La réglementation s'applique à tous les ascenseurs desservant de manière permanente les bâtiments et les constructions.
(Art. L. 125-1 et suivants du Code de la construction et de l'habitation).
Le décret d'application n° 2004-964 du 9 septembre 2004 définit les dispositifs de sécurité nécessaires, fixe un échéancier pour procéder aux mises en place de ces dispositifs en fonction de la date de construction de l'ascenseur et établit les règles relatives à son entretien.

Les dispositifs de sécurité

Ascenseurs installés après le 27 août 2000

La sécurité d'un ascenseur consiste à assurer :
– La fermeture des portes palières ;
– L'accès sans danger des personnes à la cabine ;

– La protection des utilisateurs contre les chocs provoqués par la fermeture des portes ;
– La prévention des risques de chute et d'écrasement de la cabine ;
– La protection contre les dérèglements de la vitesse de la cabine ;
– La mise à la disposition des utilisateurs de moyens d'alerte et de communication avec un service d'intervention ;
– La protection des circuits électriques de l'installation ;
– L'accès sans danger des personnels d'intervention aux locaux des machines, aux équipements associés et aux espaces parcourus par la cabine ;
– L'impossibilité pour toute personne autre que les personnels d'intervention d'accéder aux locaux des machines, aux équipements associés et aux espaces parcourus par la cabine.
(Art. R. 125-1-1 du Code de la construction et de l'habitation).

Ascenseurs installés avant le 27 août 2000

Les propriétaires d'ascenseurs installés avant cette date qui ne répondent pas à ces objectifs de sécurité doivent, en respectant un échéancier précis, mettre en place des systèmes de sécurité alternatifs. La liste des travaux à effectuer ainsi que leur date de réalisation sont précisées à l'article R. 125-1-2 du Code de la construction et de l'habitation.
La mise aux normes de tous les ascenseurs, quelle que soit leur date d'installation, devra être réalisée avant le 3 juillet 2021.

À noter : à la place de ces dispositifs de sécurité, le propriétaire d'un ascenseur peut mettre en œuvre des mesures équivalentes si elles sont acceptées par un expert (contrôleur technique, personne agréée ou organisme habilité dans ce domaine).

● Entretien

Le propriétaire doit passer un contrat écrit avec une entreprise qualifiée. Celle-ci tient à jour le carnet d'entretien et doit remettre au client un rapport annuel d'activité.
Tous les contrats doivent être mis en conformité avec les nouvelles dispositions avant le 30 septembre 2005.
Le contrat écrit doit respecter certaines clauses précisées par le décret n° 2004-964 du 9 septembre 2004 (durée minimale d'1 an, indication du délai garanti pour le remplacement des pièces, mise à jour du carnet d'entretien, garanties des assurances, pénalités…).
Certaines vérifications sont obligatoires et doivent être réalisées toutes les 6 semaines, tous les 6 mois ou annuellement.

● Contrôle technique

Le propriétaire d'un ascenseur est tenu de faire réaliser tous les 5 ans un contrôle technique de son installation. Le contrôle technique a pour but de vérifier le bon état des dispositifs de sécurité et de repérer tout défaut présentant un danger pour la sécurité des personnes ou portant atteinte au bon fonctionnement de l'appareil. Il est réalisé par un contrôleur technique habilité, par une entreprise accréditée ou par une personne physique titulaire d'une certification. Le propriétaire doit remettre au technicien le carnet d'entretien et le rapport annuel. Le rapport, établi dans le mois qui suit l'examen, doit indiquer, le cas échéant, les défauts relevés et est transmis à la personne ou l'entreprise chargée de l'entretien.

Les dates des premiers contrôles techniques sont fixées par le décret n° 2008-291 du 28 mars 2008. Elles dépendent des dates d'installation des ascenseurs et des dates de leur mise en conformité.

Droits des habitants de l'immeuble

Tout propriétaire, locataire ou occupant de l'immeuble peut saisir le juge des référés afin qu'il ordonne, éventuellement sous astreintes, la mise en conformité des ascenseurs.
Toute personne disposant d'un titre d'occupation dans l'immeuble peut obtenir, à ses frais, du propriétaire de l'ascenseur, communication du rapport du contrôle technique ou de ses conclusions.

› Quelles sont les mesures prises pour assurer la sécurité des équipements de l'immeuble ?

L'actuelle législation entend lutter contre la dégradation des immeubles, quand la sécurité des personnes est en jeu et ce, qu'il s'agisse d'immeubles locatifs ou en copropriété. Le maire peut prendre un arrêté obligeant les propriétaires à effectuer des travaux concernant notamment les ascenseurs, les installations de ventilation ou de production d'eau chaude, les appareils électriques, les canalisations et réseaux divers d'alimentation en énergie (gaz et électricité), le chauffage ainsi que les canalisations et réseaux divers d'évacuation (eaux usées, eaux pluviales).
Les propriétaires peuvent faire procéder à leur propre expertise. Ils doivent alors en informer le maire par lettre recommandée avec demande d'avis de réception. En cas de désaccord sur la nature ou l'ampleur des travaux à effectuer, le tribunal administratif est compétent pour ordonner une nouvelle expertise ou ordonner les vérifications qu'il juge nécessaires.
(Art. R. 129 du Code de la construction et de l'habitation).
Des mesures peuvent notamment être prises quand une copropriété ne dispose pas de ressources suffisantes pour assurer l'entretien de l'immeuble et les travaux indispensables.
Pour plus de renseignements, voir Ⓘ : *Copropriété, en difficulté.*
Sur la réglementation concernant la lutte contre les termites, voir Ⓘ : *Termites.*
Sur la protection de la santé des occupants d'un immeuble, voir Ⓘ : *Amiante ; Saturnisme.*

› Quelles sont les mesures prises pour assurer la sécurité dans les logements ?

Le monoxyde de carbone

Pour tenter de réduire les intoxications au monoxyde de carbone, le gouvernement a rendu obligatoires certains travaux portant sur l'aération des logements. Ces travaux obligatoires concernent les logements neufs et les locaux d'habitation existants.
L'arrêté du 23 février 2009 détermine les conditions techniques d'utilisation de ces appareils (système d'évacuation, conduits de raccordement, conduits de fumée, fréquence des contrôles ...).

Les logements neufs

Les locaux à usage d'habitation ou leurs dépendances, destinés à recevoir de façon fixe un appareil de chauffage ou de production d'eau chaude sanitaire d'une puissance inférieure ou égale à 70 kilowatts et utilisant les combustibles solides,

liquides ou gazeux doivent être munis lors de leur construction depuis le 1er janvier 2009 :
– d'une entrée d'air permanente directe ou indirecte dans le cas où l'appareil utilise, pour la combustion, une partie de l'air de la pièce dans laquelle il est installé ;
– d'un système d'évacuation vers l'extérieur des produits de combustion.
S'il s'agit d'un immeuble collectif, les installations de ventilation mécanique contrôlée (VMC) auxquelles sont raccordés des appareils utilisant le gaz combustible ou les hydrocarbures liquéfiés doivent être équipées d'un dispositif de sécurité collective.

Les logements existants

S'il s'agit d'un logement individuel comportant un appareil à combustion fixe de chauffage ou de production d'eau chaude sanitaire d'une puissance inférieure ou égale à 70 kilowatts et utilisant un combustible solide, liquide ou gazeux, le propriétaire doit installer une entrée d'air permanente et un système d'évacuation vers l'extérieur des produits de combustion.
Les propriétaires ont jusqu'au 1er juillet 2010 pour effectuer ces travaux si l'appareil n'utilise pas un gaz combustible ou un hydrocarbure liquéfié.
Les immeubles collectifs, équipés de ventilation mécanique contrôlée mise en service antérieurement au 9 août 1989, doivent être équipés d'un dispositif de sécurité collective à compter du 1er juillet 2010.

● Les risques d'incendie

En 2015, des détecteurs de fumée devront être installés dans tous les lieux d'habitation. Cette obligation pèse sur tout occupant du logement, locataire ou propriétaire.
Chaque logement devra avoir au moins un détecteur de fumée, l'occupant devant assurer son entretien et veiller à son bon fonctionnement.
(Art. L. 129-8 s. du Code de la construction et de l'habitation).
Pour inciter les occupants à procéder à l'installation de détecteurs de fumée, les compagnies d'assurance peuvent prévoir une minoration de la prime ou de la cotisation prévue par la police d'assurance garantissant les dommages incendie.
(Code des assurances, Art. L. 122-9).

Développement des logements locatifs

› Quelles sont les mesures prises en faveur des personnes défavorisées et en situation d'exclusion par le logement ?

Diverses lois ont mis en œuvre plusieurs séries de mesures destinées à favoriser le droit au logement des personnes les plus pauvres en redéfinissant les personnes prioritaires (personnes cumulant des faibles ressources et des difficultés d'insertion sociale), en faisant intervenir les associations de défense des personnes en situation d'exclusion par le logement dans l'élaboration des mesures d'aides…
Le droit à un logement décent inclut le droit de disposer également de la fourniture d'eau, d'énergie (gaz, électricité) et du téléphone dans son logement. Le service téléphonique est restreint et doit comporter la possibilité, depuis un poste fixe, de recevoir des appels ainsi que de passer des communications locales et vers les numé-

ros gratuits, et d'urgence. Il est possible d'obtenir une aide pour payer ces factures et le maintien de ces fournitures jusqu'à la réponse à la demande d'aide.
Aucune coupure d'électricité, de chaleur, de gaz et d'eau pour non paiement des factures ne peut intervenir du 1er novembre au 15 mars de l'année suivante, à l'encontre des personnes ou des familles qui ont reçu dans les 12 derniers mois une aide du Fonds national de solidarité.
Enfin, la loi n° 2007-290 du 5 mars 2007 a créé le droit au logement opposable. Toute personne résidant en France a droit à un logement décent et indépendant et ce droit est garanti par l'État.
(Art. L. 115-3 du Code de l'action sociale et des familles).

Bail à réhabilitation

Le bail à réhabilitation est conclu entre un propriétaire (bailleur) et un organisme HLM ou une société d'économie mixte ou encore un organisme social (preneur).
La durée du bail est de 12 ans minimum. L'organisme s'engage à effectuer pendant la durée du bail des travaux d'amélioration ou d'entretien, en vue de son occupation par des personnes prioritaires ou défavorisées.
Lorsque les 12 ans sont écoulés :
- le bailleur conserve les améliorations réalisées sans indemnité,
- le bailleur peut proposer aux occupants un contrat de location (la proposition doit être faite 6 mois avant l'expiration du bail),
- si le bailleur ne fait pas cette proposition et désire récupérer son logement libre, le preneur est tenu alors (3 mois avant la fin du bail) de mettre un autre logement à la disposition des occupants,
- le preneur est tenu de restituer à la fin du bail, le logement libre de toute occupation et de location.

Les loyers du bail à réhabilitation sont des revenus fonciers et doivent être déclarés à ce titre aux impôts. Toutefois, la valeur des travaux de construction, de reconstruction ou d'agrandissement réalisés par le preneur (l'organisme) et conservés par le propriétaire n'est pas assimilée à un revenu imposable.
Depuis le 1er janvier 2005, les logements loués sont exonérés de taxe foncière sur les propriétés bâties pendant la durée du bail.
(Art. 1384 B du Code général des impôts).
(Art. L. 252-1 et suivants du Code de la construction et de l'habitation ; Art. 33 quinquies du Code général des impôts).

Plan départemental d'action

Priorité pour les HLM

Le plan départemental d'action, auquel participent les communes et les associations de défense des personnes défavorisées ou en situation d'exclusion par le logement, est élaboré par l'État et le département.
Ce plan définit les critères de priorité pour l'attribution d'un logement social ou d'une aide financière du fonds de solidarité ainsi que pour la prise en charge des mesures d'accompagnement social individuelles ou collectives. Les priorités sont données aux personnes ou familles sans aucun logement ou menacées d'expulsion sans relogement, hébergées temporairement ou logées dans des taudis, des habitations insalubres, précaires ou de fortune, ainsi qu'à celles qui sont confrontées à des difficultés à la fois financières et d'insertion. Le droit d'accéder à un logement

décent et indépendant comprend également le droit de disposer de la fourniture d'eau, d'énergie et de services téléphoniques. Le plan est établi pour une durée minimale de 3 ans.
Le décret n° 2007-1688 du 29 novembre 2007 prévoit les modalités d'application de ces plans, leur contenu et leur durée, leur mise en œuvre et les objectifs à atteindre, leur cohérence avec les besoins des personnes concernées... Il fixe également le rôle et la composition du comité responsable de la mise en œuvre du plan et des instances locales.

Fonds de solidarité

Un Fonds de solidarité, financé principalement par le département, est destiné à aider ponctuellement les personnes visées dans le plan départemental.
L'aide financière peut être accordée aux personnes qui peuvent bénéficier d'un logement ou à celles qui, étant déjà locataires, ne peuvent faire face aux échéances de leur loyer et de leurs charges ou qui ne peuvent plus payer les factures d'assurance, d'eau, de gaz, d'électricité ou de téléphone. L'aide peut également consister en une garantie financière, un cautionnement, un prêt ou des avances remboursables ou encore une aide directe accordée aux associations qui mettent des logements à la disposition des personnes défavorisées. Ces associations doivent être agréées et avoir signé une convention avec l'État. Le Fonds est également compétent pour accorder des aides aux copropriétaires d'immeubles faisant l'objet d'un plan de sauvegarde qui sont dans l'impossibilité de payer leurs charges collectives ou les échéances de leur emprunt.
(Art. 6 de la loi n° 90-449 du 31 mai 1990).
Le Fonds peut être saisi directement par toute personne ou famille en difficulté et, avec son accord, par toute personne ou organisme y ayant intérêt ou vocation. Les modalités de saisine sont définies dans le plan départemental.
Le Fonds ne peut refuser une aide au seul motif que l'intéressé ne réside pas dans le département. Par ailleurs, tout rejet d'une demande d'aide doit être motivé.

● Le droit au logement opposable

L'État garantit à toute personne résidant sur le territoire le droit d'habiter dans un logement décent et indépendant.
Si ce droit n'est pas respecté, les personnes peuvent exercer un recours amiable puis, si nécessaire, un recours contentieux. Ce droit est reconnu aux citoyens de l'Union européenne, aux ressortissants d'un État de l'Espace économique européen ainsi qu'aux citoyens suisses vivant en France.
Il est aussi ouvert aux étrangers titulaires d'une carte de résident ou pouvant justifier d'au moins 2 années de résidence ininterrompue en France sous couvert d'une carte de séjour renouvelée au moins deux fois.
(Art. L. 300-1 et R. 300-1 du Code de la construction).

Le recours amiable

Dans les départements, une commission de médiation départementale est chargée de recevoir les demandes des personnes dans l'une des situations suivantes :
- n'ayant pas reçu de proposition adaptée à la demande de logement social, dans les délais prévus,
- sans logement,
- menacées d'expulsion et sans relogement,
- logées dans des locaux insalubres ou dangereux,

– handicapées ou ayant à charge un handicapé ou un enfant mineur et vivant dans des locaux sur-occupés ou ne disposant pas d'un logement décent,
– hébergées dans une structure d'hébergement ou une résidence hôtelière à vocation sociale de façon continue depuis plus de 6 mois ou logées temporairement dans un logement de transition ou un logement-foyer depuis plus de 18 mois.
(Art. L. 441-2-3 du Code de la construction et de l'habitation).
Si la commission n'est pas encore mise en place dans le département, les demandeurs peuvent s'adresser au préfet.
Le modèle du formulaire à utiliser en cas de recours amiable devant la commission a été mis en place par un arrêté publié au journal officiel du 8 janvier 2008 (CERFA n° 13940).
• Pour une demande de logement, la commission de médiation doit rendre sa décision dans un délai de 3 mois à compter de la réception de la demande ; ce délai est porté à 6 mois, jusqu'au 1er janvier 2012, dans les départements comptant une agglomération ou une partie d'agglomération de plus de 300 000 habitants et dans les départements d'Outre-mer.
Elle détermine pour chaque demandeur prioritaire, le logement qui doit lui être attribué ainsi que, éventuellement, les mesures de diagnostic ou d'accompagnement social et transmet au préfet la liste de ces demandeurs.
Si aucune offre de logement n'est faite dans un délai de 3 ou 6 mois suivant la décision de la commission le reconnaissant prioritaire, l'intéressé peut déposer un recours contentieux devant le tribunal administratif.
Ce recours doit être déposé dans un délai de 4 mois après l'expiration du délai précédent de 3 ou 6 mois.
• Si la commission est saisie d'une demande de place dans une structure d'hébergement, un établissement de transition, un logement foyer ou une résidence hôtelière à vocation sociale, elle doit rendre sa décision dans un délai de 6 semaines et, en cas de réponse positive, une place doit être proposée à l'intéressé dans un nouveau délai de 6 semaines au plus à compter de la décision de la commission (délai porté à 3 mois si la commission préconise un accueil dans un logement de transition ou dans un logement-foyer). Si aucune place ne lui est proposée à l'expiration de ces délais, le demandeur a 4 mois pour exercer un recours contentieux.

Les recours contentieux

La procédure devant le tribunal administratif doit être rapide puisque le président du tribunal statue en urgence dans le délai de 2 mois de sa saisine. Il peut adresser à l'État une injonction, sous astreinte.
Les recours contentieux peuvent être déposés :
– par les personnes déclarées prioritaires par la commission,
– à compter du 1er janvier 2012, par l'ensemble des demandeurs qui remplissent les conditions pour obtenir un logement social mais qui n'ont pas obtenu de proposition de logement dans un délai anormalement long.
(Art. L. 441-2-3 et R. 441-13 et suivants du Code de la construction et de l'habitation et Art. R. 778-1 s. du Code de justice administrative).

› Quelles sont les mesures prises pour inciter ou obliger les propriétaires à louer leurs logements vacants ?

Sur l'ensemble du territoire, de nombreux logements restent vacants, leurs propriétaires préférant les laisser inoccupés plutôt que de faire face aux risques éventuels d'une location (impayés, difficultés de reprise du logement, travaux, etc.).

Pour assurer le droit au logement pour tous et augmenter le nombre de logements sociaux, la loi n° 98-87 du 19 février 1998 a permis aux organismes d'HLM d'intervenir sur le parc locatif privé en louant à leurs propriétaires les logements vacants pour les donner en sous-location. La loi n° 98-657 du 29 juillet 1998 a, par ailleurs, organisé la possibilité pour le préfet de réquisitionner des logements vacants appartenant aux personnes physiques ou morales et a institué parallèlement une taxe perçue sur les logements inoccupés depuis 2 ans.

Le contrat de résidence temporaire

À titre expérimental, jusqu'au 31 décembre 2013, un dispositif visant à loger des résidents temporaires tout en assurant la protection et la préservation des locaux est mis en place.

Un propriétaire met à la disposition d'un organisme, public ou privé, des locaux lui appartenant. Une convention est signée entre eux. Cet organisme s'engage à protéger les locaux et à les rendre au propriétaire libres de toute occupation à l'échéance ou lors de la survenue d'un événement défini par la convention. La convention est conclue et, le cas échéant, renouvelée pour une durée minimale de 4 mois. Cette convention doit être agréée par le préfet.

Puis l'organisme et le résident signent un contrat de résidence temporaire. Il doit préciser notamment, le montant mensuel de la redevance due par le résident, le montant du dépôt de garantie, les obligations respectives des parties et les causes de résiliation du contrat.

Le contrat de résidence temporaire est conclu pour une durée au moins égale à 3 mois. Il est renouvelé par tacite reconduction sans pouvoir excéder une durée totale de 18 mois.

La redevance mensuelle due par le résident temporaire à l'organisme ne peut excéder 200 € (charges comprises). Elle peut être révisée annuellement.

Le résident peut résilier le contrat à tout moment en respectant un préavis de 15 jours. L'organisme peut résilier le contrat en respectant un délai de préavis d'1 mois.

(Loi n° 2009-323 du 25 mars 2009 ; décret n° 2009-1681 du 30 décembre 2009).

Locations par les HLM des logements vacants

Le nombre de logements sociaux disponibles étant insuffisant pour les besoins des personnes ou des familles disposant de peu de ressources, les organismes d'HLM sont autorisés à prendre en location ces logements vacants afin de les sous-louer à ces personnes.

L'organisme d'HLM, seul interlocuteur du propriétaire, sera ainsi garant des paiements des loyers et de la libération des locaux (au terme du bail ou en cas d'impayés).

Les logements concernés

Peuvent être pris à bail, avec l'accord du maire, les logements vacants depuis au moins 1 an et appartenant à une ou plusieurs personnes physiques. Le logement doit être situé dans une commune où le nombre de logements sociaux représente au moins 20 % des résidences principales de cette commune. Il doit être conforme aux normes minimales de décence prévues par le décret n° 2002-120 du 30 janvier 2002.

Si des travaux sont nécessaires pour le respect de ces normes, le propriétaire doit les effectuer. Il peut s'en charger lui-même ou demander à l'organisme d'HLM de les réaliser pour son compte. Le maire de la commune concernée doit donner son accord à cette location.

La durée du contrat de location

La durée du contrat liant l'organisme d'HLM et le propriétaire n'est pas fixée par la loi du 19 février 1998 instituant cette procédure de reprise. Ce contrat est donc lié à la durée du contrat de sous-location, lequel ne peut prendre fin que pour un motif sérieux et légitime. Hormis le cas de non-respect par le locataire de ses obligations, le motif sérieux et légitime reste à déterminer…

Cela étant, à l'issue du contrat et 3 mois avant sa date d'expiration, le propriétaire pourra, soit signer un bail directement avec le sous-locataire, soit exiger de l'organisme d'HLM la restitution des lieux, libres de toute occupation.

Le contrat de sous-location

• Les bénéficiaires : les logements repris sont réservés aux personnes qui remplissent les conditions d'attribution des logements HLM et notamment les conditions de ressources (fixées par les conventions HLM).

• Les modalités du contrat : le bail signé entre l'organisme d'HLM et le sous-locataire suit les règles prévues aux articles 3 à 7 et 21 à 24 de la loi du 6 juillet 1989 (bail écrit, état des lieux, dépôt de garantie, obligation pour le sous-locataire de contracter une assurance, délivrance d'une quittance, paiement d'un dépôt de garantie, possibilité de demander une caution, clauses résolutoires en cas de non-paiement du loyer ou des charges ou en cas de non-souscription d'une assurance…).

(Loi n° 89-462 du 6 juillet 1989, art. 3 à 7 et art. 21 à 24).

Le loyer est fixé réglementairement par zone géographiques. Il est indexé sur l'indice de référence des loyers publié par l'Institut national de la statistique et des études économiques.

Si le logement est conventionné, le sous-locataire peut percevoir l'aide personnalisée au logement.

• La résiliation par le sous-locataire : le sous-locataire peut résilier le contrat à tout moment moyennant un préavis de 3 mois, abaissé à 1 mois dans les cas prévus à l'article 15 de la loi du 6 juillet 1989 (mutation ou perte d'emploi, obtention d'un premier emploi, sous-locataire bénéficiaire du RSA ou âgé de plus de 60 ans et obligé de quitter son domicile pour des raisons de santé).

(Loi n° 89-462 du 6 juillet 1989, art. 15).

• La résiliation par l'organisme d'HLM : le sous-locataire bénéficie d'une certaine sécurité quant au maintien dans les lieux :

– la résiliation du contrat ne peut intervenir qu'en cas de motif sérieux et légitime (notamment en cas de non-respect des obligations de contrat) ;

– à l'expiration du bail signé entre l'organisme d'HLM et le propriétaire, un contrat peut être signé entre le propriétaire et le sous-locataire. À défaut, l'organisme d'HLM est tenu de fournir au sous-locataire un logement correspondant à ses besoins et à ses possibilités ;

– en cas d'abandon de domicile ou de décès du sous-locataire, le bail se poursuit au profit du conjoint ou, à condition d'avoir vécu depuis au moins 1 an avec le titulaire du bail, au profit des enfants, des parents, du concubin notoire ou encore des personnes à charge.

Cette transmission de bail n'est autorisée que si le bénéficiaire ne dispose pas de ressources excédant le plafond d'attribution des logements HLM.

(Art. L. 444-1 et suivants du Code de la construction et de l'habitation).

● Réquisitions par le préfet des logements vacants

Les réquisitions sont autorisées pour assurer le droit au logement des personnes les plus défavorisées et lorsqu'il apparaît dans la commune un déséquilibre important entre les demandes et les offres de logement. Les réquisitions sont effectuées par la préfecture. Les logements ainsi réquisitionnés sont attribués soit directement au bénéficiaire, soit à un organisme public ou privé qui se charge de les louer.

Réquisitions de logements avec attribution d'office au bénéficiaire

Les logements vacants depuis 6 mois au moins ou insuffisamment occupés (en dehors de la résidence principale du propriétaire) peuvent être réquisitionnés par le préfet pour 1 an renouvelable en faveur des personnes dépourvues de logement ou logées dans des conditions insuffisantes ou encore en cours d'expulsion.
Lorsque le propriétaire reçoit l'avis de réquisition, il dispose d'1 mois pour accepter la réquisition ou occuper son logement (en le louant, en l'habitant lui-même ou en le faisant habiter par une personne de sa famille).
Le bénéficiaire du logement ainsi mis à sa disposition n'est pas titulaire d'un bail mais d'une convention précaire. Il doit payer une indemnité d'occupation directement au propriétaire ou à celui qui a la jouissance du logement réquisitionné.
En cas de non-paiement, le propriétaire doit, dans les 15 jours de l'échéance, adresser une mise en demeure à l'occupant (par lettre recommandée avec AR) puis en avertir de la même façon le préfet.
Les échéances impayées sont alors versées par l'État.
(Art. L. 641-1 et suivants et R. 641-1 et suivants du Code de la construction et de l'habitation).

Réquisitions de logements avec attribution à un organisme intermédiaire

Le préfet a la possibilité de réquisitionner pour 6 ans maximum (ou 12 ans en cas de travaux) les logements vacants depuis plus de 18 mois et appartenant à une personne morale (société, groupement, association...).
Ne rentrent pas dans cette catégorie les logements qui appartiennent à une société civile constituée entre personnes de la même famille (jusqu'au 4e degré inclus).
Les logements réquisitionnés ne sont pas attribués directement aux personnes sans logement mais à l'État, une collectivité locale, un organisme d'HLM, une société d'économie mixte ou encore une association agréée dont l'objet est de procurer des logements à ces personnes défavorisées.
Le propriétaire (ou celui qui a l'usage des locaux) a un délai de 2 mois pour répondre à l'avis de réquisition. Il peut s'opposer à cette mesure en s'engageant à occuper les locaux dans le délai de 3 mois ou à y effectuer des travaux suivant un échéancier qui doit être accepté par le préfet.
L'organisme attributaire peut effectuer des travaux de rénovation avant de louer le logement aux personnes désignées par le préfet. Le montant de ces travaux vient en déduction de l'indemnité versée au propriétaire.
Un bail d'1 an renouvelable est signé entre l'organisme et le bénéficiaire.
Aucun dépôt de garantie ni caution ne sont demandés au locataire. Le loyer est fixé en fonction du prix de base au mètre carré de surface habitable fixé par décret. Il est révisé en fonction de la variation moyenne de l'indice du coût de la construction.
(Art. L. 642-21 et suivants du Code de la construction et de l'habitation).
En dehors de ces modalités, le contrat est soumis aux dispositions de la loi du 6 juillet 1989.
(Voir Ⓘ : *Locations (loi du 6 juillet 1989)*).

Le propriétaire du logement peut exercer auprès de l'organisme attributaire son droit de reprise du logement à l'issue d'un délai de 9 ans et moyennant un préavis d'1 an.
(Art. L. 641-1 et suivants du Code de la construction et de l'habitation).

● **Taxe sur les logements vacants**

Il est institué à compter du 1er janvier 1999 une taxe annuelle sur les logements vacants dans les communes appartenant à des zones d'urbanisation continue de plus de 200 000 habitants où existe un déséquilibre marqué entre l'offre et la demande de logements, où le nombre de demandeurs de logements est aussi anormalement élevé que le nombre de logements vacants. La liste des communes concernées doit être fixée par décret. Son montant est fixé par rapport à la valeur locative du logement et son taux est progressif (10 % la 1re année, 12,5 % la 2e et 15 % à partir de la 3e année).
La taxe est due lorsque le logement est resté vacant pendant 2 ans consécutifs au 1er janvier de l'année d'imposition.
Cette taxe est destinée à inciter les propriétaires à relouer les logements vides. Elle n'est pas due lorsque la vacance est indépendante de la volonté du propriétaire ou lorsque le logement est occupé au moins 1 mois par an pendant chacune des 2 années de référence.
(Art. 232 du Code général des impôts).

● **Récupération de la taxe d'habitation**

Depuis la loi du 13 juillet 2006 portant engagement national pour le logement, les communes qui n'appliquent pas la taxe sur les logements vacants peuvent décider d'assujettir à la taxe d'habitation les logements vacants depuis plus de 5 ans au 1er janvier de l'année d'imposition.
(Art. 1407 bis du Code général des impôts).
L'instruction de la Direction générale des impôts n° 69 du 14 mai 2007 a précisé les conditions d'application de cette taxe.
– La taxe s'applique à compter de 2007 (le logement doit être vacant depuis le 1er janvier 2002).
– Un logement est considéré comme vacant s'il est occupé moins de 30 jours par an.
– La taxe n'est pas due si la vacance est involontaire (par exemple si le logement doit faire l'objet de travaux pour être habitable ou encore si le bailleur ne trouve pas de locataire).
– En revanche, les exonérations ou dégrèvements ne sont pas applicables à cette taxe. Ainsi les personnes handicapées ou âgées n'en sont pas exonérées.
(Voir Ⓘ : *Taxe d'habitation*).

Les litiges

Les principaux litiges

Chacune des parties (locataire et bailleur) doit respecter les clauses du bail et les obligations mises à sa charge. À défaut, il est toujours possible de s'adresser au tribunal pour obtenir :
– soit l'exécution forcée de l'obligation,
– soit la résiliation du bail.

Par ailleurs, et quelle que soit la procédure suivie, le requérant peut également obtenir des dommages-intérêts.

● Les commissions de conciliation

Depuis leur création, les commissions de conciliation (composées d'un nombre égal de représentants de bailleurs et de locataires) sont compétentes pour régler les litiges entre bailleurs et locataires concernant le loyer. (Décret n° 87-449 du 26 juin 1987).

Par la suite, leur compétence a été étendue aux litiges relatifs à l'état des lieux, au dépôt de garantie, aux charges locatives, aux réparations, et dernièrement, aux normes de décence du logement loué.

Pour le règlement de ces litiges, la commission départementale de conciliation compétente territorialement peut être saisie soit par le bailleur soit par le locataire.

La saisine s'effectue par lettre recommandée avec avis de réception, ou par exploit d'huissier au secrétariat de la commission dont dépend le logement en question (adresse communiquée par la mairie ou la préfecture).

Il est nécessaire d'indiquer les nom, qualité et adresse de chaque partie ainsi que l'objet du litige.

Après avoir convoqué les parties, la commission s'efforce de les concilier. À défaut de conciliation, elle rend un avis dans le délai de 2 mois de sa saisine. Cet avis peut être transmis au juge saisi par l'une ou l'autre des parties.

(Loi n° 89-462 du 6 juillet 1989, art. 20).

› Litiges concernant les travaux

● Non respect des normes de décence du logement

Sans remettre en cause le bail, le locataire peut demander au bailleur la mise en conformité du logement. À défaut d'accord entre les parties ou de réponse du propriétaire dans un délai de 2 mois, la commission départementale de conciliation doit être saisie. À défaut de conciliation, le juge peut être saisi par l'une ou l'autre des parties.

Le juge peut aussi être saisi directement, la saisine de la commission n'étant pas obligatoire.

Le juge déterminera, le cas échéant, la nature des travaux à réaliser et le délai de leur exécution. Il pourra réduire le montant du loyer ou suspendre, avec ou sans consignation, son paiement et la durée du bail jusqu'à l'exécution de ces travaux.

(Loi n° 89-462 du 6 juillet 1989, art. 20-1).

(Voir ① : *Locations (loi du 6 juillet 1989), logement décent*).

● Mauvais état des lieux lors de l'entrée dans les lieux

Le locataire peut demander la condamnation du bailleur à effectuer les réparations nécessaires et notamment la remise en état des détériorations commises par le précédent locataire.

Il peut également demander l'autorisation d'effectuer lui-même les réparations aux frais du bailleur ou encore demander une suspension ou diminution temporaire du loyer.

Attention : si le propriétaire ne remplit pas ses obligations, par exemple en ce qui concerne l'entretien de l'immeuble, le locataire ne peut pour autant se faire justice lui-même en cessant les paiements des loyers.

Même s'il existe dans l'immeuble des malfaçons ou des non-finitions, le locataire n'est pas pour autant fondé à refuser le paiement du loyer.
S'il le faisait, il pourrait faire l'objet d'une procédure d'expulsion.
Ce n'est que dans l'hypothèse où la négligence du propriétaire rend totalement impossible la jouissance des locaux que le locataire pourrait être autorisé par le juge des référés, à suspendre ses paiements.

● Mauvais état des lieux au départ du locataire

Le bailleur est en droit de retenir tout ou partie du dépôt de garantie si le locataire quitte les lieux sans avoir effectué les réparations locatives mises à sa charge.
En cas de contestation, il convient de s'adresser au juge de proximité (tribunal d'instance) qui, après expertise, déterminera les obligations de chacun, les sommes éventuellement dues par le locataire, le solde du dépôt de garantie à rendre le cas échéant, etc.
Si le locataire reste débiteur, même après abandon du dépôt de garantie, le bailleur peut faire exécuter le jugement de condamnation en pratiquant les moyens de contrainte, tels que la saisie sur salaire, saisie sur compte bancaire, saisie du mobilier...

● En cas d'incendie ou dégâts des eaux

En ce qui concerne l'incendie, le problème de la responsabilité est traité par les articles 1733 et 1734 du Code civil.
Aux termes de ces articles, le locataire est présumé responsable d'un incendie qui endommage les lieux loués à moins qu'il ne prouve que l'incendie a une cause qui lui est parfaitement étrangère ou qu'il a pris naissance dans un autre appartement.
Le propriétaire n'est responsable que si l'incendie a pour origine un vice de construction de l'immeuble. Pour les dégâts des eaux provoqués par exemple par une fuite de robinet, la situation est pratiquement la même, dans la mesure notamment où une fuite est à l'origine d'une éventuelle inondation et provient d'une canalisation dont l'entretien incombe au locataire.
À noter : le locataire doit obligatoirement souscrire une assurance pour le local qu'il occupe.

› Litiges concernant le loyer et les charges

Indépendamment des problèmes des impayés, les désaccords entre locataires et propriétaires peuvent également porter sur les demandes de réajustement de loyer lorsque le bail vient à expiration.

● Les désaccords portant sur la fixation du loyer

Le loyer doit être fixé par référence aux loyers du voisinage quand, lors du renouvellement du bail, le bailleur estime que le loyer est manifestement sous-évalué et qu'il entend demander une augmentation à son locataire. (Pour les premières locations ou en cas de changement de locataire, le bailleur n'est plus tenu de s'aligner sur les loyers de locaux similaires).
La loi du 6 juillet 1989 a repris le principe de la saisine obligatoire des commissions de conciliation en cas de désaccord entre propriétaires et locataires portant sur le montant du loyer, lorsque celui-ci doit être fixé par référence aux loyers du voisinage (voir ci-dessus).
(Loi n° 89-462 du 6 juillet 1989, art. 17 [b] et [c] et art. 19).
(Sur la fixation du loyer, voir ① : *Loyer*).

Si les parties ne parviennent pas à se concilier devant la commission, le nouveau loyer sera fixé par le tribunal. Même s'il y a appel, le jugement est exécutoire par provision, c'est-à-dire que le montant déterminé est exigible dès la signification de ce jugement.
Pour les contrats de 8 ans portant sur les locaux 2B et 2C, le nouveau bail prend effet à l'expiration d'un délai de 6 mois à compter de la date de la proposition de contrat de location faite par le bailleur.
Pour les contrats venus à expiration, le contrat dont le loyer est fixé judiciairement est réputé renouvelé pour 3 ans à compter de la date d'expiration du précédent contrat.
(Loi n° 89-462 du 6 juillet 1989, art. 17 [c])
Pour les nouveaux contrats, la fixation judiciaire du loyer ne met pas en cause la validité du contrat de location ; le nouveau loyer s'applique dès l'entrée dans les lieux.

Les impayés

Sur la procédure, voir plus loin.

La prescription des loyers (arriéré et trop-perçu)

Pour les locations soumises à la loi du 6 juillet 1989, le délai de prescription en matière de loyers impayés est de 5 ans. Ce même délai de 5 ans est applicable également aux actions en remboursement de loyers indûment perçus (trop-perçu).
Pour les locations soumises à la loi du 1er septembre 1948 et les locations HLM, l'action en paiement des loyers se prescrit par 5 ans mais l'action en restitution de trop-perçu est limitée à 3 ans.
(Art. 68 de la loi du 1er septembre 1948, Art. L. 442-6 du Code de la construction et de l'habitation).
Le délai de prescription pour le trop-perçu court à compter du jour de la perception de chaque loyer illicite, et pour le loyer impayé, à compter du jour de l'échéance.
Cette prescription est interrompue par la citation en justice, le commandement ou la saisie.
(Code civil, art. 2240 et s.).
À noter : en vertu de la loi n° 91-650 du 9 juillet 1991, le créancier, en cas de loyer impayé peut, en s'adressant à un huissier, pratiquer une saisie conservatoire sur tous les biens de son débiteur (mobiliers, compte, salaire).
Il n'est pas nécessaire d'obtenir au préalable l'autorisation du juge dès lors que le loyer impayé résulte d'un contrat de bail écrit.
(Voir Ⓘ : *Saisies*).

La prescription des charges (arriéré et trop-perçu)

La loi n° 2005-32 du 18 janvier 2005 de programmation pour la cohésion sociale a aligné le régime des charges locatives sur celui des loyers.
Les actions en paiement des charges ainsi que les actions en répétition (ou remboursement) du trop-perçu se prescrivent par 5 ans.
(Code civil, art. 2224).
À noter : l'Agence nationale pour l'information sur le logement (ANIL) a mis en place un numéro vert « SOS loyers impayés » au 0805 160 075. En cas de situation d'impayés et pour éviter une éventuelle procédure d'expulsion, des conseils adaptés peuvent être prodigués tant aux locataires qu'aux bailleurs.

La caution

Lorsqu'une caution est intervenue au moment de la signature du bail, le montant des loyers et charges impayés par le locataire peut lui être réclamé.
Cette réclamation peut être notifiée par lettre recommandée avec AR ou par exploit d'huissier. Le bailleur doit indiquer de façon précise le montant des sommes dues.
La caution peut également être tenue au paiement des pénalités ou intérêts de retard à condition que le bailleur lui ait signifié, par acte d'huissier, un commandement de payer ces sommes. Cette signification doit intervenir dans le délai de 15 jours à compter de la signification du commandement adressé au locataire.
(Loi n° 89-462 du 6 juillet 1989, art. 24).

La procédure

› Quel est le tribunal compétent en matière de litiges entre propriétaire et locataire ?

Compétence d'attribution

Le tribunal d'instance est compétent pour les actions concernant un contrat de louage d'immeubles ou un contrat portant sur l'occupation d'un logement.
(Art. R. 221-38 du Code de l'organisation judiciaire).
Il est ainsi compétent pour les actions :
– en paiement des loyers et charges,
– en réduction du loyer,
– en résiliation du bail,
– en validation de congés,
– en matière de réparations locatives,
– en matière d'expulsion, etc.
Mais, exception à cette compétence exclusive, le juge de proximité est compétent pour une demande de restitution du dépôt de garantie dans la limite de 4 000 €.
(Art R. 231-4 du Code de l'organisation judiciaire).

Compétence territoriale

En vertu de l'article R. 221-48 du Code de l'organisation judiciaire, le tribunal territorialement compétent est le tribunal du lieu de la situation de l'immeuble, quels que soient les domiciles ou résidences respectifs des parties en présence.

› Comment se déroule la procédure devant le tribunal ?

La procédure devant le tribunal d'instance se déroule sans l'intermédiaire obligatoire d'un avocat.
(Voir ① : *Tribunal d'instance*).
Le demandeur peut :
– soit s'adresser au greffe du tribunal compétent pour citer en conciliation son adversaire (à défaut de conciliation, le tribunal rendra un jugement après assignation),
– soit assigner directement pour obtenir un jugement. Il convient alors de s'adresser à un huissier qui délivrera cette assignation.
Le juge peut condamner la partie défaillante à exécuter ses obligations, à payer les arriérés de loyer ou de charges. Il peut également prononcer la résiliation du bail.

› Comment obtenir la résiliation du bail ?

La résiliation du bail est le plus souvent demandée en raison du non-paiement des loyers. Mais elle peut être obtenue pour toute violation des obligations respectives des parties en suivant la procédure indiquée plus haut.

Le demandeur peut également obtenir la résiliation en appliquant une clause résolutoire insérée au bail.

Une clause résolutoire est une cause insérée dans un bail qui prévoit la résiliation de plein droit du contrat dans certaines hypothèses :

– le non-paiement du loyer ou du dépôt de garantie,

– la non-souscription d'une assurance,

– le non-respect en général des autres clauses du contrat par le locataire…

Pour les locations du secteur libre, les clauses résolutoires ne sont pas limitées. En revanche, pour l'ensemble des locations d'habitations principales ou mixtes, seules sont admises les clauses résolutoires pour le non-paiement du loyer, des charges ou du dépôt de garantie, pour la non-souscription d'une assurance et pour le non-respect de l'obligation d'user paisiblement des locaux loués, résultant de troubles de voisinage constatés par une décision de justice.

(Loi n° 89-462 du 6 juillet 1989, art. 4 [g]).

La clause résolutoire s'applique de plein droit, sous réserve de respecter les conditions suivantes :

• le propriétaire doit signifier au locataire (par huissier) un commandement de payer ou de respecter ses obligations.

• le locataire dispose alors de 2 mois :

– soit pour payer sa dette ou respecter ses obligations,

– soit pour demander au juge des référés un délai.

Le cas échéant, le commandement de payer doit également être signifié à la caution dans un délai de 15 jours à compter de la signification du commandement au locataire. À défaut, la caution ne peut être tenue au paiement des pénalités ou intérêts de retard.

(Loi n° 89-462 du 6 juillet 1989, art. 24).

Le juge peut alors accorder au locataire un délai de paiement de 2 ans maximum, compte tenu de la situation économique du propriétaire et du locataire.

Le délai suspend la clause résolutoire et le juge déterminera les modalités du règlement des loyers et charges impayés. Si, à la fin du délai, le locataire a réglé sa dette, le contrat se poursuit. Sinon, il peut être résilié par le juge.

À noter : la résiliation de plein droit pour défaut d'assurance a lieu 1 mois (et non 2) après le commandement demeuré infructueux.

(Loi n° 89-462 du 6 juillet 1989, art. 7 [g]).

Si le locataire ne saisit pas le juge lorsqu'il reçoit le commandement, le créancier doit assigner le locataire devant le juge d'instance pour faire constater la résiliation du bail. L'assignation doit être notifiée également au préfet (par lettre recommandée avec AR) 2 mois au moins avant l'audience. Cette notification a pour objectif d'alerter les organismes ou services sociaux du logement pouvant éventuellement procurer une aide financière au locataire ou lui attribuer un logement de remplacement.

Ces organismes diligentent une enquête financière et sociale au cours de laquelle le locataire et le bailleur peuvent présenter leurs observations.

Par ailleurs, lorsque la résiliation du bail (et l'expulsion) est demandée à titre reconventionnel par le bailleur (en réponse à une demande initiale de son locataire), cette demande reconventionnelle doit également être notifiée au préfet et l'audience du tribunal ne peut avoir lieu que 2 mois après cette notification.

À noter : ce délai incompressible de 2 mois entre l'assignation et l'audience est applicable également à toutes les assignations du bailleur non fondées sur la clause résolutoire mais tendant à obtenir la résiliation du bail pour non-paiement d'une quelconque dette du locataire.

Le juge saisi n'est pas tenu de constater la résiliation du bail, même si les délais du commandement sont expirés. Il peut accorder d'office au locataire des nouveaux délais de paiement s'il estime que ce dernier a la possibilité et les moyens de régler ses arriérés.

(Loi n° 89-462 du 6 juillet 1989, art. 24).

S'il s'agit d'un logement pour lequel le locataire perçoit l'aide personnalisée au logement ou l'allocation logement, l'organisme bailleur doit, 3 mois avant d'assigner le locataire pour faire constater la résiliation du bail, saisir la commission d'attribution de cette aide afin que ce versement soit maintenu.

(Art. L. 353-15-1 et L. 442-6-1 du Code de la construction et de l'habitation).

Lorsque l'organisme HLM demande la résiliation pour non-respect de l'obligation de respecter les lieux loués, il peut, avant d'assigner pour obtenir la résiliation du bail, faire une offre de relogement au locataire. Dans ce cas, il ne peut assigner avant un délai d'1 mois. Si le locataire refuse ou ne répond pas, il perd la possibilité d'obtenir des délais après le jugement d'expulsion.

(Loi n° 91-650 du 9 juillet 1991, art. 62).

(Art. L. 442-4-1 du Code de la construction et de l'habitation).

L'expulsion

Le locataire ne peut être expulsé qu'après une décision de justice ayant ordonné son expulsion et après signification d'un commandement d'avoir à libérer les locaux.

L'expulsion ne peut avoir lieu qu'à l'expiration d'un délai minimum de 2 mois qui suit le commandement.

Ce minimum de 2 mois peut être porté à 3 mois si, en fonction de la situation du locataire, de la période de l'année, des conditions atmosphériques..., l'expulsion aurait pour lui des conséquences dramatiques.

En revanche, ce délai peut être réduit ou supprimé si l'expulsion concerne des personnes entrées dans les lieux par voie de fait (squatters).

Le juge qui ordonne l'expulsion peut transmettre le jugement au préfet afin d'organiser le relogement du locataire dans le cadre du plan d'action pour le logement des personnes défavorisées.

(Loi n° 91-650 du 9 juillet 1991, art. 62).

(Voir ① : *Plan départemental d'action pour le logement*).

Après le jugement ou titre exécutoire ordonnant l'expulsion, un commandement d'avoir à libérer les locaux, par acte d'huissier, est signifié à la personne expulsée (le commandement peut être délivré dans l'acte de signification du jugement). Il ne peut être signifié à domicile élu.

À compter de la signification de cet acte, toute demande de délais doit être portée devant le juge de l'exécution du lieu de situation de l'immeuble.

Un procès-verbal des opérations d'expulsion est établi par huissier. Ce procès-verbal contient également l'inventaire des biens mobiliers.

Si ces biens mobiliers sont laissés sur place, le débiteur a 1 mois pour les retirer. À défaut, ces biens pourraient être vendus aux enchères comme dans le cadre d'une saisie-vente.
(Art. 194 à 209 du décret n° 92-755 du 31 juillet 1992).
(Voir Ⓘ : *Saisies, vente*).

› Un locataire peut-il obtenir des délais après un jugement d'expulsion ?

Le locataire peut demander des délais soit au juge qui ordonne l'expulsion (ce dernier pouvant aussi les accorder d'office), soit au juge des référés après le jugement ordonnant l'expulsion, soit au juge de l'exécution après la signification du commandement d'avoir à libérer les locaux (sauf s'il n'a pas donné suite à une proposition de relogement correspondant à ses besoins et possibilités).
(Loi n° 91-650 du 9 juillet 1991, art. 62).
Des délais sont accordés chaque fois que le relogement des intéressés ne peut avoir lieu dans des conditions normales, et ce, même s'ils ne possèdent pas de titre d'occupation des lieux.
La durée des délais accordés ne peut être inférieure à 1 mois ni supérieure à 1 an.
Ils dépendent de la bonne ou mauvaise volonté de l'occupant dans l'exécution de ses obligations, des situations respectives du propriétaire et de l'occupant, notamment en ce qui concerne l'âge, l'état de santé, la qualité de sinistré par faits de guerre, la situation de famille ou financière de chacun d'eux, les circonstances atmosphériques, ainsi que des efforts que l'occupant justifie avoir faits en vue de son relogement.
Le juge des référés doit être saisi par l'intermédiaire d'un huissier.
En ce qui concerne le juge de l'exécution, la loi n° 98-657 du 29 juillet 1998 relative à la lutte contre les exclusions prévoit la possibilité pour le débiteur de le saisir par une simple lettre recommandée avec demande d'avis de réception ou par déclaration faite au secrétariat-greffe du tribunal de grande instance. La demande doit préciser son objet, les nom, prénoms, profession et adresse du demandeur ou, s'il s'agit d'une personne morale, sa dénomination et son siège social. Elle doit également contenir un exposé sommaire des motifs ainsi que le nom et l'adresse de l'adversaire.
Les parties (demandeur et défendeur) reçoivent une convocation, fixant la date de l'audience, par lettre recommandée avec AR. Le demandeur peut aussi être informé oralement de la date de la convocation. Un temps suffisant entre la convocation (ou l'assignation) et l'audience doit être accordé au défendeur pour qu'il ait le temps de préparer sa défense.
Il est important de se rendre à l'audience pour éviter que le juge ne statue qu'en fonction des arguments de l'adversaire.
(Art. 17 et suivants du décret n° 92-755 du 31 juillet 1992 modifié par le décret n° 98-965 du 30 octobre 1998).
(Art. L. 613-1 et suivants du Code de la construction et de l'habitation).
Toutes les expulsions sont suspendues pendant la période d'hiver qui s'étend légalement du 1er novembre (Loi n° 90-449 du 31 mai 1990) au 15 mars.
(Art. L. 613-3 du Code de la construction et de l'habitation).
Il y a cependant une exception lorsque la personne expulsée est relogée dans des conditions conformes à ses besoins.

La loi n° 2004-439 du 26 mai 2004 réformant le divorce a également prévu une exception à ce principe lorsqu'il s'agit de l'expulsion d'un conjoint violent.
(Voir Ⓘ : *Divorce*).

› Que peut faire un propriétaire devant le refus de la force publique d'exécuter une décision d'expulsion ?

Il arrive fréquemment qu'un commissaire de police requis par l'huissier du propriétaire, pour exécuter une décision d'expulsion, fasse état d'instructions reçues de la préfecture, ou de l'absence d'instructions, pour ne pas exécuter une décision d'expulsion.
Dans ce cas, le propriétaire doit charger son huissier de faire sommation au commissaire de police compétent d'exécuter la décision d'expulsion.
Si le commissaire répond à cette sommation par une fin de non-recevoir, le propriétaire est alors fondé à former un recours pour refus de concours de la force publique devant le préfet de police, puis, dans le cas d'un rejet exprès ou implicite de ce recours, à saisir le tribunal administratif afin de demander l'annulation de la décision administrative de refus de concours et l'allocation de dommages et intérêts.
Le tribunal administratif donne pratiquement toujours satisfaction au propriétaire qui se heurte à un refus de concours de la force publique et qui demande des dommages et intérêts, en raison des conséquences dommageables de ce refus.

› Le locataire qui a obtenu des délais après le jugement d'expulsion doit-il payer le loyer ?

Puisqu'il n'y a plus de bail, ni de contrat de location (résilié ou venu à expiration), il n'y a plus de loyer.
Mais pour réparer le préjudice subi par le propriétaire, le locataire doit lui régler des « indemnités d'occupation ».
Ces indemnités sont, en principe, fixées par le tribunal.
Elles se substituent au loyer sans lui être nécessairement égales. Elles n'ont pas le caractère de sanction à l'encontre du locataire et sont donc dues même pendant les délais de grâce ou pendant la période d'hiver.

› Quelles sont les sanctions qui peuvent être infligées au locataire qui refuse de libérer les lieux ?

Si l'on se trouve hors période d'hiver ou si les délais qui ont été accordés sont expirés, ou encore si aucun délai n'a été accordé, le juge peut fixer une astreinte à l'encontre du locataire pour l'obliger à quitter les lieux.

● L'astreinte

L'astreinte est une somme d'argent due par jour ou par mois de retard. Elle peut être provisoire ou définitive.
L'astreinte provisoire signifie que le taux fixé par le juge peut être modifié en fonction du comportement du locataire ou des difficultés qu'il a rencontrées pour libérer les locaux.
Si le juge décide d'une astreinte définitive, son taux ne peut jamais être modifié, mais celle-ci doit être fixée pour une durée déterminée et après le prononcé d'une astreinte provisoire.
L'astreinte est liquidée (montant global fixé définitivement) lorsque les locaux ont été libérés.

Le juge peut également décider de supprimer définitivement l'astreinte s'il est établi que l'inexécution ou le retard dans l'exécution provient d'une cause étrangère. (Loi n° 91-650 du 9 juillet 1991, art. 34).

Par ailleurs, des dommages-intérêts peuvent être accordés au bailleur en fonction du préjudice qu'il subit.

Ces dommages-intérêts peuvent être attribués même lorsque le locataire a bénéficié d'un délai de grâce ou d'un sursis à expulsion en raison de la période d'hiver.

Le voisinage

La mitoyenneté

› Qu'est-ce que la mitoyenneté ?

La mitoyenneté est l'ensemble des droits et obligations de deux voisins copropriétaires de la clôture qui sépare leurs immeubles.
Les règles de mitoyenneté sont différentes selon qu'il s'agit d'un mur mitoyen ou de clôtures autres que les murs, comme les haies, fossés…
Dans tous les cas cependant, à la ville ou à la campagne, le mur (ou la clôture) mitoyen est celui qui sépare deux terrains contigus appartenant à des propriétaires voisins différents et en principe établi en limite séparative des deux terrains.
Ainsi un mur séparant deux bâtiments, deux cours, deux jardins, une cour et un jardin ou encore deux enclos dans les champs, est présumé mitoyen.
(Code civil, art. 653).
À l'inverse, un mur séparant un bâtiment et un jardin ne sera pas présumé mitoyen.
Un mur séparant deux bâtiments sera entièrement mitoyen si les deux bâtiments sont de hauteur égale.
Si les bâtiments sont de hauteur inégale, le mur sera mitoyen jusqu'à l'héberge, c'est-à-dire jusqu'à la hauteur du bâtiment le moins élevé.
En ce qui concerne les clôtures autres que les murs (palissades, haies, barrières, talus, remblais, fossés…), toute clôture séparant deux propriétés privées est présumée mitoyenne, sauf preuve contraire.
(Code civil, art. 666).

› Comment prouver qu'un mur est mitoyen ou privatif ?

Il est, en effet, fréquent qu'un propriétaire demande à son voisin de participer aux frais de réfection d'une clôture ou effectue des travaux sur le mur séparant deux bâtiments sans demander l'autorisation de son voisin, ou encore, appuie un ouvrage contre le mur.
Dans ces différents exemples, il est important pour connaître les droits et obligations des voisins de savoir si le mur est privatif ou mitoyen.
En effet, si le mur (ou la clôture) est privatif, seul son propriétaire a le droit de l'utiliser à sa guise, et de faire des travaux à ses frais.
À l'inverse, si le mur est mitoyen, il est « en indivision », c'est-à-dire que les propriétaires voisins ont des droits et obligations équivalents sur celui-ci.
En tout état de cause, c'est à celui qui invoque le caractère mitoyen (ou privatif) d'un mur, d'en apporter la preuve.

Le titre constatant la mitoyenneté

La meilleure preuve de la mitoyenneté est la production d'un titre commun aux deux voisins. Cela peut être un acte notarié ou tout simplement un accord écrit passé entre les propriétaires et éventuellement transcrit au bureau des hypothèques. De même, la non-mitoyenneté d'un mur, c'est-à-dire son caractère privatif, peut résulter, soit d'un acte notarié, soit d'un accord écrit passé entre les voisins constatant par exemple un abandon de la mitoyenneté du mur.

En effet, les règles contenues dans le Code civil concernant la mitoyenneté ne sont pas d'ordre public, cela signifie que les voisins peuvent y déroger par convention. En cas de contradiction entre deux titres, c'est le tribunal de grande instance qui tranchera.

Les présomptions

À défaut de titre, un mur servant de séparation entre deux bâtiments, en tout cas jusqu'à l'héberge, ou entre une cour et un jardin, ou encore des enclos dans des champs, est présumé mitoyen.

(Code civil, art. 653).

En revanche, à défaut de titre, si le mur séparant deux bâtiments, une cour et un jardin et des enclos dans des champs, présente un certain nombre de caractéristiques, il est présumé être privatif.

Tel est le cas notamment quand la sommité du mur est droite d'un côté et inclinée de l'autre. Il en est de même lorsqu'il n'y a que d'un côté du mur, un chaperon (tuiles…), des filets (saillies de pierres) ou des corbeaux de pierres (pierres destinées en principe à soutenir une poutre) qui y ont été mis en bâtissant le mur.

(Code civil, art. 654).

Pour les clôtures autres que les murs, le Code civil n'énonce pas de signe de non-mitoyenneté sauf pour les fossés (il y a dans ce cas marque de non-mitoyenneté quand la levée ou le rejet de la terre se trouve d'un côté seulement du fossé. Dans ce cas, le fossé est réputé appartenir exclusivement à celui du côté duquel le rejet se trouve.

(Code civil, art. 666).

Attention : une clôture autre qu'un mur n'est pas présumée mitoyenne si elle sépare deux terrains dont l'un n'est pas entièrement clos.

(Code civil, art. 666).

Dans tous ces cas, l'énonciation des marques de non-mitoyenneté données par les articles du Code civil n'est pas limitative.

La prescription

Il est également possible de prouver la nature mitoyenne ou privative d'un mur ou d'une clôture en se fondant sur une possession utile de celui-ci pendant 30 ans.

Ainsi, si un voisin établit que pendant 30 ans, au vu et au su de son voisin, il s'est comporté comme un véritable « copropriétaire » du mur (par exemple, en partageant les frais de réparation du mur avec son voisin), la clôture sera mitoyenne.

À l'inverse, si un voisin s'est toujours comporté comme le propriétaire exclusif du mur, sans que son voisin ne réagisse, la clôture sera privative.

Dans tous les cas, il devra prouver que la « possession » du mur a revêtu les qualités suivantes :

– non interrompue,

– paisible,
– publique et non équivoque.
(Code civil, art. 2261).
En outre, le délai pour pouvoir invoquer la prescription peut être réduit à 10 ans quand celui qui a la possession est de bonne foi et possède un juste titre (notamment un acte notarié), c'est-à-dire qu'il pensait que la clôture était mitoyenne, (ou à l'inverse privative) compte tenu du titre dont il disposait, ignorant l'erreur qui entachait ce titre (erreur de cadastre, par exemple).
(Code civil, art. 2227 et 2272).

› Peut-on obliger son voisin à céder la mitoyenneté d'un mur ?

On peut effectivement contraindre son voisin à transformer un mur privatif en mitoyen dans la mesure où le mur sépare deux terrains contigus et moyennant versement d'un prix au propriétaire.

Attention : cette cession forcée n'est possible qu'en cas de mur et non d'une autre clôture (haies, fossés, palissades…).

Celui qui désire acquérir la mitoyenneté doit adresser au propriétaire voisin une offre de contracter précisant notamment le prix demandé pour la partie de mur dont il demande la cession. En cas d'accord, un acte amiable de cession sera signé entre les parties. À défaut, le tribunal de grande instance dans le ressort duquel sont situés les terrains pourra être saisi après sommation effectuée par voie d'huissier, adressée au voisin, d'avoir à céder le mur pour le prix offert.
Dans tous les cas, le propriétaire devra rembourser à son voisin, la moitié de la dépense qu'a coûté le mur ou la portion du mur qu'il veut rendre mitoyenne et la moitié de la valeur du sol sur lequel le mur est bâti.
(Code civil, art. 661).

› Quels sont les droits des copropriétaires sur une clôture mitoyenne ?

Si la clôture n'est pas constituée par un mur, mais par des arbres, une haie, les produits (fruits ou fleurs) appartiennent aux deux propriétaires et sont partagés par moitié.
(Code civil, art. 669 et 670).
Quand la clôture consiste en un mur, les voisins peuvent planter des arbres en espalier de chaque côté du mur sans avoir à respecter de distance dans la mesure où les plantations ne dépassent pas la crête du mur.
(Code civil, art. 671).
En ce qui concerne les travaux que l'on peut effectuer sur un mur mitoyen, l'article 662 du Code civil précise que l'un des voisins ne peut pratiquer dans le corps d'un mur mitoyen, aucun enfoncement ni y appliquer ou appuyer aucun ouvrage sans le consentement de l'autre ou sans avoir, à son refus, fait régler par des experts les moyens nécessaires pour que le nouvel ouvrage ne soit pas nuisible aux droits de l'autre.
(Code civil, art. 662).
De fait, l'accord du voisin est nécessaire pour des travaux de quelque importance qui peuvent porter atteinte à la solidité du mur. En tout état de cause, en cas de refus du voisin, celui-ci ne doit pas être arbitraire mais être fondé sur des raisons sérieuses.

La démolition des ouvrages pourrait être ordonnée par le tribunal en cas de désaccord entre les parties s'il est prouvé que les travaux sont nuisibles au copropriétaire en affectant notamment la jouissance du voisin ou la solidité du mur.
Il est également possible au voisin d'un mur mitoyen de surélever le mur de séparation même sans demander l'accord de l'autre, dans la mesure où il ne porte pas préjudice à son voisin. Dans ce cas, la partie exhaussée restera privative, sauf si les voisins participent en commun aux frais d'exhaussement.
(Code civil, art. 658, 659 et 660).

› Quelles sont les principales obligations des propriétaires d'une clôture mitoyenne ?

Les propriétaires doivent s'abstenir de tout acte sur le mur portant atteinte aux droits du voisin (ils devront notamment ne pas dégrader ce mur).
Ils doivent participer à la réparation et à l'entretien du mur et même à sa reconstruction rendue nécessaire notamment par la vétusté du mur. Ils se répartissent les dépenses afférentes à ces travaux d'entretien, de réparation ou de reconstruction proportionnellement aux droits de chacun (en principe, par moitié).
(Code civil, art. 655).
En principe, des travaux de simple amélioration du mur ne nécessitent pas l'accord des deux voisins. Dans ce cas, les frais seront supportés par le seul voisin qui procède aux améliorations.

› Un voisin qui abandonne son droit de mitoyenneté sur un mur doit-il en régler les frais de réparation ou de reconstruction ?

Un propriétaire qui estime que les frais afférents au mur mitoyen sont trop importants compte tenu de l'utilité qu'il en retire, peut abandonner la mitoyenneté. Cet abandon peut être total ou ne porter que sur une partie du mur.
Cela dit, même en abandonnant la mitoyenneté, le propriétaire devra régler les frais de réparation ou de reconstruction du mur si c'est par sa faute que ces travaux ont été rendus nécessaires.
Attention : le propriétaire d'un bâtiment soutenu par le mur mitoyen ne pourrait renoncer à la mitoyenneté qu'en procédant à la démolition intégrale du bâtiment.

Les servitudes

Les servitudes privées

› Qu'est-ce qu'une servitude privée ?

Une servitude est une charge imposée à une propriété (terrain, bâtiment…) appelée « fonds servant » pour l'usage ou l'utilité d'une propriété appartenant à un autre propriétaire, appelée « fonds dominant ».
(Code civil, art. 637).
Par exemple, un propriétaire qui n'a pas accès sur la voie publique bénéficiera d'un droit de passage sur la propriété de son voisin (voir plus loin : *En quoi consiste le droit de passage en cas d'enclave ?*).

La servitude est attachée à la propriété et se transmet avec elle (par exemple, en cas de vente du terrain enclavé, l'acquéreur bénéficiera de cette servitude).
Le Code civil distingue trois sortes de servitudes :
– celles qui dérivent de la nature même des lieux : par exemple, servitude d'écoulement des eaux d'un terrain supérieur à un terrain inférieur, la clôture, le bornage ;
– celles découlant de la loi : par exemple, le droit de passage en cas d'enclave, la servitude de vues...
– celles résultant de conventions passées entre les propriétaires.
(Code civil, art. 639).
Les servitudes (autres que les servitudes légales) peuvent, par ailleurs, s'acquérir par prescription trentenaire. Cela signifie qu'après 30 années de possession de fait, celui qui, sous certaines conditions, exerce une servitude sans qu'il soit prouvé qu'il y ait droit (par exemple, perte du titre prouvant la servitude ou absence de titre), s'en trouve légalement investi comme bénéficiaire, et l'existence de la servitude ne peut plus être contestée.
Cependant, seules les servitudes continues et apparentes peuvent se prescrire. Une servitude continue est celle dont l'usage est ou peut être continu sans avoir besoin d'un fait actuel de l'homme (par exemple, la servitude de vue).
La servitude est à l'inverse discontinue quand elle s'exerce par à-coups et a besoin pour être exercée d'un fait actuel de l'homme (exemple : le droit de passage, de puisage...).
La servitude apparente est celle qui, pour être exercée, nécessite un ouvrage apparent : fenêtre, aqueduc...
À l'inverse, la servitude non apparente est constituée quand aucun ouvrage visible n'en révèle l'existence (exemple : servitude « non aedificandi » interdisant au propriétaire du fonds qui en est grevé, de construire).
(Code civil, art. 690).

Attention : l'exercice trentenaire de la servitude doit être continu, ininterrompu, paisible, public et non équivoque.
(Code civil, art. 690 et 2229).

L'intérêt de la prescription trentenaire est de faire la preuve de l'existence d'une servitude en l'absence de titre (perte de l'acte prévoyant la servitude) ou en l'absence de droit sur cette servitude.

Exemple : le Code civil impose aux propriétaires voisins des distances à respecter quand ils ouvrent une fenêtre donnant sur leur voisin (voir plus loin : *Jours et vues*).

Cependant, un propriétaire qui ouvre une fenêtre donnant chez son voisin, sans respecter ces distances et sans que le voisin ne réagisse pendant 30 ans, acquérera finalement un droit de vue et son voisin ne pourra l'obliger à obturer sa fenêtre.

Attention : si la servitude est continue et non apparente ou discontinue et apparente (ou non apparente), elle ne peut pas s'acquérir par prescription mais doit résulter d'un titre (convention, jugement...).

› Une servitude peut-elle disparaître ?

Les servitudes conventionnelles peuvent notamment se perdre par le non-usage pendant 30 ans.
(Code civil, art. 706).

Exemple : lorsqu'un droit de passage a été accordé par convention alors que le terrain n'était pas enclavé, le bénéficiaire qui n'use pas de ce droit pendant 30 ans perd

le droit de passage. Les servitudes légales ne peuvent pas disparaître par le non-usage.
Exemple : lorsqu'un terrain est enclavé, son propriétaire pourra toujours, même après 30 ans, demander un droit de passage chez son voisin.

L'écoulement des eaux

› En quoi consiste la servitude d'écoulement des eaux naturelles ?

Tout propriétaire doit recevoir sur son fonds des eaux de pluie ou de source découlant naturellement et sans que la main de l'homme y ait contribué, des fonds plus élevés.
À noter : cette servitude ne s'applique qu'aux eaux dont l'écoulement est le résultat naturel de la configuration des lieux et non par exemple, des eaux industrielles ou usées.
Ainsi le propriétaire du fonds inférieur ne pourrait élever une digue empêchant l'écoulement sous peine d'être condamné à faire disparaître cet obstacle.
De son côté, le propriétaire du terrain supérieur doit éviter toute aggravation de la servitude pour le terrain inférieur (par exemple : augmentation de débit d'eau trop considérable...). À défaut en effet, il pourrait être condamné à verser une indemnité au propriétaire du terrain inférieur.
C'est le tribunal d'instance du lieu des propriétés qui est compétent pour toutes contestations auxquelles peut donner lieu l'établissement ou l'exercice des servitudes d'écoulement des eaux.
(Code civil, art. 640 et s.).

Les clôtures

› Est-on obligé de clore sa propriété ?

Une des conséquences du droit de propriété est de pouvoir clore son fonds.
(Code civil, art. 647).
La possibilité de clôturer sa propriété peut être mise en œuvre à tout moment.
Il s'agit d'une simple faculté pour le propriétaire, sous réserve dans les villes du cas des clôtures forcées (voir question suivante).
Cependant, le droit de clôturer son terrain peut être limité par l'existence de servitudes, notamment de servitude de passage établie au profit du propriétaire voisin quand les fonds de ce dernier sont enclavés et qu'ils n'ont sur la voie publique aucune issue ou qu'une issue insuffisante, ou par la servitude d'écoulement des eaux (en effet dans ce cas, la clôture devra être construite de telle façon que l'écoulement des eaux se fasse normalement).
(Code civil, art. 647).

› Peut-on obliger son voisin à se clôturer ?

On peut effectivement contraindre son voisin à construire une clôture ou à participer aux frais de réparation de la clôture commune dans les villes et faubourgs uniquement (en effet, à la campagne cette disposition n'est pas applicable) dans les conditions suivantes :
– les terrains doivent être contigus, la clôture devant servir à séparer les maisons ou dépendances naturelles c'est-à-dire les cours ou jardins,

– la clôture forcée n'est possible que si elle consiste en un mur et non par exemple en un fossé, une palissade ou une haie,
– la clôture doit respecter certaines dimensions fixées par les règlements et usages locaux ou à défaut par la loi.
L'article 663 du Code civil prévoit en effet qu'à défaut de règlement d'urbanisme applicable à la commune précisant ce point, le mur de séparation doit avoir au moins 3,20 m y compris le chaperon dans les villes de 50 000 habitants et 2,60 m dans les autres communes.
(Code civil, art. 663).
Si le voisin s'oppose à la construction du mur, après demande amiable, c'est le tribunal de grande instance du lieu des propriétés saisies par le demandeur qui donnera l'autorisation de la construction à frais communs.

Le bornage

› Est-on obligé de borner sa propriété ?

Le bornage consiste à déterminer la limite exacte de séparation entre deux propriétés privées contiguës, en la fixant par des marques apparentes, les bornes.
Si le bornage d'un terrain est laissé à la faculté de son propriétaire, un voisin peut obliger ce dernier au bornage des propriétés si elles sont contiguës et bien entendu, si aucun bornage antérieur n'a été effectué.
Dans ce cas, le bornage se fait à frais communs.
(Code civil, art. 646).
Le bornage dans tous les cas ne peut être demandé que par le propriétaire du terrain et non par un simple locataire. À défaut d'accord amiable entre les propriétaires sur l'opération de bornage ou le partage des frais, c'est le tribunal d'instance qui est compétent. Si le litige entre les voisins porte sur la limite séparant leurs deux terrains, c'est le tribunal de grande instance qui doit être saisi.
À noter : toute promesse unilatérale de vente ou d'achat, tout contrat de vente d'un terrain indiquant l'intention de l'acquéreur de construire un immeuble à usage d'habitation ou à usage mixte d'habitation et professionnel sur ce terrain doit mentionner si le descriptif dudit terrain résulte d'un bornage effectué par un expert.
(Art. L. 111-5-3 du Code de l'urbanisme).
(Voir Ⓘ : *Bornage*).

Le droit de passage

› En quoi consiste le droit de passage en cas d'enclave ?

Le droit de passage en cas d'enclave est le droit de tout propriétaire dont le terrain est enclavé et qui n'a sur la voie publique aucune issue ou une issue insuffisante pour l'exploitation ou la desserte de son fonds, de réclamer sur la propriété voisine, un passage suffisant jusqu'à la voie publique.
(Code civil, art. 682 et s.).
Cependant, l'état d'enclave n'est pas reconnu s'il résulte d'un fait volontaire du propriétaire enclavé. L'assiette du droit de passage est fixée en principe à l'amiable. Dans ce cas, les voisins ont tout intérêt à établir un écrit fixant :
– le tracé de la desserte,
– les modalités de la jouissance,
– leur participation respective aux frais d'entretien…

À défaut d'accord sur tous ces points, le tribunal de grande instance pourra être saisi par l'un ou l'autre des voisins pour fixer les droits de chacun. La loi, dans ce cas, pose deux principes : le passage doit régulièrement être pris du côté du terrain enclavé à la voie publique où le trajet est le plus court.
Il doit être fixé dans l'endroit le moins dommageable à celui sur le terrain duquel il est accordé.
C'est également le tribunal de grande instance qui est compétent pour statuer sur une demande du propriétaire enclavé, de modification de la servitude, compte tenu des besoins (notamment de son exploitation).
Dans ce cas, le tribunal de grande instance pourra fixer l'indemnité due au propriétaire débiteur de la servitude à raison du préjudice qu'il subit du fait de la modification.

À noter : dans tous les cas, le droit de passage est prévu pour assurer la desserte complète du terrain enclavé. Ainsi, le propriétaire du terrain enclavé pourra faire passer ces canalisations souterraines indispensables à l'utilisation normale de son fonds, sous le terrain de son voisin.

Le propriétaire du fonds enclavé doit respecter les conditions d'usage de passage fixées par la convention ou par le jugement, sauf à demander la modification de la servitude devant le tribunal (voir plus haut). De son côté, le propriétaire du terrain débiteur du droit de passage, est tenu de ne pas entraver le libre passage de son voisin. Ainsi, s'il veut se clore, il ne doit pas empêcher le droit de passage ou le rendre incommode. À défaut, le propriétaire enclavé peut saisir le tribunal pour que les choses soient remises en état.

Distances des constructions et plantations

› Doit-on respecter des distances entre constructions voisines ?

C'est essentiellement le Plan local d'urbanisme (PLU), anciennement dénommé Plan d'occupation des sols – POS) applicable à la commune qui prescrit les distances à respecter entre constructions voisines.
À défaut de réglementation d'urbanisme applicable à la commune, l'article R. 111-18 du Code de l'urbanisme prévoit, que lorsqu'une construction ne jouxte pas la limite séparative des terrains, elle doit être écartée par rapport à cette limite d'une distance au moins égale à la moitié de la hauteur du bâtiment sans pouvoir être inférieure à 3 m.
Ainsi si la construction voisine a une hauteur de 10 m, elle devra être à une distance de 5 m au moins de la limite séparative. Ces règles sont prévues dans l'hypothèse où la construction n'a pas été faite sur la limite séparant les propriétés. En effet, une marge de reculement est prévue pour éviter les inconvénients dus aux espaces étroits entre deux bâtiments, sources d'inconvénients et d'humidité.

› Peut-on planter des arbres en limite de propriété ?

Il n'est permis de planter des arbres ou arbustes près de la limite de la propriété qu'en respectant les distances prescrites par les règlements et usages locaux.
À défaut, l'article 671 du Code civil prévoit qu'une distance minimale de 2 m de la ligne séparative doit être respectée pour les plantations dont la hauteur dépasse 2 m et une distance de 0,50 m pour les autres plantations.

Si un propriétaire ne respecte pas ces distances, son voisin peut exiger que les arbres soient arrachés ou encore étêtés, même en l'absence d'un quelconque préjudice.

Attention : si la situation irrégulière date de plus de 30 ans, il y a prescription et on ne peut plus invoquer un manquement de la part du voisin ne respectant pas les distances minimales. Ces différentes règles ne sont pas d'ordre public et les voisins peuvent se mettre d'accord pour que les arbres soient plantés à une distance inférieure à la distance légale.

À noter : celui sur la propriété duquel avancent les branches des arbres peut contraindre son voisin à les couper.
Si ce sont des racines, ronces ou brindilles qui avancent sur son terrain, il a le droit de les couper lui-même à la limite de la ligne séparative.
(Code civil, art. 671 et s.).

Jours et vues

› Quelle est la différence entre une vue et un jour ?

Les vues sont des ouvertures (fenêtres, vasistas, balcons, lucarnes…) permettant le regard sur le terrain voisin. À l'inverse, les jours ne laissent pas passer le regard, mais uniquement la lumière. L'article 676 du Code civil précise que constituent des jours, les fenêtres garnies d'un treillis de fer, dont les mailles ont environ 10 cm d'ouverture au plus et d'un châssis à verre dormant.
(Code civil, art. 676).
Si la vue est droite, c'est-à-dire si on peut voir le terrain voisin qui est dans l'axe de cette vue, il convient de respecter une distance minimale de 1,90 m entre le mur où est pratiquée cette vue droite et la limite séparative de la propriété voisine. Cette distance se compte depuis la façade extérieure du mur où l'ouverture se fait (ou depuis les lignes extérieures de balcon ou saillie s'il en existe) jusqu'à la ligne de séparation des propriétés.
(Code civil, art. 678 et 680).
Si la vue est oblique, c'est-à-dire si on ne peut voir le terrain voisin qu'en se plaçant dans une direction différente de l'axe de cette vue, en se penchant à gauche ou à droite, la distance légale à respecter est de 0,60 m.
(Code civil, art. 679).
Les jours, moins gênants pour le voisin, peuvent être ouverts à l'extrême limite des deux fonds. Cependant, leur arrête inférieure doit se trouver à hauteur de 2,60 m au-dessus du plancher du rez-de-chaussée et à une hauteur de 1,90 m du plancher des autres étages.
(Code civil, art. 676 et 677).

Attention : aucun jour ou vue ne peut être pratiqué dans un mur mitoyen.
(Code civil, art. 675).

Si le jour ou la vue a été pratiqué de façon irrégulière dans un mur, le voisin peut en demander la suppression devant le tribunal de grande instance. Cependant si la vue a été ouverte dans le mur voisin depuis plus de 30 ans, ce dernier peut invoquer l'existence d'une servitude de vue et il ne sera pas possible de l'obliger à supprimer cette fenêtre.
Les règles sont différentes en matière de jour ; dans ce cas, en effet, la suppression d'un jour irrégulier peut être exercé plus de 30 ans après sa création.

Tour d'échelle

› Qu'est ce que la servitude de tour d'échelle ?

La servitude de tour d'échelle consiste à pouvoir pénétrer chez son voisin pour effectuer des travaux sur son mur privatif. Cette servitude n'est pas prévue par le Code civil mais ses conditions d'application ont été élaborées par la jurisprudence. Les tribunaux accordent le droit de passage chez son voisin si les conditions suivantes sont réunies :
– les travaux doivent avoir un caractère indispensable,
– ils ne peuvent être réalisés qu'en passant chez son voisin,
– ils ne doivent pas provoquer de gène excessive,
– la durée et le lieu de passage doivent être limités,
– une juste et raisonnable indemnité doit être versée au voisin en cas de troubles de jouissance ou de dommages accidentels qui pourraient survenir (tels une haie abîmée ou des parterres de fleurs piétinés).
Si ces conditions sont réunies, le voisin qui s'opposerait au passage commettrait un abus de droit pouvant entraîner sa condamnation au paiement de dommages et intérêts.

Servitudes publiques

Bien que ne relevant pas des relations de voisinage, les servitudes publiques entraînent elles aussi des restrictions au droit de propriété qu'il est important de connaître.

› Qu'est-ce qu'une servitude publique ?

Les servitudes publiques sont exercées par l'Administration. Elles sont fixées uniquement par la loi (il n'y a pas de servitude publique sans texte).
Contrairement aux servitudes privées, il est impossible de s'en affranchir ou d'y renoncer.
Enfin, la servitude publique est imprescriptible : elle ne peut s'éteindre tant que la loi qui l'a fait naître demeure en application.
Parmi les servitudes publiques, on peut citer :
– les servitudes de protection des habitations par rapport aux lignes électriques à haute tension,
– la servitude de protection des forêts,
– la servitude de passage le long du littoral,
– la servitude de passage des canalisations d'eau potable ou d'eaux usées,
– la servitude de visibilité des lignes de chemin de fer, et des voies publiques,
– les servitudes relatives aux cimetières,
– les servitudes du plan de prévention des risques naturels prévisibles (servitude de construction, d'aménagement des terrains, etc.),
– la servitude de curage des cours d'eau.

› Comment connaître l'existence d'une servitude publique ?

Certaines de ces servitudes résultent d'un texte de loi et s'appliquent à tous les propriétaires qui sont alors censés la connaître (selon le vieil adage « Nul n'est censé ignorer la loi »).

Par exemple : la servitude de passage le long du littoral est prévue par les articles L. 160-6 à L. 160-8 du Code de l'urbanisme. Elle s'impose à tous les propriétaires de terrains en bordure de mer qui doivent laisser les promeneurs accéder à la plage.
D'autres servitudes prévues par la loi sont concrétisées par un acte administratif (arrêté préfectoral, par exemple). Cet arrêté est alors affiché en mairie et notifié par lettre recommandée à chaque propriétaire concerné.
Quant aux servitudes d'urbanisme (principalement les règles imposées aux constructions), elles sont notées dans le règlement annexé au Plan local d'urbanisme (PLU) anciennement dénommé Plan d'occupation des sols - POS) que tout propriétaire peut consulter en mairie.

Attention : si une indemnisation peut être prévue par le texte qui institue certaines servitudes administratives, en revanche, les servitudes publiques ne sont pas indemnisables.
(Art. L. 160-5 du Code de l'urbanisme).

Il en est ainsi de toutes les restrictions apportées au droit de construire (limitation de hauteur, de surface) ainsi que les interdictions (classement d'un terrain en zone inconstructible).

Les obligations des riverains des voies publiques

Les propriétés privées longeant les voies publiques sont soumises à un certain nombre d'obligations spécifiques constituant des servitudes d'ordre public ou administratives.

› Accès à la voie publique

Les riverains ont un droit d'accès sur les voies publiques, c'est-à-dire ouvertes à la circulation publique.
Le droit d'accès est le droit d'accéder à son immeuble à pied ou en voiture et le droit de stationner temporairement pour décharger ou faire monter les personnes dans le véhicule.

Attention : ce droit d'accès ne comporte pas automatiquement le droit de stationner plus longtemps devant la porte d'entrée de sa propriété. Le maire peut en effet réglementer ou interdire le stationnement tout au long de la voie publique.
(Art. L. 2213 du Code des collectivités territoriales).

Ce droit d'accès n'est pas reconnu si la voie n'est pas ouverte à la circulation. Par exemple, une place rendue piétonne par le maire a pu également être interdite aux voitures des riverains.
Les riverains n'ont pas non plus de droit d'accès direct sur les routes express, les autoroutes et sur les déviations.
(Art. L. 122-2, L. 151-3 et L. 152-1 du Code de la voirie routière).
Par ailleurs, pour les constructions nouvelles et quelle que soit la nature de la voie, le droit d'accès peut être limité ou interdit en cas de risques pour la sécurité des usagers (par exemple, si l'accès se situe dans un virage) et la délivrance du permis de construire peut être subordonnée à la réalisation de voies privées ou d'aménagements dans l'intérêt de la sécurité.
(Art. R. 111-4 du Code de l'urbanisme).

› Obligation de respecter la visibilité

Lorsque la propriété se situe près d'un croisement, d'un virage ou d'un point dangereux, les propriétaires riverains sont tenus de ne pas gêner le visibilité et, pour cela, peuvent être obligés de supprimer les murs de clôture, les plantations ou toutes constructions qui nuiraient à cette visibilité. De la même façon, sont interdites les nouvelles constructions ou plantations qui se révéleraient gênantes.
L'Administration peut également remblayer ou égaliser les talus qui gêneraient les conditions de visibilité.
(Art. L. 114-2 et R. 114-1 du Code de la voirie routière).
Ces servitudes doivent être prévues dans un plan de dégagement qui est notifié aux propriétaires concernés après approbation par le préfet. Les propriétaires qui ne se soumettraient pas à l'injonction adressée par l'Administration sont passibles d'une amende pénale.

› Obligation de supporter les ancrages ou appuis

• Éclairage public

Il s'agit du droit pour la commune d'installer sur les propriétés privées, riveraines d'une voie publique, des supports, ancrages, ouvrages et canalisations pour assurer l'éclairage public.
Ces installations n'empêchent pas le propriétaire de construire ou de démolir, de réparer, de surélever, de clôturer son terrain mais il doit, 1 mois avant d'entreprendre les travaux, avertir le maire.
En principe, le propriétaire ne peut demander une indemnité pour ces installations sur son mur sauf si les travaux causent des dégâts. Dans cette hypothèse, il faut demander une indemnité dans le délai de 2 ans à compter du jour où les travaux ont pris fin.
(Art. L. 171-2 et suivants du Code de la voirie routière).

• Signalisation

De même, les propriétaires doivent supporter sur la façade de leur maison les plaques de noms des rues, les panneaux de signalisation et les plaques commémoratives.
(Art. L. 113-1 du Code de la voirie routière).

› Obligation de supporter le débroussaillement

Pour limiter les risques d'incendie dans certaines régions à risques, les propriétaires des terrains bordant les voies publiques peuvent se voir imposer le débroussaillement sur une bande de 20 m de large de part et d'autre de la route.
Ces frais sont à la charge du propriétaire des voies, c'est-à-dire l'État ou la commune.
(Art. L. 322-7 et suivants du Code forestier).
À noter : lorsque le propriétaire est tenu de débroussailler son terrain ou autour de sa construction, les travaux sont à sa charge.
(Art. L. 322-1 et suivants du Code forestier).

› Interdiction d'installer des plantations

Il est interdit de planter des arbres ou des haies à moins de 2 m de la limite du domaine routier. Le non-respect de cette interdiction peut entraîner le paiement d'une amende pénale (contravention de la 5e classe).

En ce qui concerne les branches ou racines qui avancent sur les routes, le propriétaire doit les élaguer ou les couper. S'il ne le fait pas, l'Administration peut y procéder elle-même, à la place et aux frais du propriétaire.
(Art. R. 116-2 du Code de la voirie routière).

› Obligation de respecter le recu et l'alignement

La servitude de recul interdit de construire des habitations à moins de 50 m de l'axe des autoroutes et à moins de 35 m s'il s'agit de routes à grande circulation.
(Art. R. 111-5 du Code de l'urbanisme).
La servitude d'alignement est l'obligation de respecter la limite entre le domaine public routier et les propriétés privées, limite fixée par l'Administration.
L'alignement, déterminé par un plan d'alignement général ou par alignement individuel, a pour effet d'attribuer de plein droit (sans acte de vente) à l'Administration la propriété du terrain faisant désormais partie du domaine public.
Si le terrain est bâti, la propriété du sol est réservée à l'Administration et devient effective lors de la démolition du bâtiment. Le propriétaire n'a pas le droit d'entreprendre des travaux de rénovation ou de consolidation sur un bâtiment frappé d'alignement (sauf s'il est classé parmi les monuments historiques ou que les travaux d'élargissement des voies sont prévus à long terme, comme à Paris notamment).
Le propriétaire reçoit une indemnisation pour le terrain dont il est dépossédé. Cette indemnisation est fixée soit à l'amiable, soit par le juge de l'expropriation.
(Art. L. 112-1 du Code de la voirie routière).

› Obligation d'entretenir les trottoirs

Le maire a l'obligation d'assurer le nettoyage des voies publiques.
(Art. L. 2212-2 du Code des collectivités territoriales).
Il peut s'en charger ou, par arrêté municipal, obliger les riverains à nettoyer les trottoirs et notamment à enlever la neige ou à sabler en cas de verglas pour des raisons de sécurité des piétons.

› Obligation de se raccorder aux réseaux d'assainissement

Si la maison est construite avant la mise en place d'un égout communal, les propriétaires ont l'obligation de s'y raccorder et ce, même s'ils disposent d'un autre système d'évacuation (par exemple, une fosse septique). Le délai pour se raccorder est de 2 ans (délai pouvant être prolongé si la construction a moins de 10 ans et que le système en place est en bon état de fonctionnement).
Le propriétaire doit payer la taxe de raccordement et la redevance d'assainissement.
Si la maison est construite après la mise en place de ce réseau, le raccordement (à condition d'être prévu dans le Plan local d'urbanisme) est obligatoire et le propriétaire peut être tenu de participer aux frais d'installation du réseau. Cette participation est fixée par le conseil municipal.
(Art. L. 1331-1 et suivants du Code de la santé publique).
À noter : il n'y a pas d'obligation de se raccorder aux autres réseaux tels que les réseaux d'eau potable, d'électricité, de gaz... dès lors que la maison est construite avant leur installation.
(Art. R. 111-8 et suivants du Code de l'urbanisme).

› Obligation de laisser un passage pour piétons sur le littoral

Les propriétés privées riveraines du domaine public maritime sont grevées, sur une bande de 3 m de largeur, d'une servitude destinée à assurer exclusivement le passage des piétons. (Si elle n'est pas fixée par acte administratif, la délimitation entre les terrains privés et le domaine public maritime doit être établie par le préfet à la demande des propriétaires concernés.)
Cette servitude ne donne droit en principe à aucune indemnisation sauf en cas de dommage direct, matériel et certain. En cas de dommages, les propriétaires ont un délai de 6 mois pour réclamer une indemnisation au tribunal administratif.

Attention : cette servitude ne peut être requise sur un terrain situé à moins de 15 m d'une habitation construite avant le 1er janvier 1976 ni sur les terrains attenants aux habitations clôturées à cette même date. (La distance de 15 m peut être réduite dans certains cas et notamment si l'habitation est surélevée par rapport au passage.)

De même, la servitude peut être suspendue (à titre exceptionnel) si les piétons peuvent circuler le long des rivages de la mer grâce à des voies ou chemins ouverts au public, si elle se situe à l'intérieur des limites d'un port maritime, ou pour conserver un site protégé.
(Art. L. 160-6 et suivants et R. 160-8 et suivants du Code de l'urbanisme).

› Obligation des riverains des cours d'eau domaniaux

Les cours d'eau domaniaux sont soumis notamment :
– à la servitude de halage et de marchepied ;
– à la servitude de passage pour les engins de curage ;
– aux servitude contre les risques d'inondation.

● Servitude de halage et de marchepied

Les propriétaires riverains d'un fleuve ou d'une rivière faisant partie du domaine public (voies navigables ou flottables) sont tenus de laisser le long des rives où existe un chemin de halage un espace de 7,80 m de largeur.
Les arbres ou haies ne peuvent être plantés qu'à 9,75 m sur le bord où existe un chemin de halage et à 3,25 m sur l'autre bord. Les propriétaires riverains des autres cours d'eau ou des lacs domaniaux sont tenus de laisser un espace dit « de marchepied », c'est-à-dire un espace libre de 3,25 m le long des rives.
Lorsque la servitude de halage ou de marchepied est créée (à la suite, par exemple, de la modification du classement de la rivière), le propriétaire a droit à une indemnité qui est fixée, en cas de désaccord, par le juge de l'expropriation.
(Art. L. 2131-2 et suivants du Code général de la propriété des personnes publiques).

● Servitude de passage pour les engins de curage

Cette servitude consiste dans l'obligation pour les riverains des cours d'eau non navigables ni flottables (la liste est déterminée, après enquête, par arrêté préfectoral) de permettre le libre passage, soit dans le lit des cours d'eau, soit sur leurs berges, dans la limite d'une largeur de 6 m à partir de la rive, des engins mécaniques servant aux opérations de curage et de faucardement.
Cette largeur peut être augmentée par arrêté préfectoral.
Cette servitude ne concerne pas les terrains déjà bâtis ou clos de murs, les cours et jardins attenant aux habitations.
(Art. L. 215-14 et suivants du Code de l'environnement).

Servitude contre les risques d'inondation

La loi n° 2003-699 du 30 juillet 2003 relative à la prévention des risques technologiques et naturels et à la réparation des dommages a prévu la mise en place par l'État ou les collectivités territoriales de servitudes applicables aux terrains riverains des cours d'eau, des dérivations d'un cours d'eau ou situés dans leur bassin versant ou dans une zone estuarienne.
Ces servitudes ont pour but d'éviter les crues ou les ruissellements dans des secteurs situés en aval et de favoriser la mobilité de ces cours d'eau.
(Art. L. 211-12 du Code de l'environnement).
Ces servitudes peuvent consister en :
– la création des zones de rétention temporaire des eaux de crues ou de ruissellement, par des aménagements permettant d'accroître artificiellement leur capacité de stockage de ces eaux (les dommages matériels touchant les récoltes, les cultures, le cheptel mort ou vif, les véhicules terrestres à moteur et les bâtiments causés par une surinondation liée à une rétention temporaire des eaux ouvrent droit à indemnités pour les occupants) ;
– la création ou l'aménagement des zones de mobilité du lit mineur d'un cours d'eau en amont des zones urbanisées (certains travaux susceptibles de faire obstacle à l'écoulement des eaux peuvent être soumis, par arrêté préfectoral, à la procédure de déclaration préalable même s'ils en sont dispensés en règle générale).
Les zones soumises à ces servitudes sont délimitées par arrêté préfectoral pris après enquête publique.

Troubles du voisinage

Les fondements du trouble de voisinage

› Qu'est-ce qu'un trouble de voisinage ?

Les troubles du voisinage recouvrent des situations très variées de conflits liés à l'activité ou au comportement d'un particulier, d'une administration (chantiers publics, par exemple) ou d'une entreprise, qui par lui-même ou par l'intermédiaire de personnes, d'animaux ou de choses dont il est responsable cause un préjudice à son voisin. La proximité de voisins (immédiats ou non), que l'on vive en copropriété ou en maison individuelle, n'est, en effet, pas toujours facile et peut obliger à supporter certaines contraintes et désagréments. Ces contraintes concernent d'ailleurs tant les zones urbanisées que rurales. En cas de préjudice causé à un voisin, la question se pose de savoir s'il y a faute, abus (c'est-à-dire intention de nuire d'un voisin) ou trouble excessif. C'est ce dernier fondement qui est le plus souvent utilisé en justice.
Certains troubles font l'objet d'une législation spécifique comme le bruit (voir ci-dessous). Mais cela n'empêche pas la victime de fonder son action sur les troubles de voisinage.
Dans les décisions de jurisprudence, on constate en fait, souvent que la victime d'un trouble de voisinage utilise plusieurs fondements pour faire valoir ses droits, comme l'inobservation de dispositions réglementaires, la violation d'un règlement de copropriété, l'intention de nuire…

› La faute du voisin

La responsabilité civile du fauteur de trouble est engagée dans la mesure où ses agissements causent un dommage à autrui. Sa responsabilité sera alors recherchée sur la base de l'un des articles suivants :

– 1382 du Code civil : « Tout fait quelconque de l'homme, qui cause à autrui un dommage, oblige celui par la faute duquel il est arrivé, à le réparer.» C'est dans ce cadre que sera, par exemple, sanctionnée l'attitude malveillante du voisin qui déplace des bornes d'un terrain ou abîme la clôture commune ;

– 1383 du Code civil : « Chacun est responsable du dommage qu'il a causé non seulement par son fait, mais encore par sa négligence ou par son imprudence.» Il n'y a en effet pas toujours faute du voisin mais il peut y avoir carence ou négligence. Tel est le cas, entre autres, du propriétaire qui n'entretient pas son terrain ;

– 1384 du Code civil : « On est responsable non seulement du dommage que l'on cause par son propre fait, mais encore de celui qui est causé par le fait des personnes dont on doit répondre, ou des choses que l'on a sous sa garde… » Cet article sera retenu pour mettre en cause l'enfant du voisin qui fait du tapage nocturne ;

– 1385 du Code civil : « Le propriétaire d'un animal, ou celui qui s'en sert, pendant qu'il est à son usage, est responsable du dommage que l'animal a causé, soit que l'animal fût sous sa garde, soit qu'il fût égaré ou échappé. » Cet article peut être utilisé contre le maître de l'animal qui ne cesse d'aboyer, dévaste un jardin… ;

– 1386 du Code civil : « Le propriétaire d'un bâtiment est responsable du dommage causé par sa ruine, lorsqu'elle est arrivée par une suite du défaut d'entretien ou par le vice de sa construction. » De nombreux dommages proviennent en effet du mauvais entretien d'une construction (toiture qui s'effondre…).

(Code civil, art. 1382 à 1386).

En dehors de ces règles (responsabilité délictuelle), la victime peut prouver une faute de son voisin par rapport à un document comme le règlement de copropriété (par exemple, installation de cours de danse sans autorisation de la copropriété au-dessus de chez soi, encombrement des parties communes…).

Cette faute peut également être sanctionnée dans le cadre d'une législation spécifique que le voisin n'a pas respectée : hauteur de clôture, normes administratives d'hygiène, réglementation du permis de construire…

La faute peut devenir une faute pénale si le texte qui l'incrimine prévoit des sanctions pénales (prison, amendes…). Tel est le cas, par exemple, en matière de tapage nocturne (voir ci-dessous), de bris de clôture ou d'arrachage de bornes (sanctionnés comme des dégradations volontaires par le Code pénal) ou de construction irrégulière (maison, clôture, piscine…).

Celui qui s'estime victime d'une faute de son voisin (de ses enfants ou animaux…) doit donc prouver cette faute, le préjudice qu'il subit et le lien de causalité entre la faute et le préjudice.

› L'abus de droit

Dans cette hypothèse, il n'y a pas de faute car le propriétaire est bien dans son droit, mais il en abuse. Cette théorie est issue de la jurisprudence, comme pour les troubles anormaux de voisinage, et ne résulte pas d'un texte de loi. Cette action est difficile à entreprendre car il faut prouver un abus, c'est-à-dire une intention malveillante ou une volonté de nuire du voisin. Par exemple, un voisin, propriétaire d'un mur, le surélève dans le seul but de priver son voisin d'ensoleillement (Cour de cassation, 2e chambre civile, 18 janvier 1960). Autre exemple, un propriétaire a

été condamné pour avoir comblé, à l'aide de mortier de ciment, le vide existant entre sa véranda construite sur sa propriété et le mur appartenant au propriétaire du fonds voisin (Cour de cassation, 2e chambre civile, 19 décembre 2001).
Celui qui s'estime victime d'un abus doit donc prouver cet abus, le préjudice qu'il subit et le lien de causalité entre cet abus et le préjudice.

› Le trouble « anormal »

Le principe

La victime d'un trouble anormal de voisinage doit prouver, outre son préjudice, le trouble et son caractère excessif. Ici on ne recherche pas la faute du « causeur » du trouble, ni un abus de droit.
C'est sur cette théorie, qui ne découle pas directement d'un article de loi mais de la jurisprudence, que la plupart des procédures sont fondées. Il s'agit du principe selon lequel nul ne doit causer à autrui un trouble anormal de voisinage.
Tel est le cas quand l'attitude du voisin n'est pas fautive (son chien aboie mais le règlement de copropriété n'interdit pas les animaux). En revanche, il cause un trouble « anormal » à ses voisins (par exemple, les aboiements se produisent à toute heure du jour et de la nuit).
S'il revient au tribunal, lorsque les voisins ne trouvent pas de terrain d'entente, d'apprécier au cas par cas l'existence, l'étendue et l'importance du trouble de voisinage, la justice retient, en général, quelques critères précis.

Les critères généraux

Localisation du trouble

Les tribunaux tiennent compte de la localisation du trouble (secteur calme ou bruyant, campagne ou ville, zone résidentielle ou industrielle...). Le trouble (bruits, odeurs...) sera plus facilement reconnu dans une zone résidentielle ou d'habitation qu'en zone industrielle (lors de l'installation, par exemple, d'un atelier de confection bruyant mal tolérée). Mais ce n'est pas toujours le cas. Ainsi, on retiendra la notion de trouble s'il se produit dans une zone pavillonnaire et bien que celle-ci jouxte une zone industrielle (Cour de cassation, 2e chambre civile, 16 octobre 1991).
À l'inverse, en grande banlieue ou en zone rurale, certains troubles seront plus difficilement admis qu'en zone résidentielle : chute de feuilles, chant du coq... alors que d'autres seront plus facilement sanctionnés. Par exemple, dans une zone rurale à l'habitat dispersé, une vue dégagée fait partie des agréments d'une propriété. La construction d'un haut mur par le voisin peut constituer un trouble anormal.

Intensité du trouble

La justice retient également la fréquence et la durée du trouble mais aussi le moment où il se produit (le jour ou la nuit, l'hiver ou l'été...). Les troubles excessifs supposent une certaine continuité qui les rend insupportables. C'est pourquoi, les troubles liés à l'utilisation d'un barbecue par le voisin sont rarement admis (voir ci-dessous). De même, le moment de la semaine où se produit le trouble est important pour retenir l'existence ou non d'un trouble excessif (trouble du repos dominical ou des jours fériés).

Peu importe la légalité de l'activité ou de la construction

Pour apprécier s'il y a trouble anormal de voisinage, les tribunaux vont considérer seulement la gêne causée à la victime. Ils ne tiendront pas compte du fait que l'activité, à l'origine du trouble, soit légale ou que la construction entreprise soit régulière. Le fait d'avoir obtenu une autorisation administrative ou respecté les règles en vigueur ne peut pas être invoqué par l'auteur du trouble pour s'exonérer de sa responsabilité.

Antériorité de l'activité

Lorsqu'une personne vient s'établir à un endroit où est déjà installée une exploitation en activité causant un trouble, elle ne peut pas s'en plaindre puisque logiquement elle connaissait à l'avance l'existence d'éventuels désagréments. C'est d'ailleurs ce que précise l'article L. 112-16 du Code de la construction et de l'habitation pour certains dommages : « Les dommages causés aux occupants d'un bâtiment par des nuisances dues à des activités agricoles, industrielles, artisanales, commerciales ou aéronautiques, n'entraînent pas droit à réparation lorsque le permis de construire afférent au bâtiment exposé à ces nuisances a été demandé ou l'acte authentique constatant l'aliénation ou la prise de bail établi postérieurement à l'existence des activités les occasionnant dès lors que ces activités s'exercent en conformité avec les dispositions législatives ou réglementaires en vigueur et qu'elles se sont poursuivies dans les mêmes conditions ».

La situation est différente lorsque le trouble préexistant a augmenté depuis l'installation de la victime (par exemple, une exploitation qui s'est agrandie). Les tribunaux peuvent, dans ce cas, retenir l'existence d'un trouble anormal.

Quelques exemples de troubles anormaux

La liste qui suit n'est pas exhaustive mais tient compte des cas de troubles les plus fréquemment soumis aux tribunaux.

› Abandon d'un terrain

Le terrain voisin est abandonné, envahi par les mauvaises herbes. Les racines traversent le mur d'une clôture et endommagent les dalles de la terrasse. Un arbre est tombé sur le terrain sans que son propriétaire s'en préoccupe. L'abandon du terrain voisin se traduit par la prolifération d'animaux nuisibles… Tous ces éléments constituent bien évidemment des inconvénients anormaux de voisinage pouvant faire l'objet d'une action en justice. Celle-ci peut d'ailleurs être, le cas échéant, fondée sur une faute du propriétaire qui ne veille pas à la salubrité de son terrain.

À noter : il est également possible d'avertir le maire et la Direction départementale des affaires sanitaires et sociales (DDASS). Une procédure est, par exemple, prévue en cas d'abandon d'une propriété allant jusqu'à l'expropriation du terrain.

(Voir Ⓘ : *Maire ; Expropriation, terrains exposés à un risque naturel*).

(Art. L. 2212-2 et suivants du Code général des collectivités territoriales).

› Animaux

La présence d'animaux domestiques, comme les chats et chiens, entraîne souvent des conflits de voisinage. Leur maître doit tout mettre en œuvre pour éviter à ses voisins des troubles excessifs. À défaut, ces derniers pourraient lui demander la cessation du trouble et (ou) des dommages et intérêts.

La jurisprudence sur les troubles de voisinage a fréquemment eu à connaître des problèmes posés par les animaux bruyants. Ainsi, les aboiements répétés et intempestifs d'un chien, encouragé par son maître, constituent un trouble anormal pouvant gêner le voisinage même dans un environnement rural (Cour de cassation, 2e chambre civile, 6 décembre 1995).

(Voir Ⓘ : *Animaux ; Maire*).

(Code civil, art. 1385).

À noter : les propriétaires d'animaux sont responsables des dommages causés par leurs animaux sur un plan civil comme cela a été précisé ci-dessus (par exemple, si le chien du voisin abîme la clôture commune) mais également pénal (par exemple, si le maître laisse divaguer un animal susceptible de représenter un danger pour autrui).
Les troubles peuvent également concerner des animaux dans le cadre d'élevage industriel (poulaillers, porcherie...). Par exemple, le bruit et les odeurs d'un poulailler industriel en agglomération peuvent causer un trouble anormal aux habitations voisines (voir plus loin : *Odeurs et fumées*).

› Arbres, branches et racines

Un certain nombre d'inconvénients sur les propriétés résultent des dégâts causés par les arbres (branches et racines) plantés sur des propriétés voisines. Qui n'a pas entendu parler du problème des chênes plantés chez le voisin qui détériorent par leurs racines le sol du voisin ou encore qui le gênent par l'abondance de feuilles et glands qui tombent chez lui ? Aussi, la loi a-t-elle posé un certain nombre de principes essentiels à respecter en matière de distance des plantations.
(Voir Ⓘ : *Plantation (voisinage)*).
Mais, même plantés en respectant les distances légales, les arbres peuvent entraîner la condamnation de leur propriétaire pour troubles anormaux.
Ainsi, par exemple, des peupliers avaient provoqué dans une maison d'habitation voisine des dégradations (l'assèchement du sol argileux). Leur propriétaire a été condamné (Cour de cassation, 2e chambre civile, 29 juin 2000).
Dans une autre affaire, des peupliers avaient causé au propriétaire voisin un trouble anormal de voisinage du fait de la chute des feuilles mortes sur le toit, la terrasse ainsi que dans la cour voisine (nuisant au bon écoulement des eaux). En outre, le trouble est également causé par l'envahissement du fonds par les racines, ce qui entraînait des boursouflures du revêtement du sol dans la propriété voisine. L'abattage des arbres a été considéré par la justice comme le seul moyen de faire cesser les désordres (Cour de cassation, 2e chambre civile, 4 janvier 1990).
De même, le propriétaire d'un arbre appartenant à un couple en rez-de-jardin masquait la vue de l'occupant du premier étage d'un immeuble en copropriété. Son propriétaire a été condamné à l'élaguer sous astreinte (Cour de cassation, 2e chambre civile, 17 mars 2005).

› Bruits et travaux

Même s'il fait l'objet d'une législation spécifique (voir précédemment), la gêne causée par le bruit fait souvent l'objet d'action fondée sur la notion de troubles de voisinage. Qu'il s'agisse de bruits d'animaux ou de bruits aussi divers que ceux causés par un stand de tir voisin, d'une station de pompage, de haut-parleurs, de cavalcades d'enfants dans un appartement du dessus dans une copropriété ou d'un chantier de travaux public, le bruit est souvent invoqué.
Le bruit est, en effet, souvent allégué dans le cadre d'appartements en copropriété. Par exemple, il a été jugé que le copropriétaire qui remplace sa moquette par du parquet et des carreaux doublés de liège par d'autres revêtements ne respecte pas le règlement de copropriété qui impose aux habitants de l'immeuble de veiller au respect de la tranquillité de l'immeuble : en ce sens, il manque à ses obligations, ce qui autorise le tribunal à le forcer à exécuter des travaux d'isolation phonique (Cour de cassation, 3e chambre civile, 15 janvier 2003).

À noter : une disposition spécifique s'applique aux travaux en copropriété. En vertu du deuxième alinéa de l'article 9, quand des travaux sont votés en assemblée générale, en application des articles 25, 26-1 et 30 de la loi du 10 juillet 1965 (par exemple, travaux de raccordement d'un lot au transformateur imposé par EDF), les copropriétaires ne peuvent pas s'opposer à leur exécution dans les parties privatives si les circonstances l'exigent et si la gêne n'est pas durable. Mais cette règle légale doit être nuancée, d'après la Cour de cassation et, avant d'imposer ce trouble de jouissance, la copropriété doit rechercher s'il n'existe pas une autre solution permettant d'éviter de porter atteinte aux droits du copropriétaire sur ses parties privatives. Cette autre solution doit être choisie, même si le coût des travaux est plus important (Cour de cassation, 3e chambre civile, 12 mars 1997).

De façon générale, l'intensité du bruit, sa durée et l'heure à laquelle il se produit sont des facteurs importants permettant aux magistrats de dire si ce bruit est anormal ou non. Tel peut être le cas pour un chantier de construction qui occasionne des troubles excessifs aux habitations voisines comme dans cette affaire où, pendant la durée des travaux, les revenus procurés par la location d'une villa avaient été très inférieurs à ceux de l'année précédente (Cour de cassation, 2e chambre civile, 2 décembre 1982).

› Diminution de l'ensoleillement, la lumière ou la vue

Le problème de la privation de vue ou d'ensoleillement peut se poser quand un propriétaire fait édifier une construction qui prive son voisin de la vue ou de l'ensoleillement dont il bénéficiait auparavant. Le voisin peut avoir violé une règle d'urbanisme, notamment en ne respectant pas les règles de retraits minimaux par rapport aux limites voisines ainsi qu'une hauteur maximale.

(Voir Ⓘ : *Distance entre les constructions*).

Il peut aussi avoir parfaitement respecté la réglementation. Mais la perte de luminosité ou de vue (vue sur la mer, par exemple, pour une résidence secondaire) qu'occasionne la construction d'une maison sur le terrain voisin peut constituer un trouble anormal, même si les règles d'implantation de l'immeuble et le permis de construire ont été respectés. Tel était le cas dans une affaire où une villa subissait une perte d'ensoleillement notable à la suite de la construction d'un immeuble voisin de six étages. Autres préjudices invoqués dans cette affaire : le nombre de vues directes (fenêtres) sur la terrasse de la villa avait bien sûr augmenté et le passage commun aux deux maisons était bien plus souvent utilisé.

Cela entraînait une diminution de valeur de la villa d'au moins 25 %. Ces troubles ont été considérés comme dépassant les inconvénients normaux de voisinage (Cour de cassation, 2e chambre civile, 14 février 2004).

(Voir Ⓘ : *Vue (voisinage)*).

Dans une autre affaire, une maison construite en limite de propriété causait, par sa masse et sa proximité de l'habitation des voisins, un trouble anormal de voisinage. La maison comprenait un mur en béton de 8 m de hauteur de faîtage à moins de 2 m de cette façade constituant ainsi un véritable écran qui entraînait une baisse considérable et quasi permanente de l'ensoleillement et de l'éclairement du pavillon. Des dommages et intérêts ont été accordés aux voisins (Cour de cassation, 3e chambre civile, 28 juin 1989).

Mais il faut reconnaître que la perte de l'ensoleillement (ou même de la vue) n'est pas toujours considérée comme un trouble anormal. Les tribunaux insistent sur l'importance que doit revêtir cette perte pour pouvoir être indemnisée : une privation totale de lumière ou au moins sérieuse est souvent exigée.

› Encombrement des parties communes

L'encombrement des parties communes dans une copropriété (couloirs, parkings…) peut constituer un trouble anormal de voisinage. Rien n'est plus agaçant que de voir l'entrée de son parking constamment bloqué par le camion d'un autre copropriétaire ou le couloir commun obstrué de poussettes ou objets divers. La victime peut agir ou (et) demander au syndic d'intervenir (voir ci-après : *Qui peut agir et contre qui ?*).

› Odeurs et fumées

La présence d'un barbecue est souvent invoquée dans les sources de gêne pour les voisins. Constitue-il un trouble anormal ? Tout d'abord, la personne gênée par cette présence doit chercher si elle peut invoquer une réglementation à son profit. Sur le plan de sa commune, il faut savoir que le maire a la possibilité de réglementer l'utilisation du barbecue au sein de sa commune. Il est donc intéressant de contacter sa mairie afin de savoir s'il existe un arrêté municipal à ce sujet. Par ailleurs, dans un immeuble en copropriété, le règlement de copropriété peut interdire ou encadrer son utilisation. Le syndic pourra donc intervenir auprès du voisin puisque l'une de ses missions est de faire respecter le règlement de copropriété. Enfin, la justice peut être saisie d'une demande de cessation du trouble et dommages et intérêts sur le fondement des troubles anormaux de voisinage. La jurisprudence sur la question est nuancée et il est parfois jugé que le trouble n'est pas excessif du fait qu'il est épisodique et temporaire.

Exemple : la présence d'un restaurant au rez-de-chaussée d'un immeuble en copropriété peut être la source d'un important contentieux. En présence d'un règlement de copropriété stipulant que des locaux peuvent être occupés pour l'exercice de tous commerces ou professions à la condition qu'ils ne nuisent pas au bon aspect de l'immeuble et à sa tranquillité ni ne gênent par l'odeur ou le bruit les autres copropriétaires, la Cour de cassation a estimé que ces dispositions excluaient la possibilité d'installer une salle de restaurant avec ses dépendances au rez-de-chaussée de l'immeuble (Cour de cassation, 3e chambre civile, 22 mai 1986).

Mais qu'en est-il d'établissements industriels proches des zones habitées qui peuvent émettre des odeurs de produits chimiques ou des fumées sources de préjudice ?

La présence à la campagne de certaines exploitations, comme un élevage de porcs, a été sanctionnée dans une affaire où il était situé à proximité d'un château aménagé en gîte rural (à noter que l'exploitant avait pourtant obtenu les autorisations administratives nécessaires). Cette exploitation a été suspendue. Le paiement de dommages et intérêts a également été accordé au gîte pour les préjudices commerciaux et d'agrément subis (Cour de cassation, 2e chambre civile, 13 juillet 2004).

La présence d'un poulailler est considérée comme normale et ne causant aucun trouble excessif de voisinage dans une zone rurale. Elle peut, en revanche, être considérée comme causant des troubles anormaux de voisinage en agglomération.

De même, une porcherie qui s'était transformée progressivement en une exploitation importante, et n'avait pas respecté les distances minimales requises par les règlements sanitaires causait aux habitations préexistantes des troubles olfactifs importants qui excédaient les inconvénients normaux de voisinage (Cour de cassation, 2e chambre civile, 16 mai 1994).

À noter : les dommages causés par des nuisances dues à des activités agricoles, industrielles… font l'objet d'une réglementation particulière (voir ci-dessous : *Le préjudice et sa réparation*).

› Permis de construire et règles d'urbanisme

Des voisins peuvent souffrir d'un préjudice du fait d'une construction. Or, lorsqu'une construction a été édifiée conformément à un permis de construire, le propriétaire ne peut être condamné par un tribunal de l'ordre judiciaire du fait de la méconnaissance des règles d'urbanisme (ou des servitudes d'utilité publique) que si, préalablement, le permis a été annulé pour excès de pouvoir ou son illégalité a été constatée par la juridiction administrative.
(Voir Ⓘ : *Permis de construire*).
Or, cette construction, même régulière, peut occasionner des troubles considérés comme anormaux (Cour de cassation, 3e chambre civile, 20 juillet 1994). Tel pourra être le cas, par exemple, pour l'installation d'un hangar, d'une salle de sport…

› Risque d'incendie, préjudice esthétique et environnement

La présence d'un tas de paille et d'un dépôt de matériels hors d'usage ou usagés, à proximité immédiate de la maison voisine a été considérée comme entraînant un risque d'incendie et une gêne esthétique anormale. L'enlèvement sous astreinte a été ordonné (Cour de cassation, 2e chambre civile, 24 février 2005).
L'esthétique de l'environnement peut également entrer dans le domaine de la responsabilité pour trouble anormal de voisinage. Par exemple, des époux se plaignaient de divers troubles résultant pour eux de l'exploitation d'une carrière d'argile à proximité de leur maison installée postérieurement à l'édification de leur maison. La transformation de l'environnement du fait de cette carrière affectait les conditions d'habitabilité de la maison, située en pleine campagne et ayant une vocation de résidence secondaire (Cour de cassation, 2e chambre civile, 29 novembre 1995).
De même, pourrait être sanctionnés au titre d'une gêne esthétique anormale la vue sur des pylônes, des panneaux publicitaires, un dépôt de voitures… installés après l'installation de la victime sur les lieux.
Le fait de construire un mur de béton de 2 m de haut pour séparer deux propriétés a pu être considéré comme un trouble anormal de voisinage, même si le permis de construire pour ce mur a été obtenu. Le propriétaire du mur justifiait la hauteur du mur en indiquant que les relations avec ses voisins étaient si exécrables (insultes, dégradations, voies de fait, provocations) qu'il ressentait un sentiment d'insécurité, ce qui le poussait à se protéger… La diminution de la hauteur du mur a été ordonnée (cour d'appel de Besançon, 27 août 2002).

Construction sur le terrain d'autrui

Il y a empiètement quand un propriétaire construit sur son propre sol mais quand les constructions débordent sur le terrain voisin. Celui qui a installé la clôture ou la construction peut avoir agi par erreur ou être de mauvaise foi. Que peut faire son voisin qui constate cette intrusion sur son terrain ? Par exemple, il y a empiètement en cas d'avancée d'une toiture sur le fonds voisin, d'une construction ne respectant pas la limite séparative, de fondations dépassant cette limite séparative, d'une clôture mordant chez le voisin… (Cour de cassation, 3e chambre civile, 24 juin 1998 ; 16 décembre 1998).

L'empiètement constitue une atteinte au droit de propriété du voisin et le voisin n'a pas à supporter cet état de fait.
(Code civil, art. 544).
Le fondement de l'action engagée par le voisin n'est pas ici les règles de la responsabilité (faute, trouble ou abus) mais les règles de la propriété. Il lui suffit d'invoquer une atteinte à son droit de propriété.
Cette atteinte peut être sanctionnée par la démolition de l'ouvrage. La jurisprudence de la Cour de cassation est en effet très sévère pour les propriétaires dont les constructions empiètent chez le voisin, même de façon minime et sans gêne objective pour l'autre. Elle ordonne la démolition systématique (une décision a même ordonné la démolition d'une clôture pour un dépassement de 0,5 cm !).

Exemple : la construction ou clôture entièrement édifiée sur le terrain du voisin sans son accord. La règle légale est que le propriétaire du sol est présumé propriétaire du dessus et du dessous. Ainsi, le propriétaire du sol est réputé propriétaire des constructions, plantations et ouvrages existant sur celui-ci.

En conséquence, quand des constructions ont été faites par un tiers avec des matériaux appartenant à ce dernier, le propriétaire du terrain peut en conserver la propriété, à charge pour lui de rembourser son voisin ou, s'il prouve la mauvaise foi du voisin, l'obliger à les enlever et ce, à ces frais.
La bonne foi est toujours présumée en droit français : c'est au propriétaire du terrain sur lequel sont édifiés les ouvrages d'apporter la preuve de la mauvaise foi de son voisin. Peut être considéré comme de bonne foi celui qui construit sur le terrain de son voisin, à la suite d'une erreur légitime, sur son droit de propriété. Par exemple, il a construit sur la base d'un acte de vente contenant une erreur sur la superficie du terrain, erreur qu'il ne pouvait pas déceler.
Est de mauvaise foi, à l'inverse, le voisin qui a agi en l'absence de titre de propriété sachant parfaitement que le terrain n'était pas sa propriété. Il en est ainsi, par exemple, si le propriétaire voisin réagit immédiatement, lors des travaux de construction, en faisant sommation au constructeur d'avoir à cesser les travaux.
Les tribunaux apprécient, cas par cas, la bonne ou la mauvaise foi en recherchant à chaque fois si l'erreur était fondée sur un titre dont le voisin ignorait le vice.
(Code civil, art. 544, 545, 555 et 2268).

Attention : cette règle ne s'applique pas à la mitoyenneté. Le voisin ne doit pas conserver cette clôture s'il n'arrive pas à prouver la mauvaise foi du propriétaire riverain. Selon la tendance dominante, les tribunaux déclarent l'article 555 du Code civil inapplicable et en ordonnent assez systématiquement la démolition de la clôture. Tel était le cas dans une affaire où un couple avait édifié une clôture et planté une haie d'arbustes sur le terrain de leur voisin à 60 cm de la ligne séparative. Le voisin demandait aussitôt la démolition de ces ouvrages empiétant sur son terrain. Il perd, dans un premier temps, son procès devant la cour d'appel qui applique l'article 555 du Code civil et ordonne, non la démolition, mais sa condamnation à rembourser à ses voisins le coût des matériaux, des plantations et de la main-d'œuvre. Il a obtenu cependant gain de cause devant la Cour de cassation : pour la Cour, nul ne peut être contraint de céder sa propriété si ce n'est pour cause d'utilité publique (en cas d'expropriation). L'article 555 ne doit donc pas s'appliquer quand un propriétaire empiète sur la propriété voisine (Cour de cassation, 3e chambre civile, 5 décembre 2001).

(Voir Ⓘ : *Mitoyenneté*).

Comment est réglementée la lutte contre le bruit ?

Le bruit constitue depuis plusieurs années une préoccupation majeure des Français dans leur approche des problèmes de la vie quotidienne.
De nombreuses plaintes concernent des activités exercées sans précaution ou celles générées par le développement de loisirs bruyants.
On note aussi la progression des bruits provoqués par les animaux (principalement les aboiements des chiens) et ceux liés au comportement (voir ci-après).
Selon un rapport établi pour le Conseil économique et social, les bruits de comportement viennent en tête des plaintes (50 %) contre 15 % pour les nuisances sonores des discothèques. 75 % des troubles du sommeil seraient imputables au bruit…
Prenant acte du fait que de simple désagrément le bruit est devenu une question de santé publique et qu'il s'étend de plus en plus sur des périodes de repos et en fin de semaine, le législateur et le gouvernement sont intervenus en plusieurs étapes pour tenter de remédier à cette nuisance.

› Tapage nocturne et agression sonore

L'article R. 623-2 du Code pénal prévoit que seront punis d'une contravention de la 3e classe les auteurs ou complices de bruits ou tapages injurieux ou nocturnes troublant la tranquillité d'autrui.
Cependant, certaines tolérances sont admises, lorsque le bruit a pour origine, par exemple, une fête familiale et que celle-ci ne se répète pas trop souvent, de telle sorte que le critère, pour que soit retenue la contravention en matière pénale, est le caractère répété du bruit et l'intention de nuire.
Les personnes qui se rendent coupable d'agression sonore (acte volontaire) commettent le délit de violence morale.
(Code pénal, art. R. 623-2).

› Bruits provenant d'aéroports, d'activités sportives…

Le Code de l'environnement contient des dispositions pour « prévenir, supprimer ou limiter l'émission ou la propagation sans nécessité, ou par manque de précautions, des bruits ou vibrations de nature à présenter des dangers, à causer un trouble excessif aux personnes, à nuire à leur santé ou à porter atteinte à l'environnement ».
(Art. L. 571-1 et suivants du Code de l'environnement).
Il traite principalement :
– des objets ou dispositifs destinés à réduire les émissions sonores,
– des activités bruyantes exercées dans les entreprises, installations publiques, centres de sport…
– des contrôles et surveillances effectués pour prévenir et constater les infractions aux dispositions de cette loi.
De nombreux décrets sont intervenus concernant tant les victimes de bruits venant d'aéroport (aides financières aux riverains d'aéroports pour réaliser des travaux d'isolation) que ceux provenant d'engins agricoles ou des infrastructures de transport.

› Isolation phonique

En matière d'isolation phonique d'un immeuble, le vendeur ou le promoteur immobilier doit fournir une garantie concernant les caractéristiques acoustiques du bien.

Cette garantie est valable pendant un délai d'1 an à compter de la prise de possession du premier occupant de chaque logement.
La garantie décennale peut cependant être invoquée si le défaut d'isolation phonique nuit à la destination de l'ouvrage.
(Art. L. 111-11 du Code de la construction et de l'habitation).

› Bruits de voisinage liés au comportement et constatés sans mesures acoustiques

En dehors de textes particuliers (concernant les aéroports, les engins de chantier…), c'est le Code de la santé publique qui traite de la question.
Tout bruit de voisinage, lié au comportement d'une personne ou d'objet en sa possession ou d'un animal sous sa responsabilité, peut être constaté et sanctionné par une contravention de la 3e classe (comme le tapage nocturne) sans qu'il soit besoin de procéder à des mesures acoustiques, dès lors que le bruit créé porte atteinte à la tranquillité du voisinage par l'une des caractéristiques suivantes : la durée, la répétition ou l'intensité.
(Art. R. 1337-7 du Code de la santé publique).
Sont considérés comme des bruits de comportement le bruit provenant :
- des appareils de diffusion du son et de la musique,
- des outils de bricolage ou de jardinage,
- des appareils électroménagers,
- des pétards et feux d'artifice,
- des activités occasionnelles (fêtes, déménagements, travaux de réparation…),
- des jeux bruyants pratiqués dans des lieux inadaptés,
- de l'utilisation de locaux ayant subi des aménagements dégradant l'isolement acoustique…

Les personnes coupables de l'infraction risquent de se voir confisquer l'objet ayant servi à faire le bruit.

› Bruits de voisinage liés à des activités et constatés avec mesures acoustiques

Il s'agit des bruits provoqués par des activités professionnelles, culturelles, sportives ou de loisirs :
- organisées de manière habituelle (concerts, cinémas, théâtres, expositions, compétitions sportives, petits commerces, ateliers artisanaux, activités du secteur tertiaire…) ;
- ou soumises à autorisation (il en est ainsi des discothèques, des compétitions de sports automobiles, des sports et loisirs en plein air, chantiers, activités artisanales, industrielles ou commerciales non classées…).

Dans ces deux cas, en cas de dépassement de l'émergence et/ou de non-respect des conditions d'exercice relatives au bruit, une peine de contravention de la 5e classe est encourue.
Il faut s'adresser à sa mairie ou à la préfecture et prendre contact avec la Direction départementale des affaires sanitaires et sociales (DDASS) afin que des mesures soient effectuées.
L'établissement diffusant de la musique (discothèque, par exemple) peut aussi faire l'objet d'une fermeture administrative pour 3 mois maximum si son activité cause un trouble à l'ordre, la sécurité ou la tranquillité publics.
(Art. L. 2512-14 du Code général des collectivités territoriales).

L'émergence globale se définit comme la différence entre le niveau de bruit ambiant, comportant le bruit particulier en cause et celui du bruit résiduel, constitué par l'ensemble des bruits habituels, intérieurs et extérieurs, dans un lieu donné, correspondant à l'occupation normale des locaux et au fonctionnement normal des équipements.
L'article R. 1334-33 du Code de la santé publique donne un tableau des valeurs admises de l'émergence calculée en périodes diurne et nocturne, en y ajoutant un correctif tenant compte de la durée cumulée d'apparition du bruit particulier. L'émergence globale n'est recherchée que lorsque le niveau de bruit ambiant, comportant le bruit particulier, est supérieur à 25 décibels A (dB(A)) si la mesure est effectuée à l'intérieur des pièces principales d'un logement d'habitation, fenêtres ouvertes ou fermées, ou à 30 dB (A) dans les autres cas.

› Bruits des chantiers

Encourt également une peine de contravention de la 5e classe toute personne qui, à l'occasion de chantiers de travaux publics ou privés intéressant le bâtiment et leurs équipements soumis à une procédure de déclaration ou d'autorisation, aura été à l'origine d'un bruit de nature à porter atteinte à la tranquillité du voisinage ou à la santé de l'homme et qui :
– soit n'aura pas respecté les conditions de réalisation des travaux, d'utilisation ou d'exploitation de matériel ou d'équipement fixées par les autorités compétentes,
– soit aura négligé de prendre les précautions appropriées pour limiter le bruit,
– ou encore aura fait preuve d'un comportement anormalement bruyant.
(Art. R. 1334-36 et R. 1337-6 du Code de la santé publique).

› Carte de bruit et plans de prévention

Le bruit émis dans les grandes agglomérations (100 000 habitants et plus) et aux abords des principales infrastructures de transport (routières, autoroutières et ferroviaires) doit être évalué dans une « carte de bruit » établie par le préfet ou par les communes concernées.
La carte de bruit indique les données relevées par les indicateurs de niveau sonore. Elle fait l'objet de révision au moins tous les 5 ans et doit permettre d'évaluer l'évolution de cette nuisance. Les données sont rendues publiques.
Les plans de prévention ont pour objectifs de réduire les niveaux de bruit et de protéger les zones calmes. Les projets font l'objet d'une consultation du public.
Les cartes de bruit et les plans de préventions doivent être mis en place à partir du 30 juin 2007 pour les agglomérations de plus de 250 000 habitants et au plus tard en 2012 ou 2013 pour les autres (Art. L. 572-1 et suivants du Code de l'environnement).

Qui peut agir et contre qui ?

› Troubles de voisinage et location

Un propriétaire, même s'il ne réside pas sur sa propriété, a le droit de demander que soit mis fin aux troubles anormaux de voisinage provenant d'une propriété voisine, dans la mesure où il y a préjudice (comme par exemple, dans l'hypothèse des nuisances avérées provenant d'une entreprise voisine - Cour de cassation, 2e chambre civile, 28 juin 1995).

Quand la victime du trouble est locataire, elle peut directement agir contre l'auteur du trouble, quel qu'il soit, sans passer par son propriétaire. Elle peut également demander l'intervention de son bailleur qui est tenu de lui assurer une « jouissance paisible » des lieux. Le bailleur se doit alors d'agir auprès du fauteur de trouble.
Quand l'auteur du trouble est un locataire, la victime peut s'adresser indifférement à ce locataire, à son propriétaire ou, mieux encore, assigner ces deux personnes, le bailleur étant responsable des agissements de son locataire. Mais le bailleur ne sera pas toujours responsable : tel est le cas, par exemple, si les fauteurs de troubles sont des personnes qui demeurent chez le locataire ou ses enfants. Dans ces cas, en effet, seul le locataire est responsable.
Ainsi, si le voisin locataire a un fils qui joue de la trompette tard dans la nuit, et si les démarches amiables échouent, l'action aura plus de chance de réussir contre le locataire lui-même qui est responsable de son enfant que contre son bailleur qui peut invoquer les termes de l'article 1735 du Code civil.
(Code civil, art. 1382, 1735).
(Voir Ⓘ : *Bail*).

› Troubles de voisinage et copropriété

Chaque copropriétaire doit respecter les obligations de voisinage. Elles sont énoncées dans le règlement de copropriété : respect de la tranquillité des voisins, de l'harmonie et de l'esthétique générale de l'immeuble, interdiction de porter atteinte aux parties communes... Comme le précise l'article 9 de la loi du 10 juillet 1965 : « Chaque copropriétaire dispose des parties privatives comprises dans son lot ; il use et jouit librement des parties privatives et des parties communes sous la condition de ne porter atteinte ni aux droits des autres copropriétaires ni à la destination de l'immeuble. »
Certaines activités sont interdites en raison de la destination de l'immeuble s'il est principalement affecté à l'habitation (interdiction de tout commerce, par exemple). Le règlement de copropriété peut autoriser certaines activités (activités libérales, par exemple). Beaucoup de procédures fondées sur les inconvénients anormaux de voisinage ont trait à des installations de commerces (restaurant, garage) au mépris du règlement de copropriété (voir précédemment : *Odeurs et fumées*).
Dans tous ces cas se pose la question de savoir qui du syndic ou du (des) copropriétaire(s) concerné(s) peut agir en justice.
La loi prévoit que tout copropriétaire peut exercer seul les actions concernant la propriété ou la jouissance de son lot, à charge d'en informer le syndic. Si un copropriétaire peut prouver l'existence d'un tel trouble dans la jouissance de son lot, il peut directement agir contre un autre copropriétaire.
(Loi n° 65-557 du 10 juillet 1965, art. 9 et 15 alinéa 2).
Les troubles peuvent provenir de l'appartement voisin (bruits, odeurs...). Il appartient alors à la victime du trouble d'agir directement contre son voisin. Ils peuvent également provenir d'un usage abusif de parties communes par un autre copropriétaire. Dans ce dernier cas, s'il peut invoquer un préjudice personnel (par exemple, il n'est plus possible d'accéder à son parking privatif car son voisin se gare devant l'accès), le copropriétaire peut soit agir personnellement sur la base de l'article 15, soit demander au syndic d'intervenir pour faire respecter le règlement de copropriété. Le syndic doit rappeler le copropriétaire à l'ordre et tout mettre en œuvre pour que les troubles cessent. À défaut de résultat, il doit ensuite se faire autoriser en justice à demander la cessation des troubles. Le syndic qui n'applique pas les dis-

positions du règlement de copropriété engagerait sa responsabilité envers le syndicat des copropriétaires ainsi que sa propre responsabilité et celle du syndicat vis-à-vis des copropriétaires pris individuellement.
Une action conjointe en justice du copropriétaire avec le syndic (qui agit au nom du syndicat) peut également être envisagée.
De son côté, le syndicat des copropriétaires peut agir contre l'auteur du trouble quand celui-ci est collectif, c'est-à-dire qu'il y a gêne pour l'ensemble de la copropriété.
Ceci étant, le copropriétaire concerné peut également directement attaquer son voisin en justice en présence d'un préjudice personnel.

Le préjudice et sa réparation

› Le principe

Il appartient à celui qui se plaint d'un trouble de voisinage d'apporter la preuve de la réalité et de l'étendue du préjudice. Il peut s'agir d'un préjudice économique (perte de la valeur vénale d'un bien immobilier), d'un préjudice d'agrément ou esthétique (nuisances olfactives, perte de vues ou d'ensoleillement…), de troubles de santé (par exemple, des odeurs de peinture ou de gaz d'échappement venant d'un garage sont susceptibles de causer des dégâts aux voies respiratoires, des rejets d'une usine peuvent polluer le jardin potager du voisin, les bruits constants d'un chantier sont susceptibles d'altérer l'état psychologique d'une personne…).
Le juge, saisi du litige, va en apprécier l'étendue et procéder à sa réparation. La victime peut demander la réparation de son préjudice « en nature », c'est-à-dire que soit ordonnée toute mesure destinée à mettre un terme à la situation qui lui cause préjudice.
Ainsi, peuvent être ordonnés : la limitation de l'activité bruyante ou malodorante pendant certaines périodes, la pose de moquettes, l'élagage de l'arbre, la modification de l'inclinaison d'une toiture, l'habillage d'une canalisation aérienne pour la rendre plus esthétique, l'enlèvement d'un panneau publicitaire, l'interdiction d'utiliser une machine, l'exécution de travaux pour empêcher des infiltrations…
Au besoin, l'auteur du trouble peut être condamné à exécuter son obligation sous astreinte. Le juge fixe, par cette procédure, le versement d'une somme d'argent par jour de retard pris dans l'exécution de la condamnation.
Des dommages et intérêts peuvent également être accordés à la victime.
Dans les cas les plus graves, le juge peut ordonner la démolition ou la suppression de la cause du trouble : démolition d'un bâtiment, abattage des arbres, suspension d'une activité…

› Les dommages causés par des nuisances dues à des activités agricoles, industrielles, artisanales, commerciales ou aéronautiques

Les dommages causés aux occupants d'un bâtiment par des nuisances dues à des activités agricoles, industrielles, artisanales, commerciales ou aéronautiques, font l'objet d'une disposition du Code de la construction et de l'habitation. Ils n'entraînent pas droit à réparation lorsque le permis de construire de l'habitation exposée à ces nuisances a été demandé (ou l'acte authentique constatant la vente ou la prise de bail établi) après l'installation des activités occasionnant le trouble, dès

lors que ces activités s'exercent en conformité avec les dispositions législatives ou réglementaires en vigueur et qu'elles se sont poursuivies dans les mêmes conditions. (Art. L. 112-6 du Code de la construction et de l'habitation).
Une scierie a été exonérée de sa responsabilité car il était démontré que son activité existait avant la date de la délivrance du permis de construire des voisins et que l'activité était conforme aux règles en vigueur (Cour de cassation, 3e chambre civile, 27 avril 2000).
Mais cette exonération de responsabilité ne fonctionne pas en cas de changement des conditions d'exploitation par exemple, exploitation agricole céréalière qui devient un élevage de bétail (Cour de cassation, 2e chambre civile, 15 juin 2000).

Les moyens d'action

› Se rapprocher sans attendre de son voisin

En cas de trouble anormal (bruits, odeurs, arbres bouchant la vue...), la première démarche est de tenter de trouver rapidement un terrain d'entente avec son voisin, si possible de vive voix puis par courrier (prévoir une lettre courtoise dénuée d'agressivité). La victime du trouble doit conserver une copie de ce courrier dans l'hypothèse d'un procès.
En l'absence de réaction ou en cas de réaction négative, il est conseillé de faire appel à un huissier ou un expert pour constater la nuisance de façon à avoir une preuve, indispensable en prévision d'une action en justice (expert acousticien pour le bruit, par exemple). Toutes les preuves sont admises : attestations de proches ou de voisins, photographies... Ces preuves concernent tant, d'ailleurs, la preuve du trouble que celle du préjudice qu'il occasionne : attestation médicale en cas d'atteinte à la santé, évaluation par un notaire de la dépréciation vénale du bien...
Puis, une lettre recommandée avec avis de réception doit ensuite être adressée au fauteur de troubles en le mettant en demeure de cesser. Ces différents courriers doivent être très explicatifs (déterminer le type de bruit, par exemple, son moment d'intervention, sa périodicité...) ce qui évite lors du procès que le voisin joue l'étonnement.
L'intervention d'un tiers peut, à ce niveau, donner de bons résultats : bailleur si le voisin est locataire, syndic si l'immeuble est en copropriété, association ou conciliateur de justice.

› Faire appel au conciliateur

Dans ce dernier cas, les voisins soumettent le différend qui les oppose au conciliateur en justice en s'adressant à leur mairie. Il s'agit d'une procédure rapide, gratuite et sans l'assistance d'un avocat, qui donne de bons résultats en matière de troubles de voisinage.

› Se renseigner auprès d'une association

Une association de défense des personnes victimes de bruits excessifs ou de troubles de voisinage peut être consultée. Elle peut, sous certaines conditions, intervenir dans le procès. Il convient de se renseigner auprès de sa mairie.

› S'adresser au maire

Le maire peut être amené à intervenir dans le cadre de la lutte contre les troubles de voisinage : qu'il s'agisse d'animaux laissés en liberté, de terrains laissés à l'abandon ou encore de bruits excessifs, il est possible de contacter les services concernés de sa mairie.

Dans le domaine du bruit, le maire, par arrêté, doit réprimer toute atteinte à la tranquillité publique : les bruits y compris les bruits de voisinage, les rassemblements nocturnes troublant le repos des habitants, et tout acte de nature à compromettre la tranquillité publique.

La loi antibruit de 1992 (modifiant le Code général des collectivités territoriales) autorise le maire à soumettre les activités s'exerçant sur la voie publique à des prescriptions particulières relatives aux conditions d'horaires et d'accès à certains lieux et aux niveaux sonores admissibles (tondeuses à gazon, horaires de circulation…).

(Art. L. 2212-2, 2214-4, 2213-4 du Code général des collectivités territoriales).

Il est donc important de connaître les différents arrêtés pris en matière de bruit.

Le maire peut désigner des agents municipaux assermentés et commissionnés pour constater les infractions en matière de bruits.

Ces agents disposent de moyens très étendus, puisque, pour constater et rechercher les infractions, ils ont accès aux locaux, installations et lieux où sont réalisées les opérations à l'origine des infractions (à l'exclusion des domiciles ou de la partie des locaux qui sert de domicile). Ils peuvent demander la communication de tout document professionnel, en prendre copie et recueillir, sur convocation ou sur place, les renseignements propres à l'application de leur mission.

(Art. L. 571-19 du Code de l'environnement).

Certains établissements industriels, artisanaux et commerciaux, ne peuvent, par ailleurs, être ouverts que sur autorisation administrative. Il suffit donc de s'adresser à la préfecture pour vérifier que l'établissement a effectivement été autorisé.

› Faire intervenir la police

La police peut se déplacer dans certains cas de troubles constituant une infraction pénale (tapage nocturne, stationnement gênant) et dresser un procès-verbal immédiatement.

Si elle ne se déplace pas, il faut déposer des mains-courantes au commissariat (ou à la gendarmerie) en insistant sur la répétition des nuisances.

› Saisir la justice

Quand les multiples appels à l'ordre ne sont pas entendus, quand les tentatives de conciliation se transforment un dialogue de sourds, une action judiciaire peut permettre d'obtenir satisfaction. En fonction de la nature du trouble et de ce que l'on souhaite obtenir, le tribunal compétent sera civil (juge de proximité, tribunal d'instance ou de grande instance), pénal (juge de proximité, tribunal correctionnel) ou administratif.

● Agir au civil

Le bruit et les autres troubles anormaux de voisinage peuvent être sanctionnés sur un plan civil en invoquant, suivant le cas, les articles 1382 et suivants du Code civil, la notion d'abus ou d'inconvénient anormal de voisinage (voir précédemment).

(Code civil, art. 1382 et s.).

Le juge civil est saisi quand le texte ne prévoit pas de sanction pénale ou quand la victime d'un trouble sanctionné au pénal préfère la voie civile. La juridiction compétente sera, selon l'importance du litige, le juge de proximité, le juge d'instance ou le tribunal de grande instance.

Agir au pénal

Le trouble peut avoir pour origine une activité en infraction avec une réglementation (compte tenu de la multiplication des lois, règlements, décrets, arrêtés, portant création de normes environnementales, d'hygiène...) ou être prévu par le Code pénal (par exemple, tapage nocturne, dégradation de biens...). La victime peut choisir, dans ce cas, d'utiliser la procédure pénale en portant plainte (ou en saisissant directement le tribunal).

Dans cette hypothèse, l'auteur du trouble peut être condamné à une peine d'amende et, le cas échéant, à des dommages et intérêts en cas de constitution de partie civile en indemnisation du préjudice subi. Il peut également être amené à réparer « en nature » son infraction dans le cadre d'une médiation pénale ou d'un sursis avec mise à l'épreuve. La victime d'une infraction pénale peut également choisir la seule voie civile.

Le recours au juge administratif

Si l'auteur du bruit est une administration (cas, par exemple, du chantier public trop bruyant ou d'odeurs venant du dépôt d'ordures municipal), seul le tribunal administratif peut être saisi.

La procédure de référé

Il n'est pas forcément conseillé pour la victime d'un trouble de voisinage de saisir le juge des référés pour obtenir une décision consacrant son droit. En effet, cette procédure, même si elle est intéressante car donnant lieu à une décision de justice très rapidement, concerne les affaires où il n'existe pas de contestation sérieuse sur les droits invoqués. Or, les demandes en réparation de troubles de voisinage donnent lieu à de fréquentes contestations de la part des voisins contre lesquels le procès est dirigé.

En revanche, la procédure de référé peut être utile si la victime du trouble invoque par exemple la non-conformité d'une construction et demande la suspension des travaux. Cette procédure peut également être utilisée pour obtenir rapidement la désignation d'un expert ou des mesures conservatoires (travaux de consolidation d'une construction qui menace de s'effondrer...).

Les impôts locaux

Les impôts directs locaux sont établis d'après la valeur locative des immeubles (cette valeur locative est inscrite au cadastre de chaque commune) et en fonction des taux votés par chaque commune.
Ces impôts sont perçus au profit des collectivités locales (communes, départements, régions).
À partir du 1er janvier 2008, le montant cumulé de certains impôts directs tels que l'impôt sur le revenu, l'ISF, la CSG, la CRDS, la taxe foncière et la taxe d'habitation pour l'habitation principale ne doit pas dépasser 50 % des revenus du contribuable. Les sommes prélevées au-delà de ce seuil doivent être restituées au contribuable. C'est ce que l'on appelle le « bouclier fiscal ».

La taxe d'habitation

La taxe d'habitation est calculée d'après la valeur locative des biens imposables.

› Quels sont les immeubles imposables ?

• **Les locaux meublés**
La taxe d'habitation est due pour tous les locaux meublés affectés à l'habitation, pour les locaux qui sont occupés à titre privatif par les associations, sociétés et organismes privés et qui ne sont pas soumis à la taxe professionnelle, et pour les locaux meublés occupés par les organismes d'État des départements et des communes.
• **Les locaux à usage mixte** (habitation et professionnel) sont imposables à la taxe d'habitation, sauf si une partie de ces locaux a été spécialement affectée à une profession (par exemple, l'aménagement d'un cabinet dentaire). Dans ce cas, cette partie ne sera soumise qu'à la taxe professionnelle et non à la taxe d'habitation.
• **Les dépendances de l'habitation** (garages, terrains, piscines, serres, jardins, habitations légères, etc.) situées à proximité de l'habitation sont également soumises à la taxe d'habitation.
(Art. 1409 et suivants du Code général des impôts).

› Quelles sont les personnes imposables ?

La taxe est due par toute personne physique ou morale qui a la jouissance de locaux imposables (en sa qualité de propriétaire, locataire ou occupant), au 1er janvier de l'année d'imposition, et ce même si cette personne n'occupe pas réellement les locaux (il suffit qu'elle en ait la possibilité).
Si le logement est occupé par deux ou plusieurs personnes, la taxe est établie au nom de l'occupant principal (c'est-à-dire le titulaire du bail, ou bien le chef de famille, ou encore le mari s'il s'agit d'un couple marié).
S'il s'agit d'un couple marié, les deux époux sont solidairement tenus de payer cette taxe, même si l'impôt n'est établi qu'au nom d'un seul d'entre eux.

Si le logement est occupé par des partenaires liés par un pacte civil de solidarité et que ce logement constitue leur résidence commune déclarée lors de l'enregistrement de leur pacte, ils sont, comme les époux, tenus solidairement de payer la taxe d'habitation.
En cas de vente du logement, la taxe est réclamée à celui qui occupait les lieux au 1er janvier. Il pourra réclamer à l'autre occupant sa quote-part sur l'année considérée, au prorata de leurs occupations successives, si cette clause est prévue dans l'acte de vente.
(Art. 1408 du Code général des impôts).

› Qui peut bénéficier des abattements, exonérations et dégrèvements ?

Les abattements sont calculés sur la valeur locative imposable. Certains sont automatiques (abattement pour charges de famille), d'autres sont attribués facultativement par les communes ou les régions (abattement en faveur des personnes de condition modeste ou invalides).
Une exonération totale de la taxe est accordée pour leurs résidences principales aux titulaires de l'allocation de solidarité aux personnes âgées et de l'allocation supplémentaire d'invalidité. Sont également exonérés du paiement de la taxe mais sous conditions de ressources :
- les personnes âgées de plus de 60 ans,
- les veufs ou veuves,
- les personnes atteintes d'une infirmité ou d'une invalidité les empêchant de subvenir par leur travail aux nécessités de l'existence,
- les titulaires de l'allocation aux adultes handicapés,
- les personnes qui hébergent un enfant invalide ou titulaire de l'allocation aux adultes handicapés.

En principe ces personnes doivent vivre seules ou avec leurs conjoints ou encore avec des personnes à leur charge. Mais les personnes âgées de plus de 60 ans ou veuves peuvent aussi bénéficier de cette exonération si elles vivent avec un enfant majeur qui n'est pas à leur charge mais inscrit comme demandeur d'emploi et disposant de faibles ressources.
Les personnes qui ne rentrent pas dans ces catégories mais qui disposent de faibles revenus peuvent bénéficier de dégrèvements partiels.
Peuvent également être exonérées de la taxe d'habitation (à compter des revenus 2008), les personnes qui remplissent les conditions citées plus haut et qui sont hébergées en maison de retraite ou dans un établissement de soins tout en conservant la jouissance exclusive de leur résidence principale.
Enfin, des dégrèvements d'office sont accordés :
- aux gestionnaires de foyers de jeunes travailleurs, de foyers de travailleurs migrants et des logements-foyers,
- aux organismes ou associations louant des logements en vue de les sous louer aux personnes défavorisées,
- pendant 3 ans aux contribuables relogés en raison de la démolition de leur logement dans le cadre d'un projet conventionné au titre du programme national de rénovation urbaine.

(Art. 1413 bis à 1417 du Code général des impôts).

La taxe foncière sur les propriétés bâties

La taxe foncière est établie annuellement sur les propriétés bâties situées en France. Elle est perçue par la commune.

› Quelles sont les constructions imposables ?

Sont imposables les constructions proprement dites et les installations ou terrains assimilés à des constructions :
– les installations destinées à abriter des personnes ou des biens assimilés à des constructions (hangars, par exemple) ou à stocker des produits (réservoirs, silos…) ;
– les ouvrages de maçonnerie présentant le caractère de véritables constructions (telles les cheminées d'usine) ;
– les terrains et les sols des bâtiments formant une dépendance indispensable et immédiate des constructions (par exemple les jardins dont la superficie est inférieure à 500 m^2, les cours des bâtiments, les passages…) ;
– les emplacements de parking ;
– les terrains où sont édifiées des serres d'agrément assimilables à des bâtiments ou constituant une dépendance immédiate d'une maison ;
– les terrains non cultivés et employés à un usage commercial ou industriel (par exemple les terrains de camping, les courts de tennis…) ;
– les terrains, situés à plus de 100 m d'une agglomération, utilisés pour la publicité ;
– les bateaux à quai utilisés pour l'habitation ou pour un commerce (par exemple une péniche immobilisée où est exploité un restaurant ou transformée en maison).

À noter : certains bâtiments sont exonérés de la taxe foncière, notamment les édifices publics, les bâtiments ruraux ou encore les constructions neuves (destinées à l'habitation), pendant 2 ans.
(Art. 1382 et suivants du Code général des impôts).

› Qui doit payer la taxe foncière ?

La taxe foncière est établie au nom du propriétaire en titre au 1er janvier de chaque année. En cas de vente du bien en cours d'année, la taxe intégrale est réclamée au vendeur (propriétaire au 1er janvier) qui, le cas échéant, pourra se faire rembourser par l'acquéreur une partie de ce paiement. Ce remboursement devra être prévu lors de la vente.

Indivision

Lorsque le bien est en indivision, la taxe est établie au nom de tous les indivisaires. Entre eux, les indivisaires pourront en fractionner le montant selon leur part dans l'indivision.

Copropriété

Dans les immeubles en copropriété, chaque copropriétaire paie la taxe foncière pour ses parties privatives. Concernant les parties communes, la taxe est établie au nom du syndicat de copropriété.

Usufruit/nue-propriété

La taxe est réclamée à l'usufruitier.

Société immobilière

La taxe est établie au nom de la société considérée comme seule propriétaire de l'immeuble.

Locations

La taxe est toujours établie au nom du propriétaire qui en est le seul redevable vis-à-vis de l'administration.

Il peut cependant dans certains cas en demander le remboursement à son locataire (par exemple, dans un bail commercial).

Location-attribution

La taxe est payable par le locataire attributaire. Cette même règle est applicable sous certaines conditions aux locations-ventes.

(Art. 1378 quinquies I et 1400-1 du Code général des impôts).

› Qui peut être exonéré de la taxe foncière ?

• Sont exonérés de la taxe foncière :

– les titulaires des allocations supplémentaires ;

– les personnes âgées de plus de 75 ans au 1er janvier de l'année d'imposition ;

– les titulaires de l'allocation aux adultes handicapés.

Dans les deux derniers cas, il faut que les revenus des personnes ne dépassent pas une certaine limite.

L'exonération s'étend à la résidence secondaire pour les contribuables de plus de 75 ans.

• Peuvent bénéficier d'un dégrèvement (égal à 100 €) :

– les personnes âgées de plus de 65 ans au 1er janvier de l'année d'imposition et de moins de 75 ans (autres que celles qui bénéficient de l'exonération).

Le dégrèvement, en revanche, ne peut concerner que l'habitation principale.

• L'exonération ou le dégrèvement sont subordonnés à la condition suivante : le bénéficiaire doit habiter soit seul, soit avec son conjoint, soit avec des personnes à charge, soit avec des personnes percevant l'allocation supplémentaire ou dont les revenus ne dépassent pas une certaine limite.

• L'exonération ou le dégrèvement de la taxe foncière sont maintenus même si leurs bénéficiaires sont hébergés durablement dans un établissement de santé ou une maison de retraite, à condition toutefois qu'ils conservent la jouissance exclusive de l'habitation qui constituait leur résidence principale avant le nouvel hébergement. Cette habitation doit être libre de toute autre occupation pour bénéficier de l'exonération ou du dégrèvement.

(Art. 1391 B du Code général des impôts).

• Les propriétaires d'un logement vacant pendant au moins 3 mois peuvent demander à leur centre des impôts un dégrèvement.

Ce dégrèvement est rarement accordé, car il est nécessaire que la vacance des locaux soit due à une cause indépendante de leur volonté (le fait de ne pas trouver de locataire n'est pas reconnu comme telle).

De même, les locaux commerciaux peuvent être exonérés de la taxe foncière lorsqu'ils ne sont plus exploités pour une cause indépendante de la volonté de leur propriétaire.

Les dégrèvements de taxe foncière pour vacance d'une maison ou inexploitation d'un immeuble à usage industriel ou commercial, doivent être demandés au plus tard le 31 décembre de l'année suivant celle au cours de laquelle la vacance ou l'inexploitation atteint la durée minimum exigée.

• Les logements neufs sont exonérés pendant 2 ans de la taxe foncière, sauf suppression de cette exonération par la commune. (Art. 1383 du Code général des impôts).

• Les logements neufs économes en énergie (norme BBC RT 2005) achevés depuis le 1er janvier 2009 peuvent aussi bénéficier d'une exonération partielle de la taxe foncière pendant 5 ans (à compter de l'imposition pour 2010) sur décision de la commune. Cette exonération est applicable à compter de la 3e année qui suit l'achèvement de la construction si l'immeuble bénéficie déjà de l'exonération de 2 ans. (Art. 1383-0 B bis du Code général des impôts).

• Exonération possible (de 25 ou 50 %) pour les habitations achevées avant la mise en place d'un plan de prévention des risques technologiques et situées dans le périmètre d'exposition aux risques. À compter de l'imposition de 2011, les collectivités locales peuvent moduler cette exonération de 15 à 60 %.

• La loi n° 96-987 du 14 novembre 1996 relative à la mise en œuvre du pacte de relance pour la ville prévoit également des exonérations (pendant 5 ans) de la taxe foncière pour les immeubles situés dans les zones franches urbaines et dans lesquels sont exercées certaines activités entrant dans le champ d'application de la taxe professionnelle.

(Art. 1383 B du Code général des impôts).

• Une exonération de 15 ans est accordée aux constructions de logements neufs à usage locatif financés au moyen de prêts aidés par l'État. Les logements conventionnés ou les logements-foyers acquis depuis le 1er janvier 1998 avec le concours financier de l'État en vue de leur location, ainsi que les logements conventionnés acquis pour la location ou l'attribution temporaire par des organismes agréés bénéficient également de cette exonération pendant 15 ans. La demande d'exonération doit être envoyée avant le 1er janvier de la 1re année à compter de laquelle le redevable peut bénéficier de l'exonération.

À noter : la durée de l'exonération est portée à 25 ans lorsque la décision de subvention ou de prêt est intervenue entre le 1er juillet 2004 et le 31 décembre 2009. (Art. 315 bis Annexe III et art. 1384 A et suivants du Code général des impôts).

Les autres impôts locaux

› Quels sont les autres impôts locaux ?

Font également partie des impôts locaux :

– les taxes annexes de la taxe foncière : la taxe d'enlèvement des ordures ménagères et la taxe de balayage, taxes facultatives pour les communes.

(Art. 1520 et suivants du Code général des impôts) ;

– la taxe locale d'équipement perçue sur les opérations de construction, reconstruction et agrandissement. Elle est obligatoire dans les communes de plus de 10 000 habitants et dans les communes de la région parisienne désignées par décret. Dans les autres communes la taxe est instituée par décision du conseil municipal.

(Art. 1585 A et suivants du Code général des impôts) ;

– la taxe foncière sur les propriétés non bâties (terrains et terres non recouverts d'une construction et qui ne sont pas imposés à la taxe foncière sur les propriétés bâties).

(Art. 1400-1, 1393 et suivants du Code général des impôts).

La taxe professionnelle est supprimée et remplacée, depuis le 1er janvier 2010, par une contribution économique territoriale (CET) composée d'une cotisation foncière des entreprises et d'une cotisation sur la valeur ajoutée des entreprises.

(Art. 1447 du Code général des impôts).

Les contestations - demandes de délais

› Comment contester ou demander des délais ?

En cas de contestation ou de demandes d'explications concernant le calcul de la valeur locative, le montant des abattements applicables, etc., il faut s'adresser au centre des impôts ou au bureau du cadastre de la mairie.
Les demandes de délais doivent être adressées à la perception.
En cas de rejet de ces demandes, il faut alors déposer une réclamation au directeur des services fiscaux ou au chef du centre des impôts.
(Art. R. 196-2 du Livre des procédures fiscales).

Des cas pratiques

Acheter et vendre un logement

Agent immobilier - fraude du vendeur

Lorsqu'une vente est annulée en raison de la fraude du vendeur, l'agent immobilier a-t-il droit à sa commission ?

Oui, c'est ce qu'a précisé la Cour de cassation dans l'affaire suivante concernant la vente d'un fonds de commerce mais qui pourrait s'appliquer à n'importe quelle vente immobilière : la vente d'un commerce avait été conclue, par l'intermédiaire d'une agence immobilière, puis avait été annulée à la demande des acquéreurs en raison des indications trompeuses figurant dans l'acte (mention du chiffre d'affaires incluant la TVA) et de la non-indication par les vendeurs de la perte d'une activité du fonds de commerce (fermeture d'un dépôt de pain). Les vendeurs (pourtant à l'origine des mensonges !) reprochaient à l'agent immobilier de n'avoir pas vérifié les chiffres indiqués dans l'acte ni prévenu les acquéreurs de l'éventualité de la fermeture du dépôt de pain. Ils entendaient mettre en cause sa responsabilité et obtenir un dédommagement pour le préjudice subi du fait de l'annulation de l'acte de vente. Cette demande a été rejetée. La nullité de la vente et ses suites financières étaient dues à leur fraude et à leur mauvaise foi et non à l'attitude de l'agent immobilier. Il en ressort que le non-respect de son devoir de conseil ne peut être reproché à l'agent lorsque son client s'est rendu coupable d'une fraude (qualifiée de « dol » par le Code civil) (*Cour de cassation, 1re chambre civile, 20/10/1998*).

Assurances, garanties

Exonération de responsabilité - force majeure

Je fais construire une maison dans le sud de la France. Un litige m'oppose à mon entrepreneur et à l'assureur de ce dernier. J'ai confié à cet entrepreneur la réalisation de travaux du gros œuvre, à savoir les fondations et les éléments essentiels de structure. J'ai par la suite constaté certains désordres de construction. Mais il invoque un cas de force majeure, à savoir l'existence d'un arrêté de catastrophe naturelle (sécheresse) l'exonérant de sa responsabilité. Qu'en pensez-vous ?

La force majeure est prévue par l'article 1148 du Code civil : « Il n'y a lieu à aucuns dommages et intérêts lorsque, par suite d'une force majeure ou d'un cas fortuit, le débiteur a été empêché de donner ou de faire ce à quoi il était obligé, ou a fait ce qui lui était interdit. »

Or le législateur a mis à la charge de tout constructeur d'ouvrage, une responsabilité décennale de plein droit qui joue pour tous les dommages « même résultants d'un vice du sol, qui compromettent la solidité de l'ouvrage ou qui, l'affectant dans l'un de ses éléments constitutifs ou l'un de ses éléments d'équipement, le rendent impropre à sa destination » (*Code civil, art. 1792, alinéa 1*). La seule possibilité pour le constructeur de s'exonérer résulte de l'article 1792, alinéa 2, du Code civil : « Une telle responsabilité n'a point lieu si le constructeur prouve que les dommages proviennent d'une cause étrangère. » Reste à savoir si un état de sécheresse dans le sud de la France peut constituer une force majeure... La question se pose en présence d'un arrêté de catastrophe naturelle. Mais les tribunaux ont pourtant écarté la qualification de force majeure à la sécheresse même en présence d'un arrêté de classement de la zone en état de catastrophe naturelle (*Cour de cassation, 3e chambre civile, 24/3/1993 ; Cour d'appel, Toulouse, 10/9/1996*).

Dommages intermédiaires

J'ai fait construire ma maison il y a 3 ans. Je constate actuellement des fissures sans gravité mais inesthétiques sur ma façade. Comment sont couverts de tels désordres de construction ?

Le constructeur d'un ouvrage est responsable de plein droit envers le maître de l'ouvrage au titre de la garantie décennale pour les dommages qui compromettent la solidité de l'ouvrage ou qui, l'affectant dans l'un de ses éléments constitutifs ou l'un de ses éléments d'équipement, le rendent impropre à sa destination. Les désordres doivent remettre en cause la solidité des éléments d'équipement d'un bâtiment, mais seulement lorsque ceux-ci font indissociablement corps avec les ouvrages de viabilité, de fondation, d'ossature, de clos ou de couvert (*Code civil, art. 1792-2*).

Au titre de la garantie biennale, les autres éléments d'équipement du bâtiment font l'objet d'une garantie de bon fonctionnement (*Code civil, art. 1792-3*).

Dans votre cas, les fissures concernent bien un gros ouvrage (la façade) mais ne présentent pas la gravité exigée par l'article 1792 du Code civil dans la mesure où ils ne portent pas atteinte à la solidité de l'ouvrage et ne le rendent pas impropre à sa destination. Ces désordres, qui ne relèvent pas de la garantie décennale, ne sont pas plus couverts par la garantie biennale (*Code civil, art. 1792-3*).

Heureusement, la jurisprudence a créé pour ces dommages la notion de « dommages intermédiaires » en affirmant qu'ils relevaient de la responsabilité contractuelle de droit commun pour faute prouvée (*Code civil, art. 1147*) (*Cour de cassation, 3e chambre civile, 22/3/1995 et 9/12/1998*). Nous vous conseillons donc, après avoir constitué un dossier, de vous adresser à un avocat pour qu'il engage une action en justice sur cette base contre les constructeurs.

Location

Dépôt de garantie

Mon locataire est parti de l'appartement qu'il a occupé pendant quelques années. Vu l'état de l'appartement à sa sortie, j'ai retenu la totalité du dépôt de garantie. Je me rends compte aujourd'hui que ce dépôt de garantie ne couvre pas les frais de remise en état de l'appartement. Mon ancien locataire me dit que le dépôt de garantie est tout ce qu'il doit payer dans un tel cas. Est-ce exact ou puis-je lui demander une somme complémentaire pour couvrir tous les frais de remise en état ? Je précise que nous avons dressé un état des lieux de sortie, qui fait apparaître le piteux état de l'appartement.

Vous pouvez tout à fait réclamer un complément à votre ancien locataire. Votre locataire doit jouir de l'appartement en « bon père de famille » et le rendre tel qu'il était en début de location (en dehors des dépréciations dues à la vétusté). Ainsi, dans une affaire comparable à la vôtre, les locataires ont été condamnés à payer au bailleur le complément nécessaire pour la remise en état de l'appartement, en plus du dépôt de garantie (*Cour d'appel, Toulouse, 3e chambre civile, 24/1/1995*).

Il y a quelques mois, mon locataire a quitté l'appartement que je lui louais et j'ai refusé de lui rendre le dépôt de garantie en raison des dégradations des lieux. Il me réclame aujourd'hui le remboursement du dépôt de garantie car je n'ai pas remis en état l'appartement qu'il occupait. En a-t-il le droit ?

Votre locataire a effectivement le droit de vous réclamer la restitution du dépôt de garantie si, à son départ, vous n'avez effectué aucun travaux de remise en état des lieux ni subi un préjudice du fait de son attitude.

En effet, dans un cas similaire au vôtre, le locataire avait quitté les lieux loués en les laissant dans un état lamentable. Le bailleur s'appuyant sur l'obligation pour le locataire de restituer les lieux dans un bon état de réparations locatives l'avait assigné pour obtenir une indemnité.

Il s'est fait débouté, les juges ayant relevé qu'il n'avait pas lui-même fait exécuter les travaux ni reloué le local à des conditions désavantageuses. N'ayant pas subi de préjudice, il ne peut être indemnisé. En l'espèce, les locaux avaient été reloués à un salon de coiffure qui avait entièrement transformé les lieux. Les travaux d'amélioration ne dépendaient pas du bon ou du mauvais état des locaux (*Cour de cassation, 3e chambre civile, 3/12/2003*).

Réparations autres que locatives

Dans mon contrat de bail, il est inséré une clause selon laquelle je dois faire des travaux qui sont normalement de la responsabilité du bailleur et ce, sans contrepartie financière. Est-ce que je dois effectuer ces travaux ?

Non, vous n'avez pas à effectuer ces travaux puisque la loi du 6/7/1989 est d'ordre public et qu'il n'est donc pas possible aux parties de déroger aux obligations imposées par ce texte.

Le locataire ne peut jamais être tenu d'exécuter des travaux qui incombent exclusivement au bailleur. Ainsi en a décidé la Cour de cassation dans une affaire où le bail contenait une clause stipulant que « le preneur devra notamment faire entretenir et remplacer si besoin est, tout ce qui concerne les installations à son usage personnel, ainsi que les fermetures et serrures des fenêtres et portes, veiller à l'entretien des toitures, le bailleur étant aux termes des présentes déchargé des obligations mises à sa charge par la loi. La présente clause étant incluse à la demande du preneur ». Cette clause a été annulée et le locataire a été déchargé de l'obligation d'effectuer ces travaux. L'arrêt précise également que l'annulation de cette clause ne rend pas pour autant caduc le contrat de location dans son ensemble.

La clause de votre bail sera donc déclarée nulle et ce, même si elle avait été insérée dans le contrat à votre demande (*Cour de cassation, 3e chambre civile, 17/7/2001*).

Copropriété

Syndic - carnet d'entretien

Le carnet d'entretien de l'immeuble a été rendu obligatoire par la loi du 13/12/2000. Le syndic peut-il en profiter pour demander des honoraires pour son établissement ?

Le syndic doit en effet établir et tenir à jour un carnet d'entretien de l'immeuble, conformément à un contenu défini par le décret du 30/5/2001. D'après une première réponse ministérielle, cette prestation relève de la gestion courante et ne doit donc pas donner lieu à une rémunération spéciale au titre des prestations particulières (*Réponse ministérielle, JOAN, 8/4/2002*). Mais le ministre du Logement, dans une seconde réponse plus récente, apporte une nuance à cette information : la tenue du carnet entre dans la gestion courante lorsque seules sont recueillies les informations rendues obligatoires pour son établissement et sa mise à jour prévues dans le décret. Les informations complémentaires décidées par l'assemblée générale des copropriétaires peuvent faire l'objet d'une rémunération spécifique. Le ministre a précisé qu'il appartenait aux copropriétaires de définir, dans le contrat de syndic, les prestations de gestion courante, en même temps qu'ils déterminent les modes de rémunération du syndic (*Réponse ministérielle, JOAN, 11/8/2003*).

Charges - câble et abonnement

Notre immeuble est raccordé au câble et le syndic a eu l'autorisation de l'assemblée de souscrire un abonnement auprès d'un opérateur pour bénéficier d'un « bouquet » de chaînes. Il demande à chacun des copropriétaires de payer sa quote-part à cet abonnement en fonction des tantièmes. Je n'ai pas de télévision et n'ai donc pas l'intention de m'abonner. Puis-je refuser de payer ma quote-part ?

Votre question a fait l'objet d'un arrêt rendu par la Cour de cassation en date du 1/12/1999. Un syndicat de copropriété avait décidé à la fois l'installation d'un raccordement à un réseau câblé (*Loi du 10/7/1965, art. 25-j*) et la souscription d'un abonnement auprès d'un opérateur. Des copropriétaires refusaient de payer l'abonnement au câble réparti par le syndic selon les tantièmes de copropriété. La Cour de cassation a déclaré que l'assemblée générale ne pouvait réclamer la participation des intéressés aux dépenses d'abonnement puisque nul ne pouvait être contraint de s'abonner à des programmes audiovisuels.

Il faut donc distinguer les charges de copropriété que représentent l'installation et l'entretien du réseau câblé (charges qui peuvent être réparties entre les copropriétaires) et les charges que représente l'abonnement à un « service antenne » proposé par les opérateurs (charges qui ne peuvent être imposées aux copropriétaires).

L'abonnement est un service individuel et non un service collectif et n'est donc pas de la compétence du syndicat. Quelle que soit la majorité de l'assemblée, elle n'a pas le pouvoir de décider de la souscription d'un abonnement à un « service antenne », abonnement qui relève de la liberté individuelle. Vous devriez pouvoir vous appuyer sur cette jurisprudence pour vous opposer au règlement de votre quote-part d'abonnement.

Servitudes

Clôture

Puis-je obliger mon voisin à se clôturer ? Comment m'y prendre ?

Oui, vous pouvez obliger votre voisin à se clôturer dans la mesure où vous êtes soumis à l'article 663 du Code civil. Cet article précise que chacun peut contraindre son voisin à contribuer aux « constructions et réparations de la clôture faisant séparation de leurs maisons, cours et jardins ».

Mais cette obligation est limitée aux « villes et faubourgs » et de façon plus générale aux terrains qui dépendent d'habitations. En revanche, elle ne s'applique pas dans un hameau ou à la campagne. Une clôture forcée est également impossible lorsqu'elle se heurte à une servitude légale ou conventionnelle interdisant l'édification d'une clôture (servitude de vue ou droit de passage, par exemple).

Il convient de vous adresser à votre voisin en lui demandant d'établir une clôture à l'amiable. Son consentement doit porter aussi bien sur le principe que sur les modalités de la clôture à réaliser. Si l'accord est obtenu, l'opération sera réalisée à l'amiable et les frais partagés entre vous. À défaut, il faudra vous adresser au tribunal de grande instance (avec l'assistance d'un avocat).

Mitoyenneté - démolition d'un garage attenant au mur mitoyen

Je compte demander à une entreprise de travaux la démolition d'un garage vétuste que j'ai au fond de mon jardin. Le problème est que ce garage est attenant au mur mitoyen. Je ne pense pas avoir à demander d'autorisation à mon voisin puisque ce garage m'appartient et n'est pas mitoyen.

Vous avez raison sur le principe. Vous avez le droit de démolir une construction vous appartenant en vertu de votre droit de propriété. Mais il a depuis longtemps été jugé que le droit de propriété n'est pas absolu. Il ne doit notamment s'exercer que s'il n'entraîne pas de préjudice pour les voisins. Votre voisin peut vous demander des comptes et obtiendra gain de cause en justice s'il prouve, par exemple, que la démolition du bâtiment, faute de précautions suffisantes de votre part, a provoqué la dégradation du mur. La conséquence pour vous serait d'être condamné à réparer ou même reconstruire le mur abîmé de votre fait. Vous devez donc être vigilant et bien signaler ces différents points aux entrepreneurs que vous allez contacter. Si malgré cela, les travaux entraînent des conséquences préjudiciables pour le mur, et que vous êtes l'objet d'une action en justice, vous pourrez faire intervenir l'entreprise (et son assureur) dans la procédure pour demander qu'elle soit condamnée.

Les droits du consommateur

La banque

L'ouverture d'un compte bancaire

› Qui peut ouvrir un compte bancaire ?

Toute personne résidant en France a le droit d'ouvrir un compte de dépôt dans un établissement bancaire ou postal de son choix. Le droit d'avoir au moins un compte de dépôt a été expressément reconnu par la loi n° 98-657 du 29 juillet 1998 relative à la lutte contre les exclusions.
(Art. L. 312-1 du Code monétaire et financier).
Ce droit concerne également les interdits bancaires.
(Voir Ⓘ : *Chèques, sans provision*).
Ce droit au compte ne remet pas en cause la liberté pour la banque de ne pas contracter et de refuser l'ouverture d'un compte sans justification.
En cas de refus de la banque, l'intéressé peut s'adresser à la Banque de France (voir plus loin).
Quel que soit son régime matrimonial, chaque époux peut se faire ouvrir, sans le consentement de l'autre, un compte de dépôt (bancaire, CCP...) ou de titres. L'époux déposant est en effet réputé avoir la libre disposition du compte et peut donc effectuer des retraits, virements...
(Code civil, art. 221).
Les mineurs émancipés sont capables de tous les actes de la vie civile et peuvent donc émettre des chèques comme un majeur.
(Code civil, art. 481).
(Voir Ⓘ : *Émancipation*).
En ce qui concerne les mineurs de moins de 16 ans, certaines banques leur proposent des comptes permettant le retrait mais sans possibilité d'user de chéquier ou de carte de paiement. Pour les mineurs de plus de 16 ans, même non émancipés, ils peuvent, sous la responsabilité de leurs parents, dans certaines banques, obtenir un chéquier et une carte bancaire.

• Procuration

Tout titulaire d'un compte peut donner procuration à un tiers pour qu'il soit habilité à faire fonctionner le compte. Dans ce cas, les banques exigent que leur procuration comporte l'identité complète du mandataire et du mandant, l'étendue du pouvoir du mandataire, la durée du mandat, la signature respective du mandant et du mandataire, le lieu et la date de la signature. Une telle procuration peut être donnée entre concubins ou époux.

• Compte joint

Les concubins, les personnes pacsées ou les époux peuvent se faire ouvrir un compte chèques joint ; dans ce cas, ils sont cotitulaires du compte et ont la disposition des fonds déposés. Ils peuvent émettre chacun des chèques. Cependant, en cas

d'incident de paiement, l'interdiction d'émettre des chèques sur le compte s'étend aux deux titulaires.
L'interdiction peut également s'étendre à tous les autres comptes, individuels ou non, détenus par tous les titulaires du compte où s'est produit l'incident, sauf si l'un de ces titulaires a été désigné à cet effet d'un commun accord.
(Code monétaire et financier, art. L. 131-80).
L'intérêt du compte joint est qu'en cas de décès d'un des cotitulaires, il continue de fonctionner ; en effet en principe, en cas de décès d'un titulaire unique d'un compte chèques, le compte est bloqué et les procurations qui avaient été données antérieurement sur ce compte tombent de plein droit.

› Quelles vérifications le banquier doit-il effectuer lors de l'ouverture d'un compte ?

Le banquier, préalablement à l'ouverture d'un compte, doit vérifier le domicile et l'identité du demandeur qui est tenu de présenter un document officiel.
Il doit interroger la Banque de France avant de procéder à la première délivrance des formules de chèques au nouveau titulaire du compte et ce, afin de savoir si le postulant n'est pas interdit bancaire.
Le banquier peut refuser de délivrer au titulaire d'un compte les formules de chèques autres que celles qui sont remises pour un retrait de fonds par le tireur auprès des guichets de sa banque ou pour émettre des chèques certifiés. De même, il peut demander à tout moment la restitution des formules antérieurement délivrées.
Il peut également refuser l'ouverture d'un compte.
Si ce refus fait suite à une demande écrite d'ouverture de compte de dépôt, il doit être formulé par écrit. L'avis de refus doit être remis à l'intéressé ou lui être adressé par lettre recommandée avec demande d'avis de réception.
(Art. R. 312-3 du Code monétaire et financier).
À noter : le banquier engagerait sa responsabilité s'il délivrait des formules de chèques autres que celles remises pour un retrait de fonds ou pour certification, après un incident de paiement relevé au nom du titulaire du compte, pour défaut de provision suffisante lorsqu'il n'a pas été fait usage de la faculté de régularisation.
(Voir Ⓘ : *Chèques, sans provision*).
(Code monétaire et financier, art. L. 131-71 et s.).

› Quels sont les recours en cas de refus d'ouverture d'un compte bancaire ?

Toute personne physique ou morale (société), même interdite bancaire, qui se voit refuser l'ouverture d'un compte de dépôt doit remettre à l'établissement choisi une déclaration sur l'honneur attestant ne disposer d'aucun compte.
En cas de refus de cet établissement, la personne peut saisir la Banque de France afin qu'elle lui désigne un établissement de crédit situé à proximité de son domicile ou d'un autre lieu de son choix (lieu de travail, par exemple), dans un délai d'un jour ouvré à compter de la réception des pièces requises.
L'établissement qui refuse l'ouverture d'un compte informe l'intéressé que celui-ci peut demander à la Banque de France de lui désigner un établissement de crédit pour lui ouvrir un compte. Il lui propose, s'il s'agit d'une personne physique, d'agir en son nom et pour son compte en transmettant la demande de désignation d'un établissement de crédit à la Banque de France ainsi que les informations requises pour l'ouverture du compte.

De façon plus générale, les banques doivent adopter une charte d'accessibilité bancaire définissant les modalités précises de mise en œuvre de ce droit au compte.
L'organisme bancaire choisi par la Banque de France est tenu de proposer gratuitement au client les services minima suivants :
– l'ouverture, la tenue et la clôture du compte ;
– un changement d'adresse par an ;
– la délivrance à la demande de relevés d'identité bancaire ;
– la domiciliation de virements bancaires ou postaux ;
– l'envoi mensuel d'un relevé des opérations effectuées sur le compte ;
– la réalisation des opérations de caisse ;
– l'encaissement de chèques et de virements bancaires ;
– les dépôts et les retraits d'espèces au guichet de l'organisme teneur de compte ;
– les paiements par prélèvements, titre interbancaire de paiement ou virement bancaire ou postal ;
– des moyens de consultation à distance du solde du compte ;
– une carte de paiement dont chaque utilisation est autorisée par l'établissement de crédit qui l'a émise ;
– deux formules de chèques de banque par mois ou moyens de paiement équivalents offrant les mêmes services.

À noter : les établissements ne peuvent limiter les services liés à l'ouverture d'un compte de dépôt aux services bancaires de base que dans des conditions définies par décret.

Si l'organisme désigné par la Banque de France décide par la suite de clôturer le compte, il doit le notifier par écrit au client et motiver sa décision (en adressant copie pour information de ce courrier à la Banque de France). La clôture ne devient effective qu'après l'expiration d'un délai minimum de 2 mois accordés au client.
(Art. L. 312-1, D. 312-5 du Code monétaire et financier).

Le fonctionnement d'un compte bancaire

› Comment sont réglementées les relations des banques et de leur clientèle ?

• La convention de compte

La gestion d'un compte de dépôt doit être réglée par une convention écrite passée entre le client et sa banque.
Elle doit être fournie au client avant qu'il ne soit lié contractuellement. L'acceptation de la convention de compte de dépôt est formalisée par la signature du ou des titulaires du compte.
Cette convention règle notamment les conditions générales et tarifaires d'ouverture de compte, les conditions de fonctionnement, de transfert, de résiliation et de clôture d'un compte (frais dus au titre des facilités de caisse ou de découvert, par exemple). Elle doit également préciser les produits et services (moyens de paiement, autorisation de découvert…) auxquels le client a accès, les tarifs et dates de valeur en vigueur à la date d'ouverture du compte, les procédures en cas d'incident de fonctionnement du compte, le sort du compte lors du décès du titulaire, l'existence d'un médiateur bancaire et les modalités d'accès à cet intermédiaire.
(Arrêté du 29 juillet 2009).

La banque peut proposer à son client de nouvelles prestations de services de paiement non présentes dans la convention de compte de dépôt. Elle doit, dans cette hypoyhèse, proposer au client un contrat de services de paiements ou une modification de la convention de compte de dépôt.
Toute modification de la convention de compte de dépôt est présentée au client au plus tard 2 mois avant sa date d'application. L'établissement informe le client que l'absence de contestation dans ce délai vaut acceptation des modifications. L'établissement précise également qu'en cas de refus, il peut résilier la convention de compte de dépôt, avant la date d'entrée en vigueur proposée de la modification et sans frais.
Hormis ce cas, le client peut résilier la convention à tout moment sauf si un préavis contractuel maximum de 30 jours est prévu. Les frais de résiliation doivent être proportionnés aux coûts induits par cette résiliation. Au-delà de 12 mois de fonctionnement, la convention peut être résiliée sans frais par le client.
De son côté, la banque peut résilier une convention de compte de dépôt conclue pour une durée indéterminée moyennant un préavis d'au moins 2 mois. Le client règle les frais régulièrement imputés pour la prestation de services de paiement au prorata de la période échue à la date de résiliation de la convention de compte. S'ils ont été payés à l'avance, ces frais sont remboursés au prorata.
Avec l'accord du client, la convention de compte peut être adaptée avant l'expiration du délai de 2 mois lorsqu'il bénéficie de la procédure de surendettement afin de faciliter l'exécution des mesures de traitement.
Chaque année en janvier, l'établissement doit informer son client des sommes qu'il lui a facturées au cours de l'année précédente. Le récapitulatif, sur un document distinct du relevé bancaire, précise les intérêts au titre d'une position débitrice et le coût des services (carte bancaire, chèque de banques, virements…).
(Art. L 312-1-1 du Code monétaire et financier).

Les prestations groupées

Est interdite la vente ou l'offre de vente de produits ou de services groupés sauf quand les produits ou services, inclus dans l'offre groupée, peuvent être achetés individuellement ou s'ils sont indissociables. De même, est interdite la vente ou offre de vente de produits ou de services faite au client et donnant droit gratuitement, immédiatement ou à terme, à une prime financière ou en nature des produits, biens ou services d'un certain montant.
Des amendes sont prévues en cas d'infractions à ces dispositions.
(Art. L. 312-1-2 du Code monétaire et financier).
À noter : la directive MIF (marché d'instruments financiers) institue une plus grande concurrence et transparence dans les marchés financiers. Une autre proposition de cette directive est de mieux protéger les investisseurs qui sont désormais répartis en : professionnels de la finance (banques, sociétés de gestion…) ; clients professionnels (personnes morales et physiques ayant les connaissances suffisantes pour intervenir sur les marches) ; clients non professionnels, à savoir les épargnants, entrepreneurs individuels et associations. Ce dernier type de clients est au centre de la relation banque-client puisque la banque qui fournit un conseil en investissement, gestion de portefeuille, vente de produits financiers… doit évaluer ses connaissances, son expérience en matière d'investissement, ses souhaits d'investissements (à risque, prudent…).

Les médiateurs

Un médiateur est désigné dans tout établissement de crédit ou de paiement pour régler les litiges entre le client et sa banque, à l'amiable et gratuitement. Il doit statuer dans les 2 mois et sa saisine suspend la prescription sous certaines conditions.
(Code civil, art. 2238).
Un comité de médiation bancaire centralise ce dispositif.
L'existence d'un médiateur doit être indiquée sur les conventions de comptes, sur le contrat-cadre de services de paiement et sur les relevés de comptes.
(Art. L. 315-1 du Code monétaire et financier).

Le chèque

› Quelles sont les caractéristiques du chèque ?

Le chèque est un instrument de paiement au moyen duquel une personne (le tireur) donne l'ordre à une banque (le tiré) de payer au bénéficiaire du chèque (le porteur) une somme d'argent déterminée et disponible lors de l'émission du chèque. Pour être valable, un chèque doit contenir un certain nombre de mentions :
– le mot « chèque » ;
– le mandat pur et simple de payer une somme déterminée ;
– le nom de celui qui doit payer ;
– l'indication du lieu où le paiement doit s'effectuer ;
– l'indication de la date et du lieu où le chèque est créé ;
– la signature de celui qui émet le chèque, notamment.
(Code monétaire et financier, art. L. 131-3).
Actuellement, les chèques délivrés par une banque doivent, sauf demande expresse contraire, être barrés et non endossables, sauf au profit d'une banque ou d'un établissement assimilé. Des formules de chèques non barrés d'avance ou endossables continuent à pouvoir être délivrées mais elles sont frappées d'un droit de timbre. En outre, l'administration fiscale peut obtenir à tout moment, sur sa demande, communication d'identité des personnes auxquelles elles sont délivrées ainsi que le numéro de ces formules. La signature d'un chèque doit toujours être manuscrite. Les chèques antidatés ou post-datés sont formellement interdits, quelle qu'en soit la raison.

› En quoi consistent les chèques certifiés et les chèques de banque ?

Tout chèque, pour lequel la provision correspondante existe à la disposition du tireur, peut être certifié si la banque ou le porteur du chèque le demande. Dans ce cas, la provision du chèque certifié est bloquée sous la responsabilité du banquier jusqu'au terme du délai de présentation du chèque (8 jours). Le banquier peut remplacer le chèque certifié par un chèque de banque, c'est-à-dire un chèque tiré sur lui-même dont le bénéficiaire doit être désigné. Dans ce cas, le paiement au profit du bénéficiaire est garanti par la banque pendant la durée de validité du chèque (1 an, voir plus loin) et non seulement dans le délai de présentation.
Attention : la provision doit être préalable à la création du chèque et disponible, c'est-à-dire ne pas avoir été notamment antérieurement bloquée. Cette provision appartient au bénéficiaire du chèque, cela signifie notamment qu'elle ne peut être saisie par les créanciers de l'émetteur.

› Un commerçant peut-il refuser un paiement par chèque ?

Un commerçant peut toujours refuser un paiement par chèque et exiger des espèces (à condition d'en avertir sa clientèle par affichage). Il a le droit également de fixer un montant d'achat minimum pour le paiement par chèque ou par carte bancaire. Cependant, les commerçants adhérents à un centre de gestion agréée sont soumis à l'obligation d'accepter les règlements par chèque. Ils doivent en informer leur clientèle notamment par une affichette aisément visible. Ils peuvent, toutefois, refuser les chèques pour les sommes de faible importance qu'il est d'usage de régler en espèces, lorsque la réglementation professionnelle impose les paiements en espèces ou encore lorsque les frais d'encaissement sont disproportionnés par rapport à la transaction.
(Art. 1649 quater E bis et 371 LA et suivants de l'annexe II du Code général des impôts ; Instruction fiscale du 26.2.2008).

› Quels documents peut demander le commerçant qui accepte un chèque ?

La seule protection contre les chèques volés est la possibilité de demander au client une pièce d'identité. Cette pièce doit être un document officiel portant sa photographie. Le commerçant peut prendre une photocopie du document ou reproduire son numéro et sa date de validité.
(Code monétaire et financier, art. L. 131-15).

› Dans quels cas le paiement par chèque est-il obligatoire ?

Le règlement par chèque, par virement ou carte de paiement, est obligatoire au-delà d'un certain montant qui est de :
– 3 000 € lorsque le débiteur a son domicile fiscal en France ou agit pour les besoins d'une activité professionnelle ;
– 15 000 € lorsque le débiteur justifie qu'il n'a pas son domicile fiscal en France et n'agit pas pour les besoins d'une activité professionnelle.
(Code monétaire et financier, art. L. 112-6)
(Art. D. 112-3 du Code monétaire et financier).
Toute infraction à ces dispositions est punie d'une amende pouvant atteindre 15 000 € répartie par moitié au particulier non-commerçant qui a effectué le règlement et au vendeur de biens ou au prestataire de services qui l'a accepté, chacun étant solidairement tenu d'en assurer le règlement total.
(Art. 1649 quater B, Art. 1749 du Code général des impôts).

› Dans quel délai le chèque doit-il être présenté pour paiement ?

Dès son émission, le chèque peut être présenté au banquier et payé après que celui-ci ait procédé à un certain nombre de vérifications. En effet, la banque doit vérifier l'identité et les pouvoirs du porteur du chèque et la régularité apparente du titre. Ainsi, en cas de paiement d'un chèque comportant une fausse signature, la responsabilité du banquier pourrait être engagée s'il a effectué le paiement sans procéder aux vérifications nécessaires, c'est-à-dire notamment sans confronter la signature du chèque et celle de son client déposée chez lui.
De même, le banquier serait responsable du paiement d'un chèque en cas d'opposition faite sans délai au paiement de ce chèque par l'émetteur de celui-ci.
Le délai de présentation d'un chèque est de :
– 8 jours pour les chèques émis et payables en France métropolitaine ;

– 20 jours pour les chèques émis en Europe ;
– 70 jours pour les chèques émis hors d'Europe. Le point de départ du délai est le jour porté sur le chèque comme date d'émission.
(Code monétaire et financier, L. 131-32).
Une des conséquences de l'expiration de ce délai est la fin du blocage de la provision du chèque certifié. Même après ce délai de présentation, la banque doit payer le chèque tant qu'il est valable (voir question suivante).

› Quelle est la durée de validité d'un chèque ?

La durée de validité d'un chèque bancaire est d'1 an. Au-delà de ce délai, en effet, la banque peut refuser de payer le chèque.
(Code monétaire et financier, L. 131-59).
Les banques précisent 1 an et 8 jours, car il faut ajouter à ce délai le délai de présentation de 8 jours.
En matière de chèque postal, le délai de validité est également d'1 an.

Attention : la créance du bénéficiaire du chèque contre l'émetteur de celui-ci n'est pas pour autant éteinte et le porteur du chèque conserve ses recours contre le signataire. Le chèque vaudra, comme commencement de preuve, dans le cadre de l'action en paiement diligentée par le porteur à l'encontre de son débiteur.
(Code civil, art. 1347).

› Dans quelles circonstances peut-on former opposition au paiement d'un chèque ?

Il n'est possible légalement de former opposition au paiement d'un chèque que l'on a signé et remis à son destinataire qu'en cas de perte, de vol, d'utilisation frauduleuse du chèque, de redressement ou de liquidation judiciaires du porteur. Il faut immédiatement confirmer son opposition par écrit.
(Code monétaire et financier, L. 131-35).
Dans tous les autres cas, former opposition peut être puni d'un emprisonnement et (ou) d'une amende.
(Art. L. 163-2 du Code monétaire et financier).
Il en est ainsi, par exemple, lorsqu'après avoir acquis ou commandé une marchandise, contre versement d'un chèque, on forme opposition au paiement du chèque parce que la marchandise est non conforme ou n'est pas livrée.
La sévérité de cette réglementation est compréhensible car remettre un chèque est une opération analogue à la remise d'espèces, et une réglementation moins sévère ouvrirait la porte à des oppositions inconsidérées qui retireraient toute valeur et toute utilité au mode de règlement par chèque.

À noter : le banquier (tiré) qui ne respecterait pas les règles de l'opposition et qui refuserait de payer un chèque en vertu d'une opposition injustifiée, pourrait être condamné à une forte amende.
(Code monétaire et financier, L. 131-70).

› Que faire en cas de perte ou vol de chéquiers ?

Il faut immédiatement prévenir son agence bancaire par téléphone et confirmer son opposition par écrit, en précisant la date de l'opposition, et en joignant la copie de la déclaration à la police. Lorsqu'il reçoit une opposition, le banquier doit informer son auteur des sanctions encourues en cas d'opposition fondée sur une autre cause que celles autorisées. En principe, l'opposition a un effet de blocage immédiat, et les conséquences de l'utilisation frauduleuse du chéquier seront supportées soit par le banquier, s'il remet des fonds à présentation du chèque, soit par le bénéficiaire du chèque. La Banque de France peut, en outre, être contactée au 0 892 705 705 pour lui signaler la perte ou le vol.

› Que faire en cas de doute sur la validité ou la provision d'un chèque reçu ?

Toute personne à laquelle est remis un chèque peut, directement ou par l'intermédiaire d'un mandataire, vérifier auprès de la Banque de France si ce chèque n'a pas été déclaré comme volé ou perdu, n'a pas été tiré sur un compte clôturé ou émis par une personne frappée d'une interdiction judiciaire ou bancaire. Ce service est payant.

La Banque de France attribue à chaque demande un code d'accès au fichier. Il faut indiquer (renseignements figurant sur le chèque présenté) :

- le numéro du chèque ;
- l'identification précise du tiré (banque) ;
- les coordonnées bancaires du tireur (signataire).

Lorsqu'une irrégularité est constatée, la Banque de France en informe rapidement le demandeur (aucun délai précis de réponse n'est prévu), mais sans indiquer la nature de l'irrégularité.

(Décret n° 92-467 du 26 mai 1992).

› Quelle est la réglementation concernant l'émission d'un chèque sans provision ?

Interdiction d'émettre des chèques

Lorsqu'un chèque sans provision est émis, le banquier doit faire injonction au titulaire du compte (ainsi qu'à tous les titulaires du compte s'il s'agit d'un compte collectif) par lettre recommandée avec AR de restituer à tous les banquiers dont il est le client, les chéquiers en sa possession et de ne plus émettre de chèques.

À noter : le refus du paiement du chèque doit être précédé, depuis la loi n° 2001-1168 du 11 décembre 2001, d'une information de la banque, par tout moyen approprié, des conséquences du défaut de provision.

(Code monétaire et financier, art. L. 131-73).

Le titulaire du compte ne peut, alors, que signer des chèques pour retirer de l'argent de son compte ou des chèques certifiés. Le banquier doit également informer par tous les moyens les mandataires du titulaire du compte, c'est-à-dire ceux à qui ce dernier a donné procuration, de l'interdiction d'émettre des chèques sur ce compte jusqu'à régularisation.

Lorsque l'incident de paiement est le fait d'un des titulaires d'un compte collectif, l'interdiction d'émettre des chèques et l'obligation de restituer toutes les formules en sa possession sont applicables à celui des titulaires qui aura été désigné d'un commun accord par les intéressés.

Si aucun d'entre eux n'a été désigné, ces dispositions sont applicables de plein droit à tous les titulaires tant en ce qui concerne ce compte qu'en ce qui concerne les autres comptes dont ils pourraient être individuellement titulaires.

Lorsque le montant du chèque rejeté est inférieur à 50 €, les frais perçus par la banque ne peuvent excéder 30 €.

(Code monétaire et financier, art. L. 131-73).

● Régularisation

Si le titulaire du compte régularise sa situation rapidement en constituant une provision suffisante, l'interdiction est levée. Il peut aussi régler directement le porteur du chèque et en avertir sa banque. Cette dernière lui remet alors une attestation précisant que l'incident de paiement a été régularisé et doit en aviser la Banque de France.

● Certificat de non-paiement

Le certificat de non-paiement est délivré, sur la demande du bénéficiaire du chèque impayé si, dans les 30 jours de la première présentation du chèque, la provision n'est pas constituée ni le chèque payé. Si le bénéficiaire ne demande pas le certificat de non-paiement, ce certificat lui est adressé automatiquement par la banque après une nouvelle présentation infructueuse. Le certificat de non-paiement est alors notifié au titulaire du compte par lettre recommandée avec AR ou signifié par huissier. Cette notification ou signification vaut commandement de payer. Le titulaire du compte dispose alors d'un délai de 15 jours pour payer le montant du chèque. À défaut, l'huissier délivre un titre exécutoire (les frais de ces actes sont à la charge du tireur). Muni d'un titre exécutoire, le porteur du chèque peut pratiquer une saisie sur les biens du débiteur.
(Voir Ⓘ : *Saisies*).

À noter : si le tireur ne procède pas à la régularisation, il perd également la faculté d'émettre des chèques pendant un délai de 5 ans.
(Code monétaire et financier, art. L. 131-73, L. 131-78 et L. 131-80).

● Fichier de la Banque de France

Lorsque la banque refuse le paiement d'un chèque pour défaut de provision suffisante ou clôture un compte, ou encore enregistre une opposition pour perte ou vol de chèques, elle doit en aviser la Banque de France dans les 2 jours ouvrés qui suivent le refus de paiement (ou dans les 5 jours ouvrés si le tireur est déjà sous le coup d'une interdiction bancaire). Dans le cadre de la procédure de surendettement, en cas d'effacement total d'une créance correspondant au montant d'un chèque impayé et valant régularisation de l'incident de paiement, la banque qui détient le compte doit en aviser la Banque de France dans les 2 jours ouvrés qui suivent la remise par le débiteur de l'attestation de régularisation.
(Voir plus haut : *Régularisation*).

La Banque de France centralise les informations provenant des établissements financiers et de l'administration des impôts, pour identifier l'ensemble des comptes ouverts par une personne physique ou morale. Elle retransmet ces informations aux établissements et, sur sa demande, au procureur de la République.

Elle communique au procureur de la République les renseignements concernant les infractions pénales de contrefaçons, falsifications de chèques ou de chèques sans provision frauduleux. Elle peut également communiquer à tout magistrat et à tout officier de police judiciaire, agissant sur instruction du procureur de la République ou sur commission rogatoire, le relevé des incidents de paiement enregistrés au nom du titulaire du compte.

La Banque de France doit répondre, par ailleurs, à toute demande de la part du porteur qui souhaite vérifier la régularité du chèque qui lui a été remis en paiement d'un bien ou d'un service (voir question précédente).
(Code monétaire et financier, art. L. 131-84 et s.).

À noter : les personnes qui voudraient connaître les informations les concernant et savoir ce qui figure dans leur fichier ne peuvent recevoir ces informations que de façon orale. Elles doivent se présenter personnellement à l'une des agences de la Banque de France, munies d'une pièce d'identité. La Banque de France ne renseigne ni par téléphone, ni par courrier ; elle ne peut pas non plus délivrer d'attestation.

Sanctions pénales

Le fait de faire un chèque sans provision n'est plus poursuivi sur un plan pénal (loi n° 91-1382 du 30 décembre 1991). Mais le fait de vider son compte après avoir émis un chèque ou de faire opposition au paiement d'un chèque avec l'intention de porter atteinte aux droits d'autrui et en dehors des cas d'opposition autorisés, est puni d'un emprisonnement et (ou) d'une amende. Les mêmes peines sont applicables à celui qui aura émis un ou plusieurs chèques, en dépit de l'injonction contraire adressée par la banque.
Ces peines sont aggravées en cas de contrefaçons ou de falsifications de chèques ou de cartes de paiement, en cas d'usage ou d'acceptation de chèque ou carte contrefaits ou falsifiés.
(Art. L. 163-2 et suivants du Code monétaire et financier).

Chèques payés malgré l'absence de provision

La banque doit toujours payer un chèque d'un montant inférieur à 15 €. De même, elle doit payer les chèques lorsqu'elle a omis de demander au titulaire du compte, la restitution des chéquiers en sa possession, lors du premier incident de paiement, ou encore lorsqu'elle a délivré des chéquiers à un nouveau client alors qu'il faisait déjà l'objet d'une interdiction ou d'une condamnation et dont le nom figurait, pour ces motifs, sur le fichier de la Banque de France.
(Code monétaire et financier, art. L. 131-81 et L. 131-82).

Cartes de paiement

La carte de paiement est un mode de paiement pratique mis au point par les banques pour limiter le recours aux espèces et aux chèques.
L'ordonnance n° 2009-866 du 15 juillet 2009 a transposé la directive européenne du 13 novembre 2007 sur les services de paiement au sein de l'Union européenne (UE). Ces textes réorganisent les relations banquiers/clients notamment en ce qui concernent les cartes de paiement.
(Code monétaire et financier, art. L. 133-1 et suivants).
(Voir ① : *Convention de compte*).
À noter : toutes les mesures relatives aux cartes de paiements sont applicables à l'ensemble des services de paiement c'est-à-dire virement, prélèvement, retraits et dépôts de fonds...)
(Art. L 314-1 II du Code monétaire et financier).

› Les obligations respectives clients/banquiers

Le titulaire d'une carte de paiement, dès qu'il reçoit sa carte, doit prendre toute mesure raisonnable pour préserver la sécurité de ses dispositifs de sécurité personnalisés (code d'accès). Il doit utiliser sa carte conformément aux conditions régissant sa délivrance et son utilisation.
De son côté, la banque doit s'assurer que les dispositifs de sécurité personnalisés ne sont pas accessibles à d'autres personnes que son utilisateur. Elle supporte le risque

lié à l'envoi à son client d'une carte ou de tout dispositif de sécurité personnalisé de celui-ci. Elle doit s'abstenir d'envoyer une carte non sollicitée, sauf dans le cas où une carte déjà donnée à l'utilisateur de services de paiement doit être remplacée.
La banque doit fournir les moyens appropriés au client pour lui permettre de signaler la perte, le vol ou le détournement ou toute utilisation non autorisée. Elle doit empêcher toute utilisation de la carte après en avoir été informée.
Par ailleurs, quand un ordre de paiement est émis, il doit être exécuté dès sa réception par la banque sauf exceptions.
De façon générale, la banque est responsable de plein droit de la bonne exécution des ordres qui lui sont donnés.

› Les contestations concernant une opération non autorisée ou mal exécutée

En cas de perte, du vol, de détournement ou de toute utilisation non autorisée de sa carte ou des données qui lui sont liées, le client doit informer sa banque immédiatement pour bloquer sa carte et au plus tard dans les 13 mois à compter de la date de débit. La seule possibilité d'échapper à ce délai impératif est de prouver que la banque ne lui a pas fourni les informations relatives à l'opération de paiement.
Il faut par ailleurs signaler que ce délai de 13 mois s'impose si l'utilisateur est une personne physique agissant pour des besoins non professionnels. La banque et son client peuvent convenir d'un délai différent dans les autres cas.
Lorsque le client effectue un paiement à l'aide d'une carte de paiement permettant de retirer ou de transférer des fonds, et qu'il apprend par la suite que son bénéficiaire est en redressement ou en liquidation judiciaires il peut faire y opposition.
Lorsque le client nie avoir autorisé le paiement ou affirme que l'opération de paiement n'a pas été exécutée correctement, la banque doit prouver que l'opération en question a été authentifiée, enregistrée et comptabilisée et qu'elle n'a pas été affectée par une déficience technique ou autre.

Attention : l'utilisation de la carte n'est pas une preuve de la volonté du client d'autoriser l'opération initiée ou d'une faute grave de sa part.

La banque doit rembourser immédiatement au consommateur le montant de l'opération non autorisée. Elle doit, le cas échéant, rétablir le compte débité dans l'état où il se serait trouvé si l'opération de paiement non autorisée n'avait pas eu lieu (montant, frais divers mais aussi indemnité complémentaire).
En cas de perte ou vol, le client supporte les pertes liées à l'utilisation de sa carte, intervenues avant d'avoir informé la banque, dans la limite d'un plafond de 150 €.
Sa responsabilité n'est cependant pas engagée en cas :
– d'opération de paiement non autorisée effectuée sans utilisation du dispositif de sécurité personnalisé ;
– d'opération de paiement non autorisée effectuée à la suite d'un détournement, à son insu, de sa carte ou des données qui lui sont liées ;
– de contrefaçon de sa carte si, au moment de l'opération de paiement non autorisée, il était en possession de sa carte.
Il ne supporte aucune conséquence financière si la banque ne lui fournit pas de moyens appropriés lui permettant de l'informer de l'évènement lui permettant de bloquer sa carte.
En revanche, en cas d'agissement frauduleux, de faute ou négligence de sa part, il supporte toutes les pertes occasionnées par des opérations de paiement non autorisées.

› Les contestations concernant une opération autorisée

Une opération autorisée peut être contestée si :

– l'autorisation donnée n'indique pas le montant exact de l'opération de paiement ;
– le montant de l'opération dépasse le montant auquel le payeur pouvait raisonnablement s'attendre en tenant compte du profil de ses dépenses passées, des conditions prévues par son contrat-cadre et des circonstances propres à l'opération.

Le délai maximal de contestation est de 8 semaines après la date de débit. Si la contestation est acceptée par la banque, celle-ci devra sous 10 jours ouvrables après réception de la demande par la banque, rembourser le client. En cas de refus du remboursement par la banque, celui-ci devra être notifié au client sous 10 jours ouvrables après réception de la demande par la banque.

Les dettes et créances

Les formes du prêt

› Doit-on faire un écrit lors d'un prêt d'une somme d'argent entre particuliers ?

Quel que soit le montant des sommes prêtées ou la personne pour qui ce prêt est effectué, il est fortement conseillé de passer un écrit évitant par la suite toute contestation.

Cet écrit précisera l'identité complète du prêteur et de l'emprunteur, ainsi que le montant de la somme prêtée ; dans l'hypothèse où des intérêts sont envisagés, il devra indiquer le taux de cet intérêt et le plan de remboursement :

- durée du prêt ;
- montant et nombre de mensualités ;
- périodicité des échéances ;
- dates du premier règlement.

Cet acte sera signé par celui qui s'engage.

L'acte doit porter la mention, écrite par le débiteur, de la somme en lettres et en chiffres. La mention pourra être manuscrite ou électronique.

En cas de différend, l'acte vaut pour la somme écrite en toutes lettres.

(Code civil, art. 1326).

L'acte peut être écrit sur une simple feuille de papier, sans formalité (« acte sous seing privé ») ou bien passé devant notaire. L'intérêt d'un écrit est qu'il constitue la preuve de l'engagement de l'emprunteur vis-à-vis du prêteur. L'article 1341 du Code civil prévoit en effet qu'en l'absence d'écrit pour une somme supérieure à 1 500 €, il n'est pas possible pour le prêteur d'établir la réalité de la dette de l'emprunteur à son égard, par témoin. Cependant, ce principe reçoit exception quand il existe un commencement de preuve par écrit, émanant du débiteur (par exemple : il résulte des courriers adressés à son créancier qu'il reconnaissait la dette).

(Code civil, art. 1341 et 1347).

La preuve par témoin est également admise en cas d'impossibilité pour le créancier de produire cet écrit, soit qu'il l'ait perdu par la suite d'un cas fortuit ou d'une force majeure (par exemple : incendie), soit en cas d'impossibilité morale de produire un écrit, notamment dans le cas de relations de famille.

Les tribunaux en effet peuvent estimer que le lien de famille ou d'affection faisait obstacle à l'établissement d'un écrit concrétisant l'engagement. Il est conseillé de prendre un minimum de renseignements en cas de prêt de somme d'argent sur la solvabilité de l'intéressé. Des garanties peuvent également être demandées : obligation de souscrire une assurance, engagement d'une caution…

Fisc

Fiscalement, le prêt d'un montant supérieur à 1 500 € doit être déclaré, soit par le débiteur, soit par le créancier, à la direction des services fiscaux du lieu du domicile du déclarant. Cette déclaration, établie sur un formulaire de l'administration, doit intervenir au cours du premier mois de l'année qui suit celle de la conclusion du prêt si elle est faite par un intermédiaire, ou en même temps que la déclaration des revenus si elle est faite par le débiteur ou le créancier.
(Art. 242 ter et 49 B, annexe III du Code général des impôts).

Usure

Le taux d'intérêt prévu dans le prêt ne doit pas être usuraire.
(Code de la consommation, art. L. 313-3 à L. 313-6).
Il y a délit d'usure lorsque le prêteur convient d'un taux d'intérêt excessif. Aux termes de la loi, est considéré comme prêt usuraire tout prêt consenti à un taux effectif global qui excède, au moment où il est consenti, de plus du tiers le taux effectif moyen pratiqué au cours du trimestre précédent par les établissements de crédit pour des opérations de même nature comportant des risques analogues, telles que définies par arrêté ministériel.
(Art. D. 313-6 du Code de la consommation).
Les prêteurs doivent porter à la connaissance des emprunteurs les seuils de l'usure correspondant aux prêts qu'ils leur proposent. Les seuils de l'usure varient en effet selon qu'il s'agit d'un prêt à taux fixe, d'un prêt à taux variable ou d'un prêt relais, d'un prêt à la consommation, d'un découvert en compte ou d'un prêt personnel. Le taux d'usure peut être connu en s'adressant notamment :
– au *Journal officiel*, 26, rue Desaix, 75015 Paris (Tél. : 01 40 58 76 00) ;
– auprès de l'INSEE (Tél. : 01 41 17 66 11).

À noter : ces dispositions ne sont pas applicables aux prêts accordés à une personne physique agissant pour ses besoins professionnels ou à une personne morale se livrant à une activité industrielle, commerciale, artisanale, agricole ou professionnelle non commerciale.
(Code de la consommation, art. L. 313-3).

Capacité de l'emprunteur

L'une des précautions à prendre en cas de prêt est également de vérifier la capacité de la personne qui s'engage.
En effet, sont incapables de contracter, en vertu de l'article 1124 du Code civil, les mineurs non émancipés et les majeurs protégés par la loi : majeurs mis sous tutelle pour altération des facultés mentales notamment.
(Code civil, art. 488 et 1124).
(Voir Ⓘ : *Majeur protégé*).

L'accès au crédit

La loi n° 2007-131 du 31 janvier 2007 prévoit la signature d'une convention nationale afin d'améliorer l'accès au crédit des personnes présentant un risque aggravé de santé.
Cette convention définit notamment les conditions d'âge des emprunteurs, l'objet, le montant et la durée des prêts, les conditions dans lesquelles un demandeur d'emprunt peut se prévaloir, pendant un délai déterminé, d'une offre d'assurance, y compris pour un bien différent de celui visé par cette offre, ainsi que la couverture des risques décès et invalidité, dans les cas où elle est requise.
Toute personne concernée bénéficie de plein droit de cette convention.

› Qu'est-ce qu'une clause pénale ?

Une clause pénale est une clause insérée dans un contrat ou une convention par laquelle l'une des parties s'engage à quelque chose (le plus généralement à payer une certaine somme à titre de dommages et intérêts) en cas d'inexécution de ses obligations (exemple : non-paiement d'un prêt). En principe, le montant de cette somme ne peut pas être modifié par le juge, suivant le principe du respect de la volonté des parties. Ce n'est que si la peine est manifestement excessive ou dérisoire que l'article 1152 du Code civil autorise le juge à la modérer ou à l'augmenter et ce, même d'office.
(Code civil, art. 1152).
Dans la pratique, il se révèle que le juge modifie fréquemment le montant de la pénalité.

› Qu'est-ce que l'intérêt légal ?

En cas de non-paiement de sommes dues, le créancier a droit, outre au remboursement du montant du principal de sa créance, au paiement de l'intérêt légal, quand aucun intérêt conventionnel n'est prévu dans l'acte. Le taux de l'intérêt légal est, en toute matière, fixé par décret pour la durée de l'année civile. Ces intérêts, dits « moratoires », ne sont dus en principe qu'à compter de la sommation de payer ou d'un autre acte équivalent, telle une lettre missive s'il en ressort une interpellation suffisante. La condamnation dans un jugement à une indemnité emporte intérêt au taux légal, même en l'absence de demande ou de disposition spéciale du jugement. Ces intérêts courent à compter du prononcé du jugement sauf décision spéciale du tribunal. En cas d'appel et de confirmation pure et simple d'une décision allouant une indemnité en réparation d'un dommage, celle-ci produit de plein droit intérêt au taux légal à compter du jugement de première instance (dans les autres cas, l'indemnité allouée en appel porte intérêt à compter de la décision d'appel).
(Code civil, art. 1146, 1153 et 1153-1).
En cas de condamnation, le taux d'intérêt peut être majoré de 5 points à l'expiration d'un délai de 2 mois à compter du jour où la décision est exécutoire (c'est-à-dire qui ne peut plus faire l'objet d'appel ou d'opposition).
Le juge de l'exécution peut, cependant, en considération de la situation du débiteur, le dispenser de cette majoration ou en réduire le montant.

● Taux de l'intérêt légal

Année	Taux
1991	10,26 %
1992	9,69 %
1993	10,40 %
1994	8,40 %
1995	5,82 %
1996	6,65 %
1997	3,87 %
1998	3,36 %

Année	Taux
1999	3,47 %
2000	2,74 %
2001	4,26 %
2002	4,26 %
2003	3,29 %
2004	2,27 %
2005	2,05 %
2006	2,11 %
2007	2,95 %
2008	3,99 %
2009	3,79 %
2010	0,65%

Le cautionnement

› Que risque-t-on en se portant caution ?

La caution est la personne qui s'engage expressément à régler, à la place du débiteur qu'elle cautionne, le créancier en cas de non-paiement du débiteur. Il est spécialement recommandé à ceux qui donnent leur caution de lire attentivement le contrat sur lequel on leur demande d'apposer leur signature (en effet, l'engagement de caution doit toujours être exprès, c'est-à-dire résulter obligatoirement d'un écrit).

À noter : un cautionnement souscrit par un particulier pour des besoins non professionnels ne peut jamais être réalisé par voie électronique.

(Voir Ⓘ : *Contrat électronique*).

Plusieurs types de cautionnement peuvent être demandés :

– le cautionnement simple, en vertu duquel la caution n'est poursuivie qu'après le débiteur, celui-ci ayant été poursuivi au préalable. On dit que la caution a le « bénéfice de discussion ». Néanmoins la caution peut, par écrit, renoncer au bénéfice de discussion et être poursuivie directement ;

– le cautionnement solidaire qui permet au créancier, en cas de défaillance du débiteur, de poursuivre directement la caution.

Les règles du cautionnement sont prévues par les articles 2288 à 2320 du Code civil.

Étendue et durée

La caution devra être particulièrement attentive à l'étendue et à la durée de son obligation. En effet, son engagement peut porter sur une somme déterminée (par exemple : la somme principale de 4 573 €, augmentée des intérêts, frais et accessoires) ou bien indéterminée (par exemple : caution d'un crédit-bail). Cependant, dans ce dernier cas, si la dette ne peut être fixée précisément au moment de

l'acte, elle doit être déterminable, lors du paiement (par exemple : nombre d'échéances impayées).
(Sur l'information de la caution en cas de cautionnement indéterminé, voir ci-dessous). De même, l'engagement de la caution peut être donné pour une durée limitée (par exemple : la durée du prêt souscrit par le débiteur) ou illimitée (cas, par exemple, de la caution donnée par le dirigeant d'une société vis-à-vis de la société).

● Mesures de protection de la caution

Mises en place par la loi n° 98-657 du 29 juillet 1998, ces mesures tendent à assurer l'information de la caution sur la situation du débiteur principal et l'évolution de la dette garantie afin de lui permettre d'intervenir rapidement et d'éviter ainsi l'augmentation importante de ses propres obligations.
– En cas de cautionnement indéterminé, si la caution est une personne physique, le créancier professionnel est tenu de l'informer annuellement de l'évolution du montant de la créance garantie. S'il ne le fait pas, la caution n'est pas tenue de garantir les accessoires de la dette, frais et pénalités.
– Dès le premier impayé non régularisé, le créancier professionnel doit en avertir la caution dans le délai d'1 mois à compter de l'exigibilité. À défaut, il ne peut plus lui réclamer les pénalités de retard pour la période comprise entre la date du premier impayé et la date à laquelle la caution en a pris connaissance. Ces règles s'appliquent également en cas de caution accordée à une entreprise pour ses dettes professionnelles.
– Lorsque le débiteur garanti a saisi la commission de surendettement, celle-ci doit informer la caution de la procédure ouverte afin de permettre à cette dernière de présenter ses observations. En outre, les dettes dont le prix a été payé au lieu et place du débiteur par la caution ne peuvent jamais faire l'objet d'un effacement dans le cadre d'une procédure de surendettement, ce qui permet aux cautions de conserver leur recours contre le débiteur. Par ailleurs, dans le cadre de la procédure de rétablissement personnel, la clôture de la procédure entraîne l'effacement de toutes les dettes (non professionnelles) du débiteur, à l'exception de celles dont le prix a été payé au lieu et place du débiteur par la caution (sous réserve du cas de la caution de la dette d'un entrepreneur individuel ou d'une société – voir ci-dessous).
– Lorsque la caution est obligée de payer à la place du débiteur, un minimum de ressources au moins égal au montant du RMI (augmenté de 50 % en cas de ménage) doit lui être assuré et ne peut pas être saisi par le créancier. Ces dispositions sont les mêmes que celles applicables au débiteur surendetté.
(Code de la consommation, art. L. 331-2 et L. 331-3, l. 341-1).

● Révocation, décès de la caution, délais de paiement

Seul le cautionnement donné pour une durée illimitée peut être révoqué moyennant préavis par la caution. Dans ce cas, la caution sera bien entendu tenue des dettes jusqu'au jour de la révocation.
En cas de décès de la caution, ses héritiers sont tenus des dettes nées antérieurement à son décès.
La caution peut, en cas de difficultés réelles de paiement, demander des délais de grâce au créancier, à l'amiable ou en justice.
(Code civil, art. 1244).

Recours

La caution a un recours contre le débiteur pour se faire rembourser les sommes qu'elle a réglées pour lui.
Elle est d'ailleurs subrogée dans les droits du créancier et dispose des mêmes garanties que lui contre le débiteur.
La caution doit toujours avertir le débiteur de son règlement entre les mains du créancier. En effet, si le débiteur a réglé de son côté, la caution n'a plus de recours contre lui et peut seulement exercer une action en répétition contre le créancier.
Si, par ses négligences, le créancier laisse disparaître les garanties dont il bénéficie à l'encontre du débiteur (par exemple, en ne renouvelant pas l'hypothèque qu'il avait prise en son temps sur l'immeuble de ce dernier), la caution est déchargée, le créancier perdant son recours contre elle.
Par ailleurs, il existe un certain nombre de cas, permettant à la caution, même avant d'avoir payé, d'agir contre le débiteur pour être indemnisée, tel est le cas notamment si la caution est poursuivie en justice pour le paiement.
Des règles spécifiques régissent le cautionnement portant sur le crédit mobilier, immobilier et les locations.

Crédit mobilier et immobilier

En cas de cautionnement portant sur un crédit mobilier et immobilier, la personne physique qui s'engage par acte sous seing privé (acte n'étant pas passé devant un notaire) en qualité de caution doit, à peine de nullité de son engagement, faire précéder sa signature d'une mention manuscrite et précisant son engagement (mention manuscrite indiquant la limite financière et la durée du cautionnement et, en cas de cautionnement solidaire, mention manuscrite attestant de sa renonciation au bénéfice de discussion ainsi que de sa connaissance des conséquences de cette solidarité).
La caution doit être informée par l'établissement prêteur de la défaillance du débiteur principal dès le premier incident de paiement caractérisé (susceptible d'inscription au fichier national des incidents de paiement).
Si le prêteur ne se conforme pas à cette obligation, la caution ne peut être tenue au paiement des pénalités ou intérêts de retard échus entre la date de ce premier incident et celle à laquelle elle en a été informée.
En outre, l'organisme ne peut se prévaloir d'un contrat de cautionnement d'une opération de crédit mobilier ou immobilier conclu par une personne physique dont l'engagement était, lors de sa conclusion, manifestement disproportionné à ses biens et revenus, à moins que le patrimoine de cette caution au moment où celle-ci est appelée ne lui permette pas de faire face à son obligation.
La sanction peut être sévère pour l'organisme de crédit puisque les tribunaux peuvent annuler l'acte de cautionnement (ou plus exactement l'organisme de crédit ne peut plus se prévaloir de ce cautionnement) et donc réclamer le remboursement de l'impayé aux cautions (Cour de cassation, 1re chambre civile, 22 octobre 1996).
(Code de la consommation, art. L. 313-7 à L. 313-10 et L. 333-4).
(Voir Ⓘ : *Fichier des incidents de paiement*).

Location

Le cautionnement des loyers d'une location civile est réglementé spécifiquement par la loi n° 94-624 du 21 juillet 1994.
(Voir Ⓘ : *Locations (lois du 6.7.1989), caution*).

• Dette de la caution d'un entrepreneur individuel ou d'une société

La loi sur l'initiative économique n° 2003-721 du 1er août 2003 renforce la protection du particulier (membre de la famille, par exemple) qui se porte caution pour un entrepreneur individuel ou une société envers un créancier professionnel et ce sur deux plans :
– quand il s'engage : il est protégé de la même façon que celui qui cautionne un crédit mobilier et immobilier (mention manuscrite indiquant la limite financière et la durée du cautionnement, et, en cas de cautionnement solidaire, mention manuscrite attestant de sa renonciation au bénéfice de discussion ainsi que de sa connaissance des conséquences de cette solidarité - voir ci-dessus).
Les stipulations de solidarité et de renonciation au bénéfice de discussion figurant dans un contrat de cautionnement sont considérées comme non écrites si l'engagement de la caution n'est pas limité à un montant global, expressément et contractuellement déterminé, incluant le principal, les intérêts, les frais et accessoires.
Le créancier professionnel est tenu de faire connaître à la caution personne physique, au plus tard avant le 31 mars de chaque année, le montant du principal et des intérêts, commissions, frais et accessoires restant à courir au 31 décembre de l'année précédente au titre de l'obligation garantie, ainsi que le terme de cet engagement. Si l'engagement est à durée indéterminée, il rappelle la faculté de révocation à tout moment et les conditions dans lesquelles celle-ci est exercée. À défaut, la caution n'est pas tenue au paiement des pénalités ou intérêts de retard échus depuis la précédente information jusqu'à la date de communication de la nouvelle information.
Comme pour le crédit à la consommation, le créancier ne peut pas se prévaloir du cautionnement conclu par une personne dont l'engagement était, lors de sa conclusion, manifestement disproportionné à ses biens et revenus, à moins que le patrimoine de cette caution, au moment où celle-ci est appelée, ne lui permette de faire face à son obligation.
(Art. L. 341-2 et suivants du Code de la consommation) ;
– quand il est surendetté : il peut saisir la commission de surendettement. Cette possibilité vise les cautionnements souscrits notamment par des proches du chef d'entreprise (voir chef d'entreprise lui-même) et les aligne, par faveur pour la création d'entreprise, sur les « dettes non professionnelles » pouvant bénéficier des mesures de surendettement.

Les saisies

› Comment obtenir le remboursement de la dette ?

Le créancier a tout d'abord intérêt à prévenir son débiteur, par lettre recommandée ou par commandement d'huissier, que s'il ne règle pas sa dette dans les plus brefs délais, il n'hésitera pas à exercer à son encontre une poursuite par toute voie de droit, en précisant qu'à cette occasion il demandera le paiement en principal de la dette, les intérêts et frais de justice sans préjudice de dommages et intérêts.
Si ces menaces ne produisent aucun effet, le créancier doit prendre contre son débiteur un titre exécutoire, permettant d'obtenir le paiement, au besoin avec le concours de la force publique.
Constituent un titre exécutoire :
– les décisions des juridictions de l'ordre judiciaire ou de l'ordre administratif lorsqu'elles ont force exécutoire ;

– les actes et les jugements étrangers ainsi que les sentences arbitrales déclarées exécutoires par une décision non susceptible d'un recours suspensif d'exécution ;
– les extraits de procès-verbaux de conciliation signés par le juge et les parties ;
– les actes notariés revêtus de la formule exécutoire ;
– le titre délivré par l'huissier de justice en cas de non-paiement d'un chèque ;
– les titres délivrés par les personnes morales de droit public qualifiés comme tels par la loi, ou les décisions auxquelles la loi attache les effets d'un jugement.
Pour le droit fiscal, constituent des titres exécutoires les arrêtés, états, rôles, avis de mise en recouvrement, titres de perception ou de recettes que l'État, les collectivités territoriales ou les établissements publics dotés d'un comptable public délivrent pour le recouvrement des recettes de toute nature qu'ils sont habilités à recevoir.
(Loi de finances rectificative pour 1992 n° 92-1476 du 31 décembre 1992).
En possession de ce titre, il peut poursuivre l'exécution proprement dite contre son débiteur, soit en faisant saisir son mobilier, soit en faisant vendre ses propriétés immobilières, ou encore en saisissant son salaire ou son compte bancaire.
En effet, en vertu de l'article 2284 du Code civil, quiconque s'est obligé personnellement est tenu de remplir son engagement sur tous ses biens mobiliers et immobiliers, présents et à venir.
(Code civil, art. 2284).

› Le juge de l'exécution

Le juge de l'exécution est le président du tribunal de grande instance (il peut déléguer ses fonctions à un ou plusieurs juges de ce tribunal ou au juge du tribunal d'instance).
À moins qu'il n'en soit disposé autrement, le juge de l'exécution territorialement compétent, au choix du demandeur, est celui du lieu où demeure le débiteur ou celui du lieu d'exécution de la mesure. Si le débiteur demeure à l'étranger ou si le lieu où il demeure est inconnu, le juge compétent est celui du lieu d'exécution de la mesure.
Le juge de l'exécution ne peut être saisi que par assignation.
Il est compétent pour régler les difficultés relatives aux titres exécutoires ou les contestations qui s'élèvent à l'occasion des saisies.
Il ne peut ni modifier le dispositif de la décision de justice qui sert de fondement aux poursuites, ni en suspendre l'exécution. Il peut toutefois accorder un délai de grâce au débiteur après la signification d'un commandement ou d'un acte de saisie. Il peut non seulement autoriser le report ou le rééchelonnement de la dette sur 2 ans mais aussi prescrire que les sommes correspondant aux échéances reportées porteront intérêt à un taux réduit (jamais inférieur au taux légal) ou que les paiements s'imputeront d'abord sur le capital. La décision d'aménagement de la dette par le juge a pour effet automatique de suspendre les procédures d'exécution (saisies) qui auraient été engagées de ce chef. De plus, les majorations d'intérêt ou les pénalités encourues à raison du retard cessent d'être dues pendant le délai fixé par le juge.
(Code civil, art. 1244 et s.).

À noter : le juge de l'exécution est aussi le juge du surendettement.
C'est lui qui autorise les saisies conservatoires et règle les contestations relatives à leur mise en œuvre (sauf dans certains cas).
(Voir Ⓘ : *Saisies, rémunérations, immobilière*).

Les règles de représentation et de comparution des parties devant le juge de l'exécution sont les mêmes que celles prévues devant le tribunal d'instance.
En principe, la procédure est orale et les intéressés doivent être présents ou représentés à l'audience du juge. Néanmoins, il est possible d'être dispensé de comparution par le juge comme devant le tribunal d'instance.
(Voir Ⓘ : *Tribunal d'instance*).
Par ailleurs, une disposition spécifique devant le juge de l'exécution permet à une partie, en cours d'instance, d'adresser au juge une lettre pour exposer ses arguments, à condition toutefois d'avoir préalablement envoyé une copie de cette lettre (recommandée avec AR) à l'adversaire. Dans cette hypothèse et avec l'accord du juge, il est possible de ne pas se présenter à l'audience.
Le délai d'appel est de 15 jours à compter de la notification de la décision du juge. Devant la cour d'appel, il est obligatoire de prendre un avocat et un avoué. Il est possible de demander au premier président de la cour d'appel un sursis à l'exécution des mesures ordonnées par le juge. La demande de sursis doit être faite par assignation en référé. Elle doit être réellement justifiée et si elle se révèle abusive, le demandeur peut être condamné à une amende civile (pouvant atteindre 1 500 €).
(Art. 11 et suivants du décret n° 92-755 du 31 juillet 1992).

› Quels sont les différents types de saisies ?

La loi n° 91-650 du 9 juillet 1991 portant réforme des procédures civiles d'exécution (applicable le 1er janvier 1993 pour les nouvelles instances) a réorganisé le droit des saisies mobilières et a institué le juge de l'exécution, magistrat unique, dont le rôle est de centraliser tout le contentieux né à l'occasion de l'exécution. Tout créancier, muni d'un titre exécutoire, peut pratiquer une mesure d'exécution forcée sur les biens de son débiteur.
Les mesures d'exécution forcée sont :
- la saisie-attribution ;
- la saisie des rémunérations ;
- la saisie-vente ;
- l'appréhension des meubles ;
- la saisie d'un véhicule ;
- la saisie des droits incorporels.

Ces mesures peuvent être réalisées sans intervention du tribunal. Ce n'est qu'en cas de difficultés ou de contestations que le juge de l'exécution est saisi.
Si le créancier ne possède pas de titre exécutoire, et pour préserver sa créance, il peut pratiquer, avec l'autorisation du juge de l'exécution dans certains cas, une mesure conservatoire (saisie conservatoire ou sûreté judiciaire).

● La saisie-vente

La saisie-vente a remplacé la saisie-exécution. Le principe est le même : le créancier, muni d'un titre exécutoire constatant une créance liquide et exigible (c'est-à-dire dont le montant est fixé ou susceptible de l'être et pouvant être réclamé), peut faire procéder à la saisie et à la vente des biens meubles appartenant à son débiteur.
Pour procéder à cette saisie-vente, le créancier doit demander à un huissier de délivrer un commandement au débiteur. Le commandement est suivi de la saisie puis, 1 mois après, de la vente forcée des biens aux enchères publiques.

L'agent public chargé de la vente aux enchères doit arrêter la vente lorsque le prix des biens vendus atteint un montant suffisant pour payer le ou les créanciers saisissants ou opposants (le créancier opposant est celui qui se joint aux opérations de saisie entamées par un autre créancier, par voie d'opposition).
Si les fonds obtenus après la vente sont insuffisants pour régler tous les créanciers, l'agent chargé de la vente leur propose une répartition amiable.
À défaut d'accord, il consigne les fonds et saisit le juge de l'exécution qui procède alors à la répartition du prix.

Mesures de protection du débiteur

• Protection du domicile : si la saisie a lieu au domicile du débiteur, en vue du recouvrement d'une créance autre qu'alimentaire, inférieure à un montant fixé par décret, elle ne peut être pratiquée que si le recouvrement n'est pas possible au préalable par saisie sur compte bancaire ou sur ses salaires.
Lors du commandement, le créancier doit enjoindre le débiteur de communiquer les références de son compte ou les nom et adresse de son employeur.

À noter : la saisie des meubles peut avoir lieu, sans condition, si le juge de l'exécution en a donné l'autorisation au créancier (par requête). À défaut, l'huissier de justice peut obtenir ces informations.

• Protection contre la vente forcée : entre la saisie et la vente aux enchères, le débiteur dispose d'un délai d'1 mois pour vendre, s'il le désire, ses biens à l'amiable.
Il informe l'huissier des propositions qui lui sont faites. Le créancier est en droit de considérer que les propositions sont insuffisantes et de refuser la vente volontaire.
• Protection des biens appartenant au débiteur mais possédés par des tiers à leur domicile : dans cette hypothèse, le juge de l'exécution doit autoriser la saisie pour qu'elle puisse être réalisée.
(Loi n° 91-650 du 9 juillet 1991, art. 50 à 55).

› La saisie-attribution

La saisie-attribution a remplacé la saisie-arrêt des créances. Elle ne peut porter que sur des sommes d'argent.
Le type de saisie de créances le plus couramment utilisé est la saisie sur compte bancaire.
Seul le créancier muni d'un titre exécutoire peut procéder à cette saisie. Il est nécessaire que la créance constatée dans le titre exécutoire soit liquide et exigible (évaluée en argent).

Procédure de la saisie sur compte bancaire

Le créancier, par voie d'huissier, adresse au banquier l'acte de saisie. Cet acte emporte « attribution » immédiate au profit du saisissant des sommes disponibles déclarées et détenues par le banquier.
Cette « attribution » ne signifie pas « paiement » immédiat (le paiement proprement dit ne pourra avoir lieu avant un délai minimum d'1 mois).
Les sommes sont laissées au compte (mais sont indisponibles) pendant un délai de 15 jours. Ce délai est nécessaire pour que les opérations intervenues avant la saisie et non encore apparues sur le compte, y soient portées (remises de chèques, retraits par billetterie, paiements par cartes...).

Le solde du (ou des) compte(s) déclaré au moment de la saisie et attribué au saisissant n'est diminué que si le total de ces opérations est négatif et supérieur aux sommes non saisies.
Par ailleurs, la saisie doit être dénoncée au débiteur, par acte d'huissier, dans un délai de 8 jours à peine de caducité.
Le débiteur, dans le délai d'1 mois à compter de cette dénonciation, peut la contester en assignant le créancier devant le juge de l'exécution. Dans cette hypothèse, le paiement est différé sauf avis contraire du juge.
Il doit, le même jour, par lettre recommandée avec AR, avertir de sa contestation l'huissier qui a procédé à la saisie. Il doit également en informer, par lettre simple, le tiers saisi (la banque).
S'il n'y a pas de contestation, un certificat de non-contestation est établi par le greffe ou par l'huissier et le créancier peut demander le paiement de la créance qui lui a été attribuée par l'acte de saisie.
(Loi n° 91-650 du 9 juillet 1991, art. 42 à 47).

Compte entre époux

Lorsqu'un compte, même joint, alimenté par le salaire d'un époux commun en biens, fait l'objet d'une saisie pour une dette de son conjoint, il est laissé immédiatement à la disposition de l'époux, commun en biens, une somme équivalente à 1 mois de salaire.
Le montant est, soit le dernier mois de salaire, soit la moyenne mensuelle des 12 derniers mois.
(Décret n° 92-755 du 31 juillet 1992, art. 48).

Montant insaisissable :

Il n'est pas possible de saisir tous les avoirs bancaires d'un particulier. En effet, le tiers saisi (banque…) doit laisser à la disposition du débiteur (personne physique), dans la limite du solde créditeur du compte au jour de la saisie, une somme à caractère alimentaire d'un montant égal au montant forfaitaire, pour un allocataire seul, du revenu de solidarité active (RSA).
(Loi n° 91-650 du 9 juillet 1991, art. 47-1).

› La saisie des rémunérations

La saisie des rémunérations (qui a remplacé la saisie-arrêt sur salaire) suit des règles particulières prévues par les articles L. 3252-1 et suivants du Code du travail.

● Procédure

Le créancier (muni d'un titre exécutoire) doit s'adresser au juge d'instance (et non au juge de l'exécution) dans le ressort duquel habite le débiteur. La créance doit être liquide et exigible.
Le juge convoque les parties pour une audience de tentative de conciliation.
À défaut de conciliation, le juge autorise la saisie et l'employeur en est averti par lettre recommandée.
Il doit faire connaître la situation de droit existant entre lui-même et le débiteur saisi ainsi que les cessions, saisies, avis à tiers détenteur ou paiements directs de créances d'aliments en cours d'exécution.
Le tiers saisi (l'employeur) qui s'abstient sans motif légitime de faire cette déclaration ou fait une déclaration mensongère peut être condamné par le juge au paiement d'une amende civile et éventuellement de dommages-intérêts.

Il a également l'obligation de verser mensuellement les sommes retenues pour lesquelles la saisie est opérée.

Quelles sont les rémunérations saisissables ?

Sont saisissables non seulement les salaires, mais également toutes rémunérations versées à quelque titre ou quelque lieu que ce soit (et notamment les pensions de retraite, en dehors, sous certaines réserves, des pensions civiles et militaires des fonctionnaires), ainsi que certaines sommes assimilées à des rémunérations (allocations chômage, pension d'invalidité, indemnités journalières maladie ou accident de travail…).
(Code du travail, art. L. 3252-1 et s.).
(Art. L. 355-2, L. 433-3, L. 521-1, L. 811-16 et L. 815-13 du Code de la Sécurité sociale).
Mais l'intégralité de ces rémunérations ne peut être saisie. La fraction saisissable dépend du montant de la rémunération, de ses accessoires ainsi que, le cas échéant, de la valeur des avantages en nature, après déduction des contributions et cotisations obligatoires. Il est, en outre, tenu compte d'une fraction insaisissable égale au montant forfaitaire du revenu de solidarité active (RSA). Des dispositions spécifiques existent en matière de pension de retraite.
Ne peuvent être saisis les indemnités insaisissables, les remboursements de frais et les allocations ou indemnités pour charges de famille.
Les pourcentages saisissables, ainsi que les correctifs pour charges de famille, sont fixés par décret.
Voici les quotités de salaire saisissables au 1er janvier 2010 :

Tranche de rémunération annuelle	Fraction saisissable
jusqu'à 3 460 €	1/20
de 3 460 € à 6 790 €	1/10
de 6 790 € à 10 160 €	1/5
de 10 160 € à 13 490 €	1/4
de 13 490 € à 16 830 €	1/3
de 16 830 € à 20 220 €	2/3
au-delà de 20 220 €	totalité

Ces seuils sont augmentés d'un montant de 1 310 € par personne à charge du débiteur saisi. Chaque année, ces seuils et correctifs sont révisés en fonction de l'évolution de l'indice des prix à la consommation hors tabac des ménages urbains dont le chef de famille est ouvrier ou employé (série France entière). Sont considérées comme personne à charge :
– le conjoint, le partenaire lié par un PACS ou le concubin du débiteur dont les ressources personnelles sont inférieures au montant forfaitaire du RSA ;
– tout enfant ouvrant droit aux prestations familiales et se trouvant à la charge effective et permanente du débiteur ou pour le compte de qui le débiteur verse une pension alimentaire ;
– l'ascendant dont les ressources sont inférieures au RSA et qui habite avec le débiteur ou auquel le débiteur verse une pension alimentaire.

● Saisie pour le paiement d'une pension alimentaire

Dans le cadre d'une procédure de saisie pour paiement de pension (notamment procédure de paiement direct), l'intégralité du salaire est saisissable. Il n'est laissé à la disposition du débiteur qu'une somme minimum égale au montant forfaitaire du RSA pour un allocataire. (Sur la procédure de paiement direct, voir ① : *Pension alimentaire, paiement direct*).
Le créancier d'une pension alimentaire peut également saisir les sommes déclarées insaisissables (voir question suivante).

› Y a-t-il des biens ou sommes insaisissables ?

En principe, les saisies peuvent porter sur tous les biens appartenant au débiteur alors même qu'ils seraient détenus par des tiers.
Elles peuvent également porter sur des créances.
Cependant, ne peuvent être saisis certains biens (meubles ou revenus) considérés indispensables ou nécessaires au débiteur saisi :
– les provisions, sommes et pensions à caractère alimentaire, même versées sur un compte, sauf pour le paiement des aliments déjà fournis par le saisissant à la partie saisie ou pour le paiement d'une créance elle-même alimentaire. Sont notamment insaisissables en raison de leur caractère alimentaire les pensions ou la prestation compensatoire versées après un divorce, les subsides, la contribution aux charges du mariage, les prestations sociales (allocations familiales, allocation parentale d'éducation…), le capital-décès versé par la Sécurité sociale.
S'il s'agit d'une saisie pratiquée pour une créance alimentaire, ces prestations sociales ne peuvent être saisies. Sont par ailleurs totalement insaisissables, même pour le créancier d'aliments :
• le RSA,
• les allocations du régime de solidarité (allocation de solidarité spécifique et d'insertion),
• les prestations en nature de l'assurance maladie (remboursement des frais médicaux ou d'hospitalisation, des frais de transports…), sauf pour le recouvrement des prestations indûment versées à la suite d'une manœuvre frauduleuse ou d'une fausse déclaration de l'assuré.
(Art. L. 322-7, L. 361-5 et L. 553-4 du Code de la Sécurité sociale) ;
– les biens légués ou donnés au débiteur et déclarés insaisissables par le testateur ou le donateur ;
– les objets indispensables aux personnes handicapées ou destinés aux soins des personnes malades ;
– les biens mobiliers nécessaires à la vie et au travail du débiteur saisi et de sa famille. Tel est le cas notamment des instruments de travail nécessaires à l'exercice personnel de l'activité professionnelle de l'intéressé et de sa famille, des denrées alimentaires, des appareils nécessaires au chauffage, des vêtements, de la literie, des tables et chaises, de la machine à laver le linge, du poste téléphonique fixe...
(Art. 39 du décret du 31 juillet 1992).
Néanmoins, ces objets demeurent saisissables :
– s'ils se trouvent dans un lieu autre que celui où le saisi demeure ou travaille habituellement ;
– si ce sont des biens de valeur, en raison notamment de leur importance, de leur matière, de leur rareté, ancienneté ou de leur caractère luxueux ;
– enfin, s'ils constituent des éléments corporels d'un fonds de commerce.

Remarque : les biens insaisissables peuvent néanmoins être saisis s'il s'agit du paiement des sommes dues à leur fabricant ou à leur vendeur, à l'exception des objets indispensables aux personnes handicapées ou destinés au soin des personnes malades.
(Décret n° 92-755 du 31 juillet 1992).
(Loi n° 91-650 du 9 juillet 1991, art. 13 et 15).

› La saisie-appréhension de meubles, la saisie d'un véhicule et la saisie de droits incorporels

Le créancier muni d'un titre exécutoire peut, en s'adressant à un huissier :
– appréhender les meubles de son débiteur lorsque celui-ci est tenu de les livrer ou de les restituer. La saisie-appréhension peut être faite en vertu d'un titre exécutoire ou sur injonction du juge (l'injonction du juge devient exécutoire, à défaut d'opposition 15 jours après sa signification).
(Décret n° 92-755 du 31 juillet 1992, art. 139 à 154).

Attention : il faut l'autorisation du juge de l'exécution si les objets sont détenus par un tiers, à son domicile ;
– immobiliser le véhicule de son débiteur. À condition d'avoir un titre exécutoire, le créancier peut demander à un huissier de saisir le véhicule en l'immobilisant par tous moyens (n'entraînant aucune détérioration). La saisie peut également être faite par déclaration à la préfecture.
À compter de la signification de la déclaration au débiteur, aucun certificat d'immatriculation ne peut plus être délivré, sauf mainlevée donnée par le créancier ou ordonnée par le juge. Cette interdiction reste valable pendant 2 ans sauf renouvellement.
(Décret n° 92-755 du 31 juillet 1992, art. 165 à 168).

À noter : tout propriétaire doit, à l'occasion de la vente de son véhicule, remettre à l'acquéreur un certificat attestant qu'il n'a pas été fait de déclaration valant saisie sur ce véhicule. Ce certificat délivré par le préfet est valable 2 mois ;
– saisir les droits incorporels dont le débiteur est titulaire et les faire vendre (droits d'associé, parts ou valeurs mobilières nominatives, au porteur...).
(Décret n° 92-755 du 31 juillet 1992, art. 178 à 193).
(Loi n° 91-650 du 9 juillet 1991, art. 56 à 60).

› La saisie immobilière

Elle concerne tout créancier bénéficiaire d'un titre exécutoire constatant une créance liquide et exigible (acte notarié, jugement...). Il peut saisir un bien immobilier de son débiteur et le faire vendre aux enchères pour récupérer le montant de sa créance sur le produit de la vente. Le débiteur peut également obtenir du juge la vente amiable de son bien lui permettant de s'acquitter de sa dette.

À noter : le créancier hypothécaire impayé, n'est plus tenu, depuis cette ordonnance, de s'engager dans une procédure de saisie immobilière puisqu'il peut demander à conserver l'immeuble en paiement (procédure d'attribution). Ce choix peut s'exercer tant que le jugement d'adjudication n'est pas prononcé (voir la rubrique ci-dessous : *Les hypothèques*).
(Code civil, art. 2190 et s.).

Commandement

La procédure débute par un commandement de saisie signifiée par huissier par l'avocat du créancier au débiteur. Cet acte contient un certain nombre de mentions obligatoires et notamment l'indication du titre exécutoire, des sommes dues, la désignation du bien qui sera saisi, l'avertissement que ces sommes doivent être payées dans les 8 jours et qu'à défaut la procédure de vente se poursuivra, les coordonnées du juge de l'exécution (désormais seul compétent pour connaître de cette saisie et de ses suites).

Cet acte avertit également le débiteur de ses droits et notamment la possibilité de :
- bénéficier de l'aide juridictionnelle ;
- faire appel à la commission de surendettement ;
- rechercher un acquéreur de l'immeuble pour le vendre à l'amiable et la mention que cette vente ne pourra être conclue qu'après autorisation du juge.

A l'expiration d'un délai de 8 jours à compter de la délivrance de ce commandement et à défaut de paiement, l'huissier de justice peut pénétrer dans les lieux désignés dans le commandement afin de dresser un procès-verbal de description.

Ce commandement est publié au bureau des hypothèques du lieu de situation de l'immeuble dans les 2 mois de sa signification.

À noter : une demande de vente amiable du bien peut être présentée par le débiteur et jugée avant la signification de l'assignation à comparaître à l'audience d'orientation (voir ci-dessous), sous réserve que le débiteur mette en cause les créanciers inscrits sur le bien.

Audience d'orientation

Cette audience a pour objet d'examiner la validité de la saisie, de statuer sur les éventuelles contestations et d'autoriser, soit la vente amiable si le débiteur la demande, soit la vente forcée.

(Art. R. 331-14 du code de la consommation).

Le créancier assigne le débiteur devant le juge de l'exécution dans les 2 mois de la publication du commandement. L'assignation doit être délivrée dans un délai compris entre 1 et 3 mois avant la date de l'audience.

Elle doit préciser un certain nombre d'éléments et notamment :
- la sommation au débiteur de prendre connaissance des conditions de la vente figurant dans le cahier des conditions de vente (voir ci-dessous) ;
- l'indication de la mise à prix fixée dans le cahier des conditions de vente et la possibilité d'en contester le montant pour insuffisance manifeste ;
- l'avertissement que le débiteur peut demander au juge de l'exécution à être autorisé à vendre le bien saisi à l'amiable s'il justifie qu'une vente non judiciaire peut être conclue dans des conditions satisfaisantes ;
- l'indication qu'à peine d'irrecevabilité, toute contestation ou demande incidente doit être déposée au greffe du juge de l'exécution par avocat au plus tard lors de l'audience.

Cahier des conditions de vente et état hypothécaire

Dans les 5 jours ouvrables suivant l'assignation, le créancier dépose au greffe un cahier des conditions de vente (comportant l'état descriptif de l'immeuble et les modalités de la vente), auquel est jointe la copie de l'assignation et un état hypothécaire certifié à la date de la publication du commandement de payer valant saisie.

Déclarations de créance et état ordonné des créances

Au plus tard le 5e jour ouvrable suivant cette assignation, le commandement de payer est adressé aux créanciers inscrits au jour de la publication du commandement avec assignation à comparaître à l'audience d'orientation. Les créanciers sont sommés d'avoir à déclarer leurs créances dans les 2 mois. A défaut, ils seront déchus de leurs droits (sauf relevé de forclusion ordonné par le juge).

Les créanciers ayant inscrit leur sûreté sur l'immeuble après la publication du commandement de payer (mais avant la publication de la vente) peuvent également intervenir dans la procédure en déclarant leur créance sous certaines conditions. (Code civil, art. 2214 et 2215).

Le créancier se fait remettre par le greffe la copie des créances produites et dresse un état des créances remis au greffe 15 jours au moins avant la date fixée pour l'audience de constatation de la vente amiable ou l'audience d'adjudication.

● Vente amiable

Pour faciliter cette possibilité, cette vente peut être demandée à l'audience d'orientation par le débiteur sans avocat et verbalement.

Le juge fixe le montant minimum du prix de la vente eu égard notamment aux conditions économiques du marché.

Il fixe la date de la prochaine audience - qui validera la vente - dans un délai qui ne peut dépasser 4 mois (augmenté d'un nouveau délai de 3 mois si le demandeur justifie d'un engagement écrit d'acquisition).

Si le débiteur trouve un acquéreur, l'acte de vente est rédigé par un notaire. Cet acte notarié est contrôlé par le juge qui vérifie qu'il est conforme aux conditions qu'il a fixées, que le prix a été consigné et que l'état ordonné des créances a été dressé. Le juge ne constate la vente que lorsque ces conditions sont remplies. Il ordonne alors la radiation des inscriptions d'hypothèque et de privilège.

À noter : le débiteur doit faire tout son possible pour faire vendre son bien. A défaut, le créancier poursuivant peut, à tout moment, l'assigner devant le juge pour faire constater sa carence et ordonner la reprise de la procédure sur vente forcée.

● Adjudication

L'adjudication (ou vente forcée) est fixée par le juge dans un délai compris entre 2 et 4 mois à compter du prononcé de sa décision (délai pouvant être reporté en cas de force majeure ou sur demande de la commission de surendettement). (Code de la consommation, art. L. 331-5).

Le créancier doit justifier du dépôt de l'état ordonné des créances sous peine d'irrecevabilité de la demande. Par ailleurs, si aucun créancier ne demande la vente, le juge constate la caducité du commandement. Dans ce cas, le créancier poursuivant défaillant conserve à sa charge l'ensemble des frais de saisie engagés sauf décision contraire du juge spécialement motivée.

Avant cette audience (dans un délai compris entre 1 et 2 mois), l'avocat du créancier rédige un avis qui sera affiché dans les locaux de la juridiction. Cet avis est également publié dans un journal d'annonces légales. Tout autre mode de publicité peut être utilisé en plus.

Il est nécessaire d'avoir un avocat pour participer aux enchères et respecter les points suivants :

– les enchérisseurs doivent présenter des garanties de paiement ;

– à défaut de consignation du prix et de paiement des frais dans les 2 mois de la date d'adjudication définitive, la vente est annulée automatiquement et une nouvelle

vente aux enchères a lieu. Dans ce cas, l'adjudicataire doit payer la différence entre son enchère et le prix de revente si celui-ci est moindre (réitération des enchères) ; (Code civil, art. 2212).
– le jugement d'adjudication a la valeur de titre d'expulsion du débiteur occupant ;
– le juge de l'exécution reste compétent pour la procédure de distribution des sommes qui doit respecter certains délais.
Le jugement d'adjudication est notifié par le greffe au créancier poursuivant, au débiteur, aux créanciers inscrits, à l'adjudicataire ainsi qu'à toute personne ayant élevé une contestation. Le titre de vente consiste dans l'expédition du cahier des conditions de vente revêtue de la formule exécutoire, à la suite de laquelle est transcrit le jugement d'adjudication.
Il est toujours possible de faire une surenchère du dixième au moins du prix principal de la vente, par avocat, dans les 10 jours suivant l'adjudication.

À noter : l'existence d'une procédure de surendettement suspend automatiquement les saisies sur les biens du débiteur. Cependant, la règle est différente si une vente forcée a déjà été ordonnée. Dans cette hypothèse, la suspension n'a lieu que si la commission de surendettement saisit le juge de l'exécution d'une demande de report. Le juge ne peut l'ordonner que pour causes graves et dûment justifiées. (Code de la consommation, art. L. 331-3-1 et L. 331-5).

● Mesures concernant le logement

Outre la possibilité de faire majorer la mise à prix (voir ci-dessous), un certain nombre de mesures concernent le débiteur qui voit son logement saisi.
S'il s'agit du logement principal du débiteur, celui-ci peut obtenir la réduction de la fraction des prêts immobiliers restants encore dus après la vente de l'immeuble. Cette réduction s'opère dans le cadre de la procédure de surendettement, à l'occasion de la vente amiable ou forcée du logement. Le débiteur saisit la commission (dans le délai de 2 mois qui suit la sommation d'avoir à payer ces prêts), laquelle peut recommander certaines mesures dont la réduction des prêts restants dus. Ces recommandations sont soumises au juge de l'exécution. S'il n'y a pas d'opposition de la part des créanciers, elles s'imposent au juge qui les rend exécutoires. Dans le cas contraire, le juge statue en fonction des éléments du dossier.
(Code de la consommation, art. L. 331-7-1).
Par ailleurs, la commune où se situe l'immeuble peut exercer un droit de préemption sur l'immeuble saisi et se rendre ainsi acquéreur de cet immeuble afin d'assurer le maintien dans son logement du débiteur saisi.
Ce droit peut s'exercer si le débiteur remplit les conditions de ressources pour l'attribution d'un logement HLM.
La commune se substitue à l'adjudicataire et acquiert l'immeuble au prix de la dernière enchère.
(Art. L. 616 du Code de la construction et de l'habitation ; art. L. 211-1 et suivants du Code de l'urbanisme).
(Sur la procédure du droit de préemption, voir Ⓘ : *Droit de préemption, urbain*).

› Les mesures conservatoires

Les mesures conservatoires sont réservées aux créanciers qui n'ont pas de titre exécutoire.

La mesure conservatoire intervenant avant le titre a pour but de rendre indisponibles les biens du débiteur et de garantir le recouvrement à venir de la créance. La créance doit paraître fondée en son principe. Le créancier doit s'adresser au juge de l'exécution pour obtenir l'autorisation de pratiquer soit une saisie conservatoire, soit une sûreté judiciaire. Lorsque l'autorisation est donnée, la saisie est notifiée au débiteur. Après avoir été autorisée, la mesure conservatoire doit être exécutée dans un délai de 3 mois à compter de l'ordonnance.
Par ailleurs, le créancier dispose d'un délai d'1 mois après l'exécution de la mesure pour introduire une procédure ou accomplir les formalités nécessaires à l'obtention d'un titre exécutoire.
(Décret n° 92-755 du 31 juillet 1992, art. 210 à 216).
La saisie conservatoire peut porter sur tous les biens du débiteur. Si la saisie porte sur une créance (par exemple, un compte bancaire), le créancier peut en demander le paiement dès qu'il a obtenu un titre exécutoire.
De même, si la saisie porte sur un bien mobilier, le créancier muni d'un titre exécutoire peut faire procéder à la vente.
Les sûretés judiciaires peuvent être constituées, à titre conservatoire, sur les immeubles, les fonds de commerce, les actions, parts sociales et valeurs mobilières.
Le créancier doit faire publier la sûreté prise puis faire confirmer par une publicité définitive.
Les biens grevés d'une sûreté peuvent être vendus mais le créancier doit être payé sur le prix de vente.
(Loi n° 91-650 du 9 juillet 1991, art. 74 à 79).
À noter : l'autorisation du juge n'est pas nécessaire pour pratiquer une saisie conservatoire ou une sûreté judiciaire :
- lorsque le créancier a un titre ou une décision qui n'est pas encore définitive (qui n'a pas encore force exécutoire) ;
- lorsqu'il s'agit d'un défaut de paiement d'une lettre de change acceptée ou d'un billet à ordre ou encore d'un chèque ;
- lorsqu'il s'agit d'un loyer impayé dès lors qu'il y a un contrat de bail écrit.

(Loi n° 91-650 du 9 juillet 1991, art. 68).

Les hypothèques

Une hypothèque est un gage consenti par un débiteur à son créancier sur un immeuble dont le débiteur est propriétaire.
Ce gage consiste en une inscription qui est régularisée à la conservation des hypothèques, moyennant laquelle lorsque l'immeuble sera vendu, le créancier sera payé en priorité sur le prix de vente jusqu'à hauteur du montant de l'inscription. Si plusieurs créanciers ont inscrit une hypothèque sur un immeuble, ils sont payés dans l'ordre chronologique de leur inscription.
Une hypothèque peut être consentie à l'amiable par le débiteur ou judiciairement par le tribunal si le créancier le demande et qu'il dispose d'une créance, même si celle-ci n'est qu'éventuelle ou conditionnelle.
Une hypothèque peut être accordée à titre provisoire après ordonnance rendue sur requête par le président du tribunal du lieu de l'immeuble.
Une hypothèque de premier rang, c'est-à-dire la première inscrite, constitue évidemment une garantie de premier ordre à la condition que le montant de la somme pour laquelle l'hypothèque est inscrite, ne dépasse pas la valeur de l'immeuble.

Depuis l'ordonnance nº 2006-346 du 23 mars 2006, le créancier bénéficiant d'une hypothèque n'est plus obligé de procéder à la saisie et la vente forcée de l'immeuble selon les procédures civiles d'exécution (saisie immobilière – voir question précédente). Il peut préférer demander au juge l'attribution en pleine propriété de l'immeuble hypothéqué. Mais cette possibilité est exclue lorsque l'immeuble hypothéqué constitue la résidence principale du débiteur. De plus, l'immeuble doit être estimé par un expert.
Dans le but de relancer la consommation et le crédit immobilier, cette même ordonnance crée l'hypothèque rechargeable, à savoir que la même hypothèque peut être ultérieurement affectée à la garantie d'autres créances, non prévues dans l'acte la prévoyant. Il faut que l'acte le prévoit expressément . Par exemple, l'hypothèque souscrite pour garantir un emprunt immobilier de 100 000 € pourra servir à un crédit à la consommation pour 50 000 € si la personne a déjà remboursé 50 000 € sur son premier crédit. Mais le législateur limite le bénéfice de cette mesure aux hypothèques conventionnelles ; elle ne s'applique pas aux hypothèques légales, comme le privilège du vendeur ou de la banque avançant les fonds, prévues par le Code civil, ce qui en limite la portée.
(Code civil, art. 2393 et suivants).
Enfin cette ordonnance prévoit (principalement pour les personnes âgées) qui souhaitent tirer crédit de leur logement sans avoir à le vendre, le viager hypothécaire. Elles obtiendront ce crédit (capital ou versements périodiques) qui ne sera remboursé qu'à leur décès – ou auparavant s'il y a cession de l'immeuble, comme une vente ou une donation. En ce qui concerne le montant du remboursement, le texte pose une règle importante, à savoir que la dette de l'emprunteur ne peut pas excéder, en capital et en intérêts, la valeur de l'immeuble à l'échéance du terme. Cela signifie que si le prix de vente dépasse la dette, les héritiers récupèrent le solde. Dans le cas inverse, la banque perd une partie de ce crédit.
(Art. L. 314-1 et suivants du Code de la consommation).
(Voir Ⓘ : *Prêt, viager hypothécaire ; Hypothèque, rechargeable)*.
(Art. 673 et suivants de l'Ancien Code de procédure civile).

Les organismes de recouvrement

› Quel est leur rôle ?

Les organismes ou agences de recouvrement ont pour profession de recouvrer à l'amiable des créances pour le compte de leurs clients. Ils interviennent lorsque le créancier n'a pas de titre exécutoire (par exemple, un jugement de condamnation du débiteur ou un acte notarié constatant la dette). Cette profession est réglementée.
Le créancier doit, par écrit, donner pouvoir à l'organisme de récupérer en son nom les sommes dues par le débiteur. Cette convention écrite doit préciser également le fondement ou l'origine de la dette et le montant des sommes dues, les conditions de rémunération de l'organisme, les conditions de reversement des fonds encaissés.
La réclamation adressée au débiteur doit préciser les nom, adresse et raison sociale de l'organisme ou de la personne chargée du recouvrement, les références du créancier, le fondement et le montant de la créance, des intérêts et accessoires, les modalités de paiement, la reproduction des 3° et 4° alinéas de l'article 32 de la loi de 1991.

L'organisme doit prévenir le créancier de tout paiement partiel effectué ou de toute proposition émanant du débiteur tendant au paiement de la dette. Une quittance doit être remise au débiteur à chaque paiement effectué. L'organisme doit remettre les fonds au créancier dans le délai maximum d'1 mois (sauf convention contraire).
Les frais de recouvrement restent toujours à la charge du créancier et ne peuvent être mis à la charge du débiteur.
Le non-respect de ces obligations est puni d'une peine d'amende (contraventions de la 5e classe).
(Loi n° 91-650 du 9 juillet 1991, art. 32).
(Décret n° 96-1112 du 18 décembre 1996).

À noter : le fait de proposer d'intervenir, moyennant rémunération, pour le compte d'un débiteur dans le cadre d'une procédure de surendettement ou pour lui obtenir un délai de paiement, une remise de dettes ou un accord avec le créancier (organismes de gestion de dettes), est strictement interdit.
(Code de la consommation, art. L. 321-1 et L. 322-2).

Les assurances

Le contrat d'assurance

Le contrat d'assurance est un contrat passé entre une compagnie d'assurances et une personne dénommée « souscripteur » (il signe la police) pour la couverture d'un risque donné, moyennant règlement de primes. En principe le souscripteur est également l'assuré, mais l'assurance peut être aussi souscrite au profit d'un tiers, voir Ⓘ : *Assurance-vie*. Le Code des assurances détermine de façon très précise les modalités de conclusion du contrat et les droits et obligations des parties.
(Code des assurances, art. L. 112-1 et s.).

› Quelles sont les assurances obligatoires ?

L'opération d'assurance est en principe libre puisque tout particulier (ou toute société) s'assure ou non selon l'intérêt qu'il peut y trouver.
Cependant certaines assurances sont obligatoires. Il s'agit souvent de garanties des responsabilités civiles permettant d'indemniser les dommages matériels ou corporels que l'assuré cause à des tiers. On peut citer par exemple :
- l'assurance construction,
- l'assurance garantie des salaires (AGS),
- l'assurance circulation,
- l'assurance multirisques en matière locative,
- les assurances professionnelles (notaire, avocat, agent d'assurances, architecte…),
- celles couvrant certains risques (chasse, transport aérien…).

(Voir Ⓘ : *Assurance, construction, location* ; *Assurance automobile*).

› Quels sont les documents fournis par l'assureur avant la signature du contrat ?

Avant la conclusion du contrat, l'assureur doit obligatoirement fournir au client une fiche d'information sur le prix et les garanties du contrat et un exemplaire du projet de contrat et de ses annexes (ou une notice d'information sur le contrat précisant notamment les risques garantis et exclus et les obligations de l'assuré).
Les documents doivent également préciser la loi applicable (s'il ne s'agit pas de la loi française) et les modalités et procédures des réclamations que l'intéressé peut, le cas échéant, formuler au sujet du contrat.
Doit également être précisée l'adresse du siège social de l'assurance et, éventuellement, de ses succursales.
(Code des assurances, art. L. 112-2).
Concrètement, la remise des documents est constatée par une mention signée et datée par le souscripteur, apposée au bas de la police par laquelle celui-ci reconnaît avoir reçu au préalable ces documents, en précisant leur nature et la date de leur remise. Cependant, cette obligation d'information préalable à la conclusion du contrat n'est pas applicable dans un certain nombre de cas (assurance sur la vie, assu-

rance couvrant certains risques comme les sports d'hiver, le camping, les voyages souscrits pour trois mois ou plus, non renouvelables).
(Art. R. 112-2 du Code des assurances).
Une proposition d'assurance peut également être remise et signée par l'assuré. Il s'agit d'un document imprimé sous forme de questionnaire que remplit la personne désirant s'assurer et servant de base à la rédaction de la police définitive.
Mais une simple proposition n'engage ni l'assuré ni l'assureur. Seule la police définitive ou la note de couverture le pourrait (voir plus loin).
(Code des assurances, art. L. 112-2).
(Voir Ⓘ : *Assurance, modification du contrat*).
À noter : pour les assurances de responsabilité, l'assureur doit remettre avant la conclusion du contrat à l'assuré une fiche d'information décrivant le fonctionnement dans le temps (en cas de changement d'assurance ou de résiliation de contrat) des garanties déclenchées par le fait dommageable, le fonctionnement dans le temps des garanties déclenchées par la réclamation de la victime, ainsi que les conséquences de la succession de contrats ayant des modes de déclenchement différents.

› Quelles sont les règles en matière de démarchage ?

Les contrats d'assurance souscrits par voie de démarchage à domicile, sur le lieu de résidence ou sur le lieu de travail sont réglementés (Loi n° 2008-3 du 3 janvier 2008). Les souscripteurs de tels contrats peuvent y renoncer dans les 14 jours par lettre recommandée avec AR. Dans tous les cas, le contrat doit l'indiquer et comporter un modèle de lettre pour faciliter cette faculté de renonciation.
À noter : ce délai de renonciation ne s'applique pas aux contrats d'assurance-vie, d'assurance de voyage ou de bagages, ni aux contrats d'assurance d'une durée maximum d'1 mois.
(Code des assurances, art. L. 112-9).

› Quelle est la différence entre les conditions particulières et les conditions générales ?

La police d'assurance est un document signé par les parties matérialisant le contrat et en constituant la preuve. En effet, un contrat d'assurance ne peut jamais être verbal. La police se compose en fait de deux parties :
• Les conditions générales figurent sur un imprimé type rappelant la réglementation applicable aux contrats d'assurance, c'est-à-dire notamment :
– les modalités de déclaration des sinistres,
– les délais de paiement,
– les prescriptions,
– et précisant l'objet de l'assurance (définition des risques assurés, exclusion de risques…).
• Les clauses particulières sont personnalisées. Elles sont datées du jour où elles sont établies et signées par la compagnie et le souscripteur.
Elles doivent indiquer un certain nombre de mentions :
– identité des parties,
– chose (ou personne) assurée,
– nature des risques garantis (exemple : véhicule automobile et ses accessoires en cas d'assurance vol),
– moment à partir duquel le risque est garanti,
– montant de la garantie,

– tous renseignements sur la prime à régler,
– loi applicable au contrat si ce n'est pas la loi française,
– adresse du siège social de l'assureur (ou de la succursale qui assure la couverture),
– nom et adresse des autorités chargées du contrôle de l'assurance.
(Code des assurances, art. L. 112-4).

› Comment doivent être rédigées les clauses de la police d'assurance ?

Le contrat d'assurance doit être établi par écrit, en français et en caractères apparents.
De même les clauses des polices édictant des nullités, des déchéances ou des exclusions de risques ne sont valables que si elles sont mentionnées en caractères très apparents.
(Code des assurances, art. L. 112-3 et L. 112-4).
En effet, ces clauses, notamment si elles sont rédigées en petits caractères, seront considérées comme n'ayant pas été portées à la connaissance de l'assuré et pourront être déclarées non valables par les tribunaux.
(Sur les clauses d'exclusion de risques, voir ci-dessous : *Les risques*).
Toute discrimination directe ou indirecte fondée sur la prise en compte du sexe comme facteur dans le calcul des primes et des prestations entraînant des différences sur le montant des primes et des prestations est interdite. Ce principe n'interdit pas de prévoir, par arrêté ministériel, des différences de primes et de prestations fondées sur la prise en compte du sexe et proportionnées aux risques « lorsque des données actuarielles et statistiques pertinentes et précises établissent que le sexe est un facteur déterminant dans l'évaluation du risque d'assurance ».
(Code des assurances, art. L. 111-7). (Voir Ⓘ : *Discrimination*).

› Qu'est-ce qu'une note de couverture ?

En principe, l'engagement entre assuré et assureur prend la forme d'un contrat signé entre les parties (voir plus haut). Il est néanmoins possible qu'avant l'établissement de la police définitive, l'assureur, à la demande de son client, lui remette une note de couverture qui permette à ce dernier d'être immédiatement assuré (par ex. en matière d'assurance obligatoire : assurance automobile ou professionnelle).
Ainsi, l'assureur est tenu de couvrir les sinistres intervenus dès la remise de ce document.
Cependant, en dehors de certaines mentions imposées par la loi (adresse de l'établissement accordant la couverture et, si la compagnie est étrangère, nom et adresse du représentant en France), rien n'est prévu dans le Code des assurances concernant la forme et le contenu de ce document. Les tribunaux ont donc eu à déterminer dans quelles conditions la compagnie pouvait être engagée dans l'hypothèse d'un sinistre intervenant entre la délivrance de la note et celle de la police définitive.
Ainsi, il a été jugé que constituaient une note de couverture :
– un certificat de garantie provisoire qui engage l'assureur en l'absence d'une clause prévoyant que la garantie ne prenait effet qu'après encaissement de la prime (en l'espèce, la prime n'avait pas été réglée) ;
– l'attestation d'un agent général, datée et donnant le nom de l'assuré, ses coordonnées, le numéro de contrat, la nature des responsabilités garanties ; cette attestation valant en soi, en dehors de la signature d'un contrat ou du paiement de primes, note de couverture et exprimant l'engagement définitif des parties.

En revanche, une communication téléphonique dont on ignore la teneur et à laquelle il n'est fait référence que de façon allusive dans des courriers ne peut constituer une note de couverture engageant la compagnie.
(Cour de cassation, 1re chambre civile, 19 décembre 1989, 14 janvier 1992, 25 octobre 1994).
(Code des assurances, art. L. 112-3 et L. 112-7).

› Quelle est la durée d'une police d'assurance ?

● Le principe

La durée du contrat et les modalités de résiliation sont fixées par la police en caractères très apparents (elle doit également mentionner que la durée de la tacite reconduction ne peut jamais être supérieure à 1 an). Toutefois l'assuré comme l'assureur a le droit de résilier chaque année le contrat moyennant un préavis de 2 mois avant la date anniversaire. Il peut le faire à son choix, soit par une déclaration faite contre récépissé au siège social ou chez le représentant de l'assureur dans la localité, soit par acte extra-judiciaire, soit par lettre recommandée, soit par tout autre moyen indiqué dans la police. Ce droit doit être rappelé dans la police.
L'assureur peut déroger à ces règles pour les contrats individuels d'assurance maladie et pour la couverture des risques autres que ceux des particuliers.
Ces règles ne s'appliquent pas en cas d'assurance-vie.
(Code des assurances, art. L. 113-12, L. 113-13 et L. 113-14).

● Les contrats renouvelables par tacite reconduction

S'il s'agit d'un contrat à tacite reconduction couvrant les personnes physiques en dehors de leurs activités professionnelles, l'assurance doit rappeler avec chaque avis d'échéance annuelle de prime ou de cotisation la date limite d'exercice par l'assuré du droit à dénonciation du contrat.
Si l'avis est adressé moins de 15 jours avant la date limite de résiliation, voire après cette date, l'assuré dispose alors d'un nouveau délai de 20 jours à compter de l'avis pour s'opposer, s'il le désire, à la reconduction tacite du contrat.
Si l'assureur ne respecte pas ses obligations d'information, l'assuré peut mettre un terme au contrat, sans pénalités, à tout moment à compter de la date de reconduction en envoyant une lettre recommandée à l'assureur.
Ces règles s'appliquent à compter du 1er août 2005. Elles ne s'appliquent pas aux assurances sur la vie, ni aux contrats de groupe.
(Code des assurances, art. L. 113-15-1).
(Voir Ⓘ : *Assurance, résiliation du contrat*).

Les primes

› Quand doit-on régler les primes ?

L'une des obligations essentielles de l'assuré est bien entendu de régler les primes aux époques convenues dans la police (par mois, semestre, trimestre).
(Code des assurances, art. L. 113-2).
À chaque échéance de prime, l'assureur est tenu d'aviser l'assuré de la date d'échéance et du montant de la somme dont il est redevable.
(Art. R. 113-4 du Code des assurances).

› À qui régler les primes ?

La prime est payable au domicile de l'assureur (siège social de la compagnie) ou à son mandataire désigné comme tel dans la police. En principe, seul l'agent d'assurances est considéré comme étant le mandataire de la compagnie, c'est-à-dire son représentant ; un paiement entre ses mains sera donc valable. À l'inverse, le courtier est en principe le mandataire de l'assuré et il n'a pas qualité pour représenter la compagnie et donc percevoir les primes, sauf convention passée entre la compagnie et ses courtiers les autorisant à le faire. L'assuré doit donc être particulièrement vigilant et demander, dès qu'il souscrit la police, à qui les primes doivent être effectivement réglées pour qu'il n'y ait pas de problème sur ce point.

› Que se passe-t-il si l'on ne règle pas ses primes ?

En cas de non-règlement des primes, la compagnie doit utiliser impérativement la procédure prévue par l'article L. 113-3 du Code des assurances : à défaut de paiement d'une prime ou même d'une fraction de prime, dans les 10 jours de son échéance et ce, indépendamment de son droit de poursuivre l'exécution du contrat en justice, la compagnie adresse une lettre recommandée avec avis de réception, de mise en demeure à son assuré d'avoir à s'acquitter de sa dette en lui rappelant les textes légaux. Si l'assuré ne règle pas l'intégralité de ce qu'il doit, 30 jours après cette lettre, la garantie est suspendue. Cela signifie que si le risque contre lequel l'assuré s'est garanti, intervient à partir de ce moment, la compagnie est en droit de lui refuser toute indemnisation. Si l'assuré, dans les délais qui lui sont impartis, règle son arriéré, la police reprend effet pour l'avenir, à midi le lendemain du jour du règlement.
L'assureur, de son côté, peut, 10 jours après l'expiration de ce délai de 30 jours, résilier la police.
(Code des assurances, art. L. 113-3).
Attention : ces dispositions ne sont pas applicables en cas d'assurance sur la vie.

Les risques

Le risque en matière d'assurance est un élément très important car il est l'objet même du contrat : couvrir un risque prévu par la police moyennant règlement de primes (exemple : le risque d'incendie ou dégâts des eaux sera couvert par l'assurance multirisques habitation).

› Quels sont les risques exclus de la garantie ?

• Risques exclus par la loi

Certains risques sont exclus par la loi. Il en est ainsi en cas de faute intentionnelle (ou dolosive) de l'assuré, c'est-à-dire dénotant sa volonté de réaliser le dommage (par ex. incendie volontaire) ou des condamnations pénales des assurés qui ne sont jamais couvertes par une assurance.

• Risques exclus par le contrat d'assurance

De même, un certain nombre de risques peuvent être exclus contractuellement (par ex. l'assurance vol de véhicule ne couvrira pas le vol du contenu du véhicule sans le vol de la voiture elle-même ou encore le vol d'objets de valeur ne sera garanti que s'ils sont entreposés dans un coffre).

Il appartient aux intéressés et en pratique à la compagnie d'assurances de délimiter précisément, dans son contrat, les risques qu'elle entend couvrir et les risques qu'elle entend exclure de la garantie.
Le principe est que l'assureur doit sa garantie sauf exclusion formelle et limitée de la police.
(Code des assurances, art. L. 113-1).
Cela signifie que l'exclusion doit être claire, précise et dénuée d'équivoque (par exemple en formulant la liste des risques non couverts).
À défaut et en présence d'une ambiguïté, le doute bénéficie à l'assuré.
Rappel : les clauses d'exclusion doivent figurer en caractères très apparents.
(Code des assurances, art. L. 112-4).

› En quoi consiste l'obligation pour l'assuré de déclarer les risques ?

Cette obligation est essentielle car l'assureur doit pouvoir former son opinion sur le risque à garantir et le montant de la prime à réclamer à son assuré.
Cette obligation joue pour l'assuré tant à la conclusion du contrat qu'en cours de contrat.

À la conclusion du contrat

L'assuré s'oblige à répondre exactement et avec sincérité aux questions posées par l'assureur, notamment dans le formulaire de déclaration de risques par lequel l'assureur l'interroge lors de la conclusion du contrat, sur les circonstances qui sont de nature à faire apprécier par l'assureur les risques qu'il prend à sa charge.
Le questionnaire doit donc être le plus complet et précis possible ; en effet l'assureur ne pourra pas se prévaloir du fait qu'une question d'ordre général n'aura reçu qu'une réponse tout aussi générale et imprécise.
(Code des assurances, art. L. 112-3 et 113-2, 2°).

En cours de contrat

L'assuré doit déclarer les circonstances nouvelles qui ont pour conséquence soit d'aggraver les risques, soit d'en créer de nouveaux.
Les « circonstances nouvelles » sont celles qui rendent inexactes ou caduques les réponses faites à l'assureur lors du premier questionnaire (par ex. en matière d'assurance automobile, la survenance d'une infirmité pour le conducteur, le changement d'usage du véhicule – trajets privés ou professionnels – ou de conducteur habituel).
(Code des assurances, art. L. 113-2, 3°).
En clair, doit être déclaré tout événement augmentant la probabilité de la réalisation du risque ou encore son importance.

› Comment déclarer l'aggravation du risque ?

L'assuré doit déclarer les circonstances ou événements nouveaux dans un délai de 15 jours à partir du moment où il en a eu connaissance, que ces risques soient survenus de son fait personnel ou dus à des circonstances extérieures. Cette déclaration doit être faite par lettre recommandée (si possible – pour plus de sécurité pour l'assuré – avec avis de réception).
(Code des assurances, art. L. 113-2).

› Quelles sont les conséquences de l'aggravation ou de la diminution des risques ?

Aggravation des risques

Si les circonstances nouvelles sont telles que l'assureur n'aurait pas accepté d'assurer son client ou ne l'aurait fait que moyennant une prime plus élevée si ces circonstances avaient été déclarées lors de la conclusion ou renouvellement du contrat, il a la faculté :

– soit de résilier le contrat. La résiliation prend alors effet 10 jours après la notification de l'assureur ; l'assureur doit rembourser à l'assuré la portion de prime ou de cotisation afférente à la période pendant laquelle le risque n'a pas couru ;

– soit de proposer un nouveau montant de prime. Dans ce cas, si l'assuré ne donne pas suite ou refuse expressément le nouveau montant, l'assureur peut résilier le contrat 30 jours après la proposition à condition d'avoir informé l'assuré de cette faculté en la faisant figurer en caractères apparents dans la lettre de proposition.

Attention : si l'assureur, après avoir été informé de l'aggravation du risque, a manifesté son consentement au maintien de l'assurance (par ex. en continuant de percevoir les primes au même taux ou en indemnisant le sinistre), il ne peut plus se prévaloir de l'aggravation.

(Code des assurances, art. L. 113-4).

Diminution des risques

L'assuré a droit, en cas de diminution du risque en cours de contrat, à une diminution du montant de la prime. Si l'assureur n'y consent pas, l'assuré peut résilier le contrat, la résiliation prenant effet dans les 30 jours.

L'assureur doit alors rembourser à l'assuré la portion de prime ou de cotisation afférente à la période pendant laquelle le risque n'a pas couru.

(Code des assurances, art. L. 113-4).

À noter : l'assureur doit rappeler l'ensemble de ces dispositions à l'assuré quand celui-ci l'informe d'une aggravation ou d'une diminution de risque. Ces dispositions relatives aux aggravations et aux diminutions de risques ne sont applicables ni aux assurances sur la vie, ni à l'assurance maladie lorsque l'état de santé de l'assuré se trouve modifié.

› Que se passe-t-il si l'assuré ne déclare pas les aggravations de risques ?

La loi distingue entre la bonne ou la mauvaise foi de l'assuré.

Bonne foi de l'assuré

L'omission ou la déclaration inexacte de l'assuré, dont la mauvaise foi n'est pas établie, n'entraîne pas la nullité de l'assurance.

– Si elle est constatée avant le sinistre, l'assureur a le droit soit de maintenir le contrat moyennant surprime acceptée par l'assuré, soit de résilier le contrat 10 jours après notification adressée à l'assuré, par lettre recommandée avec AR, en restituant la portion de prime payée pour le temps où l'assurance ne court plus.

– Si elle est constatée après le sinistre, l'indemnité est réduite en proportion du taux de prime payée par rapport au taux des primes qui aurait été dû si les risques avaient été complètement et exactement déclarés.

C'est ce que l'on appelle la règle proportionnelle du risque.

(Code des assurances, art. L. 113-9).

Attention : cette règle est opposable aux victimes, sauf le cas particulier des assurances automobiles où la victime est indemnisée en totalité.
(Art. R. 211-13-3 du Code des assurances).

Mauvaise foi de l'assuré

La mauvaise foi s'entend d'une réticence ou fausse déclaration intentionnelle de l'assuré.
Mais encore faut-il que cette réticence ou fausse déclaration « change l'objet du risque ou en diminue l'opinion pour l'assureur et ce, alors même que le risque commis ou dénaturé a été sans influence sur le sinistre ».
Par exemple, la non indication du véritable « conducteur habituel », dans un contrat d'assurance automobile, a eu pour conséquence le refus par l'assurance, de prendre en charge l'incendie survenu au véhicule (Cour de cassation - 3 janvier 1996).
(Code des assurances, art. L. 113-8).
C'est à l'assureur de prouver la mauvaise foi, étant précisé qu'en droit français, la bonne foi se présume. Dans ce cas, c'est la nullité du contrat qui est encourue et l'assureur peut conserver, à titre de dommages et intérêts, les primes payées et a droit au paiement de toutes les primes échues. En outre, il peut demander le remboursement des sinistres réglés, la nullité ayant un effet rétroactif à compter de la fraude ou mauvaise foi.
(Code civil, art. 2268).

Les sinistres

Le sinistre est la réalisation du risque prévu par la police.

› Comment doit-on déclarer un sinistre ?

Il incombe à l'assuré d'informer l'assureur (ou son mandataire, l'agent d'assurances) par lettre recommandée (si possible avec avis de réception), dès qu'il en a connaissance et au plus tard dans les 5 jours, de tout sinistre de nature à entraîner la garantie de l'assureur. Le délai très bref de 5 jours peut être prolongé par la police d'assurance.
Ce délai minimal est ramené à 2 jours ouvrés en cas de vol (24 heures en cas de mortalité du bétail).
Ces délais peuvent bien sûr être prolongés dans la police.
Dans les assurances sur la vie, aucun délai n'est fixé.
La déchéance de garantie, c'est-à-dire la perte du droit à se faire indemniser à la suite d'une déclaration tardive ne peut être revendiquée par l'assureur que si la clause de déchéance est prévue au contrat et si l'assureur prouve que le retard de déclaration lui a causé un préjudice.
De même, une clause frappant de déchéance l'assuré, à raison d'un simple retard apporté par lui à la déclaration du sinistre aux autorités (par ex. commissariat de police en cas de vol) ou à des productions de pièces, est nulle, l'assureur pouvant seulement demander, dans ce dernier cas, des dommages et intérêts proportionnés au préjudice que ce retard lui a causé.
En outre, les clauses doivent être dénuées d'ambiguïté, précises et rédigées en caractères très apparents.
L'assureur peut renoncer à se prévaloir de la clause de déchéance insérée dans la police. Cette renonciation peut être expresse ou implicite.

Enfin, en principe les clauses de déchéance sont inopposables aux tiers. Ainsi la compagnie d'assurances d'un chauffard en état d'ivresse, ayant causé un accident de la circulation, devra indemniser la victime de l'accident causé par son assuré.
(Voir Ⓘ : *Assurance automobile*).
(Code des assurances, art. L. 113-2, L. 113-11).

› Comment sont indemnisés les sinistres ?

L'une des obligations de la compagnie est d'indemniser, dans les délais convenus dans la police, la victime du sinistre dans la mesure où ce risque était garanti par la police souscrite.
(Code des assurances, art. L. 113-5).
Cependant, pour certaines assurances (par ex. l'assurance automobile), la loi oblige la compagnie à faire une offre d'indemnité à la victime dans un délai déterminé.
(Voir Ⓘ : *Assurance automobile*).
Elle proposera une évaluation du dommage causé à l'assuré suivant les pièces que celui-ci aura fournies (par ex. dans le cadre d'une assurance incendie - liste des biens endommagés, factures, valeur approximative…).
Un expert de la compagnie sera mandaté par celle-ci pour établir un rapport sur la base duquel se fera l'indemnisation. En matière d'assurance de biens, l'indemnité due par l'assureur à l'assuré ne doit pas dépasser le montant de la valeur de la chose assurée au moment du sinistre.
(Code des assurances, art. L. 121-1).
Dans ce domaine (par exemple dans le cadre d'une assurance multirisques), il est très important de lire attentivement, avant de souscrire une police, les clauses relatives à l'indemnisation des sinistres.
En effet il convient notamment de distinguer, en matière d'indemnisation de biens, l'indemnisation suivant la valeur « vétusté déduite » qui est la valeur de reconstruction (d'un immeuble) ou de remplacement (du matériel) des biens assurés au jour du sinistre et la valeur « à neuf ».
La garantie valeur à neuf donne droit à une indemnisation supérieure en atténuant l'incidence de la vétusté, sans pouvoir dépasser la valeur de remplacement vétusté déduite, majorée du quart de la valeur de reconstruction.
De même, il peut être prévu dans les clauses relatives à l'indemnisation qu'en dessous d'une certaine somme, l'assuré ne sera pas indemnisé.
C'est ce qu'on appelle couramment la franchise.

Modification et résiliation

› Comment demander la modification de sa police ?

L'assuré qui entend demander une modification de son contrat doit écrire à sa compagnie par lettre recommandée si possible avec avis de réception. Cette modification peut porter sur la prolongation de son contrat ou sur la remise en vigueur d'un contrat suspendu ou pour toute autre raison.
Si l'assureur ne répond pas en refusant la modification, dans un délai de 10 jours à compter de la réception de la lettre, il est présumé avoir accepté la proposition.
(Code des assurances, art. L. 112-2).
La preuve de la modification, dans ce cas, résulte des termes de la lettre.
Cette disposition n'est pas applicable en matière d'assurance sur la vie.

› Qu'est-ce qu'un avenant ?

L'avenant est un acte constatant toute addition ou modification au contrat primitif. Il doit être signé des deux parties et fait corps avec la police qui demeure applicable sur tous les points qui n'ont pas fait l'objet de modification. L'avenant est le mode de preuve normale de la modification du contrat d'assurance.
(Code des assurances, art. L. 112-3).

› Comment et quand résilier sa police ?

● Résiliation en fin du contrat

Ces précisions figurent plus haut dans *Le contrat d'assurance* (sous la question : *Quelle est la durée d'une police d'assurance ?*).

● Résiliation en cours de contrat

En dehors des cas normaux de résiliation, à l'expiration du contrat, les parties ont la possibilité, dans un certain nombre de cas précis, de résilier la police avant terme.
Ces cas sont énumérés par l'article L. 113-16 du Code des assurances. Il s'agit des événements suivants :
- changement de domicile,
- changement de situation matrimoniale,
- changement de régime matrimonial,
- changement de profession,
- retraite professionnelle,
- cessation définitive d'activité professionnelle.

Dans ces différents cas, le contrat peut être résilié lorsqu'il a pour objet la garantie de risques en relation directe avec la situation antérieure et qui ne se retrouvent pas dans la situation nouvelle, par exemple, un changement complet de profession dans une assurance professionnelle.
Dans ces différents cas, la résiliation ne peut intervenir que dans les 3 mois suivant la date de l'événement et elle prend effet 1 mois après que l'autre partie au contrat en a reçu notification.
L'assureur doit rembourser à l'assuré la partie de prime correspondant à la période pendant laquelle le risque n'a pas couru, calculée à compter de la date d'effet de la résiliation.
(Code des assurances, art. L. 113-16).

› Quels sont les cas de résiliation de la police par l'assureur ?

L'assureur, comme l'assuré, peut résilier la police à l'échéance sans motivation, ainsi qu'en cas d'événements prévus à l'article L. 113-16 du Code des assurances (voir question précédente).
En outre, la compagnie a la faculté de résilier la police en cas d'inexactitudes commises par l'assuré dans la déclaration de risques (en cas de bonne foi de l'assuré – voir plus haut la question : *Que se passe-t-il si l'assuré ne déclare pas les aggravations des risques* ?).
L'assureur peut également résilier la police en cas d'aggravation des risques et bien entendu en cas de non-paiement des primes par l'assuré.
(Code des assurances, art. L. 113-4).
Dans certaines polices est prévue une clause en vertu de laquelle l'assureur a la faculté de résilier le contrat après sinistre. Dans ce cas, la résiliation ne peut prendre

effet, en vertu de l'article R. 113-10 du Code des assurances, qu'après l'expiration d'un délai d'1 mois à dater de la notification à l'assuré. Passé ce délai, l'assureur, qui a accepté en ayant eu connaissance du sinistre, le paiement d'une prime ou d'une cotisation, ne peut plus se prévaloir du sinistre pour résilier le contrat.
Cette résiliation entraîne l'obligation pour l'assureur de restituer les portions de primes correspondant à la période pour laquelle les risques ne sont pas garantis.

Attention : des règles différentes sont prévues en cas d'assurances obligatoires où les cas de résiliation après sinistres peuvent être limités, comme en cas d'assurance automobile.

Litiges

› Quels sont les délais pour agir ?

Tous les litiges dérivés du contrat d'assurance se prescrivent par 2 ans. Cela signifie que si l'assuré entend demander le remboursement d'un sinistre, il a impérativement 2 ans pour agir, à partir de la réalisation de ce sinistre ou du moment où il en a eu connaissance.
De même, l'assureur a le même délai pour assigner l'assuré en vue du recouvrement des primes échues et impayées.
Cela dit, dans ce dernier cas, le délai de 2 ans ne court, en cas de réticence, omission, déclaration fausse ou inexacte sur le risque couru par l'assuré, que du jour où l'assureur en a eu connaissance.
Une prescription de 10 ans est également prévue pour agir en ce qui concerne :
– les contrats d'assurance-vie lorsque le bénéficiaire est une personne distincte du souscripteur ;
– les contrats d'assurance-accident lorsque les bénéficiaires sont les ayants droit de l'assuré décédé.
(Code des assurances, art. L. 114-1).

› Peut-on interrompre ces délais ?

Le mode normal d'interruption de la prescription est l'assignation en justice.
De plus, pour le règlement d'un sinistre, la prescription est interrompue par la désignation d'un expert aux fins d'évaluer le sinistre. Une simple assignation en référé interrompt de même la prescription.
Enfin, la loi prévoit que l'envoi d'une lettre recommandée avec avis de réception concernant le paiement des primes ou le règlement d'indemnisation interrompt la prescription.
(Code des assurances, art. L. 114-2).

› Qu'est-ce que la médiation en matière d'assurance ?

La médiation est une procédure dont le but est de tenter d'apporter une solution amiable aux litiges entre assureurs et assurés.
Ce système est largement utilisé en matière d'assurance automobile.
(Voir ① : *Assurance automobile*).

› Quel est le tribunal compétent ?

Le tribunal compétent est soit le tribunal civil (juge de proximité, tribunal d'instance ou tribunal de grande instance), soit le tribunal de commerce.

La juridiction compétente est en effet déterminée en fonction de la qualité des parties contractantes. Si le contrat est passé entre un assuré société commerciale et une compagnie, c'est le tribunal de commerce qui sera compétent.
Sur le plan territorial, le tribunal compétent en matière d'assurance est, quel que soit l'objet du litige, toujours celui du domicile de l'assuré.
Cependant, cette règle ne s'applique pas pour les assurances de biens (meubles ou immeubles) où, pour des raisons de commodités (notamment pour les expertises), le tribunal compétent est celui du lieu des objets assurés.
Pour les accidents de toute nature (par ex. circulation), il est possible également de saisir le tribunal du lieu du fait dommageable.
(Art. R. 114-1 du Code des assurances).

› En quoi consiste l'assurance de protection juridique ?

Ce type d'assurance fait l'objet de dispositions légales précises et impératives. L'assurance doit faire l'objet d'un contrat distinct des autres polices ou d'un chapitre distinct d'une police unique avec indication du contenu de l'assurance de protection et de la prime correspondante (et ce, dans le but d'une meilleure information de l'assuré).
L'article L. 127-1 du Code des assurances définit l'opération de protection juridique comme toute opération consistant pour la compagnie, moyennant règlement de primes ou cotisations, à prendre en charge les frais de procédure ou à fournir les services découlant de la convention d'assurances, en vue notamment :
– de défendre ou de représenter l'assuré dans une procédure civile, pénale, administrative ou autre, ou contre une réclamation dont il est l'objet ;
– d'obtenir à l'amiable réparation du dommage subi par l'assuré.

À noter : cette assurance intervient surtout à propos de litiges liés à la consommation, des conflits du travail, des différends sur les prestations sociales ou sur la fiscalité.

Elle couvre tout différend ou litige opposant l'assuré à un tiers, se réalisant pendant la période où il est assuré.
Pour éviter que ne soit trop facilement opposée la déchéance de garantie, une définition claire du sinistre est prévue dans les textes : est considéré comme sinistre, le refus opposé à une réclamation dont l'assuré est l'auteur ou le destinataire.
La garantie ne s'applique en revanche pas dans un certain nombre de cas prévus par l'article L. 127-6 du Code des assurances, notamment en cas de risques ou litiges dans lesquels l'assureur intervient en même temps dans son propre intérêt.
Par ailleurs, l'assuré peut solliciter une consultation juridique ou des actes de procédures avant même d'avoir déclaré le sinistre, sans que l'assureur puisse lui opposer la déchéance de garantie. L'assureur n'est pas tenu de prendre en charge les frais résultant des consultations ou des actes effectués par l'assuré préalablement à la déclaration du sinistre, sauf dans les cas où l'urgence aurait justifié ces démarches.
Le contrat d'assurance de protection juridique doit explicitement prévoir que lorsque l'assuré fait appel à un avocat ou un conseil, il peut le choisir librement. Si l'assuré en fait la demande écrite l'assureur peut lui proposer le nom d'un avocat.
Les honoraires de l'avocat sont déterminés entre ce dernier et son client sans pouvoir faire l'objet d'un accord avec l'assureur.
Le contrat doit stipuler qu'en cas de désaccord entre l'assureur et l'assuré au sujet des mesures à prendre pour régler un différend, cette difficulté peut être soumise à un tiers, désigné par les intéressés ou, à défaut d'accord, par le président du tribunal

de grande instance statuant en référé. Cette procédure de règlement amiable est aux frais de l'assureur.
Le contrat doit indiquer que les sommes attribuées en remboursement des frais exposés pour le règlement d'un litige doivent prioritairement bénéficier à l'assuré pour les dépenses restées à sa charge et, accessoirement, à l'assureur dans la limite des sommes engagées.
(Code des assurances, art. L. 127-1 à L. 127-7).

L'assurance-vie

Le contrat

L'assurance-vie est une assurance de personnes. Les assurances de personnes ont pour objet de garantir le versement d'une certaine somme d'argent (capital ou rente) lorsque survient un événement lié à la personne assurée : son décès, un accident, une maladie, etc.

› Quels sont les différents contrats d'assurance-vie ?

Les assurances-vie ou assurances sur la vie comprennent :

• Les assurances en cas de vie

Le contrat prévoit une date à laquelle le capital (ou la rente) sera versé au bénéficiaire si l'assuré est encore en vie à cette date. Cette date peut être une échéance fixe ou l'âge atteint par l'assuré (âge de la retraite, par exemple).
Si l'assuré est décédé à la date d'échéance du contrat, l'assureur est en principe libéré de toute obligation et peut conserver les primes versées sans avoir à verser le capital.
(Il est cependant souvent prévu une « contre-assurance » prévoyant, dans cette hypothèse, le remboursement des primes à un bénéficiaire déterminé).
L'assurance en cas de vie peut être souscrite sur une ou deux têtes (par exemple : une assurance contractée au bénéfice d'un enfant sur les deux têtes de ses parents). Si deux personnes sont assurées, il suffit que l'une d'entre elles soit encore vivante à l'échéance prévue pour que le capital ou la rente soit versé au bénéficiaire.

• Les assurances en cas de décès

Le risque prévu est le décès de l'assuré. Il peut être prévu une date de décès (assurance temporaire décès).
Dans ce cas, le capital est versé si l'assuré décède avant la date indiquée ; s'il est encore en vie, le capital n'est pas versé et les primes ne sont remboursées que si une « contre-assurance » a été souscrite. Si aucune date de décès n'est prévue (assurance en cas de décès « vie entière »), le capital sera versé au décès de l'assuré, quelle que soit cette date.
Les assurances en cas de décès peuvent être souscrites sur une ou deux têtes. Le capital est versé lors du premier décès.

• Les assurances mixtes

Ces contrats combinent les deux risques : décès et vie de l'assuré.
Les primes sont calculées pour ces deux risques.
Le capital peut être versé :
– soit au décès de l'assuré si ce décès intervient avant une date déterminée ;
– soit après une échéance fixée si l'assuré est encore en vie à cette date.
Le capital est donc toujours versé à l'assuré.

Les assurances complémentaires

Il s'agit d'assurances pouvant être souscrites en même temps que l'assurance-vie et accordant des garanties supplémentaires.
Exemple :
- versement du capital en cas d'invalidité,
- prise en charge des primes du contrat en cas de chômage ou maladie, etc.

› Quelles sont les obligations de l'entreprise d'assurance ou de capitalisation ?

L'entreprise d'assurance ou de capitalisation doit remettre contre récépissé au futur souscripteur, avant la signature du contrat, une note d'information pouvant être insérée dans la proposition ou le projet de contrat sous forme d'encadré en début de document.
Cette note doit obligatoirement et limitativement indiquer (arrêté du 8 mars 2006, applicable le 1er mai 2006) :
- la nature du contrat (contrat d'assurance vie individuel ou de groupe ou contrat de capitalisation) ;
- les garanties offertes (paiement d'un capital ou d'une rente, existence d'une garantie en capital, éventuellement l'absence de garantie en cas de contrat souscrit en unités de compte) ;
- l'existence ou non d'une participation contractuelle des assurés ;
- la faculté de rachat ou de transfert et ses modalités de mise en œuvre ;
- les frais et indemnités de toute nature ;
- une mention précisant la durée recommandée du contrat par rapport à la situation patrimoniale du souscripteur ;
- les modalités de désignation des bénéficiaires ;
- une mention précisant l'importance et l'utilité de l'encadré.

La proposition ou le projet doit indiquer :
- un modèle de lettre destiné à faciliter l'exercice de la faculté de renonciation ;
- une mention dont les termes sont fixés par arrêté du ministre chargé de l'économie, précisant les modalités de renonciation ;
- les valeurs de rachat (pour les contrats qui en comportent) au terme de chacune des 8 premières années du contrat au moins, ainsi que, dans le même tableau, la somme des primes ou cotisations versées au terme de chacune des mêmes années ;
- éventuellement, les valeurs de transfert pour les contrats qui ne comportent pas de valeur de rachat ;
- les valeurs minimales et le mécanisme de calcul (si les valeurs de rachat ou de transfert ne peuvent être établies).

(Code des assurances, art. L. 132-5-2).
En ce qui concerne les contrats d'assurance de groupe sur la vie, ces mêmes obligations sont applicables. Les adhérents doivent également avoir connaissance des modifications apportées à leurs droits et obligations, 3 mois au minimum avant la date prévue de leur entrée en vigueur.
Enfin, pour les contrats d'une certaine importance (montant déterminé par arrêté), l'entreprise d'assurance doit communiquer annuellement certaines informations dont le montant de la valeur de rachat et éventuellement de réduction, le montant des capitaux garantis, la prime du contrat, le rendement garanti et la participation aux bénéfices techniques et financiers, le taux moyen de rendement des actifs détenus en représentation des engagements au titre des contrats de même catégorie.

Pour les autres contrats, ces informations sont communiquées pour une année donnée sur demande du contractant.
(Code des assurances, art. L. 132-22).

› Qu'est-ce que la renonciation ?

La renonciation est un droit reconnu à toute personne physique qui a signé une proposition ou un contrat d'assurance.
Le souscripteur, qui désire renoncer, doit adresser à son assureur une lettre recommandée avec avis de réception, dans le délai de 30 jours à compter du moment où il est informé que le contrat est conclu. Ce délai de 30 jours calendaires expire le dernier jour à 24 h et n'est pas reporté si le dernier jour tombe un samedi, un dimanche ou un jour férié ou chômé. Un modèle de renonciation doit figurer dans le contrat.
La renonciation entraîne la restitution par l'assureur de l'intégralité des sommes versées par le contractant.
Ce remboursement doit intervenir dans le délai maximal de 30 jours calendaires à compter de la réception de la lettre recommandée. Au-delà de ce délai, les sommes non restituées produisent de plein droit intérêt au taux légal majoré de moitié durant 2 mois, puis à l'expiration de ce délai de 2 mois, du double du taux légal.
(Code des assurances, art. L. 132-5-1).
À noter : le délai de renonciation peut être reporté d'1 mois si l'assureur n'a pas respecté ses obligations relatives aux mentions obligatoires de la proposition d'assurance.

› Qu'est-ce que le rachat ?

Le rachat est l'opération par laquelle, à la demande du souscripteur, l'entreprise d'assurance ou de capitalisation « rachète » le contrat et y met fin par un remboursement.
La demande de rachat ne peut être formulée que par le souscripteur assuré.
L'assurance ne peut pas s'opposer à cette demande de rachat.
(Code des assurances, art. L. 132-23).
Sur la proposition d'assurance ou le contrat doivent figurer les valeurs de rachat ainsi que, dans le même tableau, la somme des primes ou cotisations versées au terme de chacune des 8 premières années au moins du contrat.
(Code des assurances, art. L. 132-5-1).

› Quelles sont les exclusions de garanties ?

L'assurance décès n'a pas d'effet si l'assuré se donne volontairement la mort au cours de la première année du contrat. Le caractère volontaire du suicide doit être prouvé par l'assurance.
(Code des assurances, art. L. 132-7).
Mais ces règles ne sont pas applicables aux contrats de groupe souscrits notamment à l'occasion d'un emprunt (par exemple un prêt immobilier garanti par une assurance décès-invalidité). Les contrats de groupe peuvent donc prévoir un délai de 2 ans avant l'expiration duquel le suicide reste une clause d'exclusion de garantie.
Toutefois, si le prêt immobilier est souscrit pour l'acquisition du logement principal de la famille, les assureurs doivent garantir tous les cas de suicide (conscient ou inconscient) et la garantie doit prendre effet dès la souscription du contrat d'assurance. La garantie versée est limitée par un plafond fixé par décret.
(Décret n° 2002-452 du 28 mars 2002).

Par ailleurs, le décès n'est pas couvert lorsque le bénéficiaire est condamné pénalement pour le meurtre de l'assuré.
Ces cas d'exclusion de garantie sont prévus par la loi.
L'assureur peut ajouter d'autres cas d'exclusion et notamment les cas de décès de l'assuré provoqués par des sports dangereux ou violents (cascades, acrobaties, parachutisme...).
Si la cause du décès intervenu n'est pas garantie, l'assureur ne paiera pas le capital ou les sommes assurées mais devra verser au bénéficiaire l'épargne constituée (provision mathématique).
(Code des assurances, art. L. 132-18).
En cas de meurtre de l'assuré par le bénéficiaire, l'épargne constituée sera versée au contractant ou à ses héritiers.
(Code des assurances, art. L. 132-24).

Le contractant - l'assuré

› Le contractant peut-il assurer un tiers ?

L'assuré est celui sur la tête de qui repose l'assurance (c'est sa vie ou sa mort qui entraîne le versement des prestations prévues ; par exemple : si le contrat prévoit le versement d'un capital en cas de décès d'un père à ses enfants, l'assuré est le père). L'assuré n'est pas obligatoirement le souscripteur (contractant), c'est-à-dire celui qui signe le contrat et paie les primes. S'il s'agit d'une assurance en cas de vie (capital versé si l'assuré est encore en vie), toute personne peut être assurée par un tiers.
(Code des assurances, art. L. 132-1).
Mais s'il s'agit d'une assurance en cas de décès (capital versé au décès de l'assuré), il est interdit de la contracter sur la tête d'un enfant de moins de 12 ans, d'un majeur en tutelle ou d'une personne placée dans un établissement psychiatrique d'hospitalisation.
(Code des assurances, art. L. 132-3).
Si l'assuré est un enfant de plus de 12 ans et de moins de 18 ans, ses parents, son tuteur ou son curateur doivent intervenir au contrat pour donner leur autorisation. Cette autorisation ne dispense pas du consentement personnel de l'assuré qui est obligatoire quel que soit son âge.
(Code des assurances, art. L. 132-3).

› Quelle est la protection accordée aux majeurs en tutelle ou en curatelle ?

La souscription d'un contrat d'assurance sur la vie ainsi que la gestion de ce contrat est possible pour les majeurs placés en tutelle ou en curatelle mais leur protection doit être renforcée.
Le juge des tutelles ou, le conseil de famille s'il est constitué, doivent donner leur autorisation si la personne concernée désire :
– souscrire un nouveau contrat,
– opérer le rachat de son contrat,
– désigner ou changer le nom du bénéficiaire.
Par ailleurs, si la personne a souscrit un contrat d'assurance et que le bénéficiaire a signé son acceptation moins de 2 ans avant la mise en tutelle ou en curatelle du

souscripteur, cette acceptation peut être annulée sur la seule preuve que l'incapacité de ce dernier était notoire ou connue.
Ces règles sont applicables aux contrats en cours au 18 décembre 2007.
(Code des assurances, art. L. 132-4-1).

› Le contractant peut-il cesser le paiement des primes ?

L'assureur n'a pas d'action en recouvrement pour exiger le paiement des primes.
Lorsqu'une prime n'est pas payée dans les 10 jours de son échéance, l'assureur adresse au contractant une lettre recommandée l'avertissant :
– qu'il dispose d'un délai de 40 jours pour régler les primes impayées ;
– qu'à défaut de règlement :
• le contrat pourra être résilié,
• ou encore le contrat sera réduit.
(Code des assurances, art. L. 132-20).

La réduction

La réduction est la conséquence de l'arrêt du paiement des primes. Sans mettre un terme au contrat, l'assurance est réduite proportionnellement aux sommes déjà versées par le souscripteur. Puisqu'il n'a pas payé l'intégralité des primes fixées lors de la conclusion du contrat, l'assurance est donc réduite d'autant.
Les primes que le souscripteur a déjà payées sont prises en compte globalement pour fixer le montant que l'assuré obtiendrait en souscrivant une assurance de même nature :
– il est tenu compte, au moment de l'arrêt des paiements, du montant de la provision mathématique du contrat ;
– ce montant est pris en compte comme s'il s'agissait d'une prime unique versée par le souscripteur et l'assurance réduite est ainsi déterminée.
L'assureur ne peut plus s'opposer à la réduction demandée par l'assuré même si moins de 15 % des primes prévues au contrat ont été versées ou si moins de deux primes annuelles ont été payées.
(Code des assurances, art. L. 132-23).
En revanche l'assureur conserve la possibilité de substituer le rachat à la réduction lorsque la valeur de rachat est inférieure à la moitié du montant brut mensuel du SMIC en vigueur au 1er juillet précédant la demande de réduction.

› Quelle est la sanction des fausses déclarations ?

Dans le cas de réticences ou fausses déclarations intentionnelles de l'assuré, si elles changent l'objet du risque ou n'informent pas suffisamment l'assureur, ce dernier est en droit d'annuler le contrat.
Il ne sera pas tenu de verser les sommes garanties mais devra rembourser au contractant ou au bénéficiaire, si le contractant est décédé, une somme égale à la provision mathématique du contrat (épargne accumulée).
(Code des assurances, art. L. 132-18).

Erreur portant sur l'âge de l'assuré

Que cette erreur soit volontaire ou non, les règles sont les mêmes :
– si l'âge réel de l'assuré se situe en dehors des limites fixées par les tarifs de l'assureur, le contrat est annulé et les primes versées sont restituées au contractant ;

– si l'âge réel de l'assuré ne se situe pas hors des limites des tarifs de l'assureur, le capital (ou la rente) garanti est réduit proportionnellement aux primes versées.
Si les primes versées sont excessives par rapport au capital prévu, l'assureur rembourse au contractant le trop-perçu.

Le bénéficiaire

Le bénéficiaire est celui qui reçoit, à la fin du contrat, le capital versé par l'assurance.

› Comment désigner le bénéficiaire ?

Toute personne, quels que soient son âge ou sa qualité, peut être bénéficiaire d'un contrat d'assurance-vie.
Il peut y avoir un ou plusieurs bénéficiaires.
Le bénéficiaire peut être désigné :
– soit par l'indication de ses nom et adresse,
– soit par une référence à un lien familial (par exemple : mes deux neveux) ou une définition permettant l'identification.
C'est ainsi que l'on peut indiquer en tant que bénéficiaires :
– les enfants à naître de telle ou telle personne,
– les héritiers ou ayants droit de l'assuré ou d'un bénéficiaire prédécédé.
Si le bénéficiaire est indiqué comme étant « le conjoint », le capital (ou la rente) est versé à la personne qui a cette qualité au moment du versement (même si ce n'est pas la même qu'au moment de la souscription).
(Code des assurances, art. L. 132-8).

› Peut-on changer de bénéficiaire ?

Le changement de nom du bénéficiaire est possible si ce dernier n'a pas encore accepté le contrat et, dans l'hypothèse où cette acceptation est intervenue, si le souscripteur (ou stipulant) n'a pas encore donné son accord à cette acceptation.
En effet, la loi n° 2007-1775 du 17 décembre 2007 a voulu protéger le souscripteur des effets de l'acceptation du bénéficiaire (perte de la possibilité de rachat du contrat et de la faculté de demander des avances à l'assureur) en prévoyant que cette acceptation, pour être valable, doit être portée à sa connaissance. Le souscripteur doit donner son accord.
En pratique, l'acceptation par le bénéficiaire est formalisée :
– soit par un avenant qui doit être signé par l'assurance, par le stipulant et par le bénéficiaire,
– soit par un acte authentique ou sous seing privé, signé du stipulant et du bénéficiaire puis notifié par écrit à l'entreprise d'assurance (par lettre recommandée avec avis de réception).
Par ailleurs, si la désignation du bénéficiaire est prévue dans le contrat, l'acceptation ne peut intervenir avant l'expiration d'un délai minimum de 30 jours après la conclusion du contrat et la confirmation de cette conclusion auprès du stipulant.
Si la désignation du bénéficiaire est faite par acte séparé postérieur à la conclusion du contrat, il n'y a pas de délai de réflexion impératif.
Après le décès du stipulant, l'acceptation est libre. Elle peut être tacite ou express. Aucune forme d'écrit n'est exigée.
(Code des assurances, art. L. 132-9).

Lorsque l'accord à l'acceptation a été donné, l'acceptation ne peut plus être révoquée sauf :
– si le souscripteur est mis en tutelle ou en curatelle dans les 2 ans qui suivent cette acceptation,
– ou encore, si le bénéficiaire a tenté de donner la mort à l'assuré. Dans ces hypothèses, l'acceptation peut être annulée. Cette annulation est même automatique si le bénéficiaire a donné la mort à l'assuré.
Sur la protection des incapables majeurs : voir Ⓘ : *Assurance-vie, majeur protégé* ; Code des assurances, art. L. 132-9.

À noter : les nouvelles règles sur l'acceptation du contrat par le bénéficiaire s'appliquent aux contrats en cours au 18 décembre 2007 qui n'ont pas encore été acceptés par le bénéficiaire.

› Est-on obligé de désigner un bénéficiaire ?

En souscrivant une assurance-vie, il n'est pas obligatoire de désigner un bénéficiaire.
Le souscripteur (ou contractant) peut procéder à cette désignation à tout moment, par avenant, par endossement de la police ou encore par testament.
(Code des assurances, art. L. 132-8).

À noter : si le souscripteur n'est pas l'assuré, il est nécessaire d'obtenir l'accord de ce dernier pour que la désignation du bénéficiaire soit valable.

Si aucun bénéficiaire n'est déterminé, le souscripteur est censé avoir contracté pour lui-même.
Le capital (ou la rente) garanti rentrera dans son patrimoine (ou dans sa succession, s'il est décédé).
(Code des assurances, art. L. 132-11).
Ce capital peut alors être saisi par les créanciers du contractant. Il est soumis aux droits de succession.

› Quel est le régime du capital versé au bénéficiaire ?

Le capital versé à un bénéficiaire déterminé, lors de l'échéance du contrat, ne fait pas partie du patrimoine ni de la succession du contractant et ne constitue pas une donation de sa part.
Le bénéficiaire (qui a accepté le contrat) dispose d'un droit personnel sur ces sommes.
Cela a pour conséquences principales :
– les créanciers du contractant ne peuvent saisir les sommes versées au bénéficiaire.
(Code des assurances, art. L. 132-14) ;
– les héritiers du contractant ne peuvent revendiquer les sommes versées pour le motif d'« atteinte à leur réserve » (sauf s'ils prouvent que les primes versées par le défunt, de son vivant, étaient manifestement exagérées par rapport à ses facultés).
(Code des assurances, art. L. 132-13).
(Voir Ⓘ : *Réserve, quotité disponible*) ;
– si le bénéficiaire est le conjoint survivant, le capital ou la rente ne fait pas partie de la communauté et ne doit donc pas être divisé entre ce conjoint et les héritiers ;
– si les bénéficiaires désignés sont « les héritiers ou ayants droit » de l'assuré ou d'un bénéficiaire, ils se partagent les sommes versées par l'assurance au prorata de leur part héréditaire, même s'ils ont renoncé à la succession.

› Que se passe-t-il au décès de l'assuré ?

Si aucun bénéficiaire n'est désigné, le capital fait partie de la succession, se répartit entre les héritiers et est passible des droits de succession.

En revanche, si un bénéficiaire est désigné, le capital versé ne fait pas partie de la succession et doit être attribué à ce bénéficiaire. Mais il est possible que le bénéficiaire ne soit pas tenu informé d'un contrat souscrit en sa faveur. Pour éviter que des contrats soient oubliés et que les capitaux ne soient jamais versés, la loi du 15 décembre 2005 complétée par la loi n° 2007-1775 du 17 décembre 2007 a mis en place plusieurs mesures :

– Les assurances doivent s'informer du décès éventuel de leurs assurés et bénéficient, pour ce faire, de l'accès au répertoire national d'identification des personnes physiques. Peuvent être consultées les données relatives au décès des personnes qui y sont inscrites.

– Lorsque l'assurance est avertie du décès de son assuré, elle a l'obligation de rechercher le bénéficiaire et de l'avertir de l'existence du contrat stipulé à son profit.

– Le capital doit être revalorisé quand il s'écoule une longue période entre le décès de l'assuré et le versement de ce capital. Le contrat doit prévoir les modalités de cette revalorisation qui doit intervenir au plus tard 1 an après le décès (applicable le 19 décembre 2008).

– Si l'assurance ne connaît pas le bénéficiaire et si le bénéficiaire lui-même ne connaît ni le nom de la compagnie d'assurance ni les références du contrat, il a la possibilité, après le décès de l'assuré, de s'adresser à un organisme centralisateur qui, dans les 15 jours de la réception de sa demande, doit interroger l'ensemble des compagnies d'assurance sur l'éventualité d'un contrat souscrit à son bénéfice. Ces dernières ont alors un mois pour avertir l'intéressé de l'existence d'un capital ou d'une rente garantis. L'organisme est l'Agira, 1 rue Jules Lefebvre, 75431 Paris cedex 09.

– Après le décès de l'assuré l'assurance doit verser le capital ou la rente garantis au bénéficiaire, dans un délai maximum d'1 mois à compter de la réception des pièces nécessaires au paiement.

– Au-delà de ce délai, le capital non versé produit de plein droit intérêt au taux légal majoré de moitié durant 2 mois puis, à l'expiration de ce délai de 2 mois, au double du taux légal.

(Code des assurances, art. L. 132-8 et s.).

À noter : les sommes qui n'ont pas été réclamées après un délai de 30 ans suivant le décès de l'assuré sont acquises à l'État. Le bénéficiaire n'a plus d'action en réclamation. (Art. L. 1126-1 du Code général de la propriété des personnes publiques).

La protection des consommateurs

Principales méthodes de vente et leur réglementation

La vente à crédit

› Dans quels cas s'applique la réglementation protectrice du consommateur ?

La réglementation protectrice du consommateur s'applique à toutes les opérations de crédit consenties à titre habituel par des personnes physiques ou morales (sociétés), que ce soit à titre onéreux ou gratuit. Sont ainsi visés les prêts d'argent, les contrats de location-vente ou de location avec options d'achat et de façon plus générale, toutes les opérations de crédit liées à des ventes ou à des prestations de services dont le paiement est échelonné dans le temps. Un découvert bancaire accordé depuis plus de 3 mois est donc soumis aux règles impératives du crédit à la consommation et notamment à l'obligation pour la banque de remettre une offre préalable sous peine d'être déchu du droit à intérêt (voir plus loin).
(Avis de la Cour de cassation rendu le 9 octobre 1992, 1re chambre civile, 16 janvier 1996).
Un certain nombre d'opérations sont en revanche exclues de cette réglementation. Il s'agit principalement :
– des prêts, contrats et opérations de crédit passés en la forme authentique (devant notaire) à l'exception des crédits hypothécaires ;
– ceux consentis pour une durée totale inférieure ou égale à 3 mois, ainsi que ceux dont le montant est supérieur à une somme de 21 500 €.
(Art. D. 311-1 du Code de la consommation) ;
– ceux destinés à financer des besoins d'une activité professionnelle ainsi que les prêts aux personnes morales de droit public. Il en est de même des opérations de crédit portant sur des immeubles comme notamment les opérations de crédit-bail immobilier ou les opérations liées à l'acquisition d'immeuble en copropriété. En effet, dans ce cas, c'est la réglementation sur le crédit immobilier qui s'applique.
(Voir ① : *Crédit immobilier*).
Sont en revanche soumis à la loi, les crédits relatifs aux dépenses de construction, réparations, amélioration ou entretien d'un immeuble quand le montant du prêt est inférieur à 21 500 €.
(Code de la consommation, art. L. 311-1 à L. 311-3).

› Quelles sont les dispositions relatives à la publicité du crédit ?

Le but des derniers textes votés est notamment d'encadrer la publicité pour éviter son caractère agressif, ambigu voire trompeur. Des décrets sont attendus pour préciser ces différents points.

● Mentions obligatoires

La loi impose à l'organisme prêteur d'indiquer dans sa publicité :
– le taux débiteur et la nature fixe, variable ou révisable du taux, sauf pour les opérations de location-vente ou de location avec option d'achat, ainsi que les informations relatives à tous les frais compris dans le coût total du crédit pour l'emprunteur ;
– le montant total du crédit ;
– le taux annuel effectif global (TAEG), et ce sauf pour les opérations de location-vente ou de location avec option d'achat. Cette information doit être donnée dans des caractères plus importants que ceux utilisés pour les autres informations concernant les caractéristiques du financement, notamment le taux promotionnel. Elles doivent s'inscrire dans le corps principal du texte publicitaire ;
– la durée du contrat de crédit, s'il y a lieu ;
– le prix au comptant et le montant de tout acompte, s'il s'agit d'un crédit accordé sous la forme d'un délai de paiement pour un bien ou un service donné ;
– le montant total dû par l'emprunteur et le montant des échéances.

À noter : la publicité doit, en outre, donner un exemple représentatif qui indique le taux d'intérêt ou des informations chiffrées liées au coût du crédit.

Une publicité adressée au consommateur par voie postale ou par courrier électronique, distribuée directement à domicile ou sur la voie publique, doit contenir certains éléments. Elle doit indiquer au consommateur de façon claire, précise et visible, son droit de s'opposer sans frais à l'utilisation de ses données personnelles à des fins de prospection ainsi que les modalités d'exercice de ce droit.
Lorsque cette publicité indique un taux d'intérêt ou des informations chiffrées liées au coût du crédit, ils doivent figurer, sous forme d'encadré, en en-tête du texte publicitaire.
La publicité, à l'exception des publicités radiodiffusées, contient impérativement la mention suivante : « Un crédit vous engage et doit être remboursé. Vérifiez vos capacités de remboursement avant de vous engager. »

● Assurance du crédit

Le prêteur peut exiger la prise d'une assurance ; la publicité mentionne alors ce point, de façon claire, précise et visible.
Si l'organisme propose lui-même, de façon habituelle, des contrats de crédit assortis d'une proposition d'assurance facultative, la publicité diffusée indique son coût. Il est exprimé en euros et par mois et précise si ce montant s'ajoute ou non à l'échéance de remboursement du crédit.

● Mentions interdites

Il est interdit dans toute publicité :
– d'indiquer qu'un crédit peut être consenti sans élément d'information permettant d'apprécier la situation financière de l'emprunteur ou de laisser entendre qu'il améliore la situation financière ou le budget de l'emprunteur ;
– de mentionner l'existence d'une période de franchise de paiement de loyers ou de remboursement des échéances du crédit supérieure à 3 mois ;

– de proposer, sous quelque forme que ce soit, des lots promotionnels liés à l'acceptation d'une offre préalable de crédit.
(Code de la consommation, art. L. 311-4 et L. 311-5).
L'offre préalable de crédit doit être distincte de tout support ou document publicitaire.
(Code de la consommation, art. L. 311-4).
Le taux annuel effectif global déterminé doit être mentionné dans tout écrit constatant un contrat de prêt sous peine de sanctions pénales.
(Code de la consommation, art. L. 313-2).

Activité d'intermédiaire

Une publicité apportant son concours à l'obtention de prêts d'argent doit comporter de manière apparente la mention suivant laquelle aucun versement ne peut être exigé d'un particulier avant l'obtention de son prêt. De plus, doivent être précisés le nom et l'adresse de l'établissement de crédit pour le compte duquel l'intermédiaire agit. Des pénalités sont prévues en cas d'infraction à cette disposition.
(Code de la consommation, art. L. 321-2).

Publicité du crédit gratuit

Les règles sur la publicité du crédit gratuit s'appliquent pour toutes les opérations de crédit à la consommation.
Toute publicité portant sur un crédit à la consommation proposant une période de franchise de remboursement des échéances du crédit supérieure à 3 mois est interdite hors des lieux de vente. Cette interdiction s'applique aussi aux franchises de paiement des loyers supérieures à 3 mois (notamment, location avec option d'achat).
Toute publicité comportant la mention « crédit gratuit » ou proposant un avantage équivalent doit indiquer le montant de l'escompte consenti en cas de paiement comptant et préciser qui prend en charge le coût du crédit consenti gratuitement au consommateur.
De même, le vendeur ne peut pas demander à l'acheteur à crédit une somme d'argent supérieure au prix le plus bas effectivement pratiqué pour l'achat au comptant d'un article, dans le même établissement de vente au détail, au cours des 30 derniers jours précédant le début de la publicité ou de l'offre. Cette règle a pour but d'éviter au consommateur de payer le coût du soi-disant « crédit gratuit » par l'augmentation préalable du prix de base du produit. Enfin, une opération de crédit à titre onéreux proposée concomitamment à une opération de crédit gratuit ou promotionnel doit être conclue dans les termes d'une offre préalable de crédit distincte comme le précise la question suivante.
(Code de la consommation, art. L. 311-5 à L. 311-7-1).

Sanctions

Les infractions à cette réglementation sont passibles d'une amende (jusqu'à 3 000 €). Le tribunal peut également ordonner la publication du jugement de condamnation ou la rectification de la publicité aux frais de l'annonceur.
(Code de la consommation, art. L. 311-34).

› L'offre préalable de vente ou de prestation de services à crédit est-elle obligatoire ?

Dès lors qu'un crédit est proposé au consommateur, celui-ci doit obligatoirement recevoir, en double exemplaire, un document écrit, intitulé « offre préalable » mentionnant l'identité des intéressés, la date de sa remise à l'acquéreur et la nature du bien financé.

Il est rappelé que l'offre préalable de crédit doit être distincte de tout support ou document publicitaire (Voir la question : *Quelles sont les dispositions relatives à la publicité du crédit* ?).

L'offre précise le montant du crédit, des mensualités, la nature ou l'objet, les modalités du contrat, éventuellement les conditions d'une assurance ainsi que le coût total ventilé du crédit, son taux annuel effectif global (TAEG), les perceptions forfaitaires pouvant être demandées en sus aux intéressés ainsi que l'échelonnement des remboursements, ou en cas d'impossibilité les moyens de les déterminer.

Si l'assurance est obligatoire pour obtenir le financement, l'offre préalable rappelle que l'emprunteur peut souscrire une assurance équivalente auprès de l'assureur de son choix.

Si l'assurance est facultative, l'offre préalable rappelle les modalités suivant lesquelles l'emprunteur peut ne pas y adhérer. Les frais de dossier et d'assurance sont compris dans le taux annuel effectif global. Quand l'offre est assortie d'une proposition d'assurance, une notice doit être remise à l'emprunteur, précisant les conditions de l'assurance (durée, risques couverts…) et le nom de l'assureur. Pour les opérations à durée déterminée, l'offre doit préciser pour chaque échéance le coût de l'assurance et les perceptions forfaitaires éventuellement demandées ainsi que l'échelonnement des remboursements ou, en cas d'impossibilité, le moyen de les déterminer.

Toutes ces informations impératives sont destinées à permettre au consommateur d'avoir une vue précise de ses engagements. L'offre préalable reproduit en effet un certain nombre de dispositions de la loi et notamment la possibilité, pour l'emprunteur, de se rétracter.

(Code de la consommation, art. L. 311-8 à L. 311-13).

● Cautions

L'offre préalable doit également être remise aux cautions, s'il y en a. Les cautions sont également visées par cette réglementation. Ainsi notamment, leur engagement doit respecter certaines règles de forme.

(Voir ① : *Caution*).

(Code de la consommation, art. L. 313-7 et L. 313-8).

● Remise de l'offre préalable

La remise de l'offre oblige le prêteur à maintenir les conditions qu'elle indique pendant une durée minimale de 15 jours à compter de la remise.

(Code de la consommation, art. L. 311-8).

● Rétractation de l'emprunteur

De son côté, l'emprunteur, s'il accepte l'offre préalable, c'est-à-dire s'il la signe, a la possibilité de se rétracter pendant un délai de 7 jours, à compter de sa signature (dans le calcul du délai de réflexion de 7 jours, il faut retirer le jour de la signature de l'offre. Si le délai expire un dimanche, un jour férié ou chômé, il est repoussé au premier jour ouvrable suivant). Les offres préalables comportent obligatoirement un bordereau de rétractation indiquant la date ultime de rétractation.

Si le consommateur entend revenir sur son engagement, il devra adresser le bordereau au prêteur (il pourra d'ailleurs utiliser tout autre moyen, à sa convenance, de préférence une lettre recommandée avec AR).

Attention : aucun vendeur ou prestataire de services ne peut, pour un même produit, faire signer par un même client, une ou plusieurs offres préalables d'un montant total en capital, supérieur à la valeur payable à crédit du bien acheté ou de la prestation de services fournie sous peine de sanctions pénales.

De même, il est interdit au vendeur ou prestataire de faire signer une offre de crédit dont le remboursement serait à lui seul supérieur à la valeur payable à crédit du bien ou de la prestation.

Le vendeur (ou le prestataire de services) doit conserver une copie de l'offre préalable remise à l'emprunteur et la présenter sur leur demande aux agents chargés du contrôle.

(Code de la consommation, art. L. 311-14, L. 311-15, L. 311-19).

Sanctions en cas de non-remise de l'offre

La non-remise de ce document (ou toute information irrégulière) entraîne des sanctions civiles et pénales pour l'établissement financier :

– sanctions civiles car dans ce cas l'emprunteur n'a plus à payer d'intérêts. Il bénéficie d'un crédit gratuit. Si les intérêts ont déjà commencé à être réglés, ils doivent être remboursés ou imputés sur le capital restant dû. Dès leur versement, ils sont productifs d'intérêts au taux légal ;

– sanctions pénales : l'établissement est passible d'une contravention de la 5e classe.

(Code de la consommation, art. L. 311-33 à L. 311-35).

(Voir Ⓘ : *Contravention, taux*).

› Quand peut-on dire que le contrat est définitivement conclu ?

Il faut distinguer selon que l'offre comporte ou non une clause d'agrément de l'emprunteur par le prêteur.

En effet, si l'offre ne comporte aucune clause selon laquelle le prêteur se réserve le droit d'agréer la personne de l'emprunteur, le contrat est définitif dès lors que l'emprunteur ne s'est pas rétracté dans les 7 jours de la signature de l'offre préalable (voir plus haut : *Rétractation de l'emprunteur*).

Si l'offre stipule que le prêteur se réserve le droit d'agréer l'emprunteur (en vérifiant notamment sa solvabilité), le contrat accepté par l'acheteur à crédit ne devient définitif qu'à la double condition que dans le délai de 7 jours à compter de la signature de l'offre, le prêteur ait fait connaître à l'emprunteur sa décision d'accorder le crédit et que l'emprunteur n'ait pas usé de son côté de sa faculté de rétractation.

Attention : dès lors qu'une clause d'agrément existe dans l'offre et que le prêteur n'a pas porté à la connaissance de l'acheteur à crédit, son accord sur l'obtention du prêt, le contrat ne s'est pas formé.

Cependant, l'agrément de la personne de l'emprunteur, parvenu après le délai de 7 jours, reste valable si, bien entendu, l'emprunteur entend toujours bénéficier du crédit.

Tant que l'opération n'est pas définitivement conclue, aucun paiement (mensualité ou acompte) ne peut être effectué par l'emprunteur au profit du prêteur en sus de l'éventuelle partie du prix payable comptant. Si une autorisation de prélèvement sur compte bancaire ou postal a été signée par l'emprunteur, sa validité et sa prise d'effet sont subordonnées à celles du contrat de crédit. Le prêteur ou vendeur qui réclamerait un paiement sous quelque forme que ce soit, encourt une peine d'amende maximale de 30 000 €. Cette peine est applicable à celui qui fait souscrire par l'emprunteur des lettres de change ou billets à ordre.

● Résolution du contrat

Le contrat est résolu de plein droit, sans indemnité, si l'emprunteur se rétracte dans le délai de 7 jours ou encore s'il y a une clause d'agrément, en cas de silence ou de refus du prêt par le prêteur. Dans ce cas, l'acheteur peut demander le remboursement de toute somme qu'il aurait versée d'avance sur le prix, ladite somme étant productive de plein droit d'intérêts au taux légal majoré de moitié, à compter du 8e jour suivant la demande de remboursement.
L'annulation du crédit entraîne l'annulation de la vente ou prestation de services visée par le crédit.
(Code de la consommation, art. L. 311-15 à L. 311-19 et L. 311-25). (Voir Ⓘ : *Intérêt*).

› Quelles sont les obligations du vendeur et de l'acheteur après la signature du contrat définitif ?

Seul un contrat définitif permet l'exécution par les intéressés de leurs obligations :
– livraison de la marchandise ou fourniture du service ;
– et règlement des mensualités du crédit, étant précisé que les obligations de l'emprunteur ne prendront effet qu'à compter de la livraison du bien ou de la fourniture de la prestation.
En cas de contrat de vente ou prestation de services à exécution successive (par exemple, abonnement à un club de sports quand il est soumis à cette réglementation), les obligations du consommateur prennent effet à compter du début de la livraison ou de la fourniture et cessent en cas d'interruption de celle-ci.
(Code de la consommation, art. L. 311-20).
Mais il faut que cette interruption ne lui soit pas imputable (hypothèse d'un client refusant la livraison de la marchandise commandée ou d'un abonné à un club de sports absent pour maladie).
(Cour de cassation, 1re chambre civile, 15 mai 1990, 16 avril 1991).

● La livraison anticipée de la marchandise

La loi prévoit que, lorsque par une demande expresse rédigée, datée et signée de sa main même, l'acheteur sollicite la livraison ou la fourniture immédiate du bien ou de la prestation de services, le délai de rétraction qui lui est ouvert expire à la date de la livraison ou de la fourniture, sans pouvoir ni excéder 7 jours ni être inférieur à 3 jours. Dans ce cas, la livraison ou la fourniture anticipée est à la charge du vendeur qui en supporte les frais et risques.
(Code de la consommation, art. L. 311-24).

● Le remboursement anticipé du crédit

L'emprunteur peut toujours à son initiative rembourser par anticipation en partie ou en totalité le crédit qui lui a été consenti sans qu'aucune indemnité ne puisse être exigée de la part des prêteurs. Le prêteur peut cependant refuser un remboursement partiel anticipé inférieur à un montant fixé par décret (montant fixé à trois fois le montant contractuel de la première échéance non échue - Art. D. 311-10 du Code de la consommation).

Cette disposition ne s'applique pas aux contrats de location sauf si ces contrats prévoient que le titre de propriété sera finalement transféré au locataire.
(Code de la consommation, art. L. 311-29).

› Quels sont les principaux litiges en cas de vente à crédit ?

En cas de crédit affecté, c'est-à-dire de crédit consenti pour un achat précis, les litiges peuvent porter sur l'exécution du contrat de vente ou de prestation de services assorti du crédit (par exemple, fourniture d'une marchandise non conforme à ce qui avait été commandé).
Dans ce cas, le consommateur doit saisir le tribunal d'instance compétent afin de faire trancher son litige. Le tribunal peut en effet suspendre l'exécution du contrat de crédit jusqu'à la solution du litige. Si le contrat de vente ou la prestation de services est annulé, le juge d'instance reconnaissant le bien-fondé des prétentions de l'acheteur, le contrat de crédit est lui-même et par contrecoup résolu ou annulé.

Attention : le prêteur doit obligatoirement être intervenu à l'instance ou mis en cause par le vendeur ou l'emprunteur (et ce dans l'hypothèse où bien entendu le vendeur ou prestataire de services n'est pas en même temps le prêteur). Si la résolution du contrat ou son annulation est imputable au vendeur ou prestataire de services, celui-ci peut être condamné, à la demande du prêteur, à garantir l'emprunteur du remboursement du prêt.
(Code de la consommation, art. L. 311-21 et L. 311-22).

Un autre cas de litige fréquent consiste dans le fait que l'acheteur à crédit ne s'acquitte pas des mensualités dont il est redevable vis-à-vis du vendeur ou prêteur. En cas de difficulté de paiement, il est fortement conseillé au consommateur, à défaut d'accord avec le prêteur, de saisir le tribunal d'instance pour obtenir des délais en vue de rembourser le prêt. Le débiteur peut en effet obtenir, en cas de difficultés réelles et notamment en cas de licenciement, la suspension pendant 2 ans (maximum) ou l'échelonnement de ses versements. Le juge peut également décider que les sommes dues ne porteront pas intérêt pendant le délai de grâce et organiser, à l'issue de ce délai, les modalités de paiement du solde du crédit. Le dernier versement ne peut cependant pas excéder de plus de 2 ans le terme initialement prévu pour le remboursement du prêt.
(Code de la consommation, art. L. 313-12 et Code civil, art. 1244-1 à 1244-3).
De façon plus générale, si le consommateur se trouve dans une situation de surendettement caractérisé, il a la possibilité de s'adresser à la commission de surendettement des particuliers.

› Quelles sont les sommes que peut réclamer le prêteur ou vendeur à crédit ?

En cas de défaillance de l'emprunteur, le prêteur peut exiger le remboursement immédiat du capital restant dû, augmenté des intérêts échus et impayés ainsi qu'une indemnité contractuelle dépendant de la durée restant à courir. Cette indemnité n'est pas libre, mais plafonnée par décret à 8 % du capital restant dû lors du non-paiement ; cette indemnité ne peut être réclamée que si le prêteur exige le remboursement immédiat du capital restant dû.
En effet, si le prêteur ne demande pas la résolution du contrat mais accepte des reports d'échéances, l'indemnité est fixée au plus à 8 % des échéances échues et impayées, plus 4 % des échéances reportées.

À noter : la somme correspondant au capital restant dû majoré des intérêts échus et impayés produit elle-même intérêt jusqu'au règlement effectif au taux contractuel et non au taux légal.
Si le bien est gagé, le prêteur peut le faire vendre ou se le faire attribuer par jugement.
(Code de la consommation, art. L. 311-30 à L. 311-32 ; Code civil, art. 2346 et 2347).
(Art. D. 331-11 et suivants du Code de la consommation).

› Quel est le tribunal compétent en cas de vente à crédit et dans quel délai faut-il le saisir ?

C'est le tribunal d'instance qui est exclusivement compétent en matière de crédit à la consommation (quel que soit le montant de la demande).
L'action est portée devant le tribunal du lieu où demeure le défendeur (personne contre qui le procès est dirigé) ou du lieu de la livraison ou de la prestation de services.
(Art. 42, 46, 48 du Code de procédure civile).
Par ailleurs, la juridiction pénale peut être saisie dans un certain nombre de cas et notamment en cas d'infraction aux règles concernant l'offre de crédit.
La forclusion s'oppose à la prescription, en ce sens que le délai de forclusion ne peut être interrompu que par une assignation en justice (et non par tout autre moyen comme en matière de prescription : mise en demeure, saisie).

● Action en paiement

Les actions en paiement du crédit doivent être engagées, à peine de forclusion (délai non susceptible de suspension, ou d'interruption) dans les 2 ans de l'événement qui leur a donné naissance.
Quand les échéances impayées ont fait l'objet d'un réaménagement ou rééchelonnement entre les intéressés, le point de départ du délai est, en principe, le premier incident non régularisé intervenu après le premier aménagement ou rééchelonnement conclu entre les intéressés, après adoption du plan conventionnel de redressement ou après décision de la commission de surendettement ou du juge de l'exécution (plan de report ou de rééchelonnement des dettes par exemple).

● Action en dénonciation du contrat de crédit

Ce délai de 2 ans ne concerne que les actions engagées en cas de non-paiement des mensualités du crédit par l'emprunteur.
En conséquence, l'emprunteur (ou la caution) peut dénoncer, par exemple, la régularité de l'offre préalable ou l'absence de livraison de la marchandise sans être tenu par ce délai de 2 ans.
(Code de la consommation, art. L. 311-34, L. 311-35, L. 311-37).

› En quoi consiste le fichier des incidents de crédit et de paiement des particuliers (FICP) ?

Le fichier des incidents de paiement, géré par la Banque de France, fournit aux organismes de crédit :
– un élément pour apprécier la solvabilité des personnes sollicitant un crédit. La contrepartie de l'accès au FICP pour ces organismes consiste dans l'obligation de l'alimenter en déclarant les incidents de remboursement des emprunteurs (voir ci-après) ;

– un élément d'appréciation avant d'accorder des moyens de paiement (chèques, carte de crédit...) ;
– des informations concernant la gestion des risques liés aux crédits souscrits par les clients.
(Code de la consommation, art. L. 333-4 et 333-5).

Le contenu

Informations sur les incidents de paiements caractérisés

Ce fichier recense les incidents de paiement caractérisés liés aux crédits accordés aux particuliers pour le financement de besoins non professionnels. Les notions de crédit et d'incidents caractérisés sont définies par l'article 3 du règlement n° 90-05 du 11 avril 1990 du Comité de la réglementation bancaire et financière (CRBF).

Informations sur les situations de surendettement

Ce fichier recense les informations relatives aux personnes surendettées : dépôt d'un dossier auprès d'une commission de surendettement, mesures incluses dans un plan conventionnel de redressement, mesures de traitement imposées ou proposées, jugement de clôture de la procédure de rétablissement personnel.

Procédure d'inscription

Le FICP constitue un élément d'appréciation de la solvabilité d'un emprunteur. La seule inscription d'un particulier dans ce fichier - que celle-ci intervienne au titre d'un incident de paiement caractérisé ou au titre d'une procédure de surendettement - n'emporte pas interdiction de lui délivrer un crédit et ne doit pas conduire, de ce seul fait, les établissements de crédit à refuser l'octroi d'un crédit.
En ce qui concerne les incidents de paiement caractérisés, les organismes de crédit sont tenus de les déclarer à la Banque de France. Dès réception, la Banque de France les inscrit au fichier. Dans le même temps, elle met cette information à la disposition de l'ensemble des organismes ayant accès au fichier. Les frais afférents à cette déclaration ne sont pas facturés aux particuliers.
En ce qui concerne les mesures de surendettement, dès que la commission de surendettement est saisie par un débiteur, elle en informe la Banque de France qui renseigne le FCIP. La même obligation pèse sur le greffe du juge de l'exécution.

Durée de conservation des données

Elle varie en fonction du type d'incidents.
Les incidents de paiement caractérisés sont inscrits pour une durée de 5 ans maximale. Les mentions doivent être radiées, avant l'expiration de ce délai, dès la déclaration faite par l'établissement, à l'origine de l'inscription, du paiement intégral des sommes dues.
Les mesures prévues par un plan conventionnel de redressement, ou celles imposées par la commission de surendettement ou homologuées par le juge, sont inscrites pendant toute la durée de leur exécution, et au maximum pour une durée de 8 ans.
À noter : il existe un mécanisme de radiation anticipée des données (5 ans) lorsque ces mesures sont exécutées sans incident.

Le bénéfice d'une procédure de rétablissement personnel est inscrit pour une période maximale de 5 ans, à compter de la date d'homologation ou de clôture de la procédure.

Enfin, en cas de superposition de durées d'inscription, lorsque les mesures imposées par la commission de surendettement ou homologuées par le juge s'appliquent après échec d'un plan conventionnel de redressement, l'inscription est conservée pendant la durée globale d'exécution du plan et des mesures, sans pouvoir excéder 8 années.

● Droit d'accès

Les personnes sont informées par la Banque de France et les organismes prêteurs de leur inscription au fichier et de leurs droits (droit d'accès et de rectification). Il est interdit, sous peine de sanction pénale, à la Banque de France et aux organismes de crédit, de remettre à quiconque une copie des informations contenues dans le fichier. Cette interdiction ne s'applique pas aux personnes faisant l'objet d'une inscription. Celles-ci peuvent exercer leur droit d'accès aux informations les concernant contenues dans le fichier conformément à la loi informatique et liberté n° 78-17 du 6 janvier 1978.

La prospection commerciale

› Quelles sont les règles de la prospection commerciale ?

● Prospectus publicitaire

La technique des prospectus publicitaires dans les boîtes aux lettres n'est pas réglementée. Les clients peuvent s'opposer à l'envoi de courriers publicitaires en s'adressant à la Fédération des entreprises de ventes à distance au sein de laquelle l'Union française de marketing direct gère la liste « Robinson stop publicité » (Union française de marketing direct, 60, rue La Boétie, 75008 Paris).

● Publicité électronique et prospection du client

La loi n° 2004-575 du 21 juin 2004 pour la confiance dans l'économie numérique (étudiée également sous la rubrique suivante concernant la vente à distance) traite de la publicité réalisée par un service de communication au public en ligne (Internet, télécopie...). Elle précise tout d'abord que cette publicité doit pouvoir être clairement identifiée comme telle et rendre clairement identifiable la personne pour le compte de laquelle elle est réalisée.

Les publicités, et notamment les offres promotionnelles (rabais, primes ou cadeaux) ainsi que les concours ou les jeux promotionnels, adressés par courrier électronique, doivent pouvoir être identifiés de manière claire et non équivoque dès leur réception par leur destinataire ou, en cas d'impossibilité technique, dans le corps du message.

Les conditions auxquelles sont soumises la possibilité de bénéficier d'offres promotionnelles et la participation à des concours ou à des jeux promotionnels, lorsque ces offres, concours ou jeux sont proposés par voie électronique, doivent être clairement précisées et aisément accessibles. Ces règles peuvent donner lieu à des sanctions pénales.

(Code de la consommation, art. L. 121-15-1, L. 121-15-2 et L. 121-15- 3).

(Voir Ⓘ : *Loteries publicitaires*).

Cette loi interdit la prospection directe, c'est-à-dire l'envoi de messages destinés à promouvoir des biens, des services ou l'image d'une personne vendant ces biens ou fournissant ces services, au moyen d'un automate d'appel, d'un télécopieur ou de « spam » (courriers électroniques publicitaires non désirés) quand sont utilisées les coordonnées d'une personne physique qui n'a pas donné son consentement préa-

lable à recevoir ces prospections. Désormais, avant d'adresser un message publicitaire, l'opérateur doit obtenir le consentement exprès et préalable de l'intéressé.
Donner son consentement signifie pour l'intéressé exprimer par tous moyens qu'il accepte que des données à caractère personnel le concernant soient utilisées à fin de publicité.
Seule exception : la prospection directe par courrier électronique est autorisée si elle concerne des produits ou services analogues fournis par la même entreprise et si le destinataire se voit offrir la possibilité de s'opposer, sans frais, hormis ceux liés à la transmission du refus, et de manière simple, à l'utilisation de ses coordonnées lorsque celles-ci sont recueillies et chaque fois qu'un courrier électronique de prospection lui est adressé.
La Commission nationale d'informatique et de liberté (CNIL) est compétente en matière de plainte et de réclamations.

La vente à distance

› Quelles sont les règles de la vente à distance ?

La vente à distance se définit comme toute vente ou toute fourniture d'une prestation de services conclue au moyen d'une ou de plusieurs techniques de communication à distance, c'est-à-dire sans la présence physique simultanée du professionnel (vendeur) et de l'acheteur. L'ordonnance n° 2001-741 du 23 août 2001 modifie de façon importante cette technique de vente et prévoit des sanctions pénales si le commerçant ne respecte pas les règles.

Quelles sont les opérations concernées ?

Sont concernés les achats de biens ou de services réalisés avec les moyens suivants : imprimés, lettres standardisées, envois de catalogues avec bon de commande (type La Redoute, Les Trois Suisses...), courriers électroniques, appels téléphoniques avec intervention humaine ou automates d'appel, fax, téléachat... Les moyens d'atteindre le consommateur sont en effet multiples ; d'où l'intervention d'une législation spécifique à cette technique qui englobe aujourd'hui les transactions électroniques (Internet).
Ne sont en revanche pas concernés un certain nombre de contrats tels ceux conclus lors d'une vente aux enchères publiques ou ceux conclus pour la construction et la vente des biens immobiliers ou ceux portant sur d'autres droits relatifs à des biens immobiliers, à l'exception de la location.
(Code de la consommation, art. L. 121-17).
Le commerce électronique proprement dit, c'est-à-dire celui pour lequel la commande est passée en ligne, fait l'objet de dispositions spécifiques qui se cumulent avec celles exposées ici (voir : *Quelles sont les règles de l'achat en ligne*).

Informations données avant toute commande

Un certain nombre d'informations doivent être communiquées avant la commande au consommateur, sous peine pour le professionnel d'encourir une sanction pénale. Il s'agit de celles concernant :
– les caractéristiques essentielles du bien ou du service ;
– le prix, les conditions de vente, de conformité et de sécurité du produit ou service ;

– le cas d'indisponibilité du produit commandé (possibilité d'échange – voir ci-dessous) ;
– le nom du vendeur du produit ou du prestataire de services, les coordonnées téléphoniques permettant d'entrer effectivement en contact avec lui, son adresse ou, s'il s'agit d'une personne morale, son siège social et, si elle est différente, l'adresse de l'établissement responsable de l'offre ;
– le cas échéant, les frais de livraison ;
– les modalités de paiement, de livraison ou d'exécution ;
– l'existence d'un droit de rétractation et ses limites éventuelles ou, dans le cas où ce droit ne s'applique pas, l'absence d'un droit de rétractation (voir ci-après) ;
– la durée de la validité de l'offre et du prix de celle-ci ;
– le coût de l'utilisation de la technique de communication à distance utilisée lorsqu'il n'est pas calculé par référence au tarif de base ;
– le cas échéant, la durée minimale du contrat proposé, lorsqu'il porte sur la fourniture continue ou périodique d'un bien ou d'un service.

Ces informations, dont le caractère commercial doit apparaître sans équivoque, sont communiquées au consommateur de manière claire et compréhensible, par tout moyen adapté à la technique de communication à distance utilisée.

En cas de démarchage par téléphone ou par toute autre technique assimilable, le professionnel doit indiquer explicitement au début de la conversation son identité et le caractère commercial de l'appel.

Le professionnel de la vente à distance doit également indiquer à son client une date limite de livraison, et ce, avant la conclusion du contrat.

Attention : ces différentes dispositions ne s'appliquent pas en cas de :
– fourniture de biens de consommation courante réalisée au lieu d'habitation ou de travail du consommateur par des distributeurs faisant des tournées fréquentes et régulières ;
– prestation de services d'hébergement, de transport, de restauration, de loisirs qui doivent être fournis à une date ou selon une périodicité déterminée.

(Code de la consommation, art. L. 121-18 et L. 121-20-4).

● La confirmation des informations

Au plus tard au moment de la livraison, le consommateur doit recevoir confirmation de la plupart de ces informations ainsi que tous renseignements portant sur :
– les conditions et les modalités d'exercice du droit de rétractation ;
– l'adresse de l'établissement du fournisseur où le consommateur peut présenter ses réclamations ;
– le service après-vente ;
– les garanties commerciales ;
– les conditions de résiliation du contrat lorsque celui-ci est d'une durée indéterminée ou supérieure à 1 an.

Cette information est obligatoirement faite par écrit ou sur un autre support durable.

Attention : la loi prévoit deux exceptions à cette obligation. Elle ne s'applique pas aux services fournis en une seule fois au moyen d'une technique de communication à distance et facturés par l'opérateur de cette technique (à l'exception de celle imposant de mentionner l'adresse où porter ses réclamations).

Elle n'est également pas applicable en cas de :
– fourniture de biens de consommation courante réalisée au lieu d'habitation ou de travail du consommateur par des distributeurs faisant des tournées fréquentes et régulières ;
– prestation de services d'hébergement, de transport, de restauration, de loisirs qui doivent être fournis à une date ou selon une périodicité déterminée.
Les moyens de communication permettant au consommateur de suivre l'exécution de sa commande, d'exercer son droit de rétractation ou de faire jouer la garantie ne supportent que des coûts de communication, à l'exclusion de tout coût complémentaire spécifique.
(Code de la consommation, art. L. 121-19).

Le délai pour se rétracter

Le consommateur dispose d'un délai de 7 jours pour se rétracter sans avoir à se justifier ni avoir à payer de pénalité, à l'exception, le cas échéant, des frais de retour. Il peut déroger à ce délai s'il ne peut se déplacer et s'il a besoin, simultanément, d'avoir accès à une prestation immédiate et nécessaire à ses conditions d'existence. Dans ce cas, il continue à exercer son droit de rétractation sans avoir à justifier de motifs ni à payer de pénalités. Ce délai court pour les biens à compter de leur réception par le consommateur, et pour les prestations de services, à compter de l'acceptation de l'offre. S'il expire un samedi, un dimanche ou un jour férié ou chômé, il est prorogé au premier jour ouvrable suivant.
Mais, lorsque les informations prévues au titre de la confirmation écrite (voir ci-dessus) n'ont pas été fournies, le consommateur dispose d'un délai de 3 mois pour changer d'avis. Cependant, dans cette dernière hypothèse, lorsque la fourniture de ces informations intervient dans les 3 mois à compter de la réception des biens ou de l'acceptation de l'offre, elle fait courir le délai de 7 jours.
Lorsque le droit de rétractation est exercé, le professionnel est tenu de rembourser le consommateur de la totalité des sommes versées, dans les meilleurs délais et au plus tard dans les 30 jours suivant la date à laquelle ce droit a été exercé. Au-delà, la somme due produit, de plein droit, un intérêt au taux légal. Ce remboursement s'effectue par tout moyen de paiement. Sur proposition du professionnel, le consommateur ayant exercé son droit de rétractation peut toutefois opter pour une autre modalité de remboursement (avoir notamment).
(Code de la consommation, art. L. 121-20 à L. 121-20-3).
(Voir Ⓘ : *Intérêt, légal*).

Attention : il n'est pas possible, pour le consommateur, de changer d'avis lors de la fourniture de :
– services dont l'exécution a commencé avant la fin du délai de 7 jours francs avec l'accord du consommateur ;
– biens ou de services dont le prix est fonction de fluctuations des taux du marché financier ;
– biens confectionnés selon les spécifications du consommateur ou nettement personnalisés ou qui, du fait de leur nature, ne peuvent être réexpédiés ou sont susceptibles de se détériorer ou de se périmer rapidement (par exemple, aliments) ;
– enregistrements audio ou vidéo ou de logiciels informatiques lorsqu'ils ont été descellés par le consommateur ;
– journaux, de périodiques ou de magazines.

À noter : Il n'est pas possible, non plus, de reprendre un pari ou un ticket de loterie autorisée.
(Code de la consommation, art. L. 121-20-2) ;
– fourniture de biens de consommation courante réalisée au lieu d'habitation ou de travail du consommateur par des distributeurs faisant des tournées fréquentes et régulières ;
– prestation de services d'hébergement, de transport, de restauration, de loisirs qui doivent être fournis à une date ou selon une périodicité déterminée.
(Code de la consommation, art. L. 121-20-4).

À noter : quand le prix est financé totalement ou en partie par un crédit, la rétractation du consommateur emporte résiliation de plein droit du contrat de crédit destiné à en assurer le financement, sans frais ni indemnité, à l'exception éventuelle des frais engagés pour l'ouverture du dossier de crédit.
(Code de la consommation, art. L. 311-25-1).

Comme dans toutes les opérations de vente, la protection du consommateur est assurée également contre les pratiques commerciales trompeuses, notamment lorsque le produit ne correspond pas à la description publicitaire. Certaines formes de vente à distance peuvent, par ailleurs, constituer des ventes avec prime qui sont prohibées ou encore des ventes liées interdites, ces procédés étant souvent utilisés dans ce domaine pour susciter la commande du consommateur (voir plus loin : *La vente avec primes* et *Autres méthodes de vente*).

Les responsabilités du professionnel

Le Code de la consommation pose le principe d'une responsabilité de plein droit du professionnel à l'égard de l'acheteur pour la bonne exécution des obligations résultant du contrat. Cette responsabilité existe que ces obligations soient à exécuter par lui-même ou par d'autres prestataires de services (contre lesquels il peut éventuellement exercer un recours).

Toutefois, le fournisseur peut s'exonérer de sa responsabilité en apportant la preuve que l'inexécution ou la mauvaise exécution du contrat est imputable :
– soit à l'acheteur ;
– soit au fait, imprévisible et insurmontable, d'un tiers étranger à la fourniture des prestations prévues au contrat ;
– ou encore à un cas de force majeure.
(Code de la consommation, art. L. 121-20-3).

Loterie publicitaire

Les loteries publicitaires, organisées dans le cadre de la vente à distance, sont réglementées par le Code de la consommation. Pour être autorisées, elles doivent être gratuites, c'est-à-dire ne réclamer aux participants aucune contrepartie financière sous quelque forme que ce soit (par exemple, en liant la participation à la passation d'une commande). Le bulletin de participation au jeu doit donc être distinct du bon de commande. Par ailleurs, les documents envoyés aux particuliers doivent préciser les lots mis en jeu, leur nombre, leur valeur commerciale, indiquer l'adresse où il est possible d'obtenir gratuitement le règlement des opérations, ainsi que le nom de l'huissier qui a reçu ce règlement.
(Code de la consommation, art. L. 121-36 et s.).
(Art. R. 121-11 du Code de la consommation).
(Sur les loteries ou jeux organisés au profit du consommateur sur Internet, voir ci-avant : *Quelles sont les règles de la prospection commerciale* ?).

Cette forme de publicité s'est très largement développée et des abus ont été commis. C'est ainsi que de nombreux consommateurs ont pu croire légitimement, à la lecture des documents publicitaires, être les seuls et uniques gagnants des gros lots. Pour lutter contre ces pratiques, les tribunaux sont intervenus :
– soit sur un plan pénal en condamnant les organisateurs pour le délit de loteries prohibées ou pour le délit de pratiques commerciales trompeuses.
(Code de la consommation, art. L. 121-1 et L. 121-41) ;
– soit sur un plan civil en indemnisant le consommateur du préjudice subi. Pour retenir la responsabilité délictuelle des organisateurs de loteries, certains arrêts ont retenu une faute consistant à avoir voulu tromper le destinataire du message en lui présentant de façon affirmative un événement hypothétique, ou encore en lui adressant des documents de nature à induire en erreur un consommateur moyen sur le contenu exact du message qui lui était adressé, ou encore en lui faisant parvenir des courriers qui l'avaient particulièrement prédisposé à croire à la réalité de son gain, cette méthode ne pouvant qu'induire en erreur une personne de bonne foi.
Dans ces différentes hypothèses, des dommages et intérêts ont été attribués au consommateur trompé. Le préjudice indemnisé peut être moral ou matériel, comme l'engagement de dépenses que le consommateur croyait pouvoir financer avec la somme prétendument gagnée.
(Cour de cassation, 2e chambre civile, 3 mars 1988, 21 mars 1988, 7 juillet 1990, 28 juin 1996).
(Code civil, art. 1382).
La responsabilité contractuelle de l'organisateur de la loterie a également pu être retenue en reconnaissant dans la publicité un engagement unilatéral de l'organisateur, engagement devant être exécuté. Le client peut donc, en principe, obtenir sur ce fondement la délivrance du lot.
(Cour de cassation, 1re chambre civile, 28 mars 1995).
(Code civil, art. 1147)

› Dans quel délai l'objet commandé à distance doit-il être livré ?

Le professionnel de la vente à distance doit indiquer à son client une date limite de livraison, et ce, avant la conclusion du contrat. À défaut de cette précision, il est réputé devoir délivrer le bien ou exécuter la prestation de services dès la conclusion du contrat.
En cas de dépassement de 7 jours de cette date limite (non dû à un cas de force majeure), le consommateur peut dénoncer le contrat par lettre recommandée avec demande d'avis de réception. Ce contrat est considéré comme rompu à la réception, par le professionnel, de la lettre de dénonciation, si la livraison n'est pas intervenue (ou si la prestation n'a pas été exécutée) entre l'envoi et la réception de cette lettre. Le consommateur doit exercer ce droit dans un délai de 60 jours ouvrés à compter de la date indiquée pour la livraison du bien ou l'exécution de la prestation.
Le professionnel est alors tenu de rembourser, par tout moyen de paiement, son client de la totalité des sommes versées, dans les meilleurs délais et au plus tard dans les 30 jours suivant la date à laquelle ce droit a été exercé. Au-delà la somme produit de plein droit des intérêts au taux légal. Sur proposition du professionnel, le consommateur peut toutefois opter pour une autre modalité de remboursement (par exemple un avoir).
(Code de la consommation, art. L. 114-1, L. 121-20-1, L. 121-20-3).

Si ce défaut de livraison est dû à l'indisponibilité du bien ou du service commandé, le consommateur doit être informé de cette indisponibilité. Il doit, le cas échéant, pouvoir être remboursé sans délai et au plus tard dans les 30 jours du paiement des sommes qu'il a versées. Au-delà de ce terme, ces sommes produisent intérêt au taux légal. Toutefois, dans cette hypothèse, le vendeur peut fournir un bien ou un service d'une qualité et d'un prix équivalents sous réserve que la possibilité en ait été prévue préalablement à la conclusion du contrat ou dans le contrat. Le consommateur est informé de cette possibilité de manière claire et compréhensible.

› Que faire lorsque l'on reçoit à domicile un objet que l'on n'a pas commandé ?

Cette méthode, appelée vente ou prestation de services par envoi forcé (ou sans commande préalable), constitue une contravention de la 5e classe prévue et réprimée par l'article R. 635-2 du Code pénal.

La fourniture de biens ou services sans commande préalable est interdite quand elle fait l'objet d'une demande de paiement. Le professionnel doit restituer au consommateur les sommes qu'il aurait indûment perçues sans engagement exprès et préalable de ce dernier.

Ces sommes produisent des intérêts au taux légal calculé à compter de la date du paiement indu et des intérêts au taux légal majoré de moitié à compter de la demande de remboursement faite par le consommateur.

(Code de la consommation, art. L. 122-3).

Il n'y a donc pas lieu de répondre à de tels envois, ni aux demandes de paiement de l'expéditeur qui suivent l'expiration du délai de retour précisé dans la lettre d'envoi.

On peut au contraire porter plainte auprès du procureur de la République contre les personnes qui procèdent à ce type de vente ou qui exigent le paiement à défaut de retour de leur envoi dans le délai prescrit, ou s'adresser à une association de consommateurs.

(Voir ① : *Association, de consommateurs*).

Il est toutefois prudent, avant de porter plainte ou d'assigner, de demander à l'expéditeur une photocopie du bon de commande afin de s'assurer que la contravention de vente forcée est bien constituée. Les organismes de vente reçoivent en effet parfois des bons de commandes portant de fausses signatures, et ce à l'insu de leur destinataire. C'est à l'expéditeur qui désire récupérer son envoi de venir le reprendre à ses frais.

› Qui est responsable si l'objet arrive détérioré lors de la réception de la marchandise ?

L'une des mesures élémentaires de prudence consiste à vérifier le bon état de celle-ci et à examiner si, bien entendu, elle correspond à ce qui a été commandé.

En cas de détérioration constatée, il faut refuser la marchandise en ne signant pas le bon d'émargement.

Le destinataire peut également, s'il le désire, apporter des réserves concernant l'état de la marchandise sur le bon de livraison, ce qu'il confirmera par lettre recommandée avec avis de réception au transporteur dans les 3 jours de la livraison avec copie au vendeur.

Le consommateur peut engager une action en justice contre le transporteur (dans le délai d'1 an) ou, depuis l'intervention de la loi n° 2004-575 du 21 juin 2004,

s'adresser directement au vendeur, responsable de plein droit de la bonne réalisation du contrat (voir ci-dessus : *Les responsabilités du professionnel*).
(Art. L. 133-3 et suivants du Code de commerce).

› Comment faire la preuve de l'engagement ?

Il est très important pour le consommateur de garder une trace écrite de sa commande dès lors que celle-ci porte sur une somme supérieure à 1 500 €.
En effet, en droit français, celui qui réclame l'exécution d'une obligation (somme d'argent comme dans le cadre d'un prêt, livraison d'un bien...) doit la prouver. Or la preuve par écrit est, en principe, exigée dès lors que les sommes en jeu excèdent 1 500 €. En revanche, en deçà de cette somme, la preuve par témoin est admise.
Cet écrit peut être un écrit papier (bon de commande notamment) ou un écrit « dématérialisé » dans le cadre du commerce électronique.
Le Code civil définit la notion d'écrit en donnant la possibilité de produire, à titre de preuve, un écrit sous forme électronique à l'égal d'un écrit papier sous certaines conditions de fiabilité notamment en matière de signature électronique élaborée à l'aide d'un procédé d'identification fiable la rendant indissociable du document contenant l'engagement. Ainsi, il est possible dans ces conditions d'utiliser un e-mail à titre de preuve de l'engagement d'un commerçant.
(Code civil, art. 1315 et s., art. 1341 et s.).

› Quelles sont les règles de l'achat en ligne ?

Compte tenu de l'engouement des consommateurs pour l'achat en ligne (c'est-à-dire via Internet), la question s'est posée de savoir si leur protection était assurée dans le cadre de la législation existante, et notamment celle de la sécurité des transactions. Le législateur a créé un nouveau contrat protégé pour les consommateurs en ligne (le contrat électronique ou contrat numérique ou « en ligne ») et a également porté son attention sur la publicité en ligne, la prise de commande (voir ci-avant : *La prospection commerciale*) et la validité de la signature électronique.
À noter que la législation s'applique à l'achat mais aussi à la fourniture de services tels ceux consistant à fournir des informations en ligne.

● La nature du contrat passé

Sur un plan juridique, la transaction électronique s'assimile à un contrat classique de vente à distance, l'offre et l'acceptation se produisant sur le réseau.
(Voir ⓘ : *Vente à domicile*).

● L'information préalable du consommateur

Si, passer commande en ligne est très pratique, s'informer avant de commander est indispensable. La loi impose une information à deux niveaux : auprès du professionnel et sur la prestation offerte.
Les cybervendeurs ou prestataires de services doivent en premier lieu permettre leur identification : nom ou raison sociale, adresse et coordonnées téléphoniques, numéro d'inscription au registre du commerce. La première réaction du client doit être, à ce stade, de vérifier la fiabilité de l'entreprise proposant ses biens et services en se renseignant sur l'entreprise, s'il ne la connaît pas.
Ils doivent également plus spécifiquement mettre à disposition de leurs futurs clients les conditions contractuelles applicables (conditions générales de vente), le cas échéant par voie électronique, afin que ces derniers puissent en prendre connaissance et en accepter le contenu avant de s'engager. Ces conditions contractuelles

doivent être proposées sous un format tel qu'elles puissent être conservées et reproduites (format PDF, par exemple).
(Code civil, art. 1369-1 et s.).
Remarque : les informations à destination du consommateur peuvent lui être adressées par courrier électronique mais, dans cette hypothèse, les exigences posées par le Code de la consommation sur la vente à distance pour un document papier (reproduction de certains textes, respect d'un délai de réflexion, taille des caractères, clauses types...) doivent être respectées à l'identique.
(Voir Ⓘ : *Vente à distance*).
Les professionnels doivent respecter les règles applicables à tout professionnel de la vente à distance (offre de contrat mentionnant des informations sur le prix, existence du délai de rétractation…) et celles en matière d'information.
(Voir Ⓘ : *Vente à distance*).
(Code de la consommation, art. L. 121-18).
Dès lors qu'il mentionne un prix, le professionnel doit indiquer celui-ci de manière claire et non ambiguë, et notamment si les taxes et les frais de livraison sont inclus.
À noter : l'entreprise qui fait de la publicité sur un site Internet doit bien évidemment respecter les règles concernant la publicité (publicité loyale et exacte) ainsi que les règles plus spécifiques concernant la publicité électronique. En outre, la publicité par envois de courriers électroniques non sollicités est interdite.
(Voir Ⓘ : *Publicité*, *Publicité électronique*).
Certains sites sont « certifiés ». Le consommateur bénéficie alors de garanties auxquelles il peut accéder en allant sur le site de l'organisme certificateur. Enfin, le consommateur doit pouvoir savoir si le site est sécurisé (voir plus loin : *La sécurité du paiement*).

● La commande du client

La loi s'attache à établir la validité juridique du contrat électronique et à définir les modalités de sa conclusion. Les règles concernant la commande ne s'appliquent qu'aux vendeurs professionnels.
Ils restent engagés par cette offre tant qu'elle est accessible par voie électronique.
L'offre doit préciser obligatoirement :
– les différentes étapes à suivre pour conclure le contrat ;
– les moyens techniques permettant à l'utilisateur, avant la conclusion du contrat, d'identifier les erreurs commises dans la saisie des données et de les corriger ;
– les langues proposées pour la conclusion du contrat ;
– en cas d'archivage du contrat, les modalités de cet archivage et les conditions d'accès au contrat archivé ;
– les moyens de consulter par voie électronique les règles professionnelles et commerciales auxquelles le professionnel entend, le cas échéant, se soumettre (notamment Code de déontologie).
(Code civil, art. 1369-4).

● L'acceptation de la commande par le client

L'acceptation de l'offre par le client prend la forme d'un « double clic », qui intervient après avoir passé sa commande. Pour ce faire, le client doit au préalable :
– vérifier le détail de sa commande et son prix total et corriger d'éventuelles erreurs ;
– confirmer son acceptation au vu des informations récapitulatives qui lui seront présentées par le professionnel. Ce dernier doit en effet accuser réception de la com-

mande sans délai par voie électronique. L'utilisateur peut ainsi vérifier sa commande et confirmer son acceptation en double-cliquant.
La commande, la confirmation de l'acceptation de l'offre (par le client) et l'accusé de réception (par le professionnel) sont considérés comme reçus lorsque les intéressés auxquels ces documents sont adressés peuvent y avoir accès.
Pour les contrats qui sont conclus exclusivement par échange de mails ou conclus entre professionnels, ces différentes règles n'ont pas à être respectées. Dans ces cas, le contrat est conclu dès lors que les intéressés, auxquels sont adressés la commande, la confirmation de l'acceptation de l'offre et l'accusé de réception, peuvent y avoir accès.
(Code civil, art. 1369-1 et s.).

La conservation du contrat

Le professionnel a l'obligation de conserver l'écrit qui constate le contrat conclu par voie électronique pendant un délai de 10 ans et de garantir l'accès à tout moment par le client si celui-ci en fait la demande quand les sommes en jeu sont égales ou supérieures à 120 €.
Cela permet au client d'avoir un double de son contrat s'il n'a pas pensé à l'imprimer au moment de la commande.
(Code de la consommation, art. L. 134-2)

La sécurité du paiement

C'est avec l'émergence du commerce électronique qu'est apparu le besoin de sécurisation des paiements. Pourtant, la loi ne dit rien du paiement qui reste le principal obstacle à l'achat en ligne. La délivrance du numéro inscrit sur la carte bancaire du consommateur et de sa date de validité pour régler les achats en ligne constitue une autorisation de débiter son compte sur laquelle le consommateur ne peut pas revenir. Il ne doit le faire que si le site est sécurisé (les données transmises sont cryptées – voir ci-dessous). Il ne doit jamais donner son code confidentiel à 4 chiffres notamment par e-mail.
S'il observe des prélèvements anormaux sur son compte bancaire, il doit les contester par écrit immédiatement auprès de sa banque (en tout cas avant l'expiration du délai légal) en faisant opposition et demander à être recrédité des sommes.
(Art. L. 132-4 et L. 132-6 du Code monétaire et financier).
(Voir Ⓘ : *Cartes de paiement*).
La loi sur l'économie numérique n° 2004-575 du 21 juin 2004 traite des conditions de cryptologie (matériel ou logiciel conçu pour transformer des données à l'aide de conventions secrètes) qui doivent permettre une amélioration de la sécurité des paiements.
Ces moyens de cryptologie ont en effet principalement pour objet, selon la loi, de garantir la sécurité du stockage ou de la transmission de données, en permettant d'assurer leur confidentialité, leur authentification ou le contrôle de leur intégrité.
(Art. 29 de la loi n° 2004-575 du 21 juin 2004).
À noter : les banques proposent désormais de réaliser en toute sécurité des achats en ligne au moyen de la « e-carte bleue ». Cette carte est dédiée aux achats en ligne sans avoir à utiliser son véritable numéro de carte bancaire. Les banques la commercialisent moyennant une commission d'entrée et une facturation lors de chaque transaction.

● Les litiges

Comme pour la vente à distance, un seul responsable est prévu en cas de litige avec le client acheteur. Qu'il s'agisse selon les cas d'une absence de livraison ou d'un objet détérioré, le professionnel est responsable de plein droit à l'égard de l'acheteur de la bonne exécution des obligations résultant du contrat, que ces obligations soient à exécuter par elle-même ou par d'autres prestataires de services. Toutefois, il peut s'exonérer de sa responsabilité - en partie ou en totalité - en apportant la preuve que l'inexécution ou la mauvaise exécution du contrat est imputable, soit à l'acheteur, soit au fait, imprévisible et insurmontable, d'un tiers étranger à la fourniture des prestations prévues au contrat, ou encore à un cas de force majeure.
(Art. 15 de la loi n° 2004-575 du 21 juin 2004).
Par ailleurs, les règles prévues en matière de vente à distance sont applicables au cyberconsommateur : délai d'envoi de 30 jours, possibilité de se rétracter quand on reçoit l'article…
Dans tous ces cas, il peut être utile de s'adresser à une association de consommateurs ou au « Médiateur du Net » mis en place par le Forum des droits sur Internet. (Voir plus loin : *Règlement des litiges*).

› Qu'est-ce que le téléachat ?

Le téléachat est une méthode de vente permettant à des téléspectateurs d'acheter des produits dont les mérites et les prix sont vantés lors d'émissions télévisées.
C'est le CSA (Conseil supérieur de l'audiovisuel) qui fixe les règles de programmation des émissions et les règles à respecter.
Ainsi, les produits (ou les services) offerts doivent être décrits d'une manière aussi précise que possible. Ils ne doivent pas être présentés de façon à induire le public en erreur.
L'offre de vente doit être claire, rigoureuse et la plus complète possible (prix, garanties…) sous peine de sanctions pénales.
Comme dans tous les cas d'achats à distance, l'acheteur du produit dispose d'un délai de 7 jours (jour de livraison non compris) pour faire retour du produit au vendeur, pour échange ou remboursement, sans pénalité à l'exception des frais de retour.
À noter : le délai est prorogé au 1er jour ouvrable suivant, s'il expire un samedi ou un dimanche, un jour férié ou chômé. Le vendeur ne peut s'y opposer, sous peine d'encourir des sanctions pénales.
(Code de la consommation, art. L. 121-16 et L. 121-20).
(Loi n° 88-21 du 6 janvier 1988).

■ La vente à domicile

› Quelle est la réglementation applicable au démarchage ou à la vente à domicile ?

● Domaine d'application

La loi s'applique à ceux qui pratiquent ou font pratiquer le démarchage au domicile d'une personne, à sa résidence ou à son lieu de travail (même à sa demande), afin de lui proposer l'achat, la vente, la location, la location-vente ou la location avec option d'achat de biens ou la fourniture d'un service.

Elle s'applique également dans les lieux non destinés à la commercialisation du bien ou du service proposé (tel n'est pas le cas de la foire et du salon) et notamment l'organisation par un commerçant ou à son profit de réunion ou d'excursion afin de proposer ces produits (ex. réunion type Tupperware).
La protection du consommateur souscrivant un contrat d'assurance par voie de démarchage est assurée par le Code des assurances.
(Voir Ⓘ : *Assurances, démarchage*).
La loi ne s'applique pas dans les cas suivants :
– vente à domicile de produits de consommation courante (notamment produits d'alimentation) distribués par tournées,
– vente, location ou location-vente de biens ou prestations de services lorsqu'elles ont un rapport direct avec les activités exercées par le client dans le cadre d'une exploitation agricole, industrielle, commerciale ou artisanale ou de toute autre profession.
(Code de la consommation, art. L. 121-21 à L. 121-33).

Démarchage téléphonique

À la suite d'un démarchage par téléphone ou par tout moyen technique assimilable, le professionnel doit adresser au consommateur une confirmation de l'offre qu'il a faite ; le consommateur n'est engagé que par sa signature. Il bénéficie alors des dispositions prévues en cas de vente à distance.
(Voir Ⓘ : *Vente à distance*).
Une autre technique commerciale est fréquemment utilisée : pour attirer le client dans son magasin, le vendeur lance une opération de démarchage téléphonique en proposant un cadeau à celui qui se déplacera. La Cour de cassation considère que lorsqu'un bon de commande est signé au magasin dans ces circonstances, le client bénéficie de la législation sur le démarchage à domicile. (Cour de cassation, 1re chambre civile, 30 mars 1994, SA Bruniaux Chardin/Canivet).

Contenu du contrat

Un contrat écrit doit obligatoirement être remis par le démarcheur au client, au moment de la conclusion de ce contrat.
Le contrat doit comprendre un formulaire détachable permettant au client de renoncer à cet achat. En effet, dans les 7 jours (jours fériés compris) à compter de l'accord ou de l'engagement d'achat, ce dernier peut y renoncer par lettre recommandée avec avis de réception.
Si le délai expire un samedi, un dimanche ou un jour férié ou chômé, il est prorogé jusqu'au premier jour ouvrable suivant. Avant l'expiration de ce délai, le démarcheur ne peut pas exiger ou obtenir du client un versement (remise de chèque ou d'une autorisation de prélèvement automatique, par exemple), sauf s'il s'agit de la souscription d'un abonnement à un journal ou un périodique (le versement est autorisé, dans cette hypothèse, à condition que le consommateur dispose d'un droit de résiliation permanent sans frais ni indemnité et qu'il puisse obtenir le remboursement de l'abonnement restant à courir après la résiliation).
Tous les exemplaires du contrat doivent être signés et datés de la main même du client (il est recommandé de ne pas antidater le contrat afin de ne pas perdre le bénéfice du délai de réflexion de 7 jours).
À peine de nullité, le contrat doit indiquer le nom du fournisseur et celui du démarcheur, l'adresse du fournisseur, l'indication du lieu de conclusion du contrat, la désignation précise de la nature et des caractéristiques des marchandises, objets ou services vendus, les conditions d'exécution du contrat et notamment les modalités

et délais de livraison ou d'exécution, le prix global à payer ainsi que les modalités de paiement et la faculté de renonciation ainsi que ses conditions d'exercice.
En cas de vente à crédit, les formes exigées par la réglementation sur la vente à crédit doivent être respectées et le taux nominal de l'intérêt et son taux annuel effectif global (TAEG) doivent être spécifiés.
(Voir Ⓘ : *Crédit, mobilier*).
Les infractions concernant la non-remise par le démarcheur du contrat ou une remise incomplète de ce contrat entraînent une sanction pénale.
L'entreprise est civilement responsable des démarcheurs, même indépendants, qui agissent pour son compte. À l'occasion de poursuites pénales exercées dans le cadre de démarchages contre le vendeur, prestataire de services ou démarcheur, le client en se constituant partie civile peut demander à la juridiction pénale une somme égale au montant des paiements effectués ou effets souscrits ainsi que les dommages-intérêts.

Abus de faiblesse

La loi réprimande plus durement ceux qui ont abusé de la faiblesse ou de l'ignorance d'une personne pour lui faire souscrire, par le moyen d'une visite à domicile, des engagements à comptant ou à crédit, sous quelque forme que ce soit, dès lors que les circonstances démontrent que cette personne n'était pas en mesure d'apprécier la portée des engagements qu'elle prenait ou de déceler les ruses ou artifices déployés pour la convaincre de souscrire, ou encore font apparaître qu'elle a été soumise à une contrainte.
(Code de la consommation, art. L. 122-8 à 122-10).
(Voir Ⓘ : *Pratique commerciale agressive*).
Ces dispositions visent à protéger les personnes les plus vulnérables (personnes âgées, malades ou ne possédant pas suffisamment la langue française, par exemple).
La loi prévoit également des sanctions pour ceux qui, dans les mêmes conditions, obtiennent des engagements :
- en démarchant par téléphone ou télécopie ;
- en invitant à se rendre sur un lieu de vente et en promettant des avantages particuliers ;
- en organisant des réunions ou excursions ;
- sur des lieux autres que les lieux de vente ;
- ou encore dans une situation empêchant la victime de consulter, avant de signer, des spécialistes.

Enfin, des sanctions sont également applicables à ceux qui se font remettre, sans contrepartie réelle, de l'argent, un chèque ou un ordre de paiement par carte de crédit.
(Code de la consommation, art. L. 122-10 et L. 122-11).

La vente avec prime

› Quelle est la réglementation concernant les ventes assorties de primes ou cadeaux ?

L'article L. 121-35 du Code de la consommation interdit toute vente ou offre de vente de produits ou de prestations de services faites au consommateur et donnant droit, à titre gratuit, immédiatement ou à terme, à une prime consistant dans

des produits, biens ou services, sauf s'ils sont identiques à ceux faisant l'objet de la vente ou de la prestation de services.
(Code de la consommation, art. L. 121-35).
Ainsi, la pratique du « treize à la douzaine » est licite dans la mesure où le produit offert en prime est identique à celui qui est l'objet du contrat.
Il est également possible de donner à titre de prime, de menus objets de faible valeur ou des échantillons.
Ne sont également pas assimilés à des primes prohibées :
– le conditionnement habituel du produit (par exemple, un récipient) ;
– les biens, produits ou prestations de services indispensables à l'utilisation normale du produit ou du service faisant l'objet de la vente ;
– les prestations de services après-vente et facilités de stationnement offertes par les commerçants à leurs clients ;
– les prestations et services attribués gratuitement si ces prestations ne font ordinairement pas l'objet d'un contrat à titre onéreux et sont dépourvues de valeur marchande.
(Art. R. 121-8 du Code de la consommation).
En ce qui concerne les échantillons, ils doivent porter la mention : « échantillon gratuit, ne peut être vendu » de manière visible, indélébile et apparente à la présentation, ainsi que le nom de l'entreprise concernée.
Des sanctions pénales (contraventions de la 5e classe) sont prévues en cas d'infraction à cette réglementation.
(Voir Ⓘ : *Contraventions, taux*).

› La remise de cadeaux des commerçants aux consommateurs est-elle prohibée ?

La remise de cadeaux par des commerçants à des consommateurs est licite, dans la mesure où ces cadeaux sont remis indépendamment de toute vente ou prestation de services à caractère onéreux.
À défaut en effet, ces cadeaux seraient assimilés à des primes et interdits sous réserve de ce qui a été dit au sujet des primes.
Les produits soumis à des réglementations particulières (produits pharmaceutiques, tabac, produits portant un emblème publicitaire) ne peuvent pas être donnés en cadeau.

Autres méthodes de vente

› La vente liée (ou vente par lot)

Cette méthode, appelée aussi vente par lot (ou vente pyramidale) consiste à subordonner la vente d'un produit ou la prestation d'un service quelconque, soit à l'achat concomitant d'autres produits, soit à l'achat d'une quantité imposée ou encore à la prestation d'un autre service. Elle est interdite.
(Code de la consommation, art. L. 122-1).
Un exemple de vente liée est le cas d'un hôtelier qui n'accepterait une réservation de chambre que si le client s'engage à prendre une pension complète. Est également considérée comme une vente liée le fait pour une agence de voyages de subordonner le bénéfice d'un voyage à la souscription par le client d'une assurance annulation (Cour de cassation, chambre criminelle, 12 juin 1995).

Un commerçant qui ne respecte pas cette règle s'expose à des sanctions pénales (contraventions de la 5e classe).
(Voir Ⓘ : *Contraventions, taux*).
En revanche, est tolérée la vente de plusieurs produits identiques (œufs à la douzaine, yaourts par pack...).

› La vente boule de neige

La vente boule de neige (ou vente pyramidale) est un procédé consistant à offrir un produit à un client en lui faisant espérer l'obtention de ce produit à titre gratuit ou contre remise d'une somme inférieure à sa valeur réelle et en subordonnant cette vente au placement de bons ou de tickets à des tiers, ou à la collecte d'adhésions ou d'inscriptions.
Ce procédé est interdit. Le commerçant qui s'y livre encourt des sanctions pénales et peut être condamné à rembourser au client les sommes versées.
Est également interdit le fait de proposer à une personne de collecter des adhésions ou de s'inscrire sur une liste en exigeant d'elle le versement d'une contrepartie quelconque et en lui faisant espérer des gains financiers résultant d'une progression du nombre de personnes recrutées ou inscrites plutôt que de la vente, de la fourniture ou de la consommation de biens ou services.
(Code de la consommation, art. L. 122-6 et L. 122-7).

Arrhes et acomptes

› Quelle est la différence entre « arrhes » et « acomptes » ?

Le langage courant et même celui des contrats emploie souvent l'un pour l'autre les termes « arrhes » et « acomptes ». La loi donne pourtant à chacun d'eux une signification précise et différente.
Aux termes de l'article 1590 du Code civil, les « arrhes » comportent une faculté de dédit. Lorsque le contrat est conclu avec arrhes, celui qui les a versées peut rompre le contrat en les abandonnant, il perd ainsi les sommes qu'il a déjà versées.
Celui qui reçoit les arrhes peut également rompre le contrat mais il devra restituer le double de la somme reçue.
(Code civil, art. 1590).
L'acompte, en revanche, est le versement d'une partie du prix par avance, c'est-à-dire que la marchandise doit être livrée et le solde du prix payé.
Dans ce cas, le contrat est définitif. Il ne peut plus être rompu. La totalité de la somme doit être payée.
Les tribunaux ne s'arrêtent cependant pas au mot employé pour désigner la somme versée lors de la conclusion du contrat, ceux-ci étant utilisés le plus souvent l'un pour l'autre. Tout dépend de l'intention des parties qu'il convient de rechercher.
S'il n'est pas indiqué dans le contrat qu'il s'agit d'arrhes ou d'acompte, les sommes versées d'avance doivent être qualifiées d'arrhes, ce qui a pour effet que chacun peut revenir sur son engagement : le consommateur peut renoncer à l'achat en perdant les arrhes et le professionnel en les restituant au double. La loi décide que, nonobstant toute convention contraire en matière de vente mobilière, toute somme versée d'avance, quelle qu'en soit la nature et la désignation, produit intérêt au taux légal à partir de l'expiration d'un délai de 3 mois.
(Voir Ⓘ : *Intérêt, légal*).

Pour les prestations de services, les sommes versées d'avance portent intérêts au taux légal à l'expiration d'un délai de 3 mois à compter du versement jusqu'à l'exécution de la prestation ou la restitution de ces sommes, sans préjudice de l'obligation d'exécuter la prestation. Les intérêts sont déduits du solde à verser au moment de la réalisation ou sont ajoutés aux sommes versées d'avance en cas de restitution.

Attention : ces dispositions concernant l'intérêt légal ne sont pas applicables en cas de commandes spéciales sur devis ou aux ventes de produits dont la fabrication est entreprise sur commande spéciale de l'acheteur.
(Code de la consommation, art. L. 131-1 à L. 131-3).

Information des consommateurs

› Quelles sont les obligations du vendeur ou prestataire de services en matière d'affichage des prix ?

Tout vendeur d'un produit, ou tout prestataire de services doit par voie de marquage, étiquetage, affichage ou par tous autres procédés appropriés, informer le consommateur sur les prix, les limitations éventuelles de la responsabilité contractuelle et les conditions particulières de vente, suivant les modalités fixées par arrêté du ministre chargé de l'Économie et après consultation du Conseil national de la consommation.
(Code de la consommation, art. L. 113-3).

L'obligation d'information du consommateur s'applique quel que soit le support d'information : étiquetage, affichage, publicité commerciale, devis, bons de commande…

Si le prix annoncé ne comprend pas la fourniture d'un élément ou d'une prestation indispensable à l'utilisation du produit ou à sa finalité, cette information doit obligatoirement être portée à la connaissance du public par tous moyens appropriés avant la conclusion du contrat.

Ainsi, si le prix de l'appareil ménager ne comprend pas la fourniture d'un élément de branchement, par exemple, nécessitant l'intervention d'un professionnel, le consommateur doit en être averti.

Le prix affiché doit faire apparaître la somme totale TTC que devra effectivement payer le consommateur, exprimée en euros.

Le prix doit donc comprendre l'ensemble des marges commerciales et des frais (frais d'emballage, transport jusqu'au magasin de vente, frais de mise à disposition de la marchandise, etc.).

Seuls peuvent être ajoutés à la somme annoncée, les frais ou rémunérations correspondant à des prestations supplémentaires exceptionnelles, expressément réclamées par le consommateur et dont le coût a fait l'objet d'un accord préalable.

Tout consommateur doit également savoir si le prix s'entend livraison comprise ou non (en principe, les frais de livraison ou d'envoi de produit - notamment par correspondance - doivent être inclus dans le prix de vente, sauf si leur montant est indiqué en sus).

De façon générale, dans le cas de produits commandés à distance (téléphone, poste, télématique…), le consommateur doit être informé de façon complète du montant des frais de livraison par tous moyens appropriés avant la conclusion du contrat (catalogues publicitaires, par exemple).
(Voir Ⓘ : *Vente à distance*).

Le prix des prestations de services doit faire l'objet d'un affichage dans les lieux où elles sont proposées au public, l'affiche doit être visible de l'endroit où se tient normalement la clientèle. L'affiche doit comporter non seulement la totalité des prestations offertes et des prix mais également les éventuels suppléments ou majorations correspondant à des opérations complémentaires ou spéciales.
(Arrêté du 3 décembre 1987 relatif à l'information du consommateur sur les prix).
De nombreux arrêtés sont intervenus afin de renforcer l'information du consommateur. Ils concernent notamment les blanchisseries, hôtels, salons de coiffure...

› Quelles sont les informations que doit fournir le vendeur ou prestataire de services avant la conclusion de la vente ?

Les professionnels doivent fournir un certain nombre d'informations aux consommateurs. La loi n° 2010-853 du 23 juillet 2010 renforce les droits des utilisateurs de services.

● Le vendeur

Tout professionnel vendeur de biens doit, avant la conclusion du contrat, mettre le consommateur en mesure de connaître les caractéristiques essentielles du bien. Il doit, en outre, lui indiquer, avant la conclusion du contrat, la période pendant laquelle les pièces indispensables à l'utilisation du bien seront disponibles sur le marché.

● Le prestataire de services

Tout professionnel prestataire de services doit, avant la conclusion du contrat, mettre le consommateur en mesure de connaître les caractéristiques essentielles du service. En l'absence de contrat écrit, cette information doit lui être fournie avant l'exécution de la prestation de services.
Il doit mettre à la disposition du consommateur ou lui communiquer, de manière claire et non ambiguë, un certain nombre d'informations :
- le nom, statut et forme juridique, adresse et coordonnées permettant d'entrer en contact rapidement et de communiquer directement avec lui ;
- le numéro du registre du commerce et des sociétés ou du répertoire des métiers ;
- s'il est assujetti à la TVA, son numéro individuel d'identification ;
- s'il est membre d'une profession réglementée, son titre professionnel, et tous renseignements sur ce point ;
- ses conditions générales ;
- les clauses contractuelles sur la législation applicable et la juridiction compétente ;
- le cas échéant, l'existence d'une garantie après-vente non imposée par la loi ;
- l'éventuelle assurance de responsabilité professionnelle souscrite par lui.

Il doit également communiquer au consommateur qui en fait la demande certaines informations complémentaires :
- la référence aux règles professionnelles applicables et les moyens d'y avoir accès dans le cadre des professions réglementées ;
- les informations sur ses activités pluridisciplinaires et ses partenariats ;
- les éventuels codes de conduite auquel il est soumis ;
- les informations sur les conditions de recours à des moyens extrajudiciaires de règlement des litiges lorsqu'ils sont prévus par un code de conduite, un organisme professionnel ou toute autre instance.

À noter : ces dispositions ne s'appliquent pas aux services financiers.

En cas de litige, il appartient au vendeur ou au prestataire de prouver qu'ils ont bien exécuté ces obligations.
(Code de la consommation, art. L. 111-1 à L. 111-3).

› Quelles sont les informations que doit recevoir le consommateur en matière de service après- vente ?

Les prestations de services après-vente facturées par le vendeur (ne relevant pas de la garantie commerciale) doivent faire l'objet d'un contrat dont un exemplaire est remis à l'acheteur.
(Voir Ⓘ : *Garantie, commerciale*).
La livraison ou la mise en service effectuée par le vendeur (qui comprend l'installation et la vérification du fonctionnement de l'appareil) doit s'accompagner de la remise d'une notice d'emploi et, s'il y a lieu, du certificat de garantie de l'appareil.
Le vendeur est tenu d'indiquer par écrit à l'acheteur, lors de son achat, s'il doit payer la livraison et la mise en service du bien.
Un écrit est également laissé à l'acheteur lors de l'entrée en possession du bien, mentionnant la possibilité pour lui de formuler des réserves, notamment en cas de défauts apparents de l'appareil ou en cas de non-remise de la notice d'emploi.
Quand l'appareil nécessite des réparations, facturées au client, le vendeur doit, par écrit, informer l'acheteur de l'origine de la panne, de la nature de l'intervention et des pièces ou fournitures remplacées.
(Code de la consommation, art. L. 211-9 à L. 211-22).

› Quelles sont les règles en matière de contrat reconductible ?

Beaucoup de contrats passés entre des prestataires de services et les consommateurs sont reconductibles par tacite reconduction. Cela signifie que, sauf opposition du client effectuée dans un certain délai de préavis, le contrat se renouvelle automatiquement. Un manque de vigilance du consommateur peut donc entraîner un renouvellement pourtant non désiré de son contrat. La loi oblige le professionnel – prestataire de services –, en présence d'un contrat conclu avec une clause de reconduction tacite, à informer le consommateur ou le non-professionnel par écrit, au plus tôt 3 mois et au plus tard 1 mois avant le terme de la période autorisant le rejet de la reconduction, de la possibilité de ne pas reconduire le contrat.
Lorsque cette information ne lui a pas été adressée dans ces délais, le client peut mettre fin au contrat sans frais, à tout moment, à compter de la date du renouvellement. Les avances effectuées après la dernière date de reconduction ou, s'agissant des contrats à durée indéterminée, après la date de transformation du contrat initial à durée déterminée, sont, dans ce cas, remboursées dans un délai de 30 jours à compter de la date de résiliation, déduction faite des sommes correspondant, jusqu'à celle-ci, à l'exécution du contrat. À défaut de remboursement dans les conditions prévues ci-dessus, les sommes dues sont augmentées de l'intérêt au taux légal.
(Code de la consommation, art. L. 136-1).
(Voir Ⓘ : *Intérêt, légal*).
À noter : le contrat d'assurance fait l'objet de dispositions similaires incluses dans le Code des assurances.
(Voir Ⓘ : *Assurance, contrat*).

La publicité comparative

› Qu'est-ce que la publicité comparative ?

La publicité comparative est celle qui met en comparaison des biens ou services en identifiant implicitement ou explicitement un concurrent ou des biens ou des services offerts par un concurrent.
(Code de la consommation, art. L. 121-8).

› Quelles sont les règles à respecter en matière de publicité comparative ?

La loi autorise le principe de la publicité comparative entre les différentes marques, produits ou services.
Cependant cette liberté est limitée par le respect des règles de loyauté tant à l'égard du consommateur que du concurrent.
La publicité comparative ne doit pas être trompeuse ou induire en erreur.

• Règles

La publicité doit porter sur des biens ou services répondant au même besoin ou ayant le même objectif. Elle doit, par ailleurs, se limiter à une comparaison objective qui ne peut porter que sur les caractéristiques essentielles, pertinentes, vérifiables et représentatives de ces biens ou services dont le prix peut faire partie.
S'agissant de produits bénéficiant d'une appellation d'origine ou d'une indication géographique protégée, la comparaison n'est autorisée qu'entre produits bénéficiant chacun de la même appellation ou de la même indication.
En cas d'offre spéciale, la publicité comparative doit mentionner clairement les dates de disponibilité des biens ou services offerts, le cas échéant la limitation de l'offre à concurrence des stocks disponibles et les conditions spécifiques applicables.

• Interdictions

La publicité comparative ne peut pas s'appuyer sur des opinions ou des appréciations individuelles ou collectives. Elle doit en effet être objective. Par ailleurs, elle ne doit pas tirer indûment profit de la notoriété attachée à un signe distinctif d'un concurrent (marque, nom commercial) ou à l'appellation d'origine ainsi qu'à l'indication géographique protégée d'un concurrent.
Elle ne doit pas non plus entraîner un discrédit ou un dénigrement de ce signe ou de l'activité de ce concurrent. Elle ne doit pas engendrer de confusion entre l'annonceur et un concurrent, entre leur signe ou leur activité.
Enfin, elle ne peut pas présenter des biens ou des services comme une imitation ou une reproduction d'un bien ou d'un service bénéficiant d'une marque ou d'un nom commercialement protégé.

• Information de l'annonceur

L'annonceur pour le compte duquel la publicité comparative est diffusée doit être en mesure de prouver, dans un bref délai, l'exactitude matérielle des énonciations, indications et présentations contenues dans la publicité.
(Code de la consommation, art. L. 121-9 et s.).

• Sanctions

L'annonceur qui ne respecterait pas ces règles pourrait voir sa responsabilité civile engagée sur le fondement de l'article 1382 du Code civil et se voir condamné

au paiement de dommages et intérêts. Il peut également, sur un plan pénal, être condamné aux sanctions applicables au délit de pratiques commerciales trompeuses ainsi qu'aux sanctions applicables à la contrefaçon de marques.
(Code civil, art. 1382).

Les produits dangereux

› Quelles sont les règles applicables à la vente de produits dangereux ?

Tout professionnel (fabricant, importateur, producteur...) ou vendeur a une obligation générale de sécurité pour les produits ou services qu'il fournit dans « des conditions normales d'utilisation ou dans d'autres conditions raisonnablement prévisibles ».
À ce titre, le Code de la consommation met à sa charge un certain nombre d'obligations. Il doit en premier lieu fournir au consommateur les informations lui permettant d'évaluer les risques inhérents à un produit pendant sa durée d'utilisation normale ou raisonnablement prévisible et de s'en prémunir, lorsque ces risques ne sont pas immédiatement perceptibles sans un avertissement adéquat.
Pour respecter cette obligation, le professionnel doit d'une part se tenir informé des risques que les produits qu'il commercialise peuvent présenter, d'autre part engager les actions nécessaires pour maîtriser ces risques (retrait du marché, mise en garde des consommateurs...).
Lorsqu'un professionnel (fabricant, importateur, producteur...) sait que le produit destiné aux consommateurs mis sur le marché ne répond pas à ces exigences de sécurité et de santé, il doit en informer immédiatement les autorités administratives compétentes (Direction générale de la concurrence, de la consommation et des fraudes, Direction générale de l'alimentation... notamment), en indiquant les actions qu'il engage afin de prévenir les risques pour les consommateurs.
(Code de la consommation, art. L.221-1 et s.).

À noter : ces obligations de sécurité ne s'appliquent pas aux antiquités et aux produits d'occasion nécessitant une réparation ou une remise en état préalablement à leur utilisation lorsque le fournisseur informe la personne à laquelle il fournit le produit de la nécessité de cette réparation ou de cette remise en état.

Les produits ne satisfaisant pas à cette obligation de sécurité peuvent être interdits ou réglementés par décret en Conseil d'État pris après avis de la Commission de sécurité des consommateurs (CSC).
Des produits peuvent ainsi être retirés du marché ou repris en vue de leur modification, de leur remboursement total ou partiel ou de leur échange. Les pouvoirs publics peuvent par ailleurs imposer toute mesure d'étiquetage nécessaire à la bonne information du consommateur, sur les dangers présentés par tel ou tel produit.
En cas de danger grave ou immédiat, le ministre chargé de la Consommation ou les ministres intéressés peuvent suspendre par arrêté conjoint, pour une durée n'excédant pas 1 an, la fabrication, l'importation ou l'exportation d'un produit ou faire procéder à son retrait en tous lieux où il se trouve à sa disposition. Des mises en garde peuvent également être diffusées dans des journaux professionnels ou adressées aux consommateurs visant à les informer. La loi a, par ailleurs, institué une Commission de sécurité des consommateurs (CSC) chargée d'émettre des avis et

de proposer toutes mesures de nature à améliorer la prévention des risques en matière de sécurité de produits et de services. Elle est composée de magistrats ou de personnes expertes choisies en raison de leur compétence en la matière. Elle peut se saisir d'office ou être saisie par toute personne physique ou morale.
La saisine peut être effectuée par lettre à l'adresse suivante ou par questionnaire électronique sur son site : www.securiteconso.org/
Adresse de la commission :
Cité Martignac, 111, rue de Grenelle - 75353 Paris 07SP
Tél. : 01 43 19 56 54 - Fax : 01 43 19 57 00.

› Quelles sont les sanctions applicables en cas de non-respect des règles relatives aux produits dangereux ?

Des amendes pénales (contraventions de la 5e classe) sont prévues pour sanctionner les professionnels qui ont contrevenu notamment à une mesure de suspension de la vente ou encore qui ont omis de diffuser des mises en garde ou précautions d'emploi ordonnées, ou n'ont pas détruit ou retiré du marché leur produit.
Le tribunal peut également ordonner la publication du jugement dans les journaux de portée nationale ou intéressant les consommateurs.
(Code de la consommation, art. L. 223-1 à L. 223-2).
Sur le plan civil, le producteur d'un produit défectueux peut être déclaré responsable, même sans faute de sa part, des dommages subis par l'utilisateur (voir ci-dessous).

› Comment mettre en cause la responsabilité du professionnel ?

● La responsabilité pénale

Si l'utilisateur a été blessé ou a fortiori est décédé, une plainte avec constitution de partie civile pour atteintes involontaires à l'intégrité de la personne ou homicide involontaire peut être déposée. Selon la gravité des dommages, il s'agira soit d'un délit, soit d'une contravention.
La responsabilité pénale peut également être engagée sur la base des textes spécifiques prévoyant leurs propres sanctions en cas de non-respect des réglementations.
(Code de la consommation, art. L. 223-1).

● La responsabilité civile

Le consommateur peut mettre en cause la responsabilité d'un professionnel ou d'un fabricant en vertu soit de l'article 1384 du Code civil (responsabilité civile du fait des choses), soit de l'article 1641 du même code (responsabilité civile pour vices cachés).
(Code civil, art. 1384 et 1641).
Il peut aussi, depuis la loi n° 98-389 du 19 mai 1998, mettre en cause la responsabilité du fabriquant pour produit défectueux sans faute.
Un produit défectueux est celui qui n'offre pas la sécurité à laquelle on peut légitimement s'attendre quand on l'utilise normalement. Est donc exclu tout usage abusif ou déraisonnable du produit. Les juges devront préciser cet « usage normal » pour chaque cas qui leur sera soumis, étudier les circonstances de l'accident, se mettre à la place du consommateur « moyen ».
Les produits sont tous les biens mobiliers, y compris l'électricité. Sont exclus de cette réglementation les immeubles.

Pour pouvoir mettre en cause la responsabilité du fabricant, le consommateur doit prouver le dommage qu'il a subi, le défaut du produit et le lien de causalité entre ce défaut et le dommage.
(Code civil, art. 1386-1 et s.).

Pendant combien de temps la victime peut-elle agir ?

Il y a deux délais à respecter pour pouvoir mettre en cause la responsabilité du fabricant :
– l'action en justice doit se situer dans les 10 ans qui suivent la mise en circulation du produit ;
– elle doit être engagée dans les 3 ans qui suivent, soit la découverte du dommage, soit la découverte du défaut du produit, ou encore la révélation de l'identité du producteur.
L'action en justice interrompt ces délais.
(Code civil, art. 1386-16 et s.).

Qui peut être déclaré responsable ?

Le consommateur peut assigner soit le fabricant lui-même, soit celui qui se présente comme tel en mettant son nom, sa marque ou un autre signe (notamment les sociétés de grande distribution qui vendent des produits sous leur propre marque), ou encore celui qui importe le produit (quand le fabricant est une entreprise étrangère). Si le fabricant ne peut pas être identifié par le consommateur, celui-ci peut assigner le vendeur, le loueur (à l'exception du crédit-bailleur ou du loueur assimilable au crédit-bailleur) ou tout autre fournisseur professionnel (tous ces professionnels sont responsables du défaut de sécurité du produit, dans les mêmes conditions que le fabricant) à moins qu'ils ne désignent leur propre fournisseur ou producteur dans un délai de 3 mois à compter de la date à laquelle la demande du consommateur leur a été notifiée.
Quant au recours entre professionnels, il obéit aux mêmes règles que la demande du consommateur victime, mais l'action doit être engagée dans l'année suivant leur mise en cause par citation en justice.
(Code civil, art. 1386-6 et art. 1386-7).

Quels sont les dommages qui peuvent être indemnisés ?

La victime peut demander une indemnisation pour les atteintes corporelles qu'elle a subies (blessures, intoxication, empoisonnement, brûlures…) et les préjudices qui en découlent.
En cas de décès, l'action appartient à ses ayants droit.
La victime peut aussi demander une indemnisation pour les dommages causés à ses biens au-delà d'une franchise de 500 €, autres que le produit défectueux lui-même (par exemple, les biens endommagés par un incendie lui-même provoqué par un appareil électrique).
Sont exclus les dommages immatériels (perte financière consécutive à la privation d'un droit, à l'interruption d'un service, à la perte d'un bénéfice…).
(Code civil, art. 1386-2).

Comment le fabricant peut-il s'exonérer de sa responsabilité ?

Les règles générales

Le professionnel ne peut pas s'exonérer de son obligation en soutenant n'avoir pas eu connaissance des risques qu'il ne pouvait pas raisonnablement ignorer.
(Code de la consommation, art. L. 221-1-3).

Pour dégager sa responsabilité, il devra prouver :
– soit que le défaut est apparu avec la mise en circulation du produit (par exemple, au cours des circuits de distribution) ;
– soit que le défaut ne pouvait être décelé en raison de l'état d'avancement de la recherche scientifique à l'époque de la mise en circulation. Il ne suffit pas, pour le fabricant, de prouver que le produit a été fabriqué dans le respect des règles de l'art ou des normes existantes. Il doit prouver que sa fabrication tenait compte des dernières découvertes scientifiques et que ses connaissances dans son domaine d'activités étaient suffisantes ;
– ou que le défaut est dû à la conformité du produit avec des règles impératives légales ou réglementaires (*Attention* : le simple fait pour le produit d'avoir été contrôlé et d'avoir reçu le visa d'autorisation administrative n'est pas une cause d'exonération. Pour que la responsabilité du fabricant soit écartée, il faut que le processus de fabrication ait été imposé par les services administratifs. La responsabilité de l'État est alors substituée à celle du fabricant) ;
– ou encore qu'il est dû à la conception globale du produit dans lequel sa partie a été intégrée.

Le fabricant peut également voir sa responsabilité réduite ou supprimée s'il prouve que la victime ou une personne dont la victime était responsable (un enfant notamment) a commis une faute (par exemple, une personne qui est blessée par l'explosion d'un aérosol jeté dans un feu).

Là encore, la jurisprudence doit rechercher si, en fonction des circonstances, l'usage anormal de l'objet était ou non prévisible (par exemple, lorsqu'un enfant porte un jouet à sa bouche).

Mais si le dommage est dû à l'intervention d'un tiers (autre que les personnes sous la garde de la victime), le fabricant devra indemniser intégralement la victime (quitte à se retourner éventuellement par la suite contre l'auteur du dommage).

Dans l'hypothèse où la victime se heurte à une cause d'exonération de la responsabilité du fabricant, elle pourra agir en utilisant les actions de droit commun (prouver une faute du fabricant et engager sa responsabilité délictuelle, prouver un vice caché).

Le cas particulier des produits du corps humain

La possibilité de s'exonérer de sa responsabilité en raison de l'état des connaissances scientifiques et techniques est exclue pour le producteur de produits du corps humain (produits conçus à partir du sang, des cellules, de la peau, de la moelle osseuse, du placenta…).

Les laboratoires doivent donc assumer une responsabilité totale pour les produits issus du corps humain et mis sur le marché, même si les effets secondaires ou les vices affectant les produits ne pouvaient être connus au moment de leur commercialisation.

Les industries pharmaceutiques, en revanche, ne sont pas tenues d'assumer cet « aléa thérapeutique » en ce qui concerne les médicaments non dérivés du corps humain.

(Code civil, art. 1386-11 et s.).

Litiges

Les pratiques commerciales déloyales

› En quoi consistent les pratiques commerciales déloyales ?

Selon le Code de la consommation, une pratique commerciale est déloyale :
– lorsqu'elle est contraire aux exigences de la diligence professionnelle,
– et qu'elle altère, ou est susceptible d'altérer de manière substantielle, le comportement économique du consommateur normalement informé et raisonnablement attentif et avisé, à l'égard d'un bien ou d'un service.
De telles pratiques, telles les pratiques trompeuses ou agressives, sont interdites et sanctionnées pénalement.

› Qu'est-ce qu'une pratique commerciale trompeuse ?

Une pratique commerciale est trompeuse si elle est commise dans l'une des circonstances suivantes :
– lorsqu'elle crée une confusion avec un autre bien ou service, une marque, un nom commercial, ou un autre signe distinctif d'un concurrent ;
– lorsqu'elle repose sur des allégations, indications ou présentations fausses ou de nature à induire en erreur et portant sur certains éléments prévus par la loi (tels l'existence, la disponibilité ou la nature du bien ou du service, ses caractéristiques essentielles à savoir notamment : ses qualités substantielles, sa composition, sa quantité, son mode et sa date de fabrication, les conditions de son utilisation et son aptitude à l'usage, ses propriétés et les résultats attendus de son utilisation) ;
– lorsque la personne pour le compte de laquelle elle est mise en œuvre n'est pas clairement identifiable.
Une pratique commerciale est également trompeuse si, compte tenu des limites propres au moyen de communication utilisé et des circonstances qui l'entourent, elle omet, dissimule ou fournit de façon inintelligible, ambiguë ou à contretemps une information substantielle ou lorsqu'elle n'indique pas sa véritable intention commerciale dès lors que celle-ci ne ressort pas déjà du contexte. Dans toute communication commerciale constituant une invitation à l'achat et destinée au consommateur mentionnant le prix et les caractéristiques du bien ou du service proposé, sont considérées comme substantielles les informations suivantes :
– les caractéristiques principales du bien ou du service ;
– l'adresse et l'identité du professionnel ;
– le prix toutes taxes comprises et les frais de livraison à la charge du consommateur, ou leur mode de calcul, s'ils ne peuvent être établis à l'avance ;
– les modalités de paiement, de livraison, d'exécution et de traitement des réclamations des consommateurs, dès lors qu'elles sont différentes de celles habituellement pratiquées dans le domaine d'activité professionnelle concerné ;
– l'existence d'un droit de rétractation, si ce dernier est prévu par la loi.
Ont par exemple été considérés comme trompeurs par les tribunaux :
– des messages publicitaires présentant comme produits naturels des boissons ou produits alimentaires comportant des produits chimiques ;
– des dépliants vantant les mérites imaginaires d'un produit ou d'un service et notamment dans le domaine médical ou paramédical (les gélules pour maigrir), ou

touristiques (hôtels en bord de mer alors qu'ils se trouvent à plusieurs kilomètres de la mer) ;
– des loteries organisées par des sociétés de vente à distance quand les dépliants font croire à leurs destinataires qu'ils ont gagné des lots d'une valeur dont ces lots étaient en réalité dépourvus (bague avec un véritable diamant...).
En outre, certains comportements sont sanctionnés au titre des pratiques commerciales trompeuses (tel celui consistant à afficher un certificat, un label de qualité ou un équivalent sans avoir obtenu l'autorisation nécessaire ou encore de proposer l'achat de produits ou de services à un prix indiqué pour ensuite refuser de présenter aux consommateurs l'article ayant fait l'objet de la publicité).
(Code de la consommation, art. L. 121-1-1).

› Quelles sont les sanctions applicables ?

Les infractions à ces dispositions sont punies d'une peine de 2 ans d'emprisonnement et d'une amende de 37 500 €. En outre, le maximum de l'amende prévue peut être porté à 50 % des dépenses de publicité ou de la pratique constituant le délit.
D'autres sanctions sont prévues tendant à réprimer de façon efficace cette infraction. Outre la cessation de la pratique commerciale trompeuse, les jugements sont automatiquement publiés (sauf recours auprès du tribunal en relevé de cette mesure). Les publications pourront être des journaux de caractère national ou des revues spécialisées concernant les consommateurs ; enfin et surtout le tribunal peut ordonner la diffusion, aux frais du condamné, d'annonces rectificatives permettant une information complète du consommateur.
Un consommateur, justifiant d'un préjudice direct, peut soit saisir directement la Direction générale de la concurrence, de la consommation et de la répression des fraudes (DGCCRF) afin qu'une enquête soit menée, soit se constituer partie civile devant le tribunal correctionnel, ou encore saisir une association de consommateurs régulièrement déclarée.
La poursuite des infractions est effectuée notamment par les agents de la DGCCRF. Ils peuvent exiger du responsable d'une pratique commerciale la mise à leur disposition ou la communication de tous les éléments propres à justifier les allégations, indications ou résentations inhérentes à cette pratique ; les procès-verbaux qu'ils établissent sont transmis directement au procureur de la République qui requerra, le cas échéant, l'ouverture d'une information sur les faits ou renverra l'affaire devant le tribunal répressif.
La personne pour le compte de laquelle cette pratique est mise en œuvre est responsable, à titre principal, de l'infraction commise. Le délit est constitué dès lors que la pratique commerciale est mise en œuvre ou produit ses effets en France. Peuvent également être condamnées comme complices les agences de publicité. Les personnes morales (s'il s'agit d'une société par exemple) peuvent être déclarées pénalement responsables.
(Code de la consommation, art. L. 121-1 et s.).

› Qu'est-ce qu'une pratique commerciale agressive ?

Une pratique commerciale est agressive lorsque du fait de sollicitations répétées et insistantes ou de l'usage d'une contrainte physique ou morale et compte tenu des circonstances qui l'entourent :
– elle altère ou est de nature à altérer de manière significative la liberté de choix d'un consommateur ;

– elle vicie ou est de nature à vicier son consentement ;
– elle entrave l'exercice de ses droits contractuels.
On peut alors parler de harcèlement commercial. Différents éléments doivent être pris en considération pour déterminer si l'on est en présence d'une telle pratique (par exemple, persistance de la pression exercée, exploitation par le professionnel en connaissance de cause d'un événement d'une gravité propre à altérer le jugement du consommateur dans le but d'influencer sa décision).
Par ailleurs, la loi considère agressives certaines pratiques telles celles ayant pour objet de donner l'impression au client qu'il ne pourra quitter les lieux avant la conclusion du contrat ou encore dans une publicité d'inciter les enfants à acheter le produit.
Le fait de mettre en œuvre une telle pratique est puni d'un emprisonnement de 2 ans au plus et d'une amende de 150 000 € au plus. Les professionnels peuvent également voir prononcer contre eux une interdiction, pour une durée de 5 ans au plus, d'exercer directement ou indirectement une activité commerciale (outre un certain nombre d'autre mesures pour les sociétés, telles l'exclusion des marchés publics ou la fermeture de ou des établissements).
Lorsqu'une pratique commerciale agressive aboutit à la conclusion d'un contrat, celui-ci est atteint de nullité.
(Code de la consommation, art. L. 122-11 à L. 122-15).

Les clauses abusives

› Qu'est-ce qu'une clause abusive ?

Une clause abusive est une clause insérée dans un contrat (de vente ou de prestation de services) conclu entre un professionnel et un consommateur (ou un non-professionnel) qui a pour objet ou pour effet de créer, au détriment du consommateur, un déséquilibre significatif entre les droits et les obligations respectives des parties.
Le consommateur peut demander à un tribunal de déclarer abusive la clause figurant :
– dans la liste des 12 clauses fixée par l'article R. 132-1 du Code de la consommation. Il s'agit des clauses expressément déclarées abusives compte tenu de la gravité des atteintes qu'elles portent à l'équilibre du contrat, sans que la preuve contraire puisse être apportée. De telles clauses sont interdites. Tel est le cas par exemple d'une clause qui impose au consommateur la charge de la preuve qui devrait incomber au professionnel ou encore d'une clause qui supprime ou réduit son droit à réparation ;
– dans la liste des 10 clauses présumées abusives fixée par l'article R. 132-2 du Code de la consommation. Dans ces cas, il appartient au professionnel d'apporter la preuve du caractère non abusif de la clause. Tel est le cas par exemple d'une clause imposant au consommateur qui n'exécute pas ses obligations une indemnité excessive ou qui soumet la rupture du contrat à des modalités plus rigoureuses pour le consommateur que pour le professionnel.
Selon une jurisprudence qui devrait rester en vigueur malgré les nouvelles dispositions citées ci-dessus, il reste possible au consommateur de saisir le tribunal d'une demande de nullité de clause abusive en l'absence de décret si les conditions d'application du texte sont remplies (déséquilibre significatif entre les cocontractants notamment, voir ci-dessus).

Les clauses abusives sont réputées non écrites. Le contrat reste applicable dans toutes ses dispositions autres que celles jugées abusives.
(Code de la consommation, art. L. 132-1 et s.).

› Comment sont sanctionnées les clauses abusives ?

Les clauses déclarées abusives sont réputées non écrites et annulées. Le contrat reste valable dans toutes ses autres dispositions.
Le juge saisi ne peut toutefois pas prendre en considération l'objet principal du contrat ni le prix fixé pour apprécier le caractère abusif d'une clause (principe de la liberté des contrats).
En cas de doute, une clause doit s'interpréter dans le sens le plus favorable au consommateur.
L'action peut être portée davant le tribunal d'instance ou de grande instance selon le montant du litige.
La Commission des clauses abusives (placée près du ministère de la Consommation) est saisie pour rechercher si les contrats types proposés par les professionnels aux particuliers (ex. contrat d'assurance, de leasing…) contiennent des clauses abusives. Elle peut se saisir d'office ou être saisie par le ministre, une association de consommateurs, les professionnels intéressés, par un juge à l'occasion d'une instance. Elle émet ensuite des recommandations et établit chaque année un rapport de ses activités rendu public.
(Code de la consommation, art. L. 132-1 et L. 132-2).
Un site Internet peut être consulté :
http//alize.finances.gouv.fr/clauses abusives

Tromperie - falsification

› Quand y a-t-il délit de tromperie ?

La loi punit d'une peine de prison de 2 ans et d'une amende de 37 500 € maximum, quiconque aura trompé ou tenté de tromper le consommateur par quelque moyen ou procédé que ce soit, même par l'intermédiaire d'un tiers :
– soit sur la nature, l'espèce, l'origine, les qualités substantielles, la composition ou la teneur en principes utiles de toutes marchandises ;
– soit sur la qualité de choses livrées ou leur identité par la livraison d'une marchandise autre que celle qui a fait l'objet du contrat ;
– ou sur l'aptitude à l'emploi, les risques inhérents à l'utilisation du produit, les contrôles effectués, les modes d'emploi ou les précautions à prendre.
Ces peines peuvent par ailleurs être doublées dans un certain nombre de cas et notamment si le délit a pour conséquence de rendre l'utilisation de la marchandise dangereuse pour la santé de l'homme ou de l'animal.
(Art. L. 213-1 et L. 213-2 du Code de la consommation).
Pour que le délit de tromperie soit sanctionné, il faut prouver que le commerçant était de mauvaise foi, c'est-à-dire qu'il avait conscience de l'infraction commise.
L'intention frauduleuse a été également reconnue par les tribunaux dans l'hypothèse où le commerçant n'avait pas procédé à des vérifications sérieuses.
Le délit de tromperie a été retenu dans les hypothèses suivantes :
– fraude d'un vendeur de véhicules d'occasion consistant à ne pas avertir son client d'un accident antérieur ou à manipuler un compteur kilométrique ;
– location d'une machine usagée présentée comme neuve…

› Quand y a-t-il délit de falsification ?

Le délit de falsification est puni de peines identiques au délit de tromperie.
Sont passibles de ce délit :
– ceux qui falsifient des denrées servant à l'alimentation de l'homme ou des animaux, des substances médicamenteuses, des boissons ou produits agricoles ou naturels destinés à être vendus ;
– ceux qui exposent ou vendent des denrées servant à l'alimentation de l'homme ou des animaux, des boissons ou produits agricoles ou naturels qu'ils savent être falsifiés, corrompus ou toxiques ;
– ceux qui exposent ou vendent des substances médicamenteuses falsifiées ;
– ceux qui exposent ou vendent, connaissant leur destination, des produits, objets ou appareils propres à effectuer des falsifications de denrées servant à l'alimentation de l'homme ou des animaux, des boissons ou produits agricoles ou naturels et ceux qui provoquent leur emploi par le moyen de circulaires, brochures, affiches ou instructions quelconques.
Le fait que la substance falsifiée ou corrompue soit nuisible à la santé de l'acheteur constitue une circonstance aggravante du délit de falsification.
Cette aggravation est également applicable en cas de tromperie sur la marchandise.
Dans tous les cas, les produits ou matériels dont la vente ou l'usage constituent le délit peuvent être confisqués, les tribunaux pouvant également ordonner la publication, l'affichage ou la condamnation.
(Art. L. 213-1 à L. 213-3 du Code de la consommation).

Le refus de vente

› Comment le refus de vente est-il sanctionné ?

Il est interdit de refuser la vente d'un produit ou la prestation d'un service, sauf motif légitime, à un consommateur.
Ainsi, sera considéré comme motif légitime, le refus motivé par une réglementation spécifique (exemple : médicaments), par une rupture de stocks ou par une demande anormale (par exemple, un seul pied de chaussure).
De même, est interdit le fait, pour un commerçant, de subordonner la vente d'un produit ou la fourniture d'un service, à l'achat d'un autre bien ou d'un autre service imposé au consommateur (c'est ce que l'on appelle une vente liée).
(Voir Ⓘ : *Vente mobilière, liée*).
Ces deux pratiques peuvent être punies d'une peine d'amende de la 5e classe.
Par ailleurs, le fait, pour un commerçant de refuser une vente ou une prestation de services, pour des raisons de discrimination tenant au sexe, à la situation de famille, à l'appartenance ethnique, raciale, religieuse… est sanctionné par les articles 225-1 à 225-4 du Code pénal.
(Code pénal, art. 225-1 à 225-4).
(Voir Ⓘ : *Contravention, taux*).

La garantie légale de conformité

Une garantie de conformité est ouverte au consommateur pour les contrats conclus à compter du 18 février 2005.
(Code de la consommation, art. L. 211-1 et s.).
De par cette garantie, le vendeur d'une marchandise est tenu de livrer un bien conforme au contrat et répond des défauts de conformité existant lors de la délivrance.

Il répond également des défauts de conformité résultant de l'emballage, des instructions de montage ou de l'installation lorsque celle-ci a été mise à sa charge par le contrat ou a été réalisée sous sa responsabilité.

› La conformité

Pour être conforme au contrat, le bien doit :
• être propre à l'usage habituellement attendu d'un bien semblable et, le cas échéant :
– correspondre à la description donnée par le vendeur et posséder les qualités que celui-ci a présentées à l'acheteur sous forme d'échantillon ou de modèle ;
– présenter les qualités qu'un acheteur peut légitimement attendre eu égard aux déclarations publiques faites par le vendeur, par le producteur ou par son représentant, notamment dans la publicité ou l'étiquetage ;
• ou présenter les caractéristiques définies d'un commun accord par les intéressés ou être propre à tout usage spécial recherché par l'acheteur, porté à la connaissance du vendeur et que ce dernier a accepté.
L'acheteur ne peut en revanche pas se prévaloir de défauts qu'il connaissait ou ne pouvait ignorer lors de la conclusion du contrat, ni de ceux qui trouvent leur origine dans les matériaux qu'il a lui-même fournis.
Les défauts de conformité qui apparaissent dans un délai de 6 mois à partir de la délivrance du bien sont présumés exister au moment de la délivrance, sauf preuve contraire.

› Que peut faire l'acheteur ?

L'acheteur qui constate un défaut a le choix entre la réparation et le remplacement du bien. Toutefois, le vendeur peut lui-même décider de l'une de ces solutions si le choix du consommateur entraîne un coût manifestement disproportionné au regard de l'autre modalité (compte tenu de la valeur du bien ou de l'importance du défaut). Il est alors tenu de procéder, sauf impossibilité, selon la modalité non choisie par l'acheteur.
L'acheteur peut demander la résolution du contrat, à savoir rendre le bien et se faire restituer le prix ou garder le bien et se faire rendre une partie du prix si :
– la réparation et le remplacement du bien sont impossibles ;
– la solution demandée, proposée ou convenue par le consommateur (voir ci-dessus) ne peut être mise en oeuvre dans le délai d'un mois suivant sa réclamation ;
– cette solution ne peut l'être sans inconvénient majeur pour celui-ci compte tenu de la nature du bien et de l'usage qu'il recherche.
Attention : La résolution de la vente ne peut toutefois être prononcée si le défaut de conformité est mineur.
Le consommateur a droit à des dommages et intérêts en cas de préjudice et ne doit supporter aucun frais.
La prescription de l'action en garantie de conformité est de 2 ans à compter de la délivrance du bien.

La garantie légale des vices cachés

› Qu'entend-on par vices cachés ?

Le vendeur est tenu de garantir l'acquéreur de la chose vendue à raison de défauts cachés la rendant impropre à l'usage auquel on la destine ou diminuant tel-

lement cet usage que l'acheteur ne l'aurait pas acquise ou n'en aurait donné qu'un moindre prix, s'il les avait connus.
(Code civil, art. 1641).
Le vice peut ainsi consister en un mauvais état ou un mauvais fonctionnement d'un bien (par exemple, véhicule, maison...) ou dans l'impossibilité de s'en servir dans des conditions normales et satisfaisantes. Dans tous les cas, le défaut doit porter sur un élément essentiel de la chose vendue et ne pas être connu de l'acheteur, notamment sous forme d'une notice ou d'un avertissement préalable du vendeur.
En effet, le vendeur n'est pas tenu des vices apparents et dont l'acheteur a pu se convaincre par lui-même. Cependant, en matière de vente d'objets d'occasion, il a été jugé que si l'acheteur d'une chose usagée doit s'attendre à faire des réparations, sa réclamation pourra néanmoins être reconnue fondée si celles-ci ne peuvent faire disparaître des défauts graves empêchant un fonctionnement normal de l'appareil.

› Quels sont les recours de l'acheteur en cas de vices cachés ?

L'acheteur a le choix entre :
– rendre la marchandise et se faire restituer le prix,
– ou la garder et se faire rendre une partie du prix qui sera fixée par expert.
Dans le premier cas, il exercera une action en résolution de la vente (pour vice rédhibitoire), dans le second cas, il exercera une action dite estimatoire.

À noter : si le vendeur connaissait les vices de la marchandise, il peut être tenu en cas de résolution de la vente, non seulement à la restitution du prix mais aussi à des dommages et intérêts envers l'acheteur. À cet égard, la jurisprudence rend toujours responsable le vendeur qui connaissait le vice même si ce n'est pas un vendeur professionnel.

Si à l'inverse le vendeur ignorait le vice de la marchandise, il ne sera tenu qu'à la restitution du prix et à rembourser à l'acquéreur les frais occasionnés par la vente.
Si la marchandise achetée a par la suite été vendue, le sous-acquéreur bénéficie contre son propre vendeur de l'action en garantie des vices cachés, quitte au vendeur intermédiaire à se retourner contre son propre vendeur.
Les tribunaux estiment en effet que la garantie pour vices cachés est inhérente à l'objet même de la vente. De même, le sous-acquéreur pourrait assigner directement le vendeur initial du produit.
L'action doit être engagée dans un délai de 2 ans à compter de la découverte du vice.
(Code civil, art. 1644 et s.).

› Les vendeurs peuvent-ils se dégager de leur responsabilité ?

Les vendeurs professionnels ne peuvent en aucun cas s'exonérer de la garantie contre les vices cachés en cas de vente à un consommateur en insérant dans le contrat de vente, une clause d'exonération.
(Code de la consommation, art. L. 132-1).
En revanche, ces clauses (par exemple, clause selon laquelle le vendeur décline toute responsabilité ou garantie quant au fonctionnement ou à l'état de la marchandise fournie) peuvent être reconnues valables par les tribunaux si la vente a été conclue entre professionnels de même spécialité ou entre deux particuliers.
Sont également interdites les clauses ne tendant pas à exonérer totalement le vendeur, mais tendant à restreindre ses obligations. Il en est de même dans les contrats de vente, des clauses ayant pour objet ou effet de supprimer ou de réduire le droit à

réparation du consommateur, en cas de manquement par le professionnel à l'une quelconque de ses obligations.

La garantie commerciale

La garantie commerciale (ou contractuelle) offerte à l'acheteur prend la forme d'un écrit mis à sa disposition. Cet écrit précise le contenu de la garantie, les éléments nécessaires à sa mise en œuvre, sa durée, son étendue territoriale ainsi que le nom et l'adresse du garant.

Il mentionne que, indépendamment de cette garantie, le vendeur reste tenu des défauts de conformité du bien au contrat et des vices rédhibitoires. En cas de non-respect de ces dispositions, la garantie demeure valable. L'acheteur est en droit de s'en prévaloir.

Lorsque l'acheteur demande au vendeur, pendant le cours de la garantie contractuelle qui lui a été consentie lors de l'acquisition ou de la réparation d'une marchandise, une remise en état couverte par la garantie, toute période d'immobilisation d'au moins 7 jours vient s'ajouter à la durée de la garantie qui restait à courir. Cette période court à compter de la demande d'intervention de l'acheteur ou de la mise à disposition pour réparation du bien en cause, si cette mise à disposition est postérieure à la demande d'intervention.

(Code de la consommation, art. L. 211-15 et L. 211-16).

Ces garanties (garantie légale et garantie commerciale) ne peuvent, dans les rapports entre professionnel et consommateur, limiter les droits de l'acheteur, notamment en ce qui concerne l'indemnisation qu'il est susceptible de réclamer outre les réparations (par exemple, frais de transport, immobilisation de la chose...).

La garantie commerciale, offerte par le vendeur, doit être distinguée des prestations payantes relevant du service après-vente.

Livraison tardive

De nombreux litiges ont trait à des retards dans la livraison.

› Cas généraux

Si le professionnel ne livre pas ou n'exécute pas la prestation promise dans les délais prévus, le consommateur peut demander la résolution du contrat (son annulation).

S'il ne désire pas rompre le contrat malgré l'expiration des délais de livraison, il peut demander au vendeur d'avoir à lui livrer la marchandise commandée puis s'adresser au tribunal pour obtenir la condamnation du vendeur à exécuter ses engagements sous peine d'astreinte (somme d'argent due par jour de retard).

Dans les deux cas, il doit mettre en demeure le commerçant par lettre recommandée avec avis de réception (voir question suivante). Des dommages et intérêts peuvent être réclamés si le retard dans l'exécution lui cause un préjudice.

(Code civil, art. 1610 à 1624).

(Voir Ⓘ : *Astreinte*).

› Les règles spécifiques aux contrats de consommation de plus de 500 €

Des règles spécifiques s'appliquent aux contrats de vente d'un meuble ou à la fourniture d'une prestation dont le prix convenu est supérieur à 500 €.

Les commerçants (vendeurs d'un bien meuble ou prestataires de services) ont l'obligation d'indiquer dans le contrat la date limite à laquelle ils s'engagent à livrer le bien ou à exécuter la prestation.
En conséquence, la responsabilité du commerçant peut être engagée en cas de non-respect de cette date.
Lorsque la date de livraison n'a pas été respectée et que le dépassement de la date excède 7 jours et n'est pas dû à un cas de force majeure, le consommateur peut dénoncer le contrat, c'est-à-dire l'annuler en envoyant au vendeur une lettre recommandée avec avis de réception.
Cette faculté de dénonciation est ouverte pendant un délai de 60 jours ouvrés à compter de la date de livraison non respectée.
Si la livraison intervient entre l'envoi de la lettre recommandée et la réception par le vendeur, le contrat reste valable (le consommateur doit donc accepter la livraison ou la prestation de services et régler le prix restant dû).
Dans le cas contraire, le contrat est rompu lorsque le vendeur reçoit la lettre recommandée. Il doit donc restituer au consommateur les sommes versées.
(Code civil, art. 1621).
Sauf précision contraire figurant dans le contrat, les sommes versées d'avance sont des arrhes, ce qui a pour effet que chacun des intéressés peut revenir sur son engagement, le consommateur en perdant les arrhes, le professionnel en les restituant au double.
(Code de la consommation, art. L. 114-1).
À noter : ces règles spécifiques aux contrats de plus de 500 € s'appliquent également, depuis la loi Chatel n° 2008-3 du 3 janvier 2008, aux contrats de vente à distance.
(Voir Ⓘ : *Vente à distance*).

Règlement des litiges

En cas de litiges, plusieurs démarches peuvent être entreprises avant d'utiliser le recours à la justice contre le professionnel concerné. En premier lieu, il est indispensable de réunir tous les documents utiles en sa faveur (selon les cas, bon de commande, facture, témoignages, conditions générales de vente…).
Ensuite, il convient de tenter de trouver une solution amiable au litige par le dialogue. Il n'est pas toujours judicieux de recourir aux tribunaux, surtout lorsque le litige porte sur un montant relativement faible sans avoir au préalable tenté de régler à l'amiable le litige. Dans certains cas, il sera peut-être utile au consommateur de faire intervenir un organisme tiers comme un conciliateur, une association de consommateurs ou un syndicat professionnel plutôt que d'engager le fer seul.
Si saisir la justice s'avère nécessaire, il faut savoir utiliser la procédure la plus rapide, la plus efficace… et la moins coûteuse. Le consommateur a en effet à sa disposition un certain nombre de procédures, simples et rapides, qui peuvent parfois lui permettre d'obtenir rapidement gain de cause. Si ces procédures s'avèrent insuffisantes ou non appropriées, il devra alors saisir le tribunal dans le cadre d'un procès classique en assignant son interlocuteur.

› La négociation amiable

Certains organismes, associations, syndicats professionnels ou établissements publics peuvent apporter, dans leur domaine de compétence, une réponse aux consommateurs : par exemple, la chambre de commerce pourra les informer sur la structure de l'entreprise ; la FEVAD (Fédération des entreprises de vente à distance) se charge de régler les litiges entre leurs adhérents et les acheteurs ; la commission des clauses abusives pourra leur donner un avis précieux en cas de doute sur les clauses d'un contrat signé... D'autres interlocuteurs pourront intervenir pour le consommateur auprès de l'entreprise ou même l'accompagner en justice, voire se substituer à lui (comme dans certains cas, les associations de consommateurs)...

Dans chaque département, tout consommateur peut saisir la Commission de règlement des litiges de consommation (CRLC). Elle a pour mission de favoriser le règlement négocié des litiges de consommation dans un délai de 2 mois à compter de la réception de la réclamation à la commission.

(Arrêté du 25 mars 2005).

La négociation amiable est sans doute le moyen d'action le plus simple à mettre en œuvre. Le consommateur adresse directement sa réclamation au professionnel concerné dans l'espoir d'une réaction favorable de sa part.

La réclamation peut se faire par voie téléphonique. Mais il est toujours conseillé d'écrire pour confirmer ce qui a été dit par téléphone, si possible par lettre recommandée avec AR.

De nombreuses grandes sociétés ont mis en place des « services consommateurs ». Ce sont des interlocuteurs privilégiés en cas de litige. Ils disposent d'une marge de manœuvre leur permettant de répondre favorablement aux réclamations en faisant un geste commercial pour éviter une contre-publicité.

Afin de faire pression sur l'une des parties, il est possible de recourir à divers procédés tels que des lettres d'avertissement et de réclamation, des mises en demeure adressées par lettre recommandée avec AR ou même par huissier. Ces moyens de pression peuvent être efficaces.

La mise en demeure

Aux termes de l'article 1139 du Code civil, la mise en demeure est constituée par une sommation d'huissier ou par un autre acte équivalent (lettre recommandée avec AR) quand, dans cette dernière hypothèse, il en ressort une interpellation suffisante. L'intérêt d'une mise en demeure est de faire courir les dommages et intérêts de retard (moratoires).

(Code civil, art. 1146).

La finalité de la mise en demeure est en effet de constater le retard apporté par le débiteur à tenir son engagement. Si le créancier ne fait pas cette mise en demeure, il est présumé que le retard ne lui cause pas de préjudice ou qu'il l'accepte. Cet écrit peut être important comme preuve pour le consommateur du fait que ces démarches sont restées vaines et de l'inaction du professionnel.

L'association de consommateur

Il est courant que des consommateurs adhèrent, à l'occasion d'un litige avec des professionnels, à une association de consommateurs afin que celle-ci présente leurs réclamations et qu'une solution amiable puisse être trouvée. Pendant que l'association conseille le consommateur, elle s'efforcera de faire pression sur le professionnel en cause afin qu'il prenne en compte la réclamation de son client. C'est là une des missions de base des associations de consommateurs.

L'association peut également aller plus loin et intervenir dans la procédure (voir ci-dessous : *Le recours au tribunal*).

● Conciliation et médiation

Le consommateur peut demander l'intervention d'un conciliateur en s'adressant à sa mairie. La mission du conciliateur est de faciliter, en dehors de toute procédure judiciaire, le règlement amiable des différents notamment de consommation (par exemple, malfaçon de travaux, contestation d'une facture…). La procédure de conciliation est gratuite : le consommateur peut saisir sans formalité le conciliateur (par simple lettre).
(Voir Ⓘ : *Conciliation*).
La médiation d'un tiers peut se révéler efficace, comme le Médiateur du Net, par exemple en matière de conflit lié à Internet.

› Le recours au tribunal

Saisir un tribunal signifie concrètement pour le consommateur une perte de temps et d'argent. Il peut tenter d'éviter le premier inconvénient en préparant bien son dossier et, en tout premier lieu, en procédant aux vérifications suivantes :
– est-il bien dans les délais pour exercer son action (par exemple, l'action en garantie des vices cachés fait l'objet de dispositions spécifiques. Il en est de même si le litige concerne un transporteur) ? ;
– a-t-il pris soin de se constituer la preuve des faits qu'il invoque (bon de commande, devis, courriers échangés sont essentiels) ? ;
– le tribunal qu'il entend saisir est-il bien le tribunal compétent ?
Le juge peut soulever d'office toutes les dispositions du Code de la consommation à l'occasion des litiges qui lui sont soumis. Cette règle est favorable aux consommateurs qui n'auront pas toujours pensé à invoquer une règle de droit à leur profit (par exemple, la prescription d'une demande de paiement).
(Code de la consommation, art. L. 141-4).

● La voie civile

Le recours aux tribunaux peut devenir nécessaire en cas d'échec d'une négociation amiable. Le consommateur dispose de plusieurs voies pour faire trancher par la justice son litige en fonction du type de conflit auquel il est confronté.
Il peut ainsi :
– demander au juge d'instance d'organiser une tentative préalable de conciliation ;
– recourir aux procédures d'injonction de faire ou de payer ;
– utiliser, en cas d'urgence, le référé ;
– user, pour les petits litiges, de la procédure simplifiée de déclaration au greffe ;
– assigner son adversaire « au fond » devant le juge de proximité, tribunal d'instance ou de grande instance.
(Voir Ⓘ : *Tribunal d'instance*).
Le tribunal géographiquement compétent est en principe celui du domicile des défendeurs (ceux contre lesquels le procès est dirigé). Cependant, quand le consommateur invoque la violation d'un contrat (par exemple, non-livraison d'un canapé à la suite d'une vente), il a le choix entre le tribunal :
– du domicile (ou du siège social s'il s'agit d'une société) du professionnel ;
– du lieu de livraison de la chose ou de l'exécution de la prestation de services (donc en principe chez le consommateur) ;
– du lieu où il demeurait au moment de la conclusion du contrat ou de la survenance du fait dommageable.
(Art. 46 du Code de procédure civile).

À noter : par ailleurs, les clauses attributives de compétence, dès lors qu'elles s'insèrent dans un contrat conclu entre un professionnel et un consommateur, ne sont pas opposables à ce dernier.

● La voie pénale

Quand un consommateur est victime d'une infraction pénale (publicité trompeuse, escroquerie, infraction à la réglementation sur le crédit...), plusieurs voies s'offrent à lui en vue de faire sanctionner le coupable ou (et) d'obtenir réparation du préjudice subi.

Il peut commencer par porter l'infraction commise à la connaissance d'un service administratif spécialisé puis, si la justice est saisie, il pourra se constituer partie civile à l'occasion de la procédure, c'est-à-dire demander l'indemnisation de son préjudice.

Il peut ainsi saisir la Direction départementale de la protection des populations (DDPP). Ce service pourra procéder à une enquête, dresser un procès-verbal et saisir la justice. Dans cette hypothèse, il pourra se porter civile au cours de la procédure et en dernier lieu à l'audience.

Il peut également saisir une association de consommateurs qui peut prendre l'initiative d'une action en justice à l'encontre d'un professionnel (voir ci-dessous).

Il peut également directement porter plainte par simple lettre, auprès du procureur de la République pour l'avertir de l'infraction commise. La plainte peut également être effectuée auprès du commissariat de police ou de la gendarmerie dont il dépend.

Il peut de même, sous certaines conditions, porter plainte avec constitution de partie civile auprès du Doyen des juges d'instruction, en demandant l'assistance d'un avocat (indispensable pour ce type de procédure).

Il peut enfin saisir directement :

– le juge de proximité ou tribunal de police compétents pour juger des contraventions ;
– le tribunal correctionnel compétent pour juger des délits.

● Les associations de consommateurs

Les associations régulièrement déclarées ayant pour objet statutaire explicite la défense des intérêts des consommateurs peuvent, si elles ont été agréées à cette fin, exercer les droits reconnus à la partie civile relativement aux faits portant un préjudice direct ou indirect à l'intérêt collectif des consommateurs.

L'agrément ne peut être accordé qu'aux associations indépendantes de toutes formes d'activités professionnelles.

Les associations de consommateurs agréées peuvent :

– se porter partie civile devant une juridiction pénale en demandant des dommages et intérêts à cette juridiction pour réparer le préjudice collectif subi par l'ensemble des consommateurs ;
– demander, en outre, à la juridiction pénale de prendre, sous astreinte le cas échéant, toutes mesures pour faire cesser des agissements illicites (par exemple, falsification, publicité trompeuse) ou pour obtenir la suppression d'une clause illicite dans un contrat proposé par un professionnel à un consommateur ;
– intervenir dans un procès civil, si une action a déjà été intentée par un consommateur.

Dans ce cas également, l'association peut demander au juge de prendre toutes mesures susceptibles de faire cesser ces agissements illicites.

Lorsque plusieurs consommateurs, personnes physiques, identifiés, ont subi des préjudices individuels qui ont été causés par le fait d'un même professionnel, et qui ont une origine commune, une association agréée et reconnue représentative sur le plan national peut, si elle a été mandatée par au moins deux des consommateurs concernés, agir en réparation devant toute juridiction au nom de ces consommateurs.
(Art. L. 421-2 et L. 421-7 du Code de la consommation).
Ces deux types d'actions devant les juridictions pénales (l'action en défense de l'intérêt collectif des consommateurs et l'action en représentation conjointe) peuvent également être engagées devant les juridictions civiles. En outre, une association de consommateurs agréée peut saisir le tribunal de grande instance d'une action en suppression des clauses abusives.
(Art. L. 421-6 du Code de la consommation).
Elle peut également soutenir la procédure, déjà engagée par un consommateur, en intervenant à ses côtés, pour demander la cessation des agissements illicites d'un professionnel ou la suppression des clauses illicites d'un contrat.
(Art. L. 421-7 du Code de la consommation).
Pour connaître la liste des associations agréées, il faut téléphoner au Centre technique régional de la consommation (CTRC) dont on dépend.
Pour tout renseignement, écrire à l'Institut national de la consommation, 80, rue Lecourbe, 75015 Paris.
Les associations peuvent également être désignées dans le cadre des procédures de médiation ou de conciliation.
(Voir Ⓘ : *Conciliation* ; *Médiation*).

Services aux particuliers

› Les dépannages, réparations, entretien à domicile

Tous travaux de dépannage, réparation et entretien dans le secteur du bâtiment (maçonnerie, ramonage, serrurerie, vitrerie, peinture, moquette, plomberie, etc.), les opérations de remplacement ou d'adjonction de pièces pour ces travaux, les opérations de raccordement, d'installation, de réparation d'appareils électriques, électroniques et électroménagers doivent respecter les dispositions de l'arrêté du 2 mars 1990.
Cet arrêté prévoit l'obligation pour les entreprises d'indiquer dans leurs publicités écrites (et notamment les prospectus déposés dans les maisons) :
- les références de l'entreprise (nom, raison sociale, adresse, numéros du registre du commerce ou du répertoire des métiers),
- les taux horaires de main-d'œuvre,
- les modalités de décompte du temps passé,
- les prix TTC des différentes prestations forfaitaires proposées,
- les frais de déplacement le cas échéant,
- le caractère payant ou gratuit du devis.

Par ailleurs, si le montant estimé de l'opération dépasse 150 €, l'entreprise doit remettre un ordre de réparation (description de l'appareil ou de l'état des lieux et objet des réparations).

Le devis

Au-dessus de 150 € de travaux, le devis est obligatoire.

En dessous de cette somme, il doit être demandé par le client.

L'établissement d'un devis est important puisqu'il va permettre au maître de l'ouvrage, c'est-à-dire à celui qui commande, de connaître les travaux à exécuter, leur coût et les délais d'exécution. Il pourra ainsi faire jouer la concurrence entre différentes entreprises.

Tout devis doit comporter : la date de rédaction, les références de l'entreprise, le nom du client, le lieu d'exécution et le décompte détaillé en quantité et en prix de chaque prestation et produit, les frais de déplacement éventuels, la durée de validité de l'offre, le coût du devis et le prix global hors taxes et TTC.

Les devis sont gratuits ou payants, tout dépendra de ce qui a été convenu entre les intéressés, le client devant dans tous les cas se faire préciser ce point (et notamment si des sommes sont réglées pour l'établissement du devis, si elles seront déduites du montant global des travaux).

Le devis doit être établi en double exemplaire. Le client doit le signer et porter à la main les mentions suivantes : « Devis reçu avant l'exécution des travaux ».

Attention : si le devis, qui constitue une offre de la part de l'entreprise, n'engage pas le client, celui-ci en revanche est engagé par sa signature sur le devis ou sa confirmation ultérieure.

Il y a donc tout intérêt à veiller à la rédaction de cette pièce, afin de connaître l'exacte étendue des obligations de l'entreprise.

À noter : ce n'est qu'en cas d'intervention urgente destinée à faire cesser un danger pour la sécurité des personnes ou pour les locaux que le devis n'est pas obligatoire, même pour des travaux dépassant 150 €.

Il est possible de résilier par lettre (recommandée avec avis de réception) un devis relatif à une prestation de services dont le prix est supérieur à 500 €, si le retard d'exécution des travaux excède 7 jours et n'est pas dû à un cas de force majeure. Ce droit s'exerce dans un délai de 60 jours ouvrés à compter de la date indiquée pour l'exécution de la prestation. Cette réglementation est la même que celle concernant la livraison de biens dont la valeur est supérieure à 500 €.

(Code de la consommation, art. L. 114-1).

La note ou facture

Lorsque les travaux sont terminés, l'entreprise doit, avant paiement du prix et lorsque le montant des travaux est supérieur à 25 €, délivrer une note (ou facture) contenant :

– la date, le nom et l'adresse de l'entreprise et le nom du client,
– la date et le lieu d'exécution des travaux,
– le décompte détaillé de chaque prestation (sauf si ce décompte figure déjà dans le devis).

En principe, la facture qui sera présentée à l'issue des travaux ne devra pas dépasser les sommes indiquées dans le devis, sauf si le client a accepté des travaux supplémentaires non prévus à l'origine dans le devis.

Si des travaux supplémentaires sont effectués à la seule initiative de l'entrepreneur, ils pourront éventuellement être contestés par le client.

Cette note, établie en double exemplaire, doit être conservée 2 ans. Sur un plan général, l'action des commerçants pour les biens ou les services qu'ils fournissent aux consommateurs, se prescrit par 2 ans.
(Code de la consommation, art. L. 137-2).
(Arrêté du 3 octobre 1983).

● Travaux importants

Le paiement des travaux intervient en principe à l'issue de ceux-ci. Néanmoins, des acomptes peuvent être versés en cours d'exécution de ces travaux si ceux-ci sont importants.
Si le client envisage de recourir à un prêt, il bénéficie de la protection des emprunteurs en matière de crédit, si le montant des sommes envisagées est inférieur à 21 500 €.
Si le montant des dépenses est supérieur à 21 500 €, c'est la protection des emprunteurs dans le domaine immobilier qui s'applique.
(Voir Ⓘ : *Crédit, mobilier, immobilier*).
Rappel : dès lors que les travaux ont une incidence sur les parties communes ou l'aspect extérieur de l'immeuble, le maître de l'ouvrage doit, s'il est copropriétaire, obtenir l'autorisation de l'assemblée des copropriétaires.
(Voir Ⓘ : *Assemblée de copropriétaires*).
Par ailleurs, il doit vérifier s'il n'est pas dans un des cas de travaux nécessitant une déclaration préalable auprès de la mairie (travaux modifiant l'extérieur d'une construction notamment).
(Voir Ⓘ : *Déclaration, préalable de construction*).

● Les malfaçons

Si le client constate des malfaçons, ou s'il estime que les travaux réalisés ne sont pas ceux qui ont été commandés, il doit immédiatement en faire part, par écrit, à cette entreprise en lui demandant de respecter ses obligations, telles qu'elles résultent du devis ou des courriers échangés.
En cas de litige, c'est le tribunal d'instance qui sera compétent, si les sommes en jeu sont inférieures à 10 000 € ou le tribunal de grande instance dans le cas contraire.
Le client pourra demander en référé la désignation d'un expert qui appréciera la réalité et l'importance des malfaçons.
Remarque : en cas de malfaçon, si les désordres constatés par le client rentrent dans le cadre notamment de la garantie biennale ou décennale, l'entreprise sera présumée responsable pendant 2 ou 10 ans, à compter du moment où le client a réceptionné les travaux.
(Voir Ⓘ : *Garantie, biennale, décennale*).
Mais attention, si l'entreprise n'a procédé qu'à l'installation d'un élément sans fournir la marchandise, acquise par ailleurs par le client, et si les désordres résultent d'un vice d'un matériau, le client devra s'adresser au vendeur dans le cadre de la garantie des vices cachés, prévue par l'article 1641 du Code civil.
(Code civil, art. 1641).
(Voir Ⓘ : *Vices cachés*).

● Réparations pendant la garantie contractuelle

Lorsqu'un consommateur demande à un professionnel, pendant le cours de la garantie contractuelle, une remise en état couverte par la garantie, toute période d'immobilisation du bien d'au moins 7 jours vient s'ajouter à la durée de la garantie qui restait à courir lors de la demande d'intervention ou à compter du jour où le meuble a été enlevé pour être réparé.

Cette règle est impérative et doit s'appliquer même si le contrat stipule le contraire. (Code de la consommation, art. L. 211-2).

› Les travaux de nettoyage

Des litiges peuvent survenir lors du dépôt de linge à nettoyer dans une teinturerie.

Ces litiges sont souvent de deux ordres :
– l'objet rendu a été endommagé ou mal nettoyé (le pull a rétréci, le vêtement a été brûlé…),
– ou bien l'objet remis a été perdu.

Plusieurs arrêtés sont intervenus relatifs à la publicité des prix et prestations de services dans le secteur de la blanchisserie et du nettoyage à sec et notamment l'arrêté du 24 janvier 1991 (*Journal officiel* du 1er février 1991).

Cet arrêté précise qu'à l'intérieur de l'établissement, les exploitants sont tenus d'afficher de façon visible et directement lisible par la clientèle les conditions particulières du service qu'ils rendent et notamment celles relatives à leur responsabilité et aux conditions d'indemnisation du consommateur en cas de perte ou de détérioration des articles rendus à ce dernier.

● Responsabilité du commerçant

En cas de perte de l'objet déposé, l'entreprise est responsable et doit rembourser son client. En principe, le dédommagement correspond à la valeur d'achat diminuée d'un coefficient de vétusté.

Les clauses stipulant que l'entreprise n'est pas responsable en cas de perte ne sont pas opposables aux particuliers, sauf cas de force majeure.

Lorsque le teinturier rend le vêtement abîmé ou anormalement usé, il en est présumé responsable. Il s'agit d'une présomption de responsabilité dont il peut se dégager s'il a émis des réserves lors du dépôt ou s'il prouve qu'il n'a commis aucune faute ayant entraîné la détérioration du vêtement.

› Les réparations de véhicules automobiles

Il est conseillé dès lors qu'une réparation revêt une certaine importance, de demander un devis au garagiste sur l'étendue des réparations à effectuer et leur coût ainsi que le délai dans lequel ces réparations vont être effectuées.

Comme pour l'entreprise de pressing, le garagiste, en sa qualité de professionnel, doit remplir ses obligations et sa responsabilité pourrait être engagée si les réparations étaient mal effectuées.

S'il constate que d'autres réparations que celles réclamées par son client sont rendues nécessaires par l'état du véhicule, il doit au préalable demander l'accord du client afin de les réparer. Il a l'obligation de rendre l'objet confié ; il est responsable en cas de perte du véhicule, sauf cas de force majeure.

› Les déménagements

Avant de faire appel à une entreprise de déménagement, il est conseillé de faire rédiger des devis par plusieurs entreprises afin de comparer les coûts respectifs de celles-ci.

En effet, le coût d'un déménagement est fonction d'un certain nombre de paramètres :
– distance à parcourir,
– volume des biens à déménager…

Dans tous les cas, un contrat doit être signé avant le déménagement par le déménageur et le client. Ce contrat (dénommé « lettre de voiture ») doit obligatoirement contenir les conditions générales du déménagement figurant au verso ainsi que ses conditions particulières (nature des marchandises, indications des lieux où le déménagement doit être fait…).
Il est fortement conseillé d'être présent lors de la livraison des biens et de vérifier l'état de la marchandise.
En effet, si des détériorations apparaissent ou si des marchandises ont été perdues en cours du transport, le client pourra émettre des réserves sur le bordereau de décharge que lui donnera à signer le déménageur.
Dans tous les cas, les réserves doivent être confirmées ou notifiées, en cas d'absence lors de la livraison, par le client à l'entreprise de déménagement, par lettre recommandée avec AR ou exploit d'huissier.
Les réserves permettront au client d'engager la responsabilité du transporteur.
Même en l'absence de réserves formulées à la livraison, le client qui constate un dommage a un délai de 10 jours calendaires à compter de la réception des objets transportés pour le déclarer à l'entreprise par lettre recommandée.
Attention : ce délai est un délai calendaire ; tous les jours sont comptabilisés.

Ce délai passe à 3 mois lorsque la procédure à suivre indiquée ci-dessus pour émettre les réserves n'a pas été communiquée au consommateur.
(Code de la consommation, art. L. 121-95)

› Les agences de voyages

Les agences de voyage sont soumises aux articles L. 211-1 et suivants et R. 211-1 du Code du tourisme lorsqu'elles s'adressent à un consommateur pour organiser :
- un voyage ou un séjour individuel ou collectif ;
- un service pouvant être fourni lors d'un voyage ou d'un séjour ;
- un service lié à l'accueil touristique ;
- un forfait touristique.

Information préalable et contrat

Avant la conclusion du contrat, le vendeur est obligé d'informer l'acheteur par écrit du contenu des prestations proposées : destination, moyen de transport, mode d'hébergement, situation, repas fournis, description de l'itinéraire pour un circuit, taille minimale ou maximale du groupe permettant la réalisation du voyage, motifs d'annulation, date de voyage, prix ainsi que ses modalités de révision et de paiement, conditions de franchissement des frontières…
Cette information préalable engage le vendeur. Mais elle peut prévoir la faculté pour le vendeur de modifier son contenu. Cependant, ces modifications doivent intervenir avant la conclusion du contrat et doivent être portées à la connaissance de l'acheteur par écrit.
Le contrat est signé ultérieurement sur les bases établies par cette information préalable.

Événement intervenant avant le départ

Modification des prestations

Une modification de la prestation peut intervenir par suite d'évènement extérieur non imputable à l'agence avant le départ ou porter sur un élément essentiel du

contrat (hausse significative du prix, changement de destination…). Dans ce cas, l'agence doit informer le plus rapidement possible le client de la modification et des choix qui s'offrent à lui en confirmant ces informations par écrit. Ces choix sont :
– soit résilier le contrat, et obtenir sans pénalité le remboursement de toutes les sommes versées (plus éventuellement intenter une action en responsabilité et obtenir des dommages et intérêts) ;
– soit accepter la modification ou un voyage de substitution proposé par l'agence.
Une fois son choix fait, l'acheteur doit le faire connaître dans les meilleurs délais.
Toute diminution de prix du voyage vient en déduction des sommes éventuellement dues par l'acheteur (ou à l'inverse le trop-perçu doit lui être restitué avant la date de départ).

Modification du prix

Le prix du voyage ne peut être majoré dans les 30 jours précédant la date du départ prévu.
Avant cette date, les prix ne sont révisables que si le contrat le prévoit expressément et en détermine les modalités précises de calcul et uniquement pour tenir compte de certaines variations comme le coût des transports lié au coût des carburants, les redevances et taxes afférentes aux prestations offertes ou les taux de change appliqués au voyage considéré.
Si les modifications sont significatives, le client peut demander la résiliation du contrat (voir plus haut).

Annulation du voyage du fait du vendeur

L'agence doit informer son client par lettre recommandée avec avis de réception.
Si le voyage est annulé par l'agence, en l'absence de faute du client, toutes les sommes sont restituées au client (ce qui ne le prive pas, le cas échéant, de demander des dommages et intérêts devant le tribunal). Et il reçoit en outre une indemnité au moins égale à celle qu'il aurait supportée si l'annulation était intervenue de son fait.
Ces dispositions n'empêchent pas un accord entre les intéressés sur le principe d'un voyage de substitution.

À noter : l'annulation d'un voyage faute de participants doit être indiquée au client au minimum 21 jours avant le départ et les sommes déjà versées intégralement remboursées.
(Art. R. 211-6 du Code du tourisme).

Événement intervenant après le départ

Si la modification intervient après le départ (modification ou suppression d'une des prestations prévues : hôtel, excursion…), la proposition d'une prestation de remplacement est obligatoire, sauf impossibilité dûment justifiée de l'agence.
Dans ce cas, l'agence prend à sa charge les éventuels suppléments de prix qui en résultent ou rembourse la différence de prix entre les prestations prévues et fournies.
Si le client refuse la modification, le vendeur doit lui payer son billet de retour (plus éventuellement des dommages et intérêts qu'il peut réclamer) ou un billet vers un autre lieu accepté par les deux parties.

Cession de contrat

Le consommateur a la possibilité de céder son contrat à un tiers avant le voyage, en prenant soin d'informer l'agence de cette décision par lettre recomman-

dée avec avis de réception au plus tard 7 jours avant le début du voyage (15 jours en cas de croisière).
Il n'est pas nécessaire que l'agence autorise cette cession.
À noter : celui qui cède son contrat reste solidaire du paiement des prestations avec le cessionnaire.

● Responsabilité civile de l'agence

L'agence est responsable de plein droit à l'égard de l'acheteur de la bonne exécution des obligations résultant du contrat, que ces obligations soient exécutées par elle-même ou par d'autres prestataires de services (hôtels d'étape, cars d'excursion...). Cette responsabilité de plein droit s'applique quelle que soit la prestation fournie, que le contrat ait été conclu à distance ou non. Par conséquent, elle ne peut dégager sa responsabilité que si elle prouve la faute du client ou d'un tiers ou encore la force majeure.
Ainsi, une agence de voyages a été déclarée responsable pour avoir décidé de prendre la mer alors que les conditions météorologiques étaient mauvaises, ce qui rendait le voyage très inconfortable (cour d'appel de Paris, 10 octobre 1995).
En revanche, un autre arrêt a reconnu le caractère de force majeure à un brouillard très dense imposant une modification du circuit touristique, empêchant une escale pourtant inscrite au programme, cette modification s'imposant pour assurer la sécurité des passagers (cour d'appel de Paris, 21 janvier 1997).
Si l'agence est déclarée responsable, elle indemnisera les consommateurs pour le préjudice subi, préjudice qu'ils devront évaluer (fatigue supplémentaire, déception...). De façon générale, il est conseillé aux consommateurs de conserver les preuves de leur préjudice (attestations, photos sur place...).
À noter : l'agence doit obligatoirement souscrire une assurance de responsabilité civile professionnelle et doit indiquer clairement dans ses brochures et contrats les risques couverts et les garanties souscrites.

● Responsabilité pénale de l'agence

Le consommateur qui pense avoir été trompé sur les prestations proposées, notamment par catalogue, peut attaquer sur le terrain de la pratique commerciale trompeuse (cas de la maison donnant sur un terrain vague et non sur la mer comme prévu par le catalogue, par exemple).
(Code de la consommation, art. L. 121-1).
(Voir Ⓘ : *Pratique commerciale trompeuse*).
Le consommateur peut également se fonder sur le devoir général d'information des professionnels pour demander la résolution du contrat conclu avec la société, cette dernière ayant manqué à son obligation d'information loyale et éclairée (par exemple, catalogue dont les photos ne sont pas conformes à la réalité).
(Code de la consommation, art. L. 111-1).
Il peut également demander la condamnation de l'agence pour tromperie sur les qualités substantielles, s'il prouve la mauvaise foi de cette dernière.
(Code de la consommation, art. L. 213-1).
(Voir Ⓘ : *Tromperie sur les marchandises*).
Enfin, les infractions aux règles prévues par le Code du tourisme concernant la vente de voyage et de séjour sont punies d'une peine de 6 mois d'emprisonnement et de 7 500 € d'amende.

› Les agences matrimoniales

La loi n° 89-421 du 23 juin 1989 et son décret d'application du 16 mai 1990 prévoient les principales dispositions applicables en matière de contrat passé avec une agence matrimoniale.

Contrat écrit

L'offre de rencontre en vue de la réalisation d'un mariage ou d'une union stable proposée par un professionnel doit faire l'objet d'un contrat écrit rédigé en caractères lisibles, dont un exemplaire est remis au client au moment de sa signature.

Ce contrat doit contenir un certain nombre de mentions sous peine d'être annulé : nom du professionnel, adresse, siège social, nature des prestations fournies, ainsi que le montant et les modalités de paiement du prix.

En annexe figure l'indication des qualités de la personne recherchée par le candidat.

Ces contrats sont établis pour une durée qui ne peut excéder 1 an.

Ils ne peuvent pas être renouvelés par tacite reconduction. Ils doivent prévoir une faculté de résiliation pour motif légitime (par exemple, cessation d'activité de l'agence, maladie du candidat ou déménagement…) au profit des deux parties.

En cas de résiliation du contrat pour motif légitime, le prix initialement convenu est réduit à proportion respectivement de la durée du contrat ayant couru et de celle qui reste à courir.

Dans ce cas, si l'agence a déjà perçu une somme supérieure à celle que doit le candidat, elle devra rembourser le trop-perçu dans un délai de 2 mois à compter de la réception de la lettre demandant la résiliation.

Délai de rétraction de 7 jours

Dans un délai de 7 jours à compter de la signature du contrat, le client peut revenir sur son engagement sans être tenu au paiement d'une indemnité.

Pendant ce délai, il ne peut être reçu de paiement ou de dépôt sous quelque forme que ce soit.

La renonciation est effective dès lors que le candidat a, dans les 7 jours, manifesté de manière non équivoque sa volonté de se rétracter, notamment par l'envoi de la lettre recommandée ou par la remise au professionnel contre récépissé d'un écrit contenant renonciation.

Le décret prévoit des peines d'amende de la 5e classe quand le professionnel ne respecte pas cette réglementation.

L'automobile

Le permis de conduire

› Les catégories de permis de conduire

Les catégories de permis de conduire sont les suivantes :
(Code de la route, art. R. 221-4).

Catégorie A - Âge minimum : 18 ans

Motocyclettes avec ou sans side-car

Ce permis autorise la conduite des tricycles à moteur, des quadricycles lourds à moteur (B1) et des véhicules A1.
Les titulaires du permis A doivent posséder ce permis depuis au moins 2 ans pour pouvoir conduire les motos d'une puissance supérieure à 25 kW, ou bien, avoir 21 ans et avoir passé l'épreuve pratique spécifique concernant ces véhicules.
Sont équivalents à ce permis, les permis A, A2 et A3 délivrés avant le 1er mars 1999.
Par ailleurs, les motocyclettes dont la cylindrée est limitée à 125 cm^3 mises en circulation avant le 31 décembre 1984 peuvent être conduites par les titulaires de tous permis de conduire délivrés avant le 1er mars 1980. (Arrêté du 12 février 1999).
(Code de la route, art. R. 221-4 à R. 221-6).

Sous-catégorie A1 - Âge minimum : 16 ans

Motocyclettes légères = véhicules à deux roues dont la cylindrée est comprise entre 50 cm^3 et 125 cm^3, dont la puissance n'excède pas 11 kW et dont la vitesse est supérieure à 45 km/h.
En dessous de 50 cm^3 et lorsque la vitesse est inférieure à 45 km/h, il s'agit de cyclomoteurs.
(Code de la route, art. R. 311-1).
Ce permis autorise la conduite des tricycles ou quadricycles lourds à moteur (B1).
Les véhicules de catégorie A1 peuvent être conduits par les titulaires des permis B (délivré depuis 2 ans), A1 délivré avant le 1er janvier 1985, AL délivré entre le 1er janvier 1985 et le 1er mars 1999, A2, A3 et A délivrés avant le 1er mars 1999 et C et D délivrés avant le 1er juillet 1990.
(Arrêté du 12 février 1999).
Les conducteurs qui ont obtenu leur permis B après le 1er janvier 2007 ne peuvent conduire une motocyclette de catégorie A1 que si leur permis B a été délivré depuis au moins 2 ans et s'ils justifient d'une formation pratique de 3 heures. Cette formation obligatoire peut être suivie, au plus tôt, 1 mois avant la date anniversaire des 2 ans d'obtention du permis B. La formation doit être mentionnée sur le permis de conduire.
Si le permis de conduire est annulé, la formation suivie reste acquise.
(Code de la route, art. R. 221-4 et s.).

À noter : les personnes qui atteignent l'âge de 16 ans après le 1er janvier 2004 doivent posséder l'attestation scolaire de sécurité routière de second niveau ou l'attes-

tation de sécurité routière pour la première obtention du permis de conduire, quelle qu'en soit la catégorie.
(Code de la route, art. R. 221-5).

Catégorie B - Âge minimum : 18 ans

L'épreuve théorique – code – peut être passée à 16 ans dans le cadre de la conduite accompagnée et à 17 ans et demi pour les autres.
(Voir Ⓘ : *Conduite accompagnée*).
Véhicules automobiles ayant un poids total autorisé en charge qui n'excède pas 3 500 kg, affectés au transport de personnes et qui comportent au maximum 8 places assises (plus le siège du conducteur), ou affectés au transport de marchandises. Les enfants de moins de 10 ans comptent pour une demi-place. Ils comptent pour une place entière s'ils ont plus de 10 ans. Depuis le 1er janvier 2008, chaque siège équipé d'une ceinture de sécurité ne peut être occupé que par une seule personne. Ces véhicules peuvent être attelés d'une remorque lorsque le poids total autorisé en charge (PTAC) de la remorque est inférieur ou égal à 750 kg.
Ils peuvent également être attelés d'une remorque de plus de 750 kg, à condition, d'une part, que le poids total autorisé en charge (PTAC) de la remorque soit inférieur ou égal au poids à vide du véhicule tracteur et, d'autre part, que la somme des poids totaux autorisés en charge (PTAC) du véhicule tracteur et de la remorque soit inférieure ou égale à 3,5 tonnes.
Le permis B obtenu depuis au moins 2 ans autorise la conduite des motocyclettes légères (A1) et des autres véhicules de la sous-catégorie A1 (après avoir suivi une formation pratique si le permis B a été obtenu après le 1er janvier 2007).
(Code de la route, art. R. 221-4 et R. 221-7).

Sous-catégorie B1 - Âge minimum : 16 ans

Tricycles à moteur dont la puissance n'excède pas 15 kW et dont le poids à vide ne dépasse pas 550 kg.
Quadricycles lourds à moteur.
Les véhicules B1 peuvent être conduits par les titulaires des permis A, A1, A2, A3, A4, AL, B, C et D.
À noter : les personnes qui ont 16 ans depuis le 1er janvier 2004 doivent posséder l'attestation scolaire de sécurité routière de second niveau ou l'attestation de sécurité routière pour la première obtention du permis de conduire, quelle que soit sa catégorie.
Ils doivent être titulaires du brevet de sécurité routière ou du permis de conduire pour la conduite de quadricycle léger à moteur.
(Code de la route, art. R. 221-5 et R. 431-4).
(Voir Ⓘ : *Brevet de sécurité routière*)

Catégorie C - Âge minimum : 18 ans

Véhicules autres que ceux de la catégorie D dont le poids total autorisé en charge excède 3 500 kg.
Aux véhicules de cette catégorie peut être attelée une remorque de moins de 750 kg.
Le candidat doit posséder le permis B.
Jusqu'à 21 ans, le titulaire du permis C ne peut conduire que des véhicules dont le poids est inférieur à 7,5 tonnes (sauf certificat de formation de conducteur routier).
(Code de la route, art. R. 221-6).

● Catégorie D - Âge minimum : 21 ans

Véhicules affectés au transport de personnes comportant plus de 8 places assises, outre le siège du conducteur.
Les enfants de moins de 10 ans comptent pour une demi-place. Ils comptent pour une place entière s'ils ont plus de 10 ans. Aux véhicules de cette catégorie peut être attelée une remorque de moins de 750 kg.
Le candidat doit posséder le permis B.
Le permis D peut être temporairement limité à des trajets ne dépassant pas 50 km. (Code de la route, art. R. 221-6).

● Catégorie E (B) - Âge minimum : 18 ans

Véhicules relevant de la catégorie B attelés d'une remorque lorsque l'ensemble formé par le véhicule tracteur et la remorque ne relève pas de la catégorie B. Le candidat doit posséder le permis B. Ces véhicules peuvent être conduits par les titulaires des permis E (C) ou E (D).

● Catégorie E (C) - Âge minimum : 18 ans

Véhicules relevant de la catégorie C attelés d'une remorque lorsque l'ensemble formé par le véhicule tracteur et la remorque ne relève pas de la catégorie C.
Le candidat doit posséder le permis C.
Jusqu'à 21 ans, le titulaire du permis E (C) ne peut conduire que des véhicules dont le poids est inférieur à 7,5 tonnes (sauf certificat de formation de conducteur routier).
(Code de la route, art. R. 221-6).

● Catégorie E (D) - Âge minimum : 21 ans

Véhicules attelés d'une remorque lorsque l'ensemble formé par le véhicule tracteur et la remorque ne relève pas de la catégorie D.
Le candidat doit posséder le permis D.
Ces véhicules peuvent être conduits par toute personne qui possède le permis E (C) et D.

● Équivalences des permis

Le brevet militaire de conduite, le certificat d'aptitude professionnelle de conducteur routier ou de conduite routière, le brevet professionnel ou le certificat de formation professionnelle de conducteur routier permettent également à leurs titulaires d'obtenir le permis de conduire des catégories B, C et E (C) sans passer les épreuves de l'examen.
Toutefois, en cas d'échec aux épreuves terminales du CAP de conduite routière ou du BEP de conduite et services dans le transport routier, seul un permis de conduire des catégories B et C peut être obtenu. (Arrêté du 27 décembre 2005).
(Code de la route, art. R. 222-8).

› Le permis de conduire à l'étranger et pour les étrangers

● Les permis européens

Les permis de conduire, en cours de validité, délivrés par un État de l'Union européenne ou de l'Espace économique européen ou par un État ayant conclu des accords de réciprocité avec la France, sont valables en France sous réserve que leurs titulaires satisfassent aux mêmes conditions que les Français (durée du permis, contrôle médical, mentions figurant sur le permis...).

Les ressortissants de ces pays, résidant en France, ne sont pas tenus d'échanger leur permis de conduire national contre un permis français.
Mais cet échange devient obligatoire si le titulaire a commis une infraction en France entraînant pour lui soit la suspension, soit le retrait de points, ou encore l'annulation du permis. Le fait de détenir un permis français permet l'application de ces mesures.
Lorsque l'échange de permis est obligatoire, le non-respect de cette obligation est puni d'une contravention de la 4e classe.
(Code de la route, art. R. 222-1 et R. 222-2).

Autres permis étrangers

Un permis de conduire passé à l'étranger est valable en France pendant 1 an à compter de l'acquisition de la résidence normale en France.
Avoir sa résidence normale en France signifie y demeurer au moins 185 jours par an.
Pendant le délai d'1 an, le titulaire du permis doit demander à la préfecture de son domicile l'échange du permis de conduire étranger contre un permis de conduire national.
Au terme de ce délai, ce permis n'est plus reconnu et son titulaire perd tout droit de conduire un véhicule nécessitant le permis. Il est alors obligé de repasser les épreuves du permis pour pouvoir obtenir un permis français.
(Code de la route, art. R. 222-3).

Le permis international

Pour conduire à l'étranger, tout au moins pour les pays qui ont passé un accord avec la France, il suffit de posséder le permis de conduire international qui est délivré par la préfecture de son lieu de résidence.
(Arrêté du 6 février 1989).

› Comment se déroule l'apprentissage de la conduite des véhicules de catégorie B ?

Il est possible d'apprendre à conduire à partir de 16 ans, en étant encadré par un moniteur et un accompagnateur.

Les différentes formes d'apprentissage

L'apprentissage anticipé de la conduite

L'apprentissage anticipé de la conduite (AAC) est ouvert aux personnes âgées de 16 ans minimum.
(Code de la route, art. R. 211-5).
Il se déroule en 2 phases :
– une phase de formation initiale dispensée par l'établissement d'enseignement agréé. Elle comprend une formation théorique (code) et une formation pratique d'une durée de 20 h dont 15 h minimum de conduite sur les voies ouvertes à la circulation. À l'issue de cette phase, l'apprenti conducteur doit avoir réussi le code et l'évaluation réalisée par le moniteur. Il reçoit l'attestation de fin de formation initiale prévue dans le livret d'apprentissage.
À noter : cette formation est validée si l'apprenti conducteur est titulaire d'une catégorie du permis de conduire obtenue depuis cinq ans au plus ;
– une phase d'apprentissage en conduite accompagnée d'une durée comprise entre 1 an et 3 ans, au cours de laquelle l'élève doit parcourir au moins 3 000 km. (Arrêté du 22 décembre 2009).

La conduite supervisée

La conduite supervisée des véhicules de catégorie B est ouverte aux personnes âgées de 18 ans minimum. Elle permet l'acquisition d'une expérience de conduite et concerne notamment les personnes qui ont échoué à l'épreuve pratique de l'examen.
(Code de la route, art. R. 211-5-1).
L'élève conducteur doit avoir validé la phase de formation initiale c'est-à-dire avoir obtenu son code et réussi l'évaluation réalisée par le moniteur à la fin de cette période.
La conduite supervisée est d'une durée de 3 mois pendant laquelle l'apprenti conducteur doit conduire au moins 1 000 km. (Arrêté du 22 décembre 2009).
À la fin de la phase de conduite supervisée, l'élève peut être présenté à l'épreuve pratique de l'examen du permis de conduire. En cas d'échec, il peut poursuivre la conduite supervisée.

La conduite encadrée

La conduite encadrée est accessible à partir de 16 ans aux élèves préparant, dans le cadre de la formation professionnelle, un diplôme de l'éducation nationale (Arrêté du 30 septembre 2010, JO du 14.10.2010).
(Code de la route, art. R. 211-5-2).

Les exigences communes aux 3 formations

L'accompagnateur

Quelle que soit la forme d'apprentissage, l'accompagnateur doit être titulaire, depuis au moins 5 ans, du permis de conduire de catégorie B. Il ne doit pas avoir fait l'objet, pendant ces 5 ans, d'une suspension ou d'une annulation.
Enfin, il doit avoir obtenu l'accord de sa compagnie d'assurance. Cette dernière est en droit de refuser sa prise en charge si l'accompagnateur a commis une ou plusieurs infractions graves.
Pendant la conduite, le taux d'alcoolémie de l'accompagnateur peut être contrôlé. En cas de dépassement des taux autorisés, il peut être puni des mêmes peines que celles applicables au conducteur (amende, perte de points, suspension ou annulation du permis).
(Code de la route, art. R. 234-1).

L'assurance

La conduite accompagnée, supervisée ou encadrée ne débute qu'après un accord préalable écrit de l'assurance sur l'extension de garantie nécessaire pour la conduite du ou des véhicules utilisés au cours de la période d'apprentissage.
Cet accord précise le ou les noms des accompagnateurs autorisés par l'assurance à assurer cette fonction.
(Arrêté du 22 décembre 2009).

La conduite

Le véhicule dans lequel circulent l'élève et l'accompagnateur doit être muni de deux rétroviseurs latéraux et d'un signe distinctif autocollant ou magnétisé «conduite accompagnée» placé à l'arrière gauche du véhicule.
(Arrêté du 22 décembre 2009).
Le véhicule peut être à boîte de vitesses manuelle ou automatique. Il n'est pas nécessaire qu'il possède une double commande.
Durant l'apprentissage, la vitesse est limitée :

– à 110 km/h sur les sections d'autoroutes où la vitesse est limitée à 130 km/h ;
– à 100 km/h sur les autres sections d'autoroutes et les routes à deux chaussées séparées par un terre-plein central ;
– à 80 km/h sur les autres routes ;
– à 50 km/h en agglomération.
(Code de la route, art. R. 413-5).

Les points du permis

A la date d'obtention du permis de conduire, celui-ci est affecté d'un nombre initial de 6 points.
Le nouveau conducteur n'obtient ses 12 points que s'il passe la période probatoire sans commettre d'infractions donnant lieu à retrait de points.
Cette période probatoire est de 2 ans pour les personnes qui ont suivi l'apprentissage anticipé de la conduite et de 3 ans pour les autres.

› Quels véhicules peut-on conduire sans permis ?

– Les cyclomoteurs c'est-à-dire les véhicules de deux ou trois roues munis d'un moteur dont la cylindrée n'excède pas 50 cm^3 (combustion interne) ou d'une puissance maximale de 4 kW pour les autres moteurs, et dont la vitesse ne dépasse pas 45 km/h. Les cyclomoteurs peuvent être conduits à partir de 14 ans, à condition que le jeune soit titulaire du brevet de sécurité routière.
– Les quadricycles légers à moteur c'est-à-dire les véhicules à moteur à quatre roues dont la vitesse n'excède pas 45 km/h et dont la cylindrée n'excède pas 50 cm^3 (ou 4 kW). L'âge minimum pour conduire les quadricycles légers est de 16 ans.
(Code de la route, art. R. 311-1 et R. 211-2).
– Les véhicules électriques d'une puissance maximale de 1 kW. Âge minimum : 14 ans.
(Code de la route, art. R. 221-15).
– Les tracteurs agricoles (dont la vitesse est limitée à 40 km/h), les machines automotrices (dont la vitesse est limitée à 25 km/h) ou les ensembles tracteur remorque appartenant à une exploitation agricole, une entreprise de travaux agricoles ou à une coopérative de matériels agricoles.
Le conducteur doit avoir 16 ans minimum.
Lorsque la largeur dépasse 2,50 m, s'il y a plusieurs remorques, ou si une remorque transporte du personnel, le conducteur doit avoir 18 ans.
(Code de la route, art. R. 221-20 et R. 311-1).

● Le brevet de sécurité routière

Tout conducteur d'un cyclomoteur (qui ne possède pas le permis de conduire) doit être titulaire du brevet de sécurité routière (ou d'un titre équivalent européen).
Le brevet se compose d'une partie théorique sanctionnée par l'attestation scolaire de sécurité routière et d'une partie pratique d'une durée de 5 heures (réparties en 5 séances ou plus) de circulation sur route et de maîtrise de l'engin (Arrêté du 9 juillet 2004).
Les personnes non titulaires d'une attestation scolaire peuvent obtenir une attestation de sécurité routière après un examen théorique et une formation pratique organisée par une personne physique ou morale agréée par le préfet.
À noter : le brevet de sécurité routière doit être présenté à toute réquisition de la police.

Si le conducteur ne le possède pas, il peut être puni d'une amende de la 2e classe des contraventions.
(Code de la route, art. R. 211-2, R. 233-1 et R. 311-1).
(Voir Ⓘ : *Contravention, taux*).

› L'obtention du permis de conduire

● Où faut-il s'adresser ?

Le dossier du permis doit en principe être déposé à la préfecture du département de son domicile, par l'intermédiaire de l'auto-école.
On peut passer son permis dans un département autre que celui du domicile. Il faut justifier d'un intérêt particulier légitime. Cette dérogation ne peut être accordée pour de simples convenances personnelles.
(Code de la route, art. R. 221-1).

● Permis pour les sourds ou les malentendants

La loi n° 2005-102 du 11 février 2005 prise en faveur des handicapés a prévu des modalités particulières pour les candidats conducteurs sourds et malentendants.
Un interprète ou un médiateur en langue des signes doit être présent aux épreuves théoriques et pratiques du permis de conduire pour véhicules légers (permis B) lors des sessions spécialisées organisées pour ces personnes. La fréquence des sessions (deux fois par an au minimum) est décidée par le préfet. Elle dépend notamment du nombre de candidats inscrits.
(Code de la route, art. D. 221-3-1).
Par ailleurs, lors des examens théoriques, il est prévu de leur accorder le temps nécessaire pour pouvoir suivre les explications de l'interprète ou du médiateur en langue des signes et comprendre les traductions entre les candidats et le traducteur.

● Faut-il une visite médicale ?

Les permis A et B sont délivrés sans visite médicale préalable sauf si le candidat :
– est atteint de la perte d'un œil ;
– a été réformé ou exempté ou est titulaire d'une pension d'invalidité à titre civil ou militaire ;
– a déclaré être atteint d'une infirmité ou d'une affection susceptible d'être incompatible avec l'obtention ou le maintien du permis de conduire ou susceptible de nécessiter un permis à durée limitée ;
– après une suspension ou une annulation du permis ;
– ou encore, a été convoqué devant la commission médicale des permis de conduire.

À noter : les affections retenues sont celles figurant sur la liste de l'arrêté du 31 août 2010 ainsi que toute autre affection susceptible de constituer ou d'entraîner une incapacité fonctionnelle de nature à compromettre la sécurité routière lors de la conduite du véhicule.

Un examen médical préalable au permis puis périodique est, par ailleurs, obligatoire :
– pour les candidats au permis de conduire les véhicules A et B spécialement aménagés pour les handicapés ;

– pour la conduite des taxis, des voitures de tourisme avec chauffeur, des ambulances, des véhicules de ramassage scolaire ou de transport public de personnes ou des auto-écoles ;
– pour les candidats des permis C, D et E.
La visite médicale doit être renouvelée tous les 5 ans pour les conducteurs âgés de moins de 60 ans, tous les 2 ans à partir de 60 ans et tous les ans à partir de 76 ans. Pour les titulaires du permis D âgés de 60 ans et plus, la périodicité maximale des visites médicales est de 1 an.
Les conducteurs doivent, de leur propre initiative, demander ce nouvel examen médical en s'adressant à la préfecture avant l'expiration de la période de validité de leur permis.
(Arrêté du 8 février 1999).
Pour l'ensemble des personnes (candidats ou conducteurs) soumises à la visite médicale, une procédure d'appel devant la commission médicale d'appel est possible après les conclusions (d'aptitude ou d'inaptitude) de la commission médicale primaire.
(Code de la route, art. R. 221-10 à R. 221-19).

Faut-il passer par une auto-école ?

Il n'est pas obligatoire de passer par une auto-école pour passer son permis de conduire. Le dossier pour les candidats libres est à retirer à la préfecture (préfecture de police pour Paris). Concernant les leçons de conduite, l'intéressé doit se renseigner auprès de la préfecture pour savoir si elles sont autorisées hors auto-école dans le département et quelles sont les conditions à remplir.

Le livret d'apprentissage

Toute personne qui veut apprendre à conduire doit être détentrice d'un livret d'apprentissage. Ce livret est délivré aux personnes de 16 ans minimum par le préfet du département de leur domicile. Il est valable 3 ans avec possibilité de prolongation. Il suit l'évolution de la formation de l'élève.
À défaut de présentation de ce livret aux agents de police sur réquisition, l'élève peut se voir interdire le passage de l'examen du permis de conduire. Le préfet peut procéder au retrait de ce livret en cas de conduite en état d'ivresse, d'entrave à la circulation, de conduite sans plaques d'immatriculation ou de conduite sans accompagnateur.
(Code de la route, art. R. 211-3).

Y a-t-il une durée minimale de formation ?

Conduite des véhicules

La durée minimale de la formation est identique à celle prévue pour l'apprentissage anticipé de la conduite.

Conduite des motocyclettes

La durée minimale de la formation pratique à la conduite de ces véhicules est de 20 heures, dont 8 hors circulation et 12 sur une voie ouverte à la circulation publique. Toutefois, pour les candidats au permis de conduire de la catégorie A déjà titulaires du permis de conduire de la catégorie A1, la durée minimale de cette formation est ramenée à 15 heures, dont 5 hors circulation et 10 sur une voie ouverte à la circulation publique. Lors de la présentation à l'épreuve hors circulation de l'examen du permis de conduire, les candidats doivent justifier avoir effectué au moins 8 heures de formation hors circulation (5 heures s'ils sont déjà titulaires du permis A1). (Arrêté du 24 juin 1992).

Y a-t-il des délais à respecter pour se présenter aux différentes épreuves ?

Permis B et B1

Le candidat doit attendre 1 mois à compter de la date d'enregistrement de sa demande de permis à la préfecture pour se présenter à l'épreuve théorique.
De même, pour se présenter à l'épreuve pratique ou, en cas d'échec, se représenter à l'épreuve théorique, le candidat doit attendre un délai minimum de 2 semaines.
En cas d'échec à la première épreuve pratique du permis, le délai pour se représenter est également de 2 semaines. En cas d'échec à la deuxième épreuve pratique, aucune nouvelle convocation ne peut intervenir avant le même délai de 2 semaines (même délai en cas d'échec aux présentations suivantes).

Permis A, A1, C, D, E (B), E (C) et E (D)

Le candidat doit attendre 24 heures pour se présenter à l'épreuve en circulation en cas de succès à l'épreuve hors circulation. Le candidat doit attendre 48 heures pour se représenter en cas d'échec à l'épreuve théorique générale. Pour les permis A et A1, le candidat ne peut se représenter en cas d'échec à la première épreuve pratique avant un délai de 48 heures, pour les permis C, D, E (B), E (C) et E (D) avant un délai d'une semaine. Enfin, en cas d'échec à la deuxième épreuve pratique, aucune convocation ne peut intervenir avant un délai d'un mois (même délai en cas d'échec aux présentations suivantes).
(Arrêté du 8 février 1999).

À noter : quel que soit le permis, la réussite à l'épreuve théorique permet de se présenter 5 fois à l'épreuve pratique dans un délai maximum de 3 ans.
(Arrêté du 5 avril 2006).

Le résultat de l'examen

À l'issue de l'examen technique (conduite), l'examinateur délivre au candidat, dont le résultat est jugé satisfaisant, un certificat d'examen du permis de conduire.

Attention : si l'examinateur estime nécessaire que le candidat subisse un examen médical, le certificat ne lui sera pas remis même s'il a obtenu un résultat satisfaisant.

Le certificat est valable pendant 2 mois à dater du jour de l'examen. Si le conducteur omet ou néglige de retirer le titre définitif à l'issue de ces 2 mois, le certificat d'examen du permis de conduire ne peut être prorogé et le conducteur est considéré comme démuni de titre valable. Les préfets peuvent aussi, par arrêté, décider d'opter dans leur département pour l'annonce différée du résultat de l'épreuve pratique de l'examen du permis de conduire de la catégorie B.
Les candidats fournissent le jour du permis une enveloppe timbrée à leur adresse et reçoivent par La Poste le résultat de l'examen (quel que soit ce résultat). En cas d'absence de cette enveloppe, l'examen ne peut pas avoir lieu.
(Arrêté du 5 décembre 2003).
Cette procédure de résultat différé a pour but, notamment, d'éviter les violences ou outrages commis à l'encontre des inspecteurs du permis. Les auteurs de ces violences ou outrages sont punis des peines aggravées (car commis sur une personne dépositaire de l'autorité publique).
(Code pénal, art. 222-10, 222-12, 222-13 et 433-5).

Par ailleurs, ils peuvent, à titre de peine complémentaire prévue par la loi renforçant la lutte contre la violence routière, être interdits de présentation au permis de conduire pendant 3 ans.
(Code de la route, art. L. 211-1).

› Le permis à 1 euro par jour

Il permet d'aider les jeunes à suivre une formation dans une auto-école et obtenir leur permis de conduire.
Un prêt est accordé aux personnes intéressées et l'État prend en charge les intérêts.
(Décret n° 2005-1225 du 29 septembre 2005).

● Les bénéficiaires

La mesure est ouverte aux jeunes âgés de 16 à 25 ans et est réservée à l'obtention du permis B (y compris dans le cadre de l'apprentissage anticipé de la conduite).
Le prêt ne peut être attribué qu'une fois à un même bénéficiaire et ne peut concerner que les personnes qui n'ont jamais eu le permis B. Le dispositif est également ouvert aux jeunes voulant passer un permis moto de plus de 125 cm^3.

● La procédure

Le jeune peut choisir son auto-école mais cette dernière doit avoir signé une convention avec l'État.
Le jeune (ou son représentant légal s'il est mineur) signe un contrat de formation avec l'auto-école et doit, pour obtenir le prêt, présenter ce contrat à un établissement de crédit participant à cette opération.

● Le prêt

Il peut être versé directement sur le compte de l'auto-école ou sur le compte du souscripteur du prêt pour être reversé à l'auto-école.
Le montant du prêt souscrit doit être égal, au choix du souscripteur du prêt, à 800, 1 000 ou 1 200 €, sans excéder le montant inscrit dans le contrat de formation. Ce montant peut être ramené à 600 €, si le jeune obtient une aide financière directe de l'État ou d'une collectivité locale ou bien s'il souhaite effectuer un apport personnel.

● Le remboursement

Le souscripteur du prêt ne rembourse que le capital. Les mensualités doivent être constantes (à l'exception éventuellement de la dernière) et ne doivent pas dépasser 30 €, par mois.
Leur nombre est obtenu en divisant le montant du prêt par 30.
L'établissement prêteur peut demander des garanties de remboursement et notamment la caution des parents.

› Le permis à points

Le permis de conduire est affecté de 12 points. Ce nombre diminue si le conducteur commet certaines infractions déterminées. Lorsque ce nombre est nul, le permis est annulé.
(Code de la route, art R. 223-1 et s.).

● Nouveaux conducteurs

Les nouveaux conducteurs ne disposent que de la moitié du nombre maximal de points (soit 6 points). Ils ne peuvent disposer des 12 points maximum qu'après la fin de la période probatoire. Cette période probatoire est de 3 ans à compter de l'obtention du permis, période ramenée à 2 ans si le titulaire du permis a suivi un apprentissage anticipé de la conduite.

À condition de ne pas commettre d'infractions, les nouveaux conducteurs obtiennent (pour les permis obtenus à compter du 31 décembre 2007) :

– 8 points après 1 an ;
– 10 points après 2 ans ;
– 12 points après 3 ans.

Ceux qui ont suivi la conduite accompagnée obtiennent les 6 points supplémentaires en seulement 2 ans.

Si les conducteurs commettent une infraction entraînant un retrait de points, ils doivent attendre à nouveau 3 ans pour récupérer leurs points perdus et avoir la totalité des points du permis.

À noter : les personnes dont le permis a été annulé ou invalidé doivent respecter les réglementations applicables aux nouveaux conducteurs.

(Code de la route, art. L. 223-1 et R. 223-1).

● Infractions susceptibles de retirer des points

Pour les délits, le retrait de points est égal à la moitié du nombre maximal de points.

Pour les contraventions, le retrait de points est, au plus, égal à la moitié du nombre maximal de points (le barème des points affectés aux contraventions est fixé par décret).

Dans le cas où plusieurs infractions entraînant retrait de points sont commises simultanément, les retraits de points se cumulent dans la limite de huit points.

À noter : il est possible d'avoir la liste à jour des infractions pouvant retirer des points sur le site Internet du ministère : www.securiteroutiere.equipement.gouv.fr (Code de la route, art. L. 223-2 et R. 223-2).

Voici les principales infractions pouvant entraîner un retrait de points.

Retrait de 6 points :

– homicide involontaire ou par imprudence ou blessures involontaires ;
– conduite en état d'alcoolémie ;
– refus de se soumettre aux vérifications d'alcoolémie ;
– conduite après usage de stupéfiants ;
– refus de se soumettre au dépistage de stupéfiants ;
– délit de fuite ;
– refus d'obtempérer, d'immobiliser son véhicule ou de se soumettre aux vérifications ;
– entrave ou gêne à la circulation ;
– usage volontaire de fausses plaques d'immatriculation, défaut volontaire de plaques et fausses déclarations ;
– conduite en période de suspension de permis ;
– mise en danger d'autrui ;
– récidive dans l'année du non-respect de la distance de sécurité entre véhicules dans un tunnel ;
– dépassement de plus de 50 km/h de la vitesse maximale autorisée.

Retrait de 4 points :
– non-respect de la priorité entre véhicules et vis-à-vis des piétons engagés sur le passage protégé sur les aires piétonnes ou de rencontre ou vis-à-vis des cycles circulant sur les pistes cyclables ;
– non-respect de l'arrêt imposé par le panneau « stop » ou par le feu rouge fixe ou clignotant ;
– dépassement de plus de 40 km/h et moins de 50 km/h de la vitesse maximale autorisée ;
– circulation la nuit ou par temps de brouillard, en un lieu dépourvu d'éclairage public, d'un véhicule sans éclairage, ni signalisation ;
– marche arrière ou demi-tour sur autoroute.

Retrait de 3 points :
– circulation sans motif sur la partie gauche de la chaussée ;
– franchissement d'une ligne continue seule ou quand elle n'est pas doublée par une ligne discontinue du côté de l'usager ;
– changement important de direction sans que le conducteur se soit assuré que la manœuvre est sans danger pour les autres usagers et sans qu'il ait averti ceux-ci de son intention ;
– dépassement de la vitesse maximale autorisée compris entre 30 km/h et 40 km/h ;
– dépassement de moins de 40 km/h de la vitesse maximale autorisée pour les conducteurs titulaires d'un permis de conduire depuis moins de 2 ans ;
– dépassement dangereux ;
– arrêt ou stationnement dangereux ;
– stationnement sur la chaussée, la nuit ou par temps de brouillard, en un lieu dépourvu d'éclairage public, d'un véhicule sans éclairage, ni signalisation ;
– circulation sur bande d'arrêt d'urgence ;
– non-respect de la distance de sécurité avec le véhicule qui précède. Celle-ci correspond à la distance parcourue par le véhicule pendant un délai d'au moins 2 secondes (temps minimum nécessaire pour prévenir une collision) ;
– défaut de port de la ceinture de sécurité à l'avant comme à l'arrière ;
– conduite d'un véhicule sans respecter les conditions de validité ou les restrictions d'usage du permis de conduire (non-respect de la visite médicale obligatoire par exemple) ;
– défaut de port du casque ou port d'un casque non homologué pour les conducteurs de deux-roues, tricycles ou quadricycles immatriculés.

Retrait de 2 points :
– dépassement de la vitesse maximale autorisée compris entre 20 km/h et 30 km/h ;
– accélération de l'allure par le conducteur d'un véhicule sur le point d'être dépassé ;
– circulation ou stationnement sur le terre-plein central d'autoroute ;
– usage d'un téléphone tenu à la main par le conducteur d'un véhicule en circulation ;
– écran en fonctionnement dans le champ de vision du conducteur (sauf écrans de navigation).

Retrait d'1 point :
– dépassement de la vitesse maximale autorisée de moins de 20 km/h ;
– maintien des feux de route gênant les conducteurs venant en sens inverse, malgré leurs appels de phares ;

– chevauchement d'une ligne continue seule ou quand elle n'est pas doublée par une ligne discontinue du côté de l'usager.

Procédure de retrait de points

Règles générales

Les points sont retirés après paiement de l'amende, exécution d'une composition pénale, le cas échéant, émission du titre exécutoire de l'amende forfaitaire majorée (assimilé à une condamnation définitive), ou condamnation judiciaire définitive. L'infraction est alors établie.
(Code de la route, art. L. 223-1).
(Voir Ⓘ : *Composition pénale*)
Ils ne peuvent être retirés par la police ou la gendarmerie.
Ces retraits ont lieu de plein droit même en cas de réhabilitation et les tribunaux ne peuvent relever le coupable de cette peine. Ils ne peuvent pas non plus faire varier le nombre de points perdus.
(Code de la route, art. L. 223-4).
Lorsque l'infraction est établie, le retrait de points est porté à la connaissance de l'intéressé par lettre simple.
La perte des points est enregistrée sur le fichier national des permis de conduire.

Nouveaux conducteurs

Lorsque le nouveau conducteur a commis, pendant son délai probatoire, une infraction ayant donné lieu au retrait d'au moins 3 points, la notification du retrait de points lui est adressée par lettre recommandée avec demande d'avis de réception.
Cette lettre l'informe de l'obligation de se soumettre au stage de sensibilisation à la sécurité routière dans un délai de 4 mois.
S'il ne s'y soumet pas, il est puni de l'amende prévue pour les contraventions de la 4e classe et peut voir son permis suspendu pour 3 ans.
S'il s'y soumet, il reçoit une attestation de stage qu'il doit transmettre dans un délai de 15 jours au préfet.
(Code de la route, art. L. 223-6 et R. 223-4).

Information du conducteur

Lors de la constatation d'une infraction, l'agent verbalisateur doit remettre au conducteur un document sur lequel figurent :
– le nombre de points qu'il risque de perdre ;
– le retrait qui n'interviendra qu'après le paiement de l'amende, ou l'émission du titre exécutoire de la dernière amende forfaitaire majorée, ou l'exécution de la dernière composition pénale ou après le jugement définitif ;
– l'existence du fichier automatisé des permis de conduire et de la possibilité d'exercer son droit d'accès.
À défaut de pouvoir remettre au conducteur ce document, ces informations doivent lui être envoyées par les services de la police.
(Code de la route, art. L. 223-1, L. 223-3, R. 223-3).
En conséquence, si la décision administrative de retrait de points intervient alors que le conducteur n'a pas reçu ces informations, la procédure sera considérée comme entachée d'excès de pouvoir et donc annulée. (Avis du Conseil d'État n° 171045 du 22 novembre 1995). Par ailleurs, si une décision de retrait partiel des points est illégale, le retrait du permis pour perte totale des points est également illégal.

Le conducteur doit être informé par courrier recommandé quand il passe sous la barre des 6 points. Une proposition de stage pour récupérer ces points doit aussi lui être proposée. Ces informations doivent également être accessibles par Internet. D'une façon générale, le conducteur peut obtenir à tout moment le relevé intégral des mentions le concernant (par consultation sur place, en préfecture ou sous-préfecture, en demandant une copie ou par courrier électronique, selon les procédés de communication mis en place par arrêtés).
(Code de la route, art. L. 225-3).

Perte totale de points

Quand le nombre de points devient nul, le permis perd sa validité. Le conducteur doit être informé de ce retrait total des points par lettre recommandée avec avis de réception. Cette lettre doit, également, à compter du 1er janvier 2008, récapituler les précédents retraits de points. Le conducteur doit restituer son permis dans les 10 jours. Il ne peut solliciter un nouveau permis avant l'expiration du délai de 6 mois à compter de la remise du permis au préfet, sous réserve qu'il soit reconnu apte après un examen ou une analyse médicale, clinique, biologique et psychotechnique (avant l'expiration de ce délai de 6 mois il peut néanmoins passer la visite médicale et l'épreuve théorique). Le délai de 6 mois est porté à 12 mois en cas de récidive, c'est-à-dire lorsqu'un nouveau retrait de la totalité des points intervient dans un délai de 5 ans suivant le précédent. Le conducteur, pour obtenir un nouveau permis, doit subir à nouveau les épreuves prévues pour la première délivrance. Il peut cependant être dispensé des épreuves pratiques s'il possédait le permis depuis au moins 3 ans à la date de la perte du permis et si la durée d'interdiction de solliciter un nouveau permis est inférieure à 1 an (le conducteur doit demander son nouveau permis dans les 9 mois qui suivent la levée de l'interdiction).
(Code de la route, art. R. 223-3 et R. 224-20).
Lorsque le conducteur a dû repasser les épreuves théoriques et pratiques, il doit aussi, après obtention du permis, respecter les limitations de vitesse obligatoires pour les conducteurs débutants.
(Code de la route, art. R. 413-5).
Pour demander l'annulation de la décision de retrait du permis fondée sur la perte totale des points, le conducteur peut invoquer l'illégalité des retraits de points successifs.
L'Administration doit prouver qu'elle a bien informé le conducteur de chaque retrait de points (cette preuve est difficile à apporter si l'Administration a averti le conducteur par lettre simple). Si la décision de retrait du permis est annulée, l'Administration doit restituer le permis et recréditer le conducteur des points retirés illégalement.
Attention : le conducteur ne peut plus contester les retraits successifs de points s'il a payé, à chaque infraction, l'amende forfaitaire. Ce paiement équivaut en effet à une reconnaissance de la réalité des faits.
(Avis du Conseil d'État n° 220301 du 28 juillet 2000).

Le refus de remettre, après injonction, son permis annulé ou le fait de conduire malgré l'injonction (auparavant une simple contravention) est puni de 2 ans d'emprisonnement et de 4 500 € d'amende. Le conducteur peut aussi se voir interdire la conduite de tous véhicules pendant 5 ans (y compris les véhicules qui ne nécessitent pas de permis), imposer l'obligation de suivre un stage de sensibilisation à la sécurité routière et la confiscation du véhicule.
(Code de la route, art. L. 223-5).

Reconstitution des points

Reconstitution partielle

À condition qu'il n'ait pas perdu tous ses points, le conducteur peut reconstituer partiellement son nombre initial après un retrait s'il suit un stage de sensibilisation à la sécurité routière.

Attention : ce stage n'est plus facultatif mais devient obligatoire (et se substitue à l'amende) pour le nouveau conducteur qui a commis, dans sa période probatoire, une infraction entraînant un retrait d'au moins 3 points.
(Voir plus haut : *Procédure de retrait de points*).

Les modalités pratiques de ces stages sont fixées par décret.

Lorsque le stage est effectué, l'intéressé reçoit une attestation qui lui permet de récupérer 4 points à son permis (dans la limite du nombre de points maximal).

Une nouvelle reconstitution avec une nouvelle formation spécifique ne peut avoir lieu avant un délai de 2 ans.

L'attestation doit être transmise au préfet dans un délai de 15 jours à compter de la fin de cette formation.

À noter : en tant que peine complémentaire, le stage effectué par une personne condamnée permet désormais la récupération de 4 points au permis.
(Code de la route, art. L. 223-6 et art. R. 223-8).

Reconstitution totale

Lorsque l'automobiliste perd 1 point, il peut le récupérer au bout d'un an s'il ne commet pas, durant cette année, une infraction entraînant le retrait de points.

Le conducteur peut récupérer tous les points de son permis si, pendant 3 ans à compter de la date du paiement de la dernière amende forfaitaire, de l'émission du titre exécutoire de la dernière amende forfaitaire majorée, de l'exécution de la dernière composition pénale ou de la dernière condamnation définitive, il ne commet aucune des infractions (contravention ou délit) entraînant le retrait de points.

D'une façon générale, les points retirés du fait de contraventions des 4 premières classes sont réattribués au titulaire du permis de conduire à l'expiration d'un délai de 10 ans à compter de la date à laquelle la condamnation est devenue définitive ou du paiement de l'amende forfaitaire correspondante.
(Code de la route, art. L. 223-6 et art. R. 223-1 et s.).

Les règles de circulation

› Certificats d'immatriculation (ex-carte grise)

Le certificat d'immatriculation (ex-carte grise) est établi au nom du propriétaire, personne physique ou morale.
Il peut être établi au nom de plusieurs copropriétaires (deux ou plusieurs noms) sur production de justificatifs (facture établie au nom de plusieurs personnes par exemple). Le certificat n'est pas un titre de propriété mais un titre de police ayant pour but d'identifier un véhicule et dont la détention est obligatoire pour la circulation.
Un nouveau système d'immatriculation est mis en place depuis le 15 avril 2009 pour les véhicules neufs et depuis le 15 octobre 2009 pour les véhicules d'occasion qui changent de propriétaire, ou en cas de déménagement du propriétaire. Chaque véhicule se voit attribuer un numéro d'immatriculation lors de sa première mise en circulation et le conserve jusqu'à sa destruction.
Ce numéro est composé de sept caractères alphanumériques (lettres et chiffres) de couleur noire sur fond blanc (voir plus loin).
Le numéro du département n'est plus obligatoire. Le propriétaire peut faire immatriculer un véhicule n'importe où sur le territoire, et pas obligatoirement dans le département de sa résidence. En cas de déménagement dans un autre département, il n'est plus nécessaire de procéder au changement d'immatriculation.
Toutefois, il est nécessaire de déclarer son nouveau domicile dans le mois qui suit le déménagement. Cette déclaration se fait dans une préfecture ou par voie électronique.
(Code de la route, art. R. 322-7).

● Véhicules des particuliers

Pour obtenir le certificat d'immatriculation, il faut justifier de son identité et de son domicile et remplir une demande qui sera adressée au ministère de l'intérieur, par l'intermédiaire d'une préfecture (au choix de l'intéressé) ou d'un professionnel (garagiste, concessionnaire) habilité.
Le certificat, comportant le numéro d'immatriculation définitif du véhicule, est expédié à l'adresse du demandeur.
(Code de la route, art. 322-1 et s.).

À noter : Il est possible de circuler sans le certificat d'immatriculation, à condition de posséder un certificat provisoire d'immatriculation, un coupon détachable dûment rempli, un certificat W garage, un certificat de transit ou un document équivalent délivré par les autorités compétentes d'un État membre de la Communauté européenne.

À noter : le conseil régional peut exonérer de la taxe sur les certificats d'immatriculation (en totalité ou en partie) les véhicules les moins polluants, c'est-à-dire ceux fonctionnant exclusivement ou non au moyen de l'énergie électrique, du gaz naturel ou du gaz de pétrole liquéfié.
(Art. 1 599 novodecies A du Code général des impôts).
(Voir Ⓘ : *Pollution*).

Véhicules de société

Comme les particuliers, les personnes morales ou les entreprises individuelles peuvent s'adresser à la préfecture de leur choix pour obtenir les certificats d'immatriculation de leurs véhicules. Elles doivent justifier de leur identité et de l'adresse de leur siège social ou de celle de l'établissement d'affectation du véhicule (ou de mise à disposition s'il s'agit d'un véhicule de location).
Si le véhicule fait l'objet soit d'un contrat de crédit-bail, soit d'un contrat de location de 2 ans ou plus, le propriétaire doit justifier de son identité et de l'adresse du domicile du locataire.

En cas de perte ou de vol du certificat d'immatriculation

Pour obtenir un duplicata du certificat d'immatriculation, il faut justifier de son identité et de son domicile et fournir les pièces suivantes :
– la déclaration de perte (effectuée dans une préfecture) ou de vol (effectuée à la gendarmerie ou au commissariat) ;
– le certificat de passage au contrôle technique si le véhicule a plus de 4 ans ;
– le formulaire de demande de duplicata ;
– le paiement des taxes et redevances dues.
La demande de duplicata doit être faite dans le délai d'1 mois de la déclaration de perte ou de vol (délai de validité de la déclaration pendant lequel la voiture peut circuler).
Le duplicata est envoyé au domicile du titulaire du certificat d'immatriculation.

Véhicules de collection

Les véhicules de plus de 30 ans d'âge sont qualifiés de « véhicules anciens ». Ces véhicules peuvent circuler sous couvert, soit d'un certificat d'immatriculation normal, soit d'un certificat portant la mention de « véhicule de collection ».
(Code de la route, art. R. 322-2).
La mention « véhicule de collection » peut être établie pour les véhicules de plus de 30 ans qui n'ont pas de certificat d'immatriculation ou qui ne sont pas couverts par un certificat d'immatriculation délivré postérieurement au 1er avril 1950.
Pour obtenir un certificat d'immatriculation « véhicule de collection », le propriétaire doit fournir :
– une demande de certificat d'immatriculation accompagnée de justificatifs de domicile et d'identité ;
– le certificat d'immatriculation ou à défaut une pièce prouvant l'origine de propriété du véhicule ;
– la preuve d'une visite technique favorable de moins de 6 mois ;
– un certificat des douanes si le véhicule est étranger ;
– une attestation de la Fédération française de véhicules d'époque ;
– et en cas de changement de propriétaire, un certificat de cession et de non-gage.
(Arrêté du 18 mai 1994).
Ces véhicules de collection ne peuvent servir ni au transport de personnes, ni au transport de marchandises (même s'ils étaient destinés à l'origine à cet usage), si ce n'est sur les lieux d'une manifestation à caractère historique ou commémoratif.
La circulation de ces véhicules est autorisée sur l'ensemble du territoire national. Des conditions particulières de circulation peuvent toutefois être définies par arrêté.

Véhicules d'occasion

Tout vendeur d'un véhicule d'occasion doit remettre à l'acquéreur :

– le certificat d'immatriculation du véhicule. S'il s'agit de l'ancien modèle, le vendeur doit inscrire « vendu le... » et signer. Le coin droit doit être découpé (si ce découpage est prévu). Les nouveaux modèles comprennent une partie haute et un coupon détachable qui doivent être remplis, signés et remis par le vendeur à l'acquéreur. Le coupon détachable permet à l'acquéreur de circuler pendant 1 mois, dans l'attente du nouveau certificat d'immatriculation ;

– le certificat de cession du véhicule ;

– un certificat de situation administrative, délivré par l'administration et datant de moins de 15 jours. Ce certificat peut être obtenu sur le site Internet du ministère de l'Intérieur ;

– l'attestation de visite technique (si le véhicule a plus de 4 ans) datant de moins de 6 mois (ou de moins de 2 mois en cas de contre-visite obligatoire).

L'ancien propriétaire a un délai de 15 jours pour déclarer la vente ou la donation à la préfecture ou par voie électronique. Il doit indiquer l'identité et le domicile déclaré du nouveau propriétaire.

Le nouveau propriétaire dispose d'un délai d'1 mois pour faire établir un certificat d'immatriculation à son nom.

Il doit pour cela adresser au préfet du département une demande accompagnée :

– du certificat d'immatriculation de l'ancien propriétaire ;

– de l'attestation de mutation certifiant que le véhicule n'a pas subi de transformation ;

– d'une déclaration d'achat (en cas de vente par un professionnel) ;

– du certificat de position administrative remis par le vendeur ;

– et, le cas échéant, du procès-verbal de la visite technique.

(Code de la route, art. R. 322-5).

Le non-respect de ces obligations est puni d'une amende de la 4e classe des contraventions et de l'immobilisation du véhicule.

Attention : le vendeur doit remettre à l'acheteur le procès-verbal de la visite technique avant la conclusion de la vente.

À noter : l'année « automobile » commence le 1er janvier.

Plaques d'immatriculation

Les automobiles doivent présenter des plaques d'immatriculation de couleur blanche avec des caractères noirs.

Les plaques doivent être entretenues de façon à permettre la lecture des inscriptions. L'absence de plaques d'immatriculation est une contravention de la 4e classe.

Le non-entretien ou le non-respect des modes de pose est une contravention de la 3e classe.

L'immobilisation, c'est-à-dire l'obligation de maintenir le véhicule sur place en respectant les règles de stationnement, peut également être ordonnée.

Le fait de vendre ou d'utiliser une plaque non conforme aux caractéristiques réglementaires est une contravention de la 4e classe.

(Code de la route, art. R. 317-8).

L'arrêté du 1er mars 2004 met les plaques d'immatriculation des véhicules français en conformité avec celles émises en Union Européenne : intégration sur la plaque d'immatriculation du symbole européen complété par la lettre F (F blanc ou jaune surmonté du drapeau de l'UE en jaune sur fond bleu). Cette intégration est obliga-

toire pour les plaques d'immatriculation des véhicules immatriculés pour la première fois ou faisant l'objet d'un changement d'immatriculation en série normale depuis le 1er juillet 2004. Elle est facultative pour les autres.
l'usage de fausses plaques d'immatriculation est un délit pouvant être puni de 7 ans de prison et 30 000 € d'amende, de la suspension ou de l'annulation du permis pendant 3 ans. Par ailleurs, 6 points sont retirés de plein droit du permis.

› Immatriculation des motos, cyclomoteurs, tricycles, quadricycles, véhicules agricoles et voiturettes

Toute motocyclette, tout tricycle ou quadricycle à moteur, ainsi que tout cyclomoteur neuf (mis en circulation depuis le 1er juillet 2004), doit être immatriculé. Les autres cyclomoteurs devront être immatriculés au plus tard le 31 décembre 2010.
Ces véhicules peuvent ne porter qu'une plaque d'immatriculation à l'arrière.
Les véhicules agricoles ou forestiers sont soumis à cette même obligation d'immatriculation depuis le décret n° 2009-136 du 9 février 2009, suivant le calendrier suivant :
– les machines agricoles automotrices mises en circulation pour la première fois à compter du 1er janvier 2010 ;
– les véhicules ou appareils agricoles remorqués dont le poids total autorisé en charge est supérieur à 1,5 tonne mis en circulation pour la première fois à compter du 1er janvier 2013.
Si la moto, le tricycle, le quadricycle ou le cyclomoteur tracte une remorque, elle doit porter la même plaque d'immatriculation que le véhicule tracteur si le numéro de ce dernier n'est pas visible.
(Code de la route, art. R. 317-8).
Les véhicules non autorisés à circuler sur la voie publique et dont la vitesse peut excéder, par construction, 25 km/h doivent être déclarés par leurs propriétaires dans les 15 jours suivant la date de leur acquisition. La déclaration peut être faite par voie électronique ou par courrier postal.
À défaut, ils encourent une amende de la 4e classe des contraventions (Décret n° 2008-1455 du 30 décembre 2008).
Un numéro d'identification leur est attribué. Ce numéro doit être gravé sur une partie inamovible du véhicule et sur une plaque fixée en évidence. La plaque peut être retirée dans le cadre d'une activité sportive.

Attention : ces véhicules ne peuvent pas être vendus ni donnés à un mineur. S'ils sont loués ou prêtés, le mineur doit avoir plus de 14 ans (sauf si la mise à disposition du véhicule a lieu dans le cadre d'une association sportive agréée).
(Code de la route, art. L. 321-1-2).

Par ailleurs, tous les véhicules, y compris les cyclomoteurs et quadricycles légers doivent porter de manière apparente une plaque dite « plaque du constructeur » sur laquelle sont inscrits le nom du constructeur, la marque de réception, le numéro d'identification, le niveau sonore à l'arrêt et le régime moteur correspondant.
Le numéro d'identification doit être lisible à l'endroit du châssis ou du cadre sur la partie droite du véhicule.
(Code de la route, art. R. 317-9).
Sur l'immatriculation des cyclomoteurs, Code de la route, art. R. 322-12-2.

› Vitesse

La vitesse des véhicules est limitée à :
- 130 km/h sur les autoroutes ;
- 110 km/h sur les routes à deux chaussées séparées par un terre-plein central ;
- 90 km/h sur les autres routes ;
- 50 km/h dans la traversée des agglomérations. En agglomération cette vitesse peut être réduite à 30 km/h dans certaines zones (appelées « zone 30 »), à 20 km/h dans les « zones de rencontre » (zone ouverte à la circulation de tous, piétons, véhicules, cycles…) ou portée à 70 km/h, notamment dans les zones des routes à grande circulation. À Paris, sur le boulevard périphérique, la vitesse est de 80 km/h ;
- 50 km/h sur l'ensemble du réseau routier et les autoroutes en cas de visibilité inférieure à 50 mètres (brouillard).

Des limitations complémentaires sont prévues pour les jeunes conducteurs (élèves conducteurs et conducteurs en période probatoire) et les poids lourds, en cas de pluie ou de mauvais temps.
De même, les conducteurs qui ont dû repasser leur permis (code et conduite) après annulation doivent respecter les vitesses maximum applicables aux jeunes conducteurs.
(Code de la route, art. R. 413-5).
Les véhicules de transport de personnes (de moins de 12 tonnes) ne doivent pas dépasser :
- 110 km/h sur les autoroutes ;
- 100 km/h sur les routes à deux chaussées séparées par un terre-plein central lorsqu'elles sont à caractère prioritaire et signalées comme telles ;
- 80 km/h sur les autres routes.

Les véhicules de transport en commun, hors agglomération, doivent respecter :
- 100 km/h sur autoroute ou double-voie ;
- 90 km/h sur les autres routes ;
- 70 km/h pour les autobus ou autocars avec passagers debout.

(Code de la route, art. R. 317-6 et R. 413-1 et s.).
À noter : en particulier sur autoroute, aucun conducteur ne doit gêner la marche normale des autres véhicules en circulant, sans raison valable, à une vitesse anormalement réduite.
(Code de la route, art. R. 413-19).
(Pour les sanctions, voir ① : *Excès de vitesse*).

› Croisement et dépassement

● Croisements et intersections

Les croisements doivent s'effectuer en serrant sur sa droite (sauf bien sûr si l'intersection est aménagée différemment). En cas d'accident, le conducteur qui aura empiété sur la partie gauche de la chaussée sera déclaré responsable. Par ailleurs, le conducteur qui aborde une intersection a l'obligation de ne pas s'engager si son véhicule risque d'y être immobilisé et d'empêcher le passage des voitures sur les autres voies.
Cette obligation ne concerne pas les cycles ou cyclomoteurs mais est applicable aux motos (les cycles et cyclomoteurs doivent respecter la signalisation qui leur est propre). Le véhicule dans cette situation doit s'arrêter avant la ligne matérialisée au sol.

À défaut de bande blanche, la limite à respecter est la ligne située à l'aplomb du feu de signalisation ou avant le passage piéton s'il en existe un.
(Code de la route, art. R. 412-30, R. 415-2 et R. 414-1 et s.).

● Dépassements

Les dépassements s'effectuent sur la gauche quand les véhicules sont en marche. S'ils sont à l'arrêt (à un feu rouge par exemple) cette règle n'est pas applicable et, en redémarrant, un véhicule peut doubler un autre véhicule sur sa droite.
Le conducteur, avant de dépasser, doit s'assurer qu'il peut le faire sans danger (possibilité de reprendre sa place dans la file de droite, dépassement pouvant s'effectuer rapidement...). En agglomération, s'il dépasse un piéton, un engin à deux ou trois roues, un véhicule à traction animale, un cavalier ou un animal, il doit laisser une distance d'au moins 1 mètre entre son véhicule et cet usager.
Hors agglomération, cette distance est d'1,5 mètre.
Le conducteur qui va être dépassé doit serrer sur sa droite sans accélérer son allure.
(Code de la route, art. R. 414-4 et s.).
Sur route, en cas de neige ou de verglas :
– il est interdit de dépasser les engins de service hivernal en action sur la chaussée ;
– tout dépassement ou changement de file est interdit aux véhicules de plus de 3,5 tonnes ou aux ensembles de véhicules dont la longueur excède 7 mètres.
(Code de la route, art. R. 414-17).

● Sanctions

– Dépassements dangereux : contraventions de la 4e classe et perte de 3 points du permis ;
– accélération de l'allure au moment d'être dépassé : contravention de la 4e classe et perte de 2 points du permis ;
– défaut de signalisation (clignotant) lors du dépassement : contravention de la 4e classe et perte de 3 points du permis ;
– croisements dangereux : contravention de la 4e classe et perte de 3 points du permis ;
– immobilisation dans une intersection : contravention de la 4e classe.
Par ailleurs le conducteur coupable de ces infractions peut voir son permis de conduire suspendu pour 3 ans au plus, cette suspension pouvant être limitée à la conduite en dehors de l'activité professionnelle (permis blanc).
(Code de la route, art. R. 414-2, R. 414-4, R. 414-16, R. 415-2).

› Priorité

Les règles de priorité aux intersections, carrefours, accès à une autoroute, sorties de garages ou de voies privées, sont prévues par les articles R. 415-1 et suivants du Code de la route.
Tout conducteur abordant un rond-point à sens giratoire est tenu, quel que soit le classement de la route qu'il s'apprête à quitter, de céder le passage aux usagers circulant sur la chaussée qui ceinture le carrefour à sens giratoire (priorité à gauche).
(Code de la route, art. R. 415-10).
À l'intérieur du carrefour à sens giratoire, les règles de la priorité à droite sont à nouveau applicables.
Le conducteur qui quitte une route doit céder le passage aux cycles et cyclomoteurs circulant, dans les deux sens, sur les pistes cyclables qui traversent la chaussée sur laquelle il va s'engager.

Il doit aussi laisser le passage aux piétons se trouvant sur les passages protégés, sur les aires piétonnes ou les zones de rencontre.

› Éclairage

Les dispositifs d'éclairage obligatoires pour les véhicules et les deux-roues, lors du stationnement, en cas de brouillard et lors des croisements sont précisés dans les articles R. 416-4 et suivants du Code de la route.
Le stationnement ou la circulation d'un véhicule sans visibilité et sans éclairage sont punis d'une amende de la 4e classe, d'une réduction de 3 ou 4 points et de la suspension du permis de conduire pour une durée de 3 ans au plus, cette suspension pouvant être limitée à la conduite en dehors de l'activité professionnelle (permis blanc).
Les feux de route, les feux de croisement et les feux de brouillard des véhicules automobiles, ainsi que les feux des cyclomoteurs peuvent émettre une lumière blanche.
Les véhicules peuvent être équipés :
– de feux d'angle à lumière blanche (utilisables la nuit) pour éclairer la route où le véhicule va tourner ;
– de feux de circulation diurne à lumière blanche situés à l'avant et permettant d'être plus visibles de jour ;
– d'un éclairage avant adaptatif c'est-à-dire un dispositif d'éclairage fonctionnant automatiquement (sans intervention du conducteur) et permettant, par des faisceaux fixes ou orientables, d'allumer simultanément (ou non) et symétriquement (ou non) les feux avant de position et de brouillard, les feux de route et les feux de croisement ;
– d'une signalisation de freinage d'urgence c'est-à-dire le fonctionnement synchrone de tous les feux stop ou de tous les feux indicateurs de direction.
(Code de la route, art. R. 313-2 et s.).

› Les deux-roues, les tricycles et quadricycles

● Les véhicules à moteur

Les deux-roues (motocyclette, cyclomoteur), les tricycles ou les quadricycles à moteur comportent des règles spécifiques à leur circulation :
– interdiction de circuler sur les pistes cyclables, les voies vertes, les trottoirs, les autoroutes ou de front (contravention de la 4e classe) ;
– éclairage (obligatoire de jour comme de nuit) pour les motocyclettes et les cyclomoteurs mis en circulation pour la première fois depuis le 1er juillet 2004 (contravention de la 2e classe).
(Code de la route, art. R. 416-17) ;
– casque (port obligatoire) ;
– ceinture de sécurité (port obligatoire pour les véhicules équipés de ceintures de sécurité homologuées) ;
– plaques d'immatriculation.
(Code de la route, art. R. 431-1 et s.).
La répression concernant le défaut de port de casque a été renforcée :
– tous les conducteurs et tous les passagers des deux-roues (y compris les cyclomoteurs) doivent être coiffés d'un casque homologué et doivent l'attacher ;
– une amende de la 4e classe est encourue en cas de défaut de port de casque ;
– si le casque n'est pas homologué ou s'il n'est pas attaché, le deux-roues peut être immobilisé et mis en fourrière ;

– le conducteur sans casque d'une moto peut se voir retirer 3 points à son permis. (Code de la route, R. 431-1).
Depuis le 1er juillet 2004, tous ces véhicules (motos, tricycles ou quadricycles à moteur et cyclomoteurs) doivent être immatriculés.
Les conducteurs de deux-roues équipés d'une ceinture de sécurité sont soumis aux mêmes règles que les conducteurs des véhicules automobiles.
(Voir Ⓘ : *Ceinture de sécurité*).
À noter : le fait de vendre ou d'installer des dispositifs de débridage des moteurs de cyclomoteurs est un délit puni de 2 ans de prison et 30 000 € d'amende. Ces peines sont applicables aux professionnels comme aux particuliers.
Par ailleurs la vente des cyclomoteurs, motos, tricycles ou quadricycles dépassant 25 km/h est interdite aux mineurs.
(Code de la route, art. L. 317-5 et s. et L. 321-1-1).

● Les cycles

Les conducteurs de cycles à deux ou trois roues doivent emprunter les bandes ou pistes cyclables, ou encore les voies vertes (routes exclusivement réservées aux cycles, piétons et cavaliers).
Ils peuvent également emprunter les aires piétonnes (sauf interdiction spécifique) à condition de rouler au pas et de ne pas gêner les piétons.
Sur les trottoirs ou accotements, seuls les enfants de moins de 8 ans peuvent circuler à vélo (à condition de rouler « au pas » et de ne pas gêner les passants).
Les autres personnes doivent les conduire à la main.
Sur la chaussée, ils peuvent circuler à deux de front sauf à la tombée de la nuit ou lorsqu'un véhicule s'apprête à les doubler.
Les cycles doivent être munis de jour comme de nuit de dispositifs réfléchissants (catadioptres) à l'arrière (rouge), latéralement et à l'avant (blanc).
De nuit, ou lorsque la visibilité est insuffisante, les conducteurs et passagers des cycles doivent porter, hors agglomération, un gilet rétro-réfléchissant de sécurité.
(Code de la route, art. R. 431-1-1).
En ville, lorsque les pistes cyclables sont parallèles au passage pour piétons, les cyclistes doivent respecter les feux prévus pour les piétons.
Enfin, il est interdit aux conducteurs de cycles et de cyclomoteurs de se faire remorquer par un véhicule.
(Code de la route, art. R. 412-30, R. 431-7 et s.).

› La sécurité

● Ceinture de sécurité

Le port de la ceinture de sécurité est obligatoire pour les conducteurs et passagers des places avant et arrière de tous les véhicules, y compris les autobus et autocars dont le poids total autorisé en charge excède 3,5 tonnes, équipés de ceintures, dans les agglomérations ou hors des agglomérations.
Certaines personnes peuvent toutefois en être dispensées.
(Code de la route, art. R. 412-2).
La ceinture de sécurité non attachée peut entraîner la condamnation à une amende de la 4e classe pour le conducteur ou le passager concerné et la perte de 3 points du permis de conduire s'il s'agit du conducteur qui n'a pas attaché sa ceinture.
(Code de la route, art. R. 412-1 et s.).
(Voir Ⓘ : *Contravention, taux*).

Enfants

Enfant de moins de 10 ans

Il est interdit de transporter des enfants de moins de 10 ans aux places avant des véhicules automobiles sauf dans l'un des cas suivants :
– si l'enfant est transporté face à l'arrière dans un siège homologué spécialement conçu pour être installé à l'avant, et si le coussin de sécurité frontal (airbag) est désactivé ;
– si le véhicule ne comporte pas de siège arrière ou lorsque les sièges arrière du véhicule n'ont pas de ceinture de sécurité ou sont momentanément inutilisables ou occupés par des enfants de moins de 10 ans. Dans cette hypothèse, tous les enfants transportés doivent être retenus par un système homologué de retenue pour enfant adapté à leur taille et leur poids.
Par ailleurs, sur les places arrière, les enfants de moins de 10 ans doivent être attachés par un système de retenue adapté à leur taille et homologué. Il peut s'agir d'un siège de surélévation arrimé à la banquette arrière.
Ce système de retenue n'est pas obligatoire pour les enfants de moins de 10 ans :
– qui justifient d'une contre-indication médicale attestée par un certificat médical ;
– dont la taille est adaptée à la ceinture de sécurité ;
– qui sont transportés dans des taxis ou véhicules de transport public.
À noter : il est toujours interdit de transporter un enfant de moins de 3 ans dans un véhicule sur un siège qui n'a pas de ceinture de sécurité.

Enfant de 10 à 13 ans

Les enfants de 10 à 13 ans peuvent être assis à l'avant ou à l'arrière des véhicules mais doivent être obligatoirement maintenus soit par un système homologué de retenue pour enfants, soit par une ceinture de sécurité.

Responsabilité du conducteur

Le conducteur est dans l'obligation de s'assurer que les enfants de moins de 18 ans qu'il transporte sont bien retenus, soit par une ceinture de sécurité, soit par un système homologué.
Cette obligation concerne le conducteur d'un véhicule comportant jusqu'à 9 places assises (y compris celle du conducteur).
À défaut, il peut se voir infliger une amende de la 4e classe.
(Code de la route, art. R. 412-2 et R. 412-3).

Téléphones portables et écrans vidéo

L'usage d'un téléphone tenu en main par le conducteur d'un véhicule en circulation est interdit.
Le conducteur encourt une contravention de la 2e classe et la réduction de plein droit de 2 points de son permis de conduire.
La peine est la même en cas d'usage d'un écran vidéo placé dans le champ de vision du conducteur. Seuls les écrans de navigation ou d'aide à la conduite sont autorisés.
(Code de la route, art. R. 412-6-1 et R. 412-6-2).

Voitures accidentées

Lorsqu'en raison de la gravité des dommages qu'il a subis à la suite d'un accident, un véhicule n'est plus en état de circuler sans danger pour la sécurité, l'agent qui procède aux constatations doit retirer à titre conservatoire le certificat d'immatriculation. Si le certificat n'est pas remis aux forces de police, le propriétaire est

avisé d'une interdiction de circuler et d'une opposition au transfert de son certificat d'immatriculation.
Le certificat d'immatriculation ne peut être restitué qu'après justification de la remise en état du véhicule.
Si le rapport d'expertise fait apparaître que le montant des réparations est supérieur à la valeur du véhicule au moment du sinistre, l'assureur doit dans les 15 jours suivant la remise du rapport d'expertise proposer une indemnisation en perte totale avec cession du véhicule à l'assurance.
Le propriétaire du véhicule dispose de 30 jours pour donner sa réponse.
S'il accepte, le véhicule est vendu par l'assureur à un professionnel.
S'il refuse ou s'il laisse passer le délai pour répondre, une opposition au transfert de son certificat d'immatriculation est inscrite et ne peut être levée que sur présentation d'un second rapport d'expertise certifiant que le véhicule a fait l'objet des réparations touchant à la sécurité prévues par le premier rapport et que le véhicule est en état de circuler dans des conditions normales de sécurité.
(Code de la route, Art. L. 327-1 et s. et R. 327-1 et s.).

À noter : lorsqu'un véhicule est immobilisé sur la chaussée et constitue un danger pour la circulation, son conducteur doit allumer ses feux de détresse et placer un triangle de pré-signalisation de l'obstacle. S'il est amené à descendre de son véhicule, il doit porter un gilet rétro-réfléchissant de sécurité. En circulation, ce gilet doit être à portée de main du conducteur.
Le non-respect de ces obligations est une contravention de la 4e classe.
(Code de la route, art. R. 416-19).

● Véhicules bruyants et polluants

Les véhicules ne doivent pas émettre de bruits susceptibles de causer une gêne aux usagers de la route ou aux riverains. L'usage illégal ou excessif des avertisseurs est puni d'une contravention de la 2e classe.
(Code de la route, art. R. 416-1).
L'échappement libre est interdit ainsi que toute opération tendant à supprimer ou à réduire l'efficacité des dispositifs d'échappement silencieux. De la même façon, les véhicules ne doivent pas émettre de fumée, de gaz toxiques, corrosifs ou malodorants dans des conditions susceptibles d'incommoder ou de compromettre la santé et la sécurité publiques. Le non-respect de la réglementation est une contravention de la 3e classe.
(Code de la route, art. R. 318-1).

Restrictions de circulation

En cas de niveau de pollution élevé, des mesures peuvent être prises au niveau régional pour limiter, voire interdire, la circulation de certains véhicules (les véhicules qui ne possèdent pas la pastille verte apposée sur le pare-brise ou encore en fonction de leurs numéros d'immatriculation).
Ces mesures temporaires n'ont pas à être signalées sur la voie publique, ce qui signifie que les conducteurs peuvent être sanctionnés (contravention de la 2e classe et immobilisation du véhicule) même si aucun panneau d'interdiction de circulation n'est présent sur la chaussée.
L'information des conducteurs doit se faire par la mairie, la radio, la télévision et la presse écrite, au plus tard à 19 heures la veille des mesures de restriction.
(Code de la route, art. R. 411-25 et s.).

Le fait d'apposer une fausse pastille verte sur son véhicule est une contravention de la 4e classe.
(Sur la liste des véhicules les moins polluants, Code de la route, art. R. 318-2).

Véhicules du secteur public

Par ailleurs, l'État, les établissements publics, les collectivités territoriales, les entreprises nationales et les exploitants publics qui gèrent plus de 20 véhicules, doivent utiliser, à hauteur de 20 % de leur parc automobile, des véhicules électriques ou fonctionnant au gaz de pétrole liquéfié ou au gaz naturel. Les véhicules de transport en commun dans les agglomérations de plus de 100 000 habitants doivent d'autre part fonctionner à l'aide de carburant dont le taux minimum d'oxygène a été relevé.
Ces obligations ne concernent toutefois que des activités n'appartenant pas au secteur concurrentiel.
(Code de la route, art. L. 318-1 à L. 318-4, art. R. 318-7).

Bonus-malus écologique

Le bonus-malus écologique est mis en place pour les véhicules particuliers acquis et immatriculés pour la première fois en France ou à l'étranger depuis le 1er janvier 2008.
En fonction des performances écologiques du véhicule acheté, son propriétaire est pénalisé d'un malus ou, au contraire, perçoit un bonus.

Le bonus

Le bonus écologique (entre 200 € et 5 000 € selon le taux d'émission de CO^2) est versé à la première immatriculation d'un véhicule neuf émettant :
- moins de 135 g CO^2/km pour les voitures fonctionnant au gaz naturel, au GPL, ou mixtes (énergie électrique et essence ou gazole) ;
- moins de 125 g CO^2/km pour les autres véhicules.

La demande du bonus doit être formulée au plus tard dans les 3 mois suivant l'acquisition.
Le bonus peut être complété d'une prime lorsque l'acquisition du véhicule écologique s'accompagne de la mise au rebut d'un véhicule ancien de plus de 10 ans.
Un bonus peut également être versé en cas de transformation en véhicule GPL, d'un véhicule à moteur essence encore en circulation. La transformation doit être faite par un professionnel.
Les taux plafonds de CO^2 permettant de percevoir le bonus doivent être abaissés progressivement jusqu'en 2012 pour atteindre :
- moins de 130 g CO^2/km pour les voitures fonctionnant au GPL, électriques, ou mixtes ;
- moins de 120 g CO^2/km pour les autres véhicules.

Le malus

À l'inverse, les achats (en 2010) de véhicules neufs émettant plus de 155 g de CO^2/km entraînent le paiement du malus (entre 200 € et 2 600 €).
Le malus est une taxe qui sert à alimenter un fonds d'aide à l'acquisition de véhicules propres qui lui-même verse les bonus.
Les taux fixés pour le malus doivent également être abaissés. En 2011, le malus sera appliqué aux véhicules émettant plus de 150 g CO^2/km.
À cette taxe, s'ajoute un malus payable annuellement par les propriétaires de véhicules émettant plus de 250 g de CO^2 par km ou ayant une puissance fiscale supé-

rieure à 16 CV. Le malus est dû par le propriétaire du véhicule le 1er janvier de chaque année. Il est dû l'année qui suit la première immatriculation. Les véhicules dont la carte grise porte la mention handicap (spécialement aménagés pour le transport de personnes à mobilité réduite) sont exonérés de ce malus.
(Art. 1011 bis s. du Code général des impôts).

Visite technique

Pour des raisons de mise en conformité aux normes européennes, toutes les voitures dont le poids total autorisé en charge n'excède pas 3,5 tonnes doivent subir une visite technique dans les 6 mois précédant l'expiration d'un délai de 4 ans à compter de la date de leur première mise en circulation. Les contrôles postérieurs doivent être renouvelés tous les 2 ans. De plus, à l'exception des voitures particulières, les véhicules de moins de 3,5 tonnes doivent, tous les ans, subir une visite complémentaire portant sur le contrôle des émissions polluantes. Cette visite doit être effectuée dans les 2 mois précédant l'expiration du délai d'1 an.
(Arrêté du 15 décembre 1998).
(Code de la route, art. R. 323-6 et s.).
En cas de vente du véhicule, il faut également procéder à une visite technique (sauf si la dernière visite date de moins de 6 mois). Enfin, pour les véhicules de plus de 3,5 tonnes, la visite technique est obligatoire tous les ans.
(Code de la route, art. R. 323-25 et s.).
Les visites techniques ont lieu dans un centre de contrôle agréé par le préfet. Le propriétaire du véhicule reçoit un procès-verbal à l'issue de chaque visite. Si des défauts importants sont constatés, le véhicule devra subir une contre-visite dans un délai maximum de 2 mois.
À l'issue de toute visite, le contrôleur appose sur la carte grise un timbre dit « timbre carte grise » indiquant la date de validité de son visa et si le véhicule doit ou non subir une contre-visite (la date de validité du visa est la date au-delà de laquelle le véhicule ne peut plus être maintenu en circulation sans subir une autre visite technique). Le timbre apposé sur la carte grise constitue une preuve de la visite technique.
Si la contre-visite n'est pas prescrite, le contrôleur appose à l'intérieur du véhicule, sur la partie inférieure droite du pare-brise, une vignette visible de l'extérieur indiquant la date de la prochaine visite obligatoire.
À noter : un contrôle technique tous les 5 ans est également obligatoire pour les véhicules de plus de 30 ans d'âge pour obtenir le certificat d'immatriculation mentionnant : « véhicule de collection ». En cas de vente, le procès-verbal de la visite technique doit être établi depuis moins de 6 mois.
(Arrêté du 14.10.2009).

En cas de non-respect de cette obligation de visite de contrôle, le contrevenant risque une amende de la 4e classe et la confiscation de la carte grise jusqu'à la présentation d'une pièce justifiant du résultat satisfaisant de la visite technique.
(Code de la route, art. R. 325-6).
(Voir ① : *Contravention, taux*).

Les infractions et sanctions

La constatation des infractions

› Doit-on obligatoirement déférer à une sommation de s'arrêter ?

Il faut obligatoirement déférer à une sommation de s'arrêter faite par un agent revêtu des signes extérieurs et apparents de sa qualité.
Il faut être en mesure de présenter :
- le titre justifiant de l'autorisation de conduire,
- la carte grise,
- l'attestation d'assurance,
- (le cas échéant) la vignette de l'année.

Le certificat d'assurance et éventuellement la vignette de l'année doivent être de façon apparente apposés sur le pare-brise.
(Code de la route, art. R. 233-1).
Le refus d'obtempérer à une sommation de s'arrêter entraîne une perte de 6 points du permis. Le conducteur peut également être puni d'une peine de prison, d'une amende et d'une suspension de son permis. En cas de perte ou de vol du permis, le récépissé de la déclaration de perte ou de vol tient lieu de permis pendant 2 mois au plus.
(Code de la route, art. L. 233-1).
Si le conducteur a refusé de s'arrêter en faisant courir à autrui un risque de mort ou de blessures graves, il peut être puni de 5 ans de prison et d'une amende de 75 000 €.
Par ailleurs, son permis peut être suspendu ou annulé pendant 5 ans et son véhicule confisqué.
Enfin, ce délit entraîne la réduction de plein droit de la moitié du nombre de points initial du permis de conduire.
(Code de la route, art. L. 233-1-1).

› Peut-on contester un procès-verbal ?

Pour contester un procès-verbal, il faut en premier lieu refuser de le signer et de payer l'amende (ce qui équivaudrait à une reconnaissance de l'infraction reprochée) puis, devant le tribunal, tenter de le faire annuler.
Dans certains cas, pour que sa contestation puisse être étudiée, le contrevenant doit s'acquitter préalablement d'une consignation. (Voir plus loin).
En vertu de l'article 429 du Code de procédure pénale, le procès-verbal n'a de valeur probante que s'il est régulier en la forme, si son auteur a agi dans l'exercice de ses fonctions et a noté, dans une matière de sa compétence, ce qu'il a vu, entendu ou constaté personnellement.

● Compétence de l'auteur du procès-verbal

Sont compétents en matière d'infractions à la circulation routière les officiers ou agents de police judiciaire, les gendarmes et les agents de police judiciaire adjoints, les gardiens de la paix de la police nationale, les personnels assermentés de l'Office national des forêts (jusqu'aux contraventions de la 5e classe mais non les délits), les gardes champêtres (infractions contre les propriétés forestières ou rurales), les agents agréés et assermentés titulaires ou auxiliaires de l'État ou des communes, les agents assermentés des services publics de transports en commun (infractions qui affectent la circulation de ces véhicules), les officiers de port et les officiers de port adjoints (infractions de stationnement dans les enceintes portuaires), les ingénieurs des Ponts et Chaussées et les techniciens des travaux publics (infractions de voirie).
(Code de la route, art. R. 130-1 et s.).
Les agents de police municipale, qui sont agents de police judiciaire adjoints peuvent, depuis le décret n° 2000-277 du 24 mars 2000, verbaliser l'ensemble des contraventions au Code de la route.
Depuis le décret n° 2005-316 du 29 mars 2005, les agents de sécurité et de surveillance dans les aéroports peuvent, s'ils sont agréés par le préfet, dresser procès-verbal en cas d'infractions aux règles de stationnement.
(Code de la route, art. R. 130-2).

● Rédaction du procès-verbal

Les tribunaux ont pu annuler un procès-verbal qui avait été rédigé au crayon et qui ne comportait ni le nom ni la signature de l'agent verbalisateur ou encore un procès-verbal qui était raturé et qui ne permettait pas d'établir l'infraction. Lorsque l'infraction est relevée par radar automatique la signature manuelle figurant sur le procès-verbal peut être numérisée.

● Contestation des faits rapportés

Si le procès-verbal est régulier en sa forme, il faut prouver la fausseté des constatations policières puisqu'un procès-verbal fait foi jusqu'à preuve contraire et bénéficie d'une présomption de vérité.
(Art. 537 du Code de procédure pénale).
Cette preuve peut être apportée en produisant un écrit ou par témoignages (par exemple un document de voyage prouvant que le propriétaire du véhicule ne pouvait être le conducteur puisqu'il se trouvait dans un autre lieu au moment de l'infraction, ou une photo des lieux montrant l'absence de signalisation ou encore le témoignage d'un passant, d'un autre conducteur...). D'une façon générale, les constatations effectuées par des appareils de contrôle automatique et relatives à la vitesse, aux distances de sécurité, au non-respect d'un stop, au non-paiement des péages ou à la présence de véhicules sur certaines voies interdites font foi jusqu'à preuve du contraire. Cela signifie que le conducteur qui les conteste doit prouver qu'elles sont fausses (ce n'est pas à la police de prouver leur véracité).
(Code de la route, art. L. 130-9).

Les infractions et leurs sanctions

› Blessures et homicides involontaires

La loi n° 2003-495 du 12 juin 2003 a institué des délits spéciaux lorsque des blessures ou des homicides involontaires ont été causés par un conducteur. Les peines sont aggravées par rapport à celles prévues en cas d'homicide ou de blessures

involontaires causés en dehors du domaine de la circulation routière. Elles dépendent de la gravité des conséquences pour la victime. Le conducteur qui tue sa victime, par maladresse, imprudence, inattention, négligence ou manquement à une obligation législative ou réglementaire de sécurité ou de prudence, encourt une peine de 5 ans de prison et 75 000 € d'amende.
Les peines sont de 7 ans de prison et 100 000 € d'amende en cas de circonstances aggravantes telles que : la violation de l'obligation de sécurité manifestement délibérée, la conduite en état d'ivresse ou avec usage de stupéfiants, le refus de se soumettre aux vérifications de l'état alcoolique ou de drogué, le défaut de permis, la vitesse excessive (dépassant de 50 km/h la vitesse autorisée) ou encore la fuite après l'accident.
Si la victime a subi une incapacité totale de travail pendant plus de 3 mois, les peines sont de 3 ans d'emprisonnement et de 45 000 € d'amende et de 5 ans de prison et de 75 000 € d'amende en cas de circonstances aggravantes.
Si la victime a subi une incapacité totale de travail égale ou inférieure à 3 mois, les peines sont de 2 ans d'emprisonnement et de 30 000 € d'amende et 3 ans de prison et 45 000 € d'amende en cas de circonstances aggravantes.
Ces délits entraînent également la suspension du permis, sans possibilité de sursis ni de « permis blanc » (permis autorisé pour l'activité professionnelle). Le permis est annulé en cas de circonstances aggravantes.
(Code pénal, art. 221-6-1, 221-8, 222-19-1, 222-20-1 et 222-44).

› Délit de fuite et de non-assistance

Le conducteur qui, sachant que son véhicule vient de causer un accident, ne s'arrête pas, est passible du délit de fuite. Il peut être puni d'un emprisonnement et d'une amende prévue par l'article 434-10 du Code pénal. Ces peines sont doublées si l'accident a occasionné la mort de la victime ou son incapacité pendant plus de 3 mois. Six points sont retirés de son permis. Il encourt également une suspension de permis d'une durée de 3 ou 5 ans (cette suspension ne pouvant pas être limitée à la conduite en dehors de l'activité professionnelle), l'interdiction pendant 5 ans de conduire toute voiture y compris celles ne nécessitant pas de permis, l'obligation de suivre un stage de sensibilisation à la sécurité routière et la confiscation de son véhicule.
(Code pénal, art. 434-10, 434-45 et Code de la route, art. L. 231-1 et s.).
Le conducteur peut également être puni pour non-assistance à personne en péril (l'assistance peut être apportée soit par une action personnelle soit en provoquant un secours). Enfin, est également réprimé le fait d'entraver volontairement l'arrivée des secours destinés à faire échapper une personne à un péril imminent ou à combattre un sinistre présentant un danger pour la sécurité.
(Code pénal, art. 223-5 et 223-6).
À noter : celui qui s'arrête, qui laisse le temps de prendre son identité et son numéro d'immatriculation et qui prend ensuite la fuite, n'est pas passible du délit de fuite.

› Conduite en état d'ivresse

● Taux maximum autorisés

Pour les conducteurs de véhicules de transport en commun, le taux maximal d'alcoolémie toléré au volant est désormais de 0,2 gramme d'alcool par litre de sang maximum (contre 0,5 gramme avant) ou 0,10 mg d'alcool par litre d'air expiré.
(Code de la route, art. R. 234-1).

Pour les autres conducteurs de véhicules, le taux maximal d'alcoolémie toléré au volant reste fixé à 0,5 gramme d'alcool par litre de sang maximum ou 0,25 mg d'alcool par litre d'air expiré. Le conducteur dépassant ces taux est puni d'une contravention de la 4e classe (amende forfaitaire) entraînant le retrait de 6 points au permis. Le permis peut également être suspendu avec possibilité de se voir accorder un permis blanc.

Taux supérieurs

Si le taux constaté dans le sang est supérieur ou égal à 0,80 g/1000 ou, dans l'air expiré, supérieur ou égal à 0,40 mg/litre, il s'agit d'un délit puni d'une peine de 2 ans de prison, d'une amende de 4 500 € et de la perte de la moitié du nombre maximal de points du permis de conduire (ce nombre maximal est de 12 ou de 6 pour les nouveaux conducteurs). Dans cette dernière hypothèse (délit), le permis de conduire peut être suspendu (sans possibilité de permis blanc).
(Code de la route, art. L. 234-1, R. 234-1 et s.).
Le conducteur peut aussi se voir proposer une composition pénale c'est-à-dire la possibilité d'exécuter une mesure proposée par le procureur de la République avant que n'intervienne la condamnation judiciaire et en remplacement de cette dernière. La composition pénale est une modalité différente d'exécution d'une peine mais n'a aucune incidence sur le retrait des points. Le conducteur qui exécute une mesure proposée dans le cadre de la composition pénale se voit retirer le même nombre de points que s'il avait été condamné par le tribunal.
(Voir Ⓘ : *Composition pénale*).

Contrôle de l'alcoolémie

L'état alcoolique se prouve par les signes d'ivresse manifeste et par les épreuves de dépistage d'alcootest. Les épreuves de dépistage peuvent être faites par les agents de police judiciaire (y compris les agents de police municipale). Lorsque les épreuves de dépistage permettent de présumer l'existence d'un état alcoolique ou en cas de refus du conducteur de les subir, des vérifications destinées à établir la preuve de cet état alcoolique sont effectuées par les officiers de police judiciaire. Ces vérifications sont faites soit au moyen d'analyses et examens médicaux, cliniques et biologiques, soit au moyen d'un appareil homologué analysant l'air expiré. Lorsque les vérifications sont faites au moyen d'analyses, un échantillon doit être conservé.
Lorsqu'elles sont faites au moyen d'un alcootest, le conducteur est en droit de demander un second contrôle, après vérification du bon fonctionnement de l'appareil. Les contrôles préventifs d'alcoolémie peuvent être effectués (même en l'absence d'infraction préalable), soit sur instruction du procureur de la République, soit à l'initiative des officiers de police judiciaire, lesquels peuvent mandater à cet effet les agents de police judiciaire. Les contrôles d'alcoolémie doivent donc être plus fréquents et plus systématiques notamment dans les lieux dangereux et pendant les périodes au cours desquelles les infractions et les accidents sont les plus fréquents.
(Code de la route, art. L. 234-9).
Le refus de se soumettre à l'épreuve d'alcootest est passible d'une sanction égale à celle applicable à toute personne convaincue d'être sous l'empire d'un état alcoolique.
Le conducteur peut être condamné à une peine d'emprisonnement et d'amende prévue par les articles L. 234-8 et L. 234-10 du Code de la route.

Il peut également se voir retirer la moitié du nombre maximal de points de son permis.
(Code de la route, art. L. 234-1).
Les accompagnateurs d'élèves conducteurs (conduite accompagnée) sont, en ce qui concerne la conduite en état d'ivresse, assimilés aux conducteurs et sont, en cas de dépassement du taux d'alcoolémie, punis des mêmes peines que ces derniers. Leur permis peut également être suspendu ou annulé.
(Code de la route, art. L. 234-1 et s.).
À noter : Depuis le 1er janvier 2010, les autocars mis pour la première fois en circulation et transportant des enfants doivent obligatoirement être équipés d'un éthylotest anti-démarrage. À compter du 1er septembre 2015, tous les véhicules de transport en commun de personnes devront être équipés de ce dispositif de contrôle ainsi que de ceintures de sécurité pour tous leurs passagers.
(Code de la route, art. L. 234-15).
(Arrêté du 13.10.2009, JO du 25.11.2009).

› Conduite sous l'influence de drogues

Le fait de conduire sous l'influence de plantes ou de substances classées comme stupéfiants est un délit, même si le conducteur n'a pas causé d'accidents. Les analyses et examens cliniques et biologiques (analyse sanguine) ont lieu lorsque le premier dépistage est positif ou lorsque le conducteur refuse ou est dans l'impossibilité de le subir.
Le dépistage a lieu par prélèvement salivaire (effectué par la police) ou par prélèvement urinaire (effectué par un médecin).
Le dépistage peut intervenir de façon aléatoire en cas d'implication dans un accident matériel, d'infraction au Code de la route (liée à la vitesse, au port de la ceinture de sécurité, du casque ou entraînant la suspension du permis) ou de soupçon d'usage de stupéfiants. Il est systématique en cas d'accident mortel et également en cas d'accident corporel lorsqu'il existe « une ou plusieurs raisons plausibles de soupçonner » l'usage de stupéfiants.
Les peines encourues sont les mêmes que celles fixées pour le délit de conduite en état d'ivresse, c'est-à-dire 2 ans d'emprisonnement et 4 500 € d'amende. Les mêmes peines sont applicables si le conducteur refuse de se soumettre aux contrôles. Ces peines sont portées à 3 ans d'emprisonnement et 9 000 € d'amende si le conducteur cumule l'état d'ivresse (délit ou contravention) et l'usage de la drogue. En cas d'homicide involontaire ou de blessures graves (entraînant une incapacité de travail pendant plus de 3 mois) causés sous l'emprise de drogues, les peines sont de 6 ans d'emprisonnement et 90 000 €.
Le coupable peut aussi être condamné à la suspension ou à l'annulation de son permis pour 3 ans (sans possibilité de permis blanc), à une peine de travail d'intérêt général ou de jours-amendes, à l'immobilisation de son véhicule. Il perd la moitié du nombre maximal de points sur son permis. Il peut aussi être condamné à suivre un stage de sensibilisation à la sécurité routière et (ou) aux dangers de l'usage des produits stupéfiants.
(Code de la route, art. L. 235-2 et s. et R. 235-3 et s.).
Par ailleurs sont autorisées (comme en cas de conduite en état d'ivresse) :
– la rétention par la police du permis de conduire lorsqu'il existe une ou plusieurs raisons plausibles de soupçonner que le conducteur (ou l'accompagnateur de l'élève conducteur) a fait usage de stupéfiants ;

– la suspension administrative par le préfet en cas d'usage constaté de stupéfiants ou en cas de refus des contrôles.
(Code de la route, art. L. 224-1 et L. 224-2).

À noter : le seul usage illicite de stupéfiants prévu par le Code de la santé publique est puni d'1 an d'emprisonnement et de 3 750 €.
(Art. L. 3421-1 et suivants du Code de la santé publique).

Concernant les assurances, est déclarée non écrite toute clause qui stipule la déchéance de la garantie de l'assuré en cas de conduite sous l'empire de stupéfiants ou de tranquillisants et antidépresseurs susceptibles d'altérer la conduite.

› Non-respect des distances de sécurité

Les automobilistes doivent maintenir une distance de sécurité suffisante pour pouvoir éviter une collision en cas de ralentissement brusque ou d'arrêt subit du véhicule qui les précède. Cette distance de sécurité doit être égale au moins à la distance parcourue par le véhicule pendant 2 secondes. S'il s'agit de deux poids lourds qui se suivent (véhicules dont le poids total autorisé en charge dépasse 3,5 tonnes ou dont la longueur dépasse 7 mètres), la distance de sécurité est de 50 mètres minimum, hors agglomération.
Les sanctions en cas de non-respect de cette obligation ont été aggravées. Le conducteur encourt une amende de la 4e classe des contraventions, la suspension pour 3 ans de son permis et la réduction de 3 points du permis de conduire.
En cas de récidive dans le délai d'un an et lorsque le non-respect de la distance de sécurité a lieu dans un tunnel, l'infraction devient un délit et le conducteur peut être condamné à 6 mois d'emprisonnement, à une amende, à la suspension, pour 3 ans, de son permis et au retrait de 6 points de son permis.
(Code de la route, art. L. 412-2, R. 412-12).

› Excès de vitesse

• Si la vitesse constatée dépasse de 50 km/h ou plus la vitesse maximale autorisée, le conducteur est puni d'une peine de contravention de la 5e classe. Le permis est diminué de 6 points et peut être suspendu pour 3 ans, sans possibilité de permis blanc. Le conducteur peut aussi être tenu d'effectuer un stage de sensibilisation à la sécurité routière. La voiture est immobilisée et mise en fourrière. Un passager ne peut donc pas prendre le volant pour remplacer le conducteur après l'infraction.
• S'il y a récidive de la contravention précédente (excès de 50 km/h ou plus de la vitesse autorisée) dans le délai de 3 ans qui suit la première condamnation, le conducteur est puni d'une peine de prison de 3 mois et d'une amende de 3 750 €.
Cette nouvelle infraction est alors un délit et le permis est diminué de la moitié du nombre maximal de points. Le permis peut être suspendu. Dans cette hypothèse, le permis blanc est exclu.
(Code pénal, art. 132-11 et Code de la route, art. L. 413-1, R. 413-14-1).
• Si le dépassement de la vitesse est compris entre 40 km/h et 50 km/h au-dessus de la vitesse maximale autorisée, le conducteur est puni d'une peine de contravention de la 4e classe. Le permis est diminué de 4 points et peut faire l'objet d'une suspension.
• Si le dépassement de la vitesse est compris entre 30 km/h et 40 km/h au plus, le conducteur est puni d'une peine de contravention de la 4e classe. Le permis est diminué de 3 points et peut faire l'objet d'une suspension.

• Si le dépassement de la vitesse est compris entre 20 km/h et moins de 30 km/h, le conducteur est puni d'une amende de la 4e classe. Le permis est diminué de 2 points.
• Si le dépassement de la vitesse est inférieur à 20 km/h, le conducteur peut être puni d'une amende de la 3e classe des contraventions si la vitesse autorisée est supérieure à 50 km/h ou de la 4e classe dans le cas contraire. Le permis est diminué d'1 point.
(Code de la route, art. R. 413-1 et s.).
D'une façon générale, lorsque la vitesse dépasse de 30 km/h ou plus la vitesse autorisée, le conducteur peut aussi être tenu d'accomplir, à ses frais, un stage de sensibilisation à la sécurité routière (stage qui ne lui permet pas de récupérer des points sur son permis).
Attention : le fait de posséder un détecteur de radar ou un système destiné à perturber le fonctionnement de ces appareils est puni d'une amende des contraventions de la 4e classe.
Le dispositif anti-radar peut être saisi (ainsi que la voiture qui le transporte), le permis du conducteur peut être suspendu pour une durée de 3 ans et 2 points sont retirés de son permis.
(Code de la route, art. R. 413-15).

● Jeunes conducteurs

Les élèves conducteurs et, pendant le délai probatoire de 3 ou 2 ans, les nouveaux titulaires du permis de conduire, ne doivent pas dépasser :
– 110 km/h sur les autoroutes où la vitesse normale est limitée à 130 km/h ;
– 100 km/h sur les routes à 2 voies avec terre-plein central ;
– 80 km/h sur les autres routes.
Si ces vitesses sont dépassées, ils encourent les mêmes amendes que les autres conducteurs et se voient retirer les mêmes nombres de points à leurs permis.
(Code de la route, art. R. 413-14).
Si le nouveau conducteur (soumis à la période probatoire) commet une infraction ayant donné lieu au retrait d'au moins 3 points à son permis, il doit suivre un stage de sensibilisation à la sécurité routière dans un délai de 4 mois.
Ce stage se substitue à l'amende mais ne permet pas de récupérer des points. Le fait de ne pas respecter ce délai est puni de l'amende prévue pour les contraventions de la 4e classe. Le récalcitrant peut aussi se voir suspendre son permis pendant 3 ans.
(Code de la route, art. L. 226-6 et R. 223-4).
(Voir ① : *Permis de conduire, reconstitution de points*).

› Comportements dangereux

Le comportement d'une personne est qualifié de dangereux lorsqu'il a pour effet d'exposer directement autrui à un risque immédiat de mort ou de blessures. Cette disposition vise spécialement le domaine de la sécurité du travail et surtout de la circulation routière. Ce sera le cas par exemple lorsqu'un conducteur franchit la ligne continue en haut d'une côte. Cette infraction, qui n'est en principe qu'une contravention, deviendra un délit si le conducteur a agi délibérément, mettant ainsi la vie d'autrui en danger.
Le conducteur dangereux peut être condamné même s'il n'a causé aucun accident.
(Code pénal, art. 223-1 et 223-2).

› Procédure en matière de délits

Les délits prévus par le Code de la route sont jugés, comme les autres délits, par le tribunal correctionnel.
Une procédure simplifiée a cependant été mise en place par la loi n° 2002-1138 du 9 septembre 2002.

● Procédure simplifiée en matière de délits du Code de la route

Le ministère public peut choisir de soumettre les délits routiers à une procédure simplifiée (comme la procédure d'ordonnance pénale des contraventions : voir plus loin).
Le président du tribunal rend une ordonnance motivée prononçant soit la relaxe, soit la condamnation du prévenu à une amende ou une peine complémentaire. Il ne peut prononcer une peine d'emprisonnement.
L'ordonnance est transmise au ministère public qui peut, dans un délai de 10 jours, former opposition par déclaration au greffe du tribunal ou en poursuivre l'exécution.
L'ordonnance est également adressée par lettre recommandée avec AR au prévenu qui a alors 45 jours à compter de cette notification pour former opposition. En cas d'opposition, l'affaire est renvoyée devant le tribunal correctionnel. Le prévenu peut alors être condamné à une peine d'emprisonnement. Cette procédure simplifiée est cependant exclue :
– quand le prévenu est âgé de moins de 18 ans ;
– quand la victime a formulé une demande d'indemnité ou de restitution ;
– quand la victime a fait citer directement le prévenu ;
– quand le délit a été commis en même temps qu'une contravention ou en même temps qu'un délit d'homicide ou blessures involontaires.
(Art. 495 et suivants du Code de procédure pénale).

› Les contraventions

Il existe cinq classes de contraventions dont les tarifs varient en fonction de la gravité de l'infraction.
(Voir Ⓘ : *Contravention, taux*).
Désormais toutes les contraventions des quatre premières classes au Code de la route peuvent faire l'objet de la procédure de l'amende forfaitaire (y compris celles prévoyant la peine complémentaire de suspension du permis de conduire).
(Art. R. 48-1 du Code de procédure pénale).
Les contraventions de la 5e classe suivent la procédure de l'ordonnance pénale ou de convocation devant le tribunal de police.

● Amende forfaitaire

Les montants des amendes

Le montant de l'amende forfaitaire est égal à :
– 4,5 € pour les contraventions commises par les piétons ;
– 11 € pour les contraventions de la 1re classe (ex. : stationnement payant, non-paiement du ticket horodateur, non présentation de la carte grise…) ;
– 35 € pour les contraventions de la 2e classe (ex. : stationnement gênant, circulation sur les bandes d'arrêt d'urgence…) ;
– 68 € pour les contraventions de la 3e classe (ex. : freins défectueux, éclairage et signalisation non conformes, plaques d'immatriculation illisibles…) ;

– 135 € pour les contraventions de la 4e classe (ex. : excès de vitesse, non-respect de la priorité, non-respect d'un stop, défaut de port du casque ou de la ceinture de sécurité, circulation sur une route fermée temporairement).
(Sur les peines de contraventions non forfaitaires, voir Ⓘ : *Contravention, taux*).
Les amendes peuvent être minorées ou majorées en fonction de la date de leur paiement (voir plus loin).

	Piétons	1re classe	2e classe	3e classe	4e classe
Amende minorée			22 €	45 €	90 €
Amende majorée	7,5 €	33 €	75 €	180 €	375 €

Le paiement des amendes

Seules les amendes des contraventions des deuxième, troisième et quatrième classes peuvent être minorées, à l'exception de celles liées au stationnement. (Pour les contraventions de 5e classe, voir plus loin : *Ordonnance pénale*).
Le montant de l'amende forfaitaire est minoré s'il est acquitté soit entre les mains de l'agent verbalisateur au moment de la constatation de l'infraction, soit dans un délai de 3 jours à compter de la constatation de l'infraction ou, si l'avis de contravention est ultérieurement envoyé à l'intéressé, dans le délai de 15 jours à compter de cet envoi.
En cas de non-paiement de l'amende forfaitaire minorée dans ces conditions, le contrevenant est redevable de l'amende forfaitaire. Le contrevenant a alors un délai de 45 jours à compter de la constatation de l'infraction :
– soit pour régler le montant de l'amende forfaitaire auprès du service indiqué dans l'avis de contravention, ou, si cet avis lui est ultérieurement envoyé, dans les 45 jours qui suivent cet envoi ;
– soit pour envoyer une requête en exonération auprès du même service indiqué dans l'avis.
À défaut de paiement ou d'envoi d'une requête dans les 45 jours, le montant de l'amende est majoré de plein droit et peut être recouvré par un titre exécutoire.
Dans les 30 jours de l'envoi de l'avis invitant à payer l'amende majorée, l'intéressé peut former auprès du ministère public une réclamation motivée qui a pour effet d'annuler le titre exécutoire. Il doit joindre à sa réclamation l'avis d'amende forfaitaire majorée (et non l'avis initial de la contravention).
Il peut aussi, sans contester l'amende elle-même, demander des délais de paiement ou une remise de sa dette, totale ou partielle. Il doit justifier de difficultés financières et adresser sa demande au comptable du Trésor public. S'il estime la demande justifiée, le comptable du Trésor public peut alors octroyer des délais ou rendre une décision de remise gracieuse totale, ou encore accorder une diminution de 20 % des sommes dues.
Une remise de 20 % est également accordée en cas de paiement volontaire de l'amende majorée dans le délai d'un mois à compter de sa date d'envoi.
(Art. 530-4 et R. 49-6 du Code de procédure pénale).
À noter : ces délais sont augmentés de 15 jours si le paiement de l'amende forfaitaire ou de l'amende forfaitaire majorée intervient par télépaiement automatisé ou par timbre dématérialis. (Art. R. 49-3-1 du Code de procédure pénale).

À défaut de paiement des amendes forfaitaires et en l'absence de remise ou de délais de paiement, une ordonnance pénale est rendue par la juridiction de proximité ou le tribunal de police. (Voir plus loin).
Le comptable du Trésor peut aussi s'opposer au transfert du certificat d'immatriculation si le contrevenant n'habite plus à l'adresse enregistrée au fichier national des immatriculations ou s'il n'a pas payé le montant de cette amende majorée dans un délai de 4 mois à compter de l'envoi à son domicile de l'avis.
(Code de la route, art. R. 322-16).

La consignation

Lorsque l'avis de la contravention est adressé à l'adresse figurant sur le certificat d'immatriculation, (en cas d'excès de vitesse, de non-respect des distances de sécurité entre les véhicules, en cas d'usage illicite de voies et chaussées réservées à certaines catégories de véhicules ou en cas de non-respect d'un stop), le titulaire du certificat peut contester, dans le délai de 3 mois, cette contravention en envoyant une requête en exonération ou une réclamation par lettre RAR.
Ce délai peut être allongé si le contrevenant justifie avoir fait, avant l'expiration de ce délai, son changement d'adresse au service d'immatriculation des véhicules. Dans ce cas, il n'est redevable que de l'amende forfaitaire (non majorée) qu'il doit acquitter dans les 45 jours.
(Art. 530 du Code de procédure pénale).
À défaut de pouvoir justifier du vol de son véhicule ou du nom du véritable conducteur, le titulaire du certificat doit consigner une somme équivalente à l'amende forfaitaire et envoyer la preuve du versement de sa consignation. La consignation peut être payée soit par timbre-amende, soit par chèque libellé à l'ordre du Trésor public, soit par télé paiement.
(Art. 529-10 et A. 37-7 du Code de procédure pénale).
La consignation est automatiquement restituée à l'intéressé en cas de succès de la contestation.
(Art. 530-1 du code de procédure pénale).

● Amende non forfaitaire

Les contraventions de la 5e classe ne sont pas soumises à la procédure de l'amende forfaitaire.
Elles sont punies d'une amende ou d'une peine privative ou restrictive de droits (ex. : poids ou dimensions supérieurs à ceux autorisés pour le passage d'un pont...).

● Ordonnance pénale

La procédure simplifiée de l'ordonnance pénale concerne :
– les contraventions de police non soumises à la procédure de l'amende forfaitaire ;
– les contraventions soumises à la procédure de l'amende forfaitaire lorsque le contrevenant n'a pas payé l'amende dans les délais et qu'il a adressé une requête ou une réclamation aux fins d'exonération.
Le juge du tribunal de police (pour les contraventions de 5e classe) ou le juge de proximité (pour les contraventions des 4 premières classes) rend une ordonnance pénale, sans débat préalable ni convocation, portant soit relaxe, soit condamnation à une amende (jamais il ne prononce de peine de prison) ou encore condamnation le cas échéant à une ou plusieurs des peines complémentaires encourues (constitue par exemple une peine complémentaire la confiscation ou la suspension du permis de conduire).

Le ministère public peut, dans les 10 jours de l'ordonnance, former opposition à son exécution par déclaration au greffe du tribunal.
Si le ministère public ne fait pas opposition dans ce délai, l'ordonnance pénale est notifiée au contrevenant par lettre recommandée avec demande d'avis de réception et exécutée.
Le contrevenant dispose alors d'un délai de 30 jours à compter de la date d'envoi de la lettre, pour former opposition à l'exécution de l'ordonnance ou payer l'amende et le droit fixe de procédure entre les mains du comptable direct du Trésor.
Lorsque le condamné règle le montant de l'amende et le montant du droit fixe de procédure, le montant de l'amende est diminué de 20 % sans que cette diminution puisse excéder 1 500 €.
À défaut de paiement ou d'opposition dans ce délai de 30 jours, l'amende et le droit fixe de procédure sont exigibles.
(Art. 527, 707-2 et R. 42 et suivants du code de procédure pénale).
L'opposition faite par le prévenu doit être formée :
– soit par lettre adressée au chef du greffe du tribunal qui a rendu la décision attaquée. La lettre doit être expédiée dans le délai prescrit, le cachet de la poste faisant foi ;
– soit par une déclaration verbale faite au chef du greffe, enregistrée et signée par celui-ci et par le prévenu lui-même ou par un avocat ou un fondé de pouvoir spécial. Le pouvoir est annexé à l'acte dressé par le chef du greffe.
Dans les deux cas, le prévenu doit, à l'appui de l'opposition, remettre ou adresser au chef du greffe la lettre de notification ou lui faire connaître les références portées sur celle-ci.
Les déclarations d'opposition sont inscrites sur un registre.
En cas d'opposition, l'affaire est portée devant le tribunal de police ou la juridiction de proximité. Jusqu'à l'ouverture des débats, le prévenu peut renoncer expressément à son opposition.

● Procédure contradictoire devant le tribunal

À l'issue de l'audience, le condamné reçoit un relevé de condamnation pour lui permettre, s'il le désire, de payer les sommes qui lui sont réclamées dans le délai d'1 mois et de bénéficier ainsi de la réduction de 20 %.
Le condamné peut payer et faire appel du jugement. Dans ce cas, et s'il obtient l'infirmation de la décision, les sommes payées lui seront restituées.
(Art. R. 55-1 et suivants du Code de procédure pénale).

● Non-paiement des contraventions en cas de vente du véhicule

Si le propriétaire n'a pas payé ses contraventions, il ne pourra pas vendre son véhicule. En effet, il est obligatoire de remettre à son acquéreur un certificat de non-opposition (intégré dans le certificat de position administrative) établi depuis moins de 15 jours par l'administration (le nouveau propriétaire doit le posséder pour faire immatriculer le véhicule à son nom). Ce certificat n'est pas délivré si le Trésor fait opposition au transfert du certificat d'immatriculation.
Cette opposition ne peut être levée que si le propriétaire du véhicule forme une réclamation en respectant la procédure prévue pour les demandes d'exonération des contraventions ou règle les amendes impayées. Le règlement peut être fait soit en espèces, soit par chèque certifié, soit par carte bancaire soit encore par télépaiement automatisé ou par timbre dématérialisé.
(Code de la route, art. L. 121-5, L. 322-1 et s. et R. 322-17 et s.).
(Voir ① : *Infractions au Code de la route, réclamation*).

› Immobilisation et mise en fourrière

Depuis le décret n° 2005-1148 du 6 septembre 2005, la police municipale a les pouvoirs de mettre en fourrière les véhicules en infraction.
Toutefois, seules la police nationale et la gendarmerie peuvent mettre en fourrière les véhicules volés ou munis de fausses plaques.
(Code de la route, art. R. 325-14).
Sont susceptibles d'être immobilisés et mis en fourrière :
– les véhicules abandonnés ou en stationnement illicite prolongé ;
– les véhicules accidentés ;
– les véhicules en mauvais état qui présentent un danger grave pour les autres usagers ;
– les véhicules qui ne circulent pas dans des conditions régulières (par exemple : conducteur ivre ou sans permis de conduire) ;
– les véhicules dont les conducteurs ne respectent pas les distances de sécurité ;
– les véhicules qui circulent sans plaques minéralogiques ou avec des feux et avertisseurs sonores non réglementaires ;
– les véhicules polluants ou bruyants ;
– les véhicules qui n'ont pas subi les contrôles techniques obligatoires ;
– les véhicules retrouvés sur la voie publique ou dans un lieu privé qui ne peuvent plus circuler normalement à la suite d'un vol ou de dégradations ;
– les cyclomoteurs dont les conducteurs n'ont pas l'âge requis ou ne possèdent pas le brevet de sécurité routière ;
– et d'une façon générale, tous les véhicules dont les conducteurs encourent, en raison de l'infraction commise, la confiscation de leur véhicule.
(Code de la route, art. L. 325-1 et s. et R. 325-2 et s.).
L'immobilisation est souvent suivie de la mise en fourrière. Le conducteur peut arrêter les opérations d'enlèvement de son véhicule si les quatre roues sont encore au sol ou s'il est encore immobilisé. À défaut, il devra payer immédiatement les frais ou récupérer son véhicule à la fourrière.

Attention : le fait de s'opposer ou de faire obstacle à l'immobilisation de son véhicule et sa mise en fourrière peut entraîner une peine de 3 mois de prison, une amende de 3 750 € et la perte de la moitié des points du permis.

Pendant 3 jours, le propriétaire peut récupérer son véhicule en l'état. Après ce délai, les véhicules sont classés en trois catégories :
– ceux qui peuvent être restitués en l'état à leur propriétaire (en cas de stationnement gênant par exemple) ;
– ceux qui doivent subir des travaux indispensables ou les visites techniques ;
– ceux qui sont hors d'état de circuler et destinés à la casse.
Ce classement est notifié au propriétaire qui a un délai de 10 jours pour récupérer son véhicule classé hors d'état de circuler et un délai de 30 jours dans les autres cas. À défaut de respecter ces délais, le véhicule est considéré comme abandonné et pourra être vendu ou détruit.
Si le véhicule doit subir des réparations, l'autorisation de sortie de la fourrière est provisoire. Elle devient définitive lorsque le conducteur présente la facture des travaux prescrits.

À noter : l'immobilisation d'un véhicule à deux roues (motocyclette ou cyclomoteur) peut également être ordonnée si son conducteur n'est pas coiffé d'un casque.

Cette immobilisation peut être suivie de la mise en fourrière si le conducteur ne justifie pas de la possession d'un casque dans les 48 heures.
(Code de la route, art. L. 431-1 et R. 325-30 et s.).

Compétence judiciaire

En cas de contestation portant sur la mise en fourrière du véhicule (contestation de l'infraction d'origine, demande de réparation résultant de la mise en fourrière...), le propriétaire du véhicule doit porter sa demande devant le tribunal civil et non administratif (décision du tribunal des conflits, 4 novembre 1991).

Véhicules stationnés dans un lieu privé

Les véhicules se trouvant dans un lieu privé où le Code de la route ne s'applique pas (parking ou cour d'immeubles notamment) peuvent également être mis en fourrière à la demande du propriétaire (ou du syndicat des copropriétaires). Il faut faire une demande de mise en fourrière auprès de l'officier de police territorialement compétent après avoir envoyé une mise en demeure au propriétaire du véhicule. Si l'identité de ce dernier est inconnue, la police fait une recherche sur le fichier des immatriculations.
Si malgré ces recherches l'identité reste inconnue, la mise en fourrière peut également être ordonnée. La mise en fourrière se fait sous la responsabilité du demandeur.
(Code de la route, art. R. 325-47 et s.).

› La suspension et le retrait du permis de conduire

La suspension du permis de conduire peut intervenir lorsque sont commises les infractions les plus dangereuses telles que le non-respect de la priorité, l'excès de vitesse important (30 km/h ou plus), la marche arrière ou le demi-tour sur une autoroute, la conduite en état d'ivresse (taux d'alcoolémie égal ou supérieur à 0,50 g pour 1 000 dans le sang uniquement), la circulation en sens interdit ou sur route fermée temporairement, etc., mais aussi en cas de défaut d'assurance ou d'utilisation d'un dispositif anti-radar.
La loi n° 99-505 du 18 juin 1999 a ajouté à la liste des infractions susceptibles d'entraîner la suspension du permis, les délits suivants : la récidive d'excès de vitesse (art. L. 413-1) et le non-respect des règles de limitation de vitesse en matière de transports routiers (la suspension concerne le responsable de l'entreprise : art. L. 317-1).
(Code de la route, art. L. 224-1 et s.).
Le décret n° 2003-293 du 31 mars 2003 a complété cette liste en ajoutant notamment les infractions suivantes : circulation sur la bande centrale d'une autoroute ou les bandes d'arrêt d'urgence, stationnement dangereux d'un véhicule ou sans visibilité et sans éclairage, dépassement sur la droite (sauf cas particuliers) ou dépassement dangereux...
Pour certaines infractions, le permis blanc (c'est-à-dire la possibilité de conduire pour les besoins de sa profession malgré une suspension) est spécifiquement exclu (voir plus loin).
(Code de la route, art. R. 412-8 et s.).
Il faut distinguer la suspension administrative de la suspension judiciaire.

La suspension administrative

La procédure de suspension administrative est facultative. Elle dépend du préfet (le préfet de police à Paris) à qui est transmis le procès-verbal d'infraction.

Le préfet peut décider :
– soit de classer sans suite ;
– soit de prononcer un avertissement ;
– soit de suspendre le permis de conduire ;
– soit d'interdire la délivrance lorsque le conducteur n'en est pas titulaire.
L'avertissement ou la suspension peuvent être prononcés à l'encontre de l'accompagnateur d'un élève conducteur.
La suspension ou l'interdiction ne peuvent excéder 6 mois. Ce délai est porté à 1 an en cas d'atteinte involontaire à la vie ou à l'intégrité de la personne susceptible d'entraîner une incapacité totale de travail personnel, de conduite en état d'ivresse ou sous l'empire d'un état alcoolique, ou de délit de fuite.
(Code de la route, art. L. 224-7 et s.).
Cette suspension ne peut faire l'objet d'aucun sursis ni aménagement particulier. Elle cesse d'avoir effet dès qu'intervient une décision judiciaire.
La durée des mesures administratives de suspension ou d'interdiction s'impute sur celle des mesures du même ordre prononcées, le cas échéant, par le tribunal.
(Code de la route, art. L. 224-9).

● La suspension judiciaire

Le tribunal est saisi par le procureur de la République à qui est transmis le procès-verbal d'infraction. La suspension judiciaire est prononcée par les tribunaux.
Sa durée maximale est de 3 ou 5 ans (en cas d'homicide ou de blessures involontaires), ces peines pouvant être doublées en cas de récidive du délit de fuite ou de conduite sous l'empire d'un état alcoolique avec un taux d'alcoolémie égal ou supérieur à 0,50 g pour 1 000 dans le sang.
La peine peut également être exécutée par fraction sur une période de 3 ans maximum. La peine peut aussi être assortie d'une obligation d'effectuer un stage de sensibilisation à la sécurité routière, aux frais du condamné, dans un délai de 6 mois à compter de la date à laquelle la condamnation est définitive.
L'accomplissement du stage donne lieu à la remise au condamné d'une attestation que celui-ci adresse au procureur de la République.
Le non-respect de cette obligation est passible (comme le fait de conduire malgré une suspension) de 2 ans de prison et d'une amende de 30 000 €.
(Code pénal, art. 131-35-1, 132-28 et 434-41).
Lorsque la peine de suspension a été prononcée par jugement rendu en matière de police, cette décision peut être attaquée par la voie de l'appel.
(Code de la route, art. L. 224-9).

● Le permis blanc

Le permis blanc est un aménagement de la suspension du permis qui autorise le conducteur à conduire pour son activité professionnelle.
Cette autorisation limitant l'interdiction de conduire ne peut désormais plus être accordée pour les délits routiers les plus graves tels que : les risques causés à autrui, le délit de fuite, la conduite sans permis, la conduite en état d'ivresse ou sous l'emprise de stupéfiants ou la vitesse excessive (plus de 50 km/h au-dessus de la vitesse autorisée).
(Code de la route, art. L. 224-16, L. 234-2, L. 235-1, L. 413-1 et Code pénal, art. 223-1 et 434-10).

La rétention du permis de conduire

Les officiers ou agents de police judiciaire peuvent, à titre conservatoire, retirer, pour 72 heures, le permis de conduire d'un conducteur :
- en état d'ivresse manifeste,
- présentant un taux d'alcoolémie dans le sang égal ou supérieur à 0,80 g par litre, ou une concentration d'alcool égale ou supérieure à 0,40 mg par litre d'air expiré,
- ayant fait usage de stupéfiants,
- refusant de se soumettre au dépistage,
- ou encore, ayant dépassé la vitesse autorisée de 40 km/h ou plus.

La voiture peut être immobilisée d'office, sauf si le conducteur propose une autre personne qualifiée pour en assurer la conduite. Le préfet, dans ce délai, peut prononcer la suspension du permis pour une durée maximum de 6 mois.
À défaut de décision de suspension dans les 72 heures, le permis est rendu à son conducteur.
(Code de la route, art. L. 224-1 et s. et R. 224-1 et s.).

Annulation du permis de conduire

Les cours et tribunaux peuvent prononcer l'annulation du permis de conduire pour conduite en état d'ivresse, pour homicide, blessures involontaires ou délit de fuite. La loi n° 89-469 du 10 juillet 1989 ajoute deux cas d'annulation du permis, en cas de condamnation dans l'une des deux hypothèses suivantes :
- conduite d'un véhicule alors qu'une décision de suspension ou de rétention aura été notifiée.
- refus de restituer son permis alors qu'une décision de suspension ou de rétention aura été notifiée.

Le permis est annulé de plein droit en cas de récidive de conduite en état d'ivresse ou en cas de conduite en état d'ivresse ayant entraîné la mort ou des blessures entraînant une incapacité de plus de 3 mois.
Des peines complémentaires peuvent être également prononcées telles que l'interdiction de conduire même les véhicules pour lesquels le permis de conduire n'est pas exigé, l'obligation d'accomplir, aux frais du condamné, un stage de sensibilisation à la sécurité routière, l'immobilisation ou la confiscation du véhicule.
(Code pénal, art. 221-8, art. 222-44, art. 223-18).
Dans ces cas d'annulation du permis de conduire, l'intéressé ne peut solliciter un nouveau permis avant l'expiration d'un délai fixé par la juridiction (pouvant atteindre 10 ans) et sous réserve qu'il soit reconnu apte après un examen ou une analyse médical, clinique, biologique et psychotechnique effectué à ses frais. Pour obtenir un nouveau permis, le conducteur doit repasser les épreuves théoriques et pratiques de délivrance du permis.
Il peut toutefois être dispensé des épreuves pratiques s'il remplit les conditions suivantes :
- il devait être titulaire de son permis depuis au moins 3 ans à la date de l'annulation ;
- l'interdiction de solliciter un nouveau permis (précisée lors de l'annulation) doit être d'une durée inférieure à 1 an ;
- il doit solliciter un nouveau permis moins de 3 mois après la fin de la période d'interdiction.

(Code de la route, art. R. 224-20).

Perte de points

Depuis le 1er juillet 1992, les infractions graves entraînent également le retrait d'un certain nombre de points du permis.
(Pour plus de détails, voir Ⓘ : *Permis de conduire, à points*).

La conduite sans permis

• Si le conducteur conduit alors que son permis est suspendu ou invalidé, ou encore s'il refuse de rendre son permis en cas de retrait de la totalité de ses points, il encourt une peine de 2 ans de prison et 4 500 € d'amende. Il peut aussi, à titre de peines complémentaires, être condamné à l'interdiction de conduire tous véhicules même ceux ne nécessitant pas de permis, à l'obligation de suivre, à ses frais, un stage de sensibilisation à la sécurité routière, à un travail d'intérêt général et à la confiscation de son véhicule.
• Le fait de conduire un véhicule sans être titulaire du permis de conduire correspondant est désormais un délit puni d'1 an de prison et de 15 000 € d'amende. Le conducteur peut aussi se voir infliger les peines complémentaires de travail d'intérêt général ou de jours amende, d'interdiction de conduire tous véhicules ou d'obligation de suivre un stage de sensibilisation à la sécurité routière. Le véhicule peut également être immobilisé.
• Le fait de conduire un véhicule sans respecter les conditions de validité ou les restrictions d'usage du permis de conduire (par exemple, en cas de visite médicale obligatoire non suivie ou en cas de non-respect de la condition d'âge) est puni de l'amende prévue pour les contraventions de la 4e classe. Le conducteur encourt également les peines complémentaires de suspension, pour une durée de 3 ans au plus, du permis de conduire – cette suspension pouvant être limitée à la conduite en dehors de l'activité professionnelle – d'interdiction pour une durée de 3 ans de conduire tous véhicules, de l'obligation de suivre, à ses frais, un stage de sensibilisation à la sécurité routière.
Le véhicule peut être immobilisé. Le permis est réduit de 3 points.
(Code de la route, art. L. 221-2, L. 223-5, L. 224-16 et R. 221-1).

Responsabilité du titulaire du certificat d'immatriculation

› Accidents et infractions

En cas d'accident, la responsabilité du propriétaire non conducteur est purement civile, c'est-à-dire que sa compagnie d'assurances ou lui-même peuvent être condamnés à indemniser les victimes de l'accident sans, par contre, risquer de condamnation pénale, en cas d'infraction.
Toutefois, le propriétaire du véhicule (même s'il n'est pas conducteur) est redevable pécuniairement de l'amende encourue en cas de :
– dépassement de vitesse ;
– infractions aux signalisations imposant l'arrêt des véhicules ;
– stationnement interdit ;
– défaut de l'acquittement des péages ;
– non-respect de la réglementation sur le respect des distances de sécurité entre les véhicules et sur l'usage de voies et chaussées réservées à certaines catégories de véhicules.

Contestation et réclamations

Il peut dégager sa responsabilité s'il établit un cas de force majeure, le vol du véhicule, s'il prouve qu'il ne peut être le conducteur (par exemple, en prouvant sa présence loin du lieu de l'infraction) ou encore s'il indique le véritable conducteur. Pour les dépassements de vitesse, infractions aux signalisations imposant l'arrêt des véhicules, non-respect des distances de sécurité ou des voies réservées, le propriétaire peut adresser par lettre recommandée avec demande d'avis de réception une requête en exonération (article 529-2 du Code de procédure pénale) ou une réclamation (article 530 du Code de procédure pénale) accompagnée :

– soit du récépissé de dépôt de plainte pour vol ou destruction du véhicule ou d'une lettre précisant l'identité, l'adresse, ainsi que la référence du permis de conduire de la personne qui était présumée conduire le véhicule lorsque la contravention a été constatée ;

– soit d'un document démontrant qu'il a acquitté une consignation préalable d'un montant égal à celui de l'amende forfaitaire (cette consignation n'est pas assimilable au paiement de l'amende forfaitaire et ne donne pas lieu au retrait des points du permis de conduire).

Cette consignation est remboursée en cas de relaxe ou de classement sans suite. En cas de condamnation du propriétaire, l'amende est majorée de 10 %.

À noter : la consignation n'est pas obligatoire quand la réclamation est fondée sur la commission probable du délit d'usurpation de plaques d'immatriculation.

La réclamation doit être adressée dans le délai de 3 mois à compter de la réception de l'avis d'amende forfaitaire majorée adressé par lettre recommandée à l'adresse figurant sur le certificat d'immatriculation.

Ce délai de prescription s'applique même si le propriétaire a déménagé. Il n'est écarté que si le changement d'adresse a été déclaré avant l'expiration des 3 mois au service d'immatriculation des véhicules.

Les personnes morales

Si le certificat d'immatriculation est établi au nom d'une personne morale, le représentant de cette personne est responsable pécuniairement des amendes encourues pour :

– stationnement interdit ;
– non paiement des péages ;
– excès de vitesse ;
– non-respect des distances de sécurité ;
– usage de voies réservées ;
– non respect d'un stop.

La personne morale peut dégager sa responsabilité en alléguant le vol ou un cas de force majeure. À défaut de vol ou de force majeure, le représentant de la personne morale, pour éviter de payer l'amende, doit fournir tout élément permettant d'identifier le véritable auteur de l'infraction. Il ne peut se contenter de prouver, comme la personne physique, qu'il n'est pas l'auteur de l'infraction.

(Code de la route, art. L. 121-1 et s.).

Les entreprises de transports routiers

Par ailleurs, les employeurs d'une entreprise de transport routier (ou tout expéditeur, commissionnaire, affréteur, mandataire ou destinataire) peuvent être

punis pénalement (contravention de la 5e classe) s'ils donnent à leurs conducteurs des instructions incompatibles avec :
- le respect des vitesses maximales ;
- les durées maximales de conduite ;
- la durée minimale du repos hebdomadaire ;
- les règles relatives aux limites de poids des véhicules.

(Code de la route, art. R. 121-1 et s.).

(Voir ① : *Contravention, taux*)

› Automobiles volées

Depuis la loi du 5 juillet 1985, relative à l'indemnisation des victimes d'accident, la victime d'un accident occasionné par une voiture volée peut être indemnisée par l'assureur du propriétaire et n'est plus obligée, comme par le passé, de s'adresser au Fonds de garantie automobile.

C'est à l'assureur de se retourner, le cas échéant, contre l'auteur de l'accident.

À noter : bien que son assurance prenne en charge les dommages, le propriétaire volé ne peut se voir pénalisé et conserve notamment son bonus.

L'assurance automobile

Le contrat d'assurance automobile

› Quel contrat peut choisir l'automobiliste ?

Le propriétaire d'un véhicule à moteur et le conducteur, s'il s'agit d'une personne différente, doivent obligatoirement contracter une assurance garantissant leur responsabilité civile.

L'assurance obligatoire est l'assurance dite « tiers illimité ». Ce type de contrat couvre tous les dommages que l'assuré peut occasionner aux tiers à l'occasion d'un accident quelconque (accident de circulation, incendie, explosions…).

L'indemnisation des dommages corporels causés aux tiers doit être intégrale (sans limitation de somme). L'assurance pour les dommages aux biens doit être souscrite pour la somme minimale de 1 million d'euros par sinistre.

La notion de « tiers » pouvant être indemnisés au titre de ce contrat est large puisqu'elle vise également les membres de la famille du conducteur ou de l'assuré, ainsi que les élèves d'une auto-école en cours de formation ou d'examen.

(Code des assurances, art. L. 211-1).

S'il veut être assuré pour les dommages occasionnés à lui-même ou à son véhicule, il doit souscrire un contrat dit « tous risques » ou couvrant ses propres dommages dont les primes sont évidemment plus élevées.

(Art. R. 211-4 à R. 211-8 du Code des assurances).

Remarque : les entreprises étrangères assurant le risque responsabilité civile automobile doivent nommer en France un représentant exclusivement chargé de régler les sinistres.

› Les clauses du contrat

La durée du contrat doit être mentionnée en caractères très apparents dans la police qui doit également indiquer que la durée de la tacite reconduction ne peut en aucun cas être supérieure à 1 an.

(Code des assurances, art. L. 113-15).

Toute clause prévoyant la déchéance de la garantie de l'assuré en cas de condamnation pour conduite en état d'ivresse est réputée non écrite, ce qui signifie que dans ce cas, la compagnie d'assurances peut éventuellement résilier le contrat mais doit quand même indemniser la victime de l'accident.

(Code des assurances, art. L. 211-6).

(Pour plus de renseignements sur les clauses du contrat d'assurance, voir Ⓘ : *Assurance, contrat*).

› Qu'est-ce que le bonus-malus ?

La clause dite bonus-malus est une clause par laquelle dans un contrat d'assurance, la prime peut être augmentée ou diminuée suivant que, dans un certain laps de temps, le conducteur a eu ou n'a pas eu d'accident dont il est en partie ou tota-

lement responsable. C'est en quelque sorte une sanction indirecte de bonne ou mauvaise conduite, réglementée par l'arrêté du 22 juillet 1983.
(Art. A. 121-1 et A. 122-2 du Code des assurances).
Lors de chaque échéance annuelle du contrat, la prime de référence (c'est-à-dire la prime établie par l'assureur à la signature du contrat pour la garantie des risques de responsabilité civile, de dommages au véhicule, de vol, d'incendie, de bris de glaces et de catastrophe naturelle) est multipliée par un coefficient dit « coefficient de réduction - majoration ».

Calcul du bonus

Après chaque période annuelle d'assurance sans sinistre, le coefficient applicable est celui utilisé à la précédente échéance réduit de 5 %.
Le coefficient d'origine est de 1.
Ce coefficient réduit de 5 % après la première année sera de 0,95. Après la deuxième année, le coefficient sera de 0,95 – 5 % = 0,9025 arrêté et arrondi à 0,90.
La diminution maximum est de 50 % de la première prime. Depuis le 1er janvier 1992, lorsqu'un assuré a bénéficié depuis au moins 3 ans du bonus maximum, aucun malus ne peut lui être appliqué au premier accident (franchise de malus).

Calcul du malus

Seuls les accidents dont l'assuré est en partie ou totalement responsable sont pris en compte.
Un sinistre survenu au cours de la période annuelle d'assurance majore le coefficient de 25 %. Un second sinistre augmente le coefficient obtenu de 25 % et il en est de même pour chaque sinistre supplémentaire.
Si la responsabilité de l'accident est partagée, le malus n'est plus que de 12,50 %.
Le coefficient d'origine étant de 1, le coefficient après le sinistre sera de 1,25.
Après le deuxième sinistre, le coefficient sera de 1,5565 arrêté et arrondi à 1,56. Le malus maximal ne peut dépasser 250 % (coefficient 3,50) de la prime de référence.
Après 2 années sans accident, le malus disparaît et la prime est calculée selon le coefficient 1 d'origine.
Depuis le 1er janvier 1992, il n'est plus tenu compte des dommages survenus au véhicule en stationnement, du vol, de l'incendie, ou du bris de glace qui auparavant bloquaient le bonus pendant 1 an.
Le bonus progresse désormais dès lors qu'aucune responsabilité ne peut être retenue contre l'assuré.
(Art. A. 121-1 du Code des assurances).

Majorations supplémentaires

Des majorations supplémentaires sont appliquées dans certains cas :
– accidents dus à la conduite en état d'ivresse : + 150 % ;
– accident ayant entraîné une suspension de permis de conduire de 2 à 6 mois : + 50 %, de plus de 6 mois : + 100 %, plusieurs suspensions du permis de conduire de plus de 2 mois dans l'année : + 200 % ;
– délit de fuite : + 100 % ;
– trois sinistres ou plus : + 50 %.
Ces majorations sont calculées à partir de la prime de référence, avant qu'elle ne soit modifiée par les surprimes.

Le cumul de ces majorations ne peut dépasser 400 % de la prime de référence. Elles sont supprimées au bout de 2 ans.
(Art. A. 335-9-2 du Code des assurances).

● La surprime pour les jeunes conducteurs

Elle ne peut dépasser 100 % de la prime de référence pour ceux conduisant depuis moins de 3 ans.
Ce plafond est réduit à 50 % pour les conducteurs novices ayant obtenu leur permis après l'apprentissage anticipé de la conduite. La surprime est réduite de moitié par année sans accident.
(Art. A. 335-9-1 du Code des assurances).

● Changement d'assureur ou de voiture

En cas de changement d'assurance ou en cas d'achat d'une nouvelle voiture, le coefficient (bonus ou malus) reste le même (à condition que le ou les conducteurs ne changent pas). Si un « conducteur habituel » (non titulaire du contrat principal) acquiert son propre véhicule, l'assurance appliquera le coefficient 1 et ne pourra conserver un éventuel malus figurant sur l'ancien contrat dès lors qu'il n'était pas responsable du ou des accidents antérieurs.

● Rectification

En cas d'erreur de calcul du bonus ou du malus, le conducteur a un délai de 2 ans à compter de l'échéance annuelle qui suit le calcul contesté pour réclamer à l'assurance la rectification.

› La résiliation du contrat

En fin de contrat l'assureur et l'assuré sont en droit de ne pas renouveler le contrat sans autre obligation que de respecter le préavis de résiliation indiqué dans le contrat.
Une compagnie d'assurances ne peut résilier un contrat avant son terme, par exemple après un sinistre, que dans les cas suivants : ce sinistre a été occasionné par un conducteur en état d'ivresse ou sous l'emprise de stupéfiants ou qui a fait l'objet d'une décision de suspension de permis de conduire d'au moins 1 mois, ou d'annulation du permis, et à la condition que la possibilité de résiliation ait été prévue dans le contrat d'assurance.
(Code des assurances, art. A. 211-1-2).
(En cas de non-paiement des primes, l'assureur peut également résilier le contrat. Sur ce point, voir ① : *Assurance, résiliation du contrat*).

● Vente du véhicule

En cas de vente du véhicule assuré, le contrat d'assurance est suspendu de plein droit à partir du lendemain du jour de l'aliénation. Il peut être résilié, moyennant un préavis de 10 jours, tant par l'assureur que par l'assuré.
Faute de demande de la part de l'une ou de l'autre partie et s'il n'est pas remis en vigueur (sur un autre véhicule notamment), le contrat est résilié de plein droit après un délai de 6 mois depuis la vente.

Attention : en cas de résiliation du contrat (expresse ou de plein droit), il ne peut être prévu aucune indemnité en faveur de l'assureur.
(Code des assurances, art. L. 121-11).

› Sanction du défaut d'assurance

Le fait, y compris par négligence, de conduire sans être couvert par une assurance garantissant sa responsabilité civile est devenu un délit et est puni d'une amende de 3 750 €.

Le coupable peut aussi être condamné à une peine de travail d'intérêt général ou de jours amende, à la suspension ou l'annulation pour une durée de 3 ans au plus de son permis de conduire, à l'interdiction de conduire tous véhicules (même ceux ne nécessitant pas de permis) pendant 5 ans, à l'obligation de suivre un stage de sensibilisation à la sécurité routière, ou encore à la confiscation du véhicule.

(Code de la route, art. L. 324-2).

Les amendes sont affectées d'une majoration de 50 % perçue, lors de leur recouvrement, au profit du Fonds de garantie.

› Quels sont les recours d'un automobiliste lorsque sa compagnie refuse de l'assurer ?

Le bureau central de tarification (11, rue La Rochefoucauld, 75009 Paris) peut être saisi par le propriétaire ou le conducteur d'un véhicule que sa compagnie d'assurances refuse d'assurer (à la suite notamment d'un ou de plusieurs sinistres).

Le bureau central de tarification doit fixer le montant de la prime qui permettra d'assurer le véhicule par la compagnie d'assurances. Il peut aussi fixer le montant de la franchise restant à la charge du conducteur.

(Code des assurances, art. L. 212-1 et s.).

Le propriétaire ou conducteur du véhicule a 15 jours après le refus de l'assurance pour saisir le bureau (par lettre recommandée avec AR).

(Code des assurances, Art. R. 250-1 et s.).

À noter : le bureau central de tarification intervient également en matière d'assurance des travaux du bâtiment, assurance des risques de catastrophes naturelles, assurance des engins de remontée mécanique.

L'assurance en cas d'accident

› Quels sont les personnes et les véhicules couverts par l'assurance ?

Le contrat d'assurance garantit la responsabilité civile :

– du souscripteur du contrat (s'il est différent du propriétaire du véhicule) ;

– du propriétaire du véhicule (en principe le titulaire de la carte grise) ;

– des personnes qui empruntent le véhicule, amis, enfants, etc. à qui on prête la voiture (à condition de respecter les éventuelles limitations du contrat d'assurance), mais aussi le voleur du véhicule. Dans cette dernière hypothèse, l'assureur indemnise les éventuelles victimes mais peut se retourner par la suite contre le conducteur voleur ;

– des personnes transportées si elles causent un dommage à un tiers.

Le véhicule assuré est exclusivement celui qui est déclaré dans le contrat. Si le propriétaire achète, sans prévenir l'assureur, un autre véhicule même s'il est identique au précédent (même marque et même puissance), il ne sera pas couvert par l'assurance.

› Que se passe-t-il en cas d'accident ?

● La déclaration d'accident

La compagnie d'assurances doit être prévenue (de préférence par une lettre recommandée avec avis de réception) dans le délai prévu à cet effet par la police d'assurances.
Le délai ne peut en tout état de cause être inférieur à 5 jours.
Le dépassement de ce délai n'entraîne pas de conséquences particulières s'il reste dans des limites raisonnables et ne prive pas la compagnie d'assurances de la possibilité de défendre efficacement l'assuré.
Par contre, si l'assuré attend par exemple d'avoir été convoqué ou condamné devant le tribunal correctionnel pour prévenir la compagnie d'assurances, celle-ci refusera généralement sa garantie.
(Code des assurances, art. L. 113-2).

● Les délais de règlement

(Voir dans le chapitre suivant : *L'indemnisation*).

Les accidents

Que faire en cas d'accident ?

› Accident matériel

En cas d'accident uniquement matériel, la seule obligation du conducteur impliqué dans cet accident est de s'arrêter dès que cela lui est possible, sans créer un danger pour la circulation, pour communiquer son identité et son adresse aux autres personnes impliquées dans l'accident.

S'il n'y a pas de contestation sur les conditions matérielles et les circonstances dans lesquelles l'accident est intervenu, les deux parties ont avantage à remplir les formulaires de constat amiable d'accident qui sont remis par les compagnies d'assurances à leurs assurés et à transmettre ces formulaires à leur compagnie respective pour permettre un règlement amiable et rapide des conséquences matérielles de l'accident.

Chaque conducteur, après avoir signé le constat, doit l'envoyer dans les 5 jours à sa propre assurance.

Il faut bien évidemment remplir avec une particulière attention ces formulaires pour éviter d'encourir une responsabilité qui ne serait pas réelle en raison des conséquences d'un comportement fautif sur l'application de la clause « bonus-malus ».

Si la personne adverse refuse de remplir le constat, on peut le remplir seul en indiquant le numéro d'immatriculation de l'autre véhicule et en demandant à deux témoins majeurs de le signer.

Les témoins peuvent également être utiles en cas de discordance dans les versions respectives des conducteurs.

› Accident corporel

Si au cours de l'accident, une ou plusieurs personnes ont été blessées ou tuées, le conducteur impliqué dans cet accident doit immédiatement avertir les services de police ou de gendarmerie et éviter dans toute la mesure compatible avec la sécurité de la circulation, la modification de l'état des lieux et la disparition de traces susceptibles d'être utilisées pour établir la responsabilité.

Il est prudent de relever l'identité des éventuels témoins et l'immatriculation de leurs voitures.

Il faut rappeler qu'en cas de nécessité, les témoins, non seulement peuvent également avertir les autorités de police, mais ont l'obligation de le faire, ne fût-ce que pour éviter de commettre l'infraction de « non-assistance à personne en péril ».

Le délit de non-assistance à personne en péril a été complété par une nouvelle infraction : l'entrave volontaire à l'arrivée des secours.

(Code pénal, art. 223-5 et 223-6).

(Voir Ⓘ : *Non-assistance à personne en péril*).

› Accident sur autoroute ou périphérique

Le grand problème lors d'accident sur autoroute ou périphérique est d'éviter d'autres accidents en chaîne. Par voie de conséquence, si les dégâts sont uniquement matériels, il faut s'efforcer d'effectuer les constatations d'usage en dehors de l'autoroute ou du périphérique.

Si les véhicules sont immobilisés et que l'accident est très grave, il faut immédiatement signaler l'accident en allumant les feux de détresse et en plaçant à plusieurs dizaines de mètres en arrière du véhicule immobilisé, un triangle de présignalisation.

Il faut également, de toute urgence, utiliser la plus proche borne de téléphone pour prévenir les services de gendarmerie.

La responsabilité des conducteurs

› Accident entre véhicules

Collision entre deux ou plusieurs véhicules qui se suivent ou se doublent

Dans le cas de collision entre deux ou plusieurs véhicules qui se suivent, c'est généralement le conducteur de la deuxième voiture qui est considéré comme responsable, sauf si la voiture de tête a brusquement ralenti son allure sans raison valable.

En cas d'accident entre deux véhicules qui se dépassent, c'est le conducteur du véhicule qui dépasse qui est responsable dans la mesure où le conducteur dépassé a observé une conduite normale, ce qui n'est pas le cas, par exemple, s'il a accéléré lorsqu'il était sur le point d'être dépassé.

(Code de la route, art. R. 414-4 à 414-17).

Collision entre deux véhicules qui se croisent

Si l'un des conducteurs n'a pas respecté une des priorités ou des règles du Code de la route prévues pour les croisements en sens inverse ou lors d'une intersection, c'est lui qui est déclaré responsable.

Si aucune faute n'est établie, ce qui est assez fréquent lors de collision en sens inverse, la responsabilité est partagée par moitié.

(Code de la route, art. R. 414-1 et s.).

Collision entre un véhicule circulant et un véhicule sortant d'un stationnement

Le véhicule qui sort d'un parking, d'une voie privée ou d'un lieu non ouvert à la circulation publique ou encore qui quitte un stationnement est déclaré entièrement responsable des dommages s'il heurte une voiture circulant sur la chaussée.

(Code de la route, art. R. 415-9).

› Accident entre véhicule et piéton, passager, cycliste

Le principe de la responsabilité du conducteur (loi Badinter)

Depuis la loi du 5 juillet 1985 dite loi Badinter, toutes les victimes d'un accident de la circulation (hormis les conducteurs des véhicules) doivent être indemnisées des dommages corporels qu'elles ont subis.

Ces victimes peuvent être les piétons, les cyclistes, les passagers des véhicules…

Le conducteur ne peut se dégager de sa responsabilité ni pour force majeure, ou cas fortuit, ni en raison d'une quelconque faute de la victime.
Cette indemnisation doit être systématique et intégrale.
Ce n'est que si la victime a commis une « faute inexcusable », cause exclusive de l'accident, ou encore si elle a volontairement recherché l'accident (attitude suicidaire), que sa responsabilité pourra être retenue.
Si la victime est âgée de moins de 16 ans ou de plus de 70 ans ou encore si elle est invalide à plus de 80 %, seule sa volonté de se suicider pourra être retenue pour exclure l'indemnisation. Une éventuelle faute inexcusable de leur part ne sera pas recherchée.
Pour la jurisprudence, la notion de « faute inexcusable et exclusive » évolue de façon importante.
D'après les derniers arrêts de la Cour de cassation, il apparaît qu'une telle faute est rarement admise.
Les cas où la faute inexcusable a été reconnue concernent presque exclusivement les piétons qui avaient enjambé volontairement une barrière ou une glissière de sécurité pour traverser une autoroute ou une route à grande circulation. Mais en revanche, le fait de se trouver de nuit, par temps de pluie, au milieu d'une route et en état d'ébriété n'est pas considéré comme une faute inexcusable et le conducteur qui renverse ce piéton n'est pas dégagé de sa responsabilité.
(Loi n° 85-677 du 5 juillet 1985, art. 3).

À noter : le salarié d'une entreprise, blessé dans le cadre de son travail par un véhicule conduit par son employeur ou l'un de ses préposés, bénéficie également des dispositions de la loi du 5 juillet 1985. Cette indemnisation peut compléter celle obtenue au titre des accidents du travail.

› Accident occasionné par une chose ou un animal

En cas d'accident occasionné par un chien ou tout autre animal domestique, c'est le propriétaire de cet animal qui est responsable des dommages causés. S'il s'agit d'un animal sauvage qui, par définition, n'est la propriété de personne, aucun recours n'est possible sauf s'il s'agit du passage prévisible du gros gibier qui peut entraîner la responsabilité des propriétaires de la chasse d'où provient le gibier.
À défaut de responsable, la victime peut s'adresser au Fonds de garantie des assurances obligatoires de dommages (FGAO). Ce Fonds, institué par la loi n° 2003-706 du 1er août 2003, est destiné à indemniser les dommages corporels d'une victime (ou ses ayants droit) d'un accident de la circulation causé par un animal sans propriétaire (animal sauvage) ou dont le propriétaire demeure inconnu ou n'est pas assuré.
Le Fonds de garantie paie les indemnités qui ne peuvent être prises en charge à aucun autre titre.
Lorsque l'accident de la circulation est causé par un animal identifié mais sans propriétaire, le propriétaire du véhicule accidenté conserve à sa charge, pour les dommages matériels, une franchise de 500 € par véhicule. Cette franchise est applicable aux accidents survenus depuis le 6 août 2010.
(Art. R. 421-19 du Code des assurances).
(Code des assurances, art. L. 421-1).
Par ailleurs, le propriétaire d'une chose qui est tombée ou qui a été abandonnée sur la chaussée est responsable de l'accident que cette chose a pu occasionner (par exemple : un meuble ou une paire de ski qui tombe du toit d'une voiture). En cas

d'accident occasionné par une mauvaise signalisation ou le mauvais état de la chaussée, les victimes de l'accident peuvent se retourner contre l'administration responsable de cet état de chose, c'est-à-dire généralement l'administration des Ponts et Chaussées ou la commune.

L'indemnisation

L'indemnisation des dommages matériels

Que peut-on se faire rembourser ?

Les dommages matériels subis par le conducteur

L'indemnisation des dommages matériels peut varier selon que le conducteur est, ou non, responsable de l'accident.

Conducteur responsable

L'assurance ne prend en charge les dégâts matériels de son assuré que s'il a souscrit une assurance le prévoyant (assurances tous risques notamment) et dans les limites de la garantie et des exclusions prévues au contrat.

Conducteur non responsable

Il doit être entièrement indemnisé de tous les préjudices qu'il a subis. Cette indemnisation est due par l'assurance du responsable.

Cette indemnisation doit comprendre non seulement les frais de réparation du véhicule (ou sa valeur de remplacement si le coût de réparation excède cette valeur), mais également l'ensemble des frais accessoires tels que les frais de garage, les frais d'immobilisation du véhicule, les frais de location d'un autre véhicule, etc.

Partage de responsabilité

Le conducteur en partie responsable de l'accident peut être indemnisé par l'assureur de son adversaire au prorata de la part de responsabilité de ce dernier. Le complément d'indemnisation est réglé par sa propre assurance en fonction du contrat souscrit.

Les dommages matériels subis par les piétons, passagers des véhicules ou autres victimes

À condition qu'elle n'ait pas subi de dommages corporels et en fonction des circonstances de l'accident, la faute commise par la victime peut entraîner la réduction, voire la suppression de l'indemnisation de ses dommages matériels. Seul le remboursement des fournitures et appareils délivrés sur prescription médicale doit être accordé quelle que soit la faute commise.

(Loi n° 85-677 du 5 juillet 1985, art. 5).

Comment se faire indemniser ?

En cas d'accident matériel, il est généralement préférable de laisser le soin à sa compagnie d'assurances d'exercer le recours vis-à-vis de la compagnie d'assurances du responsable de l'accident.

Si la responsabilité de l'accident n'est pas contestée et si le dommage a été entièrement quantifié (même s'il ne s'agit que d'un dommage matériel), l'assurance du responsable doit présenter à la victime une offre d'indemnité motivée dans le délai de 3 mois à compter de la demande d'indemnisation.

(Code des assurances, art. L. 211-9).

Si le responsable de l'accident n'est pas assuré, il est toujours possible de l'assigner et de le faire condamner, s'il est solvable.
S'il ne l'est pas ou s'il y a un doute sérieux sur sa solvabilité, il faut mettre immédiatement en cause le Fonds de garantie qui a précisément été institué pour indemniser les victimes d'accidents occasionnés par des personnes non assurées.
Le Fonds de garantie peut également intervenir lorsque l'auteur de l'accident est inconnu.
(Voir Ⓘ : *Fonds, de garantie automobile*).

● Peut-on contester la proposition de l'assurance ?

À la réception du constat amiable, et à condition que l'indemnisation soit prise en charge par l'assurance, un expert est nommé pour évaluer les dégâts.
Au vu du rapport de l'expert, l'assurance fait une proposition d'indemnisation correspondant au coût des réparations jugées nécessaires. Si les conclusions de l'expert font apparaître que les réparations sont supérieures à la valeur du véhicule, l'assurance propose au propriétaire une indemnisation sur la base de cette valeur en échange de la carte grise.
Si le propriétaire refuse cette somme, il peut conserver le véhicule mais ne pourra pas le revendre (sauf en tant qu'épave) avant d'avoir fait les réparations prescrites.
La préfecture forme, en effet, une opposition au transfert de la carte grise et cette opposition ne peut être levée que sur production d'un rapport d'expertise, effectué après les travaux de réparation, attestant que le véhicule peut circuler dans des conditions normales de sécurité et qu'il n'a pas subi de transformations susceptibles de modifier les caractéristiques figurant sur la carte grise.
Ces règles sont applicables si la valeur vénale du véhicule au moment de l'accident dépasse 765 €.
(Code de la route, art. L. 326-10 et s. et R. 326-6 et s.).
Si la somme proposée n'est pas satisfaisante, il est possible de faire appel à un autre expert (dont les frais restent à la charge de l'assuré) qui fera un contre-examen de la voiture.
À défaut d'accord après les deux expertises, le propriétaire du véhicule peut, soit demander un arbitrage (les frais sont alors partagés entre l'assurance et l'assuré), soit assigner la compagnie d'assurances en paiement devant le tribunal.
Le tribunal compétent est le tribunal d'instance (si les sommes en cause sont inférieures à 7 600 €) ou le tribunal de grande instance (si elles sont supérieures).

› L'indemnisation des blessures

● Quelles victimes peuvent être indemnisées ?

Les victimes d'un accident de la circulation ne sont pas toutes indemnisées de la même façon. Les piétons, les passagers d'un véhicule impliqué (auto-stoppeurs, amis, famille, usagers de transport en commun), les cyclistes ou toute personne non conductrice d'un véhicule à moteur doivent être intégralement indemnisées de leur préjudice (sauf hypothèse de la faute inexcusable).
En revanche, les conducteurs des véhicules ne seront indemnisés qu'en fonction de leur part de responsabilité. Une simple faute de leur part peut diminuer, voire supprimer leur droit à indemnisation. Si le conducteur est entièrement responsable, il ne percevra aucune somme pour ses dommages corporels (sauf s'il a souscrit une garantie individuelle conducteur).
(Voir Ⓘ : *Accident de la circulation, responsabilité*).

S'il n'est pas responsable, ses dommages corporels seront indemnisés par l'assurance du responsable.

Comment se déroule la procédure d'indemnisation ?

La proposition de l'assurance

Que doit contenir l'offre faite à la victime ?

Dans un premier temps, l'assurance du responsable doit contacter la victime et établir son dossier d'indemnisation.
Si la victime est décédée, son conjoint et ses héritiers doivent, chacun, communiquer à l'assureur les renseignements demandés, nécessaires à leur indemnisation personnelle.
L'assurance doit également informer la victime qu'elle peut obtenir gratuitement la copie du procès-verbal d'enquête de police ou de gendarmerie.
L'offre doit comprendre tous les éléments indemnisables du préjudice, y compris les dommages matériels s'ils n'ont pas été indemnisés préalablement.
S'il y a une expertise médicale, la victime doit être informée qu'elle peut se faire assister par son propre médecin.
(Code des assurances, art. L. 211-10).

Dans quels délais cette offre doit-elle être adressée ?

Lorsque la responsabilité de l'accident n'est pas contestée et que le dommage peut être entièrement quantifié, l'assureur du responsable est tenu de présenter à la victime une offre d'indemnité motivée dans le délai de 3 mois (et non plus 8 mois) à compter de la demande d'indemnisation (si la responsabilité est rejetée ou n'est pas clairement établie, ou lorsque le dommage n'a pas été entièrement quantifié, l'assureur doit, dans le même délai de 3 mois, répondre néanmoins à la demande d'indemnisation).
Dans les autres cas, l'offre d'indemnité des dommages corporels doit intervenir au plus tard dans les 8 mois à compter de l'accident.
Cette offre peut n'être que provisionnelle si l'assureur n'a pas, dans les 3 mois de l'accident, été informé de la consolidation de l'état de la victime.
L'offre définitive d'indemnisation doit alors être faite dans les 5 mois qui suivent la date à laquelle l'assureur a été informé de cette consolidation. En tout état de cause, le délai le plus favorable à la victime s'applique.
En cas de pluralité de véhicules, et s'il y a plusieurs assureurs, l'offre est faite par l'assureur mandaté par les autres. En cas de décès de la victime, l'offre est faite à ses héritiers et, s'il y a lieu, à son conjoint.
(Code des assurances, art. L. 211-9).
Lorsque ces délais ne sont pas respectés, le montant de l'indemnité offerte par l'assureur ou fixée par le juge produit intérêt au double du taux de l'intérêt légal à compter de l'expiration du délai jusqu'au jour de l'offre (ou du jugement devenu définitif). Le juge peut diminuer cette pénalité s'il estime que le retard est dû à des circonstances non imputables à l'assurance.
(Code des assurances, art. L. 211-13).

La fixation définitive de l'indemnité

Lorsque la victime (ou sa famille) reçoit l'offre définitive de l'assurance, à titre de transaction, elle dispose d'un délai de 15 jours, après la signature de cette transaction, pour la dénoncer par lettre recommandée avec AR.

À défaut d'accord sur le chiffre proposé, ou en cas de dénonciation de la transaction, l'indemnité sera fixée par le tribunal.

À noter : devant le tribunal, s'il s'avère que l'indemnité proposée par l'assureur était manifestement insuffisante, ce dernier peut être condamné d'office à verser au Fonds de garantie une somme égale au plus à 15 % de l'indemnité allouée par le juge.
L'assureur peut également être condamné à verser à la victime des dommages-intérêts.
(Code des assurances, art. L. 211-14 et L. 211-16).

En cas d'aggravation des blessures

En cas d'aggravation de son dommage, la victime peut demander, à l'assureur qui a versé la première indemnité, une indemnité supplémentaire. Elle dispose d'un délai de 10 ans à compter de la date de consolidation.
(Code civil, art. 2226).

● Dans quels délais les sommes fixées doivent-elles être versées ?

Après la transaction

Lorsque le délai de 15 jours de dénonciation de la transaction est expiré, l'assureur doit payer les sommes convenues dans le mois qui suit cette date d'expiration. Si ce délai n'est pas respecté, les sommes non payées produisent intérêt au taux légal majoré de moitié pendant 2 mois, puis, après ces 2 mois, au double du taux légal.

Après une décision de justice

Si les sommes dues ont été fixées par une décision de justice, le taux de l'intérêt légal est majoré de 50 % 2 mois après la date de la décision (ou de sa notification si elle n'est pas contradictoire) et doublé si le retard de paiement dépasse 4 mois.
(Code des assurances, art. L. 211-17).

● Qu'est-ce que la médiation ?

La fonction de médiateur a été créée afin de diminuer le nombre des procédures judiciaires. La fonction consiste à tenter de concilier les compagnies d'assurances et les particuliers lorsqu'aucun accord n'a pu être trouvé entre eux et avant toute procédure judiciaire.
Le médiateur (inscrit auprès de chaque compagnie d'assurances) peut être saisi par le particulier ou l'assurance.
La demande doit être écrite et décrire le plus précisément possible les faits et les prétentions de chacun et être accompagnée des photocopies des pièces du dossier.
L'intervention du médiateur est gratuite.
Son avis ne lie pas les parties qui restent libres de saisir le tribunal après son intervention.

● Quels sont les éléments du préjudice ?

Les éléments du préjudice évalués lors de l'expertise médicale sont les suivants :
– **incapacité temporaire :** c'est la durée de l'arrêt de travail ou de l'incapacité temporaire que l'on a de se livrer à une activité quelconque ;
– **pretium doloris** : c'est l'évaluation du prix de la douleur qui est plus ou moins important suivant la gravité des interventions subies, leur pénibilité et la durée de l'incapacité temporaire.

Le pretium doloris s'établit sur une échelle chiffrée de 1 à 7, le premier degré s'appliquant à un préjudice « très léger » et le dernier à un préjudice « très important » ;

– **préjudice esthétique :** c'est le préjudice occasionné par la persistance de séquelles telles que boiterie, cicatrices disgracieuses, etc.

Il est évalué également sur l'échelle de gravité de 1 à 7 selon les mêmes qualifications que le pretium doloris.

Il varie en fonction de l'âge, du sexe, de la profession… de la victime ;

– **préjudice d'agrément :** c'est le préjudice consécutif au fait que la victime, du fait de l'accident, ne peut plus par exemple, jouer d'un instrument de musique, participer à un sport qu'elle affectionnait, etc.

L'indemnisation de ce préjudice est plus rarement accordée. Il n'est pas fixé selon une échelle de gravité mais exclusivement en fonction de chaque cas particulier ;

– **incapacité partielle permanente :** en cas de blessures graves, c'est généralement le poste le plus important qui correspond à l'incapacité plus ou moins importante dans laquelle se trouve la victime d'un accident de se livrer à une activité professionnelle ou autre. Cette incapacité est exprimée en pourcentage représentant la réduction de la capacité initiale de la victime. Plus les séquelles seront importantes, plus le pourcentage sera élevé (à titre d'exemple, la cécité équivaut à un taux d'incapacité de 85 %, l'amputation d'un doigt à un taux de 5 à 20 % selon son importance).

Ce pourcentage est multiplié par la valeur du « point » applicable à la victime en fonction de son âge.

La valeur du point résulte d'une moyenne des indemnisations accordées par les cours et tribunaux. Exemple : pour une victime âgée de 20 ans atteinte d'une incapacité de 15 %, la valeur du point peut être fixée à 1 067 € et l'indemnité pour l'incapacité établie à 15 x 1 067 = 16 005 € (la valeur du point est réévaluée tous les ans).

› L'indemnité en cas de décès

● Qui peut demander une indemnité ?

À la suite d'un décès accidentel, les personnes qui peuvent demander à être indemnisées sont en premier lieu :

– les conjoints,
– les concubins,
– les enfants,
– ou les père et mère de la victime.

Les frères, sœurs, grands-parents de la victime peuvent également être indemnisés dans une moindre proportion. Par contre les relations, parents plus éloignés ou les employeurs, sauf circonstances particulières, ne sont pas susceptibles d'être indemnisés.

L'indemnité en cas de décès est destinée à réparer le préjudice moral subi par la famille ou les proches de la victime, le préjudice économique, c'est-à-dire la perte de revenus ou ressources supportée par la famille à la suite du décès, et enfin les frais d'obsèques ainsi que les frais matériels éventuellement engagés à la suite du décès.

Le préjudice moral est déterminé selon l'âge, le lien de parenté, les modalités de vie de la victime décédée et de la personne demandant la réparation du préjudice. Par exemple le décès d'un père sera plus largement indemnisé pour un enfant vivant au foyer que pour un enfant indépendant.

› Accident survenu à l'étranger

La loi n° 2003-706 du 1er août 2003 a intégré dans le Code des assurances une directive du Parlement européen relative à l'indemnisation des ressortissants de l'Union européenne victimes d'un accident de la circulation survenu dans un autre pays membre et causé par un véhicule immatriculé et assuré dans un pays de l'Union européenne.

● Les représentants locaux

Les compagnies d'assurances doivent désigner dans chacun des États membres de l'Espace économique européen (EEE) un représentant local permanent dont les nom et adresse sont communiqués à un organisme d'information (un par pays).

La victime française d'un accident de voiture survenu sur le territoire de l'Union européenne doit saisir le représentant de la compagnie d'assurances en France en s'adressant au bureau central français et, en cas de carence, au Fonds de garantie des assurances obligatoires de dommages (FGAO) (ancien Fonds de garantie contre les accidents de la circulation).

● L'indemnisation

Le représentant doit répondre à la demande de la victime dans un délai de 3 mois.

Si ce délai n'est pas respecté, la victime peut saisir le FGAO qui doit intervenir dans les 2 mois qui suivent la demande d'indemnisation.

Le Fonds de garantie peut aussi être saisi en l'absence de désignation du représentant local de l'assurance, si le conducteur responsable a pris la fuite ou encore si l'assurance ne peut être identifiée.

(Code des assurances, art. L. 424-1 et s.).

› Le Fonds de garantie

Le Fonds de garantie des assurances obligatoires de dommages (FGAO) est un organisme créé pour indemniser les victimes d'accidents quand elles se trouvent en face d'un responsable inconnu ou bien identifié mais non assuré, ou encore quand l'assurance du responsable de l'accident est en partie ou totalement insolvable.

Le Fonds intervient en matière d'accident de la circulation causé sur la voie publique par un véhicule, par un animal ou par une personne circulant au sol. Il intervient aussi en cas d'accident de chasse ou en cas de dommages causés par une catastrophe technologique.

En ce qui concerne les victimes d'accidents de la circulation, le Fonds de garantie est situé : 64, rue Defrance 94300 Vincennes - Tél. : 01 43 98 77 00.

Le Fonds de garantie paie les indemnités qui ne peuvent être prises en charge à aucun autre titre, allouées aux victimes ou à leurs ayants droit, lorsque l'accident ouvre droit à réparation.

(Code des assurances, art. L. 421-1 et s.).

Pour pouvoir bénéficier du Fonds de garantie, il faut être de nationalité française ou avoir sa résidence principale en France ou être ressortissant d'un État membre de l'Union européenne ou encore être ressortissant d'un État tiers ayant conclu avec la France un accord de réciprocité.

Indemnisation d'un préjudice corporel

Le responsable de l'accident est inconnu

Dans ce cas, la victime (ou ses ayants droit) doit impérativement adresser au Fonds de garantie sa demande d'indemnisation dans un délai de 3 ans à compter de l'accident, en y joignant tous justificatifs.
En outre, la victime doit avoir, dans un délai de 5 ans à compter de l'accident, réalisé un accord avec le Fonds de garantie ou intenté contre lui une action en justice. (Art. R. 421-1 du Code des assurances).

Le responsable de l'accident est connu

La demande d'indemnisation de la victime (ou de ses ayants droit) doit être adressée au Fonds de garantie dans un délai d'1 an à compter soit de la transaction passée avec le responsable de l'accident, soit de la décision de justice définitive le condamnant.
Si l'indemnité versée prend la forme d'une rente ou de paiement échelonné, le Fonds de garantie devra être saisi dans un délai d'1 an à compter du premier impayé.
En outre, la victime (ou ses ayants droit) doit dans les 5 ans de l'accident, avoir conclu une transaction avec le responsable ou bien avoir intenté contre lui une demande en justice.
(Art. R. 421-12 du Code des assurances).
Tous ces délais doivent impérativement être respectés sous peine pour la victime (ou ses ayants droit) de perdre ses recours contre le Fonds de garantie.
En cas d'action en justice contre le responsable de l'accident (non assuré ou dont l'assurance est insolvable), il est nécessaire de mettre en cause le Fonds de garantie dans la procédure.

Indemnisation d'un préjudice matériel

Le préjudice matériel n'est pris en charge par le Fonds de garantie que si le responsable de l'accident est identifié mais non assuré ou si son assurance est totalement ou partiellement insolvable.
Si l'auteur est inconnu, le préjudice matériel n'est pris en charge que si la victime du véhicule accidenté a été également victime d'une atteinte à sa personne entraînant son décès ou son hospitalisation d'au moins 7 jours suivie d'une incapacité temporaire de travail égale ou supérieure à un mois ou une incapacité permanente partielle d'au moins 10 %.
(Art. R. 421-18 du Code des assurances).
Si l'auteur de l'accident est identifié et en cas d'accident purement matériel, le Fonds de garantie doit être saisi dans les 6 mois à compter du jour où la victime a eu connaissance de l'absence ou de l'insuffisance de garantie de la personne présumée responsable et au plus tard dans les 12 mois à compter du jour de l'accident.
(Art. R. 221-20 du Code des assurances).
Si l'accident a causé également des dommages corporels, ou si le responsable de l'accident est inconnu, ce sont les délais prévus en cas d'accident corporel qui s'appliquent.

Les aides et les formalités

La naissance et la maternité

Assurance maternité

› Qui peut en bénéficier ?

Les femmes enceintes :

• ayants droit d'un assuré social ont droit au remboursement des soins de grossesse et d'accouchement ;

• personnellement assurées, ont droit :

– au congé maternité ;

– aux indemnités journalières si elles comptabilisent au moins 10 mois d'immatriculation à la Sécurité sociale.

À noter : les femmes qui relèvent à titre personnel du régime d'assurance maladie et maternité des travailleurs non salariés ont également droit aux indemnités journalières.

› Que faut-il faire ?

• Déclarer la grossesse avant la fin de la 14ᵉ semaine de grossesse. Cette déclaration est attestée par le certificat constatant la passation du 1ᵉʳ examen prénatal et la date de celui-ci.

• Un guide de surveillance de la femme enceinte et du nourrisson est envoyé à la femme enceinte à cette occasion.

• Dès le 1ᵉʳ examen prénatal, la sage femme qui le réalise remet à la mère un document à remplir pour lui permettre de bénéficier des droits liés à la grossesse, mais aussi pour permettre aux caisses d'allocations familiales d'identifier le futur père afin de lui adresser un « livret de paternité » au mois de la grossesse. Elle adresse la future mère à un médecin si elle constate une situation ou des antécédents pathologiques.

• Se soumettre aux différents examens médicaux obligatoires pendant et après la grossesse.

• Le 1ᵉʳ examen doit avoir lieu avant la fin du 3ᵉ mois de grossesse. Les examens suivants doivent ensuite avoir une périodicité mensuelle, à partir du 4ᵉ mois de grossesse. Pour une grossesse normale de 9 mois, le nombre total d'examens est de 7.

• La mère devra, en outre, subir un examen médical dans les 8 semaines qui suivent l'accouchement. Les salariées bénéficient d'une autorisation d'absence sur leur temps de travail pour passer leurs examens prénataux, sans retenue de salaire.

À signaler : si les examens médicaux des enfants et des femmes ne sont pas passés dans les délais prescrits, le montant des allocations familiales est réduit. La prime à la naissance ainsi que l'allocation de base versées dans le cadre de la prestation d'accueil du jeune enfant (PAJE) ne sont pas attribuées.

• Avant le congé maternité :

– avertir l'employeur par lettre recommandée avec avis de réception ;

– joindre un certificat médical ;
– adresser à la caisse de Sécurité sociale l'attestation fournie par l'employeur (référence 3201) qui est utilisée aussi bien dans le cas de la maternité que de l'assurance maladie.

› Quels sont les avantages ?

• Remboursement à 100 % des frais médicaux, pharmaceutiques, d'analyses et d'examens de laboratoire, d'appareils et d'hospitalisation relatifs ou non à la grossesse, à l'accouchement et à ses suites, au cours d'une période comprise entre le 4e mois précédant la date présumée de l'accouchement et le 12e jour suivant la naissance. En cas d'accouchement avant cette période, ces frais sont couverts par l'assurance maternité à partir de l'accouchement et jusqu'à la fin de cette période.
• Remboursement des examens prénataux de la grossesse et postnataux obligatoires prescrits par un médecin ou une sage-femme.
• L'examen du futur père avec, éventuellement, les analyses et examens complémentaires appropriés lorsque l'examen de la mère ou les antécédents familiaux le rendent nécessaires.
• Droit à huit séances de préparation à l'accouchement.
• Remboursement des frais d'accouchement (100 % à l'hôpital ou en clinique conventionnée) et de séjour dans la limite de 12 jours.
• Droit à 10 séances de rééducation abdominale après la naissance, sur entente préalable.
• Remboursement à 100 % des soins dispensés au nouveau-né dans l'établissement de santé pendant les 30 jours suivant la naissance.
• Remboursement des examens obligatoires des enfants de moins de 6 ans réalisés dans le cadre des mesures de prévention sanitaire et sociale.

Congé maternité égal à 16 semaines (6 semaines avant l'accouchement, 10 semaines après la naissance de l'enfant). La salariée peut réduire de 3 semaines, à sa demande et avec l'accord de son médecin, la période d'arrêt de travail avant l'accouchement pour la reporter après la naissance (3 semaines contre 13). Si elle est arrêtée pendant la période de report avant l'accouchement, le report est annulé. Son contrat de travail est alors suspendu à partir du 1er jour d'arrêt de travail et la période reportée à l'origine est réduite d'autant.

Cette période peut être prolongée dans un certain nombre de cas :
– à partir du 3e enfant le congé maternité est de 26 semaines (8 semaines avant la date prévue de l'accouchement, 18 semaines après la naissance). Il est possible de réduire de 3 semaines le congé ante-natal pour le reporter après la naissance. ;
– en cas de naissances de jumeaux : le congé maternité est de 34 semaines (12 semaines avant la date prévue de l'accouchement et 22 semaines après les naissances) ;
– en cas de naissances de triplés (ou plus) : le congé est porté à 46 semaines (24 semaines de congé prénatal et 22 semaines de congé postnatal) ;
– sur prescription médicale, un repos supplémentaire de 2 semaines avant la date supposée de l'accouchement peut être accordé ;
– lorsque l'enfant est resté hospitalisé pendant les 6 semaines qui ont suivi l'accouchement, il est possible de reporter la période de congé à laquelle on a droit jusqu'au retour de l'enfant à domicile ;
– lorsque l'accouchement intervient plus de 6 semaines avant la date prévue et exige l'hospitalisation postnatale de l'enfant, la période de suspension du contrat est pro-

longée du nombre de jours compris de la date effective de l'accouchement au début prévu du congé maternité.

À signaler : les femmes ayant une grossesse pathologique liée à l'exposition in utero au diéthylstilbestrol (DES) ont droit au congé de maternité dès le premier jour de leur arrêt de travail.

Le congé de maternité est pris en compte pour la durée des congés payés et pour la détermination des droits liés à l'ancienneté.

• Indemnités journalières de repos égales au salaire journalier de base, c'est-à-dire le salaire journalier net (calculé à partir du salaire de référence diminué de la part salariale des cotisations sociales et de la CSG) des 3 mois précédant l'arrêt de travail, dans une certaine limite voir barème, p. 700.

L'indemnité journalière peut être accordée au père lorsque la mère est décédée à la suite de l'accouchement, s'il cesse de travailler pour assumer la charge de l'enfant.

Bon à savoir : De nombreuses conventions collectives prévoient des durées et des rémunérations plus avantageuses pour les femmes en congé de maternité. Il est donc conseillé de consulter sa convention collective.

Les conjointes collaboratrices non salariées et les agricultrices non salariées perçoivent pendant la durée de leur congé une allocation dite « allocation de remplacement ».

(C. séc. soc. : Art. L. 331-1 s.)

Allocation de remplacement

› Qui peut l'obtenir ?

– Toute agricultrice assurée non salariée ou ayant droit d'un assuré remplissant les conditions requises pour bénéficier d'un congé de maternité ou d'adoption. Les agricultrices dont la grossesse pathologique est liée à une exposition in utero au diethylstilbestrol ont droit à cette allocation dès le premier jour d'arrêt de travail ;

– Toutes les femmes ayant le statut de conjointes collaboratrices (de commerçants ou d'artisans), non salariées, non agricoles ; les épouses d'associés uniques d'EURL, et les épouses de membres de professions libérales participant à l'activité professionnelle du conjoint.

À partir du moment où elles font appel à du personnel qualifié pour se faire remplacer dans les travaux professionnels ou ménagers qu'elles effectuent habituellement.

› Que faut-il faire ?

Les conditions d'obtention de l'allocation de remplacement varient sensiblement d'un régime de sécurité sociale à l'autre. Pour les agricultrices, les durées maximales d'attribution de l'allocation sont alignées sur celles du régime général.

Il est donc recommandé aux personnes concernées de s'adresser directement à l'organisme dont elles dépendent pour obtenir de plus amples informations sur le montant et la durée de versement de cette allocation.

(C. séc. soc. : Art. L. 615-19 ; C. rural : Art. L. 732-10.)

Prestation d'accueil du jeune enfant (PAJE)

La prestation d'accueil du jeune enfant (PAJE) est une allocation destinée aux futurs parents. Elle se substitue à l'allocation pour jeune enfant (APJE courte, APJE longue), l'AFEAMA, l'allocation de garde d'enfant à domicile (AGED), l'allocation parentale d'éducation (APE) et l'allocation d'adoption.

› Qui peut en bénéficier ?

Tout parent pour un enfant né ou adopté depuis le 1.1.2004.

› Que comprend-elle ?

Cette prestation est composée :
– d'une prime à la naissance ou à l'adoption versée sous condition de ressources ;
– d'une allocation de base versée, sous condition de ressources, dès la naissance ou l'arrivée d'un enfant au foyer ;
– et d'un complément de libre choix de mode de garde ou d'activité en fonction du choix des parents quant à la garde de leur enfant.

› Comment en bénéficier ?

Cette prestation est versée automatiquement à partir du moment où la déclaration de grossesse est annoncée et où la femme passe les examens médicaux obligatoires. La CAF vérifie les droits à l'allocation, la déclaration des rémunérations versées se fera auprès d'un centre de recouvrement au moyen d'un volet social (comme pour le chèque emploi service universel).
Si la caisse, lors de l'instruction de la demande ou d'un contrôle, constate une disproportion importante entre le train de vie du demandeur et les ressources déclarées, elle procède à une évaluation forfaitaire des éléments du train de vie pour déterminer si le demandeur peut, ou non, bénéficier de la prime à la naissance ou à l'adoption, de l'allocation de base, du complément de libre choix du mode de garde.

Une prime à la naissance ou à l'adoption

› Quand est-elle versée ?

Dès le 7e mois de la grossesse ou lors de l'arrivée au foyer d'un enfant adopté (de plus de 3 ans et de moins 20 ans) ou accueilli en vue de son adoption.

À noter : la prime n'est versée que si la mère justifie avoir passé le premier examen prénatal médical obligatoire.

› Quel en est le montant ?

La prime est attribuée en fonction des ressources de la famille et du nombre d'enfants. Elles sont majorées lorsque la charge du ou des enfants est assumée par une personne seule ou un couple dont chacun des membres perçoit un revenu professionnel minimal (voir barème, p. 700).

Une allocation de base

› Quand est-elle versée ?

À compter de la date de la naissance et jusqu'aux 3 ans de l'enfant si la mère justifie avoir passé les examens médicaux obligatoires prévus au cours de sa grossesse.
Si l'enfant est adopté, la famille perçoit l'allocation dès l'arrivée au foyer de l'enfant et pendant au plus 3 ans, dans la limite des 20 ans de l'enfant.
Il s'agit d'une allocation par famille mais, en cas de naissances multiples ou d'adoptions multiples simultanées, l'allocation est attribuée pour chaque enfant.

› Quel en est le montant ?

L'allocation est versée sous conditions de ressources. Le plafond de ressources est le même que celui déterminé pour bénéficier de la prime à la naissance.
Il est majoré lorsque la charge des enfants est assumée par une personne seule ou un couple dont chacun des membres perçoit un revenu professionnel minimal (voir barème, p. 700).

Un complément de libre choix du mode de garde

› Qui peut en bénéficier ?

Les personnes qui choisissent de continuer leur activité professionnelle et qui font garder leur enfant, jusqu'à l'âge de 6 ans, par une assistante maternelle agréée, une garde à domicile ou qui confient leur enfant à une association ou à une entreprise habilitée à cet effet.
Le complément est versé à toutes les familles, y compris à celles qui ne perçoivent pas, en raison de leurs revenus, la prime à la naissance et l'allocation de base. Il faut que les demandeurs disposent d'un minimum de revenus tirés d'une activité professionnelle (voir barème, p. 701) ;
À noter : ce minimum de revenus ne s'applique pas lorsque la personne seule ou les deux membres du couple poursuivent des études ; lorsque la personne seule ou au moins l'un des membres bénéficie de l'allocation aux adultes handicapés, de l'allocation d'insertion ou de l'allocation de solidarité spécifique ; lorsque le bénéficiaire perçoit le RSA s'il est inscrit dans une démarche d'insertion professionnelle.

› En quoi consiste le complément de libre choix du mode de garde?

– En cas de garde par assistante maternelle ou à domicile
• Le complément consiste en :
– une prise en charge totale ou partielle des cotisations liées à la rémunération de la personne employée.
S'il s'agit d'une assistante maternelle agréée, la prise en charge est totale pour chaque enfant, si la rémunération de l'assistante ne dépasse pas un certain plafond (voir barème, p. 701).
S'il s'agit d'une garde à domicile, une fraction des cotisations est prise en charge, dans la limite d'un plafond (voir barème, p. 701).
– une prise en charge partielle du salaire net de la personne qui garde l'enfant, dans la limite d'un plafond, variable selon les revenus de la famille et les horaires spécifiques de travail des parents (voir barème, p. 701).
• Il est versé à taux plein jusqu'aux 3 ans de l'enfant et à taux réduit pour la garde d'un enfant de plus de 3 ans mais de moins de 6 ans.
Attention : ce complément n'est pas cumulable avec le complément de libre choix d'activité à taux plein sauf, de façon transitoire, en cas de reprise d'activité. Il est réduit lorsque le bénéficiaire a droit au complément de libre choix d'activité à taux partiel pour l'exercice d'une activité professionnelle inférieure à un certain taux (voir barème, p. 701).
• Il est proposé sous la forme d'un carnet Pajemploi. Les familles envoient chaque mois leur demande de versement du complément de garde au centre Pajemploi qui gère la demande en liaison avec la CAF.

– En cas de garde par une association ou une entreprise
Le complément est versé sous la forme d'une aide (voir barème, p. 701), qui prend en charge partiellement le coût de la garde. Elle varie en fonction des revenus des parents et de leurs horaires spécifiques de travail. L'aide n'est accordée que si l'enfant est gardé un minimum d'heures au cours du mois.

À noter : le complément peut être versé au ménage ou à la personne qui fait appel à un établissement d'accueil de jeunes enfants (structures expérimentales publiques ou privées) qui acceptent 9 enfants au plus.

Un complément de libre choix d'activité

› Qui peut en bénéficier ?

Les parents qui veulent suspendre leur activité professionnelle ou la réduire pour s'occuper de leur enfant, et cela dès le premier enfant.
Pour en bénéficier, le parent doit avoir exercé une activité professionnelle de 2 ans dans les 2 ans qui précèdent l'arrivée d'un premier enfant ou dans les 4 ans s'il s'agit d'un deuxième enfant ou dans les 5 ans à partir du troisième enfant.

› Quel en est le montant ?

Le complément est versé :
– à taux plein lorsque l'un des parents choisit de cesser son activité (voir barème, p. 701) ;
– à taux partiel lorsque le parent exerce une activité ou poursuit une formation professionnelle rémunérée, à temps partiel. Le montant varie en fonction de la durée d'activité (voir barème, p. 701). Les personnes qui cumulent une activité salariée et non salariée ont également droit au complément à taux partiel.
Il est majoré pour les personnes qui n'ont pas droit à l'allocation de base (voir barème, p. 701).

À noter : lorsque les deux parents travaillent à temps partiel, le montant cumulé de leurs deux compléments à taux partiel ne peut être supérieur à celui du complément à taux plein. Mais si le montant cumulé est inférieur à celui du complément à taux plein, le montant de ce dernier complément est versé.

› Quand est-il versé ?

• Il est versé jusqu'aux 3 ans de l'enfant.
• En cas d'adoption, il est versé pendant 1 an, même si l'enfant a plus de 3 ans mais il doit avoir moins de 20 ans.
• En cas de naissance de triplés (ou plus), il peut être versé jusqu'aux 6 ans des enfants.
• Il est versé uniquement pour une période de 6 mois lorsque le bénéficiaire du complément de libre choix d'activité a un seul enfant à charge. Dans ce cas, le point de départ du versement du complément est alors le mois de la naissance ou de l'adoption de l'enfant ou le mois de l'arrêt du versement des indemnités de congés conventionnels postnataux ou des indemnités de congés payés légaux.
Le versement peut être fractionné (dans la limite de 6 mois) en cas d'alternance, de reprise d'activité et de cessation ou de réduction d'activité.

› Le complément optionnel de libre choix d'activité

• Le complément optionnel de libre choix d'activité (COLCA) s'adresse uniquement aux parents qui interrompent totalement leur activité professionnelle pendant

1 an lors de l'arrivée d'un troisième enfant ou plus (naissance, adoption), depuis le 1.7.2006, et qui justifient d'une certaine durée d'activité (voir précédemment).

• Le parent qui interrompt son activité perçoit une prestation majorée pendant 1 an (voir barème, p. 701).

À noter : les deux parents peuvent bénéficier de ce dispositif l'un après l'autre.

• L'allocation est versée à partir de la fin du congé de maternité, de paternité, d'adoption indemnisé (cumul possible le mois au cours duquel le versement des indemnités prend fin).

La PAJE est-elle cumulable ?

• L'allocation de base ne se cumule pas avec le complément familial.
Cette allocation, lorsqu'elle est versée aux parents adoptants, ne se cumule pas avec le complément familial.

• Le complément de libre choix d'activité à taux plein peut être cumulé, pendant 2 mois, avec un revenu professionnel, en cas de reprise d'activité du bénéficiaire si l'enfant a au moins 18 mois et moins de 30 mois ; cette possibilité s'adresse aux parents ayant au moins deux enfants.

• Le complément de libre choix d'activité n'est pas cumulable avec le complément familial.

• Le complément de libre choix d'activité à taux plein n'est pas cumulable avec :
– l'indemnisation des congés de maternité, paternité ou d'adoption ;
– l'indemnité d'interruption d'activité ou l'allocation de remplacement pour maternité ou paternité ;
– l'indemnisation des congés de maladie ou d'accident du travail ;
– les indemnités versées aux travailleurs sans emploi ;
un avantage de vieillesse, d'invalidité ou la pension militaire.

• Le complément de libre choix d'activité à taux partiel n'est pas cumulable, lors de l'ouverture des droits, avec les mêmes indemnités que ci-dessus. Il est cumulable, en cours de droit avec les quatre premières indemnisations ci-dessus.

À noter : lorsque le complément de libre choix d'activité est versé à un parent pour un seul enfant à charge, ce complément est cumulable, le mois d'ouverture du droit, avec l'indemnisation des congés de maternité, paternité ou d'adoption, l'indemnité d'interruption d'activité ou l'allocation de remplacement, l'indemnisation des congés de maladie ou d'accident du travail.

Bon à savoir : En cas de décès de l'enfant, le complément de libre choix d'activité et l'allocation de base versés au titre de cet enfant sont maintenus pendant 3 mois.

(C. séc. soc. : Art. L. 531-1s. L. 755-19 et s.)

Déclaration de naissance

› Qui doit faire la démarche ?

Le père de l'enfant ou à défaut, le médecin, la sage-femme ou toute personne ayant assisté à l'accouchement. Certains hôpitaux se chargent d'effectuer cette démarche.

› Où s'adresser ?

À la mairie du lieu d'accouchement.

› Que faut-il faire ?

Obligatoirement dans un délai de 3 jours (le jour de l'accouchement ne compte pas ; si le dernier jour est un samedi, ou un dimanche, ou un jour férié, le délai est prolongé jusqu'au prochain jour ouvrable) :
– Présenter le livret de famille (les mères célibataires n'en possédant pas en recevront un à cette occasion).
– Produire le certificat établi par le médecin ou la sage-femme.

› Quels sont les frais ?

Gratuit.

› Délai d'obtention

Le déclarant peut exiger que l'acte de naissance soit dressé immédiatement.

Bon à savoir : Le nom de famille d'un enfant obéit à de nouvelles règles.

(C. civ. : Art. 55 s.)

Allocation journalière de présence parentale

Cette allocation s'adresse aux familles qui doivent faire face à une maladie, un handicap ou un accident d'une particulière gravité de leur enfant en leur permettant de réduire leur temps de travail ou de l'interrompre momentanément.

› Qui peut en bénéficier ?

• Toute personne qui interrompt ou réduit son activité professionnelle car elle a à sa charge un enfant, âgé de moins de 20 ans, atteint d'une maladie, d'un handicap, d'un accident d'une particulière gravité rendant indispensable une présence continue et des soins contraignants. Tel est le cas notamment des cancers, myopathie, des enfants en grande prématurité... Les deux parents peuvent en bénéficier simultanément.

• L'allocation est accordée aux salariés, y compris ceux de la fonction publique, qui prennent un congé de présence parentale, aux VRP, aux employés de maison, aux non-salariés, aux praticiens et auxiliaires médicaux conventionnés, aux exploitants agricoles, aux personnes en formation professionnelle et aux demandeurs d'emploi indemnisés qui interrompent leur recherche d'emploi pour s'occuper de leur enfant.

› Quel en est le montant ?

Il varie selon la composition de la famille : un couple ou une personne isolée (voir barème, p. 700).

Un complément forfaitaire mensuel pour frais est attribué au ménage ou à la personne dont les ressources ne dépassent pas un certain plafond (variable selon le nombre d'enfants à charge, les revenus professionnels...) et lorsque la maladie, le handicap ou l'accident exige des dépenses à leur charge, supérieures à un montant déterminé (voir barème, p. 700).

› Quelle en est la durée ?

Les parents bénéficient d'un « compte crédit » de 310 jours ouvrés (pour un même enfant et par maladie, handicap ou accident) à prendre, de manière fractionnée, par période de 6 mois renouvelable dans la limite de 3 ans.

À noter : les allocations journalières peuvent être partagées entre les deux parents sans que leur nombre total, au cours d'un même mois, puisse dépasser 22 jours.

Au-delà de ces 3 ans, le droit à l'allocation peut être réouvert en cas de rechute, de récidive de la pathologie ayant donné lieu au versement de l'ancienne allocation de présence parentale ou de la nouvelle.
L'allocation est attribuée à compter du premier jour du mois civil au cours duquel est déposée la demande.

› Quelles formalités accomplir ?

Le médecin qui suit l'enfant doit attester, dans un certificat médical détaillé, de la particulière gravité de la maladie, du handicap ou de l'accident et du caractère indispensable d'une présence soutenue et de soins contraignants. Il doit également déterminer une durée prévisible de traitement qui sert à définir la durée du droit du parent à cette allocation.
Le droit à l'allocation est soumis à un avis favorable du contrôle médical de la caisse dont relève l'enfant.

À noter : le bénéficiaire de l'allocation doit adresser tous les mois à l'organisme qui verse les prestations familiales un justificatif du nombre de jours utilisés (attestation de l'employeur, sur l'honneur en cas de recherche d'emploi...).

› L'allocation est-elle cumulable ?

L'allocation n'est pas cumulable avec :
- les indemnités de maternité, paternité ou d'adoption ;
- l'allocation forfaitaire de repos maternel ;
- les indemnités maladie et accident du travail ;
- les indemnités chômage ;
- une pension d'invalidité ou de retraite ;
- l'allocation aux adultes handicapés ;
- les compléments de l'allocation d'éducation de l'enfant handicapé ;
- les « aides humaines » de la prestation de compensation ;
- l'allocation parentale d'éducation ou le complément de libre choix d'activité de la PAJE ;

En cas d'activité à temps partiel, ces règles de non cumul sont aménagées.
Bon à savoir : Les périodes de congé sont assimilées à des périodes de travail salarié pour l'ouverture du droit aux prestations maternité, maladie, invalidité et décès. Le bénéficiaire est affilié gratuitement à l'assurance vieillesse à condition que ses ressources ou celles du ménage ne dépassent pas certains plafonds.
(C. séc. soc. : Art. L. 544-1et s.)

Allocation pour femmes enceintes dispensées de travail

Une allocation est accordée aux femmes qui sont enceintes ou qui ont accouché lorsque leur travail les expose à des risques trop importants.

› Qui peut en bénéficier ?

Toute salariée enceinte, ou qui a accouché :
- qui occupe un poste de travail l'exposant à des agents toxiques pour la reproduction (vibrations, radiations ionisantes, produits chimiques, produits antiparasitaires), au benzène, au plomb ou à des virus particuliers (rubéole, toxoplasmose) ;

– lorsque l'employeur ne peut pas lui proposer un changement de poste ou un aménagement de son travail (compte tenu des conclusions du médecin du travail sur son aptitude à exercer une autre tâche dans l'entreprise).
Dans ce cas, l'employeur doit faire connaître par écrit à la salariée et au médecin du travail les motifs qui s'opposent à son reclassement.
Le contrat de travail est alors suspendu (sauf pendant la période du congé légal de maternité).
À noter : cette allocation peut être accordée durant une période d'1 mois après le retour du congé postnatal.

› Quel en est le montant ?

Pendant la suspension du contrat, la salariée bénéficie d'une rémunération composée :
– d'une allocation journalière de la Sécurité sociale, calculée comme l'indemnité journalière d'assurance maladie ;
– et d'un complément à la charge de l'employeur, destiné à compenser la perte de salaire éventuelle.

› Peut-on cumuler cette allocation ?

Cette allocation n'est pas cumulable avec :
– l'indemnisation des congés maternité, maladie ou d'accident du travail ;
– le complément de l'allocation éducation de l'enfant handicapé ou l'élément de la prestation de compensation pour « aides humaines » lorsqu'ils sont accordés en contrepartie d'une cessation d'activité ;
– l'allocation journalière de présence parentale ;
– le complément de libre choix d'activité à taux plein de la prestation d'accueil du jeune enfant ;
– le complément de libre choix d'activité à taux partiel de la prestation d'accueil du jeune enfant à l'ouverture du droit de celui-ci.
(C. séc. soc. : Art. L. 333-1.)

Adoption d'un enfant

Cette question concerne l'adoption plénière, qui est la forme la plus complète d'adoption : l'enfant adopté perd tout lien avec sa famille d'origine et a le même statut qu'un enfant légitime ; de fait, l'adoption plénière est irrévocable et définitive.
Dans l'autre forme d'adoption, l'adoption simple, la personne adoptée (enfant ou adulte) conserve ses liens avec sa famille d'origine, auxquels s'ajoute le rapport de filiation avec l'adoptant.

› Qui peut adopter un enfant ?

• Toute personne âgée de plus de 28 ans :
– soit vivant seule (veuf(ve), divorcé(e), célibataire) ;
– soit mariée : les époux doivent avoir au minimum 2 ans de mariage s'ils font la demande ensemble, et ne pas être séparés de corps. Si les époux ont tous les deux plus de 28 ans, il n'y a pas de condition de durée de mariage.
À noter : la condition d'âge n'est pas exigée en cas d'adoption de l'enfant du conjoint.

• Il faut en outre justifier d'une bonne réputation (enquête sociale), d'une bonne santé (examen médical) et d'un bon équilibre psychologique (examen auprès d'un psychologue).
Il est indispensable de remplir ces conditions pour pouvoir adopter un enfant mais cela ne suffit pas car il existe beaucoup moins d'enfants à adopter que de couples candidats à l'adoption et l'écart s'accentue chaque année.
En conséquence :
– plus on se montre difficile (exigences concernant l'âge ou l'origine de l'enfant…), moins on a de chances de voir sa candidature retenue ;
– les délais sont toujours très longs et les enquêtes sévères ;
– on tente souvent à un moment ou à un autre de décourager les futurs parents : seules peuvent être retenues les demandes de personnes très motivées.

› Quel enfant peut-on adopter ?

● Origine

Les enfants français adoptables sont très peu nombreux.
En effet, ne sont adoptables que :
– les enfants pour lesquels les père et mère ou le conseil de famille ont valablement consenti à l'adoption ;
– les pupilles de l'État ;
– les enfants déclarés abandonnés.
La plupart des enfants adoptables sont des enfants étrangers se trouvant encore dans leur pays d'origine.

À noter : les conditions ont été assouplies pour l'adoption plénière. Ainsi l'adoption plénière de l'enfant du conjoint est possible.

● Sexe

On peut indiquer ses préférences mais elles ne sont pas forcément prises en compte.

● Âge

– Pour un enfant français : au moins 3 mois, au plus 15 ans.

À signaler : les enfants âgés d'au moins 13 ans doivent consentir personnellement à leur adoption.

– Pour un enfant étranger : dès les premiers jours de la naissance.
Si l'on accepte un enfant relativement âgé, on aura plus de chances de voir sa candidature retenue (ces enfants sont plus difficiles à placer que des bébés), mais il ne faut pas sous-estimer les problèmes d'adaptation.

● Cas particuliers

– Frères et sœurs : on peut aussi envisager d'adopter plusieurs enfants ensemble, ce qui évite la séparation.
– Enfant handicapé : l'adoption peut être envisagée dans certains cas et à condition d'être très motivé.

› Où s'adresser pour trouver un enfant à adopter ?

– Aux services de l'Aide sociale à l'enfance : se renseigner à la préfecture pour en connaître l'adresse.

– À un organisme d'adoption privé français ou étranger ou à l'Agence française de l'adoption qui a pour mission d'informer, de conseiller et de servir d'intermédiaire pour l'adoption de mineurs étrangers de moins de 15 ans.
La liste, régulièrement mise à jour, des organismes autorisés pour l'adoption peut être fournie par les services de l'Aide sociale à l'enfance et l'Agence française pour l'adoption.
Dans le cas où l'on s'adresse à un organisme privé, il faut, préalablement à la procédure d'adoption, obtenir sa réponse favorable, en répondant aux conditions fixées par l'organisme, qui portent essentiellement sur les motivations.

› Quelle est la procédure d'adoption ?

Toute adoption doit se faire avec l'agrément du président du conseil général du département de résidence.

● La demande d'agrément

La première démarche est le dépôt d'une demande d'agrément auprès des services de l'Aide sociale à l'enfance.
Dans les 2 mois suivant cette demande, les candidats à l'adoption reçoivent une information sur l'adoption et la procédure à suivre. Ils doivent dès lors confirmer leur demande en l'accompagnant du dossier (voir ci-dessous).
Au vu du dossier remis lors de la demande d'agrément et de l'enquête effectuée, l'agrément sera accepté (dans la grande majorité des cas) ou refusé. L'agrément est valable sur tout le territoire.

À noter : l'agrément est indispensable pour adopter un pupille de l'État ou un enfant étranger, mais il n'est pas nécessaire lorsque des liens affectifs se sont établis entre un enfant confié par le service de l'Aide sociale à l'enfance et la personne qui l'a accueilli.

● Le dossier

• Le dossier pour la demande d'agrément doit comporter les pièces justificatives suivantes :
– extrait d'acte de naissance (du ou des demandeurs) ;
– extrait d'acte de mariage ;
– photocopie du livret de famille ;
– extrait de casier judiciaire ;
– photographies (même d'amateur) du ou des demandeurs ;
– certificat médical datant de moins de 3 mois, établi en vue de l'adoption et comportant une radiographie pulmonaire ;
– attestation favorable délivrée par un psychologue habilité par la préfecture (on peut choisir son nom sur une liste de médecins donnée par le bureau des adoptions) ;
– tout document attestant de ressources suffisantes pour élever des enfants ;
– lettre de motivation expliquant les raisons pour lesquelles le demandeur souhaite adopter un enfant.
Si l'on s'est adressé à un organisme privé, français ou étranger, il faut, en outre, fournir la réponse favorable de celui-ci.
• Dans le cas d'adoption d'un enfant étranger :
Adresser à l'organisme autorisé, pour accord du ministère dans son pays, un double du même dossier.

Toutes les pièces ci-dessus doivent donc être :
– traduites dans la langue du pays ;
– authentifiées deux fois :
1. pour la France, par chaque ministère concerné (Intérieur, Santé, Justice) ;
2. pour le pays de l'enfant, par le consulat de ce pays en France. Une précaution indispensable : garder des photocopies de tout le dossier traduit et authentifié.
Joindre au dossier administratif quelques lettres de notables de son entourage (médecin, directrice d'école, prêtre…) témoignant en sa faveur, avec leurs traductions.

L'enquête

Une fois la demande enregistrée, les candidats à l'adoption sont soumis à une enquête sociale et à des entretiens psychologique et psychiatrique, pour permettre aux services de l'Aide sociale à l'enfance « d'apprécier les conditions d'accueil que le demandeur est susceptible d'offrir à des enfants sur le plan familial, éducatif et psychologique ».

› Quels sont les délais ?

Agrément

9 mois au maximum à compter de la confirmation de la demande d'agrément. L'agrément est accordé pour 5 ans, mais la candidature à l'adoption doit être renouvelée chaque année.

Placement de l'enfant

Une fois l'agrément obtenu, l'enfant pourra être accueilli dans un délai variant entre quelques mois et 2, voire 4 ans.
Le mineur placé en vue d'adoption ou adopté a droit à un accompagnement par le service de l'aide à l'enfance ou par un organisme agréé à compter de son arrivée au foyer de l'adoptant et jusqu'au prononcé de l'adoption plénière en France ou jusqu'à la transcription du jugement étranger.
Dans le cas d'un enfant étranger, ce délai peut être beaucoup plus court, puisque les parents adoptifs ont la possibilité de se rendre directement à l'étranger pour adopter un enfant selon la loi locale.

Jugement d'adoption

Il sera prononcé après un délai minimal de 6 mois de placement de l'enfant, c'est-à-dire 6 mois après que l'enfant ait été accueilli. Pour obtenir ce jugement, il faut déposer une requête au tribunal de grande instance de son domicile.
Le juge peut prononcer l'adoption si les requérants n'ont pas l'agrément mais sont jugés aptes à recueillir l'enfant et si l'adoption est conforme à son intérêt.
C'est seulement une fois que le jugement d'adoption est prononcé que l'adoption est reconnue. L'enfant acquiert la nationalité et le nom des parents adoptifs selon les mêmes règles que lors de la naissance d'un enfant dans le cas d'une adoption plénière. S'il est étranger, il peut aussi changer de prénom. Si l'adopté est né à l'étranger, la décision est inscrite sur les registres du service central d'état civil du ministère des Affaires étrangères, à Nantes.

› Quels sont les frais ?

Gratuit pour la France, à l'exception des frais médicaux et de psychologue.

Pour les pays étrangers : prévoir les frais de traduction et d'affranchissement mais surtout le prix d'un voyage dans le pays pour chercher l'enfant et d'un séjour d'au moins 15 jours sur place, pour recevoir l'enfant. Il faut faire établir son passeport dans son pays d'origine (l'autorité étrangère indiquera les documents nécessaires) et obtenir un visa de long séjour auprès des services consulaires français.

Attention : Il n'est pas possible d'adopter un mineur étranger si la loi de son pays l'interdit, sauf s'il est né en France et s'il y réside régulièrement.
Les conditions d'adoption d'un enfant étranger sont soumises à la loi nationale de l'adoptant. Dans tous les cas, pour que l'adoption soit valable et plénière, il faut que le représentant légal de l'enfant ait donné librement son consentement, sans contrepartie après la naissance de l'enfant et en étant informé des conséquences de l'adoption.

(C. civ. : Art. 343 s.)

Reconnaissance d'un enfant

Ce moyen permet d'établir la filiation entre un enfant né hors mariage et ses parents.

› Qui peut l'obtenir ?

Le père ou la mère de l'enfant (ou les deux ensemble). Peu importe qu'ils soient tous les deux célibataires ou que le père soit marié de son côté. Par contre, si la mère est mariée avec quelqu'un d'autre que le père, la reconnaissance par le vrai père est nulle si le mari de la mère élève cet enfant.
La mention du nom de la mère sur l'acte de naissance de l'enfant suffit à établir la filiation de l'enfant à son égard. Elle n'a de démarches à effectuer que si son nom ne figure pas dans cet acte (né de mère inconnue) ou si elle souhaite transmettre en premier son nom à l'enfant.

› Que faut-il faire ?

Avant la naissance de l'enfant

S'adresser à n'importe quelle mairie. Présenter une pièce d'identité et le certificat de grossesse. L'acte de reconnaissance est délivré immédiatement.

Après la naissance

S'adresser à n'importe quelle mairie ou chez un notaire. Si la mairie à laquelle on se présente est différente de celle du lieu de naissance de l'enfant, se munir d'un extrait d'acte de naissance. La démarche peut être faite à n'importe quel moment.

› Quels sont les avantages ?

– L'enfant né hors mariage porte le nom de celui des parents à l'égard duquel la filiation a été établie en premier lieu.
Les parents peuvent choisir le nom de leur enfant par déclaration conjointe durant la minorité de l'enfant.
– Il acquiert les mêmes droits qu'un enfant né pendant le mariage en matière de prestations familiales ou de succession.
– Tout enfant reconnu donne droit à une augmentation du quotient familial pour le parent qui en a la charge (1 part pour le premier enfant, 1/2 pour les enfants suivants).
– Il peut recevoir une pension alimentaire de la part du parent qui n'a pas sa garde.

Bon à savoir : Il ne faut pas confondre le fait de reconnaître un enfant et le droit d'exercer l'autorité parentale.

(C. civ. : Art. 311-21 et s., 312 .)

Action à fin de subsides

› Que faut-il faire ?

• S'adresser au tribunal de grande instance.

• Prouver que l'on a eu des relations intimes avec le père pendant la période de conception de l'enfant (180 à 300 jours avant la naissance). Cette preuve peut être établie par des témoignages, des lettres…

Cette procédure est beaucoup plus souple que l'action en recherche de paternité. En effet, en cas de pluralité d'amants durant cette période, chacun d'entre eux peut être condamné au dédommagement de la mère selon leurs moyens respectifs ; sauf, bien sûr, s'ils prouvent par tout moyen leur impossibilité d'être le père de l'enfant (exemples : stérilité, éloignement, examen de sang).

Cette action peut être introduite par la mère pendant toute la minorité de l'enfant. Si la mère n'a pas agi durant cette période, l'enfant peut le faire dans les 2 ans qui suivent sa majorité.

› Quels sont les avantages ?

Le père peut être condamné à verser des dommages-intérêts, une pension alimentaire, ainsi qu'à rembourser les frais de maternité et d'entretien de la mère pendant les 3 mois qui ont précédé et les 3 mois qui ont suivi la naissance de l'enfant. Si plusieurs « pères » sont condamnés à verser des subsides, ils sont reversés à la mère par l'intermédiaire de l'Aide sociale à l'enfance.

Bon à savoir : Cette procédure permet seulement d'obtenir un dédommagement pécuniaire (des subsides). Contrairement à l'action en recherche de paternité, elle n'a aucune conséquence sur la filiation.

(C. civ. : Art. 342 à 342-8.)

Action en recherche de paternité

› Que faut-il faire ?

S'adresser au tribunal de grande instance.

Fournir toutes les preuves possibles de la paternité de la personne poursuivie en prouvant l'existence de relations intimes avec le père pendant la période de conception de l'enfant (180 à 300 jours avant la naissance). L'action en recherche est réservée à l'enfant.

Si le père présumé prouve par tout moyen que sa paternité est impossible (exemples : stérilité, éloignement, examen du sang), la procédure échoue.

Cette procédure est donc délicate, longue et coûteuse. Le recours à un avocat est obligatoire.

L'action en recherche de paternité doit être exercée durant la minorité de l'enfant puis, si rien n'a été fait, par l'enfant dans les 10 ans qui suivent sa majorité.

› Quels sont les avantages ?

Le père peut être condamné à verser des dommages-intérêts, une pension alimentaire, ainsi qu'à rembourser les frais de maternité et d'entretien de la mère pendant les 3 mois qui ont précédé et les 3 mois qui ont suivi la naissance de l'enfant. Le juge statue aussi sur l'attribution du nom de l'enfant et de l'autorité parentale.

Bon à savoir : Si cette procédure échoue ou que la mère ne désire pas que le père reconnaisse l'enfant mais qu'il lui verse seulement un dédommagement pécuniaire, elle peut entamer une action à fin de subsides.

(C. civ. : Art. 326 à 330.)

Les aides à l'enfance

Allocations familiales

› Qui peut en bénéficier ?

Toute personne résidant en France ayant au moins deux enfants à charge résidant en France, qu'ils aient ou non un lien de parenté avec l'adulte.

À noter : les enfants d'étrangers en situation régulière doivent être entrés régulièrement dans le cadre du regroupement familial ou être nés en France.

En cas de résidence alternée de l'enfant (suite au divorce ou à la séparation des parents), les allocations sont partagées par moitié entre le père et la mère s'ils en font la demande conjointe ou s'ils ne sont pas d'accord sur celui qui percevra les allocations.
L'âge des enfants doit être :
– inférieur à 16 ans pour les jeunes soumis à l'obligation scolaire, sous réserve d'être inscrits dans un établissement d'enseignement ;
– inférieur à 20 ans pour les jeunes non soumis à l'obligation scolaire et dont la rémunération, en cas d'activité, ne dépasse pas 55 % du SMIC.

À noter : les allocations familiales, qui concernent un enfant délinquant, sont « normalement » suspendues lorsque ce mineur est placé dans un centre éducatif fermé. Mais le juge des enfants peut les maintenir si la famille participe à la prise en charge morale ou matérielle de l'enfant ou en vue de faciliter le retour de l'enfant dans son foyer.

Une allocation forfaitaire (voir barème, p. 700) est accordée pendant une année aux familles de trois enfants et plus lorsque l'aîné atteint l'âge de 20 ans et qu'il est toujours à la charge permanente et effective de la famille.

› Que faut-il faire ?

• Adresser une demande écrite à la caisse d'Allocations familiales ou, pour les travailleurs agricoles, à la caisse de Mutualité sociale agricole.
• Joindre à la demande et selon les cas :
– un extrait d'acte de naissance (pour un nouveau-né) ;
– un certificat d'inscription dans un établissement scolaire ;
– un certificat médical attestant l'impossibilité physique pour l'enfant d'aller à l'école en raison d'une maladie quelconque ;
– un exemplaire du contrat d'apprentissage ;
– un certificat d'inscription dans un établissement d'enseignement supérieur secondaire, technique ou professionnel ;
– le certificat d'inscription établi par le directeur de l'établissement de cours par correspondance et l'avis obligatoire de l'inspecteur d'académie.
Les étrangers doivent fournir en plus un titre ou document prouvant la régularité de l'entrée et du séjour en France (d'eux-mêmes et de leurs enfants à charge).

Les personnes n'ayant pas de lien de parenté avec l'enfant doivent fournir un jugement de tutelle, une délégation de l'autorité parentale, une attestation sur l'honneur des parents résidant à l'étranger ou tout document prouvant l'incapacité des parents à assurer leurs responsabilités.

› Quel en est le montant ?

Les calculs sont faits à partir de la base mensuelle des Allocations familiales :
- avec 2 enfants : base mensuelle x 0,32,
- avec 3 enfants : base mensuelle x 0,73,
- avec 4 enfants : base mensuelle x 1,13,
- par enfant en plus : base mensuelle x 0,41.

Majoration enfant dès 14 ans : base mensuelle x 0,16.
Les majorations sont étendues aux bénéficiaires du RSA.
À noter : lorsque la famille ne compte que deux enfants ouvrant droit aux Allocations familiales, l'aîné ne bénéficie pas des majorations.

Pour connaître le montant de la base mensuelle (voir barème, p. 700).

Bon à savoir : Lorsque les prestations familiales ne sont pas employées pour les besoins liés au logement, à l'entretien, à la santé et à l'éducation des enfants et que l'accompagnement en économie sociale et familial n'est pas suffisant, le juge des enfants peut ordonner qu'elles soient, en tout ou partie, versées à un délégué aux prestations familiales pour une durée de 2 ans maximum.
En cas de difficultés liées à une carence de l'autorité parentale, un contrat de responsabilité parentale peut être mis en place par le conseil général. Son non-respect par les parents peut entraîner la suspension de certaines allocations familiales. La suspension des allocations familiales au titre d'un enfant, par le directeur de la CAF (ou MASA), est possible en cas d'absentéisme scolaire, sur demande de l'inspecteur d'académie.
La carte de famille nombreuse offre de nombreux avantages en dehors des transports.
(C. séc. soc. : Art. L. 512-1 s.,L. 552-3.)

Allocation de soutien familial

› Qui peut l'obtenir ?

Les personnes assumant seules la charge d'enfant(s) :
- n'ayant plus ni père, ni mère à la suite d'un décès ou d'un abandon (orphelins totaux) ;
- dont l'un des deux parents est décédé ou les a abandonnés (orphelins partiels) ;
- ou dont la filiation n'est pas légalement établie à l'égard de l'un ou l'autre de ses parents ou des deux ;
- ou dont l'un des parents se soustrait ou se trouve dans l'incapacité de faire face à ses obligations d'entretien et au versement d'une pension alimentaire depuis au moins 2 mois.

Ces enfants doivent ouvrir droit aux Allocations familiales.
Si le bénéficiaire de l'allocation de soutien familial se remarie ou vit maritalement ou conclut un Pacte civil de solidarité (PACS), l'allocation cesse d'être due. Mais l'allocation est toujours versée au tiers recueillant l'enfant privé de ses deux parents, même s'il vit en couple.
La CAF peut contrôler si la personne recevant la prestation est bien « isolée ».

› Quels sont les avantages ?

Les familles reçoivent chaque mois une allocation dont le montant est calculé d'après la base mensuelle des Allocations familiales :
– orphelins totaux : base mensuelle x 0,3,
– orphelins partiels : base mensuelle x 0,225.
Pour connaître la base mensuelle, voir barème, p. 700.
Lorsqu'elle est versée en cas de non-paiement d'une pension alimentaire ordonnée par décision de justice, l'allocation de soutien familial constitue une avance sur la créance alimentaire.
L'organisme qui la verse (généralement la caisse d'Allocations familiales) se charge d'effectuer les démarches pour recouvrir la dette auprès du parent débiteur.
Les parents non isolés qui n'ont pas droit à l'allocation de soutien familial peuvent bénéficier de l'aide du service de recouvrement pour les pensions alimentaires non payées.

› Quelle en est la durée ?

L'allocation de soutien familial est versée aussi longtemps que les Allocations familiales.
En cas d'attribution pour non-paiement d'une pension alimentaire, elle cesse d'être versée à partir du moment où le parent défaillant verse à nouveau la pension alimentaire. La caisse se rembourse alors les sommes qu'elle a avancées sous la forme d'allocation de soutien familial.

› Que faut-il faire ?

• Remplir le formulaire de « demande de soutien familial » auprès de la caisse d'Allocations familiales.
• Fournir les pièces justificatives de la situation de l'enfant : livret de famille faisant état de la filiation, du décès du ou des parents, justification du jugement d'absence, copie du jugement fixant le montant de la pension alimentaire.

Bon à savoir : Des dispositions particulières visent à ce que :
– le maintien des droits soit assuré aux bénéficiaires de l'ancienne allocation d'orphelin ;
– toute demande soit prise en charge, même si une démarche judiciaire est en cours ;
– une aide ponctuelle de durée limitée soit apportée aux personnes qui ne seraient pas en possession d'une décision de justice (titre exécutoire) ayant fixé le montant de la pension alimentaire.
Les enfants adoptés (adoption simple) peuvent ouvrir droit à l'allocation seulement en cas de décès ou d'absence de leurs parents.

(C. séc. soc. : Art. L. 523-1s.)

Complément familial

› Qui peut l'obtenir ?

Toute personne ou ménage remplissant les conditions suivantes :
– résider régulièrement en France avec sa famille ;
– avoir au moins trois enfants à charge, tous âgés de plus de 3 ans (pour les enfants de moins de 3 ans, voir Prestation d'accueil du jeune enfant (PAJE)) ;

– avoir un revenu imposable ne dépassant pas un certain plafond (voir barème, p. 701).

À noter : si la caisse, lors de l'instruction de la demande ou d'un contrôle, constate une disproportion importante entre le train de vie du demandeur et les ressources déclarées, elle procède à une évaluation forfaitaire des éléments du train de vie pour déterminer si le demandeur peut, ou non, bénéficier de la prestation.

› Où s'adresser ?

À sa caisse d'Allocations familiales.

› Quel est son montant ?

Par mois : base mensuelle x 0,4165.

Pour connaître le montant de la base mensuelle des Allocations familiales, voir barème, p. 700.

Une allocation différentielle est versée pour les personnes qui dépassent de peu le plafond.

Une éventuelle modification de la situation professionnelle ou familiale, pendant la période de paiement, est prise en compte.

(C. séc. soc. : Art. L. 522-1.)

Aide sociale à l'enfance

La protection de l'enfance a pour ambition de prévenir les difficultés auxquelles les parents peuvent être confrontés dans l'exercice de leurs responsabilités éducatives ; d'accompagner les familles ; de prendre en charge les enfants.

Le service de l'aide sociale à l'enfance, organisé par la DASES, s'adresse aux mineurs en danger et à leur famille mais aussi aux jeunes majeurs de moins de 21 ans si les difficultés rencontrées peuvent compromettre gravement leur équilibre.

› Quels sont les avantages ?

Selon la situation des familles, des aides financières ou éducatives peuvent être attribuées. On peut citer entre autres :

– L'accueil en maison maternelle :

Ce service est réservé aux femmes enceintes d'au moins 7 mois ou aux mères avec leurs enfants de moins de 3 ans démunies sur le plan moral et financier.

L'ASE prend également en charge les frais d'hébergement et d'accouchement des femmes qui ont demandé le secret sur leur identité.

Les maisons maternelles leur fournissent l'hébergement et des aides matérielles, juridiques, psychologiques et éducatives.

Les frais de séjour sont pris en charge par l'Aide sociale.

– Le versement d'une aide financière (allocations mensuelles, secours d'urgence).

Un accompagnement en économie sociale et familiale.

L'aide à domicile du technicien de l'intervention sociale et familiale (ex-travailleuse familiale).

L'aide apportée par les techniciens de l'intervention sociale et familiale a le plus souvent un caractère provisoire. Elle permet de soulager une famille confrontée à des difficultés exceptionnelles (maladie, absence d'un des parents, difficulté d'adaptation à un nouveau logement ou à un cadre de vie, etc.).

Le technicien assure à domicile l'ensemble des activités ménagères qu'accomplit habituellement la mère de famille (soin des enfants, entretien de la maison, prépa-

ration des repas, etc.). Il peut également être amené à intervenir dans l'éducation des enfants.
Lorsqu'ils sont placés dans les familles, les techniciens de l'intervention sociale et familiale sont rémunérés par l'organisme qui les emploie (la plupart du temps, une association privée).
Une participation financière calculée d'après ses ressources est toutefois demandée à la famille.
– L'intervention d'un service d'action éducative.
– L'assistance éducative :
Le service de l'ASE peut, sur décision du président du conseil général, accueillir un mineur dans un lieu situé à proximité de son domicile pour lui apporter un soutien éducatif et accompagner sa famille dans son rôle.
L'enfant peut aussi être éloigné provisoirement de son lieu de vie habituel pendant une crise familiale ou lorsqu'il peut d'être exposé à des risques, sans pour autant lui imposer un accueil durable.
Les enfants ayant fugué et se trouvant en situation de danger immédiat peuvent être accueillis pendant 72 h sans autorisation des parents.
La saisine de la justice se fait lorsque le mineur est connu, suivi par l'ASE mais que les mesures mises en place sont insuffisantes ; lorsque le mineur non signalé ne peut pas bénéficier des dispositions de l'ASE faute d'accord des parents.

À noter : lorsque la santé, la sécurité ou la moralité d'un enfant non émancipé sont en danger, lorsque les conditions de son éducation, de son développement sont compromises, le juge peut mettre en place des mesures d'assistance éducative, pour une durée de 2 ans : retrait de l'enfant de son milieu, accueil de jour dans une structure de proximité, dans une famille habilitée, chez un parent...
L'accueil par une institution peut se prolonger au-delà de 2 ans si les parents présentent de telles difficultés relationnelles et éducatives qu'elles affectent durablement leurs compétences à exercer leur rôle de parents.

› Où s'adresser ?

– À la Direction de l'action sociale de l'enfance et de la santé (DASES) : se renseigner à la préfecture pour en connaître l'adresse ;
– à l'assistante sociale ;
– au juge des enfants.
(C. act. soc. et fam. : Art. 375 ets.)

Allocations mensuelles d'aide sociale

› Qui peut en bénéficier ?

En principe la mère ; à défaut, le père, les grands-parents ou toute autre personne ayant effectivement pris un enfant en charge à condition que l'enfant ait moins de 16 ans (18 ans s'il est en apprentissage).

› Que faut-il faire ?

Adresser à la Direction de l'action sociale de l'enfance et de la santé (DASES), directement ou par l'intermédiaire d'une assistante sociale, une demande exposant sa situation sociale, professionnelle et financière.

À noter : la décision d'attribution est prise par l'inspecteur de l'enfance à la suite d'une évaluation de l'assistante sociale.

› Quel en est le montant ?

Le montant et la durée des allocations mensuelles sont fixés par le président du conseil général et varient dans chaque département. L'allocation mensuelle est en principe temporaire.
Il est possible de cumuler l'allocation mensuelle avec des allocations et des prestations familiales mais, si les allocations familiales et les secours ne sont pas employés par les parents dans l'intérêt des enfants, le juge peut confier la gestion de ces prestations à un délégué aux prestations familiales.

Bon savoir : En principe, les allocations mensuelles sont versées pour éviter qu'un enfant ne soit placé par le service de l'Aide sociale à l'enfance. En réalité, elles deviennent de plus en plus un complément de ressources pour des familles en difficulté.

Organismes d'aide aux mères de famille

Un certain nombre d'organismes proposent gratuitement leur aide aux mères de famille en difficulté.

› Où s'adresser ?

– Dépann'famille, 23, rue de la Sourdière, 75001 Paris.
Cette association envoie aux mères bénéficiant de prestations familiales des personnes pour les « dépanner » en cas de problème et garder leurs enfants. L'association fonctionne pendant les vacances scolaires.
– Fédération des associations pour l'aide aux mères et aux familles à domicile, 12, rue Chomel, 75007 Paris.
Cette association propose un service de techniciens de l'intervention sociale et familiale qui aident les familles lorsque les mères se trouvent momentanément dans l'incapacité de remplir elles-mêmes leurs tâches.
Les prix varient en fonction des ressources des intéressés.

Donations de la fondation Cognacq-Jay

La fondation Cognacq-Jay attribue chaque année deux types de donations.

› Donation Cognacq-Jay en faveur des familles nombreuses

Elle peut être accordée aux familles nombreuses (au moins six enfants) ne disposant que de faibles ressources à condition que le père et la mère soient tous deux vivants, âgés de moins de 55 ans au 1er janvier de l'année de la demande, et de nationalité française.
Montant de la donation : voir barème, p. 701.

› Donation Cognacq-Jay en faveur de jeunes ménages

Elle est attribuée aux jeunes ménages ayant au moins quatre enfants lorsque le père et la mère ont tous deux moins de 40 ans au 1er janvier de l'année de la demande et qu'ils sont de nationalité française.
Montant de la donation : voir barème, p. 701.

› Que faut-il faire ?

Adresser le dossier de candidature au secrétariat de l'Académie française, 23, quai de Conti, 75006 Paris, avant le 31 décembre de chaque année.

Le dossier de candidature doit comprendre :
- un certificat de vie collective des parents et des enfants avec leur date de naissance ;
- trois attestations récentes de moralité signées par des notables ;
- un certificat d'imposition ou de non-imposition.

La vie familiale

Autorité parentale

L'autorité parentale est l'ensemble des droits et des devoirs des parents qui visent à sauvegarder l'intérêt de l'enfant. Son objectif est de protéger l'enfant (sa sécurité, sa santé, sa moralité), d'assurer son éducation et de permettre son développement, en le respectant.
L'enfant peut être appelé à donner son avis sur les décisions qui le concernent, en fonction de son âge et de son degré de maturité.

› Qui détient l'autorité parentale ?

• Conjointement, le père et la mère s'ils ont tous les deux reconnu l'enfant dans la première année de sa naissance. Il n'est pas nécessaire que les parents soient mariés ou qu'ils vivent ensemble.
• L'autorité parentale appartient au parent qui a reconnu l'enfant en premier lorsque :
– l'autre parent ne l'a pas reconnu dans l'année de la naissance ;
– c'est la justice qui a déclaré le lien de filiation entre l'enfant et le second parent.
Cependant, elle pourra être exercée en commun si les deux parents font une déclaration conjointe devant le greffier en chef du tribunal de grande instance (TGI) ou sur décision du juge aux affaires familiales (JAF).

En cas de séparation des parents :

Les parents continuent normalement d'exercer en commun l'autorité parentale. Ainsi, lorsque les parents divorcent, ils peuvent élaborer une convention qui organise les modalités d'exercice de l'autorité parentale et qui précise la résidence de l'enfant (l'enfant peut résider alternativement chez chacun de ses parents).
Lorsque l'intérêt de l'enfant l'exige, le juge confie l'exercice de cette autorité à un seul des parents. L'autre parent doit verser une pension alimentaire. Mais s'il est nécessaire que l'enfant poursuive cependant ses relations avec ce parent, le JAF peut organiser le droit de visite dans un espace de rencontre qu'il définit. Il détermine les modalités des rencontres en fonction de l'intérêt de l'enfant.
En cas de déménagement du parent chez lequel réside l'enfant, l'autre parent doit être informé de ce changement.

En cas de violences dans la famille

En cas de violences au sein d'une famille, le JAF peut délivrer une ordonnance de protection dans laquelle il peut se prononcer sur les modalités d'exercice de l'autorité parentale.
Le ou les parents condamnés comme auteurs, coauteurs ou complices d'un crime ou délits commis à l'encontre de leur enfant, de l'autre parent ou par leur enfant peuvent se voir retirer l'autorité parentale.

N'importe quel membre de la famille peut demander la délégation de l'autorité parentale en cas de désintérêt manifeste des parents ou si ces derniers sont dans l'impossibilité de l'exercer.

- **En cas de décès :**

Le conjoint survivant conserve l'autorité parentale.
Si les deux parents décèdent, une tutelle est ouverte et le conseil de famille ainsi que le tuteur sont investis de cette autorité.

› L'autorité parentale et l'Administration

En principe, pour toutes les démarches administratives (autorisations, représentations, signatures) la volonté d'un seul parent suffit car il est supposé agir en accord avec l'autre.

Bon à savoir : Sauf motif grave, l'enfant a le droit d'entretenir des relations personnelles avec ses grands-parents, mais aussi avec tous ses ascendants (arrière-grands-parents…). Le droit de visite et d'hébergement ne peut être refusé à l'autre parent que pour motifs graves. Seul l'intérêt de l'enfant peut empêcher la mise en place de ce droit.
Dans l'intérêt de l'enfant, le JAF peut également déterminer comment se dérouleront les relations entre l'enfant et un tiers (parent ou non). Ainsi un beau-parent pourra conserver des liens avec l'enfant dont il s'est occupé.

(C. civ. : Art. 371-1 s.)

Émancipation

› Quels sont les avantages ?

L'émancipation permet aux jeunes âgés de 16 ans d'acquérir une majorité anticipée.
L'émancipation donne à celui qui en bénéficie la capacité d'effectuer, sans aucune tutelle, tous les actes de la vie civile comme s'il était majeur.
Toutefois, l'autorisation des parents reste nécessaire pour se marier ou se faire adopter. Un mineur émancipé ne peut être commerçant.
Concrètement, il devient possible de signer un contrat de travail, fixer librement son domicile, rédiger un testament, disposer d'une succession et, le cas échéant, engager une procédure juridique pour retrouver son véritable père.
Le mineur émancipé n'est plus sous l'autorité parentale.
Les parents ne sont plus responsables de plein droit des dommages que leur enfant émancipé pourrait causer à autrui.

› Qui peut l'obtenir ?

Les mineurs de 16 à 18 ans.

› Que faut-il faire ?

L'émancipation se fait :
– soit de plein droit par le mariage ;
– soit, après 16 ans et pour de justes motifs, par une décision du juge des tutelles rendue à la demande des parents ou de l'un d'entre eux (dans ce cas, le juge entend l'autre) ou à la demande du conseil de famille si l'enfant est orphelin.

› Où s'adresser ?

La demande doit être faite par le père et la mère du mineur, auprès du juge aux affaires familiales du tribunal d'instance du domicile.
Lorsque le mineur est orphelin, l'émancipation peut être demandée par le conseil de famille.

› Que se passe-t-il ensuite ?

Le juge effectue une enquête auprès des parents de l'enfant ou de toute personne susceptible de l'éclairer et entend obligatoirement l'enfant. Il décide ensuite d'accorder ou non l'émancipation.
On peut contester sa décision auprès du tribunal de grande instance dans un délai de 15 jours.

Bon savoir : L'émancipation dispense les parents de leur obligation de surveillance mais non de l'obligation alimentaire : ils sont tenus d'aider financièrement leur enfant s'il ne peut subvenir seul à ses besoins.

(C. civ. : Art. 476 s.)

Abandon de famille

› Qu'appelle-t-on abandon de famille ?

– Le fait pour le père ou la mère d'abandonner volontairement et sans motif grave la résidence de la famille pendant plus de 2 mois.
– Le fait pour le mari d'abandonner volontairement sa femme, la sachant enceinte, pendant plus de 2 mois.
– Le fait de ne pas payer pendant plus de 2 mois une pension alimentaire ou une prestation compensatoire allouée par décision de justice.
– Le fait de se soustraire à ses obligations légales au point de compromettre la santé ou l'avenir d'un enfant. Il y a alors mise en péril du mineur.

› Que faut-il faire ?

De préférence avec l'aide d'un avocat, déposer plainte auprès du procureur de la République du tribunal de grande instance.

Bon savoir : Il est possible, si cela n'est pas fait, d'obtenir une pension alimentaire.

(C. pén. : Art. 227-3.)

Recherche dans l'intérêt des familles

› Qu'appelle-t-on recherche dans l'intérêt des familles ?

Ce sont les recherches entamées, lorsqu'une personne a disparu de son domicile brusquement sans laisser de trace. Il faut savoir que la plupart des disparitions sont volontaires (fugues) et que beaucoup de personnes reviennent d'elles-mêmes au bout de quelque temps.

› Qui peut l'obtenir ?

Toute personne :
– majeure ;
– parente du disparu ou habitant avec lui.

› Où s'adresser ?

Au commissariat de police ou à la gendarmerie de son domicile.
Pour une personne de nationalité étrangère : au consulat de son pays.

› Que faut-il faire ?

Remplir un formulaire.

› Quels sont les avantages ?

Cette démarche permet d'obtenir :
– des recherches dans toute la France jusqu'à la fin de l'année et toute l'année suivante ;
– un certificat de « vaines recherches » si la personne n'est pas retrouvée au bout de 6 mois (utile pour les démarches administratives).

Attention : Toute personne disparue et retrouvée par la police peut refuser qu'on communique son adresse (sauf dans quelques cas : pension alimentaire non versée par exemple).
On doit signaler à la police le retour spontané de toute personne disparue pour qui on a fait une demande de recherche.

Obligation alimentaire

Cette aide matérielle obligatoire est due à un proche sans ressources suffisantes. Son montant varie en fonction des ressources du débiteur et des besoins du demandeur.

› Qui est concerné ?

– Les conjoints entre eux (même en cas de séparation, de certains cas de divorce ou de rupture de la vie commune).
– Les enfants, parents et grands-parents entre eux.
– Les beaux-parents, leurs gendres et leurs belles-filles entre eux, sauf si celui ou celle par qui l'alliance s'est produite divorce ou meurt sans laisser d'enfant.

À noter : toute personne retirée de son milieu familial par décision de justice plus de 36 mois au cours des 12 premières années de sa vie est dispensée de l'obligation alimentaire.

› Comment l'obtenir ?

Dans certains cas, les parties se mettent simplement d'accord entre elles sans que l'intervention de la justice soit nécessaire, mais il arrive également que les différents intéressés ne parviennent pas à se mettre d'accord. L'intervention du juge est alors nécessaire.
Dans ce cas :
– s'adresser au juge aux affaires familiales du tribunal de grande instance dont relève le débiteur (si le demandeur est un ascendant, il peut s'adresser au tribunal de son domicile ou à la mairie du domicile). Quand on demande à bénéficier d'une aide sociale, le centre communal d'action sociale s'occupe des formalités administratives et judiciaires ;
– remplir une déclaration au greffe du tribunal.

› Que se passe-t-il ensuite ?

– Le juge convoque les intéressés et fixe le chiffre de la pension. Ce chiffre est révisable à la suite d'un changement affectant la situation de fortune des parties et en fonction de l'évolution du coût de la vie ; le jugement ou l'accord peut d'office indiquer la clause de variation.
– Si le débiteur ne paie pas, une procédure de saisie permet, sur simple intervention d'un huissier de justice, de prélever à la source les revenus du débiteur chez son employeur ou à la banque où il a son compte.
En cas de problème (non-solvabilité du débiteur, procédure trop longue, etc.), il est aussi possible de demander une aide de sa caisse d'Allocations familiales.

Bon savoir : Les pensions alimentaires peuvent faire l'objet d'une déduction du revenu imposable de la personne qui les verse, sous certaines conditions.

(C. civ. : Art. 203 à 212 ;C. act. soc. et fam. : Art. L. 132-6.)

Capital-décès

› Qui ouvre droit au capital-décès ?

• Pour le régime général de la Sécurité sociale, tout assuré remplissant les conditions d'ouverture des droits à la Sécurité sociale.
Les chômeurs indemnisés bénéficient également du capital-décès, et ce droit est maintenu 12 mois à partir du jour où ils ne sont plus indemnisés.
De même, les personnes ayant cessé leur activité professionnelle bénéficient du maintien de leur droit 12 mois après la cessation de l'activité, à condition de remplir les conditions d'activité au moment de l'arrêt de l'activité.
Les retraités n'ont pas droit au capital-décès, sauf si, à la date du décès, ils remplissaient les conditions d'activité requises (dans le cas, donc, d'une cessation d'activité récente ou de la poursuite d'une activité).
Le droit au capital-décès est également ouvert aux ayants droit de l'assuré, lorsque ce dernier, moins de 3 mois avant son décès :
– exerçait une activité salariée ;
– percevait une allocation au titre d'un congé de conversion, d'une convention de conversion ou de l'assurance chômage ;
– était titulaire d'une pension d'invalidité ou d'une rente d'accident du travail et de maladie professionnelle correspondant à une incapacité permanente partielle d'au moins 66,66 % ;
– bénéficiait, lors de son décès, du maintien de ses droits à l'assurance décès.
• Les personnes ne relevant pas du régime général peuvent également bénéficier d'un capital-décès. Pour connaître les conditions d'obtention, se renseigner auprès de la caisse à laquelle on cotise.

› Qui bénéficie du capital-décès ?

Deux cas sont à distinguer :
• L'assuré décédé avait des personnes à sa charge effective, totale et permanente : le capital-décès est versé à ces personnes à charge, considérées comme « bénéficiaires prioritaires », dans l'ordre de priorité suivant : au conjoint, à défaut au partenaire auquel le défunt était lié par un pacte civil de solidarité (PACS), à défaut aux enfants, à défaut aux ascendants (parents ou grands-parents). Si aucune de ces personnes ne peut se prévaloir de cette priorité, le capital revient à toute autre personne à charge lors du décès (concubin, collatéral...).

• L'assuré décédé n'avait aucune personne à charge, ou celles-ci ne se sont pas manifestées dans le mois qui suit le décès : le capital-décès est versé au conjoint (non séparé de droit ou de fait), à défaut au partenaire lié par un pacte civil de solidarité, à défaut aux descendants, à défaut aux ascendants (parents, grands-parents).

À signaler : en cas de pluralité de bénéficiaires ayant le même rang de priorité, le capital est réparti en fractions égales entre chacun d'eux.

› Que faut-il faire ?

Faire la demande au centre de paiement de l'assuré décédé, sur une formule spéciale.

Joindre la carte d'immatriculation de l'assuré ainsi que les pièces justificatives :
– du décès de l'assuré : copie du livret de famille ou de l'acte de décès ;
– de la parenté avec l'assuré : copie de l'acte de décès, livret de famille ;
– des cotisations versées ou des heures de travail effectuées avant le décès : bulletins de salaire, justificatifs sur les relevés de compte vieillesse.

Les bénéficiaires prioritaires, c'est-à-dire les personnes à charge de l'assuré décédé, ont seulement un mois à compter de la date du décès pour faire valoir leurs droits. Pour les autres personnes, ce délai est de 2 mois.

› Quel en est le montant ?

3 mois de salaire.

Maximum : le salaire plafond trimestriel de la Sécurité sociale (voir barème, p. 701).

Minimum : 1 % du plafond annuel de la Sécurité sociale.

Bon savoir : Les pompes funèbres accordent, en général, un crédit partiel à valoir sur le montant du capital-décès. Ce crédit limité se nomme « montant de la délégation ».

(C. séc. soc. : Art. L. 361-1 s.)

Allocation veuvage

Toute personne qui ne remplit pas la condition d'âge pour percevoir une pension de réversion a droit à cette allocation veuvage.

› Qui peut l'obtenir ?

Les veufs ou veuves d'un assuré social dépendant du régime général ou du régime agricole de Sécurité sociale :
– résidant en France ;
– âgé de moins de 55 ans ;
– vivant seuls (ni remariés, ni en concubinage, n'ayant pas conclu de PACS) ;
– dont le conjoint était affilié à l'assurance vieillesse pendant au moins 3 mois, consécutifs ou non, durant l'année précédant le décès (exclusion faite du mois du décès) ;
– disposant de ressources trimestrielles, y compris l'allocation, inférieures au montant mensuel de l'allocation x 3,75. En cas de dépassement de ce plafond, le montant de l'allocation est diminué de cette valeur, de telle sorte que le total des ressources (propres + allocation) atteigne le plafond.

› Comment l'obtenir ?

• S'adresser à une caisse d'assurance maladie (en province) ou d'assurance vieillesse (en région parisienne) de la Sécurité sociale. Pour les agriculteurs, s'adresser à la caisse de Mutualité sociale agricole.
La demande doit être faite auprès de la caisse du dernier lieu de travail de l'assuré décédé.
• Remplir l'imprimé de demande d'allocation en fournissant les justificatifs demandés (dernier bulletin de salaire de l'assuré décédé ou son titre de pension...).

À noter : la demande doit être déposée dans les 2 ans à compter du premier jour du mois au cours duquel s'est produit le décès.

› Quel en est le montant ?

Voir Barème, p. 700.

À noter : il est possible de cumuler (intégralement d'abord puis partiellement) l'allocation avec des revenus professionnels ou tirés de formations pendant 12 mois lorsque le bénéficiaire reprend une activité pendant la période de versement de l'allocation.

Bon savoir : L'allocation est versée pendant 2 ans sauf si le conjoint survivant a 50 ans à la date du décès. L'allocation lui est alors versée jusqu'à ses 55 ans.

Mandat de protection future

› Quel est son rôle ?

Avec ce mandat, toute personne peut désigner à l'avance une ou plusieurs autres de son choix destinées à la représenter en cas de problème.

› Qui peut en bénéficier ?

Toute personne qui souhaite anticiper l'organisation de sa propre protection, dans l'hypothèse où elle ne pourrait plus, à un moment de sa vie, pourvoir seule à ses intérêts.

À noter : cette formule concerne les personnes mineures émancipées ou majeures qui ne font pas l'objet d'une mesure de tutelle.

› Comment le conclure ?

Le mandat est conclu obligatoirement par acte notarié, contresigné par avocat, lorsqu'il est fait par les parents ou le dernier vivant exerçant l'autorité parentale sur leur enfant mineur ou assumant la charge matérielle et affective de leur enfant majeur (notamment pour les enfants handicapés).
En dehors de ce cas, il est conclu par acte notarié ou sous seing privé selon les désirs du mandataire. Un modèle sous seing privé est téléchargeable gratuitement (Cerfa n° 13592*01).
(C. civ. : Art. 477.)

Tutelle

C'est un système légal qui permet d'assurer la protection d'une personne mineure ou majeure qui n'est pas capable de s'assumer. Avant de prendre cette décision, le juge doit s'assurer que la personne ne peut pas être protégée par un mécanisme juridique plus léger. Il doit également définir la mesure la mieux adaptée à la personne.

› Qui peut en bénéficier ?

• Le mineur :
– lors du décès des parents ;
– lors de la déchéance de l'autorité parentale des deux parents ;
– par décision spéciale du juge aux affaires familiaies.
• Le majeur qui n'est pas « capable » de gérer sa propre vie (aussi bien sur le plan personnel, patrimonial ou financier) c'est-à-dire :
– s'il est atteint d'un trouble mental consécutif à une maladie, infirmité ou affaiblissement dû à l'âge ;
– en cas d'altération de ses facultés corporelles l'empêchant de s'exprimer.

À noter : un majeur, suivant son état, peut aussi être mis sous sauvegarde de justice (on le protège des conséquences de ses actes, mais il conserve ses droits) ou sous curatelle (il est assisté, conseillé et contrôlé dans les actes de la vie civile).

› Qui choisit le tuteur ?

• Dans le cas d'un mineur, le tuteur est désigné par le dernier parent vivant ayant l'autorité parentale avant sa mort (par testament ou déclaration devant notaire). Ce choix s'impose au conseil de famille. À défaut, c'est le conseil qui désigne le tuteur. Plusieurs tuteurs peuvent être nommés lorsque la situation du mineur, les compétences des intéressés ou l'importance du patrimoine à administrer l'exigent. Ils peuvent exercer en commun la tutelle ou se répartir les rôles : un est chargé du mineur, l'autre de la gestion des biens.
• Dans le cas d'un majeur, le juge des tutelles choisit d'ouvrir une tutelle à la demande du majeur, de son conjoint, de son partenaire pacsé, un parent ou un allié, un ami ou la personne déjà en charge d'une mesure de protection comme le mandataire de protection future.
Le tuteur peut être la personne désignée dans le cadre du mandat de protection future. Si le majeur n'a pas pris cette disposition, le juge désigne prioritairement le conjoint, le concubin, le partenaire pacsé et, à défaut, la personne la plus apte à remplir ces fonctions. À défaut, il désigne un mandataire judiciaire agréé.

› Que faut-il faire ?

Il faut contacter le juge des tutelles du tribunal d'instance du lieu du domicile de la personne à mettre sous tutelle.

› Quel est le rôle du tuteur ?

• Il doit, pour un mineur :
– prendre soin du mineur ;
– le représenter dans les actes de la vie civile, sauf ceux pour lesquels l'usage ou la loi lui permettent d'agir seul ;
– le représenter en justice ;
– gérer ses biens avec des soins prudents, diligents et avisés, dans son seul intérêt. Il doit conserver et faire fructifier (si possible) le patrimoine du mineur jusqu'à son émancipation.
• Vis-à-vis d'un majeur, le tuteur doit protéger la personne, gérer ses biens, les affecter à son traitement, le représenter pour les actes de la vie civile qu'il ne peut faire.

Il doit tenir compte des droits et de la volonté de la personne. Il rend annuellement des comptes sur sa gestion.

Bon savoir : Les personnes qui rencontrent des difficultés pour gérer leurs ressources (en dehors des problèmes liés à leur état mental ou physique) peuvent bénéficier d'un accompagnement social personnalisé ou d'une mesure d'accompagnement judiciaire.

(C. civ. : Art. 449 s.)

Médaille de la famille française

› Qui peut l'obtenir ?

Tout père ou mère ayant dignement élevé un certain nombre d'enfants (le bénéficiaire peut être marié ou seul, de même il peut y avoir des mariages successifs), à condition d'être de nationalité française et que les enfants soient tous français. On tient compte également des enfants recueillis au foyer.

La médaille varie selon le nombre d'enfants élevés :

– médaille de bronze : 4 ou 5 enfants ; veuves de guerre non remariées : 3 enfants dont l'un ayant moins de 5 ans à la mort du père ;

– médaille d'argent : 6 ou 7 enfants ;

– médaille d'or : 8 enfants et plus.

La demande d'attribution de la médaille étant examinée par une commission départementale, des conditions supplémentaires peuvent parfois être exigées.

› Que faut-il faire ?

– Remplir un formulaire spécial (disponible à la mairie, au centre communal d'action sociale, au siège départemental des associations familiales ou en préfecture) ;

– Joindre une copie du livret de famille, des certificats de scolarité pour tous les enfants d'âge scolaire et, si possible, une attestation de personnalités ou de groupements qualifiés sur les titres et mérites de la famille.

› Que se passe-t-il ensuite ?

– L'attribution de la médaille peut intervenir 1 an après la demande (il y a une promotion par an).

– Les bénéficiaires reçoivent leurs diplômes et insignes le jour de la fête des Mères.

– Les pères et mères décorés de la famille française ont droit à une prime versée par certaines caisses d'allocations familiales.

Bon savoir : La médaille peut être attribuée à titre posthume dans les 2 ans qui suivent le décès de la mère ou du père.

(Décret du 28.10.1982 ; Arrêté du15.3.1983.)

Consultations familiales gratuites

› Quels sont les avantages ?

Ces organismes proposent gratuitement leurs services aux familles qui connaissent des difficultés d'ordre psychologique, relationnel ou scolaire.

› Où s'adresser ?

Le plus simple est d'en demander la liste au service social de la mairie, au centre de protection maternelle infantile (PMI), qui souvent les affichent, ou encore au service d'action sanitaire du département.
Il existe quelques organismes qui interviennent à l'échelle nationale comme le CNIDFF (Centre national d'information et de documentation des femmes et des familles) ou encore Inter Service Parents.

Garde des jeunes enfants

Chacun peut choisir, suivant les possibilités qui lui sont offertes, la solution convenant le mieux à sa situation.

Hors du domicile de l'enfant

Les différentes possibilités sont les assistantes maternelles agréées, les crèches, et, pour des gardes de « dépannage », les associations privées.
Pour connaître la liste des assistantes maternelles agréées et celle des crèches proches de son domicile, on peut s'adresser à la mairie, à la préfecture, ou à un centre de protection maternelle infantile (PMI).

› L'assistante maternelle agréée

L'assistante maternelle agréée a obtenu une attestation de la DASES et offre toutes garanties concernant sa santé, son logement et ses qualités éducatives. Elle accueille l'enfant chez elle. Les horaires peuvent être librement fixés en accord avec les parents.
Les parents peuvent bénéficier de la prestation d'accueil du jeune enfant (PAJE) : voir cette question pour connaître les formalités d'emploi ainsi que la nature et les conditions d'obtention de l'aide.

› La crèche familiale

Ces établissements se chargent de placer les enfants chez des assistantes maternelles agréées. Elles offrent les mêmes garanties et les mêmes conditions d'accueil que les assistantes indépendantes. Seule la rémunération diffère.
En effet, les parents versent à la crèche une participation calculée en fonction de leurs ressources et de leurs charges de famille.

› La crèche collective

Elle accueille les enfants âgés de 2 mois à 3 ans, pendant la journée (en général à partir de 6 h 30 ou 7 h jusqu'à 18 h 30 ou 19 h du lundi au vendredi).
Les tarifs varient selon les charges de famille et les ressources des parents.
Les crèches collectives sont dirigées par des puéricultrices diplômées d'État. Les enfants sont suivis régulièrement par un pédiatre.
La crèche collective prépare l'enfant à une vie en société et le met en contact avec d'autres enfants. Mais les horaires y sont stricts et donc mal adaptés aux parents qui travaillent dans des conditions particulières (la nuit, le samedi, à mi-temps).

› La mini-crèche

Elle a les mêmes caractéristiques que la crèche collective mais présente l'avantage d'accueillir un nombre d'enfants plus réduit (12 à 15). Elle est installée la plupart du temps dans un ou plusieurs appartements aménagés.

› La crèche parentale

Ce sont les parents eux-mêmes qui se groupent pour organiser, gérer l'établissement et participer à la garde des enfants.
Pour créer une crèche parentale il faut s'adresser à la Direction de l'action sociale de l'enfance et de la santé (DASES) ou encore à une caisse d'Allocations familiales.
On peut obtenir les renseignements nécessaires auprès des associations de parents de crèches parentales :
ACEPRIF (Fédération des Crèches Parentales) : 120, rue des Grands-Champs, 75020 Paris.
Pour tout problème technique, on peut prendre conseil auprès de l'association suivante :
ACEPP (Association des collectifs enfants-parents-professionnels) : sur Internet, www.acepp.asso.fr.

› La halte-garderie

Elle accueille les enfants de moins de 6 ans de façon occasionnelle quelques heures ou quelques demi-journées par semaine.
Elle est dirigée par une puéricultrice ou une éducatrice secondée par un personnel qualifié. Le tarif horaire est modique, il varie selon les établissements.

› Les associations privées

Pour faire garder son enfant occasionnellement, sans passer par ces filières traditionnelles, on peut faire appel à certaines associations.
Le service proposé varie d'une association à l'autre. Il va du dépannage d'urgence pour résoudre un problème ponctuel à la garde régulière le mercredi après-midi par exemple.
En général, la participation demandée est très modique.
– Noter le service SOS urgences mamans. Pour 48 heures au maximum, la garde est assurée par des bénévoles. Dépannage dans le quart d'heure en cas de garde urgente. Une participation est souhaitée pour faire fonctionner l'association.
– En province : contacter le centre de PMI, les crèches qui peuvent fournir les coordonnées des associations proches de son domicile.

Au domicile de l'enfant

On peut aussi, pour faire garder son enfant, employer une garde d'enfant à domicile.
Les parents, en tant qu'employeurs, sont soumis à certaines obligations, mais, pour toutes leurs formalités (embauche, bulletins de paie...), ils bénéficient des simplifications communes aux emplois familiaux : voir Aides aux emplois familiaux et Chèque emploi-service universel (CESU).
Ils peuvent également, sous certaines conditions, bénéficier de la prestation d'accueil du jeune enfant (PAJE).

Bon à savoir : Les frais de garde des jeunes enfants peuvent faire l'objet d'une réduction d'impôt :
- garde hors du domicile : réduction pour frais de garde des jeunes enfants,
- garde à domicile : réduction pour l'emploi d'un salarié à domicile.

Les municipalités peuvent instaurer certaines aides familiales comme subventionner les gardes d'enfants…
Ces aides financières sont soumises à des conditions de résidence et, dans certains cas, à des conditions de ressources. Se renseigner auprès du centre d'action sociale de sa mairie.

Aides aux emplois familiaux

› Qui peut en bénéficier ?

Toute personne employant un salarié à son domicile pour être aidée dans ses tâches familiales : assistance aux personnes âgées, handicapées ou malades, ménage, repassage, préparation des repas…

› Quels sont les avantages ?

● Simplification des formalités

• Établissement du bulletin de paie :
L'employeur peut, sur sa demande, obtenir de sa caisse d'URSSAF des bulletins de paie « simplifiés », qui lui seront adressés chaque trimestre, pour les 3 mois suivants. Sur ces bulletins, les cotisations salariales sont mentionnées, avec leurs taux (les cotisations patronales n'ayant pas à figurer sur le bulletin d'un employé familial, elles n'apparaissent pas sur le bulletin) : il suffit donc, chaque mois, de compléter le bulletin et de le remettre à l'employé. Attention : la caisse d'URSSAF ne pouvant envoyer les premiers bulletins qu'à partir du second trimestre suivant l'embauche, l'employeur devra, pour les 3 premiers mois, établir ses propres bulletins. Pour toutes difficultés, on peut demander conseil auprès de sa caisse d'URSSAF.
• Versement des cotisations :
La déclaration nominative trimestrielle (DNT), que tout employeur doit adresser chaque trimestre à sa caisse d'URSSAF, pour permettre à celle-ci de connaître le montant des cotisations sociales dues, peut également être simplifiée. On peut en effet demander à la caisse les formulaires « simplifiés » (qui n'existent que pour les particuliers employant des aides familiales), sur lesquels il suffit d'indiquer le nombre d'heures travaillées, le salaire horaire net payé et l'assiette choisie pour le calcul des cotisations patronales. Sur le formulaire simplifié, l'employeur n'a donc pas à calculer le montant des cotisations patronales, qui sera calculé par la caisse d'URSSAF.

● Chèque emploi-service universel (CESU)

Il est créé pour simplifier la tâche des personnes employant des salariés à domicile directement ou pour régler une prestation de services fournie par une association ou une entreprise de services aux personnes membres d'un réseau d'intervenants professionnels (et agréés).
À signaler : on peut obtenir toutes informations et conseils sur ces formalités et sur ses droits et obligations d'employeur (notamment le montant du salaire minimum) en adhérant à la Fédération des particuliers employeurs (FEPEM) : pour l'Île-de-

France, 10, rue du Mont-Thabor, 75001 Paris, pour les autres régions, s'adresser à la Fédération nationale, 27,rue de Dunkerque, 75010 Paris.
Le Minitel 3615 FEPEM et le site Internet : www.fepem.fr fournissent des conseils utiles.

● Aides financières

– Pour tous les emplois familiaux :
Réduction d'impôt importante, au titre de l'emploi d'un salarié à domicile.
– Pour l'emploi d'une garde d'enfant à domicile : exonération des cotisations patronales, si on bénéficie de l'allocation de garde d'enfant à domicile ou de la prestation d'accueil du jeune enfant (PAJE).
– Pour les retraités :
Versement d'une allocation couvrant en partie les frais d'emploi : voir Prestation de garde à domicile.
– Pour les personnes handicapées, invalides ou parents d'un enfant handicapé :
Exonération des cotisations patronales : voir Exonération des cotisations sociales pour emploi d'une tierce personne. Cette exonération se cumule désormais avec l'utilisation du chèque emploi-service universel.

Bon savoir : Pour trouver une aide à domicile, on peut s'adresser à une association agréée (la liste peut être obtenue à la mairie ou à la préfecture). L'association peut soit aider à trouver l'employé recherché, soit fournir directement des prestations de service. Dans ce dernier cas, l'employé est le salarié de l'association, mais bien que la personne qui utilise l'aide ne soit pas l'employeur direct, elle bénéficie quand même de la réduction d'impôt pour l'emploi d'un salarié à domicile : la réduction est calculée sur la base des sommes versées à l'association.

Paris et la famille

La Carte Paris-famille est remplacée par de nouveaux dispositifs, Paris Logement Familles, Paris Forfait Familles et Paris Pass Familles.

Paris logement familles

› Qui peut l'obtenir ?

Toutes les familles parisiennes :
– ayant au moins deux enfants ou un enfant handicapé, à charge fiscale et vivant au domicile familial ;
– habitant Paris depuis au moins 3 ans (1 an en cas de changement de domicile imposé par l'employeur), ou 3 ans discontinus pendant les 5 dernières années ;
– n'ayant pas d'impayés de logement lors de la demande.

› Quels sont les avantages ?

Il s'agit d'une aide forfaitaire, accordée pour 1 an, afin de permettre aux familles de se maintenir dans leur logement. Elle est soumise à un plafond de ressources en fonction du nombre d'enfants. Mais le plafond de ressources ne s'applique pas quand un enfant handicapé est à charge (voir barème, p. 700).

À noter : le montant de l'aide ne peut être supérieur à la charge mensuelle nette de logement.

Paris forfait familles

› Qui peut l'obtenir ?

Toutes les familles parisiennes :
– ayant au moins 3 enfants à charge fiscale et vivant au domicile familial ;
– habitant Paris depuis au moins 3 ans (1 an en cas de changement de domicile imposé par l'employeur), ou 3 ans discontinus pendant les 5 dernières années ;
– disposant de revenus inférieurs ou égaux à une certaine somme (voir barème, p. 700).

› Quels sont les avantages ?

La ville verse une somme annuelle, en fonction des revenus pour faire face aux dépenses liées aux enfants (voir barème, p. 700).

À noter : en cas de garde alternée, cette aide peut être éventuellement accordée à mi-taux à chacun des parents.

Paris Pass familles

› Qui peut l'obtenir ?

Toutes les familles parisiennes :
– ayant au moins 3 enfants à charge fiscale ou 1 enfant handicapé à charge ;
– habitant Paris depuis au moins 3 ans (1 an en cas de changement de domicile imposé par l'employeur), ou 3 ans discontinus pendant les 5 dernières années.

› Quels sont les avantages ?

Paris Pass Familles, valable un an, permet de bénéficier de tarifs préférentiels, pour accéder à certains équipements ou services municipaux offrant des tarifs préférentiels (piscines en régie municipale, parcs et jardins municipaux, activités périscolaires, expositions temporaires des musées municipaux).

› Où s'adresser ?

Pour ces trois dispositifs, il faut contacter la section d'arrondissement du centre d'action sociale de la ville de Paris.

Bon à savoir : Il existe d'autres aides importantes, pour certaines familles parisiennes :
– personnes de condition modeste : paiement partiel de la facture EDF (se renseigner à la mairie) ;
– familles ayant à charge un enfant handicapé : allocation mensuelle (voir barème, p. 700) ;
– aide au logement pour les familles monoparentales.

Congés pour événements familiaux

› Qui peut en bénéficier ?

Tout salarié, sans condition d'ancienneté mais sur justification.

› Quels sont les avantages ?

C'est un congé exceptionnel accordé aux salariés à l'occasion de certains événements familiaux :

– 4 jours pour le mariage du salarié ;
– 3 jours pour la naissance ou l'adoption d'un enfant ;

À noter : les pères disposent désormais d'un congé de paternité.

– 2 jours pour le décès d'un conjoint, d'un partenaire lié par un pacte civil de solidarité ou d'un enfant ;
– 1 jour pour le mariage d'un enfant ;
– 1 jour pour le décès du père, de la mère, du beau-père, de la belle-mère, des frères et sœurs.

Ces jours d'absence n'entraînent pas de réduction de salaire. Ils sont assimilés à des jours de travail pour la détermination de la durée du congé payé annuel.
Une fois accordés, ils n'ont pas à être pris le jour même de l'événement le justifiant.
Les conventions collectives peuvent prévoir des congés plus longs ou pour d'autres événements familiaux.

Bon savoir : Le congé de soutien familial permet à un salarié (avec 2 ans d'ancienneté) de s'absenter pour s'occuper d'un proche présentant un handicap d'au moins 80 % ou une perte d'autonomie d'une particulière gravité. Ce congé, non rémunéré de 3 mois, peut être renouvelé dans la limite d'1 an sur toute la carrière. Le proche peut être le conjoint, concubin, pacsé, ascendant, descendant, enfant dont il assume la charge au sens des prestations familiales, collatéral jusqu'au 4e degré, ou l'ascendant, descendant, collatéral jusqu'au 4e degré du conjoint, concubin ou pacsé. Le salarié peut mettre fin au congé dans certaines conditions (décès de la personne aidée, admission dans un établissement, recours à un service d'aide à domicile...).

(C. trav. : Art. L. 3142-1 s., L. 3142-16s., L. 3142-22 s.)

Congé de solidarité familiale

Ce congé, non rémunéré, est désormais associé à l'allocation journalière d'accompagnement d'une personne en fin de vie.

› Qui peut en bénéficier ?

Le congé de solidarité familiale s'adresse à tout salarié dont un ascendant, descendant, un frère, une sœur ou une personne partageant son domicile est gravement malade.

À noter : un salarié, désigné par le malade personne de confiance (personne consultée si le malade est hors d'état de se prononcer), peut demander un tel congé.

Cette personne doit souffrir d'une pathologie mettant en jeu le pronostic vital ou être en phase avancée ou terminale d'une affection grave et incurable, quelle qu'en soit la cause.

› Quels sont les droits du salarié ?

Ce congé est non rémunéré d'une durée de 3 mois maximum, renouvelable une fois. Il peut être fractionné, si l'employeur est d'accord, dans cette limite maximale de durée.
Le salarié conserve ses droits aux prestations en nature et espèces de l'assurance maternité, maladie, invalidité et décès pendant le congé.
Le salarié peut, avec l'accord de son employeur, transformer ce congé en période d'activité à temps partiel.

› Allocation d'accompagnement d'une personne en fin de vie

Ont droit à cette allocation les bénéficiaires du congé de solidarité familiale ou ceux qui l'ont transformé en activité à temps partiel. Sont également bénéficiaires les personnes qui ont suspendu ou réduit leur activité et qui sont ascendant, descendant, frère ou soeur ou personne de confiance.
Les personnes, demandeurs d'emploi, ont également droit à l'allocation.
Elle peut être accordée à plusieurs personnes pour le même patient.

› Montant de l'allocation

L'allocation est versée pour 21 jours au plus, jour ouvrable ou non, y compris si le patient doit être hospitalisé si le demandeur suspend son activité ; pour 42 jours s'il la réduit.
Le montant de l'allocation dépend de ces paramètres (voir barème, p. 700).
À noter : il n'est pas possible de cumuler cette allocation journalière avec l'indemnisation des congés maternité, paternité, adoption, maladie ou accident du travail. Pas de cumul avec les indemnités pour les demandeurs d'emploi, avec l'allocation parentale d'éducation ou le complément de libre choix d'activité de la Paje.
(C. trav. : Art. L. 3142-1 s., L. 3142-16s., L. 3142-22 s. ; C. séc. soc. : Art.L. 168-1 s.)

Congé de paternité

› Qui peut en bénéficier ?

Tous les pères qui le souhaitent (salariés, chômeurs indemnisés, fonctionnaires, travailleurs indépendants, employeurs…), après la naissance de leur enfant ou son arrivée au foyer en cas d'adoption.
Ce congé doit être pris dans un délai de 4 mois après la naissance et s'ajoute au congé de naissance de 3 jours.

› Quelle en est la durée ?

Le congé est de 11 jours consécutifs, et est porté à 18 jours en cas de naissances multiples.

› Comment est-il rémunéré ?

• Les pères salariés perçoivent, s'ils remplissent les conditions d'ouverture de droit, des indemnités journalières calculées comme l'indemnité journalière de maternité (assurance maternité), c'est-à-dire 80,21 % de leur salaire brut dans la limite du plafond mensuel de la Sécurité sociale. Ils doivent impérativement cesser toute activité.
• Les pères non salariés perçoivent, à leur demande, des indemnités journalières, mais elles sont forfaitaires et égales à 1/60e du plafond de la Sécurité sociale. Ils doivent se faire remplacer par du personnel salarié dans les travaux qu'ils effectuent habituellement.
• Les pères fonctionnaires ont leur traitement intégralement maintenu.
À noter : les pères qui travaillent dans le secteur agricole ou de la pêche peuvent bénéficier des mêmes indemnités que leurs épouses (allocation de remplacement, couverture identique à celle allouée à la conjointe participante à l'activité).

› Comment l'obtenir ?

Le salarié doit avertir son employeur au moins 1 mois avant la date à laquelle il veut prendre ce congé et préciser sur son courrier la date de fin du congé. L'employeur ne peut pas s'opposer à ce souhait.

À noter : le contrat de travail est suspendu pendant cette période.

Bon à savoir : Les indemnités versées ne sont pas cumulables avec l'indemnisation des congés maladie, accidents du travail, ni avec les indemnités versées par l'assurance chômage ou le régime de solidarité.
Tous les futurs pères reçoivent, dès le 5e mois de grossesse de la mère, un livret de paternité récapitulant leurs droits et devoirs.

(C. séc. soc. : Art. L. 331-7,331-8. C. trav. : Art. L. 122-25-4.)

Congé parental d'éducation

Les parents qui interrompent totalement leur activité professionnelle pendant 1 an lors de l'arrivée d'un troisième enfant ou plus au foyer (naissance, adoption), peuvent obtenir le complément optionnel de libre choix d'activité (COLCA) versé dans le cadre de la prestation d'accueil du jeune enfant (PAJE).

› Qui peut en bénéficier ?

Tout salarié travaillant dans une entreprise depuis au moins 1 an (le père ou la mère de l'enfant, les deux pouvant en bénéficier en même temps ou alternativement) à l'occasion de la naissance (et jusqu'à ses 3 ans) ou de l'adoption d'un enfant de moins de 16 ans.

À signaler : l'employeur ne peut pas refuser le congé, quel que soit l'effectif de l'entreprise.

› Quels sont les avantages ?

• On peut bénéficier de ce congé non rémunéré :
– en cas de naissance d'un enfant : le congé expire à son 3e anniversaire ;
– en cas d'adoption d'un enfant de moins de 3 ans : le congé prend fin à l'issue d'un délai de 3 ans.

À signaler : le congé peut être prolongé d'1 an en cas de maladie, d'accident ou de handicap graves de l'enfant ;

– en cas d'adoption d'un enfant âgé de 3 à 16 ans. Le congé parental et la période d'activité à temps partiel ne peuvent excéder 1 an à compter de l'arrivée au foyer.
• Il peut être pris sous trois formes différentes : soit le salarié cesse son activité pendant une durée maximale de 3 ans dans les deux premiers cas et d'un an dans le dernier cas (dans ce cas, il ne touche plus son salaire) ; soit il ne travaille plus qu'à temps partiel (durée de travail comprise entre 16 et 32 heures par semaine) pendant la même période ; soit il suit, à son initiative, une formation professionnelle non rémunérée, ce qui lui permet de bénéficier de la couverture du risque accident de travail.
En cas de seconde naissance pendant le congé parental d'éducation, si la salariée demande à bénéficier d'un autre congé parental, le point de départ de ce deuxième congé doit être calculé à partir de la fin du congé maternité auquel la salariée aurait pu prétendre si elle n'avait pas été en congé parental au titre du premier enfant.

› Que faut-il faire ?

Avertir son employeur par lettre recommandée avec avis de réception ou par remise de la lettre en main propre contre décharge, en indiquant la durée que l'on entend donner au congé parental d'éducation :
– soit 1 mois avant la fin du congé maternité ou d'adoption ;
– soit 2 mois au moins avant le début du congé parental ou de l'activité à temps partiel.

› Que se passe-t-il ensuite ?

À l'issue du congé, le salarié retrouve son précédent emploi ou un emploi semblable avec une rémunération équivalente ainsi que ses droits aux prestations en nature et en espèces de l'assurance maladie, maternité, invalidité et décès, la durée de ce maintien des droits étant fixée à 12 mois.
Le salarié qui, à l'issue de son congé, ne désire pas reprendre son emploi doit donner sa démission. L'employeur peut alors exiger que le salarié revienne dans l'entreprise pour effectuer son préavis.
Le salarié qui à l'issue du congé ne peut reprendre son travail en raison d'une nouvelle maternité ou d'une maladie retrouve les droits aux prestations du régime dont il relevait avant le congé.

À noter : lorsqu'une personne bénéficie, sans interruption et successivement, d'un congé parental d'éducation ou du complément du libre choix d'activité de la prestation d'accueil du jeune enfant et d'un congé de présence parentale ou de l'allocation journalière de présence parentale, elle retrouve, en cas de reprise d'activité, ses droits aux prestations en nature et en espèces de l'assurance maladie, maternité, invalidité et décès acquis avant le bénéfice du premier congé ou de la première prestation.

Bon à savoir : Pour le calcul de l'ancienneté, la durée du congé compte, normalement, pour moitié. Des accords de branche peuvent prévoir les conditions dans lesquelles cette période est prise en compte intégralement, dans le cas d'un congé parental à temps plein.
Il ne compte pas pour les congés payés.
Le salarié a droit au maintien des prestations en nature (remboursement des soins) des assurances maladie et maternité pendant la durée du congé, mais pas aux prestations en espèces (indemnités journalières).

(C. trav. : Art. L. 1225-47 et s.)

Congé pour enfant malade

Un congé non rémunéré est accordé aux salariés ayant un enfant de moins de 16 ans malade ou victime d'un accident.

› Qui peut en bénéficier ?

Tout salarié ayant la charge effective et permanente d'un enfant de moins de 16 ans, en cas de maladie ou d'accident constatés par certificat médical, quelles que soient la taille de l'entreprise et l'ancienneté du salarié.

À signaler : aucune condition d'ancienneté du salarié ou d'effectif de l'entreprise n'est exigée pour l'octroi de ce congé.

› Que faut-il faire ?

Adresser la demande à son employeur.

› Quelle en est la durée ?

La durée maximale de ce congé est de :
– 3 jours par an en règle générale ;
– 5 jours pour un enfant de moins de 1 an ou si le salarié assume la charge d'au moins trois enfants âgés de moins de 16 ans.

Bon savoir : Ces dispositions correspondent à un minimum légal. Le salarié peut bénéficier d'autres règles plus favorables au sein de son entreprise.

(C. trav. : L. 1225-61.)

Congé de présence parentale

Ce congé remplace, depuis le 1er mai 2006, l'ancien congé de présence parentale. Il permet aux salariés de prendre des jours d'absence rémunérés (310 maximum) sur une période de 3 ans.

› Qui peut en bénéficier ?

Tout salarié d'une entreprise, quelle que soit son ancienneté, s'il a la charge d'un enfant (âgé de moins de 20 ans) lorsque la maladie, le handicap ou l'accident d'une particulière gravité de l'enfant nécessite la présence soutenue des parents et des soins contraignants. Tel est le cas notamment des cancers, myopathie, des enfants en grande prématurité…

› Quels sont les avantages ?

La durée initiale pendant laquelle le salarié bénéficie de ce congé correspond à la durée prévisible du traitement figurant dans le certificat médical présentant l'état de gravité de l'état de l'enfant.

Il s'agit d'un crédit de congés de 310 jours ouvrés (soit 14 mois) à prendre sur une période de 3 ans. Ce congé est fractionnable par jours entiers.

Pendant les jours de congé, le contrat de travail du salarié est suspendu (pas de rémunération pour cette absence sauf dispositions conventionnelles plus favorables). Le salarié bénéficie d'un maintien de ses droits à prestations en nature et en espèces d'assurance maladie et maternité.

Il doit retrouver à la fin de son congé son emploi ou un emploi similaire avec une rémunération au moins équivalente.

Le salarié bénéficie d'une allocation journalière de présence parentale.

› Que faut-il faire ?

Avertir son employeur au moins 15 jours avant le début du congé par lettre recommandée avec AR, ou par remise de la lettre en main propre contre décharge, en lui indiquant sa volonté de bénéficier de ce congé.

Il faut joindre à la demande un certificat médical détaillé, précisant la durée prévisible du traitement et établi selon un modèle à fixer par décret, en justifiant l'obligation du parent d'être présent, en raison notamment des soins importants à fournir à l'enfant.

Cette information de l'employeur n'est exigée que lors de la première absence. Ensuite, lorsque le salarié souhaite prendre un ou plusieurs jours de congé de présence parentale, il doit en informer son employeur seulement 48 heures auparavant.

› Que se passe-t-il ensuite ?

La durée initiale de la période au cours de laquelle le congé peut être pris est fixée par le certificat médical. Cette durée est réexaminée tous les 6 mois.
Lorsqu'une personne bénéficie, sans interruption et successivement, d'un congé parental d'éducation ou du complément du libre choix d'activité de la prestation d'accueil du jeune enfant et d'un congé de présence parentale ou de l'allocation journalière de présence parentale, elle retrouve, en cas de reprise d'activité pendant 12 mois à compter de cette date, ses droits aux prestations en nature et en espèces de l'assurance maladie, maternité, invalidité et décès acquis avant le bénéfice du premier congé ou de la première prestation.

Bon savoir : En cas de décès de l'enfant ou de diminution importante des ressources du ménage, le salarié retrouve son emploi précédent ou un emploi similaire assorti d'une rémunération au moins équivalente, à condition d'avoir adressé une demande motivée à l'employeur (lettre recommandée avec AR) au moins 1 mois avant la date à laquelle il entend recommencer à travailler.

(C. trav. : Art. L. 1225-62 et s.)

Congé d'adoption

› Qui peut en bénéficier ?

Le congé peut être pris soit par l'un des parents, soit être réparti entre le père et la mère, simultanément ou non.

› Quelle en est la durée ?

La durée légale du congé d'adoption est de 10 semaines à dater de l'arrivée de l'enfant au foyer.
Si l'adoption fait passer à 3 ou plus le nombre d'enfants à charge, le congé est alors de 18 semaines.
Il est porté à 22 semaines en cas d'adoption multiple.
La suspension du contrat de travail peut précéder de 7 jours calendaires au maximum l'arrivée de l'enfant.
La durée du congé d'adoption est prolongée de 11 jours (ou de 18 jours en cas d'adoption multiple) lorsque les parents sont salariés et qu'ils partagent le congé d'adoption. Dans ce cas, le congé peut être pris en deux périodes avec un minimum de 11 jours pour l'une des deux périodes.

À noter : les périodes de congé du père et de la mère peuvent être simultanées.

› Comment est-il rémunéré ?

La rémunération du congé d'adoption diffère selon l'activité du bénéficiaire du congé :
– certaines personnes occupant une activité non salariée perçoivent, pendant la durée de leur congé, une allocation de remplacement ;
– les personnes salariées remplissant les conditions nécessaires perçoivent une indemnité journalière du même montant que celui du congé maternité.

À noter : le congé d'adoption est assimilé à une période de travail effectif pour le calcul des droits liés à l'ancienneté. De plus, lorsque la convention collective prévoit des avantages en faveur des salariés en congé maternité, ces avantages sont également applicables aux salariés en congé d'adoption.

À l'issue du congé, la rémunération des salariés doit être majorée des hausses générales ainsi que de la moyenne des augmentations individuelles accordées à leurs collègues pendant le congé.

› Comment l'obtenir ?

Avertir l'employeur par lettre recommandée avec avis de réception de la date du début du congé en indiquant le motif de l'absence et la date à laquelle on prévoit de reprendre son travail.

Bon savoir : Tout salarié, titulaire de l'agrément, qui se rend dans les DOM-TOM ou à l'étranger en vue de l'adoption d'un ou de plusieurs enfants a droit à un congé non rémunéré d'une durée maximale de 6 semaines. Il doit informer son employeur par lettre recommandée avec avis de réception, ou par remise en main propre de la lettre contre décharge, au moins 2 semaines avant le départ. Il peut reprendre son activité s'il interrompt son congé.

(C. séc. soc. : Art. L. 331-1et L. 331-7.)

Barème

Les aides et les formalités

Allocation d'accompagnement d'une personne en fin de vie (page 693)
Montants 2011
• Allocation en cas de suspension d'activité : 53,17 €
• Allocation en cas de réduction d'activité : 26,58 €

Allocation journalière de présence parentale (page 663)
Montants 2011
• Allocation pour un couple : 41,79 €
• Allocation pour un parent isolé : 49,65 €
• Complément d'allocation : 106,88 € par mois.

Allocations familiales (page 672)
• Base mensuelle au 1.1.2011 : 395,04 €
• Allocation forfaitaire : 79,54 €.

Allocation veuvage (page 684)
• Montant mensuel : 570,21 €

Assurance maternité (p. 656)
• Indemnité journalière, montant maximal, en 2011 : 77,79 €

Paris et la famille (page 691)
• *Forfait familles :* 305 € par an ou 200 € pour les familles dont les ressources mensuelles sont comprises entre 3 000 et 5 000 €.
• *Logement familles* (montant mensuel maximum) :
- 122 € pour les familles de 3 enfants, avec un revenu mensuel inférieur ou égal à 3 000 € ; + 39 € par enfant supplémentaire au-delà du 3e ; il n'y a pas de plafond de ressources en présence d'un enfant handicapé ;
- 80 € pour les familles de 2 enfants avec un revenu inférieur ou égal à 2 000 €.
• *Déduction sur la facture d'EDF :*
- 275 € par an. Il faut avoir payé un impôt inférieur ou égal à 1 220 € (+ 534 € par enfant à charge, à partir du 4e). Ce montant est accordé aux familles avec un enfant handicapé réglant un impôt de 1 220 € maximum.
- 138 € par an pour les familles de 1 à 2 enfants non imposables.
• *Allocation pour les parents ayant la charge d'un enfant handicapé :* 153 € par mois.

Complément familial (page 674)
Plafond de ressources (de 2009, pour un paiement en 2011) :
- personne isolée, 3 enfants : 43 419 €
- ménage, 3 enfants, 1 revenu : 35 493 €
- ménage, 3 enfants, 2 revenus[(1)] : 43 419 €
- par enfant en plus : 5 915 €

Donation de la fondation Cognacq-Jay (page 677)
- donation jeunes ménages : 305 €
- donation familles nombreuses : 535 €

Plafond trimestriel de la Sécurité sociale :
En 2011 : 8 838 €

Prestation d'accueil du jeune enfant (page 658)
• Montant de la prime à la naissance et de l'allocation de base en euros.

Nombre d'enfants	Prime à la naissance	Allocation de base	Plafond de ressources annuelles	
			Ménage avec un revenu	Ménage avec deux revenus ou personne seule
1 enfant	903,07	180,62	33 765	44 621
2 enfants	1 806,14	180,62	40 518	51 374
Par enfant en plus	903,07	-	8 104	8 104

• Montant de la prime à l'adoption : 1 806,14 €
• Montant mensuel du complément d'activité en euros.

Quotité d'activité	Si droit à l'allocation de base	En l'absence de droit à l'allocation de base
Absence d'activité	379,79	560,40
Activité au plus égale à un mi-temps	245,51	426,12
Activité comprise entre le mi-temps et 4/5e de temps	141,62	322,24

Montant mensuel du COLCA : 620,78 € si droit à l'allocation de base de la PAJE ; 801,39 € dans l'autre cas
• Montant mensuel du complément de mode de garde (emploi direct) en euros.

---

(1) On considère qu'il y a 2 revenus lorsque chacun des membres a disposé durant l'année de référence d'un revenu égal à 12 fois la base mensuelle des allocations familiales en vigueur au 1er juillet de ladite année.

Montant pour un enfant de moins de 3 ans[(a)]	Plafond de ressources annuelles		
	1 enfant	2 enfants	3 enfants
448,25	< 20 079	< 23 118	< 26 765
282,65	≤ 44 621	≤ 51 374	≤ 59 478
169,57	> 44 621	> 51 374	> 59 478

(a) Pour les enfants de 3 à 6 ans, les montants sont divisés par deux.
Le plafond de prise en charge des cotisations en cas de garde par un employé à domicile : 419 € pour un enfant de moins de 3 ans ; 210 € pour un enfant de 3 à 6 ans.
Le plafond de prise en charge peut être majoré de 10 % si le recours à la garde concerne au moins 25 heures à horaires spéciaux dans le mois.

• Revenu minimum d'activité mensuel après déduction des cotisations sociales obligatoires pour bénéficier du complément de mode de garde : 395,04 € pour une personne seule ; 790,08 € pour un couple.

SMIC horaire (brut)

Au 1.1.2011 : 9 €

Index alphabétique

A

B

C

D

E

F

G

M

N

INDEX ALPHABÉTIQUE

S

T

U

V

CHEZ LE MÊME ÉDITEUR

LES CODES POUR TOUS

- Code civil
- Code pénal
- Code du travail

LES GUIDES PRATIQUES POUR TOUS

Famille

- Adoption : le guide pratique
- Divorce : le guide pratique
- PACS : le guide pratique
- Handicap : le guide pratique
- Successions : le guide pratique

Logement

- Acheter son logement
- La copropriété de A à Z
- Propriétaires – Locataires : qui paie quoi ?
- Servitudes et mitoyenneté : le guide pratique
- Travaux et rénovation : le guide pratique
- Troubles de voisinage : quels sont vos droits ?

Travail

- Associations : le guide pratique
- Chômage : tous vos droits
- Créer son entreprise : le guide pratique
- Harcèlement moral : le guide pratique
- Indépendant et auto-entrepreneur : le guide pratique
- Salariés, connaître et défendre vos droits
- Licenciement : tous vos droits
- Prud'hommes : se défendre et gagner
- Transmettre ou reprendre une entreprise

Retraite

- Préparer et bien vivre sa retraite

Argent

- Assurance-vie : le guide pratique
- Bourse, le guide de l'investisseur
- Donations : le guide pratique
- Immobilier, comment investir ?
- Impôts : payer moins, c'est possible !

Droits et démarches

- Agir en justice
- Le guide de toutes les formalités

HORS COLLECTION

- Plus de 1 000 modèles de lettres et de contrats
- Tous vos droits pour gagner, se défendre, réussir
- Votre argent : tout savoir pour mieux le gérer et le faire fructifier

Tous les codes et les guides sont disponibles sur :
www.prat-fr.com

[redacted]

Achevé d'imprimer
en janvier 2011
par L.E.G.O. S.p.A.
Lavis (TN), Italie